Auszeichnungen von Löffler-Bechtel's Kochbuch.

Prämiiert mit Goldener Medaille, Stuttgart 1897.

Düsseldorf 1897

Hannover 1898

Elberfeld 1898

Hamburg
1898.

München
1899.

Ulm 1900

Berlin

Frankfurt 1900.

1899.

Prämiiert mit Silberner Medaille, Cassel 1897.

LÖFFLER-BECHTEL

großes Illustriertes Kochbuch

Völlig neu bearbeitete, reich illustrierte Ausgabe.

In tiefster Ehrfurcht

gewidmet

Seiner Majestät

König Wilhelm II. von Württemberg

von

dem Verfasser.

Tafel I.

Gedeckte Tafel.

Vorwort.

Die große Menge der in letzter Zeit erschienenen Kochbücher könnte vielleicht die Herausgabe des meinigen als überflüssig erscheinen lassen. Aber gerade eine genauere Prüfung jener veranlaßle mich, was ich seit Jahren vorhatte, nunmehr ins Werk zu setzen und meine eigenen Erfahrungen in der Kochkunst gleichfalls dem Druck zu übergeben. Diesen Plan nach besten Kräften auszuführen und dadurch meiner seligen Mutter Luise Löffler, die wohl eine der berühmtesten Köchinnen ihrer Zeit genannt werden kann, ein ehrendes Denkmal zu setzen, ist die Absicht und der innige Wunsch der treuen Tochter und Schülerin.

Von frühester Zeit in der Küche beschäftigt, habe ich die Kochkunst besonders lieb gewonnen und sie jeder andern häuslichen Arbeit vorgezogen. Deshalb widmete sich meine selige Mutter mir auch stets mit großer Aufmerksamkeit und unterwies mich in allen Teilen des Kochens aufs sorgfältigste; sie mochte wohl denken, mich dadurch am ehesten in den Stand zu setzen, einst in ihre Fußtapfen treten zu können.

Ob ich meine Aufgabe erfüllt habe, mögen diejenigen sagen, welche ich in einer Reihe von Jahren im Kochen unterrichtete — die vielen Beweise von Dankbarkeit, die mir in der langen Zeit meines unausgesetzten Wirkens zuteil wurden, sind mir die lohnendsten Zeugen dafür.

Unter diesen Umständen fühle ich mich mehr als viele Andere berufen, meine Erfahrungen in einem Buche niederzulegen, und kann meine Arbeit um so zuversichtlicher jeder Kritik unterwerfen, als kaum ein Gericht darin aufgenommen ist, das ich nicht zum öfteren gemacht und dadurch diesen oder jenen Zusatz vervollkommnet hätte.

Anfänglich nahm ich mir vor, auch noch kurze Andeutungen zu geben über das, was in der Küche mit Holz, Wasser u. a. m. zu beoachten, und was beim Einkauf und Aufbewahren der Viktualien erforderlich ist; ich bin aber wieder davon abgekommen, weil jedes, das Sinn für das Kochen hat, bald selbst am besten weiß, wie man alles am geeignetsten einzurichten und sich dabei vor Schaden zu hüten hat. Ich habe überhaupt die feste Ueberzeugung und scheue mich nicht, sie hier auszusprechen: Ein gutes Kochbuch bei der Hand zu haben, dient zu großer Erleichterung und ist für eine Hausfrau beinahe unentbehrlich; aber aus dem Kochbuch allein lernt niemand kochen, denn die praktische Erfahrung ist hier, wie bei allem in der Welt, eine unumgängliche Notwendigkeit.

Darum halte sich jedes in der Hauptsache an meine Angaben und in den Nebensachen richte es sich nach seiner Ansicht und Erfahrung und handle, wie es ihm am besten dünkt.

Stuttgart.

Henriette Löffler.

Vorrede zur 12. Auflage.

Das Henriette Löffler'sche Kochbuch hat sich seiner großen Mannigfaltigkeit, Genauigkeit und Klarheit wegen seit vielen Jahren in bürgerlichen und vornehmen Haushaltungen als eines der besten und brauchbarsten bewährt; ich übernahm daher gerne von Seite des Verlegers den Auftrag, diese neue Auflage zu verbessern, zu ergänzen und zu vermehren. Meine langjährige Erfahrung als praktischer Koch im Hotel Klumpp zum Bären im Wildbad und seit 25 Jahren als ausübender Koch in Stuttgart berechtigen mich zu dieser Arbeit, die ich mit großer Vorliebe und Hingebung ausgeführt habe. Ich habe in dieser neuesten Auflage alles Ueberflüssige weggelassen, viele Rezepte verbessert und ergänzt, aber auch eine große Anzahl neuer Rezepte aus meiner eigenen Erfahrung darin aufgenommen. Die vielen Holzschnitte, die dem Buche zum erstenmale in dieser neuen Auflage beigedruckt sind, veranschaulichen viele Arbeiten und Speisen und erhöhen den praktischen Wert des Buches. Jede neue Gattung von Gerichten habe ich beim Beginn mit einer kurzen Einleitung und Erläuterung versehen und darin die allgemeinen Regeln zur Behandlung der betreffenden Gerichte angegeben, und dies bot den Vorteil, daß bei den Rezepten der einzelnen Speisen dann nicht jedesmal Gleichlautendes wiederholt werden mußte.

Eine wesentliche Vermehrung hat das Buch dadurch erfahren, daß darin das Nötigste über die Beschaffenheit der Küche, des Kochgeschirrs, von den in der Küche verwendeten Gewürzen und Küchenkräutern, über den Einkauf, die Güte und Aufbewahrung der hauptsächlichsten Küchenbedürfnisse gesagt ist, und über 150 Speisezettel, nach den Jahreszeiten geordnet, beigefügt sind, welche die oft ängstlichen Fragen der Hausfrauen: „Was soll heute, was soll morgen gekocht werden?“ in befriedigender Weise zu beantworten geeignet sein dürften.

Die Verfasserin war, wie aus der Vorrede zu ersehen ist, schon für die erste Auflage entschlossen, all' dieses beizufügen, kam aber wieder davon ab, wahrscheinlich, weil sie blos geübtere Köchinnen im Auge hatte. Inzwischen hat aber die Erfahrung festgestellt, daß diese Gegenstände doch von vielen in einem Kochbuche gesucht werden.

Alles ist nach neuem Maß und Gewicht angegeben und zwar das Neulot zu 15 Gr. gerechnet.

Eine wesentliche, sehr praktische Erweiterung erfuhr das Kochbuch auch dadurch, daß diesmal eine ausführliche Anleitung zum Tranchieren, zum Falten der Servietten, die Benennung der zerlegten einzelnen Teile des Fleisches 2c. durch eine große Zahl von Holzschnitten erläutert, beigegeben wurde.

Und so übergebe ich nun diese neue Auflage der Oeffentlichkeit, in der Hoffnung, daß sie eben so freundlich aufgenommen werde, wie die frühere.

Stuttgart.

Theodor Bechtel.

Vorrede zur neuesten Auflage.

Da es meinem Vater und einstigen Lehrmeister, durch langjährige Krankheit verhindert, nicht vergönnt ist, diese Neuauflage zu bearbeiten, so habe ich mich gerne dieser schwierigen Aufgabe unterzogen, um so mehr, da ich glaube, meinem Vater den ihm gebührenden Dank dadurch abstatten zu können, daß ich das durch seine langjährige, umfangreiche Praxis Erprobte und mir Anerzogene in Form eines Buches den werten Leserinnen darbieten kann.

Durch längeren Aufenthalt in den ersten Herrschaftshäusern, als Volontär in der kgl. Hofküche in Stuttgart, als Küchenmeister bei Sr. Durchlaucht dem Herzog von Ratibor, Sr. kgl. Hoheit dem verstorbenen Prinzen August von Württemberg, Sr. Excellenz dem württembergischen Gesandten in Petersburg und Moskau, sowie in den feinsten Hotels und Restaurants als Koch und Küchenchef thätig, glaube ich, mich der an mich gestellten Aufgabe, ein Kochbuch sowohl für die bürgerliche, als feinere Küche herzustellen, gut entledigt zu haben.

Ich habe, getreu den Grundsätzen meines Vaters, das Buch von Grund aus umgearbeitet, veraltete Recepte und Ueberflüssiges weggelassen und dafür Neues eingefügt, der Neuzeit dabei Rechnung tragend. Ich habe mich bemüht, Klarheit und Genauigkeit vor allem in den Rezepten zum Ausdruck zu bringen und habe deshalb meist denselben Grundideen und Grundsätze der Kochkunst vorausgeschickt. Ebenso wollte ich den Charakter des Buches, als für die gute bürgerliche und feinere Küche bestimmt, nicht aus den Augen verlieren, glaubte aber doch dem verfeinerten Geschmack der Neuzeit dadurch entsprechen zu müssen, daß ich auch feinere Recepte und Platten der höheren Kochkunst den verehrten Leserinnen vor Augen führte. Denn selbst anscheinend die feinsten Speisen sind auch in einer kleinen Haushaltung bei richtigem Verständnis mit wenig Kosten herzustellen.

Die beigegebenen Zeichnungen wurden der Neuzeit entsprechend hergestellt, die älteren durch neue Holzschnitte ersetzt. Die im Texte bildlich erläuterten, praktischen Handgriffe, nach der Natur gezeichnet, dürften ungeteilten Beifall finden.

In der Einleitung wurden die neuesten Errungenschaften des menschlichen Schaffensgeistes auf elektrischem Gebiete, Herde und Kochmaschinen eingefügt, ebenso das Neueste in Gasherden und Gaskochmaschinen. Praktisch bewährte Hilfsmaschinen für den Gebrauch in der Küche wurden ebenfalls neu aufgenommen, dazu den schon vorhandenen Vorschriften über Servieren, Tranchieren, Serviettenfalten u. s. w. Neues beigesetzt, ebenso ein neuer Abschnitt über das Garnieren der Platten.

Die Suppen wurden übersichtlicher in die dem Pflanzen- und Tierreiche entnommenen Bestandteile eingeteilt, die Wasser-, Wein-, Fasten- und Krankensuppen für sich behandelt. Die Abschnitte der Vorspeisen, der kalten Zwischengerichte, der Schwämme, der Eierspeisen sind vollständig neu dem Ganzen als unentbehrlich beigefügt worden.

Neu aufgenommen sind auch in die einzelnen Abschnitte Vorschriften zum richtigen Verwenden der Reste von Speisen, was jeder Hausfrau sehr willkommen sein wird.

Ueber den Gebrauch der so wichtigen und praktischen Konserven ist bei den betreffenden Abteilungen das Nötige bemerkt.

Beim Wild ist ein Jagd- und Schonzeit-Kalender beigefügt. Bei den Fischen die Laich-, Schon-, sowie Fangzeit angegeben und viele neue und praktische Rezepte aufgenommen worden.

Die Abschnitte über Gemüse, Früchte, Zahmes Geflügel, Pilze, Schaltiere und Anderes, Schlachtfleisch sind durch übersichtliche Tabellen, in welchen Monaten das Hauptsächlichste und Beste für die Haushaltung eingekauft werden kann, sowie Angabe der Einmachzeit vervollständigt.

Die verschiedenen Kapitel der süßen Speisen haben auch wesentliche Verbesserungen und viele neue Recepte zu verzeichnen. Ebenso die im Anhang für die Jahreszeiten geordneten Speisezettel, denen ich verschiedene meiner Praxis beigefügt habe.

Ich darf wohl hoffen, daß dieses Buch nicht nur für die Hausfrau oder Köchin von praktischem Wert ist, sondern auch für meine jüngeren Kollegen manches Wissenswerte, manch praktischen Wink auf dem keineswegs so leichten Lebensweg unsrer dennoch schönen Kunst enthält, da ich von Anfang des Buches an bemüht war, dasselbe in ein bestimmtes und erprobtes System zu kleiden.

Kochen ist vielleicht an und für sich keine Kunst, wenn man sich an ein einzelnes bestimmtes Recept ohne weiteres Nachdenken hält. Ich halte es aber für unbedingt notwendig beim Gebrauch eines Kochbuches, sich auch mit dem Geist desselben zu beschäftigen, die darin enthaltenen Lehren und Grundsätze von Anfang an in sich aufzunehmen, darüber nachzudenken, was die Natur in ihrer Mannigfaltigkeit uns alles bietet, und das wie und warum das so gemacht wird nicht als selbstverständlich anzusehen, sondern als die Folge bestimmter Naturgesetze.

Daß dieses Buch in dieser neuen, schönen und praktischen Verfassung erscheint und die große Unterstützung, die ich gefunden, gebührt vor allem der Verlagsbuchhandlung, welche keine Kosten scheute, um dasselbe zu einem praktischen und unentbehrlichen Ratgeber für jede Hausfrau, Köchin und jungen Koch zu machen.

So hoffe ich denn, daß das Buch, im Geiste meines Vaters geschrieben, ebenso freundlich und wohlwollend aufgenommen werde als das von ihm selbst geschriebene, und wäre ein Erfolg des neuen Buches auch zugleich ein ehrendes Andenken an den Nestor der Kochkunst in Württemberg.

Stuttgart, 1897.

Eugen Bechtel,
prakt. Koch und Restaurateur.

Inhalts-Uebersicht.

Einleitung.

Eine Hauptbedingung für das Wohlbefinden einer jeden Familie ist die richtige und schmackhafte Bereitung der Nahrungsmittel; denn jeder, sei sein Tisch auch noch so einfach besetzt, möchte gern das Vorhandene so gut wie möglich und in der gehörigen Abwechslung bereitet genießen. Das zu erreichen und dadurch zur Zufriedenheit der Ihrigen wesentlich beizutragen, ist eine wichtige und schwierige Aufgabe einer jeden Hausfrau.

Gut kochen ist der Ruhm der deutschen Hausfrauen. Aber gut kochen erlernt man nicht durch das bloße oberflächliche Hineinschauen in Kochbücher, sondern es verlangt vor allen Dingen Nachdenken und Geschicklichkeit in den verschiedenen, dazu erforderlichen Manipulationen. Diese Geschicklichkeit wird aber nur durch fleißige Uebung erlangt.

Um schmackhaft kochen zu können, muß die Hausfrau nicht nur wissen, welche Stoffe zu jeder Speise genommen werden, sondern auch, in welchem Maße sie dieselben erfordern und welche Eigenschaften sie besitzen.

Sie soll aber auch verständig nach bestimmten Regeln kochen, d. h. mit den wenigsten Geldmitteln die besten Erfolge erzielen können; sie muß wissen, auf welche Weise das kostbare Brennmaterial am besten für diese oder jene Speise wirke, sie muß endlich die geeignetsten Verbindungen kennen lernen, damit ihre Mahlzeiten nicht bloß den Zweck der Sättigung erfüllen, sondern daß damit sich noch der Wohlgeschmack, der Genuß und das Wohlbefinden vereinen.

Schon die Hausmannskost, so einfach sie auf den ersten Blick erscheint, wird doch je nach einer sorgfältigen oder aufmerksameren Bereitung ein ganz verschiedenes Resultat liefern. Noch schwieriger wird die Aufgabe der Hausfrau, wenn bei festlichen Gelegenheiten mehr oder bessere Schüsseln auf dem Tische erscheinen sollen, denn die Ansprüche haben sich in der Neuzeit auch darin, wie in allem übrigen, bedeutend gesteigert.

Dabei ist es fast immer nötig, die Ausgaben für die Küche mit den vorhandenen Mitteln in Einklang zu bringen, was bei der allgemeinen Steigerung aller Lebensmittel nur durch eine umsichtige und vernünftige Oekonomie zu erreichen ist. Die Hausfrau wird daher wohl thun, sich eine gewisse Summe für das Mittagessen und eine für das Abendessen zu bestimmen und darauf zu halten, daß sie womöglich nicht oder doch nur unbedeutend überschritten werde. Daß sie aber bei dem wechselnden Preise der Lebensmittel und in Ausnahmsfällen nicht zähe an einer vorgezeichneten Summe halten darf, ist selbstverständlich.

Ordnungsliebe bei umsichtiger Zeiteinteilung, Pünktlichkeit, Sparsamkeit und vor allem die strengste Reinlichkeit, sind diejenigen Eigenschaften, welche beim Kochen in erster Linie stehen. Durch Ordnung und Pünktlichkeit wird das Geschäft des Kochens ungemein erleichtert und gewinnen nicht nur die Speisen, sondern es wird dadurch auch viel Zeit und Geld erspart, während das Gegenteil nur Verluste und andere Unannehmlichkeiten verursacht.

Dieselbe Reinlichkeit, welche bei allen Verrichtungen in der Küche und besonders beim Kochen selbst unerläßlich ist, sollen die zum Küchendienst berufenen Personen auch an sich selbst beobachten. Die Hausfrau darf die große und äußerst gefährliche Untugend, daß die Köchin Stecknadeln an sich herumgesteckt habe, durchaus nicht dulden, ebenso wenig, daß irgendwo ein Kamm oder eine Haarbürste sichtbar werde. Sie lasse die Küchentücher wöchentlich wenigstens zwei- bis dreimal wechseln und sehe darauf, daß das zum Abtrocknen der Hände bestimmte Tuch nie zum Abwischen rußiger Hände gebraucht werde.

Das Reinigen aller Kochgeschirre darf nie vernachlässigt werden, da dies nicht allein die Reinlichkeit und die Rücksicht auf die Gesundheit erfordert, sondern auch wesentlich zur Erhaltung derselben beiträgt. (Siehe Reinigung des Küchen-Inventars.)

Dem Herd ist besondere Aufmerksamkeit zu schenken, alle Metallteile sind immer blank zu halten, auf der Kochplatte sofort alle Unreinlichkeiten wegzuwaschen, mit einem eigens dazu gehaltenen Lappen, wenn irgend eine Speise verschüttet wird oder überläuft, damit sich keine übelriechende Kruste ansammelt und kein unangenehmer Geruch sich in die Zimmer verbreitet.

Tische, Bänke und Stühle müssen fleißig abgewaschen und der Küchenboden wenigstens ein- bis zweimal gescheuert werden; dies geschieht am besten Abends nach Beendigung der anderen Geschäfte, damit er bis zum Morgen völlig trocknen kann. Sand soll in der Küche nicht gestreut werden, um Staub zu verhüten.

Die vom Säubern und Zurichten der Speisen entstehenden Abfälle müssen ihren eigenen Behälter haben und dürfen nie auf Tischen, Bänken u. s. w. sichtbar werden; ebenso verdienen Wasser, Asche und Kohlen die gleiche Vorsicht, damit der Fußboden nicht verunreinigt oder die Gefässe, wenn diese auf solche Stellen gesetzt werden, von unten nicht beschmutzt werden.

Es ist nötig, daß die Gefässe der Brühen, der Milch, die Wassergölte 2c. immer zugedeckt sind, um Staub und Insekten davon ferne zu halten.

Die Messer, mit denen Zwiebeln, Lauch, Petersilie und dergleichen geschnitten wurden, sollen sogleich gereinigt werden, damit sich der scharfe und durchdringende Saft dieser Pflanzen durch den Gebrauch solcher Messer nicht Speisen mitteile, die durchaus nicht nach derartigem riechen dürfen. Beim Schneiden der Zitronen ist das Messer sofort abzuwischen, da dasselbe schwarz anläuft und die damit geschnittenen Speisen einen schwarzen Schnitt erhalten. Ebenso muß jede Speise ihren eigenen Kochlöffel haben, damit der reine Geschmack einer Speise nicht leide.

Damit keine fremdartigen Dinge sich an Kochlöffeln, Backschaufeln u. s. w. anhängen, müssen sämtliche Kochinstrumente während des Gebrauchs in der Küche auf Untersatzschalen ruhen.

Am besten ist es, man stellt auf die Seite des Herdes ein Geschirr mit warmem Wasser, das öfters gewechselt werden muß und in welches die gebrauchten Kochlöffel, sowie Schöpflöffel nach dem Gebrauch gelegt werden. Dadurch werden dieselben während des Kochens der Köchin immer zur Hand sein und stets rein zum Gebrauch verwendet werden können.

Die pünktliche Köchin wird zum Auslesen der Gemüse die hellste Tageszeit wählen und dabei besondere Rücksicht darauf nehmen, daß namentlich bei den Kohl- und Salatarten häufig in den tieferen Fugen der Blätter Insekten und Würmer verborgen sind, und andere Pflanzen, z. B. Spinat, Kresse, Mangold, Lattich, durch das Beschütten im Garten öfters Haare ankleben. Um vollends alle sandigen und erdigen Teile von dem Gemüse zu trennen, muß solches in einem geräumigen Gefässe durch zwei bis drei Wasser gewaschen werden.

Die Fleischarten, welche nicht gewaschen werden dürfen, müssen sorgfältig untersucht werden, ob weder Haare oder Borsten des Tieres, noch sonstige Unreinlichkeiten ankleben, besonders aber bewahre man jede Fleischart zur Sommerszeit vor Fliegen. Uebelriechende Knochen, welche von dem Metzger zuweilen dem Fleische beigegeben werden, muß man entweder sogleich wegwerfen oder zwei- bis dreimal kalt abwaschen und dann im siedenden Wasser blanchieren und wiederholt kalt waschen, weil sie sonst den ganzen Inhalt eines Topfes verderben.

Nach den Mahlzeiten empfiehlt es sich, die gebrauchten Bratpfannen oder Saucenkasserolen, vor ihrem eigentlichen Reinigen, mit einem eigens zu diesem Zweck gehaltenen starken runden Pinsel mit etwas Wasser oder Fleischbrühe auszupinseln. Die erhaltene Brühe kocht man auf und kann sie zum Ablöschen von Braten u. s. w. verwenden.

Die Sparsamkeit wird bei der Anordnung der Mahlzeit immer zunächst auf die Ueberbleibsel der früheren Rücksicht nehmen; aus vielen derselben lassen sich sehr schmackhafte Umwandlungen bereiten.

Die Knochen des gebratenen Fleisches lassen sich, nachdem sie in lauem Wasser abgespült wurden, vorteilhaft zum Sieden der Kraftbrühe (Fleischbrühe) verwenden; sie müssen jedoch in einem bedeckten Gefäß und an einem kühlen Orte aufbewahrt werden.

Bei Verwendung der Milch berücksichtige man stets die älteste.

An Essig, Wein, Zitronen läßt sich bedeutend ersparen, wenn diese Säuren nicht zu frühe beigegeben werden, da ihr Gehalt durch langes Kochen ungemein schwindet und dadurch ein vermehrtes Beigeben nötig gemacht wird.

Die Eier werden häufig nicht gespart, auf übriges Eiweiß oder Eidotter zu wenig Bedacht genommen und Butter, Schmalz und Mehl oft eigentlich vergeudet. (Siehe Eier-, Milch- und Mehlspeisen.)

Damit sich niemals viel übrige Speisen in der Speisekammer häufen, wird die vernünftige Hausfrau richtig zu beurteilen wissen, wie groß die für ihre Haushaltung erforderliche Portion sein muß.

Ferner gehört zur Sparsamkeit, daß die beschädigten Küchengeräte alsbald ausgebessert werden; gleich anfangs läßt sich die Sache mit geringen Kosten in gehörigen Stand bringen, während beim Hinausschieben der Schaden leicht um sich greift und zuletzt gar nicht mehr oder nur mit großen Unkosten ausgebessert werden kann.

Auch muß in der Küche die Verschwendung von Brennmaterial und das zu frühe Feuern vermieden werden. Das Feuer darf nicht eher brennen, als bis die zu kochenden Gegenstände zugerüstet sind und soll so bald als möglich wieder ausgelöscht werden. Auch hat man bei der Feuerung zu beobachten, ob diese oder jene Speise ein starkes und schnelles oder bloß ein Kohlenfeuer bedarf.

Endlich ist eine Hauptbedingung beim Kochen, daß die Köchin ihre gesunden fünf Sinne habe, daß sie bei den verschiedenen und oft umständlichen Zubereitungen, besonders beim Rösten, Braten und Backen gut sehe, — daß sie das Sieden, Schmoren, Krachen, Pratzeln gut höre, — daß sie gut rieche, was frisch oder verfault, gut oder schlecht ist, daß sie beim Salzen, Würzen, Schmälzen, Säuern gut schmecke und beim Umkehren und Umrühren der Speisen gut fühle, ob sie die gehörige Dicke und Festigkeit oder Dünne und Weichheit haben und ob am Boden der Gefässe nichts ankoche.

Die Hausfrau muß ihr Gesinde sorgfältig überwachen, damit nicht durch dessen Unvorsichtigkeit Feuersgefahr entstehe. Beim Auslassen von Speck und anderem Fett, beim Wegräumen der Asche, beim Gebrauch der Laternen auf Bühnen und in Bodenkammern kann man nie vorsichtig genug sein. (Ausführliches über Vorsichtsmaßregeln und Löschmittel bei Feuersgefahr enthält „Die Hausfrau in ihrem Hauswesen" II. Teil.)

Die Küche und die Küchengeschirre.

Eine zweckmäßig eingerichtete **Küche** soll gegen Osten oder Norden liegen; ist dies nicht der Fall, so muß sie gegen die Einwirkung zu starker Sonnenhitze geschützt werden; sie soll hell, geräumig und mit einem guten Rauchabzug versehen sein, einen gut eingerichteten Herd mit Brat- und Backeinrichtung haben. Auch darf es an zweckmäßigen Einrichtungen zum Aufstellen und Aufhängen der verschiedenen Koch- und Wassergeschirre nicht fehlen.

Die **Speisekammer** soll die gleiche Lage haben und möglichst kühl sein, damit man in ihr nicht allein Fleisch und andere Küchenbedürfnisse, sondern auch gekochte Speisen, Eingemachtes und dergleichen aufbewahren kann. Für eine Speisekammer ist es namentlich nachteilig, wenn Dämpfe, Wärme oder Rauch von der Küche in sie dringen können, da dadurch die Speisen leicht verderben oder wenigstens einen unangenehmen Geruch und Geschmack annehmen. Auch darf es ihr nicht an dem nötigen Luftabzug fehlen. Ist der Boden mit Steinplatten belegt, am besten Solenhofer- oder Mettlacherplatten, oder sonst eine harte Steinart, so trägt zur heißen Jahreszeit öfteres Besprengen desselben mit frischem Wasser ungemein viel zur Erhaltung der darin aufbewahrten Gegenstände bei.

Fig. 1.

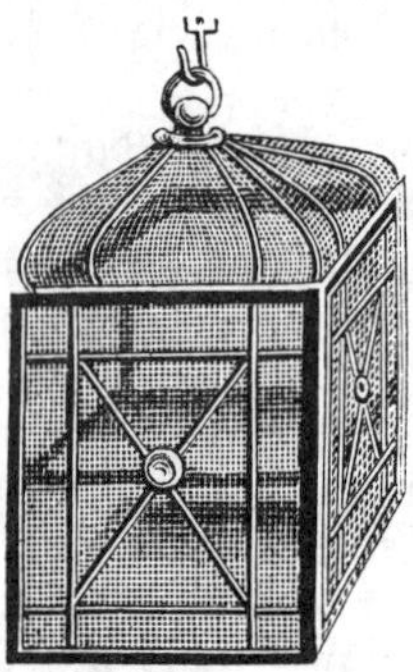

Fig. 2.

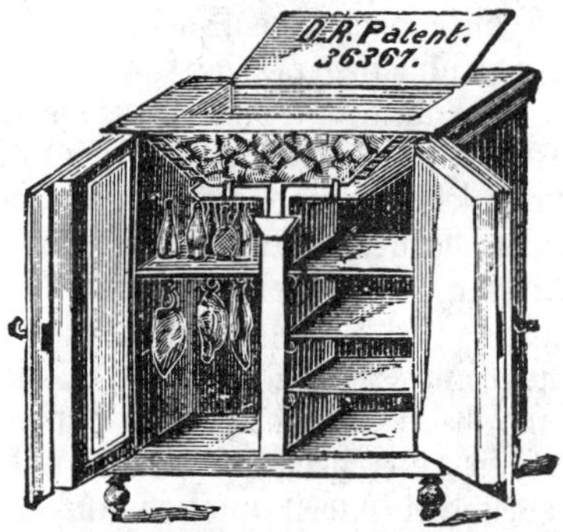

Zum Aufbewahren zubereiteter Speisen und solcher Gegenstände, an die sich gern Ungeziefer setzt, welche aber doch Luftzutritt erfordern, sollen Schränke oder Behälter vorhanden sein, deren Thüren nur aus Rahmen bestehen, die mit Fliegengittern versehen sind, oder kastenartig an die Luft gehängt werden können (Fig. 1). Warme Sachen dürfen jedoch in dieselben nicht gesetzt werden, da sie sonst leicht verderben und den andern Gegenständen einen unangenehmen Geschmack mitteilen.

Daß eine Speisekammer möglichst gegen Ungeziefer geschützt sein muß, versteht sich wohl von selbst.

Ein trockener, tiefgelegener, luftiger Keller oder auch ein geräumiger Eisschrank (Fig. 2) ist zur Aufbewahrung von

Fleischwaren, die sich aufgehängt am besten erhalten, eingemachten Früchten und Gemüsen 2c. von großer Wichtigkeit. (Siehe „Die Hausfrau in ihrem Hauswesen" II. Teil.)

Die **Herde,** welche für Holz-, Kohlen- und Coaks- oder Steinkohlen-Feuerung eingerichtet sind, haben alle ihre Vorteile, aber auch ihre Nachteile; was den Kochherd mit Holz-, Kohlen- und Coaksfeuerung anlangt, so bietet er, was das Fertigmachen der Speisen betrifft, ohne Zweifel eine größere Leichtigkeit, dagegen erlaubt der Kochherd der Steinkohlenfeuerung die Zubereitung einer solchen großen Anzahl von Speisen, wie dies bei dem ersteren nicht der Fall ist.

Der hier abgebildete Herd mit Holz-, Kohlen- und Coaksfeuerung (Fig. 3), ist durch seine vortreffliche Einrichtung für die bürgerliche Küche sehr geeignet.

Fig. 3.

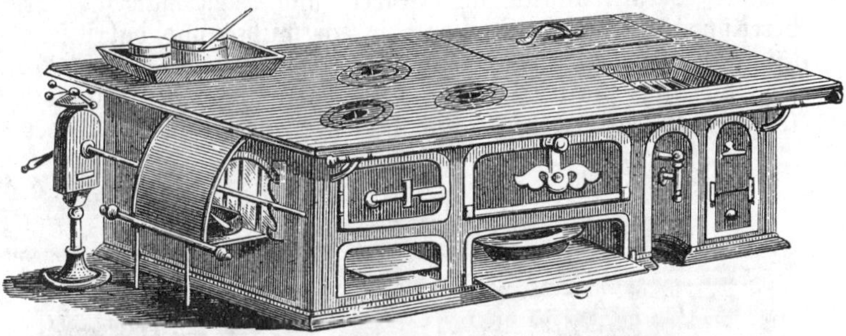

Ein Herd, der alle Vorzüge des Holz-, Kohlen-, Coaks-, wie Steinkohlen-Kochherdes in sich vereinigt, ist hier in der

Fig. 4.

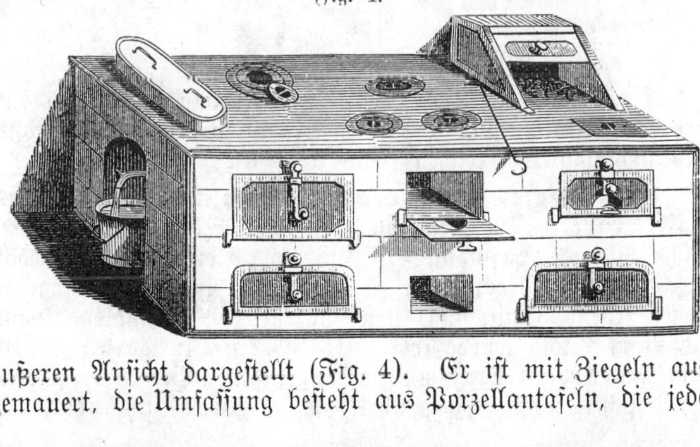

äußeren Ansicht dargestellt (Fig. 4). Er ist mit Ziegeln ausgemauert, die Umfassung besteht aus Porzellantafeln, die jeder

Töpfer anfertigt, oder auch aus Eisenblechtafeln. Oben ist die eiserne Deckplatte überlegt; das Mauerwerk bietet den Vorteil, daß die Hitze in dem Herd konzentriert bleibt und folglich durch Ausstrahlung an die Umgebung nicht verloren geht; ganz in der entgegengesetzten Weise wirkt der gußeiserne Herd, der seinen Wärmeüberschuß schnell an die Luft abgiebt und dadurch den Arbeitenden den Aufenthalt, nicht nur an dem Herd, sondern auch in der Küche äußerst beschwerlich macht.

Der Herd Fig. 4, ist ebenso für Steinkohlen-, wie für Holz(kohlen)feuerung eingerichtet und die Platte deckt nur die Stelle über den Feuerräumen und den Röhren; außerdem bietet er in einer gewöhnlichen Küche Platz genug, um darauf die Requisiten ꝛc. abzusetzen, die bei Bereitung der Speisen zur Hand sein müssen. Auf diesen Herden ist öfters noch eine separate Holzkohlenfeuerung angebracht, die außer Verbindung mit der eisernen Platte sich befindet, und deren man sich zur Bereitung der feineren Speisen, die ein mildes und dabei sehr genau reguliertes Feuer verlangen, bedient.

Wirklich praktische und der Neuzeit voll entsprechende, kleinere Haushaltungsherde sind die hier abgebildeten aus der

Fig. 5.

Fig. 6.

Fabrik von L. Boie und Martin in Heilbronn, welche bei einfacher Konstruktion und geringstem Brennstoffverbrauch die größte Leistungsfähigkeit erreichen (Fig. 5 u. 6).

Elektrische Kochherde, Kochmaschinen und Rost. Eine der neuesten und jedenfalls für die Zukunft unserer Küche wichtige Erfindung ist, mittelst Elektrizität auf Kochmaschinen sowie Kochherden zu kochen und in Oefen zu backen. Diese neueste Erfindung, ein Patent von Schindler Jenny und Paul Stotz, wurde im Juli 1894 in Stuttgart von dem Fabrikanten Paul Stotz einigen eingeladenen Herren der Hotel- und Küchenbranche vorgeführt. Wir haben uns überzeugt, daß bei Fertigstellung der elektrischen Werke jedenfalls für Haushaltungen und wohl auch für größere Betriebe mit den Kochmaschinen sowohl, als auch mit den Kochherden vorzüglich zu arbeiten ist, vorausgesetzt, daß die elektrische Kraft

Fig. 7.

nicht zu teuer wird. Die Firma Stotz hat in bereitwilligster Weise einen Teil ihrer Zeichnungen zur Verfügung gestellt, und bringen wir dieselben unseren werten Hausfrauen vor

Fig. 8.

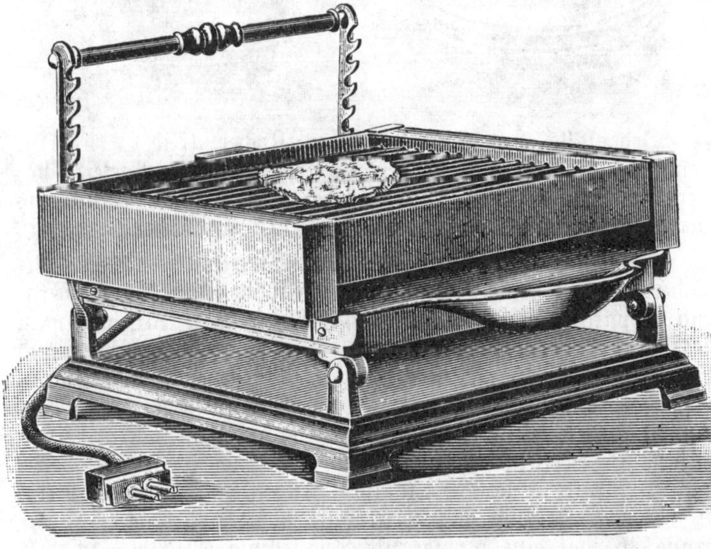

Augen. Die elektrischen Kochöfen und Maschinen, sowie Bratpfannen (Fig. 7), sehen den seither im Gebrauch befindlichen nicht unähnlich, allein im Innern derselben sieht es doch anders aus. Auf feuerfesten Platten liegen die elektrischen Leiter, welche, sobald der Strom eingeschaltet, durch diese kreist und sie erhitzt. Diese geben ihre Hitze den Metallplatten ab, welche mit der Herdplatte auf gleicher Ebene liegen, wie unsere im Gebrauch befindlichen Kochringe. Diese Platten erhitzen sich so rasch, daß man in einem Kasserol in 5 Min. siedendes Wasser erzeugen kann. Jede Platte ist für sich regulierbar und kann einzeln eingeschaltet werden. Holz und Kohlen, Zündholz sind nicht mehr nötig, ein Rücken an einem Hebelchen genügt, um in einigen Minuten eine heiße Platte zu haben, um darauf kochen zu können. Dabei ist jede Gefahr ausgeschlossen. Asche, Rauch oder Ruß giebt es nicht, auch keinen Kamin und ist der Ofen überall leicht aufzustellen, wo der elektrische Anschluß möglich ist. Auch die mit dem Herd zugleich empfohlenen Back- und Bratöfen, sowie Bratroste (Fig. 8) sind so konstruiert, daß die Behandlung der Braten und der Backwaren gleich wie bisher ist.

Fig. 9.

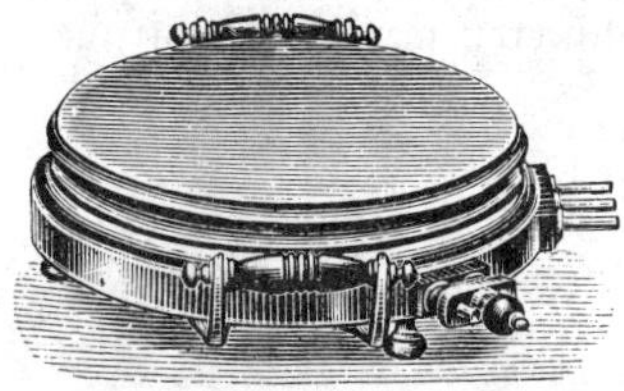

Fig. 10.

Jedenfalls sind die elektrischen Kocher (Fig. 9 u. 10), wenn ein Anschluß vorhanden ist, von großem Vorteil, namentlich für Kranken- und Kinderzimmer, um, wenn das Herdfeuer erloschen, rasch etwas herstellen zu können.

Gasherde, Gaskoch- und Bratapparate. Besonders bemerkenswert für die Haushaltungen sind die Gasherde und Apparate, gegenwärtig in einer Weise hergestellt, wie man sie sich für diesen Gebrauch, was Einfachheit, Sauberkeit und Sparsamkeit an Gaskonsum betrifft, nicht besser wünschen kann.

Ich habe hiebei das Neueste und Praktischste auf diesem Gebiet ausgewählt und hoffe damit mancher Hausfrau einen Dienst zu erweisen, wenn ich die Art und Weise der Herde und Apparate beschreibe und ihre Verwendung näher erläutere.

Das Gas- und Wasserleitungsgeschäft Stuttgart, Calwerstraße 36, hat eine permanente Ausstellung errichtet, in welcher an den Gasherden u. s. w. praktisch gezeigt wird, wie dieselben behandelt und wie einfach und doch sparsam dabei verfahren werden kann. Von der so vielfach verbreiteten Meinung, der Gasgeruch könne sich den Speisen mitteilen, ist keine

Rede, da das Gas hiebei geruchlos verbrannt wird. Ebenso wenig kann ein Verrußen der Speisen stattfinden, weil jede Rußbildung in den neuen Apparaten ausgeschlossen ist.

Beim Kochen und Braten mit Gasherden ist folgendes zu beachten. Die Brat- und Backöfen sind etwa ¼ Stunde

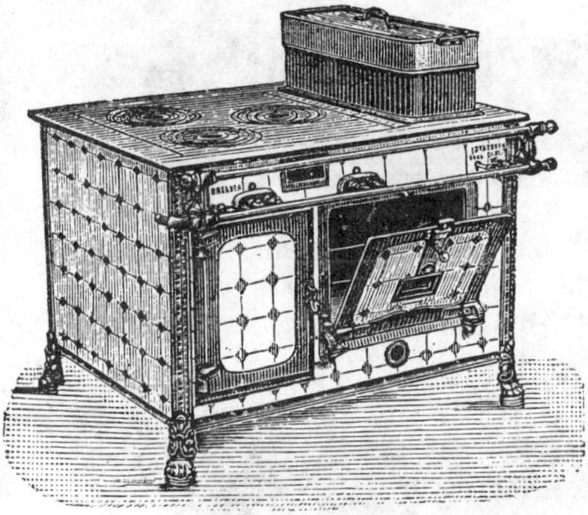

Fig. 11.

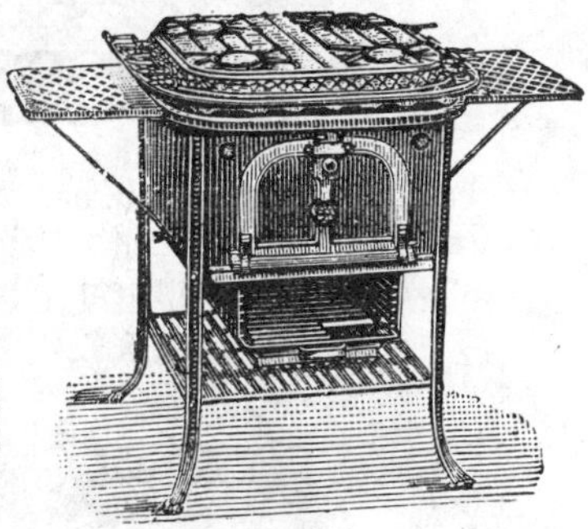

Fig. 12.

vor Gebrauch anzuheizen, d. h. die Brenner anzuzünden. Dies ist namentlich deshalb sehr notwendig, damit die Speisen sofort in der Hitze im Ofen anziehen, Kruste bekommen und dadurch

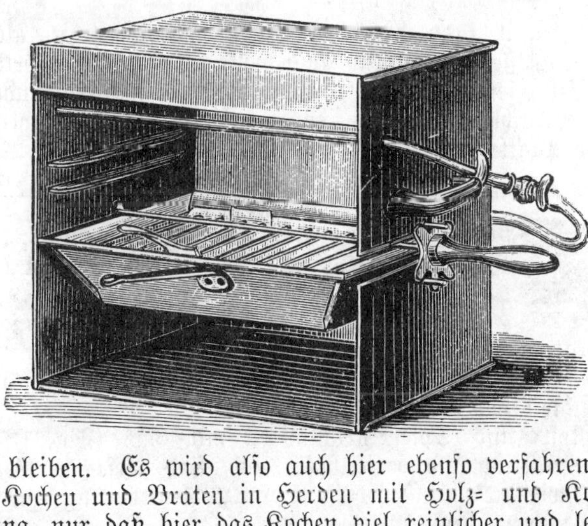

Fig. 13.

saftig bleiben. Es wird also auch hier ebenso verfahren, wie beim Kochen und Braten in Herden mit Holz- und Kohlenfeuerung, nur daß hier das Kochen viel reinlicher und leichter vor sich gehen kann, als wie bei den gewöhnlichen Herden. Die Hitze der Röhren ist durch die betreffenden Hahnen leicht zu regulieren, und kann deshalb in den Röhren sowohl gebraten als auch gebacken werden. (Fig. 11 u. 12.)

Bei geschlossenen Platten empfiehlt es sich, die Brenner

Fig. 14.

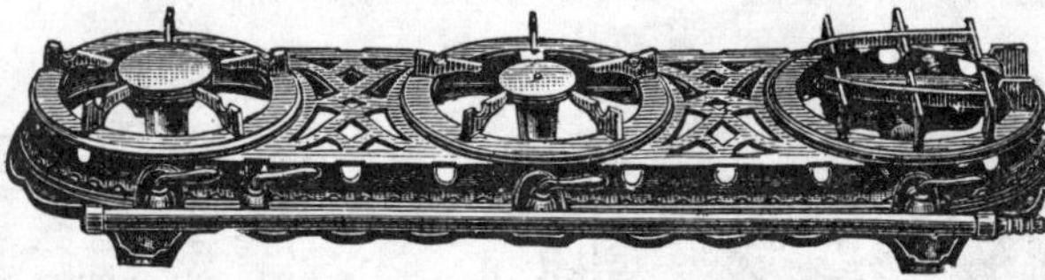

ebenfalls kurze Zeit vor Benützung anzuzünden. Auch hier sind sämtliche Brenner leicht regulierbar, so daß also sowohl auf lebhaftem, offenem Feuer für Pfannensachen, wie Beefsteak,

Fig. 15.

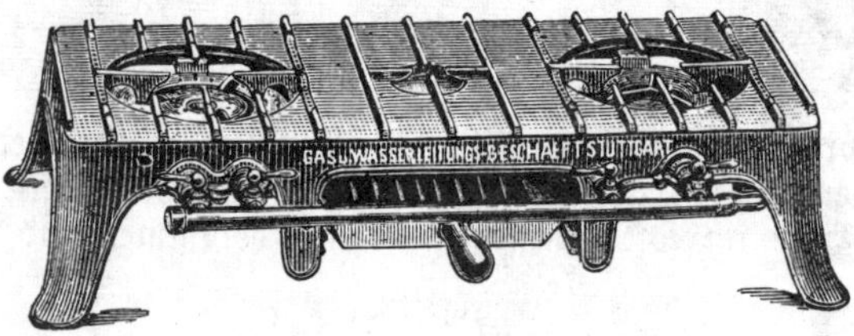

Rostbraten u. s. w. genügende Hitze vorhanden ist, als auch auf der heißen Herdplatte aufgekochte Speisen ruhig fortkochen.

Bei offenen Herdplatten ist ein vorheriges Entzünden der Brenner nicht erforderlich, dagegen ist hier die Wärmeabgabe an die Platte auch verhältnismäßig geringer.

Fig. 16.

Für heißes Wasser ist bei größeren Herden durch ein Wasserschiff hinlänglich gesorgt; ebenso um Teller und Platten in der Röhre warm zu halten.

Gute Instandhaltung der Apparate ist natürlich vor allem nötig, um eine Störung im Betrieb möglichst zu vermeiden und ist deshalb die äußerste Reinlichkeit vor allem geboten.

Rost- und Spießeinrichtungen mit Gas (Fig. 13) sind ebenso praktisch als vorteilhaft, und sind diese im Gebrauch ebenso wie die mit Holz- und Holzkohlenfeuerung zu handhaben und zu benützen.

Auch hier sind die in der Abbildung gezeigten Apparate, von dem Gas- und Wasserleitungsgeschäft Stuttgart, Calwerstraße 36, als wirklich praktisch erprobt und bewährt, jederzeit bestens zu empfehlen. (Siehe Inserat Seite 5.)

Die Vorzüge eines Gaskochherdes fallen sofort in die Augen, wenn man das Sparen an Brennmaterial annimmt, das dadurch entsteht, daß das so frühzeitige Anheizen, wie es bei Holz und Kohlen nötig ist, vollständig wegfällt.

Ein Hauptvorteil, der unbestreitbar, ist also der, auf einem Gasherd in möglichster Kürze eine Speise bereiten zu können, da nach Entzünden der Brenner sofortige volle Wärmeentwicklung eintritt, was zum Herstellen von Frühstücken, kurzen Mahlzeiten, für die Kinder- und Krankenstuben fast unentbehrlich ist. (Fig. 14, 15, 16.)

Als weitere besondere Annehmlichkeit ist noch hervorzuheben, daß bei Gasfeuerung Belästigung durch Rauch, Ruß, Dampfentwicklung und die durch letztere erzeugte Hitze niemals entstehen kann. Nicht zu unterschätzen ist, daß das Aufbewahren und Herbeischaffen von Brennmaterialien ebenfalls wegfällt und jederzeit die denkbar größte Reinlichkeit herrscht.

Was nun die Kosten der Gasfeuerung im Vergleich mit Kohlen- und Coaksfeuerung betrifft, so steht fest, daß bei rationeller Bedienung der neueren Apparate dieselbe sich entschieden nicht höher stellt, da die Mahlzeiten infolge Wegfallens der Anzünde- und Auslöschzeit in bedeutend kürzerer Zeit hergestellt werden können.

Die Firma Richard Göhde in Berlin fabriziert eine Anzahl Herde und Apparate, welche mit Recht Aufsehen erregen und von den bedeutendsten Autoritäten als geradezu Epoche machend auf dem Gebiet der Kochkunst bezeichnet wurden.

Hauptsächlich ist es ein Gas-Grill-Röst-Apparat, den ich den Hausfrauen empfehlen möchte, und der es verdient, in den weitesten Kreisen bekannt zu werden.

Die Vorzüge und praktische Verwendung derselben beschreibt Herr R. Göhde wie folgt. Durch die intensive gleichzeitige Ober- und Unterhitze bildet sich sofort an jeder Stelle des Röstgutes eine geronnene Eiweißschichte, durch welche der gesamte Saft des Fleisches von vornherein gebunden bleibt. Die Wasserteile des Fleisches setzen sich nunmehr zu Dampf um, welch letzterer das Fleisch hochtreibt und gleichzeitig die Faser desselben mürbe macht. Beim bisherigen Rösten mit einseitigem Feuer mußte man stets an Nährgehalt des Fleisches einbüßen, weil man nicht in der Lage war, die oben angedeutete Eiweißschichte schnellstens an allen Stellen zum Gerinnen zu bringen, infolgedessen durch die freie Decke des Fleisches Saft desselben verloren ging. Abgesehen davon, daß mit meinem neuen Verfahren alles Röstgut in fast der Hälfte Zeit wie bisher fertig gestellt wird, erhält das Fleisch durch die geruchlose Verbrennung des Gases einerseits und durch die stete frische Luftzuführung andererseits einen außergewöhnlich reinen Wohlgeschmack.

Gebrauch des Grilltopfes mit Pfanne (Fig. 17). Vor dem Gebrauch muß der Apparat mit Pfanne und Deckel drei Minuten stark angeheizt werden, wozu das Schutzplättchen des Brenners entfernt wird. Man kann nun in dieser Pfanne Beefsteaks, Koteletts u. s. w. ganz in derselben Weise braten, wie es jede Hausfrau bisher gewohnt ist, nur muß beim Braten der

Fig. 17.

Topf stets mit dem Deckel geschlossen sein, da hierdurch das Fleisch die nötige Oberhitze bekommt. Nach jedesmaligem Wenden wird der Topf sofort wieder geschlossen.

Gebrauch des Grilltopfes ohne Pfanne. Auch hierbei wird der Apparat mit geschlossenem Deckel drei Minuten hindurch stark angeheizt, wobei der Brenner von vornherein mit den Schutzplättchen abgedeckt sein muß, damit die Flamme das Röstgut nicht direkt bedecken und das abtropfende Fett nicht auf den Brenner fließen kann. Die zu röstenden Stücke, mit Salz und Pfeffer bestreut, legt man auf den glühenden Rost und läßt bei geschlossenem Deckel und voller Flamme das Stück eine Minute braten. Hiernach wird die Flamme auf klein gestellt und nach abermals 1½ Minuten das Fleisch gewendet und in dieser Lage bei geschlossenem Deckel gar gebraten.

In neuester Zeit wird auch der **Petroleum-Herd** sehr

Fig. 18.

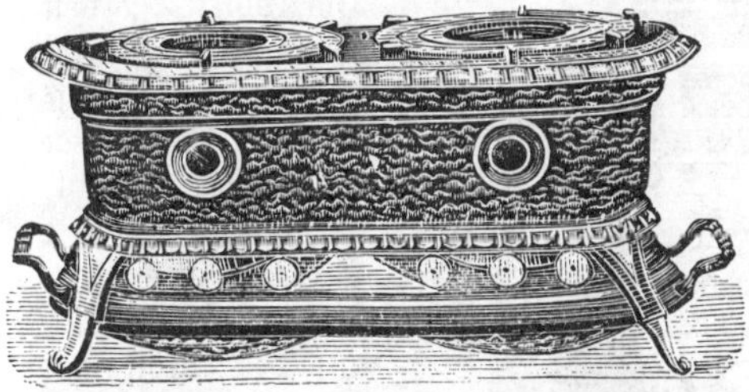

Fig. 19.

empfohlen. Er ist von höchster Einfachheit und doch dabei von eleganter Form, bedarf während des Gebrauchs keiner Aufsicht und arbeitet mit einem Minimum von Brennstoff, ist nicht feuergefährlich und kann selbst im Zimmer aufgestellt werden, da er nur einen möglichst kleinen Raum einnimmt. Die damit bereiteten Speisen sind von höchster Güte und Schmackhaftigkeit.

Außer obigen Kochherden muß eine größere Küche aber

Fig. 20.

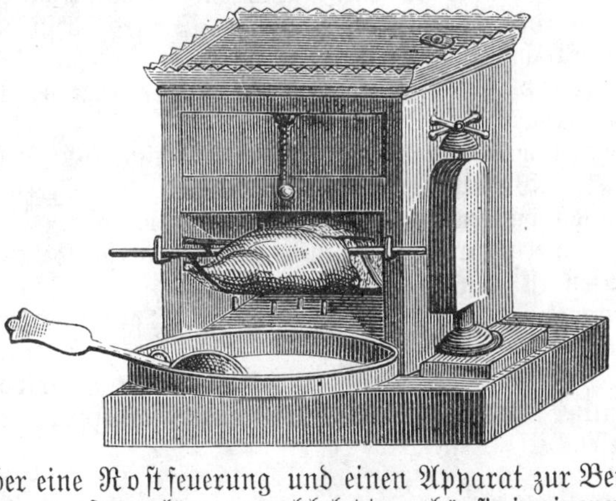

auch über eine Rostfeuerung und einen Apparat zur Bereitung von Braten verfügen können, welch letzlerer häufig in einer muschelförmigen Wandvertiefung so angebracht ist, daß der Bratspieß von der Köchin bequem gefaßt und von ihr gedreht werden kann, wenn nicht der Apparat des Selbstdrehens vorhanden ist. In allen Küchen, sogar wo die Räumlichkeiten beschränkt sind, sollte ein solcher Apparat nicht fehlen. Doch kommt es häufig in der Küche vor, wo eine Rosteinrichtung fehlt, daß man im Kochherd, über Holzkohlen, den Rost auf der Platte aufstellt und Beefsteaks, Rostbraten u.s.w. fertig macht, welche vorher mit Olivenöl oder Butter gestrichen und auf den Rost gelegt werden, dann gesalzen wenn fertig viel saftiger und schmackhafter werden als in der Pfanne. Auch eine Kaffeerolle oder Kaffeeröstmaschine gehört in jede Küche; wenn Gasleitung darin vorhanden, so ist es sehr zweckmäßig, eine Kaffeerolle für Gasfeuerung anzuschaffen, weil dadurch viel Brennmaterial erspart wird (Fig. 21).

Fig. 21.

Von Holzarten ist Hartholz (Buchenholz) für Herdfeuerung das beste; dies muß aber an einem trockenen Ort gelagert werden; gemischt mit Torf wird desto weniger Holz verbraucht.

Steinkohlen sollen nicht im Freien lagern, denn sie verlieren dadurch an Brennwert.

Coaks wird, da er wenig oder gar nicht rußt, sehr gerne verwendet. Briquets (Kohlenabfall und Teermischung) geben langandauernde Glut und gleichmäßige Hitze.

Das Verhältnis des Brennwertes der verschiedenen Brennmaterialien ist folgendes:
1 Raummeter gutes Buchenholz = 1,25 Rm. gutes Birkenholz =
1,3 „ „ Eichenholz = 1,4 „ „ Erlenholz =
1,5 „ „ Tannenholz = 12 Zentner Saarkohlen =
20 Zentner Torf. (Siehe auch „Die Hausfrau in ihrem Hauswesen" II. Teil.)

Küchengerätschaften.

Sei eine Haushaltung groß oder klein, so ist es immer Regel, die Küche so auszustatten, daß kein wesentliches Gerät fehlt; denn sonst ist es nicht möglich, die in der Küche vorkommenden Arbeiten nach Wunsch auszuführen.

Bei dem Einkauf der Kochgeschirre, seien es nun solche aus Kupfer, Email u. s. w., darf man auf einige Pfennige Ersparnis nicht sehen, da diejenigen Gegenstände, welche im Augenblick am wenigsten kosten, gar häufig die teuersten sind. (Ausführliche Belehrung hierüber siehe „Die Hausfrau in ihrem Hauswesen" II. Teil.).

Es sei hier noch das neue, nicht rostende gußeiserne Kochgeschirr, in welchem ohne Email alles gekocht werden kann, erwähnt. Dieses Geschirr rostet nicht und bietet vollen Ersatz für Email; es kann zum Kochen von Reis, Sauerkraut, Erbsen, Bohnen u. s. w. benützt werden, ohne daß die Speisen schwarz werden oder einen Beigeschmack erhalten. Der Preis ist viel billiger als Emailgeschirr.

In neuester Zeit werden als das beste in Kasserolen solche aus Nickel hergestellt, da diese keinerlei Reparaturen, verzinnen u. s. w. bedürfen. Der Preis ist allerdings noch sehr hoch. (Meinhardt, Stuttgart, Alleinvertreter.) Siehe auch Seite 48.

Aus Aluminium werden ebenfalls Kochgeschirre hergestellt, welche ebenfalls keinerlei Reparaturen bedürfen. In Emailgeschirren wird gegenwärtig in den feinsten Häusern gekocht und gebraten, doch ist dabei große Vorsicht nötig, da, wenn das Email abspringt, an dieser Stelle die Speisen gerne anbrennen.

Es dürfte sich empfehlen, in folgendem ein Verzeichnis der für eine gute bürgerliche Küche notwendigen Gerätschaften aufzustellen, weil auch auf die praktische und bewährte Form der Gefässe ꝛc. viel ankommt.

Kücheninventarium.

Fig. 22. Fig. 23. Fig. 24.

2—3 kupferne oder verzinnte Fleischkochtöpfe, 1 großer gußeiserner Wasserhafen.

Fig. 25—28.

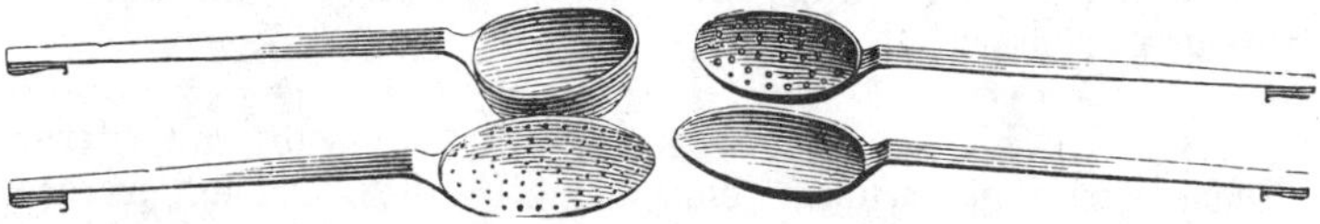

1 Schaumlöffel, 1 verzinnter, kupferner Durchschlag für Fleisch, Gemüse und Braten, 2 verzinnte Schöpflöffel verschiedener Größe, 2 Ragoutlöffel, von denen der eine zum Abschöpfen des Fettes zu gebrauchen ist.

Fig. 29—31.

10 Kasserole von 10—40 Centimeter, 3—15 Wiener Zoll Durchmesser. Die hier abgebildeten Kasserolen sind nach Größe und Form verschieden.

Fig. 32—34.

Die zwei größeren haben hohle Deckel, welche geeignet

sind, als Sautierplatten oder als Deckel zu dienen; die beiden anderen sind geeignet, Kohlen oder heiße Asche über sich aufzunehmen.

Fig. 35—38.

Saucenkasserolen (Bain marie); dieselben sind aus Kupfer, aber sowohl innen als außen gut verzinnt.

Fig. 39.

1 kleine Kasserole zum Dämpfen von Beefsteak, Rostbraten u. s. w. mit Deckel und Handheben versehen (wird viel in den Haushaltungen verwendet und kommen später mehrere Rezepte, zu welchen diese Kasserole verwendet wird.)

Fig. 40.

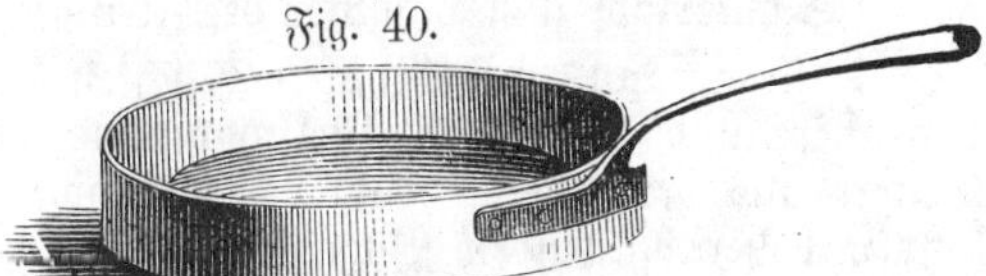

3 Sautierpfannen (plats à sauter) mit Deckeln.

1 ovale Kasserole mit dazu gehörigem Rost. Es dient zur Bereitung jeder Art von gedünstetem Fleisch. Man kann darin aber auch Schinken, Rindslende, Kalbscarré und, wenn es nötig ist, auch Fische zubereiten.

Fig. 41.

Fig. 42

1 Kasserole zum Glacieren des Fleisches mit eingelassenem Deckel und 1 Kasserole, um Glace oder Fleischextrakt ins Wasserbad zu stellen.

Fig. 43.

1 Kasserole mit Ausguß, so-genannte Zuckerpfanne.

Fig. 44.

1 Schmortopf zum Dämpfen des Fleisches, genannt Braisière.

1 Fischpfanne mit Rost, 1 Fischkessel ebenfalls mit Rost, 1 größere und 1 kleinere Messingpfanne, 1 größere und 1 kleinere aus verzinntem Kupfer bestehende Bratpfanne, länglicht mit herabfallenden Bügeln.

Fig. 45.

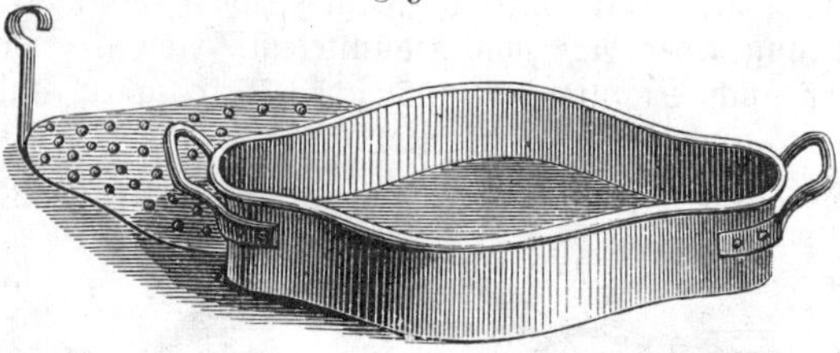

1 Backpfanne mit Rost.

Fig. 46.

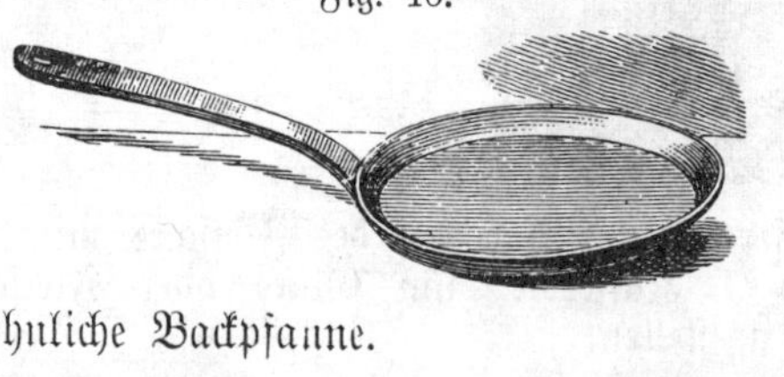

1 gewöhnliche Backpfanne.

Fig. 47.

Fig. 48.

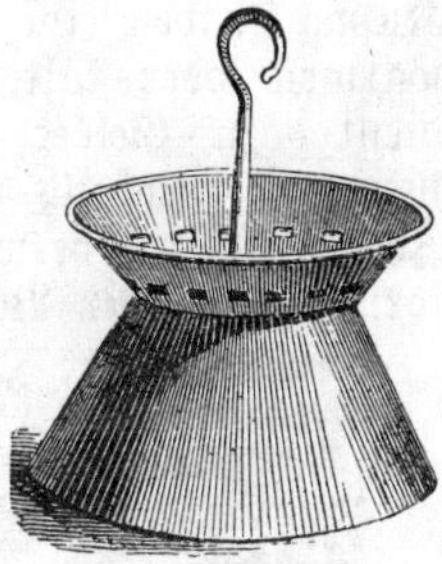

1 Eierkuchenpfanne und 1 Backgerät zu Eierauflauf.

3 ovale verzinnte kupferne Schüsseln, alle 3 ohne Henkel, zur Bereitung von Gratin.

Fig. 49.

2 eiserne Roste zu Braten ꝛc.

Fig. 50.

2 chinesische Durchschläge von Weißblech; beide ebenso fein durchlöchert wie die Kaffeesiebe, dienen als Ersatz der Haarsiebe.

Verschiedene Backformen. Die hier abgebildeten Formen

Fig. 51—55.

dienen zu verschiedenem Gebrauch; die zwei ersten sind von Kupfer, haben eine Einfassung und werden zu Zwischengerichten, warmen oder kalten Entrées angewendet. Die dritte Form dient dazu, Gelées oder Macedoines de fruits zu formen; die vierte ist ebenfalls von niederer Form; diese wird zu kalten Zwischenspeisen verwendet. Die fünfte ist eine hohe Biscuitform, in welcher Baba gebacken werden.

Fig. 56.

Fig. 57.

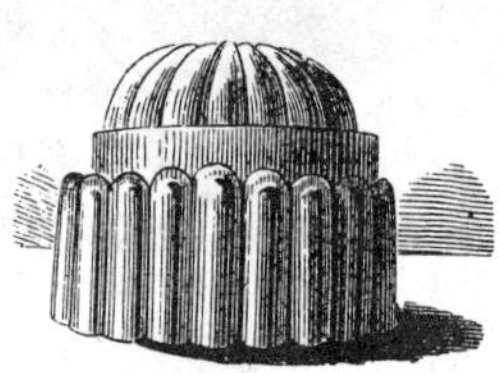

1 Pastetenform, rund oder oval, 1 Pudding=Form.

Fig. 58.

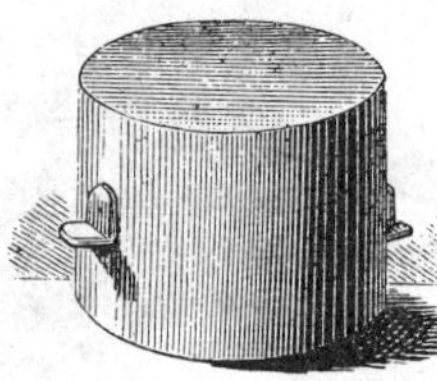

Fig. 59.

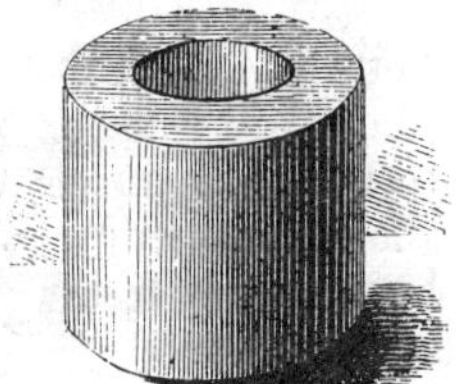

1 Form zu Charlotten, 1 glatte Form mit einer Mittelöffnung.

Fig. 60.

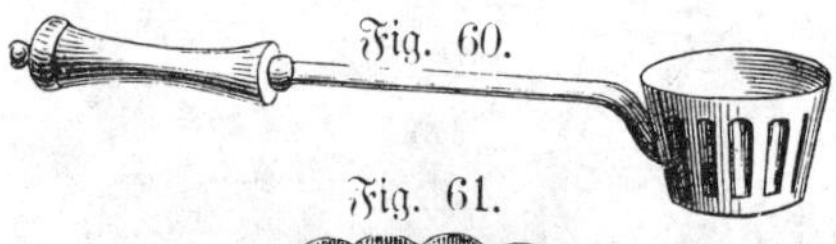

1 Form zu römischen Pastetchen.

Fig. 61.

1 Form für Baba polonais.

Timbaleformen (Paukenformen), wenig fassonierte Blechformen (zum Auslegen) rund, oval und eckig.

Fig. 62.

1 Aspic-Bordüren-Form.

2 Platten und 4 kupferne flache Schüsseln, welche man beim Backen von Pasteten und bei der Zubereitung von Gerichten, welche in Formen gedrückt werden, verwendet.

Fig. 63.

1 großer, aus verzinntem Kupfer gearbeiteter Durchschlag für Ragouts und zum Entwässern ꝛc.

Fig. 64.

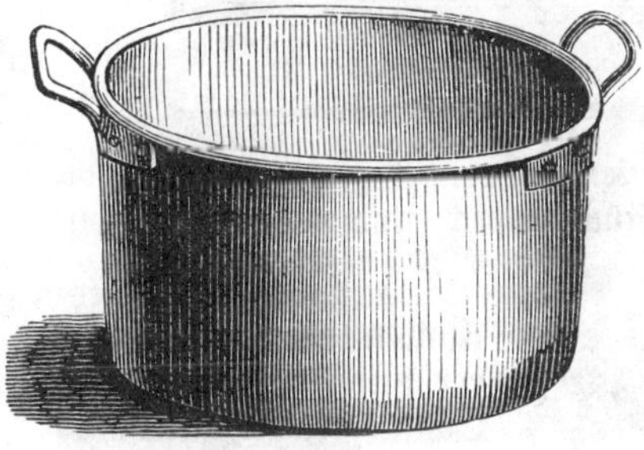

Fig. 65.

Fig. 66.

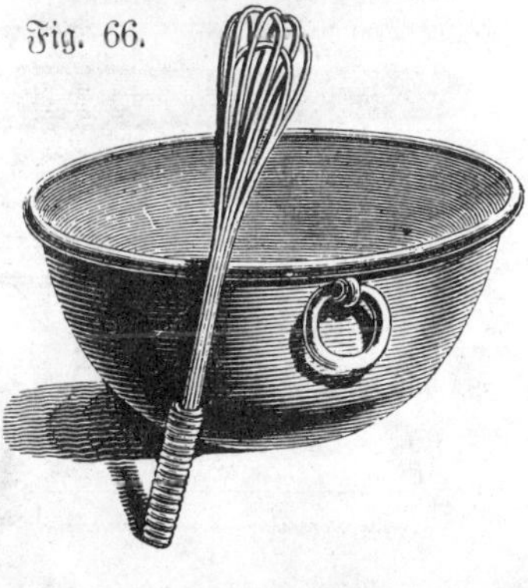

1 Kessel zum Blanchieren der Gemüse. (Fig. 64.)

1 Kessel zum Früchteeinmachen. (Fig. 65.)

1 Gefäß zum Schneeschlagen nebst Schneeruthe. (Fig. 66.)

1 Gefäß zum Abtropfenlassen von Petersilie ꝛc. 1 großer eisenblechener Deckel mit vorstehendem Rande, um große Schüsseln und Teller zu bedecken.

Fig. 67.

Tellerwärmer.

Fig. 68 u. 69.

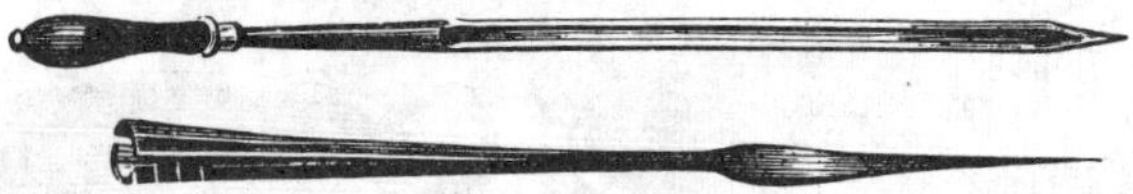

2 Spicknadeln zum Spicken verwendet für große Fleischstücke mittelst großer dicker Stücke Speck und rohen Schinken.

Fig. 70.

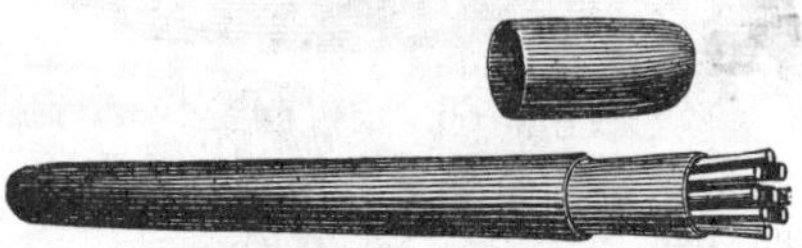

1 Etui mit 12 verzinnten Spicknadeln von verschiedener Größe, um Schlachtbraten, Rehbraten, Fricandeaux, Brieschen u. s. w. zu spicken.

Fig. 71.

2 stählerne Heft- und Dressiernadeln von 15 und 22 cm Länge.

Fig. 72.

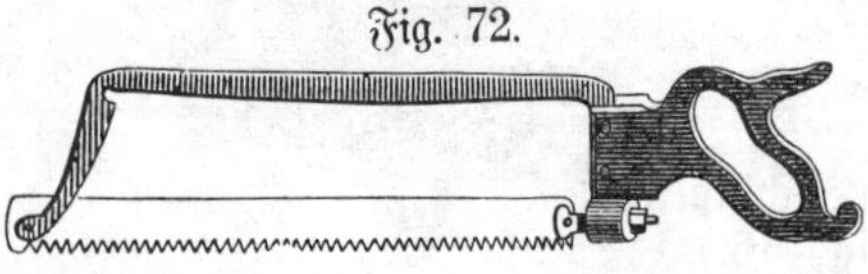

1 kleine Handsäge, Knochen und Knorpel zu durchsägen.

Fig. 73.

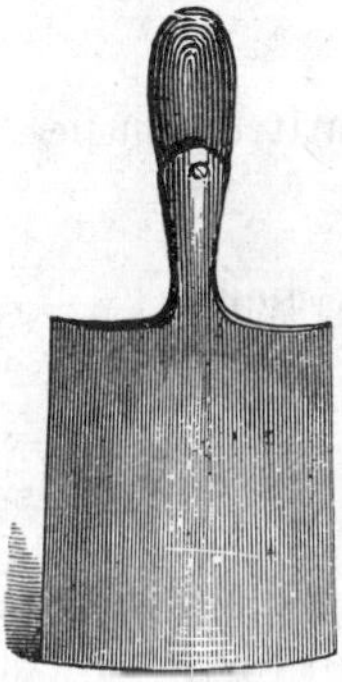

Fig. 74.

Fig. 75.

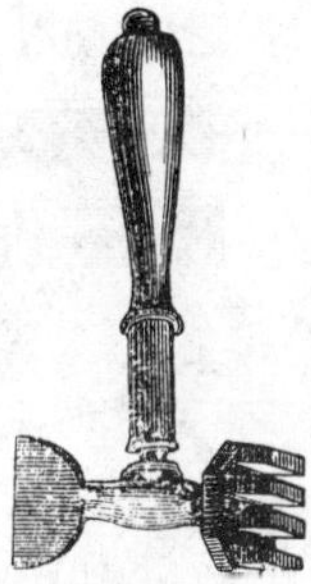

1 stählerner Fleischklopfer (Fig. 73), 1 eisernes Hackbeil (Fig. 74), 1 eiserner, verzinnter Hammer zum Klopfen des Fleisches, Zerkleinern des Eises ꝛc. (Fig. 75).

Fig. 76.

2 Hackmesser für Fülle und Gemüse.

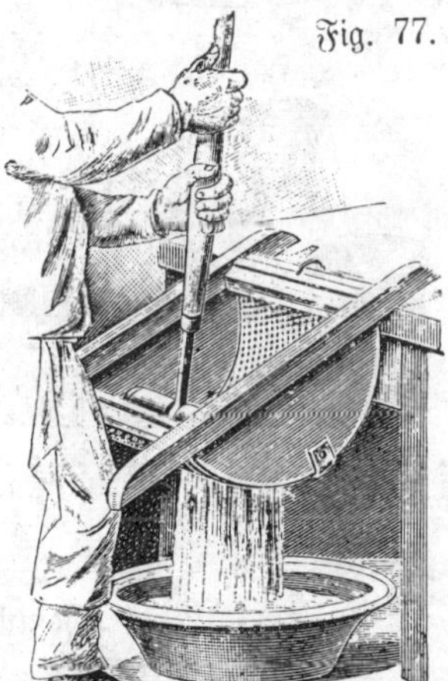

Fig. 77.

Passiermaschinen zu Suppen, Pürées, Gemüse u. s. w. sehr zu empfehlen von J. Baumart in Frankfurt a. M. Ein bewegliches Siebblech wird am obern Rande in einen Holzausschnitt eingeschoben. Der Passierstock besteht aus 2 runden Hölzern, welche in die Maschine passen, durch einen Stift mit dem Stück verbunden sind und zum Passieren in der Maschine hin- und herbewegt werden. Am besten stellt man die Maschine über eine Schüssel oder sonstiges tiefes Geschirr zum Passieren.

Fig. 78—80.

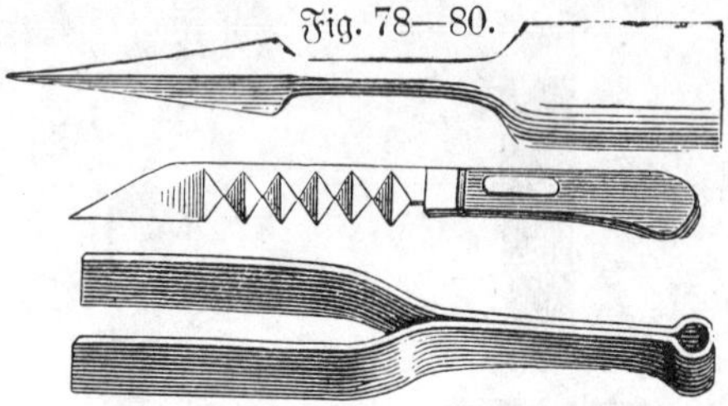

1 Dampfnudelschaufel.

1 Chartreusenmesser.

1 Kneipzange.

Fig. 81.

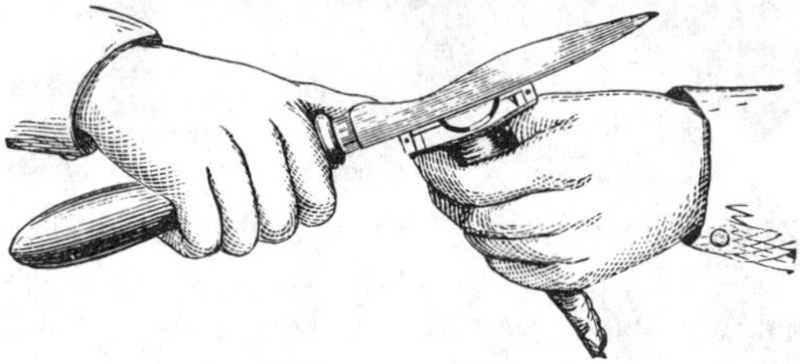

1 Schälmesser, (Doppelmesser) mit parallel zu einanderstehenden Klingen.

Fig. 82.

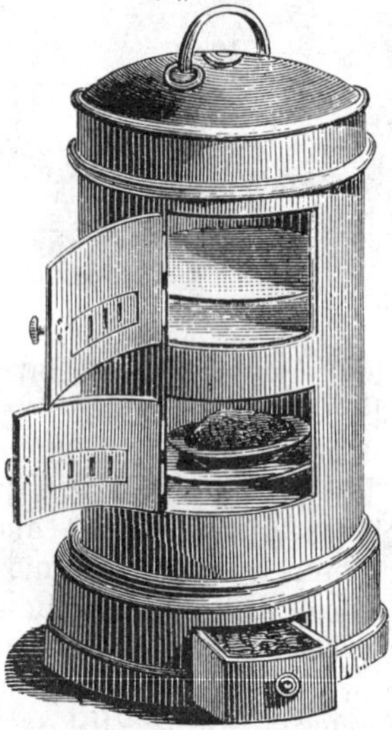

Fig. 83.

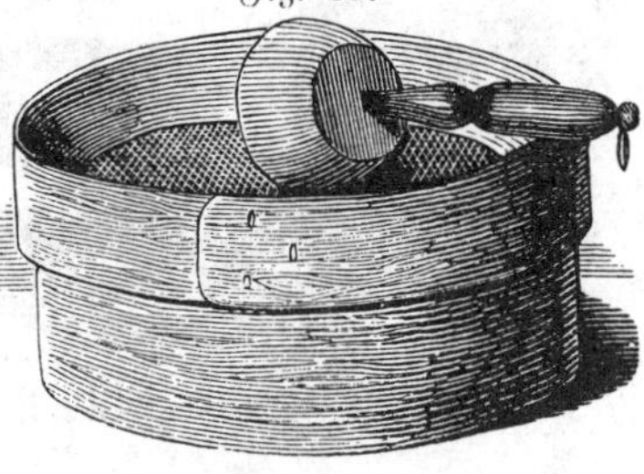

Fig. 84.

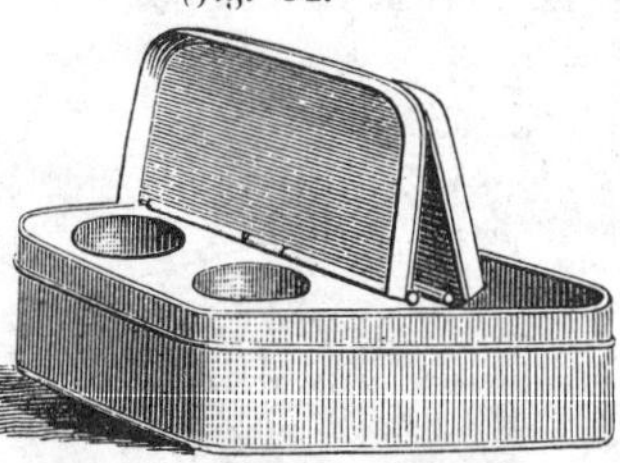

1 Erwärmungsbuffet (Fig. 82). 1 Sieb für Purée's (Fig. 83). 1 Küchensalzfäßchen (Fig. 84).

Fig. 85.

1 Gemüse=messer.

Fig. 86.

Fig. 87—89.

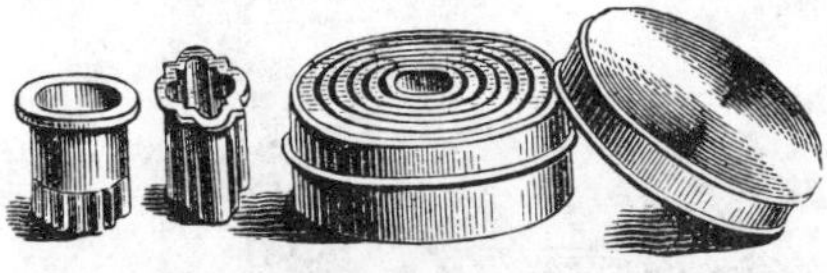

Fig. 90—93.

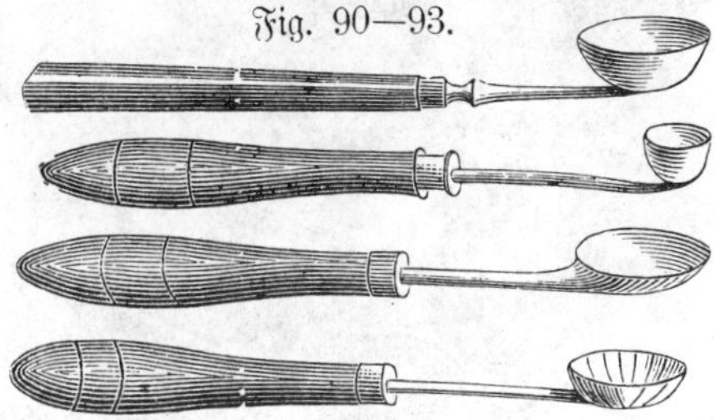

1 Mörser und Stößer (Fig. 86). 1 Büchse mit Teigstechern (Fig. 87—89). 2 Apfel- und Kartoffelbohrer, 2 Gemüsebohrer (Fig. 90—93).

Fig. 94.

Fig. 95.

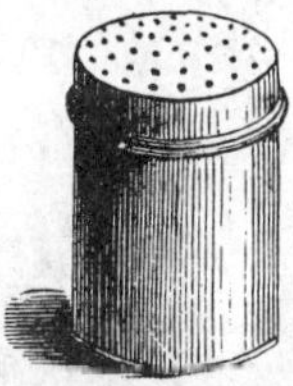

Fig. 96.

1 Eierkorb (Fig. 94). 1 Zuckerbüchse zum Bestreuen von Kuchen, Torten ꝛc. (Fig. 95). 1 Blasebalg (Fig. 96).

Fig. 97.

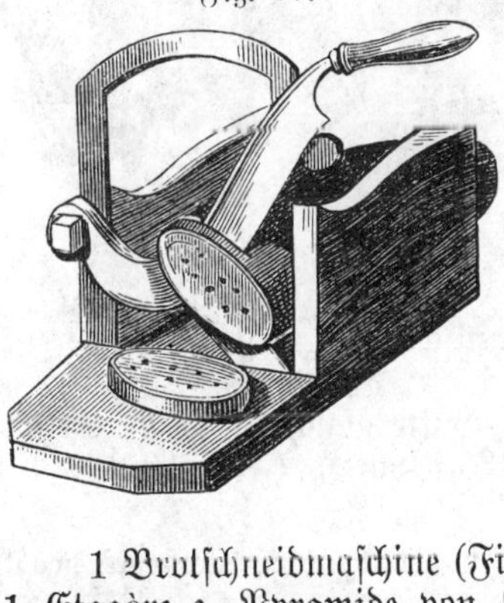

Fig. 98.

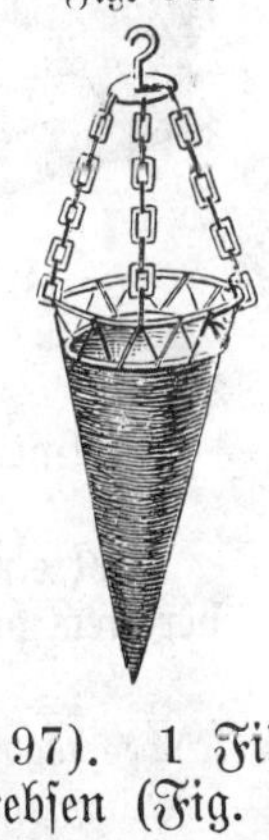

Fig. 99.

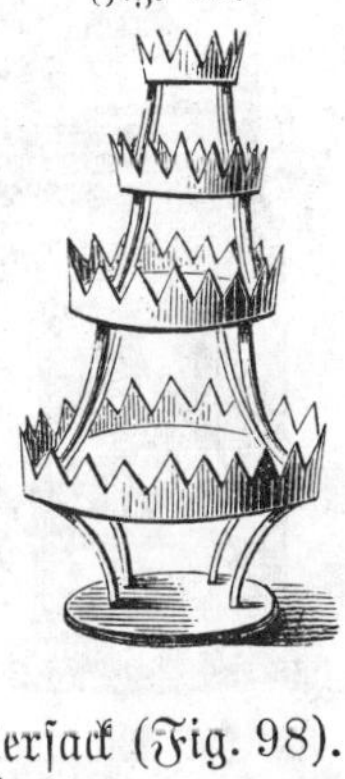

1 Brotschneidmaschine (Fig. 97). 1 Filtriersack (Fig. 98). 1 Etagère z. Pyramide von Krebsen (Fig. 99).

Fig. 100.

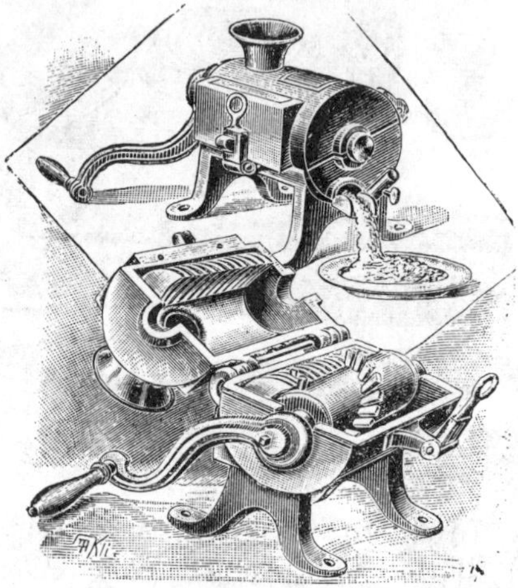

Fig. 101.

Hackmaschine zum Fleisch hacken. Eisgefriermaschine.

Fig. 102.

Fig. 103.

Amerikanische und deutsche Saftpresse.

Kleine Buttermaschine zum Selbstbereiten der Tafelbutter (Fig. 102).

In Mainhardt's Küchenmagazin in Stuttgart ist große Auswahl aller dieser Artikel.

Fig. 104.

Fig. 105.

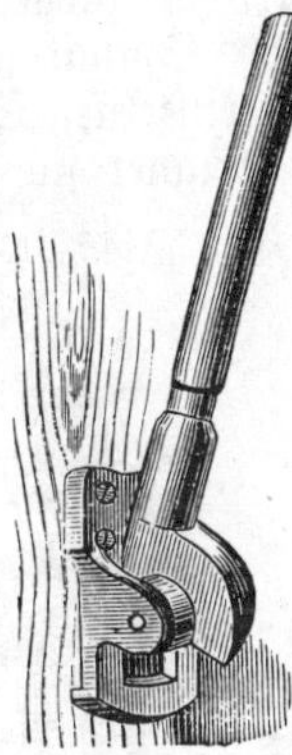

Excellenz=Konserven=Büchse (Fig. 104) zum Einmachen von Gemüsen und Früchten (sehr zu empfehlen.)

Spaltmaschine für Kleinholz (Fig. 105) in die Küche. (Wilh. Model, Haushaltungsmaschinen, Feuerbach.)

Silberspießchen, Fig. 106, besteckt mit 2 mit Trüffeln garnierten großen Champignons, einem Krebs und einer Trüffel. Zu Ragouts passend.

Fig. 106.

Fig. 107.

Fig. 108.

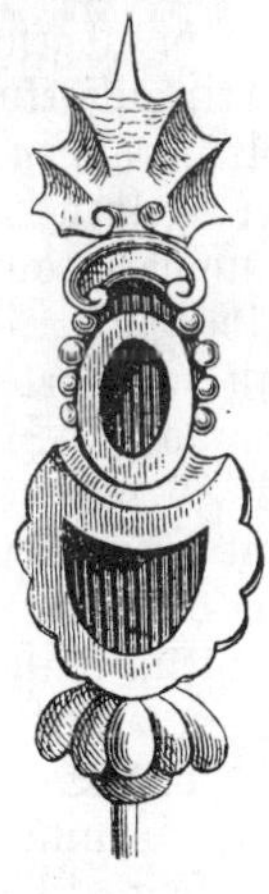

Fig. 107, besteckt mit einem Krebs und einer Trüffel, zu kalten oder warmen Fischplatten zu verwenden.

Fig. 108. Ist in drei Teilen aus weißen Rüben geschnitten, sodann blanschiert. Das schwarz Schraffierte in der Zeichnung wird herausgeschnitten und ein blanschierter und durchgestrichener Spinat roh in die Oeffnung fest eingedrückt, sodann die einzelnen Stücke durchlocht und an das Zierspießchen gesteckt. Eignet sich für große Fleischplatten.

Fig. 109. Fig. 110. Fig. 111.

Fig. 109. Ist für kalte Platten bestimmt, sogenannte Hateletten, zu welchen die sog. Hatelettenförmchen verwendet werden. 10—15 Blatt Gelatine werden in kaltes Wasser gelegt, wenn geweicht abgeschüttet und mit etwa 1/4 Liter Wasser mit einem Eiweiß aufgekocht, und ist diese hell und klar, durch eine Serviette gegossen. Während dessen schneidet man aus weißen oder gelben Rüben runde oder eckige gleich große Stücke, blanschiert diese und besteckt damit abwechslungsweise einen Silberspieß, ebenso hoch wie das Hatelettenförmchen, oder man schneidet aus grünem Speck, roter Zunge oder Trüffel eben solche Stücke, um diese anzustecken. Die Bodenöffnung des Förmchens verschließt man mit Butter, steckt den Spieß samt Förmchen auf ein Brot, so daß es gerade steht, und füllt nun die helle klare Gelatine in das Förmchen ein, wobei zu beachten, daß dieselbe schon leicht gestockt ist. Wenn sie sodann erkaltet, taucht man das Ganze rasch in heißes Wasser, zieht den Spieß aus dem Förmchen samt Angestecktem und erhält sodann Fig. 109.

Fig. 110. Für warme große Fleischplatten, besteht aus einem geschnitzten Rübenkorb mit lebenden oder Papierblumen, besteckt mit einer Trüffel.

Fig. 111. Für Entrées passend, aus einem entwässerten Hahnenkamm und einer Trüffel bestehend.

Fig. 112.

Kartoffelkochhafen, um dieselben im Dampf zu kochen (Fig. 112).

1 Waffeleisen, 1 Spritze mit einem durchbrochenen Stern zu Spritzkuchen, 1 Nudelbrett, 1 Hackbrett, 1 gefächerte kleine Schachtel für die Gewürze, 1 Wassereimer, 2 Spülgölten, 1 Sandbehälter.

Einige Suppenschüsseln, flache und tiefe Platten, Milchkannen, flache und tiefe Teller, irdene oder emaillierte Schüsseln, irdene oder emaillierte Teller und Kannen, Schmalztöpfe, Einmachgläser, steinerne Töpfe.

1 Küchenschrank, 1 Küchentisch, 2 hölzerne Stühle, 1 Schemel, 1 kleiner Spiegel.

1 Reibeisen, 1 Backschaufel, 1 Trichter, 1 Handbeil, 1 Feuerschaufel, 1 Feuerzange, einige eiserne Dreifüße, 1 Waage, 2 Leuchter mit Lichtscheeren, 1 Lampe.

Reinigung des Kücheninventariums.

Ein vorzügliches Putzmittel ist Gehres Universal-Putzpulver „Blitz." In trockenem Zustand für alle Metalle zu gebrauchen, ohne jeden Zusatz von Spiritus u.s.w., greift das Metall nicht an.

Irdenes Geschirr wird in heißem Wasser mit Sodalösung abgeschwenkt, mit einem Lappen abgewischt, durch ein laues Wasser gezogen, zum Abtropfen gestürzt und abgetrocknet.

Porzellangeschirr unterliegt derselben Behandlung. Für Tassen ist eine Bürste nötig, um in die Fugen und Ecken zu kommen.

Gußeisernes Geschirr, wenn es emailliert ist, wird durch Kleienwasser gezogen und mit einem wollenen Lappen ausgetrocknet.

Schwarzblechgeschirre werden durch ein Potaschenbad gezogen und mit Sand gefegt.

Weißblechgeschirre werden mit Schachtelhalm (Katzenwedel) am besten in einem heißen Seifenbad gereinigt und dann kalt abgeschwenkt und getrocknet.

Zinn-, Kupfer- und Messinggeschirre ebenso.

Es ist gut, Kupfergeschirre hie und da mit Buchenasche auszukochen und genau darauf zu sehen, daß das Kupfergeschirr immer gut verzinnt ist. Nie aber darf irgend eine Speise, hauptsächlich wenn dieselbe Säure enthält, in einem verzinnten Geschirr über Nacht stehen bleiben, es könnte dadurch leicht eine Vergiftung entstehen.

Blank zu scheuern genügt ein Teig von Kleie, Silbersand und etwas Essig und Salz mit Wasser angemacht.

Lackierte Blechgeschirre werden in einem warmen Seifenbad mit einem Schwamm gereinigt und dann kalt abgeschwenkt.

Silbergeschirr wird im Seifenbad geschwemmt, zum Abtropfen gestürzt und mit einem Hirschleder ausgetrocknet.

Holzgeschirre werden mit weißem Sand in frischem Wasser gebürstet, durch reines Wasser gezogen und in der Luft getrocknet.

Glas- und Kristall-Flaschen werden mit Eierschalen gefüllt und im warmen Wasser geschwenkt, dann durch kaltes Wasser gezogen. Haben Flaschen einen Ansatz, wird die Flaschenbürste angewendet.

Messer und Gabeln werden, aber nur mit den Klingen, in heißes Wasser getaucht, auf einem Streichholz mit Putzstein abgerieben, dann an einem weißen Tuch so lang abgewischt, bis sie nicht mehr schmutzen. Dabei verdienen die Gabeln innerhalb der Zinken ganz besondere Aufmerksamkeit. **Rostflecken** werden mit Erdöl bestrichen und nach 24 Stunden trocken abgerieben. In gleicher Weise werden alle Stahlwerkzeuge der Küche gereinigt.

Ueber die für den Einkauf der Speisebedürfnisse nötigen Bekenntnisse.

Für das Gelingen der Speisebereitung ist eine gute Beschaffenheit der Vorräte und Materialien und eine Kenntnis der Waren, welche in der Küche gebraucht werden, eine der wichtigsten Vorbedingungen.

Eine Köchin, welche die Kochkunst mit gutem Erfolge auszuüben im Stande sein soll, muß genau damit bekannt sein, welche Beschaffenheit Kochgeschirre, Rohmaterialien, wie Gemüse, Fleisch, Mehl, Gewürze u. s. w. haben sollen, um zur Bereitung wirklich guter Speisen dienlich zu sein.

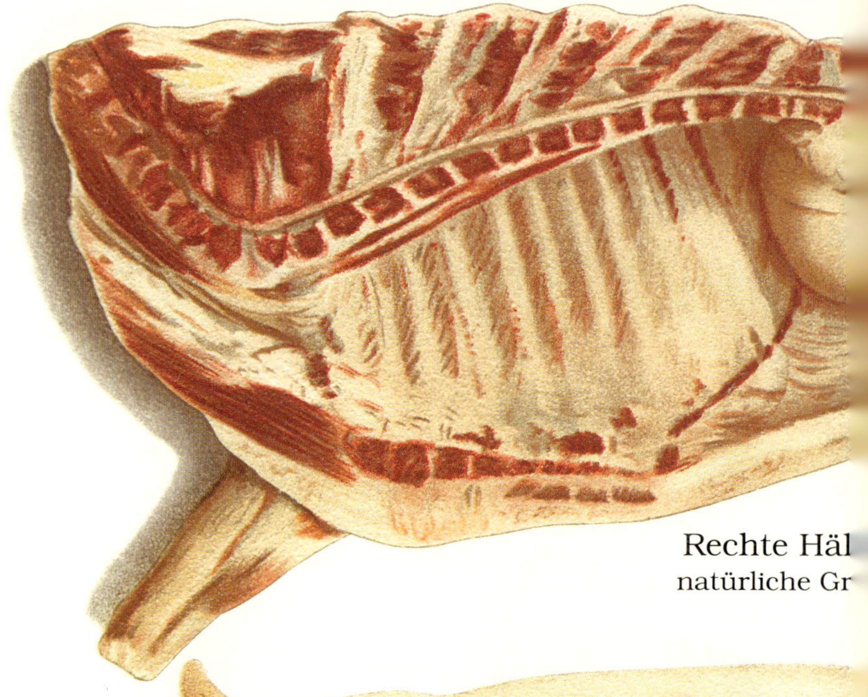

Rechte Häl
natürliche Gr

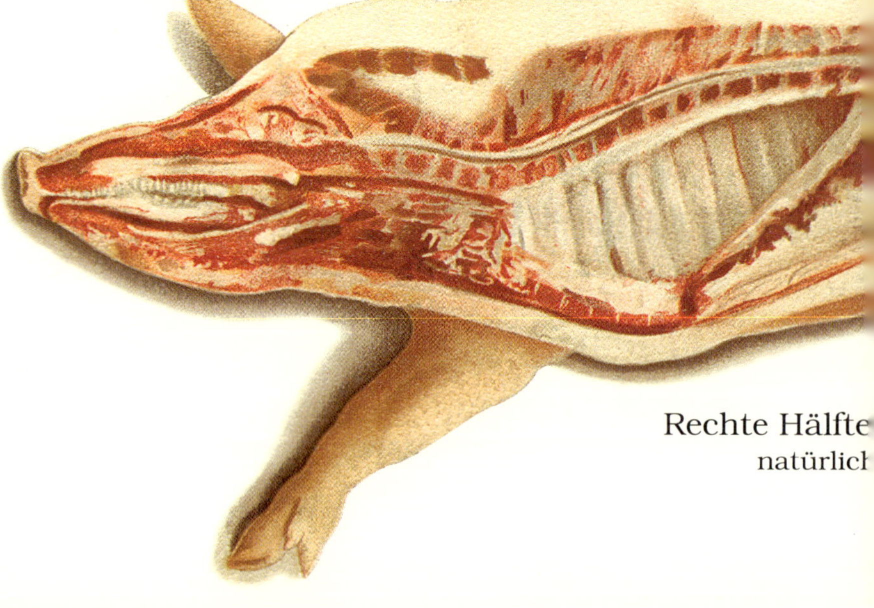

Rechte Hälfte
natürlich

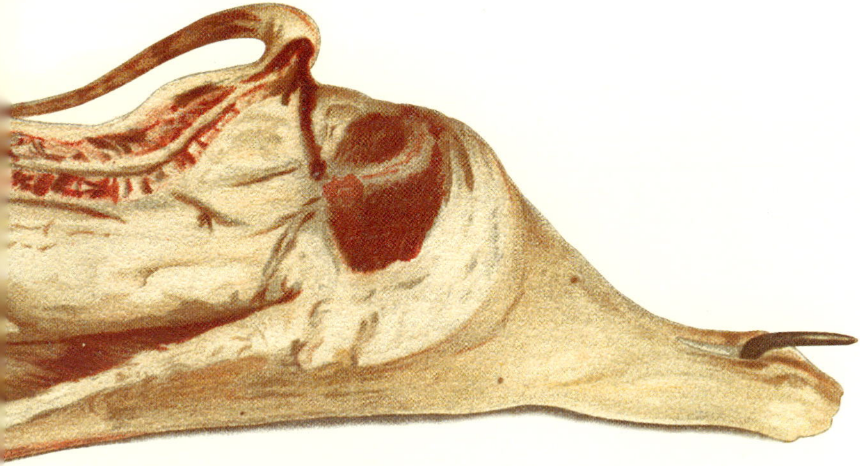

:s Ochsen
2 Qualität I.

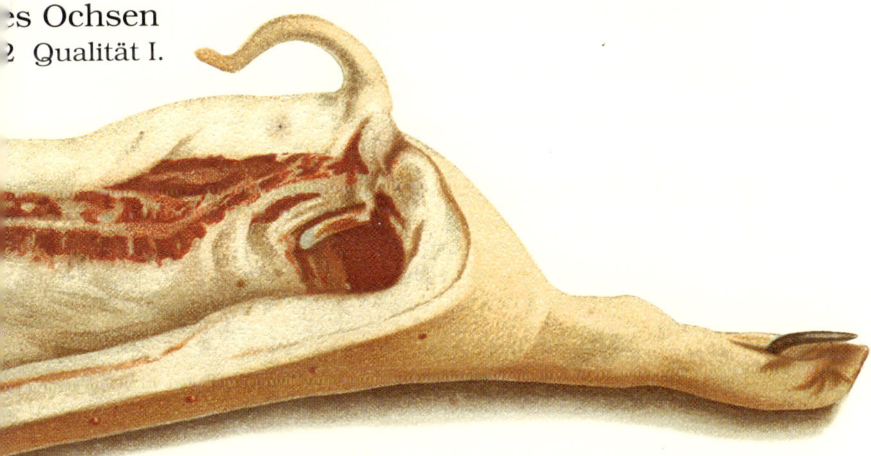

s Schweines
sse I:6.

Rechte Hälfte eines Masthammel

natürliche Grösse I:6.

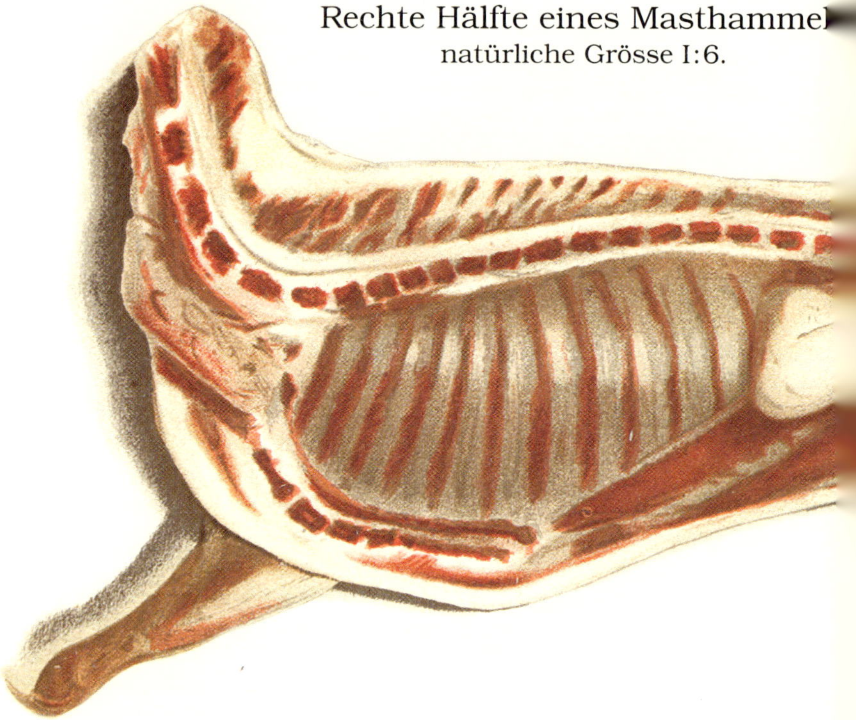

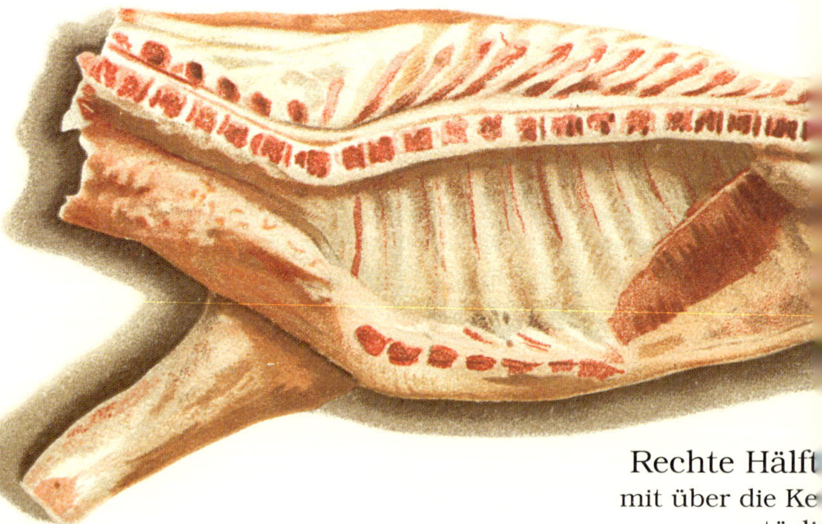

Rechte Hälft

mit über die Ke

natürli

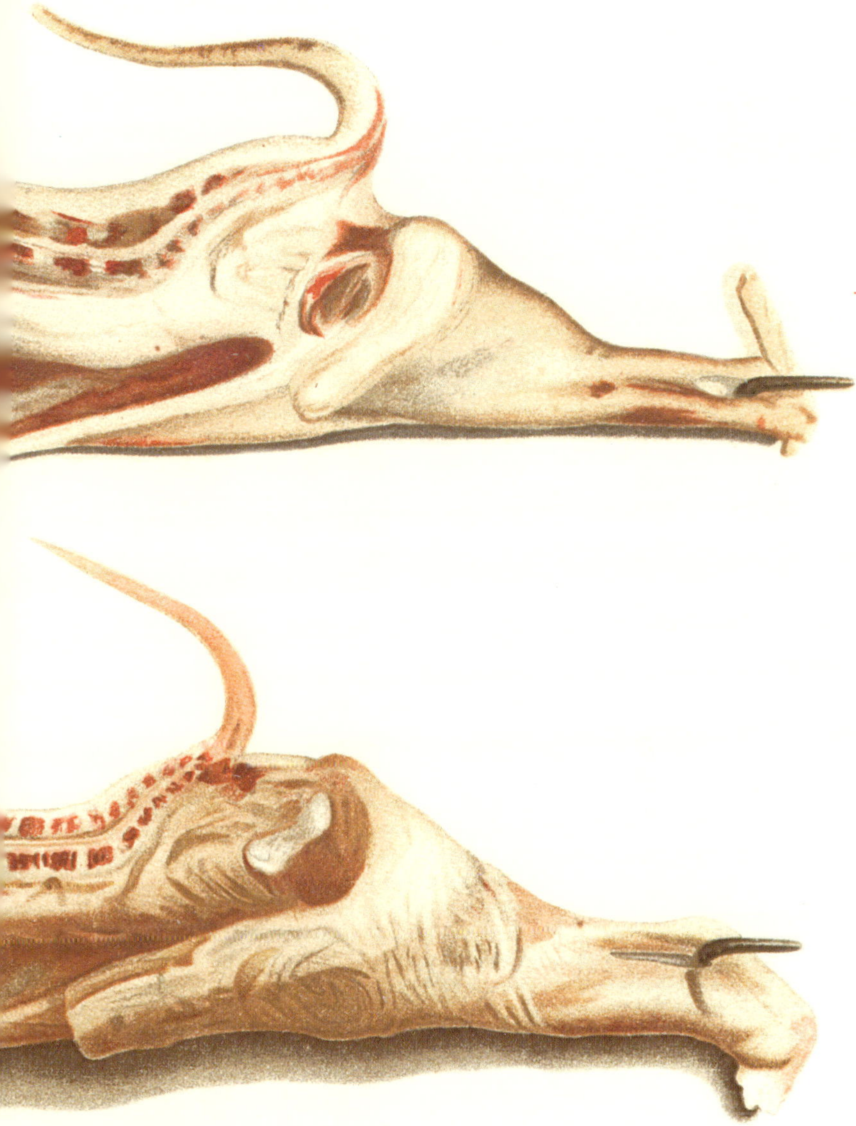

:s Saugkalbes
.chlagenem Nctzc
össe I:6.

Ehe man zum Einkauf der nötigen Waren schreitet, ist es zweckmäßig, sich durch Erkundigungen eine allgemeine Uebersicht über den Stand der Preise auf dem Markt zu verschaffen und vertraue man der eigenen Wahrnehmung und Prüfung mehr, als den Empfehlungen des Verkäufers.

Bezüglich des **Ochsenfleisches** sei die Farbe lebhaft amarantrot, das Fett weiß; es fühle sich das Fleisch derb an und widerstehe dem Druck des Fingers. — Beim Kuhfleisch ist das Magere weniger glänzend rot, das Fett gelblicher und das Fleisch überhaupt fester. — Farrenfleisch ist zäh und fest, hat keinen reinen Geruch und Geschmack und ist daher wenig empfehlenswert. Je älter ein geschlachtetes Tier ist, um so geringeres Fleisch giebt es.

Fig. 113.

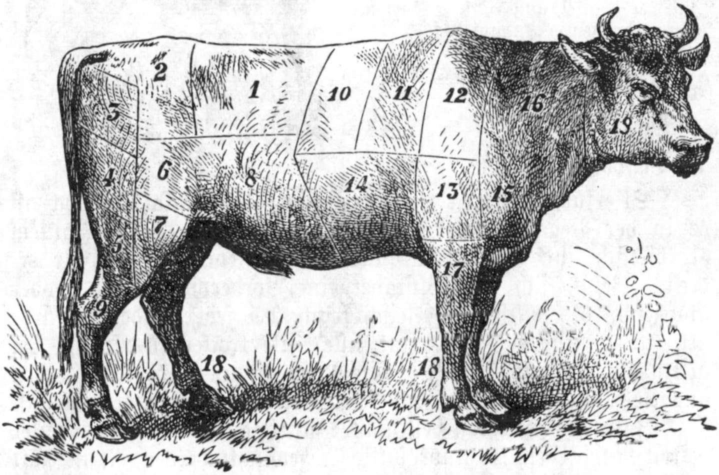

1. Der Lendenbraten, Mürbebraten, Engl. Schlachtbraten, Beefsteak, Lungenbraten, Schoos.
2. Das Schwanzstück, Tafelstück.
3. Das Eckschwanzstück, Schweiförtel.
4. Das untere Schwanzstück, Blume, Hiferschwantzel.
5. Die abgeschnittene Schwanzfeder, Wadenfleisch, Oberer Schenkel.
6. Die Nuß, Mixel, Scherzel.
4. 6. 7. Die innere Hälfte des Schlegels (hier nicht sichtbar) Mixel, Nuß, Ortmixel.
7. Die Oberschale, Mixel, Pastetenstück, Weißbraten.
8. Die Dünnungen, Dickspitze, Bletzen.
9. Die Hessen, Hammen.
10. Die Rippen, Fehlrippen, Hochripp, Roastbeef.
11. Das mittlere Rippenstück, Schellripp, Riedstück.
12. Das vordere Rippenstück, Kanzripp.
13. Das Blatt, Bug, Schulter.
14. Das Bruststück, Querripp.
15. Die Brust, Brustkern.
16. Der Kamm, Hals, Schild.
17. Die Hessen, Hammen.
18. Die Füße, Pfoten.
19. Der Kopf.

Zum Aufbewahren soll man das Fleisch von den Drüsen befreien; geschieht dies nicht, so reicht zur wärmeren Jahreszeit das Salz nicht hin, dasselbe frisch zu erhalten.

Man wähle stets lichtrotes **Kalbfleisch** aus, das saftig und zartfaserig ist, und dessen Fett eine schöne, gleichmäßig weiße Farbe hat. Kalbfleisch, welches kein Fett hat und dessen Rot ins Graue schimmert, desgleichen solche Nieren, über welchen ein rötliches Fett liegt, kaufe man nicht.

Fig. 114.

1. Nierenstück.
2. 3. Die Keule oder Schlegel.
4. 5. Die Hessen. Haxen, Stotzen.
6. Der Sattel, auch 6, 8 zusammen so genannt. Ripp, Kotelett.
7. Der Kamm. Bugschaufel.
8. Bug.
9. Die Brust.
10. Bug oder Vorderkeule.

Stierkälber liefern festeres Fleisch als Kuhkälber, doch ist es in der Regel weniger weiß, als von letzteren. Bei gutem Kalbfleisch sind die Nieren stark mit dichtem, weißem Fett bedeckt. Zeigt sich die Blutader im Vorderviertel blau oder glänzend rot, so ist das Fleisch frisch, bei jeder anderen Farbe alt. Bei frischem Fleisch sind alle Teile trocken und weiß, bei altem klebrig und gefleckt. Die Niere ist zuerst dem Verderben ausgesetzt und sitzt dann das Nierenfett nicht mehr fest darauf.

Zum Aufbewahren bestimmtes Kalbfleisch muß vom Speiler befreit und jeden Tag sorgfältig abgewischt werden, dann hält es sich zur heißen Jahreszeit an einem kühlen Orte 3 bis 4 Tage lang gut. Was drüsig und nicht fest ist, muß natürlich zuvor entfernt werden. Sieht man, daß es sich nicht bis zu einer bestimmten Zeit halten will, so siede man es etwa 10 Minuten im Wasser, bringe es an einen kühlen, luftigen Ort, und es hält sich viel länger.

Gutes **Hammelfleisch** hat dieselbe Farbe, wie gutes Ochsenfleisch; es sei überdies auch von zarter Faser und das Fett von schöner weißer Farbe. Hammelfleisch ist frisch, wenn die Halsader an einem Vorderviertel bläulich ist; durch längeres Liegen wird dieselbe grün oder gelb. Auch darf die Niere durchaus nicht riechen, noch die Gelenke schlaff sein. Im Herbst und anfangs Winter ist das Fleisch am besten.

Zum Aufbewahren müssen alle Drüsen, alle blutigen und unschlittfetten Teile, das Brustbein, die Röhre, welche innerhalb des Rückenstücks herablauft, ausgeschnitten und das Fleisch gut abgetrocknet werden. Zum Braten soll Hammelfleisch einige Zeit hängen, doch nicht bis es angeht; zum Sieden dagegen darf es nicht alt sein, sonst verliert es seine schöne Farbe.

Fig. 115.

1. Keule oder Schlegel.
2. 3. Sattel od. Rücken. Schoos.
4. Kotelettstück. Ripp.
5. Der Hals.
6. Blatt, Schulter, Bug.
7. Brust.

Junges **Schweinefleisch** ist hellblutrot, zartfaserig, zwar saftig, aber nicht wässerig, das Fett ist weiß und fest. Finniges Schweinefleisch wird von der Fleischschau zum Verkauf nicht zugelassen; die Finnen sind nur im Speck, nicht im Fleisch. Ist das Fett schwammig und nicht kernhaft, so taugt das Fleisch wenig. Ganz guter Speck ist fest, hat einen roten Anstrich, das Magere daran ist zart und klebt fest am Beine. Gelbe Streifen darin sind ein Beweis, daß er ranzig ist.

Fig. 116.

1. Der Hals. Kanz.
2. Blatt, Bug.
3 Bauch.
4. 5. Rückenstück. Kotelettstück.
6. Schinken.

Das Schweinefleisch ist reicher an Fett und ärmer an eiweißhaltigen Körpern, deshalb auch weniger nahrhaft und dabei schwer verdaulich.

Die Aufbewahrung des Schweinefleisches erfordert besondere Aufmerksamkeit, wie sie bei den vorangehenden Fleischarten geschildert wurde, da es ohne dieselbe sehr bald dem Verderben ausgesetzt ist.

Beim Einkauf der Schinken soll man mit einem scharfen Messer unter das Bein stechen; hat es beim Herausziehen einen lieblichen Geruch, so ist der Schinken gut; riecht hingegen das Messer schlecht und ist es schmierig geworden, so ist er verdorben.

Pöckelfleisch ist nur von jungen Schweinen gut und ist nur dann empfehlenswert, wenn sich der häutige Teil ziemlich hart anfühlt.

Das **Wildbret** teilt sich in 3 Arten, und zwar in Hochwild (Hirsch und Reh), Schwarzwild (Wildschwein) und niederes Wildbret (Hase, Kaninchen rc.) Das Fleisch des edlen Hirsches, das frisch dunkelrot sein soll, ist sehr schmackhaft, wenn auch weniger zart als das des Rehes, und besonders gut das der Hirschkälber und Jährlinge. Es ist fast das ganze Jahr gesund und wohlschmeckend, nur im Frühjahr und Sommer wegen der besseren Nahrung geschätzter als im Winter und während der Brunstzeit im August und September.

Fig. 117.

1. Keule oder Schlegel.
2. Rücken oder Ziemer.
3. Blatt, (Bug, Schulter.)
4. Brust.

Das Schwarzwild dagegen ist in den Wintermonaten am besten und gesuchtesten; besonders die Frischlinge (bis 2 Jahre alte Tiere) und dann noch die Keiler (bis zu 4 Jahre alte männliche Tiere.) Auch das Wildschwein wird wie das Hausschwein abgebrüht und zerlegt oder es wird mit einem Glüheisen abgesengt und wie Hochwild behandelt. Der

Ziemer oder Rücken ist das beste Stück am Hirsch, dann kommen die Keulen oder Schlegel, während die Blätter (Bug oder Schulter) weniger gut sind, hingegen Kopf, Brust und Hals meist nur zu Ragout verwendet werden. Vor dem Verbrauch soll das Hochwild, je nach der Jahreszeit längere Zeit (einige Tage) aufgehangen werden, womöglich in der Haut an einem trockenen, der Zugluft ausgesetzten Orte oder auf dem Eise, damit es zart und mürbe wird. Waschen taugt nichts — nur die blutigen Stücke dürfen etwas gewaschen werden, doch ist es besser, das Blut trocken abzuwischen.

Der Hase wird ähnlich behandelt, und ist am besten vom September bis anfangs Februar. Beim Einkauf sehe man darauf, daß er frisch ist, und fleischig beim Anfühlen, nicht mager.

Um einen guten Wildbraten herzustellen, ist fleißiges Begießen höchst notwendig.

Beim Einkauf des **Geflügels** ist es besonders notwendig, namentlich gegen das Ende der Saison, sich davon gründlich zu überzeugen, ob das Fleisch zart und saftig ist. Aus altem Geflügel mit zähem Fleisch läßt sich nie eine wertvolle Speise herstellen.

Von großer Bequemlichkeit und von Nutzen ist es für große Wirtschaften oder Haushaltungen, in welchen fein gekocht wird, wenn man in der Speisekammer eine Marmorplatte oder eine große Steinplatte, statt des Tisches, haben kann. Das Geflügel unterwärts, mit der Brust auf die Platte gelegt, hält sich besser als aufgehangen. (Auch ist das Arbeiten des Butterteiges in heißen Tagen auf einer solchen Platte eine große Erleichterung für die arbeitende Person.)

Will sich Geflügel nicht halten, dann ist es zu rupfen, durch zwei bis drei Wasser zu waschen und tüchtig mit Salz einzureiben. Darauf wird es in einer Pfanne mit siedendem Wasser recht stark geschwemmt, so daß das Wasser alle Teile durchdringt. Ist es 5—6 Minuten in dem Wasser gewesen, so wird es herausgenommen, an einem kühlen Orte aufgehängt, nach dem Abtrocknen mit Salz und Pfeffer innen und außen eingerieben und hängend aufbewahrt. Vor dem Braten ist es tüchtig abzuwaschen.

(Ausführliche Belehrung über den Einkauf und die Aufbewahrung sämtlicher Küchenbedürfnisse enthält „Die Hausfrau in ihrem Hauswesen" II. Teil.)

Zu welcher Zeit sind die wichtigsten Lebensmittel am besten.

(Siehe auch Abschnitt Fische, Wild ꝛc.)

Die Köchin muß sich nach der Jahreszeit richten, wenn sie den Tisch jederzeit gut besetzen will, d. h. sie muß stets das zu kochen suchen, was gerade am besten und dabei meist auch am billigsten ist.

In den Monaten **Januar, Februar, März, April** ist infolge der durchaus trockenen Fütterung die Butter und Milch am schlechtesten.

Die Monate **April, Mai, Juni, Juli** haben das beste Rindfleisch.

Die Monate **September, Oktober, November, Dezember, Januar** das beste Wildbret und das beste Federvieh, sowie die besten Fische.

Die Monate **Dezember** und **Januar** das beste Bankfleisch.

Die Monate **Juli** und **August** die besten Krebse.

Vom **Februar** bis **Mai** hat man die besten neuen Eier.

Im **Januar** ist Sauerkraut am besten; auch werden Fische, Wildbret, frische Austern gespeist. Lammfleisch ist von jetzt bis Mai gut.

Im **Februar** sind Fische sehr gut, während Hasen nicht mehr eßbar sind.

Im **März** giebt es junge Tauben und frische Eier, sowie Brunnenkresse und Ackersalat.

Der **April** bringt die ersten Spargeln und Hopfen als Gemüse; auch Lattich und Gartenkresse sind zu haben, weshalb mit den Wintergemüsen aufzuräumen ist; dasselbe gilt auch vom Rauch- und Pöckelfleisch.

Der **Mai** bringt die zartesten Gartengewächse und junge Hahnen, wogegen die Fische weniger gut und teilweise ganz unbrauchbar sind. Hammelfleisch fängt an, wieder gut zu werden.

Alle Vorräte vom Winter sind zu lüften und zu sonnen, namentlich diejenigen, welche anzugehen drohen.

Für den **Juni** gilt das im Mai Gesagte; auch bringt er weitere Gemüse, reife Kirschen u. s. w. Auch Frühkartoffeln giebt es hin und wieder.

Im **Juli** werden junge Gänse und Enten gut; kleine Gurken, Bohnen und rote Rüben werden eingemacht; je kleiner die ersteren sind, um so besser werden sie.

Im **August** muß sich die Köchin rühren, denn schon hat

sie für den Winter zu sorgen, indem verschiedene Beeren und Obstarten eingemacht, beziehungsweise der Saft davon eingekocht wird. Auch Eier muß man zum Aufbewahren kaufen, und darf man dazu keine wählen, die einen Sprung haben oder solche, die, wenn man sie gegen ein Licht hält, im Innern einen kleinen dunkeln Fleck zeigen.

Fig. 118.

Sie werden dann mittelst eines Pinsels mit einem Kopalfirniß oder auch mit einer Kalkauflösung überzogen und dann im Keller an einer luftigen Stelle aufbewahrt. Gut ist es dabei, wenn man sie auf die Spitze neben- und aufeinander stellt, und ist dies namentlich dann zu beobachten, wenn die Eier keinen Ueberzug erhalten. Auch in einem sog. Eierständer (Fig. 118) halten sich die Eier, auf die Spitze gestellt, sehr lange. Ebenso wenn sie in ein Gefäß gethan und auf die Spitze gestellt werden, das mit Kalk, Spreuer oder Buchenasche gefüllt ist. Gefrieren dürfen sie nicht, der Aufbewahrungsort darf aber auch nicht zu warm sein. — Es giebt Kohl zu bayrischem Kraut, frische Heringe und noch vieles, mit dem sich die Köchin helfen kann, um ihren Tisch zu billigem Preise gut zu besetzen.

Im **September** giebt es wildes Geflügel, junge welsche Hahnen und allerlei neue Gemüse, teilweise zum alsbaldigen Gebrauche, teilweise zum Einmachen.

Im **Oktober** muß Sauerkraut eingemacht, Kartoffeln und Obst in den Keller gebracht und überhaupt für Wintervorräte gesorgt werden. Auch die Einsalzungen nehmen ihren Anfang. Enten, Gänse und Kapaunen sind ganz gut und werden häufig auf den Tisch gebracht.

Im **November** muß, was noch nicht in den Keller gebracht ist, nachgeholt werden, und werden namentlich Lauch, Petersilie, Rüben, Zellerich rc. in ein aus Erde und Sand bestehendes Beet in den Keller gebracht. — Fische werden wieder gut; alles Wildbret ist ausgezeichnet. Die Einsalzungen sind fortzusetzen.

Für den **Dezember** gilt auch das vom November Gesagte, und werden nun auch Schnecken, Austern, Seefische, Hummer, Caviar rc. gegeben.

Erklärungen einiger in der Küche gebrauchter Kunstausdrücke und Anderes.

Abäschern ist die Arbeit des Abreibens mit Asche solcher Fische, die Schleim absetzen.

Abbrennen oder abdämpfen heißt, etwas in einem kupfernen, verzinnten Kasserol auf dem Feuer unter stetem Rühren recht aufquellen und dick werden lassen bis zu einem festen oder lockeren Teige nach Vorschrift.

Abdrehen oder **Tournieren** ist das Formenschneiden aus Wurzeln, Kartoffeln u. s. w. zu Garnituren.

Abgeriebene manierte Butter, rein ausgewaschene, gesalzene Butter so lange auf heiße Asche setzen, bis man sie wie einen Brei rühren kann; ist nur zu gesalzenen Speisen tauglich.

Abpassieren, Anpassieren heißt, wenn man entweder Fleischstücke, Gemüse, Kräuter oder Wurzelwerk in Schmalz oder Butter abschwitzt, d. h. über Kohlenfeuer setzt und langsam im eigenen Safte dämpft (schmort).

Abschrecken oder **Schrecken,** ablöschen, wenn man z. B. in siedenden Kaffee oder andere Flüssigkeiten kaltes Wasser gießt, um eine Klärung derselben herbeizuführen. Auch schreckt man verschiedene Braten, wie Schweinebraten 2c., mit Ueberrieselung von kaltem Wasser, wodurch sie recht knusperig werden.

Abziehen, eine Suppe oder Sauce mit Eigelb, dem nach Umständen Rahm, Wasser oder Fleischbrühe beigerührt wird, vermischen und auf dem Feuer abkochen.

Assiette, Zwischengericht oder Nebengericht.

Attachieren, Angehen. Fleisch, Geflügel 2c. mit etwas Brühe so weit einkochen lassen, daß es sich auf dem Boden des Geschirres braun ansetzt, ohne jedoch anzubrennen.

Aufstoßen heißt, eine dicke Speise nicht völlig zum Aufkochen kommen lassen.

Aufwallen. Hierunter versteht man die leichte, auf der Oberfläche von Flüssigkeiten entstehende Bewegung, welche kurz vor dem eigentlichen Sieden eintritt.

Aufziehen nennt man es, wenn ein Auflauf, Crême oder sonstige Eierspeise dadurch in die Höhe gezogen wird, daß der genau passende Deckel auf dem Geschirr mit Kohlen belegt wird. Unter dem Geschirr müssen natürlich auch Kohlen sein.

Aufzwecken siehe dressieren.

Ausbeinen, Decossieren ist das Auslösen der Knochen von Schlachtfleisch und Geflügel.

Ausnehmen wird von Wildbret und Geflügel gesagt, indem man das Eingeweide herausnimmt.

Baba, Rosinen-Napfkuchen.

Bähen, Weckschnitten und dergl. auf einem Roste oder im Backofen gelb werden lassen.

Bain-marie (Marienbad, Heißwasserbad.) (Fig. 119.) Speisen, Saucen, Ragouts u. s. w. in Kasserolen in ein flaches Gefäß mit kochendem Wasser setzen, um dieselben warm zu hal-

Fig. 119.

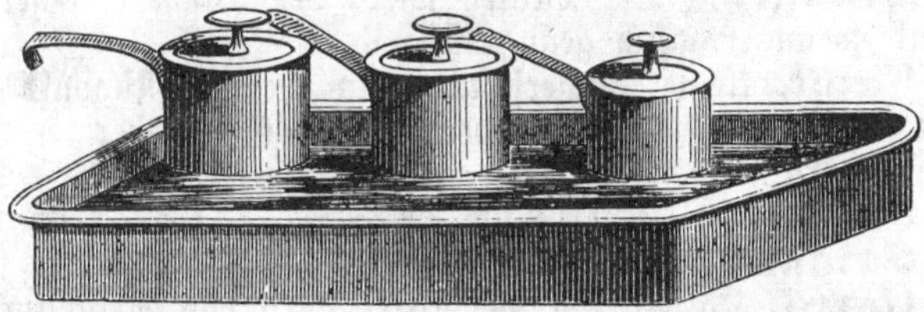

ten, ohne daß sie anbrennen oder gerinnen. Dasselbe Verfahren wendet man an, um Mehlspeisen, in die Form gefüllt, im Ofen gar zu machen. Auch beim Einmachen von Früchten, Gemüsen und zum Kaffeeaufwärmen ist das Wasserbad von Wichtigkeit.

Bardieren, Geflügel, Reh, Hasen rc. über der Brust mit Speckscheiben belegen und dieselben festbinden, um sie am Spieß oder im Ofen braten zu können.

Becassine ist eine Schnepfenart.

Beignets nennt man eine besondere Art von Backwerk.

Blanchieren heißt gewisse Gemüsegattungen eine kurze Zeit in kochendes Wasser bringen, wodurch man ihnen die Schärfe und blähenden Eigenschaften benimmt. Man blanchiert auch Kalbsköpfe und -Füße, um sie zurichtbar zu machen, und wendet dasselbe Verfahren bei der Schweinsschwarte an, um deren Reinigung zu erleichtern.

Blind abbacken, Pasteten, kleine Kuchen rc. abbacken, damit sie ihre Form behalten, ohne sie mit ihrem Inhalte gefüllt zu haben, welcher erst dann hineingegeben wird, nachdem sie gebacken sind.

Bordure, Einfassung von Teig bei feinen Zwischenspeisen, mit Reis gefüllte Bordure bei Ragouts oder bei kalten Schüsseln mit Sulz.

Bouillon ist weiße oder braune Fleischbrühe.

Bovril, Fleischextrakt. General-Vertreter der Bovril-Company in London F. Mayer u. Co., Hoflieferanten, in Karlsruhe. Siehe Inserat Seite 1.

Bowle wird ein kalter Punsch genannt.

Braise. Fette Brühe zum Garmachen des Fleisches und Geflügels. Man bereitet sie, indem man in Scheiben geschnittenes Wurzelwerk, Zwiebeln und mageren Schinken in Bouillonfett gut durchschwitzt, fette Brühe auffüllt und noch ein Bouquet mit Thymian und Basilikum, sowie ein Lorbeerblatt, etwas ganzen Pfeffer und Salz hinzufügt und die Brühe, nachdem sie gekocht ist, beliebig anwendet.

Braisiren. Den Gegenstand mit obiger Brühe bedecken und darin gar dämpfen oder dunsten.

Bräunen. Der Braten wird bei raschem Feuer gebräunt, wenn er weich genug ist.

Caisse, kleine Papierkästchen, in welchen Ragouts oder kleine Aufläufe oder kalte Speisen wie Gänseleber u. s. w. serviert werden.

Candieren heißt verzuckern.

Caramel ist gebrannter Zucker.

Carré, Kalbs-, Hammelscarré wird das Fleischstück genannt zwischen Rippen und Schlegel.

Charlotte, Puddinge, welche außen mit einer Kruste, entweder von Brot oder Bisquit umgeben sind.

Chaudeau, ein Weinschaum, der zu Mehlspeisen gegeben wird.

Clarificieren oder **Klären,** Gelees, Jus, Fleischbrühe und Butter durchsichtig machen. Gelées werden durch Ei geklärt, Jus und Fleischbrühe durch gestoßenes Ochsenfleisch, Butter durch die Wirkung eines mäßigen Feuers; letztere gießt man noch durch eine Serviette, um sich ihrer in den zahlreichen Fällen zu bedienen, wo man geklärte Butter verwendet.

Compot, mit Zucker eingemachtes und gedämpftes Obst.

Confekt ist kleines feines Zuckerbackwerk.

Confitüren sind in Zucker eingemachte Früchte.

Conserven, sind zum Aufbewahren eingemachtes Fleisch, Früchte und Gemüse.

Consommé. Kraftbrühe von Rind- oder Kalbfleisch und Geflügel.

Coquillen. Muschelschalen zu Ragouts.

Couli, eine durchgeseihte Kraftbrühe von Fleisch, Wurzeln, Gewürzen 2c.

Croquettes sind die als Beilagen gerngesehenen Gerichte, die aus gehacktem Fleisch oder Fisch in Wurstform bereitet, paniert und gebacken werden.

Croutons werden in beliebige Formen geschnittene, und in Schmalz gebackene, Weißbrotscheibchen genannt, mit welchen die Ragoutsplatte garniert wird.

Dämpfen heißt, die Speisen in einem fest zugedeckten Geschirr über Kohlen setzen und gar werden lassen.

Decoupieren (zerlegen) heißt, die Einzelteile von Geflügel oder Wild, welches man fricassieren oder sautieren will, von einander trennen.

Degorgieren, Kalbsbrisen, Kalbshirn und andere Teile, die viel Blut enthalten, öfters in lauwarmem Wasser wässern, bis sie von dem Blute befreit sind und weiß aussehen.

Degraissieren, abfetten. Saucen oder Suppen von Fett reinigen, indem man sie an der Seite des Feuers langsam kochen läßt und das Fett, sobald es sich auf der Oberfläche zeigt, mit einem Löffel rein abnimmt.

Delikateßwaren, hervorragende Bezugsquelle bei Alfred Böhm, Stuttgart, Schloßstraße u. Breite Straße. Siehe Inserat Seite 2.

Demi-glace, eingekochte Fleischbrühe, dünnflüssige Sauce.

Dessert heißt Nachtisch, besteht aus Backwerk, Früchten, Käse 2c.

Desossieren, aus Geflügel oder anderem Fleisch die Knochen und Rippen vorsichtig lösen, so daß dasselbe nicht beschädigt wird.

Dressieren, formen. Gemüse in verschiedene Formen, z. B. wie eine Olive oder eine ganz kleine Rübe, schneiden. — Geflügel durch Bindfaden beim Kochen und Braten in eine gefällige Form bringen. — Teigränder oder Pasteten dressieren, indem man den Rand einer runden Teigplatte zwischen den Daumen und den beiden ersten Fingern beider Hände zu einer beliebigen Höhe empordrückt.

Einbiegen, Dressieren heißt, ein Huhn, eine Taube 2c. in gute Formen bringen, indem man die Keulen, wenn die Füße im Gelenke abgehauen sind, zurück schiebt und die Spitzen derselben in eine Oeffnung, welche man durch einen kleinen Einschnitt in die Haut beider Keulen an der unteren Seite derselben gemacht hat, steckt. Man wendet dieses Einbiegen vorzüglich bei Tauben, Hühnern 2c. an, wenn dieselben nach dem Kochen oder Blanchieren zu Fricassen 2c. zerschnitten werden sollen.

Fig. 120.

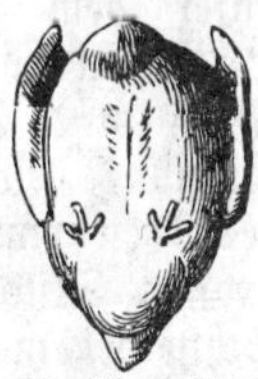

Einkochen heißt, Speisen, welche zu dünnflüssig sind, oder gewisse Säfte durch anhaltendes Kochen eindicken oder verdicken. Ebendieselbe Bedeutung hat es, wenn man feste Speisen in oder mit einer Suppe weichkocht.

Einmachen wird von Früchten und Gemüsen zur Aufbewahrung gesagt.

Einmehlen heißt, so viel Löffel Mehl an eine Speise oder Sauce geben, als man zu brauchen glaubt, daß diese gehörig dick davon wird, (auch im Mehl umwenden, wie rohen Fisch, Kalbsleber).

Entfetten. Abschöpfen des Fettes von Saucen, Fleischbrühe.

Entrées heißen alle kalten und warmen Gerichte, die mit Saucen genossen werden, sowohl die von zahmem wie wildem Geflügel, von Fleisch und Wildbret, von Fluß- und Seefischen.

Entrecôte, Mittelrippenstück, ist das Fleischstück vom Ochsen zwischen Rippen und Hinterviertel, das beim Kalb u.s.w. Carré genannt wird.

Entremets sind leichte Zwischenspeisen, welche nach dem Braten gegeben werden.

Escalopes sind meist rund geschnittene Scheiben von Schlachtfleisch, Wildbret, Geflügel oder Fisch.

Essenz wird der Saft genannt, der aus pflanzlichen und tierischen Substanzen gewonnen wird.

Farce (Füllsel). Diese besteht entweder aus gebratenem oder rohem Fleisch von Schlachtvieh, Geflügel oder Fischen, welches, nachdem es fein gehackt oder gestoßen ist, mit eingeweichter Semmel, Butter oder Fett, Eiern, den verschiedenartigsten Zusätzen, wie Kräuter, Champignons, Trüffeln, Krebsbutter rc., zu einer Mischung verarbeitet wird, deren man sich vielfach in der Küche bedient.

Farcieren, mit Farce füllen.

Farinzucker wird sowohl der indische, nicht raffinierte Rohrzucker, als auch der im Apparat zurückbleibende gelblich-mehlige Zucker genannt.

Filet. Dieses Wort ist vieldeutig. Filets nennt man die Lungen- oder Mürbebraten von allem Schlachtvieh und Wildbret; Filets heißen ferner die Brüste des Geflügels, besonders dann, wenn sie vom Brustknochen abgelöst sind. Die unter dem Brustfleische des Geflügels befindlichen, fest am Brustbein haftenden, schmalen Fleischstreifen heißen gleichfalls Filets und zwar zum Unterschiede von jenen größeren: Filets mignons. Wenn man einen Fisch ausschneidet, d. h. das Fleisch desselben von dem Rückgrat loslöst, so nennt man die beiden großen Stücke, welche man durch diese Procedur erhält: Filets. Schneidet man diese großen Stücke in kleinere Stücke, so werden diese ebenfalls Filets genannt. Filets nennt man ferner das in kotelettförmige oder ovale Stücke geschnittene Fleisch von rohem, gekochtem oder gebratenem Wild, Schlachtvieh oder Geflügel; längliche schmale Streifen, die man von Fleisch oder Wurzeln, Nudeln, Semmeln, Heringen, Aepfeln u. s. w. geschnitten hat, heißen ebenso.

Fines-Herbes (feine Kräuter). Unter dieser Bezeichnung versteht man Estragon, Petersilie, Körbel, Schnittlauch oder Schalotten, etwas frisches Basilienkraut und Champignons, welches alles fein haschiert, in Butter oder Oel geschwitzt (anpassiert) wird.

Flambieren. Geflügel wird, nachdem es gerupft ist, dadurch von den kleinen Federn und Härchen befreit, daß man es kurze Zeit über einer hellen Flamme von Spiritus oder Kohlenfeuer absengt und mit einem reinen Tuche abwischt.

Fond (Satz). Die Brühe, in welcher man Fleisch, Geflügel, auch wohl Fische in der Braise gar geschmort oder gebraten hat, wird entweder mit einer Mehlschwitze säumig gemacht, zu dem Fleisch gegeben, oder, wenn man eine andere Sauce dazu bestimmt hat, zur Bearbeitung derselben gebraucht, welcher sie dann den Geschmack des in ihr bereiteten Gegenstandes mitteilt.

Fricandeau, gespicktes und gedämpftes Kalbfleisch oder Wildfleisch von der Nuß.

Fricassée, (eingemachtes) Schnittfleisch von Huhn, Kalb, Fisch u. s. w. in Butter angebraten mit Fleischbrühe und Gewürze gekocht, die Brühe mit einer Mehlschwitze dicklich eingekocht, mit Eigelb abgezogen und auf das Fleisch gegeben.

Fricassieren ist, zerschnittenes Fleisch in einer Pfanne zurichten oder Fleisch in Butter hellgelb anlaufen lassen und dann mit Fleischbrühe und Gewürzen gar kochen und darauf die durchgetriebene Brühe wieder dicklich kochen.

Fritüre, erhitzte Butter, Fett oder Olivenöl zur Schmalzbäckerei.

Garnieren heißt, eine Speise mit verschiedenen Zuthaten umlegen und ausputzen, wie z. B. Schlachtbraten und Gemüschen (à la jardinière), um derselben ein schönes, gefälliges Aussehen zu geben. Oder eine kalte Schüssel mit Sulzcroutons verzieren, oder eine feine Zwischenschüssel (Ragout) mit Brotcroutons oder Teigfleurons, Morcheln, Trüffeln, Champignons u. s. w. einfassen und umgeben.

Garnitur nennt man die Zuthaten, mit welchen man die Speisen belegt und verziert.

Gelatine, feinste Art Leim zu Crêmes, Gelées und Sulzen.

Gelée nennt man Sülze oder Gallerte, die ohne oder mit Zusatz von Kalbsfüßen, Gelatine oder Hausenblase verfertigt wird. Süße Gelées werden entweder mit Gelatine oder Hausenblase bereitet. Siehe Abschnitt 24.

Glace heißt die zu einem festen Körper eingekochte Fleischbrühe. Auch giebt es eine Zuckerglace; diese besteht aus der Mischung von feingestoßenem Zucker mit Eiweiß, Zitronensaft, Wasser rc.

Glacieren. Ein Stück Fleisch mit seinem Fond unter fortwährendem Begießen so kurz gehen lassen, daß es ein glänzend-braunes Aussehen erhält; oder ein Stück Fleisch mit etwas aufgelöster Tafelbouillon mit einem Pinsel bestreichen. Bäckereien oder Mehlspeisen mit feinem Zucker bestreuen, den man entweder im Ofen oder durch eine glühend gemachte Schaufel schmelzen läßt.

Gratinieren heißt, Speisen, besonders solche, welche von Farce bereitet sind oder einen Ueberzug von Semmel, Käse 2c. haben, in gelinder Ofenhitze leicht backen, so daß sie unten und oben eine leichte bräunliche Kruste erhalten.

Grenadines sind kleine Fleischschnitten von allen Fleischarten.

Grillieren heißt, auf dem Roste über Kohlenfeuer zu schöner, hellbrauner Farbe braten.

Haché, eine Speise von gehacktem, gebratenem Fleisch, von gekochten Lungen 2c.

Hachieren, fein hacken.

Hors d'oeuvre werden kleine pikante Gerichte genannt, die den Zweck haben, den Gaumen zu reizen und gewöhnlich als Vorspeise nach der Suppe oder vor derselben gegeben werden.

Jus, braune Fleisch- oder Bratenbrühe. Außerdem giebt es noch Zucker-Jus, die aber nur im Notfall verwendet wird.

Kaldaunen sind Kuttelflecke oder Gekröse.

Klare. Backteig, um zum Ausbacken bestimmte Sachen hineinzutauchen und diese dann in heißem Backfett gar zu backen.

Klarkochen. Suppen oder Saucen an der Seite des Feuers langsam kochen und den sich bildenden Schaum und das Fett mit einem Löffel abnehmen.

Klarmehl ist Weizen- oder Kartoffelmehl, welches mit Wasser, Wein, Milch, Rahm oder Bouillon flüssig- und klargerührt oder gequirlt wird. Man wendet es an zum Verdicken von Bratenjus und von zu dünn gewordenen Suppen, Saucen und Gemüsen.

Klops sind aus gehacktem Fleisch geformte Klöße.

Kneffs, Nockerln, Quenelles. (Fig. 121.) Kleine Klöße von Fleisch- oder Fischfarce, die man zu Ragouts und Suppen gebraucht. Man dressiert sie mittelst zweier Theelöffel auf folgende Weise: Man füllt den einen Löffel mit Farce, streicht diese mit einem in heißes Wasser getauchten Messer recht glatt, nimmt sie mit dem andern, ebenfalls in heißes Wasser getauchten Löffel aus dem ersten und legt sie in eine mit Butter ausgestrichene Kasserole. Nachdem man auf diese Weise so viel Kneffs, als man braucht, dressiert, gießt man behutsam etwas

Fig. 121.

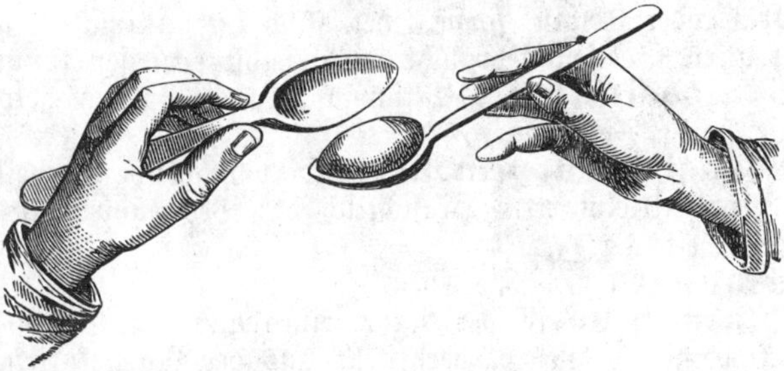

kochende Fleischbrühe oder kochendes, gesalzenes Wasser in die Kasserole und läßt die Kneffs auf dem Feuer garziehen, nicht kochen.

Koch, Mehlspeisen, die im Bratofen gebacken oder mit Kohlen oben und unten aufgezogen wurden.

Kotelett, beim Kalb, Hammel, Reh, Schwein die von den Rippenstücken abgeschnittenen Rippchen.

Kurzkochen, von Fleischbrühe, um sie recht kräftig herzustellen, oder von Saucen, die man unter fortwährendem Rühren bis zu einer gewissen Dicke kochen läßt.

Lake wird die zum Einpöckeln zu verwendende Salzbrühe genannt.

Legieren, abziehen, Suppen, Saucen u. s. w. durch gelbe Eier binden.

Liaison, das aus Milch, Wasser oder Wein klargequirlte Eigelb, dessen man sich zum Abziehen der Suppen 2c. bedient.

Liebig's Fleisch Extrakt. Das in Süd-Amerika hergestellte Fleischextrakt der Liebig-Company hat sich infolge seiner vielseitigen Verwendbarkeit als ein vortreffliches Hilfsmittel für die einfache und feine Küche bewährt. Für die rasche Herstellung einer Fleischbrühe und von Suppen, oder deren Verbesserung ist Liebig's Fleisch-Extrakt besonders am Platze; ferner da, wo es sich um die Bereitung von Saucen, Zwischenspeisen oder Gemüsen u. s. w. handelt. Nur muß jede Hausfrau sich vor dem „zuviel" hüten.

Um eine Fleischbrühe herzustellen löst man 3 Gramm Fleisch-Extrakt in 1/4 Liter siedendem Wasser und giebt etwas Salz, sowie ein kleines Stückchen Butter dazu.

Als Ersatz für Bratenjus oder sogenannte gute Jus ist das Extrakt stets ein schneller Hilfsfaktor. In allen Rezepten, wo es sich um Kräftigung und Geschmacksverbesserung der Saucen handelt, ist Braten-Jus oder gute Jus angegeben und kann, wo solche nicht vorhanden, durch Liebig's Fleisch-Extrakt in oben angegebener Weise ersetzt werden; darnach wird auch jede Hausfrau oder Köchin, sowie jeder Koch die minimale Menge, die zu allen Speisen gebraucht wird, selbst ermessen können.

Macédoine. Ein Mischmasch aus für sich gekochten Gemüsen oder Früchten.

Maggi's Suppenwürze. Hervorragende Neuheit auf dem Lebensmittelmarkt. Hinsichtlich der Verwendbarkeit siehe Inserat Seite 3.

Manieren, s. abgerieben.

Maraschino ist der Name eines aus dem Süden kommenden weißen Liqueurs, hergestellt aus der Maraskakirsche.

Marinieren, beizen, Fleisch, Geflügel und Fische mit einer würzigen, sauren Brühe (Marinade) begießen und einige Stunden darin stehen lassen.

Markieren, Braten-, Fische-, Geflügel-Saucen u. s. w. mit den nötigen Bestandteilen roh zusammenstellen, um sie vor dem Gebrauche rasch auf das Feuer zu setzen und fertig zu machen.

Marmelade, Mus, mit Zucker verdickt, von allerlei Früchten.

Maskieren heißt, eine Fleisch- oder Mehlspeise mit einer dicken Sauce bedecken.

Mijotieren, solche Fleisch- und Fischstücke, die in der Braise zubereitet werden, auf gelindem Kohlenfeuer ganz langsam und gut zugedeckt kochen.

Nickel-Kochgeschirre. Die Berndorfer Rein-Nickel-Kochgeschirre sind aus massiv reinem Nickel hergestellt, unverwüstlich, brauchen innen nicht verzinnt zu werden und besitzen absolut keine gesundheitsschädlichen Eigenschaften. Die Geschirre bleiben stets weiß und blank, wenn sie entsprechend behandelt werden. Sie müssen nach dem Gebrauch in heißem Wasser mit Seife oder Soda gehörig abgewaschen, in reinem Wasser gut abgespült, abgetrocknet und blank gerieben werden. Beim Gebrauch selbst ist zu berücksichtigen, daß in diesen Reinnickelgeschirren es sich viel rascher kocht und backt, als wie in Kupfer oder Email und ist deshalb mit der nötigen Vorsicht zu verfahren, um ein Anbrennen zu verhüten.

Hingegen kann in den Geschirren alles gekocht werden und können scharfe Speisen wie Sauerkraut, scharfe Saucen u.s.w. ohne der Gesundheit schädlich zu sein, darin fertig gekocht werden. Zum Aufbewahren der Speisen dienen sie nicht und sind dazu, wie sonst, irdene und porzellanene Geschirre zu verwenden.

Im praktischen Gebrauch haben sich die Geschirre überall vorzüglich bewährt und sollte namentlich vom hygienischen Standpunkte aus jede Hausfrau bei Neuanschaffungen den Reinnickelgeschirren den Vorzug geben; denn schon nach kurzem Gebrauche dürften die nur diesem Geschirr eigenartigen Eigenschaften ins Auge springen. Siehe Inserat Seite 4.

Panade nennt man einen Teig, welcher zur Bereitung verschiedener Farcearten als Bindemittel angewendet wird.

Panieren, Fleischstücke, Koteletts 2c. in Butter oder gequirltes Ei eintauchen und in geriebenem Weißbrot umwenden oder auch nur in geriebenes Brot einhüllen.

Fig. 122.

Fig. 123.

Papillote. Eine Verzierung von Papier, welche dazu dient, die beim Braten bloßgelegten Beinknochen von Kalbs- und Rehschlegeln 2c. zu bedecken. Ein halber Bogen Schreibpapier wird dazu der Länge nach zusammengelegt und an dem Falz noch ein 2 cm breites Stück umgekippt. In diesen Rand macht man mit der Scheere, so dicht wie möglich, in seiner ganzen Länge Einschnitte (Fig. 123), rollt hierauf das Papier um den Finger oder einen Löffelstiel von der Dicke des Knochens und befestigt es mit einem darum geklebten Streifen Papier oder einer blätterförmigen Manschette (Fig. 122), wie man sie zum Verzieren der Leuchter gebraucht. Um eine weitere hübsche Form zu erhalten, wird das Papier ebenso gelegt und eingeschnitten, wie oben beschrieben, (Fig. 124), dann aber das geschnittene Papier so gestellt, daß der Schnittrand höher zu stehen kommt (Fig. 125) und man beim Aufrollen auf einen Stiel umstehende spiralförmige Fig. 126 erhält. Die Schlußmanschette (Fig. 127—133) stellt man auf folgende Weise her. Ein quadratisch geschnittenes Papier (Nr. 1) wird viermal zusammengelegt, sodann der Punkt a auf b gelegt, wodurch ein Dreieck entsteht (Nr. 2), das sodann in der Linie c d zusammengelegt wird, wie Nr. 3 zeigt, daß der Endpunkt b auf die Langseite des Dreiecks zu liegen kommt. Hierauf schneidet man mit der Scheere den oberen Teil des Papiers ab, der Linie c d folgend, um Nr. 4 zu erhalten. Sodann legt und falzt man sämtliche Kanten gleichmäßig aufeinander, schneidet am unteren zusammen=

hängenden Ende ein Stück ab, um die Papillote durchzustecken, legt das zusammengefaltete Stück zwischen ein Tuch möglichst an die Kante eines Tisches, den abgeschrägten Teil sich zugewendet, die Spitze des Blattes nach rechts gelegt, drückt mit dem Ballen der linken Hand auf das Papier, hauptsächlich auf die Spitze, während man sodann mit der rechten Hand links seitlich das Tuch gegen sich dreht, so daß das Papier sich rippenartig formt (Nr. 5 u. 6). Hierauf schiebt man die spiralförmig gedrehte Manschette in den gepreßten Teil ein, wie Nr. 7 zeigt und verwendet sie, wie schon oben beschrieben. Zu Koteletts werden ebensolche Papilloten oder Manschetten aus Papier hergestellt, indem man etwa 8 cm langes und 3 cm breites Schreibpapier zusammenlegt, am Falz stark die Hälfte umkippt und dann behandelt, wie die große Papillote, nur ohne die blätterförmige Manschette. Wenn die kleine Papillote spiralförmig aufgerollt ist, wird sie mit Gummi festgeklebt.

Fig. 124.

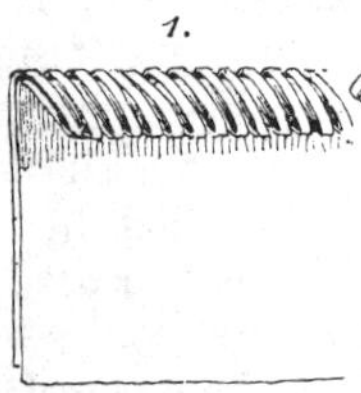

Fig. 125.

Fig. 126.

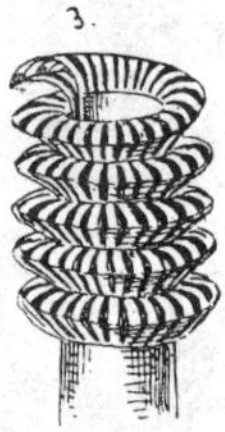

Fig. 127—133.

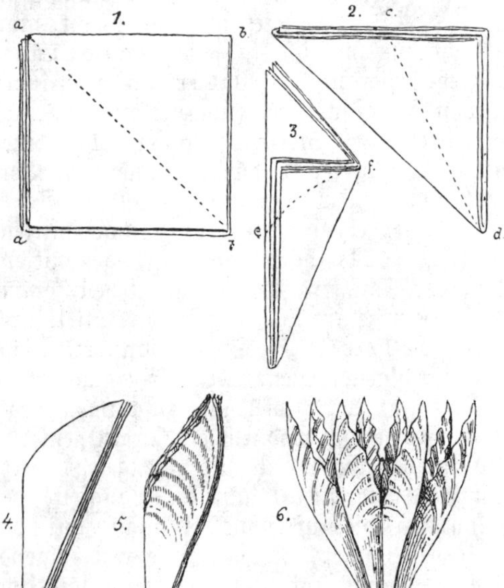

Parieren, Zurechtschneiden, Zustutzen der Beefsteaks und Koteletten.

Passieren hat eine mehrfache Bedeutung. 1) Abpassieren: Fleisch, Vegetabilien u. s. w. mit Butter, Fett oder Oel auf dem Feuer so lange schwitzen lassen, bis der dem Stoff entquollene Saft kurz eingeschwitzt ist, ohne Farbe angenommen

Fig. 134.

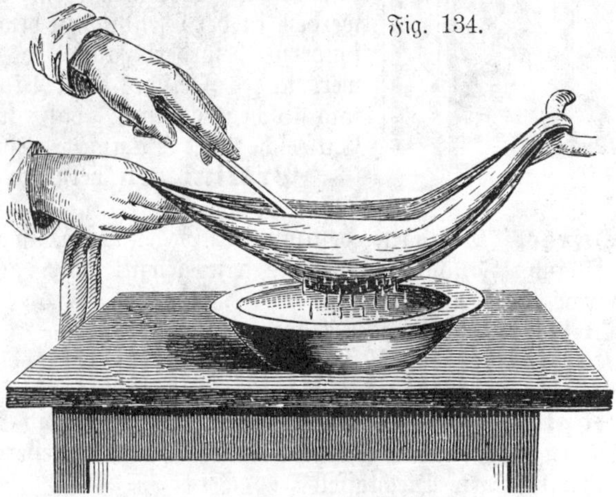

zu haben. Man nennt dieses Verfahren auch abschwitzen. 2) Durchpassieren: Durchstreichen, Flüssigkeiten durch ein

Fig. 135.

Sieb, ein Haartuch oder eine Serviette seihen (Fig. 134, 135 u. 136). 3) Einpassieren: Einer Suppe, einer Sauce oder einem Gemüse mittelst Mehles, welches in guter Butter weiß- oder gelbgeschwitzt worden ist, die nötige Bindung geben.

Fig. 136.

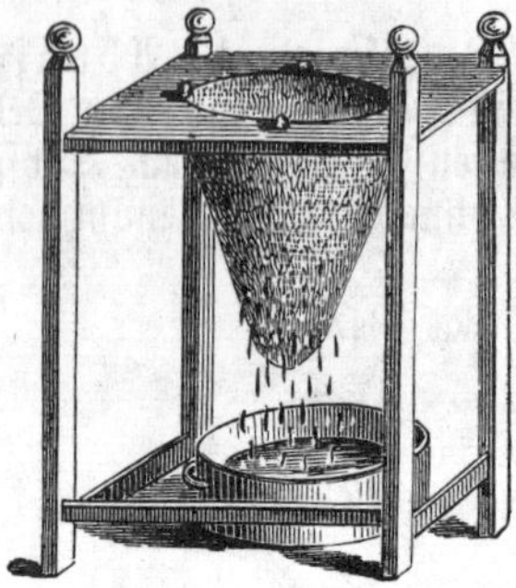

Patrone heißt ein rundgeschnittenes Stück Papier zur Bedeckung vieler Speisen während des Kochens, Backens und Bratens. Sie dient nicht nur, die Sachen, welche sie bedeckt, vor darauffallenden Unreinigkeiten oder vor dem Braunwerden in der Ofenhitze zu bewahren, sondern befördert auch das Garwerden des Fleisches beim Braisieren und Kochen dadurch, daß sie das Entweichen des Dampfes verhindert.

Pralinieren heißt in Zucker rösten.

Purée. Die dazu bestimmten Gegenstände, wie Gemüse, Fleisch, Früchte ꝛc. werden fein gehackt oder gestoßen und durch ein Sieb gestrichen.

Quirl, Spriegel oder Chocoladestrudler.

Ragout ist ein Mischgericht von gekochtem oder gebratenem Fleisch, Geflügel mit fein gewürzter Sauce.

Rapieren heißt das Ausschaben des Fleisches und Speckes aus Sehnen, Häuten und Fasern vermittelst eines Messers oder eines scharfkantigen Blechlöffels.

Reduzieren ist einkochen.

Salpicons heißt verschiedenes Fleisch, Champignons, Trüffel in kleine Würfel schneiden, mit dicker, feiner Sauce vermischen und als Fülle von Pastetchen, Krüstchen zu verwenden.

Sandwich, kleine, dünn geschnittene, englische Fleischbrötchen, aus Kapselbrot hergestellt.

Sautieren heißt dünne Scheiben oder Filets von Fleisch, Fisch, Schinken, Geflügel, Leber ꝛc. bei lebhaftem Feuer in Fett, Oel oder Butter schnell abschwitzen.

Schmoren, soviel als Abschwitzen.

Somatose, ein neues, als Nährmittel sehr empfohlenes Präparat, durch die Farbenfabriken vormals Friedr. Bayer und Cie. Elberfeld in den Handel gebracht und nur aus Fleisch hergestellt, ist ein schwach gelb gefärbtes, körniges Pulver, das lediglich die Nährstoffe des Fleisches in sich birgt und das in Wasser und wässerigen Flüssigkeiten leicht und vollkommen löslich ist.

Soufflé heißt Auflauf.

Sorbet, ein Kühltrank, aus Gefrorenem und einem Liqueur hergestellt.

Stand. Gallartige Substanz, die aus Hausenblase, Gelatine 2c. gewonnen wird und dazu dient, den Crêmes, Gelées und anderen kalten, süßen Speisen die erforderliche Festigkeit zu geben.

Tablieren. Umrühren einer zu gewissem Grade (Blase oder Flug) eingekochten Zuckerlösung, um das Trocknen derselben zu beschleunigen, — sog. Konserve herzustellen.

Tartelettes sind kleine, meist Früchtentörtchen.

Timbale, gestürzte Pastete oder auch Becherpastete genannt.

Toast, englisches Röstbrot zum Thee oder Kaffee häufig gegeben.

Tournieren, umwenden, gerinnen. Um ein Gemüse oder Ragout gut mit der Sauce zu vermischen, dreht und schwenkt (tourniert) man das Gefäß hin und her. Eine Crême oder Sauce ist tourniert, wenn die Eier in derselben durch Kochen geronnen sind. — Tournieren heißt auch, Gemüsen oder Früchten, die man zur Garnitur verwendet, mittelst des Messers die Form von Birnen, Kugeln 2c. geben.

Tranchieren, das Zerlegen, Zerschneiden der verschiedenen Braten 2c.

Vol-au-Vent, eine leer abgebackene, sogenannte blinde Pastete von Butterteig.

Zucker caramelisieren. Gestoßenen Zucker läßt man in einer Pfanne zergehen, bis er gelb oder braun wird, worauf man heißes Wasser dazu giebt und ihn aufkochen läßt.

Allgemeine Regeln für den Gebrauch dieses Kochbuchs.

1) Die Verfasserin sagt in der Vorrede zur ersten Auflage: „Ich habe die feste Ueberzeugung und scheue mich nicht, sie hier auszusprechen, daß es zwar zur Erleichterung dient und sogar für jede Hausfrau unentbehrlich ist, ein gutes Kochbuch an der Hand zu haben; aber aus dem Kochbuch allein lernt niemand kochen (wenn man nicht schon einen Begriff vom Kochen hat), denn die praktische Erfahrung ist hier, wie bei allem in der Welt, eine unumgängliche Notwendigkeit. Darum halte sich jedes in der Hauptsache an meine Angaben, und in den Nebensachen richte es sich nach seiner Ansicht und Erfahrung und handle, wie es ihm am besten dünkt."*

*) Praktische Anweisungen für die Haushaltung in deren ganzem Umfang finden sich in „Die Hausfrau in ihrem Hauswesen, II. Teil." Verlag J. Ebner, Ulm.

Hieraus geht

2) hervor, daß man sich nicht ängstlich an jedes Wort zu binden hat, wenn man nur die Hauptsachen befolgt. Heißt es z. B., daß zu einer braunen Sauce mit Sardellen — Zitronen, Capern, Pilze, Austern, Champignons, Trüffeln, Gurken u. s. w. kommen, so braucht man nicht alle diese Gegenstände dazu, es genügt vielmehr, wenn nur einige derselben, — natürlich diejenigen, welche die Person am meisten liebt, für welche die Speise bestimmt ist, — dabei sind. Dasselbe gilt von Maß und Gewicht, indem es auf ein Gramm oder einige Tropfen mehr oder weniger nicht so genau ankommt, wie in der Apotheke. Erfahrung und Uebung werden hierin die besten Lehrmeisterinnen sein.

Wenn es heißt, dieses oder jenes hat 5, 10, 20 Minuten u. s. w. zu kochen, so ist von da an zu rechnen, wo die Masse ins Kochen kommt; hört es einige Zeit zu kochen auf, so ist diese nicht zu rechnen.

3) Bei der Neubearbeitung des Buches habe ich versucht, dasselbe nach einem einheitlichen System zu behandeln und kann nur hoffen und wünschen, daß jede Hausfrau, jede Köchin, auch wohl meine jüngeren Herren Kollegen, beim Lesen dieses Buches nichts als unwichtig ansehen oder übersehen. Denn das einfachste Gericht dient oft als Grundlage für eine ganze Reihe feiner und feinster Speisen und wie sollte dann die Köchin im Stande sein, ein derartiges besseres Gericht herzustellen, wenn sie die einfachsten nicht kennt und die dort gegebenen Fingerzeige außer Acht läßt. Deshalb lasse sich Niemand verdrießen, die Einleitung gründlich zu lesen; ich hoffe, daß manches Gute und Praktische darin enthalten ist, das zum Verständnis der späteren Rezepte und Erläuterungen wesentlich beitragen wird.

Die dem Werke neu beigegebenen Zeichnungen der Handgriffe und Platten rc. sind Naturaufnahmen, durch den Kunstmaler Kull in Stuttgart gezeichnet und durch die xylografische Kunstanstalt von Aug. Krämer in Stuttgart geschnitten, und stellen in übersichtlichster und praktischster Weise die einzelnen Momente dar, wie solche im Text beschrieben sind. Dabei ist zu beachten, daß die Handgriffe ebenso gezeichnet sind, wie sie in Natur ausgeführt werden, und es also den geehrten Leserinnen ein Leichtes sein wird, nach diesen Zeichnungen das Beschriebene auszuführen.

4) Nichts gerät bei großer Hitze oder großer Kälte so gut, als bei einer gewöhnlichen Temperatur; dies muß sich die Köchin wohl merken, um vieles nicht verderben zu lassen, das von der Witterung abhängt.

5) Wenn man ein Rezept dieses Kochbuches benutzen will und nicht recht mit sich einig ist, wie es gemacht wird, so suche und lese man die erste von den Speisen einer und derselben Klasse, dann wird man eine genaue Beschreibung darüber finden, die nicht bei jedem einzelnen Rezepte wiederholt werden konnte, sonst wäre dieses Buch viel zu umfangreich geworden.

6) Hält man die Bereitung einer Speise für zu schwer, so mache man zuerst Versuche im Kleinen; verfährt man dabei mit der nötigen Pünktlichkeit und Sorgfalt, so werden sie gewiß gelingen und können im Großen wiederholt werden.

7) Wenn ohne nähere Bezeichnung von Wein die Rede ist, so ist immer weißer Wein darunter zu verstehen.

8) Eine feste Regel für Anwendung der Gewürze kann nicht aufgestellt werden, da dies zu sehr von den Gewohnheiten und dem Geschmack derjenigen abhängt, für welche gekocht wird. Es giebt jedoch viele Speisen, welche ohne Gewürze gar nicht gekocht werden können; sie sollen aber im allgemeinen so angewendet werden, daß sie nicht zu sehr vorschlagen, sondern den Speisen nur einen angenehmen Geschmack verleihen und die Verdauung befördern.

Spanischer Pfeffer (Cayenne) gehört zu den stärksten Gewürzen, der nur in sehr geringer Menge angewendet werden darf, dann aber den Magen erwärmt und den Appetit erregt.

Indischer Safran (Curcuma) wird vorzüglich zu Reisspeisen mit Currypfeffer verwendet, ist schwächer und färbt fast wie der gewöhnliche Safran.

Vanille nimmt unter den Gewürzen, welche namentlich zu Torten, Kuchen, Backwerk, Eisguß und Gefrorenem verwendet werden, den ersten Rang ein.

Zimmet (Canelle) ist für Backwerke, Milchspeisen, warme Getränke 2c. besonders geeignet, darf jedoch nur sparsam angewendet werden, da er sonst zu sehr erhitzt.

Muskatnuß wird als liebliche Würze häufig an Suppen und Saucen gethan und ist sehr gut für den Magen.

Muskatblüte ist zu Backwerken sehr geschätzt.

Gewürznelke kommt zerstoßen an verschiedene Backwerke. In der Küche findet sie nur des Geruches wegen Anwendung, indem man sie für Saucen in Zwiebel drückt und vor dem Anrichten wieder entfernt.

9) Salz ist die unentbehrlichste Zuthat an Speisen und kann bei Fischen fast im Uebermaß angewendet werden, da sie sonst ekelhaft und schwer verdaulich sind; auch Fleischspeisen jeder Art sollen gut gesalzen sein. Wildbret erfordert am wenigsten Salz. Je fetter das Fleisch ist, um so besser muß

es gesalzen sein, sonst ist es ungesund und weniger schmackhaft. Das Salz vermehrt die Hitze des siedenden Wassers und löst viele festere Teile des darin kochenden Fleisches auf; daher verliert dieses durch zu langes Kochen an Kraft. Um hierin nicht zu schaden, ist es ratsam, im Anfang nicht zu stark zu salzen und das, was noch fehlt, beim Anrichten zuzugeben. Zu viel Salz verdirbt den Geschmack einer Speise vollständig.

10) Will man Fleisch mit Essig durchdämpfen, so muß er in nicht zu geringer Menge so zeitig daran gegossen werden, daß er das Fleisch durchdringen kann. Zu einer sauren Sauce, oder wenn eine solche an das Fleisch kommt, darf man den Essig schon mehr sparen, denn durch zu langes Kochen verdampft derselbe; deshalb wird die Sauce pikanter, wenn man die Hälfte des Essigs erst kurz vor dem Anrichten nachgießt, oder noch besser den Essig vorher einkocht.

11) Die Gewürze kommen erst kurz vor dem Anrichten an die Speisen, denn wollte man sie mit denselben kochen, so gingen die flüchtigsten und feinsten Teile verloren. Das Gewürz kommt nur dann gleich anfangs an das Fleisch, wenn man dasselbe mit kaltem Wasser zusetzt, weil sich dann die Kräfte des Gewürzes mit dem allmählichen Auflösen in das Fleisch ziehen. Es muß dann aber das Geschirr sorgfältig zugedeckt gehalten werden, sonst geht das Beste durch den Kamin verloren. Die meisten Speisen werden durch die Gewürze gesünder und leichter verdaulich; wenn man aber nicht sehr sparsam mit denselben umgeht, so schaden sie ungemein und verdrängen auch den eigenen Geschmack der Speisen. Mit den Gewürzkräutern, die bei uns wachsen, darf man schon weniger sparsam umgehen; wer also einen starken, gewürzhaften Geruch und Geschmack liebt, helfe sich mit denselben. Sie sind im allgemeinen auch so vorzüglich, daß man mit ihnen die meisten ausländischen Gewürze ersparen kann.

12) In gut verzinnten Gefässen von Kupfer kochen sich die Speisen am besten; doch macht die Fleischbrühe hievon eine Ausnahme, indem sie, in einem irdenen Topfe mit gehöriger Vorsicht gekocht am besten gerät. — Nächstdem sind die eisernen, gut emaillierten Kochgeschirre am besten. Wenn aber das Email schon teilweise abgesprungen ist, so nehmen die in solchen Geschirren gekochten Speisen leicht eine graue Farbe an. — Man kann auch wohl in Blechgeschirren kochen, doch ist dies nur bei kleinen Quantitäten thunlich. Das Blech brennt leicht durch, auch schmilzt mitunter die Lötung ab; das Kochen in irdenen Geschirren ist ebenso mißlich, weil man dabei nie vor dem Zerspringen derselben sicher ist.

13) Zum Braten und Ausbacken gebrauche man niemals zinnerne Gefässe, da dieselben, sobald die darin befindliche Backbutter den zum Braten oder Ausbacken erforderlichen Hitzegrad erreicht hat, sehr bald selbst schmelzen. Bedient man sich behufs des Ausbackens eines blechernen Schaumlöffels, so muß es ein solcher sein, dessen Stiel durch Niete an den Löffel befestigt ist; ist die Befestigung durch Lötung bewirkt, so zerschmilzt das Zinn der Lötung durch die Einwirkung der heißen Backbutter in wenigen Augenblicken.

14) Zum Aufbewahren gekochter Speisen wende man nur irdene, porzellanene und gläserne Gefässe an; auch lasse man nie eine Speise in Geschirren von Kupfer und Eisen vollständig erkalten, da solches gesundheitsschädlich ist.

15) Das Fleisch wird viel besser, wenn man es einen Tag aufhängt und dann erst zusetzt. — Giebt man Knochen zur Fleischbrühe, so ist es gut, diese vor dem Zusetzen zu waschen. — Will man das Fleisch mehrere Wochen vor Verderbnis bewahren, so näßt man es mit einer 2prozentigen Lösung von Borsäure ein. Durch dieses neue unschädliche Mittel verliert es weder seine Farbe, noch büßt es seinen natürlichen Geschmack oder Geruch ein.

16) Von den verschiedenen Fleischbrühen, Suppen, Saucen muß man alles Fett sorgfältig abnehmen, ebenso muß auch, wenn die Saucen durch langes Stehen Haut gezogen haben, solche davon entfernt werden. Ueberhaupt müssen die Saucen, wenn solche bis zum Anrichten noch zu stehen haben, mit etwas magerer Fleischbrühe oder warmer Jus begossen, ein genau schließender Deckel darauf gethan und so in ein Geschirr, welches zur Hälfte mit kochendem Wasser angefüllt ist (Wasserbad), gestellt werden. Auf diese Art wird das sonst so leicht vorkommende Anhängen verhütet.

17) Uebermäßigem Fettverbrauch soll die Hausfrau energisch entgegentreten, da dadurch Verdauungsunregelmäßigkeiten, ja selbst Krankheiten verhindert werden können. Es soll bei allen Speisen ein richtiges Verwenden des Fettes eingehalten und wohl dabei auch darauf gesehen werden, nur frisches, gutes, reinschmeckendes Fett, am besten und zuträglichsten wohl Süßbutter oder bestes Olivenöl zu verwenden. — Das durch das Braten erhaltene Fett, welches durch den Braten selbst, wie durch die Zuthaten zu demselben, sei es Gemüse, Gewürz u. s. w., einen wohlschmeckenden Geschmack erhält, ist mit etwas Butterzusatz am besten geeignet, in der Küche zum Braten wie zum Backen verwendet zu werden. — Das für sich auszulassende Fett, von der Fleischbrühe abgeschöpft, eignet sich gut zur Be-

reitung von Gemüse, doch ist hiefür Butter besser zu verwenden, ja aber kein Bratenfett. — Um rohes Fett, Nierenfett, Schweinefett oder Fettabfälle von Fleisch auszulassen, gießt man an dasselbe etwas Wasser, setzt es auf den Herd und läßt es langsam unter öfterem Aufrühren aus, bis alles Wasser verdampft und das Fett hell und klar ist. Die beim Abseihen zurückbleibenden Grieben preßt man noch etwas, und können diese sodann, namentlich von Schweinefett, zu Kartoffelspeisen oder warmem Kartoffelsalat gut verwendet werden. — Das von Braten, Saucen, Suppen übrig bleibende Fett gießt man zusammen in eine Kasserole, kocht dasselbe auf, passiert es in eine Schüssel, um, wenn dasselbe erkaltet und gestockt ist, das obere, schöne Fett abzunehmen und rein auszulassen, worauf man es zum Gebrauch in einen Topf füllt. Das zurückbleibende Fett und die unter diesem sich befindliche Jus, Sauce oder Brühe wird wieder jedes für sich aufgekocht, das Fett läßt man bis zum anderen Tag stehen, um es dann zu verwenden, die Jus oder Sauce ebenso.

18) Während des Bratens darf das Feuer darunter nicht ausgehen, wenn man es nach Umständen auch viel schwächer macht; noch viel weniger darf man den Braten aus der Röhre setzen, sonst fällt er zusammen und wird hart und zähe.

Saucen, zu denen Mehl genommen wird, müssen in einem besonderen Geschirre gut gekocht werden, ehe sie an das Fleisch, die Fische 2c. kommen.

Bei Mehlspeisen, die im Dampf gar gemacht werden, darf man den Deckel ja nicht zu früh wegnehmen, sonst sinken sie zusammen.

Aufläufe darf man nur bei ganz gelinder, gleichmäßiger Hitze gar machen, sonst bleiben sie schwer oder fallen gar in der Mitte zusammen.

19) Zur Sommerzeit müssen ganz ohne Ausnahmen jeden Morgen die Tische mit kaltem Wasser abgewaschen, das kalte, von dem vorhergehenden Tage übrig gebliebene Fleisch auf frische Schüsseln gelegt und die vorhandenen Brühen, Saucen oder Gemüse aufgekocht werden, um solche vor dem Sauerwerden zu bewahren.

20) Werden Saucen, Gemüse und Ragouts aufgekocht oder gewärmt, so ist es nötig, daß in dem zum Aufkochen bestimmten Gefäß jedesmal zuerst etwas Fleischbrühe, Jus oder auch nur ein wenig Wasser ins Kochen gebracht wird; das aufzukochende Gericht kommt nun dazu und wird so unter öfterem Umrühren schnell erhitzt, noch einmal versucht und, wo es notwendig ist, ihm im Geschmacke nachgeholfen, was

bei Gemüsen mit einem Stückchen frischer Butter, etwas Petersilie oder Schmalz geschehen kann. Bei Saucen muß mit Jus oder Zitronensaft nachgeholfen werden. Auf diese Art wird der so unangenehme, vom Aufwärmen erzeugte Beigeschmack bedeutend vermindert, auch ein Anbrennen der Speisen verhindert.

21) Im Sommer hat man sehr darauf zu sehen, daß Fleisch, Fische und Geflügel in den Morgenstunden gebracht und solche sogleich im Fliegenhaus (s. Seite 6, Fig. 1) untergebracht oder, in Ermangelung eines solchen, mit reinen Tüchern bedeckt werden, um so die Schmeißfliegen davon abzuhalten. Im Winter ist Sorge zu tragen, daß rohes und gekochtes Fleisch, Suppen, Saucen und Gemüse nicht gefrieren, denn gefrorene Sachen sind der Gesundheit nachteilig und manche Speisen werden durch den Frost ganz unbrauchbar.

22) Was man bei der Bereitung der Speisen zu rühren hat, rühre man nur in irdenen, porzellanenen und gläsernen Gefässen; was in verzinnten, kupfernen Gefässen längere Zeit gerührt wird, erhält eine graue Farbe. — Durch anhaltendes Rühren wird die Masse dicker und feiner (wenig und schwach Rühren hilft zu nichts.) Man muß die Masse mit dem Rührlöffel sehr bewegen, damit Luft hinein kommt, dann wird sie gut und ergiebig; dies gilt namentlich von Butter, Eier, Zucker und Farcen.

23) Fast alle Suppen können mit Eier legiert oder abgezogen werden, wodurch sie ein besseres Ansehen und besseren Geschmack erhalten. Es ist aber unerläßlich, den Geruch eines jeden Eies, sowie dessen Geschmack erst zu untersuchen, bevor man es in die Terrinne schlägt.

24) Hat man etwas auf dem Feuer, so gehe man nicht davon, weil sonst vieles überläuft und verbrennt.

25) Mehl und Salz greife man nicht mit den bloßen Händen an, sondern bediene sich eines Holz- oder Hornlöffels.

26) Wenn die Köchin zum Messen der Flüssigkeiten stets ein und dasselbe Gefäß nimmt, so hat sie bei einiger Uebung nicht mehr nötig, sich eines geeichten Geschirres zu bedienen.

27) Es ist ratsam, mit der Zubereitung der Speisen eher etwas zu früh als nicht zu rechter Zeit fertig zu sein; man kann mit der Arbeit immer nachlassen, dies hat keinen Nachteil, aber umgekehrt, wenn man sie überstürzen muß, weil die Zeit drängt, so zeigen sich die üblen Folgen in der mangelhaften Beschaffenheit der Speisen in sehr merklicher Weise. Ueberdies darf man bei schlechter Beschaffenheit derselben keineswegs einen

Anspruch auf Entschuldigung wegen Verzögerung der Mahlzeit finden wollen. Eine Köchin ohne Pünktlichkeit ist immer noch keine wahre Köchin.

Warnung vor den Giften, welche leicht in die Küche geraten und nachteilig werden können.

Gift nennt man diejenigen Gegenstände, welche, in den menschlichen Körper gebracht, die Gesundheit und das Leben des Menschen gefährden. Durch Unreinlichkeit in gewissem Küchengeschirre z. B. im kupfernen, werden solche Gifte erzeugt; aber auch zinnernes Geschirr kann gefährlich werden, wenn man saure Speisen, Salat, Eier, fette Brühen und dergleichen darin stehen läßt. Alle Feuchtigkeiten, namentlich Säuren und Honig, lösen mit der Zeit gewisse Teile des Zinns auf, welche nachteilig auf die Gesundheit wirken.

Auch die Glasur des irdenen Geschirrs, insofern sie Blei und andere mineralische Bestandteile enthält, wird schädlich, wenn man Milch und saure Sachen so lange darin stehen läßt, daß sich die Glasur auflöst. Vorsicht ist also bei allen Arten von Kochgeschirren geboten, namentlich beim Aufbewahren der Speisen.

Bei den Speisenbedürfnissen selbst ist noch größere Vorsicht nötig. Als scharfe Gifte wirken: das Fleisch und die Milch von krankem Vieh, verdorbene Eier, ranzige Oele, ranziger Speck, ranzige Mandeln, Barbenrogen, Schwämme, welche schwarzblau, grün oder bunt aussehen, einen fauligen Geruch haben, sich sehr klebrig anfühlen, im Kochen hart werden und einen hohen Stiel haben. (Siehe Tafel III u. IV, Pilze und Schwämme.) Um bei den eßbaren Schwämmen sicher zu gehen, muß man während des Kochens eine weiße Zwiebel beilegen; nimmt diese eine schwärzliche Farbe an, so werfe man Geschirre und Inhalt weg, denn es sind gewiß giftige Schwämme darunter. Die Behandlung der Pilze und Schwämme, sowie deren Rezepte siehe Abschnitt 5 b.

Linsen und andere zum Kochen dienende Körner enthalten nicht selten giftige Samen, daher sind sie recht sorgfältig auszulesen.

Auch unter den grünen Gewächsen giebt es manche giftige, unter den Gartengewächsen namentlich den Schierling (Fig. 137) (Hundspetersilie), der im Juli und August blüht, eine runzelige, mitteldicke, wie die Pastinakwurzel riechende Wurzel hat, die schon häufig statt jener benützt wurde. Der Schierling hat übrigens nicht den feinen Blätterbau und den angenehmen Geruch der Petersilie und ist dunkelgrüner. Der kleine Schierling oder Gleiße sieht der Petersilie ähnlicher, zumal wenn die Pflanze noch jung und am gefährlichsten ist; der Geruch wird hiebei vor Verwechslungen schützen, denn die Gleiße ist geruchlos, während die Petersilie angenehm riecht. Diese Schierlingsarten sind sehr giftig, weshalb die Köchin besondere Aufmerksamkeit darauf verwenden muß, daß sie nicht mit Küchengewächsen vermischt werden.

Fig. 137.

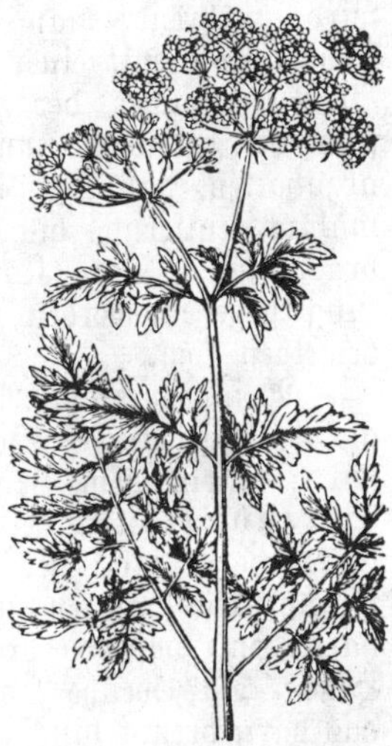

Alle Gemüse müssen sorgfältig gelesen und gewaschen werden, da z. B. öfters ein Mehltau auf den Blättern liegt, welcher der Gesundheit sehr nachteilig wird, wenn er darauf bleibt. — Ein Stückchen Mauerkalk, das unbemerkt in ein Kochgeschirr fällt und mit der Speise gekocht wird, kann die bedenklichsten Zufälle verursachen.

Küchenfeuer, Brennmaterial und Wasser.

In der Küche unterscheidet man drei Arten von Feuer, welche im Wesentlichen folgende sind:

1) Das Kochfeuer, das weniger intensiv als andauernd unterhalten wird.

2) Das Rostfeuer, bei welchem die Hauptsache die möglichste Gleichmäßigkeit ist, so daß jeder Punkt des Rostes von der Hitze in gleichem Grade getroffen wird, und

3) Das Bratfeuer, bei welchem, weil es unterhalten wird, die Kohlen von Anfang bis zu Ende nicht ausgehen dürfen.

Darf nur schwaches Feuer angewendet werden, wie es z. B. beim Schmoren der Fall ist, wo ein leises Aufwallen nur auf einer Seite des Kasserols stattfinden soll, desgleichen wenn man Sauce bereitet, wo das Aufwallen nur auf einer Stelle bemerkbar sein darf, so verfährt man, wenn man sich eines Herdes mit Holzkohlenfeuerung bedient, auf die Weise, daß nur ein Dritteil mit dem Feuer in Berührung gelassen wird, während man dem entsprechend zwei Dritteile des Feuerraums mit einer Schicht Asche belegt. Ist hingegen der Herd ein solcher, der mit Steinkohlen geheizt wird, so sucht man die zu starke Zunahme der Hitze in dem Kasserol dadurch abzuhalten, daß man dasselbe von der heißesten Stelle allmählich entfernt, bis man es in den nötigen Hitzgrad gebracht hat. Dem Kasserol muß aber dabei eine solche Richtung gegeben werden, daß die Speise nur auf einer Seite desselben kocht.

Auf den ersten Anblick könnte es scheinen, als wäre es gleichgültig, welches Holz und Wasser zum Kochen verwendet wird; allein dem ist nicht so. Wollte man z. B. einen Spießbraten an einem Feuer von weichem Holz machen, so würde er samt der Sauce durch die abspringenden Kohlen unappetitlich werden und auch nicht gehörig ausbraten; das harte Holz dagegen brennt langsamer, giebt aber eine stärkere Hitze. Das weiche Holz brennt schneller, hält aber nicht an, das harte brennt langsamer, hält mehr an und wirkt die Flamme davon durchdringender.

Auch unter dem Wasser ist ein Unterschied, denn es giebt hartes und weiches. Zu trockenen Hülsenfrüchten und trockenen Fischen ist das harte Wasser durchaus unbrauchbar, denn sie werden selbst beim stärksten Kochen nie recht weich. Zum Kochen des Fleisches hingegen ist das harte Wasser vorzüglich geeignet, während es zum Waschen von Fleisch und Gemüsen einerlei ist, welche Beschaffenheit das Wasser hat. — Um die Beschaffenheit des Wassers zu erforschen, tauche man ein Leinwandläppchen in dasselbe; je geschwinder es trocknet, um so weicher ist das Wasser; hartes Wasser trocknet viel langsamer.

Zu allen Speisen nehme man frisches, klares Brunnenwasser. Das Wasser darf weder eine Farbe, noch einen Beigeschmack haben; beim Schütteln soll es stark Perlen werfen, jedoch keinen Schaum halten. Unreines, verdorbenes Wasser, welches verweste und zersetzte Pflanzen- oder Tierstoffe enthält, kann leicht für die Gesundheit nachteilig sein.

An Orten, wo das Brunnenwasser viel Salpeter enthält, gebe man beim Blanchieren verschiedener Gemüse, welche schwer weich kochen, z. B. Bohnen, Erbsen, Linsen u. s. w. eine Messerspitze Pflanzenlaugensalz hinzu; bei Blumenkohl oder Spargel aber nehme man, um diese schön weiß zu erhalten, Regen- oder Flußwasser.

Schlechtes, moderiges oder unreines Wasser kann dadurch verbessert werden, daß man wiederholt glühendes Eisen oder glühende Kohlen darin ablöscht, oder daß man ein wenig Vitriolspiritus darein träufelt, oder ein Glas Branntwein darein gießt; das Unreine schlägt sich dann schnell zu Boden.

Ueber das Kochen.

Das Kochen zerfällt in zwei Teile, nämlich in das Sieden und in das Kochen; beim Sieden wallen die Speisen nur langsam auf, beim Kochen hingegen ist eine anhaltende starke Hitze nötig. Gesotten werden solche Gegenstände, die leicht entweichbare, flüchtige und geistige oder gewürzhafte Teile enthalten, die durchs Kochen entweichen würden, oder die sich durch die Wärme auflösen. Gekocht hingegen werden alle diejenigen Sachen, welche fester oder so trocken sind, daß sie erst durch längeres Kochen weich und mürbe werden, oder erst nach längerem Einfluß so viel Feuchtigkeit einsaugen, als zu ihrer Genießbarmachung nötig ist.

Man bringt eine Flüssigkeit ins Kochen durch mäßige, aber anhaltende Feuerung, dagegen macht das Einkochen ein intensives Feuer und eine vollkommene, ungehinderte Verdampfung notwendig.

Man darf nicht glauben, daß durch übermäßiges Zulegen von Brennmaterial in den Feuerraum der Kochprozeß beschleunigt wird, denn durch keinen Ueberschuß an Brennmaterial kann die Flüssigkeit im Gefässe heißer als 30° R. gemacht werden, der äußerste Hitzgrad, der bei offenen Gefässen erreichbar ist. Bei solchem Zulegen von Feuermaterial wird an diesem nicht nur unnütz verloren, sondern man büßt auch die vorteilhafte Einwirkung ein, welche die allmähliche Steigerung der Temperatur bis zur Siedehitze in vielen Fällen auf die Beschaffenheit der Speisen ausübt. Auch beim Einkochen ist ein allzustarkes Zulegen von Feuermaterial unnütz, wenn die Flüssigkeit einmal siedet; es muß das Feuer lebhaft nur bis zu dem Grade erhalten werden, daß die Verdunstung angemessen schnell erfolgt. Zuckerguß oder eine Sauce verliert durch zu langsames Einkochen ebenso an Ansehen wie an Geschmack.

In weichem Wasser werden die Speisen früher mürbe und weich als in hartem, wogegen grüne Gemüse eine viel schönere Farbe behalten, wenn sie mit hartem Wasser gebrüht werden, als mit weichem. Auch kommt es darauf an, ob man eine Speise in kaltem oder in heißem Wasser zusetzt; zähes Fleisch z. B. soll so bald als thunlich in kaltem Wasser ans Feuer gesetzt und nur allmählich zum Kochen gebracht werden, dann erhält man eine ausgezeichnete Brühe. Aber auch ganz gutes Ochsen- und Rindfleisch soll ebenso behandelt und fleißig abgeschäumt werden, vorausgesetzt, daß man es nicht als Tafelstück zu Tische bringen will, in welchem Falle es unbedingt in siedendem Wasser zugesetzt werden muß. (Siehe Ochsenfleisch Abschnitt 7.) Eine Unterlassung des Abschäumens hat eine trübe Brühe zur Folge. Dieselbe wird um so heller, wenn man ein Stückchen Ochsenleber zu dem Fleisch in den Topf legt. Salz, Grünes und Wurzelwerk soll erst nach dem Abschäumen in die Brühe gethan werden.

Alles Fleisch wird mürber, wenn man es vor dem Sieden oder Braten mit einem abgerundeten glatten Holze tüchtig klopft, dabei aber darauf achtet, daß es durch dieses Verfahren nicht unansehnlich gemacht oder gar zerfetzt wird. Festschnüren desselben ist deshalb sehr zu empfehlen, und erhält man dadurch ein saftiges, vorzügliches Stück, sowohl beim Sieden als auch beim Braten.

Bei der Bereitung von Braten fällt ihre Größe und ihre Behandlung in Betracht. Genaue Vorschriften können dafür nicht gegeben werden, da verschiedene Verhältnisse, die einen mächtigen Einfluß darauf haben, nicht vorausgesehen werden können. Im allgemeinen ist anzunehmen, daß sich zu Spießbraten nur größere, recht saftige Stücke eignen. Es ist zu denselben ein hellbrennendes Feuer nötig, welches vom Anfang an so stark sein muß, daß sich die Oberfläche bald zusammenzieht und der Saft nicht leicht ausschwitzen kann. Mit gestoßenem Salz wird der Braten erst bestrichen, wenn er zu schwitzen beginnt; daneben ist er fleißig mit dem daraus träufelnden Safte zu bestreichen und zu begießen. Regel ist, daß ein Braten fertig ist, wenn er sich nicht mehr weich und schwammig anfühlt. Fühlt er sich hart an, so ist das betreffende Stück durchgebraten.

Fig. 138.

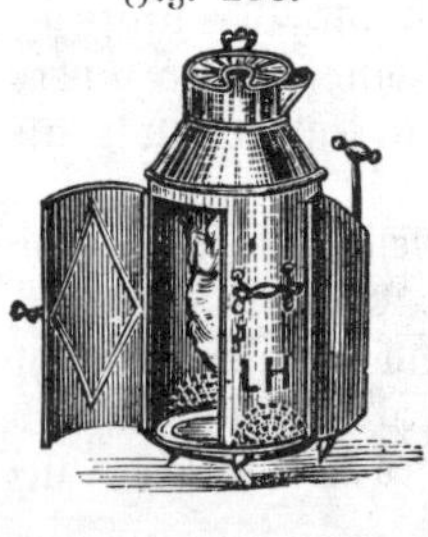

Zu Spießbraten besonders geeignet ist der selbstthätige Spießbratapparat von L. Hirschberg in Berlin (Fig. 138). Es ist dies eine aus verzinntem Eisenblech gefertigte Trommel mit einem Thürchen und ein Kohlenbehälter aus Gußeisen. In der Mitte der Trommel oben befindet sich ein Haken, an welchem das Fleisch aufgehängt wird. Der Kohlenbehälter wird mit angeglühten Holzkohlen gefüllt. Durch die sich entwickelnde Hitze dreht sich die obere Flügelscheibe und mit ihr das Fleisch und um so schneller durch den Luftzug, wenn das Thürchen geöffnet wird. An der Seite oben befindet sich ein kleiner Trichter, durch welchen der Braten beträufelt wird mit dem Fleischsaft, der sich unten im Apparat ansammelt.

Bratpfannen können auch mit Deckeln versehen sein, nur muß man den Braten darin mehrmals mit fetter Fleischbrühe oder dem daraus gebratenen Safte begießen. Durch Uebung erlangte Erfahrung muß lehren, wie viele Sauce zu einem schmackhaften Braten erforderlich ist, ohne daß dieselbe durch zu spätes Nachgießen von Fleischbrühe oder Wasser unkräftig gemacht wird. Er muß samt der Sauce recht heiß zur Tafel kommen, sonst verliert er an Ansehen und Geschmack. Die Haut des Bratens darf nicht angebrannt werden, da dadurch die Sauce einen bitteren, schlechten Geschmack bekommt, noch weniger aber zerfetzt sein und ist deshalb beim Umwenden mit einer Gabel recht vorsichtig zu verfahren; auch läuft durch zu häufiges Hineinstechen mit der Gabel der beste Saft aus dem Fleisch.

Großes wildes Geflügel ist weniger bald gar als zahmes. Geflügel soll einige Tage vor dem Gebrauche geschlachtet, gerupft, gebrüht und flammiert werden, dann wird es an dem Kopf aufgehängt, am andern Morgen ausgenommen und zum Gebrauche hergerichtet. Bei Gänsen und Enten wird der Hals nicht hart am Körper abgeschnitten, die Füße am Schenkelgelenke abgelöst und die Flügel bis auf die kleine Röhre am Körper abgehauen.

Sollen Hühner sogleich nach dem Schlachten benützt werden, so sind sie zunächst 1/2 Stunde in kaltes Wasser zu legen, darauf so oft in heißes Wasser zu tauchen, bis die Federn leicht ausgehen.

Wenn bei Geflügelbraten das Fett ohne Gemisch von Fleischsaft aus demselben abläuft, wenn man es in die Höhe hält, so ist es ein Zeichen, daß der Braten fertig ist.

Beim Umwenden von Geflügel im Bratgeschirr ist darauf zu sehen, daß die Gabel zwischen Flügel und Schlegel eingestochen wird und nicht durch die Brust, wodurch dieselbe zerrissen wird und Saft verliert.

Grüne Gartengewächse soll man absolut nicht mit kaltem Wasser zusetzen. Es ist das beste, sie mit gesalzenem, siedendem Wasser anzubrühen und vom ersten Augenblicke an im Sude zu erhalten. Enthält das Quellwasser viel Kalk oder andere erdige Teile, so ist es vorher zu sieden, nach dem Erkalten abzugießen und dann erst wie weiches Wasser zu benützen, indem es nun den Gemüsen keinen unangenehmen Beigeschmack mehr giebt. Wenn man Gemüse dämpft, so muß die Hitze fortwährend möglichst gleichmäßig sein. Grüne Gemüse behalten ihre schöne Farbe weit besser, wenn man sie gleich beim Zusetzen salzt. Je frischer die Gemüse von dem Garten weg verbraucht werden, um so besser sind sie nach der Zubereitung. — Blumenkohl und Spargeln darf man nicht lange sieden lassen; sowie sie etwas weich sind, nimmt man sie vom Feuer und läßt sie vollends im Dampf weich werden.

Hülsenfrüchte würden nie weich werden, wenn man sie mit heißem Wasser zusetzen wollte. Das erste Wasser abzugießen, sowie es zu sieden beginnt, und anderes heißes Wasser daran zu gießen, hat keinen Einfluß auf das Weichkochen, dagegen verlieren sie dadurch viel von ihren blähenden Eigenschaften. Nicht selten kommt es vor, daß sie vor dem Kochen eine Nacht im Wasser eingeweicht werden; dadurch werden sie leicht wasserstarr und verlieren viel von ihrem eigentümlichen Geschmacke. Hülsenfrüchte werden ohne Salz zugesetzt und erst später gesalzen. Wenn sie schwer kochen, wird Asche oder Soda in einen Lappen gebunden mitgekocht.

In Dampf gekochte Kartoffeln sind besser, als die in Wasser gekochten, weil die darin befindlichen wässerigen Teile sich mehr verflüchtigt haben; gut ist es, wenn man unter das wenige dazu nötige Wasser etwas Salz und Kümmel nimmt.

Es kann als Hauptsache beim Kochen bezeichnet werden, daß das Feuer immer gleichmäßig unterhalten wird, nichts überläuft oder zu sehr einkocht oder gar anbrennt, d. h. am Geschirr ankocht.

Von jeder Speise, jeder Fleischart muß man wissen, wie lange sie zum Weichkochen Zeit braucht, und damit vertraut sein, ob man hartes oder weiches Wasser hat.

Solche Speisen, die leicht anbrennen, werden in einem verschlossenen Gefäße gekocht, das in einen Kessel mit heißem Wasser gehängt ist, unter dem das Feuer brennt; man heißt dies im Marienbad kochen; dadurch werden die kräftigsten Brühen gewonnen, da alle Säfte beieinander bleiben.

Kräftige, schmackhafte Brühen und Saucen werden auch mit Fleischextrakt gewonnen. Dessen Anwendung empfiehlt sich bei beschränkter Zeit zur Zubereitung und da, wo frisches Fleisch nicht täglich zu haben ist. Ueber die Verwendung von Fleischextrakt und dergl. ist Näheres gesagt in den Erklärungen 2c. Seite 40 ff.

Angabe des Nährwerts der Nahrungsmittel.

Die Zusammenstellung ist so gehalten, daß, wenn 1 Pfund Ochsenfleisch 70 Pfg. kostet, 1 Pfund Kalbfleisch, das weniger Nährstoff enthält, nur 53 Pfg. wert ist, dagegen 1 Pfund Schweinefleisch, das mehr Nährstoff enthält, 73 Pfg. kosten darf, u. s. w.

	Pfg.		Pfg.		Pfg.
Ochsenfleisch, mittelfett	70	Stockfisch (trocken)	150	Schwarzbrot	23
Kalbfleisch	53	Hering, gesalzen	77	Mais	35
Schweinefleisch	73	Hühnereier	72	Reis	30
Hammelfleisch	69	Enteneier	75	Bohnenkernen, Erbsen, Linsen	44
Schinken	135	Kuhmilch	21	Spinat, grüne Bohnen	5
Geräucherter Speck	105	Ziegenmilch	33	Sauerkraut	5
Cervelatwurst	142	Butter	91	Gelbe Rüben	5
Blutwurst	55	Emmenthaler Käse	117	Kernobst	4
Ochsenleber	84	Backsteinkäse	105	Steinobst	4
Hühner- u. Taubenfleisch	87	Kartoffeln	7	Trauben, frische	7
Wildbret	62	Weizen-, Roggen- und Gerstenmehl	34	Kakao	116
Aale	66	Hafermehl	37	Kaffee	34
Hechte und Karpfen	53	Weißbrot	24	Thee	42

Angabe der Zeit, in welcher alle Braten bei gleichmäßiger Hitze gut und saftig werden.

Was am Spieße gebraten wird, braucht nur die Hälfte der nachstehend angegebenen Zeit. — Beim Federvieh ist angenommen, daß es noch kein ganzes Jahr alt ist; ist es jedoch ganz jung, so kann es in der Hälfte der angegebenen Zeit gar gekocht werden; älteres dagegen braucht länger.

Fische aller Art sind in 1/4 Stunde fertig gekocht, im übrigen je nach Größe der Stücke.

In der Röhre oder Pfanne braucht

Rindsbraten	4	Stunden,	Junges Huhn	1/2	Stunden.
Schweinsbraten	2	"	Taube	1/2	"
Kalbsschlegel	2	"	Truthahn	2 1/4	"
Kalbsrücken	2	"	Fasan	1	"
Hammelbraten	1 1/2	"	Rebhuhn	1/2	"
Ziegenbraten	1	"	Birkhuhn	1 1/3	"
Kalbsnierenbraten	1	"	Auerhahn	2 1/4	"
Junge Gans	1 1/2	"	Hase	2	"
Gans	2 1/4—3		Hirschkeule	3—4	"
Junge Ente	3/4	"	Rehkeule	1 1/2	"
Ente	1 1/2	"	Rehrücken	1	"
Kapaun	1 1/2	"	Krammetsvögel	1/4	"

Bei Rindsbraten braucht ein schönes Roastbeef (ohne Knochen) 1½—2 Stunden; ein großer Schlachtbraten 1½ Stunden.

Große Stücke brauchen ½ Stunde länger Zeit, als hier angegeben ist. — Fleisch von sehr alten Tieren soll eine Stunde länger gebraten werden, und fühlt man beim Hineinstechen in dasselbe, wenn es weich genug ist.

Das Kochen in Dampftöpfen.

Das Kochen in eisernen oder kupfernen und verzinnten Dampftöpfen (Fig. 139 u. 140) bietet — besonders durch die Ersparnis an Zeit und Brennmaterial — so wesentliche Vorteile, daß dieselben immer häufiger in Anwendung kommen. Es kann mit diesen Töpfen in jedem gewöhnlichen Herde, auf der Kohlenschüssel und über jedem offenen Feuer, sowie im Ofen gekocht, gebraten und gebacken und hiezu jedes Brennmaterial verwendet werden.

Jeder Topf ist mit einem gußeisernen und aufgeschliffenen Deckel versehen, welcher so fest schließt, daß der Zutritt der

Fig. 139.

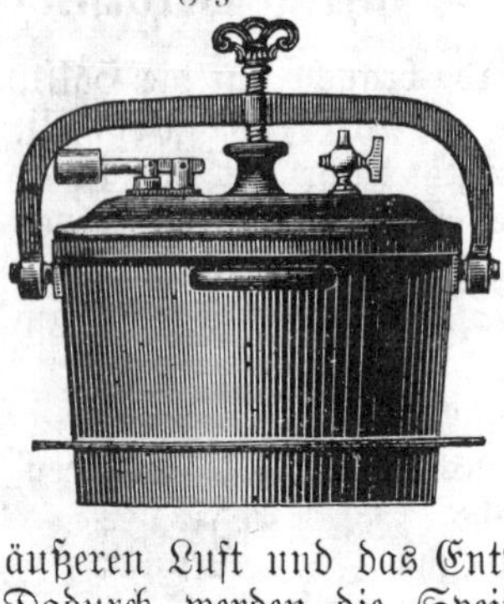

Fig. 140.

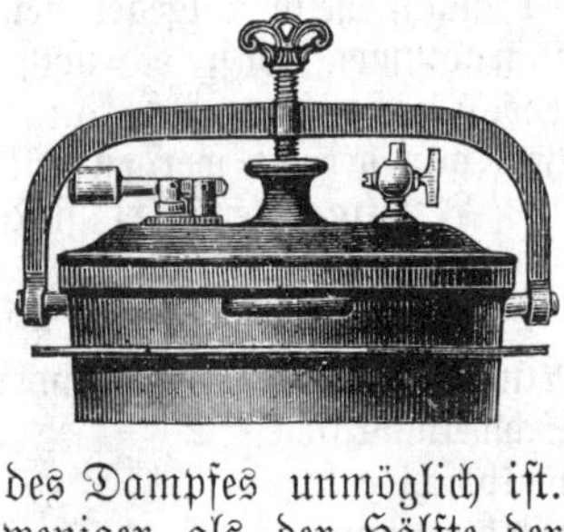

äußeren Luft und das Entweichen des Dampfes unmöglich ist. Dadurch werden die Speisen in weniger als der Hälfte der gewöhnlichen Zeit fertig und gewinnen außerdem an Schmackhaftigkeit, weil die kräftigen Teile hinreichend ausgezogen werden und sich nicht verflüchtigen können.

Um dem Zerspringen der Dampfkochtöpfe vorzubeugen, ist an dem Deckel jedes Topfes ein Sicherheits-Ventil und Hahnen von Messing angebracht; außerdem ist er mit dem Topfe durch einen Bügel mit Stellschraube verbunden, um den Topf dampfdicht zu schließen und zugleich als weitere Sicherheitsvorrichtung zu dienen.

Der Topf darf nicht ganz bis an den Rand gefüllt werden, sondern man muß einen Raum von etwa 4—5 Centimeter Höhe leer lassen. Ist der Topf nur zur Hälfte oder nur zum vierten Teil gefüllt, so hat dies nichts zu sagen, im Gegenteil wird dadurch das Kochen beschleunigt. Da in einem solchen Topfe das Wasser nicht entweicht, wie bei unverschlossenen Gefässen, so wird z. B. beim Sieden des Fleisches nur so viel Wasser zugegeben, als man Fleischbrühe wünscht.

Das Fleisch wird auf die gewöhnliche Weise zugesetzt, indem man das Salz und die Suppenkräuter beifügt. Ein Abschäumen oder Abschöpfen der Fleischbrühe ist hier überflüssig.

Man kann auch das Fleisch entweder zum Gemüse hineinlegen, wie das Schweinefleisch zum Sauerkraut, oder aber, wenn nur Fleischbrühsuppe gekocht werden soll, zur Suppe — Gerste, Reis, Grütze u. s. w — hinzugeben.

Damit der Topf gut schließt, wird der geschliffene Rand des Topfes und Deckels abgewischt und der Deckel aufgesetzt und mittelst der Schraube am Bügel fest auf den Topf aufgedrückt und letzterer über das Feuer gebracht. Der Hahnen wird geschlossen.

Je nachdem die Speisen sich schneller oder langsamer weich kochen lassen, bleibt der Topf vom Sieden an gerechnet 15—40 Minuten über dem Feuer, das, sobald der Inhalt des Topfes einmal ins Sieden geraten, nur noch ganz schwach zu unterhalten ist. Sollte der Dampf aus dem Ventil zu stark ausströmen, so muß die Feuerung ermäßigt werden.

Bei Suppen, grünen Gemüsen, jungem Rindfleisch und Ochsenfleisch, Geflügel genügen 15—20 Minuten. Zum Garkochen von Erbsen, Linsen, Bohnenkernen und überhaupt trockenen Gemüsen, zu denen man etwas weniger Wasser als sonst zusetzt, zu magerem Fleisch von alten Tieren, Kuhfleisch, eingesalzenem Fleisch sind 20—40 Minuten erforderlich. Sauerkraut verlangt höchstens eine Stunde.

Kartoffeln, welche man mit nur sehr wenig Wasser in den Topf bringt, sind je nach der Größe des Topfes in 15—20 Minuten fertig. Den Topf nimmt man von dem Feuer weg und öffnet sogleich den Hahnen, damit der Dampf schnell entweichen kann. Hiedurch werden die Kartoffeln viel schmackhafter und trockener.

Will man geröstetes Mehl mit dem Gemüse oder der Suppe kochen, so röstet man das Mehl vorher in dem nämlichen oder einem anderen Topfe. In dem letzteren Falle bringt man alsdann das geröstete Mehl mit der Suppe 2c. in den Dampfkochtopf; in manchen Fällen, namentlich bei Gemüsen, kann man es auch nachher dazu geben und dann mit dem Gemüse noch einmal aufkochen lassen.

Um Braten zu bereiten, wird das Fleisch mit dem nötigen Fett und etwaigem Gewürz in Töpfen von verzinntem Kupfer und Eisenblech mit ganz wenig Wasser, und in solchen von Eisen ohne Wasser beigesetzt, der Topf verschlossen und über das Feuer gebracht. Nach etwa zehn Minuten öffnet man den Hahnen etwas, damit sich die wässerigen Teile entfernen und der Braten eine schöne Farbe bekomme, und nach weiteren 5—10 Minuten nimmt man denselben vom Feuer weg.

Soll Brot oder dergleichen gebacken werden, so wird der Topf etwas erwärmt, mit Fett ausgestrichen und der auf gewöhnliche Weise bereitete Teig in den Topf und dieser auf das Feuer gebracht. Ist der Deckel heiß, was je nach der Größe des Topfes in 25—30 Minuten der Fall sein wird, öffnet man den Hahnen halb, damit der Dampf ausströmen kann und die obere Rinde des Brotes eine schöne Farbe bekommt. Zu weißem, mit Hefe getriebenem Brot genügen 30—40 Minuten; mit Sauerteig getriebener braucht etwas länger, auch muß man den Hahnen ganz öffnen.

Wenn die Speisen fertig oder gar gekocht sind, was man bei leicht weichkochenden Gemüsen ꝛc. daran erkennen kann, daß ein Tropfen Wasser auf den Deckel gebracht, schnell verzehrt wird oder augenblicklich verdunstet, so ist es ratsam, wenn man den Topf vom Feuer weggenommen hat, denselben einige Minuten geschlossen stehen zu lassen. Der Deckel soll erst abgenommen werden, wenn der Dampf im Innern des Topfes sich gesetzt oder so weit abgekühlt hat, daß aus dem nun zu öffnenden messingenen Hahnen oder dem Ventil der Dampf nicht mehr mit Gewalt herausströmt. Auf das von diesem Verfahren etwas abweichende Oeffnen des Hahnen beim Sieden der Kartoffeln wurde bereits aufmerksam gemacht.

Alles unnötige Oeffnen der Töpfe verzögert das Garwerden, daher muß öfteres Aufschrauben und Nachsehen sorgfältig vermieden werden. Am Geruch des ausströmenden Dampfes lernt man bald das Fertigsein der Speisen erkennen; einige Uebung giebt hierin Sicherheit.

Die Dampfkochtöpfe werden mit Wasser oder mit Lauge gereinigt. Man vermeide an den geschliffenen Teilen das Reinigen mit Sand und achte ebenso sorgfältig auf die Offenhaltung des Ventils, damit es nicht etwa beim Fegen durch Sand verstopft werde. Bei kupfernen Dampftöpfen, sowie bei denjenigen von Eisenblech ist die Verzinnung mit Sorgfalt zu erhalten, und ebenso lasse man jede am Verschluß durch Abschleifen entstehende Unebenheit von einem sorgfältigen Handwerker ausbessern, weil sonst der Verschluß ungenau ist und unnötiger Weise Dampf entweichen läßt, wodurch der Vorteil des Dampfkochens aufhörte.

Vorbereitungen.

Um eine gewisse Ordnung in die Arbeit zu bringen und Zeit zu ersparen, ist es bei Bereitung einer jeden Mahlzeit vor allen Dingen nötig, daß man dabei alle zu verwendenden Stoffe erst aus dem Gröbsten vorbereitet, um dann nach und nach zur Vollendung der einzelnen Gerichte, je nach der Zeit, die sie erfordern, fortzuschreiten. Um nicht bei jedem einzelnen Rezept dasselbe wiederholen zu müssen, sind in folgendem die allgemeinsten Vorbereitungen zusammengestellt.

1) Wenn eine **Auswässerung des Fleisches** in warmen Sommertagen notwendig ist, so darf sie sich nicht weiter erstrecken, als es die Reinlichkeit erfordert; das reinliche Schlachtfleisch soll entweder gar nicht oder doch nur leicht gewaschen werden.

Eine allgemeine Anempfehlung verdient das Klopfen, welches das Fleisch mürbe und viel leichter kochbar macht. Zähes Fleisch, besonders von alten Tieren, muß immer geklopft werden. Man darf das Fleisch aber nicht so heftig schlagen, daß es seine Form verlieren könnte.

2) **Das Ausnehmen und Dressieren des Geflügels** (Tafel II. Fig. 143—149). Wenn das Geflügel nicht zu zäh und faserig sein soll, so muß es wenigstens einen oder mehrere Tage vor dem Gebrauch geschlachtet werden. Das Geflügel wird geschlachtet, indem dicht unter dem Kopfe einige Federn abgerupft und der Hals an dieser Stelle mit einem scharfen Messer bis zu den Halswirbeln durchschnitten wird. Man läßt es ausbluten und rupft es alsdann noch warm, ohne jedoch die Haut zu zerreißen. Will man das Blut, wie bei Gänsen und Enten, benützen, so wird es unter fortwährendem Rühren in einem Gefäß mit etwas Essig aufgefangen. Brüht man das Geflügel, so bleibt es nach dem Schlachten einige Zeit in kaltem Wasser liegen, dann wird es abgeschüttelt und mehrere Male in kochendes Wasser getaucht, bis die Federn leicht loslassen, wobei man sich aber vor dem Verbrühen in Acht nehmen muß, indem sonst mit den Federn zugleich die Haut abgerissen würde. Doch möchte ich nicht empfehlen, Geflügel zu brühen, vielmehr es nur zu rupfen, und zwar so lange dasselbe noch warm ist. Durch das

Brühen werden die inneren Teile desselben sehr leicht dem Verderben ausgesetzt, so namentlich im Sommer. Unter allen Umständen ist es gut, im Sommer, will man das Geflügel nicht sofort gebrauchen, das noch warme Gedärme mittelst eines kleinen Hackens vom Magen loszureißen und herauszuziehen, und hält sich auf diese Weise das Geflügel viel länger. Das Geflügel wird **ausgenommen**, indem man es mit der Brust auf den Tisch legt, mit dem Daumen und dem Zeigefinger der linken Hand die Haut unter dem Halse zusammennimmt und, zwischen den Flügeln anfangend, einen Schnitt bis zur Mitte des Halses macht (Fig. 141) und den Kropf und die Gurgel herausnimmt, wobei man durch die entstandene Oeffnung mit

Fig. 141.

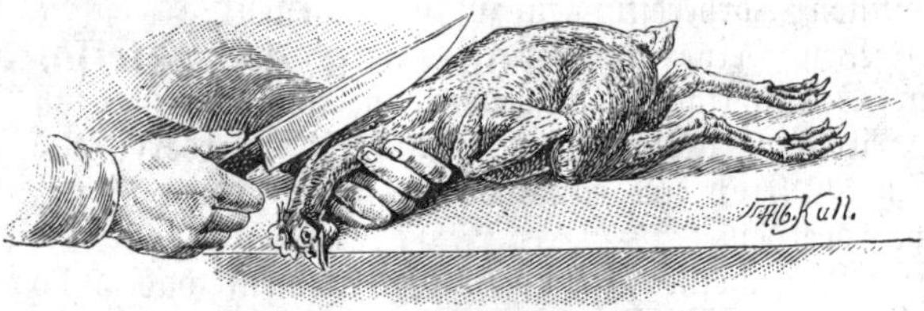

dem Zeigefinger fahrend inwendig alles, d. h. das Herz, die Milz, die Leber und den Magen von dem Rücken und den Bauchwandungen loslöst. Hat man den After so klein wie möglich herausgeschnitten, so werden die Eingeweide durch die entstandene Oeffnung entfernt, doch so vorsichtig, daß nichts reißt, namentlich die Galle der Leber nicht verletzt wird und das Geflügel deshalb mit Wasser ausgewaschen werden muß. Die noch vorhandenen kleinen Federn werden über einer Spiritus- oder Kohlenflamme gesengt, die zurückgebliebenen Stoppeln entfernt und das Geflügel mit einem reinen Tuche auch im Innern sauber abgewischt. Will man die Füße benützen, so hält man sie so lange in die Flamme, bis man die obere Haut leicht abstreifen kann.

Fig. 142.

Hat man das Stück rein geputzt und mit einem Tuche abgerieben, doch ohne das Geflügel abzuwaschen oder gar auszuwässern, was entschieden zu verwerfen ist, den Hals, sowie die Klauen von den Füßen abgehauen (Fig. 142), so wird das Geflügel zu einer schönen Form dressiert, indem dasselbe auf dem Rücken liegend, die Keulen nach der Brust zu zurückgeschoben, mit einer starken Nadel und Bindfaden dicht am Kniegelenk durchstochen werden (Tafel II., Fig. 143—149 Nr. 1). Sodann legt man es auf die Brust, sticht die Nadel durch die eingebogenen Flügel, den Halslappen und den Rücken (Nr. 2) und bindet die beiden Enden fest zusammen (Nr. 3).

Bei kleinerem Geflügel genügt dieses Dressieren vollständig, während bei größerem, wie Kapaunen, Poularden, Welschen, sowie bei größerem Wildgeflügel, wie Nr. 4 zeigt, fortgefahren wird, indem man das Geflügel auf die Brust legt, unterhalb des Schlegels durch den Körper durchsticht, sodann zurück durch die Schlegel, diese herunterdrückend (Nr. 5), damit die Brust recht hervortritt, und die Bindfadenenden festbindet (Nr. 6). Nr. 7 zeigt einen fertig dressierten Poularden zum braten gerichtet.

3) **Das Ausbeinen des Geflügels** zu warmen oder kalten Galantinen und Rouladen geschieht auf folgende Weise: Das zu entknöchelnde Geflügel, sei es nun zahmes oder solches von Wild, wird erst flammiert, mit einem Tuch abgerieben, der Schlund und die Gurgel herausgenommen und die Stoppeln rein entfernt.

Sodann hackt man die Beine und Flügel über dem zweiten Gelenk ab, schneidet die Haut auf dem Rücken der Länge nach auf und trennt diese mit dem Fleisch rings um den Körper los. Den Ansatz des Schlegelknochens schneidet man vom Körper ab, ebenso an den Flügeln. Sodann trennt man das Filet am Hals vom Filetknochen los und das Filet

Fig. 150. Fig. 151. Fig. 152.

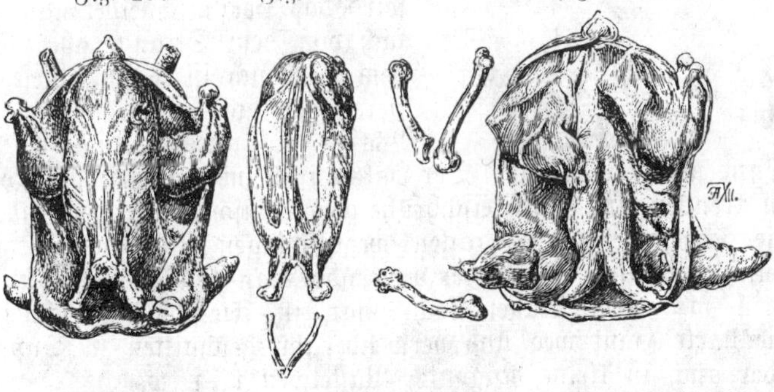

vom Brustkorb gegen den Brustknochen zu und zieht die Brust vollends gegen das hintere Ende des Geflügels, löst dort ringsum die Haut ab und legt das nun entbeinte Geflügel auf den Tranchierboden, um die Schlegel und Flügelknochen von innen heraus zu entfernen. Hiezu macht man am inneren

Schenkelknochen einen Schnitt der Länge nach und löst diesen aus, am zweiten Knochenansatz entfernt man rundum das Fleisch von demselben und zieht sodann den Knochen heraus. Die Flügel entbeint man ebenso, indem man den Ansatzknochen rundum von Fleisch befreit und herauszieht, beide Male unter Nachhilfe mit dem Messer. Das Fleisch der Schlegel und Flügel ist nun nach innen in den Körper hereingezogen. Die Fig. 150 und 152 zeigen die Art und Weise des Ausbeinens. Fig. 152 zeigt die Seite links ganz ausgebeint, Schlegel und Flügel nach innen gezogen, rechts mit den unausgebeinten Schlegeln und Flügelstücken; Fig. 151 den abgebeinten Körper und die Schlegel- und Flügelknochen. Der Körper wird sodann ausgenommen, das Innere, wie unten gesagt wird, verwendet und die erhaltenen Knochen zu Suppen, Essenzen, Saucen u.s.w.

4) **Die Geflügelabfälle.** Die aus dem Geflügel entfernten Eingeweide (Fig. 153) werden folgendermaßen ausgesucht: Das Eingeweide von dem Magen b losgeschnitten, dieser selbst dadurch entleert, daß man an der entgegengesetzten Seite einen Einschnitt in denselben macht, bis auf die Haut des im Innern sich befindlichen Beutels, den man auf diese Weise unverletzt herausschälen kann. Dies trifft bei Enten und Gänsen nicht zu, und ist es hier besser, die beiden großen Magenstücke einfach wegzuschneiden. Die Leber d wird vorsichtig von der Galle befreit und ja nicht zerdrückt, da sie sonst vollständig ungenießbar wird, das Herz c schneidet man einfach von dem Strange ab. Vor dem Gebrauch ist es gut, diese inneren geputzten Teile aus einem Wasser zu waschen, um sie von Sand u.s.w. zu befreien. Der Hals a ist beim Geflügel vom Kopfe zu trennen und zur Fleischbrühe oder Consommé zu verwenden; die Füße, wenn die Krallen weggeschlagen sind und gut gereinigt, ebenso. Die Leber verwendet man zu Ragouts, sautiert u. s. w. Den Magen kocht man in Fleischbrühe, schneidet die harte Haut weg und verwendet ihn geschnitten zu Suppen oder auch in kleine Ragouts, Pastetchen u. s. w.

Fig. 153.

5) **Das Spicken.** (Fig. 154—156.) Die erste Bedingung, ohne welche man nicht schön spicken kann, ist, daß der Speck fest und zähe und so geschnitten ist, daß er genau in die Spicknadel paßt. Zuerst schneidet man von dem oberen, weichen Teil des Speckes so viel ab, daß nur etwa zwei Finger hoch Speck auf der

Schwarte bleibt und schneidet dann diesen letzteren in Stücke, die so breit sind, als die Speckfäden lang werden sollen. Diese Stücke schneidet man nun mit einem dünnen, scharfen Messer in der Quere von oben herab bis auf die Schwarte in mehr oder weniger dünne Blätter, je nachdem die Speckfäden dicker oder dünner werden sollen (Nr. 1), drückt dann die Blätter fest aneinander und schneidet den Speck von rechts nach links, wie Nr. 2 zeigt, in egale, vierkantige Fäden von gleicher Dicke. Nun macht man auf dem zu spickenden Gegenstande, z. B. einem Rinderfilet, welches man der Länge nach auf den mit einem reinen Tuche bedeckten Tisch vor sich hingelegt hat und mit der linken Hand festhält, an der Stelle, wo man das Spicken beginnen will, mit der Spitze der Nadel drei erkennbare Quer-Linien über das Filet, jede etwa 1½ Centimeter

Fig. 154—156.

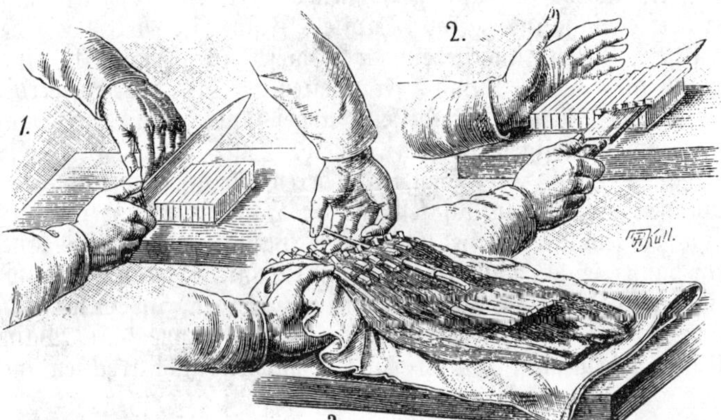

von der andern entfernt, sticht die flachgehaltene Spicknadel am äußersten linken Ende der untersten Linie so in das Fleisch, daß die Spitze auf der ersten Linie wieder herauskommt, steckt dann einen der Speckfäden mit der rechten Hand in die Spicknadel und zieht diese schnell und geschickt durch das Fleisch (Nr. 3), so daß der Speckfaden mit einem Drittel seiner Länge in dem Fleische stecken bleibt, und auf jeder Linie ein Drittel heraussteht, führt dicht daneben den zweiten Speckfaden auf gleiche Weise durch das Fleisch, fährt so bis zum Ende der Linie fort und bildet auf diese Weise die erste Reihe. Dann bezeichnet man unterhalb der dritten Linie eine vierte und spickt eine zweite Reihe, indem man die Nadel auf der vierten Linie einsetzt und auf der zweiten Linie herauszieht. Hierauf bezeichnet man eine fünfte Linie und führt die dort hineingesteckten Speckfäden zwischen den Speckfäden der dritten Linie heraus. Man fährt nun so fort, bis das Filet bis unten zur Spitze hin kraus und sauber bespickt ist. Beim Spicken von Kalb= oder Rehrücken, sowie von Fricandeaux ist stets zu beobachten, daß das Fleisch immer so gespickt werden muß, daß beim Tranchieren der Speck nicht der Länge nach, sondern quer durchschnitten wird. Deshalb spickt man das Fleisch am besten dem Faden nach bei allen Fleischsorten, sei es vom Ochsen=, Kalb= oder Wildfleisch, so namentlich die Fricandeaux.

6) **Die Vorbereitung der Fische.** Die Fische werden gewöhnlich geschuppt, nachdem man sie vorher durch ein paar Schläge auf den Kopf getötet hat. Das dabei zu beobachtende Verfahren darf wohl als allgemein bekannt vorausgesetzt werden, doch giebt es einige Arten von Fischen, die man anders als auf gewöhnliche Art von ihren Schuppen befreien muß. Im Kapitel Fische ist stets bei den einzelnen Arten angegeben, wie diese zu behandeln sind, ebenso die Schon= und Fangzeiten. Die Barse werden mit einem kleinen Reibeisen abgeschuppt, nachdem man zuvor die stacheligen Flossen derselben mit einem Hackmesser abgehauen hat. Die Schleien, deren kleine, schleimbedeckte Schuppen außerordentlich fest in der Haut haften, werden auf einige Augenblicke in siedend heißes Wasser getaucht und lassen sich dann leicht schuppen. Große Schill (Zander), Lachse, Hechte und Karpfen müssen b a r b i e r t werden, indem man den Fisch, der bis zu dem Augenblicke des Abschuppens in Wasser gelegen haben muß, damit seine Schuppen nicht trocknen, mit

Fig. 157.

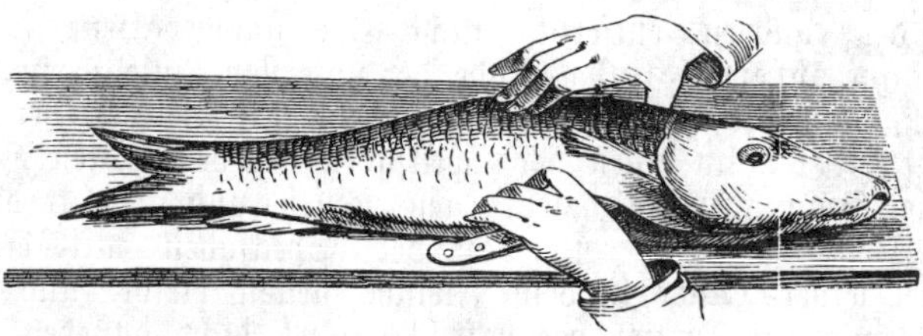

einem Tuche am Schwanze festhält und mit einem sehr scharfen Messer vom Schwanz nach dem Kopf hin die Schuppen in langen Streifen von der Haut abschneidet, ohne letzteren zu beschädigen.

Um von einem Fisch die Filets von den Gräten zu schneiden, wird, wie folgt, verfahren:

Hat man den Fisch geschuppt, so macht man in der Mitte des Rückens vom Schwanz bis zum Kopf und auf der anderen Seite vom Schwanz mitten durch den Bauch bis zum Kopfe einen Einschnitt (Fig. 157), steckt das Messer mit der Schneide nach dem Schwanze gewendet dicht über dem Rückgrat am Kopf durch diese Einschnitte, schneidet das Fleisch längs der Gräte bis zum Schwanz ab und trennt es durch einen Querschnitt vom Kopf. Hat man auch die andere Hälfte so abgelöst, so schneidet man die Bauchgräten so dünn wie möglich aus, wie auch die Bauch- und Rückenflossen, löst nun am Schwanzende das Fleisch mit einigen Schnitten von der Haut, setzt das Messer schräg in diesen Einschnitt, ergreift die abgelöste Haut mit der linken Hand und zieht sie unter dem Messer weg, wodurch das Fleisch in einem Stück von derselben losgetrennt wird.

7) **Die Gemüse** lasse man, nachdem sie verlesen oder geputzt sind, nicht lange wässern, sondern wasche sie nur gut ab; durch das Wässern verlieren sie an ihrem Geschmack. — Solche Gemüse, welche leicht trocken und schwärzlich werden, wenn man sie nicht bald nach dem Putzen und Waschen kocht, wie z. B. Mohrrüben und Kohlrüben, bedecke man nach ihrer Vorbereitung, bis sie gekocht werden, mit einem feuchten Tuche. — Die Gemüse, welche blanchiert werden, um ihnen den strengen Geschmack zu benehmen, wie z. B. Weißkohl, Wirsingkohl und Grünkohl, koche man in vielem Wasser ab, sonst wird der obgenannte Zweck nicht erreicht. Eine kleine Zuthat von doppelkohlensaurem Natron an das zum Blanchieren bestimmte Wasser entzieht den Gemüsen die blähenden Eigenschaften und befördert deren Weichwerden. Weiteres siehe auch bei den einzelnen Gemüsen Abschnitt 5.

8) **Zucker zu läutern und zu kochen.** Man schlägt 1 Pfund Zucker in kleine Stücke und begießt diese in einer Pfanne mit 1/2 Liter Wasser. Beim ersten Aufkochen (Steigen) der Zuckerlösung wird dieselbe durch Aufguß von ca. 1/8 Liter kalten Wassers abgeschreckt und der emporgestiegene Schaum mit dem Schaumlöffel abgenommen. Dieses Abschaumen wird wiederholt, bis der Zucker ganz klar ist, worauf er durch ein Haarsieb oder Tuch gegossen wird. Dieser Läuterzucker zum Einmachen, auch als Zusatz zu Fruchtsäften u.s.w. benützt, wird vor seinem Gebrauch mit der Zuckerwage gewogen, ob er den passenden Grad besitzt, andernfalls er noch mehr eingekocht werden müßte.

Der geläuterte Zucker wird gekocht zu verschiedenen Graden; ein Umrühren desselben während des Kochens ist zwecklos, nur ist darauf zu achten, während des Kochens, das Zuckerkasserol an den Seiten öfters mittelst eines Schwämmchens rein zu halten, damit der sich dort ansetzende Zucker nicht bräunt. 1. Grad: Kleiner oder großer Faden: Wenn der Zucker beim Eintauchen und Emporhalten einer durchlöcherten Kelle kurze oder längere Fäden zieht. 2. Breitlauf: Wenn sich (wie oben) an der Kelle, statt nur Fäden ein Lappen bildet. 3. Blase: Wenn beim Durchblasen der zuvor in den Zucker getauchten Kelle sich an deren Rückseite Blasen bilden. 4. Flug: Wenn diese Blasen, ohne an der Kelle zu zerplatzen, von derselben abfliegen. 5. Bruch oder Caramel: Ein zuvor mit Wasser genetztes Stäbchen wird in den kochenden Zucker eingetaucht und sofort wieder in kaltes Wasser gestoßen; der daran hängende Zucker muß hart sein und beim Druck brechen. Dies ist die höchste Probe und es würde ein längeres Kochen des Zuckers dessen Verbrennung bewirken. Die verschiedenen Grade können (mit Ausnahme der Bruch- und Caramelprobe) auch mit der Zuckerwage ermittelt werden.

9) **Ranzig gewordene Butter** erhält ihren früheren Geschmack wieder, wenn sie über Nacht in ein Wasserbad gelegt, in welchem etwas Soda aufgelöst wurde, und in der Frühe aus diesem Bad gewaschen, dann mit frischem Wasser abgeschwenkt wird.

10) **Butter einzusalzen.** Die frisch gerührte Butter wird in kaltem Wasser so lang ausgewaschen, bis alle flüssigen Milchrückstände daraus verschwunden sind und das Wasser völlig klar abläuft. Dann wird, nachdem sie vollständig abgetropft, zerstoßenes und gesiebtes Steinsalz darunter geknetet und die Butter kalt aufbewahrt.

11) **Eingesottene Butter.** Man nimmt gute, frische Butter, giebt sie in einen größeren Kochhafen oder Kasserol und stellt sie aufs Feuer. Das Geschirr darf aber nur halb voll sein. Wenn die Butter zergangen ist, so bleibt man dabei stehen und rührt sie fleißig auf, wenn sie anfängt, in die Hitze zu kommen. Sollte die Butter zu stark aufwallen, so schöpft man rasch einen Teil davon in eine bereit stehende Pfanne, bis sie sich wieder setzt, um ein Ueberlaufen derselben zu verhüten. Hierauf läßt man sie kochen, bis sie ganz klar ist, bis sich sämtliche fremden Bestandteile auf den Boden gesetzt haben und man klar auf den Boden des Geschirrs sieht. Alsdann nimmt man sie vom Feuer, läßt sie ein wenig stehen und schüttet sie ganz langsam durch ein Schmalzsieb in das dazu bestimmte Gefäß. Sobald die Butter kalt ist, rührt man sie mit einer hölzernen Kelle um, bis sie anfängt, dick zu werden. Solche Butter hält sich ein bis drei Jahre.

12) **Butter zu Schaum oder Sahne zu rühren.** Die vorher etwas erweichte Butter wird in einem irdenen oder porzellanenen Napfe mittelst eines Holzlöffels oder einer Reibekeule so lange von einer Seite zur andern gerührt, bis sie weiß und schäumig ist. Gesalzene oder viele Milchteile enthaltende Butter wird vor dem Rühren in kaltem Wasser ausgewaschen. Im Winter rührt man die Butter an einem warmen Orte in einem erwärmten Napfe mit einem ebenfalls erwärmten Löffel.

13) **Kräuterbutter.** Dazu nimmt man 3/4 Pfund Champignons, 200 Gr. Trüffeln, zwei Glas voll Schalotten, eine Hand voll Petersilie, Estragon, Basilicum und die Schale von einer Zitrone, alles ganz fein gehackt. Dieses wird mit einem Pfund frischer Butter auf das Feuer gesetzt und so lange gerührt, bis die Butter klar ist. Dabei ist aber darauf zu achten, daß die Kräuter nicht hart werden. Dann wird die Butter abgeschüttet und in einem verschlossenen Topf aufbewahrt.

14) **Krebsbutter.** Sobald das Fleisch der gekochten Krebse aus den Schalen gebrochen ist, (wobei zu beachten, das innere Bittere aus dem Körper zu entfernen), stößt man diese in einem Mörser recht fein, fügt etwa halb so viel Butter als Schalen hinzu und läßt sie in einem Kasserol langsam unter öfterem Umrühren rot schwitzen. Nachdem kochendes Wasser oder Fleischbrühe hinzugegossen worden ist, läßt man die Flüssigkeit kurze Zeit auf dem Feuer stehen, preßt sie durch ein starkes Tuch in ein flaches Geschirr, spült die Schalen nochmals mit etwas kochendem Wasser ab und läßt die Butter erkalten. Ist sie fest geworden, so wird sie von der Flüssigkeit abgenommen und nochmals eingeschmolzen. Der untere Saft wird zur Suppe oder Sauce verwendet.

15) **Sardellenbutter.** Man hackt das von den Gräten gelöste Fleisch reingewaschener, gut abgetrockneter Sardellen sehr fein, vermischt es mit einem gleichen Gewicht feiner Butter und streicht es durch ein Haarsieb.

16) **Einbrennen, Weißmehl, Braunmehl.** Um Suppen oder Saucen sämig zu machen, bedient man sich der Einbrenne (Mehlschwitze), die folgendermaßen bereitet wird: Ein Stück Butter läßt man auf dem Feuer zergehen, fügt so viel Mehl, als man unter dieselbe verrühren kann, hinzu und läßt es nun auf gelindem Feuer langsam gar schwitzen, ohne daß es sich braun färbt. Will man Braunmehl bereiten, so rührt man Mehl und Butter so lange auf langsamem Feuer, bis es eine hellbraune Farbe annimmt. Soll nun eine Flüssig-

keit gebunden werden, so gießt man erst ein wenig davon zu dem so bereiteten Mehl, rührt es damit recht glatt und füllt nun unter fortwährendem Umrühren auch die übrige Flüssigkeit auf.

17) **Abziehen, Legieren der Speisen.** Man giebt die zum Abquirlen bestimmten Eidotter in einen kleinen Napf, rührt sie recht klar, fügt auf jedes Eidotter einen reichlichen Eßlöffel voll Flüssigkeit, wie sie zu der abzuquirlenden Speise paßt, als Wasser, Wein, Milch, Sahne, hinzu, mischt dies gut untereinander und gießt es durch ein Sieb. Dies nennt man Liaison. Die Speisen müssen in dem Augenblicke, wo sie abgequirlt werden sollen, kochend sein, werden aber behuf des Legierens vom Feuer genommen. Sind es Suppen

Fig. 158.

oder Saucen, so giebt man einen kleinen Teil derselben unter stetem Rühren zu der Liaison und vermischt beides recht klar mit einander, gießt dann diese Mischung wieder zu der übrigen Suppe oder Sauce und rührt diese nun so lange, bis sich alles genau mit einander verbunden hat. Die Suppen werden gleich angerichtet, während man die Saucen noch einen Augenblick zum Feuer setzt, damit die Eier gar werden, ohne daß sie jedoch gerinnen. Dickere Saucen, oder solche, in die Zitronensaft gedrückt ist, können, ohne daß sie gerinnen, nach dem Legieren noch beliebig eingekocht werden.

18) **Jus zu bereiten.** Man bedecke den Boden einer Kasserole mit Rindertalg oder ungeräuchertem Speck, oder man bestreiche ihn dick mit Butter oder gutem Bratenfett, lege in Scheiben geschnittene Zwiebeln und Mohrrüben darauf, gebe Abfälle von derbem Rindfleisch, sowie Abfälle von

Tafel II.

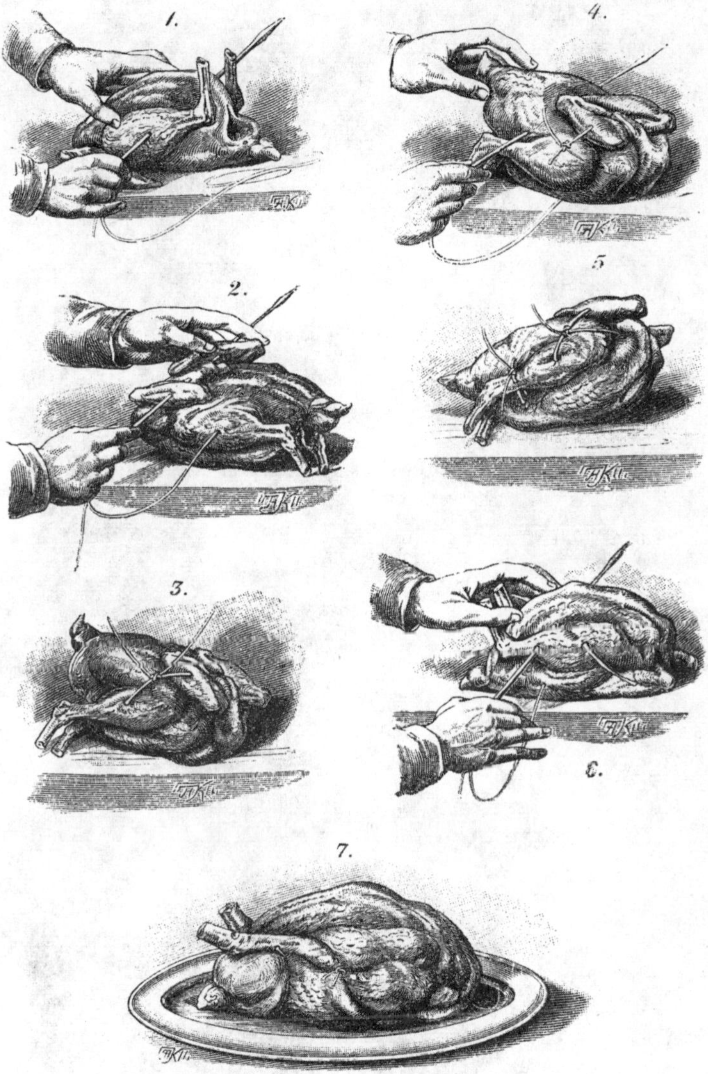

Dressieren des Geflügels.

Knochen, diese klein zerhackt, Kalbfleisch und Schinken, darüber, daß die Kasserole beinahe halb voll wird, und lasse dies auf nicht zu starkem Feuer, ohne es umzurühren, so lange braten, bis sich am Boden der Kasserole ein dunkelbrauner Satz gebildet hat. Um das Anbrennen zu verhüten, kann man, wenn es stark kreischt, von Zeit zu Zeit ein wenig Wasser oder dünne Bouillon hinzugießen. — Ist nun der Satz auf dem Boden der Kasserole recht braun geworden, so gieße man das Fett davon ab, fülle kaltes Wasser oder schwache Fleischbrühe auf das Fleisch, lasse es kochen, schäume es gut aus, gebe etwas Sellerie, Mohrrüben und Petersilienpflanzen daran, lasse es einige Stunden langsam kochen, gieße die Jus durch ein Tuch oder feines Sieb und verwende sie nach späterer Anweisung zu Saucen u. s. w.

19) **Zuckerjus. Caramel.** In Ermangelung von Fleischjus kann man Suppen oder Saucen auch mit nachstehender Farbe leicht braun färben. Gestoßener Zucker wird in einer kleinen, eisernen Pfanne sehr langsam dunkelbraun gebrannt, Wasser dazu gegossen und nun die Farbe einigemale aufgekocht und durch ein feines Sieb gegossen. Um sie noch stärker zu machen, brennt man eine gleiche Quantität Zucker nochmals und füllt die erste Abkochung auf. Dieses Färbungsmittel ist nur ein Notbehelf und darf wegen seines bittersüßen Geschmacks nur mit großer Vorsicht und in kleiner Quantität angewendet werden.

20) **Eingeweichte Semmel.** Nachdem die Rinde des Milchbrotes oder der Semmel fein abgeschält oder auf einem Reibeisen abgerieben ist, schneidet man das Milchbrot in Hälften, legt es in kaltes Wasser oder Milch, läßt es gut durchweichen und preßt es dann mit reinen Händen so trocken als möglich aus, um es sogleich zu verwenden.

21) **Semmelcroutons zu backen,** zu Suppen zu verwenden. Man läßt in einer Kasserole etwas Butter auf dem Feuer gelb werden, giebt die in kleine oder große Würfel geschnittenen Semmelstücke hinein, backt sie unter fortwährendem Umrühren oder Umschwingen gelbbraun und schüttet sie zum Abtropfen der Butter in einen Durchschlag.

22) **Ausbackteig, Bierteig, (Klare).** Man rühre ¼ Pfund Mehl mit Weißbier, Weißwein, Madeira oder Wasser zu einem glatten, ziemlich dickflüssigen Teige an, füge etwas Salz, Olivenöl und Franzbranntwein oder Rum hinzu (auf ¼ Pfund Mehl einen Eßlöffel voll Oel und ebensoviel Franzbranntwein oder Rum) und mische alles mit zwei

zu Schnee geschlagenen Eiweiß gut untereinander. Dieser Teig muß so dick sein, daß er die hineingetauchten Sachen gut bedeckt, aber auch nicht dicker, sonst bleibt die Kruste der ausgebackenen Sachen teigig.

23) **Fleischgelée oder Aspic.** Man spalte 6 frische Kälberfüße, von denen der obere Teil des Knochens abgehauen worden ist, setze sie mit 2—3 Pfund Rindfleisch, 3 Pfund Kalbsstorzen und sechs Liter Wasser aufs Feuer und schäume sie rein aus. Dann füge man drei Zwiebeln, einige Mohrrüben, etwas Sellerie, ein paar Schalotten, 3 Lorbeerblätter, ein wenig Pfeffer, englisches Gewürz und Nelken hinzu und lasse sie 4—5 Stunden langsam kochen. Hierauf gieße man die Brühe durch ein Sieb, koche sie bis zu 2 ½ Liter ein und lasse sie erkalten und steif werden. Nun wird das Fett davon rein abgenommen, die Gallerte, wenn sie noch nicht fest genug sein sollte, noch ein wenig eingekocht und mit etwas Salz, französischem Estragonessig, Weinessig und weißem Wein vermischt. Dann werden zwei Eiweiß, die Schalen derselben mit etwas Wasser durcheinander geschlagen, dies unter die Gallerte gemischt und unter beständigem Rühren aufgekocht. Hierauf setzt man die Kasserole zugedeckt an die Seite des Herdes und läßt sie so lange ruhig stehen, bis sich die Eier zusammengezogen haben und die Gallerte klar ist. Um ihr schöne Farbe zu geben, mische man einige Tropfen Zuckerjus dazu. Endlich gieße man die Aspic einige Male durch ein reines leinenes Tuch (Fig. 159) und verwahre sie in einem irdenen oder porzellanenen Gefäß an einem kühlen Ort zum Gebrauch. (Weitere Fleischgelées, siehe Abschnitt 15. Sulzen.)

Fig. 159.

24) **Hausenblase aufzulösen.** Man nimmt sie entweder ganz oder klopft die noch zusammengerollte, weiße Hausenblase mit einem Hammer breit und locker, daß man sie zerreißen und zerschneiden kann, giebt sie in eine Kasserole, gießt Wasser darauf, so daß es darüber geht, läßt sie eine Nacht darin weichen, setzt sie dann zum Feuer und läßt sie eine Viertelstunde kochen; alsdann gießt man sie durch ein leinenes Läppchen.

25) **Gelatine aufzulösen.** Die Gelatine weicht man

in Wasser ein, schüttet dasselbe nicht ganz ab und kocht diese unter beständigem Rühren, bis sie zum Kochen kommt, worauf man sie passiert und verwendet. Um dieselbe klar zu bekommen, schlägt man vor dem Aufkochen ein Eiweiß darunter, kocht sie sodann auf, läßt sie zugedeckt an der Seite des Herdes stehen, bis das Eiweiß sich zusammengezogen, worauf man sie durch eine Serviette gießt und zu süßen Gelées, Sulzen u. s. w. verwendet.

26) **Formen zum Backen der Mehlspeisen auszustreichen.** Jede Form muß mit einem feuchten Tuche ausgewischt, dann vermittelst eines Pinsels mit klarer Butter ausgestrichen und mit geriebener Semmel oder gestoßenem Zwieback, auch Zucker ausgestreut werden. Man kann die Form auch mit Oel ausstreichen zu kalten Puddings und Crême oder die bestrichene Form mit Butter bestrichenem Papier auslegen.

27) **Gewürzmischungen.** Zu 1½ Pfund getrocknetem, fein gestoßenem Salz nimm geschabte Muskatnuß, Nelkenpulver, weißen Pfeffer, Muskatblüte, Lorbeerblätter, Basilikumkraut, von jedem 8 Gr. fein gestoßen und gerieben, mische alles gut durcheinander und bewahre es in einer wohl verschlossenen, geruchlosen Büchse auf. Diese Mischung ist zu jeder Sauce oder Ragout zu gebrauchen.

28) **Bouquet garni.** Mit diesem Namen bezeichnet man in der Küche eine Vereinigung von 30 Gramm Petersilie, 20 Gr. Thymian und 20 Gr. Lorbeerblätter; letztere beide hüllt man sorgfältig in die Petersilie ein, bindet alles fest zusammen und schneidet die vorstehenden Blätter ab, damit sie in der Flüssigkeit sich nicht ablösen.

29) **Indisches Gewürzpulver** besteht aus 50 Gr. Coriander, 50 Gr. Circuma, 16 Gr. weißem Pfeffer, 16 Gr. Ingwer, 16 Gr. Cardamomengewürz, 16 Gr. Kümmel, 4 Gr. spanischen Pfeffer. Es wird fein pulverisiert in gut verschlossenen Gläsern aufbewahrt und in geringer Menge an Saucen gethan.

Angabe von Maß und Gewicht

verschiedener Zuthaten im Verhältnis zur Personenzahl.

Nachstehende Angaben werden erwünscht sein, um annähernd berechnen zu können, wie viel Hauptzuthaten zur Bereitung verschiedener Speisen zu einer aus einigen oder mehreren Gängen bestehenden Mahlzeit für eine bestimmte

Personenzahl nötig sind. Daß das hier angegebene Quantum nur einen Anhalt gewähren soll, ist wohl selbstverständlich, ebenso daß örtliche oder persönliche Verhältnisse auf die Vermehrung oder Verminderung desselben Einfluß haben müssen.

Suppe, soll sie gut und kräftig sein, erfordert bei einem größeren Gastmahl wenigstens ½ Pfund Ochsenfleisch für jede Person. Etwas mehr rechnet man zu einer klaren Suppe und auf 4—6 Pfund Ochsenfleisch auch noch ein altes Huhn. — Zu eben so guter Suppe bei einem kleineren Mahle sind ¾ Pfund für jede Person erforderlich. Fleisch kann erspart werden, wenn an dessen Stelle etwas Fleischextrakt dazu genommen wird.

Ochsenfleisch, Rinderfilet, Kalbsbraten, Hammel- und Lammbraten. Wenn dieses Fleisch die Hauptschüssel bildet, so wird auf jede Person ein Pfund gerechnet; bei einem großen Diner ¾ Pfund.

Rehziemer. Ist er groß und stark im Fleische, so reicht ein solcher als Braten bei einem Diner für 12—14 Personen. Als Hauptgericht rechnet man ihn für 8 bis 10 Personen.

Ein Rehschlegel reicht als Hauptgericht für 6 bis 8 Personen, als Braten nach mehreren vorangegangenen Gerichten für 10 bis 12 Personen.

Beefsteaks wird ¾ bis 1 Pfund für jede Person gerechnet; folgen mehrere Speisen, so ist ½ bis ¾ Pfund hinreichend.

Koteletten. Giebt man sie als Hauptschüssel, so rechnet man ¾ bis 1 Pfund, als Beilage zu Gemüsen bei mehreren vorangegangenen und nachfolgenden Gerichten ½ Pfund für jede Person. Für fünf Personen werden zu gehackten Koteletten zu Gemüsen 2 Pfund genommen.

Ein Hase reicht als Hauptgericht für 4 bis 5 Personen, als Braten nach mehreren vorausgegangenen Gerichten für 6 bis 8 Personen.

Eine Rinderzunge reicht als Hauptschüssel für 6 bis 7 Personen.

Puter. Ein großer Puterhahn reicht als Hauptgericht für 8 bis 10 Personen und als Braten nach mehreren vorangegangenen Gerichten für 12 bis 14 Personen. Ist eine Puterhenne nicht zu klein, so reicht sie im ersteren Falle für 6 Personen, im letzteren für 8 bis 10 Personen.

Ein Kapaun reicht für 4 bis 6 Personen.

Eine französische Poularde reicht für 6 bis 8 Personen.

Ein Fasan wird für 6 Personen gerechnet.

Rebhühner. Für 4 bis 5 Personen sind 2 große Rebhühner hinreichend.

Junge Hühner. Sind die Hühner klein und besteht die Mahlzeit nur aus etwa zwei Gerichten, so wird für jede Person ein Huhn gerechnet. Wenn die Hühner größer sind, so daß man sie vierteilen kann, dann werden 2 Hühner für 3 Personen gerechnet; gehen mehrere Speisen voran, ein halbes kleines Huhn für jede Person oder zwei große Hühner für 5 bis 6 Personen.

Tauben. Besteht die Mahlzeit nur aus einem oder zwei Gerichten, so nimmt man 3 Tauben für 2 Personen. Gehen mehrere Gerichte voran, so ist 1 Taube für jede Person hinreichend.

Eine Gans reicht für 6 bis 8 Personen.

Eine Ente ist für 3 bis 4 Personen hinreichend.

Fisch. Als Hauptgericht rechnet man $\frac{1}{2}$ bis $\frac{3}{4}$ Pfund, bei großen Diners nur $\frac{1}{3}$ Pfund davon für jede Person.

Gemüse. Von Bohnen, grünen Erbsen, Mohrrüben, Rüben wird für den gewöhnlichen Tisch 1 Teller voll für jede Person gerechnet; Spargeln ungefähr $\frac{3}{4}$ Pfund; Blumenkohl je nach der Größe $\frac{1}{2}$ bis 1 Staude; Wirsingkohl, wenn er nicht zu groß ist, einen halben Kopf auf jede Person.

Mehlspeise. Wenn die Mahlzeit aus mehreren Gerichten besteht, so werden bei der Bereitung der Mehlspeise 3 Eier für 2 bis 3 Personen gerechnet; wird aber nur noch etwa eine Suppe oder ein Braten gegeben, so sind wenigstens 2 Eier für jede Person erforderlich.

Angabe der Zeit, welche die gewöhnlichen Nahrungsmittel zur Verdauung brauchen.

(Es ist hier die **mittlere Verdauungszeit** nach Dr. Klenke's vortrefflichem Buche: Chemisches Koch- und Wirtschaftsbuch angenommen.)

(St. bedeutet Stunde, M. bedeutet Minuten.)

Speisen, die über 4 Stunden zur Verdauung brauchen, werden zu den schwer verdaulichen gerechnet, es ist daher für die Gesundheit von großem Vorteil, wenn die Hausfrau die Speisen richtig einteilt, d. h. bei einer Mahlzeit nicht lauter schwerverdauliche Speisen auftischt. Viel Zuthat von Fett, Oel, Säure erschwert die Verdauung, hingegen befördert wird sie durch Salz, Pfeffer, Zimmet, Senf, altem Käse, Rettig, Zucker und Wein.

Reis, gekocht	1 St.
Eier, geschlagen Gerstensuppe Wildbret, gebraten Aepfel und Birnen, weich gekocht Obst, als Mus gekocht Lachs und Forelle, gekocht Spinat Spargel Sellerie Erbsenbrei, durchgetrieb. Bohnenbrei, desgl. Gerstenbrei	1 St. 30 M.
Hafergrütze Hirn, gekocht	1 St. 35 M.
Sago gekocht Milch, gekocht Eier, roh Gerste, gekocht Ochsenleber, gebraten Saure Aepfel, gekocht	2 St.
Stockfisch, gekocht Milch, frisch, ungekocht	2 St. 15 M.
Truthahn, gekocht Truthahn, gebraten Wilde Gans, gebraten Lammfleisch gekocht Spanferkel, gebraten Kartoffeln, geröstet Vicebohnen, große Bohnen Erbsen, Linsen, in den Hülsen gekocht	2 St. 30 M.
Pudding von Eiern und Milch Zartes Rindfleisch, geröstet Hühnerfricassé Austern	2 St. 45 M.
Eier, weich gesotten Hammelfleisch, geschmort Schinken, roh Beefsteak Mageres Rindfleisch, gebraten Barsch, Steinbutt, Scholle, gebraten Kuchen	3 St.
Ochsenbraten, Roastbeef Mohrrüben, gekocht	3 St. 15 M.
Grüner Salat Kopfsalat	3 St. 15 M.
Schweinefleisch, gebraten dto. frisch gesalzen Butter, geschmolzen oder gebraten Eier, hart gesotten Käse, alter Bratwurst, frische Rindfleisch, gekocht dto. eingesalzen Kartoffeln, gekocht Weiße Rüben, gekocht Hammelfleischsuppe Weizenbrot, frisches Weißkohl, gekocht Meerrettig, gekocht Zwiebeln, gekocht	3 St. 30 M.
Fettes Rindfleisch, gekocht Butterbrot mit Kaffee	3 St. 45 M.
Zahmes Geflügel, gekocht dto. gebraten Hammelbraten Kalbsbraten Rindfleischsuppe Lachs, gesalzen Trockenes Brot mit Kaffee	4 St.
Wildes Geflügel Schweinefleisch mit Gemüse, gekocht	4 St. 15 M.
Hammeltalg Zartes, frisch gesalzenes Pökelfleisch Sauerkraut gekocht	4 St. 30 M.
Eier, sehr hart gesotten Rauchwurst, gebraten Zäher Kalbsbraten Altes Hammelfleisch, gebraten Gekochte Sehnen, Häute, Därme Ochsentalg Steinobst, Kirschen, Zwetschgen Rosinen, Mandeln Pilze Nüsse Hülsen v. Hülsenfrüchten	5 St.
Altes Pökelfleisch Neunaugen, gebraten Fetter Aal, gebraten	6 St.

Das Servieren.

A. Die Tafel.

Obgleich das Servieren, die Herrichtung der Tafel, das Tranchieren bei Tische und das Herumgeben der Schüsseln, streng genommen nicht in das Gebiet der Küche gehört, so ist dasselbe doch eine Hauptbedingung zum vollständigen Gelingen eines Mahles. Es wird daher angemessen sein, eine kurze Anleitung zu geben, nach welcher die Hausfrau im Stande ist, das Servieren selbständig anordnen zu können.

Als Speisetisch bedient man sich häufig der sogenannten Ausziehtische, die sich von 8 bis zu 30, ja 40 Kouverts vergrößern lassen. Wo man solche nicht hat, oder bei einer noch größeren Personenzahl, werden mehrere Tische von gleicher Höhe und Breite fest nebeneinander in eine Reihe oder, sollte das Speisezimmer nicht lang genug sein, in Hufeisenform gesetzt. Auf jede Person rechnet man gewöhnlich reichlich 60 Centimeter als Maßstab für die Länge der Tafel.

Nachdem man den Tisch mit einem oder mehreren zu einander passenden Tischtüchern, die an den Seiten tief herabhängen müssen, bedeckt hat, — der Tisch wird möglichst vorher als Unterlage für das Tischzeug mit einem wollenen Teppich bedeckt, — wird in die Mitte der Tafel ein Aufsatz, eine Blumenvase oder — etwa bei einem Familienfeste — auch wohl ein Baumkuchen oder eine Torte aufgesetzt und in gleiche Linie, der Länge der Tafel nach, die Schalen oder Körbe mit Früchten, die Etagèren mit dem Dessert und die mit Wachslichtern besteckten Kandelaber oder Leuchter. Auf den noch leeren Raum der Mitte verteilt man in gleichmäßiger Entfernung die Compot-Schalen, sowie auch die Teller mit Dessert oder kleine Salatbeigaben ꝛc. zum Ochsenfleisch oder Roastbeef, die aber, nachdem man das letztere genommen, wieder abgetragen werden. Dicht an den Rand der Tafel, etwa 60 Centimeter von einander entfernt, setzt man für jede Person einen flachen Teller. Rechts von dem Teller kommen Löffel und Messer, links die Gabel zu liegen; oben quer neben den Teller legt man ein Dessertmesser und einen kleinen Löffel. Beim Servieren von Fischen legt man Fischbestecke auf, welche eigens zu diesem Zwecke hergestellt sind. Auf die Teller werden die Servietten, sowie ein Brot gelegt; letzteres kann auch neben Messer und Gabel seinen Platz finden. Am Schluße der Einleitung sind einige praktische Fingerzeige gegeben, um der Tafel durch hübsch gebrochene Servietten eine reichere Abwechslung zu geben und Tafel I zeigt eine reich ausgestattete Hochzeitstafel, auf welcher oben Gesagtes zu ersehen ist.

Hinter jeden Teller stellt man ein Wasser- und ein großes und ein kleines Weinglas. Die Wasser-, sowie auch die Weinkaraffen oder Weinflaschen werden — je nach der Personenzahl — auf Untersätzen auf der Tafel verteilt, oder, wie unten beschrieben, durch besonders dazu bestellte Dienerschaften serviert.

Desgleichen werden Salz-, Senf- und Pfeffernäpfchen in entsprechenden Zwischenräumen aufgesetzt, daß sie von jedem Gast ohne Belästigung des Nachbars bequem erreicht werden können. Auch dürfen eine oder mehrere Gestelle für Essig und Oel, sowie Brotkörbe und Zuckerschalen auf der Tafel nicht fehlen. Nachdem so der Tisch fertig gestellt ist, wird zu jedem Couvert ein Stuhl gestellt.

Es ist natürlich nicht absolut nötig, daß pünktlich nach diesen Angaben der Tisch gedeckt sein muß, denn in jedem Lande sind wieder andere Gebräuche. In England z. B. wird Roastbeef 2c. sofort ganz zur Schau auf die Tafel gestellt, während in Frankreich und Rußland den Tafelaufsätzen, Blumenvasen, Confektschalen eine große Sorgfalt geschenkt wird.

Stellt man ein Gastmahl an, so lade man nicht mehr Personen ein, als der vorhandene Raum auf anständige Weise fassen kann; es muß namentlich am Tisch so viel Raum vorhanden sein, daß jeder Gast Arme, Beine und Sessel ungehindert bewegen kann.

Durch das Tafelgedeck soll die möglichste Eleganz entwickelt werden, daher ist es in der Regel von Damast und blendend weiß. Werden auf Kaffee- oder Theetischen bunte Teppiche ausgebreitet, so kommt in die Mitte des Tisches noch eine Serviette.

Die silbernen Bestecke sind sehr elegant, müssen aber in leichtem Glanze geputzt sein. — Nach denselben kommen solche, welche weiße Hefte von Elfenbein haben; auch diese sind stets schön weiß zu erhalten, und darf man sie deshalb nie in heißes Wasser legen. — Geringer sind die schwarzen, hölzernen Hefte, doch kann man sich auch ihrer mit Anstand bedienen, wenn sie gut erhalten und mit silbernen Ringen beschlagen sind.

Um mit den Bestecken gehörig wechseln zu können, müssen dieselben in hinlänglicher Anzahl vorhanden sein; denn so wie ein Gast Gabel oder Messer auf seinem Teller liegen läßt, will er frisch bedient sein.

An einer großen Anzahl von Tellern darf es gleichfalls nicht fehlen; das Geschirr von feinem Porzellan ist nicht allein am schönsten, sondern auch am dauerhaftesten. Daß alle Teller, Platten und Schüsseln auf der ganzen Tafel gleich sein sollen, versteht sich wohl von selbst. Die Teller sind vor jedem Gericht zu wechseln und stets zu erwärmen. (s. Fig. 67 Tellerwärmer). Beim Wechseln werden den Gästen die Teller stets von der linken Seite genommen und gegeben.

Je nach der Jahreszeit ist die Regel, die Weiß-Weine mehr oder weniger zu kühlen, während die Rotweine, hauptsächlich Bordeaux und Burgunder, unbedingte Zimmertemperatur nötig haben. Champagner ist stets im Eis zu kühlen.

Bei allen größeren Essen, seien es nun Mittag- oder Abendessen oder größere Gesellschaften, wird der Tisch vollständig, wie oben angegeben, gedeckt und die Speisen sodann herumgereicht. Soll sehr fein serviert werden, so ist für den Wein eine eigene Person zu bestimmen, die bei den einzelnen Gängen den Gästen die dazu passenden Weine präsentiert.

Es ist selbstverständlich, daß obige Vorschriften nach den verschiedenen Mahlzeiten und nach der vorhandenen Einrichtung vielfache Abänderungen erleiden können und daß nach der Größe der Tafel mehr oder weniger Zierate aufgesetzt werden.

Die Hausfrau wird am Ende des Kochbuches eine Menge von einfachen, sowie reichen Speisezetteln finden und dabei ein kurzes Besprechen, um solche richtig zusammenstellen zu können, die ihr bei der Einteilung einer Mahlzeit sehr zu statten kommen werden.

Wohl jede Hausfrau wird bei einem Essen ihren Platz am Tisch bei ihren Gästen einnehmen, um nach allem sehen zu können, daß gut serviert wird, und um den Wünschen ihrer Gäste in jeder Weise zuvorzukommen, so daß dieselben ihr gastliches Haus mit Zufriedenheit verlassen.

Sie wird ihre größte Ehre darin setzen, daß sämtliche Speisen in tadellosem Zustand auf den Tisch kommen. Dies nun alles gut auszuführen und so der Hausfrau und ihrer Küche Ehre zu machen, ist Sache der Köchin, die, unterstützt bei den Vorbereitungen durch die Hausfrau, die eigentliche Ausführung des Essens übernimmt. Bei jedem Essen handelt es sich vor allem um die richtige Speisenfolge und gute Wahl der einzelnen Platten.

Ist die Speisenfolge festgestellt und nur das Beste dazu eingekauft, wobei darauf zu sehen ist, daß alles auch zur richtigen Zeit im Hause ist, wird vor allem das Fleisch und Geflügel zugerichtet, die Fleischbrühe und Suppe gekocht, währenddem wird man die Garnituren zum Fleisch, den Fisch, das

Gemüse, Kartoffeln, Salate und Compote richten, sowie die süßen Schüsseln. Ist alles im Rohzustand wohl geordnet und zugerichtet, so ist es am zweckmäßigsten, die einzelnen Gerichte zum Gebrauch und Zusetzen bereit zu halten und in die Kasserolen und Bratpfannen zu geben, um, wenn die Zeit zum Zusetzen der einzelnen Speisen kommt, dieselben sofort zur Hand zu haben. Dadurch gewinnt die Köchin einen genauen Ueberblick über das ganze herzustellende Essen und weiß sofort, wo noch irgend etwas fehlt.

Es ist immer der größte Fehler bei einem Essen, wenn die Köchin sich auf andere verläßt und nicht aufs pünktlichste und genaueste darauf sieht, daß in der Hauptsache mindestens 1/4 Stunde vor der festgesetzten Speisestunde alles in größter Ordnung ist und daß sodann mit dem Glockenschlag auch der erste Gang serviert werden kann. Hauptsächlich ist das zu verwendende Geschirr und Platten zu wärmen und zum Anrichten zur Hand zu sein.

Nichts ist peinlicher, als wenn die Gäste versammelt sind und es kann nicht angerichtet werden. In der Küche springt alles ratlos durcheinander, vielleicht ist die Suppe angebrannt, oder fehlt bei einem Gericht die Garnitur, oder ist der Braten, der aufs Feuer soll, noch nicht gerichtet. Um dies alles zu verhüten, ist, wie oben beschrieben, unter allen Umständen nötig, alles vorher bereit zu halten, und hat sich dies in meiner Praxis immer sehr gut bewährt.

Eine verständige, praktische Köchin soll nie aufgeregt werden, in aller Ruhe erst denken und dann ausführen. Ihre ganzen Gedanken vor allem soll sie nur bei der Sache haben und sollte dann je einmal etwas mißraten, so wird sie sich auch zu helfen wissen, um den Fehler sofort wieder gut zu machen. Ruhe und Sicherheit, das ist eine Hauptsache im Kochen, und hat sich dies die Köchin angeeignet, dann wird der Erfolg auch nicht ausbleiben. Und wie ist es ein stolzes Gefühl, wenn nach dem Mahle die Gäste der Hausfrau ihre Zufriedenheit für das gute Essen aussprechen; es ist dies Lob ein neuer Sporn für die Köchin, ihrer Kunst immer noch mehr Aufmerksamkeit zu widmen und sich zu vervollkommnen, denn es ist eine bekannte Thatsache, in der Kochkunst lernt man nie aus.

B. Das Tranchieren.

Das saubere und regelrechte Tranchieren erfordert eine größere Uebung. An der Tafel geschieht es fast nur noch bei Familien-Mahlzeiten. Bei größeren Diners kommen die

Speisen gewöhnlich schon zerlegt auf den Tisch, um die einzelnen Schüsseln geschmackvoll garnieren zu können und die Pausen, welche das Tranchieren bei Tisch verursachen würde, zu vermeiden.

Doch ist hiebei den Betreffenden dringend zu raten, das zu zerlegende Stück so zu schneiden, daß es durch dieses Verfahren nicht an seinem Aussehen verliert. Deshalb sollen die Schnitte so ausgeführt werden, wie es die Natur selbst in den zu zerlegenden Stücken zeigt, also nicht ein planloses Zuschneiden und Hauen, sondern es ist nötig, daß der Tranchierende genau die innere und äußere Natur des betreffenden Stückes kennt. Ein schön tranchiertes Stück Fleisch oder Geflügel wird den Gästen immer mehr munden, und wird man durch Fleiß und Uebung, sowie durch Ueberlegung bald sich die Kenntnisse dazu angeeignet haben.

Als allgemeine Regel gilt, daß man sich beim Tranchieren einer starken Gabel mit langem Zinken und eines starken, scharf geschliffenen Messers bedient, daß man ferner darauf sieht,

Fig. 160 u. 161.

die Fleischfasern, welche die verschiedenen Muskeln bilden, immer der Quere nach in schnellen, langen Zügen und mit einer gewissen Leichtigkeit zu durchschneiden und daß man endlich bei Tisch nur so viel von dem Stück zerlegt, als für alle Gäste erforderlich ist, da die geschnittenen Stücke leicht kalt und kraftlos werden.

Es sind beim Tranchieren, zum Schneiden, gut geschliffene, halbgroße Küchenmesser am besten und zum Durchschlagen der Knochen große starke Messer zu nehmen. Beim Zerlegen

Fig. 162—164.

des Fleisches ist hauptsächlich darauf zu sehen, die abzuschneidenden Stücke gleich groß, doch nicht zu groß zu machen und beim

Auflegen des Geschnittenen die ursprüngliche Form möglichst zu wahren. Geflügel wird entweder vollständig tranchiert und auf die Platte aufgelegt, oder als Ganzes wieder zusammengestellt zu Tische gebracht. Wird in der Küche tranchiert, so sollen die Fleischstücke nicht zu früh tranchiert werden, denn ein längeres Warmhalten macht die Speise trocken und geschmacklos. Beim Schneiden ist darauf zu achten, die einzelnen Stücke gut durchzuschneiden, damit sie nicht zusammenhängen. Ist das Fleischstück dick und breit, so ist es gut, um keine zu großen Stücke zu erhalten, es von der Mitte aus gegen die Seiten keilförmig zu schneiden, um es dann beim Auflegen doch in seiner ursprünglichen Form anzurichten. Das Fleisch legt man, die einzelnen Tranchen leicht auseinander geschoben, auf die Platte, so daß man nur einen kleinen Teil desselben sieht und doch das gesamte Stück seine ursprüngliche Form behält, oder man schneidet die vorderen und hinteren Stücke in dicke Tranchen, legt diese sozusagen als Sockel auf die Platte und auf diesen Fleischsockel die übrigen, in schöne Scheiben geschnittenen Stücke hübsch gleichmäßig angerichtet.

1. Lenden- (Filet-) Braten

bietet zum Tranchieren keine große Schwierigkeit, indem dabei nichts vom Beine abzulösen ist; es werden schräge, nicht zu dicke Scheiben geschnitten, hingegen bleibt das vordere und hintere Stück, weil trocken, ungeteilt; alle Teile werden wieder

Fig. 165.

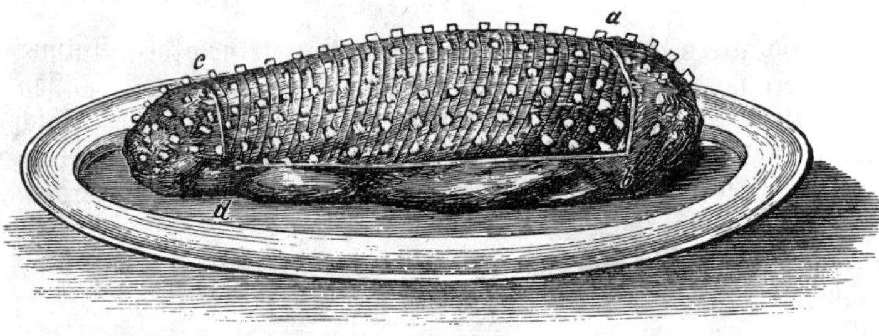

wie zuvor aneinandergelegt und herumgereicht, oder man schneidet aus dem Schlachtbraten ein Stück a b c d und dieses wie oben in egale Schnitten, welche man in ihrer ursprünglichen Form wieder einsetzt und serviert.

2. Rinder-Schwanzstück.

Das Schwanzstück wird zuerst in der Mitte quer durchschnitten, wie es die Zeichnung durch die Linie A—B andeutet, und in die Stücke C und D geteilt. Weil das Stück D das zarteste Fleisch hat, so wird es zuerst und zwar der Länge nach in die durch die Zahlen 1—10 bezeichneten Scheiben geschnitten. Das Stück C wird der Quere nach von 11—20 in Scheiben geschnitten. Wenn das Fleischstück groß ist, so werden die von dem Stücke C geschnittenen Scheiben durch den Schnitt C—E in zwei Teile geteilt.

Fig. 166.

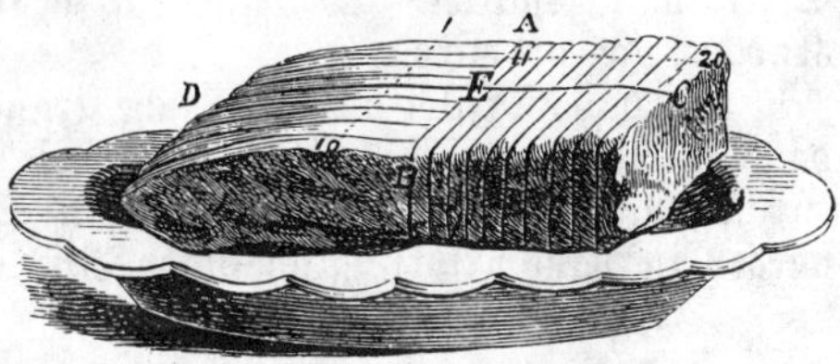

Das Schneiden des gekochten Rindfleisches vom Bug, vom Ripp, Schlegel u.s.w. geschieht immer so, daß die Langfasern quer durchschnitten werden; ändert sich nun während des Tranchierens die Richtung der Fleischfasern, so schneidet man das Stück an dieser Stelle auseinander, um es, wie oben schon gesagt, quer den Fasern schneiden zu können. Ehe man das Fleischstück schneidet, stutzt man es egal zu.

3. Roastbeef mit Filet.

Das Filet eines Rinderbratens, welches wir in vorstehender Zeichnung (Fig. 167) nach oben gerichtet sehen, wird — als der zartere Teil — zuerst geschnitten. Es wird längs des

Fig. 167.

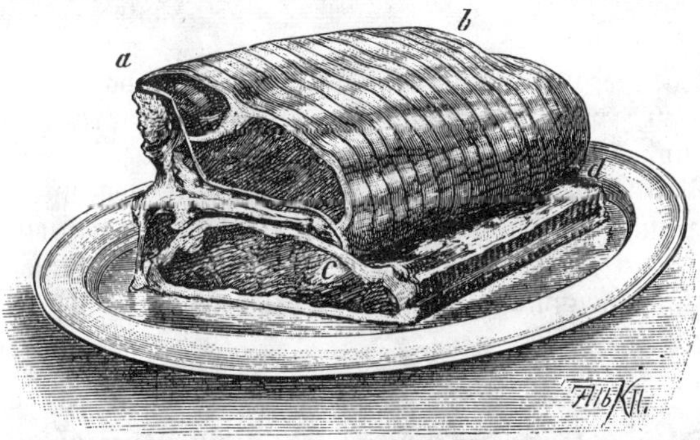

Rückenwirbels von a nach b ein Einschnitt bis auf den Knochen gemacht, das Fleisch in Querscheiben zerlegt und diese, indem man das Messer in c—d einsetzt und dicht auf den Rippen bis zum Rückenknochen fortfährt, gänzlich losgetrennt.

Sollte das Filet für die Gäste nicht ausreichen, so wird

der Braten auf der Schüssel umgedreht, so daß das Kontrefilet, die Rückenmuskel, nach oben kommt (Fig. 168), welches man ganz wie das Filet zerlegt, indem zuerst der Längenschnitt von a—b bis auf den Knochen vollführt wird, ebenso der Schnitt von c—d gegen denselben und sodann das Fleischstück, in Scheiben geschnitten, in seiner ursprünglichen Lage auf den Knochen gelegt wird.

Wird das Filet in der Küche tranchiert, so schneidet man dasselbe durch den Schnitt a—b, sowie c—d von den Rückenknochen ab, schneidet es sodann in Scheiben und setzt dies wieder in seine ursprüngliche Lage ein. Ebenso wird auch mit

Fig. 168.

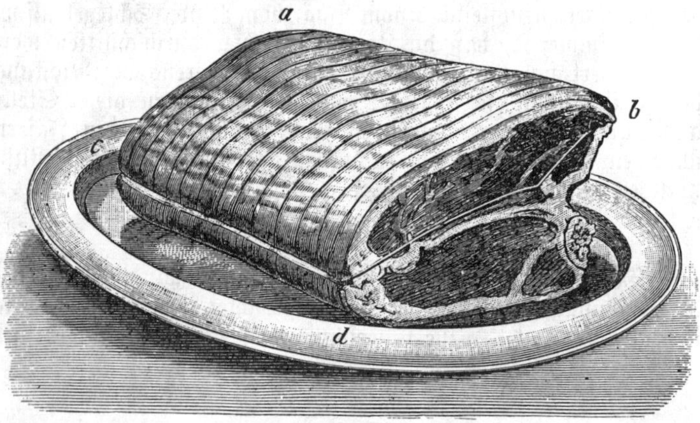

dem Roastbeef verfahren, dasselbe vollständig von den Knochen geschnitten, in Scheiben geteilt, in seine ursprüngliche Lage gelegt und zu Tische gegeben.

Meist wird das Roastbeef entbeint gebraten und ist dann das Tranchieren leicht auszuführen, indem man gleichmäßige, nicht zu dicke Stücke der Breite vom Roastbeef schneidet und die Stücke gleichmäßig auf die Platte legt.

4. Kalbsrücken.

Es wird längs des Rückenwirbels ein Längenschnitt a—b gemacht, die Scheiben in schräger Richtung geschnitten, wie durch die Striche angedeutet ist (Fig. 169), das Messer wird in die Linie c—d gesetzt, von rechts nach links dicht auf den Rippen bis zu den Rückenwirbeln geführt und so die Scheiben ganz von dem Knochen getrennt; ebenso wird auf der andern Seite verfahren.

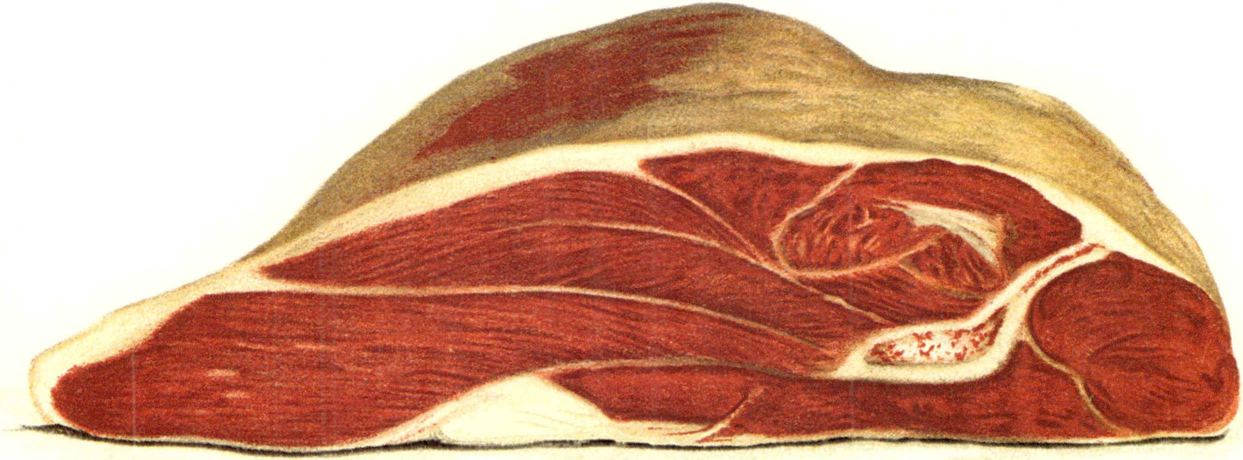

Fig. I. Bug-Schulter
vom Ochsen Qualität I. natürliche Grösse I:3.

Fig. II. Schoss-Roastbeef
vom Ochsen Qualität I. natürliche Grösse I:3.

Wird der Rücken in der Küche tranchiert, so wird das Fleisch durch den Längenschnitt a—b und durch den Seitenschnitt c—d ganz von dem Knochen getrennt, das dadurch er-

Fig. 169.

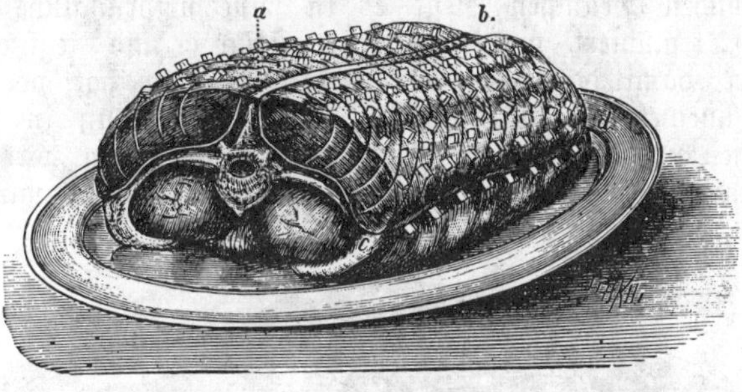

haltene Filet in etwas schräge, nicht zu dicke Scheiben geschnitten und diese nach der Reihe wieder auf den Knochen gelegt.

Ebenso wird auf der andern Seite verfahren, wodurch der Rücken sein voriges Aussehen wieder bekommt. Die Nieren werden ausgeschnitten, in Scheiben tranchiert und auf den Rücken in der Mitte desselben angerichtet, mitserviert.

5. Hammelrücken.

Der Hammelrücken wird beim Tranchieren genau ebenso behandelt, wie der Kalbsrücken. (Fig. 170.)

Hiebei ist zu beachten, daß die Schnitte, wie die Zeich-

Fig. 170.

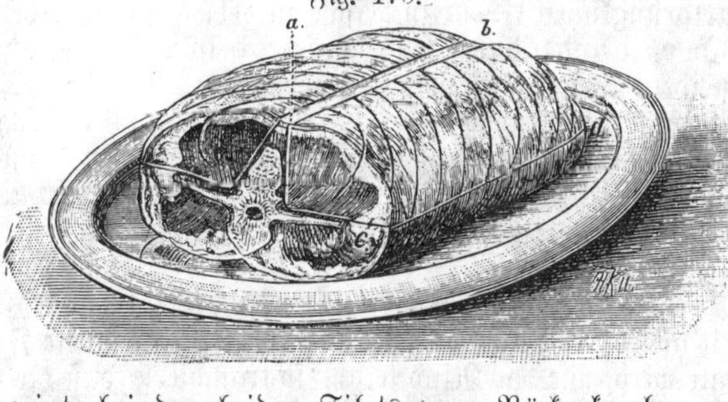

nung zeigt, bei den beiden Filets vom Rückenknochen aus sich als Winkel zeigen.

6. Kalbsschlegel.

Um den Kalbsschlegel zu zerlegen, schneidet man, je nachdem derselbe von der rechten oder linken Seite abgehauen ist, die fleischigste Nuß c d, das beste Stück desselben, durch den von a bis b ausgeführten Schnitt, hart am Knochen entlang, aus. (Fig. 171.) Hierauf teilt man die Nuß in 2 Hälften, die untere (d) und obere (c), schneidet erst das untere Stück d in hübschen Tranchen, legt es in seine ursprüngliche Lage, hierauf tranchiert man das obere Stück c und legt es auf dasselbe, damit das Ganze das frühere Aussehen hat, oder aber man schneidet, bei b anfangend, die ganze Nuß in schöne Tranchen und legt sie in ihrer ursprünglichen Lage wieder an den Knochen. Das übergebliebene Stück e schneidet man so-

Fig. 171.

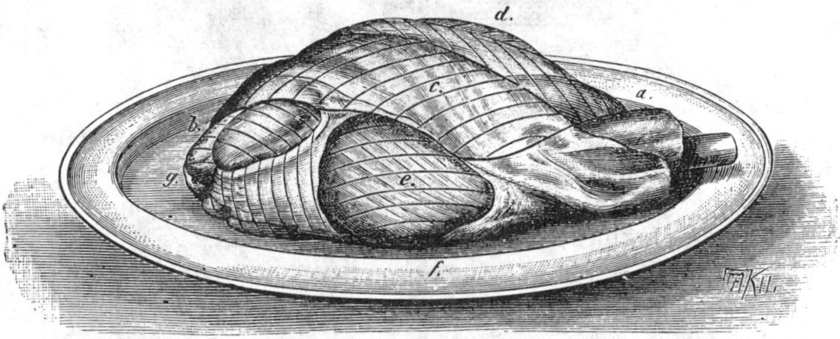

dann durch den Schnitt f g vom Knochen los und schneidet es in Tranchen, wie Figur zeigt, worauf man diese in ihre ursprüngliche Lage wieder giebt. Den Knochen verziert man mit einer Papiermanschette.

Wird der Kalbsschlegel ganz zerschnitten, ohne denselben in seiner ursprünglichen Form zu Tische zu geben, so schneidet man die Stücke c, d und e durch den Schnitt a b in 2 Teile und zerlegt und schneidet c d, wie oben gesagt, in Scheiben. Aus dem Stück e schneidet man den Knochen heraus und jenes auch in Scheiben.

Der Hammelschlegel wird ebenso tranchiert, auch der Reh- und Hirschschlegel, sowie der Schinken (s. Abschnitt 14, kalte Zwischengerichte), bei welchen die Muskellage ganz dieselbe ist.

7. Fricandeau.

Die aus dem Kalbsschlegel ausgeschnittene, gespickte Fricandeauschale wird, wie das Rindfleisch, so tranchiert, daß die Langfasern des Fleisches quer durchgeschnitten werden, worauf man dasselbe in seiner ursprünglichen Form auf die Platte giebt.

8. Kalbs- und Hammelscarré.

Ein Kalbscarré mit dem Filet und der Niere wird bei feineren Mahlzeiten auf die Weise zerlegt, daß man, nachdem die Niere und das kleine Filet heraus und in Scheiben geschnitten ist, das eigentliche Filet gleich wie beim Kalbsrücken (siehe Fig. 169) einen Schnitt entlang dem Rückgrat und an den Rippen gegen jenen herausschneidet, in hübsche, schräge Tranchen zerlegt, auf seinen ursprünglichen Platz giebt und die geschnittene Niere und das kleine Filet oben auf das Fleisch legt.

Andernfalls schneidet man vom Carré die einzelnen Rippen, wobei aber vorausgesetzt ist, daß der Rückgrat weggehauen ist, vom Stück ab, wie die Koteletten, und richtet diese kreuzweise gelegt auf langer Platte an.

Das Schweinscarré wird auf dieselbe Art und Weise tranchiert.

9. Kalbsnierenbraten.

Der mit den Rückenknochen gebratene Nierenbraten wird ebenso tranchiert wie das Carré, während der ausgebeinte und gebundene roulierte Nierenbraten, in Tranchen zerschnitten, zu Tische gegeben wird.

10. Kalbsbrust.

Beim Tranchieren der Kalbsbrust wird diese der Länge nach auf der Rippenseite in 2 Teile geschnitten und zwar führt man den Schnitt von da an aus, wo die Rippen an die Knorpeln stoßen, hierauf schneidet man die Stücke in Querscheiben und legt sie in ihrer ursprünglichen Form auf die Platte.

Die gefüllte Kalbsbrust ist sehr vorsichtig mit einem scharfen Messer (die Haut oft mit einer Schere) in hübsche Tranchen zu teilen, dabei aber sehr zu beachten, daß die Fülle nicht herausgedrückt wird und vom Fleisch abfällt. Man legt die Tranchen egal auf langer Platte aneinander; die Jus giebt man über das Fleisch.

11. Kalbskopf.

Zuerst wird die Hirnschale (a—a) gespalten und das Hirn herausgenommen, alsdann wird das linke Ohr (b) abgeschnitten und hernach das rechte Ohr (c); durch weitere Schnitte (d—d) vom Maul bis zu den Ohren auf der rechten und linken Seite wird der ganze Unterkiefer sorgsam vom Kopfe getrennt. Jetzt wird die Zunge abgelöst und der Breite nach in dünne Scheiben geschnitten, auf jede ein Stückchen Hirn gelegt und mit

Fig. 172.

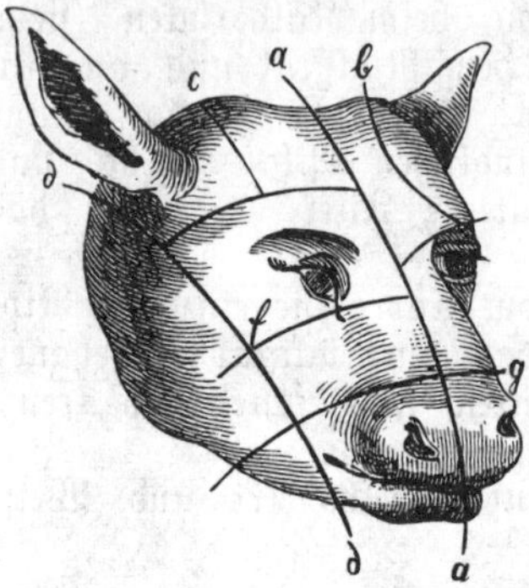

Pfeffer und Salz bestreut. Durch Schnitt f wird der rechte, durch Schnitt g der linke Oberkiefer getrennt und alsdann auch vollends die übrigen Fleischteile zerlegt.

Beim Auftragen werden in die Mitte der Platte die Ohren, dann die anderen Stückchen und außen am Rande herum die Zungenscheiben gelegt; man garniert ihn mit Petersilie und giebt ihn mit einer Krebs-, Morcheln-, Champignons- oder einer andern Sauce.

12. Hammelsschlegel.

Der Hammelsschlegel wird ganz wie der Kalbsschlegel tranchiert, indem man erst die große Nuß 1 ausschneidet und, wie dort beschrieben, in Scheiben schneidet. Ebenso verfährt man auch mit den anderen Stücken 2 und 3 und schneidet die Scheiben a b c.

Fig. 173.

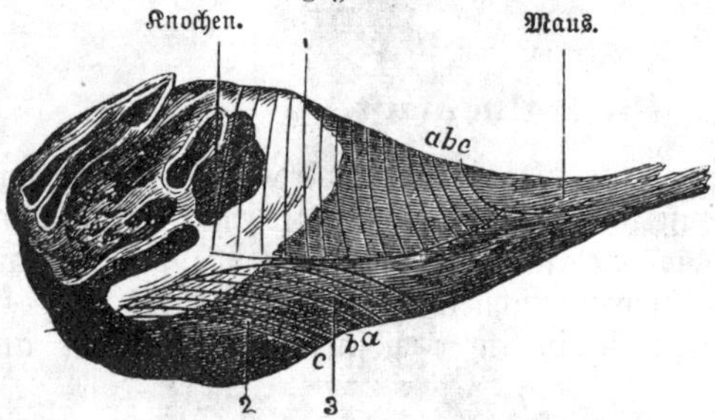

13. Hammels- oder Kalbsbug.

Die Stücke von der Schaufel links und rechts werden ab- und in Streifen geschnitten, welche quer zum Knochen laufen. Häufig entfernt man vor dem Braten die Schaufel, bindet den Bug und tranchiert ihn dann in Querstreifen.

14. Spanferkel.

Nachdem man die Gabel in den Rüssel gestochen, schneidet man die beiden Ohren und den Kopf (1—4) ab, den man in zwei Teile teilt; sodann nimmt man das Hirn, sowie die Zunge, die auch geteilt wird, heraus. Nun wird die Gabel in den Rücken gesteckt, das linke Hinter- und das linke Vorderviertel, alsdann das rechte Hinterviertel (2) und Vorderviertel (3) abgetrennt; sodann beginnt man mit dem Teilen des Rückens (6—12) und dem Zerlegen der unteren Teile zwischen 2—3. Das Tranchieren muß schnell geschehen, damit das Spanferkel noch heiß zur Tafel gebracht werden kann. Das Hirn wird mit Salz und Pfeffer bestreut und kann mit den zerkleinerten Kopfstücken zuerst serviert werden, während man noch weiter tranchiert.

Fig. 174.

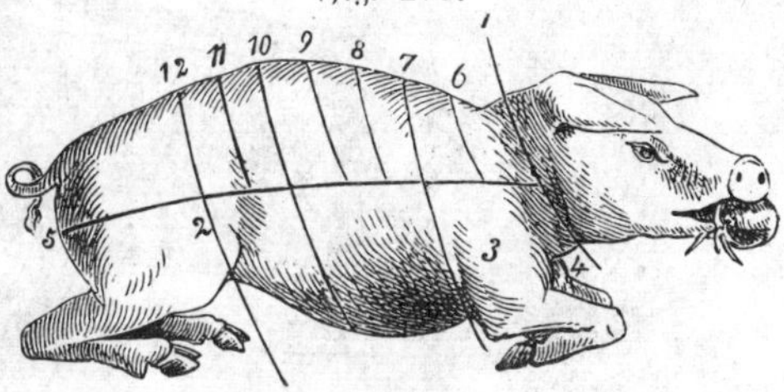

15. Ochsenzunge.

Die Ochsenzunge schneidet man, wenn sie von Haut und anhaftendem Fett u. s. w. gereinigt ist, am dicken Stück beginnend, in schräge, nicht zu dicke Tranchen und richtet sie dann auf langer Platte so an, daß man erst die Spitze, welche man nicht vollständig schneidet, auf die Platte legt und das geschnittene Fleisch an dieses Stück anlegt, so daß sie in ihrer ganzen Form zu Tische gebracht wird.

16. Hinterziemer von Wild.

Zuerst zerlegt man das Filet (A) in Querscheiben, sodann aber die Nuß (B) in Längenscheiben, wie die Striche 1—5 anzeigen. Die Lage der Fleischfasern in der Nuß ist der Fleischfaserlage in Filet A gerade entgegengesetzt.

Fig. 175.

17. Hirsch- und Rehziemer

wird so tranchiert, daß man zuerst durch einen tiefen Langschnitt von 1 nach 2 das Fleisch am Rückgrat vom Knochen schneidet, ebenso auf der unteren Seite. Ist dies geschehen, so werden hübsche, schräge Scheiben aus dem Filet, wie auf

Fig. 176.

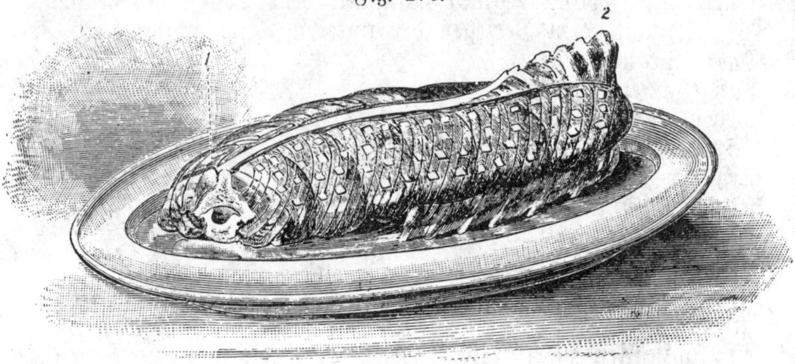

der Zeichnung (Fig. 176) zu sehen, geschnitten, alle wieder aneinandergelegt und herumgereicht, ebenso wird auf der anderen Seite verfahren.

18. Hirsch- und Rehschlegel

wird tranchiert wie Kalbsschlegel.

19. Hase.

Während man früher den Hasen ganz zu Tische brachte und ihn dort zerlegte, wird er wohl besser in der Küche tranchiert und ist hiebei der frühere Brauch des Einknickens nicht mehr nötig. Vielmehr trennt man erst die beiden Schlegel

Fig. 177.

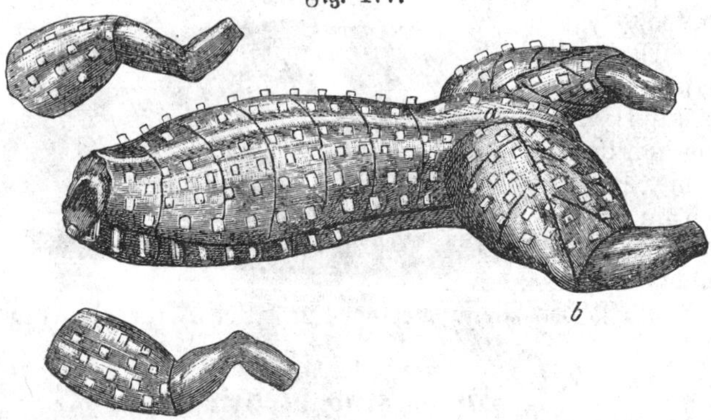

vom Rücken ab, schneidet sodann mit dem Messer als Zeichen in den Rücken, um sodann mit einem schweren Messer oder Hackmesser den Knochen an der eingeschnittenen Stelle zu durchschlagen und schneidet aus dem Rücken so etwa 5—6

Stücke, welche man in ihrer ursprünglichen Lage zusammengestellt, auf die Platte giebt. Von den beiden Schlegeln schneidet man die Schlußknochen aus und sodann durch den Schnitt a b das Fleisch von den beiden Schenkeln, schneidet dies in Tranchen, legt es in seine ursprüngliche Lage an die Knochen und die beiden Schlegel an den Rücken, damit das ganze in der Form des Hasens zu Tische kommt. Die beiden Buge schlägt man an der punktierten Linie auseinander und legt sie vorn zu beiden Seiten auf die Platte.

Fig. 178.

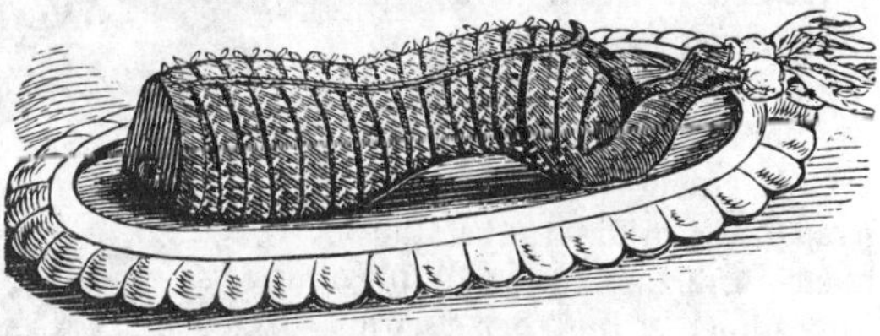

Oder man trennt die beiden Schlegel vom Rücken ab. Schneidet vom Rücken wie beim Reh die Filets ab und diese in schräge Scheiben, welche man wieder auf den Körper legt. Die beiden Schlegel, denen man die Schlußknochen herausgeschnitten, werden tranchiert, wie oben beschrieben, und der ganze Hase in seiner ursprünglichen Form zusammengesetzt zu Tische gebracht (Fig. 178). Die beiden Knochenenden verziert man mit einer Papillote, umlegt den Hasen mit Zitronen und serviert ihn. Nach letzterer Tranchier-Methode kann der Hasenrücken vom Vorschneidenden am Tische leicht zerlegt werden, da bei feineren Mahlzeiten den Gästen nur der Rücken vorgesetzt wird und die Schlegel weggelassen werden.

20. Hühner roh zu zerlegen.

Zum Sautieren oder zu Fricassées wird das Huhn roh auf folgende Weise zerlegt: das Huhn, sauber ausgenommen, flammiert und gereinigt, wird, damit nur die Haut sich zusammenzieht und die Schnitte dadurch besser auszuführen sind, einen Augenblick in siedendes Wasser gehalten. Hierauf löst man die Schlegel auf dieselbe Art und Weise vom Körper los, wie bei den gebratenen Hühnern (s. Fig. 184—191), ebenso schneidet man die Flügel ab, die Brust in 2 oder 3 Stücke, den Körper selbst in zwei.

21. Gebratenes Huhn.

Beinahe als Grundlage des Tranchierens für Geflügel möchte ich das Tranchieren des Huhnes hier beschreiben, wie es sowohl vom Vorschneidenden an der Tafel, als auch von der Hausfrau und der Köchin in der Küche ausgeführt werden kann, wobei kleinere Abweichungen anderer Geflügelarten in den nächsten Nummern näher behandelt werden.

Beim Zerlegen des Geflügels müssen die Schnitte stets so ausgeführt werden, daß man genau auf die Gelenke trifft, die man dann einfach nur zu trennen hat, während die auf der anderen Seite sich anschließende Haut erst zu zerschneiden ist.

Fig. 179—182.

Beim Tranchieren am Tisch setzt man das Huhn so vor sich hin, daß die Brust einem entgegensieht, sticht die Tranchiergabel zwischen Schlegel und Bauch und schneidet aus der Brust der ganzen Länge nach auf beiden Seiten lange Streifen, von oben anfangend, bis auf den Brustknochen schneidend und das Stück durch einen Schnitt von der Seite aus ablösend, und legt diese auf einen Teller.

Sodann schneidet man den Schlegel weg; mit Hilfe der Gabel kann man diesen leicht ausrenken und mit dem Messer nachschneiden. Es ist zu dieser Operation eine sehr geschickte Hand und große Uebung nötig, und es ist deshalb wohl viel besser, das Geflügel in der Küche tranchieren zu lassen und dann, sei es in seiner ursprünglichen Form zusammengestellt oder ganz tranchiert und hübsch angerichtet, zu Tische zu geben.

In der Küche zu tranchieren geschieht auf folgende Weise, wie die Fig. 179—182 zeigen.

Man legt das Huhn so vor sich hin, wie Nr. 1 und 2 zeigt, den Schlegel mit der linken Hand fassend, sodann schneidet man die Haut mit einem Schnitt vom Schwanz anfangend am Schlegel entlang über den Rücken durch, erfaßt den Schlegel und renkt ihn aus dem Gelenk, hilft mit dem Messer nach und schneidet ihn vom Knochen ab (Nr. 2). Sodann schneidet man die Flügel ab wie Nr. 3 zeigt, ebenfalls auf beiden Seiten, legt dann den Körper auf den Tranchierboden und schlägt mit dem Tranchiermesser, der punktierten Linie folgend, die Brust vom Rücken und diesen in 2 bis 3 Teile, Nr. 4. Diese Methode kann man bei sämtlichen Geflügelarten anwenden, der Größe derselben entsprechend aber kleinere oder größere Stücke schneiden. (Siehe S. 104, Fig. 184—191.

22. Kapaun oder Poularde.

Zuerst löst man den Schlegel von der Brust, indem man die in die linke Hand genommene Gabel oben in den Schlegel sticht, das Messer bei 1 zwischen Brust und Schlegel einsetzt und einen Schnitt bis zu dem Wirbel führt, welcher sich auf der inneren Seite des Schlegels an der mit 2 bezeichneten Stelle befindet. Nun wird der Schlegel mit der Gabel von der Brust abgezogen, der Wirbel durchschnitten und durch einen Unterschnitt der Schlegel vollends vom Körper getrennt. Nachdem auf diese Weise beide Schlegel losgelöst sind, macht man einen vom Brustknochen schräg ablaufenden Schnitt von 3 bis zur Brustspitze (4), durchschneidet das Flügelgelenk und verfährt mit der anderen Seite der Brust ebenso. Der Kapaun ist nun in zwei Flügelschlegelstücke, ein mittleres Bruststück und zwei Schlegel zerlegt. Die Flügelstücke werden der Länge oder der Quere nach in 2 bis 3 Teile geschnitten und das mittlere Bruststück durch einige Schnitte von den Rippen und vom Rücken getrennt und, wenn es groß ist, querdurch in zwei Stücke geschnitten; die Schlegel schneidet man durch das Gelenk 5 in 2 Teile, bei Poularden in 3. (Fig. 184—191.)

Fig. 183.

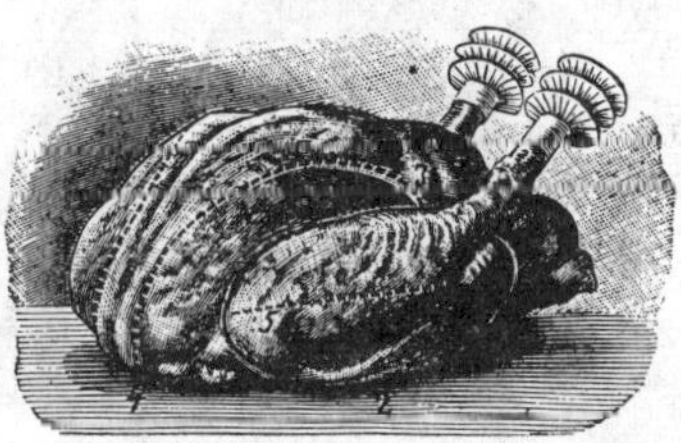

Um den Kapaun oder die Poularde zusammengestellt auf die Tafel zu bringen, wird ebenso verfahren, wie beim Truthahn beschrieben ist (Fig. 192). Werden diese Geflügelarten in der Küche tranchiert, so werden die Schlegel wie beim Huhn losgetrennt und in 3 Stücke geteilt (Fig. 184—191 Nr. 1 u. 2), die Flügel hoch von der Brust abgeschnitten (Nr. 3 u. Nr. 4), die Brust vom Körper abgeschlagen und in schöne, lange Stücke zerschnitten oder die Filets in schräge Tranchen (Nr. 5), dann vom

Fig. 184—191.

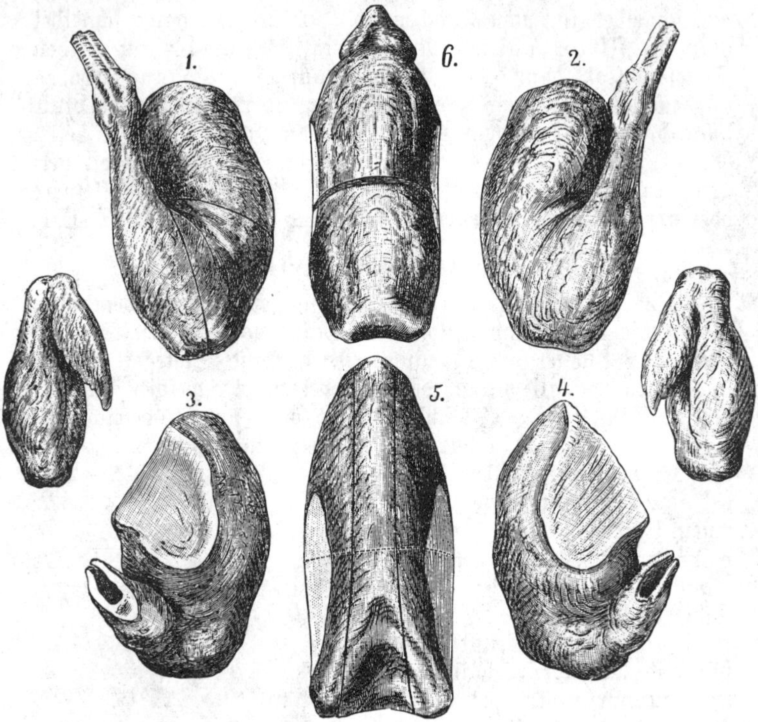

Brustknochen losgelöst. Den Rücken (Nr. 6) kann man beim Anrichten unten auf die Platte legen und die übrigen Stücke geschmackvoll rund umlegen, die schönen Bruststücke oben auf.

23. Gebratener Truthahn.

Um den Truthahn am Tisch zu tranchieren, wird derselbe ebenso geschnitten, wie beim Huhn erwähnt.

Soll derselbe tranchiert und wieder zusammengestellt zu Tische kommen, wird er folgendermaßen behandelt. Der erste Schnitt, welcher die Abtrennung des Schlegels bezweckt, wird genau so ausgeführt wie beim Huhn, wobei ebenfalls die Haut durch einen Schnitt erst losgetrennt sein muß, um den Schlegel schön loszutrennen. Den Schlegel trennt man nun in zwei Teile und macht diese durch Zierspießchen am Körper fest, wie Fig. 192 zeigt. Hierauf führt man einen Schnitt vom Schwanzende gegen den Hals (a b) an dem Rückenknochen entlang aus und ebenso von der Seite an den Brustknochen (c d), wie die Zeichnung zeigt, worauf man das Filet erhält; dieses schneidet man in beliebig schöne, schräge Tranchen und setzt diese in ihre ursprüngliche Lage an den Körper an. Gut ist

Fig. 192.

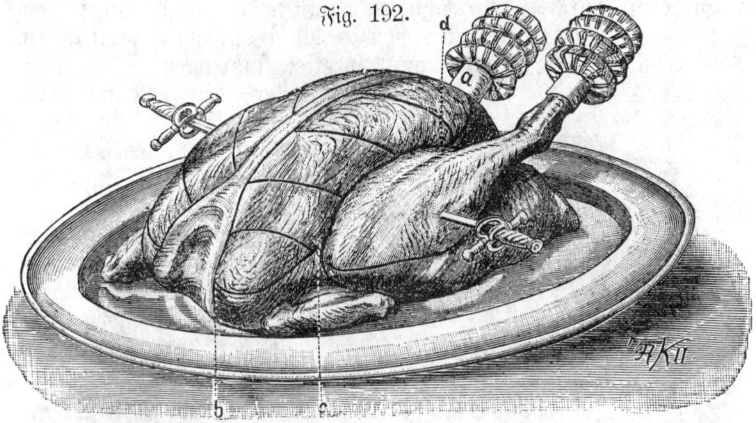

es, damit die Filetstücke festhalten, auf beiden Seiten das untere Filetstück durch ein Zierspießchen festzustecken. Reichen beim Servieren die auf diese Weise aufgeschnittenen Stücke nicht, so tranchiert man das übrig Gebliebene in kleine Stücke, den Schlegel, den Flügel und legt diese auf die Platte zum Nachservieren.

Fig. 193.

In der Küche tranchiert man den Truthahn, wie die Fig. 179—182 und 184—191 beim Huhn zeigen, nur daß die Schlegel in drei Teile und die Filets der Brust in schräge Stücke geschnitten werden, welch letztere man beim Anrichten oben auflegt. (Fig. 193.)

24. Gebratene Gans oder Ente.

Die Gans ist auf einer Bratenschüssel oder einem hölzernen Tranchierteller derart vor den Tranchierenden zu setzen, daß der Halsteil nach der linken, die Füße nach der rechten Hand des Tranchierenden zugekehrt sind. Nachdem man nun die Tranchierinstrumente zur Hand genommen, sticht man die Gabel oberhalb des Flügels in das Fleisch, setzt das Messer an dem durch a bezeichneten Punkte an und führt den ersten Schnitt nach der von a bis b gehenden punktierten Linie aus. Der Schnitt muß so tief eindringen, daß man unter dem Messer den Knochen fühlt. Man biegt hierauf mit dem Messer das losgelöste Stück von dem Körper der Gans ab, trennt an dem hiedurch sichtbar gewordenen Flügelgelenk die Kapselbänder, löst die Gelenkenden und zerschneidet zuletzt die den Flügel auf der entgegengesetzten Seite umkleidende Haut. (Fig. 194.)

Fig. 194.

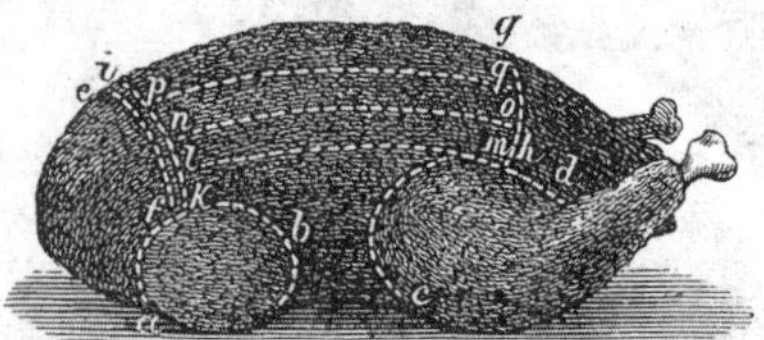

Den zweiten Schnitt beginnt man am Schlegel an dem mit c bezeichneten Punkte, führt ihn der von c bis d gehenden, punktierten Linie entlang und löst den Schlegel in der vorher beim Tranchieren des Flügels beschriebenen Weise.

Bei dem dritten, von e bis f gehenden Schnitt ist das Verfahren ganz dasselbe, wie beim ersten und zweiten.

Der vierte und fünfte Schnitt, von g bis h und von i bis k bezwecken die Loslösung des Filets zu den beiden schmalen Seiten. Diese beiden Schnitte müssen mit ganz besonderer Sorgfalt recht scharf ausgeführt werden, da bei den hierauf folgenden drei oder vier Längsschnitten, durch welche das Filet in vier oder fünf Stücke zerlegt wird, die noch nicht völlig durchschnittene oder noch am Knochen haftende Haut die Stücke leicht zerbrechen läßt.

Fig. 195.

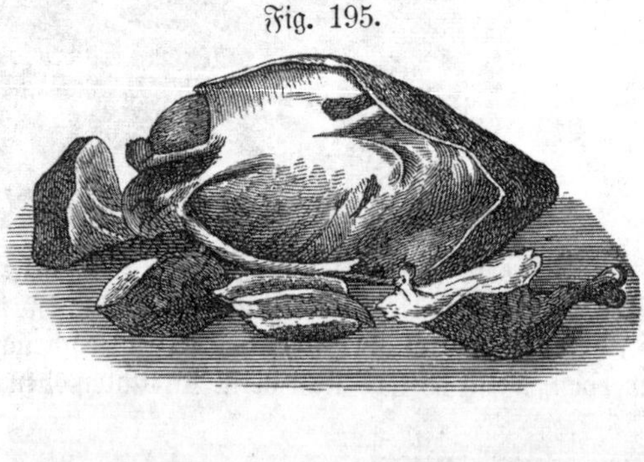

Die drei oder

vier folgenden Längsschnitte sind durch die, von l bis m, n bis o, p bis q gehenden, parallelen, punktierten Linien angedeutet und ohne Schwierigkeiten auszuführen.

Fig. 195 zeigt eine nach den angegebenen Regeln tranchierte Gans und die einzelnen die Schnittseite präsentierenden Stücke. Von letzteren wird der Schlegel (Fig. 196—198)

Fig. 196.

Fig. 197.

Fig. 198.

nochmals zerlegt, während die übrigen Stücke so bleiben, wie sie am Brustknochen entlang abgeschnitten worden sind. Die Zerlegung der Keule geschieht durch einen Schnitt, welcher durch die, von a bis b gehende, punktierte Linie angegeben ist.

Sobald die zweite Hälfte der Gans in derselben Weise wie die erste tranchiert ist, nimmt man die Stücke von der Schüssel und arrangiert sie auf einem Teller zum Herumreichen.

Fig. 199.

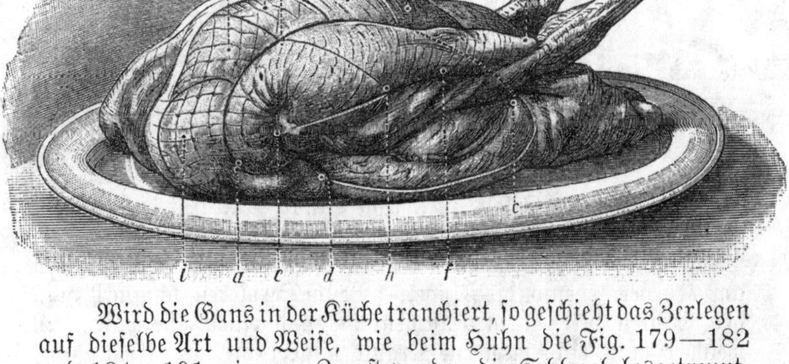

Wird die Gans in der Küche tranchiert, so geschieht das Zerlegen auf dieselbe Art und Weise, wie beim Huhn die Fig. 179—182 und 184—191 zeigen. Zuerst werden die Schlegel losgetrennt, wobei immer zuvor die Haut losgeschnitten wird, damit diese nicht zerreißt. Sodann schneidet man die beiden Flügel ab, schneidet aus der Brust die beiden Filets und schneidet diese in schräge oder lange Stücke, oder haut man die Brust vom Körper und haut die Brust der Länge nach auseinander und die Hälften in kleine längliche Stücke, worauf man die Stücke hübsch zusammen auf die Platte giebt, die schönen Filets oben aufgelegt, die Jus darüber giebt und serviert. (Fig. 199.)

Die Linie a, b, c, d bezeichnet das Abtrennen des Schlegels, e, f, g, h das Zerschneiden desselben. Die Brust, vom Körper losgetrennt, wird in die Teile i, k, l, m, n geteilt und nun entweder mittelst Spieße wieder in die ursprüngliche Lage zusammengestellt, oder aber, wie oben gesagt, die Brust der Länge nach auseinander geschnitten, diese in eben so viele Teile zerlegt, wie oben besprochen, und die einzelnen Stücke hübsch gelegt auf die Platte gegeben und serviert.

25. Fasan.

Indem man das rechte Bein hält und vom Körper möglichst abbiegt, trennt man den Schlegel mit dem Messer ab, ebenso geschieht es mit dem linken Schlegel; sind diese groß und stark, werden sie in zwei Teile zerlegt. Sodann werden die beiden Flügel möglichst klein abgenommen, damit das Bruststück groß und schön bleibt. Entlang des Brustknochens vom Schwanz bis zum Hals macht man auf beiden Seiten einen tiefen Schnitt und ebenso an der Seite vom Schwanz gegen den Flügel, um dadurch die Filets herauszuschneiden. Hierauf

Fig. 200.

schneidet man die Filets in schräge Stücke, und legt diese wieder in ihre ursprüngliche Lage auf den Brustkorb zu beiden Seiten. Damit die Schlegel halten, befestigt man sie mit Zierspießchen am Körper, ebenso die Flügel. Beim Servieren schmückt man den Braten mit einem Fasanenkopf und einem Schwanz, an welchen man eine papierne Krause angebracht hat. (Fig. 200.)

In der Küche tranchiert, verfährt man wie beim Huhn (Fig. 179—182 und 184—191). Die Bruststücke teilt man entweder samt den Knochen in lange Stücke, oder schneidet die Filets heraus und diese wieder in schräge Stücke.

26. Taube.

Die jungen Tauben werden beim Tranchieren in zwei Hälften geschnitten und so in ihrer ursprünglichen Gestalt serviert, oder man schneidet sie, wenn sie größer sind, in drei Teile, so daß zum Schlegel ein Teil des Filet kommt und das Bruststück in der Mitte ganz bleibt. Auch hier stellt man die Teile als Ganzes wieder zusammen und serviert es auf diese Weise.

27. Rebhühner.

Die kleinen Rebhühner teilt man in zwei Hälften, die größeren behandelt man wie die Tauben, schneidet sie in drei Teile und stellt sie wieder als Ganzes zusammen.

28. Die Haselhühner, Schneehühner & Schnepfen werden ebenso tranchiert.

29. Schinken.

Siehe Abschnitt 7, Schlachtfleisch.

C. Das Präsentieren der Schüsseln.

Bei größeren Mahlzeiten wird die Suppe immer auf einem Nebentisch vorgelegt und dann jedem Gast ein Teller gereicht. Werden zweierlei Suppen gegeben, so reicht die Dienerschaft einen Teller von beiden zu gleicher Zeit. Legt man die Suppe bei Tisch vor, so setzt man die Suppenterrine sowie die erforderliche Anzahl tiefer Teller vor die Person, welche das Amt des Vorlegers übernommen hat.

Die kalten Hors d'oeuvres (Vorspeisen) werden mit Löffel und Gabel versehen herumgereicht, die warmen ebenfalls, meist auf einer hübsch gebrochenen Serviette. (Einleit. S. 115 ff.) — Von den Austern serviert man die auf jeden Gast berechnete Anzahl nebst einem Viertel Zitrone, schon auf Tellern angerichtet (s. auch Abschnitt 3, Vorspeisen).

Kartoffeln in der Schale, gebratene Kastanien, Trüffeln werden mit einer Serviette bedeckt (Einleit. S. 115 ff.) herumgereicht.

Der Fisch wird, ob derselbe ganz oder in Tranchen zu Tische kommt, auf einer Serviette angerichtet, wenn die Sauce extra serviert wird (Einleit. S. 115 ff.). Auf die Platte legt man eine Fischschaufel und Löffel, in die Saucière einen Saucenlöffel oder gewöhnlichen Eßlöffel. Wird das große Fleischstück an der Tafel selbst tranchiert, so legt man vor den

Vorschneidenden Tranchiergabel und Messer, sowie zum Herumreichen Gabel und Löffel. Wird dasselbe in der Küche zerlegt, legt man Gabel und Löffel auf.

Zu Bratenschüsseln giebt man Löffel und Gabel, ebenso zu Gemüse und Entrées. — Zu dem in gläsernen Näpfen angerichteten Salat werden die dazu gehörigen Löffeln und Gabeln von Holz oder Horn gegeben. — Die süßen Schüsseln, warme und kalte, versieht man mit Löffeln und Gabeln, die geschnittenen Torten mit der Kuchenschaufel. Zum Gefrorenen wird ein Löffel und ein Messer gegeben. Nicht selten reicht man nach dem Dessert gläserne Becher in Untersätzen mit Mundwasser herum. Der Käse wird auf einer Glasplatte gereicht, dazu Butter und schwarzes Brot, Pumpernickel u. s. w. gegeben.

Wird der Kaffee nach Tisch in einem Nebenzimmer genossen, so wird derselbe in kleine Tassen eingegossen, auf einem mit einer Serviette belegten Brett herumgereicht, während eine zweite Person auf einem Brett Rahm, Milch, Zuckerdose, sowie feine Liqueurs präsentiert.

Beim Servieren der Speisen ist darauf zu achten, daß erst dann, wenn sämtliche Teller und Bestecke gewechselt sind und man sich davon überzeugt hat, daß neue Teller sowie Bestecke überall aufliegen, der nächste Gang serviert wird. Zu frühes Anrichten in der Küche bringt kalte Speisen zu Tische und muß deshalb immer ein richtiges Einverständnis zwischen der servierenden Person und der Köchin herrschen. Ist alles gut vorbereitet, so wird das Servieren mit Leichtigkeit vor sich gehen und die Geduld der Gäste nicht auf eine zu harte Probe gestellt werden, während ein zu schnelles Servieren, ein Hasten und Jagen, damit fertig zu werden, entschieden zu verwerfen ist.

D. Das Anrichten der Speisen und Garnieren derselben.

Wenn auch bei den meisten später besprochenen Rezepten beschrieben ist, wie die einzelnen Speisen angerichtet und garniert werden, so möchte ich doch hier noch einiges Allgemeines vorausschicken, da ein noch so gut zubereitetes Stück Fisch, Fleisch oder Geflügelbraten, das, schlecht tranchiert, unpünktlich aufgelegt, mit Garnituren unschön verziert, dazu noch erkaltet zu Tische kommt, vollständig seinen Zweck verfehlt hat. Es ist daher für die Hausfrau und Köchin vor allem eine Hauptaufgabe, das oft mit so viel Fleiß Hergestellte auch so auf den Tisch zu bringen, daß jeder der Gäste an den appetitlich aussehenden, schön zerlegten und hübsch garnierten, dabei ja nicht überladenen Platten, seine Freude haben muß, und hängt davon oft die ganze Stimmung und das Gelingen eines Festes ab. Beim Anrichten der Speisen, beim Tranchieren derselben ist wohl zu beachten, diese sehr heiß aufzuschneiden, auf eine heiße Platte zu geben und nicht zu lange stehen zu lassen; die Sauce oder Jus sehr heiß über das Fleisch zu geben und in der Saucière zu servieren; die sämtlich zu verwendenden Garnituren heiß zu umlegen, doch die Platten damit nicht zu überladen. Der Rand der Platten ist stets frei zu halten und vor dem Servieren mit einem nassen Lappen oder Schwämmchen rein zu putzen. Auf eine Platte (sog. Service) rechnet man 10—12 Personen.

Bei den Einlagen der Suppen ist beim Schöpfen derselben darauf zu sehen, dieselben gleichmäßig zu verteilen.

Die kalten Vorspeisen werden entweder vor oder nach der Suppe serviert, entweder auf runden Platten und umlegt mit Zitronenstückchen, wie bei Caviarschnitten, oder man richtet verschiedene kalte Vorspeisen zusammen in hübscher, appetitreizender Weise auf runder oder langer Platte an, ausgeschmückt mit gehackter Aspic, den verschiedensten garnierten Brötchen, Eiern, u. s. w. (siehe Abschnitt 3, russische Vorspeise). Die warmen Vorspeisen, gewöhnlich bei einem Diner nach der Suppe gegeben, bei einem Souper oft zum Anfang, werden auf runder Platte, auf gefalteter Serviette oder Papierstern hübsch angerichtet, wie Pastetchen, kleine Timbalen, Ragoutmuscheln, Croquetten, garniert mit Zitronenstücken und Petersilien.

Im Sud gekochte Fische, zu welchen die Sauce extra serviert wird, werden auf gefalteter Serviette auf langer Platte angerichtet (Gebrochene Servietten s. Seite 115 ff.), garniert mit Krebsen, Kartoffeln und Petersiliebouqueten; sehr hübsch ist auch, lebende Blumen dazu zu nehmen und ein Zierspießchen mit Krebsen besteckt in den Fisch zu stecken. Forellen oder Salmtranchen betupft man, wenn diese angerichtet sind, mit einem Stück Butter, um Trockenwerden derselben zu verhüten. Ein gut angemachter Gurkensalat wird häufig dazu serviert. Die grillierten, gebratenen oder in Wein gekochten Fische werden ohne Serviette auf langer, heißer Platte angerichtet, garniert, wie oben gesagt, wohl auch mit Champignons, Klößen und gebackenen Austern, vor dem Servieren leicht sauciert und noch Sauce extra dazu gegeben, während gebackene Fische ebenfalls auf gefalteter Serviette angerichtet und, garniert mit Petersilie und Zitronenstücken, mit einer kalten Sauce extra serviert werden.

Siedfleisch, ein schönes Tafelstück, in hübsche Tranchen geschnitten, richtet man auf langer Platte an und garniert den vorderen Teil derselben mit in der Bouillon gekochtem Gemüse, als Kohl, gelbe Rüben, Kartoffeln, Zwiebeln, Sellerie u.s.w. Dazu serviert man irgend eine pikante oder Meerrettigsauce, oder man serviert verschiedene Beilagen abwechslungsweise süß und sauer in Schaalen gerichtet, auf einem mit Serviette belegten Tragbrett. Die großen Stücke, seien es nun Roastbeef, Schlachtbraten, Boeufbraisé, Reh-, Hammel- oder Kalbsrücken, Fricandeaux u. s. w. werden auf langer Platte angerichtet. Man kann die Garnituren um das Fleisch herumlegen, doch finde ich es zweckmäßiger, die Garnitur so auf der Platte anzubringen, daß der Gast dieselben nur auf der Seite sieht, die ihm angeboten wird, und dadurch dieselben auch leichter sich auswählen kann. Zu diesem Zweck legt man das Fleisch mehr auf die Seite und nach rückwärts der Platte. Die Garnituren sollen nicht zu dicht aneinander gelegt werden, dabei soll möglichste Abwechslung in denselben sein, hauptsächlich auch in den Farben. Vor dem Servieren gießt man etwas heiße Sauce über das Fleisch und serviert die übrige extra.

Die warmen und kalten Zwischenspeisen erfordern viel Zeit und Mühe, sowohl beim Anrichten, als auch beim Garnieren und habe ich bei den betreffenden Rezepten immer genaue Anhaltspunkte gegeben, um diese Platten bei einiger Uebung leicht herstellen zu können. Auch hier gilt das schon oben Gesagte, die Platten nicht zu überladen. Die einzelnen Gerichte werden möglichst auf Sockel angerichtet, damit dieselben mehr zur Geltung kommen, die Garnituren, wie Champignons, Trüffeln, Croutons u. s. w. sind gleichmäßig zu verteilen; Ragouts sind in die Mitte und möglichst in einem Rand von Teig, Reis oder Silberreif zu geben, um das Ueberfließen der Saucen zu vermeiden. Die warmen Zwischenspeisen richtet man stets auf runden Platten an; leicht sauciert gibt man sie zu Tische, Sauce extra dazu.

Die kalten Zwischenspeisen erfordern auch viel Zeit und Mühe, und sind die Speisen wie Hummer, Langusten, Wildschweinskopf, Pasteten, Galantinen immer auf Sockel anzurichten. Dabei ist auf hübsches Tranchieren, egales Auflegen derselben, gleichmäßiges Umlegen mit Aspiccroutons zu sehen, letztere natürlich hell und klar. Spieße sind nicht übermäßig anzubringen, besteckt mit Krebsen, Trüffeln, lebenden Blumen. Ausgeputzt werden die Platten mit Petersilie, Eiern, Trüffeln, kleinen mit Eiweiß ausgelegten Sulzförmchen.

Die Gemüse richtet man gewöhnlich in tiefe Gemüsekasserole

von Silber oder solche von Porzellan an und stellt diese auf eine mit Servietten versehene, runde Platte. Man umlegt die Gemüse mit gebackenen Brotcroutons, pochierten Eiern, Markkrüstchen, Ochsenaugen, gebackenen Eiern u. s. w.

Die Braten richtet man auf kleinen, langen Platten an, das Geflügel, wenn tranchiert, entweder in seiner ursprünglichen Form zusammengestellt, oder wenn ganz tranchiert, hoch erhaben aufgelegt, die Fleischseite stets nach oben, oben auf die Bruststücke, garniert mit Kresse oder Petersilie, von welchen man oben und unten an die Platte zwei Bouquetchen legt. Bei den Wildgeflügeln z. B. dem Fasanen verwendet man zum Garnieren Kopf und Schwanz, sowie die Flügel desselben, ebenso giebt man aus den Lebern hergestellte Croutons (s. Schnepfen) dazu. Auch Zitronenkörbchen, mit Petersilie ausgeputzt, wird zum Garnieren von Wildgeflügel, sowie zu Hirsch- und Rehrücken verwendet. Den Bratenfond gießt man gewöhnlich über die Braten und serviert keine Sauce oder Jus extra dazu.

Der Salat wird in einer Kristall- oder Porzellanschale serviert, wobei man gerne in den Boden der Schüssel einen Kartoffelsalat giebt, oben auf einen Kranz von Endivien oder Kopfsalat und in die Mitte einen grünen Ackersalat. Zum Garnieren verwendet man gekochte Eier. Salate von Sellerieknollen, Gurken, Romaine u. s. w. werden ebenso serviert, wie auch Gemüse und italienischer Salat, letzterer hübsch mit Eiern, Gurken, Kapern, Rüben u. s. w. verziert.

Compot wird sehr häufig mit zum Braten serviert und auf Kristalltellerchen, welche neben das Couvert gesetzt werden, gegessen. Beim Anrichten der Compotschale, welche auch oft auf die Tafel gestellt wird, ist es nötig, dieselbe gefällig, in dem Auge wohlthuendem Wechsel der Farben, also mit den verschiedensten Compotarten zu arrangieren und nicht flach, sondern erhaben anzurichten.

Die süßen Speisen, sei es ein Pudding, ein Crême, eine süße Gelée, werden auf runder Platte angerichtet; giebt es eine Fruchtsauce dazu, serviert man diese extra. Die kalten Puddinge garniert man oft mit kleinem Confekt und Dessert. Gefrorenes und Bomben richtet man auf gefalteter Serviette (s. S. 130 Nr. 6.), ersteres mit Blumen und grünen Blättern verziert, letztere wohl mit irgend einem Dessertstück. Soufflesormen setzt man in eine Serviette (s. S. 125, Nr. 4.), gebackene süße Speisen giebt man ebenfalls auf gefalteter Serviette.

Das Dessert auf schönen, hohen Etageaufsätzen, hübsch angerichtet in möglichst abwechslungsweiser Auswahl, wird gleich beim Decken der Tafel auf dieser aufgestellt und nach der süßen Speise den Gästen herumgereicht.

Fruchtschalen werden ebenfalls schon beim Decken, um der Tafel ein schönes, farbenreiches Bild zu geben, als Zierde derselben aufgestellt. Schöne, fehlerfreie Früchte werden in angenehmem Wechsel der Farben symmetrisch zu einem geschmackvollen Ganzen aufgebaut und mit grünen Blättern ausgeschmückt. Die Schalen werden ebenfalls zum Servieren herumgereicht.

Der Käse wird wohl bei keinem größeren Essen zum Schluß fehlen und möchte ich nicht ermangeln, auch darüber einiges zu sagen. Die einfachste Art und Weise, denselben zu servieren, ist wohl, einige Käsesorten, wobei ein harter und weicher sich befinden soll, auf eine Glasplatte zu legen, nachdem man ihn vorher von der Rinde befreit hat. Auf eine

Fig. 201.

zweite Glasplatte legt man ein egal geschnittenes Stück Butter und in eine Brotschüssel, auf eine kleine Serviette hübsch arrangiert, geschnittenes Schwarz- und Weißbrot. Eine zweite Art ist, den Käse, Butter und das Brot auf eine große Glasplatte zusammen hübsch arrangiert zu legen, und englische Sellerieſtaude in einem Glas dazu zu geben. Die Butter legt man entweder in Form einer Rose in die Mitte (siehe Abschnitt 3) oder giebt man kleine, runde Kugeln mit 2 gerifften Brettchen hergestellt in die Mitte, umlegt die Butter dann mit den verschiedensten Käsesorten, schneidet Pumpernickel und Schwarzbrot in feine Scheiben und legt diese auf die andere Seite der Platte; zur Ausschmückung der Platte dienen kleine, rote Rettige. Man kann den Käse in Stückchen schneiden oder in ganzen Scheiben zum Selbstabschneiden auf die Platte legen (Fig. 201).

E. Die Kunst Servietten zu formen.

Zu den allgemeinen Regeln dieser Kunst gehört zuerst, daß die Servietten nicht steif gestärkt sein dürfen, damit sie sich jeder Form fügen. Diesen Zweck zu erleichtern, wird die zu formende Serviette etwas angefeuchtet, ungefähr in dem Grade, als hätte sie in feuchter Luft gelegen. Beim Falten der Serviette ist dann die größte Sorgfalt bei jeder Lage notwendig, welche durch Streichen und Pressen mit den Händen stark eingeprägt wird, damit sich die beabsichtigte Form stark ausdrückt.

1. Die Brautserviette (mit und ohne Blumen.)

Man legt erst die Serviette gerade zusammen, doch so, daß von der untern Lage ein ungefähr handbreiter Rand der ganzen Länge nach gleichmäßig vorsteht, wie es Fig. 204 zeigt.

Von Fig. 204 nimmt man die Ecke A und legt sie auf C, die Ecke B legt man auf D und erhält somit Fig. 205. Von dieser legt man die Ecke e auf g, die Ecke f auf h und hat somit Fig. 206 erlangt. Die sich an derselben zeigenden

Fig. 202.

Fig. 203.

4 Abteilungen müssen so viel als möglich von egaler Breite sein. Fig. 206 wendet man so, daß man die einfache Seite zur Linken, die zuletzt gefaltete Seite zur Rechten, also eine schmale Seite vor sich hat. Hierauf legt man Fig. 206 der Quere nach in regelmäßige, ungefähr zwei Finger breite Fächerfalten, wobei man ganz besonders das Ausstreichen und Festdrücken nicht vergessen darf. Man muß beim Ausstreichen die Falten stets hochstehend halten, dann sie beim jedesmaligen Hinzu-

nehmen einer **neuen** Falte wieder niederlegen, um die neue Falte danach abmessen und dabei die Falten wiederum fest zusammendrücken zu können. Bleibt bei der **letzten** Falte ein etwas breiterer Umschlag, als es die Höhe der Falte erfordert,

Fig. 204.

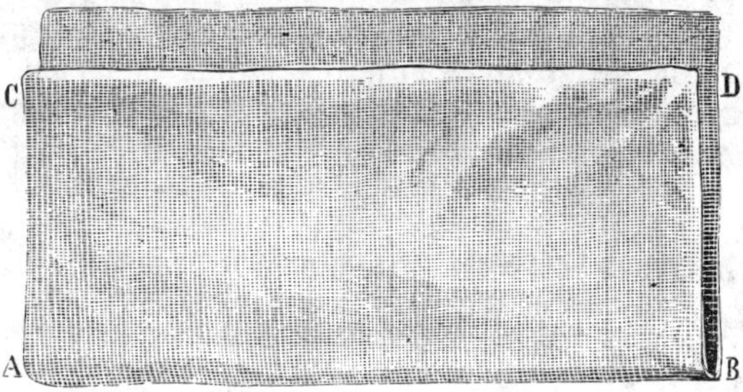

Fig. 205.

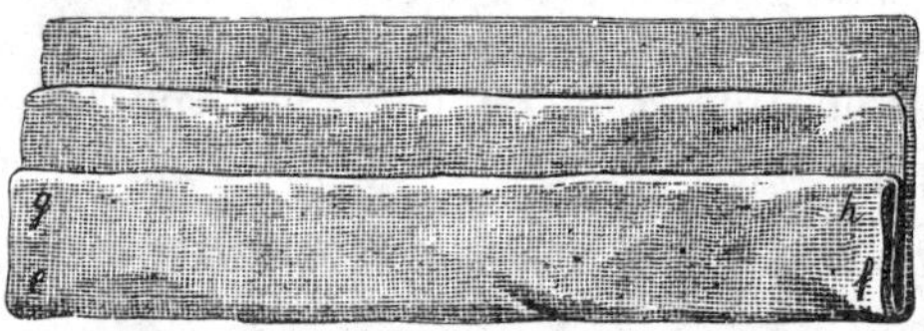

Fig 206.

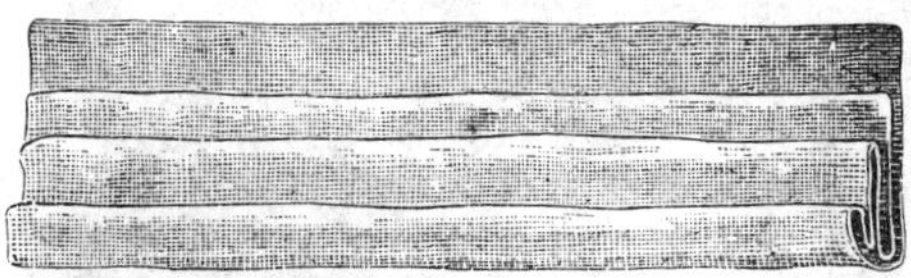

so muß das überflüssige Teil, sei es auch nur gering, ebenfalls wieder zurückgelegt werden. Durch das hier beschriebene Verfahren erhält man Fig. 207. Man legt nun Fig. 207 auf die lange, schmale Seite, an welche man die letzte Falte umgelegt, und zwar muß man, das dickere Ende der Fig. 207 dicht vor sich, die Seite, an welcher sich die vier Abteilungen zeigen, zur Rechten haben. Man legt die linke Hand auf die obere lange, schmale Seite, so daß man, ohne die Serviette von ihrer Stelle und aus ihrer regelmäßigen Lage zu richten, die Fächerfalten eine nach der andern in die Höhe heben kann, und zwar hebt man zuerst das ganze Faltengebäude bis zu der untern Falte so weit auf, daß man mit der rechten Hand die zwischen den beiden ersten (unteren) Falten sichtbaren, bei Fig. 204, 205 und 206 gemachten Lagen, eine nach der andern fassen und hervorziehen kann. In welcher Weise dies geschieht, veranschaulicht sich durch Fig. 208, bei welcher das hiezu beschreibende Verfahren schon bis zur oberen Falte ausgeführt ist; diese obere Falte zeigt Fig. 208 geöffnet, in den verschiedenen Stadien ihrer Vollendung, und die Serviette dazu so gewendet, daß man den Blick von vorne in den Zwischenraum der Falte hat. Man hat stets zuerst die untere Lage (die am dicken Ende) hervorzuziehen. — Fig. 208 zeigt diese untere Lage schon vollständig hervorgezogen, bei der zweiten Lage, welche noch nicht ganz vollständig hervorgezogen, ist durch die Buchstaben I und K das Verfahren erklärt: man faßt nämlich die Lage an dem innern Bruch, also bei I, und biegt sie in der Weise nach außen, daß die Ecke I, während man die Falte wieder zusammendrückt, vorn an die beiden K trifft. Diese herausgezogene Lage muß sich zwischen den beiden Fächerfalten ganz glatt zu einer dreieckigen Falte bilden und hauptsächlich an den beiden oberen Endpunkten ganz spitz auslaufen. Wir sagten soeben, daß das I beim Zusammendrücken der Falte an die beiden K treffen müsse, und dieses Zusammendrücken der Falte ist hier wesentlich nötig beim Herausbiegen jeder der drei Lagen, zwischen jeder der Fächerfalten; man muß auch stets die Serviette nach allen Seiten wieder in ihre gerade, aufgerichtete Form zurecht rücken, sobald sie durch das eben beschriebene Verfahren etwas derangiert wird. Von der zweiten Lage geht man dann zur dritten über, welche die Abbildung zwar noch in der ursprünglichen Form (nach innen gefaltet) zeigt, doch mit denselben (kleinen) Buchstaben das vorzunehmende Verfahren angiebt und die nach innen gehenden Brüche der zu bildenden Falte durch die beiden punktierten Linien andeutet. Man muß natürlich auch Aufmerksamkeit darauf verwenden, daß man keine der Fächerfalten und in diesen keine Lage übergeht. Ist man mit dem Falten zu Ende, so müssen auch an den beiden äußeren, langen Seiten die drei Lagen des äußern Umschlages dreieckig zurückgelegt werden, wie es an Fig. 208 auf der obern, schmalen Seite zu erkennen; hat dieser äußere Umschlag auch nicht die vollständige Breite der Falten, so darf doch nach vorn, wo sich die drei Abteilungen markieren, bei keiner die spitze Form fehlen. Man geht nun zu der letzten Manipulation über, welche nur an dem obern, dünneren Ende der gefalteten

Fig. 207.

Fig. 208.

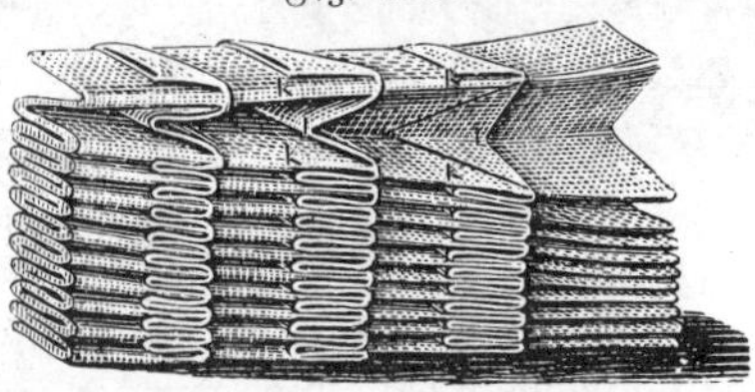

Serviette ausgeführt wird; dazu dreht man dieselbe in der Weise um, daß man sie ihrer Länge nach, mit der glatten Faltenseite (Rückseite) quer vor sich, und zwar das dünne Ende zur Rechten hat. Man geht hiebei ebenfalls von Falte zu Falte, bei der zu unterst liegenden beginnend und stets den vordern Bruch der Falte (von der obern einfachen Lage) so weit nach der Rückseite einziehend, als es durch Fig. 209 veranschaulicht ist. Diese Figur zeigt nämlich das Verfahren bis auf die letzten zwei Falten schon vollständig ausgeführt; obgleich man nun also das Zurückziehen der Fächerfalten von der zu unterst liegenden Falte beginnt, so berufen wir uns doch, um es vollständig klar zu machen, auf die oberen, noch frei vorstehenden Falten der Fig. 209, welche dazu mit Buchstaben bezeichnet sind. Man faßt den vordern Bruch der Falte an der Ecke L und zieht ihn zwischen M und N bis zum O, so daß sich von M und von N aus ein schräg nach vorn gehender Bruch bildet; diese beiden Faltenbrüche, sowie der nach hinten eingezogene Bruch, müssen vorn einen kleinen Finger breit (d. h. bei der Serviette) unter dem Buchstaben P auf einen Punkt auslaufen, demzufolge sich bei P die auf der Abbildung sichtbare, vorstehende Ecke bildet, nämlich durch die obere Abteilung der vier Lagen der Serviette. Bei M und N müssen sich die Falten ebenfalls ganz spitz bilden und diese Spitzen, sowie die schrägen, nach vorn gehenden Brüche, bei den sämtlichen Falten ganz genau auf einander treffen, d. h. eine Falte muß genau die Form der andern haben. Bei der folgenden Falte verfährt man ganz nach der soeben gemachten Angabe. Zur genauen Richtschnur möge die Fig. 210 dienen; in dieser Gestalt muß die Serviette erscheinen, wenn das bei Fig. 209 beschriebene Verfahren an allen Falten richtig ausgeführt und damit die Serviette so weit vollendet ist, daß man sie aufstellen kann.

Fig. 209.

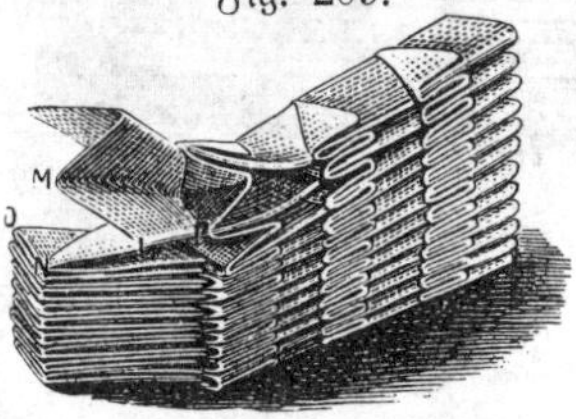

Fig. 210.

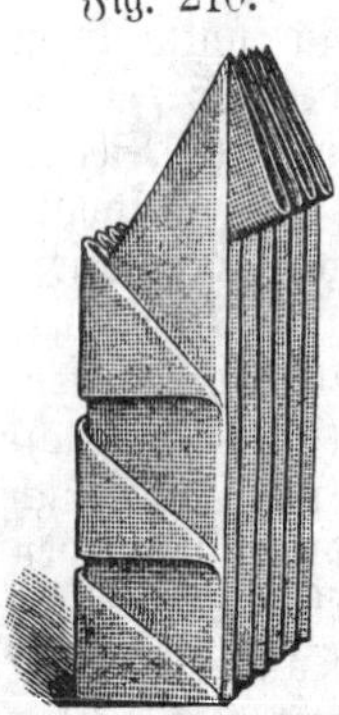

Dies geschieht ganz einfach, indem man das Fächerteil (d. h. die ganze Fig. 210) von beiden Seiten auseinander zieht und zur Rundung schließt; die oberen Spitzen müssen sich dabei auf einem Punkt vereinigen und die beiden End=

falten so dicht an einander gelegt werden, daß man keine Unterbrechung in der Reihe der geraden Säulen merkt.

2. Die Wasserlilie.

Nachstehende Fig. 212 veranschaulicht die ausgebreitete Serviette, deren linker, oberer Zipfel als erstes Lilienblatt zusammengefaßt ist. Die Mitte der Serviette, in der Länge durch Punkte markiert, wird oben nach der halbkreisförmigen,

Fig. 211.

Fig. 212.

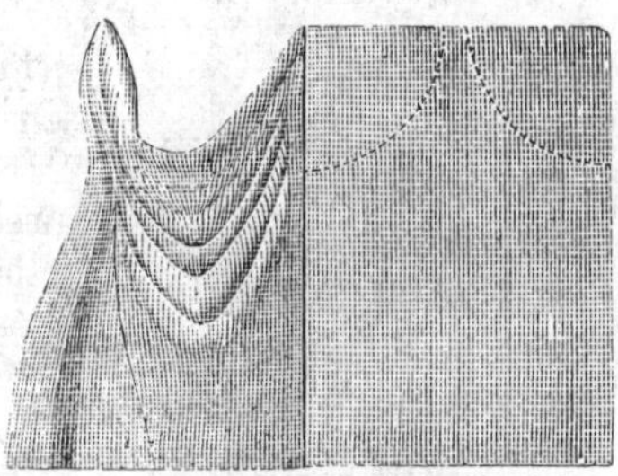

punktierten Linie zum zweiten Blatt, und der rechte Zipfel, ebenfalls punktiert, zum dritten Blatt zusammengefaltet. Fig. 213 zeigt diese drei Blätter auf den entgegengesetzten Rand

Fig. 213.

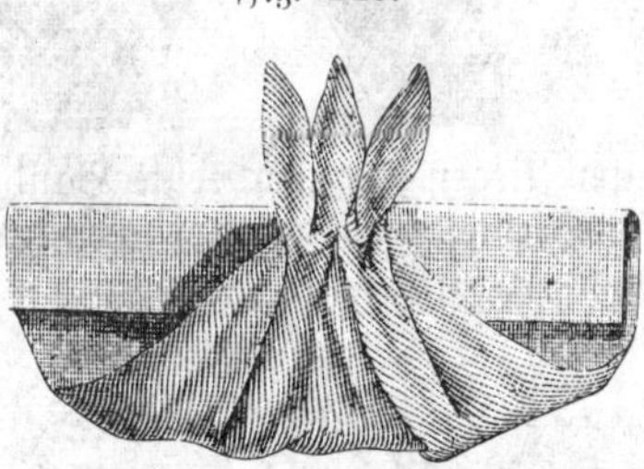

Fig. 214.

der Serviette zurückgelegt, der nach innen 7 Centimeter umgeschlagen, denselben als Unterlage dient. Der linke Zipfel dieses Umschlags wird alsdann in schräger Richtung unterhalb der Blätter so weit übergeschlagen, wie Fig. 214 zeigt, und dann beginnt mit kräftiger Hand. von den drei Blättern an, ein schräges Aufrollen auf einer festen Unterlage (Tisch ꝛc.), wobei der übergeschlagene Teil ganz eingewickelt wird und der Rand der Serviette mit dem Einschlag von 7 Centimeter die Richtung bezeichnet, in welcher die Blumen der vollendeten Form sich präsentieren, die sich in Folge der Festigkeit des Wickelns dort einklemmen lassen. Die Unebenheiten, welche sich noch nach dem Aufwickeln zeigen, werden wie bei einer Tüte nach innen gestopft, und zwar zum Besten der ganzen Form, da ihr dies Verfahren den Stützpunkt giebt.

3. Der Pantoffel.

Die Serviette wird in die bekannte, vierfache Lage der Länge nach gebracht, und dann in der Mitte zu einer Schneppenform nach Fig. 216 zusammengelegt. Hiernach lehrt Fig. 217 sehr deutlich den Umschlag eines Dritteils der unteren Lagen. Fig. 218 zeigt uns diesen Dritteil noch zweimal umgeschlagen, wonach derselbe mit der untern, geraden Serviettenhälfte in einer Linie liegt. Die soweit vollendete Serviettenform ist nun umzudrehen, damit die Umschläge unten liegen und der letzte Handgriff gemacht werden kann. Die Serviette wird in ersichtlicher Weise erfaßt, die seitwärts abstehenden, flügelartigen Umschläge in der Mitte zusammengebracht, wonach die hochstehende

Fig. 215.

Fig. 216.

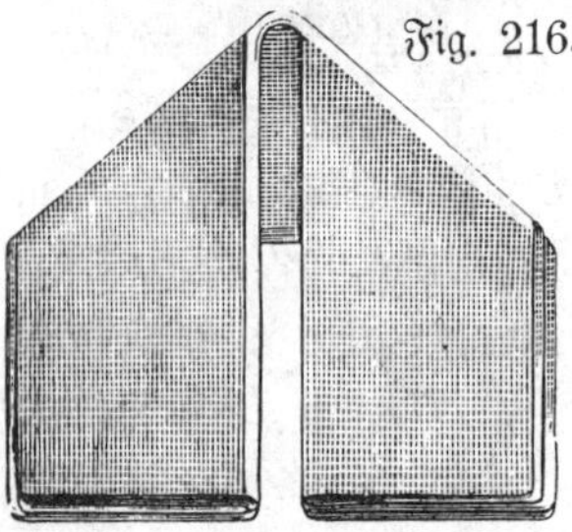

Fig. 217.

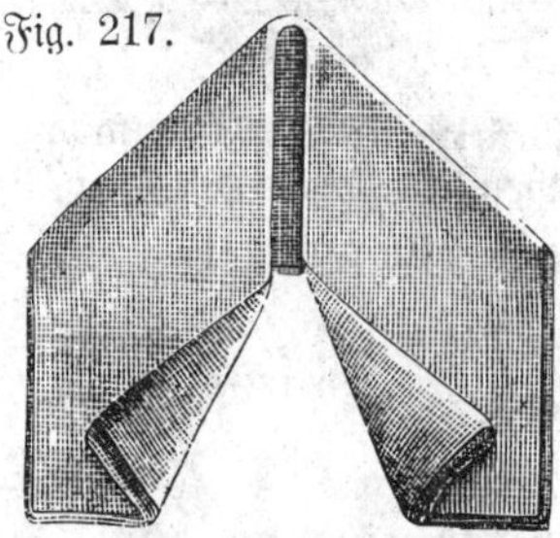

Fig. 218.

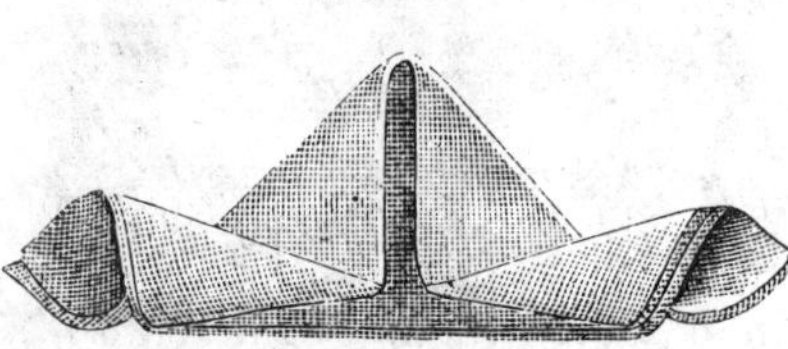

Fig. 219.

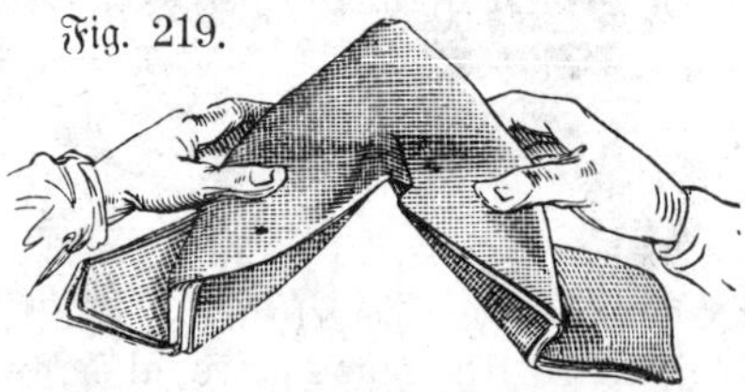

Spitze der Abbildung Fig. 219 uns entgegenfällt und den Pantoffel bildet, dessen innerer Raum ein Brötchen aufnehmen kann.

4. Der Pfau.

Man legt die Serviette völlig ausgebreitet auf den Tisch und beginnt an der zur Rechten befindlichen Seite die Serviette 15—20 Centimeter breit fächerartig zu falten, die Falten jedoch nur einen reichlichen Daumen breit legend. Man verfährt dabei wie bei der Brautserviette, beachtet sorgfältig, daß die Falten sich nicht verschieben, also nach außen gerade abschneiden. Der übrige Teil der Serviette bleibt lose. Das gefaltete Teil umschlingt man nun vom Beginn bis zu seinem Ende mit einer Schnur und befestigt diese so, daß man sie nachher leicht wieder ablösen kann. Man hat somit Fig. 221 gebildet. Mit dieser verfährt man nun folgender Art: Man breitet die dem gefalteten Teil gegenüberliegende, offene Seite der Serviette ganz auseinander und schlägt das gefaltete Teil darüber, so daß nicht allein der Bund, sondern auch noch ungefähr 3 Centimeter von den lose auslaufenden Falten in der Mitte darüber hinwegreichen und zu beiden Seiten die Falten möglichst regelmäßig geordnet erscheinen, wie Fig. 222 zeigt. Von Fig. 222 an schlägt man nun die beiden Seitenflügel a und b nach oben zu in egaler Breite um, so daß sich unten, dem Bund entgegengesetzt, eine Spitze bildet, und man also Fig. 223 erhält. Von Fig. 223 rollt man erst die eine, dann die andere Seite ebenfalls nach oben zusammen, indem man damit bei dem auf Fig. 223 auf jeder Seite befindlichen Kreuz beginnt und die Rollen, besonders nach der Spitze zu, sehr fest (förmlich steif) und dicht an einander schließend ausführt; die beiden Enden hiegegen müssen nur lose gewickelt sein, wie sich dies

Fig. 220.

Fig. 221.

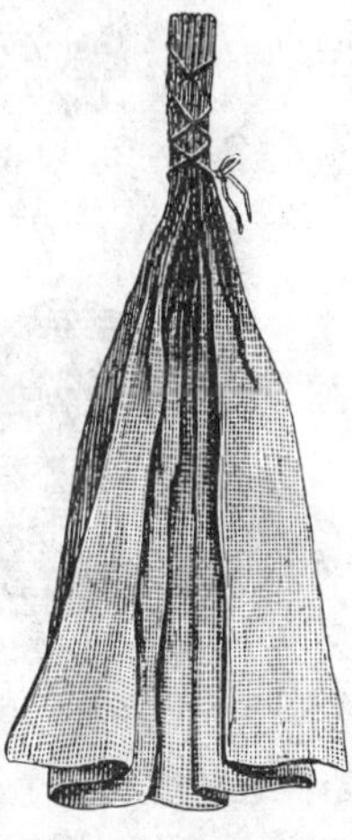

von selbst ergiebt. Hiermit erhält man Fig. 224; damit die Spitze recht schlank und glatt werde, muß man die von Seiten gerollte Serviette, soweit die Figur sie zusammenschließend zeigt, von der Spitze aus recht ausdehnen. Man legt nun Fig. 224 umgekehrt auf den Teller, so daß nämlich die hier sichtbare Seite zu unterst kommt. Man biegt den spitzen Teil

Fig. 222.

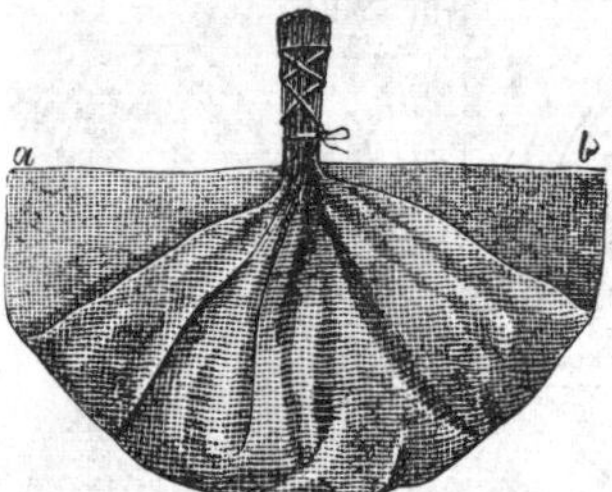

Fig. 223.

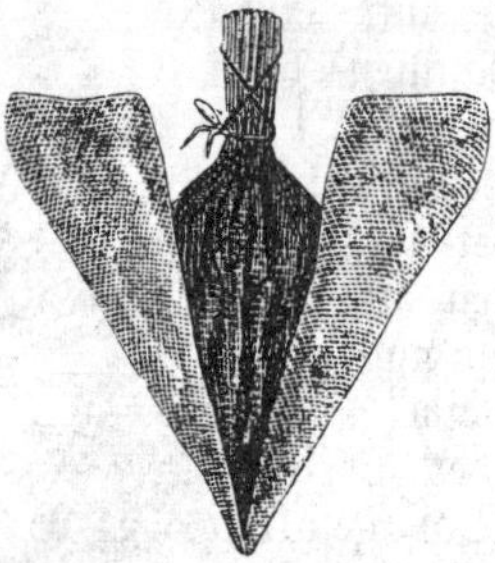

Fig. 224.

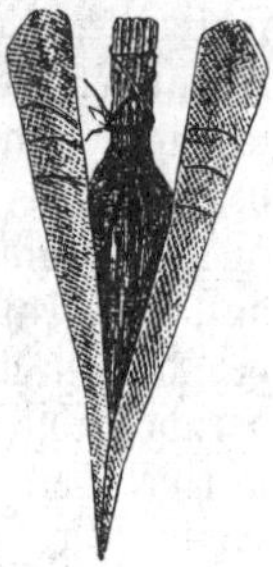

(bis beinahe zur Hälfte der Fig. 224) zurück und formt aus diesem Teil den Hals und Kopf des Pfaues, indem man es an der umgebogenen Stelle recht fest nach rückwärts aufdrückt, dann aufwärts stehen läßt und von der Spitze ungefähr 4½ bis 6 Centimeter nach vorne umbiegt, womit der Kopf des Pfaues „vertreten" wird.

5. Der Brotkorb.

Fig. 226 zeigt uns die Serviette, nachdem dieselbe in ihrer Breite zweimal zusammengelegt ist, d. h. zur viertel Breite bei voller Länge; diese Länge aber schließlich auch zur Hälfte vermindert, ergiebt das verbildlichte, längliche Viereck. Fig. 227 erzielen wir damit, daß wir den unteren, linken Zipfel nach der oberen Mitte und den oberen, rechten Zipfel nach der unteren Mitte legen. Diese Figur läßt eine punktierte Linie erkennen, nach welcher der untenliegende Teil der Serviette eine Bruchfalte erhält, ohne daß die oben aufliegenden Dreiecke aus ihrer Form kommen. Es werden die schrägen

Fig. 225.

Fig. 226.

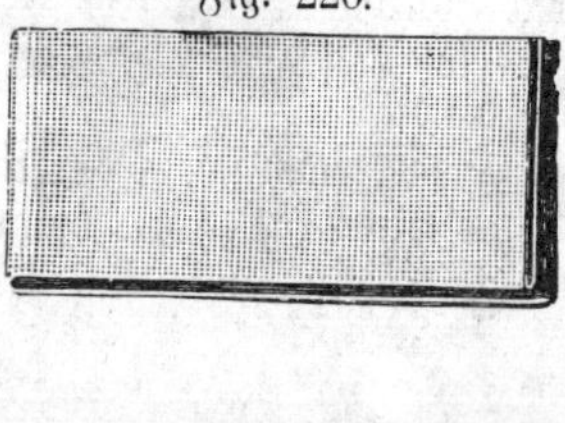

Seiten der Serviette zu diesem Zweck an der unteren Seite vereint und danach entsteht Fig. 228. Haben wir diese Lage vor uns, so erfassen wir den unteren, rechten Zipfel, dirigieren denselben unter das in glatter Fläche vor uns liegende Dreieck und Fig. 229 ist vollendet. Jetzt erfassen wir noch die linke Spitze und führen dieselbe auf der Rückseite entlang bis unter das untenliegende Dreieck der Serviette, womit wir durch das Einschieben den Brotkorb vollenden.

Fig. 227.

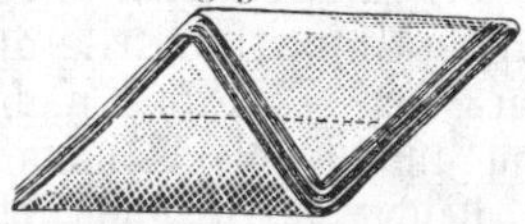

Fig. 228.

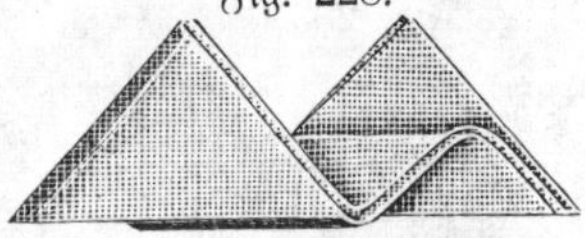

Fig. 229.

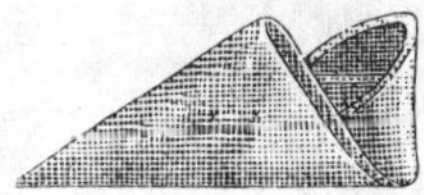

6. Die Schnepfe.

Eine ungestärkte, aber etwas angefeuchtete Serviette wird zur Hälfte zusammengelegt, noch einmal zur Hälfte verschmälert, wonach die volle Breite der Serviette, aber nur ein Viertel ihrer Länge vor uns liegt. Von dieser unverkürzten Breite wird der vierte Teil umgeschlagen, wodurch Fig. 231 entsteht. Die andere Hälfte der Lage, nach dem eben beschriebenen Verfahren behandelt, bringt a und b in der Mitte zusammen. Zu Fig. 232, welche uns die bisher beschriebene Form mit einem dreieckig umgeschlagenen Zipfel der einen Hälfte zeigt, ist es erforderlich, daß die offene Seite der Servielle, welche durch das erste Zusammenlegen derselben nur an einer Seite bleibt,

Fig. 230.

Fig. 231.

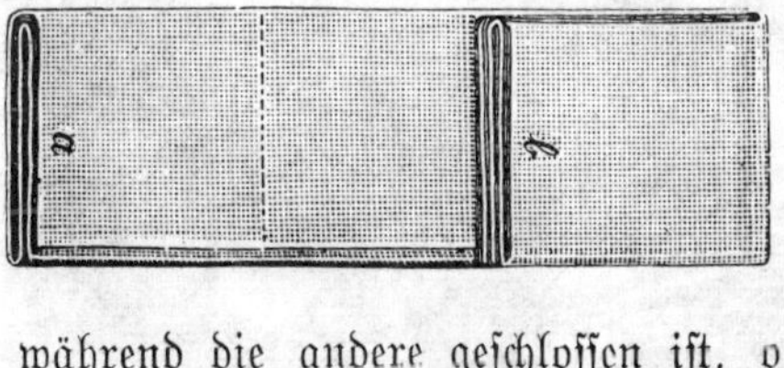

Fig. 232.

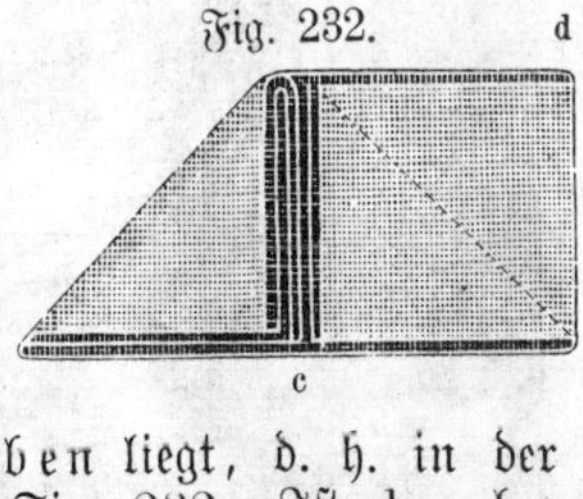

während die andere geschlossen ist, oben liegt, d. h. in der entgegengesetzten Richtung von c auf Fig. 232. Ist d nach c in der angedeuteten Bruchfalte umgeschlagen, so haben wir unsere Aufmerksamkeit auf Fig. 233 zu richten, welche uns eines der Dreiecke, nach unten umgeschlagen, zeigt und auf dem andern die Bruchfalte erkennen läßt, nach welcher diese in gleicher Weise umgeschlagen wird, um e mit f zu vereinen.

Fig. 233.

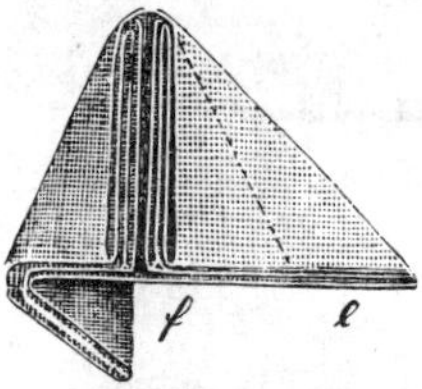

Fig. 234.

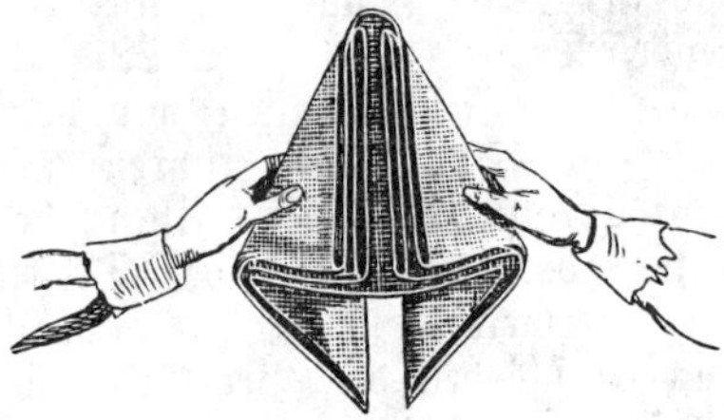

Fig. 234 lehrt uns das Erfassen dieser soweit vollendeten Lage, welche auf der Rückseite vereint und noch einmal fest eingekeift, mit der einen Hand erfaßt wird, während die andere den oberen Teil auseinanderzupft. Hiebei lehrt sich die Notwendigkeit, den offenen Serviettenteil nach oben zu legen.

7. Das Tabaksblatt.

Die 3teilige, d. h. in 3 Teile zusammengelegte Serviette

Fig. 235—240.

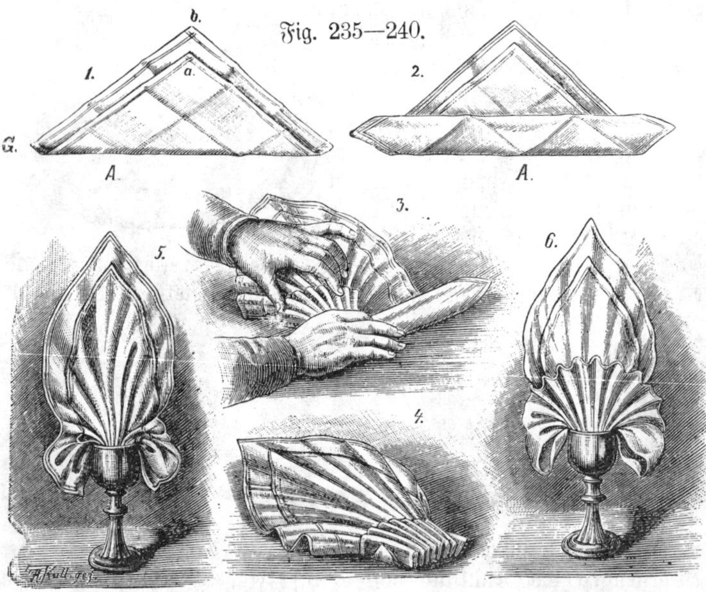

wird so auseinandergelegt, daß der Punkt a etwa 10 cm unter dem Punkt b zu liegen kommt (Nr. 1). Sodann wird der untere Teil A 10 cm breit aufgeschlagen (Nr. 2) und nun von der linken Seite C aus gleich hohe Falten aufgenommen, wie Nr. 3 und 4 zeigt. Sodann stellt man die Serviette (Nr. 5) in ein Glas und zieht die beiden Seitenstücke als Flügel auseinander. (Nr. 6.)

8. Der Stern.

Die 3teilige Serviette wird so zusammengelegt, daß sich die Spitzen a, b, c, d in der Mitte genau decken (Nr. 1). Sodann werden die 4 Ecken so umgeschlagen, daß diese sich in der Mitte berühren (Nr. 2). Die Serviette wird alsdann gewendet (Nr. 2) und die 4 Ecken wiederholt so umgeschlagen, daß die Spitzen in der Mitte zusammenkommen, wie Nr. 3

Fig. 241—244.

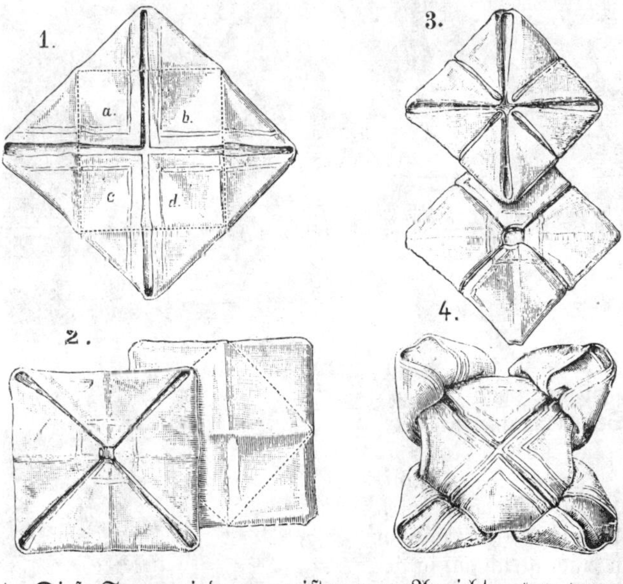

zeigt. Diese Form wird am meisten zum Anrichten von warmen, kleinen Vorspeisen, wie Pastetchen, Nudelpastetchen, Krüstchen, sowie zu Gefrorenem, Bomben u. s. w. verwendet.

Dreht man die Serviette in obiger Form um und zieht die 4 Ecken derselben heraus, so entsteht Nr. 4. Auch diese Form eignet sich hauptsächlich zum Anrichten von kalten oder warmen, kleinen Vorspeisen, Sandwitschs, belegten Broten, Kartoffeln in der Schale, Trüffeln, zum Einstellen von Gratinschüsseln oder Souffleformen.

9. Der gezackte Fächer.

Die 3teilige Serviette wird so auf den Tisch gelegt, daß die wagrechten Brüche derselben auf beiden Seiten nach außen sehen (Nr.1). Sodann wird vom Punkt a und b der

Fig. 245—251.

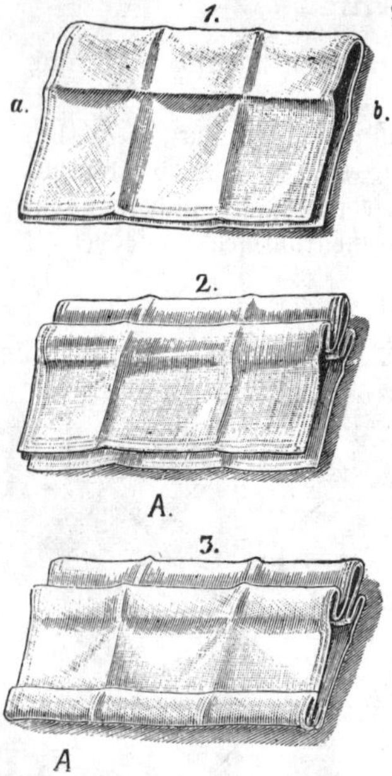

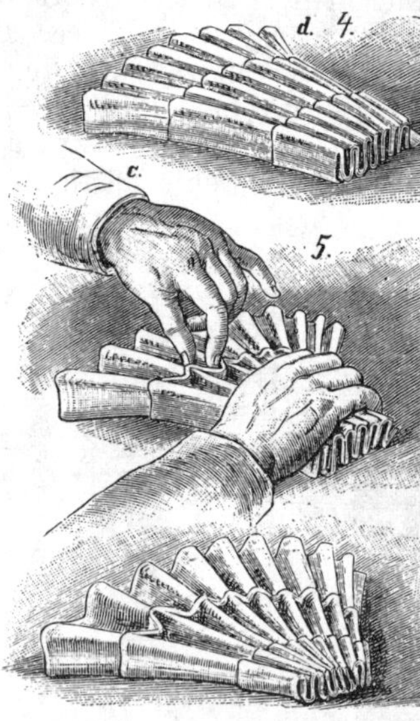

Bruch 2 cm nach oben umgebogen und zwar auf beiden Seiten gleichmäßig (Nr. 2). Der untere Rand A wird etwa 4–5 cm aufgeschlagen. Sodann wird die Serviette ihrer ganzen Länge nach gleichmäßig gefaltet (Nr. 4), etwa 2 bis $2^1/_2$ cm hoch und sodann mit der Hand gut zusammen gepreßt (Nr. 5). Von der zwischen c und d liegenden Falte werden, wie

Nr. 5 zeigt, die zwischenliegenden, glatten Falten nach auswärts umgebogen und zwar auf beiden Seiten, sodann die Figur ins Glas gestellt, wie die Zeichnung Nr. 6.

10. Die Palme.

Bei einer dreieckig gelegten Serviette (Nr. 1) wird der untere Teil **A** etwa 8 cm aufgeschlagen (Nr. 2), sodann die Serviette von der Seite gleich hoch gefaltet wie auf S. 124 Nr. 4 und in ein Glas gestellt, wie Nr. 3 zeigt.

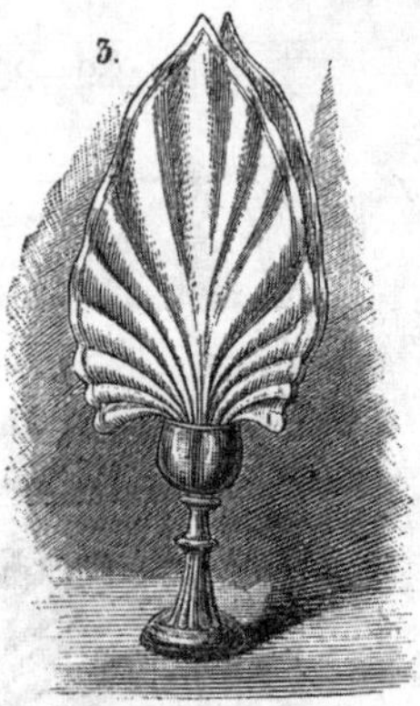

Fig. 252—254.

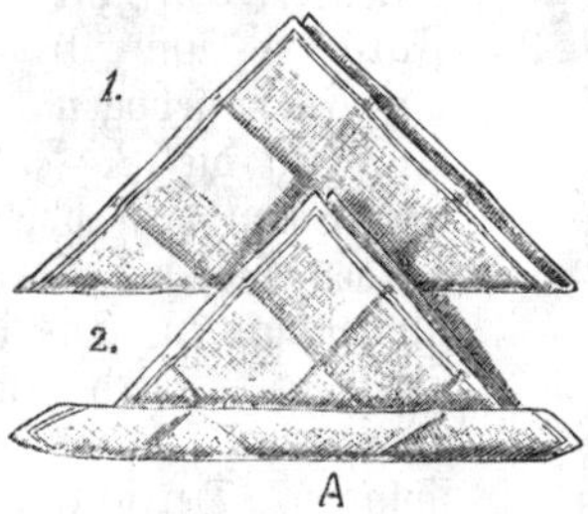

11. Der Schmetterling.

Die Serviette wird so gelegt wie Nr. 1 zeigt, daß die oberen Punkte derselben a und b etwa 30 cm von einander

Fig. 255—258.

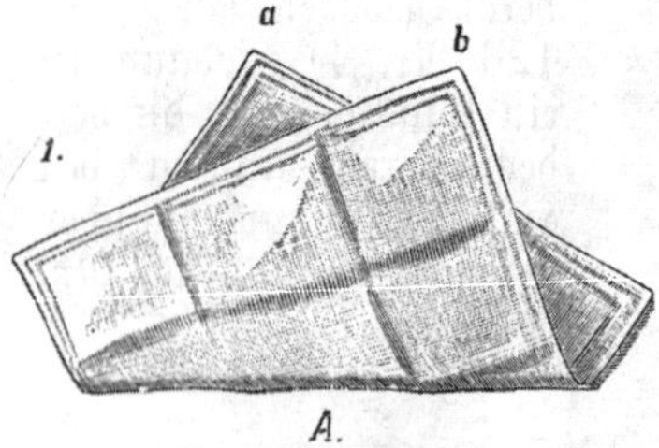

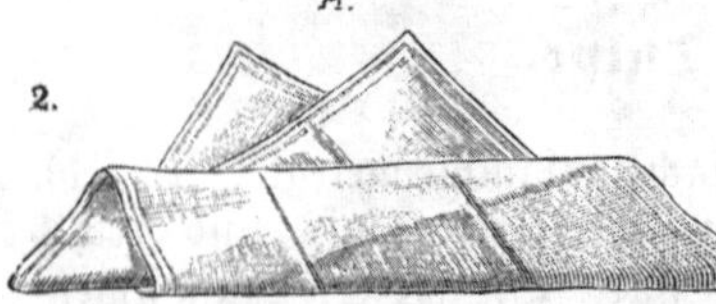

abstehen. Sodann wird der untere Teil A 10—12 cm aufgeschlagen (Nr. 2) und von der Seite aus gefaltet (Nr. 3), wie auf Seite 124 Nr. 4, sodann in ein Glas gestellt und bildet Nr. 4.

12. Der Radfächer.

Fig. 259—261.

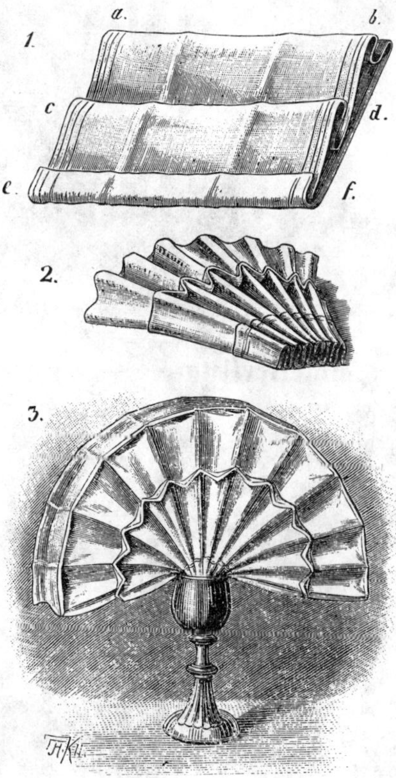

Man legt die Serviette so auf den Tisch, daß 2 Teile derselben oben liegen und ein Teil unten. Auf die obere Falte a und b wird ein Falz gebogen von 1 cm, auf die 2. Falte c bis d von dem oben liegenden Teil der Serviette aufgenommen. Die dritte Falte e—f wird etwa 4 bis 5 cm sodann aufgeschlagen. Der untere Teil der Serviette wird als Grundlage egal gelegt und sodann die ganze Servielle der Länge nach aufgenommen und hoch gefaltet wie Seite 124 Nr. 4; sodann tüchtig gepreßt, die Ecke wieder herausgebogen (siehe S. 126 Nr. 4), sodann in ein Glas gestellt, die beiden oberen Kanten des Halbkreises auseinander gezogen, woraus sich Nr. 3 ergiebt.

13. Die Tulpe.

Die Serviette wird vierfach zusammengelegt (Nr. 1). Vom losen Eck derselben werden zwei Teile links und rechts zu einem Dreieck umgeschlagen (Nr. 2), sodann zusammen=

Fig. 262—266.

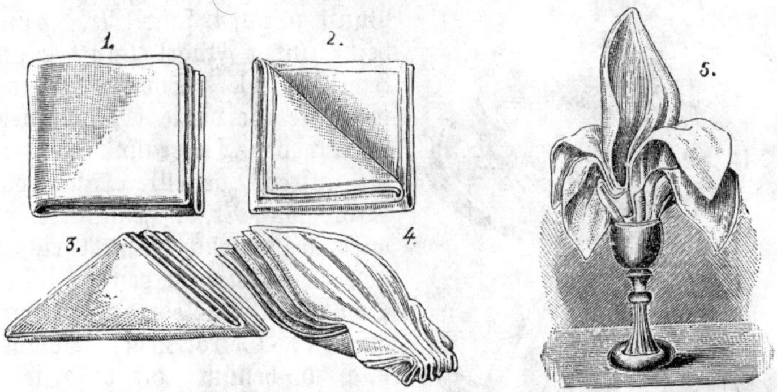

geschoben (Nr. 3) und gefaltet, wie auf S. 124 Nr. 4 beschrieben, in das Glas gestellt und die 4 losen Ecken tulpenartig umgebogen (Nr. 5).

14. Die Tasche.

Eine dreifach zusammengelegte Serviette wird, wie Nr. 1 und 2 zeigt, links und rechts gebrochen. Sodann wird der

Fig. 267—271.

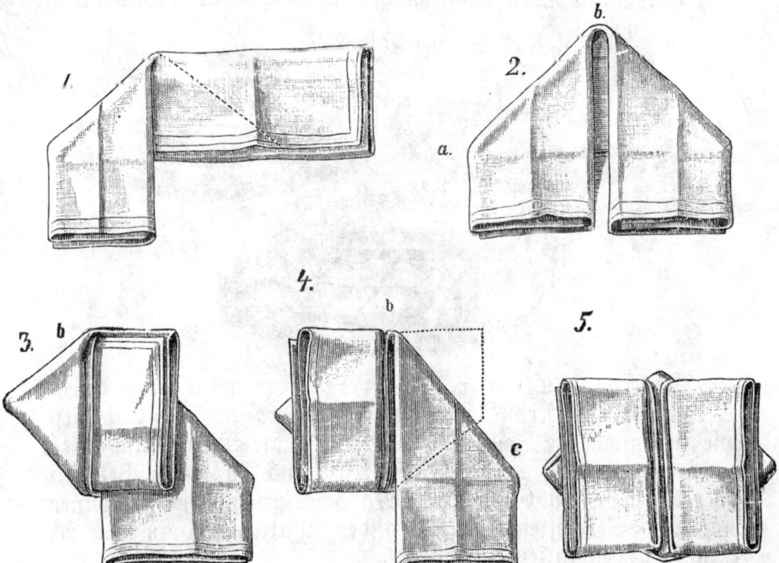

Fig. 272—273.

6.

7.

rechte Flügel so gelegt, daß Punkt a auf b fällt (Nr. 3) und beim linken Flügel Punkt c auf b (Nr. 4). Sodann wendet man die Serviette (Nr. 5), setzt sie auf den Teller und giebt in die aufrecht gestellte Tasche das Brot, wie Nr. 7 zeigt. Nr. 6 wird in der Küche zum Anrichten von kleineren Vorspeisen, kalten Schüsseln, Gansleberpastete, Croquetten, Gefrorenem, Bomben u. s. w. benützt; die aufgestellte Serviette (Nr. 7), um in derselben Kartoffeln, gebackene Fisch- oder Fleischspeisen, Trüffeln u. s. w. zu servieren.

15. Verschiedene Serviettenlagen zu Fischen.

Nr. 1 zeigt die Serviette einfach gelegt. Die vier Ecken egal untergeschlagen.

Nr. 2. Eine gefaltete Serviette, von der Mitte aus auf beiden Seiten gleichmäßig in Falten gelegt, dann umgewendet, unten und oben eingeschlagen und auf die Platte gelegt.

1. Fig. 274—276. 2.

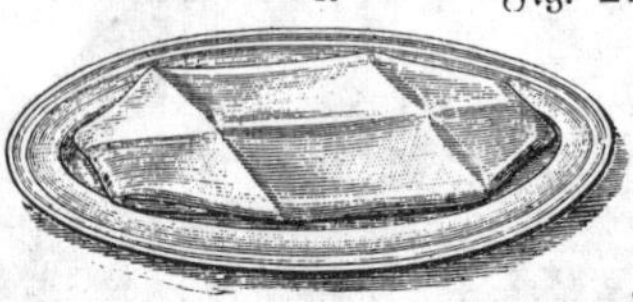

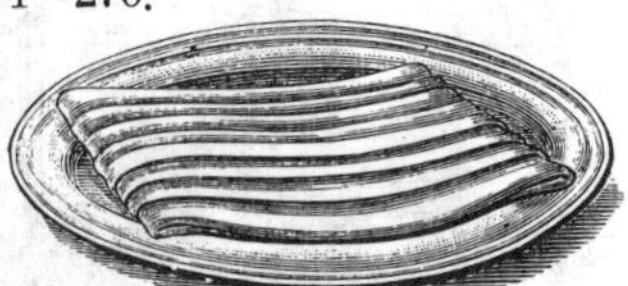

3.

Nr.. 3. Zu dieser Fig. verwendet man zwei gelegte Servietten aus Nr. 8, wie Nr. 4 dort ergiebt, und legt diese, wie nebenstehende Zeichnung zeigt, auf die Platte und zieht je an einer Serviette die beiden Ecken aus, in welche Petersilie oder Blumen zum Garnieren des Fisches gesteckt werden können.

Die Serviettenlagen zu runden Platten sind in den Nr. 8 und 14 enthalten.

I.

Suppen, Bouillon, Kraftbrühen.

Beinahe zu allen Mahlzeiten werden Suppen gegeben und ist daher denselben besondere Aufmerksamkeit zu schenken, zumal es nur wenige Personen giebt, die nicht viel auf eine gute Suppe halten und häufig sogar die ganze Mahlzeit nach der Suppe beurteilen.

Die eigentliche Grundlage einer guten, kräftigen Suppe ist die Fleischbrühe. Um eine gute und kräftige Brühe zu bekommen, setzt man das Fleisch mit kaltem Wasser zu, dadurch teilt sich die Kraft des Fleisches der Brühe mit. Soll das Fleisch aber als Hauptspeise gegeben werden, so bringt man dasselbe in siedendes Wasser, wodurch sämtliche Poren sich schließen, die Eiweißstoffe im Fleische gehalten werden und dadurch der ganze Saft im Fleische bleibt.

Um eine gute Fleischbrühe zu erhalten, ist folgendes zu beachten:

Fleischbrühe oder Bouillon.

Ein schönes Tafel-, Schaal- oder Schwanzstück eines nicht zu jungen Tieres (für 12 Personen etwa 4 Pfund) wird mit kaltem Wasser aufs Feuer gesetzt, auf das Pfund Fleisch etwa 1 Liter Wasser. Sobald die Brühe ins Kochen kommt, wird dieselbe gut abgeschäumt und etwas Salz und folgende Gemüse zugegeben: 1 Zwiebel, 1 gelbe Rübe, 1 kleine Selleriewurzel, 1/4 Kohlkopf, 2 Lauch- und Petersilienwurzeln; diese läßt man sodann langsam etwa 3 Stunden von der Seite kochen, damit sie hell und klar wird. Sehr zu beachten ist, die Brühe nicht überkochen zu lassen, da dadurch das Kräftigste verloren geht; es ist deshalb gut, immer ein Gefäß mit Wasser zum

Nachgießen bereit zu halten. Die Brühe wird sodann entfettet, durch ein Sieb oder Tuch geseiht und zu weiterem Gebrauche zur Seite gestellt.

Alte Hühner, Knochenabfälle werden gerne in der Fleischbrühe mitgekocht. (siehe Kraftbrühe, Consommé).

Die rückständigen Knochenabfälle der Fleischbrühe, vielleicht auch solche von Braten u. s. w., giebt man noch einmal aufs Feuer, indem man kaltes Wasser zusetzt und die Brühe noch einige Stunden kocht, worauf man sie entweder kurz eingekocht zu Glace verwenden oder aber zum Ablöschen der Braten und Verdünnen der Saucen u. s. w. benützen kann.

Die in dem Fleischbrühtopf mitgekochten Suppengemüse wie Rüben, Kohl u. s. w. werden, ehe sie zu weich werden, aus der Fleischbrühe genommen und entweder zum Siedfleisch oder als Salat eingeschnitten, als Beilagen zu Tisch gegeben.

Wenn es die Einlagen der Suppen erlauben, so gewinnen diese sehr, wenn man sie in der Fleischbrühe aufkocht. Die meisten Suppen können mit Eiern abgezogen oder legiert werden und gewinnen dadurch sehr an Ansehen und Geschmack. Für feinere Suppen nimmt man immer Eigelb, doch dürfen solche nicht mehr auf das Feuer gebracht werden, weil sie sonst leicht gerinnen. Eier erspart man dabei, wenn man sie mit einem Kaffeelöffel voll Mehl, auch etwas Butter oder Rahm, in Wasser oder Fleischbrühe abrührt. Fleischextrakt sollte stets in der Küche vorhanden sein, um, im Falle das Fleisch nicht die erwartete kräftige Suppe giebt, damit nachhelfen zu können, oder wenn die Zeit zur Zubereitung drängt und frisches Fleisch nicht sofort zur Hand ist, den Extrakt nach Vorschrift zu benützen. (S. Erklärungen 2c. Seite 40 ff.)

Von der oben beschriebenen Fleischbrühe werden die Suppen angefertigt und gebe ich zuerst einige Erläuterungen über das Anfertigen der Grundsuppen, wie solche in nachfolgenden Rezepten öfters vorkommen und wobei ich immer hierauf verweise.

Wir unterscheiden folgende Arten von Suppen, deren Grundlage die Fleischbrühe ist. Die **helle und klare Suppe** mit verschiedenen Einlagen, kann entweder aus der fertig und hell gekochten Fleischbrühe bereitet werden, oder aber wird mit dieser Fleischbrühe eine zweite bereitet, die sogenannte **Kraftbrühe oder Consommé.**

Ein Stück Rindfleisch (etwa 2 Pfd.), eine alte Henne oder Geflügelabfälle, gut entfettet und enthäutet, wird zerhackt, mit 2 Eiweiß angerührt, etwas Lauch, gelbe Rübe und Sellerie dazu geschnitten, mit Fleischbrühe angerührt, unter beständigem Rühren aufs Feuer gesetzt. Wenn die Brühe kocht, zieht man sie zurück, läßt sie 2 Stunden langsam von der Seite kochen und seiht sie durch ein Tuch zum Gebrauch. Ist die Consommé farblos, so wird sie mit etwas Zuckerjus gefärbt.

Diese Consommé ist für Kranke und Rekonvalescenten sehr empfehlenswert, da sie, warm oder kalt genossen, sehr kräftigend wirkt.

In der feineren Küche werden die klaren Suppen mit Consommé zubereitet und mit den verschiedensten Einlagen zu Tisch gegeben (siehe unten).

Von Wildfleisch und Knochen desselben wird auf die oben beschriebene Art eine Wildconsommé hergestellt.

Die legierten Suppen sind solche, welche mit guter Fleischbrühe oder Consommé mit oder ohne Mehlschwitze gekocht, vor dem Anrichten mit Eigelb, etwas Butter und süßem Rahm abgezogen werden. Verschiedene Einlagen werden entweder eingekocht oder nach dem Legieren dazu gegeben.

Die **Puréesuppen** bestehen aus einer weißen Suppe (Coulis) und einem Purée. Zur **weißen Suppe,** Coulis genannt, wird zerlassene Butter mit Mehl leicht angeröstet, mit Fleischbrühe oder ungefärbter Consommé angerührt und von der Seite einige Stunden leicht gekocht, bis sie rein entfettet ist. Das Purée zur Suppe kocht man gewöhnlich extra, je nachdem die Suppe zu behandeln ist, was in den einzelnen Rezepten angegeben ist. Die Puréesuppen werden, wenn sie durch ein Sieb oder Tuch gestrichen sind, vor dem Anrichten legiert und im Wasserbad warm gestellt, um einem Gerinnen derselben vorzubeugen.

Die braune Suppe wird folgendermaßen behandelt: Der Boden einer größeren Kasserole wird mit Butter ziemlich dick ausgestrichen, mit rohem Schinken, Zwiebelscheiben, Gewürzen belegt. Hierauf kommen 2 zerhackte Kalbsstorzen, 5—6 Pfund Knochen, 2 Pfund Ochsenstorzen, 1 altes Huhn dazu. Ein Schöpflöffel voll Fleischbrühe wird über die Knochen gegossen, das Ganze zugedeckt, auf schwaches Feuer gesetzt, damit durch den erzeugten Dampf alle Kraft des Fleisches auf den Grund des Geschirres fällt. Sodann wird der Deckel abgenommen und nun läßt man den sogenannten Fond anschlagen, d. h. die gezogene Brühe so lange einkochen, bis die Knochen anbraten und das Fett hell ist, worauf man das Fett abgießt, mit Wasser die Kasserole auffüllt, die Brühe einige Stunden kochen läßt und sodann durch ein Sieb passiert. Mit dieser Brühe und einer guten Consommé wird ein gebräuntes Mehl hinreichend dünn angerührt. Diese Suppe aufgekocht und abgeschäumt läßt man langsam einige Stunden von der Seite kochen, entfettet sie rein, worauf sie zu den später beschriebenen, braunen Suppen als Grundsuppe verwendet werden kann.

Von Wildabfällen wird eine Jus auf dieselbe Weise, wie eben beschrieben, bereitet und ebenso die braune Suppe, um bei Wildpuréesuppen verwendet zu werden.

Außer den mit Fleischbrühe hergestellten Suppen unterscheiden wir noch die **Wassersuppen**, die **Fastensuppen**, welche in der Hauptsache aus einer Fischbrühe bestehen, die **Milch-** und die **Krankensuppen**, sowie die **Wein-** und **Biersuppen**, welche in den nun folgenden Abschnitten näher beschrieben werden.

Um gute, wohlschmeckende Suppen herstellen zu können, sind die Suppentafeln und Suppenmehle mit eingedickter Fleischbrühe aus der Knorr'schen Fabrik in Heilbronn a. N. sehr zu empfehlen und sind diese bei den einzelnen Suppen in ihrer Zubereitung angegeben.

Seit neuerer Zeit bringt dieselbe Fabrik auch **Suppentafeln für Vegetarianer** in den Handel und sind diese, da sie keinerlei animalische Stoffe enthalten, besonders für Kranke, denen eine reizlose Kost vorgeschrieben ist, durch ihren besonders hohen Eiweißgehalt ganz besonders zu empfehlen.

Die **Krankensuppen** sollen ohne scharfe Gewürze und Küchenkräuter hergestellt werden. Eine gute, kräftige Fleischbrühe ist hier die Hauptgrundlage mit leicht verdaulichen Einlagen von Brieschen, Hühnerbrüsten, leichten Klößchen u. s. w. oder leichte, dünnflüssige Puréesuppen von Kalbfleisch, Geflügel, Wild oder die Suppenpräparate und Leguminosen von Knorr in Heilbronn.

Am besten ist, die Hausfrau oder Köchin leistet genau den für einen Kranken vom Arzt gegebenen Vorschriften Folge, welche Speisen gegeben werden sollen und mit welchen Zuthaten dieselben hergestellt werden dürfen.

Ein hiezu sehr empfehlenswertes Buch ist das von Dr. Wiel herausgegebene Diätische Kochbuch für Gesunde und Kranke, welches ich nicht nur den Hausfrauen und Köchinnen, sondern auch meinen Kollegen aufs wärmste empfehlen möchte.

Die Suppen sind in folgende Abteilungen geteilt:

a. **Fleischbrühsuppen aus dem Tierreich,**
b. **„ „ aus dem Pflanzenreich,**
c. **Milchsuppen,**
d. **Wassersuppen,**
e. **Wein- und Biersuppen,**
f. **Fastensuppen.**

Die **Krankensuppen** sind jeweils angegeben.

a. Fleischbrühsuppen aus dem Tierreich.

1. Austernsuppe.

4—5 Dutzend Austern werden in ihrem eigenen Wasser und ½ Liter Weißwein leicht blanchiert und auf die Seite gestellt.

Zu einer weißen, nicht zu dick ausgekochten Suppe von ¼ Pfund Butter, dem nötigen Mehl und 3 Liter Fleischbrühe giebt man den Saft der Austern, zieht diese mit 6 Eigelb, 6 Decigramm süßer Butter und etwas Cayennepfeffer ab, gießt alles durch ein Sieb in die Suppenterrine und giebt die heißen Austern dazu. Die Austern dürfen nicht kochen, da sie sonst hart und schlecht werden, auch schwer zu verdauen sind. Geröstete Brotcroutons werden auf einem Teller extra dazu serviert.

2. Beef Tea (Rindfleischessenz) für Kranke.

Etwa 500 Gramm mageres, von Haut, Fett und Sehnen befreites Ochsen= oder Rindfleisch wird fein zerhackt und mit etwas kaltem Wasser angerührt, worauf man es eine Zeit lang, etwa ½ Stunde, stehen läßt. Hierauf giebt man das Fleisch mit der Brühe in ein rein gewaschenes, hohes Glas, das man mit einem Korken oder mit einer Blase verschließt, und kocht dasselbe im Wasserbad bei mäßigem Feuer etwa 1—1½ Stunden. Der dadurch gewonnene Saft wird durch ein Tuch geseiht und in einer Tasse dem Kranken gereicht. Das Fleisch ist nicht mehr zu verwerten, da es vollständig kraftlos ist.

3. Krebsbouillon.

Für 1 Person setzt man ein halbes Huhn oder auch ein Stückchen Kalbfleisch mit 1 Liter Wasser und ein wenig Salz zum Feuer; nachdem es abgeschäumt, giebt man eine gelbe Rübe und ein Bündchen Kerbelkraut dazu und läßt sodann das Fleisch weich und die Brühe bis auf ½ Liter einkochen. — 8—10 rein gewaschene Krebse kocht man in dieser Fleischbrühe fertig, zieht den Rücken derselben ab, um die Galle zu entfernen, stößt dann die ganzen Krebse recht fein im Mörser und giebt sie wieder zu der Brühe, mit welcher man sie noch einigemale aufkocht, dann durch ein Sieb passiert, wobei man die gestoßenen Krebse mittelst eines Löffels durch ein Spitzsieb drückt, damit aller Saft derselben sich der Fleischbrühe mitteilt.

Diese Bouillon wird in einer Tasse serviert, sie kann aber auch mit ein paar Schnittchen geröstetem Weißbrot zu Tische gegeben werden.

4. Bratwurstsuppe.

Gebähte Schnitten werden in Fleischbrühe weich gekocht, dann durchgetrieben, mit Pfeffer, Ingwer und Muskatblüte gewürzt, ein Stückchen Butter beigefügt und leicht aufgekocht. Gebratene und enthäutete Bratwürstchen schneidet man in kleine Stücke, legt sie auf gebähte Schnitten in die Schüssel und richtet die Brühe darüber an.

5. (Kalbs)-Brieschensuppe.

Zwei Kalbsbrieschen, von der Gurgel befreit, werden in Salzwasser blanchiert, gehäutet und mit Petersilie fein gewiegt oder gehackt; hierauf werden 60 Gramm Butter heiß gemacht, mit einem kleinen Kochlöffel Mehl lichtgelb geröstet, die gehackten Brieschen dazu gegeben, mit guter Fleischbrühe verdünnt, gut ausgekocht, mit 2 Eigelb legiert und zu Tische gegeben.

6. Andere Brieschensuppe.

4 Kalbsbrieschen läßt man im Wasser, nachdem man vorher die Gurgel und Haut entfernt hat, ausziehen, blanchiert sie leicht und kocht sie sodann in Bouillon mit 1 Zwiebel, ½ Sellerie, 1 gelben Rübe, etwas Petersilie und Gewürz. Wenn sie gar sind und erkaltet, schneidet man sie in kleine Stücke und giebt sie in einer weißen Suppe, zu welcher man die Brühe der Brieschen giebt, mit 5 Eigelb und Rahm legiert zu Tische.

7. Brieschensuppe für Kranke.

Ein Brieschen, entwässert, blanchiert und dann gut enthäutet, wird in Stücke geschnitten, mit Fleischbrühe weich gekocht, dann fein gehackt, durch ein Sieb gestrichen und mit etwas Fleischbrühe zu einer nicht zu dicken Suppe fertiggestellt. Oder man kocht die geschnittenen Brieschenstücke nur in der Fleischbrühe weich, und reicht sie so, ohne dieselben durch ein Sieb zu drücken.

8. Brieschenschnittensuppe.

Ein paar Kalbsbrieschen werden leicht blanchiert und enthäutet, dann fein gewiegt und in Butter mit einem Löffel Panierbrot, Salz und etwas Pfeffer gedämpft. Dazu giebt man ein ganzes und ein Eigelb, sowie etwas kalte Fleischbrühe. Milchbrotscheiben werden, nicht zu dünn, egal geschnitten und mit dieser Farce bestrichen, sodann im Ofen auf einem mit Butter bestrichenen Blech fertig gebacken. Vorher hat man eine weiße Suppe ausgekocht, in welcher man die Abfälle der Brieschen mitgekocht hat. Diese wird mit einigen Eigelb und Butter legiert angerichtet. Die Brieschencroutons giebt man extra auf einer Platte mit Serviette zu Tisch.

9. Suppe von Eiern.

Für ungefähr 6 Personen nimmt man 6 Eier und 1/8 Liter süßen Rahm, verrührt solche mit 2 Eßlöffel gehackter Semmeln, nebst etwas Muskatnuß und klein geschnittener Petersilie, gießt das Ganze in kochende Fleischbrühe, jedoch ohne darin zu rühren, und läßt es ein wenig überkochen. Beim Anrichten hat man darauf zu sehen, daß so viel als möglich große Stückchen bleiben.

10. Suppe von gebackenen Eiern.

1 Ei wird ausgeschlagen, gesalzen, etwas Mehl darauf gestreut und so in Schmalz gebacken, daß der Dotter weich bleibt. Darauf wird es klein gehackt. Unterdeß hat man einen schwachen halben Liter Fleischbrühe oder Fleischextraktlösung siedend gemacht, in welchen man das Ei bringt und aufkochen läßt, dann wird dies durch einen Seiher getrieben, mit etwas Muskatnuß gewürzt, ein Stückchen Butter beigefügt, abermals aufgekocht und über Weckschnittchen angerichtet.

11. Suppe mit hartgesottenen Eiern.

Für 6 Personen nimmt man 2 Sellerie, 6 gelbe Rüben, 4 Stengel Lauch (Porre), 2 große Zwiebeln und eine Hand voll Petersilienwurzeln, putzt und schneidet sie zu Rädchen. Dann bestreicht man eine Kasserole mit 1/4 Pfund Butter, schneidet 1 1/2 Pfund mageres Rind- oder Kalbfleisch zu dünnen Scheiben und läßt diese in der Kasserole dämpfen, wozu man aber immer ein wenig Fleischbrühe gießt, damit das Fleisch nicht anhängt oder zu schnell gelb wird; ist es weich, gießt man die nötige Fleischbrühe daran und läßt es eine Stunde sieden, treibt dann dieselbe durch einen Seiher und läßt sie noch einmal kochen. Dann verrührt man das Gelbe von 6 hartgesottenen Eiern mit 3 Löffel süßem Rahm und zuletzt mit der heißen Fleischbrühe, aber so, daß die Eier nicht gerinnen, und richtet die Suppe über feine Schnitten von Schwarzbrot, auf die man Schnittlauch und Muskatnuß gestreut hat, an.

12. Eiergerste.

Zu weißer Eiergerste läßt man 60 Gramm Butter zergehen, 2 Kochlöffel Mehl oder geriebenes Milchbrot darin anziehen, worauf man 1—1½ Liter Fleischbrühe (in Ermangelung von solcher so viel gesalzenes, siedendes Wasser) daran gießt, aufkochen läßt, etwas geriebene Muskatnuß beifügt und langsam in einen Topf zu 5—6 verrührten Eiern gießt und unter beständigem Umrühren so lange an das Feuer setzt, bis die Eiergerste schön kraus geworden ist.

Zu der braunen Eiergerste wird das Mehl braun geröstet, sonst aber ist die Behandlungsweise ganz so, wie bei der weißen.

13. Suppe von Eierschaum oder verlorene Eiersuppe. (Consommé à la royale.)

Man verrührt 6 ganze Eier mit ¼ Liter Fleischbrühe oder süßen Rahm, schneidet ein wenig Petersilie fein dazu und gießt dieses zusammen in einen Topf, bezeichnet die Höhe der Masse von außen mit einem Ring von Kreide, bindet den Topf mit einem Papier zu und durchsticht dieses mit einer Stecknadel. Hierauf setzt man den Topf bis an den Ring in kochendes Wasser und läßt die Masse eine Stunde kochen, worauf man sie mit einem Löffel aussticht und in siedende Fleischbrühe einlegt; nach dem Anrichten reibt man etwas Muskatnuß daran.

14. Eicrêmesuppe mit Gemüschen.

Zwei größere, gelbe Rüben, 1 weiße Rübe und 1 Selleriewurzel werden mit einem Erbsenbohrer ausgestochen und in Salzwasser blanchiert, abgegossen und mit ¼ Liter guter Bouillon gargekocht; eine Hand voll ausgebrockte, dünne Erbsen und 12 viereckig geschnittene Bohnen werden gleichfalls blanchiert und dazu gethan. Mittlerweile werden 2 ganze Eier und 2 Eigelb mit 12 Eßlöffel kalter Bouillon, etwas Muskatnuß und Salz zusammen gequirlt (abgesprudelt) in eine mit Butter bestrichene, einfache Form durch ein Sieb passiert und im Wasserbad langsam gekocht, bis die Masse stockt. Ist die Masse erkaltet, stürzt man sie auf einen flachen Deckel und schneidet gleiche, viereckige Stücke daraus, welche mit den Gemüsen in eine Suppenschüssel gegeben und mit 1 Liter guter Bouillon oder Consommé serviert werden.

15. Klare Suppe mit pochierten Eiern.

In einem Pfännchen oder einer Kasserole wird mit drei Eßlöffel gutem Essig und 1 Eßlöffel Salz ziemlich viel Wasser siedend gemacht und darein nacheinander 3—4 Eier, welche sehr frisch sein müssen, geschlagen. Nach etwa 5—6 Minuten haben die Eier angezogen, das Eiweiß ist geronnen, während das gelbe noch weich sein muß; man nimmt sie vorsichtig mit einem Schaumlöffel heraus und legt sie in laues Wasser. Alsdann legt man sie auf ein reines Tuch zum Ablaufen, schneidet das überflüssige Eiweiß ab und legt sie auf einen tiefen Teller oder in eine Gemüseschüssel und übergießt sie mit etwas Bratenjus oder Consommé. Hiezu wird eine sehr gute Consommé oder Bouillon, auf welche man ganz kleine Kerbelkrautblättchen giebt, serviert.

16. Entensuppe nach polnischer Art.

Zwei sauber geputzte, junge Enten werden etwa 10 Minuten in siedendem Wasser blanchiert und nach diesem in kaltes Wasser gelegt, dann tranchiert wie gewöhnlich und die Stücke mit 1 gelben Rübe, 1 kleinen Zwiebel, etwas Petersilie, Sellerie, 1 Nelke und ein wenig Lorbeerblatt, guter Bouillon und einer Hand voll feine Gerste ans Feuer gesetzt. Sind Gerste und Ente weich, werden obige Gemüse und Gewürze herausgethan, die Entenstücke herausgelegt, die Brühe mit der Gerste durch ein feines Sieb passiert. Die Entenstücke werden entbeint, enthäutet und in feine, längliche oder viereckige Stückchen geschnitten. Klein würflig geschnittene, gelbe Rüben, weiße Rüben und Sellerie, welche in guter Bouillon weich gekocht wurden, etwas gekochte Erbsen und würflig geschnittene Bohnenstückchen werden den Enten beigegeben. Dies alles wird in die mit guter Fleischbrühe oder Consommé verdünnte Suppe gegeben und serviert.

17. Suppe von Froschschenkel.

Man wäscht ungefähr 20 Stück schöne Froschschenkel recht sauber und trocknet sie mit einem reinen Tuche ab, dann nimmt man das Weiche aus zwei Wecken heraus, stößt dies mit den Froschschenkeln in einem Mörser zu einem Teige und dämpft diese in einer Kasserole mit Butter, schüttet einen Schöpflöffel Wasser daran, als Fastensuppe, Fastenbrühe, und kocht es etwa ½ Stunde, worauf man es durch ein Sieb giebt, nochmals heiß macht und über gebähten Weckschnitten anrichtet. Man kann auch etwas Erbsen oder Fleischbrühe dazu gießen.

18. Geflügelpuréesuppe à la reine.

Zwei mittelgroße Hühner werden in einer guten Bouillon weich gekocht und von einem derselben die 2 Brüste auf die

Fig. 277.

Seite gelegt und länglich geschnitten. Das Fleisch der Schlegel und der anderen Brüste wird nun fein gewiegt und im Reibsteine mit $1/4$ Pfund gut weich in Bouillon gekochtem Reis, $1/8$ Pfund süßer Butter und etwas süßem Rahm gut zerstoßen, dann durch ein feines Haarsieb gestrichen. Unterdessen hat man eine gute, weiße Suppe bereitet, in welcher man die Knochenabfälle der Hühner noch mitkocht, damit die Suppe einen feinen Hühnergeschmack bekommt. Ist dieselbe rein entfettet, wird sie mit dem Purée angerührt, mit 4 Eigelb und etwas Butter legiert und im Wasserbad warm gestellt. Die Suppe darf, wie alle Fleischpuréesuppen, nicht kochen, da sie sonst gerinnen. In die Suppe werden die geschnittenen Hühnerbrüste sowie Geflügelklößchen gegeben (siehe Geflügelfarce).

19. Geflügelklößsuppe (s. Geflügelfarce).

Eine sehr kräftige Consommé wird mit fertigen Geflügelklößchen serviert. Die Geflügelfarce (s. Abschnitt 2) wird mittelst 2 Kaffeelöffelchen in eine mit Butter bestrichene, flache Kasserole eines neben das andere gesetzt, langsam mit heißer Bouillon übergossen, ohne zu kochen, fertig gemacht und in die Consommé gegeben.

20. Geflügelpuréesuppe für Kranke.

Ein junges, zartes Huhn wird, wenn zugerichtet, mit Fleischbrühe ohne jedes Gewürz und Gemüse weich gekocht, sodann tranchiert, enthäutet, die Knochen ausgebeint, das Fleisch fein zerhackt, mit der Brühe angerührt, durch ein Sieb gestrichen; sodann heiß gemacht und entweder mit 2 Eigelb abgezogen oder so zu Tische gegeben.

Sehr gut ist die Suppe auch, nur das gehackte Geflügelfleisch mit der Brühe anzurühren und diese äußerst kräftige und wohlschmeckende Suppe dem Kranken vorzusetzen.

21. Hammelsuppe.

5—6 Pfund Hammelfleisch (vom Carré) wird in Bouillon mit Gemüse, Salz und Gewürz gekocht. Ist das Fleisch weich, läßt man es erkalten und schneidet es in kleine Stücke. Zur

Hammelbrühe giebt man noch etwas Consommé und klärt es zusammen. Beim Servieren giebt man das Fleisch in die Terrine und dazu noch einige Löffel gekochte Perlgerste, sowie Gemüschen, wie bei der Brunoisesuppe (Seite 157) beschrieben.

22. Hasensuppe mit Zwiebel.

3—4 große Zwiebeln werden in 4 Teile zerschnitten und in Salzwasser ziemlich weich gekocht, auf ein Sieb gelegt, daß sie gut ablaufen. Dann wird ¼ Pfund magerer, roher Schinken, etwas ganzer Pfeffer, 2 Nelken, 1 Stückchen Lorbeer mit ¼ Pfund frischer Butter gedämpft, die Zwiebeln dazu gegeben und mit ¼ Liter Bouillon 1 Stunde langsam weich gekocht, durch ein feines Sieb gestrichen und auf die Seite gestellt.

Ein kleiner Hase wird nun abgezogen, ausgenommen und sauber gewaschen, Schlegel, Schulterblätter, Hals und Brust außer dem Rücken wird mit 1 gelben Rübe, Zwiebel, Sellerie, 1 Nelke, ganzem Pfeffer, Lorbeer, ¼ Pfund rohem Schinken in ¼ Pfund Butter angebraten und von Zeit zu Zeit umgerührt, bis das Hasenfleisch schöne Farbe hat, 6 Decigramm Weißmehl wird darauf aufgestaubt und mitgedämpft, 1 großes Glas Weißwein und 2 Liter gute Bouillon oder große Jus zugegossen und unter Umrühren aufs Feuer gesetzt, bis dies kocht. Wenn das Hasenfleisch weich ist, wird es von den Knochen abgemacht, gewiegt, mit etwas Süßbutter und Fleischbrühe oder guter Jus gestoßen und durchs Sieb getrieben, mit dem Purée vermischt und mit guter Jus und Consommé zu Suppendicke angerührt. Vom Rücken, welcher extra gebraten oder mit den anderen Stücken gedämpft worden ist, werden aus den beiden Filets lange, kleine Stückchen geschnitten, in die Suppenterrine gegeben und die Puréesuppe darauf angerichtet und serviert.

23. Hirnsuppe.

Man dämpft das enthäutete, gehackte Hirn mit gehackten Zwiebeln, Petersilie oder etwas Kerbel in Butter, giebt Mehl daran und schwitzt dasselbe hell gelb. Hierauf löscht man es mit heißer Fleischbrühe ab, kocht die Suppe auf und läßt sie etwa noch ½ Stunde von der Seite kochen, worauf man sie mit 2 Eigelb und süßem Rahm legiert und über gerösteten Weckschnitten anrichtet. Oder 2 enthäutete Kalbshirn werden in einer Kasserole mit etwas Butter, gehackten Zwiebeln, Petersilie und 2 eingeweichten und ausgedrückten Wecken gedämpft, mit 4—6 Eiern, Salz und Muskatnuß vermischt und diese Masse auf Weckschnitten gestrichen und in Schmalz gebacken. Heiße

Fleischbrühe wird mit Eigelb und saurem Rahm legiert, über die Hirnschnitten in die Suppenterrine gegossen und serviert.

24. Hirnschnittensuppe.

2 Hirn werden, nachdem sie enthäutet, durch ein feines Sieb gestrichen und mit ¼ Pfund Butter leicht gerührt. Mittlerweile werden ½ Zwiebel, etwas Petersilie feingewiegt und in Butter gedämpft und zu dem gerührten Hirn gegeben, ebenso nach und nach 4 ganze Eier und zu jedem Ei ein Eßlöffel voll Panierbrot, sodann etwas Salz und geriebene Muskatnuß. Diese Masse wird nun ziemlich erhöht auf runde, große, nicht zu dicke Weckschnitten gestrichen und auf ein mit Butter bestrichenes Blech gelegt, in einem nicht zu heißen Ofen langsam gebacken, mit guter Consommé in die Suppenterrine gelegt und serviert.

25. Hühnersuppe.

Ein Huhn wird mit Gemüse, kaltem Wasser oder Fleischbrühe sowie Salz weich gekocht, das Fleisch von den Knochen abgelöst und fein gewiegt. Von der Brühe macht man, mit etwas Butter und Mehl angerührt, eine dünne, weiße Suppe, welche man gut auskocht, passiert, mit einigen Eigelb abzieht, das gewiegte Fleisch dazu giebt und über geschnittenen und gebähten Weckschnitten anrichtet. Ein Huhn giebt 2 Liter Suppe.

26. Hühnersuppe für Kranke.

Ein rohes Huhn, zugerichtet und geputzt, wird in 6—8 Stücke zerteilt und mit Fleischbrühe zum kochen gebracht, leicht gesalzen und weich gekocht. Diese Brühe rührt man mit einer hellen Mehlschwitze an, läßt sie mit den Knochen noch ½ Stunde von der Seite kochen, um alles Fette gut abzuschöpfen. Die Fleischstücke werden ohne Haut fein gehackt und in die vorher durch ein Sieb passierte und mit 2 Eigelb legierte Suppe gegeben. Magen, Hals und die abgeschlagenen Füße, gut gereinigt, kocht man in der Brühe mit.

27. Hühnersuppe au cary.

Zwei junge Hühner werden mit Bouillon und Gemüse, 1 Nelke, 1 Stückchen Lorbeerblatt, ein Ei groß Butter gedämpft, das Fleisch abgelöst und in feine, nudelartige, kurze Stückchen geschnitten, in einer kleinen Kasserole mit etwas Bouillon auf die Seite gestellt. Die Abfälle und Knochen werden mit 3 Pfund Storzen (Knochen), 3 Liter Wasser, etwas Lauch, Zwiebel, gelbe und weiße Rüben an's Feuer gesetzt und zu einer kräftigen Bouillon gekocht. Mittlerweile wird 1 Zwiebel fein geschnitten, mit ¼ Pfund guter Butter gedämpft und mit 1 Kaffeelöffel voll Karypfeffer (indischer Pfeffer), 2 Eßlöffel Weißmehl 10 Minuten langsam auf dem Feuer gerührt, mit obiger durchgeseihter Bouillon angerührt, wieder auf das Feuer gesetzt und eine Stunde von der Seite gekocht; sodann mit 5 Eigelb, etwas süßem Rahm abgezogen, durch ein feines Haarsieb oder Tuch in die Suppenterrine geseiht, worin vorher das geschnittene Hühnerfleisch gelegt worden ist, und serviert.

28. Hühnerbeinersuppe.

Von einem gesottenen Huhn werden die Abfälle (Kopf, Hals, Beine 2c.) nebst 4 hartgesottenen Eigelb zerstoßen, ein Stückchen Butter mit feingeschnittenen Zwiebeln gedämpft und das Zerstoßene nebst einem Stückchen Weißbrot dazu gegeben, so viel Fleischbrühe nachgegossen, als man Flüssigkeit haben will und das Ganze nur so lange gekocht, bis das Brot weich ist, sodann durch ein Haarsieb getrieben, mit einigen Eigelb legiert und serviert.

29. Hummersuppe.

3 kleine Hummer kocht man in Bouillon mit etwas Weißwein und läßt sie darin erkalten. Die Schwänze bricht man aus und schneidet das Fleisch von 2 derselben in Stückchen. Das übrige Fleisch und das der Scheeren wird fein gewiegt, mit einem Stück Butter und süßem Rahm gestoßen und durchs Sieb passiert, in eine fertige, weiße Suppe gegeben. Aus den Schalen macht man eine rote Butter, welche man kurz vor dem Anrichten in die Suppe giebt. Etwas Cayennepfeffer zum Abschmecken und das geschnittene Fleisch giebt man dazu.

30. Helle Jägersuppe à la chasseur.

Ein altes Feldhuhn wird in guter Jus mit einigen Stückchen rohem Schinken, 1 kleinen Zwiebel, in welche 1 kleines Lorbeerblatt und 2 Nelken gesteckt, 1 Peterlingbouquetchen, 1 gelben Rübe, 1 Stückchen Sellerie, ein Ei großen Butter recht weich gedämpft, läßt es sodann erkalten und beint es dann aus; die Knochen und Abfälle werden wieder in die Jus zurückgegeben, etwas Fleischbrühe dazu gegeben und gut ausgekocht. Das Fleisch wird fein gewiegt, im Reibstein gestoßen und mit ca. 8 Eigelb gut gemischt, durch ein feines Haarsieb gestrichen und mit ½ Liter obiger Brühe, welche

Fig. 278.

man vorher kalt stellte, angerührt. Dann werden kleine Crêmebecher, wie nebenbezeichnete, mit Butter ausgestrichen, die Masse hineingefüllt und im Wasserbad (bain marie) langsam gekocht, bis sie fest sind. Sind sie erkaltet, stürzt man sie und schneidet sie in 3 Teile, welche man in die Suppenterrine giebt und serviert ein siedendes, ausgezeichnetes, möglichst von Wildfleisch hergestelltes Consommé dazu.

31. Jacobinercrêmesuppe.

½ Pfund magerer, gekochter Schinken wird fein gewiegt und mit 2 Eßlöffel voll weißer, kalter Buttersauce oder Allemande im Reibstein fein gestoßen; hiezu giebt man 4 Kochlöffel Tomatenpurée und 1 Prise Cayennepfeffer; die Masse wird sodann durch ein feines Sieb getrieben und in einer Schüssel mit 6 gelben und 2 ganzen Eiern, 2 Eßlöffel gutem Madeira und 6 größeren Löffeln Consommé vermischt. Nun werden kleine Förmchen gut mit Butter ausgestrichen, die Masse hineingefüllt und im Wasserbad in einem nicht zu heißen Ofen gut zugedeckt fertig gemacht. Wenn sie erkaltet sind, werden sie in 2—3 Teile geschnitten, in die Suppenterrine gelegt und mit einem kräftigen Consommé serviert.

32. Kaisersuppe.

Das gekochte Fleisch einer Hühnerbrust wird fein gewiegt, im Reibsteine mit 8 Eigelb gut zerrieben, durch ein Haarsieb getrieben und mit ½ Liter kalter Bouillon abgesprudelt, Salz und Muskatnuß zugethan und in einem kleinen, mit Butter ausgestrichenen Auflaufförmchen im Wasserbad zugedeckt und in einem nicht zu heißen Ofen fertig gekocht. Nach etwa ¾ Stunden wird die Crême herausgestellt und, wenn sie erkaltet ist, entweder rund ausgestochen oder in egale Stückchen geschnitten. Diese Stückchen werden mit 2 Händen blanchierter Spargelköpfe in die Suppenschüssel gegeben und mit gutem Consommé serviert.

33. Weiße Kalbfleischsuppe.

Man zerhackt 1 Pfund Kalbfleisch, dämpft dies ein wenig mit einem Stückchen Butter, ½ Kaffeelöffel voll Mehl, ½ Sellerie, Petersilie und 1 gelben Rübe weiß, gießt Fleischbrühe daran und giebt eine ganze Zwiebel dazu. Nun weicht man ein Milchbrot ohne Rinde in Milch ein und giebt dies in die Suppe, ohne es auszudrücken. Ist alles gehörig weich, so wird die Suppe durch einen Seiher getrieben und mit 3 Eigelb legiert. Man richtet die Suppe über gerösteten Schnitten an.

34. Kalbfleischpuréesuppe.

3—4 Pfund weißes Kalbfleisch wird in Bouillon mit Wurzelwerk und einer Handvoll Reis weich gekocht. Sodann ein Purée fertig gestellt wie in Nr. 18 beschrieben und sonst genau so verfahren, wie bei der Geflügelpuréesuppe (S. 139).

35. Kalbsschweifsuppe.

4—5 Kalbsschwänze schneidet man in Glieder, blanchiert und kocht diese in guter, fetter Bouillon mit Wurzelwerk und Gewürz. Sind sie weich, schneidet man sie egal und giebt sie in die Suppenterrine. Zu einer fertigen, weißen Suppe passiert man den Fond der Kalbsschwänze und legiert sie mit 6 Eigelb, etwas Rahm und Butter und gießt sie über die Schwänze; etwas Reis in Bouillon körnig gekocht wird dazu gegeben.

36. Kaninchensuppe.

Nachdem das Kaninchen durch einen kräftigen Schlag mit dem Rückteile eines hiezu gearbeiteten Holzes (Fig. 279 u. 280), dessen scharfe Kanten abgerundet sind, oder mit der Hand hinter die Ohren getötet ist, wird es abgezogen und zerlegt. Die Stücke werden alsdann wie Ochsen= oder Rindfleisch zugesetzt, mit Salz, Pfeffer, Kräutern und Wurzeln gewürzt und langsam gekocht. Zu Kaninchensuppen eignen sich besonders geschnittene Nudeln, Reis, Sago oder Gerste.

Fig. 279—280.

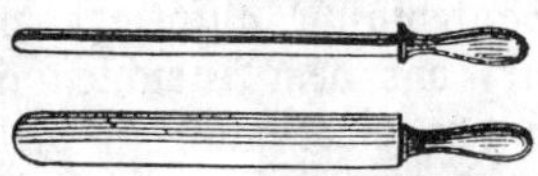

37. Kaninchensuppe mit Klöße.

Das abgekochte Fleisch eines Kaninchens wird fein gehackt, mit etwas gestoßenen Lorbeerblättern, verwiegten Zwiebeln, gestoßenen Nelken, Pfeffer und Salz gewürzt, mit eingeweichten Semmeln, die zuvor gut ausgedrückt, abgerieben und 3 Eier dazugeschlagen. Daraus werden Klößchen bereitet, in Salzwasser gesotten, abgeseiht und die Kaninchenfleischbrühe daran gegossen. Vor dem Auftragen wird die Suppe mit Muskatnuß gewürzt. Uebrig gebliebene Klöße können geröstet werden und schmecken auch so sehr gut.

38. Kaninchensuppe mit Kräutern.

Spinat oder Sauerampfer werden gut gedämpft und fein verwiegt, dann in einer Pfanne mit heißer Butter und einigen Stäubchen Mehl eingebrannt und mit Kaninchenfleischbrühe abgelöscht. Nach wiederholtem Aufkochen wird die Suppe angerichtet und kleine, geröstete Brotwürfel dazu gegeben.

39. Kaninchen-Erbsen- und Linsensuppe.

Die Erbsen oder die Linsen werden wie gewöhnlich enthülst oder durchgetrieben, dann werden Brotwürfel in heißer Butter scharf geröstet, die Kaninchenfleischbrühe daran gegossen und die Erbsen oder Linsen eingerührt. Nach einmaligem Aufwallen wird angerichtet.

40. Klare Suppe mit farbigen Klößchen.

In ein klares Consommé giebt man weiße, rote, grüne und schwarze Geflügelklößchen, wie sie in Abschnitt 2 beschrieben werden.

41. Weiße Klößchensuppe (à la princesse).

Bereite nach Vorschrift eine weiße Suppe und ziehe dieselbe mit 6 Eigelb, etwas Butter und süßem Rahm vor dem Anrichten ab. Von Hühnerfleisch hat man vorher eine leichte, zarte Farce bereitet, von welcher man mittelst 2 Kaffeelöffeln kleine, lange Klöße formt, welche in einer mit Butter bestrichenen Sautepfanne aufgesetzt, mit warmem Wasser und etwas Salz kurz vor dem Anrichten gar gekocht werden. Die fertig legierte Suppe giebt man in die Terrine und die Klößchen dazu.

42. Krebssuppe, gewöhnliche.

Für 8 Personen werden 25 Edelkrebse genommen — von Steinkrebsen müssen es noch einmal so viel sein —, diese werden in kochendem Salzwasser gekocht. Hierauf bricht man die Schwänze der Krebse aus, schält diese und stellt sie zum Gebrauch zurück, ebenso auch die größeren Scheeren. Vom Körper bricht man die obere Schale ab, entfernt aus dem Inneren die bittere Galle und stößt nun sowohl die Schalen als auch das an dem unteren Teile des Körpers sich befindliche Fleisch mit etwa $^1/_2$ Pfund Butter sehr klein; diese Butter giebt man in eine Kasserole, dazu 2 Milchbrote und eine Hand voll weißes Semmelmehl, gießt Fleischbrühe darauf und läßt das Ganze etwa $^3/_4$ Stunden kochen, worauf man es durch ein Haarsieb giebt, die Brühe erkalten läßt und die Krebsbutter davon abnimmt. Die Brühe stellt man nun auf's Feuer, kocht sie noch einmal auf, rührt an die Krebsbutter 6 Eigelb, legiert die Suppe damit und richtet die Suppe über geschnittenen und gebähten Brotschnitten, sowie den halbiert geschnittenen Krebsschwänzen an.

43. Krebssuppe, feinere Art.

Für 12 Personen werden etwa 60 Suppenkrebse mit wenig Bouillon, Eigroß Butter, 1 Zwiebel, 1 gelben Rübe, 1 Stückchen Sellerie, 1 kleinen Peterlingbouquetchen, 2 Gewürznelken, 1 Kaffelöffel voll ganzen Pfeffer, ½ kleinen Lorbeerblatt, Muskatblüte und etwas Salz 10 Minuten lange gekocht und die Schwänze ausgebrochen. Die Schalen der Krebse sowie der Körper werden, nachdem man denselben gereinigt hat, wie in voriger Nr. gesagt worden ist, mit ½ Pfund Butter im Reibstein so fein als möglich gestoßen und die Hälfte des Gestoßenen mit der Brühe, in welcher die Krebse gekocht waren, so lange auf's Feuer gesetzt, bis sich die Butter auf der Oberfläche hell zeigt, dann mittelst eines sehr starken Tuches auf ein flaches Teller oder Geschirr passiert und kalt gestellt, und die Essenz, die sich unter der Butter befindet, dazu verwendet. Indessen wird eine gute, dünne, weiße Sauce (Veloutee) angerührt und ausgekocht. Die andere Hälfte des Gestoßenen wird nun in der weißen Suppe etwa ½ Stunde ausgekocht, sodann durch ein Sieb passiert. Im Augenblick des Anrichtens wird die Krebsbutter in die Suppe gerührt. Die in 3 Teile geschnittenen Krebsschwänze, sowie Geflügelklößchen oder die mit Geflügelfarce gefüllten Krebskörper, sog. Krebsnasen, oder viereckige, geröstete Brotcroutons werden als Einlage gegeben.

44. Krebssuppe mit in Kapseln Gebackenem.

Die Bruhe und Suppe wird, wie in Nr. 42 u. 43 besprochen, zubereitet. Von 2 Milchbroten wird die Rinde abgeschnitten, in Milch eingeweicht und wieder ausgedrückt. Dann wird ¼ Pfund Butter leicht gerührt und 6 Eigelb darein geschlagen nebst einer Handvoll zart gestoßener Mandeln und dem eingeweichten Weck, Salz und Muskatnuß. Das Weiße von den Eiern schlägt man zu Schnee, zieht ihn leicht unter die Masse, giebt die Hälfte der geschnittenen Krebsschwänze ebenfalls dazu, bestreicht eine blecherne oder papierne Kapsel mit Butter, füllt die Masse ein und läßt sie im Backofen backen. — Nach dem Erkalten schneidet man das Gebackene in Schnitten und giebt es mit den Krebsschwänzen zu der heiß angerichteten Krebssuppe.

45. Krebssuppe mit Reis.

Man nimmt wie in Nr. 43 etwa 60 Krebse, welche man kocht und die Schwänze ausbricht. Eine weiße Suppe mit ½ Pfund Reis wird gut gekocht. Von den Schalen der Krebse macht man Krebsbutter, während man das Krebsfleisch zu einem Purée stößt und mit der Reissuppe vermischt, einmal aufkochen läßt und das Ganze durch ein Sieb und sodann durch ein Haartuch passiert. Wird die Suppe zu dick, verdünnt man sie durch Bouillon. Zum Anrichten giebt man die Krebsbutter zu mit den Schwänzen.

46. Lebersuppe.

Für 6—8 Personen nimmt man eine halbe Kalbsleber, hackt solche mit 60 Gramm frischem Speck recht fein, läßt in einer Kasserole 60 Gramm Butter zergehen und dämpft das Gehackte nebst fein gewiegten Zwiebeln etwa 5 Minuten darin, gießt helle Fleischbrühe daran, giebt Sellerie und Petersilienwurzel dazu und kocht dies noch eine halbe Stunde. Die Suppe läßt man sodann durch ein Haarsieb laufen und noch einige Zeit nebst Salz und Muskatnuß kochen. Von 3 Weck werden feine Schnitten im Schmalz gebacken, die Brühe darüber gegossen und mit Petersilie und Schnittlauch überstreut zu Tisch gegeben. Fügt man dieser Suppe noch einige zerquetschte Wachholderbeeren bei, so schmeckt sie wie Krametsvögelsuppe.

47. Leberreissuppe.

Zu 1 Pfund fein gehackter Kalbsleber werden 6 Eßlöffel Mehl und 8 ganze Eier geschlagen, einige Löffel süßen Rahm, sowie Salz und Muskatnuß dazugegeben. Das Ganze behandelt man wie in Nr. 83.

48. Nierensuppe.

Gesottene oder gebratene Nieren werden mit etwas gewaschener Petersilie fein gehackt, ein Kochlöffel voll Mehl in 45 Gramm Butter hellgelb geröstet, das Gehackte etwas darin gedämpft, Fleischbrühe daran gegossen und aufgekocht. Die Suppe wird mit 3 Eigelb, 2 Löffel süßem Rahm legiert und über geröstete Weckschnitten und etwas geriebener Muskatnuß angerichtet.

49. Ochsenpuréesuppe.

Von fertig gebratenem Schlachtbraten oder gedämpftem Rindfleisch wird ein Purée mit etwas dick eingekochter, brauner Sauce angefertigt. Eine braune Suppe wird mit dem Purée angerührt, passiert, mit etwas Madeira abgeschmeckt und mit kleinen Brotcroutons zu Tische gegeben.

50. Ochsenpuréesuppe, russische.

2—3 Pfund Spickschoos wird ausgebeint und in guter Jus und 1 Glas Madeira 1/4 Pfund rohen Schinken, 1 Messerspitze voll Cayennepfeffer, 2 Nelken, 1 Lorbeerblatt, weich gedämpft, kalt gelegt, das Fett rein abgeschnitten, das Fleisch fein gewiegt, im Reibstein gestoßen und 1/4 Pfund Butter darunter gerieben. Von der Braise, in welcher das Fleisch gekocht war, wird eine dünne, braune Suppe gemacht, die, wenn sie kalt ist, unter das Fleisch gerieben wird. Die Masse, durchs feine Haarsieb gestrichen, wird dann mit gutem Consommé zu einer nicht zu dicken Suppe verdünnt und mit gerösteten Brotwürfeln serviert.

51. Ochsenschweifsuppe.

Ein nicht abgezogener Ochsenschweif wird in Stücke geschnitten, blanchiert und in einer guten Bouillon oder Jus, Rotwein, rohem Schinken, Wurzelwerk und Gewürz weich gekocht, die Knochen herausgenommen, auseinandergeschnitten und gepreßt. Ist er erkaltet, wird er in schöne Stücke geschnitten, ebenso 1/2 Büchse Champignons und 3 Trüffeln; dann gießt man etwas Madeira darüber und stellt es im Wasserbad warm. In eine gute, kräftige, braune Suppe gießt man die Brühe des Ochsenschweifes, schmeckt sie mit Cayennepfeffer und Madeira ab und giebt die oben beschriebene Einlage dazu.

52. Suppe à la Pojarsky.

Von 2 alten Hühnern wird Brust und Schlegelfleisch gut entnervt, gehackt und im Reibstein mit 1/2 Pfund süßer Butter, etwas Salz, Pfeffer und Muskatnuß fein gestoßen. Auf dem Backtische werden nun von dieser Masse kleine (in Form von Koteletten) Klöße gemacht und in zerschlagenen Eiern mit Reibbrot oder Mutschelmehl (Semmelbrößeln) paniert. Nach diesem werden in gleicher Form Croutons von Weißbrot geschnitten, welche in gutes Bouillonfett getaucht, eines neben dem andern in eine flache Kasserole gelegt werden. Obige Farcekoteletten werden nun jedes auf eines dieser Croutons gelegt und mittelst eines Pinsels mit zerlassener Butter beträufelt, vorsichtig etwas Bouillon darangeschüttet und so lange in den heißen Ofen gestellt, bis die Oberfläche eine hübsche, gelbe Farbe bekommt, schließlich in einer Silber- oder Porzellan-Kasserole zu einem kräftigen Consommé serviert.

53. Suppe à la Sevigné.

Von einem jungen, gekochten Huhn bereitet man mit süßem Rahm ein Purée und streicht die Masse durch ein Haarsieb, schlägt dazu 4 ganze Eier und 6 Eigelb und ungefähr ½ Liter Consomme, Salz und Muskatnuß, giebt diese Masse in eine mit Butter ausgestrichene, glatte Form und läßt sie in heißem Wasser stocken. Ist sie fertig und erkaltet, stürzt man die Form auf einen flachen Deckel und schneidet die Masse in längliche Stücke. Dazu giebt man eine gute, kräftige, mit Eigelb legierte, weiße Suppe (S. 133).

54. Suppe à la reine.

(Einfache Art.) In einem eigroßen Stück Butter wird 1 Pfund gehacktes, gekochtes oder gebratenes Kalbfleisch oder Geflügel, nebst einer großen Zwiebel, Sellerièwurzel, gelben und weißen Rüben und einigen Stückchen rohem Schinken gelb gedämpft; dann giebt man einen geschnittenen Wecken dazu, gießt 2 bis 3 Liter gute Fleischbrühe daran und läßt es 1 Stunde kochen, worauf über gebähten Weckschnitten oder passenden Klößchen ohne die Gemüse angerichtet wird.

55. Schildkrötensuppe.

Durch die raschen Verkehrswege sind auch bei uns die delikaten Schildkrötensuppen nichts seltenes mehr; man verwende aber nur frische (nicht zu große) Tiere, weil sie sonst einen Geruch nach verdorbenen Fischen haben. Die Schildkröte wird getötet, indem man ihr den Hals durchschneidet, wie auf Fig. 281 zu sehen, und sie alsdann verkehrt gelegt 6 bis 8 Stunden bluten läßt; dasselbe erreicht man durch aufhängen. Dann löst man die Schalen vom Fleische ab, ohne die Floßen und Füße zu durchschneiden, nimmt das Fett und die Gedärme, Galle ꝛc. heraus, brüht sie in kochendem Wasser ab, wornach man die Haut schuppenweise ab=

Fig. 281.

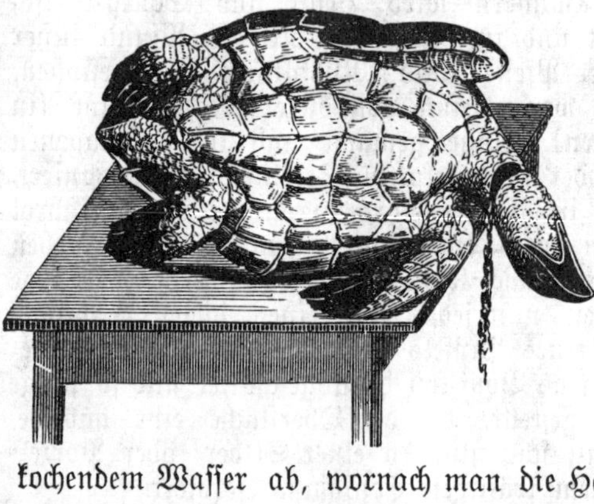

nehmen kann. Nun wird alles recht gut abgewaschen, das Fleisch in viereckige, große Stücke geteilt, die man in Wasser oder Fleischbrühe mit den Floßen, die nun auch abgeschnitten werden, langsam aufkochen läßt, das übrige Fett abgeschöpft und weißer Wein, Gewürz und Grünes, Dragon, Thymian, Zwiebeln, Ingwer, etwas Cayenne und ein Glas Madeira beigemischt. Eine Schildkröte bedarf immerhin 2 Stunden zum kochen. Nimmt man ein altes Huhn dazu, so wird diese Suppe ganz vorzüglich. Vor dem Anrichten wird das Fleisch in kleine, feine Stückchen geschnitten und häufig auch Klößchen in die Suppe gegeben. Zu diesen Klößchen wird rohes Schildkrötenfleisch mit Ochsen-, Schwein- und Hammelfett fein gehackt, im Mörser fein zerrieben, Weißbrot, Eier, Salz, Muskatblüte, Zitronenschale, weißer Pfeffer beigemengt und etwas Madeira daran gegossen.

Schildkrötenfleisch in Büchsen ist auch sehr gut zu verwenden; man giebt die geöffnete Büchse in heißes Wasser zum schmelzen, giebt das Fleisch auf ein Sieb, verwendet die Brühe zur Suppe, während man das Fleisch in kleine Stücke schneidet und in Madeira oder Consommé bis zum Gebrauch aufbewahrt. Man serviert die Einlage entweder in einer Consommé (S. 132) oder braunen Suppe (S. 133).

56. Schildkrötensuppe, falsche, helle.

Von 1 Kalbskopf wird die äußere, gebrühte Haut abgelöst und steif blanchiert ins kalte Wasser gethan, halbiert, mit Zitronensaft bestrichen, in Bouillon weich gekocht, dann flach auseinander gelegt und zwischen 2 Brettchen gepreßt; wenn er erkaltet, wird er mittelst eines Zehnpfennigstück großen, runden Ausstechers ausgestochen und mit guter Jus und einem Glas ächten Madeira mit rund ausgestochenen Trüffeln und Champignons noch einige Minuten gedämpft. Hierauf werden von Geflügelfarce (siehe Abschnitt 2) kleine Klößchen mittelst 2 Kaffelöffelchen in eine mit Butter bestrichene, flache Kasserole eingelegt, in heißer Bouillon oder Salzwasser gekocht, und diese mit dem Kalbskopf, Trüffeln und Champignons in die Suppenschüssel gegeben, ½ Flasche alten Sherry oder Madeira darauf geschüttet und mit siedendem, ausgezeichnetem Consommé begossen, eine Messerspitze voll spanischer Pfeffer wird noch beigefügt und dann serviert.

57. Schildkrötensuppe, falsche.

Eine kräftige, braune Suppe, wie auf Seite 133 beschrieben, wird mit ½ Flasche Sherry oder Madeira, sowie mit etwas

Cayennepfeffer fertiggestellt und kommt beim Anrichten dieselbe Einlage von ausgestochenem Kalbskopf, Trüffeln, Champignons, sowie Klößchen in die Suppe, wie in Nr. 56.

58. Schneckensuppe.*)

Man läßt die Schnecken samt den Gehäusen 10 Minuten im Wasser sieden, nimmt sie dann heraus, zieht die schwarze Haut ab, schneidet Kopf und Hinterteil weg und wäscht sie einigemal aus warmem Salzwasser. Hierauf läßt man die gereinigten Schnecken in Fleischbrühe weich sieden, hernach wiegt oder hackt man sie recht klein zusammen bis auf einige, die man ganz zurück läßt. In einer Kasserole wird nun ein wenig Mehl in einem Stückchen Butter geröstet, mit siedender Fleischbrühe abgelöscht und über die gewiegten Schnecken gegossen, wobei noch ein wenig Pfeffer und Muskat hinzugefügt wird. Nun läßt man alles noch 1 Viertelstunde kochen und richtet die Suppe über gebähte Brotschnitten, zu welchen man die noch ganzen Schnecken gelegt hat, an.

59. Taubensuppe mit Fadennudeln.

Die Tauben werden, wenn sie gerupft, ausgenommen und zugerichtet sind, mit kochendem Wasser zugesetzt; wenn sie abgeschäumt sind, legt man ein Stückchen frische Butter, etwas Zwiebel, Petersilie und Salz dazu und läßt die Tauben damit vollends weich kochen. Alsdann schneidet man eine abgekochte Selleriewurzel in dünne Scheiben, dämpft sie in zerlassener Butter und gießt die Taubenbrühe dazu; wenn sie kocht, legt man nach Gutdünken Fadennudeln hinein, läßt sie damit noch einmal aufkochen und richtet die Suppe über die in kleine Stücke geschnittenen Tauben an.

60. Taubensuppe auf englische Art.

3 junge Tauben werden ausgenommen, flambiert, dressiert und mit folgenden Zuthaten gelb gebraten: ¼ Pfund roher Schinken, 1 Zwiebel, 1 gelbe Rübe, ¼ Sellerie, 12—15 Pfefferkörner, 2 Nelken, 1 kleines Lorbeerblatt. Sind die Tauben weich, werden sie kalt gelegt. Das in der Kasserole Zurückgebliebene wird mit 2 Kochlöffel weißem Mehl aufge-

---

*) Anmerkung. Werden die Schnecken nach dem Waschen aus warmem Wasser mit Salz abgerieben, was oft gethan wird, so verlieren sie an Kraft.

Für eine Person rechnet man in der Regel 8 bis 10 Schnecken und 1 Liter Brühe.

staubt und geröstet. Die Brüste der Tauben werden in längliche, kleine Stückchen geschnitten und in die Suppenterrine gerichtet. Die Schlegel und Körper werden im Reibsteine zerstoßen und in die gedämpften Gemüse samt 2 Liter guter Bouillon oder Jus gemischt, 4 Eigelb mit etwas Muskatnuß wird darunter gerührt, durchs feine Sieb in die Suppenterrine geseiht und mit extra servierten, gebackenen Brotwürfelchen serviert.

61. Warschauer Suppe.

1 Pfund gekochter Schinken wird recht fein gewiegt und mit 6 Decigramm guter Butter und gutem Consommé im Reibsteine zerstoßen. Nach und nach wird löffelweise gute, braune Sauce (später beschriebene Espagnole) und zwar etwa 1 Liter darunter gerieben und das Purée durch ein feines Haarsieb gestrichen. Sollte die Suppe zu dick sein, wird noch gutes Consommé nachgegossen, nur muß Rücksicht darauf genommen werden, daß vor dem Anrichten noch 1/4 Flasche Madeira beigefügt wird. Kleine, viereckig in guter Butter geröstete Brotcroutons werden entweder in der Suppe oder auf einem Teller besonders serviert.

62. Wildsuppe, helle.

Mache von Wildfleisch ein gutes Consommé, wie S. 132 und 133 beschrieben, und benütze dieses helle und geklärte Consommé zu den verschiedensten Wildarten und deren Einlagen von Klößchen und Filetstücken.

63. Wildpuréesuppe à la chasseur.

Diese Suppe kann von Feldhühnern, Fasanen, Hasen, Reh, Lerchen, Schnepfen, Krametsvögeln rc. gemacht werden. Die Suppe wird, wie folgt, behandelt: Das Fleisch vorbenannter Wildstücke wird mit Gemüse und Gewürz, sowie etwas rohen Schinken in Butter angebraten, mit guter Jus, Consommé oder Rotwein abgelöscht und gar gedämpft, das Fleisch von den Knochen losgelöst und fein gehackt, während man die Knochen und Abfälle wieder in die Kasserole zurückgiebt und mit etwas Consommé gut auskocht, dann passiert und später die Essenz zur Suppe verwendet. Eine gute, kräftige, braune Suppe hat man unterdessen ausgekocht, das gehackte Fleisch im Reibstein gut gestoßen, etwas von der erkalteten, braunen Suppe dazu gegeben und das Purée durchs feine Haarsieb gestrichen. Sodann rührt man das Purée mit der braunen, warmen Suppe an, die Wildessenz dazu, giebt die Suppe aufs Feuer und läßt sie ans Kochen kommen, worauf man sie im heißen Wasserbad bis zum Gebrauch warm hält. Als Einlage in die Suppe verwendet man entweder in längliche, dünne Stückchen geschnittene Bruststücke der Wildgeflügelarten oder die Filetstücke von Reh und Hasen. Von rohem Wildfleisch wird eine Farce bereitet (s. Abschnitt 2) und davon Klöße, entweder mit dem Löffel oder mit der Spritze eingelegt und diese in der Suppe mit den Filets serviert. Meist wird in die Suppe 1 Glas Madeira und etwas Cayennepfeffer vor dem Servieren gegeben.

Man verwendet zu dieser Suppe auch Reste von Wildfleisch, nur muß dieses erst von der Haut und den Sehnen gut befreit werden. Im übrigen wird diese Suppe ebenso behandelt, wie die oben beschriebene.

64. Wildpuréesuppe für Kranke.

Ein Stück Hasenrücken oder Rehrücken wird enthäutet, leicht gesalzen und in Butter angebraten, mit einer guten Fleischbrühe abgelöscht und darin weich gedämpft, hierauf zum Erkalten zur Seite gestellt. Das Fleisch wird von dem Knochen geschnitten, von der übrigen Haut und den Sehnen befreit und sodann sehr fein gewiegt. Die Knochen giebt man zu der zurückgebliebenen Brühe, gießt Fleischbrühe dazu und kocht sie damit noch etwas aus. Das Fleisch reibt man im Reibstein mit etwas Fleischbrühe, streicht das Purée durch ein Sieb, rührt es mit der durchgeseihten Brühe an, giebt die Suppe zum Feuer, bis sie heiß ist (doch ja nicht kochen lassen) und serviert sie sofort. Man kann die Suppe mit etwas Rahm und einigen Eigelb binden.

b. Fleischbrühsuppen aus dem Pflanzenreich.

65. Aufgezogene Suppe.

Man schneidet ein Tafelbrot zu runden Scheiben, wie zum Rösten, verrührt 5 Eier mit ¼ Liter süßem Rahm, nebst Salz, Muskatnuß, Schnittlauch oder Petersilie, legt die Schnitten in ein tiefes Geschirr und gießt die Eier darüber. Eine Kasserole oder ein tiefes Blech wird stark mit Butter bestrichen, die eingeweichten Schnitten hineingelegt und auf Kohlen aufgezogen oder im Backofen gebacken, nur darf es nicht zu braun werden. Hierauf sticht man die Masse in die auf den Tisch bestimmte Suppenschüssel heraus, gießt gute Fleischbrühe darüber, verrührt einige Eigelb mit süßem Rahm, gießt dies über die angerichtete Suppe und trägt sie zu Tisch.

66. Artischokenpuréesuppe.

Einige Artischoken werden entblättert, blanchiert und ausgenommen, diese sodann in einer Kasserole mit Butter und feingehackten Zwiebeln weich gedämpft, mit Consommé abgelöscht und mit etwas brauner Sauce durch ein Sieb gestrichen. Das Purée wird mit einer fertigen, braunen Suppe angerührt und mit Brotcroutons zu Tische gegeben.

67. Baumwollensuppe.

Man rührt 1/4 Pfund Butter leicht und schlägt 4 in warmes Wasser gelegte Eier dazu. Wenn diese nach und nach gut verrührt sind, werden 5 kleine Kochlöffel Mehl, Salz, Muskatnuß, nebst 4 Eßlöffel süßen Rahm dazu gegeben. Dieser Teig wird mit dem Kochlöffel in die siedende Fleischbrühe gezettelt, und die Suppe ist, wenn sie ein wenig gekocht hat, fertig.

68. Blättchensuppe

wird von demselben Teig bereitet wie die Nudelsuppe; statt der Nudeln wird aber der Fleckenteig in fingerbreite, länglichtviereckige Blättchen geschnitten und diese wie Nudeln weich gekocht und in einer guten, kräftigen Fleischbrühe zu Tische gegeben.

69. Blumenkohlsuppe.

2—3 Blumenkohl, vorher sauber geputzt, in Blumen geschnitten und gewaschen, werden in Salzwasser halb gar gekocht, abgeschüttet und in 1/4 Pfund Butter vollends weich gedämpft. Ist derselbe weich, wird er durchs Sieb passiert und mit einer fertigen, weißen Suppe (siehe Seite 133) angerührt, mit 6 Eigelb, süßem Rahm und etwas Butter abgezogen und mit Brotcroutons zu Tische gegeben.

70. Weiße Bohnenpuréesuppe à la Brétonne.

1/2 Liter weiße, getrocknete Bohnen werden blanchiert, mit Consommé und guter Jus und einem Stück geräucherten Fleisch oder rohen Schinken weich gekocht, das Fleisch, wenn weich, herausgelegt und die Bohnen durch ein Sieb gestrichen. Eine zahme, junge Ente wird mittlerweile mit 1 Zwiebel, gelben Rüben, Sellerie, Petersilie, 1 Nelke, ein wenig ganzem Pfeffer, einem Stückchen Lorbeerblatt, einigen Stückchen rohem Schinken, 1/4 Pfund Butter und guter Jus weich gedünstet, tranchiert, ausgebeint und in kleine Stückchen geschnitten. Die Knochen derselben giebt man mit etwas guter Jus wieder in die Kasserole, in welcher sie gebraten, zurück und kocht dieselben noch 10 Minuten mit Consommé gut aus. Der Fond der Ente wird zu einer fertigen, braunen Suppe (s. S. 133) gegeben, diese mit dem Purée angerührt und sodann die fertige, heiß gemachte Suppe über die Entenstückchen angerichtet und serviert.

71. **Bohnensuppe** mit Knorr's Bohnenmehl hergestellt.

Ein Eßlöffel für die Person gerechnet, wird kalt angerührt und in siedender Fleischbrühe etwa 10 Minuten gekocht und mit geröstetem Brot serviert.

72. **Bouillonsuppe mit Kartoffelmehl.** (Knorr.)

Auf 1 Liter Bouillon gerechnet, auch von Fleischextract bereitet, rührt man 3 Eßlöffel Kartoffelmehl mit kaltem Wasser glatt. Die kochende Fleischbrühe rührt man langsam mit dem Kartoffelmehl nach und nach glatt, giebt dies in die kochende Brühe, läßt das Ganze noch einmal aufkochen, giebt einige Zitronenrädlein und kleingewiegte Zitronenschalen dazu und serviert. Gut ist, diese Suppe mit einigen Eigelb vor dem Servieren abzuziehen, oder anstatt der Zitronenschalen geriebenen Parmesankäse aufzustreuen.

73. Bouillon von Kresse für Kranke.

Die Hälfte einer Henne oder 1 Pfund Kalbfleisch nebst ein wenig Salz und einigen gelben Rüben werden zu einer Bouillon gekocht. Das Fleisch wird nun aus der Bouillon genommen, eine gute Hand voll Brunnenkresse pünktlich verlesen, gewaschen und gestoßen, mit der Brühe aufgekocht, durch ein Haarsieb getrieben und entweder mit einem Eigelb abgezogen oder so zu Tische gegeben.

74. Braune Blättchensuppe.

Zu dieser Suppe werden von 3 Milchbroten Blättchen geschnitten, diese in Schmalz gelb gebacken, in Fleischbrühe wenig aufgekocht, mit 3 ganzen, zerquirlten Eiern legiert, mit Schnittlauch gewürzt und angerichtet.

75. Brennesselsuppe nach russischer Art.

Eine gute Handvoll junger Brennnesseln werden abgezupft und abgeblattet, gewaschen und in siedendem Wasser blanchiert, fein gewiegt und durch ein Haarsieb gestrichen. Ebensoviel Sauerampfer wird auf gleiche Weise für sich behandelt. Mittlerweile wird ein halber Zwiebel fein gehackt und in 6 Decigramm Butter gedämpft, Brennnessel und Sauerampfer eine Zeit lang darin mitgedämpft und mit 2 Kochlöffel Weißmehl aufgestaubt, leicht angeröstet und mit etwa 1½ Liter guter Bouillon aufgefüllt und so lange am Feuer gerührt, bis die Suppe kocht. Sodann läßt man sie langsam von der Seite kochen, nimmt den Schaum, der sich nach und nach bildet, oben ab, legiert sie mit 4 Eßlöffel gutem Rahm und 2 Eigelb und serviert sie mit 2—3 in dünne Rädchen geschnittenen Bratwürstchen.

76. Bretzelnsuppe.

3—4 (Laugen-) Bretzeln werden in ¼ Pfund guter Butter gedämpft, mit guter Bouillon aufgefüllt und weich gekocht, bis die Suppe durch einen Seiher getrieben werden kann. Dann wird diese mit 2 Eigelb und 2 Löffel süßem Rahm legiert und mit klein geschnittenen Gemüschen, welche man aus dem Fleischtopf genommen, serviert.

77. Brotsuppe in Fleischbrühe.

Ueber feine, etwas geröstete Brotschnitten wird siedende Fleischbrühe oder Fleischextractlösung gegossen, etwas aufgekocht, bis die Schnittchen weich sind und in die Suppenschüssel gegeben. Oben auf wird etwas Muskatnuß gerieben und Schnittlauch gestreut.

78. Brunoisesuppe.

1 Zwiebel, 6 Carotten, 1 Sellerie, 2 weiße Rüben, schneidet man in kleine Würfel und blanchiert die Gemüschen in Salzwasser. Hierauf kocht man sie in einer guten Bouillon mit etwas Butter und ein wenig Zucker und Salz weich. Die Gemüschen giebt man in ein gutes Consommé, läßt sie noch einmal darin aufkochen und nimmt das Fett rein ab. Einige junge Erbsen, sowie Spargelspitzen, geschnittene und weich gekochte Bohnen giebt man noch dazu.

79. Buttersuppe.

Röste in ¼ Pfund Butter 1 Kochlöffel Mehl hellgelb, dämpfe kleingewiegte Zwiebeln und Petersilie darin, lösche dies mit guter Fleischbrühe ab und lasse es kochen. Sodann läßt man ein paar würfelig geschnittene Wecken darin aufkochen, gießt einige verrührte Eier daran, rührt um, richtet an und reibt etwas Muskatnuß auf die Suppe.

80. Colbertsuppe, klare.

In eine gute, kräftige Consommé wird als Einlage in Würfel geschnittenes Gemüse gegeben, Carotten, Sellerie, weiße Rüben, sodann Erbsen, Bohnen, kleine Blumenkohlröschen. Die Gemüse werden gut in Fleischbrühe mit etwas Butter, Zucker und Salz weich gekocht und sodann in die Consommé gegeben; vor dem Servieren streut man auf dieselbe einige kleine Kerbelblättchen. In einer Gemüseschüssel mit etwas heißer Consommé werden extra dazu verlorene Eier serviert.

81. Einbrennsuppe (Knorrs Suppenmehl).

Für jede Person wird ein Eßlöffel Braunmehl gerechnet. Dasselbe wird kalt angerührt und in siedender Fleischbrühe oder Wasser 10 Minuten gekocht, worauf die Suppe serviert werden kann.

82. Eingehackte Suppe.

In vier Kochlöffel voll feinem Mehl, welches auf ein Hackbrett gelegt wird, macht man ein Grübchen, schlägt ein ganzes Ei und das Gelbe von einem zweiten Ei hinein, salzt es, vermengt hierauf alles mit einem Messer und macht einen festen Teig daraus, welcher mit einem Wiegen= oder Hackmesser fein zerhackt wird. Nachdem 60—90 Gramm Butter in einer Kasserole auf Kohlen zergangen, kommt das Gehackte darein und wird gelb geröstet; dann gießt man 2 Liter Fleischbrühe dazu und läßt alles noch eine Viertelstunde kochen. Beim Anrichten wird ein wenig klein geschnittene Petersilie sowie Muskatnuß darauf gestreut.

Wenn man statt Fleischbrühe Wasser nimmt, vergesse man nicht ein Stückchen Butter mitzukochen.

83. Eingelaufene Suppe.

So viel Personen soviel Kochlöffel feines Mehl und so viel Eier rührt man mit Milch und etwas Salz zu einem Teig an, der etwas dicker als Flädleinsteig sein muß. Hierauf macht man gute Fleischbrühe in einer Kasserole siedend und läßt den Teig durch einen Schaumlöffel langsam hineinlaufen, daß es leichte Klümpchen giebt. Wenn die Suppe ein wenig gekocht hat, wird sie angerichtet und mit Schnittlauch und Mußkatnuß überstreut.

Bei dieser Suppe kann man statt der Fleischbrühe auch nur Wasser nehmen und sie mit gelb geröstetem Brot schmälzen.

84. Suppe von grünen oder Brockelerbsen.

Man hülst einige Hände voll ganz kleiner Erbsen aus, wiegt etwas Petersilie fein, dämpft dies in einem Stückchen Butter, staubt einen Löffel Mehl auf, gießt siedende Fleischbrühe daran und läßt die Suppe weich kochen. Giebt Salz und etwas Muskat zu und richtet sie über geröstetem Brot an.

85. Erbsensuppe mit Fleischbrühe.

Die ausgehülsten, frischen Erbsen werden mit kaltem Wasser, etwas Petersilie, Sellerie, einer gelben Rübe, Salz und einer Knoblauchzehe beigesetzt, und wenn sie weich sind, durchgetrieben. Etwas Mehl, in Butter gelb geröstet, wird mit heißer Fleischbrühe glatt angerührt, das durchgetriebene Purée dazu gerührt und aufgekocht. Ist die Suppe zu dick, gießt man etwas Fleischbrühe nach. Ueber Weckwürfel, die in Butter gelb geröstet sind, wird dieselbe angerichtet und sogleich zu Tisch gebracht.

86. Erbsensuppe von Knorr'schem Erbsenmehl

wird ebenso behandelt wie die Bohnensuppe und kann die Suppe vor dem Anrichten mit gerösteten Zwiebeln geschmälzt werden.

87. Erbswurstsuppe von Knorr.

Die zerbröckelte Masse läßt man in kochendes Wasser einlaufen und unter beständigem Rühren einige Minuten kochen.

88. Erbsenpuréesuppe à la Colbert.

Große, grüne Erbsen werden blanchiert, in Butter mit Salz und etwas Consommé weich gedämpft und sodann durch ein Sieb gestrichen. Dieses Purée wird mit einer vorher fertig gestellten, weißen Suppe (siehe Seite 133) angerührt und bis zum Gebrauch im Wasser warm gestellt. In einer Suppen- oder Gemüseterrine werden, wenn die Suppe angerichtet, verlorene Eier in etwas Fleischbrühe oder Consommé extra mitserviert.

89. Getrocknete Erbsensuppe à la Bayonne.

3/4 Liter getrocknete Erbsen werden über Nacht in Wasser eingeweicht und anderen Tags mit gewöhnlicher Bouillon, welche mit 2 Nelken, 1/2 Lorbeerblatt, 1 Muskatblüte, 1 Zwiebel, 1 gelben Rübe, 1 Stückchen Sellerie und 1 Petersilienbouquetchen garniert ist, recht weich gekocht und durch ein feines Haarsieb gestrichen. Dann wird ½ Pfund magerer, roher Schinken klein würflich geschnitten, in ¼ Pfund süßer Butter gedämpft und das Purée dazu gerührt, mit guter Bouillon oder Consommé zu einer nicht zu dünnen Suppe angerührt, heiß gemacht und mit viereckigen, gebackenen Brotstückchen serviert.

90. Finnländische Suppe.

Zu einem guten Consommé werden folgende Croutons auf einer Serviette gerichtet, extra serviert. Acht ganze Eier, mit Pfeffer, Salz, Muskatnuß, zwei Löffel guten, süßen Rahm, 30 Decigramm guter Butter werden zusammen geschlagen, in eine mit Butter ausgestrichene Omelettepfanne gegeben, einige Minuten aufs Feuer gesetzt, mit geriebenem Parmesankäse bestreut, in den heißen Ofen gethan, bis dasselbe Farbe bekommt, sodann auf ein Papier gegeben und thalergroße Stücke mittelst eines Ausstechers herausgestochen. Diese kleine Omeletten werden nun auf gleich große, in Butter gebackene Brotcroutons gelegt, auf jedes ein kleines Stückchen Butter gegeben und noch 5 Minuten in den Ofen gestellt, dann, wie oben angeführt, angerichtet.

91. Flädleinsuppe. (Frittaten-Suppe.)

Für 4 Personen werden 4 große Rührlöffel feines Mehl nebst Salz, 4 Eiern, etwas Petersilie und süßer Milch zu einem glatten, sehr dünnen Teige angerührt, hierauf wird in der Flädlein- (Frittaten-) Pfanne Schmalz oder Butter heiß gemacht und davon nur so viel darin gelassen, daß die Flädlein nicht anhängen; je dünner die Flädlein, je schöner sind sie, deshalb darf nur wenig Fett in der Pfanne und das Feuer nicht zu groß sein. Nach dem Erkalten werden die Flädlein aufgerollt und etwas breiter als die Nudeln geschnitten, mit siedender Fleischbrühe übergossen, auf Kohlen noch ein wenig aufgekocht und mit Muskat und Petersilie überstreut.

Statt des Schmalzes kann die Pfanne vom zweiten Flädlein an jedesmal mit einer Speckschwarte überstrichen werden.

92. Französische Suppe, Pot-au-feu.

Nachfolgende Suppe wird in Frankreich von allen Ständen genossen und bildet nicht selten das ganze Mittagsmahl. Es wird auf eine Person ½ Pfund Ochsenfleisch in gewöhnlicher Weise gesotten; kocht es zwei Stunden, so fügt man einen Kohlkopf, einige gelbe und weiße Rüben, in der Mitte zerschnittene Kartoffeln, Boragen, Pastinak und Petersilienwurzel, nebst einer in heißer Asche gebratenen Zwiebel, die von vielen nach $^1/_2$ Stunde wieder entfernt wird, bei, und richtet, wenn Fleisch und Gemüse gar sind, über geröstete Weck- oder dünne Brotschnitten an, läßt sie etwas anziehen und giebt sie zu Tisch.

93. Französische Wassersuppe.

Fein geschnittene Weißbrotschnitten von 2 Milch- oder Tafelbroten werden mit 3 zerquirlten, ganzen Eiern vermengt und dies mit 2 Liter siedendem Salzwasser angerührt, einmal aufgekocht und zu Tisch gegeben.

94. Französische Wassersuppe mit Gemüse.

1 Zwiebel, 2 Carotten, 1 weiße Rübe, 1 Stengel Lauch, $^1/_4$ Stück Wirsingkohl werden in feine, längliche Stücke geschnitten und in $^1/_4$ Pfund Butter angedämpft, Salz dazu gegeben und mit 2 Liter siedendem Salzwasser abgelöscht, etwa eine Stunde gekocht und serviert. Man kann auch $^1/_2$ St. vor dem Anrichten in Stücke geschnittene Kartoffeln damit kochen und die Suppe mit heißer Butter, in welcher Zwiebelscheiben gelb geröstet wurden, abschmälzen.

95. Frühlingssuppe. Printanier.

Einige gelbe und weiße Rüben und eine Selleriewurzel werden, nachdem sie geputzt und gewaschen, mittelst eines kleinen, erbsengroßen Löffelchens (Ausbohrer genannt) ausgebohrt und jede Art für sich in etwas Salzwasser blanchiert, dann zusammen in Fleischbrühe oder Consommé, worin etwas Zucker kommt, weich gekocht. Mittlerweile werden einige Hände voll Zuckererbsen ausgebrockt, 15—20 Bohnen geputzt und in kleine, viereckige Stückchen geschnitten, kleine Stückchen Blumenkohl gerichtet und jedes für sich auch blanchiert. Sind sämtliche Gemüse zusammen weich gekocht, so werden sie in die Suppenterrine mit kleinen, gerösteten Weckwürfeln gegeben und mit kräftigem Consommé serviert. Anstatt Consommé kann auch eine kräftige, weiße Suppe zu den Gemüschen gegeben werden.

96. Gebrannte Suppe.

In 60 Gramm Butter oder Schmalz werden 2 Kochlöffel voll Mehl schön gelb geröstet und mit kalter Fleischbrühe oder Wasser abgelöscht; wenn es glatt verrührt ist, kommt erst die siedende Fleischbrühe oder Wasser daran und nach Belieben feingeschnittene Petersilie, Muskatnuß, Pfeffer und Ingwer. 2 in Würfel geschnittene Wecken läßt man damit noch ein wenig anziehen und rührt vor dem Anrichten noch 2 oder 3 mit süßem Rahm verrührte Eier bei.

97. Gelbe Rübensuppe

wird wie Selleriesuppe (S. 178) behandelt.

98. Gelberübenpuréesuppe, Une Crécy.

15 schöne Carotten werden geputzt, gewaschen und in Rädchen geschnitten, mit 1/4 Pfund Butter, sowie etwas gestoßenem Zucker leicht gedämpft und dann mit 1/2 Liter guter Fleischbrühe abgelöscht und langsam weich gekocht. Hierauf streicht man die Carotten durch ein Sieb und verdünnt das Purée mit guter Fleischbrühe, kocht die Suppe auf und läßt sie noch einige Zeit von der Seite kochen. Ist alles Fett und Schaum gut abgenommen, giebt man vor dem Anrichten noch ein gutes, frisches Stück Butter dazu und serviert die Suppe mit Brotcroutons oder mit gekochten Nudeln oder weichgekochtem Reis. Das Purée kann auch mit einer fertigen, weißen Suppe angerührt werden.

99. Bürgerliche französische Gemüsesuppe.

4 Pfund Ochsenfleisch und 2 Pfund Kalbsstorzen (Knochen) werden mit 5 1/2 Liter Wasser aufs Feuer gesetzt, wenn dasselbe kocht, gut abgeschäumt und mit folgenden Gemüsen, welche sauber gewaschen und welchen man eine ansehnliche Form giebt, versehen; 2 halbe Wirsingköpfe, 4 gelbe Rüben, 2 weiße Rüben, 1 Selleriewurzel und zwei Lauchstengel. Ist das Fleisch weich, wird die Bouillon gesalzen und abgeseiht, dasselbe mit sämtlichen Gemüsen in eine Suppenterrine gegeben und mit gerösteten Brotschnitten serviert.

100. Geriebene Gerste oder Riebelensuppe.

Mache einen Teig wie zu Nudeln, nur fester, und reibe ihn an einem Reibeisen, hierauf läßt man ihn trocknen und zerreibt ihn noch ein wenig mit den Händen. Sodann wird derselbe entweder in Butter angeröstet, mit Fleischbrühe begossen und weich gekocht, oder aber man rührt denselben in kochende Fleischbrühe oder Wasser ein und läßt ihn etwa 1/4 Stunde kochen. Hierauf richtet man die Suppe an, nachdem man vorher etwas Muskatnuß darauf gerieben hat.

101. Gerstenschleim.

Auf 1 Person nimmt man 30 Gramm der besten Kochgerste und setzt sie, nachdem sie gewaschen, mit so viel frischem Wasser zu, daß es auf 30 Gramm Gerste stark 1 Finger breit darüber geht. Sie wird halb zugedeckt, langsam gekocht, bis alles Wässerige verdunstet ist, dann schneidet man 8 Gramm frische Butter daran, streut einen schwachen, halben Löffel Mehl darüber und rührt das Ganze 10 Minuten lang tüchtig um, worauf man die Kasserole wieder über's Feuer setzt, langsam heiße Fleischbrühe nachgießt und öfters umrührt und 4 Stunden langsam kochen läßt, worauf man den Schleim durch ein feines Sieb laufen läßt. Zum Kochen muß ein gut verzinntes Geschirr genommen werden, sonst wird der Schleim blau.

102. Gerstenschleim, bessere Art.

1/2 Pfund feinste Rollgerste wird mit 1/4 Pfund guter Butter, 1 kleinen Zwiebel (in welche 2 Nelken und 1 kleines Lorbeerblatt gesteckt sind), 1 gelben Rübe, 1/4 Sellerie und etwas Petersilie, welche zu einem kleinen Bouquet gebunden, 1/4 Stunde weiß geröstet, 1 Eßlöffel voll Weißmehl dazu gegeben und mit 3 Liter guter Bouillon aufgegossen, aufs Feuer gesetzt und etwa 3 Stunden gekocht; gleichzeitig wird 1 Pfund Kalbsstorzen (Knochen) und 1 altes Huhn in heißem Wasser blanchiert in die Gerste gegeben. Wenn Storzen und Huhn ausgekocht sind, werden dieselben herausgenommen, in kleine Stückchen geteilt und in die Suppenschüssel gelegt, die Gerste darauf geseiht und so serviert. Oder man streicht die Gerste leicht durch ein Sieb und verdünnt sie mit Fleischbrühe. Der Gerstenschleim wird auch teilweise mit süßem Rahm und Eigelb legiert.

Fig. 282.

103. Gerstenschleim à la reine de Hollande.

Bereite einen guten Geflügelgerstenschleim mit Geflügelpurée (S. 139, Geflügelpuréesuppe à la reine), und gieb dazu ein fertiges Hahnencrême (S. 150, Suppe à la Sevigné), sowie Erbsen in die legierte Suppe.

104. Gerstenschleim à la Holstein.

¼ Pfund süße Butter wird mit 3 Händen feiner Gerste leicht geröstet, mit guter Bouillon aufgegossen, bis an's Kochen gerührt, dann auf die Seite gesetzt, so daß es ganz langsam kocht, und 1 kleine Zwiebel, 1 gelbe Rübe, ¼ Selleriewurzel, 1 Gewürznelk und 1 kleines Stückchen Lorbeerblatt beigefügt. Ist die Gerste weich, so wird sie passiert, mit guter Bouillon aufgefüllt, bis es eine dünne Suppe giebt. In die Suppenschüssel werden indessen etwas gekochte, frische Morcheln, Spargelspitzen und kleine Stückchen Blumenkohl gelegt, um die mit 4 Eigelb vorher legierte Suppe darüber zu gießen und zu servieren.

105. Gerstenschleim à la Printanière.

In, wie in Nr. 102 beschriebenen Gerstenschleim, werden ganz klein ausgebohrte Gemüse, wie gelbe und weiße Rüben, etwas Sellerie, viereckig, klein geschnittene Bohnen, ausgepflückte Erbsen, Brockspargeln, alles weich blanchiert, gegeben; ehe serviert wird, giebt man abgezupfte, kleine Kerbelkrautblättchen noch darauf.

106. Gerstenschleim à la reine.

Mit einem wie in Nr. 102 beschriebenen, dünn gehaltenen Gerstenschleim wird ein Geflügelpurée (S. 139) angerührt, die Suppe heiß gemacht und im Wasserbad warm gestellt; Geflügelklößchen und geschnittene Bruststückchen werden in der Suppe mit serviert.

107. Gerstenschleim für Kranke.

½ Liter Fleischbrühe mit etwas Butter läßt man ins Kochen kommen und rührt in diese eine halbe Obertasse Rollgerste, salzt diese sehr leicht und läßt sie nun etwa 3 Stunden langsam kochen. Um dieselbe zu kräftigen, kann man ein junges Huhn oder einen ½ Kalbsstorzen drin mitkochen. Nach dieser Zeit giebt man die Suppe durch ein Sieb. Darf der Kranke Fleisch essen, schneidet man dasselbe in kleine Stücke und giebt es in die Suppe.

108. Gerstensuppe.

Man verlese für 3 oder 4 Personen ¼ Pfund Gerste, gieße kaltes Wasser daran und rühre sie mit dem Kochlöffel um; dann wird das Wasser abgegossen und heißes daran geschüttet, mit welchem man sie auf Kohlen einkochen läßt.

Hierauf rührt man zwei Kochlöffel Mehl mit Milch glatt ab, gießt ½ Liter gute Fleischbrühe zu und läßt die Gerste mit diesem, nebst einem Stückchen Butter, vollends weich kochen.

Hierbei ist zu bemerken, daß die Suppe nicht mit Fleischbrühe übergossen werden darf, und je langsamer sie kocht, desto schleimiger wird; vor dem Anrichten wird fein geschnittener Schnittlauch oder Petersilie und Muskat daran gethan.

109. Gerstensuppe aus Knorr'schem Gerstenmehl.

Wird mit kaltem Wasser (1 Eßlöffel für 1 Person) angerührt und in einer siedenden Fleischbrühe 20—30 Minuten gekocht; man legiert sie mit einigen Eigelb und serviert sie, ohne oder mit gebackenen Brotcroutons.

110. Gesundheitssuppe, Santé.

4 Salatköpfe werden sauber gewaschen, entrippt und nudelartig geschnitten, ebenso 2 Hände voll Sauerampferblätter, 1 Hand voll Kerbel und einige Sellerieblätter ziemlich grob gewiegt. Vor diesen werden das Weiße von 2 Lauchstengeln und 1 Zwiebel fein gewiegt und in ¼ Pfund Butter etwas gedämpft, sodann obige Kräuter dazu gethan, noch einen Augenblick mitgedämpft, mit etwa 2 Liter Bouillon angegossen, noch 10 Minuten gekocht, abgesettet und dann mit gerösteten Weckschnitten serviert.

111. Suppe à la Grand-duc.

4 Decigramm gute Butter wird mit 2 Eßlöffel voll Weißmehl etwas geröstet, so daß es weiß bleibt, dann mit etwa 2 Liter guter, weißer Bouillon aufgefüllt, aufs Feuer gesetzt, gerührt und mit einigen Stückchen geräucherten Schinken und etwas zusammen gebundener Petersilie gekocht.

Indessen werden von etwa 30 Brockspargeln gleiche Stückchen von den besten Teilen geschnitten und blanchiert, 3 Hände voll Reis wird in Bouillon weich gekocht, doch so, daß er ganz bleibt. Nach etwa ¾ Stunden wird die Suppe durch ein feines Sieb geschüttet, abgesettet, mit 4 Eigelb und 2 Eßlöffel voll Rahm legiert, 1 starke Hand voll Parmesankäse dazu gegeben und über den Reis und die Brockspargeln angerichlet und serviert.

112. Griechische Suppe.

Von 1 Liter ausgepflückter Erbsen, in welchen ein Stück Hammelfilet mitgekocht wird, wird eine Purée gemacht und mit 2 Liter guter Bouillon ziemlich flüssig angerührt. Ausgestochene Gemüschen wie in Nr. 95 werden gerichtet und in der Bouillon weich gekocht. Das weich gekochte Hammelfilet wird länglich klein geschnitten, in die Suppenterrine gegeben, die Puréesuppe darüber gegeben und serviert.

113. Gewöhnliche Griessuppe.

Für 3—4 Personen macht man 2 Liter Fleischbrühe siedend, rührt 50 Gramm Griesmehl daran und läßt es unter beständigem Rühren etwa 20 Minuten kochen. Vor dem Servieren legiert man die Suppe mit 2 Eigelb und süßem Rahm, reibt etwas Muskatnuß daran und serviert.

114. Geröstete Griessuppe.

Für 5 Personen lasse man 60 Gramm Butter in einer Kasserole heiß werden, rühre so viel Griesmehl daran, als die Butter anschluckt, röste dieses schön gelb und lösche es mit guter Fleischbrühe ab. Hierauf lasse man es 1 Viertelstunde kochen, legiere die Suppe mit 2 Eigelb und bestreue dieselbe vor dem Anrichten mit Petersilie und etwas Muskat.

115. Geröstete Griessuppe (mit Wasser).

Die Suppe wird ebenso bereitet wie in Nro. 114, nur anstatt der Fleischbrühe Wasser genommen.

116. Grüne Kernsuppe.

60 Gramm grüne Kern werden ausgesucht, gewaschen, getrocknet und fein gestoßen, das Mehl mit 30 Gramm Butter angeröstet, etwa 1 Liter Fleischbrühe daran gegossen und 2 Stunden gekocht; sodann durch ein Sieb passiert und mit etwas Fleischbrühe verdünnt, aufgekocht und vor dem Anrichten mit 2 Eigelb, Rahm und etwas Butter legiert. Man legt entweder Brotcroutons oder in Scheiben geschnittene, geräuchte Würstchen in die Suppe ein. — Von dem im Handel schon gemahlenen Grünkernmehl wird die Suppe ebenso behandelt.

117. Grüne Kernsuppe,

mit Knorr's Grünkernmehl hergestellt, wird behandelt wie die Bohnensuppe. (S. 156). Kochzeit 35 Minuten.

118. Gurkensuppe.

Für 5—6 Personen rechnet man 8—10 mittlere Gurken, welche man schält und entweder zu dicken Scheiben oder zu fingerlangen und fingerdicken Schnitten schneidet. Diese werden in einer messingenen Pfanne in siedendem Salzwasser einmal aufgesotten und auf ein Sieb zum Ablaufen gegeben. Hierauf belegt man eine Kasserole mit Speckschnitten, legt die Gurken darauf mit ein paar gelben Rüben, mehreren Zwiebeln, Pfeffer, Nelken und dämpft das Ganze etwa eine halbe Stunde, gießt eine kräftige Fleischbrühe hinzu und kocht die Gurken gut weich. Die Suppenschüssel belegt man mit gebähten Weckschnitten, darauf kommen die Gurken, und zuletzt die Brühe, welche man durch einen Seiher gießt und darüber Muskatnuß reibt.

119. Gurkensuppe auf andere Art.

Man dämpft 8 Gurken von mittlerer Größe mit 1/4 Pfund Butter und etwas Salz, bis sie hellbraun werden, übergießt sie dann mit 2 Liter guter Fleischbrühe und kocht sie damit auf, rührt einige verrührte Eier daran, richtet sie über gebähtes Brot an und würzt die Suppe mit Muskatnuß. Oder man macht eine helle Mehlschwitze, rührt die Gurkenbrühe damit an, kocht dieselbe aus, legiert sie vor dem Anrichten mit 3 Eigelb und richtet sie mit gebackenen Brotcroutons, die Gurken in Würfel geschnitten, an.

120. Hafergrützensuppe,

aus Knorr's Hafergrütze hergestellt.

Rühre das Mehl in die siedende Fleischbrühe (1 Eßlöffel für 1 Person) und lasse es 1 Stunde langsam kochen. Obwohl ein Durchtreiben nicht unbedingt nötig ist, so erzielt man doch durch dasselbe einen noch feineren, angenehmeren Geschmack.

Für Kinder und Kranke sehr zu empfehlen, wobei man das Mehl mit Milch kocht.

121. Helle Suppe mit türkischem Reis.

1/2 Pfund Carolinen-Reis wird sauber gewaschen und mit kaltem Wasser auf's Feuer gesetzt, blanchiert, abgeschüttet und mit kaltem Wasser abgeschwemmt. Hierauf wird er mit 1 Zwiebelchen, 6 Decigramm Butter und etwa 1/4 Liter guter Bouillon zugesetzt und langsam etwa 25 Minuten weich gekocht, doch so, daß der Reis ganz bleibt.

So lange der Reis kocht, werden 10 Gramm Safranspäne mit 1 Eßlöffel heißem Wasser begossen und einige Minuten gekocht. Dieser Saft wird nun langsam unter den Reis gemischt, eine kleine Messerspitze spanischer Pfeffer beigegeben und in mit Butter bestrichene Förmchen gedrückt, auf ein Suppenteller gestürzt und ein wenig gutes Consommé darauf gegossen. Hiezu wird in der Suppenterrine ein starkes Consommé serviert.

122. Herzoginsuppe, à la duchesse.

Etwa 6—8 Milchbrote ohne Kruste werden fein gewiegt, mit 150 Gramm Butter geröstet, mit Fleischbrühe bis zum Kochen aufgerührt. Nachdem man die Suppe 1 Stunde von der Seite hat kochen lassen und alles Fett gut abgeschöpft hat, wird sie mit 4 Eigelb, etwas Butter und süßem Rahm legiert, etwas geriebene Muskatnuß und etwa noch fehlendes Salz dazu gegeben. Ein junges, in der Suppe gekochtes Huhn, in kleine Stücke geschnitten, giebt man in dieselbe.

123. Kartoffelpuréesuppe.

Rohe, in Stücke geschnittene, geschälte Kartoffeln werden in heißer Butter mit 1 geschnittenen Zwiebel, 1 Rübe, 1/2 Selleriewurzel, Petersilienwurzel angedämpft, sodann mit Fleischbrühe angegossen, leicht gesalzen und kurz weich gekocht; hierauf durch ein Sieb getrieben, mit Fleischbrühe verdünnt, aufgekocht, mit einigen Eigelb sowie süßem Rahm und Butter legiert und mit Brotcroutons zu Tische gegeben.

124. Kartoffelpuréesuppe à la Alexandra.

Von 12 Kartoffeln werden die Schnitze mit 1 Liter gutem, süßem Rahm und 60 Gramm Butter weichgekocht und schnell durch ein sehr feines Sieb gestrichen, mit 1/4 Pfund süßer Butter und einem sehr kräftigen Geflügel-Consommé zu einer nicht zu dicken Suppe angerührt, dann in heißem Wasserbad zum Feuer gestellt. Die Einlagen hiezu sind wie bei der Frühlingssuppe: Gemüschen und abgezupfte Kerbelblättchen, welche man erst im letzten Augenblick dazu giebt. Die Suppe soll vorherrschend nach Geflügel schmecken, wodurch sie sich als feine Suppe auszeichnet. Die Suppe wird mit 6 Eigelb abgezogen.

125. Kastaniensuppe.

Zu 3—4 Personen nimmt man 1/2 Pfund frische Kastanien, schält diesen die äußere Schale ab und entfernt die zweite Haut dadurch, daß man sie in einen Schaumlöffel auf einige Augenblicke in heißes Wasser hält, worauf man die Haut abziehen kann, reinigt sie vollends gut, giebt sie in eine Kasserole mit 60 Gramm Butter und dämpft sie in derselben gut weich, gießt etwas Fleischbrühe dazu und passiert die Suppe durch ein feines Sieb, rührt sie hierauf mit etwas Fleischbrühe an, kocht sie einmal auf, legiert sie mit 2 Eigelb, Rahm und Butter und richtet die Suppe über Brotcroutons an oder giebt in Stücke geschnittene, gekochte Brieschen dazu.

126. Kerbelkrautsuppe mit verlorenen Eiern.

Eine starke Handvoll Kerbelkraut wird verlesen, gewaschen und fein gewiegt, in heißer Butter mit 1 Löffel Mehl lichtgelb geröstet, gute Fleischbrühe daran gegossen nebst etwas Muskatnuß und Salz; man läßt die Suppe ½ Stunde von der Seite kochen und legiert sie vor dem Anrichten mit einigen Eigelb, süßem Rahm und Butter. Einige geröstete Brotschnitten werden mit serviert. Verlorene Eier können extra auf einem Teller dazu serviert werden. (Verlorene Eier siehe Nr. 13.)

Zu dem Kerbelkraut kann man auch gehacktes Kalbshirn geben, dies mit Butter dämpfen und dasselbe dann in der Fleischbrühe mitkochen.

127. Kohlsuppe.

2—3 Pfund frischen Ochsenbrustkern und 1 Pfund gesalzene Schweinsbrust werden mit 6 Liter Wasser aufs Feuer gesetzt und, wenn dies zum Kochen kommt, sauber abgeschäumt, 1 Zwiebel mit 3 Nelken, 1 kleine Knoblauchzehe, 2 gelbe Rüben, 1 weiße Rübe und 2 kleine, sauber gewaschene und blanchierte Wirsingköpfe, welche halbiert worden sind, dazugegeben. Nach etwa 2½ Stunden, wenn das Fleisch weich sein wird, wird solches herausgenommen, die Bouillon abgeseiht und mit dem Kohl, welcher zerschnitten wird, gelben und weißen Rüben und gerösteten Weckschnitten in die Suppenschüssel gethan. Das Fleisch wird tranchiert, mit den noch übrigen Gemüsen auf einer Platte angerichtet und mit der Suppe zu Tisch gegeben.

128. Suppe von gefülltem Kohl.

Kohlköpfe von Wirsing oder Weißkohl werden halbiert, die Dorschen entfernt und die einzelnen Blätter in Salzwasser halb weich blanchiert, in kaltes Wasser gezogen und zum Trocknen auf ein Tuch gelegt. Die Kohlblätter werden sodann egal geschnitten, auf jedes etwas Geflügelfarce gegeben und in dieselbe eingehüllt; sodann in ein mit Butter bestrichenes Sautier neben einander gesetzt und mit Consommé angegossen, gut zugedeckt, im Ofen 1 Stunde weich gedämpft; hierauf in die

Suppenterrine gegeben, ein heißes, kräftiges Consommé dazu gegossen und serviert.

129. Russische Kohlsuppe oder Stschi.

1 Pfund mageres Ochsenfleisch, 1 Pfund Hammelfleisch, 1 Pfund Kalbfleisch und ½ Pfund gesalzenes Schweinefleisch werden mit einem Huhn und einer jungen Ente zu einer kräftigen, gut gewürzten Fleischbrühe gekocht. Sind sämtliche Fleischarten weich, werden dieselben herausgenommen und die Fleischbrühe durchgeseiht. Indessen wird 1 Zwiebel und 1 Wirsingkopf, welcher rein gewaschen, ziemlich fein gewiegt, in ¼ Pfund Butter gedämpft, mit 2 Liter von obiger Fleischbrühe angegossen und, nachdem diese 1 Stunde langsam gekocht, gut abgefettet. Diese Suppe wird auf sämtliche Fleischsorten (wovon die Brühe gekocht wurde), welche ziemlich groß würflich geschnitten sein müssen, angerichtet und mit 2 in Rädchen geschnittenen Bratwürstchen serviert. Von Huhn und Ente wird nur das Brustfleisch genommen und in die Suppe geschnitten.

130. Kopfsalatsuppe.

6—8 Salatköpfe werden sauber gewaschen, 10 Minuten in Salzwasser blanchiert, in kaltes Wasser gelegt, tüchtig ausgedrückt, auf eine Serviette gelegt und der Länge nach nicht ganz durchgeschnitten, hierauf Salz, Muskatnuß und etwas weißer, gestoßener Pfeffer gestreut und in eine mit Butter ausgestrichene, mit rohem Schinken, Zwiebeln und gelben Rüben ausgelegte Kasserole eingelegt, 2 Nelken, etwas Lorbeerblatt und ganzer Pfeffer dazugethan und mit ¾ Liter guter Bouillon oder Jus 2 Stunden gut zugedeckt gekocht. Von Tafelbrötchen werden die Krusten abgeschnitten und rund etwa thalergroß ausgestochen, diese Croutons in Butter im Ofen gratiniert und zu dem Kopfsalat in die Suppenterrine gegeben. Ein gutes, kräftiges Consommé wird über die Einlage gegossen und serviert. Besser ist, man serviert den Kopfsalat extra angerichtet in einer Gemüseschüssel, mit etwas Glace und guter Jus übergossen.

131. Suppe von farciertem Kopfsalat.

Der Kopfsalat wird blanchiert, wie oben beschrieben, sodann auf ein Tuch gelegt, mit einer feinen Geflügel- oder Kalbfleischfarce gefüllt, diese mit den Salatblättern eingehüllt, mit Bindfaden gebunden und ebenso weich gekocht wie in Nr. 130. Zu der in der Suppenterrine servierten Consommé giebt man in einer Gemüsekasserole den gefüllten Kopfsalat extra dazu.

132. Kräutersuppe mit gebackenen Fleischnudeln.

Die Suppe wird fertiggestellt, wie in Nr. 133 angegeben. Zu den Nudeln verwendet man übrigen Hammel-, Kalbs-, Rinds- oder Hühnerbraten. Das Fleisch, von Haut und Sehnen befreit, hackt man mit Schalottenzwiebeln recht fein und vermengt es mit etwas zerlassener Butter, geriebener Semmel, Salz, Muskat, einigen Eiern und ein wenig Rahm. Aus dieser Masse bereitet man kleine, längliche Würstchen, drückt sie etwas breit, backt sie in Butter gelb und serviert sie in der Suppe.

133. Kräutersuppe mit gebackener Sellerie.

Die gewöhnlichen Suppenkräuter: Petersilie, Portulack, Lauch, Mangold, Spinat, Kerbel, nebst ein wenig Sauerampfer, werden, nachdem sie sorgfältig gereinigt und klein gehackt, in ¼ Pfund Butter gedämpft, mit einem Löffel Mehl und etwas Salz angeschwitzt und mit kochender Fleischbrühe aufgekocht. Beim Anrichten wird die Suppe mit 3 Eigelb abgezogen und mit ein wenig Muskat bestreut.

2 Selleriewurzeln werden gereinigt und gewaschen, in Salzwasser weich gekocht und in Rädchen geschnitten. Von 3—4 Löffel Mehl mache einen Backteig mit Bier, 3 Eiweiß zum Schnee (siehe Seite 81), tauche die Sellerierädchen in den Backteig und backe dieselben aus heißem Fett schön gelb; dann giebt man sie, wenn sie gut abgetropft sind, in die Wurzelsuppe.

134. Kraft- und Krankensuppe.

Von einer guten, alten Henne schneidet man, nachdem diese sauber gebrüht, geputzt und ausgewaschen ist, die Glieder los, stoßt die Knochen klein und kocht diese nebst dem Fleische und ½ Pfund Rindfleisch und ebensoviel Kalbfleisch und Salz 3 Stunden in einem zugedeckten Geschirr. Alsdann dämpft man in Butter feingeschnittene Petersilienwurzeln, gelbe Rüben, Sellerie und Lauch, gießt die Fleischbrühe daran, läßt die Wurzeln weich kochen und passiert die Brühe über gebähte Weckschnitten und serviert.

Für Kranke ist es besser, die Suppengemüse wegzulassen. Von dieser Brühe Krankensuppen hergestellt, geben eine vorzügliche, kräftige Speise für dieselben.

135. Linsensuppe.

1 Liter Linsen verlesen und gewaschen, werden blanchiert, dann abgeschüttet, mit Fleischbrühe und Salz, einer Zwiebel,

½ Sellerie weich gekocht, hierauf ohne das Gemüse durch ein Sieb getrieben. In heißer Butter dämpft man fein gehackte Zwiebeln, giebt den Brei dazu, sowie zum Verdünnen Fleischbrühe, kocht die Suppe auf und giebt sie über gebackenen Brotcroutons zu Tische.

136. Linsensuppe à la Chentilly.

Dieselbe wird wie in Nr. 135 behandelt, nur statt Bouillon mit einer braunen Suppe angerührt und mit dünnen, in Rädchen geschnittenen, geräucherten Bratwürstchen serviert.

137. Maccaroni- oder italienische Suppe.

Die neapolitanischen, pfeifenstielartigen, weißgraulichten sind die besten; sie werden in fingerlange Stücke zerbrochen und 7—9 Minuten lang in Salzwasser gesotten, wobei man sie sorgfältig nach allen Seiten wendet. Das Wasser wird nun rein abgegossen und Fleischbrühe mit Jus darüber geschüttet, alles durcheinander gerührt, darauf einige Minuten auf den heißen Herd gestellt und hernach aufgetragen. In einem besonderen Gefäß wird geriebener Parmesankäse dazu gegeben. Ebenso kann eine weiße Suppe mit den Maccaroni serviert werden.

138. Monacosuppe.

Von englischem Brot (siehe Abschnitt 3) oder 3 Milchbroten werden sehr dünne Scheiben geschnitten und diese markstückgroß ausgestochen. Zwischen je 2 Blättchen giebt man Geflügelfarce, die mit etwas geriebenem Parmesankäse vermischt wird; diese Klößchen kehrt man in mit Milch zerschlagenen Eiern um und backt sie schön braun aus heißem Fett. Ein gutes Consommé wird dazu gegeben.

139. Suppe à la milanaise.

¼ Pfund dünne Maccaroni werden zu 3 Centimeter langen, kleinen Stückchen zerbrochen und in Salzwasser nicht zu weich gekocht. Nachdem werden 2 Trüffeln, 3—4 Champignons und 6—8 Decigramm gekochten Schinken in gleich lange und große Stückchen wie die Maccaroni geschnitten. Nachdem die Maccaroni auf einem reinen Tuch gut getrocknet, werden sie nebst den anderen Ingredienzien in die Suppenterrine gegeben, gutes Consommé darauf gegossen und mit geriebenem, extra serviertem Parmesankäse zu Tische gegeben. Kann auch als weiße Suppe gegeben werden.

140. Suppe à la Monglas.

Ein sehr kräftiges Consommé wird mit nachfolgenden Ingredienzien serviert: Geflügelklöße, etwas rund ausgestochene Trüffeln, Champignons, kleine Hahnenkämme, Hahnennieren und runde Brotcroutons.

141. Morchelnsuppe.

Einige Dutzend kleinere, frische Morcheln werden sauber gewaschen und nicht zu fein gewiegt. Sind es getrocknete, werden dieselben erst eingeweicht, blanchiert, aus mehreren Wassern gut herausgewaschen und in guter Jus mit Butter weichgekocht, dann erst fein gewiegt und wie nachfolgend weiter behandelt. Nachdem ein Zwiebel gewiegt und mit ¼ Pfund Butter etwas gedämpft, werden die gehackten Morcheln dazu gethan und noch so lange mitgedämpft, bis ihre Feuchtigkeit aufgezehrt ist, dann mit 1 Eßlöffel Mehl aufgestaubt und mit 3 Liter guter Bouillon und 1 Glas guten Weißwein angegossen, auf's Feuer gesetzt und während beständigen Umrührens in's Kochen gebracht. Nach halbstündigem Kochen wird die Suppe entfettet, durch ein Sieb gegossen und mit 4 Eigelb, etwas Rahm und süßer Butter abgezogen und mit einer Handvoll in Bouillon, Zitronensaft und etwas Muskatnuß abgekochter, kleiner Morcheln serviert.

142. Mutschelmehlsuppe.

Dieselbe wird wie die gewöhnliche Griessuppe (S. 166) bereitet.

143. Nudelsuppe.

Von 2 ganzen Eiern und 2 Eigelb nebst Salz und feinem Mehl wird ein fester Nudelteig gemacht, in ganz dünne Flecken ausgewellt und wenn sie etwas getrocknet, recht fein geschnitten. Man streut dann die Nudeln in siedende Fleisch-, Extrakt- oder Hühnerbrühe, läßt sie nicht lange kochen und giebt beim Anrichten Muskatnuß, Schnittlauch oder Petersilie darauf.

144. Panadesuppe mit Gemüse.

2 Tafelbrote und 1 Stück Schwarzbrot werden in Scheiben geschnitten, ebenso 1 Zwiebel, 1 gelbe Rübe, ½ Sellerie, 1 Lauch und etwas Petersilie; ¼ Pfund Butter läßt man heiß werden, giebt das Gemüse erst zum Andämpfen hinein, dann das Brot und gießt 1½ Liter Fleischbrühe dazu; läßt dies kochen, bis es verkocht ist, worauf man es durch ein

Sieb passiert, mit etwas Fleischbrühe sodann anrührt, mit 3 Eigelb, etwas Rahm und Butter legiert und zu Tische giebt.

145. Perlensuppe.

Mit 100 Gramm Mehl und 4 verrührten Eiern und etwas Salz wird mit so viel Milch als nötig ein steifer Teig angerührt, dieser durch einen Schaumlöffel in heiße Butter eingedrückt, die entstehenden Kügelchen gelb gebacken, herausgenommen und in der Suppenschüssel mit heißer Fleischbrühe angegossen.

146. Petersiliensuppe

wird wie Selleriesuppe (S. 178) behandelt.

147. Polnische Suppe.

4—6 recht dünn gebackene Eierkuchen werden mit einer Geflügelfarce (die später beschrieben), mit Sardellen vermischt, bestrichen und so zusammen gelegt, daß dieselben gut zu kleinen Kissen geschnitten werden können, dann eines neben dem andern in ein mit Butter ausgestrichenes, flaches Geschirr gelegt und mit heißer, gewöhnlicher Fleischbrühe übergossen und in dieser gar gekocht; dann legt man sie behutsam in die Suppenterrine und gießt ein gutes Geflügelconsommé darüber, giebt abgezupfte Kerbelkrautblättchen darauf und serviert.

148. Suppe mit Raviolen.

Von 4 Milchwecken wird das Weiche, welches zuvor mit Bouillon etwas angefeuchtet ist, in etwas Zwiebel und Petersilie gedämpft, dann im Reibstein gerieben, während dem man ein ganzes Ei, etwas Salz, zerriebene Muskatnuß und 3 Eßlöffel voll feinen Parmesankäse darunter mischt. Diese Masse wird durch ein feines Sieb gestrichen und zu den Raviolen verwendet. Es wird 1 großer oder 2 kleine, recht dünne Nudelteigflecken ausgewellt und von diesen und der obigen Masse ganz kleine, viereckige oder rund ausgestochene, sogen. Maultäschchen gemacht, die im Wasser mit Salz blanchiert und mit gutem, hellem Consommé, welchem extra geriebener Parmesankäse beigegeben wird, serviert werden.

149. Suppe à la Régence.

Carotten, Sellerie, weiße Rüben sticht man mit dem Kolonnenausstecher in 2 cm lange Stücke, blanchiert sie und kocht sie in Bouillon mit Butter, Salz und ein wenig Zucker gut weich. Von 2 gekochten Hühnern werden die Filets ausgelöst und in Filets geschnitten, Spargelspitzen, Blumenkohl und grüne Erbsen, in Wasser weich gekocht, giebt man auch dazu und zuletzt die ganze Garnitur in ein Consommé, in welchem man eine Hand voll Sternnudeln weich gekocht hat.

150. Reisschleim.

Auf 4 Personen werden 120 Gramm gerechnet, dieser gewaschen und mit kaltem Wasser zugesetzt, so daß es halbhandhoch darüber geht. Der Reis wird langsam eingekocht, nach dem Verdunsten von allem Wasser ungefähr 30 Gramm Butter oder abgeschöpftes Fett daran gerührt, bis der Reis ganz schaumig ist. Nun wird warme Fleischbrühe daran gegossen und unter fleißigem Umrühren so lange gekocht, bis er die Dicke des Gerstenschleims hat, ohne daß er durchgetrieben werden muß.

151. Reisschleim, feinere Art.

½ Pfund Reis wird gewaschen und blanchiert, hierauf mit weißer Fleischbrühe und etwas Butter und Salz sehr weich gekocht, durchs Sieb gestrichen und mit Fleischbrühe das Purée verdünnt, worauf man ihn noch eine Zeit lang von der Seite kochen läßt. Vor dem Anrichten legiert man die Suppe mit 4 Eigelb, etwas süßem Rahm und Butter und giebt ihn mit gebackenen Brotcroutons zu Tisch.

152. Reissuppe.

Für 4 oder 5 Personen wird ½ Pfund Reis sauber ausgelesen und einigemal aus warmem Wasser gewaschen, dann erst mit heißem Wasser an's Feuer gesetzt. Wenn der Reis eingekocht ist, kommen 60 Gramm frische Butter dazu; zwei kleine Kochlöffel Mehl rührt man hierauf mit ein wenig süßem Rahm glatt und verdünnt sie mit 1 Liter Fleischbrühe; dies alles wird an den Reis gerührt und mit demselben langsam gekocht. Sollte die Suppe beim Anrichten nicht dünn genug sein, so wird Fleischbrühe nachgegossen, ebenso etwas Muskatnuß, fein geschnittene Petersilie oder Schnittlauch darauf gestreut. Man serviert die Suppe gerne mit einigen Eigelb legiert.

153. Risottosuppe.

250 Gramm Reis wird mit einer fein gehackten, weißen Zwiebel mit 50 Gramm Butter leicht geröstet, dann gießt man etwas

Bouillon und gute Jus auf und kocht den Reis auf schwachem Feuer etwa 20 Minuten, doch ohne in demselben zu rühren; ist er zu trocken, giebt man etwas Bouillon dazu. Wenn er weich ist, rührt man mit einer Gabel noch 50 Gramm Butter und 100 Gramm geriebenen Parmesankäse, sowie etwas Fleischglace darunter und füllt den Risotto in kleine, glatte, mit Butter ausgestrichene Förmchen (sog. Dariolförmchen), stürzt sie auf eine tiefe, runde Platte und serviert dazu ein kräftiges Geflügelconsommé.

154. Riebelensuppe.

Mit diesem Namen wird in Schwaben die geriebene Gerste (S. 162) bezeichnet, weshalb dort nachzusehen ist.

155. Rumford'sche Suppe.

Die von dem Baron Rumford für die ärmere Klasse erfundene Suppe, welche für größere Haushaltungen wirklich empfehlenswert und sehr nahrhaft ist, besteht auf den ½ Liter Fleischbrühe aus 30 Gramm Gerste, 30 Gramm Erbsen, 30 Gramm Brot, von denen jeder Teil besonders etwas gekocht, die Gerste gut verrührt, die Erbsen durchgetrieben sind. Alle 3 Teile werden mit gebranntem Mehl, Zwiebeln, Pfeffer zusammengerührt und zu einer mehr dicken Suppe gekocht.

Man kann auch übrig gelassene Erbsen, Gerste und Brotsuppe dazu verwenden, indem man sie mit gebranntem Mehl zusammenrührt, kocht und mit Fleischbrühe verdünnt.

156. Sagosuppe, gewöhnliche.

Für 4 oder 5 Personen liest man ¼ Pfund braunen Sago pünktlich aus, wäscht ihn in frischem Wasser rein, läßt das Wasser ablaufen, gießt ihn mit siedendem Wasser an, rührt ihn einigemale um und läßt ihn 1 Viertelstunde lang stehen. Sodann wird dieses Wasser durch einen Suppenseiher abgegossen und durch neues, kochendes Wasser ersetzt. Dieses Anbrühen und Abgießen wird noch einmal wiederholt. Alsdann setzt man den Sago in einem 4 Liter haltenden Topfe mit gewöhnlicher Fleischbrühe zu und läßt ihn einige Stunden kochen, thut aber etwas Salz und Muskatblüte dazu. Ist die Suppe fertig, so verrührt man ein paar Eier mit einem Löffel voll kalten Wassers, gießt etwas von der Suppe dazu und richtet sie an.

Man kann auch ein paar Kalbsbrieschen mitkochen lassen, ebenso eine Selleriewurzel, welche dann beim Anrichten in Stückchen zerschnitten werden müssen.

157. Sagosuppe à la reine.

In ½ Liter guter Bouillon wird 6 Decigramm süßer Butter, etwas geriebene Muskatnuß gegeben, aufgekocht und ¼ Pfund vom besten Sago gestreut, auf dem Feuer etwa ¼ Stunde gut abgedämpft und dann mit 3 Eigelb vermengt; dies wird in kleinen Förmchen beliebiger Façon, welche zuvor mit Butter ausgestrichen, gedrückt; in die Mitte wird mittelst einer gelben Rübe oder Kartoffel, welche unten rund zugeschnitten wird, eine Oeffnung geformt, in welche, in kleine Würfelchen geschnittene, Hühnerbrust, welche mit einer guten, weißen Sauce angerührt ist, gefüllt wird. Nun werden diese Förmchen auf einen Suppenteller eines neben das andere umgestürzt und ein wenig von dem Consommé, welches in die Suppenterrine dazu serviert wird, daran gegossen und dann serviert.

158. Stärkende Suppe von Salep für schwache Kranke.

1 Stückchen Kalbfleisch, oder statt dessen 1 junges Huhn, setzt man mit 2 Liter Wasser und ein wenig Salz zum Feuer, schäumt es rein ab, wirft dann 1 gelbe Rübe und 1 Petersilienwurzel darein und läßt die Bouillon zugedeckt langsam kochen, bis das Fleisch weich und zu 1 Liter eingekocht ist. Dann wird die Bouillon durch ein feines Sieb gelassen, zwei kleine Theelöffel Salep mit ein klein wenig kaltem Wasser glatt gerührt und mit der Bouillon noch einmal unter beständigem Rühren aufgekocht. Das Saleppulver quillt außerordentlich, und darf deshalb ja nicht mehr genommen werden, sonst wird die Suppe zu dick und verliert dadurch das Angenehme.

159. Sauerampfersuppe.

wird wie Kerbelkrautsuppe (S. 169) bereitet, nur statt des Kerbels wird Sauerampfer und statt des süßen ¼ Liter saurer Rahm genommen.

160. Sauerkrautsuppe.

Rohes Sauerkraut wird mit ¼ Pfund Butter ganz weich gedämpft, dann Fleischbrühe darauf gegossen und damit gekocht; indessen werden Weck zu Würfeln geschnitten und in Schmalz gebacken, 3 bis 4 Eigelb mit saurem Rahm recht verrührt, die Krautsuppe durch ein Sieb gegossen, mit den Eiern auf dem Feuer noch ein wenig angezogen und über die Weck gegossen und zu Tisch gebracht. Sollte das Kraut schon zu sauer sein, so wird es durch Wasser gezogen.

161. Selleriesuppe, gewöhnliche. (Zellerichsuppe.)

Einige gewaschene und geschälte Selleriewurzeln werden in Stückchen zerschnitten, in Fleischbrühe weich gekocht, dann durchgetrieben; man giebt etwas Muskatnuß und Salz dazu, läßt das Durchgetriebene noch ein wenig kochen, zieht es mit einigen Eigelb ab und richtet über gebähte Weckschnitten oder Suppenknöpfchen ab.

Gelbrübensuppe oder Petersiliensuppe wird in der gleichen Weise bereitet.

162. Selleriepuréesuppe, feine.

6 größere, gereinigte und geschälte Sellerieknollen werden in Stücke geschnitten und mit ¼ Pfund Butter, etwas Salz weich gedünstet, mit etwas Consommé abgelöscht und durchs Sieb passiert. Eine weiße Suppe wird mit diesem Purée angerührt, mit 6 Eigelb, etwas Butter und süßem Rahm legiert und mit Brotcroutons zu Tische gegeben.

163. Selleriesuppe, geriebene.

4 gekochte Sellerieköpfe werden fein gewiegt und 2 Milchbrote fein zerrieben, mit 60 Gramm frischer Butter weich gedämpft, mit Fleischbrühe aufgefüllt und etwa 1 Stunde gekocht; sodann durch ein Sieb getrieben, die Suppe verdünnt und aufgekocht, mit Rahm und 2 Eigelb legiert und über geröstetem Brot angerichtet.

164. Sommersuppe. Julienne.

4 junge, gelbe Rüben, rein geputzt und gewaschen, 1 weiße Rübe, 1 Selleriewurzel und 2 Lauchstengel werden in 3 Centimeter lange, feine Stückchen geschnitten und mit 6 Decigramm Butter, etwas Bouillon und einem halben Kaffeelöffel Zucker gedünstet; ebenso wird ein halber, kleiner Wirsingkohl von den Rippen gelöst und nebst einem Kopfsalat fein geschnitten und mit den Wurzeln etwa 2—2½ Stunden weich gedämpft. Mittlerweile wird eine Hand voll Erbsen, sowie grüne Bohnen, welche klein geschnitten und gut weich in Salzwasser blanchiert sind, in die Suppenschüssel gerichtet, worauf die gedämpften Gemüse nebst 1 Liter kräftiger Consommé

und geröstetem Brot, das ebenfalls in länglicher, schmaler Form geschnitten wurde, serviert werden.

165. Sommersuppe, russische.

1 große, gelbe Rübe, 1 mittlere, weiße Rübe, 1 kleine Sellerienwurzel, 1 Kohlrabi, 2 Zwiebeln und das Weiße eines Lauchstengels (Porre) werden, nachdem sie vorher rein geputzt und gewaschen worden sind, mit etwa 20 Champignons nudelartig geschnitten. Zwiebeln und Lauch (Porre) werden erst mit etwa ¼ Pfund Butter weiß gedämpft, die anderen Gemüse sodann dazu gegeben und schließlich mit etwa 3 Liter Consommé angegossen, ins Kochen gebracht und dann auf die Seite gezogen, so daß es ganz langsam fortkocht. Nach 1½ Stunden, nachdem die Suppe rein abgefettet, wird ein wenig gehackter, frischer Fenchel beigegeben, dieselbe mit 4 Eßlöffel dicken, sauren Rahm abgezogen und in die Suppenschüssel gegeben. Hiezu werden kleine Pastetchen, Croquettes 2c. serviert.

166. Spatzensuppe mit Kartoffeln, schwäbische.

In eine gute Fleischbrühe legt man feine Spatzen von ½ Pfund Mehl ein, (siehe Abschnitt 19), schwenkt sie, wenn sie fertig, in lauem Salzwasser ab und giebt sie in die leicht gefärbte, gesalzene Fleischbrühe. 6—8 große, geschälte Kartoffeln schneidet man in Schnitze und kocht diese in Salzwasser fertig und giebt sie zu der Fleischbrühe und den Spatzen; dann schmelzt man die Suppe mit in Butter hellgelb gerösteten Zwiebeln und giebt sie zu Tische.

167. Spargelsuppe, feine.

Von einigen Pfund weißer Spargeln, geschält und gewaschen, nimmt man die zarten Teile, kocht sie in Salzwasser halb gar und dämpft sie in ¼ Pfund Butter vollends weich, giebt einige Löffel dick eingekochter Allemandesauce dazu (s. Abschnitt Saucen), passiert das Ganze durch ein Sieb und rührt das Purée mit einer fertigen, weißen Suppe an; diese legiert man mit 5 Eigelb, Rahm und Butter und serviert die Suppe mit Brotcroutons oder weich blanchierten Spargelspitzen.

168. Spargelsuppe mit klein geschnittenen Omeletten.

Suppenspargeln, soweit sie grün und nicht hart sind, werden klein geschnitten, in siedendem Salzwasser zugesetzt und weich blanchiert. Nachdem sie abgegossen, läßt man in einer Kasserole 60 Gramm Butter vergehen, nimmt die Spargeln nebst ein wenig fein geschnittener Petersilie dazu, streut einen Rührlöffel Mehl darüber, dämpft dies zusammen, gießt gute Fleischbrühe daran und läßt es bis zum Anrichten kochen. Alsdann rührt man 2 ganze Eier und 2 Eigelb mit etwas süßem Rahm, feinem Mehl, Salz und Muskat zusammen, backt davon dünne Omeletten, schneidet sie in kleine Streifen und läßt sie in der Suppe noch ein wenig aufkochen. Wenn die Suppe angerichtet ist, wird sie mit Muskat bestreut und zu Tische gegeben.

169. Spargelsuppe mit Croutons von Brot.

2 Büscheln grüner, dünner Spargeln werden die Köpfe abgeschnitten und diese im Salzwasser halb weich gekocht, ins kalte Wasser und dann auf ein Sieb gelegt. Das Zarte der übrigen Spargeln wird auch in kleine Stückchen geschnitten, ebenfalls weich blanchiert und mit etwas weißer Sauce oder Fleischbrühe durch ein Sieb gestrichen. 60 Gramm Butter mit 4 Eßlöffel voll Weißmehl wird angeschwitzt, mit Bouillon angerührt, zum Kochen gebracht, 1 Stunde von der Seite aus gekocht und gut entfettet. Hierauf rührt man das Purée mit der passierten Suppe an, legiert mit 6 Eigelb nebst 6 Decigramm guter Butter und stellt dieselbe in heißes Wasser, da die Suppe nicht mehr kochen darf. Wenig gestoßener Zucker und Muskatnuß wird beigefügt, die Spargelköpfe in die Suppenterrine gelegt, die Suppe darauf gegossen und, besonders auf einem Teller geröstete, kleine Weckwürfelchen serviert.

170. Tomatensuppe.

6—8 Tomaten werden zerschnitten, die Kerne und das Wasser ausgedrückt, in einer Kasserole etwa 60 Gramm Butter heiß gemacht, mit einer halben, gehackten Zwiebel leicht gedämpft und die Tomaten mit Salz dazu gegeben und weich gekocht. Unterdessen giebt man etwas Butter und Mehl zu einer leichten Mehlschwitze in eine Kasserole, die Tomaten dazu, füllt mit 2 Liter Fleischbrühe die Suppe auf, kocht sie gut auf und passiert sie nach etwa ½ Stunde durch ein Sieb, kocht die Suppe noch einmal auf, legiert sie mit 4 Eigelb, Rahm und Butter und richtet sie über gerösteten Brotcroutons an.

171. Tapiokasuppe (von Knorr).

In siedende Fleischbrühe oder Consommé (1 Eßlöffel für 1 Person) läßt man Knorr's Tapioka ungefähr 20—25 Minuten unter beständigem Rühren kochen und legiert die fertige Suppe sodann mit 4 Eigelb und etwas süßem Rahm.

172. Teigsuppe, italienische.

Die aus Nudelteig hergestellten Eierbuchstaben und Sternchen von Knorr läßt man in siedender Fleischbrühe oder Consommé weich kochen.

173. Schwarzbrotsuppe.

Etwas schwarzes Roggenbrot ohne die Rinde wird gerieben und in ein wenig Butter gelblich geröstet, dann mit Kalbfleisch, Hühnerbrühe oder Fleischbrühe aufgefüllt, durchgekocht, gesalzen und mit 1 Eigelb und 1 Löffel voll süßen Rahm verrührt und serviert.

174. Wecksuppe.

Es werden einige Hände voll geriebene Weck oder Milchbrot und etwas klein gewiegte Petersilie mit einem Stücke Butter gelb geröstet; diese läßt man sodann in Fleischbrühe mit geschälten und klein gewiegten, süßen Mandeln und Zitronenschalen ein wenig auskochen, richtet die Suppe an und streut Muskat darüber.

175. Windsorsuppe.

Gemüschen, wie in Nr. 78 (Brunoise) beschrieben, werden gut weichgekocht und in einer starken, braunen Suppe (S. 133), zu der man kurz vor dem Anrichten 1 Glas Madeira giebt, zu Tische gegeben.

176. Wurzelsuppe.

2 gelbe Rüben, 2 Zwiebeln, 1 große Selleriewurzel und einige Petersilienwurzeln werden, nachdem sie sauber gewaschen und geputzt, fein zerschnitten, in Butter angedämpft, mit 2 Liter Wasser oder Fleischbrühe aufgefüllt und so lange gekocht, bis alles in einen Brei verwandelt ist. Dieser Brei wird hierauf durch einen Seiher in gute Fleischbrühe getrieben und von der Brühe immer über den Brei gegossen, bis alles durchpassiert ist. Hierauf kocht man die Suppe auf, rührt an 3 Eier 3 oder 4 Messerspitzen feines Mehl, rührt die Suppe

damit an, kocht sie noch einmal rasch auf, doch so, daß die Eier nicht zusammen laufen, und richtet die Suppe über gebähten Weckschnitten an.

177. Suppe von Zuckererbsen.

Wenn dieselben noch zart sind, werden sie pünktlich geputzt, die Fäden gut abgezogen und gewaschen, dann fein gewiegt, in einer Kasserole ein gutes Stück Butter heiß gemacht, das Gewiegte darin weich gedämpft, mit Fleischbrühe aufgegossen und gekocht. Vor dem Anrichten läßt man die Suppe durch einen Seiher laufen, zieht sie mit einigen Eiern ab, richtet sie über gebähtes Brot an und reibt Muskat darauf.

178. Zwiebelsuppe.

Auf die Person wird ein großer Zwiebel klein geschnitten, in 30 Gramm Butter und etwas hellgelb gebranntem Mehl gedämpft, dann 1 ½ Liter Fleischbrühe daran gegossen, gesalzen und weich gekocht. Sodann wird die Suppe durchgetrieben, über feine Schnitten angerichtet, ein wenig aufgekocht und, mit Eigelb legiert, serviert.

179. Prinzensuppe mit Zwiebelpurée.

5—6 weiße Zwiebeln werden in Tranchen geschnitten und 5 Minuten in Salzwasser blanchiert, abgegossen und mit ¼ Pfund Butter, 6 Decigramm rohem, magerem Schinken, 15—20 Gramm Pfefferkörner, 2 Nelken, weich gedämpft, mit 6 Eigelb und 1 ganzen Ei angerührt und durch's feine Haarsieb gestrichen, etwa ¼ Liter gutes Consommé mit einer Messerspitze Cayennepfeffer daran gerührt und in kleine Timbaleförmchen, welche zuvor mit Butter bestrichen, im Bainmarie gekocht, auf einen Suppenteller umgestürzt und etwas Consommé daran gegeben. Hiezu wird in der Suppenterrine eine feine Geflügelpuréesuppe (S. 139) serviert.

c. Milchsuppen.

180. Chocoladesuppe.

Auf die Person wird ⅜ Liter Milch genommen und 15 Gramm feingeriebene Chocolade darein gerührt, beliebig viel Zucker beigefügt, darauf mit 1 Eigelb legiert und über gebähte oder in Butter geröstete Wecken angerichtet.

181. Mandelsuppe mit einem Berge.

¼ Pfund abgeschälte und gestoßene Mandeln wird in ½ Liter Milch gekocht und durch ein Sieb gegossen, hierauf reibt man eine Zitrone an Zucker ab und läßt die Milch wieder damit aufkochen; dann kommen 8—9 verrührte Eigelb daran, und die Hälfte von dieser Suppe richtet man über gebähte Weckschnitten an, die andere Hälfte aber rührt man auf Kohlen mit dem Chocoladequirl zu einem Schaum und richtet ihn mit einem Löffel in Form eines Berges über die Suppe an.

182. Milchsuppe, einfache.

Rühre ein paar Kaffeelöffelchen Mehl mit 1 Eigelb an, verdünne dies mit ½ Liter Milch, füge Zucker und Zimmet nach Belieben bei, lasse dies unter beständigem Umrühren aufkochen und richte dann über würfelig geschnittenem Semmelbrot an.

183. Milchsuppe mit Chocoladeklößchen.

2 Liter süßer Milch werden mit einem Stück Zimmet, etwas Zitronenschale und einem Stückchen Zucker langsam gekocht. 50 Gramm frischer Butter werden leicht gerührt, 1 Löffel geriebener Chocolade dazu gegeben, ebenso 3 Löffel geriebenes Milchbrot, 2 ganze Eier und ein Eigelb, ein klein wenig Salz. Von dieser Masse legt man mittelst eines Löffels kleine Klößchen in die kochende Milch und legt sie, wenn sie fertig sind, einstweilen auf ein Sieb. Etwas kalte Milch rührt man sodann mit ein paar Messerspitzen Mehl oder Kartoffelmehl glatt an und giebt dies an die kochende Milch, läßt sie einmal aufkochen, legiert die Suppe mit 2 Eigelb, richtet sie an und giebt die Klößchen dazu.

184. Milchsuppe mit Schnee.

Es wird ½ Liter Milch mit einem Stückchen Zucker und etwas ganzer Vanille siedend gemacht, daran rührt man 4 Eigelb mit kalter Milch und langsam die heiße, und läßt das Ganze unter fortwährendem Rühren bis ans Kochen kommen. Hierauf werden die 4 Weiße zu einem Schnee geschlagen, 2 Löffel fein gesiebter Zucker darunter gezogen und derselbe löffelweise in siedende Milch gelegt und mit einem silbernen Löffel umgewendet, damit er auf jeder Seite fest wird. Indessen richtet man die Suppe über gebähte Wecke an, nimmt den Schnee mit einem Schaumlöffel heraus und legt ihn auf die Suppe.

185. Nußsuppe.

Ziehe die Schalen von frischen Nüssen ab, stoße die geschälten Kerne in einem Mörser klein, koche sie mit guter Milch, Zucker, Zimmet und ein wenig Rosenwasser und richte sie über Semmelwürfel an.

186. Sagosuppe mit Milch.

Schütte siedende Milch an reingewaschenen Sago, füge Zucker, an welchem eine Zitrone abgerieben wurde, bei und lasse es so lange kochen, bis 1/3 der Milch eingekocht ist. Im Fall die Suppe zu dick wird, kann man sie mit siedender Milch verdünnen, darauf anrichten und mit Zucker und Zimmet bestreuen.

d. Wassersuppen.

187. Habermehlsuppe. Hafergrütze.

7—8 Kochlöffel Habermehl werden in 1/4 Pfund Butter schön gelb geröstet und mit 1/2 Liter Wasser glatt angerührt, mit Salz und Pfeffer gewürzt, etwas Fleischbrühe dazu gegossen und etwa 1 1/2—2 Stunden gekocht, bis das Mehl ganz weich gekocht ist. Hierauf legiert man die Suppe mit einigen Eigelb und richtet sie über geschnittenem und geröstetem Brot an, oder man passiert die Suppe durch ein Haarsieb, verdünnt sie mit noch etwas heißer Fleischbrühe, legiert sie mit einigen Eigelb, süßem Rahm und Butter und richtet sie mit gebackenen Brotcroutons an.

188. Wassersuppe, gewöhnliche, von Brot oder gebähtem Weißbrot.

Schwarzbrot wird in dünne Suppenschnittchen geschnitten, gesalzen und so viel siedendes Wasser darüber gegossen, daß sie darin schwimmen. Das Geschirr giebt man sodann auf's Feuer, läßt die Suppe aufkochen und schmälzt sie mit heißem Schmalz oder Butter, in welchem Zwiebel und Brosamen braun gebrannt wurden.

Werden Tafel- oder Milchbrote eingeschnitten oder gebäht genommen, so läßt man diese blos anziehen und schmälzt sie dann.

Statt Wasser kann man auch Fleischbrühe über die gebähten Weißbrotschnitten gießen und etwas Schnittlauch oben auf streuen.

189. Gekochte Weißbrotsuppe.

Einige Tafelbrote oder Milchbrote setzt man mit kaltem Wasser, Salz und 8—15 Gramm Butter auf das Brot, aufs Feuer, läßt dies ¼ Stunde lang kochen und treibt es darauf durch einen Seiher. Das Durchgetriebene wird aufgekocht, auf das Brot 1 Eigelb mit etwas süßem Rahm und ein wenig Muskatnuß verrührt, die Suppe darüber angerichtet und gleich zu Tische gegeben, ohne sie noch einmal kochen zu lassen.

190. Wassersuppe mit Eiern.

Man schneidet entweder schwarzes Brot fein oder bäht Weißbrotsemmel, legt sie in eine Schüssel, giebt Salz, Pfeffer und Ingwer dazu, gießt 1½ Liter siedendes Wasser darüber und schlägt 4 Eier, die aber ganz bleiben müssen, darein; nun deckt man die Schüssel zu und läßt die Suppe auf Kohlen noch ein wenig anziehen. Indessen werden 60 Gramm Butter heiß gemacht, ein wenig Zwiebel und kleine Würfel von Brot gelb geröstet und die Suppe damit geschmälzt. Damit die Eier nicht hart werden, darf die Suppe nicht mehr lange stehen.

191. Erbsensuppe ohne Fleischbrühe.

Für drei Personen nimmt man ¼ Liter getrocknete Erbsen und setzt diese mit einem Liter Wasser und Salz auf ein starkes Feuer; später kann man denselben ½ Selleriewurzel beifügen. Sind die Erbsen weich, so werden sie durchgetrieben, gehörig mit Wasser verdünnt, wieder in den Topf gethan, etwas gewürfelt geschnittener Weck beigefügt, aufgekocht, mit heißer Butter, Brosamen und Zwiebeln geschmälzt und so serviert.

Soll die Suppe besser werden, so röstet man die Weckwürfel lichtgelb, schneidet eine geräucherte Bratwurst oder weichgekochte Schweinsohren darein und schmälzt wie oben.

192. Kartoffelsuppe.

Eine sehr gute Abendsuppe für 3 Personen erhält man, wenn man 6 mittelgroße, rohe Kartoffeln schält, mit Salz ganz in einen Topf legt und so viel Wasser daran gießt, daß es fingerbreit darüber geht. Der Topf wird schnell zum Sieden gebracht, und wenn die Kartoffeln durchaus weich geworden sind, so werden sie durch einen groben Seiher getrieben, gehörig mit Wasser verdünnt, wieder an's Feuer gesetzt, ein Händchen feine Brotschnittchen darein gethan und ¼ Stunde lang aufgekocht, während welcher Zeit fleißig zu rühren ist, um das Anbrennen zu vermeiden. Man schmälzt die Suppe mit heißer Butter oder Schmalz, worin Zwiebeln gelb gebrannt wurden. Man kann nach dem Durchtreiben der Kartoffeln diese auch mit Fleischbrühe anrühren, mit 2 Eigelb, sowie Rahm und Butter abziehen und über gebähten Weckschnitten anrichten.

193. Laugenbretzelsuppe.

6—8 Laugenbretzeln in Stücke geschnitten werden mit kaltem Wasser auf's Feuer gesetzt und gekocht, bis sie weich sind, etwa 50 Gramm Butter zugegeben, sowie etwas Salz. Ist die Suppe weich, giebt man sie durch ein Sieb, verdünnt sie mit Wasser, läßt sie noch einmal aufkochen, legiert sie mit 3 Eigelb und etwas süßem Rahm und giebt sie zu Tisch. Statt des Wassers kann auch Fleischbrühe genommen werden.

194. Linsensuppe.

Für 6 Personen werden ein halbes Liter Linsen verlesen und mit kaltem Wasser zugesetzt. Wenn die Linsen weich sind, werden sie durch einen Seiher getrieben, dann röstet man 2 Kochlöffel Mehl im Schmalz dunkelgelb, dämpft ein wenig Zwiebel mit, rührt die durchgetriebenen Linsen nebst Salz und ein wenig Muskatnuß daran und läßt sie langsam fortkochen. Indessen werden 2 Hände voll geriebenes Brot im Schmalz gelb geröstet und die Suppe gleich darüber angerichtet, ohne sie noch kochen zu lassen.

195. Panadesuppe.

Entweder schneidet man 4 Semmeln oder ½ Laib schwarzes Brot zu Schnitten ein und setzt diese mit kaltem Wasser und ein wenig Salz zum Feuer. Wenn die Suppe ganz verkocht ist, treibt man sie durch einen Seiher und läßt sie nebst ¼ Pfund frischer Butter gut aufkochen. Vor dem Anrichten werden 4 mit ein wenig Rahm verrührte Eier daran gerührt und Muskatnuß darauf gerieben.

196. Sagosuppe mit Wasser.

60 Gramm Sago werden einigemal mit kochendem Wasser blanchiert, dann in 1 Liter Wasser mit etwas Zitronenschale und Zimmet, sehr wenig Salz und einem Stückchen Butter 1 Stunde langsam gekocht; vor dem Anrichten wird noch 1 Eigelb an die Suppe gerührt.

e. Wein- und Biersuppen.

197. Biersuppe.

1 Liter Weißbier wird mit 3—4 Eßlöffel gestoßenem Zucker versüßt; dann giebt man etwas Zitronenschale, 1 Nelke und ein wenig ganzen Zimmet dazu und kocht das Ganze auf. 3—4 Eigelb werden mit 2 Löffel süßem Rahm verdünnt, das heiße Bier damit angerührt, rasch noch einmal aufgekocht und über geröstete Brotcroutons angerichtet.

198. Griessuppe, süße.

60 Gramm Rosinen werden pünktlich verlesen, mit warmem Wasser gewaschen, etwas Zimmet, Zucker, Zitronenschalen und Butter dazu gethan und in ½ Liter siedendem Wasser ein wenig gekocht. Dann wird 1 Löffel voll Griesmehl in kaltem Wasser abgewaschen und dazu geschüttet, noch 1 Viertelstunde gekocht, mit 2 Eigelb verrührt, etwas Zitronensaft dazu gegeben und serviert.

199. Hagenbuttensuppe.

Etwa 2 Hände Hagenbutten, wenn getrocknet, weicht man den Tag vorher in Wasser ein, sind es frische, zerschneidet man sie, kernt sie aus, befreit sie vom Stiel und der schwarzen Blüte, wäscht sie aus warmem Wasser, setzt sie mit 1 Liter Wasser zum Feuer und siedet sie weich. Dann giebt man 2 Glas roten Wein dazu und streicht sie durch ein Haarsieb, giebt Zucker, sowie etwas geschnittene Zitronenschalen nebst einem Stückchen Zimmet dazu, und kocht die Suppe eine Viertelstunde lang. Sodann richtet man sie über gebähte Weckschnitten oder gebackene Würfel von weißem Brot an. Um dieselbe sämig zu machen, rührt man etwas Kartoffelmehl, das man mit etwas Wein aufgelöst hat, dazu, und kocht die Suppe sodann noch einmal auf.

200. Heidelbeerensuppe.

Ausgelesene und gewaschene Heidelbeeren, etwa 1 Liter, setzt man mit ½ Glas Wasser zu und läßt sie weich kochen, giebt ½ Liter Weißwein, Zucker, etwas Zimmet, das Abgeriebene einer Zitrone und 1 Nelke dazu und läßt dies noch etwas durchkochen, entfernt die Nelke und den Zimmet und treibt die Suppe durch ein Sieb oder man serviert sie über gerösteten Brotcroutons.

201. Kirschensuppe.

Es wird 1 Kochlöffel voll Mehl in 60 Gramm Butter gelb gebrannt und darin 2 Pfund entsteinte Kirschen gut gedämpft; ist dies geschehen, so gießt man 1½ Liter Wasser und 1½ Liter Wein nebst 1 feingewiegten Zitronenschale, etwas gestoßenem Zimmet, 1 Messerspitze gestoßener Nelken und beliebig viel Zucker dazu, läßt dies einmal aufwallen und richtet über gebähte oder geröstete Weckschnitten an.

202. Sagosuppe mit Wein.

Der Sago wird, wie schon gesagt, gereinigt, mit 1½ Liter Wasser und eben so viel Wein zum Feuer gesetzt, Zimmet, Zucker, Zitronenschalen und ½ Pfund Butter beigemischt, und so 2 Stunden gekocht.

Nimmt man guten, roten Wein dazu, so wird die Suppe schöner.

203. Sagosuppe. Andere Art.

Für 6 Personen wasche man ¼ Pfund braunen Sago einigemal in heißem Wasser ab und lasse ihn in einer Kasserole, die von 2 Liter Wasser bis an den Rand voll geworden, 1 Stunde lang kochen. Hierauf gieße man in eine Kasserole 1 Flasche roten oder weißen Wein, lege die Schale von 1 Zitrone, 1 Stückchen ganzen Zimmet und ½ Pfund Zucker bei, läßt den Wein bis zum Kochen erhitzen, gießt dann den mit Wasser weich gekochten Sago in den Wein und läßt es zusammen noch einigemal aufkochen. Ueber geröstete Schnitten angerichtet und mit Zimmet bestreut, wird dann diese Suppe auf den Tisch gebracht.

Hat man weißen Wein genommen, so kann man 1 paar Eier verrühren und die Suppe damit abziehen.

204. Suppe von Salep mit Wasser und Wein.

Ein kleiner Theelöffel voll pulverisierter Salep in ein wenig Wasser aufgelöst, wird unter beständigem Umrühren in $^1/_2$ Liter kochendes Wasser geschüttet. Sodann giebt man noch etwas Zitronenschalen, ein Stückchen Zucker und zuletzt $^1/_4$ Liter guten, alten Wein dazu, läßt alles unter beständigem Umrühren mit ein klein wenig Salz noch kurze Zeit aufkochen und serviert die Suppe.

205. Weinsuppe.

Man läßt ein Stückchen Butter in einer Kasserole vergehen, röstet darin 2 Rührlöffel voll Mehl lichtgelb, gießt 1 Liter Wein und $^1/_2$ Liter Wasser daran, ferner $^1/_4$ Pfund Zucker, die abgeriebene Schale einer Zitrone mit dem Saft und ein wenig Zimmet. Wenn alles zusammen siedet, rührt man die Suppe langsam an das Gelbe von 6 Eiern, und setzt sie noch einmal über das Feuer unter beständigem Umrühren, bis sie noch einmal angezogen hat; alsdann richtet man sie über würfelig geschnittenen, gebackenen Brotcroutons an.

206. Suppe von frischen Zwetschgen.

Man nehme 40 bis 50 Stück recht schöne, reife Zwetschgen, schneide die Steine heraus und koche sie mit 2 Liter Wasser und 1 Liter Wein und ganzem Zimmet recht weich; dann treibt man sie durch, kocht sie noch ein wenig und richtet sie über gebackene Knöpflein oder Weckschnitten an und bestreut sie mit Zimmet und Zucker. Von dürren Zwetschgen wird die Suppe ebenso zubereitet.

207. Zitronensuppe.

Von einer Zitrone wird die Schale dünn abgeschnitten, diese sodann in Scheiben geschnitten, die Kerne und die weiße, bittere Haut entfernt, in eine Terrine gegeben und mit Zucker bestreut. 60 Gramm Butter werden heiß gemacht, mit Weißmehl angerührt und gelb geröstet, sodann mit $^3/_4$ Liter heißer Flüssigkeit (halb Weißwein, halb Wasser) aufgerührt, aufgekocht, mit 1 oder 2 Eidottern abgerührt, auf die Zitronenstückchen gegossen und serviert. Kleine, gebackene Brotcroutons oder Brotschnitten werden gerne in die Suppe gegeben.

f. Fastensuppen.

208. Blumenkohlfastensuppe.

Der gereinigte und geputzte Blumenkohl wird in kleine Rosen geschnitten, diese in Butter mit etwas Salz gedämpft, mit Wasser abgegossen und darin weichgekocht, sodann durch ein Sieb getrieben. Etwas Butter wird mit Mehl gelb geröstet, mit Wasser oder Fastenwurzelbrühe verdünnt, das Purée dazu gegeben, noch einmal gut aufgekocht, mit einigen Eigelb legiert zu Tische gegeben. Brotcroutons werden dazu serviert.

Von Carotten, Sellerie, Kartoffeln werden diese Fastensuppen ebenso hergestellt.

209. Fastenbrühe zu Suppen.

4 Pfund frische, geputzte, nicht zu theure Fische werden in Stücke geschnitten und mit 120 Gramm Butter, einigen Zwiebel- und einigen Gelbrübenscheiben, 1 Petersilienwurzel, 2 Lorbeerblättern, ein paar Händen voll Erbsen, 6 Pfefferkörnern, etwas Ingwer und Salz gedämpft, 8—10 Liter Wasser zugegossen und etwa 2 Stunden langsam von der Seite gekocht, die Brühe durchgeseiht und zu beliebigen Fastensuppen verwendet.

Um die Brühe als Fasten-Consommé zu verwenden, giebt man auf den Boden einer mit Butter gut ausgestrichenen Kasserole Zwiebelscheiben, etwas Rüben, Sellerie und Gewürz und sodann die in Stücke geschnittenen Fische, läßt dies auf dem Feuer anziehen, gießt etwas Wasser dazu, läßt dies einkochen, damit die Brühe leicht anschlägt, worauf man sie mit Wasser auffüllt und ebenso kochen läßt, wie die obige. Zum Gebrauch passiert und entfettet, und wenn nicht hell mit einigen Eiweißen geklärt, wird diese Consommé zu manchen nachfolgenden, hellen Fastensuppen verwendet.

210. Fastenwurzelbrühe zu Suppen und Saucen.

4 Stück gelbe Rüben, 6 Zwiebeln, 3 Porre (Lauch), 2 Köpfe Sellerie, gut gereinigt, schneidet man in Scheibchen in eine Kasserole und röstet sie mit einem Stück frischer Butter, bis sie goldgelb werden. Alsdann giebt man 5—6 Hände voll dürre Erbsen, nebst Petersilien, Sauerampfer und Kerbelkraut dazu, gießt frisches Wasser auf, kocht es einige Stunden langsam und schäumt es ab. Hiernach wird das Geschirr vom Feuer gethan, ½ Stunde stehen gelassen, damit sich die

Wurzeln und die Erbsen setzen und die Brühe klar wird; man seihet sie hierauf durch eine feine Serviette in einen irdenen Topf und stellt sie bis zum weiteren Gebrauch kalt. Diese Wurzelbrühe wird zur Bereitung aller Art Fastenkräutersuppen, sowie Saucen verwendet.

211. Fastensuppe.

Reibe ein Stück altgebackenes Brot, röste es in Butter schön gelb und dämpfe kleingehackte Zwiebel und Petersilie damit; lösche es mit Wasser ab, füge Muskatblüte, Salz und Pfeffer bei, lasse dies kochen und legiere die Suppe vor dem Auftragen mit Eigelb.

212. Fasten-Aalsuppe auf holländische Art.

Man zieht zwei kleine Aale ab, schneidet sie in kleine Stückchen, nimmt sie aus, wäscht und blanchiert sie in heißem Wasser einige Minuten, schneidet einen Zwiebel und etwas Lauch fein, dämpft dies in etwas Butter, legt die Stückchen Aal hinein und dämpft sie ¼ Stunde mit, staubt drei Eßlöffel voll Mehl darauf und gießt von der Fastenbrühe und ½ Liter Weißwein darüber und läßt dies kochen, bis der Aal weich ist. Der Aal wird ausgegrätet, in kleinere Stückchen geschnitten, die Suppe mit 5 Eigelb legiert, auf die Aalstückchen geseiht und mit geröstetem Brotwürfel serviert. Man kann dieselbe auch mit kleinen Gemüschen servieren.

213. Fasten-Austernsuppe.

Man öffnet 2—3 Dutzend Austern, löst diese aus den Schalen und giebt sie in einer Kasserole mit ¼ Liter Weißwein und macht sie heiß. 1 in Stückchen geschnittene Zwiebel, ebenso gelbe Rüben, Sellerie, 1 Petersilienbouquet, 1 Nelke, 10 Pfefferkörner, ein kleines Stückchen Lorbeerblatt wird in nußgroß Butter geröstet, 2 Löffel Mehl dazu gegeben, mit ¼ Weißwein und 1 Liter Fastenbrühe (208 oder 209) aufgekocht und etwa 1 Stunde von der Seite gekocht. Sodann durchgeseiht, die Brühe der Austern dazu gegeben, mit 5 Eigelb, einem Stückchen Butter, Muskatnuß die Suppe abgezogen, die Austern dazu gegeben und mit viereckig geschnittenen, gerösteten Brotcroutons zu Tische gegeben.

214. Fastensuppe mit gefüllten Eiern.

Es werden 10 Stück frische, womöglich kleine Eier, hart gesotten, geschält, halbiert, die Dotter herausgenommen, und diese mit einer Fischfarce (siehe Abschnitt 2), unter welche man fein geschnittene Champignons gerührt hat, erhaben gefüllt. Diese Eier werden in ein mit Butter ausgestrichenes Geschirr gesetzt, mit Butter bestrichen, mit geriebenem Parmesankäse bestreut, hierauf in das Bratrohr gestellt und langsam gratiniert. Von zwei schönen Seezungen wird die Haut abgezogen, die Filets ausgelöst, diese in Butter rasch auf beiden Seiten sautiert, leicht mit einem Brettchen gepreßt und, wenn sie erkaltet, in egale Stückchen geschnitten und nebst den Eiern in die Suppenterrine gelegt. Dazu giebt man noch zwei bis drei Dutzend blanchierte und entbärtete Austern. Von den Fischabfällen macht man, wie in Nr. 209 beschrieben ist, eine gute Fastenbrühe, mit einer Mehlschwitze gut ausgekocht, und gießt diese über die Einlagen in die Suppenterrine.

215. Fasten-Fischsuppe auf russische Art.

Man bereite ein kräftiges Fasten-Consommé, in welchem man eine halbe Flasche Weißwein mitkocht. Ebenso bereitet man eine Macedoine von Gemüse, welche aus gelben Rüben, Sellerie- und Petersilienwurzeln besteht; diese werden mit einem Erbsenbohrer ausgebohrt, so daß man von jeder Sorte eine Obertasse voll bekommt. Diese werden sodann blanchiert und mit Fastenbrühe, etwas Zucker und einem Stückchen Butter weich gedünstet. Unterdessen werden einige Forellen oder andere Fische gereinigt und die Filets ausgelöst, diese in Salzwasser abgekocht, auf ein Tuch zum Abtropfen gelegt, in Stücke geschnitten und mit ungefähr 2 Dutzend Krebsschwänzen und dieser Macedoine in die Terrine gelegt. Kurz vor dem Anrichten wird das Consommé geseiht, mit dem Gelben von 8 Eiern, welche mit einer Obertasse voll gutem, sauerem Rahm verrührt worden sind, legiert, nochmals durch ein Sieb in die Terrine über die Einlage geseiht und dann zu Tisch gegeben.

216. Fasten-Fischrogensuppe.

In einer Kasserole läßt man ein Stück Butter zergehen, rührt Mehl hinein und läßt es unter beständigem Rühren gelb werden. Den Fischrogen siedet man in Essig mit Wasser, mit einer zerschnittenen Zwiebel und Pfefferkörnern. Den Rogen legt man dann heraus und rührt diese Brühe mit der Mehlschwitze an, giebt noch etwas Fastenbrühe dazu, sowie Salz, und läßt es etwa 1 Stunde auskochen. Vor dem Anrichten legt man den Rogen, welcher in kleine Stücke geschnitten sein muß, nebst einigen gebähten Schnitten von Milchbrot in die Suppe.

217. Fasten-Consommé mit Forellen-Schnitten.

4—5 Stück Forellen werden ausgenommen, rein gewaschen, jede Forelle der Länge nach in der Mitte durchgeschnitten, die Haut nebst den Gräten abgelöst, jede Hälfte wieder in vier bis fünf gleiche Stückchen geschnitten, leicht gesalzen und in klarer, frischer Butter sautiert, auf einen Teller gegeben und warm gestellt. Zu gleicher Zeit werden 2 Wecken abgerieben, die Rinde abgelöst und von dieser Croutons ausgestochen; diese werden sodann mit feiner Fisch-Farce bestrichen, auf eine Pfanne nebeneinander gelegt, mit Butter beträufelt, geriebener Parmesankäse darauf gestreut und im Ofen goldgelb gebacken. Beim Anrichten werden die Forellen-Schnittchen nebst den Brotkrüstchen in die Terrine gethan und das gehörig gesalzene, kräftige, klare Fasten-Consommé kochendheiß darüber gegossen.

218. Fasten-Consommé mit Hechtknödeln.

Man bereitet von dem Fleische eines Hechtes, ungefähr 2 Pfund schwer, eine körnige Farce, von welcher man mit 2 Kaffeelöffeln auf einem mit frischer Butter bestrichenen, flachen Kasserole-Deckel auf bekannte Weise kleine Klößchen formt, die man eine Viertelstunde vor dem Anrichten in einer Fastenbrühe abkocht. Beim Anrichten wird das nötige, kräftige Fasten-Consommé in die Terrine gegossen, die Klößchen mit einem Schaumlöffel ausgehoben und nebst einer Handvoll kleiner, runder Brotkrusten (Croutons) dazu gegeben und serviert.

219. Russische Fastensuppe.

Zwanzig frische Champignons werden sauber gewaschen und geputzt, in 1/4 Pfund Butter gedämpft und mit Fastenbrühe aufgefüllt. 4 Hände voll getrockneter Erbsen werden mit weich gekocht, 1 gelbe Rübe, Zwiebel, Sellerie, Petersilienbouquetchen, 1 Nelke Lorbeer, beigegeben und, wenn dies alles weich, die Champignons herausgenommen, das andere zusammen durch's Sieb getrieben. Eine Zwiebel wird fein geschnitten und mit zwei Händen voll Sauerkraut gedämpft; ist dies weich, wird erstere Brühe dazu gegeben und aufgekocht, die Suppe mit saurem Rahm abgerührt und angerichtet. Die Champignons, in Stückchen geschnitten, giebt man in die Suppe.

220. Fasten-Schneckensuppe.

20 Schnecken werden in vorher siedend gemachtem Salzwasser gekocht, alsdann aus ihren Häusern genommen, gereinigt und mit Petersiliengrün fein gewiegt. Hierauf werden sie in 75 Gramm Butter gedünstet, dann mit 2 Löffel Mehl aufgestaubt, mit kochender Fastenbrühe oder Fastenwurzelbrühe angerührt und gut ausgekocht; dann durch ein Sieb gegossen, mit 2 Eigelb legiert und über gebähte Schnitten von Milchbrot angegossen.

221. Fischsuppe.

Ein beliebiger Fisch wird mit Semmelmehl und einigen Eiern in Schmalz gebacken, fein zerstoßen, mit etwas Mehl und Butter vermischt, Fastenwurzelbrühe daran gegossen und zusammen aufgekocht; nach dem Durchtreiben gesalzen und gewürzt, nochmals zum Sieden gebracht, und über geröstete Weckschnitten oder passende Knöpflein angerichtet.

2.

Klöße, Suppenklöße, Fülle (Füllsel) oder Farce.

Klöße oder **Knöpflein** bilden bei uns nicht blos Inlagen in Suppen und andere Nebenbestandteile der Tafel, sondern sie werden nicht selten als selbständige Gerichte gegeben, entweder in Wasser oder in Fleischbrühe gekocht; meist giebt man Gemüse oder Salat dazu. Sie dienen auch als Zuspeise zu verschiedenen Braten, zu welchem Zwecke sie gewöhnlich abgeschmälzt werden; auch als Zwischenspeisen können sie nach Umständen Anwendung finden.

Werden Klöße nicht geröstet, so müssen sie frisch vom Sieden weg genossen werden, sonst verlieren sie sehr an Leichtigkeit und Güte. Wer sparen will, kann weniger Eier und dgl. nehmen, als in den folgenden Rezepten angegeben ist, allein es geschieht dies natürlich auf Kosten der Güte der Klöße, die dadurch überdies weniger nahrhaft werden und weniger ausgeben.

Sollte sich beim Bereiten der Klöße ergeben, daß der Teig zu dick ist, so kann man ihn mit Wasser oder Milch oder einem Ei verdünnen; ist er hingegen zu dünn, in welchem Falle die Klöße zerfahren, so rührt man etwas weißes Mehl, Gries oder Semmelmehl daran. Wenn man einige Klöße einlegt, so wird man sehen, ob nachzuhelfen ist oder nicht. Je mehr man den Teig rührt und durcharbeitet, um so besser werden die Klöße. Wo Milch fehlt, kann man auch Wasser zum Teig nehmen. Butter leicht rühren heißt, die weiche Butter mit einem Holzlöffel so lange rühren, bis sie weiß und steif wird.

Anmerkung: In Abschnitt 2 sind viele Rezepte enthalten, welche als Klöße sich zu den verschiedensten Suppen als Einlage benützen lassen und die Bezeichnung **„Suppeneinlage"** führen.

Es ist bei den meisten Klößen gut, wenn man gewiegte und abgedämpfte Küchenkräuter, sowie Zwiebeln unter den Teig mischt. Auch das Salz ist stets in den Teig zu thun. Zerschneidet man einen Klöß und klebt derselbe nicht am Messer oder Löffel oder ist in der Mitte nicht mehr rot, so ist er ausgekocht.

Das Wasser oder die Fleischbrühe, worin die Klöße gesotten werden, soll vom Anfang bis zum Ende recht sieden, sonst werden sie nicht gut, sondern fahren auf und bleiben teigig und weich. Klöße, welche geröstet werden sollen, läßt man, wenn sie gar sind, im kalten Wasser abkühlen, abtrocknen und schneidet sie zum Gebrauch in Scheiben oder Stücke.

Gebackene Klöße können von jedem Teig gemacht werden; man legt sie statt in Wasser nur in heißes Schmalz und backt sie gelb.

Das Weißbrot, welches man zu Klößen braucht, wird immer am Reibeisen erst abgerieben; es darf nicht frisch, sondern muß vom Tag vorher sein und darf nur solange in kaltem Wasser sein, bis es aufgeweicht ist, worauf man es gut ausdrückt und zerreibt.

Beim Einlegen der Klöße ist zu beachten, daß der Löffel vor dem Ausstechen der Masse entweder in das Wasser, die Fleischbrühe oder das Fett getaucht wird, in welchem man die Klöße zubereitet.

Für die Klöße, welche in einer Serviette gekocht werden, halte man sich eine eigene, kleine Serviette, 3/4 Meter lang und breit, die natürlich niemals mit Seife gewaschen werden darf. Vor dem Gebrauche wasche man sie aber doch noch einige Male in frischem Wasser aus, bestreiche sie hierauf in der Mitte, soweit die Klößmasse reichen wird, mit Butter, breite sie über ein Geschirr aus, gebe die Masse darauf und binde sie zu, jedoch weder zu fest, weil der Klöß sonst nicht aufgeht, noch zu lose, weil er sonst platt wird, und ist es am besten, wenn man nach etwa einer halben Stunde nachsieht und, wenn nötig, die Schlinge, welche man so gemacht hat, daß man sie schieben kann, ohne sie zu lösen, etwas in die Höhe schiebt. Man befestigt auch wohl die Zipfel der Serviette an dem Henkel des Topfes, um den Klöß schwebend zu erhalten; wenn der Topf aber groß genug ist, so ist dies nicht nötig.

Ist der Klöß gar, so legt man ihn mit der Serviette in eine tiefe Schüssel, bindet die Serviette behutsam auf, stürzt die Schüssel, worauf man servieren will, über den Klöß und wendet es nun um.

Füllen, die gehörig bereitet sind, geben jedem Gericht, zu dem man sie benützt, einen eigenen Wohlgeschmack, und bilden bei Füllselklößen, Maultaschen, Strudeln, Pasteten ꝛc. einen wichtigen Teil in der guten Kochkunst.

Genaue Regeln für die betreffenden Quantitäten können nicht gegeben werden, allein die folgenden Bemerkungen mögen doch von Nutzen sein, und die Uebung wird bald die nötige Kenntnis verschaffen, die Bestandteile nach dem Geschmacke zu richten.

Je nach dem Zwecke, zu dem eine Fülle bestimmt ist, kann die Wahl aus folgenden Verzeichnissen getroffen werden, und ist dabei hauptsächlich zu beobachten, daß von den schärfsten Artikeln am wenigsten genommen werden darf. Kein Wohlgeschmack darf zu sehr über den andern vorherrschen; wenn aber an demselben Tage verschiedene Gerichte auf die Tafel kommen, so muß eine hervorstechende Verschiedenheit im Geschmacke der Füllen wahrzunehmen sein; doch sollten Zitronenschalen, Quendel und dergleichen nicht zu sehr hervorragen.

Die Füllen müssen dicht genug sein, um sie mit dem Messer durchschneiden zu können, ohne trocken oder schwer zu werden.

Kräuter sind sehr wesentliche Bestandteile, und gerade auf ihrem reichlichen, aber scharfsinnigen Gebrauche beruht hauptsächlich der überlegene Wohlgeschmack der französischen Kochkunst.

1.

Austern.
Sardellen.
Hummern oder Krebse.
Estragon.
Saturnei.
Polei.
Majoran.
Thymian.
Basilikum.
Salbei.
Zitronenschalen.
Hartgesottenes Eigelb.
Muskatenblüte.
Gewürznelken.
Cayennepfeffer.
Knoblauch.
Schalotten.
Zwiebeln.
Schnittlauch.
Piment oder 3 bis 4 Gewürznelken.

2.

Kalte Hühner, kaltes Kalb- oder Hammelfleisch.
Geriebener Schinken.
Fetter Speck (Schinkenspeck).
Rindsnierenfett.
Butter.
Mark.
Brotkrumen.
Petersilie.
Weißer Pfeffer.
Salz.
Muskatnuß.
Eigelb oder Eiweiß, gut geschlagen, um mit demselben die Mischung zu binden.

Die zweite Abteilung enthält diejenigen Ingredienzien, die

den eigentlichen Inhalt ohne vorstechenden Wohlgeschmack bilden; um diesen zu erlangen, wählt man aus der ersten Abteilung diejenigen Bestandteile, welche geeignet sind, den Füllen den gewünschten Wohlgeschmack und Abwechslung zu geben.

Außerdem sind bei einzelnen Fleischspeisen Füllen angegeben, z. B. bei gefüllten Tauben, gefüllter Kalbsbrust 2c., und bemerke ich hier noch, **daß die meisten Klöße sich gut zu Füllen eignen, so lange sie noch Teig sind.**

Die in der feineren Kochkunst vorkommenden Füllen (Farcen) von Fleisch, Fisch, Wildbret u. s. w. werden in dieser Abteilung ebenfalls behandelt. Sie werden meist zu Suppen oder Zwischengerichten verwendet, ebenso auch zu allerlei Garnituren.

Die in den Farcerezepten so häufig benannte Panade ist als Bindemittel anzuwenden und die Herstellung derselben in Nr. 262 beschrieben, wie auch die demselben Zweck dienende, dick und fest eingekochte Bechamel.

222. Augsburger Klößchen.

Auf 2 Personen schneidet man zwei 3-Pfennig-Wecken ein, feuchtet sie stark mit Milch an, rührt 2 bis 3 Eier nebst Salz, etwas Schnittlauch und Petersilie dazu und macht mit etwas Butter und 3 Löffel Mehl einen Teig davon, legt eigroße Knöpflein in siedendes Wasser oder Fleischbrühe, läßt sie $1/2$ Stunde kochen und schmälzt sie bei dem Anrichten mit gelb geröstetem Mutschelmehl.

223. Brätklößchen (Suppeneinlage.)

$1/2$ Pfund Schweins-, Kalbs- oder Rindsbrät wird mit reinem Abschöpffett oder mit 80 Gramm heißem Fett oder eben so viel Butter gut abgerührt, alsdann etwas Milch, 2 Eigelb, 2 Handvoll Semmelbröseln, Muskatnuß und etwas Salz dazu gethan und gut damit durchgerührt und das Ganze eine Zeitlang stehen gelassen. Hievon werden mit dem Löffel Klößchen in kochende Fleischbrühe eingesetzt und eine kleine Viertelstunde langsam von der Seite gekocht.

224. Butterklößchen. (Suppeneinlage.)

Rühre $1/4$ Pfund Butter schaumleicht, füge allmählich 3 Löffel Semmelmehl, 3 Eier, Salz und ein wenig Gewürz bei und lege davon Klößchen in siedende Fleischbrühe und lasse sie etwa 10 Minuten kochen.

225. Farce von Fisch.

Es können sämtliche Fische zu Farce verwendet werden; dieselben sind vorher zu enthäuten, von den Gräten zu befreien und dann das Fleisch wie in Nr. 228 zu behandeln.

226. Farce zu deutscher Fleischtorte.

½ Pfund fertiger Kalbsbraten und ½ Pfund fertiger Schweinebraten werden fein gewiegt und mit Folgendem gemischt oder abgedämpft. Eine kleine Zwiebel, etwas Petersilie wird, wenn gehackt, mit ¼ Pfund Butter gedämpft, 6 Decigramm gehackte Sardellen und 3 Decigramm kleine Kapern nebst 2 Löffel voll guter, brauner, aber dick eingekochter Sauce, etwas guter Madeira und 4 ganze Eier dazu gethan und zwischen 2 Butterteiglagen als Pastete in einem Kuchenblech gebacken.

227. Farce von Gänseleber.

Zu einer Kalbfleischfarce, wie in Nr. 228 beschrieben, wird anstatt der Butter eine rohe Gänseleber verwendet, im übrigen aber behandelt wie dort.

228. Farce von Geflügel oder Fisch.

Das Brustfleisch, sowie das weniger sehnige Schlegelfleisch eines alten Huhns oder einer alten Henne wird rein ausgeschabt und in einem Mörser oder Reibstein fein gestoßen und dann durch ein Drahtsieb passiert. Dann wird ⅓ Butter, ⅓ Fleisch, ⅓ Panade im Reibstein gestoßen, und zwar erst die Butter, dazu kommt dann das Fleisch und zuletzt die Panade, etwas Salz, weißer Pfeffer, Muskatnuß, 1 gelbes und 1 ganzes Ei wird dazu gegeben, tüchtig durchgerieben, durch ein Haarsieb passiert, in eine Schüssel gethan und gut mit einem Holzlöffel durchgerührt, damit die Farce sehr leicht wird. Zur Probe giebt man einen Theelöffel voll Farce in kochendes Wasser. Ist die Farce zu fest, giebt man süßen Rahm oder dicke, weiße Sauce zu, ist sie zu leicht, so hilft man mit einigen Eigelb nach. Im Sommer muß diese Farce aufs Eis gestellt werden.

229. Farce von Kalbfleisch.

Wird ebenso behandelt wie Geflügel (Nr. 228).

230. Farce zu Pasteten, (siehe Abschnitt 16, Pasteten).

231. Farce von Wild.

Rehe, Hasen, Fasanen, Rebhühner u.s.w. werden behandelt wie Geflügelfarce, nur wird, wenn die Farce zu fest ist, um sie leichter zu machen, braune Sauce dazu verwendet.

232. Fleischklöße.

1—1½ Pfund übrig gebliebenes Fleisch hackt man und ebenso gehackte Petersilie, Schnittlauch und 1 Zwiebel, welches man in etwas Butter dämpft. Zwei Milchwecken schneidet man zu Würfel, röstet davon die Hälfte in Butter und die andere Hälfte mit 50 Gramm Speck, giebt Salz, Muskatnuß, ein klein wenig Pfeffer, 1 Eßlöffel Mehl dazu, sowie 4 Eier und formt aus dieser Masse runde, nicht zu große Klöße, welche man in der Fleischbrühe oder Salzwasser kocht. Man giebt sie entweder in der Fleischbrühe zu Tisch oder aber trocken und schmälzt sie mit Butter und Semmelbrösel.

233. Fleischklößchen zu Suppeneinlage.

Rohes, enthäutetes und entnervtes Rindfleisch wird mit 1 Zwiebel und Petersilie fein gewiegt; dann giebt man 50 Gramm zerlassene Butter, 4 ganze Eier und 3 eingeweichte Milchbrote dazu und formt kleine, runde Klößchen, welche man in Fleischbrühe kocht.

234. Füllsel für Hühner und Fleischspeisen.

Ein wenig Schinken, etwas Kalb- oder Hühnerfleisch, etwas Nierenfett, Zwiebeln, Petersilie, sehr wenig Zitronenschalen, Salz, Muskatnuß, weißer Pfeffer und Brotrinde werden zusammen fein gehackt, dann in einem Mörser gestoßen, mit 1 oder 2 geschlagenen oder filtrierten Eiern gebunden und zum Füllen von Hühnern, Fleisch, Pasteten ꝛc. benützt.

235. Feine Füllsel für Kalbsbrust mit Gänseleber.

150 Gramm nicht zu fette, rohe Gänseleber wird in kleine Stücke zerschnitten, mit etwas Butter und Salz auf raschem Feuer leicht sautiert und durch ein Sieb getrieben. 4 eingeweichte und gut ausgedrückte Milchbrote oder Semmeln werden mit etwas Butter, gehackten Zwiebeln und Petersilie auf dem Feuer abgedämpft, dazu kommt das Gänseleberpurée; man giebt etwas Pastetengewürz dazu, sowie 2 ganze und 2 gelbe Eier und füllt die ausgebeinte und zugerichtete Brust damit. (Siehe Abschnitt 7, Kalbfleisch.)

236. Feine Füllsel für Hühner mit Gänseleber.

1 Pfund fettes, ausgebeintes Schweinefleisch vom Carré oder Hals wird in Streifen geschnitten und durch die Hackmaschine mit $^3/_4$ Pfund roher Gänseleber einigemale getrieben, bis die Masse fein ist; dann streicht man sie durchs Sieb, giebt etwas Pastetengewürz dazu und 100 Gramm rohe oder gekochte, in Scheiben geschnittene, geschälte Trüffel und füllt damit das betreffende Geflügel. (Siehe Abschnitt 10, Geflügel.)

237. Gänseleberklößchen (Suppeneinlage).

Etwa 250 Gramm rohe Gänseleber, in kleine Stücke geschnitten, werden mit 30 Gramm Butter, gehackter Zwiebel und Petersilie, Salz und Muskatnuß leicht und rasch auf dem Feuer abgerührt; dann giebt man 2 eingeweichte und gut ausgedrückte Milchbrote dazu, sowie eine Handvoll Mutschelmehl und 2—3 Eigelb und formt kleine, runde Klöße von dieser Masse, dies wird in kochender Fleischbrühe fertig gemacht und in Consommé zu Tische gegeben.

238. Gebackene Klößchen.

Eingeweichte und wieder ausgedrückte Wecken werden in Butter gedämpft, gesalzen und gewürzt, mit Eiern angerührt und dann löffelweise in Schmalz schön gelb gebacken. Man kann sie auf Suppen oder mit einer beliebigen Sauce als Zuspeise geben.

239. Geflügelklößchen und farbige Klößchen.
(Suppeneinlage.)

Das Dressieren der Klößchen aus Geflügelfarce ist in der Einleitung beschrieben. Sie können aber auch mittelst einer Spritze, welche nebenstehende Oeffnung haben soll, in heißes Wasser eingelegt werden. Farbige Klößchen werden dadurch hergestellt, daß für rote Klößchen $^1/_3$ Fleisch, $^1/_3$ Panade und halb Krebsbutter und halb süße Butter genommen wird. Um schwarze Klößchen zu erhalten, vermischt man die Geflügelfarce mit fein geriebenen Trüffeln. Für grüne Klößchen verwendet man frisches Spinatgrün, indem man den rohen Spinat im Reibstein reibt, das Ganze durch ein Tuch preßt und den Saft davon in einem Messing- oder Kupfergeschirr auf dem Feuer rasch gerinnen läßt, den zurückgebliebenen Farbstoff zum Färben verwendet, während man das Wasser ausgießt.

Fig. 283.

240. Geigen- (Mutscheln-, Semmel-) Klößchen.
(Suppeneinlage.)

Vier 1 Tag alte Geigen oder Mutscheln werden gerieben, mit 6 Eiern, ¼ Pfund zerlassener Butter, Salz und Muskatnuß so lange gerührt, bis die Masse leicht und schaumig aussieht. Davon werden alsdann mit einem Eßlöffel Klößchen in kochende Fleischbrühe gesetzt und 10 Minuten darin gekocht. Wenn das Geigenmehl schon längere Zeit gerieben und trocken ist, so wird es 1 Stunde vor dem Gebrauch mit 2—3 Eßlöffel Milch angefeuchtet und damit untereinandergemengt.

241. Gebackene Geigenklößchen. (Suppeneinlage.)

Diese Klößchen werden ganz wie die vorhergehenden gemacht, nur nimmt man blos 100 Gramm Butter dazu; sie werden alsdann aus heißem Schmalz gebacken und zuletzt in Fleischbrühe eine Viertelstunde aufgekocht.

242. Grüne Klöße.

Eine Handvoll rein gewaschener Spinat wird klein gehackt, ausgedrückt und mit einem Eßlöffel fein geschnittener Zwiebeln und eben so viel Petersilie in 45 Gramm Butter gedämpft. Dann schneidet man ein Paar Weißbrötchen in Würfel, gießt ½ Liter Milch darüber, giebt dies nebst dem Gedämpften, ¼ Pfund fein geschnittenem Speck, ½ Pfund Mehl, Salz, Muskatnuß, in eine Schüssel, rührt es mit drei Eiern untereinander, formt Klöße, kocht sie in Salzwasser und übergießt sie mit heißer Butter.

Oder: Man nimmt auf 1 Pfund Mehl 6—7 Weißbrötchen, schneidet sie zu Würfeln und röstet sie gelb in Butter, schneidet auch Petersilie, Kerbel, Salbei, junge Zwiebeln oder Zwiebelausschüsse klein (von jedem etwa 1 Eßlöffel) und röstet es ebenfalls ein wenig in Butter, rührt nun alles mit 2 Eiern und Milch nicht gar zu trocken an, salzt es, legt mit einem Löffel Klöße in kochendes Wasser, läßt sie ½ Stunde kochen und übergießt sie mit geriebenem Schwarzbrot, in Butter geröstet.

243. Gesalzene Griesklößchen zu Suppe.

½ Liter guter Bouillon oder auch Milch wird mit ¼ Pfund süßer Butter, etwas Salz und Muskatnuß siedend gemacht und mit einer Untertasse voll Griesmehl wie zu einem Brei verdickt, dann ¼ Stunde auf dem Feuer unter Umrühren gut abgedämpft; ist die Masse halb erkaltet, so kommen 5 bis 6 ganze Eier hinzu und werden hievon Klöße (wovon eines zuerst probiert werden muß) mittelst Löffel oder oben erwähnter Spritze in heißes Wasser oder Bouillon gelegt und dann in Consommé als Suppe serviert. Die Klößchen können auch in heißes Fett eingelegt, gebacken zu Tische gegeben werden.

244. Hefenklöße.

Man rührt ¼ Pfund Butter zu Schaum, schlägt ein ganzes Ei und 2 Dotter dazu und mengt nach und nach, mit einer Tasse Milch und ebenso viel guter Hefe, so viel schönes Weizenmehl darunter, daß der Teig sich bequem kneten läßt, wozu man ungefähr 1 Pfund brauchen wird, salzt die Masse nur ein wenig, formt Klöße in der Größe eines Apfels, setzt sie neben einander auf ein mit Mehl bestaubtes Brett und läßt sie 1 Stunde an einem warmen Orte gehen. Indessen setzt man in einem nicht zu kleinen Kessel Wasser auf, da die Klöße sehr auflaufen und mehr Raum als andere bedürfen, salzt es und legt, wenn es wallt, die Klöße hinein, die man öfters niederdrücken muß, damit sie sich umdrehen und gleichmäßig gar werden können. Sticht man sie mit einem Hölzchen und es klebt kein Teig mehr daran, so sind sie gut. Beim Anrichten reißt man sie mit zwei Gabeln oben ein wenig auseinander und gießt braune Butter in die Oeffnung und reicht auch braune Butter dazu. Auch beim Verspeisen muß man die Hefenklöße mit der Gabel teilen, sonst werden sie fest.

245. Hirnklöße (Suppeneinlage).

150 Gramm geriebene Semmeln weicht man in Milch, drückt sie aus, schneidet sie fein und verrührt sie mit einem Abtriebe von 50 Gramm Butter und 3 Dottern, alsdann giebt man Salz, den Schnee von 3 Eierklar und passiertes, mit Fett und Petersilie abgedünstetes Hirn dazu. Man sticht nun die Klöße mit einem Löffel nußgroß heraus und siedet sie in Fleischbrühe oder dreht sie in Ei und Brosamen und bäckt sie in Schmalz.

246. Kalbfleischfarce. Godiveau.

1 Pfund Kalbfleisch, schön weiß vom Carré, wird fein gewiegt, indem 1 Pfund Ochsennierenfett, welches von den Häuten befreit, nebst einem ganzen Ei, etwas Salz, Muskatnuß und gestoßener Pfeffer beigemischt wird; dann kommt die Masse in den Reibstein und wird mit einem eigroßen Stück

Eis tüchtig gestoßen, bis die Masse sehr fein ist. Von dieser Farce formt man auf dem Tische mit Mehl kleine, längliche oder runde Klöße, welche man in kochendem Salzwasser fertig macht. Diese Farce wird zu Klößchen in warme Pasteten und zu sogen. kleinen Pastetchen au naturel, worunter etwas geschnittener Schnittlauch kommt, verwendet.

247. Kalbshirn-Klöße.

Ein Kalbshirn wird sauber gewaschen, abgehäutet und in Salzwasser gesotten. Dann läßt man es im Seiher ablaufen und verrührt indes 60 Gramm Butter in einer Schüssel; nun hackt man das Hirn in ein wenig Petersilie und thut es nebst Semmel oder Mutschelmehl, Salz, Muskatnuß und 3 Eidottern an die Butter, verrührt es wohl und läßt die Klöße in Fleischbrühe nur eine Viertelstunde kochen.

248. Klöße von Kalbsbrieslein oder Kalbsmilz.
(Suppeneinlage.)

Man verwellt ein rein gewaschenes Brieslein in Salzwasser, häutet es ab und hackt es fein mit 45 Gramm Ochsenmark und etwas Petersilie, drückt ein zuvor in Milch eingeweichtes Milchbrot fest aus, thut es samt dem Gehackten in eine Schüssel, etwas Salz und Muskatnuß dazu, und rührt es mit 2 Eiern an. Nun legt man davon kleine Klöße in Fleischbrühe, welche in einer kleinen Viertelstunde fertig sind.

249. Kartoffelklöße. (Suppeneinlage.)

Gekochte Kartoffeln werden, wenn sie erkaltet sind, auf dem Reibeisen gerieben, und zu jeder großen Kartoffel 1 Ei genommen. Dies rührt man dann zusammen ganz leicht mit Salz und Muskatnuß; man kann auch abgeriebene Zitronenschale dazu nehmen, und formt kleine Klößchen daraus, welche man in heißem Schmalz gelb bäckt.

250. Kartoffelklöße anderer Art.

Man schält ein paar Dutzend mittelgroßer Kartoffeln von mehliger Sorte, kocht sie in Salzwasser weich, schüttet das Wasser ab und zerdrückt sie sogleich mit einem Kochlöffel so fein wie möglich, rührt dann, so lange die Kartoffeln noch heiß sind, 60 Gramm Butter und darnach 4 Eier daran, bestäubt sich die Hände dick mit feinem Mehl, formt Klöße, setzt sie auf ein mit Mehl bestreutes Brett und legt nun alle auf einmal in kochendes, gesalzenes Wasser, läßt sie 10 Minuten kochen, übergießt sie mit heißer Butter und giebt sie zu Sauerkraut, boeuf à la mode, braunem Ragout oder auch mit Compot von getrocknetem Obst.

251. Kartoffelklöße anderer Art.

6—8 große, gekochte Kartoffeln werden auf dem Reibeisen gerieben, 8 Milchbrote oder Semmeln in kleine Würfel geschnitten, die eine Hälfte mit etwas Butter gelb geröstet, die andere mit lauer Milch leicht eingeweicht; man giebt die geriebenen Kartoffeln zu den gerösteten und eingeweichten Semmeln, ebenso in Butter gedämpfte, gewiegte Zwiebeln und Petersilie, Salz und Muskatnuß und 10 ganze Eier (bei weniger Eier etwas Mehl) und formt runde Klöße daraus, welche in Salzwasser gekocht, mit heißer Butter und Panierbrot geschmälzt zu Tisch gegeben werden.

Kalt werden sie auch geröstet und mit einigen ganzen, zerquirlten Eiern und süßem Rahm, welche man zugiebt, zu Tische gegeben.

252. Rohe Kartoffelklöße.

12—15 rohe, geschälte Kartoffeln werden den Tag vor dem Gebrauch gerieben; nachdem Wasser darauf gegossen, gießt man dasselbe mehreremale ab und preßt sie so fest wie möglich durch ein reines Tuch. In 3/4 Liter heißer Milch kocht man eine starke Obertasse Gries zu einem Brei und brüht damit die Kartoffeln ab. Von 3 oder 4 Brötchen giebt man geröstete, in Würfel geschnittene Stücke dazu, Salz, Muskatnuß und macht alles gut durcheinander; aus dieser Masse formt man mit kaltem Wasser runde Klöße, welche man eine halbe Stunde in kochendem Wasser mehr ziehen, als kochen läßt.

253. Kartoffelklöße, gerieben.

10—12 große, gekochte, geschälte Kartoffeln werden auf dem Reibeisen gerieben, 60 Gramm Butter leicht gerührt, 2 Milchbrote in kleine Würfel geschnitten und in etwas Butter geröstet, 4 Eier, Salz, etwas Muskatnuß dazu gethan und dies alles nebst den Kartoffeln leicht untereinander gerührt. Sodann formt man runde Klöße in der Größe eines Apfels, indem man die Hände mit Mehl bestaubt. Alsdann setzt man die Klöße auf ein mit Mehl bestaubtes Brett und legt sie in kochendes Salzwasser ein, um sie darin etwa 20 Minuten kochen zu lassen. Wenn sie gar sind, werden sie halbiert auf die Platte gelegt und mit heißer Butter geschmälzt. Sind zu Schlachtbraten, boeuf à la mode, zu Ragouts, Sauerkraut u. s. w. sehr gut zu geben.

254. Käseklößchen. (Suppeneinlage.)

Aelterer, trockener Käse wird gerieben oder zerhackt und mit 100 Gramm Butter schaumig gerührt; man giebt 3 zerquirlte Eier, sowie 3—4 Löffel Mutschelmehl, Salz und Mehl zu, um kleine Klößchen daraus formen zu können, welche man in siedendem Wasser kocht und in einer Consommé oder dünnen, weißen Suppe serviert.

255. Leberklöße von Gänse= oder anderen Geflügellebern. (Suppeneinlage.)

Eine kleine Zwiebel mit etwas Petersilie wird mit 6 Decigramm Butter und ½ Pfund Gänse= oder anderen Geflügellebern kleinwürflig geschnitten, gedämpft, dann im Reibstein gestoßen, mit 2 ganzen Eiern zerrieben und durch's Sieb gestrichen. Von einer Semmel wird die Rinde abgeschält und die Semmel in Bouillon auf dem Feuer mit eigroß Butter abgedämpft und in obige Lebermasse gemischt, hievon Klöße geformt und in guter Consommé serviert.

256. Leberklöße von Schweins= oder Kalbsleber. (Suppeneinlage.)

Eine kleine Zwiebel mit etwas Petersilie wird mit 6 Decigramm Butter und ½ Pfund Schweins= oder Kalbsleber, welche klein würflig geschnitten, gedämpft, dann im Reibstein gestoßen, mit 2 ganzen Eiern zerrieben und durchs Sieb gestrichen. Von einer Semmel wird die Rinde abgeschält und die Semmel in Bouillon auf dem Feuer mit eigroß Butter abgedämpft und in obige Lebermasse gemischt, hievon Klöße geformt und in guter Consommé serviert.

257. Leberklöße, schwäbische.

½ Pfund Leber fein zerhackt, mit 3 gut eingeweichten, ausgedrückten und verzupften Wecken gemischt, 2 Löffel Mehl, Salz und Muskatnuß, 2 Eier, etwas gehackte Petersilie und Zwiebel wird in Butter gedämpft dazu gegeben, ebenso 1 Handvoll Spinat weich blanchiert und durch's Sieb passiert. Mit dem Löffel formt man Klöße in siedendes Salzwasser und läßt sie kochen, bis sie oben schwimmen; man schmälzt die Klöße mit Butter und Semmelmehl oder giebt sie in Bouillon, oder aber, wenn sie erkaltet, schneidet man sie in Scheiben und röstet sie mit Butter und giebt vor dem Anrichten 1 zerquirltes Ei, mit etwas süßem Rahm vermischt, dazu.

258. Markklöße. (Suppeneinlage.)

1/4 Pfund frisches Mark wird zu kleinen Würfeln in eine Schüssel geschnitten, 60 Gramm frischer Butter dazu gethan, oben auf die Platte des Herdes gesetzt, daß es ein wenig weich wird, und leicht gerührt; dann werden 6 Eier hinein geschlagen und 6 Eßlöffel geriebenes Weißbrot daran gethan; wenn es leicht gerührt ist, so giebt man Salz, Muskatnuß und fein geschnittenen Schnittlauch oder Petersilie dazu, legt die Klöße in Fleischbrühe oder Salzwasser mit Butter und läßt sie eine Viertelstunde kochen.

259. Markklöße, gebacken.

2 Wecken weicht man in Milch ein; nachdem man sie ausgedrückt und die Rinde abgerieben hat, thut man 60 Gramm rein gehäuteltes und verrührtes Ochsenmark, 1 Löffel Mehl, Salz und Muskatnuß dazu und rührt es mit 3 Eiern und 1 Dotter an; davon macht man kleine, runde Klöße, die schön gelb in Schmalz gebacken werden. Diese Klöße können auch in einer Buttersauce gegeben werden.

260. Mehlklöße.

Man rührt 1 Pfund Mehl mit etwas Salz, kalter Milch und einem Ei zu einem ziemlich festen Teige an, verarbeitet ihn gut, thut 2 würflig geschnittene und in Butter gelb geröstete Weißbrötchen dazu und stellt es eine Weile an einen kühlen Ort. Dann werden mit einem eisernen Löffel dicke Klöße davon in ein kochendes, gesalzenes Wasser gelegt, 20 Minuten gekocht, herausgenommen und mit geriebenem, in Butter gelb geröstetem Weißbrot begossen.

261. Gefüllte Nudeln oder Maultaschen.

Von 1 Pfund Mehl, 7 Eiern und etwas Salz wird ein Nudelteig gemacht und daraus feine Nudelkuchen ausgerollt.

6—8 Milchbrote werden eingeweicht, gut ausgedrückt und verzupft; dazu giebt man 1 Pfund feines Bratwurstbrät oder fein gewiegtes, übriges, kaltes Fleisch, Braten u. s. w., 2 Handvoll Spinat blanchiert und durch's Sieb passiert, etwas Zwiebel und Petersilie, in etwas Butter gut abgedämpft, Salz und Muskatnuß und zum Schlusse 6—8 ganze Eier. Ist die

Masse zu trocken, giebt man noch einige Eier oder etwas Wasser zu. Diese Masse streicht man auf die ganz ausgebreiteten Nudelkuchen, etwa stark Messerrücken dick, rollt dann den Kuchen auf und schneidet längliche Vierecke davon, welche man in Salzwasser etwa ¼ Stunde kocht. Man giebt sie entweder in Fleischbrühe, schmälzt sie mit Butter und Semmelmehl oder auch röstet sie, wie die Leberklöße, mit zerquirlten Eiern.

Für Fasttage nimmt man eine Fülle ohne Fleisch, die übrige Behandlung bleibt dieselbe.

Jeder Teig, den man zu Klößen und Füllen macht, kann auf diese Weise in die Nudelkuchen gefüllt werden, wodurch man die in vielen Gegenden so beliebten Strudeln, die je nach der darin enthaltenen Fülle benannt werden, erhält.

262. Panade und Bechamel zu farcen.

Als Bindemittel zu Geflügel- sowie sonstigen Klößearten wendet man neuerdings gebrühten Teig, sogen. Panade, statt wie bisher Bechamel oder eingeweichte Wecken an, und wird dieselbe folgendermaßen bereitet: ¼ Liter Wasser nebst 3 Decigramm frischer Butter wird zum Sieden gebracht und etwa 4—5 Eßlöffel Weißmehl dazu gegeben, mittelst Umrühren tüchtig auf dem Feuer 5—8 Minuten abgetrocknet, dann auf einen Teller gegeben, um das Vertrocknen zu verhüten, mittelst Butter angestrichen und bis zum Gebrauche kalt gestellt.

Die gleichfalls wie die Panade zu verwendende Bechamel wird folgendermaßen hergestellt: 30 gr. zerlassener Butter wird mit Mehl zu einer weißen Mehlschwitze angeröstet und sodann mit ½ Liter süßem Rahm oder Milch und Butter angerührt, zu einer dicken, festen Masse eingekocht und zum Gebrauch kalt gestellt. Beim Verwenden der Bechamel an Stelle von Panade ist jedoch zu beachten, daß der Fettgehalt des Rahms in der Bechamel vollständig genügend ist und deshalb bei Herstellung der Farce, nicht wie zur Panade, noch extra Butter genommen werden muß. Das Verhältnis ist vielmehr halb Fleisch, halb Bechamel, dazu einige ganze Eier und Salz, die übrige Behandlung jedoch ganz dieselbe, wie in Nr. 228 beschrieben wird.

263. Reisklöße, gesalzene zu Suppe (Suppeneinlage).

¼ Pfund Carolinen-Reis wird sauber verlesen, und in Wasser bis zum Kochen aufs Feuer gesetzt, abgeschüttet und mit kaltem Wasser übergossen, gut abgetrocknet und dann mit 6 Decigramm süßer Butter und ½ Liter Bouillon etwa

20 Minuten gekocht; wenn die Masse halb erkaltet ist, werden 3 bis 4 ganze Eier hineingerührt, etwas geriebener Parmesankäse hinzugethan und hieraus Klößchen geformt und serviert.

264. Schinkenklößchen. (Suppeneinlage.)

6 Decigramm magerer, roher Schinken wird mit 6 Decigramm guter Butter und einer kleinen, mit Petersilie gewiegten Zwiebel auf dem Feuer mit einer eingeweichten und wieder ausgedrückten Semmel gut abgedämpft, Salz und Muskatnuß beigemischt und mit 2—3 ganzen Eiern verrührt, in die Klößspritze eingefüllt, als kleine Klößchen in siedendes Wasser gelegt und wenn fertig, in einer guten Consommé als Suppe serviert.

265. Schinkenknödel.

1 Pfund gekochter Schinken wird klein würfelig geschnitten und mit 4—5 ebenso geschnittenen Brötchen in 50 Gramm Butter leicht angebraten; man giebt dazu 100 Gramm Mehl, 8 Eier, gehackte Zwiebeln und Petersilie in Butter gedämpft, Salz und Muskatnuß und schafft dies alles gut zusammen. Sonst behandelt wie Kartoffel-Klöße.

266. Schwemmklößchen. (Suppeneinlage.)

60 Gramm Mehl wird mit 1/4 Liter Milch glatt angerührt, alsdann 60 Gramm Butter, 2 Eier, 1/2 Kaffeelöffel Zucker und 1 Messerspitze Salz dareingethan. Das Ganze läßt man auf dem Feuer unter fortwährendem Rühren aufkochen, worauf es in eine Schüssel geleert und, wenn es erkaltet ist, 2 Eigelb und der steife Schnee von 2 Eiweiß dareingerührt werden. Nachdem dies fertig, werden davon längliche Klößchen in kochende Fleischbrühe gelegt, in welcher sie in 5 Minuten fertig sind.

267. Spatzen, schwäbische.

Von 1/4 Pfund Mehl mit 2 ganzen Eiern und Salz wird mit so viel Wasser ein Teig angerührt, daß dieser dickflüssig und zäh wird; diesen arbeitet man tüchtig in der Schüssel durch Abschlagen, bis er Blasen bekommt, giebt diesen Teig auf ein flaches Brett und streicht von dieser Masse mit dem Messer in siedendes Salzwasser kleine Klößchen; sind diese fertig, giebt man sie in ein warmes Salzwasser, nimmt sie sodann mit einem Schaumlöffel heraus, läßt sie abtropfen, giebt sie auf eine Platte und begießt sie mit Butter und Semmelbrösel.

Der Teig kann auch durch einen Durchschlag in siedendes Salzwasser geschlagen werden. Sodann läßt man diese Spatzen abtropfen und giebt sie in eine Kasserole, in welcher in Butter gelb geröstete, gehackte Zwiebeln sich befinden, und serviert sie sodann als Beilagen zu Fleisch u. s. w.

In vielen Haushaltungen werden die Spatzen auch vermittelst einer Maschine angelegt, doch zieht der Schwabe die von Hand gemachten diesen vor.

268. Spatzen, schwäbische, geröstet.

Zum Rösten legt man die fertigen Spatzen erst zum Erkalten ins kalte Wasser, gießt sie ab und läßt sie trocknen. Sodann röstet man sie in der Pfanne mit etwas Butter schön gelb, schlägt 2 Eier mit etwas Rahm oder Milch zusammen und giebt es über die Spatzen, läßt das Ganze noch einmal anziehen und serviert sodann.

269. Spatzen in einer sauren Sauce.

In eine gute, saure Sauce (siehe Abschnitt 4) giebt man fertig gekochte Spatzen, läßt sie darin einmal aufkochen, schmeckt sie ab und serviert.

270. Spatzen mit Gurken.

1 geschälte Gurke wird, in Scheiben geschnitten, in einer Kasserole mit einigen Löffeln Weinessig, Salz und Pfeffer so lange gekocht, bis sie weich sind. Die Gurken giebt man sodann in fertig gemachte, saure Spatzen und läßt das Ganze noch einmal gut aufkochen, ehe es serviert wird.

271. Spatzen, gebrühte, von Milch.

Diese werden wie die folgenden gemacht, nur läßt man den Teig etwas fester und legt sie in gesalzene, siedende Milch, gibt ein wenig Butter darein, läßt sie ¼ Stunde kochen und trägt sie sogleich auf.

272. Spatzen, gebrühte, von Wasser.

Man setzt ½ Liter Milch oder Wasser aufs Feuer; wenn es siedet, wird Mehl hineingestreut, wie bei jedem gebrühten Teig. Wenn er glatt gerührt ist, wird er in eine Schüssel gethan, gesalzen und mit 3 oder 4 Eiern gerührt, bis der Teig wie ein anderer Spatzenteig ist. Hierauf legt man die Spätzlein in gesalzenes Wasser, läßt sie so lange kochen, bis sie recht aufgegangen sind, richtet sie an und schmälzt sie mit gelb geröstetem Semmelmehl.

Diese Spatzen muß man aber gleich auftragen, sonst werden sie fest.

Man kann auch in einer flachen Schüssel 60 Gramm Butter zergehen lassen, die Spatzen in einen Schaumlöffel ablaufen lassen und in die Butter legen; dann deckt man sie gleich zu und läßt sie auf nicht zu starken Kohlen unten gelb werden und trägt sie so auf den Tisch.

273. Speckklöße.

Man schneidet 120—150 Gramm Speck kleinwürflig, röstet ihn gelb und schüttet das Fett über einem Schaumlöffel ab, schneidet dann 360—480 Gramm Weißbrot ebenfalls in Würfel und bratet die eine Hälfte davon in dem ausgebratenen Fett gelb, und wenn es ein wenig abgekühlt ist, so thut man die andere Hälfte Brot, den Speck, Salz, Pfeffer, fein gehackte Petersilie, einige Eßlöffel Mehl, 5 Eier und etwas kalte Milch dazu, verarbeitet es zu einem festen Teig und läßt es eine Weile ruhen, sticht dann mit einem Löffel Klöße davon aus, legt sie in kochendes, gesalzenes Wasser und kocht sie langsam 20 Minuten lang, nimmt sie nun heraus und übergießt sie mit geriebenem Weißbrot, in Butter gelb geröstet. Schinkenspeck ist zu diesen Klößen vorzüglich.

274. Speckklöße anderer Art.

Man schneidet 120 Gramm Speck in kleine Würfel, macht ihn heiß und wenn er durchsichtig ist, läßt man fein geschnittene Zwiebel und Petersilie darin anlaufen, giebt 250 Gramm würfelig geschnittene Semmel dazu und rührt es auf dem Feuer, bis das Fett eingezogen ist. Eine halbe Stunde vor dem Einkochen sprudelt man 3 Eier mit 2 Deciliter Milch ab und verrührt es mit der Semmel. Beim Einkochen mischt man 2 Deciliter Mehl dazu und sticht mit einem Löffel ungefähr 10 Klöße heraus und kocht sie 15 Minuten in Fleischbrühe oder gesalzenem Wasser. Man kann auch in die Mitte des Klößes einen Löffel fein geschnittenes Schinkenfleisch thun und alsdann ½ Stunde kochen, dies giebt die sogen. Tiroler-Knödel.

275. Trüffelfarce zu Tortuesuppenklößchen.

In die Gänseleberfarce (Nr. 227) werden 6 Decigramm geschälte, rohe Perigordtrüffeln im Reibstein darunter gerieben und zu Klößchen verwendet.

276. Weckenfülle zu Fleisch und Geflügel.

5—6 Semmeln werden abgerieben, in Wasser eingeweicht und gut ausgedrückt. Eine kleine Zwiebel und etwas Petersilie werden fein zerhackt und mit 50 Gramm Butter leicht gedünstet mit dazu das zerpflückte, eingeweichte Brot. Wenn es gut abgedämpft ist, kommt die Masse in eine Schüssel und wird Salz, Muskatnuß und etwa 6—7 ganze Eier dazu gegeben.

Bei Füllen zu Geflügel giebt man noch die gehackte Leber des betreffenden Geflügels dazu.

277. Weckenfülle anderer Art.

Die Semmeln werden fein in Scheiben geschnitten und mit einer Obertasse warmer Milch übergossen, worauf man die Schnitten ziehen läßt; man giebt gehackte und in Butter gedämpfte Zwiebeln und Petersilie dazu, Salz, Muskatnuß und Eier, wie oben beschrieben.

278. Weckenfülle, dritte Art.

1½ Pfund nicht zu fettes Schweinefleisch treibt man einigemale durch die Hackmaschine, giebt dazu 3—4 eingeweichte und gut ausgedrückte Semmeln, Salz und Muskatnuß und 6 Eier und verwendet diese Fülle zu Kalbsbrustfüllen oder zu Geflügel, in letzterem Falle kommt die gehackte Leber auch dazu.

279. Wecken-Klöße gebacken. (Suppeneinlage.)

Zwei altgebackene Wecken werden in Wasser eingeweicht, dann wieder ausgedrückt, in ¼ Pfund Butter gedämpft, mit 3—6 Eiern, etwas Salz, Schnittlauch angerührt, Knöpfchen aus diesem Teig gestochen und diese in Schmalz gebacken.

280. Weckenklöße, gekocht.

Man schneidet 6 Wecken in Würfel, brüht die eine Hälfte mit siedender Milch an, die andere röstet man in Schmalz, dämpft eine Zwiebel in Schmalz und gießt es über die Wecken. Dann werden 8 Eier verrührt, zu den Wecken gethan, gesalzen und noch so viel Mehl dazu gestreut, daß der Teig im Wasser nicht zerfährt. Die Knöpflein legt man in der Größe eines kleinen Schaumlöffels in gesalzenes Wasser, läßt sie aber nicht zu lange sieden und schmälzt sie wie die vorhergehenden.

281. Weckenknopf.

4 altgebackene, geriebene Wecken werden mit 60 Gramm Butter, die man in ½ Liter Milch zergehen ließ, übergossen und so viel Eier dazu gerührt, daß man einen Teig wie einen dünnen Spatzenteig erhält; man fügt ihm noch Salz und gestoßene Muskatblüte bei, bestreicht ein frisches, leinenes Tuch mit Butter, gießt den Teig hinein, bindet dasselbe mit einem Bindfaden fest zu und kocht den Knopf eine schwache Stunde in gesalzenem Wasser. Man nimmt dann den Knopf heraus, bindet das Tuch auf, legt ihn in eine Schüssel, macht oben einen kreuzweisen Schnitt darüber und giebt eine Butter-, Krebs- oder Morchelnsauce dazu.

282. Wickelklöße.

Man macht aus ¾ Liter Milch, Mehl und 3—4 Eiern einen nicht zu festen Teig, rollt ihn dünn, wie zu Schneidnudeln, aus, bestreicht ihn mit zerlassener Butter, bestreut ihn mit in Butter geröstetem, geriebenem Weißbrot oder mit Fleischresten, die gehackt und in Butter gedämpft worden, und rollt ihn zusammen. Sind Butter und Weißbrot oder Fleisch erkaltet, so werden fingerlange Stücke daraus geschnitten, in kochendes Salzwasser gelegt, und wenn sie kochen, 10 Minuten darin gelassen, dann mit in Butter geröstetem, geriebenem Weißbrot übergossen.

283. Wiener Semmelknödel.

90 Gramm Butter oder 75 Gramm frisches Schweineschmalz werden schäumig abgerührt, nach und nach 3 ganze Eier hinein geschlagen und genau verrührt, mit einem Theelöffel feinem Salz und halb soviel fein geschnittener Petersilie gewürzt und mit 1½ Liter kleinwürflig geschnittener Semmel (Weißbrötchen) zu einem dicken Teig vermengt, Klöße, so groß wie eine kleine Faust, daraus geformt, in kochendes, gesalzenes, mit etwas Butter vermischtes Wasser eingelegt, zugedeckt und 10 Minuten lang gekocht, dann gehäuft, angerichtet und mit zwei Eßlöffeln Semmelbröseln (geriebenes Weißbrot), die in Butter oder Schweineschmalz gelbbraun geröstet werden, heiß bestreut.

284. Wildfarce zu Klößen 2c.

Von Fasanen, Feldhühnern und anderen Wildgeflügelarten können die Brüste derselben wie in Nr. 228 und im gleichen Verhältnisse verarbeitet werden; auch von Reh, Hasen und Hirschfleisch 2c. kann die gleiche Farce und Klöße zu Wildbretsuppen, Ragouts 2c. verwendet werden.

285. Wildgodiveau.

Zum Füllen verschiedener warmen Galantinen von Rehbrüsten, Fasanen, Feldhühnern u. s. w. wird von Reh-, Hirsch- oder Hasenfleisch auf dieselbe Art und Weise eine Godiveau bereitet, wie in Nr. 246 beschrieben ist. Diese Farce kann auch zu Klöße in Ragouts u. s. w. verwendet werden.

3.

Vorspeisen (Hors-d'œuvres).

Es ist nicht nur dem Koch, sondern auch jeder sparsamen Hausfrau und Köchin, die verstehen, in der Küche alles richtig und gut zu verwerten, Gelegenheit geboten, durch Verwenden von Abfällen und übrig gebliebenen, kleineren Speiseresten derartige Vorspeisen mit wenig Mitteln herzustellen und so dem Speisezettel eine willkommene Abwechslung zu bringen.

Diese in der Kochkunst mit Recht so beliebten Speisen bilden bei einem Mahle entweder vor oder nach der Suppe das eigentliche Eingangsgericht und ist z. B. in Rußland kaum ein Essen möglich, ohne daß nicht vorher die kalten Vorspeisen (Saguski) serviert würden, oder ohne, wie es dort Sitte ist, die auf eigens dazu hergerichtetem Tisch dem Gaste in der geschmackvollsten Weise zu Gebote stehenden Vorspeisen zu essen, bevor man sich zu Tische setzt. Aber auch nach der Suppe bilden diese warmen, kleinen Gerichte eine willkommene Abwechslung wie z. B. kleine, gefüllte Pastetchen, Croquetten, Krüstchen, Coquillen usw.

Diese Speisen erfordern vor allem größte Pünktlichkeit in der Zusammenstellung und Ausführung, werden hübsch angerichtet und meist ohne jede Beigabe von Sauce serviert, da die meisten der Speisen schon Sauce enthalten. Die warmen Vorspeisen sollen stets frisch zu Tische kommen, dürfen nicht zu lange vor dem Anrichten fertiggestellt oder gebacken werden, da sie durch zu langes Stehen weich und unansehnlich werden, wie z. B. Croquetten oder kleine Pastetchen.

Viele der hier angeführten Vorspeisen können auch als Beigabe zu Gemüse oder als Garnitur zu Fleisch u. s. w. ge=

geben werden, doch wird in einem späteren Abschnitt dies noch beschrieben werden.

286. Englisches Brot.

Das später öfters angeführte, englische Brot wird, wie folgt, zubereitet: 4 Pfd. Mehl Nro. 0 siebt man auf das Nudelbrett, macht dasselbe auseinander und giebt in die Mitte 100 g zerstückelte Butter, 10 g Salz. Vorher hat man von diesem Mehl in einer Schüssel mit etwa 3 Handvoll Mehl und 40 g Hefe, sowie etwas lauer Milch einen Vorteig angerührt, den man, wenn er hinreichend gegangen, zu dem übrigen Mehl giebt, dazu noch 1 Liter warme Milch; man macht den Teig so schnell wie möglich zusammen, zieht ihn tüchtig auf dem Brett und arbeitet ihn gut zusammen, bis er schön glatt ist, worauf man ihn in viereckige, mit Butter vorher ausgestrichene Kapseln oder runde Kasserole eindrückt, die Kapsel etwa stark halb voll. Sodann läßt man das Brot an warmem Ort gehen und bäckt es in mäßig warmem Ofen etwa 1 Stunde.

Es ist sehr gut, um das Brot feucht zu erhalten, unter den Teig einige geriebene Kartoffeln zu geben.

Das Brot muß sehr dicht und fest sein, um aus solchem Sandwiches, Brotsockel, Croutons, Krüstchen u. s. w. ausschneiden zu können.

Frisch gebacken eignet es sich vorzüglich zum Frühstücks- oder Theetisch, als Toast (Röstbrot).

a. Die kalten Vorspeisen.

Bei den kalten Vorspeisen, welche vor der Suppe gegeben werden, können die einzelnen kalten Gerichte, wie Austern, Caviar usw. allein gegeben werden, oder aber man giebt verschiedene der unten beschriebenen Gerichte auf einer Platte unter dem Namen russische Vorspeise. Mit dieser Platte wird die Hausfrau jederzeit großen Erfolg erzielen, wenn sie mit Geschmack und Geschick dieselbe zusammenzustellen versteht (siehe russische Platte Nr. 310).

287. Austern.

Man rechnet 8—10 oder 12 Stück für die Person, wäscht die Auster, trocknet sie ab und öffnet sie kurz vor dem Gebrauch sehr vorsichtig, indem man die Auster auf einem Tuch in die linke Hand nimmt, die flache Schale nach oben, das Messer zwischen die Schalen am spitzen Teil der

Auster ansetzt und dieselbe nun aufzubrechen sucht, das Messer dabei hart an der oberen, platten Schale derselben führend, bis die obere Schale ganz abgelöst ist (Fig. 284—285). Die geöffneten Austern giebt man auf ein Teller mit Zitronenschnitz, dazu eine Austerngabel oder man setzt sie auf eine große Platte und serviert diese den Gästen. Meistens werden die Austern auf Tellern auf die Tafel eingesetzt, ehe das Essen beginnt.

Fig. 284—285.

288. Aal, geräuchert oder in Gelée eingemacht.

Den geräucherten Aal schneidet man in kleinere Stücke, befreit ihn von seiner Haut, richtet ihn hübsch an und garniert ihn mit Petersilie und Zitronenstückchen, etwas Butter kann man dazu servieren.

Den eingemachten Aal bekommt man in der Büchse und kann man ihn in der Büchse auf einer Platte mit gefalteter Serviette servieren.

289. Caviar.

Von dem in den Handel kommenden Caviar ist vor allem der graue, grobkörnige Astrachancaviar der teuerste, aber auch der feinste. Man bekommt denselben selbst während der heißen Jahreszeit gut conserviert, während der ungesalzene, aber auch der feinste Belugacaviar nur in der Wintersaison erhältlich ist.

Billigere Sorten sind: der Uralcaviar und Elbcaviar, ebenso der gepreßte.

Man serviert den Caviar am besten in einer Kristallschale mit Fuß, welche man in der Mitte einer runden Platte mit Eiweiß und Mehl befestigt, giebt kleine, viereckig egal geschnittene und geröstete Brötchen von engl. Brot oder von Milchbroten dazu, sowie frische Butter zwischen zwei Brettchen zu runden Kugeln geformt und Zitronenstückchen, alles dies geschmackvoll zusammengestellt und mit etwas Petersilie ausgeputzt. (Fig. 286.)

Man kann auch fertige Caviarbrötchen servieren, diese

schneidet man, wie nachher beschrieben, entweder aus englischem Brot oder aus Milchbroten, welche man gut röstet und erkalten läßt, bestreicht sie mit Butter und sodann mit Caviar und richtet die Brötchen auf einer Serviette auf runder

Fig. 286.

Platte mit Zitronenstückchen garniert, hübsch erhaben an. Den Rand der Brötchen kann man auch mit Streifen von geräuchertem Lachs einfassen.

290. Canapées oder belegte Brötchen.

Fig. 287.

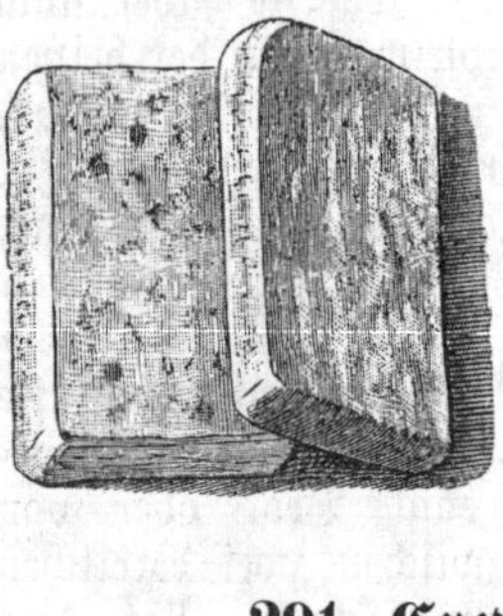

Aus englischem Brot werden kleine, viereckig geschnittene Brötchen gemacht, 4 cm breit, 6 cm lang und 1 cm dick (Fig. 287), geröstet, mit Butter bestrichen und mit Folgendem belegt: Käse, rohem oder gekochtem Schinken, geschnitten oder gehackt; Sardellen, geräuchertem Lachs, Sardinen, Gänseleber, Caviar, Austern u. s. w.

Diese Brötchen serviert man auf einer mit Serviette belegten, runden Platte.

291. Crevetten oder Garnellen.

Crevetten oder Garnellen werden gewaschen und gut abgetrocknet, sodann hübsch im Kranz auf einer Kristallschale angerichtet, mit Petersilie garniert und ein Stück Süßbutter zum Servieren dazu gegeben. (Siehe Abschnitt 11, Fische.)

292. Crevettenbrötchen.

Crevetten werden die Schwänze ausgebrochen, diese gewaschen und dann gut getrocknet. Kleine, geröstete Canapées werden mit Sardellenbutter bestrichen und die Crevettenschwänzchen geschmackvoll darauf gelegt.

293. Eier, gefüllte.

Von vier halbierten, gekochten Eiern wird das Gelbe mit feinen Kräutern und einigen Sardellen gestoßen, durchs Sieb gedrückt und dies Purée mit etwas Mayonnaise und Senf angemacht; diese Masse giebt man in die Eier, streicht sie erhaben auf und garniert sie mit Kapern und Sardellen, giebt die Eier in eine tiefe Platte mit etwas Essig und Oel darauf und serviert sie.

294. Gänseleber.

Die gekochte Gänseleber (siehe Abschnitt 13, Warme Zwischengerichte) wird in Tranchen geschnitten, im Kranz angerichtet, mit Sulz garniert und serviert. Ebenso auch

295. Gänseleberpastete.

Wird auch als kalte Zwischenplatte gegeben. (Weiteres siehe Abschnitt 14, Kalte Zwischengerichte.)

296. Geräuchte Gänsebrust.

Man zieht den Faden aus der Gänsebrust und schneidet diese sodann in dünne Scheiben, welche man hübsch auf eine Platte anrichtet und mit Petersilie garniert zu Tische giebt.

297. Hachierte Brötchen.

Mache von englischem Brot kleine Brötchen wie in Nr. 290 angegeben. Magerer, gekochter Schinken wird fein zerhackt und ziemlich dick die Brötchen damit bedeckt und festgedrückt; kann ebenso von übrig gebliebenem Wildfleisch oder Geflügel bereitet werden.

298. Hamburger Brot.

Fig. 288.

Zwischen zwei egal geschnittenen Scheiben einer Semmel oder Schwarzbrot, die man mit Butter bestrichen, giebt man eine dünne Scheibe rohen Schinken. Auf das Brot giebt man ein Stückchen frischen oder eingemachten Hummer, überstreicht den Hummer und das Brot erhaben mit einer dicken Mayonnaise und garniert diese mit Kapern u. Sardellenstreifen. (Fig. 288, Nr. 1.)

299. Heringe.

Schöne Vollheringe werden entgrätet, die Haut abgezogen und in einen Steinguttopf gelegt. Die Heringsmilch streicht man durch ein Sieb mit ein wenig Essig, giebt sauren Rahm dazu und gießt dies an die Heringe, dazu ein Lorbeerblatt, einige Scheiben Zwiebel und Pfefferkerne, obenauf einen Löffel feines Olivenöl. Die Heringe läßt man in dieser Marinade einige Tage an einem kühlen Orte stehen. Zum Servieren schneidet man sie in schöne Stücke, ohne die Form zu verletzen und richtet sie dann hübsch auf einer Platte an, indem man die Brühe durchseiht, über die Heringe giebt und mit Zitronscheiben, Kapern, Petersilien und Zwiebel garniert.

Matjesheringe werden entgrätet, die Haut abgezogen, in Stücke geschnitten, auf eine Platte gelegt, mit Petersilie, Zitronen u.s.w. garniert und mit Butter serviert. Kartoffeln in der Schale werden oft dazu gegeben, ebenso eine Saucière Mayonnaise.

300. Kleine Beefsteaks tartares.

Rohe Fleischabfälle vom Filet, wie der Kopf und die Spitze, werden rein entnervt und enthäutet, auf ein sauberes Hackbrett gegeben und mit etwas Salz, Pfeffer, etwas Zitronensaft und fein gehackten, rein gewaschenen Zwiebeln, sehr fein gehackt, oder das Fleisch, wenn es größere Stücke sind, erst geschabt und dann gehackt. Von dieser Masse formt man kleine, thalergroße, flache Stücke, welche man eines neben das andere auf runder Platte legt, in die Mitte derselben macht man eine kleine Vertiefung, in welche man ein rohes, ganzes Eigelb giebt. In die Mitte der Platte kann man einen Gemüse- oder italienischen Salat geben und die Platte außen herum mit gehackten Zwiebeln, Kapern, Mixedpicles, Sardellen u.s.w. abwechslungsweise garnieren und so angerichtet servieren.

Einzelne große Beefsteaks werden ebenso behandelt und garniert wie die kleinen.

301. Kaiserbrot.

Ein größeres Brötchen aus englischem Brot (8 cm lang 5 cm breit), geschnitten wie in Nro. 290, wird geröstet, fein geschabtes oder passiertes rohes Fleisch vom Filet mit etwas Salz vermischt, wird auf das Brötchen gestrichen. In die Mitte des Brötchens, der Länge nach, giebt man Astrachan-Caviar, etwa 1½ cm breit und faßt den Caviar der Länge nach mit Streifen von geräuchertem Lachs ein. Oben auf den Caviar legt man zum Schluß eine entbärtete Auster. (Fig. 288, Nr. 2.) Die Brötchen richtet man auf runder Platte mit gefalteter Serviette an, mit Zitronenschnitzen und Petersilie garniert.

302. Kibitz-Eier.

Die Kibitzeier werden ebenso gekocht wie die Hühnereier, etwa 6 Minuten in kochendem Wasser. Schwimmt ein Ei während des Kochens oben, so ist dasselbe angebrütet und deshalb nicht genießbar. Man richtet die Eier auf einer Ser-

Fig. 289.

Fig. 290.

viette an mit Kresse und serviert Butter dazu, oder in Silberkasserolen oder Ragoutmuscheln (Fig. 289 u. 290) und stellt diese auf eine Serviette auf runder Platte.

303. Geräucherter Lachs.

Von einem schönen Stück geräucherten Rheinlachs entfernt man die Gräten und die Haut und schneidet nicht zu dünne

Scheiben, welche man hübsch auf einer Platte anrichtet, mit Petersilie und einigen schönen Butterrosen garniert.

Fig. 291.

Butterrosen: Ein hartes Stück Butter schabt man mit einem Messer, sodaß die Butter sich rippt und bläterähnlich aussieht; sodann setzt man sie zu kleineren oder größeren Rosen zusammen. Es ist dies sehr leicht auszuführen und garniert manche Platten wie zu Caviar oder Käse sehr hübsch. (Fig. 291.)

304. Möven-Eier.

Ebenso behandelt wie Kibitzeier.

305. Neunaugen.

Die Neunaugen putzt man und schabt sie rein ab, schneidet sie dann in Stücke und setzt sie hübsch auf einander mit Petersilie garniert.

306. Gefüllte Oliven.

Etwa 15—20 große Oliven werden abgedreht und der Stein herausgenommen; sodann füllt man die Olive mit Sardellenbutter (siehe dort) und umgiebt jede derselben mit einer halben, sauber geputzten und entgräteten Sardelle, giebt sie auf eine kleine, runde Platte und gießt etwas Essig und Oel darüber.

307. Puréebrötchen.

Kleine Brötchen wie in Nr. 290 beschrieben, werden geröstet und darauf erhaben ein beliebiges, kaltes Purée, gestrichen (siehe Abschnitt 4, Saucen), sei es nun Geflügel, Schinken, Gänseleber, welche sich dazu am meisten eignen. Man kann diese Brötchen mit ausgestochenen Trüffelscheibchen garnieren. Sie werden auf gefalteter Serviette angerichtet.

308. Restaurationsbrot.

Zwischen zwei nicht zu dünn geschnittenen Schwarzbrotschnitten, die man mit Butter bestreicht, giebt man eine Scheibe kalten Braten oder Wurst, ebenso oben auf das Brot und garniert nun das Fleisch mit einem ganzen Ei, das man halbiert auflegt, sowie mit Sardellenstreifen, roten Rüben, gehackter Sulz, Kapern und Gurken. (Fig. 292.)

Fig. 292.

309. Russisches Brot.

Wie beim Hamburger Brot, nur kommt oben auf das Brot eine Lage Caviar, ein halbes, gekochtes Ei und wird über das Ei eine dicke Mayonnaise gestrichen. Diese garniert man mit Streifen von geräuchertem Lachs. (Fig. 288, Nr. 3.)

310. Russische Platte.

Die russische Platte ist aus den verschiedensten, kalten Delikatessen und kleinen Vorspeisen zusammengestellt und stellt die Anforderung an die Hausfrau oder Köchin, dieselbe möglichst schön angerichtet, mit den mannigfaltigsten Speisen belegt, zu Tische zu bringen.

Wie ich schon oben gesagt, ist in Rußland allgemein die Sitte verbreitet, vor dem Essen die auf einem Nebentisch aufgestellten, kalten Vorspeisen (Saguski) zu sich zu nehmen. Da nun bei uns diese Sitte nicht herrscht, vielmehr alle Gänge am Tisch serviert werden, will ich eine Zusammenstellung verschiedener Vorspeisen unter dem Namen russische Platte hier besprechen, wie sie sehr häufig und stets mit großem Erfolg serviert wurde und auch leicht herzustellen ist.

Man verwendet dazu eine möglichst große, runde oder lange Platte, einen kleinen, runden Holz- oder Brot-Sockel in die Mitte, den Holzsockel mit Papier beklebt. Diesen Sockel befestigt man in der Mitte der Platte und giebt auf denselben eine Glasschale, in welche man eine hübsch angerichtete und garnierte Mayonnaise giebt, sei es von Fisch, Hummer oder Geflügel. Um den Sockel herum legt man nun hübsch abwechslungsweise, die verschiedenen Farben berücksichtigend, die Vorspeisen, in egalen, kleinen Formen hergestellt, rund oder viereckig, klein ausgestochene Brötchen mit Caviar und Lachs belegt; solche von rohem Fleisch mit Ei und Kapern, Sardellenbrötchen oder solche mit Rohfleisch und Caviar oder Brötchen mit einer rohen Auster; Sardinen sauber geputzt, frische Hummer aus den Schalen genommen, Crevetten, Gansleberpastete, gefüllte Eier, kleine, gebackene Krüstchen mit Gansleberpurée gefüllt, gefüllte Oliven, Kibitzeier u. s. w.

Fig. 293.

Alles dies wird hübsch um den Mittelsockel gelegt, so daß die Gäste mit Leichtigkeit die Speisen sich aussuchen können. Zum Servieren giebt man eine Saucière Remoulade, Mayonnaise oder Tartare dazu. (Fig. 293).

311. Sardellen.

Die Sardellen werden in Wasser gelegt, gereinigt, gespalten und entgrätet. Sie können ganz serviert, mit gehackten Eiern und Kapern garniert, in Streifen geschnitten, auf Brötchen gelegt oder als Garnitur aufgerollt und zu Saucen verwendet werden.

312. Sardinen

können in der Büchse auf einer Serviette serviert werden, oder die Sardinen werden enthäutet und auf einer Platte, mit frischem Olivenöl übergossen, serviert.

313. Sandwiches (englisch).

Von englischem Brot werden Scheiben sehr dünn geschnitten, diese mit Butter, in welcher etwas englischer Senf und Salz vermischt werden, beschmiert, dünn geschnittenes Fleisch zwischen die beiden Brotscheiben gelegt, die Brotscheiben sodann in eine längliche, egale Form geschnitten und im Kranz auf einer Serviette angerichtet. Ist bei großen Gesellschaften eine beliebte Beigabe zu Thee und Bier.

Kann auch ebenso von einem festen Schwarzbrot gemacht

werden oder teils mit diesem, sowie mit Pumpernikel und engl. Brot, ebenso 3—4 Lagen abwechslungsweise schwarz und weiß.

314. Tartare-Brötchen.

Fein geschabtes und gehacktes Fleisch vom Filet mit Pfeffer, Salz, fein gehackten Zwiebeln, etwas Essig Oel vermischt, wird auf ein Brötchen gestrichen und dasselbe mit Eiern, Kapern und Gurken verziert.

b. Die warmen Vorspeisen.

In den weiter unten beschriebenen Rezepten habe ich immer eines als Grundrezept ausführlich beschrieben und ist deshalb bei Gebrauch derselben stets das Aehnliche nachzuschlagen. Ebenso sind nachstehende, allgemeine Vorschriften zu beachten. Die Füllen der Pastetchen sind nur dann näher beschrieben, wenn in ihrer Behandlung ein wesentlicher Unterschied besteht.

Die Fülle wird, wenn sie einmal heiß ist und dabei leicht aufgekocht hat, am besten im Wasserbad bis zum Gebrauch warm gestellt, dabei ist nicht zu versäumen, auf das Salpicon entweder ein wenig Butter, Consommé oder Jus zu geben, je nachdem dasselbe weiß oder braun ist, um zu vermeiden, daß sich eine Haut bildet.

Der Blätterteig zu den Pastetchen wird in Abschnitt 16 beschrieben. (Von 1 Pfund fertigen Blätterteig können etwa 20—24 kleine Pastetchen ausgestochen werden, die Abfälle sind gut zu kleinen, süßen Schüsseln zu verwenden.)

Muscheln zum Gratinieren im Ofen setzt man auf ein Blech, unter jede derselben ein wenig Salz, um das Umfallen derselben zu verhüten.

Papierkästchen pinselt man erst mit Oel aus, um ein Flammen des damit getränkten Papiers zu verhüten; stürzt sie alsdann umgekehrt auf ein Blech und trocknet sie einige Minuten im Ofen.

Bei den Croquetten darf die Sauce nicht nach Mehl schmecken, sondern muß gut aus- und dick eingekocht, sehr kräftig, doch nicht zu scharf sein, da die Speisen sonst ihren ganzen Wohlgeschmack verlieren. Es darf aber nicht zu viel Sauce in der Croquettenmasse sein, da sie sonst zu weich werden, aber auch nicht zu wenig, da sie sonst zu trocken sind. Fertig gekochte Champignons (siehe Abschnitt 5 B) zum Schneiden in Croquetten oder Pastetchen u.s.w. sind vor dem Gebrauch erst auszudrücken, damit sie beim Aufkochen keinen Saft ziehen.

Bei den Croquetten sticht man die Masse gleich groß mit einem Löffel ab und formt dieselben durch Hin- und Herrollen auf dem mit Mehl bestaubten Tisch oder Tranchierboden so dicht wie möglich in länglicher oder runder Form, worauf man sie einmal in Semmel wendet, ihnen Façon giebt und sodann in Semmel und Eiweiß fertig paniert. Die fertige Croquettenmasse stellt man, gleichmäßig auf eine Platte oder ein Blech gestrichen, zum Erkalten am besten auf Eis. Beim Panieren ist darauf zu achten, daß das zerschlagene Eiweiß nach dem Eintauchen von den Croquetten gut abläuft, ehe man sie im Panierbrot umwendet, damit dasselbe durch das Eiweiß keine Knollen giebt und sich an die Croquetten anhängt. Hauptsächlich sind die beiden Enden gut zu panieren, am besten mit dem Messer fest zu drücken. Beim Backen soll das Fett nicht zu kalt sein, da die Croquetten sonst leicht platzen und auslaufen, was auch hauptsächlich dann vorkommt, wenn die Sauce nicht dick genug eingekocht ist. Sie dürfen aber auch nicht zu heiß gebacken werden, um ein Verbrennen zu verhüten. Man legt die fertigen Croquetten auf ein Tuch, Papier, Sieb zum Abtropfen.

Gebackene Petersilie und in Stücke geschnittene Zitrone werden meist dazu serviert. Die ausgedrückte Petersilie wird in einem Schaumlöffel in heißem Fett rasch herausgebacken, leicht gesalzen und zum Garnieren verwendet.

315. Austern, gebacken.

Die Austern werden, nachdem sie geöffnet und aus der Schale genommen, in ihrem eigenen Saft leicht blanchiert, nach dem Erkalten auf ein Tuch zum Abtropfen gelegt. Eine dicke Villeroysauce (s. Abschnitt 4), mit dem Saft der Austern eingekocht, wird auf die Austern gestrichen, diese in Semmelbrösel umgedreht und sodann in Eiweiß und Brösel gut paniert, aus heißem Fett gebacken und auf Serviette (S. 125, Fig. 3 und 4) mit Petersilie und Zitrone angerichtet.

316. Austern au gratin.

Die geöffneten Austern übergießt man, in der unteren Schale lassend, mit in Butter angeröfteten Semmelbröseln und läßt sie im heißen Ofen etwa 2—3 Minuten gratinieren.

Man kann auch eine leichte Villeroysauce darüber geben mit Semmelbrösel bestreuen und gratinieren.

317. Austern in Muscheln.

Man streicht eine Anzahl Muscheln mit Butter aus. Die blanchierten Austern giebt man in eine mit dem Austernfond dick eingekochte und legierte, weiße Sauce, füllt die Muscheln damit, streut geröstete Semmelbrösel darauf, stellt sie einige Minuten in den heißen Ofen und serviert sie sofort.

Die Austern werden meistens von den Bärten befreit zu diesen Speisen verwendet.

Weitere Rezepte siehe Abschnitt 11, Fische.

318. Attereaux von Brieschen.

4—5 Brieschen werden blanchiert, ins kalte Wasser gelegt, von Haut und Sehnen befreit und in einer guten Bouillon mit Gemüse und Gewürz und ein eigroß Butter leicht gekocht. Sodann legt man die Brieschen zwischen zwei Brettchen, um sie leicht zu pressen und sticht sodann kleine, runde (ungefähr 1 Mark groß Durchmesser) Stückchen aus und ebenso Champignons und Trüffel. Man kann die Stückchen auch viereckig schneiden. Unterdessen bereite mit dem Brieschenfond eine gute, dicke Villeroysauce (Abschnitt 4) und tauche die obengenannten

Fig. 294.

Fig. 295 u. 296.

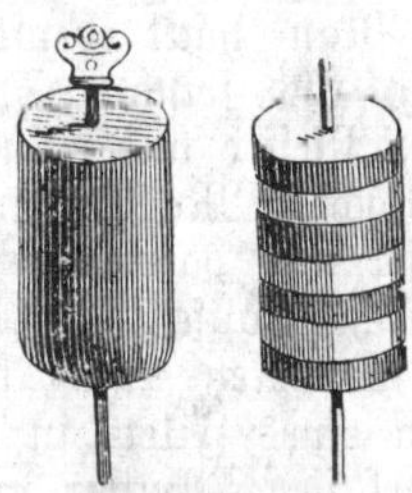

Sachen in dieselbe, worauf man die Stückchen abwechslungsweise an dünne Holzspießchen steckt, etwa 8—10 Stückchen an eines. Hierauf streicht man die Sauce schön egal glatt, daß die Stückchen ganz damit bedeckt sind und stellt sie zum Erkalten an einen kühlen Ort; paniert sie erst in Semmel und dann in Semmel und Ei, indem man ihnen eine schöne, gleichmäßige Form dabei giebt und mit dem Messer zurecht klopft, und backt sie schön gelb in nicht zu heißem Fett. Die Holzspießchen werden nun langsam herausgezogen und hiefür Silberspießchen eingesteckt, worauf man die Attereaux in einen rund geschnittenen und gebackenen Brotsockel, den man auf der Platte mit Mehl und Eiweiß befestigt hat, hineinsteckt und mit Petersilie und Zitrone zu Tische giebt. (Fig. 294, 295 u. 296.)

Attereaux von Austern, Hühner, Rebhühner, Gänseleber werden ebenso behandelt, bei Rebhühner und Gänseleber statt einer weißen, eine gute, dick eingekochte Madeirasauce verwendet.

319. Butterteigrollen (Cannelons).

Ueber fingerlange und fingerdicke, leichtgebutterte Hölzer werden 1—2 cm breite und etwa 15—20 cm lange Butterteigstreifen (von etwa ½ Pfund Blätterteig) spiralförmig ihrer Länge nach aufgewickelt, auf ein Blech gelegt, mit Eigelb bestrichen und im Ofen schön gelb gebacken; man zieht, wenn sie gar sind, das Holz heraus und füllt die Rollen mit irgend einem Purée oder Fülle von Hühner oder Wild, Gansleber u.s.w.; die Rollen richtet man auf einer gefalteten Serviette an und serviert.

320. Crépinettes von Hasen oder Reh.

Man hackt ebensoviel enthäutetes und entnervtes Hasenfleisch, als frischen Speck, etwa von jedem 1 Pfund, giebt Salz, Pfeffer und Muskatnuß dazu, nebst einigen Löffeln dick eingekochter Madeirasauce. Ein Schweinsnetz legt man ins Wasser und dann auf ein Tuch, giebt von der Farce kleine, längliche Haufen auf das Netz und drückt sie platt, worauf man das Netz rund herum schneidet und die Farce in der Form eines Filets in das Netz wickelt; paniert dieses Filet in zerlassener Butter mit Ei und Semmel und bratet es langsam im Butter in der Pfanne oder auf dem Roste. Man serviert dazu eine Madeirasauce.

Um die Speise feiner zu gestalten, kann man etwas Trüffel in die Farce schneiden.

Von Hühnern werden ebensolche Crépinettes bereitet, nur nimmt man dabei anstatt der braunen eine weiße Sauce.

321. Crépinettes von Gansleber mit Trüffeln.

Von 2 Pfund Schweinscarré entbeint und entnervt, wird eine Farce mit ¼ Pfund grünem Speck, sowie ½ Pfund roher Gänseleber bereitet, indem man das Fleisch durch die Hackmaschine einige Male treibt und sodann durch ein Drahtsieb passiert. Ein ausgewässertes Schweinsnetz, auf einem Tuch ausgebreitet und getrocknet, wird in viereckige, egale Stücke geschnitten, auf diese von der Farce gegeben, ein viereckig, länglicht geschnittenes Stück Gansleber darauf gelegt, mit Farce überdeckt, demselben die Form eines plattgedrückten Croquetts gegeben, mit einigen Trüffelscheiben belegt und sodann in das Netz eingeschlagen, in zerlassener Butter gewendet, mit Ei und Semmel bestreut, entweder in der Pfanne oder auf dem Rost fertig gemacht. Man serviert dazu eine Trüffelsauce.

322. Croquetten von Brieschen.

3—4 Kalbsbrieschen werden gekocht wie in Nro. 318 und wenn sie erkaltet, in kleine Würfel geschnitten, ebenso einige Trüffel, Champignons und ein Stück gesalzene und gekochte Ochsenzunge. Mit dem Brieschenfond und Champignonsaft werden einige Löffel weiße Sauce sehr dick eingekocht und mit 4 Eigelb und Rahm legiert. Die Sauce giebt man über das Salpicon und läßt alles noch einmal gut aufkochen, streicht die Masse gleichmäßig auf eine flache Schüssel, stellt sie auf Eis und schneidet dann längliche, gleich große Croquetten aus der Masse, paniert sie, wie angegeben, und backt sie aus heißem Fett. Mit Petersilie und Citrone garnirt werden die Croquetten auf einer gefalteten Serviette zu Tische gegeben. (Fig. 297.) Croquetten von Hühner werden auf die gleiche Art bereitet, ebenso von gekochtem Fisch, wobei man zur Sauce etwas Fischfond verwendet.

Fig. 297.

323. Croquetten von Reis.

1 Pfund Karolinareis wird blanchiert und in weißer Bouillon mit Salz und etwas Butter weich, aber körnig gekocht; man giebt, wenn er gar ist, eine Hand voll geriebenen Parmesankäse, etwas Butter und einige Löffel dick eingekochter und legierter Allemande dazu und läßt diese Masse erkalten. Daraus werden kleine, lange Croquetten geformt und behandelt wie die obigen.

324. Croquetten von Maccaroni.

1 Pfund Maccaroni werden in Salzwasser weich gekocht, abgeschüttet (nicht ins kalte Wasser gelegt) und in kleine, egale Stückchen geschnitten, ebenso einige Champignons und ein Stück Zunge. Eine gute, dick eingekochte und legierte Suprêmesauce wird mit dem Maccaronisalpicon aufgekocht und im übrigen behandelt wie die anderen Croquetten.

325. Croquetten von Krebs oder Hummer.

Von 60 gekochten Krebsen schneidet man die ausgebrochenen Schwänze in Stücke und bereitet von den Schalen ½ Pfund Krebsbutter. Zu einigen Löffeln dick eingekochter Allemande giebt man eben soviel eingekochte Bechamelsauce, kocht beide zusammen dick ein, legiert mit 4 Eigelb, giebt die Schwanzstückchen dazu, kocht alles noch einmal auf und giebt den Krebsbutter zum Schluß dazu; streicht die Masse zum Erkalten auf eine Schüssel und vollendet die Croquetten, wie oben angegeben.

Von Hummern werden Croquetten ebenso bereitet.

326. Croquetten von Fleisch.

Schneide kaltes Kalb- oder Filetfleisch in Stückchen, wie im Vorhergehenden. Gehackte Zwiebeln und etwas Petersilie werden mit etwas Butter gedämpft. mit Rotwein und Jus abgelöscht, einige Löffel brauner Sauce zugegeben und diese Sauce dick eingekocht; man zieht sie mit 4 Eigelb und etwas Zitronensaft ab, giebt das zerschnittene Fleisch zu, läßt es noch einmal aufkochen und behandelt es sonst wie im Vorhergehenden.

327. Croquetten von Gänseleber.

Eine gekochte Gänseleber, Trüffeln und Champignons schneidet man wie in den vorhergehenden Nummern. Trüffel- und Gänseleberfond und etwas Rotwein kocht man mit einer braunen Sauce dick ein, giebt etwas Madeira zu, zieht die Sauce mit 4 Eigelb ab und kocht sie mit dem Fleisch noch einmal auf. Im übrigen behandeln wie im Vorhergehenden.

Von Feldhühnern, Fasanen u. s. w. ebenso behandelt.

328. Croquetten auf russische Art.

10—12 dünne Pfannkuchen werden gemacht und kalt gestellt, 2 Pfd. kaltes Roastbeef oder Rehfleisch wird mit Sardellen, Zwiebeln und Petersilie fein gewiegt und in ½ Pfd. Butter gedämpft; man giebt 2 Eigelb, etwas Salz und Muskatnuß zu und bestreicht die Pfannkuchen etwa zweimesserrückendick mit dieser Masse, rollt sie auf und schneidet sie in fingerlange Stücke. Dieselben werden nun paniert und sonst behandelt wie Croquetten.

Kann auch mit einem Salpicon von übrigen Fischen bereitet werden. Behandlung desselben wie bei Croquetten von Krebs oder Hummer in Nr. 325 oder 322.

329. Croquetten von Kaninchen.

Ein gebratenes Kaninchen wird entbeint, das Fleisch gehackt und in Kaninchenjus mit etwas Fleischbrühe, gehackten Zwiebeln, Kräutern, Salz und Pfeffer zu einem dicken Salpicon eingekocht und dann mit 4 Eigelb legiert und mit einem Löffel Kartoffelmehl, sowie einer eingeweichten und ausgedrückten Semmel noch einmal aufgekocht, auf ein Blech gestrichen, kalt gestellt, Croquellen daraus geformt und weiter behandelt, wie oben schon mehrfach besprochen.

Wird auch als Beilage zu Gemüse verwendet.

330. Farcewürstchen à la reine. Boudins de volaille à la reine.

Unter einige, in kleine Würfel geschnittene Trüffeln und Champignons mischt man einen Löffel dick eingekochter Madeirasauce und stellt diese Masse aufs Eis. Von 6 Hühnerfilets bereitet man eine feine Geflügelfarce (siehe Abschnitt 2, Nr. 228) und dressiert mit dieser Farce auf folgende Art Klöße. Auf einen silbernen Eßlöffel nimmt man etwas Farce (siehe Einleitung Fig. 121) und streicht sie mit dem Löffel glatt, drückt mit dem zuvor in Eiweiß getauchten Zeigefinger ein kleines Loch in die Farce und füllt dies mit dem oben beschriebenen Salpicon aus, worauf man über denselben wieder Farce giebt, den Klöß schön egal glatt streicht, damit derselbe die Form eines Eies erhält. Mit einem zweiten, in Wasser getauchten Eßlöffel sticht man ihn aus ersterem heraus, legt die Klöße in eine mit Butter bestrichene Sautépfanne und poschiert sie in Bouillon gar, ohne sie vorher kochen zu lassen; legt sie zum Erkalten auf ein Tuch, paniert sie zweimal, backt sie schön gelb und serviert sie mit gebackener Petersilie und einer Suprêmesauce (Abschnitt 4).

Anstatt der Hühnerfarce kann auch eine Wildfarce verwendet werden, als Einlage Wildfleisch oder Geflügel und eine Trüffel Wildsauce.

331. Austernfülle.

Etwa 40—50 Austern blanchiert man mit etwas Weißwein und dem Saft der Austern, ohne sie hart werden zu lassen, schüttet sie ab und schneidet die Austern in kleine Stücke, entweder ohne Bart, oder mit demselben, auch kann man einige Champignons dazu schneiden. Auf das Geschnittene giebt man weiße Sauce mit dem Austernfond eingekocht und mit Eigelb legiert und etwas Zitronensaft, füllt die Pastetchen damit, legt den Deckel darauf und serviert auf gefalteter Serviette.

332. Brieschenfülle.

Wie bei den Croquetten in Nr. 322, nur die Sauce nicht so dick gehalten.

333. Fülle von Caviar.

Kleine Pastetchen, mit Astrachan-Caviar gefüllt, ist eine beliebte Vorspeise und wird auf gefalteter Serviette serviert.

334. Fülle zu Fischpastetchen.

Zu Fischresten nimmt man am besten eine Béchamel, sonst wie Nr. 322.

335. Fülle von übrigem Fleisch oder Wild.

Das Fleisch gut parieren, das harte weglassen, in kleine Würfel schneiden, vielleicht einige Champignons dazu. Bei weißem Fleisch eine gute, nicht zu dicke Allemande an das Fleisch geben, bei braunem eine dicke, eingekochte Madeirasauce. (S. Nr. 322 u. 326.)

336. Fülle von Gänseleber.

Wie bei den Croquetten, nur die Sauce nicht zu dick gehalten. (Nr. 327.)

337. Fülle von Krebs oder Hummer.

Zu feingeschnittenen Krebsschwänzen oder Hummer, Champignons, Trüffeln u. s. w nimmt man entweder eine Béchamel oder dicklich eingekochte Allemande, in welche man vor dem Einfüllen etwas Krebsbutter mischt. (S. Nr. 325.)

338. Fülle von gesottenem Rind- oder Bratenfleisch.

Das Fleisch wird fein gehackt, nachdem es vorher pariert und Haut und Sehnen entfernt sind, gehackte Zwiebeln und Petersilie in Butter gedämpft, etwas Mehl dazu gerührt, das Fleisch dazu gegeben, sowie einige gehackte Sardellen. Dies dämpft man zusammen und giebt dann einige Löffel Fleischbrühe oder Bratenjus dazu und läßt die Fülle eine Zeit lang kochen; schmeckt sie dann mit Zitronensaft ab und füllt damit die heißen Pastetchen.

339. Fülle von Wildfleisch oder Wildgeflügel.

Das Wildgeflügel wird in Wein und Jus braisiert und die Knochen mit der Jus und Espagnole ausgekocht, sodann eingekocht und über das geschnittene Wildfleisch gegeben, zu dem man noch Trüffeln und Champignons geschnitten hat. Etwas Madeira giebt man gerne zu diesem Salpicon. Wildfleisch ebenso.

340. Käseauflauf. Soufflé au fromage.

Richte etwa 10 Papierkästchen (s. Seite 225). 100 Gr. Mehl, 50 Gr. Butter, 2½ Deciliter Milch, Salz und Muskatnuß rührt man auf dem Feuer ab und giebt, wenn die Masse etwas abgekühlt ist, 5—6 Eigelb, 100 Gramm geriebenen Parmesankäse und zuletzt den festen Schnee von 5 Eiweiß dazu, füllt die Kästchen ¾ voll und backt sie in mittelheißem Ofen etwa 10 Minuten und serviert sie sofort.

Fig. 298.

341. Käse-Krapfen oder Ramequins.

1½ Deciliter Milch oder Wasser läßt man mit 125 Gramm Butter zum Kochen kommen und giebt unter beständigem Rühren 125 Gramm Mehl zu, arbeitet die Masse noch einige Minuten auf dem Feuer gut durcheinander und giebt, wenn sie abgekühlt ist, nach und nach 3 ganze Eier, 125 Gramm geriebenen Parmesankäse, Pfeffer und Salz zu, ebenso kleinen, in Würfel geschnittenen Schweizerkäse. Von dieser Masse formt man auf ein Backblech mit einem Eßlöffel runde Häufchen, bestreicht sie mit Eigelb, backt sie in gutem Ofen und serviert sie sofort.

342. Käsekrüstchen.

Von englischem Brot schneidet man Canapées, wie in Nr. 290 beschrieben, setzt sie in eine mit Butter bestrichene Sautépfanne, streicht etwas Butter auf das Brot und giebt auf dieses eine Scheibe Schweizerkäse; backt dies in heißem Ofen und giebt die Krüstchen auf eine Serviette angerichtet zu Tische.

343. Krebspastetchen

siehe bei Fülle von Krebs und Hummer. (Nr. 337.)

344. Krebspastetchen, gerührte.

Für 6 Personen werden 25 Krebse gesotten, die Schwänze nebst der Galle herausgenommen, die Schalen mit 60 Gr. Butter klein gestoßen und in 125 Gramm Butter gedämpft; dann gießt man einen Schöpflöffel Fleischbrühe daran, nimmt Muskatnuß und Salz darein und preßt es durch ein Tuch. Wenn es kalt ist, nimmt man die durchgepreßte Butter ab, rührt sie in einer Schüssel gut, aber nicht zu lange, damit sie schön rot bleibt, und schlägt dann 3 ganze Eier und von 3 anderen das Gelbe hinein. Von 3 Milchwecken wird die Rinde abgerieben, das Weiche in Milch eingeweicht, wieder fest ausgedrückt und zu der Krebsbutter genommen, noch eine Viertelstunde gerührt, dann gesalzen und Muskatnuß dazu gethan.

Hiezu gehört folgendes Ragout: Man siedet 2 Kalbsbrieslein und eben so viel Kalbseuter in Salzwasser; indessen wird eine Hand voll Morcheln in Wasser verwellt und 8 Gramm Trüffeln in Wein gesotten, die Brieslein abgehäutet, dann alle diese Stücke nebst den Krebsschwänzen zusammen ganz fein geschnitten. Nun läßt man ein Stückchen Butter in einer Kachel zergehen, röstet 2 Messerspitzen voll Mehl lichtgelb darin, dämpft das Geschnittene nebst ein wenig Petersilie, gießt von der Krebsbrühe einen Schöpflöffel daran, den Wein von den Trüffeln nebst Salz und Muskatnuß dazu; wenn es ein wenig gekocht hat, legt man es auf ein Plättchen zum Erkalten. Dann werden kleine, flache Formen mit Butter bestrichen, mit Semmelmehl bestreut, mit dem gerührten Teig halb voll gefüllt, von dem Ragout etwas genommen und wieder mit dem Teig überstrichen und im Ofen gebacken.

Dergleichen Pastetchen können auch auf eine andere Art gemacht werden. Man legt nämlich in die Formen ein Plättlein Butterteig, füllt von dem Ragout darein und deckt sie mit der gerührten Masse zu.

345. Kromeskis.

Ein Salpicon wie zu Croquetten läßt man erkalten. Ein Stück gesalzener Speck wird im Wasser steif blanchiert, ist er erkaltet, in ganz dünne Tranchen geschnitten, in welche man das Croquettensalpicon einwickelt, in der Form wie Croquetten selbst. Vor dem Anrichten taucht man die Stücke in einen Backteig (s. S. 81) und backt dieselben aus heißem Fett, garniert sie mit Petersilie und serviert.

Zu den Kromeskis kann jedes beliebige Croquettensalpicon verwendet werden.

346. Krüstchen.

Die Krüstchen schneidet man am besten aus festem, englischem Brot, etwa 7 Centimeter lang, 5 Centimeter breit und 2 Centimeter hoch. An den Ecken und Kanten abgeschrägt wird auf der obern Fläche der Brotkrüstchen vom Rande gleich weit entfernt ein viereckiger Deckel (Fig. 299) mit dem Messer eingeschnitten, welcher, nachdem die Krüstchen aus heißem Fett

Fig. 299.

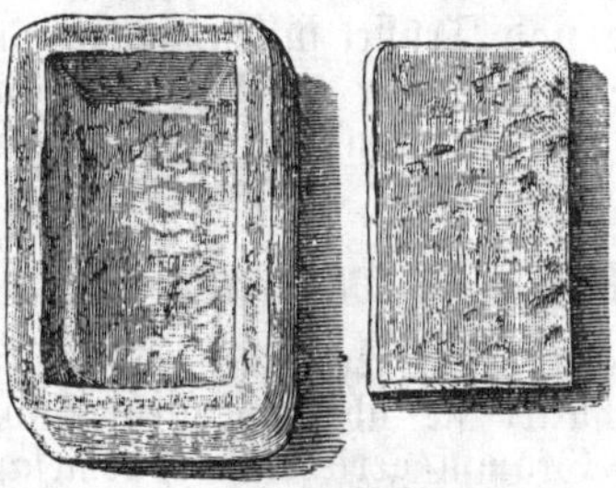

Fig. 300.

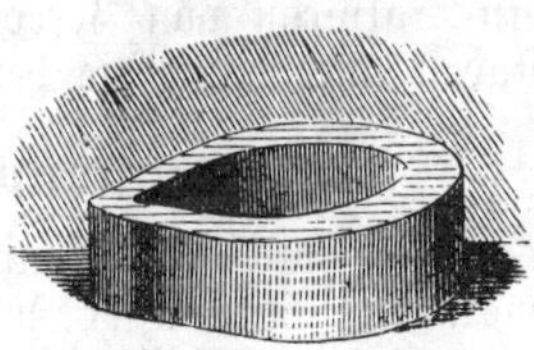

gebacken sind, herausgeschnitten wird. Die Krüstchen höhlt man noch ein wenig aus und stellt sie zum Gebrauche heiß.

Man kann den Krüstchen auch die in Fig. 300 gezeichnete Form geben.

Es kann jedes beliebige Salpicon wie zu den Pastetchen von Wild-, Geflügel- oder Gänseleber in die Krüstchen gefüllt werden.

347. Krüstchen à la Bagration.

In oben beschriebene Krüstchen giebt man folgende Fülle. Von einem gekochten Hahnen werden vom Fleisch längliche Filets geschnitten, ebenso von Trüffeln, Champignons und einer Zungenspitze. Dazu kommt eine gute, kräftige Sauce suprême (Abschnitt 4). Die Krüstchen müssen sehr heiß und saftig serviert werden.

348. Krüstchen à la Galizin.

Krüstchen wie oben. Fülle: 4—6 entfettete Kalbsnieren werden mit rohem Schinken, Gemüse und Gewürz in Jus und Rotwein braisiert, wenn erkaltet, in kleine, viereckige Stückchen geschnitten, ebenso Trüffel und Champignons. Vom Fond wird mit Espagnole eine dicke Sauce eingekocht und an das Salpicon gegeben, mit etwas Madeira heiß in die Krüstchen eingefüllt und serviert.

349. Krustenpastetchen von Geflügelfarce.

12 kleine Becherförmchen werden mit Butter ausgestrichen, mit einer festeren Geflügelfarce gefüllt (Nr. 228) und in heißem Wasserbad langsam gekocht. Wenn sie erkaltet sind, werden sie gestürzt, zweimal paniert, mit einem kleineren, runden Ausstecher ein Deckel eingeschnitten, in schwimmendem Fett herausgebacken, ausgehöhlt und gefüllt mit einem Brieschen-Salpicon oder mit einem von Hühnern.

Fig. 301.

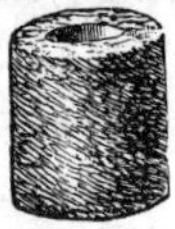

Man kann auch eine Wildfarce verwenden und mit Feldhühnerpurée und Trüffel füllen, sowie eine Fischfarce; in solche Croustaden giebt man dann ein Salpicon von Krebs oder Hummer und giebt den Croustaden auch dann die betreffenden Namen.

350. Krustenpastetchen von Maccaroni.

1 Pfund Maccaroni, in kleine Stücke zerbrochen, blanchiert man in Salzwasser weich, schüttet sie ab und giebt sofort 150 Gramm Butter und 100 Gramm geriebenen Parmesankäse, sowie 3 Löffel dick eingekochter Allemande dazu und behandelt diese Masse wie in Nr. 352 (Nudel) angegeben.

Kann eine beliebige Fülle dazu gegeben werden.

351. Krustenpastetchen von Reis mit Brieschen. (Croustades.)

1½ Pfund Reis wird blanchiert und in Bouillon mit etwas Butter weich gekocht; man giebt 100 Gramm Butter darunter und giebt den Reis etwa 4 cm hoch in eine Sautékasserole, preßt ihn fest ein, legt ein Butterpapier darüber und ein passendes Geschirr in die Sautékasserole passend, um den Reis fest zu pressen; hieraus stellt man das Geschirr, wenn kalt, auf's Eis. Nach einigen Stunden stürzt man die Reismasse

Fig. 302.

und sticht etwa 2 Centimeter im Durchmesser haltende, runde Croustaden aus, welche man erst in Semmel und dann in Ei und Semmel gut paniert und mit dem Messer klopft. Mit einem kleineren Ausstecher markiert man den Deckel und backt die Reiscroustaden in heißem Fett, höhlt sie aus und füllt sie mit irgend einem Salpicon von Brieschen mit Champignons und Trüffeln und giebt anstatt des Deckels einen schönen Champignon darauf und serviert sie auf einer gefalteten Serviette. Je nach dem Salpicon, das man in die Croustaden einfüllt, von Hühnern, Wild oder Gänseleber, auch Purées davon, werden sie dann benannt. (Fig. 301 u. 302).

352. Krustenpastetchen von Nudeln à la Monglas.

2 Pfund breite Nudeln werden in Salzwasser blanchiert, wenn gut weich, abgeschüttet und sofort mit 250 Gramm Butter geschwungen, Salz und etwas Muskatnuß dazu, sodann in eine Sautékasserole gegeben und genau so verfahren, wie in Nr. 351 angegeben.

Man füllt sie mit einem Purée von Gänseleber (s. Nr. 307) und giebt als Deckel einen rund ausgestochenen Trüffel.

Kann auch wie oben mit anderen Salpicons und Purées gefüllt werden.

353. Krustenpastetchen à la Cotta.

2 Pfund entnervtes und entfettetes Kalbfleisch wird gehackt, gestoßen und dann passiert. $^{3}/_{4}$ Pfund fette, rohe Gänseleber, $^{3}/_{4}$ Pfund Panade wird ebenfalls gestoßen und passiert und zu dem Kalbfleisch mit 3 ganzen Eiern, 4 Eßlöffel Espagnole, Salz und Gewürz gegeben und eine Probe gemacht. Ist die Farce zu fest, giebt man noch etwas Espagnole dazu, die Farce soll leicht und schwammig sein. 15—20 kleine Becherförmchen werden ausgebuttert, mit der Farce gefüllt und im Wasserbad fertig gekocht, wenn sie erkaltet, behandelt wie in (Nr. 349).

Man füllt diese Pastetchen mit einem feinen Trüffelpurée (siehe Nr. 603) und giebt sie auf gefalteter Serviette zu Tisch.

354. Krustenpastetchen à la Ratibor.

2 Pfund sehnenfreies Kalbfleisch wird wie oben passiert; man giebt $^{3}/_{4}$ Pfund Gansleberpastete mit Trüffeln und eben so viel dick eingekochte Bechamelsauce dazu, sowie 4 Eigelb und einige Eßlöffel Espagnole, Salz und Gewürz, kocht die Farce in Becherförmchen und behandelt sie sonst wie in Nr. 349.

Gefüllt werden sie mit einem Gansleberpastete-, Trüffel- und Champignons-Salpicon mit Madeirasauce und als Deckel giebt man einen glacierten Trüffel und Champignons abwechslungsweise.

355. Kalbshirnschnitten.

Ein rohes Hirn wird mit Zwiebel, Petersilie feingewiegt, ½ weißes Brötchen eingeweicht und ausgedrückt, mit einem nußgroßen Stückchen Butter, Salz und Muskatnuß abgedämpft und 1 oder 2 Eigelb dazu gegeben. Diese Farce streicht man auf dünne Brotscheiben, bestreut sie mit etwas Panierbrot, zerlassener Butter und macht sie im Ofen fertig.

Kann ebenso auch von Brieschen gemacht werden.

356. Markschnitten.

In der Fleischbrühe gekochtes Rindermark legt man auf gut geröstete Brotschnitten, bestreut sie mit Salz und serviert sie.

357. Nierenschnitten.

Eine Niere wird mit ein wenig Fett fein gehackt, mit einem halben, eingeweichten und ausgedrückten Weißbrötchen mit einem nußgroßen Stückchen Butter, gehackter Petersilie, Zwiebel, Salz und Muskatnuß abgedämpft und mit einem Ei abgerührt; diese Farce streicht man auf dünne Brotscheiben und macht sie fertig wie Kalbshirnschnitten.

358. Papierkästchen zu Ragouts, Füllen u. s. w.

Fig. 303.

Fig. 304.

Fig. 305.

Zum Servieren der runden Kästchen giebt es kleine, silberne Kasserolen mit einem Stiel. Weiteres siehe Seite 225.

359. Kleine Pastetchen, einfachste.

Von einem Pfund fertigen Blätterteig (Behandlung des Blätterteigs s. Abschnitt 16, Pasteten) sticht man, wenn derselbe halb fingerdick ausgerollt ist, kleine, etwa 5 cm im Durchmesser haltende Böden aus. Den übrigen Teig knetet man zusammen, rollt ihn dünner, als oben bemerkt, aus und sticht die gleiche Anzahl und gleich große Böden aus, die man auf

Fig. 306—309.

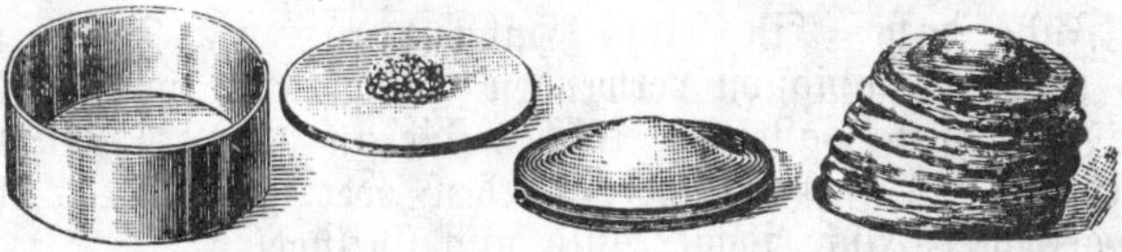

ein mit Wasser befeuchtetes Blech setzt. Giebt auf jedes etwa einen Kaffeelöffel Hühnerfarce, die man mit gehackten, feinen Kräutern vermischt hat; bestreicht die Böden mit Wasser und giebt die zuerst ausgestochenen umgekehrt darauf und drückt sie mit einem umgekehrten, kleineren Ausstecher an; bestreicht sie oben nur mit Ei und backt sie in mittelheißem Ofen gar. (Fig. 306—309.)

360. Pastetchen à la reine. Petites bouchées.

Man macht 1 Pfund Blätterteig und sticht, nachdem man

Fig. 310—313.

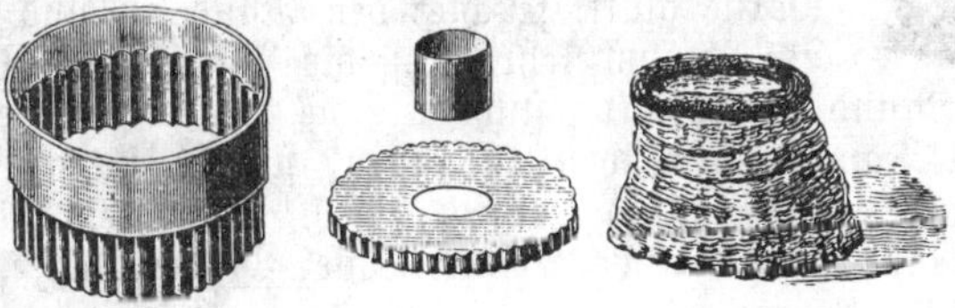

ihn etwa 5 mm ausgerollt hat, mit einem etwa 4—5 cm im Durchmesser haltenden, krausen oder glatten Ausstecher, etwa

Fig. 314.

24—28 Böden aus, welche man umgekehrt auf ein befeuchtetes Backblech legt, mit Ei bestreicht und mit einem kleineren Aus=

stecher, den man zuvor in heißes Wasser taucht, den Deckel marquiert, man backt sie in nicht zu heißem Ofen fertig, nimmt den Deckel ab, höhlt sie aus und stellt sie bis zum Gebrauche heiß. (Fig. 310—313.)

Fülle dazu: Ein feines Hühnerpurée, als Deckel kann man einen Champignon verwenden. Angerichtet wie Fig. 314.

Zu diesen Pastetchen können die in Nr. 331—339 beschriebenen Füllen verwendet werden oder gebratenes Fleisch und gekochter Fisch, sowie Wild und Geflügel.

361. Pastetchen in Becherförmchen.

20 kleine Tartelettenförmchen legt man mit Blätterteig so aus, daß man aus 1 Pfd. Blätterteig erst 20 Böden als Deckel aus dem Teig sticht und sodann den zusammengekneteten nochmals ausrollt und wieder 20 größere Böden aussticht, welche man zum Auslegen der Tarteletten verwendet. In diese giebt man eine Geflügelfarce, unter welche man gehackte und geschwitzte Kräuter, sowie einige Champignons und einige Löffel Allemande gegeben hat, streicht die Masse glatt, feuchtet den Rand an und legt die Böden umgekehrt auf die Masse, den Teig gut an den Rand angedrückt, sticht in die Mitte ein Loch aus, um den Dampf entweichen zu lassen, streicht sie mit Ei an und backt sie in mäßig heißem Ofen. Vor dem Anrichten gießt man durch das Loch einen Löffel Madeirasauce.

Fig. 315 u. 316.

362. Pastetchen von Kaninchen.

Man legt auf obige Art etwa 20 kleine Pasteten oder Tartelettenförmchen aus; gehacktes, übrig gebliebenes Kaninchen- oder Hasenfleisch, vorher gut enthäutet, wird in Butter mit feinen Kräutern angeschwitzt, Pfeffer und Salz dazu gegeben, sowie 1 eingeweichter und ausgedrückter Semmel, einige Löffel Bratenjus oder braune Sauce und 4 Eigelb; das Ganze wird gut durchgekocht und die Förmchen mit dieser Masse gefüllt, der Deckel wie oben behandelt. Aus den übrig gebliebenen Resten macht man eine Madeirasauce und gießt diese vor dem Anrichten durch die Oeffnung in die Pastetchen.

363. Pastetchen von Geflügel.

Aus 300 Gramm übrig gebliebenem Geflügel wird ein feines Hasché bereitet, dem zur Hälfte gehackter, roher Schinken, etwas gewiegte Trüffeln, 2 in Fleischbrühe eingeweichte und ausgedrückte Semmeln, etwas Salz und Muskatnuß, 8 Eigelb und 5 zu Schnee geschlagene Eiweiß gut beigemischt und damit fein abgerieben wird. Hernach wird ein guter Blätterteig gemacht und ein Dutzend kannelierte Törtchenformen mit Butter bestrichen, der Fond mit Blätterteig belegt und dann mit dem Hasché gefüllt. Darüber kommt ein Deckel von Blätterteig, der in der Mitte eine Oeffnung erhält und am Rand gut eingeschlossen wird, dann kommen die Formen in einen mäßig erhitzten Ofen, werden herausgenommen, die Pastetchen kommen aus den Formen, man gießt durch die Oeffnung etwas gute Jus und einen Tropfen Zitronensaft und serviert sie auf einer hübsch gefalteten Serviette. Diese Pastetchen können auch aus frisch gebratenem Geflügel gemacht werden.

Fig. 317 u. 318.

364. Pastetchen, gerührte.

½ Pfund Butter wird leicht gerührt, dann schlägt man 3 ganze Eier und von 3 anderen das Gelbe hinein, schneidet von 4 Weißbrot (Milchweck) die Rinde ab, weicht die Wecke in Milch ein, drückt sie wieder fest aus und rührt sie mit der Masse noch eine halbe Stunde, thut Salz und Muskatnuß dazu, bestreicht alsdann kleine Formen mit zerlassener Butter und bestreut solche mit Semmel- oder Mutschelmehl. Das hiezu bestimmte Ragout (von Kalbsbrieslein ist es das passendste) muß erkaltet sein, dann füllt man davon in kleine Formen, füllt solches mit dem oben beschriebenen Gerührten auf und backt es im Backofen. (Fig. 317 und 318.)

365. Pastetchen mit Kalbfleischabfällen.

Gebratens Kalbfleisch wird mit Petersilie, Zitronenschale, Muskatnuß und Salz gehackt, etwas Rahm und starke Fleischbrühe daran gegossen, ein wenig geriebener Schinken darunter gerührt, aufgekocht und dies in kleine Pastetchen gefüllt.

366. Römische Pastetchen.

Diese werden mittelst eines Pasteteneisens von Messing, welches an einem langen Stiel befestigt ist, durch Eintauchen desselben in den Teig und dann in das heiße Fett als Kruste oder Hülle hergestellt.

½ Pfund fein gesiebtes Mehl wird mit kaltem Wasser oder Milch nicht zu dünn glatt angerührt, 2 ganze und 4 gelbe Eier nach und nach dazu geschlagen, Salz, etwas Muskatnuß, sowie 1—2 Eßlöffel feines Olivenöl dazugegeben, so daß der Teig eine dickflüssige Masse bildet wie zu Pfannkuchen. Hierauf wird das Pasteteneisen im Fett erst heiß gemacht, bis zum Rand in den Teig getaucht und sofort in das heiße Fett gegeben, damit der Teig als Hülle zu schöner, gelber Farbe backt und wenn fertig, von der Form abgenommen werden kann und umgestürzt zum Abtropfen auf ein Sieb oder Papier gegeben wird. Als Fülle verwendet man die verschiedensten Ragouts von Brieschen, Krebsen, Hummern u. s. w., ebenso auch die feineren Salpicons von Gänselebern, Wildgeflügel wie auch verschiedene Purées. Man richtet die Pasteten auf gefalteter Serviette an und giebt sie mit Petersilie und Zitronenstücken garniert zu Tische.

367. Ragoutmuscheln von Hühner.

2 junge Hühner werden in Fleischbrühe gekocht, zerlegt, ausgebeint und das Fleisch in kleine Stücke geschnitten, ebenso einige Trüffeln und Champignons; dazu giebt man einige Löffel gut eingekochter, weißer Geflügelsauce, wozu man den Fond der Hühner verwendet. Dieses Ragout füllt man in die Coquillen, streut geriebenen Parmesankäse und Semmelbrösel darauf, giebt auf jede noch ein kleines Stückchen Butter oben auf und läßt sie im heißen Ofen gratinieren.

Von Brieschen ebenso bereitet.

Zu Fisch-, Hummer- oder Krebscoquillen verwendet man eine Bechamelsauce.

Kalbsbratenstücke können ebenfalls auf die oben beschriebene Art verwendet werden.

368. Rissolen.

Einen 10 Mal geschlagenen Blätterteig (½ Pfund Teig) rollt man etwa messerrückendick aus und legt mit einem Löffel kleine Häufchen einer dick eingekochten Brieschencroquettenmasse auf die rund ausgestochenen Teigscheiben in der Größe der Pastetchen, streicht um die Häufchen etwas Ei und schlägt ein Stück darüber, das man mit einem umgekehrten Ausstecher über der Masse fest andrückt, sie müssen die Form eines Halb-

Fig. 319 u. 320.

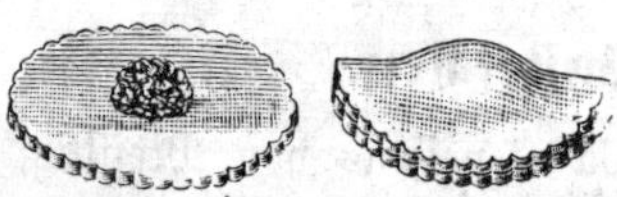

mondes haben, und fährt so fort, bis der Teig aufgebraucht ist; paniert sodann die Rissolen in Ei und Semmel und backt sie, damit der Teig gut fertig werden kann, langsam in heißem Fett; man garniert sie mit gebackener Petersilie auf einer gefalteten Serviette.

Die Rissolen können mit jedem beliebigen Salpicon gefüllt werden.

369. Schinkenschnitten.

Reste von Schinken und etwas Speck werden fein gehackt, mit 3 ganzen Eiern vermischt und etwas Semmelbrösel und Pfeffer dazu gegeben. Diese Masse streicht man auf Weißbrotschnitten und backt sie im Ofen gar.

370. Kleine Timbale von Huhn.

15 kleine Becherförmchen streicht man mit Butter aus und füllt sie mit einer feinen und leichten Geflügelfarce, streicht sie an die Seite des Förmchens, so daß in der Mitte ein hohler Raum wird. In diesen füllt man ein kleines Ragout von Hühner oder Brieschen, mit Trüffeln und Champignons, welche mit einer dicken, guten Allemande eingekocht, dann kalt gestellt und so eingefüllt wird. Das Förmchen streicht man mit Farce gut zu, daß das Ragout ganz bedeckt ist. Die Förmchen werden sodann im Wasserbad gar gekocht, auf eine runde Platte gestürzt, mit einer Sauce Allemande übergossen und serviert.

Diese Timbale werden auch mit Wildfarce bereitet und giebt man in die Mitte ein Ragout von Wild oder Wildgeflügel, sowie eine braune Sauce mit dem Fond des betreffenden Wildes.

Timbale von Fischfarce werden mit einem Ragout von Austern oder Hummern, Krebsen mit Champignons u. s. w. gefüllt und entweder mit einer Allemande und dem Fischfond oder Krebsbutter darin serviert.

371. Welsh rabbite

wird, wie in Nr. 342 beschrieben, zubereitet, nur giebt man auf den Käse, Chester oder Emmenthaler, etwas Cayennepfeffer, sowie einige Löffel braun Bier und backt dies dann im Ofen.

372. Wildaufläufchen.

250 Gramm kalter Wild- oder Wildgeflügelbraten wird gehackt, im Mörser gestoßen, mit 1 Deciliter Bechamelsauce vermischt, mit etwas süßem Rahm abgerührt und sodann durch ein Sieb passiert. Diese Masse wird auf dem Feuer langsam bei beständigem Rühren erwärmt, ein Stückchen nußgroß Butter dazugegeben, die Masse, wenn sie dick wird, vom Feuer genommen, 4 Eigelb und das Weiße zum Schnee, wenn sie erkaltet, darunter gemischt. Gerichtete Papierkapseln werden damit gefüllt und in etwa 15—20 Minuten im Ofen gar gebacken.

4.

Saucen und Tunken.

Wohl kein Teil der Kochkunst erfordert mehr Aufmerksamkeit und Pünktlichkeit, als der, Saucen gut und wohlschmeckend zubereitet, auf die Tafel zu bringen. Sie ist die Grundlage vieler Speisen. Den meisten Fleisch-, Fisch- und sehr vielen Mehlspeisen dient sie dazu, deren Wohlgeschmack zu erhöhen. Der wahre Feinschmecker wird stets eine feine, schmackhaft zubereitete Sauce als Prüfstein eines guten Koches, einer guten Köchin ansehen. Es ist auch für eine Haushaltung nicht so schwer, bei richtiger Einteilung und gutem Verständnis in der Zubereitung der Saucen einen hohen Grad von Vollkommenheit zu erzielen. Die Meister in der Saucenzubereitung sind vor allem unbedingt die Franzosen und haben sie uns gelehrt, die Fonds und Essenzen (siehe Abschnitt 33) von Braten u. s. w., als Grundbedingung, zum Gewinnen einer guten, feinen Sauce zu verwenden. Auch dieses Grundprinzip ist in jeder Haushaltung gut anzuwenden und darf man nicht glauben, daß das nur in einer größeren Küche oder gar nur mit einem Koche zu erreichen sei.

Weniger gut zubereitete Speisen werden durch eine gute Sauce wesentlich gewinnen, doch ist dabei zu beachten, den Bratenfond nie anbrennen zu lassen, da die Sauce sonst einen bitteren, ungenießbaren Beigeschmack erhält. Das Ablöschen des Bratens ist mit größtmöglicher Vorsicht zu besorgen und stets dazu eine kalte Flüssigkeit zu nehmen, sei es nun Wasser, Fleischbrühe oder Wein. Ist der Braten im Ofen, so ist er

---

Anmerkung. Süße Saucen siehe Abschnitt 19 Kalte und Oel-Saucen siehe Abschnitt 14.

sehr oft mit dem Fett, in welchem er bratet, zu übergießen, dadurch wird derselbe, sowie durch die Einwirkung der Hitze, nicht trocken, sondern bleibt immer saftig, auch wird dadurch einem Anbrennen vorgebeugt und erhält man einen wohlschmeckenden Fond oder Essenz, um eine gute Sauce damit herstellen zu können. Die Zu- und Beigabe von Gewürzen soll immer nur mäßig geschehen, damit der Geschmack des Fleisches, von dessen Saft man die Sauce bereitet, zur vollen Geltung kommt. Eine gute Köchin wird stets zu jedem Braten die eigene Sauce bereiten und ist diese Regel jeder Köchin und jedem Koch aufs beste zu empfehlen (s. S. 47, Liebigs Fleisch-Extrakt).

Werden in der Haushaltung keine Grundsaucen gemacht, sondern die Bratenfonds mit Mehl aufgestaubt, um dadurch eine Sauce zu erzielen, so ist hauptsächlich darauf zu achten, daß der Fond nicht verbrannt ist und daß das Mehl beim Aufstauben keine Klümpchen bildet, ehe man den Fond mit Wein, Jus oder Fleischbrühe ablöscht. Auch muß vorher das Fett rein abgegossen werden, ehe man das Mehl aufstaubt, eine fette Sauce ist dem Magen nicht zuträglich, und auch dafür hat die aufmerksame Hausfrau Sorge zu tragen, daß beim Kochen für die Gesundheit gesorgt wird.

Betrachten wir uns nun die Grundsaucen, ihre Behandlung und Verwendung näher.

Zu allen zu präparierenden, sog. kleinen Saucen werden in Hotels und größeren Herrschaftshäusern, sowie auch teilweise in Haushaltungen, die 2 Stammsaucen (Vorratssaucen, große Saucen oder Coulis genannt) verwendet und muß, um die kleinen Saucen gut zubereiten zu können, denselben große Aufmerksamkeit geschenkt werden. Dabei ist vor allem die Hauptsache, eine gute, kräftige, braune Brühe (große Jus) zur Espagnole und ein guter Fond blanc, Consommé oder Fleischbrühe zur Allemande (Nr. 373 und 374).

Zu einer braunen Sauce läßt man ½ Pfund Butter oder Bouillon fett in einer Kasserole schmelzen und hell werden, rührt dann ½ Pfund Mehl recht glatt dazu und läßt es 2—3 Stunden auf dem Herde oder in einem nicht zu heißen Backofen schön gelb rösten. Zur weißen Sauce wird die Mehlschwitze ebenso behandelt, nur läßt man sie ganz langsam 1 oder 1½ Stunden an der Seite des Herdes weiß rösten. Die Mehlschwitzen sollen langsam fertig gemacht werden, dadurch wird an den Saucen der zu starke Mehlgeschmack vermieden. Beim Anrühren der Grundsaucen d. h. der Einbrennen mit Jus oder Fleischbrühe beachte man, daß dieselbe schön glatt angerührt wird. Lasse die Saucen dabei nie auf dem Feuer stehen, ohne darin zu rühren, da es leicht vorkommt, wenn die Sauce nicht glatt angerührt ist, daß sich Mehlklümpchen auf den Boden der Kasserole setzen und die Sauce dadurch anbrennt und unbrauchbar wird. Ebenso rühre die Saucen dünnflüssig und nicht zu dick an, damit aus denselben sämtliche Unreinlichkeiten und Fett durch langsames Kochen von der Seite entfernt werden können und dadurch eine schöne, klare Sauce entsteht. Um die Grundsaucen aufbewahren zu können, kocht man sie dick ein und stellt sie bis zum Gebrauche an einen kühlen Ort. So lange sie warm sind, muß man in denselben rühren, damit sie keine Haut ziehen und dadurch schneller verdampfen, was namentlich zu heißer Jahreszeit sehr zu beachten ist, da sie leicht sauer werden. Butter- oder weiße Saucen werden meistens mit Eigelb abgezogen, wobei zu beachten, daß die Eigelb mit der Sauce langsam angerührt werden, um einem Gerinnen derselben vorzubeugen. Mit Allemande eingekochte Saucen kocht man noch einmal auf, während solche, welche nur Eier und Butter enthalten, nicht kochen dürfen, da sie sonst gerinnen. Man schlägt deshalb solche Saucen am besten im heißen Wasserbade auf. Weiße Saucen, welche vor dem Anrichten noch einige Zeit stehen, stellt man ins Wasserbad und giebt einige zerpflückte Stückchen Butter oben auf, damit sie keine Haut ziehen. Vor dem Servieren empfiehlt es sich, diese Sauce, um sie lieblicher und wohlschmeckender zu machen, mit etwas Butter aufzuschlagen, wohl auch noch etwas Zitronensaft zuzugeben, um sie pikanter zu machen.

Ich beschreibe nun erst die Grundsaucen, womit die meisten kleinen Saucen hergestellt werden.

373. Braune Sauce (Espagnole.)

Den Boden einer tiefen Kasserole bestreicht man mit Butter, legt einige Scheiben Schinken, sowie Zwiebeln, etwas Gewürz darauf, sodann etwa 2 Kilogramm Rindfleisch, 3 Kilogramm Kalbfleisch, 1 altes Huhn, alles in Stücke geschnitten, die Knochen zerhackt, sowie sonstige Abgänge von Geflügel oder Fleisch dazu. Hierauf gießt man über das Ganze einige Liter Fleischbrühe und läßt es langsam einkochen, bis der Saft des Fleisches sich als eine braune Kruste auf dem Boden ansetzt; sollte derselbe anbrennen, so ist die Jus vollständig unbrauchbar. Sodann füllt man die Kasserole mit Wasser oder einfacher Fleischbrühe auf, giebt etwas gelbe Rüben und Selleriewurzel dazu, läßt die Jus gut aufkochen und schäumt sie ab. Nach etwa 4–5 Stunden, nachdem sie langsam von der Seite gekocht hat und halbzugedeckt war, wird die Jus passiert und zum Gebrauche gut entfettet, worauf man sie mit einer braunen Mehlschwitze zu einer dünnen Sauce anrührt (s. S. 246) und etwa 3 Stunden langsam von der Seite kochen läßt, alles immer rein entfettet und das Unreine abhebt. Ist die Sauce klar gekocht, seiht man sie durch ein Sieb in eine flache Kasserole und kocht sie auf lebhaftem Feuer unter beständigem Rühren ziemlich dick ein, wobei sehr zu beachten ist, daß sich am Boden der Kasserole keine Kruste ansetzt. Ist sie zum Gebrauch dick genug eingekocht, wird sie in eine Schüssel durch ein Sieb oder Haartuch passiert und kann sodann zu den kleineren, braunen Saucen verwendet werden.

374. Weiße Sauce (Allemande.)

Die S. 246 beschriebene, weiße Mehlschwitze wird mit etwa 4—5 Liter Fleischbrühe oder Consommé glatt angerührt, 1 Zwiebel, 1 gelbe Rübe, 1 Stückchen Sellerie, 1 Petersiliewurzel, 2 Nelken, etwas Pfefferkörner, 1 kleines Lorbeerblatt dazu gegeben und nun läßt man das Ganze unter beständigem Rühren aufkochen und dann noch etwa 2 Stunden langsam von der Seite klar kochen und nimmt alles Fett gut ab. Kocht das Fett nicht heraus, ist die Sauce zu dick angerührt und muß deshalb noch Fleischbrühe nachgegossen werden. Ist die Sauce klar gekocht, seiht man sie durch ein Tuch und stellt sie zum Gebrauche kalt.

Man nennt diese Sauce, welche noch nicht mit Eigelb abgezogen und nicht dick eingekocht ist, Sauce Veloutée und wird eigentlich aus dieser Sauce die Sauce Allemande erst in folgender Weise hergestellt. Die oben beschriebene, fertige Veloutée wird auf dem Feuer mittelst eines Rührlöffels dick eingekocht und mit 5 Eigelb, etwas Rahm und Butter legiert, noch einmal zum Binden aufgekocht und dann zu den verschiedenen, kleineren, weißen Saucen verwendet.

Zum Binden von solchen Saucen, welche nachlassen oder welche, wenn sie noch mehr eingekocht zu scharf würden, ist Knorrs Kartoffelmehl sehr zu empfehlen. Es genügt, einen Löffel Kartoffelmehl mit ein wenig Wasser aufzulösen und in die kochende Sauce unter beständigem Rühren zu geben, um die Sauce zu verdicken.

375. Zu allen Saucen brauchbare Brühe.

Die nachfolgende Brühe, welche alle Saucen sehr verbessert, zu dem meisten Fleischwerk paßt und das Mehlrösten entbehrlich macht, verdient alle Beachtung. Man läßt zu deren Bereitung ein Stückchen Butter in einem Geschirr zergehen, legt, wenn es heiß ist, alles, was man an Fleisch- und Geflügelabfällen hat, oder dünne Stückchen Kalb- und Rindfleisch darein, fügt diesem einige Stücke rohen Schinken oder geräuchertes Fleisch nebst Scheiben von Zwiebeln, Sellerie, Petersilie, Pastinak, gelbe Rüben und Salz bei, deckt das Geschirr gut zu und läßt es langsam auf Kohlen dämpfen, bis der untere Teil des Eingelegten ganz dunkelgelb geworden ist. Dann streut man so viel Mehl darauf, als man zur Sauce braucht, rührt es durcheinander und läßt das Mehl gelb werden. Nun giebt man einige Löffel kaltes Wasser daran; das Geschirr wird vom Feuer genommen, 10 Minuten stehen gelassen, daß alles recht herauszieht, dann wird so viel siedende Fleischbrühe darüber gegossen, als man braucht; sodann giebt man ganze Gewürznelken, Pfefferkörner, Muskatenblüten, Morcheln und Champignons dazu, kocht dies ½ Stunde lang, treibt die Brühe durch einen Suppenseiher, und benützt sie zu allen Saucen, für sich auch zu gedämpftem Fleisch oder Geflügel, an das man sie statt der Fleischbrühe gießt. Man kann auch noch andere Ingredienzien mitkochen, z. B. Zitronen, Kapern, Essig, Wachholderbeeren, Sardellen rc.

376. Das Brennen des Zuckers zum Färben von Saucen, Sulzen rc.

Ein paar Löffel weißer Zucker wird in einem eisernen Pfännlein auf Kohlen gesetzt und fleißig umgerührt, bis er recht schäumt und braun wird. Dann gießt man ⅛ Liter heißes Wasser daran und läßt es damit aufkochen. Zum Gebrauch bewahrt man es in Flaschen auf.

377. Jus von Kalbfleisch.

Hat man übrige, rohe Kalbsabfälle und Knochen, so brate man diese in Butter mit etwas rohem Schinken, 1 Zwiebel, 1 gelben Rübe, Sellerie und Gewürz auf lebhaftem Feuer gut an und fülle das Geschirr mit Fleischbrühe bis über die Knochen auf und lasse die Jus ein paar Stunden einkochen. Man benützt sie zu den verschiedensten Braten oder um Saucen schmackhafter zu machen.

378. Kraftbrühe.

Lege Kalbs- und Ochsenfleisch mit 60—90 Gramm Butter auf den Boden eines Schmortopfs, streue Kräuter und Wurzeln darüber und setze dies an einen gemäßigten Teil des Bratofens. Ist alle Brühe aus dem Fleische herausgezogen, so läßt man sie so lange stehen, bis sie nahezu wieder eingekocht ist, dann wird Wasser nach Bedarf daran gegossen und die Kraftbrühe nach Belieben verwendet. Jedes Fleisch ist dazu geeignet.

379. Glace oder eingekochte Bouillon.

Fertig gekochte Fleischbrühe oder Jus giebt man in eine Kasserole auf starkes Feuer zum Einkochen, schäumt immer gut ab und giebt, wenn die Brühe nach und nach weniger wird, dieselbe in eine kleinere Kasserole, läßt sie langsam von der Seite kochen, damit alles Unreine und Fette herauskocht, bis sie ganz dick wie Syrup wird, worauf man sie zum Erkalten in einen Topf gießt.

Diese Glace verwendet man zum Glacieren von verschiedenen Fleischstücken oder Braten, sowie zu Saucen, wenn dieselben nicht kräftig genug sind, zu Béarnaise u. s. w. Auch in helle Suppen, Consommé wird die Glace gegeben und dabei zugleich zum Färben benützt.

Die feinste Glace wird aus Geflügel, sowie Kalbsknochenbrühe hergestellt.

380. Austernsauce.

Die Austern, etwa 12—15 auf eine Saucière gerechnet, werden in ihrem Saft und ein wenig Weißwein steif blanchiert, aber ohne sie kochen zu lassen, damit sie nicht hart werden. Einige Liter weißer Sauce kocht man mit der Austernbrühe dick ein, legiert sie mit 4 Eigelb und etwas Butter und passiert sie in eine Saucekasserole. Vor dem Anrichten schlägt man noch etwas Butter darunter, giebt ein wenig Zitronensaft zu und zuletzt die Austern.

Oder: Gieb zu einer Sauce, wie in Nr. 388, den eingekochten Saft der Austern und schlage etwas Butter und Zitronensaft zu und gieb diese zu den Austern.

381. Béarnaise-Sauce.

Bei Béarnaise, sowie Hollandaisesauce ist vor allem zu beachten, daß die Eigelb mit dem Eingekochten und mit etwas Salz aufgeschlagen werden, bis sie dick werden d. h. angezogen haben. Erst dann giebt man nach und nach die Butter in kleinen Partien dazu. Auch ist es notwendig, daß die Sauce warm aufgeschlagen wird und nicht, wie es so häufig vorkommt, kalt, wodurch sie, wenn sie noch eine Weile in der Wärme steht, sehr leicht zum Gerinnen kommt. Am besten ist es wohl, man schlägt diese Saucen im Wasserbad auf und nicht allzufrüh vor dem Servieren.

6—8 Schalottenzwiebeln werden fein gehackt und ausgewaschen, sodann mit einem großen Glas Weißwein, 3 Eßlöffel

Estragonessig und etwas gestoßenen Pfeffer gut eingekocht, so daß die Zwiebeln ganz trocken sind. Sodann schlägt man 3 Eigelb dazu, giebt etwas Salz und einige Stückchen feine Kalbfleischglace dazu und schlägt dies auf mäßigem Feuer oder im Wasserbad so lange, bis die Eier anziehen d. h. dick werden. Erst dann giebt man nach und nach die Butter, etwa ½ Pfund in kleinen Stückchen zu, doch so, daß man die Sauce erst heiß werden läßt und dann wieder weitere kleine Stücke Butter zugiebt. Die Sauce wird so nach und nach dick werden. Etwas Glace giebt man hie und da auch wieder zu und zum Schluß, wenn notwendig, Salz und Zitronensaft, sowie fein gehackte Petersilie.

Diese Sauce ist eine der vorzüglichsten, sowohl für Fische, als für Fleisch passend, bedarf aber sehr der Pünktlichkeit, damit sie nicht gerinnt und dadurch unbrauchbar wird.

Beim Gerinnen dieser Sauce ist es das beste, dieselbe sofort in eine Schüssel zu geben, eine frische Kasserole zu nehmen, ein rohes Eigelb, sowie Zitronensaft, Salz und Glace und eine neue Sauce, ganz wie oben beschrieben, anzurühren. Hat das Eigelb angezogen, dann giebt man nach und nach vorsichtig die geronnene Sauce, bei welcher sich die Butter nach oben abgesondert hat, löffelweise zu der frisch aufgeschlagenen. Alle anderen Versuche, mit Wasser oder Eis u. s. w. fallen gewöhnlich zu noch größerem Schaden aus und muß man dann, wenn man sich lange vergebens abgequält hat, doch zu obig gesagtem und wohl bestem Mittel greifen. Bis zum Servieren läßt man die Sauce in nicht zu heißem, ja nicht kochendem Wasserbad stehen.

Die Zubereitungsweise der Hollandaise geschieht auf dieselbe Weise wie die der Béarnaise.

382. Bechamelsauce.

1 Liter weißer Sauce wird mit ½ Liter weißer, kräftiger Geflügelbrühe rein ausgekocht und bis zur Hälfte eingerührt. Währenddem läßt man 1 Liter süßen Rahm bis zur Hälfte einsieden, rührt ihn nach und nach unter die Sauce und läßt ihn mit derselben unter immerwährendem Rühren auf einem starken Feuer schnell bis auf ⅗ Liter kurz einkochen; dann preßt man die Sauce durch ein weißes Haartuch in eine Kasserole, giebt zerlassene Geflügel-Glace messerrückendick darauf, damit sie oben keine Haut zieht, und stellt sie, mit dem Deckel halb zugedeckt, kalt. Eine halbe Stunde vor dem Anrichten wird sie im Wasserbad warm gemacht und vor dem Anrichten später noch ein Stückchen frischer Butter nebst 2 Eßlöffel Doppel-

Rahm und ein wenig geriebene Muskatnuß untergerührt, was den Geschmack dieser ohnehin schon sehr lieblich schmeckenden Sauce um vieles erhöht.

383. Bordelaise-Sauce.

8—10 Schalottenzwiebeln werden fein gehackt und mit einer halben Flasche gutem Bordeaux auf ⅓ eingekocht, etwas gute Jus, sowie einige Löffel Espagnole zugegeben und 1 Stunde mit ausgekocht. Zum Servieren giebt man etwas gehackte Petersilie, sowie einige Stückchen gekochtes und geschnittenes Ochsenmark in die Sauce oder auch das Mark in Scheiben geschnitten auf das zu servierende Stück Fleisch.

384. Brotsauce, englische.

Ein Milchbrot ohne Kruste wird mit etwas Pfeffer und Milch zu einem Brei gekocht, durch ein Sieb gestrichen und mit einem Stück Butter, Salz und Muskatnuß und etwas süßer Milch zu einer Sauce verdünnt zu Tische gegeben.

385. Buttersauce.

100 Gramm zerlassener Butter läßt man mit etwa 3 Eßlöffel Mehl auf dem Feuer anziehen und leicht anrösten; sodann gießt man ½ Liter Fleischbrühe daran und läßt die Sauce eine halbe Stunde kochen, passiert sie, zieht sie mit 2 oder 3 Eigelb ab, giebt etwas Zitronensaft, Muskatnuß und einige Stückchen frischer Butter dazu und serviert sie.

Man kann in dieser Sauce auch feingewiegte Petersilie oder Estragon geben.

386. Butter, schwarze.

3 Löffel Estragonessig, 8 Körner schwarzer Pfeffer und ein kleines Stück Lorbeerblatt werden auf die Hälfte eingekocht. 250 Gramm Butter läßt man hell kochen, schüttet sie in eine andere Kasserole und läßt sie auf dem Feuer, bis sie anfängt, schwarz zu werden, worauf man sie zurückzieht und den passierten Essigfond dazu giebt, noch einmal aufkochen läßt und mit einigen ganzen Kapern zu Tische giebt.

Zu Fischen, Spargeln, Kalbskopf zu geben.

387. Butter, zerlassene, zu Fisch.

250 Gramm läßt man in einer Kasserole zerlaufen, passiert die Butter, wenn sie hell gekocht ist, in eine Saucekasserole und giebt einen Löffel gehackter Petersilie, etwas Salz und den Saft einer Zitrone dazu.

388. Buttersauce zu Fisch.

100 Gramm Mehl und 200 Gramm Butter rührt man durcheinander, ohne daß die Butter schmilzt, giebt etwas Wasser darauf und rührt die Sauce auf langsamem Feuer. Man giebt eher etwas weniger Wasser als zu viel, daß man nachgießen kann. Nach und nach wird die Butter zergehen und die Sauce dick werden, worauf man sie, ohne sie kochen zu lassen, vom Feuer nimmt, mit 2—3 Gelben abzieht, Salz, Muskatnuß, Zitronensaft dazu giebt und die Sauce in eine Kasserole passiert und ein klein wenig Butter oben auf giebt. Vor dem Anrichten schlägt man sie mit einem Stück Butter noch auf.

Von dieser Sauce werden verschiedene Saucen mit irgend welchen Zuthaten zu Fischsaucen verarbeitet.

389. Champignonssauce.

15—20 frische, kleine Champignons werden rein gewaschen und geputzt, mit etwas Zitronensaft, Salz, 6 Decigramm Butter und guter Jus 1/4 Stunde gekocht, herausgenommen und in Scheiben geschnitten. Die Schalen der Champignons werden nun in der obigen Braise ausgekocht und Espagnole dazu gegeben. Ist sie genügend eingekocht, wird sie mittelst Haartuch über die geschnittenen Champignons passiert und zum Gebrauche heiß gestellt.

390. Demi-Glace-Sauce.

Zu einigen Löffeln Kalbfleischjus giebt man 1 Glas Weißwein, kocht dies auf die Hälfte ein, giebt einen Löffel brauner Sauce zu und läßt die Sauce 1/2 Stunde von der Seite kochen. Diese Sauce soll nicht dick sein und giebt man sie gerne zu Schnitzeln, Koteletten u. s. w.

391. Esterhacy-Sauce.

1 Zwiebel, 1 gelbe Rübe, 1/2 Sellerie werden wie zu Juliennesuppe geschnitten, in Butter weich gedämpft, mit einem Glas Weißwein, etwas Champignonessenz abgelöscht, eingekocht und mit einigen Löffeln guter Jus und Espagnole gut ausgekocht. Zum Servieren giebt man noch ein Glas Madeira dazu.

392. Fischsauce.

Die Fische werden, ehe man nachfolgendes zu machen beginnt, in Essig und Salz gelegt. Zu 2—3 Pfund Fischen schneidet man 2 große Selleriewurzeln, 1 Zwiebel, 3—4 gelbe Rüben in kleine Stückchen, dämpft sie 1/4 Stunde lang im Butter, rührt 1 Löffel Mehl daran, und wenn alles schön gelb ist, giebt man 1 Glas Wein, Zitronensaft und Rosmarin nebst Fleischbrühe dazu, läßt dies kochen und fügt etwas gebrannten Zucker bei, bis die Sauce eine schöne, gelbe Farbe hat. Nun werden 10 kleine Zwiebeln in gesalzenem Wasser etwas gesotten; dann treibt man die Sauce durch, giebt die Zwiebeln dazu, legt die gut abgetrockneten Fische darein, kocht sie so lange in der Sauce, bis sie fertig sind, richtet die Fische an, giebt die Sauce passiert über dieselben und serviert. Diese Zubereitung und Sauce ist zu allen Fischen gut.

393. Fricasséesauce.

Zwei Kochlöffel Mehl werden in Butter gelb geröstet, der Saft einer Zitrone dazugegeben, ½ Liter Fleischbrühe unter beständigem Umrühren darangegossen, mit einigen Zitronenschalen und einer mit 2 Gewürznelken besteckten Zwiebel unter fortwährendem Umrühren auf- und ausgekocht, mit 8 Eigelb abgezogen, in eine Saucenkasserole passiert und bis zum Gebrauch im Wasserbad warm gehalten.

394. Frühlingssauce. Printanière.

1 Eßlöffel Estragonblätter und Kerbelblättchen, rein abgezupft, werden recht rasch abgekocht, auf ein Sieb geschüttet und, nachdem sie zuerst kalt abgeschwenkt und ausgedrückt worden sind, werden diese Kräuter in ganzem Zustande in eine weiße Sauce, die mit 2 Löffel eingekochtem Estragonessig einen etwas pikanten Geschmack hat, gegeben und dieselbe zu Fisch serviert. Die Kräuter können ebenfalls in die Sauce Nr. 388 gegeben werden.

395. Geflügelsauce. Suprême.

Zu einer Geflügelsauce gehört vor allem eine gute, kräftige Geflügelessenz, welche man entweder aus dem übrig gebliebenen Körper des Geflügels, wenn die Flügel und Brust zu Filets, oder die Schlegel zu Koteletts Verwendung finden, gewinnt, oder zu welcher man die Hälse und Magen oder eine in kleine Stücke geschlagene, alte Henne verwendet. Diese in Stücke zerkleinerten Körperteile werden mit einer Consommé oder Fleischbrühe, sowie ½ Glas gutem Weißwein, einer nußgroß Butter, 1 kleinen Zwiebel, ½ gelben Rübe, ein Stück Sellerie, Pfefferkörner, 1 klein wenig Lorbeerblatt und 2 Nelken aufs Feuer gesetzt und etwa 1 Stunde gekocht, sodann durchgeseiht und rein entfettet. Zu dieser Geflügelessenz, welche man in eine Kasserole giebt, giebt man noch den Saft von Champignons und kocht dies zusammen etwa auf die Hälfte ein. Etwa 2 Liter weißer Sauce gießt man dann zu und kocht die Sauce zu gehöriger Dicke ein, legiert sie mit 4 Eigelb, sowie süßem Rahm und Butter und passiert sie in eine Saucekasserole, giebt kleine Stückchen Butter darüber und stellt sie bis zum Gebrauch ins Wasserbad. Zum Abschmecken kann man etwas Zitronensaft verwenden.

Die Sauce soll einen angenehmen, zarten, nicht pikanten, scharfen Geschmack haben und paßt am besten zu Geflügelzwischenspeisen, Ragouts u. s. w.

Eine zweite Art diese Sauce herzustellen, ist, von 60 Gramm Butter eine weiße Mehlschwitze zu rösten und dies dann mit der Geflügelessenz glatt anzurühren und eine Stunde gut auszukochen, sodann dicklich einzukochen, wie oben zu legieren, passieren und ebenfalls im Wasserbad heiß zu stellen.

396. Genueſerſauce. Génoise.

1 Zwiebel wird in dünne Scheiben geschnitten, in heißer Butter gelb geschwitzt und, nachdem die Butter abgegossen, mit 1/4 Liter Affenthaler oder sonstigem, dickroten Wein und etwas guter Jus zur Hälfte eingekocht, mit großer, brauner Sauce und einigen Löffeln Fischessenz vermischt und, nachdem dieselbe 1/2 Stunde gekocht, durchs Tuch passiert. Vor dem Anrichten werden 3 Eßlöffel Sardellenessenz, in Ermangelung dieser Sardellenbutter und 6 Decigramm süßer Butter tüchtig darunter gerührt und zu Fisch, hauptsächlich zu Salm, Forellen und Karpfen serviert.

397. Genferſauce. Génevoise.

1/4 Liter Rotwein oder Affenthaler wird mit gehackten Champignons und Trüffeln, sowie fein gehacktem Schinken und etwas gestoßenem Pfeffer stark auf die Hälfte eingekocht, mit 4 Löffel Espagnole und 2 Löffel Fischessenz vermischt, mit 1/4 Pfund Butter aufgerührt und zum Schluß etwas Sardellenbutter oder Anchovisessenz dazugegeben.

Ist ebenfalls zu Salm u. s. w. zu servieren, doch können die Génoise- und Génevoise-Saucen auch zu Fleischspeisen gegeben werden, nur läßt man dann die Fischessenzen und Sardellenbutter weg.

398. Gurkenſauce.

Man schält einige frische Gurken, schneidet sie in länglich-gewürfelte Stückchen, wirft die großen Kerne weg, bestreut sie mit Salz und läßt sie 1/2 Stunde stehen; indessen wird eine Zwiebel fein geschnitten, 1 Stückchen Butter in einer Kasserole auf Kohlen zerlassen und die Zwiebel nebst den Gurken, die vorher recht ausgedrückt werden, in der Butter gedämpft. Sodann wird 1 Löffel Mehl darauf gestreut, einige Minuten damit gedämpft und dann gute Fleischbrühe nebst ein wenig Essig, Salz und Pfeffer daran gegossen und etwa ½ Stunde ausgekocht. Wird die Sauce zu dick, so hilft man mit Fleischbrühe nach. Hat man übrige Bratenbrühe, so giebt man sie dazu, da die Sauce dadurch Farbe bekömmt.

Man giebt diese Sauce zu Ochsenfleisch, Hammel- und Kalbsbraten.

399. Hagenbuttensauce zu Wild.

1 Liter Hagenbutten wird aus warmem Wasser gewaschen, diese auseinander geschnitten und die Kerne entfernt, sodann mit ½ Liter Weißwein aufs Feuer gebracht und weichgekocht, passiert und das Purée in eine fertige Wildsauce gegeben, damit aufgekocht und zu Wildschwein, Hirsch- oder Rehbraten serviert.

400. Hammelfleischsauce.

1 Hand Schalotten und 1 große Zwiebel werden recht klein geschnitten, mit 1 Löffel Mehl in zergangener Butter gedämpft, heiße Fleisch- und Hammelsbratenbrühe, nebst 1 Glas Wein dazu gegossen, 1 Handvoll geriebenes Schwarzbrot, nebst etwas Salz und Zucker beigefügt, dies ½ Stunde gekocht und dann das Fleisch darein gelegt, bis es durch und durch heiß ist. Etwas Essig oder Zitronensaft kann man beigeben, um die Sauce pikant zu machen.

401. Heringsauce.

Ein frischer Hering wird, wenn er geputzt und entgrätet ist, mit 1 Zwiebel und 1 Stückchen Butter recht fein gewiegt; dann läßt man 1 Stückchen Butter in einer Kasserole zergehen, giebt einen kleinen Löffel Mehl dazu, röstet es ein wenig gelb und dämpft das Gewiegte darin; wenn es mit Fleischbrühe abgelöscht ist, läßt man das Ganze mit Zitronensaft, etwas Pfeffer und Salz durchkochen, passiert die Sauce, welche sowohl zu Fleisch, wie zu Fischen zu verwenden ist.

402. Holländische Sauce. Hollandaise.

Erste Art: 4 Eßlöffel Estragonessig, 4 Eßlöffel Champignonssaft (von eingemachten) werden mit einer Prise weißem, zermahlenem Pfeffer auf ⅓ eingekocht, kalt gestellt, 3 Eigelb dazu gegeben, nebst einem Stückchen süßer Butter und unter fortwährendem Umrühren mit einem Schneebesen nach und nach 18 Decigramm süßer Butter beigefügt. Wenn die Sauce zu dick wird, giebt man etwas Fischbrühe oder Consommé dazu. Sie muß in heißem Wasser unter großer Vorsicht geschlagen werden, weil die Sauce leicht gerinnt; etwas Zitronensaft und Salz wird schließlich noch darunter geschlagen und dann zu irgend einem Fische serviert. (Siehe auch Béarnaise.)

Zweite Art: 4 Eigelb, 1 Eßlöffel Weißmehl, 1/4 Pfund süßer Butter, etwas geriebene Muskatnuß, 1 Eßlöffel Estragonessig wird alles kalt zusammengemischt, dann mit 1/4 Liter Fleischbrühe angerührt und auf dem Feuer so lange geschlagen, bis es dick und heiß ist, etwas Fischsud hineingegossen, der Saft einer halben Zitrone und etwas Salz darangethan und zu Fisch serviert.

403. d'Huxelles-Sauce.

Einige Schalottenzwiebeln, sowie eine Handvoll Champignons werden fein gehackt und in heißem Olivenöl gedämpft, 1 Glas Weißwein, einige Löffel guter Jus und einige Löffel Espagnole zugegeben und die Sauce zu gehöriger Dicke ausgekocht. Zum Servieren giebt man etwas gehackte Petersilie dazu.

404. d'Huxelle zum gratinieren.

Wie oben in Nr. 403 werden Schalottenzwiebeln und Champignons in Oel gedämpft, mit wenig Sauce und guter Jus, sowie einigen Löffeln Tomatenpurée zu einem dicken Purée eingekocht, das man zu weiterem Gebrauch in einen Topf füllt und, wenn es erkaltet ist, mit Olivenöl übergießt, damit es sich besser hält.

Um Fische oder Fleisch zu gratinieren, verwendet man den betreffenden Fond und giebt diese d'Huxelle dazu, wie in späteren Rezepten beschrieben wird.

405. Italienische Sauce. Sauce Italienne.

6 Schalottenzwiebeln, etwas Petersilie, 10—12 frische, geputzte Champignons und 2 geschälte, frische Trüffeln (andernfalls eingemachte) werden fein gewiegt, mit 6 Decigramm süßer Butter 1/4 Stunde langsam weich gedämpft und dann mit 1 Glas Madeira und guter Jus angegossen, nach 5 Minuten mit großer, brauner Sauce angefüllt, noch 1/4 Stunde langsam gekocht und serviert. Zu Fleisch und Fisch zu servieren.

406. Kapernsauce zu Fisch.

1 Löffel Kapern werden mit etwas gutem Essig und einer Prise gemahlenem Pfeffer eingekocht und unter Sauce Nr. 402 gemischt.

407. Kapernsauce.

60 Gramm Butter läßt man zergehen, rührt einen Kochlöffel Mehl daran und läßt es leicht anziehen. Eine Handvoll fein geschnittener Kapern giebt man dazu und läßt sie in der Mehlschwitze dämpfen. Sodann giebt man einige Löffel Fleischbrühe, etwas Essig und ein paar Löffel süßen Rahm an dieselbe, kocht alles gut auf, etwa ½ Stunde von der Seite aus, und serviert die Sauce mit 2 Eigelb abgezogen als Fleischbeilage.

408. Kräutersauce mit Essig und Oel.

Petersilie, Schnittlauch, Gartenkresse, Schalotten, Morcheln, von jedem 1 Handvoll, etwas Thymian und Majoran, Pfeffer, Salz und Muskatnuß werden zusammen fein gewiegt. Nachdem ¼ Pfund feines Oel in einer Kasserole heiß gemacht ist, giebt man die Kräuter dazu, nebst ein paar Eßlöffel Essig, und vervollständigt die Sauce mit guter Fleischbrühe. Zu gebratenem Rindfleisch ist die Sauce ausgezeichnet.

409. Kräutersauce, feine (sauce fines herbes).

Schalottenzwiebeln fein gehackt, werden in Butter oder Oel gedämpft, mit 1 Glas Weißwein und Champignonsessenz abgelöscht und eingekocht. Einige Löffel guter Jus, sowie Espagnole werden mit der Essenz ausgekocht. Gehackte Champignons, sowie Kerbel, Petersilie und Estragon giebt man in die Sauce, läßt alles noch einmal gut aufkochen und serviert sie.

410. Kräutersauce, Ravigote (warm).

Gleiche Teile Estragonblätter, Kerbel, Kressich, Petersilie, etwas Schnittlauch werden sauber gewaschen und in siedendem Wasser schnell weichgekocht, abgeschüttet, ins kalte Wasser gethan, wiederholt abgeschüttet, tüchtig ausgedrückt und im Mörser mit ¼ Pfund süßer Butter feingestoßen, dann durch ein sehr feines Sieb gestrichen und bis zum Gebrauch aufbewahrt. Unterdessen werden 2 Eßlöffel Estragonessig mit einer Prise weißen, gemahlenen Pfeffers zur Hälfte eingedampft, ½ Liter weiße, mit 3 Eigelb abgezogene Sauce Allemande dazu gegeben; wenn dieselbe aufgekocht, wird sie durch ein Haartuch in eine Saucenkasserole geseiht, mit obiger, grüner Butter aufgeschlagen und mit Zitronensaft im letzten Augenblicke verschärft. Diese Sauce ist zu Fischen und Geflügel verwendbar.

411. Krebssauce.

Etwa 12—15 Krebse werden mit etwas guter Fleischbrühe und 1 Glas Weißwein, 1 Zwiebel, 1 gelben Rübe,

1 Stückchen Sellerie, 1 kleinen Bouquet Petersilie, 2 Gewürznelken, einigen Pfefferkörnern, 1 kleinen Stückchen Lorbeerblatt und etwas Salz gekocht, ausgebrochen und die Schalen mit ¼ Pfund guter Butter fein gestoßen, aufs Feuer gestellt und unter fortwährendem Rühren gekocht, bis die Butter hell ist, mittelst eines starken Tuches gut ausgedrückt und kalt gestellt. Die Krebsbrühe kocht man zur Hälfte ein und giebt einige Löffel Allemande dazu, kocht die Sauce noch ein, legiert dieselbe mit 3 Eigelb, etwas Butter und Rahm und passiert sie in eine Saucekasserole. Vor dem Anrichten mischt man die Krebsbutter und etwas Zitronensaft darunter und giebt die Krebsschwänze, welche durchschnitten werden, in dieselbe. Zu Fisch, Geflügel und Kalbfleisch passend.

412. Lyonnesersauce. Sauce Lyonnaise.

12 Schalottenzwiebeln werden fein gehackt und mit 2 Eßlöffel Olivenöl gelb geröstet. Das Oel wird sodann abgeschüttet, 1 Glas guter, weißer Wein mit guter Jus dazu gegeben, bis zur Hälfte eingekocht und Espagnole darunter gemischt; vor dem Anrichten kommt noch fein gewiegte Petersilie darunter.

413. Madeirasauce.

3—4 Eßlöffel Mehl wird in einem Stückchen Butter leicht braun geröstet und mit Fleischbrühe, Bratenjus, sowie etwas Rotwein angerührt; diese Sauce läßt man 1 Stunde von der Seite kochen, bis sie genügend dick ist, worauf man sie passiert und vor dem Servieren 1 Glas Madeirawein dazu giebt.

Oder: 1 Zwiebel, 1 gelbe Rübe, 1 Sellerie, 1 Stück roher Schinken wird in viereckige Stückchen geschnitten, mit Gewürz in einem Stückchen Butter gelb geschwitzt, hierauf mit einem Glas Rotwein und guter Jus aufgegossen und etwas eingekocht. Sodann giebt man einige Löffel Espagnole zu und läßt sie langsam von der Seite kochen, passiert sie in eine Saucekasserole und giebt vor dem Anrichten ein Glas Madeira dazu.

Oder man rührt zu dem Gemüse einige Löffel Mehl, läßt dieses braun anrösten und rührt dies mit Fleischbrühe, guter Jus und Rotwein an, kocht die Sauce aus, passiert sie und serviert sie mit einem Glas Madeira.

414. Maître d'hôtelsauce.

Wird wie die Saucen Nr. 395 und 429 behandelt und zuletzt gehackte Petersilie mit Zitronensaft dazu gegeben. Ist zu Fisch und Ochsenfleisch zu servieren.

415. Matrosensauce. Sauce Matelotte.

1—1½ Pfund gewöhnliche Fische werden sauber geputzt und gewaschen, dann mit 1 Glas guten Rotwein, etwas guter Jus, Salz, 1 Zwiebel, gelben Rüben, Sellerie, Lorbeerblatt, 2 Nelken, ganzen Pfeffer so lange gekocht, bis der Fisch weich ist, letzterer wird herausgenommen, die Brühe mit brauner Sauce bis zur gehörigen Dicke eingekocht und mit etwas Süßbutter aufgeschlagen. Diese Sauce wird hauptsächlich zu Forellen oder Salm serviert. Auch können obige Stückchen Fisch, wovon die Sauce bereitet, dazu gegeben werden.

416. Meerrettig in Fleischbrühe.

60 Gramm Butter läßt man zergehen und giebt etwa ½ Stange geriebenen Meerrettig, Salz, sowie 1 Löffel Mehl dazu und dämpft dies einige Minuten; hierauf rührt man 2—3 Schöpflöffel Fleischbrühe zu und kocht die Sauce etwa ¼ Stunde aus.

417. Meerrettig in Milch.

Verrühre in einem Stückchen zerlassener Butter 60 Gramm gestoßene Mandeln, 1 Kaffeelöffel Mehl, etwas Zucker und den geriebenen Meerrettig, gieße nach und nach so viel Milch daran, daß die Sauce dicklich ist, und lasse sie einmal aufkochen.

418. Meerrettig, kalter mit Essig.

Geriebener Meerrettig wird mit Wasser begossen, ein Stück Zucker daran gethan und nach dem Zerschmelzen desselben mit etwas Essig und Salz durcheinander gerührt.

419. Meerrettigsauce mit Rahm.

Eine geriebene Meerrettigwurzel wird verrührt, mit 2 Eßlöffel Weinessig und eben so viel süßem Rahm verdünnt, ⅛ Pfund Zucker daran gethan und dies zu Ochsenfleisch, Karpfen, Karauschen, Schleihen ꝛc. gegeben.

420. Morchelnsauce.

Man röstet in einem Stückchen Butter einen Kochlöffel Mehl gelb, giebt eine Handvoll gesäuberte und gesottene Morcheln, die aber gut ausgedrückt und klein geschnitten sein müssen, nebst fein gewiegter Petersilie daran, läßt es dämpfen, gießt gute Fleischbrühe daran und, wenn alles wohl durchgekocht hat, wird die Sauce mit Muskat und Zitronensaft gewürzt.

421. Normannische Sauce. Normande.

¼ guter Weißwein mit Champignons-, Fisch- und Austern-Essenz wird mit einer weißen Sauce eingekocht und diese, wenn dick genug, mit 4 Eigelb und etwas Rahm legiert. Vor dem Anrichten schlägt man die Sauce mit etwas Butter auf, giebt Zitronensaft zu und serviert die Sauce mit einigen Austern und Krebsschwänzchen. Wird zu Fischen und zu Fischragouts gegeben.

422. Orangensauce. Bigarade.

1 Orange wird fein geschält und die Schalen fein länglich geschnitten, in heißem Wasser weichgekocht und auf die Seite gestellt. Der Saft der Orange wird mit 2 Löffeln guter Jus heiß gemacht und mit weißer, legierter Sauce eingekocht, durch's Tuch passiert und obige Schalen vor dem Anrichten dazu gegeben. Die Sauce ist zu Enten, auch zu Ochsenfleisch, zu geben.

423. Paniersauce à la Villeroi.

Zu einer guten, fertig gestellten Allemande, etwa ½ Liter, giebt man etwas Geflügelessenz, kocht sie mit derselben sehr dick ein, legiert sie mit 6 Eigelb und etwas Rahm und rührt sie kalt. Diese Sauce muß sehr dick und haltbar sein, um Fleisch und Geflügel damit zu überziehen und, wenn die Sauce am Fleisch erkaltet ist, dasselbe panieren und backen zu können.

424. Paprikasauce.

1 in Scheiben geschnittene Zwiebel dämpft man in etwas Butter, giebt etwas gute Jus, ½ Theelöffel Paprika und ¼ Liter sauren Rahm zu und läßt dies ein wenig einkochen. Hierauf kocht man die Sauce mit einigen Löffeln Espagnole vollends fertig, passiert sie, giebt noch ein Stück Butter darunter und serviert.

425. Paradiesäpfel- oder Tomatesauce.

8—10 Tomaten werden mitten durchgeschnitten, der Saft und die Kerne herausgedrückt. Das Fleisch derselben wird mit Zwiebeln, gelben Rüben, 2 Nelken, etwas ganzem Pfeffer, Lorbeerblatt, Muskatenblüte, ¼ Pfund Butter, ¼ Pfund rohen, in viereckige Stückchen geschnittenen Schinken ½ Stunde gedämpft, mit guter Jus angegossen und große, braune Sauce dazu gegeben, durch ein feines Sieb passiert, mit einer Messerspitze voll Cayennepfeffer gemischt und serviert.

426. Petersiliensauce.

Eine Hand voll Petersilie wird mit ein wenig Zitronenschale und dem Mark von einer Zitrone fein gewiegt, in einem

Stückchen Butter ein kleiner Kochlöffel Mehl gelb geröstet, das Gewiegte darin gedämpft, mit einem Schöpflöffel guter Fleischbrühe nebst etwas Muskatblüte und Salz ¼ Stunde gekocht und mit 2 Eigelb abgezogen.

427. Petersiliensauce, Poulette.

In eine gute, kräftige, mit Hühneressenz eingekochte und legierte Sauce Allemande giebt man vor dem Servieren gehackte Petersilie und einige Stückchen Süßbutter.

428. Pfeffersauce. Poivrade.

1 kleine Zwiebel, 1 gelbe Rübe, Sellerie, Petersilie, 1 Eßlöffel ganzer Pfeffer, 1 Nelke und 1 kleines Stückchen Lorbeerblatt, 6 Decigramm magerer Schinken, alles klein geschnitten, wird mit 3 Decigramm Butter angedämpft, bis alles gelb, mit 4 Eßlöffeln gutem Essig (am besten Estragonessig) und etwas guter Jus angegossen und einige Minuten eingekocht; sodann giebt man einige Löffel Espagnole dazu und passiert die Sauce, wenn sie ausgekocht ist, in eine Saucenkasserole. Man kann von dieser Sauce, wenn man gehackte Kapern oder Gurken zufügt, die so benannten Saucen herstellen.

Ebenso kann man, wenn die Gemüschen gelb sind, Mehl aufstauben, dann Essig, Fleischbrühe, gute Jus und Wein zugeben und die Sauce auf diese Art fertigstellen. Die Sauce ist zu Ochsenfleisch und Wildbret am besten.

429. Pikante Sauce. Sauce piquante.

6 Schalottenzwiebelchen, etwas Petersilie, 1 Eßlöffel Kapern und 3—4 Essiggurken werden fein gewiegt und durch ein Tuch ausgepreßt, daß sich der Essig herauszieht. Dann wird dies alles mit einem Löffel Estragonessig, einer Prise Cayennepfeffer und guter Jus eingekocht, mit großer, brauner Sauce aufgefüllt, ½ Stunde ausgekocht und zu Ochsenfleisch, gebratenem Aal u. s. w. serviert.

430. Provencersauce. Provençale.

8—10 Schalottenzwiebeln werden sehr fein gehackt, mit 3 Eßlöffel gutem Olivenöl gedämpft und das Oel abgeschüttet. Zu den Zwiebeln giebt man 1 Glas guten Weißwein und 1 Löffel Consommé; ist dies stark zur Hälfte eingekocht, wird weiße Sauce dazu gegeben, etwas fein gewiegte Petersilie und Zitronensaft daran gethan, richtig gesalzen und zu Fisch, Geflügel oder Kalbfleisch serviert.

431. Rahmsauce zu Geflügel u. Fleisch à la crême.

In Würfel geschnittener Schinken und Gemüse, sowie Gewürz wird mit etwas Butter leicht geschwitzt, 3 Löffel Mehl dazu gegeben, noch ein wenig geschwitzt und mit 1 Liter süßem Rahm und 1 Liter weißer Consommé angerührt. Unter beständigem Rühren läßt man die Sauce aufkochen und zur Seite zur nötigen Dicke einkochen, worauf man die Sauce passiert, mit Salz und Muskatnuß abschmeckt und vor dem Anrichten mit etwas Butter aufschlägt.

Saure Rahmsauce wird ebenso hergestellt, nur an Stelle des süßen saurer Rahm verwendet, sowie gute Jus und das Mehl braun angeröstet. Diese Sauce ist zu Fleischspeisen sehr gut, während zu Wildbret die in Nr. 431 verwendet wird.

432. Rahmsauce zu Wildbret.

Ist das Wildbret (Reh, Hase 2c.) beinahe fertiggebraten, so rührt man einen kleinen Kochlöffel Mehl mit ¼ Liter saurem Rahm dazu, überstreicht und begießt den Braten mehrmals damit. Ist der Braten fertig und herausgelegt, verdünnt man die Sauce mit etwas Fleischbrühe oder guter Jus, passiert und entfettet sie und giebt sie wieder in die Bratpfanne zurück; giebt sodann den Rest des sauren Rahm dazu, sowie etwas Zitronensaft und kocht die Sauce dicklich ein. Ist die Sauce nicht dick genug, muß man etwas Mehl noch dazu rösten, mit der Sauce anrühren und aufkochen. Ist das Wildbret angerichtet, so wird die Sauce darüber gegossen. Man kann auch einige Kapern zu der Sauce geben, um sie pikanter zu machen.

433. Sardellensauce.

Diese Sauce ist zu gesottenem Rindfleisch, Zunge oder unter sauer gebratenes Kalbfleisch sehr empfehlenswert, und nimmt man dazu ½ Liter Fleischbrühe, brennt 3 Kochlöffel Mehl in Butter dunkelbraun, rührt die heißgemachte Fleischbrühe daran, dann gibt man 90 bis 120 Gramm rein geputzte und mit ein wenig Butter fein gewiegte Sardellen, 1 gehackte Zwiebel, etwas Essig, Kapern und Pfeffer dazu und kocht alles zusammen noch eine starke halbe Stunde. In Ermangelung der Sardellen kann man auch Heringe statt derselben nehmen, nur braucht man zu denselben kein Mehl zu rösten, sonst wird die Sauce zu dick; sodann passiert man die Sauce durch ein Sieb, kocht sie noch einmal auf und giebt sie zu Tische. Man giebt diese Sauce auch gerne unpassiert zu Tische.

434. Sardellen-, Petersilie- und Morchelnsauce.

Röste einige Löffel Mehl in Butter gelb, gieb zuletzt einige gewiegte Schalotten, eben so viel Petersilie, doppelt so viel abgesottene und kleingeschnittene Morcheln dazu und röste alles noch ein wenig; dann gieße, je nachdem man Sauce nötig hat, Fleischbrühe daran, füge 60 Gramm Sardellen, etwas gewiegte Zitronenschalen nebst Saft davon bei, koche dies eine halbe Stunde lang und gieb sie wie Sardellensauce zu Fleisch, Fisch u. s. w.

435. Sauce über gedämpftes Fleisch, Geflügel, Hammel- und Kalbfleisch rc.

Das Fleisch wird in zerlassener Butter mit Zwiebeln, Wurzeln, Salz, einigen Pfefferkörnern, Gewürznelken und Muskatenblüte gedämpft und, wenn es schön blaßgelb ist, folgende Sauce darüber gegeben: Gelbe Rüben, Petersilie- und Selleriewurzeln, sowie Pastinak, werden in dünne Stückchen geschnitten und mit mehreren Zwiebelscheiben in zerlassener Butter gedämpft. Auf die weich gedämpften Wurzeln streut man einige Löffel Mehl, läßt sie noch eine Zeitlang dämpfen, gießt dann Fleischbrühe und 1 Glas Wein dazu, kocht dies noch ½ Stunde lang, treibt es dann durch, fügt etwas Zitronenschale und Muskatnuß, wenn man will, auch in Wasser abgesottene Morcheln oder einige kleingehackte Sardellen oder Kapern bei, läßt dies noch ¼ Stunde kochen, legt das Fleisch oder Geflügel darein, und wenn es durch und durch heiß geworden ist, so richtet man an. Ist die Sauce nicht gelb genug, so füge man etwas gebrannten Zucker bei. Drückt man Zitronensaft darein, so wird die Sauce pikanter.

436. Sauerampfersauce.

Der Sauerampfer wird zerschnitten, in zerlassener Butter gedämpft, 1—2 Löffel Mehl darauf gestreut und dieses noch ein wenig mitgedämpft; nun füllt man mit heißer Fleischbrühe auf, giebt Salz, Muskatnuß, auch etwas rohes, dürres Fleisch dazu, läßt es noch ¼ Stunde kochen und giebt diese Sauce zu Rindfleisch, gebratenem Geflügel u. s. w. Man kann diese Sauce auch mit einigen Eigelb abziehen.

437. Saure Sauce.

Ein in Scheiben geschnittener Zwiebel wird in etwas Butter gelb geschwitzt, sodann mit Weinessig und etwas gestoßenem Pfeffer abgelöscht; dies läßt man sodann ein wenig einkochen, gibt etwas gute Jus und Espagnole zu und kocht eine nicht zu dicke Sauce damit aus, passiert sie und verwendet sie zu sauren Kartoffeln, Spatzen u. s. w. Oder man rührt zu den gelb geschwitzten Zwiebeln 2 bis 3 Löffel Mehl und läßt dies damit anziehen, löscht dann mit Essig ab, giebt etwas Pfeffer zu, sowie Fleischbrühe und gute Jus und läßt die Sauce gut aus und dicklich einkochen, worauf man sie abschmeckt und verwendet.

438. Schinkensauce.

¼ Pfund rohen Schinken, 2 kleine Zwiebeln, 1 Petersilie und 1 Selleriewurzel und 2 kleine, gelbe Rüben werden klein geschnitten, in 90 Gramm Butter und etwas Fleischbrühe weich gedünstet, ein großer Löffel Mehl dazu gerührt, noch ein wenig gedünstet, mit Fleischbrühe abgelöscht und gut ausgekocht. Sodann wird die Sauce durchgetrieben, wieder ans Feuer gesetzt und, wenn sie kocht, mit 2 Eigelb abgezogen. Die Sauce kann zu allen Fleischspeisen gegeben werden.

439. Schnittlauchsauce.

In eine hellbraune Einbrenne von 2 Löffel Schweineschmalz und Mehl giebt man eine Hand voll geschnittenen Schnittlauch und, wenn er etwas abgedünstet ist, Fleischbrühe sowie etwas sauren Rahm, läßt die Sauce eine Zeit lang kochen und serviert sie zu Rindfleisch.

440. Selleriesauce.

2 oder 3 gutgereinigte Selleriewurzeln werden in Würfel zerschnitten, mit etwas geriebener Muskatnuß und Salz in einem eigroßen Stück Butter ½ Stunde lang unter fortwährendem Aufschütteln gedämpft; dann wird ein schwacher Kochlöffel Mehl darauf gestreut, den man anziehen läßt, und so viel gute Fleischbrühe daran gegossen, daß nur wenig Brühe daran ist; die Sauce sodann passiert, etwas Liebigsextrakt oder gute Jus daran gerührt, nochmals aufgekocht und zu Rindfleisch serviert.

441. Senfsauce.

In 60 Gramm Butter werden 2 Kochlöffel Mehl braun geröstet, mit Fleischbrühe und guter Jus abgelöscht und gut verrührt; hierauf giebt man einige Eßlöffel Senf, 2 Zitronenrädchen, 1 Gläschen Wein dazu und läßt alles zusammen recht durchkochen, passiert die Sauce sodann und giebt sie zu Rindfleisch oder Bratwürsten.

442. Spargelsauce.

60 Gramm Butter wird zerlassen, 3—4 Eigelb, eben so viel Kochlöffel Mehl, der Saft von ¼ Zitrone und Salz daran gerührt. Vor dem Servieren giebt man einige Schöpflöffel Spargelwasser oder Fleischbrühe dazu und schlägt die Sauce rasch auf, bis sie anzieht und dick wird, jedoch nicht zu heiß, damit sie nicht gerinnt. Hierauf wird sie passiert und in einer Saucière extra zu den Spargeln serviert.

443. Spargelsauce.

2 Löffel Knorrs Kartoffelmehl werden mit etwas Muskatnuß in ein wenig kaltem Wasser aufgelöst, mit heißem Spargelwasser zu einem dicken Brei angerührt und, wenn dieser aufgekocht, nach und nach mit ½ Pfund Butter zu einer Sauce aufgerührt, in die man etwas Salz und Zitronensaft giebt. Ist sie zu dick, gießt man Spargelwasser nach.

444. Tortuesauce.

In kleine Stücke geschnittener, roher Schinken, 1 Zwiebel, ½ gelbe Rübe, ¼ Sellerie, sowie Gewürz, wird in Butter geschwitzt, 1 Glas Rotwein und Champignons, sowie Trüffelessenz dazugegeben und das Ganze sodann gut eingekocht. 4 Löffel Espagnole giebt man alsdann dazu, ebenso etwas gute Jus und 2 Löffel Tomatenpurée, kocht die Sauce gut aus, giebt etwas Cayennepfeffer zu und passiert sie. Oder man rührt etwas Mehl an die Gemüschen und kocht die Sauce mit den Essenzen, sowie mit Wein, Fleischbrühe, guter Jus und Tomatenpurée zu einer guten Sauce aus.

445. Trüffelnsauce. Périgueux.

4—6 frische, geschälte Périgordtrüffeln werden in folgender Brühe weich gekocht: ¼ Pfund roher Schinken, würflicht geschnitten, wird mit 6 Decigramm Butter angebraten, etwas Zwiebel, gelbe Rüben, Sellerie, Petersilie, 1 Nelke, etwas Pfeffer und Lorbeer mitgedämpft und dann mit ¼ Liter Bordeaux und etwas guter Jus aufgefüllt; hierin werden die Trüffeln gegeben, sind sie weich, werden sie entweder in Tranchen geschnitten oder gehackt. In die Brühe wird große Sauce (Espagnole) gemischt und bis zur gehörigen Dicke eingekocht. Die Sauce wird auf Trüffeln passiert und warm gestellt. Man kann auch eingemachte Trüffeln dazu benützen, sowie deren Brühe, und diese mit Espagnole auskochen.

446. Trüffelnsauce. Zweite Art.

30 Gramm Trüffeln kocht man in ¼ Liter Wein; 60 Gramm Butter röstet man in etwas Mehl gelb, dämpft darin

einige, klein geschnittene Schalottenzwiebeln und giebt gute Fleischbrühe, gute Bratenjus und Pfeffer dazu, ebenso den Wein, in welchem man die Trüffeln gekocht hat, und kocht dies alles zusammen zu einer kräftigen Sauce ein. Die Trüffeln werden sodann gehackt oder in Scheiben geschnitten dazu gegeben.

447. Wachholderbeersauce.

1/4 Pfund in Würfel geschnittener, roher, magerer Schinken, einige Schalotten und 1/2 Eßlöffel Wachholderbeeren, werden mit 1 Liter brauner Sauce, 1/4 Liter guten Rotwein und dem Bratensaft des Wildes, zu dem die Sauce gegeben werden soll, gut verkocht und abgeschäumt, durch ein Haarsieb gepreßt, gesalzen, der Saft einer halben Zitrone hinzu gefügt und vorzugsweise zu Rehwild, Krametsvögeln und Lerchen gegeben. Oder der Bratenfond wird mit einigen Löffeln Mehl aufgestaubt, Wein, Fleischbrühe, 1/2 Eßlöffel Wachholderbeeren dazu gegeben, sowie roher Schinken und Schalotten, das Ganze gut durchgekocht und zum Gebrauch in eine Saucenkasserole passiert.

448. Wildfümetsauce.

Man nimmt die Reste oder Knochen von Wild, hackt sie klein, gibt sie mit ein paar Gläsern weißen Wein,· 1 Zwiebel, 1 kleinen Gelbrübe, 1 Sellerieblatt, 1 Stengel Petersilie, 1 Stengel Thymian, 1 Lorbeerblatt, 1 Gewürznelke und einem halben Blatt Muskatblüte in eine Kasserole und läßt sie 10 Minuten dämpfen, fügt dann 1 Liter brauner Sauce und etwas Fleischbrühe hinzu, kocht sie etwa 20 Minuten langsam von der Seite, nimmt Fett und Schaum ab und passiert die Sauce durch ein sehr feines Haarsieb. Sollte sie nicht dick genug sein, so müßte sie noch etwas eingekocht werden, und kann man auch etwas Cayennepfeffer und Zitronensaft beifügen.

449. Vorzügliche Wildbretbeize. Schnellbeize.

Es wird so viel Essig in ein Geschirr gegossen, als die Brühe des Wildbretstückes nötig macht, Lorbeerblätter, Zwiebel, Gewürznelken, Zitronenschalen, Pfefferkörner, Thymian und Wachholderbeeren, in Butter gedämpft, werden dazu gegeben, aufgekocht, heiß über das Wildbret gegossen, gut zugedeckt und bis zum Gebrauche an einen kühlen Ort gesetzt.

450. Wildbretsauce.

Auf die obere Rinde von Schwarzbrot streue gestoßene Gewürznelken, Pfeffer, Salz, gewiegte Schalotten, streiche ein Stück Butter darauf und lege es in die Bratpfanne zu dem

Wildbret. Sodann gießt man Fleischbrühe dazu und bratet den Braten fertig. Ist der Braten fertig, so wird das Brot mit ein wenig Speck und Zitronenschalen klein gehackt, der Bratensatz mit Fleischbrühe aufgekocht und das Gehackte unter die Bratenbrühe gemischt, ein wenig aufgekocht, durchgetrieben und über das Wildbret gegossen.

451. Zitronensauce.

Etwas Mehl wird in Butter lichtgelb geröstet; hierauf gießt man, so viel man Sauce nötig hat, Wasser und Wein zu gleichen Teilen dazu, reibt von einer Zitrone das Gelbe ab und thut es nebst dem Saft der Zitrone an die Sauce, wobei aber zu beachten ist, daß die Kerne weg bleiben. Nun wird die Sauce versüßt und mit einigen Eigelb abgezogen.

Für frische Rindszungen, junge Hühner und Tauben ist diese Sauce vorzüglich geeignet.

452. Zwiebelsauce. Sauce Robert.

1 ziemlich große Zwiebel wird durchgeschnitten und zwar durch die Stielseite, und von diesen beiden Teilen sehr dünne Scheiben geschnitten, welche in 6 Decigramm Butter schön gelb geröstet werden, dann wird die Butter abgeschüttet und auf die Zwiebel 6 Eßlöffel Estragonessig mit etwas Bratjus gegossen und zur Hälfte eingekocht, von der großen, braunen Sauce dazu gegeben, noch 1/4 Stunde gekocht und vor dem Servieren 1 Eßlöffel französischer Senf darunter gerührt. Oder man rührt zu den gerösteten Zwiebeln einige Löffel Mehl und giebt, wenn dieses angeröstet ist, Estragonessig, sowie Bratenjus und Fleischbrühe, wohl auch etwas Wein dazu, läßt die Sauce gut auskochen, giebt vor dem Anrichten 1 Löffel Senf dazu und serviert sie.

453. Zwiebelsauce. Zweite Art.

Zu 1 Löffel Fett oder Butter, dies heiß gemacht, giebt man 8—10 kleingeschnittene Zwiebeln und läßt diese dünsten, bis sie eine schöne Farbe haben. Dann streut man 1 Löffel Mehl darauf, dämpft sie noch ein wenig, gießt Fleischbrühe, Essig und Zitronensaft daran, läßt sie kochen und treibt sie durch ein Haarsieb, kocht die Sauce noch einmal auf und verwendet sie sodann.

5.

Gemüse, Schwämme und Pilze.

A. Gemüse.

Zu Fleisch, vielen Eier- und Mehlspeisen bilden Gemüse die gesündeste Zuspeise, welche das Blut verdünnen und flüssiger machen; deshalb soll die Köchin ihre besondere Aufmerksamkeit darauf verwenden, um ein gutes und wohlschmeckendes Gemüse auf den Tisch zu bringen.

Alle Gemüsearten sind sorgfältig zu putzen, von Insekten zu reinigen und dann gut abzuwaschen.

Die grünen Gemüse sind möglichst frisch zu verbrauchen und dürfen nicht gelb sein. Sie sind in vielem Wasser mit Salz und etwas Soda oder Natron in unbedecktem Geschirr zu kochen, bis sie weich sind, worauf man sie abschüttet, in kaltem Wasser abkühlen läßt und zubereitet, wie in den betreffenden Rezepten angegeben ist. Die Gemüse sollen nicht zu stark kochen, da sie dadurch sehr viel an Farbe und Ansehen verlieren.

Sämtliche Kohlarten, sowie Kraut und Rüben blanchiert man am besten, ehe man sie weichkocht, einmal gut in Wasser.

Die Hülsenfrüchte weicht man den Abend vor dem Gebrauch in Wasser ein und blanchiert sie andern Tags, ehe man sie kocht, doch soll das Wasser nicht über die Früchte hinausgehen, da die Hülsen sonst leicht platzen. Gesalzen werden sie erst, wenn sie weich sind. Erbsen, Bohnen, Linsen werden häufig nach dem Weichkochen durch ein Sieb getrieben und zu Purée verarbeitet, wodurch sie leichter verdaulich werden. (Siehe die betreffenden Rezepte.)

Eingemachte Gemüse werden den Abend vor dem Gebrauch in kaltes Wasser gelegt, andern Tags blanchiert und dann erst gekocht.

Die in Büchsen eingemachten Gemüse werden in der geöffneten Büchse auf der heißen Herdplatte oder im Wasserbad erwärmt. Ist dies geschehen, wird es auf ein Sieb geschüttet und läßt man das Wasser gut ablaufen. Das Gemüse muß beim Abschütten heiß sein, denn ist dasselbe kalt, zieht das Wasser nicht gut ab und kommt nachher bei der Zubereitung zum Vorschein. Die Sauce oder Butter, welche man bei der Zubereitung verwendet, wird aber durch Nichtabziehen des Wassers verdünnt und das Gemüse verliert an Geschmack und Ansehen. Es ist deshalb äußerst notwendig, diese Punkte genau zu beachten, um ein wirklich gutschmeckendes Gemüse zu Tisch zu bringen.

Am besten sind die Gemüse in Butter geschwungen mit dem nötigen Salz, Pfeffer und gehackter Petersilie.

Sehr empfehlenswerte Conservenfirmen sind Leopold Haßler in Schwetzingen (großer, frischer Spargelversand) und Moitrier in Metz.

Ist ein Gemüse angebrannt, so ist es am besten, sofort das Geschirr zu wechseln, ohne das Angebrannte zu berühren und etwas frische Fleischbrühe, Butter oder Sauce zum Auffrischen an dasselbe zu geben.

Kohlgemüse sind immer vor dem Aufstauben mit Mehl gut abzudämpfen, damit kein Wasser mehr in denselben vorhanden ist.

Um Carotten, Erbsen, Bohnen, Rosenkohl schön ganz zur Tafel zu bringen, ist es geboten, dieselben mehr zu schwenken, als sie mit einem Kochlöffel umzurühren, wie man es bei Kohl und Kraut thun muß.

Verschiedene Conservenfabriken bringen in neuester Zeit verschiedene Dörrgemüse (Präserven) in den Handel, welche ausgezeichnet sind und in Haushaltungen sowohl, als auch in Restaurants, Hotels u. s. w. gerne verwendet werden.

Die Dörrgemüse finden hauptsächlich in überseeischen Ländern gute Verwendung, da dort Gemüse oft gänzlich fehlen.

Die von mir selbst schon öfters erprobten Schneidebohnen von C. H. Knorr kann ich vor allem bestens empfehlen, und geben dieselben ein ausgezeichnetes Gemüse, das sich vom frischen nur wenig unterscheidet.

Die Conservenfabrik von C. H. Knorr in Heilbronn a. N. stellt diese getrockneten Gemüse schon eine lange Reihe von Jahren als Spezialität her, und sind diese Erzeugnisse durch ihre ausgezeichnete Qualität sehr zu empfehlen. Es giebt folgende Gemüse in getrocknetem Zustande: Wirsing, Grün und Braun, Weißkohl, Selleriewurzel, Rosenkohl, Petersilie, Lauch, Spinat, Erbsen, Carotten u. s. w., und ist ihre Herstellungsweise dieselbe wie bei den frischen Gemüsearten, nur daß sie erst in kochendem Salzwasser gut blanchiert werden.

454. Artischocken.

Fig. 321.

Fig. 322.

Von rein geputzten und gewaschenen Artischocken werden die Spitzen und die grünen, harten Blätter abgeschnitten und in gesalzenem Wasser so weich gekocht, daß sich die mittleren Blätter mit Leichtigkeit herausziehen, sowie die inneren Haare mit einem Eßlöffel sauber heraus nehmen lassen. Die Nebenbläller schneidet man mit einer Scheere schön gleich, (siehe Figur 324) richtet die Artischocken auf gefalteter Serviette an und serviert Buttersauce oder Hollandaise dazu. (Nr. 385 oder Nr. 402).

455. Artischocken à la Lyonnaise.

Schöne, frische Artischocken werden in 4 Teile zerschnitten und die inneren Haare herausgenommen; man schält den Boden, schneidet die Blätter hübsch gleich (Fig. 325) und reibt sie mit Zitrone ein, legt sie in frisches Wasser und blanchiert sie in siedendem Salzwasser einige Minuten, worauf man sie in kaltes Wasser legt. In einer Sautépfanne schwitzt man in etwas Olivenöl 2 feingehackte Zwiebeln und legt die Artischocken, die man erst auf einem Tuch abgetrocknet hat, hinein, giebt etwas Weißwein, Salz und gute Jus zu und läßt sie langsam darin gar werden. Während dem Anrichten giebt man zu dem Fond einen Löffel Espagnole, ein wenig gehackte Petersilie und giebt die Sauce über die Artischocken.

456. Artischocken à la Barigoule.

Wie die Artischocken erster Art (Fig. 324) werden 6 Artischocken geputzt und eine Viertelstunde in siedendem Wasser gekocht, ausgehöhlt und mit folgender Fülle gefüllt:

Mittelst eines Messers werden etwa 6 Decigramm Speck geschabt mit 8—10 fein gehackten Schalottenzwiebeln und Petersilie und ½ Büchse fein gehackter Champignons gedämpft, etwas gute Jus und Weißwein nebst brauner Sauce dazu gethan und dick eingekocht, die Artischocken gefüllt, auf jede eine dünne Scheibe Speck gegeben und in eine mit Butter ausgestrichene Kasserole gesetzt, mit Gemüse, rohem Schinken und Gewürz. Man läßt auf schwachem Feuer die Artischocken angehen, giebt 1 Glas Weißwein und gute Jus zu, setzt sie in den Ofen und macht sie unter öfterem Begießen fertig, richtet sie an und giebt zu dem Fond etwas braune Sauce, die man beim Servieren über die Artischocken giebt.

457. Artischocken au gratin.

Wie die erstbeschriebenen Artischocken (Fig. 324) werden 6 Stück gerichtet, blanchiert, ausgenommen und mit einer dicken, guten, weißen Sauce (Allemande) halb gefüllt, etwas geriebener Parmesankäse und etwas gelb geröstetes Mutschelmehl oben darauf gestreut, etwas zergangene Butter darauf getröpfelt und in gleicher Weise wie obige fertig gemacht, auch ebenso serviert.

458. Artischocken zum Gebrauch gerichtet.

Fig. 323.

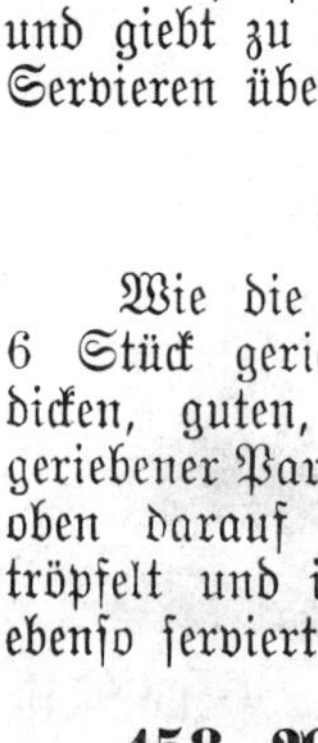

Ganzes Gemüse.

Fig. 324.

Geputzt, geschnitten u. ausgenommen.

Fig. 325.

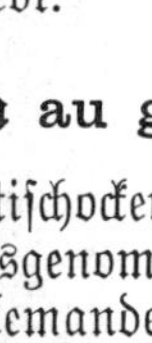

In 4 Teile zerschnitten u. geputzt.

Fig. 326.

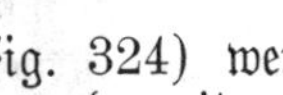

Geputzter Artischockenboden.

459. Artischockenböden mit brauner Sauce.

Die gerichteten Artischockenböden von frischen Artischocken (Fig. 326) oder die von eingemachten werden dazu genommen. Erstere werden blanchiert, sodann in kaltes Wasser gelegt, in einer flachen Kasserole mit Speck, Zwiebel, etwas guter Jus und Zitronensaft weich gekocht, der Fond mit einem Löffel Espagnole verdickt und auf die angerichteten Artischockenböden gegeben; die eingemachten werden ebenso behandelt, nur werden sie vorher nicht blanchiert.

460. Artischockenböden in Büchsen.

Die in Büchsen eingemachten Artischockenböden können auf dieselbe Art behandelt werden, wie Lyonnaise, Barigoule, farciert oder in brauner Sauce. (Siehe die betr. Nummern.) Sie werden aus der Büchse genommen, auf ein Sieb gegeben, getrocknet und dann, wie in den betreffenden Rezepten angegeben ist, fertig gemacht.

461. Artischockenböden, farciert.

Die Artischockenböden werden wie in vorhergehender Nro. gerichtet und in guter Jus weichgekocht, auf eine Platte zum Erkalten gelegt. Der Fond wird mit einigen Löffeln d'Huxelle Nr. 404 (z. gratinieren) zu einem dicken Purée gekocht und auf die Böden aufgestrichen, mit etwas Parmesankäse und Semmelbröſel bestreut, auf jede ein kleines Stückchen Butter gegeben, auf eine mit Butter bestrichene Sautepfanne gesetzt, etwas Jus daran gegeben und im Ofen gratiniert.

462. Artischockenböden, gebacken.

6 Artischocken werden von sämtlichen Blättern befreit und die inneren Haare herausgenommen. Hierauf werden diese Böden in Salzwasser ziemlich weich gekocht, in kaltes Wasser gelegt, herausgenommen und auf ein Tuch zum Ablaufen gelegt. Jeder der Böden wird in 4 Teile zerschnitten, mit Essig und Oel, Pfeffer, Salz und etwas gehackter Petersilie angemacht, jedes einzelne Stückchen in einen Backteig (Klare) getaucht und im heißen Schmalz schön gelb gebacken. Etwas gebackene Petersilie, mit Salz bestreut, wird beim Anrichten, welches auf einer Serviette geschieht, oben darauf gesetzt und serviert.

463. Blumenkohl (Karviol).

Ein Kopf Blumenkohl wird rein geputzt und, um etwa in demselben befindliche Regenwürmer herauszubekommen, in

Fig. 327.

ein leichtes Essigwasser gelegt, dann im Salzwasser mit einem nußgroßen Stückchen Butter weichgekocht und hiezu eine Sauce Nr. 385, mit Blumenkohlwasser angerührt, gegeben.

464. Blumenkohl mit Krebssauce.

Ein fertig weich gekochter Blumenkohl wird auf tiefer Schüssel, den Stiel nach unten, angerichtet. 30 gekochten Krebsen hat man die Schwänze und Scheeren ausgebrochen und diese warm gestellt. Von den Schalen macht man von ¼ Pfund Butter eine Krebsbutter, welche man im Augenblick des Anrichtens unter die mit Blumenkohlwasser hergestellte Sauce schlägt und mit Zitronensaft abschmeckt; die Schwänze und Scheeren giebt man einen Teil über den angerichteten Blumenkohl, den andern serviert man in der Sauce dazu. Vor dem Gebrauch legt man das Krebsfleisch auf ein Tuch zum Trocknen.

465. Blumenkohl (Karviol) mit Milch.

Er wird auf gewöhnliche Weise in Salzwasser gekocht, dann röstet man eine Hand voll geriebener Wecken in Butter, löscht mit Milch ab, giebt Salz und Muskatnuß dazu, läßt dies kochen, legt den Kohl darein, läßt ihn ein wenig aufkochen und giebt ihn zu Tisch.

466. Gebackener Blumenkohl (Karviol).

Der Karviol wird pünktlich geschält. Ist der Kopf groß, so macht man 4 Teile daraus, siedet ihn in Salzwasser nicht zu weich, gießt das Wasser ab und kaltes daran und legt vor dem Gebrauch die Stückchen auf ein Tuch zum Trocknen; er darf nicht zu weich gebrüht und die Stückchen müssen recht gleich zugeschnitten sein. Alsdann macht man einen flüssigen Teig von feinem Mehl, etwas Milch, 2 Eiern und ein wenig Salz, taucht den Karviol, an eine Gabel gesteckt, hinein, wendet ihn darin um, damit er ganz bedeckt wird, backt ihn schön gelb aus heißem Fett, legt ihn in eine Schüssel und giebt Bratenjus in einer Saucière dazu.

467. Blumenkohl oder Karviol in einer Buttersauce.

Der Karviol wird zuerst, wie bereits gesagt worden ist, behandelt; dann wird eine gute Buttersauce (Nr. 385) verfertigt, mit Eigelb abgezogen, der Karviol auf eine Platte gelegt, so daß die Köpfe alle auswärts sehen und gleich in die Rundung kommen, eine Sauce darüber angerichtet; so zugedeckt läßt man ihn noch ein wenig auf Kohlen kochen. (S. Fig. 327.)

Zur Beilage kann man gebackene Brieslein, junge Hühner, auch gebackene Fleischwürstchen geben.

468. Blumenkohl mit Mutschelmehl.

Ist der Blumenkohl geputzt und gekocht, wie Nr. 467, so gießt man in Butter gelb geröstetes Mutschelmehl darüber und serviert.

469. Blumenkohl au gratin.

Derselbe, wenn gekocht, wird auf ein Tuch gelegt und, wenn er trocken, so auf eine Platte oder in ein Aufzugblech (Soufléform) aufgesetzt, daß er einen ganzen Kohlkopf vorstellt, dann wird eine dicke, mit 3 Eigelb abgezogene, weiße oder Bechamelsauce darüber gegossen, etwas geriebener Parmesankäse und gelb geröstetes Mutschelmehl darauf gestreut, mit zerlassener Butter beträufelt, eine Viertelstunde in den heißen Ofen gestellt, gratiniert und dann serviert.

470. Blumenkohl auf italienische Art.

Ein schöner Blumenkohl wird rein geputzt, in kleinere Stücke zerteilt, nicht ganz weich in Salzwasser gekocht und auf einem reinen Tuch abgetrocknet. 6—8 Schalottenzwiebelchen werden mit etwas Petersilie fein gewiegt und in feinem Olivenöl gedämpft, mit etwas guter Jus abgegossen und die Blumenkohlstücke nebeneinander dazu gelegt, zugedeckt und weich gekocht, auf einer Gemüseplatte oder Schüssel zu einem Ganzen zusammengesetzt, zum Fond etwas braune Sauce gegeben, mit Zitrone pikant gemacht und darüber angerichtet.

471. Bohnen auf gewöhnliche Art.

Wenn die Bohnen geputzt sind, sie mögen mit oder ohne Körner sein, wobei hauptsächlich darauf gesehen werden soll, daß die Fasern zu beiden Seiten abgezogen sind, am besten mit einem scharfen Messer oder mit dem Bohnenhobel, werden sie in der Mitte abgebrochen, gewaschen und mit Salz und Bohnenkraut gekocht; wenn sie weich sind, gießt man das Wasser davon ab, röstet 2 Kochlöffel Mehl in Butter gelb, dämpft gehackte Zwiebeln (Knoblauch) und Petersilie darin und löscht es mit Wasser oder kalter Fleischbrühe ab. Man kann ebenso heiße Fleisch- oder Hammelbrühe dazu nehmen. Sodann giebt man die Bohnen mit etwas Pfeffer und Muskatnuß in die Sauce und läßt sie damit nicht zu dick einkochen. Beim Anrichten serviert man Bratwürste, Hammelfleisch oder Schweinebraten dazu.

472. Bohnen in Büchsen.

Die Haricots verts, Strauchbohnen, sind nicht zu verwechseln mit den Stangenbohnen. Jene sind sehr fein und zart, ohne Kerne und Faden, diese, wenn auch jung, doch nicht so zart und wohlschmeckend.

Die Haricots verts sind die feinsten Bohnen und müssen diese bei der Zubereitung sehr vorsichtig behandelt werden. Man erwärmt die geschlossene Büchse in kochendem Wasser etwa 8—10 Minuten und öffnet diese sodann. Oder man macht die Bohnen bei geöffneter Büchse gut heiß, läßt sie sodann auf dem Sieb gut ablaufen, schüttet sie in bereit gehaltene, heiße Butter, giebt Salz und Pfeffer dazu, schwenkt sie gut durch und giebt sie sogleich zu Tisch, obenauf ein frisches Stück Butter.

Die sogenannten Prinzeßbohnen werden ebenso behandelt, doch kann man diese einige Minuten dämpfen lassen, da sie nicht so zart sind, wie die erste Sorte.

Die 3. Sorte, Haricots moyens sind ebenfalls gute Bohnen und nach vorstehenden Rezepten zu behandeln. Diese eignen sich gut zu Garnituren. Eine weitere Art, und wohl unseren in der Haushaltung eingemachten am meisten ähnlich, sind die Schneidebohnen, diese werden geöffnet, abgeschüttet, sodann in heißer Butter mit Salz, Pfeffer, etwas gehackter Petersilie und Fleischbrühe weich gedämpft. Zum Binden streut man etwas Mehl auf. Auch diese Art läßt sich gut zu Garnituren oder als Beilagen verwenden.

473. Dicke Bohnen (Fèves de marais).

Die in Büchsen eingemachten Bohnen werden, wenn sie gut abgelaufen sind, in heiße Butter gegeben, mit etwas Mehl aufgestaubt, Jus und Fleischbrühe zugegossen, mit Salz und Pfeffer gewürzt und nun gut gedämpft und öfters geschwenkt. Vor dem Servieren giebt man etwas Zitronensaft dazu, sowie etwas gehackte Petersilie.

474. Eingemachte Bohnen zu kochen.

Die mit Salz eingemachten Bohnen werden über Nacht in frisches Wasser gelegt, in siedendem Wasser zugesetzt, dieses einmal ab- und anderes daran gegossen. Die weich gekochten Bohnen gießt man in einen Seiher, schüttet frisches Wasser darüber, giebt sie mit Fleischbrühe, etwas Petersilie, Muskatnuß und Pfeffer in eine Kasserole und behandelt sie vollends wie frische Bohnen. Oder man macht eine braune Mehlschwitze, giebt die Bohnen hinein mit etwas Bohnenkraut und Salz, giebt Fleischbrühe dazu und kocht das Ganze gut weich.

475. Junge Bohnen einzumachen.

Junge Bohnen, welche noch keine Kerne haben, werden abgezogen und der Länge nach durchschnitten; hierauf belegt man ein hölzernes, mit Eisen gebundenes Fäßchen (Ständchen), mit schönem Traubenlaub und streut 2 Hände voll Salz und einige Stengel Bohnenkraut darüber, dann kommt eine Lage Bohnen, darüber 2 Hände voll Salz und Bohnenkraut, und so fährt man damit fort, bis die Bohnen zu Ende sind. Dann werden sie mit Traubenlaub zugedeckt, ein reines Tuch darüber gelegt, die passenden Brettchen darauf gethan und mit einem Steine beschwert.

476. Bohnen auf deutsche Art.

Sogenannte weiße Bohnen, Wachs- oder Butterbohnen werden sauber geputzt, in der Mitte gebrochen, und in einer gut schließenden Kasserole mit einem Stück Butter, etwas Pfeffer, Salz und Bohnenkraut gut weich gedämpft. Eine braune Mehlschwitze löscht man mit der Brühe der Bohnen ab, giebt sie an dieselben mit einigen Löffeln Fleischbrühe und guter Jus und kocht sie in der Brühe gut weich.

477. Bohnen auf englische Art.

Frische, junge Bohnen werden geputzt und der Länge nach ein- oder, wenn dieselben breiter Sorte, zweimal gespalten, dann in vielem Salzwasser nicht zu weich blanchiert, auf die Platte oder Gemüseschüssel angerichtet, ein schön geschnittenes Stückchen süßer Butter darauf gelegt und recht heiß serviert. Büchsen-Bohnen werden nach Vorschrift heiß gemacht und dann wie vorstehend behandelt.

478. Bohnen auf französische Art.

Sind die Bohnen ziemlich weich blanchiert, so wird etwas weiße Sauce (Allemande) mit fein gewiegter Petersilie, etwas feinem, weißem Pfeffer, Zitronensaft und schließlich ein Stückchen süße Butter daran gegeben, einigemale aufgeschwungen und serviert. Büchsen-Bohnen werden ebenso behandelt.

479. Bohnen nach Provencerart.

6—8 Schalottenzwiebel werden mit etwas Petersilie fein gewiegt und in Olivenöl gedämpft. Eine Quantität geputzter und geschnitzter Bohnen hineingegeben und mit etwas guter Jus und Bouillon gedämpft, bis dieselben weich sind, etwas braune Sauce (Espagnole) daran gethan, noch etwas eingekocht, schließlich etwas fein gehacktes Bohnenkraut darunter gemischt und serviert.

480. Wachs- oder Kernbohnen (Flageolets).

Die in Büchsen eingemachten Bohnen werden, nachdem sie gut abgelaufen sind, in heiß gemachte Butter gegeben, mit Salz, Pfeffer und Muskatgewürz, etwas Fleischbrühe dazu gegeben und gut gedämpft. Vor dem Servieren giebt man entweder einen Löffel Allemande darunter oder etwas beurre manié (Mehl und Butter kalt vermischt), streut gehackte Petersilie auf und serviert.

481. Weiße Bohnen, gedörrte.

Die weißen Bohnenkerne werden über Nacht in Wasser gelegt und andern Tags in Salzwasser mit 1 Zwiebel, ½ Sellerie, ½ gelben Rübe weich gekocht, das Gemüse alsdann entfernt. Ein Stück Butter, etwas gute Jus und Espagnole wird daran gegeben und sodann noch etwa ½ Stunde gekocht. Vor dem Anrichten giebt man noch etwas gehackte Petersilie daran.

Man kann diese Bohnen ebenso zubereiten wie die Linsen, unter dem Namen saure Bohnen, wobei man sie mit Essig ablöscht.

482. Carden mit Jus und Markkrüstchen.

Von den Carden sind nur die zarten, weißen Stangen und das untere Ende mit der Knolle verwendbar. Man schneidet diese in 10—12 cm lange Stücke und legt sie in Wasser, ehe man sie in kochendem Wasser mit etwas Essig blanchiert, wobei man sie so lange kocht, bis man die faserige Haut abstreifen kann, worauf man sie wieder in kaltes Wasser legt. Die so geputzten Stücke legt man in eine flache Kasserole auf Speckscheiben mit etwas Zwiebelscheiben und Gewürz, giebt etwas Consommé, 1 Glas Weißwein und einige Löffel guter Jus darüber und läßt sie in dieser Brühe 2—3 Stunden gut weich kochen.

Fig. 328.

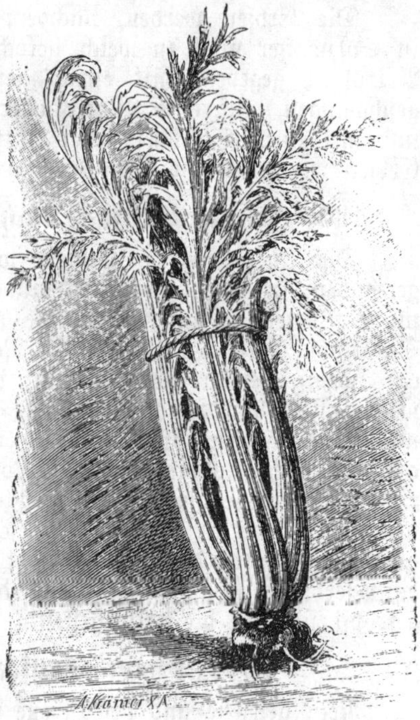

Den Fond kocht man ein, giebt etwas Espagnole dazu und gießt die fertige Sauce über die Carden.

Gewöhnlich serviert man dazu kleine Croustaden mit Ochsenmark etwa 3 cm breit und 4 cm lang und 2 cm hoch, wie in Nr. 346 beschrieben. Das Ochsenmark läßt man einige Stunden in Wasser ausziehen, blanchiert es in Salzwasser, schneidet es in hübsche Stückchen, füllt damit die Croustädchen, umlegt die Carden damit und serviert es sehr heiß. Die in Büchsen eingemachten Carden werden ebenso behandelt.

483. Endivien oder Chikoreegemüse.

Einige Köpfe Endiviensalat werden sauber gewaschen und auseinandergeschnitten, 1/4 Stunde im Salzwasser gekocht und ins kalte Wasser gelegt, abgeschüttet, recht trocken ausgedrückt und fein gewiegt. 1/4 Pfund süßer Butter wird in eine Kasserole gethan, das Gemüse dazu, und unter fortwährendem Umrühren auf dem Feuer abgedämpft, dann 1 Eßlöffel Mehl darauf gestaubt, etwas gute Jus und Bouillon, etwas Muskatnuß darunter gerührt, noch ¼ Stunde gekocht und dann mit gebackenen Brotcroutons, welche rings herumgelegt werden, serviert.

484. Grüne, junge Erbsen nach englischer Art.

Die Erbsen werden, nachdem dieselben ausgepflückt und in Salzwasser nicht zu weich gekocht sind, auf ein Sieb zum Abtropfen gegeben, mit etwas gestoßenem Zucker und Salz geschwungen, auf eine Platte oder Gemüseschüssel angerichtet und mit einem Stückchen süßer Butter belegt serviert. Büchsen-Erbsen werden ebenso behandelt zu Tische gegeben.

485. Junge Erbsen nach französischer Art.

Die ausgebrockten Erbsen werden in frischem Wasser gewaschen, in einem anderen, sauberen Wasser mit ¼ Pfund süßer Butter in einer Kasserole mit 1 zusammengebundenen Salatkopf, 1 kleinen Zwiebel, 1 Nelke, 1 kleinen Lorbeerblatt, ein wenig Zucker und einem kleinen Schöpflöffel guter, weißer Bouillon weich gedämpft, auf einen Seiher geschüttet und die abgelaufene Brühe mit weißer Sauce (Allemande) ziemlich dick eingekocht. Zwiebel, Nelke, Lorbeerblatt, sowie Salatkopf werden herausgenommen und letzterer nudelartig geschnitten, mit den Erbsen in die Sauce gethan, 2 Eigelb mit einem Eigroß süßer Butter darunter gemischt und nach Geschmack gesalzen, dann serviert. Büchsen-Erbsen werden, wenn sie heiß und abgetropft sind, in die fertig gestellte und legierte Sauce gegeben.

486. Dürre Erbsen zu kochen.

Rein gelesene und gewaschene Erbsen werden in siedendem Wasser zugesetzt, nach dem Einkochen mit heißem Wasser aufgefüllt, etwas Petersilie, Zwiebel, Salz und beliebige Gewürzkräuter beigefügt und frisches oder halbgeräuchertes Schweinefleisch darin gekocht. Sind sie weich, so nimmt man das Fleisch heraus, treibt die Erbsen durch, macht ein Stück Butter heiß, giebt eine geschnittene Zwiebel und 1 Löffel Mehl dazu und rührt dies, wenn es etwas geröstet ist, an die Erbsen, giebt das Fleisch dazu, läßt es noch ¼ Stunde kochen und richtet dann an. Wer sie sehr fett haben will, kann sie noch mit in Butter gerösteten Brotbröseln schmälzen.

487. Erbsen in Büchsen.

Die Erbsen einer geöffneten Büchse läßt man in ihrem Wasser mit etwas Salz heiß werden, schüttet sie auf ein Sieb zum Abtropfen, giebt ein schönes Stück Butter, Salz und Zucker zu und schwingt alles gut auf dem Feuer; ohne die Erbsen noch einmal ins Kochen kommen zu lassen, werden sie sodann serviert.

Oder man giebt die Erbsen, wenn sie gut abgelaufen sind, in heiße Butter, schwenkt sie gut, giebt Salz, Zucker und etwas gehackte Petersilie dazu und legt zum Servieren oben auf dieselben ein Stückchen Butter mit Petersilie gemischt, umlegt mit Zungencroutons oder solchen von Brot.

488. Erbsenpurée von frischen oder dürren Erbsen.

Man kocht die Erbsen in Salzwasser weich mit etwas Butter, Zwiebel, rohem Schinken und Zucker und streicht das Purée durchs Sieb, rührt dasselbe mit einem Stück Süßbutter ab und giebt etwas süßen Rahm dazu.

489. Erbsen mit Karotten oder gelben Rüben.

Siehe dort S. 293 und 294.

490. Gurkengemüse.

4—6 große Gurken werden geschält, mitten durchgeschnitten und von den Kernen befreit, dann entweder gleich viereckig geschnitten oder mit einem markstück großen Ausstecher ausgestochen. Die Stückchen werden nun in 1/4 Pfund süßer Butter etwa 1/4 Stunde gedämpft, dann mit einem starken Eßlöffel Weißmehl aufgestäubt, mit 1/4 Liter süßen Rahm angegossen und noch 1/4 Stunde langsam gekocht; man giebt etwas fein gewiegte Petersilie, nußgroß frische Butter, Salz, Muskatnuß dazu, schwingt alles gut durcheinander und serviert. Zu Fricandeaux, Kalbskoteletten 2c. sehr passend.

Oder man giebt an die in Butter gedämpften Gurken einige Löffel Bechamel, Allemande oder braune Sauce.

491. Farcierte Gurken.

3—4 frische, gerade Gurken werden geschält und mittelst Ausstecher von oben und unten durchgehöhlt, so daß alle Kerne heraus sind, dann werden sie mit Hühnerfarce ausgefüllt, oben und unten mit Speck zugebunden und in einer mit Speck, Zwiebeln, gelben Rüben, Nelken, ganzem Pfeffer und Lorbeerblatt ausgelegten Kasserole mit etwas guter Jus und Bouillon etwa 1 Stunde langsam gedämpft, dann herausgelegt und in 4 Centimeter hohe Stückchen geschnitten, welche als Garnitur um Fricandeaux, Schlachtbraten oder Hammelschlegel herum=

gestellt werden. Die Brühe, in welcher sie gekocht, wird darüber gegossen und serviert.

Oder man schneidet die Gurken in 4 cm hohe Stücke, schneidet sie hübsch rund, markiert mit einem kleinen, runden Ausstecher einen Deckel, den man, wenn die Gurkenstückchen einige Minuten in Salzwasser blanchiert waren, mit dem Gemüselöffel aussticht; man füllt irgend eine Fülle von Fleisch oder Wecken ein und kocht sie in guter Jus und Butter gut weich, wie oben schon beschrieben.

492. Hopfen in einer Buttersauce.

Wenn die Hopfen noch ganz klein sind, wird das Harte davon ein wenig abgebrochen, gewaschen und in Salzwasser blanchiert; sodann gießt man sie in einen Seiher, flößt sie mit kaltem Wasser ab, legt sie in eine mit 2 Eigelb abgezogene Buttersauce, giebt Salz, etwas Muskatnuß und süßen Rahm dazu und schwingt alles gut zusammen, worauf man die Hopfen anrichtet.

Man serviert sie häufig mit verlorenen Eiern umlegt, oder serviert Kalbsschnitzel, Kalbskoteletten u. s. w. dazu.

493. Kartoffelbrei oder -purée.

Man kocht geschälte Kartoffeln in Salzwasser, gießt das Wasser davon, läßt sie etwas abtrocknen, zerdrückt sie mit dem Rührlöffel nebst einem Stück Butter und Milch zu einem schaumigen Brei, richtet sie an und schmälzt sie mit in Butter geröstetem Brot.

Oder: man drückt sehr rasch die gut abgedämpften, trockenen Kartoffeln durch ein Haarsieb und rührt das Passierte mit Butter wohl durcheinander, damit die Masse glatt wird, giebt sodann unter beständigem Rühren nach und nach süßen, warmen Rahm oder Milch dazu. Das Purée muß beim Rühren schaumig werden und aufgehen, doch nicht zu dünn werden. Wenn es beim Fertigmachen noch einige Zeit stehen muß, giebt man einige Stückchen Butter, sowie etwas Milch oben auf und rührt es vor dem Anrichten noch einmal gut auf.

494. Gebackene Kartoffeln mit Sardellen oder Heringen.

Wenn die Kartoffeln gesotten sind, werden sie geschält und zu Scheiben geschnitten, die Sardellen gut gewaschen, von den Gräten abgezogen, die Heringe aber gut geklopft, die Haut abgezogen und ausgegrätet und in kleine Stückchen geschnitten. Eine Gratinschüssel wird stark mit Butter bestrichen, eine Lage Kartoffeln darauf gelegt, auf diese eine Lage Sardellen oder Heringe, worauf man in Butter geröstete Zwiebeln streut; so fährt man abwechselnd damit fort und bestreut die eingefüllte Masse mit Semmelmehl und Zwiebeln, welche in Butter gedämpft sind, übergießt sie stark mit demselben und läßt sie backen.

495. Kartoffeln in Milch.

Geschälte, rohe Kartoffeln werden in Scheiben geschnitten, in Milch ganz weich gekocht und während des Anrichtens ein wenig geschmälzt.

496. Gedämpfte Kartoffeln.

Man schält und wäscht Kartoffeln, schneidet sie zu Scheiben, streut Salz darauf und läßt sie eine halbe Stunde stehen. Dann wird ein gutes Stück Butter zerlassen, die Kartoffeln nebst fein gewiegten Zwiebeln langsam gedämpft; bis sie ganz weich und braun sind, brauchen sie ungefähr 1/2 Stunde. Hierauf wird folgende Sauce zubereitet: in einem Stückchen Butter wird Semmelmehl mit Petersilie gelb geröstet, gute Fleischbrühe dazu gegossen, mit Pfeffer und Ingwer gewürzt und mit den Kartoffeln noch ein wenig aufgekocht.

497. Geröstete Kartoffeln.

Kleine, runde Kartoffeln werden in Salzwasser abgesotten, dann geschalt und ganz in Butter, in welche man etwas Pfeffer, Ingwer und Muskatnuß gethan hat, schön gelb geröstet, dann schnell auf eine Platte angerichtet und zu Tisch gegeben.

Größere Kartoffeln werden in Scheiben geschnitten und in gleicher Weise geröstet, zerschlagene Eier darüber gegossen und nach dem Anziehen rasch angerichtet.

498. Kartoffeln in Rahmsauce.

In einer fertigen Buttersauce (Nr. 385) kocht man gesottene Kartoffelscheiben auf, giebt Salz und Muskatnuß zu, rührt vor dem Anrichten 1/4 Liter sauren Rahm, mit 1 Eigelb legiert, daran, läßt das Ganze aufkochen und serviert.

499. Gewöhnliches Kartoffelgemüse.

Rohe Kartoffeln, geschält und in Schnitze geteilt, werden in Salzwasser ziemlich weich gekocht; wenn sie zerfallen, giebt man sie auf eine Platte und schmälzt sie mit gebraunten Zwiebeln und Butter. Man kann sie auch mit Fleischbrühe und beliebigen Gewürzkräutern kochen, dann werden sie aber zu einem Brei zerdrückt oder durchgetrieben und stark mit Schnittlauch bestreut zu Tisch gegeben.

500. Kartoffelcroquetten.

10—12 große, geschälte Kartoffeln schneidet man in Stücke, kocht sie in Salzwasser, gießt das Wasser gut ab und läßt sie abtrocknen, worauf man sie durch ein Sieb drückt; man giebt die Masse in eine Kasserole, dazu etwa 50 Gramm Butter, 4 Eigelb, Salz und Muskatnuß und dämpft sie leicht ab, worauf man die Masse erkalten läßt und daraus, entweder kleine, runde oder lange Croquetten formt, die man in Ei und Semmel paniert und in Fett herausbackt.

501. Kartoffeln à la Duchesse.

Von derselben Masse, wie oben beschrieben, sticht man flache, runde, etwa 4 Zentimeter Durchmesser haltende Scheiben aus, welche man auf ein mit Butter bestrichenes Blech legt, mit Eigelb bestreicht und im Ofen schön gelb backt.

502. Kartoffeln mit Bechamel.

Rohe, in Scheiben geschnittene Kartoffeln kocht man in etwas Bouillon und gießt sie, wenn sie noch nicht ganz gar sind, ab, giebt einige Löffel fertiger Bechamelsauce, sowie Butter und Muskatnuß daran, schwingt sie und giebt sie zu Tische.

503. Kartoffelauflauf mit Heringen.

10—12 große Kartoffeln werden roh geschält und mit Vorsicht gesotten, daß sie nicht zerfallen. Wenn sie weich sind, läßt man sie auf einer Platte erkalten. Dann rührt man ein halbes Pfund Butter leicht, schlägt das Gelbe von 8 Eiern darein, reibt auf dem Reibeisen 3/4 Pfund von den gesottenen Kartoffeln und rührt sie an die Butter; 2 Kochlöffel feines Mehl rührt man mit etwas süßem Rahm besonders glatt an, dann kommt es auch an die Masse, schlägt das Weiße von den Eiern zu Schaum, putzt 2 Heringe sauber, schneidet sie zu kleinen Stückchen, dämpft eine mittelmäßige, klein geschnittene Zwiebel in einem Stückchen Butter, nimmt dann die Zwiebel und die Heringe in ein Geschirr, thut von 1 oder 2 Liter saurer Milch den Rahm darunter, bestreicht ein Potageblech stark mit Butter und belegt den Boden mit den übrigen Kartoffeln, die man zu dünnen Scheiben geschnitten hat, legt auf die Kartoffeln die angemachten Heringe, rührt nach diesem den geschlagenen Schnee an die Masse, Salz und Muskatnuß darein, gießt die Masse über die Heringe und läßt es im Backofen oder auf Kohlen aufziehen. Diese Portion ist für 8 Personen hinlänglich und kann Mittags als eine Zwischenplatte und Abends als Gemüse gegeben werden.

504. Gekochte Kartoffeln.

Wenn auch manche glauben, daß es gar so einfach sei, Kartoffeln zu kochen, so ist es doch sehr selten der Fall, namentlich gegen Ende des Winters, noch eine gut gekochte Kartoffel auf den Tisch zu bekommen, und liegt die Ursache wohl in dem Wassergehalte der Kartoffeln.

Eine Kartoffel soll deshalb nicht im Wasser, sondern im Dampf gekocht werden und kann sich jede Hausfrau in dem Kartoffelkochtopf leicht einen Siebboden, der auf Füßen steht, anfertigen lassen, etwa 6 Zentimeter vom Boden entfernt; auf diesen giebt man die Kartoffeln, während man das Wasser nur etwa 4 Zentimeter im unteren Teil des Topfes läßt.

Zum Kochen sollte man möglichst gleich große Kartoffel wählen, die man recht sauber bürstet nnd in kaltem Wasser abwascht, worauf man sie in den Kochtopf auf das Sieb giebt, etwas Salz dazu und kaltes Wasser, und sie kochen läßt, bis sie weich sind, nimmt den Topf vom Feuer, schüttet das Wasser ab und läßt die Kartoffeln im Dampfe stehen, bis sie vollends austrocknen.

Man kann dazu Butter servieren, auch kocht man mit den Kartoffeln etwas Kimmel, was denselben einen wohlschmeckenden Geschmack giebt.

Zu Fischkartoffeln, Salzkartoffeln und Kartoffeln zum Garnieren verwendet man womöglich immer gleich große, welche man in beliebiger Form schält, entweder rund oder oval, oder aber mit dem runden Gemüsebohrer aussticht. Man kocht sie auch, wie oben beschrieben. Kleine Bratkartoffeln zu Beilagen oder zu Braten kocht man zuerst leicht in Salzwasser an, läßt sie dann abtropfen und schmort sie in einer Pfanne mit etwas Butter goldgelb.

Kartoffel-Kochtopf siehe Einleitung Seite 31, Fig. 112.

505. Kartoffel à la maître d'hôtel.

In Scheiben geschnittene Kartoffeln giebt man in siedende Milch und läßt dieselben darin kochen, nach einigen Minuten, wenn die Milch etwas dicker wird, schwingt man ein großes

Stück Butter, gehackte Petersilie, etwas Muskatnuß und Zitronensaft dazu und serviert.

506. Kartoffeln, gebacken (pommes frits).

Einige große, dicke, egal geschälte Kartoffeln schneidet man in dicke Scheiben und dann diese in lange Streifen, giebt sie ins Wasser und trocknet sie sodann, läßt das Fett nicht zu heiß werden und blanchiert sie darin weich, worauf man sie auf ein Tuch ausbreitet. Vor dem Anrichten werden sie aus sehr heißem Fett rasch und gut croquant herausgebacken; dann läßt man sie abtropfen, salzt sie leicht und serviert sie sofort. Wenn sie stehen, werden sie weich und schlecht.

507. Kartoffeln à la Lyonnaise.

In dickere Scheiben geschnittene, rohe Kartoffeln werden in heißer, klarer Butter mit gehackten Zwiebeln schön gelb gebraten; dann giebt man gehackte Petersilie darauf und serviert sie.

508. Kartoffeln auf Niedernauer Art.

Große, gekochte, geschälte Kartoffeln werden in kleine Würfel geschnitten, mit Butter und etwas gehackten Zwiebeln in einer schwarzen Pfanne gut angeröstet und sodann mit saurem Rahm, in welchem man 3 Eigelb zerquirlt hat, geschwungen; man giebt noch etwas gehackte Petersilie dazu und serviert.

509. Kartoffelknopf, gesotten.

Es werden 6—8 große, kalte, gesottene Kartoffeln gerieben, zwei Wecken, wovon die Rinde abgeschnitten, in süßer Milch eingeweicht und wieder fest ausgedrückt. Dann rührt man 125 Gramm Butter leicht, das Gelbe von 6 Eiern daran, ebenso ein halb Pfund von dem Kartoffelmehl, gehackte Zwiebeln, Petersilie, die Wecken nebst Salz und Muskatnuß, schlägt das Weiße von den 6 Eiern zu Schaum, rührt ihn an die Masse, bestreicht eine Serviette oder blechene Form mit Butter, bestreut sie mit Semmel- oder Mutschelmehl, füllt die gerührte Masse hinein und bindet, wenn es eine Serviette ist, dieselbe so zusammen, daß die Schnur einen starken Daumen breit von dem Eingefüllten weg ist. Dann wird der Knopf in siedendem Salzwasser 1 Stunde gesotten, die Serviette aufgebunden, der Pudding auf eine Platte umgestürzt, ein Kreuz hinein geschnitten und mit Zwiebeln und Semmelmehl geschmälzt.

510. Kartoffel mit Schinken.

Wie in Nummer 508 werden viereckig geschnittene Kartoffeln mit gehackten Zwiebeln in Butter angeröstet, sowie mit gehacktem, magerem, gekochtem Schinken; sodann giebt man vor dem Servieren sauren Rahm mit 4 Eigelb zerquirlt dazu, läßt es anziehen und serviert.

511. Kartoffeln mit Jus.

Kleine, runde, rohe Kartoffeln, entweder geschält oder mit dem Gemüselöffel gebohrt, kocht man mit guter Kalbfleischjus, etwas Consommé und 50 Gramm Butter weich. Sind die Kartoffeln fertig, kocht man den Fond dicker ein, giebt die Kartoffeln daran, schwingt sie mit etwas Butter, richtet sie an und bestreut sie mit gehackter Petersilie.

512. Kartoffeln in der Fleischbrühe mit Spatzen.

(Schwäbisches Gericht.)

Große, rohe Kartoffeln, in Schnitze geschnitten, werden in Fleischbrühe gekocht; dazu giebt man, wenn sie weich sind, in Fleischbrühe eingelegte Spatzen und serviert die Schnitze mit den Spatzen in der Brühe. Wird auch, mit Butter und Semmelbrösel abgeschmälzt, serviert.

513. Kartoffeln gefüllte.

Mittelgroße, rohe Kartoffeln schneide man in schöne, viereckige, gleich hohe Stücke und markiere mit einem kleinen, runden Ausstecher den Deckel. Sodann blanchiere diese Stücke leicht in Salzwasser und höhle mit dem Gemüselöffel die Kartoffel aus, welche mit irgend einer Fleischfarce gefüllt wird; lege die Kartoffeln in eine mit Butter bestrichene Kasserole, gieb Jus und Fleischbrühe daran und dämpfe sie darin langsam weich; zum Schluß giebt man sie in den heißen Ofen und glaciert sie in ihrem Saft.

514. Glacierte Kartoffeln.

Gesottene, kleine Kartoffeln werden geschält, mit Butter, einem Stück Zucker und ein wenig Fleischbrühe so lange gekocht, bis sie schön glänzend geworden sind. Sie eignen sich als Beilage zu allen Braten.

515. Saure Kartoffeln.

Röste 2 Löffel Mehl in 90 Gramm Butter braun, lösche es mit Fleischbrühe und Essig ab und koche gesottene

Kartoffeln, die in Rädchen geschnitten sind, darin auf. Ein Lorbeerblatt ist gut darin.

516. Kohlraben auf gewöhnliche Art.

Man schält von jungen Kohlraben die Köpfe und setzt sie mit Salzwasser zum Feuer, in einem andern Geschirr das Grüne; wenn beides weich ist, legt man jedes abgesondert in kaltes Wasser, schneidet die Köpfe zu Rädchen, läßt sie im Seiher ablaufen und drückt das Grüne mit der Hand fest aus.

Nun macht man eine gute Buttersauce, streut Pfeffer und Muskatnuß darein, legt die Rädchen hinein und läßt's noch 1/4 Stunde kochen. Das Grün wird wie Spinat gekocht. Beim Anrichten wird das Grüne zuerst auf der Platte rings herum gelegt, in die Mitte die Kohlraben selbst.

517. Gedämpfte Kohlraben mit Hammelfleisch.

Für 6 Personen werden 4 Kohlraben von mittlerer Größe geschält und zu Würfeln geschnitten, dann läßt man 60 Gramm Butter in einer Kasserole vergehen, dämpft eine klein geschnittene Zwiebel nebst den gewaschenen Kohlraben weich, streut Salz und Muskatnuß darauf und schüttelt sie fleißig, weil sie nicht gerührt werden dürfen. Zuletzt wird ein kleiner Kochlöffel Mehl darüber gestreut; man dämpft ihn noch ein wenig mit und gießt einen Schöpflöffel guter Fleischbrühe daran. 2 Pfund Hammelfleisch von der Brust siedet man besonders, wenn es weich ist, schneidet man es zu länglichen Stückchen und legt sie zu den Kohlraben, mit welchen man sie noch etwas kochen läßt.

518. Braune Kohlraben.

Die Kohlraben werden abgeschält und wie weiße Rüben länglich geschnitten und in Butter abgedämpft; dann wird Fleischbrühe daran gethan nebst ein wenig Salz, Pfeffer und Muskatnuß. Im Schmalzpfännchen werden 60 Gramm Schmalz heiß gemacht, 2 Kochlöffel Mehl und Zwiebeln braun geröstet, mit Fleischbrühe abgelöscht und mit den Kohlraben noch etwas gekocht.

519. Bairisch Kraut.

Einige Kohl Weißkraut werden wie zu Sauerkraut eingeschnitten und in eine Kasserole mit zerlassenem Gänse- oder Schweinefett gegeben, gesalzen. Einige Glas Weißwein und einige Löffel Bouillon giebt man daran und dämpft das Kraut gut weich. Hierauf schwitzt man etwas Mehl in Fett gelb und giebt es an das Kraut. Ebenso brennt man in einer kleinen Kasserole etwas Zucker leicht braun, löscht diesen mit etwas Weißwein ab, läßt ihn aufkochen und giebt ihn auch zum Kraut; man kocht das Kraut noch eine Stunde und serviert.

520. Blaukraut.

Das sauber gereinigte Kraut wird fein geschnitten ohne die zu großen Rippen; man giebt in eine Kasserole Schweine- oder Gänsefett und läßt es mit einigen gehackten Zwiebeln heiß werden, worauf man das Kraut, Salz, etwas Bouillon und Weißwein dazu giebt und es gut weich kochen läßt. ½ Stunde vor dem Anrichten läßt man etwas Gänsefett heiß werden, rührt einige Löffel Mehl dazu, röstet es leicht gelb und giebt es zum Kraut, läßt es noch einmal gut durchkochen und serviert es sodann.

Einige Maronen können mit dem Kraut gekocht werden oder glacierte Maronen zum Garnieren desselben verwendet werden.

521. Champagnerkraut.

An ein fertig gekochtes Sauerkraut giebt man kurz vor dem Anrichten eine halbe Flasche guten Champagner und serviert sofort, ohne es noch einmal aufs Feuer zu bringen.

522. Rot-Kraut.

Dies wird ähnlich behandelt wie das Blaukraut, nur giebt man etwas Essig dazu, auch kocht man gern einige, in Scheiben geschnittene Aepfel darin gut weich, schmälzt es ab wie das Blaukraut und serviert es.

523. Sauerkraut.

In dem Geschirr, in welchem das Sauerkraut gekocht wird, läßt man zuvor etwas Gänse- oder Schweineschmalz vergehen, gießt an das Kraut etwas Wein und füllt es mit Wasser oder Fleischbrühe auf; kocht man das Fleisch mit, so steckt man es in die Mitte des Krautes, und wenn es weich ist, nimmt man es heraus. Das Kraut darf nie zu viel Brühe haben; wenn es genug gekocht hat, läßt man noch ein Stück Gans- oder Schweinefett vergehen, röstet Mehl und etwas Zwiebeln darein und schmälzt das Kraut damit ab.

524. Sauerkraut gut einzumachen.

Von den festen Krautköpfen nimmt man die äußeren Blätter ab, bohrt den Dorschich heraus, schneidet das Kraut fein nudelartig ein und mischt unter einen Kübel eingeschnittenes Kraut eine kleine Hand voll Salz, wer will, auch etwas Kümmel oder Wachholderbeeren. Das Gefäß, worein das Kraut kommt, muß rein sein und unten mit reinen Krautblättern belegt werden. Das Kraut wird lagenweise fest eingestampft, oben auf kommen wieder Krautblätter, darauf ein passender, hölzerner Deckel, der mit Steinen beschwert wird. Nach 8 Tagen nimmt man den unreinen Saft ab; auch ist das Kraut oben herum von Woche zu Woche abzuwaschen, dann hält es sich ein ganzes Jahr lang, ohne daß es zu sauer wird oder nur ein Löckchen zu Grunde geht.

525. Laubfrösche.

Von recht schönen Spinat- oder Mangoldblättern (Beißkohl) werden die Stiele abgeschnitten, gewaschen und mit siedendem Wasser angebrüht. Von 10—12 Milchbroten wird die Rinde abgerieben und dieselben in Wasser eingeweicht, ausgedrückt und in 50 Gramm Butter mit gehackten Zwiebeln und Petersilie gedämpft. Ueberreste von Fleisch, fein gewiegt oder 1 Pfund Bratwurstbrät wird dazu gegeben, ebenso 6—8 ganze Eier, Salz und Muskatnuß. Die Spinatblätter legt man nun auseinander, giebt auf je 2 derselben in der Größe eines Eies von der beschriebenen Masse und schlägt den Spinat auf allen Seiten egal darüber. In eine mit Butter bestrichene Kasserole setzt man nun die Laubfrösche, giebt etwas gute Jus und Bouillon daran, dämpft das Ganze etwa ½ Stunde und begießt sie fleißig mit der Brühe. Man giebt entweder den eingekochten Fond mit etwas Espagnole als Sauce oder serviert man eine fertige Buttersauce (Nr. 385) dazu.

526. Linsen zu kochen.

Linsen werden wie die Erbsen zugesetzt. Ein Stück Schweinefleisch siedet man für sich halb gar, füllt die Linsen mit der Brühe davon auf, fügt eine Sellerie-, einige Petersilienwurzeln und ein paar Lauchstengel bei und giebt zu gleicher Zeit das Fleisch zu denselben. Wenn sie weich sind, nimmt man die Wurzeln heraus, röstet Mehl mit Zwiebeln, giebt, je nachdem man sie sauer oder süß haben will, etwas Essig dazu und läßt sie noch ½ Stunde kochen. Man kann sie so anrichten oder aber die Hälfte durch einen Seiher treiben und das Purée unter die andere Hälfte rühren.

527. Macedoine von Gemüse.

Einige sauber geputzte Karotten, weiße Rüben, Sellerieknollen werden entweder in kleine, viereckige Stückchen geschnitten oder mit einem kleinen Gemüsebohrer ausgebohrt oder mit dem Kolonnenausstecher ausgestochen (bei letzterem schneidet man das Gemüse erst in gleich dicke Scheiben, blanchiert dieselben und sticht sie dann auf einem Tuch aus, während man die anderen roh schneidet oder ausbohrt). Die Gemüse werden sodann in Salzwasser, jedes für sich, blanchiert und in Bouillon mit Salz, Butter, etwas Zucker gut weichgekocht. Junge Erbsen, Spargelspitzen und Bohnen werden in Stückchen geschnitten und weich gekocht.

In eine Sautepfanne giebt man ein großes Stück Butter, wenig Salz, Muskatnuß und Zucker, sowie die oben beschriebenen, weich gekochten Gemüschen, schwingt sie leicht, giebt einige Löffel Allemande oder Bechamelsauce dazu und richtet sie auf einer Gemüseschüssel an.

Man garniert diese Schüssel hübsch mit gekochten, kleinen Blumenkohlröschen, farcierten Artischockenböden, Rosenkohl u.s.w.

528. Macedoine in Büchsen

wird, nachdem die Gemüschen blanchiert sind, ebenso, wie in vorstehender Nummer beschrieben, behandelt.

529. Mangold (Beißkohl).

Der Mangold wird von den Stielen gestreift und dem Spinat gleich gekocht. Wer ihn sauer will, giebt etwas Essig daran, würzt mit Muskatnuß, Pfeffer und Salz und kocht ihn mit Fleischbrühe vollends aus. Ein paar Löffel saurer Rahm verbessert den Geschmack sehr. Wer ihn süß will, kocht ihn statt der Fleischbrühe mit Milch und süßem Rahm.

530. Maronen, glaciert.

2 Pfund Maronen werden geschält, in kochendes Wasser gegeben und die Haut abgezogen, worauf man sie in einer Kasserole mit guter Jus, einem Stückchen Butter und Zucker weich kocht. Sind sie weich, giebt man sie in eine andere Kasserole, kocht den Fond dick ein und giebt ihn an die Maronen, kocht sie noch einige Minuten, so daß sie schön glacieren und serviert sie.

Man kann auch einige Löffel Espagnole daran geben.

Als Garnitur zu Fleisch u. s. w., sowie auch zum Füllen von Gans und Ente sehr zu empfehlen.

531. Maronenpurée.

Die Maronen werden wie oben behandelt, in guter Jus und Bouillon weich und kurz gekocht, durch ein Sieb gestrichen.

Man giebt das Purée in eine Kasserole und rührt dasselbe mit einem Stück Butter und etwas Espagnolesauce, sowie ein wenig Zucker und süßen Rahm auf.

Fig. 329.

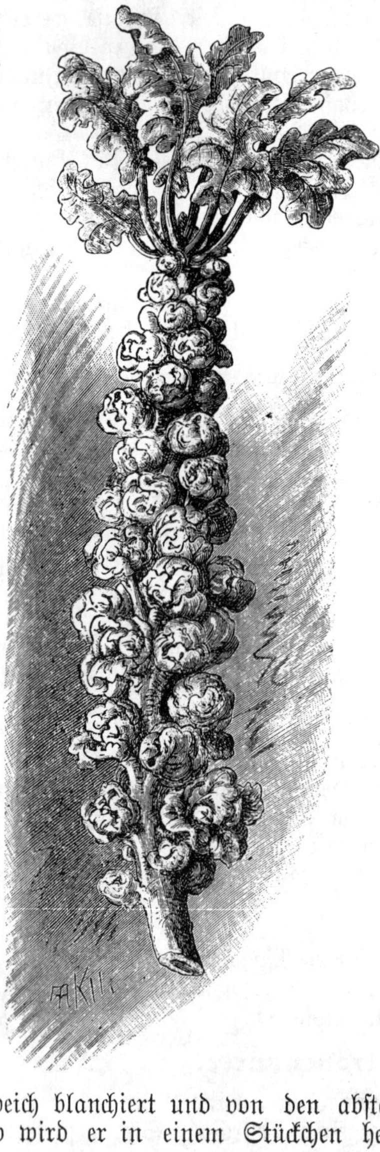

532. Rosenkohl.

(Fig. 329). Wenn die Rosen sauber geputzt sind, werden sie gewaschen und mit siedendem Salzwasser zum Feuer gesetzt; sind sie weich, so gießt man das Wasser ab und legt das Gemüse in kaltes Wasser. Nun läßt man 60 Gramm Butter in einer Kasserole vergehen, röstet 2 Rührlöffel Mehl nur wenig und gießt Fleischbrühe dazu; wenn die Sauce glatt ist, legt man den im Seiher abgelaufenen Rosenkohl nebst Muskatnuß hinein. Sollte die Sauce etwas zu dick sein, so gieße man Fleischbrühe dazu, ohne umzurühren, damit die Rosen wo möglich ganz bleiben. Als Beilage dienen Schweinebraten, Hammelfleisch, auch Bratwürste, welche, wenn sie auf beiden Seiten gebraten, erkalten müssen, dann schneidet man sie der Länge nach von einander, wendet sie in verrührten Eiern um, salzt und backt sie in heißem Schmalz schnell heraus.

533. Rosenkohl in Butter gedämpft.

Ist der Rosenkohl gut weich blanchiert und von den abstehenden Blättchen gereinigt, so wird er in einem Stückchen heißer Butter gut gedämpft, gesalzen und so zu Tische gegeben. Ist namentlich zu einer Garnitur à la jardinère gut zu gebrauchen.

534. Gelbe Rüben (große).

Die Rüben werden sauber geschabt, länglich oder zu kleinen, dünnen Rädchen geschnitten, gewaschen und in den Seiher zum Ablaufen gethan. Dann werden 60 Gramm Butter in eine Kasserole gegeben, die Rüben hineingelegt, nebst Salz, Muskatnuß, fein geschnittene Petersilie und Zwiebeln darauf gelegt und zugedeckt. Wenn die Rüben weich gedämpft sind, wird Fleischbrühe daran gegossen und eine Viertelstunde vor dem Anrichten ein Kochlöffel Mehl in Butter gelb geröstet, mit der Brühe von den Rüben abgelöscht und noch einige Zeit mitgekocht. Hiezu sind Bratwürste, Schweinebraten oder Pfannenkuchen gut.

535. Gelbe Rüben (große) anderer Art.

Dieselben werden geputzt, gewaschen und länglich geschnitten, so lange in Salzwasser gekocht, bis sie weich sind, dann abgeseiht und in weißer Sauce (Allemande), in welche etwas Zucker und gehackte Petersilie kommt, noch 1/4 Stunde gekocht, vor dem Anrichten 1 eigroß süße Butter darunter geschwungen und dann serviert.

536. Glacierte gelbe Rüben oder Karotten.

Sind die gelben Rüben noch sehr jung und klein, so werden dieselben im Salzwasser so lange gesotten, bis die äußerste Haut sich mittelst eines groben Tuches abstreifen läßt, dann werden sie in einer Kasserole mit einem Stückchen süßer Butter, etwas Zucker und einem kleinen Löffel großer Jus so lange und zwar ziemlich rasch gekocht, bis nur noch

Fig. 330—334.

Karotte, halbiert u. mit dem Messer abgedreht.

Mit dem Gemüselöffel ausgebohrt.

sehr wenig Jus daran und sich dieselbe glänzend an den Rüben anhängt. Sind die Rüben alt, so werden sie mit dem Messer abgedreht oder mittelst Ausbohrer geformt (Fig. 330—334), anfänglich langsam gekocht und einmal weich, aufgedeckt und vollends schnell eingedämpft wie die ersteren.

Weiße Rüben werden ebenso behandelt.

537. Gelbe Rüben (Karotten) mit Erbsen.

Die gelben Rüben oder Karotten werden in Salzwasser blanchiert, in kaltes Wasser gelegt, die Haut abgestreift und geputzt, sodann in Butter gedämpft, mit etwas Mehl aufgestaubt und mit Bouillon, Zucker und Salz gut weich gedünstet. Erbsen wie in Nr. 484 fertig gemacht, giebt man beim Anrichten in die Mitte, darum die Karotten und garniert das Ganze außen herum mit hübsch geschnittenen, im Fett gebackenen Brotcroutons. (Fig. 335—338.)

Fig. 335—338.

Brotcroutons, aus englischem Brot geschnitten, zum Garnieren.

538. Gelbe Rüben (Karotten) mit süßem Rahm.

Abgedrehte oder abgezogene Karotten werden nach dem Blanchieren in etwas Butter, Zucker und Salz gut gedämpft, sodann giebt man einige Löffel Rahm hinzu, läßt alles gut kochen, bis die Karotten darin weichen werden, worauf man in ein Stückchen Butter so viel Mehl einknetet, als man ungefähr zum Binden des Rahms und der Karotten für nötig findet; dies giebt man zu den Karotten, schwingt es gut und serviert.

539. Weiße Rüben.

Die weißen Rüben werden zart und klein geschnitten, 60 Gramm Butter in einer Kasserole heiß gemacht und die gewaschenen Rüben mit etwas Salz hineingelegt. Will man Fleisch damit kochen, so ist Hammelfleisch das beste; dies legt man in die Mitte der Rüben, deckt sie zu und läßt sie schnell dämpfen. Sind sie weich, wird schwache Fleischbrühe daran gegossen, auch etwas Pfeffer, und mit in Butter geröstetem Mehl abgeschmälzt. Das Fleisch wird, wenn es zu weich werden sollte, oben auf die Rüben gelegt, daß es nicht kalt wird.

Man kann auch die gelben und weißen Rüben auf andere Art kochen. Dann werden sie mit dem dazu bestimmten Fleisch gesotten, und wenn beides weich ist, ein gutes Stück Butter mit 2 Kochlöffel Mehl braun geröstet, daran gethan, gewürzt und noch eine Viertelstunde damit gekocht.

540. Salat, gefüllt

10 Stück Kopfsalat werden gewaschen, etwas geputzt einige Minuten in Salzwasser blanchiert und dann ins kalte Wasser gelegt; hierauf gut ausgedrückt und der Stiel innen her-

ausgeschnitten, mit einer guten Geflügelfarce oder Weckenfarce gefüllt, der Salat ringsum gut angedrückt und in einer Kasserole mit einer Zwiebel und Gewürz, mit guter Jus und Bouillon etwa ½ Stunde gut weich gedämpft. Den Salat richtet man an und giebt den Fond darüber.

541. Sauerampfer.

Der Sauerampfer wird rein gewaschen und in Salzwasser blanchiert, mit Butter und etwas feinen Zwiebeln abgedämpft, Mehl aufgestaubt und mit Jus oder Bouillon, etwa 2 Eigelb angerührt, noch ¼ Stunde gekocht und durch ein feines Haarsieb getrieben, wieder heiß gemacht und dann serviert.

542. Schnittkohl.

Wenn derselbe pünktlich verlesen, gewaschen und gebrüht ist, wird er, wie alle grünen Gemüse, aus kaltem Wasser fest ausgedrückt und zerschnitten; dann läßt man in einer Kasserole Butter vergehen, streut einen großen Rührlöffel Mehl und klein geschnittene Zwiebeln hinein, dämpft sie ein wenig und legt den Kohl dazu. Man dämpft das Gemüse gut ab, gießt Fleischbrühe dazu, streut Salz und Muskatnuß darein und läßt es bis zum Anrichten kochen. Dazu können Rippchen oder Würste gegeben werden.

543. Schnittkohl, die Schossen von Winterkohl

erhält man im Frühjahr, wenn der abgeblätterte Winterkohl wieder treibt; man läßt sie ganz, brüht sie mit gesalzenem Wasser, legt sie darauf in kaltes Wasser und läßt sie wieder ablaufen. Nun röstet man Mehl in Butter, gießt siedende Fleischbrühe nach Gutdünken daran, würzt und salzt dies und kocht die Schossen recht weich darin. Vor dem Anrichten werden einige Eigelb mit einigen Löffeln Rahm angerührt, etwas Fleischbrühe dazu gegossen, auf Kohlen heiß gemacht und an das Gemüse gerührt.

544. Schwarzwurzeln oder Scorzoneren.

Man reinigt die Wurzeln und schabt das Schwarze hinweg, spaltet sie der Länge nach, wenn sie zu dick sind, und legt sie in Milch, welche mit etwas Essig versetzt ist, damit sie schön weiß bleiben; aus dieser werden sie in warmes Wasser gelegt, gleich herausgewaschen und in einen Seiher zum Ablaufen gethan. Hierauf werden sie blanchiert, abgeschüttet und mit etwa 60 Gramm Butter weich gedünstet; man staubt etwas Mehl auf, löscht mit Bouillon ab, giebt etwas Muskatnuß noch dazu und läßt die Wurzeln gut weich kochen.

Auch kann man die Wurzeln auf folgende Art zubereiten: wenn sie geschabt und gewaschen sind, werden sie in kleine, lange Stückchen geschnitten, im Salzwasser weich gekocht, in eine gute Buttersauce gelegt und langsam mitgekocht. In die Sauce können zuvor junge Hühner, Tauben, Brieslein oder Stückchen Kalbfleisch gethan werden. Dann wird alles zusammen angerichtet.

545. Schwarzwurzeln.

Dieselben werden rein geschabt, in Mehlwasser mit etwas Essig gelegt, herausgewaschen, in Salzwasser halbweich blanchiert abgeschüttet, in Bouillon mit etwas Butter weich gekocht, wiederholt abgeschüttet, und dann mit weißer Sauce (Allemande) fertig gemacht, indem man 2 Eigelb, etwas süße Butter, süßen Rahm und Muskatnuß beigiebt.

546. Gebackene Schwarzwurzeln.

Ganze Schwarzwurzeln, wie obige in Bouillon weich gekocht, werden abgeschüttet, mit Essig, Olivenöl, Pfeffer und Salz angemacht, ½ Stunde stehen gelassen und dann in Backteig (S. 81) umgekehrt, krustig in gutem Schmalz gebacken und serviert.

547. Glacierte Selleriewurzeln.

6—8 junge, schöne Selleriewurzeln werden so rund als möglich geschält, in halb Mondform geschnitten, ins kalte Wasser gelegt, ½ Stunde in siedendem Wasser blanchiert und, nachdem sie ins kalte Wasser gelegt und dies wieder abgeschüttet ist, auf ein reines Tuch zum Abtrocknen gelegt. Dann wird ein flaches Geschirr mit Butter ausgestrichen, eine kleine Hand voll gestoßener Zucker gestreut, die Sellerie hineingelegt und gute Jus so hoch darauf gegossen, bis sie darüber geht, ein Papier darauf gelegt und gedämpft, bis dieselben sich weich anfühlen; dann werden sie angerichtet, die Jus ziemlich dick eingekocht und darüber gegeben.

548. Sellerie in Buttersauce.

Selleriewurzeln werden geschält, rein gewaschen, in beliebige Stücke geschnitten und in gesalzenem Wasser weich gekocht. Darauf kocht man die Sellerie in einer guten Buttersauce eine kurze Zeit lang, würzt mit Salz und Muskatnuß und giebt das Gemüse zu Tisch.

549. Sellerie in brauner Sauce. (Staudensellerie.)

Fig. 339.

Dieser Staudensellerie, der sogenannte englische, wird ebenso behandelt wie der Carden, erst blanchiert und dann wie dort gekocht und serviert (s. Nr. 482).

550. Spargeln auf gewöhnliche Art in Buttersauce.

Man schabt und schält die Spargeln vom Kopf beginnend und wirft sie in kaltes Wasser, bindet sie in Büschelein, macht in einem Geschirr Wasser mit Salz siedend und giebt die Spargeln hinein. Wenn sie weich sind, legt man sie auf einer Platte herum und erhält sie warm. Dann macht man eine gute, helle Buttersauce, in Ermangelung von Fleischbrühe mit der Spargelbrühe, kocht Muskatnuß darin, und wenn man sie säuerlich haben will, tröpfelt man Zitronensaft dazu, läßt sie ziemlich dick einkochen, gießt sie über die Spargeln, kocht sie noch einmal damit auf und bringt sie auf den Tisch. Es können Tauben, Kalbsbriesen oder Kalbfleisch in der Sauce ausgekocht zu den Spargeln gegeben werden.

551. Spargeln.

Schöne, dicke Spargeln werden rein geputzt, in kaltes Wasser gelegt, in Büschel gebunden, die Enden gleichmäßig geschnitten und im Salzwasser weich gekocht. Man richtet die Spargeln schön gleichmäßig auf gefalteter Serviette an. Die Sauce wird mit Spargelwasser angerührt, im übrigen aber behandelt wie in Nr. 442 oder 443.

552. Spargeln mit geröstetem Brot.

Die Spargeln werden wie obige rein geputzt, gewaschen und in Salzwasser gekocht; 1/4 Pfund guter Butter wird mit 3 Eßlöffel Paniermehl (Mutschelmehl) schön gelb geröstet und, wenn die Spargeln angerichtet sind, auf die Köpfe geschüttet und serviert.

553. Spargeln in Zitronensauce.

Hiezu nehme man schöne, große Spargeln und behandle sie wie die obigen. Wenn sie weich sind, legt man sie auf eine Platte, gießt einen Schöpflöffel Fleischbrühe daran und erhält sie recht warm. Hierauf nimmt man 1/4 Pfund Butter in eine Kasserole, verrührt sie mit einem kleinen Kochlöffel Mehl, 5 Eigelb, etwas Muskatnuß und dem Saft von einer halben Zitrone, gießt etwas Fleischbrühe daran, läßt es unter beständigem Umrühren kochen und ziemlich dick werden. Kurz vor dem Anrichten gießt man die Brühe vorsichtig über die Spargeln, damit nichts an die Stiele davon kommt. Auf diese Art können sie mit oder ohne Beilage gegeben werden.

554. Bruchspargel in Büchsen.

Die geschlossene Büchse wird etwa 10 Minuten in kochendes Wasser gegeben, dann geöffnet, die Spargeln auf ein Sieb zum Ablaufen und sodann in eine fertig gestellte Buttersauce (Nr. 385) gegeben, leicht geschwungen und serviert.

Oder man schwingt die Spargeln nur in heißer Butter, um sie zum Garnieren leichter benützen zu können.

555. Spargeln, geschnitten, in Sauce.

Spargeln werden geputzt und die zarten Stücke mit den Köpfen in etwa 3 cm lange Stücke geschnitten und in Salzwasser weich blanchiert. Eine gute, nicht zu dicke Villeroysauce (Nr. 423) wird fertig gemacht und kurz vor dem Anrichten die gut abgetropften Spargeln daran gegeben, geschwungen und serviert.

556. Grüne Spargeln oder Brechspargeln.

Die grünen, dünnen Spargeln werden gebrochen und der zartere Teil derselben in kleine Stücke geschnitten, im Salzwasser gut weich gekocht, in einer Kasserole mit Butter leicht gedämpft. Vor dem Anrichten giebt man noch einen Löffel Veloutésauce, die mit einigen Eigelb legiert ist, daran und serviert.

557. Spargeln zum Garnieren.

Wird wie die obige behandelt, nur leicht in Butter geschwungen, ohne Zugabe von Sauce, zum Garnieren verwendet.

558. Spargeln in Büchsen.

Die geöffneten Büchsen werden an der hiezu bezeichneten Stelle geöffnet und sodann in heißes Wasser gestellt. Gut gesalzen giebt man sie, wenn sie sehr heiß sind, auf einer gefalteten Serviette zur Tafel. Man giebt dazu entweder eine Spargelsauce oder Hollandaise, auch wohl nur zerlassene Butter oder eine Vinaigrette, wie bei den frischen Spargeln.

559. Spargelpurée.

Man verwendet, um grünes Purée zu erzielen, die grünen, zarten Teile derselben; will man es weiß erhalten, nimmt man die Köpfe und zarten Teile der weißen Spargel. Schneidet die Spargel in kleine Stücke und blanchiert sie. Hierauf giebt man sie mit einem Stück Butter in eine Kasserole mit einigen Löffeln dicker Bechamelsauce, läßt das Ganze weich kochen und streicht es durch ein Sieb. Vor dem Anrichten rührt man unter das Purée ein Stückchen Butter.

560. Spinat.

Fig. 340.

Spinat wird sauber gelesen, gewaschen, in Salzwasser blanchiert, durch's Sieb getrieben und im übrigen ebenso behandelt wie Chikorée; statt Jus und Bouillon kann süßer Rahm verwendet werden, hauptsächlich zur Fastenzeit.

561. Spinatknopf.

8 bis 10 Hände voll Spinat werden sauber geputzt, gewaschen, roh fein gewiegt und mit einer feingehackten Zwiebel und Petersilie in 1/4 Pfund Butter abgedämpft; man giebt 3—4 eingeweichte und gut ausgedrückte Semmeln, nebst Salz und Muskatnuß dazu und dämpft dies alles zusammen gut ab. 10 Eigelb giebt man nach und nach zu der Masse, schlägt das Weiße zu Schnee, zieht diesen leicht unter die Spinatmasse,

welche man in einer mit Butter bestrichenen und mit Mehl bestaubten Serviette 1 Stunde langsam kocht.

Man serviert eine legierte Buttersauce dazu.

Auch kann man die Masse in einer ausgebutterten und mit Mehl ausgestaubten Form im Wasserbad kochen.

562. Tomaten, gefüllt.

Von nicht zu reifen Tomaten schneidet man auf der Stielseite ein Köpfchen ab, drückt das Wasser und die Kerne leicht aus, setzt die Tomaten in ein mit etwas Oel bestrichenes

Fig. 341.

Sautoir und giebt auf jede einen Löffel d'Huxelle, streicht dies hübsch egal, etwas Panierbrot und Parmesan darauf, ein kleines Stückchen Butter und macht die Tomaten in gutem Ofen fertig.

563. Tomatenpurée in Büchsen.

Das eingemachte Tomatenpurée eignet sich vorzüglich zu Suppen, Saucen und Mehlspeisen, aber auch als Gemüse oder Beilage zu Rindfleisch und kann dessen Verwendung in der Haushaltung bestens empfohlen werden.

In etwas heißer Butter dämpft man ½ gehackte Zwiebel und giebt das Tomatenpurée dazu und läßt es einige Minuten dämpfen. Sodann giebt man etwas Salz und Pfeffer dazu, rührt einen halben Kaffeelöffel Kartoffelmehl oder einen ganzen Weißmehl mit etwas Wasser glatt an und rührt dies unter das Purée, läßt es noch einige Male gut aufkochen und serviert es nun als Gemüse oder als Beilage zu Rindfleisch u. s. w.

Oder man schneidet magern, rohen Schinken, 1 Zwiebel, 1 kleine, gelbe Rübe, etwas Sellerie in kleine Stücke, giebt

1 Nelke und einige Pfefferkörner dazu und dämpft dies zusammen in Butter, gießt etwas Essig oder Weißwein dazu, sowie etwas Fleischbrühe, gute Jus oder Fleischextrakt und sodann das Tomatenpurée. Läßt alles etwa eine Stunde gut kochen, passiert alles durch ein Sieb, rührt es mit einem Stückchen Süßbutter noch einmal auf und giebt das Purée recht heiß zu Tisch.

564. Tomatenpurée.

10 schöne, reife Tomaten werden halbiert, der Saft und die Kerne herausgedrückt. In Würfel geschnittene Zwiebel, rohen Schinken und Gewürz schwitzt man mit den Tomaten in heißer Butter so lange, bis das Wasser der Tomaten verdampft ist. Alsdann giebt man einige Löffel dick eingekochter, brauner Sauce, oder auch weiße Allemande dazu und kocht sie mit dem Tomatenpurée dick ein. Das Ganze streicht man durchs Haarsieb und giebt vor dem Servieren noch ein Stück Butter in das Purée.

565. Braun gedämpftes Weißkraut.

Wenn das Kraut von den Rippen und Dorschen geputzt und fein geschnitten ist, wird es aus kaltem Wasser gewaschen, zu 2 Häuptchen wird $^1/_4$ Pfund Butter heiß gemacht, das Kraut nebst Salz und Kümmel hinein gethan und zugedeckt. Will man Hammelfleisch dazu geben, so wird solches in die Mitte des Krautes gelegt, man muß aber Acht haben, daß es nicht anhängt, und deshalb öfters umwenden; wenn das Kraut weich gedämpft ist, wird Fleischbrühe daran gegossen und nochmals gekocht, bis auch das Fleisch weich ist, dann wird 1 Kochlöffel Mehl im Schmalzpfännchen mit Butter dunkelbraun geröstet, das Fleisch aus der Kasserole genommen und das Mehl am Gemüse noch $^1/_4$ Stunde gekocht; beim Anrichten muß die Brühe beinahe eingekocht sein.

566. Weißkraut auf gewöhnliche Art.

Wenn das Kraut gehörig geputzt und die stärksten Rippen und Dorschen hinweg sind, setzt man es mit siedendem Salzwasser zu. Wenn es weich gekocht ist, legt man es in kaltes Wasser. Nun wird in einer Kasserole ein Stück Schweine- oder Gänseschmalz heiß gemacht, ein Paar Kochlöffel Mehl hellgelb geröstet, Hammel- oder andere Fleischbrühe dazu gegossen, das leicht ausgedrückte Kraut mit der Brühe gekocht, Kümmel, Salz und Pfeffer dazu gethan und das Kraut bis auf wenig Brühe eingekocht.

567. Gebackenes Weißkraut.

2 Wecken weicht man in Wasser ein, putzt einen sehr großen Krautkopf, schneidet die Rippen rein davon und dämpft ihn in ¼ Pfund Butter nebst 1 klein geschnittenen Zwiebel. Wenn das Kraut weich ist, nimmt man den fest ausgedrückten Weck dazu und läßt ihn noch ein wenig mitdämpfen. Nun läßt man es in einer Schüssel erkalten, rührt 4 oder 5 Eier nebst Salz und Muskatnuß daran, macht Butter in einer eisernen Pfanne heiß, setzt den Aufzugdeckel darauf und läßt das Angerührte auf Kohlen langsam backen. Es kann auch in einem mit Butter bestrichenen Blech in den Backofen gesetzt und entweder mit einer Buttersauce oder trocken auf den Tisch gesetzt werden.

568. Farciertes Weißkraut.

4 Weißkohlköpfe werden geputzt, halbiert und ¼ Stunde in Salzwasser blanchiert, ins kalte Wasser gelegt und, nachdem dies abgeschüttelt, die Dorschen herausgeschnitten und tüchtig ausgedrückt; dann wird das Kraut auf ein reines Tuch gelegt, so daß die Dorschseite oben ist, gesalzen, gepfeffert und etwas Muskatnuß darauf gerieben. An die Stelle, wo die Dorsche waren, wird von der früher beschriebenen Hühner- oder Kalbfleischfarce gelegt, hierauf wird jeder einzelne, halbe Kopf zusammengebunden. Dann wird ein breites Geschirr mit Butter dick ausgestrichen, eine Lage roher, in Tranchen geschnittener Schinken, nebst Zwiebel, gelbe Rübe, Sellerie, einige Nelken, ganze Pfefferkörner, 1 Stückchen Lorbeerblatt dazu gegeben, die Kohlköpfe hineingelegt, 2 Schöpflöffel Bouillon samt Fett darüber gegossen, ein Papier darauf gelegt, zugedeckt und während 2—3 Stunden langsam im Ofen gedämpft, dann angerichtet und eine gute, braune oder weiße Sauce dazu serviert.

Man kann die Blätter auch mit einer Fleischfülle (gehacktes Abfallfleisch und Wecken) füllen und behandeln, wie beschrieben.

569. Winterkohl auf gewöhnliche Art zu kochen.

Auf die Person nimmt man 2 Stauden Kohl, schneidet die Rücken von den Blättern, wascht das Geputzte, wirft es in siedendes, gesalzenes Wasser und läßt es weich darin kochen. Nachdem es aus dem Wasser genommen, läßt man es gut ablaufen, schüttet kaltes Wasser daran und drückt es aus, dann hackt man es nicht zu klein. Nun röstet man auf 6 Stauden in 80 Gramm Butter 2 Kochlöffel Mehl ganz gelb, thut dies in einen Topf, rührt den gehackten Kohl dazu und röstet ihn ein wenig, rührt dann Fleischbrühe oder Wasser nebst etwas Pfeffer und Muskatnuß daran, läßt es unter wiederholtem Umrühren noch ½ Stunde miteinander kochen, damit nur noch ganz wenig Brühe daran ist. Der Kohl wird viel besser, wenn man vor dem Anrichten 1 Löffel Gänseschmalz oder Bratenbrühe daran thut, weil der Kohl viel Fett ertragen kann.

570. Winter- oder Braunkohl auf gewöhnliche Art.

Für 3 oder 4 Personen nimmt man eben so viel Stauden Kohl, streift die Blätter ab, wäscht sie sauber, läßt das Wasser davon ablaufen und setzt sie mit siedendem Salzwasser zum Feuer. Wenn der Kohl weich ist und in einem Seiher das Brühwasser davon abgelaufen, legt man ihn ¼ Stunde in kaltes Wasser, drückt ihn dann fest aus und wiegt ihn sehr fein. Dann röstet man in Schweineschmalz 2 Löffel Mehl hellbraun und fein geschnittene Zwiebeln, giebt das Gemüse dazu und läßt es zusammen dämpfen, gießt Fleischbrühe zu, nur nicht zu viel, und rührt fleißig darin, weil der Kohl gern anbrennt, streut Salz, Pfeffer und Muskatnuß darein und läßt den Kohl ½ Stunde kochen. Man kann Koteletten, dürres Fleisch, auch Schinken dazu geben.

571. Winter- oder Braunkohl zu dämpfen.

Der geputzte und gewaschene Kohl wird mit siedendem Wasser angebrüht und ½ Stunde gut zugedeckt stehen gelassen, dann wird er ausgedrückt, gehackt, mit geschnittenen Zwiebeln in ein Geschirr gethan, gesalzen, heißes Schmalz darüber gegossen und weich gedämpft, 1 Löffel Mehl darauf gestreut, gut umgerührt und noch eine Zeit lang gedämpft. Nun gießt man siedende Fleischbrühe daran und läßt sie wieder einkochen, dann kann angerichtet werden.

572. Wirsing oder Sommerkohl.

Der Wirsing wird geputzt, in 4 Teile geschnitten, die Dorsche herausgenommen, gewaschen und in Salzwasser gut blanchiert, abgekühlt, ausgedrückt und nicht zu fein gewiegt, dann in einer Kasserole mit Butter sehr gut abgedämpft, mit Mehl aufgestaubt und mit Bouillon, Salz und Muskatnuß gut weich gekocht. Vor dem Anrichten giebt man noch etwas Bouillonfett oder Butter, sowie ein wenig Kümmel dazu.

573. Zuckererbsen.

Die Fäden werden von den Schoten gezogen und nach dem Waschen mit etwas Petersilie und Salz in heißer Butter gedämpft; nach etwa 1 Stunde gießt man etwas Fleischbrühe daran, streut Weißmehl oder in Butter geröstetes Mehl nebst etwas Muskatnuß darauf und dämpft so lange, bis die Erbsen weich sind. Man kann Schweine-, Hammel- oder Lammfleisch darin kochen.

574. Zwiebel, gedämpft.

6 große, weiße, geschälte Zwiebeln schneidet man in Viertel und blanchiert sie in kochendem Salzwasser, giebt sie sodann in kaltes Wasser, schüttet sie ab und läßt sie auf einem Sieb trocknen. In eine Kasserole giebt man etwa 100 Gramm Butter und dazu die Zwiebeln, deckt sie zu nnd läßt die Zwiebeln weich kochen, vor dem Anrichten giebt man etwas süßen Rahm und gute Jus dazu, kocht alles rasch ein, stellt sie noch einen Augenblick in den Ofen und serviert.

575. Zwiebel, gefüllt.

12 mittelgroße Zwiebeln, geschält und geputzt, werden in siedendem Wasser blanchiert, zum Erkalten ins kalte Wasser gelegt, und sodann auf ein Sieb zum Abtropfen gegeben. Die Zwiebeln höhlt man mit einem Gemüsebohrer gut aus und füllt sie mit einer Kalbfleischfarce, setzt sie in eine mit Butter bestrichene Kasserole, giebt etwas Bouillon und gute Jus darauf, Salz und Pfeffer und läßt sie im Ofen bei zugedeckter Kasserole gar werden. Vom Fond macht man eine Sauce und giebt sie darüber.

576. Zwiebel zum garnieren.

Kleine Zwiebeln, möglichst gleich groß, werden geschält, geputzt und blanchiert. In einem Stückchen heiß gemachter Butter läßt man die vorher getrockneten Zwiebeln gelb anbraten und löscht sie sodann mit guter Jus und Bouillon ab, giebt gestoßenen Zucker daran und läßt die Zwiebeln nach und nach im Fond einkochen und glacieren.

577. Zwiebelpurée.

12 große, geschälte Zwiebeln schneidet man in Scheiben und blanchiert sie gut, schüttet sie ab, schwitzt sie in Butter ab, bis sie weich sind, giebt einige Löffel dicker Bechamel dazu, Salz und Muskatnuß und streicht das Ganze durchs Sieb. Vor dem Anrichten rührt man noch ein Stückchen Butter dazu.

B. Schwämme und Pilze.

Die eßbaren Schwämme und Pilze in ihrer reichen Mannigfaltigkeit bieten der Küche durch ihren großen Nährwert, der

Tafel III.

Eßbare Schwämme und Pilze.

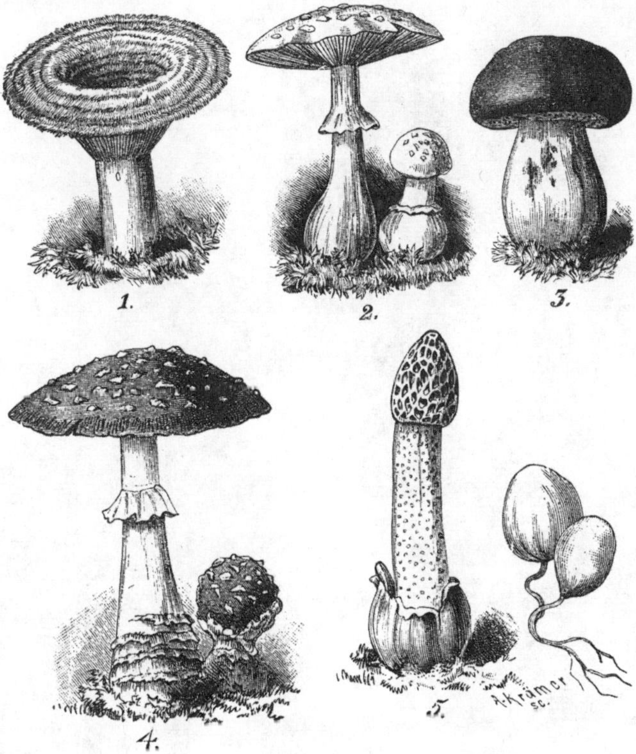

Eßbare Schwämme und Pilze (s. Tafel III).

1. Bovist.
2. Champignon.
3. Korallenpilz.
4. Pfifferling.
5. Reizker.
6. Gefüllte Morchel.
7. Speiselorchel.
8. Stein- oder Herrenpilz.
9. Trüffel.

Giftige Schwämme und Pilze (s. Tafel IV).

1. Giftiger Reizker.
2. Knollenblätterpilz, giftiger Champignon.
3. Hexenpilz.
4. Fliegenpilz.
5. Giftige Lorchel.

Giftige Schwämme und Pilze.

dem des Fleisches ziemlich gleichkommt, und durch ihre große Schmackhaftigkeit eine pikante Abwechslung und Ausbeute.

Da neben den eßbaren Schwämmen und Pilzen die Zahl der giftigen nicht gering ist, so ist beim Sammeln und Kochen derselben die größte Vorsicht geboten.

Giftig sind alle Pilze und Schwämme, die an Sümpfen und Morästen wachsen und eine rote, blaue oder grüne Farbe haben.

Die bekanntesten, eßbaren Pilze sind neben den Trüffeln und Champignons der Reizker oder Herbstling (s. Tafel III, Nr. 5), der Pfifferling oder Gelbling (Nr. 4), der Stein- oder Herrenpilz (Nr. 8), der Korallenpilz oder Ziegenbart (Nr. 3), der Bovist (Nr. 1) und die kostbare Morchel. Die Pilze und Schwämme werden zu Suppen, Saucen, Ragouts, Farcen, Garnituren u. s. w. verwendet, doch sollen sie hier in ihrer Verwendung als Gemüse behandelt werden.

Vor allem ist darauf zu sehen, daß die Pilze frisch gebrochen, in festem, gutem Zustand in die Küche kommen und dann auch sofort verwendet werden. Solche, welche angefault oder durch Ungeziefer angefressen sind, wirft man sofort weg. Die besten Pilze sind die, deren Hut noch ganz oder halb geschlossen ist, während alte Pilze denselben gewöhnlich weit ausgebreitet tragen.

Die Pilze sind, ehe sie zubereitet werden, gründlich zu reinigen. Man schält die Haut vom Hute, entfernt den Stiel, von welchem man alles Holzige wegschneidet, und schält denselben ebenfalls; schneidet sie hierauf in kleinere Stücke, wäscht sie durch ein mit etwas Salz und Essig vermischtes, kaltes Wasser, legt sie auf ein Tuch oder Sieb zum Trocknen und bereitet sie sodann sofort zu. Durch längeres Liegenlassen im Wasser verlieren sie sehr an Geschmack.

578. Bovist, gedämpft. (Tafel III, Fig. 1.)

Der Bovist wächst auf Wiesen, Triften und Hügeln und ist vom Juli bis Oktober in der Küche verwendbar.

Zur Zubereitung werden die Pflanzen, nachdem sie sorgfältig gereinigt sind, abgeschält, zerschnitten und ausgepreßt, mit Salz, Kümmel und gehackter Petersilie in Butter über gutem Feuer gebräunt, mit Fleischbrühe abgelöscht, etwas geriebene Semmel eingerührt und angerichtet, mit Eivierteln garniert und als Beilage zu Ochsenfleisch oder zu gesalzener Ochsenzunge zu Tische gegeben.

579. Champignons. (Tafel III, Fig. 2.)

Der Champignon, den man im Sommer und Herbst auf dem Feld, im Wald, auf Wiesen und Aeckern findet, ist einer der beliebtesten und für die Küche brauchbarsten Edelpilze. Sein Hut ist weiß oder bräunlich, der Stiel weiß. Um den Champignon in der Küche gut vorteilhaft verwenden zu können, soll derselbe noch jung der Hut geschlossen, das Häutchen, das den Hut mit dem Stiel verbindet, nicht gelöst sein.

Der Champignon wird viel künstlich in Kellern und Beeten gezüchtet. Dadurch wird es ermöglicht, daß beinahe das ganze Jahr unsere Küche mit frischen Champignons versehen werden kann. Diese haben den Vorzug vor den im Feld gewachsenen, daß sie, jung gebrochen, schön weiß sind und der Hut noch geschlossen ist. Die in Büchsen eingemachten Champignons sind wohl alle künstlich gezüchtet, mit großer Sorgfalt gebrochen und eingemacht, um diesen, namentlich für Saucen und Ragouts unentbehrlichen Pilz, auch im Winter nicht vermissen zu dürfen.

580. Champignons in Büchsen.

Sind vollständig zum Gebrauche fertig gestellt. Man braucht die Büchse nur zu öffnen und die Champignons, sei es nun als Garnitur, zu Purée oder zu Ragouts u. s. w. zu verwenden.

581. Champignons farciert.

15—18 gleichmäßig schöne, große Champignons geschält, gewaschen und von den Stielen befreit, leicht gesalzen, werden jeder mit etwas d'Huxelle (Nr. 404) gefüllt, Parmesankäse und Semmelbrösel darüber gestreut, ein kleines Stückchen Butter oben auf gegeben und in einer Sautepfanne mit etwas Olivenöl, das man vorher heiß gemacht hat, und etwas guter Jus im Ofen gratiniert.

582. Champignons à la maître d'hôtel.

2 Pfund Champignons, gewaschen und geputzt, die Stiele abgeschnitten, giebt man in 50 Gramm heiße Butter mit etwas Zitronensaft und Salz und läßt bei zugedecktem Kasserol einige Minuten dämpfen. Nimmt hierauf den Deckel ab, staubt leicht etwas Mehl auf, giebt einen Löffel Fleischbrühe oder Consommé dazu und läßt es etwa 10 Minuten kochen, schüttet die Sauce ab und legiert sie mit 3 Eigelb, giebt die Champignons dazu mit gehackter Petersilie, einem Stück Butter und noch etwas Zitronensaft, schwingt alles gut und serviert.

583. Champignons in Muscheln.

2 Pfund wie in Nr. 581 zubereitete Champignons werden auf ein Sieb geschüttet, der abgetropfte Fond mit einigen

Löffeln Allemande dick eingekocht, mit 4 Eigelb, etwas süßem Rahm und Butter legiert, die Sauce passiert und die Champignons darein gegeben, dann in ausgebutterte Ragoutmuscheln gefüllt, mit geriebenem Parmesankäse und Semmelbrot bestreut, ein kleines Stückchen Butter darauf gegeben und in heißem Ofen gratiniert.

584. Champignons gekocht.

2 Pfund frisch gepflückte Champignons wascht man, schneidet die Stiele ab, schält sie und wirft sie in Wasser mit Zitronensaft. Hierauf giebt man 100 Gramm Butter in eine Kasserole, die Champignons dazu, etwas Salz und Zitronensaft und kocht sie gut zugedeckt auf raschem Feuer etwa 10 Minuten gar, giebt etwas gehackte Petersilie darauf und serviert.

585. Champignons à la provençale.

2 Pfd. Champignons, gerichtet wie in Nr. 584, werden in heißem Oel mit Pfeffer und Salz angebraten. In ein Sautoir giebt man einen Löffel gute Jus, einige Löffel Tomatenpurée läßt dies aufkochen, giebt die sautierten Champignons dazu, kocht sie noch einige Minuten, giebt sie auf eine Platte, garniert sie mit Brotcroutons und serviert.

586. Champignons als Beilage.

Die gut gereinigten Champignons werden im Salzwasser leicht gedämpft. Nachdem sie erkaltet und abgetropft, werden sie in einen irbenen Topf eingelegt, mit Pfeffer, einigen Lorbeerblättern und gehackten Gewürzkräutern bestreut, mit abgesottenem und wieder erkaltetem Weinessig übergossen und als Beilage zu Ochsenfleisch gegeben.

587. Champignons-Purée.

1 Pfund Champignons wird gewaschen, sehr fein gehackte leicht in Butter und etwas Zitronensaft geschwitzt und im Mörser gestoßen; man giebt 2 Löffel dick eingekochter Bechamelsauce darunter und streicht das Purée durch's Sieb. Vor dem Anrichten rührt man noch ein Stück Süßbutter darunter.

588. Champignons in Rahmsauce.

Die Champignons werden wie in Nr. 584 fertig gekocht, wenn sie gar, abgeschüttet und in eine frische Kasserole gegeben. Den Fond der Champignons kocht man sodann gut ein, giebt einige Löffel Bechamelsauce dazu, kocht das Ganze dick an und passiert sie auf die Champignons, schwingt sie und serviert.

589. Korallenpilz oder Ziegenbart. (Taf. III, Fig. 3.)

Den Korallenpilz findet man am häufigsten im Herbst in Nadelwäldern am Stamme alter Kiefern. Er hat einen blattartig verzweigten Pilz, Ziegenbart genannt. Seine Farbe ist gelbweißlich. Der Pilz und der Stiel wird gereinigt, geschnitten und durch ein Salzwasser gezogen, abgetrocknet, mit Salz, gehackter Petersilie, Zwiebel, etwas Kümmel, in heißer Butter weich gedämpft und als Beilage zu Ochsenfleisch u. s. w. gegeben.

590. Morchel. (Tafel III, Fig. 6.)

Die Morchel findet man in Wäldern, Parkanlagen und Gärten, namentlich in feuchten Frühjahr- und Sommermonaten vom April bis Juni. Der Hut derselben ist braun, eiförmig mit vielen, tiefen Höhlungen. Der Stiel ist weiß und hohl. Sie gehört wie der Champignon zu den edeln Speisepilzen.

Man löst den Stiel von der Morchel ab und hütet sich, dieselbe zu zerbrechen; dann wasche man sie durch mehrere Wasser, namentlich in den Falten, läßt sie ablaufen und nimmt zu einem aufgehäuften Teller voll ein eigroßes Stück Butter, das man nicht zu heiß werden läßt, und in welchem man die Morcheln langsam dämpft. Nach einer starken 1/4 Stunde, während welcher Zeit sie mehrmals umgeschüttelt wurden, giebt man eine Hand voll klein geschnittener Petersilie dazu, dämpft noch 1/2 Stunde, streut einen schwachen Eßlöffel weißes Mehl darauf, dämpft unter wiederholtem Umschütteln noch eine Weile, gießt 1/4 Liter siedender Fleischbrühe oder Wasser daran und reibt Muskatnuß darauf. Haben sie noch 1/4 Stunde gekocht, so giebt man sie zu Tisch. Noch besser werden sie, wenn man sie über Kalbsbriesen, die in Fleischbrühe gekocht wurden, oder über einen gesottenen Kalbsstorzen anrichtet.

591. Gefüllte Morcheln.

Schöne, gleich große Spitzmorcheln werden, nachdem sie sauber geputzt, gewaschen und gekocht sind, wie oben beschrieben, von den Stielen befreit, in eine jede der Morcheln eine feine Geflügelfarce mit einer Dressierdüte hineingespritzt, in eine Sautepfanne mit Butter, guter Jus, Bouillon und Salz gegeben und im Ofen gedämpft. Wenn sie gar sind, setzt man eine jede auf einen gebackenen Brotcrouton, legt sie im Kranz auf eine tiefe Schüssel, giebt den Fond dick eingekocht auf die Morcheln und serviert; man giebt eine Sauce Allemande in der Saucière dazu.

592. Stock-Morcheln zu dämpfen.

Die frischen Morcheln werden von den Stielen befreit, durch mehrere Wasser gut gewaschen, damit kein Sand mehr in den Falten und dem Innern derselben vorhanden ist, während man die getrockneten Morcheln erst blanchiert, dann die Stiele abschneidet und sodann wascht. Hierauf kocht man die Morcheln mit einem Stückchen Butter recht langsam, giebt fein geschnittene Petersilie dazu und staubt sie sodann mit 1 Eßlöffel Mehl auf, giebt Fleischbrühe und etwas Muskatnuß, sowie Salz zu und kocht sie gut weich.

Die getrockneten Morcheln wie auch die frischen kann man in guter Jus mit Butter, etwas Consommé, 1 Glas Weißwein und Salz weich kochen; man giebt, wenn sie weich sind, einige Löffel brauner Sauce dazu, etwas Zitronensaft und Petersilie und serviert sie. Zu Ragouts und Garnituren kocht man sie ebenso.

593. Pfifferling oder Eierschwamm. (Tafel III, Fig. 4.)

Der Pfifferling wächst überall in Laub- und Nadelwäldern, im Sommer und Herbst, er hat eine dottergelbe Färbung. Der Hut ist gewölbt und mit dem Stiel netzartig verbunden. Das Fleisch ist weiß. Der Pfifferling ist fast niemals von Maden angefressen. Zum Zubereiten wird der Schwamm gründlich gewaschen und gereinigt, in Stücke geschnitten, in heißer Butter, mit Salz und Zitronensaft gedämpft, mit gehackter Petersilie bestreut und serviert.

Oder: Man giebt ein Stückchen Butter in die schwarze Pfanne, wenn diese heiß ist, fein gehackte Zwiebeln dazu und sautiert die in Scheiben geschnittenen Schwämme auf gutem Feuer fertig, giebt Salz und Zitronensaft zu, sowie einen Löffel Allemande, schwingt alles gut durch und serviert.

594. Reizker oder Delikatenpilz. (Tafel III, Fig. 5.)

Wächst in Wäldern und auf Waldwiesen, seine Farbe ist orangengelb, der Hut, mit mehr oder weniger Kreisen gezeichnet, ist flach oder trichterförmig. Das Fleisch ist von angenehmem und pikantem Geschmack. Der Pilz wird in Stücke geschnitten, aus lauem Essigwasser gewaschen, in frischem Wasser abgeschwenkt und getrocknet, diese in heißem Olivenöl mit Salz, Pfeffer, gehackten Zwiebeln gedämpft, mit etwas Zitronensaft abgeschmeckt und serviert.

595. Speiselorchel. (Tafel III, Fig. 7.)

Verwandt mit der sogenannten Spitzmorchel ist die runde Speiselorchel. Der Hut derselben ist wellig gewunden, runzelig, unregelmäßig und hohl, von brauner oder schwarzbrauner Farbe, der Stiel unregelmäßig und weißlich. Sie kommt am häufigsten in sandigen Nadelwäldern, auf Wiesen und Gärten im Frühjahr vor.

Die Zubereitung ist dieselbe wie bei der Morchel, nur muß bei der frischen Lorchel darauf gesehen werden, daß das erste Kochwasser, in welchem ein giftiger Stoff sich löst, weggegossen wird. Beim gedörrten Pilz ist dieses Gift verschwunden. Die Lorchel ist, wenn so verfahren wird, vollständig unschädlich.

596. Stein- oder Herrenpilz. (Tafel III, Fig. 8.)

Der Steinpilz ist wohl der bekannteste und in unseren Wäldern am meisten vorhandene, eßbare Schwamm. Die kleinen und mittelgroßen Pilze eignen sich für den Küchengebrauch am besten, während bei den großen und älteren viel zähes und untaugliches Fleisch zum Gebrauch entfernt werden muß. Der Hut des Pilzes ist anfangs hellbraun, wenn älter, ist seine Farbe dunkelbraun. Der Hut ist jung am Stiel festgewachsen, wenn der Pilz älter, der Hut flach und hat der untere, nun sichtbare Teil eine grünliche Färbung. Beim Gebrauch schneidet man das Grünliche weg. Das Fleisch ist weiß und fest.

Der Steinpilz wird behandelt, wie die anderen Pilze auch, gereinigt und enthäutet, aus einem Essig- und Salzwasser gewaschen und in Stücke geschnitten. In eine Kasserole giebt man ein Stück Butter, läßt dies heiß werden, giebt die Pilze dazu, etwas Salz und Zitronensaft und macht sie auf raschem Feuer fertig, giebt noch etwas gehackte Petersilie dazu und serviert.

597. Steinpilze fines herbes.

Man sautiert in heißem Oel die Pilze, giebt gehackte Zwiebeln, Salz und etwas Zitronensaft zu; giebt sie, wenn fertig, in eine Kasserole, kocht den Fond etwas ein, einen Löffel Sauce fines herbes dazu und giebt die Sauce über die Pilze. Zum Servieren gehackte Petersilie und Estragon darauf.

598. Steinpilze mit Rahmsauce.

Die Steinpilze schwitzt man in Butter mit gehackten Zwiebeln, Salz und Pfeffer, giebt sauren Rahm dazu, läßt das Ganze gut kochen, giebt gehackte Petersilie dazu und serviert.

599. Eingemachte Steinpilze.

Die eingemachten Steinpilze in Oel (cèpes à l'huile) werden geschnitten, in einer schwarzen Pfanne mit etwas Oel und fein gehackten Zwiebeln sautiert. Man giebt sie auf diese Art zubereitet als Garnitur zu verschiedenem Fleisch oder aber man giebt eine leichte, braune Sauce daran und serviert sie als Gemüse.

600. Getrocknete Steinpilze

werden mit heißem Wasser angebrüht und sodann in Salzwasser einige Stunden gekocht, worauf man sie abschüttet, schneidet und behandelt wie die frischen.

601. Trüffel. (Tafel III, Fig. 9.)

Die Trüffel, ein knolliger, unregelmäßiger Pilz, ähnlich einer Kartoffelknolle, schwarz oder schwarzbräunlich, innen schwarz und weiß marmoriert, findet sich hauptsächlich in Eichenwäldern am Fuße der Eichen in feuchtem, leichtem Waldboden, wo sie unter der Erde wächst. Sie werden in den Monaten Oktober, November, Dezember und Januar gefunden und sind namentlich in den letzten beiden Monaten am feinsten. Durch ihr feines, würziges, starkes Aroma hat sie sich in der Kochkunst unentbehrlich gemacht, namentlich um Pasteten, Ragouts, sowie sonstige feine Fleischspeisen damit zu würzen.

Die besten aromatischen und auch schwärzesten Trüffeln sind die französischen aus Périgord und der Provence, während die aus Burgund und der Dauphiné von geringerer Qualität sind. Die Piemontesische ist auch gut, doch hat diese einen eigentümlichen Knoblauchgeschmack. Unsere deutsche Trüffel ist innen weiß, mit weißlichen Adern durchzogen und hat nicht viel Aroma.

Die eingemachten Trüffeln in Büchsen und Gläsern, werden entweder in Oel, Salzwasser oder Wein eingekocht und sind in diesem Zustande das ganze Jahr zu haben; auch hier verdienen die tiefschwarzen Périgordtrüffeln den Vorzug.

Die in Scheiben geschnittenen und getrockneten Trüffeln haben eine aschgraue Farbe und werden zum Gebrauch gewaschen und in heißer Fleischbrühe aufgekocht.

Die Trüffel wird vor ihrem Gebrauch mit einer Bürste gut gereinigt, in kaltem Wasser gewaschen und zum Trocknen auf ein Sieb oder Tuch gelegt, je nach ihrer Verwendung ungeschält oder geschält benützt. In letzterem Falle ist aber die äußere, harte Fläche möglichst dünn zu schälen. Die Schalen werden gestoßen, gerieben oder getrocknet, zu Saucen, Farcen u. s. w. verwendet.

602. Trüffel in Burgunder.

Schöne, rohe, schwarze Trüffeln werden rein gebürstet und gut gewaschen; man giebt dieselben in eine Kasserole, dazu ½ Flasche guten Burgunder-Wein, sowie 1 Zwiebel und etwas Gewürz und einige Löffel Consommé, kocht sie etwa ½ Stunde in gut verschlossener Kasserole, richtet sie auf einer Serviette an und serviert frische Butter dazu. Vom Fond kocht man mit einigen Löffeln Espagnole eine Sauce, welche man extra in der Saucière beigiebt.

603. Trüffel à la Périgueux.

Die Trüffeln werden gereinigt, sodann, wenn sie trocken sind, geschält und in Scheiben oder Stücke geschnitten. Ein Stück Butter, etwas Salz und 1 Glas guten Weißwein läßt man heiß werden, giebt die Trüffeln dazu und kocht sie rasch auf offenem Feuer fertig. Man giebt, wenn der Fond beinahe eingekocht ist, einige Löffel Espagnole, gehackte Petersilie und frische Butter dazu, schwingt alles gut durcheinander und serviert.

Von in Büchsen eingemachten Trüffeln macht man dieselben Speisen.

604. Trüffelpurée.

Rein gewaschene und geschälte Trüffeln werden fein gehackt, mit etwas Butter und Salz gedämpft und im Reibstein gestoßen; man giebt einige Löffel guter, dick eingekochter Madeirasauce daran und streicht dies durchs Sieb.

Wird zu Fülle von Pastetchen verwendet.

605. Trüffeln, geröstet.

Die Trüffeln werden gereinigt, aus frischem Wasser gezogen, auf ein Sieb gelegt und gut abgetropft. Inzwischen werden dünne Scheiben von gesalzenem Speck geschnitten, die getrockneten Trüffeln damit umhüllt, in weißen Karton eingewickelt, ins frische Wasser getaucht, in heiße Asche eingelegt und 1 Stunde geröstet. Vor dem Auftragen wird der Karton abgelöst und die Trüffeln auf heißer Platte, in einer Serviette eingeschlagen, zu Tische gegeben.

6.

Salate verschiedenster Art.

Zur Bereitung eines guten Salats ist vorzügliches Baum- oder Olivenöl, sowie starker Weinessig erforderlich. Der gewöhnliche, grüne, womöglich ganz frische Salat wird unmittelbar vor dem Anrichten, damit er nicht vorher lange steht, sorgfältig gelesen, die äußeren, grünen Blätter und Stiele entfernt und gewaschen und nach dem Ablaufen oder Ausschwenken in einer Serviette mit etwas Salz und gröblichem Pfeffer, der die Verdauung mehr befördert als der staubartige, bestreut, dann mit Oel begossen und mit Löffel und Gabel, die von Horn oder Holz sein sollen, gut gemischt. Sodann wird der Essig zugegeben und wieder gemischt. Das beste Verhältnis bilden 3 Teile Oel und 1 Teil Essig, und kann man Essig und Oel in diesem Verhältnis mit Salz schon vorher in der Salatschüssel unter einander mischen, in welche man nachher den Salat giebt und anmacht. Kein grüner Salat darf zu früh angemacht werden, da er sonst zusammenfällt und unansehnlich wird, kurz vor dem Anrichten ist die richtige Zeit und deshalb muß alles vorher zugerichtet sein.

Viele lieben geschnittene Kartoffeln unter dem Salat; da diese aber den reinen Salatgeschmack verderben, sind sie neben dem Salat besonders angemacht aufzustellen. Statt des Pfeffers kann man auch mit geriebener Muskatnuß würzen, was z. B. beim Kopfsalat ausgezeichnet schmeckt. Gut ist es, wenn man Zwiebel, Schnittlauch, Estragon und Kerbel, manchmal auch Senf, damit vermischt. Ebenso macht man die verschiedenen Salate mit einer Mayonnaisesauce an, was äußerst wohlschmeckend ist.

Der Fleisch-, Fisch-, italienische Salat u. s. w. muß einige Stunden vor Gebrauch, womöglich aber schon den Tag vorher angemacht werden, weil der Salat dann viel wohlschmeckender wird. Viele der Salate werden oft als Beilage zu gekochtem Rindfleisch, sowie als Garnituren zu größeren Fleischstücken gegeben.

An Kartoffelsalat kommt zuerst die Hälfte des Essigs, nach dem Umrühren die Hälfte Oel, dann der weitere Essig und zuletzt die zweite Hälfte des Oels. Um ihn saftiger und schmackhafter zu machen, ist es gut, beim Anmachen desselben, wie auch beim Fleisch und italienischen Salat, einige Löffel fetter, warmer Bouillon an denselben zu geben.

In Frankreich giebt man unter den grünen Salat ein Stück Brotkruste, an welcher man etwas Knoblauch abgerieben hat, in die Salatschüssel zum Servieren. Diese giebt dem Salat einen sehr guten Geschmack.

Die in tiefe Schüsseln von Kristall oder Porzellan angerichteten Salate werden häufig mit den verschiedensten Zuthaten von Eiern, Gurken, Kapern, auch Sardellen, Zunge u. s. w. garniert zu Tische gegeben, und ist dabei nach Belieben und bestem Geschmack zu verfahren.

606. Salatsauce zum Anmachen der verschiedensten Salate.

2 Löffel französischer Senf werden mit 2 rohen Eigelb und 5 Löffel gutem Oel vermischt und mit Salz und etwas Pfeffer gewürzt. Dazu kommen 2 Löffel Estragonessig. Diese Sauce ist zum Anmachen von jedem grünen und Wurzelsalat geeignet.

Weitere Saucen s. Abschnitt 14, Oelsaucen, Mayonnaise ꝛc.

607. Artischockenböden als Salat.

Fig. 342.

Man dünstet 12 bis 15 gereinigte und in gleich große Stücke geschnittene, schöne Artischockenböden in mit Zitronensaft, Butter und Salz versehenem Wasser weich, worauf man sie erkalten läßt. Während des Erkaltens gießt man in die Vertiefung einer flachen Schale Aspik und läßt sie auf Eis starr werden. Die aus dem Sude genommenen und rein abgewischten Artischockenböden werden mariniert, indem man sie in Essig und Oel legt. Hierauf nimmt man ein schönes Stück abgekochten Blumenkohl, zerteilt ihn in kleine Röschen, ferner 1 Liter blanchierte Pflückerbsen, in Wasser abgekühlt, und giebt beides zum Salat. Ist dies geschehen, so werden die Artischocken mit den Pflückerbsen erhaben gefüllt, über dem starrgewordenen Aspik in der Salatschale aufgerichtet und am Boden mit den Blumenkohlröschen garniert. Schließlich überträufelt man das Ganze mit Essig und Oel und giebt den so bereiteten Salat zu Tisch.

608. Blumenkohlsalat.

Nachdem man von 4 Rosen schönen Blumenkohls die äußeren, grünen Blätter abgestreift, den Stiel in der Mitte durchschnitten und alle grünen Blättchen zwischen den Blümchen entfernt hat, kocht man sie in gesalzenem, mit einem Stück frischer Butter versehenen Wasser weich, so, daß die Blumen hübsch ganz bleiben. Sind sie erkaltet, läßt man sie auf einem reinen Tuche abtropfen, giebt sie in eine Schale und übergießt sie mit Essig und Oel, worauf man sie so in eine Salatschale setzt, daß das Ganze einen großen Blumenkohl bildet. Diesen so geformten Blumenkohl übergießt man mit einer Sauce, die man erhält, wenn man das Gelbe von 6 hart gesottenen Eiern, nachdem man es durch ein Haarsieb getrieben hat, mit feinem Olivenöl abrührt, mit gutem, weißem Essig leicht säuert, dann salzt und 2 Eßlöffel blanchierte, grüne Petersilie, sowie 1 Eßlöffel Pimpernell und Estragon dazu thut. Der so erhaltene Blumenkohlsalat wird, dem Braten beigegeben, serviert.

609. Bohnensalat.

Zu diesem nimmt man die sogenannten Salatbohnen, in Ermangelung derer aber andere dünne Bohnen ohne Kern, zieht ihnen die Fäden ab und schneidet sie der Länge nach fein. Man siedet sie im Salzwasser weich, gießt sie in einen Seiher und kaltes Wasser darüber, läßt sie auf einem Sieb abtropfen und macht dann die Bohnen mit Zwiebel, Pfeffer, Salz, Essig und Oel an. Zur Winterszeit kann man diesen Salat mit eingemachten Bohnen auf dieselbe Art zubereiten.

610. Brunnenkressesalat.

Die Brunnenkresse wird sauber verlesen, gewaschen und mit Salz, Essig und Oel, sowie etwas feingeschnittenen Zwiebeln angemacht. Man kann einen Kartoffelsalat dazugeben.

611. Endiviensalat.

Geputzter Endivie wird fein nudelartig geschnitten, 1 Stunde in laues Wasser gelegt, dann gut ausgerungen und auf gewöhnliche Art mit oder ohne Kartoffeln angemacht. Wegwartensalat wird ebenso behandelt.

612. Erbsensalat.

Von frisch weich blanchierten Erbsen oder von solchen aus Büchsen hergestellt, werden die Erbsen, wenn sie gut abgetropft sind, mit Essig, Oel, Pfeffer und Salz angemacht oder unter Kartoffelstückchen mit einer Mayonnaisesauce gemischt zu Tische gegeben.

613. Fleischsalat.

Von verschiedenen Ueberresten Fleisch, das man in kleine Würfel schneidet, macht man einen Salat an mit etwas Senf, Salz, Essig und Oel, Pfeffer, gehackten Zwiebeln und Petersilie und läßt denselben längere Zeit vor dem Gebrauch stehen, damit er gut anzieht und nicht zu trocken ist.

614. Gemischter Salat.

Um diesen Salat zu bereiten, macht man eine Obertasse recht grün blanchierter Pflückerbsen, eben so viel spitzweckartig geschnittene und weich blanchierte, grüne Bohnen, ein halbes Teller feinblätterig geschnittene Kartoffeln, eine Obertasse weich gekochte, trockene Bohnen, 12 Salatherzchen, 6 hart gesottene Eier, 2 zerschnittene Heringe und eine Untertasse rote Rübenblättchen, und werden diese Gemüschen, jedes für sich, mit Essig und Oel angemacht, ausgenommen die Eier und die Heringsstücke, welche man als Garnitur um die in eine Schale oder Saladière hübsch zusammengestellten Gemüschen giebt, und zwar in der Weise, daß man in die Mitte den Kartoffelsalat giebt, um diesen abwechslungsweise die Bohnen, die roten Rüben und Erbsen, sodann außen herum die Eier, Heringsstücke und die Salatherzchen. Ueber das Ganze giebt man kurz vor dem Servieren eine gute Vinaigrette von Essig, Oel, Pfeffer, Salz, gehackter Petersilie und Estragon, gut abgeschmeckt.

615. Gemüsesalat à la macédoine.

Junge, gelbe und weiße Rübchen werden, nachdem sie geputzt sind, klein viereckig geschnitten und jedes besonders im Salzwasser weich gekocht. Junge Bohnen werden ebenfalls, nachdem sie geputzt, geschnitten und junge Brockerbsen, Bruchspargeln und klein geschnittene Blumenkohlstückchen weich blanchiert. Dies alles wird, nachdem es gut abgetrocknet, zusammen in eine Schüssel mit viereckig geschnittenen Kartoffeln gegeben, mit Mayonnaise angemacht, in einer Salatschüssel hoch angerichtet und mit zurückgelassenen Gemüschen, wovon man jedes besonders anmacht, hübsch und geschmackvoll garniert.

616. Gemüsesalat von Fleischbrühgemüsen.

Die in der Fleischbrühe mitgekochten Gemüse schneidet man, wenn sie gut weich sind, in Scheiben, giebt einige Scheiben warmer Kartoffeln dazu und macht das Ganze mit Essig, Oel, Pfeffer und Salz an und serviert es als Beilage zum Ochsenfleisch.

617. Gurkensalat.

Wenn diese geschält und zu dünnen Scheiben geschnitten sind, überstreut man sie mit Salz und läßt sie eine Zeit lang zugedeckt stehen, dann werden sie mit Pfeffer und Schnittlauch bestreut, mit Essig und Oel gemischt. Ebenso kann man auch Rettig oder Kartoffel darunter mengen.

618. Heringsalat.

Wenn der Hering geklopft, abgezogen und ausgegrätet ist, schneidet man ihn zu Würfelchen, auch einige Aepfel und Kartoffeln dazu, mischt Zwiebel, Pfeffer und Salz darunter und macht den Salat mit Essig und Oel an. Ist ein Milchner dabei, so zerdrückt man ihn, ruhrt ihn mit Essig und Oel an und gießt es über den Salat; die Aepfel kann man auch weglassen. Ebenso kann man den Salat mit Mayonnaise anmachen und den Milchner, durch das Sieb gedrückt, dazu geben.

619. Heringsalat mit kaltem Hasen- oder Kalbsbraten.

Man behandelt den Hering, wie oben beschrieben, schneidet den Braten in ebenso kleine Stückchen und vermengt beides mit Kapern, gewiegten Sardellen, Zwiebeln und Petersilie, verrührt den Milchner mit Essig, Senf und Oel, mischt ihn unter den Salat, giebt einige Löffel Fleischbrühe daran und richtet ihn auf tiefer Schüssel an, garniert mit halbierten Eiern, Sardellen, Kapern u. s. w.

620. Häuptlessalat, Kopfsalat.

Die Blätter werden gut geputzt, in Stücke zerschnitten, gewaschen, auf gewöhnliche Art angemacht und sogleich zu

Tische gegeben. (Siehe auch S. 313.) In gleicher Weise behandelt man **Acker-, Lattich-, Kressen-** und alle anderen grünen Salate, die nicht vorher einige Zeit im Wasser liegen bleiben müssen.

621. Warmer Häuptlessalat.

Ist der Salat sorgfältig gelesen und gewaschen, so wird Speck in Würfel geschnitten, langsam ausgebraten, daß er nicht gelb wird, und dann mit dem zum Salat bestimmten Essig gekocht. Unterdessen werden einige Eigelb in Essig verrührt, an die gekochte Brühe gethan, und damit, ehe aufgetragen wird, der Salat angemacht. Wird er früher angemacht, so fällt der Salat zu sehr zusammen.

622. Hopfensalat.

Die grünen, aber doch noch zarten Hopfen werden, nachdem sie geputzt und gewaschen, im Salzwasser weich gekocht, abgegossen, kaltes Wasser darüber geschüttet und mit folgendem angemacht. Das Gelbe von 2 harten Eiern wird passiert, mit Schnittlauch, Pfeffer, Salz, Essig und Oel gut vermischt und die Hopfen damit angemacht. Man kann die Hopfen aber auch wie einen gewöhnlichen Salat anmachen.

623. Jägersalat.

Geräuchertes Ochsenfleisch, geräucherter Lachs, geräucherte Zunge und gedämpfte Selleriewurzeln werden in Würfel geschnitten und mit Piment gewürzt, das Weiße und das Gelbe von harten Eiern für sich hachiert, Zwiebeln klein geschnitten und durch mehrere Wasser gezogen. Nachdem alles auf diese Weise vorbereitet, wird die Masse in der Salatschüssel durcheinander gemischt, etwas gewürfelte Kartoffeln dazu gegeben, mit Salz, Senfmehl, Essig und Oel nach Geschmack gewürzt, mit Zitronenscheibchen garniert und aufgetragen.

624. Eingelegter Kalbsbraten als Salat.

Hat man Kalbsbratenreste vom Schlegel oder Brust, so schneidet man diese in dünne Scheiben, legt sie in eine Salatschüssel und macht nun aus zwei hartgesottenen Eigelb, zwei sauber geputzten Sardellen, einer Zwiebel und einem Eßlöffel Kapern, die man zuvor zerhackt hat, durch Anrühren mit Weinessig, 1 Eßlöffel Olivenöl, vier Eßlöffel guten Senf und einer Messerspitze Pfeffer eine Sauce, die über den Braten gegossen wird, worauf man ihn 12 bis 14 Stunden stehen läßt. Derselbe hält sich acht bis vierzehn Tage.

625. Karottensalat.

Schöne, junge, geputzte Karotten werden in Bouillon mit etwas Salz und klein wenig Zucker weich gekocht, wenn sie erkaltet, in schöne Scheibchen geschnitten und mit etwas Estragonessig und Salz mariniert. Einige, frisch gekochte Kartoffeln schneidet man in ebensolche Rädchen wie die Karotten und giebt Beides zusammen, 2 Löffel guter Mayonnaise dazu, etwas Essig, Pfeffer und Salz, macht alles gut untereinander und serviert den Salat, den man mit Kopfsalat garniert.

626. Kartoffelsalat mit Mayonnaise.

Unter einen von warm geschnittenen Kartoffeln mit Salz, Essig, wenig Oel und Fleischbrühe angemachten Salat kommen einige Löffel fertiger Mayonnaisesauce; man mischt alles gut durcheinander und serviert den ziemlich saftig gehaltenen Salat.

Um den Salat saftig zu erhalten, giebt man einige Löffel fetter, warmer Fleischbrühe daran.

627. Gewöhnlicher Kartoffelsalat.

Im Dampf mit Salz weich gekochte Kartoffeln, am besten rote Mäuschen, werden geschält, in Scheiben geschnitten, warm gehalten und, wie folgt, angemacht: Man gebe Salz, Pfeffer, feingeschnittene Zwiebeln und gutes Oel dazu, vermenge dies mit den Kartoffeln, gieße dann erst Essig daran und vermische alles nochmals mit einander.

Statt des Oels kann auch geschmolzenes Gänsefett verwendet werden.

628. Geriebener Kartoffelsalat.

6—8 Kartoffeln werden auf dem Reibeisen gerieben, mit Salz, Essig und Oel, etwas Fleischbrühe und fein gehackten Zwiebeln angemacht und mit zerhackten, hartgekochten Eiern, Kapern, Sardellen und Rapunzelsalat garniert.

629. Warmer Kartoffelsalat mit Speck.

Die in Scheiben geschnittenen Kartoffeln werden warm gehalten. Unterdessen schneidet man eine Zwiebel sehr fein, giebt 160 Gramm in kleine Würfel geschnittenen Speck in eine schwarze Pfanne, ½ gehackte Zwiebel dazu und röstet dies hellgelb; dies löscht man mit einigen Löffeln Essig ab, giebt es zu den Kartoffelscheiben, sowie Salz und Pfeffer und mischt alles gut zusammen. Man läßt den Salat in der Nähe des Herdes stehen, damit er warm bleibt und auch warm zu Tisch gebracht wird. Wird er zu trocken, giebt man etwas helle, warme Fleischbrühe dazu.

630. Warmer Kartoffelsalat mit Speck und Gurken.

Zu auf vorstehende Weise fertig gemachtem Salat giebt man geschnittene Gurken.

631. Kalter Krautsalat.

Ein Krauthäuptchen wird so fein, wie zu Sauerkraut, eingeschnitten und mit Pfeffer, Salz, Oel und Essig zu einem Salat angemacht.

632. Warmer Krautsalat.

Man schneidet einen schönen, festen Krautkopf wie zum Sauerkraut so fein wie möglich ein, salzt und beschwert es 2—3 Stunden, alsdann drückt man es aus und schüttelt es leicht auf. Hierauf läßt man feingeschnittenen Speck in einer Pfanne gelb werden, gießt guten Weinessig daran, giebt Salz zu, läßt dies aufsieden, gießt es an das Kraut und mischt den Salat damit.

633. Salat von rotem Kraut.

Die Krautköpfe schneidet man von einander, nimmt die inneren Dorschen heraus und schneidet das Kraut recht fein bis an die Rippen, streut Salz dazu und gießt ein Trinkglas Essig darüber; wenn es eine Zeit lang gestanden, drückt man das Kraut ein wenig aus und mischt es mit Pfeffer, Zwiebeln, Essig und Oel. Will man einen garnierten Salat, so macht man eine Hand voll Endivien- und eben so viel grünen Salat besonders an und nimmt auf das Plättchen einen Ring roten Salat, dann einen Ring gelben und zuletzt den grünen, in dessen Mitte man Schnitze von Eiern in Form eines Sternes legt.

634. Krebssalat.

Man kocht etwa vierzig bis fünfzig etwas größere Krebse auf die gewöhnliche Weise und löst die Krebsschwänze und Scheren ab, die man mit einer Sauce, bestehend aus zwei hart gekochten und mit einem Eßlöffel französischen Senf angerührten Eigelb, je vier Eßlöffel Estragonessig und feines Salatöl nebst Salz und weißem Pfeffer mengt, worauf man das Ganze als Gabelfrühstück oder als Beilage zum Rindfleisch serviert.

635. Meerrettigsalat.

Eine Stange Meerrettig wird geputzt und auf dem Reibeisen abgerieben, mit ½ Löffel Zuckersyrup, etwas Essig, Pfeffer und Salz angemacht und als Beilage zu Fleisch verwendet.

636. Ochsenmaulsalat.

Das Maul wird mehrere male aus warmem Wasser gewaschen und mit Wurzelwerk und Salz so lange gekocht, bis die Knochen herausfallen. So lange es noch warm ist, beint man es aus und läßt es erkalten. Dann schneidet man es recht fein, legt es in einen steinernen Hafen, gießt Essig darüber und bindet das Geschirr zu. So kann man es lange im Keller aufbewahren. Ehe es auf den Tisch kommt, mischt man es mit Pfeffer, Salz, Zwiebeln, Essig und Oel wohl untereinander.

637. Polnischer oder Brickensalat.

Es werden 2 Bricken (Neunaugen), ½ Pfund geräucherter Lachs, ½ Pfund roher, westfälischer Schinken, ½ Pfund Braunschweigerwurst, ¼ Pfund Sardellen, 1 Hering, ½ Pfund Kalbsbraten klein würflicht geschnitten, mit Mayonnaise saftig angemacht, in eine Salatschüssel gethan und oben mit Lachs, Oliven, Eiern ꝛc. garniert. Sehr gut zu Wild und Wildgeflügel passend.

638. Radieschensalat.

Die kleinen Radieschen werden ungeschält fein geschnitten, gesalzen, etwa ½ Stunde stehen gelassen, das Wasser weggegossen und mit Essig, Oel und Pfeffer angemacht oder unter Gurken, Kartoffeln, Sellerie, auch Kresse vermischt.

639. Rettigsalat.

Der geschälte, dann in dünne Scheiben mit dem Hobel geschnittene Rettig wird gesalzen, umgeschüttelt, einige Zeit stehen gelassen, das Salzwasser davon gegossen und mit Zwiebeln, Pfeffer, Oel und Essig angemacht. Sehr gut ist Gurken damit anzumachen. Zu lange darf man den Rettig nicht im Salz stehen lassen, sonst wird er zu schlaff. Auch der auf dem Reibeisen geriebene Rettig wird wie oben als Rettigsalat angemacht und als Beilage zum Ochsenfleisch gegeben.

640. Romainesalat

wird wie Kopfsalat behandelt, nur werden die Salatblätter breit geschnitten und die Rippen nicht entfernt.

641. Roter Rübensalat.

Junge, rote Rüben werden weich gesotten, wenn sie erkaltet sind, geschält, in dünne Scheiben geschnitten und in einem Steintopfe, mit Weinessig aufgefüllt, aufbewahrt. Beim Gebrauch werden sie mit etwas Oel, Pfeffer und Salz angemacht.

642. Rübensalat mit Sardellen.

Man nimmt rote Rüben, Moorrüben, Sellerie und Pastinak, wäscht sie rein und kocht jede Sorte besonders weich. Alsdann putzt man sie nochmals sauber ab, schneidet sie zu runden Scheiben, vermischt Kapern mit gereinigten und gewiegten Sardellen, etwas Salz und legt alles zusammen vermengt in einen steinernen Topf, gießt so viel Weinessig darüber, bis der Salat bedeckt ist und bindet den Hafen mit einer Blase zu. So läßt man ihn an einem kühlen Orte einige Tage stehen, damit sich der Essig recht durchzieht. Will man ihn servieren, so vermengt man ihn mit einigen Löffeln Olivenöl. Diesen außerordentlich wohlschmeckenden Salat kann man einige Wochen erhalten.

643. Russischer Salat.

Wie obiger Salat, nur mit Hinweglassung von Sardellen; er wird mit ausgesteinten Oliven garniert.

644. Salat à la Pompadour.

Junge Bohnen, schräg geschnitzelt, gewürfelte junge, gelbe Rübchen, hübsch geformte Selleriewurzeln, Röschen von Blumenkohl, Spargelköpfchen, Weinrebenzweigchen und Hopfenspitzchen werden in Salzwasser weich gedämpft, dann läßt man sie, vom Feuer genommen, abtropfen und erkalten und legt sie eine Stunde in Marinade von Maiglöckchenessig und feinem Olivenöl. Inzwischen wird eine Sauce aus ½ Deziliter Estragonessig, 1 Deziliter feinem Oel, Pfeffer und Salz und drei hartgesottenen Eigelb bereitet, in der Mitte der Salatplatte gelbe Kopfsalatherzchen zu einem Kopfsalat angemacht, rund gehäuft, diese mit den aus der Marinade genommenen Gemüschen umlegt, mit Krebsschwänzchen und harten Eivierteln garniert, die Sauce darüber gegossen und aufgetragen.

645. Salatsauce.

2 Löffel französischer Senf werden mit 2 verrührten Eigelb und 5 Löffel gutem Oel vermischt, mit Salz und etwas Pfeffer gewürzt. Dazu kommen 2 Löffel Estragonessig, diese

Sauce ist zum Anmachen von jedem grünen oder Wurzelsalat geeignet. Häufig rührt man auch 2 hartgekochte, durchpassierte Eigelb mit etwas Senf, 4 Löffeln Oel und 2 Löffeln Estragonessig an und macht damit den Salat an.

646. Salzgurkensalat.

Man schneidet die Salzgurken in Scheiben, giebt ebenso einige Scheiben Kartoffeln dazu und macht den Salat mit Essig, Oel, Pfeffer und Salz oder mit einer Oelsauce an.

647. Sardellensalat.

Man entgrätet gewässerte Sardellen, indem man sie in der Mitte der Länge nach zerreißt. Richtet sie in einer Saladière an und garniert sie mit Kapern, Essiggurken, Cervelatwurst- und marinierten Aalscheibchen. Auch kann man gekochte und mit Essig und Salz angemachte Morcheln, sowie leicht blanchierte Austern zum Garnieren geben, ebenso einige Stückchen geräucherten Lachs. Das Ganze übergießt man mit einer Sauce, die man sich aus einigen hartgekochten Eigelb, Weinessig, Oel, Pfeffer und Salz bereitet hat. Sardellensalat mit Kartoffeln bereitet man wie Heringsalat.

648. Schneckensalat.

Die Schnecken werden, wie in Abschnitt 11 beschrieben ist, behandelt. Sardellen, harte Eier und Zwiebeln werden ganz fein geschnitten, mit Salz, etwas Senf, Pfeffer, Essig und Oel angemacht und mit den Schnecken vermengt.

649. Schwarzwurzelsalat.

Man nimmt gute, nicht allzu dicke Schwarzwurzeln, putzt und kocht sie in gesalzenem, mit etwas Essig gesäuertem Wasser weich, seiht sie ab und legt sie zum Abtropfen auf ein reines Tuch. Inzwischen bereitet man eine dickfließende Sauce, indem man das Gelbe von sechs hartgesottenen Eiern mit einigen Löffeln Oel, gutem Essig, etwas Pfeffer und Salz abrührt und zum Schluß einen Löffel fein gehackter Petersilie zugiebt. Ist dies geschehen, so mengt man die Wurzeln mit dieser Sauce und häuft sie auf der Saladière. Man kann diesen Salat mit ganz kleinen, festen Röschen recht grün blanchierten, gleichfalls zu Salat hergerichteten Rosenkohls garnieren, wodurch der Salat ein geschmackvolleres Aussehen gewinnt.

650. Selleriesalat.

Geputzte und gewaschene Selleriewurzeln werden in Scheiben geschnitten, in gesalzenem Wasser mit Essig weich gekocht, in kaltes Wasser gelegt und nach dem Ablaufen auf gewöhnliche Art angemacht. Man kann den in der Bouillon gekochten Sellerie dazu verwenden, denselben schneiden und mit Essig und Oel anmachen. Wer den Salat härter haben will, kann ihn von ungekochten Wurzeln wie oben anmachen.

651. Selleriesalat mit Geflügel.

Vom englischen Staudensellerie werden die gelben, feinen, zarten Stangen in Filets geschnitten und ebenso das Fleisch von 2 in der Fleischbrühe gekochten Hühnern, oder solches von übrig gebliebenen; man giebt beides zusammen und macht es mit einigen Löffeln fertiger Mayonnaise an, giebt Pfeffer, Salz und etwas Essig dazu, richtet es in einer Salatschüssel an und garniert den Salat mit den angemachten gelben Sellerieblättchen.

652. Sommersalat.

10 Salatköpfe werden entblättert und das Herz von jedem in 8 Teile zerschnitten, dann werden 8 harte Eier, das Weiße und das Gelbe für sich hachiert, 8 Sardellen gereinigt, in zwei Langteile zerlegt, entgrätet, dann in kleine Stücke zerschnitten, der Salat in die Salatschüssel gebracht, die Eier, die Sardellen, groß geschnittener Kresse und 25 Gramm Kapern hinzugefügt. Kurz vor dem Auftragen wird der Salat mit Salz, Essig und Oel gewürzt.

653. Spargelsalat.

Grüne Spargeln werden gebrochen und die zarten Teile weich gekocht, mit Essig, Oel, Salz und Pfeffer angemacht und als Beilage oder Salat gegeben.

654. Spargelsalat auf gewöhnliche Art.

Nachdem die Spargeln rein geputzt und gewaschen sind, bindet man sie in Büschel, kocht sie in Salzwasser weich, gießt dasselbe ab und kaltes darüber, nimmt die Spargeln behutsam heraus, legt sie in der Runde auf ein Plättchen, die Köpfe in die Mitte gerichtet, zerschneidet die Büschel, rückt die Spargeln auseinander, streut Schnittlauch und Pfeffer darauf, verrührt gutes Oel mit Essig und Salz und gießt es über die Spargeln.

655. Steinpilz- oder Champignonsalat.

Die Steinpilze oder Champignons werden entweder in Salz- und Essigwasser, nachdem sie gereinigt (siehe Abschnitt 5 B), gekocht oder in Butter oder Oel gedämpft. Wenn sie erkaltet, werden die Steinpilze in Stücke geschnitten, die Champignons kann man ganz lassen; sodann werden sie einige Stunden mit Essig, Pfeffer und Salz mariniert herausgenommen und mit Oel, gehackter Petersilie und Estragonkraut, sowie etwas Salz angemacht.

656. Tomatensalat.

10 große, nicht zu reife Tomaten werden in heißes Wasser gehalten, die Haut abgeschält, halbiert und vorsichtig ausgedrückt, in feine, längliche Stücke oder in Scheiben geschnitten, mit Essig, Oel, Pfeffer und Salz angemacht und serviert.

657. Trüffelsalat.

Etwa 8 Stück mittelgroße Kartoffeln und 6—8 Stück mittelgroße, geputzte und geschälte, sowie in Bouillon gekochte Périgordtrüffeln werden klein würfelig geschnitten und mit Mayonnaise, Salz, Pfeffer und etwas Consommé angemacht, angerichtet und serviert.

658. Truthahnsalat.

Hat man Truthahnbratenreste und will man daraus einen Salat bereiten, so schneidet man das Fleisch in kleine Scheiben, dann werden Selleriewurzeln gar gekocht und in drei bis vier Stücke, hierauf Sommerwurst in halbe Scheiben und Essiggurken in Scheiben zerschnitten und schließlich Fleisch, Sommerwurst, Sellerie und Essiggurken vorsichtig mit einer Salatsauce übergossen, die man sich bereitet, wenn man sechs hartgekochte und zwei rohe Eier fein zerreibt, mit Essig anrührt, dann 1/8 Liter Olivenöl nach und nach dazu gießt, ferner fein gehackten Dragon, einen Theelöffel Senf dazu thut und alles gut durcheinander mengt. Um diesen Salat hübsch zu garnieren, schneidet man eingemachte, rote Rüben in Streifen, umkränzt damit den Salat und bildet aus feingeschnittenen, hartgekochten Eiern einen Stern. Man kann diesen Salat ebenso von den Ueberresten des Huhns, Kapauns oder Poularden herstellen.

659. Weißer Bohnensalat.

Getrocknete, weiße Bohnen werden in Salzwasser weich gekocht, wie in Nro. 481 beschrieben. Sind dieselben gut weich, läßt man sie abtropfen, giebt sie in eine Schüssel, fügt einige Löffel Oel zu, Salz und Pfeffer und zum Schluß den Essig, richtet den Salat an und giebt gehackte Petersilie darüber.

660. Wurzelsalat.

Man nimmt hiezu Petersilien und Selleriewurzeln, sowie Mohrrüben und Kartoffeln, die man in Salzwasser weich kocht, worauf man das Pelzige entfernt und das Weiche in Scheiben schneidet; alsdann legt man jede Sorte für sich auf einen Teller, bestreut sie mit Salz und übergießt sie mit Essig. Nun nimmt man eine Form, bestreicht sie mit Olivenöl und belegt den Rand abwechselnd mit den Wurzelscheiben, so daß sie sich je hälftig decken. Ist dies geschehen, so schneidet man Pfeffergurken und eingemachte rote Rüben gleichfalls in Scheiben, legt sie auch abwechselnd auf den Rand und den Boden der Form, bringt hierauf den Rest der Wurzeln zusammen in die Mitte der Form und übergießt das Ganze mit einer Sauce, die man sich dadurch bereitet, daß man drei hartgekochte Eigelb durch ein Sieb treibt, mit einigen Eßlöffeln Provenceröl schaumig rührt und etwas fein gestoßenen, weißen Pfeffer, etwas Salz und einige Löffel guten Weinessig dazu thut, nachdem man zuvor die Wurzeln ein wenig zusammengepreßt hat. Schließlich läßt man das Ganze so lange stehen, bis die Sauce alle Teile durchdrungen hat, stürzt dann die Form auf eine Schüssel und serviert den Salat.

Essig.

Da zur Bereitung eines guten Salates vor allem ein guter Essig gehört, so mögen einige Rezepte zum Essigansatz folgen.

661. Estragon-Essig.

500 Gramm Estragon werden mit 30 Gramm Pfeffer, 200 Gramm Kerbel, 100 Gramm Pimpernell, 50 Gramm Fenchel, 50 Gramm Senfkörner, 25 Gramm Nelken, 25 Stück Lorbeerblätter, 4 Knoblauchzehen und 12 Schalotten in einen steinernen Krug gebracht und 3 Liter Essig daran gegossen, mit einem Kork fest zugepfropft und eine Staniolhaube über den Pfropfen gemacht, um die Verdunstung des Essigs zu verhindern. Nach einem Monat wird der Essig filtriert, in Flaschen abgezogen, gepfropft und im Keller aufbewahrt.

662. Maiglöckchen-Essig.

50 Gramm Maiglöckchenblüte werden in grünem Zustand, nachdem sie reinlich gelesen, in eine Flasche gelegt und 2 Liter Weinessig daran gegossen, jene gut verschlossen und in die Sonne gestellt. Wenn der Essig 4 Wochen destilliert hat, wird er filtriert, dann in Flaschen abgezogen und kalt aufbewahrt. Dieser Essig ist besonders gut zu Ragouts und Saucen aller Art.

663. Piment-Essig.

Dieser Essig wird wie der Estragon-Essig bereitet, nur werden ihm 4—6 Paprika- oder Cayennehülsen zugesetzt, dann nach einem Monat filtriert, aufs Neue in den Krug gegossen und nach einem weiteren Monat wiederholt filtriert, in Flaschen gefüllt und kalt aufbewahrt.

664. Tafel-Essig.

100 Gramm Hollunderblüte, 6 Knoblauchzehen, 10 Schalotten, 500 Gramm Estragon, 100 Gramm Senfkörner, 50 Gramm Pfefferkörner, 5 Gramm Nelken werden getrocknet, dann in einen steinernen Krug gebracht, 4 Liter Essig daran gegossen und verkorkt. Nach 2 Monaten wird der Essig filtriert, in Flaschen abgezogen, diese gut gepfropft und kalt aufbewahrt.

665. Zitronen-Essig.

12 geschälte Zitronen werden jede in 8 Teile zerschnitten und darauf geachtet, daß der Saft nicht ausläuft, dann nimmt man die Kerne heraus, bringt die Zitronenstücke in eine grüne Flasche, thut von 4 Zitronen die Schale, klein geschnitten, hinzu, gießt 2 Liter guten Essig daran, schließt die Flasche und stellt sie am besten in die Sonne, um den Essig destillieren zu lassen. Nach 4—6 Wochen wird der Essig filtriert und in Flaschen abgezogen.

Senf.

Der Senf ist eine pikante Beilage zu den verschiedensten Speisen. Von seiner Zubereitungsweise hängt die Güte und Schmackhaftigkeit ab, wozu die nachfolgenden Vorschriften die Anleitung geben sollen.

666. Anchovisenf.

10 Sardellen oder Anchovis werden entgrätet, gewaschen, getrocknet, gestoßen, durch ein Haarsieb getrieben, mit 150

Gramm mit Wasser abgeriebenem Senfmehl gut vermengt und die gewonnene Senfmasse in einen steinernen Senftopf gefüllt, dieser dicht verschlossen und kalt aufbewahrt.

667. Englischer Senf.

250 Gramm englisches Senfmehl wird mit 1/2 Liter gekochten und wieder erkalteten Wassers gut abgerieben und die gewonnene Masse in einen steinernen Senftopf gefüllt, dieser luftdicht verschlossen und trocken kalt aufbewahrt.

668. Ravigotesenf.

50 Gramm Estragon, 50 Gramm Kerbel, 50 Gramm Pimpernell und 50 Gramm Kresse werden abgebrüht, dann wieder verkühlt, in einem Tuch ausgepreßt, der Kräutersaft durch ein Haarsieb getrieben, mit 200 Gramm mit Wasser abgeriebenem Senfmehl vermischt, in den Senftopf gefüllt, dieser gut geschlossen und kalt aufbewahrt.

669. Wiener Senf.

Eine beliebige Menge süßer Wein- oder Obstmost wird, auf 1 Liter Most mit 50 Gramm Zucker, 10 Nelken und 10 Gramm ganzem Zimmet zur Hälfte eingekocht, durch ein Sieb getrieben und verkühlt, dann werden 2 Teile gelbes und ein Teil schwarzes Senfmehl eingerührt, bis sich ein dicker, glatter Brei ergiebt. Dieser wird in einen Steintopf gefüllt, mit einem Kork verschlossen, 4—6 Wochen trocken kalt gestellt und dann in Gebrauch genommen.

7.

Schlachtfleisch aller Art.

Das Fleisch der Schlachttiere findet zur Ernährung der Menschen durch die Kochkunst die mannigfaltigste Verwendung und Umgestaltung. Die Hauptbedingung dabei ist für alle Fleischspeisen, daß sie nicht zu weich gekocht werden: nicht nur verlieren sie dadurch an Saft und Geschmack (verlieren also gerade das, was dem menschlichen Körper durch Fleischgenuß als Nährstoff zugeführt werden soll), sondern sie zerfallen auch unter dem Tranchiermesser und können nicht mehr in so schöne Stücke zerlegt werden, daß sie den Anforderungen an eine appetitlich und geschmackvoll geordnete Platte entsprechen. Soll das Ochsen- oder Rindfleisch als Suppenfleisch verwendet werden, so wird es in kaltem Wasser zugesetzt, dadurch eröffnen sich die Poren, welchen der Fleischsaft zu Gunsten der Suppenbrühe völlig entquillt. Soll aber das Fleisch als Tafelstück auf die Tafel kommen, so wird es in siedendem Wasser zugesetzt, dadurch schließen sich die Poren und der Saft bleibt im Fleisch gebunden, die Fleischbrühe ist jedoch weniger gut. Um saftiges Fleisch und gute Fleischbrühe zu erhalten, kocht man erst die Knochen und die Abfälle zusammen, wie früher beschrieben, und erst wenn die Brühe im Kochen ist, giebt man das Tafelstück dazu (s. Nr. 682).

Wenn das Fleisch des Schlachtviehes gebraten werden soll, so ist darauf zu achten, daß bestimmte Teile des betreffenden Tieres vorzugsweise hiezu geeignet sind, worauf in den einzelnen Kochvorschriften besonders hingewiesen werden wird. Außer g e s o t t e n und g e b r a t e n wird das Schlachtfleisch noch g e d ä m p f t, g e r ö s t e t, g e b a c k e n, g e b e i z t, gesalzen, geräuchert u.s.w. und werde ich jeden einzelnen Fall in den nachfolgenden Vorschriften nach den neuesten Erfahrungen in der Kochkunst in Wort und Bild leicht faßlich erläutern.

Im allgemeinen sei noch gesagt, daß das Fleisch von allen Tieren, besonders aber vom Rind und vom Hammel, erst 2 bis 3 Tage nach dem Schlachten kochreif wird. Es soll an einem trockenen, zugfrischen Ort aufbewahrt werden, dadurch wird es mürbe und erlangt doch eine gewisse Festigkeit, muß aber sorgfältig vor Fliegen geschützt werden, und verweise ich auf Seite 6, Fig. 1.

Beim Aufbewahren von rohem Fleisch ist darauf zu sehen, dasselbe nicht auf einer Schüssel oder einem Teller liegen zu lassen, sondern es am besten frei aufzuhängen, ohne daß die Teile eines anderen Stücks sich berühren. Um das Fleisch im Eisschrank aufzubewahren, ist es besser, dasselbe im Kasten frei aufzuhängen, als es direkt auf das Eis zu legen, wie es so oft geschieht; dies schadet nur dem Fleisch und macht es wässerig und kraftlos. Auch sollte es möglichst vermieden werden, zahmes und wildes Fleisch zusammen zu hängen oder zu legen, da das zahme Fleisch dadurch leicht anläuft.

Außerdem darf das Fleisch nicht so lange liegen, bis es angeht und einen Fäulnisgeruch bekommt. Da dies aber doch möglich ist, so gebe ich hier ein Mittel, den frischen Geruch wieder herzustellen: Man löse in einem Liter recht reinen, am besten sogar destillierten Wassers etwa für 15 Pfennig mangansaures Kali auf, welche Lösung sich bei gutem Verschluß der Flasche jahrelang, ohne zu verderben, aufbewahren läßt. Das Fleisch, welchem man den üblen Geruch benehmen will, lege man in ein Gefäß, übergieße dasselbe mit ganz reinem Wasser, so daß dieses das Fleisch gänzlich bedeckt. Dann bringe man von der bereiteten mangansauren Kaliauflösung, je nach der Größe des Fleischstückes oder des Wildes, mehr oder weniger Tropfen dazu, bis das Wasser, in welchem das Fleisch liegt, eine rötliche Färbung erlitten hat. In diesem mit dem mangansauren Kali durchsetzten Wasser lasse man das Fleisch nun 10—15 Minuten liegen, wobei dasselbe von außen eine weißliche Farbe annimmt, die sich beim späteren Braten oder Kochen des Fleisches wieder verliert. Der üble Geruch ist aber vollständig verschwunden.

Ein anderes Mittel, das Fleisch vor dem Anlaufen zu bewahren, ist, dasselbe mit dem 3fachen Conservensalz in Pulverform einzustreuen. Dasselbe ist vollständig salpeterfrei und deshalb ausgeschlossen, daß, wie oft bei anderen, ähnlichen

Präparaten, das Fleisch eine rote Farbe bekommt. Ich habe das Salz stets mit Vorteil angewandt und kann es bestens empfehlen.

In neuester Zeit bewährt sich auch ein Mittel zur Conservierung sowohl sämtlicher Fleischarten, als auch für Milch vorzüglich. Es ist dies die Salicylsäure. Man macht sich eine Lösung von 1 : 300 und legt in dieselbe das zu conservierende Fleisch ¼ Stunde etwa ein, wascht es sodann, ehe man es zusetzt, in reinem Wasser ab, und wird das Fleisch beim Anrichten nichts von seinem Geschmack verloren haben, höchstens daß die Außenseite desselben durch die Salicylsäure etwas gelitten hat.

Faules, in Verwesung übergegangenes Fleisch gehört unter allen Umständen in den Abgang, da der Genuß desselben der Gesundheit schädlich ist, ja selbst den Tod herbeiführen kann.

Wie beim Kochen des Fleisches, um dasselbe in seinem vollen Saft zur Tafel zu bringen, so ist, um dies zu bezwecken, beim Braten vor allem darauf zu sehen, daß der Ofen genügende Hitze hat, damit durch die Einwirkung derselben die Poren des Fleisches sich schließen und dadurch ein guter, saftiger Braten erhalten wird. Dabei ist aber noch sehr zu beachten, den Braten recht oft mit dem eigenen Fett, in welchem er gebraten wird, zu übergießen. Nicht nur, daß der Braten dadurch eine schöne, gleichmäßige Farbe bekommt, sondern dadurch wird auch hauptsächlich vermieden, daß die obersten Fleischschichten durch die Einwirkung der Hitze austrocknen. Wird der Bratenfond nach und nach zu kurz, so ist es gut, denselben kalt abzulöschen, sei es nun mit Fleischbrühe, Wein oder Jus, doch niemals soll der Braten mit dieser Flüssigkeit beträufelt werden, sondern erst dann wieder, wenn dieselbe verdampft ist. Man salzt die Braten erst, wenn man sie in den Ofen giebt; vorheriges Salzen zieht die besten Säfte aus denselben. Der Ofen soll beim Braten anfangs gut heiß sein und kann die Hitze erst vermindert werden, wenn der Braten nach und nach fertig wird. Das oft so unnötige Hineinstechen mit der Gabel in einen Braten ist möglichst zu unterlassen, da dadurch die besten Fleischsäfte verloren gehen. Bei angebrannten Braten sind die Geschirre sofort zu wechseln, sowie frische Gemüse, Fett u. s. w. daran zu geben, nötigenfalls das angebrannte Stück abzuschneiden.

Ein derartig angebrannter Bratenfond ist aber niemals mehr zu einer Sauce zu verwenden, wie ich diese Grundsätze schon in Abschnitt Saucen besprochen habe. Die Hausfrau, die hiernach handelt, wird jederzeit einen wohlschmeckenden und saftigen Braten, sowie eine gute Sauce auf den Tisch bringen.

Die in der Pfanne rasch zubereiteten, kleineren, meist flachen Fleischspeisen werden durch die Einwirkung des heißen Fettes, Olivenöls (sehr zu empfehen) oder Butters, in die man sie legt, fertig. Dieselben sind aber gleichmäßig auf beiden Seiten und nicht zu scharf, damit das Fett oder die Butter nicht brennt, zu braten. Sie sind am besten und wohlschmeckendsten, wenn man sie nach dem Fertigstellen gleich auftragen kann, damit sie nicht hart und trocken werden. Hineinstechen mit der Gabel ist auch hier zu unterlassen und sind die Stücke nur umzuwenden.

Die Zeiten, wie lange die einzelnen Stücke brauchen, richten sich natürlich nach der Größe und Dicke derselben, doch sind in der Einleitung (s. S. 67) einige Anhaltspunkte dazu gegeben.

Das untrüglichste Zeichen, wenn ein Braten fertig, sei es nun Roastbeef oder Lende, Beefsteack, Rostbraten oder Entrecôte, ist, wenn das Fleischstück sich fest anfühlt, also nicht mehr weich ist und nachgiebt.

Wenn das Stück weich und schwammig, ist das Fleisch noch roh; fühlt es sich weich und ohne Widerstand an, so ist es halb durch und am besten zum servieren.

Das Braisieren oder Dämpfen, auch Schmoren genannt, wird vielfach in der Küche angewandt und unterscheidet sich vom Kochen darin, daß das betreffende Stück Fleisch mit wenig Flüssigkeit und in fest verschlossenem Kochgefäß hergestellt wird. Gewöhnlich bratet man das Fleisch erst an, um es alsdann mit einer heißen Flüssigkeit abzulöschen oder aber gießt man sofort eine heiße Flüssigkeit darüber. Beides bewirkt, daß die Fleischporen sich schließen und der Saft in dem Fleischstück bleibt. Beim nun folgenden Braisieren selbst ist es sehr geboten, möglichst wenig den Deckel abzunehmen, damit der während des Kochens sich entwickelnde Dampf mithilft, das Fleisch gar werden zu lassen.

Will die sparsame Hausfrau ein Stück Braten aufwärmen, so ist es am besten, man giebt die in Tranchen geschnittenen Stücke auf ein flaches Geschirr oder Teller, etwas warme Sauce oder Jus darüber, deckt es zu und stellt das Ganze einige Minuten in die heiße Bratröhre. Giebt man das Fleisch in siedende Sauce oder Jus, so wird dasselbe hart, zäh und vollständig ungenießbar, während es auf die vorerwähnte Art sein gutes Aussehen und seinen Geschmack behält.

A. Ochsen- und Rindfleisch.

Es ist für jeden Koch und jede Köchin von der größten Wichtigkeit, die in der Küche vorkommenden Benennungen der einzelnen Fleischstücke genau zu kennen und verweise ich deshalb auf Seite 33 Fig. 113, und auf Tafel V. Dort sind sämtliche Teile beschrieben, mit welchen wir uns in den nachfolgenden Rezepten beschäftigen. Ich habe, um den Anfängern unserer Kunst eine bessere Uebersicht zu geben, die einzelnen großen Stücke zusammen behandelt, damit daraus ersehen werde, welche verschiedenen Speisen aus einem derartigen Stück bereitet werden können.

670. Ochsen- oder Rinderbrust zu sieden.

Der Brust, Fig. Nr. 343 oder Tafel V Nr. 11, werden die Knochen und Knorpel entnommen, dann wird sie egal geschnitten und gebunden, mit heißem Wasser zugesetzt, aufgekocht,

Fig. 343.

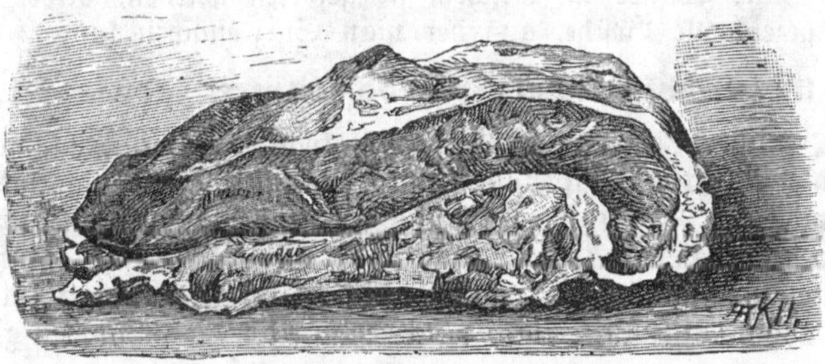

gesalzen, Gemüse dazu gegeben, etwa 3—4 Stunden gekocht und wenn sie weich ist, mit einer Senf- oder Meerrettigsauce, (s. Nr. 441 und 116) zu Tisch gegeben. Wenn Knochen und Knorpel mitgekocht werden, so ist die Brühe als Suppenbrühe gut zu verwenden.

671. Ochsen- oder Rinderbrust, gedämpft.

Ein Stück Ochsenbrust wird ausgebeint, gesalzen und gebunden, in eine Kasserole mit einem Stück rohen Schinken, Gemüse und Gewürz gegeben und mit einigen Löffeln heißer Fleischbrühe, sowie Jus in gut verschlossenem Geschirr weich gedämpft (3—4 St.). Ist das Fleisch weich, nimmt man den Deckel ab und glaciert es mit seinem Fond im Ofen. Den Fond seiht man durch, hebt das Fett sorgfältig ab, kocht einige Löffel Espagnole damit aus und giebt es zu der Ochsenbrust.

Man kann diese mit verschiedenen Gemüsen garnieren oder verschiedene Kartoffelspeisen dazu servieren.

672. Ochsen- oder Rinderbrust, gratiniert.

Eine wie in Nr. 670 gedämpfte, fertige Brust wird in Tranchen geschnitten und auf ein flaches Geschirr, das man mit Butter gestrichen hat, gegeben. Eine gut eingekochte Zwiebelsauce giebt man über das Fleisch, sodann geriebenes Brot, einige Stückchen zerpflückter Butter und gratiniert das Ganze in gutem, heißem Ofen.

673. Ochsen- oder Rindsfüße.

Diese enthalten sehr viel Nahrungsstoff. Wenn sie gut eingeweicht, gut weich gesotten und mit einer Buttersauce gegeben werden, so finden sie allgemeinen Beifall. Man kann sie auch dämpfen und in einer braunen Fleischbrühe geben; oder man kehrt sie, wenn gut weichgekocht, in 4 Teile geschnitten, in einem Backteig um und backt sie in Butter.

Das Wasser, in welchem sie gesotten wurden, bildet eine ausgezeichnete Brühe, aus der man Sulz machen kann.

674. Ochsen- oder Rindsgaumen, gedämpft.

Einige Ochsengaumen werden in kochendem Wasser blanchiert und in kaltem Wasser abgekühlt, worauf man sie sorgfältig reinigt, in 2 Teile schneidet und in einer Kasserole mit Gemüse und Gewürz, etwas Fleischbrühe und guter Jus einige Stunden gut dämpfen läßt. Den Fond kocht man ein und macht mit etwas Espagnole eine gute Sauce, welche man über die Gaumen giebt.

675. Ochsen- oder Rindsgaumen, farciert.

10—12 Stück Ochsengaumen werden blanchiert, gut gereinigt und in Bouillon halb weich gekocht, wenn dieselben herausgenommen und fast erkaltet sind, werden sie mit Kalbfleischfarce bestrichen, gerollt, gebunden und ebenso behandelt, wie in Nr. 674 angegeben.

676. Ochsen- oder Rindsgaumen.

Die wie in Nr. 674 behandelten und gedämpften Gaumen können mit den verschiedensten Saucen serviert werden, wie Tomaten-, Fines herbes-, Zwiebel- oder pikante Sauce.

677. Ochsen- oder Rindsgoulasch. Gulyás-hus.

Diese für den Frühstückstisch besonders geeignete Speise wird, wie folgt, bereitet. Vom Rippenstück (Fig. 113, Nr. 10

bis 12 und Tafel V, Nr. 1, 8, 2 und 3) werden 250 Gramm gut entbeint, gehäutelt und mit 100 Gramm Speck in kleine Würfel geschnitten. Nach diesem werden auf einem leichten Feuer 30 Gramm Butter zerlassen, darin einige Zwiebelscheiben gebräunt, die Fleisch- und Speckwürfel gut gesalzen eingelegt, etwas Fleischbrühe und 2 Eßlöffel Rotwein zugegossen, die Kasserole gut zugedeckt und 1½ bis 2 Stunden leicht gedämpft. Vor dem Anrichten wird das Ganze mit einer Messerspitze Paprika gewürzt.

678. Ochsen- oder Rindsgoulasch mit Kartoffeln.

Man bereitet den Goulasch wie in der vorhergehenden Nummer und giebt beim Zugießen der Fleischbrühe in Stücke geschnittene, rohe Kartoffeln zum Fleisch und dämpft alles zusammen.

679. Ochsen- oder Rindsgoulasch à la minute.

Von einer Schlachtbratenspitze schneidet man kleinere Stückchen, giebt in eine Sautépfanne etwas Butter, wenn die Butter heiß, das Fleisch dazu, etwas gehackte Zwiebeln, sowie Salz und Pfeffer, bratet das Ganze rasch an, giebt einige Löffel Weißwein daran und nimmt das Fleisch heraus. Den Wein kocht man ein, giebt etwas Jus und Espagnole zu, läßt es aufkochen, giebt das Fleisch dazu, schwingt es einige Augenblicke und serviert. Hat man keine Espagnole, so staubt man etwas Mehl auf und löscht dann mit etwas Wein und Bratenjus ab, läßt die Sauce sämig kochen, giebt das Fleisch hinein und serviert. Man kann auch etwas Paprika dazugeben.

680. Ochsen- oder Rindshaché.

Ein gut gesottenes Stück oder auch die Ueberbleibsel von gesottenem, gebratenem oder gedämpftem Ochsen- oder Rindfleisch werden mit einem Stückchen Speck klein zerhackt, einige Schalotten, etwas Petersilie mit einem Borsdorfer Apfel klein zerschnitten, darunter gemischt und in eine Kasserole über leichtes Feuer gebracht. Inzwischen wird in einer zweiten Kasserole ein nicht zu großes Stück Butter zerlassen, ein Eßlöffel Mehl eingerührt, mit guter Bouillon abgelöscht, mit Salz und Pfeffer versehen und dann, nachdem die Sauce wieder aufgekocht, über das indessen leicht gedämpfte Fleisch gegossen, das alsdann 10 Minuten später angerichtet und zu Tisch gegeben wird. Diese Hachés werden aus allen Fleischarten in angegebener Weise bereitet und können als angenehme Zwischenspeise für den Mittagstisch oder auch als Abendbrot verwendet werden.

681. Ochsen- oder Rindsherz, gefüllt.

Das Rindsherz wird oben abgeschnitten, das im Innern vorhandene Blut entfernt und sodann sorgfältig ausgewaschen; man füllt es mit einer Fleisch- oder Weckfülle, bindet ein Stück Speck darüber, kocht es in Fleischbrühe oder Wasser weich und serviert es mit einer guten Zwiebelsaue oder einer Sauce fines herbes.

682. Ochsen- oder Rindfleisch, gesotten. Boeuf bouilli.

Am besten eignet sich dazu das Schwanzstück (s. Fig. 344 oder Tafel V, Nr. 3) oder Rippenstück (s. Fig. 345 oder Tafel V, Nr. 7 a), sogenannte überzwerche, abgedeckte Ripp.

Fig. 344.

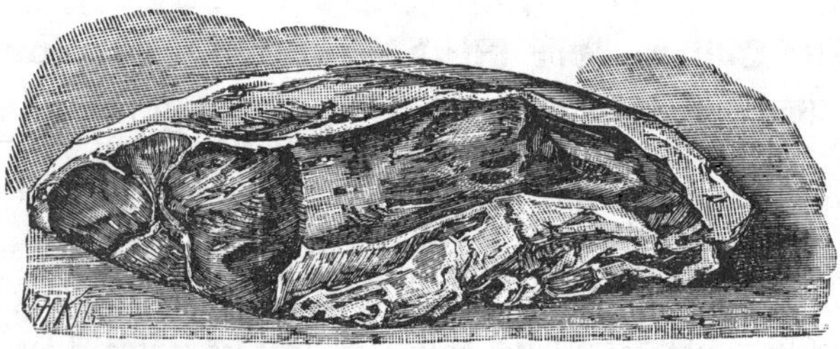

Allein auch die Stücke des Schenkels, sowie der Weiche, wie die des Vorderstücks (s. Tafel V, Nr. 4, 5, 12, 13 und c Kronfleisch) werden gerne verwendet, und habe ich bei den nun folgenden Rezepten kein genaues Fleischstück deshalb angegeben, um die Wahl der einzelnen Stücke jedem selbst zu überlassen. Die späteren Rezepte handeln dann von ganz bestimmten Fleischstücken.

Fig. 345.

Man setzt die erhaltenen Abfälle und Knochen mit kaltem Wasser auf's Feuer, giebt etwas Salz dazu und läßt es in's Kochen kommen. In diese siedende Brühe giebt man nun das leicht gewaschene Fleischstück, giebt eine Zwiebel, gelbe Rübe, Lauch, Petersilienwurzel, Sellerie-

Tafel V.

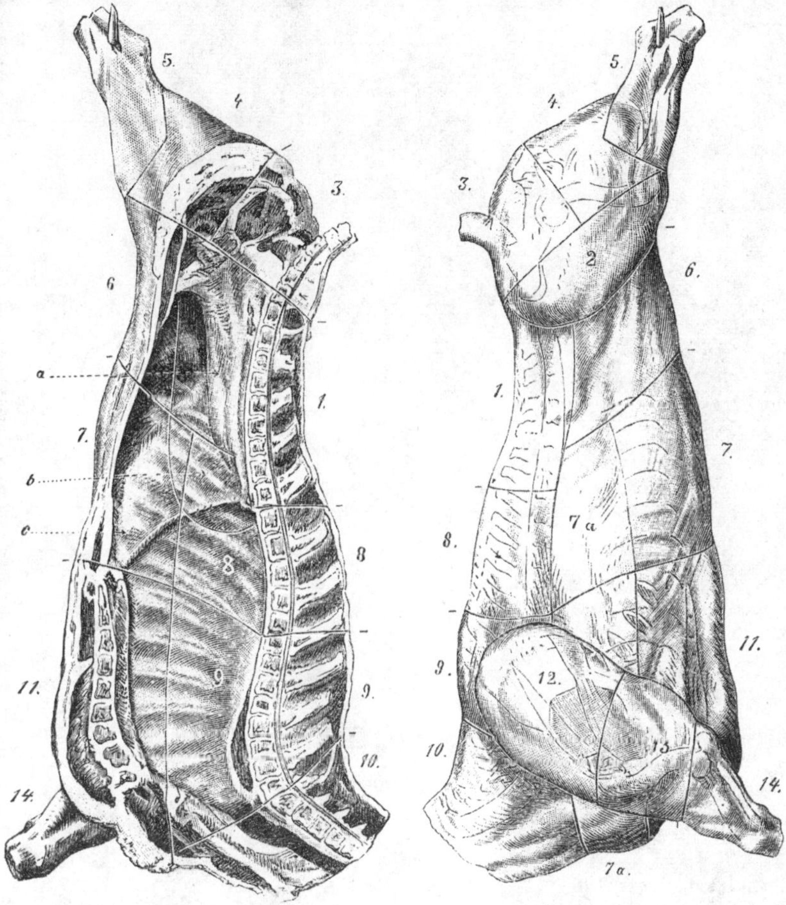

Der Ochse und seine Teile.

a. Schlachtbraten, Filet, Lummelbraten.
b. Nieren.
c. Kronfleisch, Krähe.
1. Spickschooß, Lendenstück, Roastbeef.
2. Mürbe Schooß.
3. Schwanzstück.
4. Schenkel.
5. Waden.
6. Spickschooßlappen.
7. Henkel oder Lappen.
7a. Ueberzwerches Ripp.
8. Hohe Ripp.
9. Abgedeckte Ripp, unterhalb des Bugs und abgedeckte uberzwerche Ripp.
10. Hals.
11. Brustkorb.
12. Bug, Blatt.
13. Vorbug.
14. Waden.

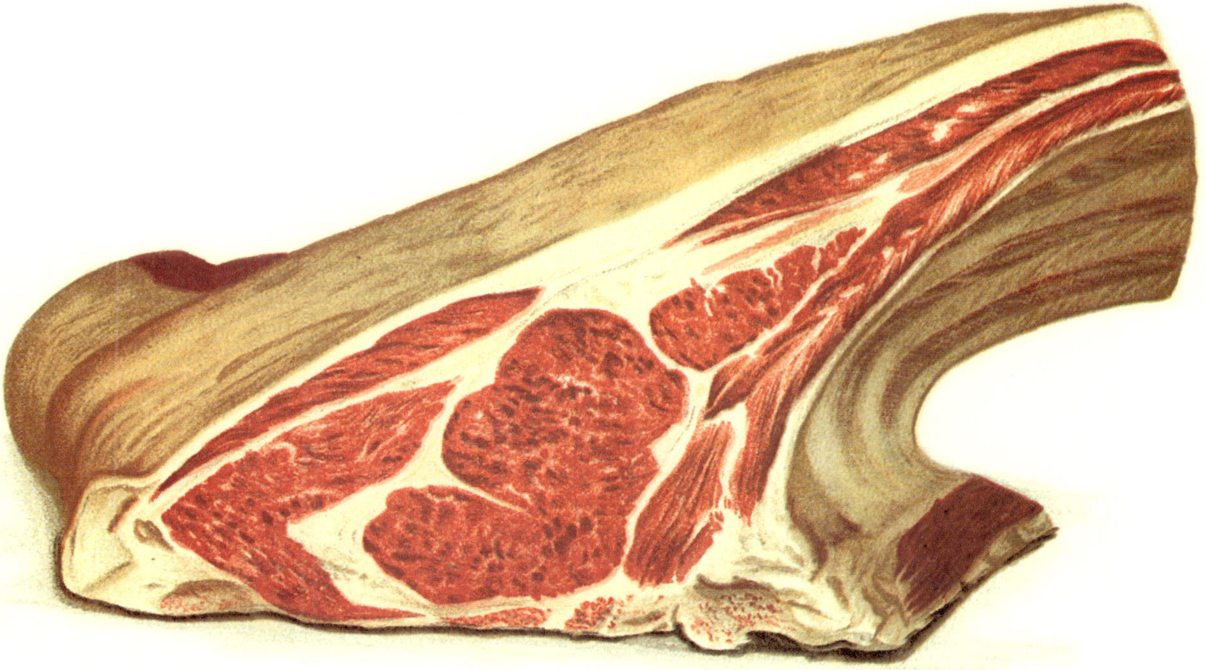

Fig. I. Rippenstück – Hohe Rippe
vom Ochsen Qualität I. natürliche Grösse I:3.

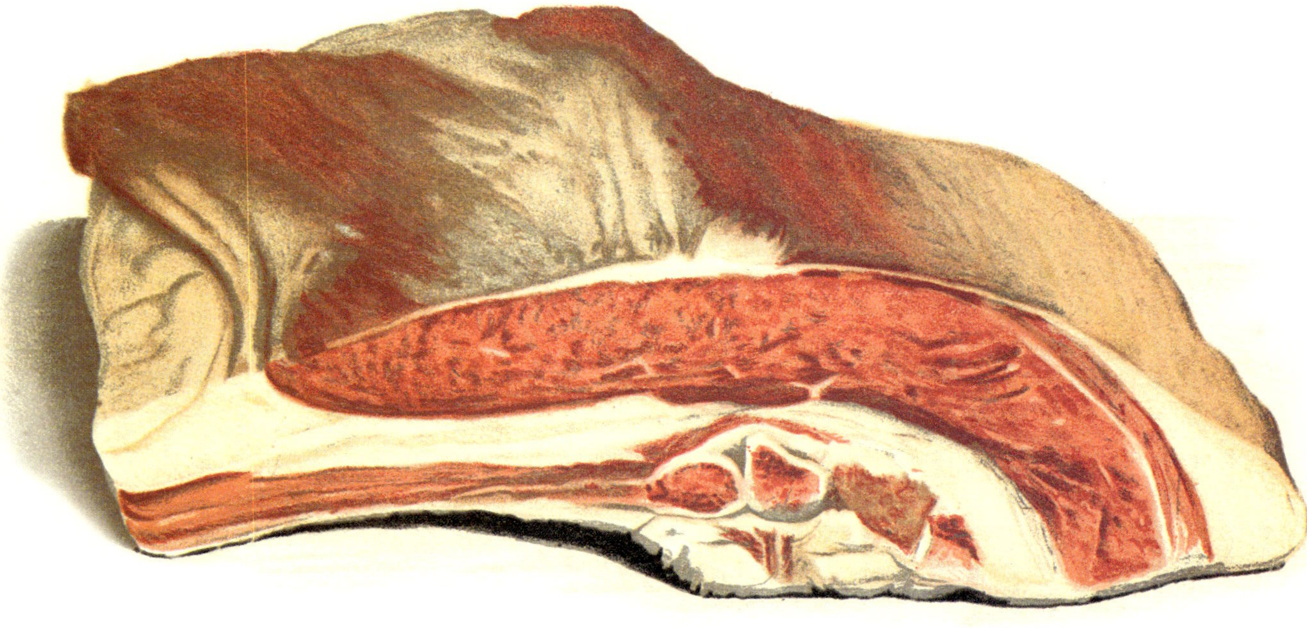

Fig. II. Brust

vom Ochsen Qualität I. natürliche Grösse I:3.

wurzel und Kohl dazu und kocht das Fleisch langsam weich; sodann schneidet man es in Stücke, giebt etwas Fleischbrühe darauf und serviert es mit verschiedenen kalten oder warmen Beilagen, wie Gurken, roten Rüben, Preiselbeeren u. s. w. Auch pikante Sauce, Tomaten-, Zwiebel- oder Meerrettigsauce ist vorzüglich dazu. (Siehe Abschnitt 4, Saucen.)

Bei größeren Mahlzeiten wird das Fleisch auch mit Gemüschen garniert, die man im Fleischtopf mitkocht und hübsch um das Fleischstück garniert, sowie hübsch geschnittene und gekochte Kartoffeln dazu.

Auch werden folgendermaßen zubereitete Kartoffeln sehr gerne dazu serviert. Die Kartoffeln werden roh geschält, in 4 Teile geschnitten, in einer Kasserole mit etwas gehackter Petersilie, Salz, Pfeffer und ein wenig Fleischbrühe gedämpft, bis sie weich sind.

683. Ochsen- oder Rindfleisch als Croquetten.

Von übrig gebliebenem Fleisch, gekocht oder gebraten, wird die Haut und Nerven entfernt und dasselbe in kleine Würfel geschnitten; ebenso einige Champignons. Einige Schalotten, fein gehackt, werden in Butter gedämpft, das Fleisch dazu gegeben, mit den Champignons, 1 Glas Weißwein und 1 Löffel guter Jus daran gegeben und dies rasch auf dem Feuer eingekocht, einige Löffel Espagnole noch dazu, und wenn die Masse dick ist, mit 2 oder 3 Eigelb legiert, auf eine flache Platte gestrichen, oben mit Butter bestrichen und kalt gestellt. Man formt daraus Croquetten, wie in Abschnitt 3 gesagt, paniert dieselben und backt sie aus heißem Fett.

Man serviert sie als Beilage zu Gemüse.

684. Ochsen- oder Rindfleisch, en mironton.

Von einem übrigen Ochsenfleischstück, sei es nun gekocht, gebraten oder gedämpft, werden nicht zu dicke Scheiben geschnitten und diese auf eine gebutterte Gratinschüssel im Kranze gelegt, mit einer dick eingekochten Zwiebelsauce überstrichen, geriebener Parmesankäse, Panierbrot und Butter darüber gestreut und in heißem Ofen ½ Stunde gratiniert.

685. Ochsen- oder Rindfleisch à la mode.

Hiezu nimmt man ein Schwanzstück oder das vordere Rippenstück (siehe Tafel V, Nr. 3 oder 1) ohne Knochen, klopft es stark, macht auf der obern Seite, wenn es ein Schwanzstück ist, mit einem spitzigen Messer kleine Einschnitte und bindet es. Dann vermengt man Salz, Pfeffer und gehackte Petersilie, wendet halb fingerlange Stückchen Speck darin um, steckt solche in die Einschnitte und reibt mit dem übrigen Salz und Gewürz das Fleisch ein. Das Bratgeschirr belegt man mit einigen Speckscheiben, Lorbeerblättern und streut in Scheiben geschnittene Zwiebel darüber. Dann gießt

Fig 346.

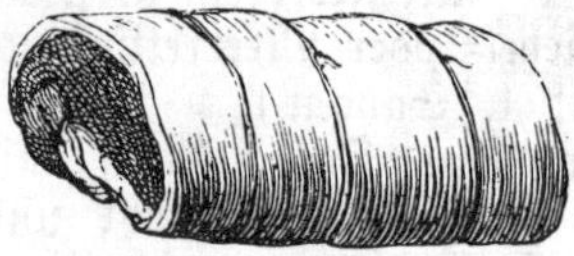

man zu gleichen Teilen Wein oder Fleischbrühe bis zur Hälfte des Bratens dazu, läßt es auf gelindem Feuer zugedeckt kochen, bis es mürbe ist, wobei man es öfters umwenden muß, um das Anhängen zu vermeiden. Ist der Fond etwas eingekocht, giebt man sauren Rahm daran, und wenn das Fleisch fertig ist, nimmt man dieses heraus, kocht den Fond etwas ein, giebt einige Löffel Espagnole daran und seiht die Sauce über das Fleisch.

686. Ochsen- oder Rindfleisch à la mode. Andere Art.

Ein Stück Schwanzstück (siehe Fig. 113 oder Tafel V, Nr. 3) von einem schönen Ochsen wird tüchtig geklopft und mittelst einer großen Spicknadel (s. S. 75, Fig. 154—156) mit ziemlich dickem Speck, welcher mit Pfeffer, Salz, fein gehackten Schalottenzwiebeln und Petersilie angemacht ist, gespickt und einige Tage mit einer Flasche Rotwein, etwas Essig, Nelken, Lorbeerblatt, ganzem Pfeffer, Zwiebeln, gelben Rüben, Sellerie, Petersilienwurzel und Salz mariniert. Etwa am dritten Tage kommt das Fleisch gebunden in eine Braisière und wird mit 1 Pfund Kalbsstorzen, ½ Pfund rohen Schinken und ½ Pfund Butter angebraten; sodann giebt man die Marinade, worin das Fleisch lag, durchgeseiht daran, nebst 2 Schöpflöffel großer Jus. Dies wird 5 bis 6 Stunden gut verschlossen gedämpft, bis das Stück weich ist. Den Fond kocht man mit einigen Löffeln Espagnole gut aus, nachdem man ihn vorher rein entfettet hat, schneidet die Faden von dem Stück, richtet es in schöne Stücke geschnitten, auf langer Platte an, gießt etwas Sauce darüber und serviert dazu Kartoffelpurée, Maccaroni, Klöße, Croquetten u. s. w.

687. Ochsen- oder Rindfleisch, eingelegt.

Für 5—6 Personen nimmt man 4 Pfund Rindfleisch (s. Tafel V, Nr. 2, 3 oder 4) von der Keule, klopft es, schneidet die Adern und Fasern rein davon, hackt einige Schalotten-Zwiebel, vermengt diese mit Salz und gestoßenen

Nelken, reibt das Fleisch damit ein und läßt es ein paar Stunden stehen, zerläßt dann in einer breiten, irdenen Kachel ein ziemlich großes Stück Butter, schneidet das eingeriebene Fleisch zu messerrückendicken Stückchen, legt sie kreuzweis in die zerlassene Butter, reinigt 60 Gramm Sardellen oder einen gewässerten Hering, grätet sie gut aus, schneidet sie fein und streut sie auf das Fleisch; dann giebt man einige Zitronenscheiben nebst einem Glas Wein dazu, deckt es zu, läßt es so lange kochen, bis das Fleisch mürbe ist, und giebt es in seiner eigenen Sauce auf den Tisch. Sollte es zu sehr eingekocht sein, so wird mit Fleischbrühe oder Wasser nachgeholfen.

688. Ochsen- oder Rindfleisch mit Estragonessig.

Es wird ein fleischiges Stück genommen (siehe Tafel V, Nr. 2 oder 3), dieses zu dünnen Stückchen geschnitten und mit dem Messerrücken gut geklopft; alsdann schneidet man eine kleine Hand voll Petersilie und Schalottenzwiebel fein, giebt beides mit einem Stückchen Butter in ein breites Geschirr, streut einen halben Kochlöffel Mehl darüber und setzt es auf ein Kohlenfeuer; hat dieses ein wenig gedämpft, so giebt man 1 kleinen Schöpflöffel guter Fleischbrühe, 2 Eßlöffel Estragon-Essig dazu, legt das geschnittene Fleisch darauf, streut etwas Salz und Pfeffer darüber, den Saft von $^1/_2$ Zitrone und läßt es zugedeckt kochen. In $^1/_2$ Stunde ist das Fleisch fertig.

689. Ochsen- oder Rindfleisch, gebeizt.

Ein geklopftes Stück von der Schale, Nuß, (s. Tafel V, Nr. 4 oder 2) wird mit Speck gespickt, mit Salz und Pfeffer eingerieben, in eine Schüssel $^1/_2$ Liter Essig dazu gegossen, 3 mittlere Zwiebeln geschnitten, 1 Lorbeerblatt und einige Wachholderbeeren dazu gethan. Nach 24 Stunden wird das Fleisch mit allem in eine Kasserole gegeben, $1^1/_2$ Liter Wasser beigefügt, gut zugedeckt und langsam gekocht. Zuletzt wird die Sauce durchgetrieben und über das Fleisch gegossen.

690. Ochsen- oder Rindfleisch, gedämpft.

Drei Pfund Fleisch (s. Tafel V, Nr. 2, 3, 4 oder 12) werden weich geklopft, kleine Einschnitte darein gemacht, geschnittener Speck in Salz und Pfeffer umgewendet und derselbe in das Fleisch gesteckt, mit dem übrigen Gemischten das Fleisch gut eingerieben. In eine gut verschließbare Kasserole giebt man das Fleisch, gießt halb Wein, Wasser oder Fleischbrühe dazu, bis es dem Fleische gleich kommt und läßt es mit Lorbeerblättern und Speck, einigen mit Nelken besteckten Zwiebeln fest zugedeckt kochen, bis es ganz weich ist. Eine halbe Stunde vor dem Anrichten wird ein Kochlöffel Mehl in 60 Gramm Butter braun geröstet und mit der Brühe als Sauce gekocht, dieselbe vor dem Anrichten durch einen Seiher über das Fleisch gegossen und mit feingehackter Zitronenschale bestreut.

Diese Dunstbraten, welche in gut verschlossener Kasserole fertig gestellt werden, liefern in Verbindung mit den mitgedünsteten Stoffen, wie Speck, Schinkenschnitten, Wurzeln u. s. w., sowie Fleischbrühe, gute Jus, Wein u. s. w. eine ausgezeichnete Sauce, doch ist sehr darauf zu sehen, daß sie nicht anbrennen.

691. Ochsen= oder Rindfleisch, gehackt.

Für 6 Personen schneidet man 3 Pfund Fleisch von der Schooß oder dem Schlachtbraten (s. Tafel V, Nr. 1 oder 2 giebt 60 Gramm enthäutetes Nierenfett, einige Schalottenzwiebeln, nebst 2 gewiegten Milchwecken dazu und hackt alles klein zusammen; man giebt es in eine Schüssel, dazu Salz, Muskatnuß und etwas Pfeffer, giebt 2 oder 3 ganze Eier dazu, schafft alles gut durcheinander und füllt die Masse in eine mit Butter bestrichene und mit Semmelmehl bestreute Serviette, bindet sie zu, hängt das Ganze in Fleischbrühe und läßt es eine starke Stunde kochen. Alsdann wird der Bindfaden abgenommen, der Knopf auf eine Platte gelegt und nach Belieben eine Kapern=, Sardellen=, Zwiebelsauce dazu gegeben.

692. Ochsen= oder Rindfleisch, italienisch.

Ein saftiges Stück Fleisch (s. Tafel V, Nr. 2 oder 3 oder 4) wird tüchtig geklopft, an verschiedenen Stellen mit Speckstückchen durchzogen, zu einem derselben eine ganze Nelke, zum andern ein Stückchen Zimmet, zum dritten ein Pfefferkorn gesteckt, mit Salz eingerieben, in eine Kasserole gelegt und so viel Wein dazu gegossen, daß das Fleisch halb darin liegt. So läßt man es gut zugedeckt über Nacht auf Kohlen dämpfen; morgens wird das Feuer verstärkt, bis das Fleisch gehörig weich ist. Man kann es kalt oder warm geben.

693. Ochsen= oder Rindfleisch, kalt.

Hat man kaltes, mageres Fleisch übrig, so schneidet man es in feine, längliche Stücke, legt diese auf ein Plättchen und überstreut sie mit fein gehackter Petersilie. Fein gehackte Schalotten oder Zwiebeln vermengt mit Pfeffer, Salz, Essig und Oel, giebt man in einer Saucière besonders auf den Tisch.

Man giebt dieses kalte Fleisch gerne als Nebenplatte Abends zu Tische.

694. Ochsen- oder Rindfleisch, rouliert.

Für 4—5 Personen nimmt man 2 Pfund mageres Fleisch ohne Bein, (s. Tafel V, Nr. 3 oder 4); aus diesem werden 3 fingerbreite und 1½ fingerlange Stücke geschnitten; diese klopft man und bestreut sie mit vermengten Sardellen, Zwiebeln, Semmelmehl und Pfeffer, legt auf jedes Stückchen etwas Speck und rollt sie so auf, daß der Speck in der Mitte bleibt, dann umwindet man die Rollen mit Faden und bestreut sie mit etwas Salz; bratet sie in Butter mit gehackten Zwiebeln gelb, bestreut sie mit Mehl und gießt 1 Schöpflöffel Fleischbrühe und etwas Jus daran, läßt 1 Zitronenscheibe und ½ Lorbeerblatt mitkochen. Wenn das Fleisch und die Sauce eingekocht sind, richtet man sie an und giebt die dick eingekochte Sauce darüber.

695. Ochsen- oder Rindfleisch in Sauce à la Daube.

Hiezu nimmt man 2—3 Pfund von demselben fleischigen Stücke wie oben, schneidet halb fingersdicke, runde Scheiben, klopft solche gut durch, überstreut sie mit Pfeffer und Salz, bestreicht sie mit zerlassener Butter und legt sie auf den Rost. Wenn sie auf beiden Seiten schön gelb sind, röstet man in 1 Stückchen Butter 1 kleinen Kochlöffel Mehl braun, giebt 1 Glas Wein, 1 Schöpflöffel Fleischbrühe, ½ Lorbeerblatt und ein Zitronenstückchen darein. Alsdann legt man das Fleisch in die Sauce, läßt es 1 Stunde durchkochen, richtet es auf einer Platte an und überstreut es mit geschnittenen Zitronenschalen oder fein geschnittener Petersilie.

696. Ochsen- oder Rindfleisch, saures.

Man siedet ein gutes Stück (siehe Tafel V, Nr. 3 oder 4 oder 12) weich. In einer Kasserole läßt man ein Stück Butter zergehen, giebt gehackte Zwiebeln dazu und rührt die Butter mit Mehl an und schwitzt sie gelb, gießt ¼ Liter Fleischbrühe, Weinessig, nebst Pfeffer und Salz dazu und legt sodann das Fleisch hinein, um, wenn es mit der Sauce ½ Stunde gekocht hat, anzurichten. Die Sauce seiht man durch und giebt sie zum Fleisch.

697. Ochsen- oder Rindfleisch, auf dem Roste gebraten.

Hiezu läßt sich ein gekochtes Stück Rindfleisch benützen, welches schon angeschnitten vom Tische kommt. Es werden hiervon Stücke geschnitten, diese in geschmolzene Butter getaucht, in fein verwiegter Petersilie oder Schalotten, mit Semmelmehl und Pfeffer vermengt, umgewendet und auf dem Roste gebraten; während des Bratens muß man mit einem Löffel behutsam etwas Butter darüber gießen.

698. Ochsen- oder Rindfleisch au gratin.

Von übrigem gedämpftem Rindfleisch werden Tranchen geschnitten, diese auf eine Gratinplatte gelegt und mit einer dicken, fertigen d'Huxellesauce (Nr. 404) überstrichen, mit Käse und Panierbrot sowie Butter bestreut und im Ofen gratiniert.

699. Ochsen- oder Rindfleisch mit Sellerie- und anderen Wurzeln.

Man klopft ein fleischiges Stück (siehe Tafel V, Nr. 12, 13, 3 und 4) und kocht es in gewöhnlicher Weise, 2 große Hände voll Selleriewurzeln werden in 6 Centimeter lange Stückchen geschnitten, in einem Kochlöffel Mehl gedämpft, das mit ¼ Pfund Butter gelb gebrannt wurde; dann giebt man 2 Schöpflöffel Fleischbrühe und etwas Jus dazu und kocht die Wurzeln damit, ¼ Stunde vor dem Anrichten giebt man das Fleisch dazu, kocht alles nochmals gut durch und serviert das Fleisch, garniert mit den Wurzeln. In gleicher Weise kann man auch gelbe und weiße Rüben, sowie Petersilienwurzeln benützen.

700. Ochsen- oder Rindfleisch-Stockade.

6 Pfund gutes Fleisch (siehe Tafel V, Nr. 2, 3 und 4) wird geklopft und gesalzen. 6 gewässerte und ausgegrätete Sardellen, gehackte Zwiebeln, Estragon, Petersilie werden fein gehackt und in die Einschnitte gefüllt, die man in das Fleisch vorher gemacht hat. Einige Scheiben Speck und Schinken, 4 große, in Scheiben geschnittene Zwiebeln, einige Wurzeln, 3 Gewürznelken und 4 Pfefferkörner legt man in eine Kasserole, das Fleisch dazu, gießt ½ Liter roten Wein und ¼ Liter Essig dazu, deckt die Kasserole gut zu und läßt das Fleisch 6 Stunden langsam dämpfen. Ist es gehörig weich, so treibt man die Sauce durch ein Haarsieb, und kocht das Fleisch nach dem Abschöpfen des überflüssigen Fettes noch einmal darin.

701. Ochsen- oder Rindfleisch mit Wein gedämpft.

Das Fleisch wird auf beiden Seiten stark geklopft, rein gewaschen und mit Pfeffer und Salz eingerieben. Hierauf wird der Boden einer Kasserole mit einigen Speckscheiben nebst Wurzeln und ein paar Zwiebeln belegt, darauf das Fleisch gegeben, sowie soviel Wein und Fleischbrühe, bis es dem Fleische gleichkommt. Die Kasserole deckt man mit gut schließendem Deckel zu und dämpft das Fleisch ungefähr 3 Stunden. Ist dasselbe weich, nimmt man es heraus, seiht die Brühe, schöpft das Fett rein ab, giebt einige Löffel Espagnole dazu und seiht die Sauce auf das in Scheiben geschnittene Fleisch.

702. Ochsen- oder Rindskutteln, Kuttelflecke, Kaldaunen, Gras-double.

Die Kutteln müssen gut gereinigt und gewässert sein, worauf man sie mit kaltem Wasser aufs Feuer setzt, einmal aufkochen läßt, abschüttet und in kaltes Wasser legt. Dann erst werden sie auf dieselbe Art wie das Ochsenfleisch weich gesotten. Man kann sie, wenn sie weich sind, mit der Fleischbrühe servieren, in viereckige Stücke geschnitten, bestreut mit etwas gehackter Petersilie und Salz. Zu weiterem Gebrauch läßt man sie in ihrem Sud erkalten. Doch ist bei den nachfolgenden Rezepten hauptsächlich darauf zu sehen, daß die Kutteln gut weich und ja nicht hart sind.

703. Kutteln, gebraten.

Die Kutteln werden entweder fein oder in viereckige, größere Stücke geschnitten; man läßt in einer schwarzen Pfanne etwas Butter heiß werden, giebt die gut abgetrockneten Kutteln dazu, bratet sie schön gelb, giebt einige gehackte Zwiebeln, Salz und Pfeffer dazu und serviert sie mit etwas gehackter Petersilie bestreut.

704. Kutteln, gebraten, mit Eier.

An die wie oben beschriebenen, fertig gebratenen Kutteln giebt man 2 gut verrührte, ganze Eier, läßt das Ganze gut anbraten und serviert.

705. Kutteln, gedämpft oder sauer.

Fein geschnittene Kutteln giebt man in die schwarze Pfanne zu heißer Butter, schwingt sie leicht, giebt gehackte Zwiebeln, Salz und Pfeffer zu und deckt die Pfanne, nachdem man die Kutteln mit etwas Fleischbrühe oder guter Jus abgelöscht hat, einige Minuten mit einem Deckel zu, worauf man die Kutteln, wenn der Fond dick ist, anrichtet. Um sie sauer zu servieren, giebt man eine pikante Sauce daran oder man löscht sie mit Essig ab und giebt einen Löffel Espagnole und gute Jus dazu.

706. Kutteln, gebacken.

Weich gekochte Kutteln schneidet man in fingerdicke Streifen, salzt und pfeffert sie, taucht sie in einen Backteig (s. S. 81) und backt sie schön gelb.

707. Kutteln fines herbes.

Fein geschnittene Kutteln werden in der Pfanne, wie oben, mit etwas gehackten Zwiebeln sautiert, mit etwas Weißwein abgelöscht und mit einigen Löffeln Sauce fines herbes aufgekocht; zum Servieren giebt man gehackte Petersilie darauf.

708. Kutteln au gratin.

Die Kutteln werden fertig gemacht, wie in vorhergehender Nummer beschrieben ist, nur daß sie etwas kürzer in der Sauce gehalten werden, worauf man sie in eine vorher ausgebutterte, kleine, runde Beefsteakkasserole (s. Einl. Fig. 39) giebt und mit etwas Panierbrot vermischt, mit Parmesankäse bestreut und im Ofen gratinieren läßt.

709. Kutteln à la lyonnaise.

Fein geschnittene Kutteln sautiert man in heißem Oel mit fein gehackten Zwiebeln, gießt einige Löffel Rotwein daran, sowie Espagnole und gute Jus und serviert mit aufgestreuter, gehackter Petersilie.

710. Kutteln à la piémontaise.

In kleine Würfel geschnittenen, gekochten Schinken und gehackte Zwiebeln röstet man in einer schwarzen Pfanne gelb, giebt sodann die feingeschnittenen Kutteln dazu, schwingt sie gut, giebt einige Löffel fertiger Tomatensauce auf das Ganze und serviert.

711. Kutteln à la provençale.

Die Kutteln werden in Oel mit gehackten Zwiebeln sautiert, mit einem Löffel Consommé abgelöscht und mit guter, fertiger Allemande geschwungen, eine Prise Kümmel, sowie gehackte Petersilie dazu gegeben und serviert.

712. Kuh-Euter, Tetine.

Ein gut gewässertes Kuh-Euter bringt man in Wasser mit etwas Essig aufs Feuer, nimmt, wenn es einmal aufgekocht hat, dasselbe heraus, legt es in kaltes Wasser und schabt es sauber ab. Sodann kocht man es in Wasser mit Salz und Gemüse etwa 3 Stunden, bis es gut weich ist. Wenn es erkaltet ist, am besten in seinem Sud, schneidet man es in Scheiben, paniert diese in Ei und Semmel und backt sie in Butter schön gelb, worauf man sie im Kranze anrichtet, mit Zitrone garniert und eine Sauce Remoulade (s. Abschnitt 14) dazu giebt.

713. Lendenstück oder Schooß, englischer Braten oder Roastbeef, aloyau de bœuf.

Das Lendenstück oder die Schooß, auch englischer Braten, Roastbeef, französisch aloyau de bœuf genannt, ist dasjenige Stück am hinteren Teil des Rückens, in welchem die Lende oder der Schlachtbraten in seinem Hauptteil liegt (Siehe Fig. 347 und Tafel V, Nr. 1).

Fig. 347.

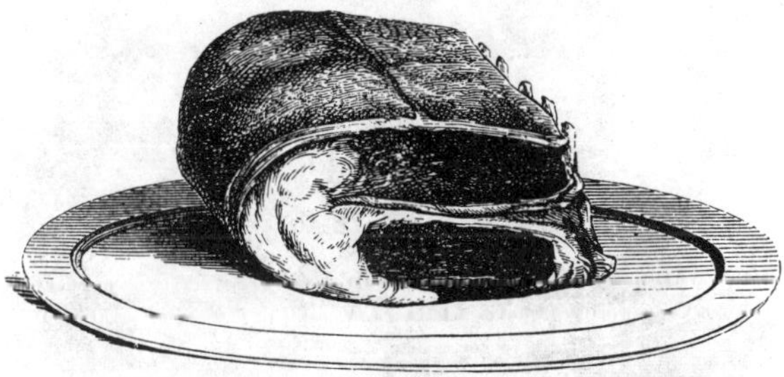

Beim Zurichten des Lendenstückes wird die Lende von den Knochen des Lendenstückes abgelöst, die Gratknochen abgehauen, das überflüssige Fett entfernt, der Lappen unter die flachen Knochen geschlagen, der am Grat entlang laufende Nerv herausgeschnitten, um ein Zusammenziehen des Fleisches zu vermeiden, und das Fleisch tüchtig geklopft. Man erhält nun ein länglicht viereckiges Stück Fleisch, das gebunden, zum Bratengebrauch gerichtet ist. Zum Dämpfen oder Braisieren, sowie zum Braten löst man auch die Knochen aus, schlägt den Lappen unter und bindet das Fleischstück. (Fig. 346.)

Vielfach nimmt man in Haushaltungen, Hotels und Restaurants dieses Stück zu Roastbraten und ist dasselbe zu diesem Zweck auch gut zu verwenden, doch ist das Hohripp und Zwischenripp eigentlich hiezu weit mehr geeignet und beschreibe ich deshalb die Roastbraten bei den Rippstücken.

So wie sich das Lendenstück zum Braten eignet, ebenso auch zum Dämpfen oder Braisieren.

Um die Braten und das braisierte Fleisch zu garnieren, bedient man sich der verschiedensten Gemüse, Kartoffelspeisen, Maccaroni u. s. w. und ist es dem feinen Verständnis und Geschmack der Hausfrau und Köchin überlassen, hierbei die richtige Zusammenstellung zu finden.

Ich werde bei den Nummern Lendenbraten einige Garnituren beschreiben, die auch hier Anwendung finden können.

Beim Garnieren der länglichten Fleischplatten möchte ich noch erwähnen, daß es sich in meiner Praxis wohl bewährt hat, nicht wie seither ringsum die Platte zu belegen, sondern die Garnitur vor das Fleisch zu legen oder auf die Seite, welche angeboten wird, also die Speise vornen und rechts auf der Platte zu garnieren, da dem Gast dieselbe links angeboten wird. (Siehe Fig. 348).

Fig 348.

Um das Fleischstück zur besseren Geltung zu bringen, setzt man es oft auf länglicht geschnittene Sockel von Brot, oder formt solche von Kartoffelmasse, hergestellt wie zu Duchessekartoffel (siehe Nr. 501), auch wohl von Reis und legt dann die Garnituren um dieselben. Auch besteckt man das Fleisch mit verschiedenen Zierspießchen, wie auf S. 29 u. 30 beschrieben.

714. Lendenstück oder englischer Braten, Roastbeef.

Einem schönen Lendenstück (Tafel V, Nr. 1) von 8 bis 10 Pfund wird der Gratknochen abgehauen, das Stück tüchtig geklopft, gesalzen, gepfeffert, gebunden und in einem passenden, flachen Geschirr mit 2 mittleren, ganzen Zwiebeln und 1/2 Pfund Butter oder Bouillonfett etwa 1 1/2 Stunden in einem heißen Ofen unter öfterem Begießen gebraten. Bouillon wird womöglich während des Bratens nicht daran gegossen. Ist der

Braten fertig, so wird er herausgenommen, das Fett abgeschüttet, ein Schöpflöffel großer Jus und einige Löffel guter Jus an den Fond gegeben und aufgekocht. Sodann wird die Jus durchgeseiht und dann zum aufgeschnittenen Braten mit geschabtem Meerrettig, der zuvor gesalzen, serviert. Ueber das Braten siehe Seite 331.

715. Lendenstück oder englischer Braten am Spieß.

Je größer ein Stück Fleisch von der Lende (Tafel V, Nr. 1) genommen wird, um so besser wird es. Man richtet es, wie oben beschrieben, salzt es gut, umbindet es mit einigen Bogen Papier, die gut mit Butter bestrichen sind, und bratet es langsam am Spieß. Hat der Braten etwas angezogen, so wird er aus der Bratpfanne mit dem eigenen Fett häufig begossen. Ein Braten von 4 Pfund hat 2½ Stunden zu braten. ½ Stunde, ehe man anrichtet, wird das Papier von dem Braten genommen, daß er Farbe bekommt. Je fleißiger man begießt, um so saftiger wird der Braten. Gute Jus wird in einer Saucière dazu serviert.

716. Lendenstück, gedämpft oder braisiert.

Ein schönes Lendenstück (Tafel V, Nr. 1) wird entweder, wie oben beschrieben, mit dem Knochen gerichtet und gebunden, oder aber ganz ausgebeint und gebunden, wie in Fig. 346 zu sehen. Gut gesalzen giebt man das Stück in ein gut schließendes Geschirr (Braisière, Fig. 44) mit ¼ Pfund Butter, ¼ Pfund rohem Schinken, 2 ganzen Zwiebeln, 1 gelben Rübe, 1 Sellerie- und 1 Petersilienwurzel, 3 Nelken, 1 Lorbeerblatt, ganzem Pfeffer, 1 Flasche gutem Rotwein und 2 Schöpflöffel guter Jus oder Bouillon und dämpft es auf gelindem Feuer etwa 3 Stunden weich, nimmt es aus dem Geschirr, schneidet die Faden ab und stellt es einstweilen warm. Der Fond wird rein abgeseiht, abgefettet und auf raschem Feuer mit etwas brauner Sauce eingekocht, zum Schlusse 1 Glas guter Madeira dazu geschüttet und serviert. Man schneidet das Lendenstück in schöne Stücke, legt es, möglichst seine ursprüngliche Form behaltend, auf die Platte und garniert es entweder hübsch à la jardinière oder mit irgend einer anderen Garnitur (s. Lendenbraten Nr. 721—725).

717. Großes Lendenstück mit der Lende gebraten.

An einem schönen Lendenstück, in welchem man die Lende (Schlachtbraten) läßt, (siehe Fig. 167, Einleitung S. 33 und

Tafel V, Nr. 1a) wird der Gratknochen abgehauen, das Stück egal geschnitten, die Lende mit dicken Scheiben Nierenfett bedeckt, das ganze Lendenstück gebunden und in ein Bratgeschirr mit einigen Zwiebeln und Gewürz, die Lende nach oben, gegeben. In einem mäßig heißen Ofen, unter öfterem Beträufeln wird das Stück etwa 2 bis 2½ Stunden gebraten. Beim Anrichten schneidet man die Lende heraus, schneidet sie in schöne Stücke und stellt sie wieder zusammen, ebenso tranchiert man das Lendenstück, giebt die Stücke auf die Platte, den Gratknochen darüber und auf diesen zusammengesetzt die Lende (s. Einl. S. 93). Vom Bratenfond mache mit einem Löffel Espagnole eine leichte Sauce, welche man in einer Saucière dazu serviert, und garniere das Fleisch nach Belieben.

718. Ochsen- oder Rindsmaul.

Ein gut gewässertes Ochsenmaul blanchiert man in heißem Wasser, schabt es gut ab, reinigt und kocht es sodann mit Salz, Wurzeln und Gewürz gut weich. Wenn es erkaltet ist, schneidet man es in beliebig gleich große Stücke, taucht diese in einen Backteig und backt sie in Schmalz schön gelb. Man giebt diese Speise gerne als Beilage zu Gemüse.

Oder man schneidet das weichgekochte Ochsenmaul in hübsche Stücke, richtet es im Kranz an und serviert eine Sauce piquant oder Zwiebelsauce dazu.

719. Ochsen- oder Rindsniere (s. Tafel V, Nr. 6).

Man schneidet eine kleinere Niere der Länge nach auseinander und die Hälften wieder in feine Scheiben, giebt in eine Sautépfanne ein Stück Butter und wenn diese heiß, die Niere dazu, schwingt sie leicht auf dem Feuer, staubt sie mit etwas Mehl auf und löscht sie mit 1 Glas Weißwein ab, worauf man die Niere herausnimmt, den Fond zu einer dicklichen Sauce einkochen läßt, etwas Bratenjus dazu giebt, die Niere mit der Sauce noch rasch einmal aufkocht und serviert.

720. Ochsenlendenbraten, Schlachtbraten, Lummelbraten, Filet de boeuf.

Der Lendenbraten ist für die Küche unentbehrlich geworden, nicht nur wegen des feinen und schmackhaften Fleisches, sondern auch wegen der mannigfachen Verwendung, die derselbe in der Kochkunst findet.

Wird wohl auch manche Hausfrau sich vorher wohl überlegen, eine derartige größere Ausgabe, wie es ein Lendenbraten ist, zu machen, so ist doch dabei ins Auge zu fassen, daß, wenn beim Zurichten desselben es auch Abfälle giebt, diese doch nicht verloren sind. Die Knochen und Fleischabfälle geben eine gute Fleischbrühe oder Consommé, der Kopf der Lende kann gekocht oder gebeizt, von der Lendenspitze kann ein Goulasch gemacht werden. Wird man so alle Teile gut verwenden und bringt man den Lendenbraten gut gebraten, hübsch garniert, mit einer feinen Madeirasauce auf den Tisch, so wird auch die sparsamste Hausfrau im Lob der Gäste ihren Stolz finden.

Fig. 349.

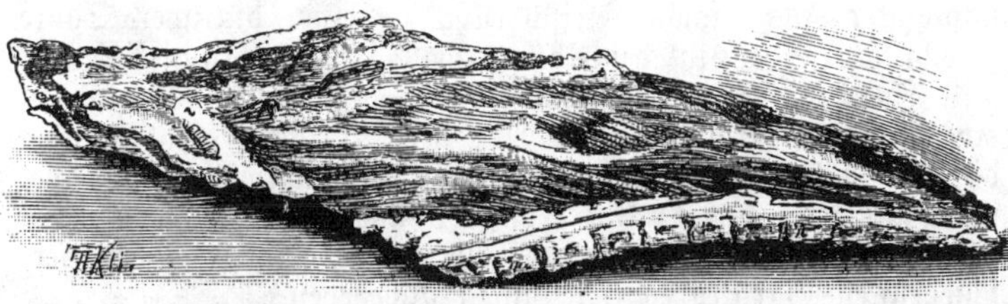

Um den aus der Lende herausgeschnittenen Lendenbraten (s. Fig. 349 u. Tafel V, Nr. 1a) zurichten zu können, schneidet man erst den Kopf, der die Verlängerung des Lendenbratens bildet, ab und legt die Lende so vor sich hin, daß der Kopf des Bratens nach rechts sieht; dann schneidet man den Knochengrat an der Seite ab und enthäutet die Lende, am Kopfe anfangend, so, daß das Messer immer in beständiger Fühlung mit der zu entfernenden Haut ist, dabei wird die Haut mit der linken Hand gegen das Fleisch gedrückt und mit der rechten der Haut entlang geschnitten. Den an der Seite laufenden Nerven schneidet man weg, um ein Zusammenziehen des Fleisches beim Braten zu verhüten, während man das Fleisch davon deshalb stehen läßt, um beim Braten die Lende saftiger zu erhalten. Hierauf spickt man die Lende schön gleichmäßig, wie in der Einleitung S. 75 angegeben.

Viele glauben, einen Lendenbraten dann schön gerichtet zu haben, wenn beinahe gar kein Fett und oft aber dann auch kein Fleisch mehr an demselben vorhanden ist. Man lasse aber besser an der Seite etwas Fett stehen, denn es hilft nur dazu, den Braten saftiger zu erhalten.

Schneidet man einen ganzen Lendenbraten zu Beefsteaks oder Filet Sautés auf, so schneidet man den Seitenstreifen ab und verwendet ihn zu Consommé oder Goulasch.

721. Lenden- oder Schlachtbraten gebraten mit Madeirasauce.

Ein enthäuteter und gerichteter Lendenbraten wird gespickt und in ein passendes Geschirr mit 2 kleinen Zwiebeln, gelben Rüben, Sellerie, Petersilienwurzeln, ganzem Pfeffer, einigen Nelken, ½ Lorbeerblatt, ¼ Pfd. Butter oder Bratenfett, nebst ¼ Pfd. in Scheiben geschnittenen, rohen Schinken gerichtet und im Ofen unter öfterem Begießen in etwa 1½ Stunden schön gebraten, so daß sich derselbe beim Herausnehmen schön schwammig anfühlt und saftig gebraten ist. Hierauf wird das Fett, wenn der Fond oder zurückgebliebene Satz angeschlagen hat, abgeschüttet, nun entweder Mehl aufgestaubt und mit Wein und guter Jus, sowie Fleischbrühe zu einer dicklichen Sauce gekocht oder aber in denselben etwas fertige, braune Sauce, gute Jus und Rotwein gegeben, die Sauce aufgekocht und in eine Saucenkasserole passiert. Vor dem Anrichten giebt man in dieselbe 1 Gläschen Madeira. Den Schlachtbraten schneidet man nun, wie auf S. 92 Fig. 165 angegeben, richtet ihn in seiner ursprünglichen Form an und garniert ihn mit den verschiedensten Garnituren, wie unten angegeben.

722. Lenden- oder Schlachtbraten, gedämpft.

Ein enthäuteter, gerichteter und gespickter Lendenbraten wird in ein ovales, schmales Geschirr mit Deckel gelegt, darunter einige Speck- und rohe Schinkenscheiben, 2 Zwiebeln, 1 Selleriewurzel, Lorbeerblatt, Pfefferkern und Nelken; man salzt ihn gut und giebt bis zur halben Höhe, halb Fleischbrühe und halb große Jus darüber, legt den Deckel darauf und dämpft den Schlachtbraten etwa 2—2½ Stunde entweder auf dem Herd oder im Ofen. Wenn er beinahe fertig ist, nimmt man den Deckel ab und glaciert das Stück im Ofen durch öfteres Begießen schön braun. Den gut entfetteten Fond kocht man ein wenig ein, giebt einige Löffel Espagnole dazu, passiert die Sauce und giebt vor dem Anrichten 1 Glas guten, ächten Madeira an dieselben. Den Schlachtbraten schneidet man in schöne Stücke (s. S. 92, Fig. 165), richtet ihn in seiner ursprünglichen Form an und garniert ihn, wie in den nächsten Rezepten angegeben ist, oder stellt man eine passende Garnitur zusammen.

723. Lenden- oder Schlachtbraten mit Gemüschen à la jardinière.

Der Lendenbraten wird zubereitet wie in Nr. 721 angegeben. Kleine, abgedrehte Karotten in Fleischbrühe und Butter gekocht und glaciert, weiße Rüben, ebenso kleine, glacierte Zwiebeln, Sellerie, gut blanchierte und in Butter geschwenkte Bohnen und Erbsen, kleine gekochte Rosen Blumenkohl und im

Fig. 350.

Winter Rosenkohl, werden um den geschnittenen Lendenbraten hübsch, bouquetweise und geschmackvoll gelegt.

Eine gute Madeirasauce vom Fond der Lende bereitet (s. Nr. 721), wird dazu serviert.

724. Lenden- oder Schlachtbraten à la flamande.

Der Lendenbraten wird zubereitet wie in Nr. 721 angegeben.

4 Kohlköpfe werden geviertelt, in Wasser blanchiert und abgekühlt; sodann formt man den Kohl rund, vermittelst Pressen in einem Tuch, giebt in eine Kasserole einige Speck- und Schinkenscheiben, 1 Zwiebel, Wurzel und Gewürz, legt den Kohl nebeneinander, giebt fette Fleischbrühe darauf und läßt ihn etwa 2—3 Stunden gut weich dämpfen. Einige Pfund geräucherten Bauchspeck kocht man weich, schneidet ihn in dünne Scheiben und garniert nun die Lende abwechselnd mit dem Kohl und dem Speck. Vom Fond der Lende serviert man eine braune Sauce wie in Nr. 721.

725. Lenden- oder Schlachtbraten à la Godard.

Der Lendenbraten wird zubereitet wie in Nr. 721 angegeben.

6 gute, entwässerte Kalbsbrieschen werden blanchiert und leicht gepreßt, mit kleinem, kurz geschnittenen Speck oder Trüffeln gespickt, in guter Jus kurz gekocht und glaciert. Mit zwei Eßlöffeln formt man 8 schöne, große, ovale Geflügel-

farceklöße, die man mit Trüffeln verziert. Sodann bereitet man aus einigen Trüffeln, Champignons, Klößen und Brieschen ein Ragout, giebt daran eine mit dem Fond der Brieschen und etwas Weißwein eingekochte, dicke Sauce. Von Nudelteig macht man ein Trögchen nach nebenstehender Zeichnung, schneidet die Lende auf, stellt das Teigtrögchen davor,

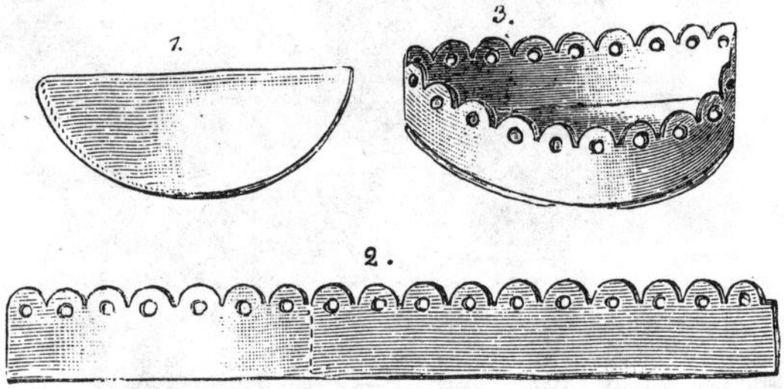

Fig. 351—353.

Nr. 1 Boden. Nr. 2 Band zum Ausstechen und Aufsetzen an den Boden. Nr. 3 fertiges Trögchen.

giebt in dasselbe das Ragout und davor die glacierten und geschnittenen Brieschen, sowie die dekorierten Klöße. Die Lende garniert man oben mit einigen Zierspießchen, an die man Trüffel gesteckt hat. Eine mit Weißwein und dem Fond der Lende ausgekochte Sauce wird dazu serviert.

726. Lenden- oder Schlachtbraten à la milanaise.

Der Lendenbraten wird zubereitet, wie in Nr. 721 angegeben.

2 Pfund Maccaroni werden in Salzwasser gut weich gekocht, in etwa 4—5 cm lange Stücke geschnitten. Das Brustfleisch von einem Huhn, die Spitze einer gekochten, roten Zunge, Trüffeln und Champignons werden in Filet geschnitten und zu den Maccaroni gegeben; dies mischt man gut zusammen mit einer Hand voll Parmesankäse und Butter. Den Lendenbraten schneidet man, richtet ihn an, garniert die Milanaise auf einer Seite und faßt sie mit Brotcroutons oder Teigfleurons ein. Eine Madeirasauce giebt man dazu.

727. Lenden- oder Schlachtbraten à la Strassbourg.

Der Lendenbraten wird zubereitet, wie in Nr. 721 angegeben. Die Garnitur besteht aus einem gutgekochten Sauerkraut, kleinen Bratwürstchen, Gansleberpurée in kleinen Krüstchen, sautierten Gansleberschnitten und Trüffeln. Man richtet das Sauerkraut am besten in einem Teigtrögchen an, davor die Gansleberschnitten und Trüffeln, in kleine Stücke geschnitten, dann seitwärts auf beiden Seiten die Würstchen und die Krüstchen.

Fig. I. Lende mit Querschnitt
vom Ochsen Qualität I. natürliche Grösse I:3.

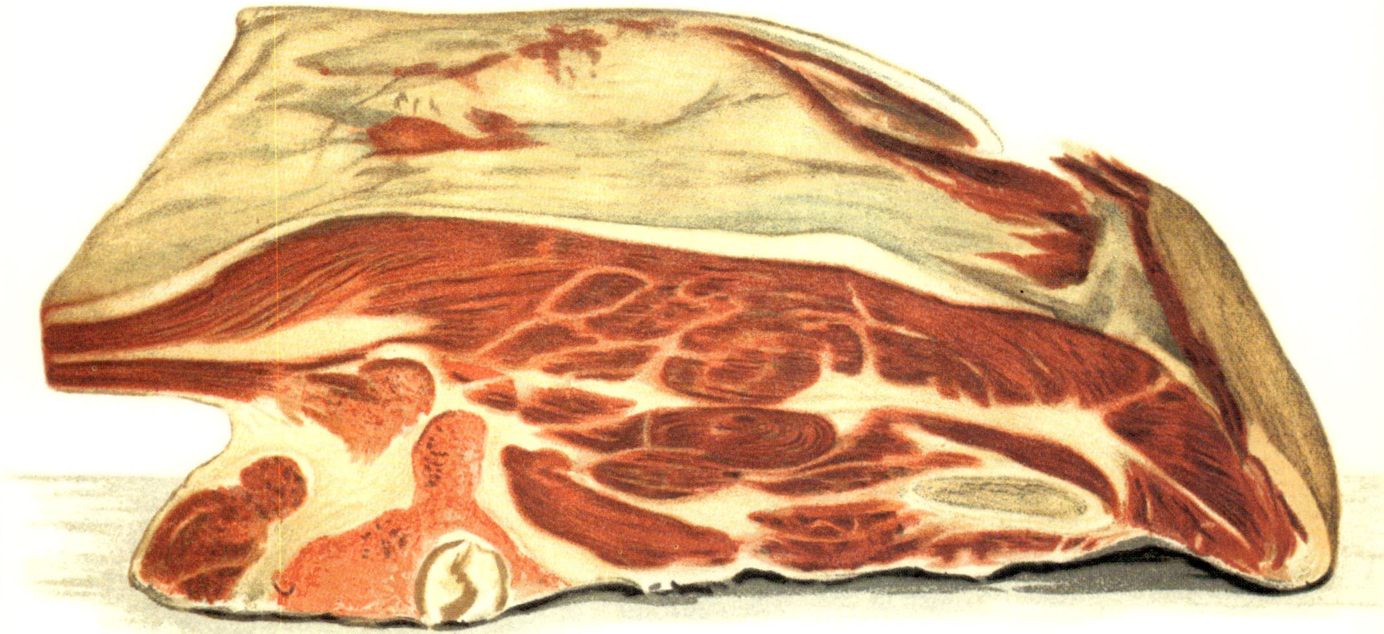

Fig. II. Kammstück
vom Ochsen Qualität I. natürliche Grösse I:3.

In die braune Sauce giebt man gehackte Trüffeln zum Servieren.

728. Lenden- oder Schlachtbraten mariniert.

Ein gespickter Lendenbraten wird in einer leichten Marinade von 1 Teil leichten Essig, 1 Teil Weißwein und 1 Teil Wasser, Salz, Lorbeerblatt, Pfeffer und Nelken, sowie Gemüse einige Tage gebeizt. In ein passendes Geschirr legt man einige Scheiben Speck, rohen Schinken, Gemüse und Gewürz und bratet den Lendenbraten in heißer Butter an, gießt etwas von der Marinade, sowie einige Löffel guter Bratenjus daran und dämpft das Fleisch im Ofen oder auf dem Herd, bis es gut weich ist, und giebt ihm vor dem Anrichten im Ofen eine schöne, braune Farbe. Den Fond kocht man etwas ein, giebt einige Löffel Espagnole dazu und passiert die Sauce. Dieselbe darf ja nicht zu scharf oder zu sauer werden. Maccaroni, breite Nudeln, Kartoffelpurée, Klöße werden gerne dazu gegeben.

729. Lenden- oder Schlachtbraten in Rahmsauce.

Der Lendenbraten wird ebenso behandelt, wie in Nr. 728 beschrieben. Ehe man den Deckel abnimmt, um demselben im Ofen Farbe zu geben, giebt man an den Fond ¼ Liter sauren Rahm und läßt diesen mit dem Fond einkochen, bis der Braten fertig ist. In den Fond giebt man noch einige Löffel Espagnole, passiert die Sauce und serviert, oder staubt Mehl auf und kocht die Sauce damit fertig.

Man serviert dieselben Zuspeisen, wie oben gesagt.

730. Lenden- oder Schlachtbraten, gebraten.

Ein enthäuteter und gerichteter Schlachtbraten wird gespickt und in ein passendes Geschirr mit 2 kleinen Zwiebeln, gelben Rüben, Sellerie, Petersilienwurzel, ganzem Pfeffer, einer Gewürznelke, ½ Lorbeerblatt, ¼ Pfund Butter oder Bratenfett und etwas guter Bouillon, nebst ¼ Pfund rohem Schinken gerichtet und im Backofen, während öfterem Begießen, schön gelb gebraten. In einem heißen Ofen wird derselbe in einer guten Stunde etwa fertig sein, dann wird er herausgenommen, die Jus abgeseiht, abgefettet und die Sauce mit etwas Espagnole und 1 Glas Madeira fertig gemacht (s. auch Seite 246). Die in den vorhergehenden Rezepten beschriebenen Garnituren finden auch beim gebratenen Lendenbraten Verwendung.

731. Lenden- oder Schlachtbraten, gebraten und ungespickt.

Der Lendenbraten wird enthäutet und mittelst Speckscheiben, welche darauf gebunden, in gleicher Weise wie obiger gebraten, die Sauce gleich behandelt und darüber gegeben.

732. Lenden- oder Schlachtbraten, am Spieß gebraten.

Der Lendenbraten wird gespickt und am Spieß fest gemacht. Mit Oel oder Fett übergossen, wird die Lende mit nicht zu starkem Feuer etwa 45 bis 60 Minuten gebraten. Während des Bratens öfters mit dem abträufelnden Saft übergossen, entfettet man, wenn die Lende vom Spieß genommen ist, den zurückbleibenden Bratensaft und serviert ihn in einer Saucière. Man garniert die Lende, wie schon oben angegeben.

733. Lenden- oder Schlachtbraten, eingeschnitten, Émincé de filet de boeuf.

Ein fertiges Stück Lendenbraten wird in ½ cm dicke Stücke geschnitten, diese auf eine Gratinschüssel gegeben, eine heiße Sauce piquant, tomate oder Sauce Robert darauf gegossen, doch ohne es kochen zu lassen. Ist das Fleisch heiß, giebt man es zusammengestellt auf die Platte und die Sauce darüber.

734. Beefsteak, Bifteck oder Lendenschnitte.

Um ein gutes, saftiges, wohlschmeckendes Beefsteak herzustellen, ist folgendes zu beachten.

Am besten wird das Beefsteak auf dem Rost, doch kann auch jede Hausfrau in der Pfanne oder in den hübschen und bequemen Beefsteakkasserolen dasselbe gut herstellen. Namentlich für Kranke ist das Beefsteak wegen seiner leichten Verdaulichkeit sehr zu empfehlen, nur ist dabei darauf zu sehen, daß dasselbe nicht durchgebraten und trocken, deshalb schwer verdaulich, demselben vorgesetzt wird.

Von einem Lenden- oder Schlachtbraten schneidet man etwa 3 Zentimeter dicke Beefsteaks, enthäutet und klopft sie mit dem Fleischklopfer, schneidet alles überflüssige Fett und Sehnen weg und giebt ihm eine runde Form.

Um auf dem Rost zu braten, ist vor allem ein gutes, gleichmäßiges Kohlenfeuer, nur reines Holzkohlenfeuer nötig. Das Beefsteak wird auf beiden Seiten mit Oel oder zerlassener, heller Butter bestrichen und sodann auf den Rost gelegt. Ist die eine Seite etwa 4—5 Minuten angebraten, so wendet man das Beefsteak, doch nicht durch Hineinstechen, denn dadurch verliert es seine besten Säfte. Nach dem Wenden läßt man es noch einige Minuten auf der andern Seite braten, nimmt es vom Rost, salzt und pfeffert es erst dann. Würde das Beefsteak vorher gesalzen, so würde man demselben durch das Salz die besten Säfte entziehen. Salzen vor dem Braten giebt allerdings dem Beefsteak mehr Geschmack.

Um in der Pfanne zu braten, ist darauf zu sehen, daß die Butter sehr heiß ist, wenn man die Beefsteaks einlegt, das vorhergehend Gesagte, betreffs des Bratens (die Zeiten zum Braten in der Pfanne sind etwas länger als auf dem Rost), des Wendens und des Salzens findet auch hier seine Anwendung, ebenso betreffs des Prüfens, wenn dasselbe fertig, gut durch oder halb englisch ist (Seite 332).

Das Beefsteak, auf dem Rost gebraten, wird ohne jede Beigabe von Butter oder Jus, Kartoffeln u. s. w. aufgetragen, während man die Beefsteaks auch mit feingeschnittenen und gedämpften Zwiebeln, mit Jus und kleinen runden Bratkartoffeln, sowie mit gebackenen Eiern, sog. Ochsenaugen, zu Tische giebt. Auch folgende Butter wird gerne auf dem fertigen Beefsteak serviert.

Ein eigroß Butter wird mit feingehackter Petersilie, Pfeffer, Salz und ein wenig Zitronensaft gut vermischt und unter dem Namen maître d'hotel oder Kräuterbutter verwendet.

735. Beefsteak mit Hindernissen.

Die Beefsteaks werden fertig gebraten, auf runder, heißer Platte angerichtet, mit Bratenjus begossen, auf jedes ein rund ausgestochenes Spiegelei gelegt, über dieses Streifen von entgräteten Sardellen kreuzweiß gelegt, das Eiweiß mit ausgestochenen roten Rüben und Essiggurken hübsch garniert. Um die Beefsteaks herum legt man noch eine beliebige Garnitur von Mixed Picles, verschiedenen Salaten, verschiedenen zubereiteten Kartoffeln und serviert diese sodann.

736. Beefsteak, gehackt, sog. deutsche Beefsteak.

Das Fleisch eines Beefsteaks wird entnervt und sehr fein mit Zwiebeln, einigen Kapern und wenn es der Geschmack erlaubt, mit einigen Sardellen, Pfeffer und Salz gehackt, demselben sodann eine runde, gleichmäßige Form gegeben und in der Pfanne in heißer Butter, auf dem Roste mit Oel gebraten, oder auch in der Beefsteakkasserole mit geschnittenen Zwiebeln gedämpft, mit Jus zu Tische gegeben.

737. Beefsteak mit Sardellenbutter.

Man serviert auf dem fertigen Beefsteak ein schön egal geformtes Stück Sardellenbutter (S. 79).

738. Beefsteak à la Béarnaise.

Ein schönes Beefsteak, fertig gebraten, legt man auf eine heiße Platte, maskiert dasselbe mit einer dick gehaltenen Sauce Béarnaise (Nr. 381) und serviert. Gebackene Kartoffeln werden gerne dazugegeben.

739. Beefsteak auf Kaiser-Art.

In eine Beefsteak-Kasserole (s. Fig. 39) giebt man ein Stückchen Butter, läßt dieses heiß werden, giebt eine halbe Zwiebel, in feine Scheiben geschnitten, dazu, hierauf das Beefsteak. Läßt dasselbe auf beiden Seiten gut anbraten, löscht es mit einem halben Spitzglas feinen Weißwein und einem Löffel guter Jus ab, giebt kleine runde, gekochte Kartoffeln dazu, den Deckel darauf und dämpft das Beefsteak noch einige Minuten, bis es fertig ist, salzt und pfeffert es und läßt den Fond noch etwas einkochen, worauf man es serviert.

740. Beefsteak, gehackt, mit Rahmsauce.

Von einem Schlachtbraten werden 2 Pfund enthäutetes mageres Fleisch mit ³/₄ Pfund Butter, Pfeffer, Salz, Muskatnuß fein gewiegt, im Reibstein tüchtig durchgearbeitet, herausgenommen und mit Weißmehl thalergroße 1¹/₂ cm hohe Beefsteaks geformt. Dieselben werden in ausgelassener Butter je 5 Minuten auf jeder Seite sautiert (gebraten) und auf der Platte rund angerichtet. Das Fett wird abgeschüttet, ¹/₄ Liter saurer Rahm in das Geschirr, in welchem sie gebraten, zugegossen, etwas gute Jus und braune Sauce (Espagnole) darunter gekocht und nach Bedarf Zitronensaft und gehackte Petersilie vor dem Anrichten dazu gegeben. Maccaroni, Kartoffelpurée wird dazu serviert.

741. Châteaubriand, doppelte Lendenschnitte.

Das Chateaubriand ist ein Beefsteak von doppelter Stärke und wird ebenso gebraten und behandelt wie jenes, sowohl auf dem Rost, als in der Pfanne. Man serviert eine Sauce Béarnaise mit gebackenen Kartoffeln dazu. Oder man schneidet es in Scheiben, garniert es à la jardinière und giebt eine Sauce fines herbes dazu.

742. Filet sauté oder kleine Lendenschnitte mit Sauce Madeira.

Diese kleinen Beefsteaks werden etwa 2 cm dick geschnitten, geklopft und rund zugeschnitten, in heißer Butter oder Oel in der Pfanne rasch fertig gemacht, hierauf im Kranz auf runder Platte angerichtet, in die Mitte fertige Champignons oder Trüffeln oder Morcheln gegeben, die Filets mit einer nicht zu dicken Madeirasauce übergossen und in einer Saucière hievon dazu serviert.

743. Filet sauté à la Bordelaise.

Kleine Filets werden fertig gemacht, mit einer Sauce Bordelaise (Nr. 383) sauciert und die Filets mit Tranchen von Ochsenmark, die man vorher weich blanchiert und in Brotcroutons gelegt hat (s. Nr. 482), garniert und sofort sehr heiß serviert.

744. Filet sauté à la Rossini.

Die Filets werden ebenso behandelt, wie in Nr. 742 beschrieben. Von einer rohen Gänseleber schneidet man ebenso viel Stücke, als es Filets sind, und giebt diesen ebenfalls eine runde Form. Vor dem Anrichten macht man die Filets fertig und die Gänseleberstücke ebenso in heißer Butter. Die Filets setzt man abwechselnd mit den Gänseleberschnitten im Kranze auf eine runde Schüssel, giebt auf jedes Filet eine dicke Scheibe Trüffel und in die Mitte ein fertiges Purée von Gänseleber (s. Abschnitt 13). Uebergießt die Filets mit einer dicken Sauce Madeira und serviert noch solche extra dazu.

Man kann das Gänseleberpurée in ein rundes Teigtrögchen füllen, wie es in Nr. 725 beschrieben ist.

745. Grenadins mit Champignons. Gespickte Lendenschnitten.

Man schneidet ein dickes Stück von einem enthäuteten Schlachtbraten in 2 Hälften und diese in kleine, 2 cm dicke Stücke, welche man flach klopft und denselben eine ovale oder birnförmige Form giebt; spickt dieselben mit feinem Speck, legt sie in ein flaches Kasserol mit Gemüsen, rohem Schinken, Gewürz, 1 Glas Weißwein und etwas guter Jus und dämpft die Schnitten, bis sie gar sind, glaciert sie in ihrem Fond und richtet sie im Kranz auf runder Platte an, giebt in die Mitte fertige Champignons und serviert eine Sauce fines herbes dazu.

Statt der Champignons kann man auch Trüffel nehmen, oder beides zusammen, ebenso Maccaroni, Spargelspitzen oder Erbsen.

746. Grenadins Sauce poivrade.

Man spickt die Grenadins, wie vorher angegeben und legt dieselben etwa 5—6 Stunden in eine leichte Marinade, trocknet sie sodann auf einem Tuch gut ab und sautiert sie auf raschem Feuer in heißer Butter, schüttet diese ab, giebt einige Löffel Jus daran und glaciert die Grenadins einige Augenblicke leicht im Ofen; richtet die Grenadins auf die Platte, übergießt sie mit einer Sauce poivrade und serviert.

Man kann dazu Kartoffelpurée oder Kartoffelcroquetten, Bratkartoffeln u. s. w. servieren.

747. Paupietten von Lenden- oder Schlachtbraten.

Nehme die dicke Hälfte eines gehäutelten Schlachtbratens und schneide der Länge nach nicht zu dünne, gleich lange Tranchen, etwa 8 cm lang und 4 cm breit, klopfe dieselben etwas auseinander, salze und fülle sie mit der schon früher beschriebenen Kalbfleischfarce, rolle und binde sie zusammen; sodann werden sie mittelst Jus, gelben Rüben, Zwiebeln, Gewürzen, 1 Stückchen Butter etwa ¾ Stunden in einem gut verschlossenen Geschirr gedämpft, wenn weich, herausgenommen, die Jus durchgeseiht, ¼ Liter roter Wein und etwas braune Sauce darunter gethan, eingekocht und über das Fleisch gegeben.

748. Pilaff von Lenden- oder Schlachtbraten.

Das enthäutete Schwanzstück einer Lende, etwa 1½—2 Pfund, wird in größere Würfel geschnitten, ebenso ½ Pfund roher Schinken. In einer größeren Kasserole macht man ein Stück Butter heiß, giebt eine feingehackte Zwiebel, sowie das Fleisch und den Schinken hinein und läßt demselben eine schöne, gelbe Farbe geben, giebt etwa ¾ Pfund Reis, den man vorher blanchiert, zum Fleisch, giebt halb Fleischbrühe, halb Jus dazu, daß diese ungefähr den Reis und das Fleisch in doppelter Höhe bedeckt, sowie einige Löffel Tomatenpurée, etwas Cayennepfeffer und dämpft das Ganze etwa ½ Stunde langsam im Ofen gar, vor dem Anrichten giebt man, wenn das Ganze zu trocken ist, einige Löffel brauner Sauce darunter, sowie einige Löffel geriebenen Parmesankäse. Man richtet das Ganze auf tiefer Schüssel an und garniert Brotkroutons um die Speise herum.

749. Das Ochsen- oder Rindsschwanzstück, Culotte de boeuf.

Sowohl als gutes Tafelstück zum Kochen (s. Figur 344, Seite 336 und Tafel V, Nr. 3) wie auch zum Dämpfen oder Marinieren eignet sich dieses Stück vorzüglich. Die unter Nr. 682—701 angegebenen Rezepte sind deshalb auch auf dasselbe anzuwenden. Eine in Frankreich sehr beliebte Methode, das Schwanzstück zu braisieren, möchte ich hiebei nicht unerwähnt lassen.

Von einem schönen Ochsenschwanzstück, etwa 6—8 Kilogramm, wird der Knochen entfernt, gebunden und etwa 2½ bis 3 Stunden in der Fleischbrühe gekocht. (Wie Ochsenfleisch zum Kochen behandelt). Sodann nimmt man es aus der Fleischbrühe heraus und giebt es in eine Kasserole, ½ Flasche Weißwein und ebenso viel Fleischbrühe, etwas Salz dazu, bedeckt es mit dem Deckel und läßt es etwa 2 Stunden dämpfen, giebt es in den Ofen und glaciert es mit seinem Fond, wobei man das Fleisch öfters mit der Brühe übergießt. Das Fleisch schneidet man schön egal in Scheiben, richtet es an und garniert es beliebig à la jardinière u. s. w. (siehe Lendenbraten). Den Fond kocht man noch etwas ein, fettet ihn ab, giebt einige Löffel guter Jus, sowie Espagnole dazu und passiert ihn, giebt etwas Sauce über das Fleisch und serviert die übrige in einer Saucière.

750. Das Rippenstück, Côte de boeuf.

Das Rippenstück besteht aus dem Rippstück, in welchem sich der dünne Teil der Lende noch befindet, dem Mittelrippenstück und der Vorderrippe. (S. Tafel V, Nr. 8 u. 9.)

Das erstere wird meistens mit dem Lendenstück zusammen als Roastbeef oder englischer Braten, gedämpft oder gebraten. (Siehe Lendenstück Nr. 713.) Das Rippenstück und das Mittelrippenstück wird sowohl zum Braten und Braisieren, ausgebeint oder mit den Rippen verwendet, wobei dieselben Vorschriften wie beim Lendenstück zu beachten sind. Diese Stücke werden ausgebeint zu Rostbraten und Entrecôte, unausgebeint mit der Rippe zu Côte de boeuf verwendet. Die Vorderrippe überdeckt ein Stück Fleisch, der Deckel, welcher als Siedfleisch gute Verwendung findet, ebenso wie das unter demselben liegende Rippstück, als Siedfleisch oder braisiert ein vorzügliches Tafelstück liefert. Doch wird dieses Stück auch zu Entrecôte verwendet.

751. Rippenstück, braisiert.

Aus einem Rippenstück von etwa 2—3 Kilo entfernt man die Rücken- und Wirbelknochen, sowie den Nerven, bindet das Fleisch zusammen, giebt es in ein Geschirr mit 1 Zwiebel, gelben Rübe, Sellerieknolle, Gewürz, etwas Salz und Pfeffer, deckt es mit etwas in Scheiben geschnittenem Nierenfett zu, giebt einige Löffel guter Jus und ebenso viel Fleischbrühe, sowie 1/2 Flasche Rotwein dazu und dämpft es bei geschlossenem Geschirr im Ofen, läßt es, wenn es weich ist, im Ofen noch etwas glacieren und hält es warm. Den Fond entfettet man, läßt ihn zur Hälfte einkochen, giebt einige Löffel Espagnole daran, schneidet das Fleisch und richtet es schön an, giebt etwas von der Sauce darüber und das übrige in einer Saucière. Man garniert das Rippenstück mit verschiedenen Gemüsen oder mit Kartoffelcroquetten, Maccaroni u. s. w.

752. Rippenstück, gebraten.

Das Rippenstück wird gerichtet, wie vorhin angegeben, dann entweder an den Spieß gesteckt und an demselben bei nicht zu lebhaftem, aber gleichmäßigem Feuer 1 Stunde gebraten, worauf man es abnimmt, den Saft der während des Bratens abtropfte, durchseiht und zum Braten serviert. Oder man giebt das Rippenstück in eine Bratpfanne mit Fett oder Butter, einigen Zwiebeln und Gewürz und bratet dasselbe in nicht zu heißem Ofen 1 bis 1 1/2 Stunden, läßt den Fond leicht anschlagen, gießt denselben mit etwas guter Jus und Fleischbrühe ab, seiht ihn durch, entfettet ihn und serviert ihn zu dem Braten.

Zum Garnieren kann man Kartoffelcroquetten, Nudeln, Maccaroni, lange Bratkartoffeln u. s. w. dazu geben.

753. Ochsen- oder Rindskotelette. Côte de boeuf.

Schneide vom Mittelrippenstück (Fig. 354) ein Stück mit der Rippe ab, schneide den Gratknochen weg, sowie den Nerven, so daß die Rippe stehen bleibt, klopfe das Fleisch mit dem Fleischklopfer, schneide es in schöne Form, entblöße die Rippe oben etwa 6 cm rundum vom Fleisch. Hierauf bestreicht man das Stück mit Oel oder zerlassener Butter, legt es auf den Rost und bratet es auf beiden Seiten etwa 10 Minuten lang und salzt es sodann. In der Pfanne wird es entweder mit Oel oder Butter gebraten. Beim Anrichten schneidet man das Fleisch in schräge Tranchen, oder serviert man es ganz, steckt eine

Papillote an die Rippe, giebt Kräuterbutter auf das Rippstück und gute Jus. Man serviert kleine, runde Bratkartoffeln, pommes frits oder Kartoffeln lyonnaise dazu; auch Mixedpickles, geschabter Meerrettig, Kresse oder Gurkensalat wird dazugegeben.

Fig. 354.

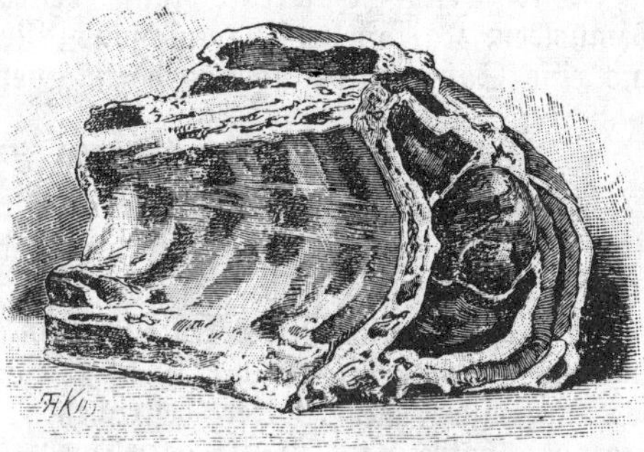

754. Ochsen- oder Rindszwischenrippenstück. Entrecôte à la maître d'hôtel.

Man schneidet aus dem Mittelrippenstück (Fig. 354), zwischen zwei Rippen ein schönes Stück etwa 3—4 cm dick, hackt den Grat und Rückenknochen ab, entfernt das Sehnige, klopft das Entrecôte mit dem Fleischklopfer und schneidet den an der Seite befindlichen Nerven durch, um ein Zusammenziehen des Fleisches zu verhüten; bestreicht es sodann auf beiden Seiten mit Oel oder zerlassener Butter und legt es auf den Rost, bratet es etwa 4—5 Minuten auf jeder Seite auf raschem Feuer, wobei auch dasselbe zu beachten ist, wie beim Braten der Beefsteaks, giebt es auf die Platte, etwas Kräuterbutter darauf und etwas Jus und serviert es.

Kleine Kartoffeln oder pommes frits oder wie bei dem Vorhergehenden angegeben, wird dazu gegeben.

755. Entrecôte à la béarnaise.

Ein Entrecôte wird fertig gemacht, wie vorhin beschrieben, mit einer guten, dicken Sauce béarnaise (Nr. 381) übergossen und sofort serviert.

756. Entrecôte à la bordelaise.

Das fertig gestellte Entrecôte wird angerichtet und legt man darauf blanchierte, in Scheiben geschnittene Stücke Ochsenmark. Ueber das Ganze giebt man eine dick gehaltene Sauce bordelaise und serviert es sehr heiß.

757. Entrecôte, garniert.

Das fertige Entrecôte kann beliebig mit verschiedenen Gemüschen, Kartoffeln, Champignons, Morcheln u. s. w. garniert und eine Sauce fines herbes dazu gegeben werden.

758. Entrecôte au gratin.

Ein geschnittenes und geklopftes Entrecôte wird auf dem Rost oder in der Pfanne rasch und leicht auf beiden Seiten angebraten, gesalzen und gepfeffert und sofort vom Feuer genommen. Einige Löffel d'Huxelle zum gratinieren verdünnt man mit einem Löffel Sauce fines herbes und giebt dies über das auf einer mit Butter bestrichenen, flachen Gratinplatte liegende Entrecôte, streut geriebenen Parmesankäse, etwas Semmelbrösel und zerlassene Butter darauf und macht das Entrecôte in heißem Ofen in 6—8 Minuten fertig. Das Anbraten muß rasch geschehen, damit das Entrecôte beim gratinieren nicht ganz durch wird, sondern eine schöne, rote Farbe und Saft behält. Man serviert die Gratinplatte auf einer Platte mit Serviette. Zum Garnieren verwendet man Kresse und Zitronenstücke.

759. Entrecôte piquant.

Wie die anderen behandelt, mit einer Sauce piquante übergossen und mit Mixedpicles garniert zu Tische gegeben.

760. Rostbraten.

Der Rostbraten (s. Tafel V, Nr. 1, 8 und 9) soll eigentlich, wie es der Name giebt, auf dem Rost gebraten werden. Allein unter dieser Ausdrucksweise versteht man in der süddeutschen Küche wohl mehr ein dünn geschnittenes Fleisch aus den Lenden oder dem Rippstück, das wohl allerdings in den seltensten Fällen auf dem Rost, sondern meist in der Pfanne zubereitet werden wird.

Den Rostbraten schneidet man in 1½—2 cm breite Stücke von ausgebeintem Lenden- oder Rippenstück, klopft es mit dem Fleischklopfer, entfernt den Hauptnerven und schneidet den Nerven seitwärts leicht durch, um ein Zusammenziehen des Fleisches zu vermeiden, worauf er gesalzen, leicht gepfeffert und nun entweder auf dem Rost oder in der Pfanne, je nachdem er dick ist, in 6—10 Minuten fertig gemacht wird. Fühlt er sich elastisch an, so ist er halb durch, saftig und schmeckt so am besten, langes Braten macht ihn trocken und zäh.

Einige runde Bratkartoffeln, mit etwas Bratenjus oder

Kräuterbutter werden am liebsten dazu gegeben, auch in Scheiben geschnittene Zwiebeln mitgebraten oder mitgedämpft.

761. Rostbraten au gratin.

Der Rostbraten wird in heißer Butter auf beiden Seiten rasch angebraten. Auf eine Gratinplatte giebt man etwas mit Espagnole verdünnte d'Huxelle, legt den Rostbraten darauf, die übrige d'Huxelle auf denselben, etwas geriebenen Parmesankäse und Panierbrot darauf, ein Stückchen Butter und gratiniert ihn im Ofen (siehe auch Nr. 758).

762. Rostbraten fines herbes.

Einen gesalzenen Rostbraten dämpft man in einer Beefsteakkasserole in Butter, löscht ihn mit etwas guter Jus ab und giebt einige Löffel fertiger Sauce fines herbes (Nr. 409) dazu, läßt noch einmal aufkochen und serviert. Pommes frits oder kleine Kartoffeln werden dazu gegeben.

Ebenso auch mit Zwiebelsauce oder Sauce piquante behandelt.

763. Rostbraten mit Gansleberpurée.

Der Rostbraten wird wie Nr. 762 in Butter gedämpft; dann giebt man über den beinahe fertigen Rostbraten einige Löffel warmes Gansleberpurée (Abschnitt 13) und um den Rostbraten herum eine gute Madeirasauce und serviert.

764. Rostbraten mit saurem Rahm.

In einer Beefsteakkasserole dämpft man einen Rostbraten halb fertig in Butter, löscht denselben mit etwas Bratenjus ab, giebt einige Löffel sauren Rahm zu, läßt dies noch einige Minuten dämpfen und mit einem Löffel Espagnole aufkochen, worauf man den Rostbraten serviert. Um den Rostbraten mit Paprikasauce zu geben, giebt man etwas mit Fleischbrühe verrührten Paprika zu dem sauren Rahm und behandelt denselben, wie schon erwähnt.

765. Clubrostbraten.

Ein nicht zu dünner, gesalzener Rostbraten wird in heißer Butter auf beiden Seiten rasch angebraten. Inzwischen hackt man einige englische Mixedpickles, Gurken, Kapern und Sardellen, mischt 50 Gramm Süßbutter darunter und giebt von dieser Butter auf den Boden einer kleinen Beefsteakkasserole (Fig. 39) ein Stück obiger Butter, hierauf den Rostbraten, sodann auf diesen die übrige Butter; gießt über das Ganze eine etwas dicke Sauce piquante, streut geriebenen Parmesankäse und Reibbrot darüber, ein Stückchen Butter und gratiniert den Rostbraten in heißem Ofen möglichst rasch, damit er halb englisch und saftig bleibt.

766. Esterhacyrostbraten.

½ Zwiebel, ½ gelbe Rübe, ein kleines Stück Sellerie und Lauch wird wie zu Julienne geschnitten und in einer kleinen Beefsteakkasserole mit heißer Butter leicht gedämpft; sodann legt man den gesalzenen Rostbraten dazu und bratet ihn auf beiden Seiten an, löscht ihn mit einem Löffel Weißwein, etwas guter Jus und einem Löffel Espagnole ab, dämpft den Rostbraten im geschlossenen Kasserol, bis er fertig ist, und serviert ihn mit der Sauce, in die man etwas Madeira giebt.

767. Kaiserrostbraten.

In einer Beefsteakkasserole giebt man in heiße Butter eine halbe, in Scheiben geschnittene Zwiebel und 2 mittlere, in Stücke geschnittene, gekochte Kartoffeln, dazu den gesalzenen Rostbraten, deckt die Kasserole zu und läßt ihn dämpfen. Ist er beinahe fertig, gießt man etwas gute Bratenjus daran, läßt es noch etwas aufkochen und giebt den Rostbraten halb durch und saftig zu Tisch.

768. Sportsrostbraten.

Wie zu Clubrostbraten wird dieser auch rasch auf beiden Seiten angebraten. Auf eine Gratinplatte giebt man einige Löffel Sauce fines herbes, hierauf den Rostbraten. Aus 2 Löffel d'Huxelle au gratin und 2 Löffel Gansleberpurée macht man ein Purée, welches man auf den Rostbraten giebt und glatt streicht. Etwa 6 Scheiben von Sardellenbutter legt man auf dieses Purée, streut dick geriebenen Parmesankäse, sowie etwas Panierbrot über das Ganze, einige Stückchen Butter und gratiniert den Rostbraten in heißem Ofen.

769. Ochsenschweif, gedämpft.

Ein in fingerlange Stückchen geschnittener, abgebrühter Ochsenschweif wird blanchiert, in kaltem Wasser abgekühlt und dann mit etwas Butter, mit einigen Stückchen rohem Schinken, Zwiebeln, gelben Rüben, Sellerie, 1 kleinen Lorbeerblatt, etwas ganzem Pfeffer, 2 Nelken, schön gelb angebraten, eine kleine Hand voll Mehl darauf gestaubt, mit ½ Flasche gutem Rotwein und 1 Schöpflöffel großer Jus zum Kochen gebracht und langsam gedämpft, bis die Stücke gut weich sind und mit einer Champignons-, Morchel- oder Trüffelsauce, (s. Nr. 389, 420 und 445) serviert.

770. Ochsenschweif au gratin.

Ist der Ochsenschweif, wie oben erwähnt, weich gekocht, wird derselbe in ein mit Butter bestrichenes Sautoir oder Kuchenblech neben einander gelegt. Von der Brühe, in welcher derselbe gekocht, wird eine gute, braune Sauce ausgekocht, welche dick eingekocht, auf die gerichteten Ochsenschweife gestrichen wird, mit gelb geröstetem Mutschelmehl bestreut, mit zerlaufener Butter beträufelt und in ziemlich heißem Backofen etwa ½ Stunde gratiniert. Man serviert sie mit Jus zu Sauerkraut oder sonstigen Gemüsen.

771. Ochsenschweif auf dem Roste.

Ochsenschweifstücke, wie oben, werden in gleicher Weise gedämpft, nur wird hiezu kein Mehl verwendet. Sind die Stücke weich, so läßt man sie in der Braise erkalten, legt sie auf ein Sieb oder reines Tuch zum Abtrocknen, salzt und pfeffert sie nach Bedarf und taucht sie in zerlassene Butter, kehrt sie in Mutschelmehl um und legt sie auf einen Beefsteakrost, worunter aber die Kohlen nicht zu stark brennen dürfen. Sind sie auf allen Seiten geröstet, werden sie mit guter Jus auf eine Platte gegeben und eine gute Zwiebelsauce besonders dazu serviert.

772. Ochsenschweif, grilliert.

Gedämpfte Ochsenschweifstücke, wie in Nr. 771, werden getrocknet, in zerlassener Butter gewendet, paniert und in Butter in der schwarzen Pfanne grilliert. Man serviert dazu eine Sauce piquante oder giebt sie als Beilage zu Kohl und zu Erbsen. Man kann die gleichen Stücke des Schweifes auch panieren und backen aus schwimmendem Fett, und serviert dazu eine fertige Tomatensauce.

Die kleinen Stücke sind gut zu einem Ragout oder zu einer Suppe zu verwenden.

773. Ochsen- oder Rindszunge.

Die grüne Ochsen- oder Rindszunge, vom Schlund und Gurgel befreit, mit Salz abgerieben und gewaschen, kocht man entweder in der Fleischbrühe mit dem Rindfleisch oder in Salzwasser mit Wurzelwerk und Gewürz, bis sie weich ist und die weiße Haut sich leicht abschälen läßt, oder legt sie in lauwarmes Wasser zum Abziehen. Die Brühe hievon ist zu Sulzen oder Suppen gut zu verwenden. Die gepöckelte Zunge (siehe Nr. 778) wird stets für sich in Wasser gekocht und ist zu vermeiden, ein anderes Fleisch mitzukochen, da durch den in der gesalzenen Zunge befindlichen Salpeter dasselbe rot wird. Die geräucherte Zunge wird vor dem Kochen am besten in Wasser eingeweicht oder geklopft, dann gekocht und wenn weich ebenfalls die Haut abgezogen und verwendet. (Wird meistens kalt als Beilage gegeben.)

774. Ochsen- oder Rindszunge grün mit pikanter Sauce.

Die grüne, in Fleischbrühe gekochte Ochsenzunge wird, wenn weich, enthäutet, in schöne Scheiben geschnitten und in möglichst schöner Form auf die Platte gerichtet, entweder in ihrer ursprünglichen oder in Kranzform. Eine pikante Sauce, Zwiebel- oder fines herbes Sauce wird dazu gegeben.

Als Beilagen: Breite Nudeln, Kartoffelpurée, Maccaroni u. s. w.

775. Ochsen- oder Rindszunge en papillote.

Nachdem eine frische Zunge abgekocht, geschält und in ziemlich dicke Scheiben geschnitten, werden 20—36 Champignons, einige Schalottenzwiebel und Petersilie nicht zu fein gehackt, mit geschabtem, geräuchertem Speck gedämpft und mit einem Glas Weißwein, nebst etwas guter Jus und brauner Sauce (Espagnole) angegossen; dies wird gehörig dick eingekocht und kalt gestellt.

Ein kleines, viereckig geschnittenes Stückchen gesalzener Speck wird 1/4 Stunde in siedendem Wasser blanchiert und kalt gelegt, dann sehr feine Tranchen hievon geschnitten.

Sodann werden Papiere in Herzform geschnitten und mit Olivenöl bestrichen, auf die eine Seite desselben ein Speckscheibchen gelegt, hierauf von dem dick eingekochten Champignonspurée darauf gegeben, ein Stückchen Zunge darauf gelegt, dann wieder Champignonspurée, ein Stückchen Speck, das Papier darüber geschlagen und der Papierrand rundum eingebogen. Auf einem schwachen Rostfeuer oder im Ofen auf einem Blech werden die Zungen im Papier etwa 10—12 Minuten geröstet und sodann serviert.

776. Ochsen- oder Rindszunge, gratiniert.

Eine gekochte, grüne Ochsenzunge wird in centimeterdicke Scheiben geschnitten. Auf eine Gratinplatte giebt man einige

Löffel mit d'Huxelle verdickter Sauce fines herbes (s. Nr. 409), auf diese die in Scheiben geschnittene Zunge aufeinandergelegt, hierauf den Rest der fines herbes, geriebenen Parmesankäse, sowie Panierbrot giebt man über das Ganze und gratiniert es etwa 15—20 Minuten in gutem Ofen, worauf man es serviert.

777. Ochsen- oder Rindszunge braisiert mit Ragout financière.

Eine grüne Ochsenzunge wird etwa 2 Stunden in der Fleischbrühe gekocht, die Haut abgezogen, hierauf in einem Kasserol mit Gemüsen, rohem Schinken, Gewürz, 1 Glas Rotwein, einigen Löffeln Fleischbrühe und guter Bratenjus 1 bis 1½ Stunden weich gedämpft. Hierauf richtet man ein Ragout financière aus Champignons, Brieschen, Klößchen, Trüffeln, kocht den Fond der Zunge ein, giebt einige Löffel Espagnole dazu, kocht einen Teil davon dick ein und giebt ihn über das Ragout, worauf man dies bis zum Gebrauch ins Wasserbad stellt. Die andere Hälfte Sauce kocht man auf und giebt ein Glas Madeira dazu, schneidet die Zunge in hübsche Scheiben, richtet sie kranzförmig an, das Ragout in die Mitte, giebt von der Sauce ein wenig darüber und serviert die andere in der Saucière dazu.

Man umlegt die Platte mit Brotcroutons oder Blätterteigfleurons.

778. Ochsen- oder Rindszunge gesalzen und geräuchert (à l'écarlate) mit Sauerkraut.

Eine gesalzene Ochsenzunge wird im Wasser weichgekocht, die Haut abgezogen, in Scheiben geschnitten, auf runder Platte im Kranz angerichtet und in die Mitte ein fertiges Sauerkraut gegeben. Eine Saucière guter Bratenjus serviert man dazu.

Maronenpurée, Erbsen und Kartoffelpurée ist sehr gut dazu.

Als Beilage zu Blumenkohl, jungen Erbsen, Bohnen, Karotten u. s. w. wird warme, geräucherte Ochsenzunge, in Tranchen geschnitten, dazu serviert.

779. Ochsen- oder Rindszunge in Büchsen.

Die im Handel in Büchsen vorkommenden amerikanischen Zungen (Fray Bentos) sind wohl, um in möglichster Kürze eine Zwischenplatte herzustellen, sei es als Ragout, als großes Stück oder als kalte Platte, ein sehr zu empfehlendes Hilfsmittel. Man öffnet die Büchse, stellt sie in heißes Wasser, bis die Brühe flüssig ist, worauf man sie aus der Büchse nimmt. Am besten ist es nun, sie, nachdem sie gereinigt, zu schneiden und die Tranchen in heißer Fleischbrühe oder Bratenjus, ohne kochen zu lassen, heiß zu machen. Die Zunge ist an und für sich zu weich, um ein Kochen ertragen zu können. Eine vorbereitete Sauce von Zwiebeln, Gurken, Piquants u. s. w. wird dazu serviert, wie in der letzten Nummer beschrieben.

Allein auch zu Ragouts, zu Garnituren und zu kalten Platten ist sie sehr zu empfehlen.

B. Kalbfleisch.

Das Kalb bietet der Küche, durch die Verwendbarkeit aller seiner Teile die reichste und beste Ausbeute. Die Bezeichnung der einzelnen Teile desselben und weitere Bemerkungen siehe Seite 34 Fig. 114 und Tafel VI und VII.

Ich habe auch hier wie in A Ochsenfleisch, die einzelnen großen Stücke zuerst beschrieben, um zu zeigen, zu welchen weiteren Speisen diese Stücke verwendet werden können.

780. Kalbsbrieschen, Kalbsmilch (ris de veau.)

Vier schöne Kalbsbrieschen werden von der Gurgel und dem Schlund abgetrennt, die Adern weggeschnitten und, damit sie schön weiß werden, einige Stunden in kaltes Wasser gelegt. Sodann werden sie in kaltem Wasser aufs Feuer gesetzt; dieses wechselt man einigemale, bis es kein Blut mehr zieht, worauf man die Brieschen leicht blanchiert und sofort wieder in kaltes Wasser legt; wenn sie erkaltet, kocht man sie mit einigen Löffeln Fleischbrühe, Gemüse, Gewürz und Salz gar und läßt sie in der Brühe erkalten, worauf man sie zu Ragouts, zu Pastetchenfülle u. s. w. verwenden kann. Den Fond derselben stellt man zu den herzustellenden Saucen zurück.

Die Brieschen als Zwischenspeise oder Ragouts werden in Abschnitt 13 behandelt.

781. Kalbsbrieschen, gespickt.

Nachdem die Brieschen ausgewässert und blanchiert sind, wie oben beschrieben, preßt man sie zwischen 2 Brettchen, spickt sie hübsch mit kleinem, dünn geschnittenem Speck, legt sie in ein Sautoir, das mit Butter ausgestrichen und mit einigen Scheiben rohen Schinken, Zwiebel und Gewürz ausgelegt ist, salzt sie, giebt einige Löffel Consommé daran, läßt sie auf

Tafel VI.

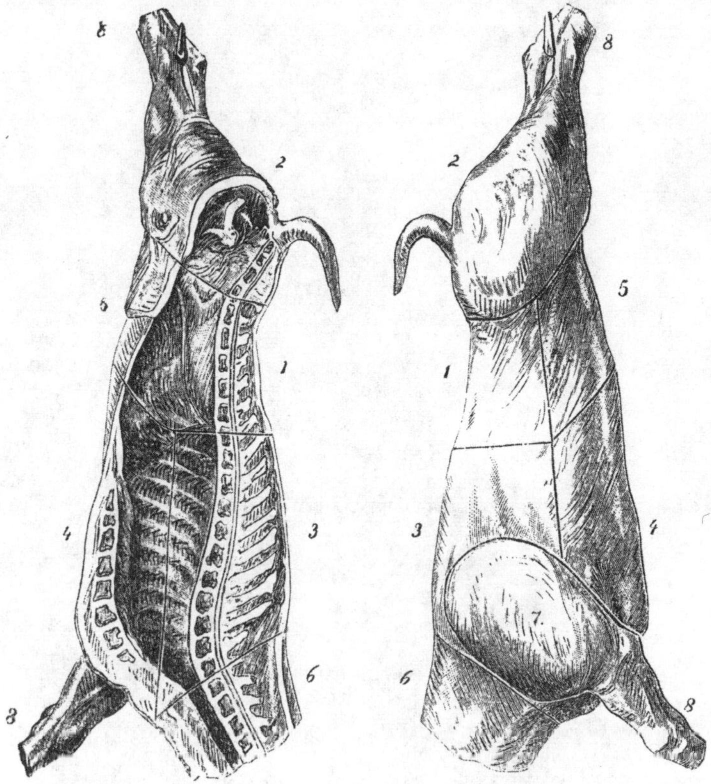

Das Kalb und seine Teile.

1. Nieren, Nierenbraten mit Filet.
2. Schlegel.
3. Karré, Koteletten.
4. Brust.

1—3 Rücken mit den Nieren.

5. Bauchlappen.
6. Hals.
7. Bug.
8. Storzen.

dem Feuer aufkochen und giebt sie etwa ½ oder ¾ Stunden in den Ofen zum glacieren. Vom Fond macht man eine leichte Sauce, welche man über die angerichteten Brieschen giebt. Das Gemüse giebt man beim Anrichten in die Mitte der auf einer runden Platte um dasselbe gelegten Brieschen. Spinat, Sauerampfer, Erbsen, Brockspargeln, Macedoine u.s.w. werden dazu gegeben.

782. Kalbsbrieschen mit Champignons.

Drei Brieschen werden wie in Nr. 780 gerichtet und in einer guten Fleischbrühe oder Consommé gekocht. 1—1½ Pfd. Champignons werden gekocht und wie die Brieschen warm gestellt. Den Fond der Brieschen passiert man in eine Kasserole, läßt ihn zur Hälfte einkochen, giebt 2—3 Löffel Allemande dazu, kocht dies gut zusammen zu einer dicklichen Sauce ein, legiert sie mit 3 Eigelb, etwas Rahm und Butter und passiert sie in eine Saucenkasserole. ¼ Pfd. Reis in Bouillon weichgekocht, giebt man auf eine runde Schüssel, schneidet die Brieschen in Scheiben und richtet sie im Kranze um den Reis an, giebt die Champignons auf einander dressiert in die Mitte, sauciert die Brieschen mit der Allemande, in die man vorher noch ein Stückchen Butter und etwas Zitronensaft gegeben hat, garniert die Platte noch mit Brotcroutons oder Fleurons und serviert sie, die Sauce in einer Saucière dazu.

783. Kalbsbrieschen mit Trüffeln.

3 Brieschen werden wie in Nr. 781 gerichtet und schön glaciert; den Fond kocht man mit einem Glas Madeira, etwas guter Jus und Espagnole auf und passiert sie in eine Saucenkasserole. 1 Pfd. geschälte Trüffeln, in Rotwein gekocht, schneidet man in kleinere Stücke, richtet die in Scheiben geschnittenen Brieschen im Kranze an und in die Mitte die in ihrem Fond kurz gekochten Trüffeln, sauciert die Brieschen und serviert. Um die Brieschen legt man geschnittene Brotcroutons.

784. Kalbsbrieschen, gebacken, und Ragouts.

Siehe Abschnitt 12 und 13.

785. Kalbsbrieschen, sautiert.

Die Brieschen werden gekocht, wie in Nr. 780 beschrieben und, wenn sie erkaltet, in hübsche, gleich dicke Scheiben geschnitten; man salzt und sautiert sie rasch in heißer Butter in der Pfanne, serviert sie mit Zitronenschnitzen und einer guten Bratenjus und giebt Gemüse wie in Nr. 781 dazu.

786. Kalbsbrust, gebraten.

Einer Kalbsbrust (s. Tafel VI, Nr. 4) mit den Rippknochen werden die Knorpeln leicht gepickt, gesalzen, in ein Bratgeschirr gelegt mit 2 Zwiebeln, ½ Pfd. Butter, 1 Löffel Fleischbrühe und in den Ofen gegeben. Unter öfterem Begießen macht man die Brust in etwa 1 Stunde fertig, glaciert sie schön und giebt sie in Stücke geschnitten, wie die Rippen laufen, zu Tische.

787. Kalbsbrust, gefüllt.

Eine Kalbsbrust wird ausgebeint und zum Füllen gerichtet, indem man da, wo die Rippen an die Knorpeln ansetzen, Einschnitte macht, die Kalbsbrust umbiegt und die Rippen an diesen Schnitten bricht, worauf man dieselben herauszieht und die starken Knorpelstücke etwas wegschneidet. Hierauf löst man den obern Teil der Brusthaut von dem untern Rippknochenstück mit einem Messer am dünnen Teil so, daß die obere Haut mit dem unteren Rippenstück an den beiden Langseiten sowohl, wie an der Spitze zusammenhängend bleibt, so daß sich eine Tasche bildet, in welche nachfolgende Fülle eingefüllt wird.

Eine halbe, fein gehackte Zwiebel wird in 50 Gramm Butter gedämpft; 4 Milchbrote werden abgerieben, im kalten Wasser eingeweicht, ausgedrückt und zu den Zwiebeln mit Salz, Pfeffer, Muskatnuß, sowie feingewiegte Petersilie dazugegeben und so lange auf dem Feuer abgedämpft, bis sich das Brot gut von der Kasserole löst. 50 Gramm Butter wird leicht gerührt, das abgedämpfte Brot nach und nach mit 6 ganzen Eiern dazugerührt, in die vorher im Innern etwas gesalzene Brust eingefüllt, zugenäht und in einem Bratgeschirr, wie in Nr. 786 beschrieben, 1½ Stunden im Ofen unter öfterem Begießen gebraten.

Eine zweite Fülle ist, die 4 abgeriebenen Milchbrote in feine Scheiben zu schneiden und mit etwas heißer Milch leicht anzubrühen. Gehackte Zwiebeln werden gedämpft; etwa 100 Gramm Butter leicht gerührt, dazu die Zwiebeln, das Brot, gehackte Petersilie, Pfeffer, Salz, Muskatnuß, sowie 6 Eier dazu gegeben und die Brust mit dieser Fülle gefüllt. Anstatt Butter kann man auch Nierenfett nehmen.

Eine dritte, einfachere Fülle ist: von 4 Semmeln die Rinde abschneiden, einweichen, ausdrücken und mit Zwiebeln abdämpfen; ist dies erkaltet, rührt man 6 Eier dazu, sowie Petersilie, Muskatnuß, Pfeffer und Salz und füllt die Brust damit. Etwas fein gehackten Braten, Leber oder Schinken kann man auch in die Füllen geben.

788. Kalbsbrust, auf Wildart gedämpft.

Die Rippen und Knorpeln an einer Kalbsbrust werden abgeknickt, ausgelöst und die Brust gesalzen. Hierauf wird in eine Kasserole Wein, Essig und Fleischbrühe, von jedem 1/4 Liter, eine mit Nelken besteckte Zwiebel, 2 Zitronenscheiben, Lorbeerblatt, Pfefferkraut, Basilikum und Thymian gegeben, die Brust hineingelegt und etwa 1—1 1/2 Stunden in dieser Brühe weich gedämpft. Wenn sie weich ist, läßt man in einer anderen Kasserole 60 Gramm Butter gelbbraun werden, giebt einige klein geschnittene Zwiebeln dazu, nimmt die Brust heraus, bestreut sie mit Semmelmehl und ein wenig weißem Mehl, legt sie in die Butter und läßt sie auf beiden Seiten gelb werden. Von der Beize gießt man etwas an den Fond des Bratens, läßt sie damit etwas einkochen und giebt sie über die Brust.

Spätzle, breite Nudeln, Maccaroni, Kartoffelpurée u.s.w. wird dazu gegeben.

789. Kalbsbrust, glaciert mit Karotten und Erbsen.

Eine entbeinte Kalbsbrust wird ihrer Breite nach in etwa 5 cm breite Stücke geschnitten, gesalzen, je eine Schnitte aufeinandergeschlagen und mit Bindfaden gebunden. In eine Kasserole giebt man etwas Butter, einige Scheiben rohen Schinken, Zwiebeln und Gewürz, einige Löffel Fleischbrühe, sowie 2 Glas Weißwein und 1 Löffel Bratenjus und läßt die Kalbsbruststücke im Ofen dämpfen. Nach 3/4 Stunden nimmt man die Stücke heraus, passiert den Fond und giebt sowohl die Stücke als den Fond in die Kasserole zurück. 4 Büschel schöne, egal abgedrehte Karotten, die man vorher in Salzwasser blanchiert hat, giebt man hierauf zu dem Fleisch und glaciert dasselbe nach 1/2 Stunde mit seinem Fond und mit den Karotten, bis beides gut weich ist. Einige Pfund Brockelerbsen kocht man im Salzwasser weich und schwenkt sie in Butter mit etwas Zucker und Salz. Die Kalbsbruststücke richtet man im Kranze auf der Platte an, giebt die Karotten in die Mitte, sowie die Erbsen. Zu dem Fond giebt man einen Löffel Espagnole, kocht dies gut auf, gießt etwas über das Fleisch und das übrige serviert man in einer Saucière dazu.

Man serviert dazu auch gerne Brockspargeln, Schwarzwurzeln und glacierte Zwiebeln.

790. Kalbsbrust, eingemachte.

Siehe Abteilung 13.

791. Kalbsbrust, rouliert.

Von einer Kalbsbrust wird der obere Teil der Länge nach vollständig vom Rippenstück abgelöst, also wie bei der Brust zum füllen verfahren, nur daß das Hautstück ganz abgetrennt wird. Die Rippen vom untern Stück werden abgelöst, ebenso die Knorpeln gut entfernt. Die beiden so entbeinten Bruststücke werden nun ausgebreitet, gesalzen und mit einer leicht gehaltenen Godiveaufülle gefüllt, der Länge nach aufgerollt, zugenäht und mit Bindfaden leicht gebunden, in einer Kasserole mit Butter, 2 Zwiebeln, 1 gelben Rübe, etwas Gewürz, 2 Löffel Fleischbrühe und 2 Glas Weißwein im Ofen gedünstet, dann glaciert. Den eingekochten Fond staubt man mit etwas Mehl auf, giebt 2 Löffel guter Bratenjus daran und giebt die Sauce über den in Scheiben angerichteten Braten.

Man kann die Kalbsbrust auch ungeteilt auf dieselbe Art füllen, also nur die Rippknochen und Knorpeln entfernen, sonst verfahren, wie oben beschrieben.

Zum Füllen kann man auch die Hälfte Godiveau, gewiegtes Fleisch, sowie eingeweichte Milchbrote nehmen und mit einigen Eiern abrühren.

792. Kalbsbrust, rouliert, auf Reh-Art.

Die Kalbsbrust wird behandelt, wie oben beschrieben, in 2 Teile zerlegt und einen Tag in einer leichten Marinade von $^1/_3$ Weißwein, Essig und Wasser mit Gemüse und Gewürz mariniert. Von einem Rehbug macht man eine Godiveau, wie in Nr. 285 beschrieben, und füllt die Kalbsbruststücke damit und verfährt, wie in vorhergehender Nummer beschrieben. Zum Dämpfen giebt man einige Löffel der Marinade dazu und macht vom Fond eine leichte, pikante Sauce.

793. Kalbsbug.

Von einem Kalbsbug (siehe Tafel VI, Nr. 7) wird die Schaufel der Länge nach aufgeschnitten, das Fleisch von derselben losgetrennt, am Rohrbein durchschnitten und nach unten losgerissen. Das Rohrbein löst man aus dem Fleisch und trennt es am Knie durch. Das Fleisch wird nun gesalzen, demselben Form gegeben und mit Bindfaden fest gebunden, in einem Bratgeschirr mit 2 Zwiebeln, 150 Gramm Butter, etwas Fleischbrühe etwa 1—1½ Stunden gut weich gedämpft und im

Ofen glaciert. Den Fond läßt man gut anschlagen, schüttet das Fett ab, streut etwas Mehl auf und löscht es mit einigen Löffeln Bratenjus und Fleischbrühe ab und giebt es auf den Kalbsbug, der in Scheiben geschnitten in seiner ursprünglichen Form angerichtet wird.

Maccaroni, Kartoffelcroquetten, Purée oder Gemüse wird dazu gegeben.

794. Kalbsfüße, eingemacht.

3 abgebrühte Kalbsfüße werden aus den Knochen geschnitten, in Fleischbrühe weichgekocht und die kleinen Knochen entfernt. Von etwa 100 Gramm Butter und einem Löffel Mehl macht man eine leichte Mehlschwitze, giebt etwas Salz, Muskatnuß und die in Stücke geschnittenen Kalbsfüße dazu, gießt einen Löffel der Fleischbrühe daran und läßt das Ganze 1/4 Stunde durchkochen, worauf man die Sauce vor dem Anrichten mit 3 Eigelb und etwas Zitronensaft legiert und so serviert.

795. Kalbsfüße, gebacken.

Siehe Abschnitt 12.

796. Kalbsfüße gekocht.

Von 3 Kalbsfüßen werden die großen Mittelknochen der Länge nach entfernt, dieselben abgebrüht und im Wasser, mit Gemüse, Gewürz und Salz weichgekocht; sodann entfernt man die kleinen Knochen und serviert die Füße entweder halbiert oder in kleine Stücke geschnitten mit einer Sauce poulette, einer Zwiebel- oder pikanten Sauce.

797. Kalbsfüße, grilliert.

Von den wie oben beschriebenen, gekochten Kalbsfüßen werden alle Knochen entfernt und dieselben zwischen 2 Brettchen gepreßt, wenn sie erkaltet sind, werden sie in größere Stücke geschnitten, leicht gesalzen, mit heißer Butter oder Oel bestrichen und entweder auf dem Rost oder in der schwarzen Pfanne fertig gemacht; man streut gehackte Petersilie darauf, giebt etwas Kräuterbutter daran und serviert einige Zitronenstückchen dazu.

798. Kalbsgekröse gekocht.

Ein Kalbsgekröse soll nur verwendet werden, wenn es schön weiß und frisch ist. Es wird sorgfältig gewaschen, einige Stunden ausgewässert, gut mit Salz der Schleim abgerieben, sodann in heißem Wasser blanchiert, worauf man es wieder in kaltes Wasser legt. In einem Salzwasser, mit etwas Essig, 1 Zwiebel, 1 Rübe, Gewürz wird es sodann etwa 2 Stunden gekocht; ist es weich, in kleinere Stücke geschnitten und mit einer Sauce Vinaigrette serviert.

799. Kalbsgekröse, eingemacht.

Das Kalbsgekröse, gut gereinigt und gewaschen, wird mit Fleischbrühe, etwas Zitronensaft, Salz, Lorbeerblatt, Nelken, Pfeffer, 1 Zwiebel, 1 Rübe gut weich gekocht. Von 100 Gramm Butter wird mit Mehl eine leichte Mehlschwitze bereitet und mit der Brühe angerührt. Diese Sauce kocht man aus, legiert sie, wenn sie genügend eingekocht ist, mit 3 Eigelb und giebt diese Sauce durchs Sieb auf das in kleine Stücke geschnittene Kalbsgekröse, kocht alles noch einmal leicht auf und giebt es zu Tische.

Damit die Sauce nicht nachläßt, muß man das Gekröse gut abtropfen lassen.

800. Kalbsgekröse, gebacken.

Siehe Abschnitt 12.

801. Kalbshals, gebraten.

Dem Hals, Tafel VI, Nr. 6, wird leicht der Grat durchschlagen, als Braten in ein Geschirr mit Butter und einigen Zwiebelscheiben gegeben, gesalzen und leicht gepfeffert, auf dem Feuer angebraten, gewendet und unter beständigem Beträufeln schön gebraten, der Fond mit etwas Bratenjus oder Wasser aufgekocht und beim Anrichten über den Braten gegeben.

Der Hals wird auch zu eingemachtem Kalbfleisch, Ragouts, zu Suppen u. s. w. benützt.

802. Kalbsherz, gedämpft.

Ein frisches Kalbsherz wird in 2 Stücke geschnitten; man wässert es in kaltem Wasser, bis alles Blut herausgezogen ist, wäscht und trocknet es. Hierauf spickt man die Stücke mit kleinem Speck, giebt sie in eine Kasserole mit 1 Zwiebel, Butter, Salz und Pfeffer, bratet es auf beiden Seiten hellbraun an, löscht es mit 1 Glas Weißwein, etwas Bratenjus oder Fleischbrühe ab und dämpft es, bis es gut weich ist in dem Fond, stellt es zum Glacieren in den Ofen. Den Fond staubt man mit etwas Mehl auf, giebt noch etwas Fleischbrühe dazu und passiert die dickliche Sauce über das Kalbsherz.

803. Kalbsherz, sauer.

Wie in Nr. 802, nur löscht man das Herz, um eine saure Sauce zu erhalten, mit etwas Essig ab, läßt es darin dämpfen und macht vom Fond eine pikante Sauce.

804. Kalbsherz, gefüllt.

Das Kalbsherz wird oben aufgeschnitten und zum Entbluten in lauwarmes Wasser gelegt. Sodann läßt man es abtropfen, spickt es leicht mit klein geschnittenem Speck und füllt es sodann mit folgender Fülle. Etwas gewiegter Speck oder Bratwurstbrät wird mit einem ganzen Ei, Pfeffer und Salz, sowie in Butter gedämpften, gehackten Zwiebeln und Petersilie verrührt und in das Herz eingefüllt. Dasselbe gut zugenäht, in heißer Butter auf Speckseiten angebraten, mit etwas Fleischbrühe begossen, wird es sodann, wenn es beinahe weich ist, mit saurem Rahm bestrichen, mit Semmelbrösel bestreut und im Ofen leicht gratiniert und so zu Tisch gegeben. Den erhaltenen Fond giebt man dazu.

805. Kalbshirn, gekocht.

Das aus dem Kalbskopf behutsam herausgenommene Hirn wird ins Wasser gelegt, von demselben die dünne, blutige Haut, ohne dasselbe zu zerreißen, entfernt, noch eine Stunde etwa ins Wasser gelegt und sodann mit Wasser, einigen Löffeln Essig und etwas Salz ganz langsam, etwa ¼ Stunde, leicht gekocht.

Man serviert dazu eine Sauce Vinaigrette oder eine fertige Tomatensauce.

806. Kalbshirn, gebacken.

Siehe Abschnitt 12.

807. Kalbshirn, fricassiert.

Zwei Kalbshirn werden gereinigt und gewaschen, in Salzwasser leicht gekocht und auf ein Tuch zum Abtropfen gelegt. Von 60 Gramm Butter und einem Löffel Mehl macht man eine Mehlschwitze, gießt einen Löffel Fleischbrühe daran, sowie den Saft von ½ Zitrone, etwas Muskatnuß, ½ Lorbeerblatt und kocht diese Sauce auf und aus. Ist dieselbe fertig und gut abgeschmeckt, legiert man sie mit 3 Eigelb und passiert sie auf die in Hälften geschnittenen Kalbshirn, kocht diese in der Sauce noch einmal auf und serviert.

808. Kalbshirn mit schwarzer Butter.

Das Hirn wird gekocht, wie in Nr. 805 beschrieben und vor dem Anrichten mit folgender schwarzer Butter übergossen. In einer Kasserole kocht man 3 Löffel Weinessig mit 3 Löffel Estragonessig, etwas Salz und Pfeffer ein. 150 Gramm Butter läßt man in einer schwarzen Pfanne zergehen und heiß werden, bis sie beinahe schwarz ist, worauf man sie vorsichtig in die Kasserole zu dem Essig, etwas gehackte Petersilie dazu giebt und heiß über das Hirn gießt.

809. Kalbskopf, gebraten oder abgebräunt.

Aus dem gespaltenen, gut ausgewässerten Kopf nimmt man das Hirn, und siedet es, nachdem man es vorher enthäutet und gewässert hat, mit etwas Fleischbrühe, Essig und Salz weich, entfernt die Augen und haut die Schnauze an den Kopfstücken weg. Die Köpfe werden gut gewaschen und in Fleischbrühe oder in Salzwasser mit Wurzelwerk etwa 1 Stunde gekocht. Ist der Kopf weich, so wird die Zunge geteilt, der

Fig. 355.

Länge nach zerschnitten, der ganze Kopf auf ein flaches Geschirr gelegt, mit Butter bestrichen, mit Pfeffer, Salz, geriebenem Weck und kleingehackter Petersilie und Zwiebel bestreut und im Ofen schön gelbbraun ½ Stunde gebraten. Das Hirn wird wieder in die Hirnschale gefüllt und der Kopf auf die Platte gelegt, daß die gebratene Seite nach oben sieht. Man serviert etwas Bratenjus extra dazu.

810. Kalbskopf, gekocht.

Ein abgebrühter Kalbskopf wird ausgebeint, indem man mit einem scharfen Messer, da wo die Zunge liegt, der Länge nach einen Schnitt macht und sodann, hart am Knochen schneidend, die Haut mit dem Fleisch vom Kopf trennt (Fig. 356).

Sodann wässert man die abgelöste Haut gut aus, giebt sie in eine Kasserole mit viel Wasser, kocht sie darin etwa 10—15 Minuten bis die Haut hart wird und legt sie sodann in kaltes Wasser. Der Kopfknochen wird der Länge nach gespalten, die Augen ausgestochen, das Hirn, sowie die Zunge herausgenommen, die Knochen zerkleinert und die letzteren zu Jus verwendet. Das Hirn wird, wie in Nr. 805 gesagt, gekocht. Die Kopfhaut schneidet man in 2 Hälften, schneidet die Ohren ab und diesen im Innern die Knorpel aus. Schneidet das Ueberflüssige im Innern der Kopfhaut weg und die Hälften des Kopfes in 3 Teile, welche man wieder in kleinere, viereckige Stücke schneidet (Fig. 355). Giebt die Stücke mit der Zunge in eine Kasserole, dazu Salz,

Fig. 356.

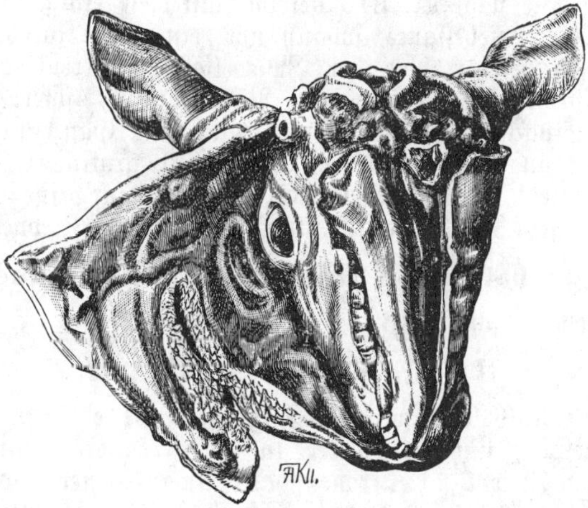

1 Zwiebel mit 2 Nelken und Lorbeerblatt eingesteckt, Wurzeln und Pfefferkörner, dem Fleisch einer Zitrone oder etwas Essig, sowie Fleischbrühe oder Wasser, bis das Fleisch bedeckt ist und kocht dies in 2—2½ Stunden weich. Ist der Kalbskopf weich, gießt man ihn auf einen Seiher, zieht die Haut der Zunge ab und schneidet diese in Tranchen. Den Kalbskopf richtet man auf einer Serviette im Kranz hübsch an, giebt in die Mitte das Hirn, umlegt dieses mit den Zungenschnittchen, schneidet in die Ohren kleine Streifen, etwa 1 cm von der Spitze anfangend gegen die Ohrmuschel, schlägt den obern Teil derselben um, wodurch das Ohr eine ausgezackte Form erhält und legt diese auf beide Seiten des Hirns und garniert den Kalbskopf mit Petersilie, gehackten Zwiebeln, Kapern, Zitronen.

Eine fertige Sauce Vinaigrette wird extra dazu serviert.

Man serviert zum Kalbskopf auf vorhergehende Art gekocht auch eine Sauce Tomate, Sauce Béarnaise, Sauce Fricassé oder Poulette, Sauce Madeira, mit welcher man den angerichteten Kalbskopf leicht sauciert und von dieser Sauce noch extra dazu giebt. Den Rand der Schüssel kann man dann mit geschnittenen Brotcroutons oder Butterteigfleurons belegen.

811. Kalbskopf, gebacken.

Siehe Abschnitt 12.

812. Kalbskopf mit Kruste.

Eine tiefe Gratinschüssel wird gut ausgebuttert und mit Semmelbrösel bestreut; man giebt auf den Boden derselben Kalbskopfstücke wie nach Nr. 810 gekocht, auf diese einige Löffel dick eingekochter Zwiebelsauce, sodann noch eine Lage Kalbskopf und auf diesen wieder von der Zwiebelsauce, bestreut dies mit Semmelbrösel und geriebenem Parmesankäse, sowie einigen kleinen Stückchen Butter und gratiniert das Ganze in heißem Ofen, worauf man es sofort, wenn gut gratiniert, serviert. Man umlegt die Schüssel, welche man auf eine gefaltete Serviette setzt, mit Petersilie und geschnittenen Zitronenstücken.

813. Kalbskopf en tortue und à la financière.

Siehe Abschnitt 13.

814. Kalbsleber, gedämpft.

Eine Kalbsleber wird gut enthäutet, mit fein geschnittenem Speck gespickt und in Butter in einer Kasserole mit 1 geschnittenen Zwiebel, 1 Zitronenschale, etwas Pfeffer und Fleischbrühe rasch gedämpft, etwa ½ Stunde, ohne daß dieselbe anbratet; man giebt die Leber in ein anderes Geschirr und salzt sie gut. Den Fond kocht man mit 1 Glas Weißwein und etwas Bratenjus ein, giebt einige Löffel sauren Rahm dazu und giebt beim Anrichten von dieser Sauce über die Leber, die übrige serviert man extra dazu.

Man giebt dazu Kartoffelpurée, breite Nudeln, Spatzen u.s.w.

815. Kalbsleber, gebacken.

Siehe Abschnitt 12.

816. Kalbsleber gebraten.

Die enthäutete Kalbsleber wird in cm dicke Streifen geschnitten; man giebt diese in heißer Butter in die Pfanne und macht sie rasch auf beiden Seiten in etwa 5—6 Minuten fertig, salzt und pfeffert sie sodann und giebt sie auf die Platte. Den Fond in der Pfanne kocht man mit etwas Weißwein ein, giebt einen Löffel guter Jus dazu und sodann auf die Leber.

Oder man serviert die Leber mit einer Kräuterbutter.

817. Kalbsleber fines herbes.

Die Leber wird gebraten, wie vorher beschrieben, und dann giebt man über dieselbe, wenn sie fertig ist, eine fertige Sauce fines herbes, streut gehackte Pertersilie und Estragon darauf und serviert.

Eine Zwiebelsauce oder pikante Sauce kann ebenso dazu serviert werden.

818. Kalbsleber, geröstet.

Die Leber wird gewaschen, abgehäutet, in dünne, längliche Streifen geschnitten, mit Pfeffer und Mehl bestreut, dann in Butter und feingeschnittenen Zwiebeln in einer flachen Pfanne auf beiden Seiten schön gelb geröstet; man giebt die Leber auf die Platte, gießt den Fond mit ein wenig Essig und Fleischbrühe ab und läßt es noch einige Minuten über starkem Feuer einkochen; salzt sodann die Leberschnitten, bestreut sie mit fein geschnittenen Zitronenschalen und gießt den Fond an die Leber, worauf man sie sofort zu Tisch giebt.

819. Kalbsleber, sauer.

Die gehäutelte Kalbsleber wird in Stückchen geschnitten und mit Salz und Pfeffer in der Pfanne mit heißer Butter, fein gewiegten Schalotten, Petersilie und Schnittlauch leicht gedünstet. Nachdem die Leber etwa 10 Minuten unter fleißigem Umschlagen einem guten Feuer ausgesetzt war, wird sie mit feinem Weinessig abgelöscht, etwas Mehl eingestreut und nach wiederholtem Aufkochen angerichtet.

820. Kalbsleber, sautiert.

Die Leber wird in feine Scheibchen geschnitten, in einer schwarzen Pfanne in heißer Butter gehackte Zwiebeln leicht angeröstet, die Leber dazu gegeben, auf raschem Feuer etwa 5 Minuten geschwungen, sodann mit ein wenig Mehl aufgestaubt, gesalzen und gepfeffert, dann mit etwas Weißwein und Bratenjus aufgekocht und serviert.

Man kann auch statt des Weines Essig nehmen.

821. Kalbslunge, gedämpft.

Eine frische Kalbslunge wird gewaschen, in kleine Stücke geschnitten. 20—25 kleine Zwiebeln röstet man in Butter mit viereckig geschnittenem Speck schön gelb, giebt die Fleischstückchen dazu, bratet diese leicht an, staubt sie mit einem Löffel Mehl auf, gießt 2 Löffel Fleischbrühe, 1 Löffel Bratenjus und 1 Glas Weißwein, Salz und Pfeffer daran und läßt das Ganze ungefähr 1—1½ Stunden dämpfen. Ist die Sauce sämig genug, richtet man die Kalbslunge an, die Zwiebeln und Speck darauf und über das Ganze die Sauce.

822. Kalbsnieren, gedämpft.

Die aus dem Fett gebrochenen Nieren werden in dünne Scheiben geschnitten und in einer Pfanne mit feingehackten Zwiebeln in heißer Butter auf raschem Feuer angebraten; sodann mit Salz und Pfeffer bestreut, mit Mehl bestäubt, mit etwas Bratenjus und Weißwein abgegossen, einmal aufgekocht und sofort serviert. Man darf die Nieren nicht zu lange kochen lassen, sonst werden sie hart. Will man sie sauer, giebt man Essig anstatt Wein zum Abgießen.

823. Kalbsnieren, sautiert.

Die in dünne Scheiben geschnittenen Nieren werden auf raschem Feuer mit gehackten Zwiebeln in heißer Butter sautiert; dann giebt man Salz und Pfeffer zu, etwas Zitronensaft und gehackte Petersilie und serviert.

824. Kalbsnieren mit Madeira u. Champignons.

Die Nieren werden wie in Nr. 823 zubereitet, statt des Weines giebt man ein kleines Spitzglas Madeira daran, läßt es kurz aufkochen und serviert. Champignons in Scheiben geschnitten werden mit den Nieren aufgekocht.

825. Kalbsnieren, grilliert.

Die Kalbsnieren schneidet man der Länge nach einmal durch, salzt und pfeffert sie, kehrt sie in zerlassener Butter und in etwas Panierbrot um. Entweder giebt man sie auf den Rost oder man macht sie in heißer Butter in der Pfanne fertig. Beim Servieren legt man Kräuterbutter auf die Nieren.

826. Kalbsnieren, gebacken.

Siehe Abschnitt 12.

827. Kalbsohren, gekocht.

Die Kalbsohren werden sauber geputzt, in heißem Wasser etwa 10 Minuten blanchiert, ins kalte Wasser gelegt, der innere Knorpel ausgeschnitten und in Fleischbrühe mit Gemüse und Gewürz weich gekocht. Man serviert dazu eine Sauce tomate, eine pikante oder Zwiebelsauce oder eine Vinaigrette.

828. Kalbsohren mit weißer Sauce.

Die Kalbsohren werden zubereitet, wie vorher angegeben, und wird dazu eine weiße Sauce poulette serviert.

Man giebt Champignons oder Morcheln dazu.

829. Kalbsohren, gebacken.

Siehe Abschnitt 12.

830. Kalbsohren mit ragout financière.

Siehe Abschnitt 13.

831. Kalbsohren, gefüllt.

Die Kalbsohren werden gekocht, wie in Nr. 827, und eingeschnitten, wie in Nr. 810 beschrieben, aus dem Sud auf ein Tuch zum Abtropfen gelegt und in eine mit Butter bestrichene, flache Kasserole gesetzt. Die Ohren füllt man etwa halb voll mit einer Geflügelfarce, streicht diese glatt und giebt darauf einen Löffel d'Huxelle, geriebenen Parmesankäse und Panierbrot, sowie ein Stückchen Butter, einen Löffel guter Jus und gratiniert die Ohren in heißem Ofen.

Vom Fond macht man eine leichte Demi-glace und glaciert damit die Ohren, richtet sie im Kranz an und serviert sie.

832. Kalbsrücken.

Ein schöner Kalbsrücken (Fig. 114, S. 34, siehe Tafel VI, Nr. 1 und 3, die beiden Nierenstücke zusammenhängend mit den Nieren und mit etwa 3—4 Rippen des Karré), (12 Pers.) wird enthäutet, der Nerven auf beiden Seiten längs des Rückgrats herausgeschnitten und mit Speck gespickt. Die beiden Nieren schneidet man vom Filet weg, läßt sie aber in ihrem Fett. In ein Bratgeschirr giebt man einige in Scheiben geschnittene Zwiebeln, 1 gelbe Rübe, Sellerie, rohen Schinken, Gewürz und Butter, legt den Rücken darauf, salzt ihn gut, giebt zerlassene Butter darüber und bratet ihn in gutem Ofen etwa 1½—2 Stunden unter sehr häufigem Begießen, nimmt ihn dann heraus, schneidet ihn in schöne Stücke und richtet ihn auf langer Platte an. Die beiden Nieren legt man ¾ Stunden vor dem Fertigwerden des Rückens zum Fertigmachen in das Bratgeschirr, schneidet diese in Scheiben auf und garniert den Rücken damit, ebenso mit einer Garnitur von Kartoffelspeisen, Maccaroni oder Gemüse à la jardinière. Den Fond läßt man anschlagen, schüttet das Fett ab, gießt etwas Fleischbrühe, sowie Bratenjus und einige Löffel Espagnole dazu, läßt dies aufkochen und giebt etwas über den Rücken, während man die übrige Sauce extra serviert.

833. Kalbskarré.

Der Kalbsrücken, in der Mitte gespalten und in seine 2 Hauptteile zerlegt, besteht alsdann aus dem Kalbskarré (siehe Tafel VI, Nr. 3) und dem Nierenstück (s. Tafel VI, Nr. 1). Das Kalbskarré oder Rippenstück wird zum Braten gerichtet, indem man den Rückgrat abtrennt, die Rippen gleich haut, den Deckel abschneidet, die Haut vom Fleisch entfernt und mit klein geschnittenem Speck spickt und das Karré mit Bindfaden bindet. In eine Braisière giebt man einige Scheiben rohen Schinken, 2 Zwiebeln, 1 gelbe Rübe, Sellerie, sowie Gewürz, salzt das Karré und legt es darauf, giebt zerlassene Butter darüber, einige Löffel Fleischbrühe und Bratenjus und dämpft es 1½—2 Stunden auf kleinem Feuer, nimmt sodann den Deckel ab und glaciert es im Ofen. Den Fond fettet man ab, kocht ihn bis zur Hälfte ein und giebt ihn als Demi-glace über das angerichtete Karré.

Man serviert zum Kalbskarré Spinat, Sauerampfer, glacierte Zwiebeln, eine Jardinière, Erbsen u. s. w.

834. Kalbskarré, gespickt und mariniert.

Das Rippenstück wird gerichtet, wie vorher beschrieben. Eine Marinade bereitet man, indem man eine in Scheiben geschnittene Zwiebel in Butter weich dämpft, ¼ Liter Essig, nebst 1 Lorbeerblatt, einigen ganzen Pfefferkörnern und Nelken, einigen Zitronenscheiben und Salz daran gießt und dies ¼ Stunde kochen läßt. Diese Marinade gießt man kalt über das Karré und läßt es 6—8 Stunden in derselben stehen. Das Karré wird hierauf mit Gemüse und Gewürz wie oben zugesetzt, dann giebt man zur Fleischbrühe etwas von der Marinade, dämpft und glaciert das Karré, wie in der vorhergehenden Nummer beschrieben. Vom Fond macht man eine leichte Sauce und serviert sie zu dem Karré.

Fig. I. Rücken mit Nieren
von einem Mastkalbe natürliche Grösse I:4.

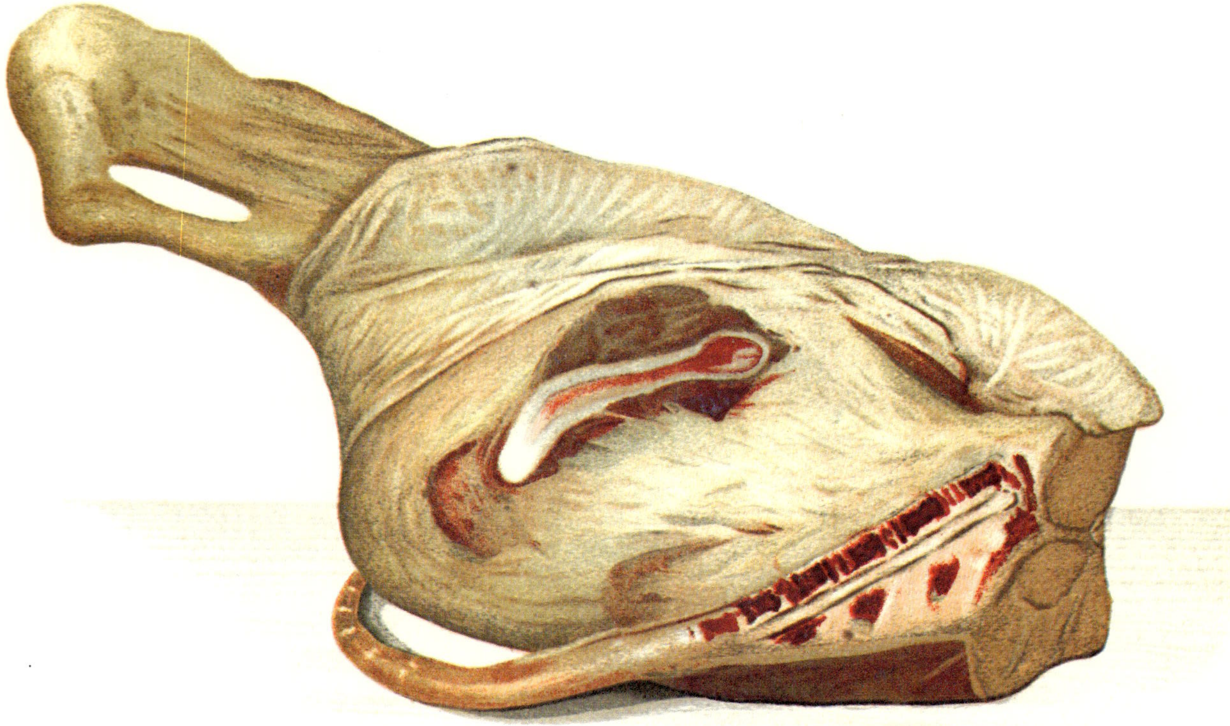

Fig. II. **Keule**
von einem Mastkalbe natürliche Grösse I:4.

Maccaroni, Kartoffelcroquetten, Kartoffelpurée werden dazu gegeben.

835. Kalbskoteletten oder Kalbsrippen.

Von einem Kalbskarré oder Rippenstück (ohne Nierenstück) wird der Deckel abgeschnitten, die Rippen gleich lang gehauen, der Rückgrat dicht am Fleisch durchschnitten und, wo die Rippen an den Knorpeln ansetzen, durchgehauen, ebenso die Knorpeln an den Enden der Rippen. Mit einem scharfen Messer wird das Karré nun enthäutet, die Sehne weggeschnitten und in schräger Richtung jede Rippe (gegen das Nierenstück zu) durchgeschnitten. Etwa 3 oder 4 cm am Knochen macht man einen Kreisschnitt, streift das Fleisch und die Haut mit dem Messer ab, so daß die Rippe hervortritt, klopft das Fleisch mit dem Fleischklopfer und giebt ihm eine schöne Form. Man wird auf diese Art etwa 5 oder 6 Koteletten erhalten, welche man meist als unpanierte Koteletten (cotel. naturelle) zu Zwischenspeisen u. s. w. verwendet, jedoch auch paniert zu Tische giebt. Die natürlichen Koteletten werden, nachdem sie gesalzen sind, entweder mit Oel oder zerlassener Butter bestrichen, auf den Rost gelegt, oder aber in heißer Butter in der Pfanne fertig gemacht. Von den geschnittenen Rippen, welche gegen den Hals zulaufen, entfernt man die Sehnen, schlägt das Fleisch breit, klopft es mit dem Rücken eines Messers und hackt, wenn nötig, ein schönes, geklopftes Stückchen Kalbfleisch in die Kotelette hinein und giebt ihr eine schöne Form. Die so gerichteten Koteletten werden am besten paniert (gesalzen in Eiweiß und Panierbrot gewendet) und in Fett oder Butter fertig gemacht. Dieses Stück wird auch zu eingemachtem Kalbfleisch verwendet. Beim Servieren steckt man an die Rippchen eine kleine Papiermanschette (s. S. 50, Fig. 126).

Zu den panierten oder unpanierten Koteletten serviert man verschiedene Gemüse wie Erbsen, Sauerampfer, Spinat, Kartoffelpurée, Sellerie u. s. w.

836. Kalbskoteletten à la bordelaise.

Die schönen Koteletten eines Rippenstückes werden gerichtet, gesalzen, in gehackten Schalotten, Petersilie, Estragon umgewendet, mit Eiweiß und Semmelbröſel paniert und in heißer Butter in etwa 10—12 Minuten fertig gemacht. Beim Servieren giebt man eine fertige Sauce Bordelaise (Nr. 383) dazu.

837. Kalbskoteletten mit Champignons.

Schöne, gerichtete Koteletten werden gesalzen, in einem Sautoir in heller Butter auf beiden Seiten leicht angebraten, mit 1 Glas Weißwein und mit etwas Bratenjus abgelöscht und etwa 1/4 Stunde darin gedämpft; dann kocht man die Jus ein, läßt die Koteletten noch einen Augenblick darin glacieren und richtet dieselben an. Den Fond kocht man mit 1 Glas Madeira auf, 1 Löffel fertiger Espagnole dazu, ebenso eine Untertasse fertiger, abgetrockneter Champignons, welche man in der Sauce aufkocht, die Koteletten damit garniert, die Sauce über die Koteletten giebt und serviert.

Auf dieselbe Weise werden die Koteletten zubereitet, welche mit einer Sauce fines herbes, Tomate oder piquante serviert werden, indem man die feingehackten Kräuter, das Tomatenpurée, oder die gehackten Gurken, Kapern und Sardellen mit den Koteletten dämpft und von dem Fond die Sauce bereitet. Dazu giebt man Kartoffelpurée, gebackene Kartoffeln u. s. w.

838. Kalbskoteletten, englisch.

Diese Koteletten haben den großen Vorzug, daß sie in wenig Minuten ohne viele Umstände zubereitet werden können und dabei äußerst schmackhaft sind. Man schneidet von irgend einem Teil des Kalbes kotelettenähnliche Scheiben, nimmt eine eben so große Scheibe Speck und legt beide zusammen, gut gewürzt, in heiße Butter, läßt sie auf beiden Seiten braun werden und durchbraten. Beim Anrichten kommt der Speck auf die Kotelette hübsch geformt zu liegen und wird eine Senfsauce (Nr. 441), oder englischer Senf (Nr. 667) dazu gegeben. Diese Koteletten werden auch gespickt auf diese Art zubereitet.

839. Kalbskoteletten, farciert.

Die Koteletten werden zugerichtet und auf beiden Seiten, ohne abzulöschen, etwa 2—3 Minuten in feinen Kräutern gedämpft, sodann herausgelegt. Dann mischt man diese Kräuter, wenn sie kalt sind, mit einigen Löffeln fertiger Kalbfleischfarce oder Godiveau, gibt einen Löffel dicker Allemande oder Bechamel dazu. Die Koteletten streicht man leicht auf der gleichen, obern Seite mit Eiweiß, streicht halbfingerdick von dieser Farce darauf und legt auf jedes eine dünne Speckscheibe, giebt sie in ein Sautoir, die bestrichene Seite nach oben, bestreut sie leicht mit Semmelbrösel und heißer Butter, giebt etwas Bratenjus an dieselben und macht sie im Ofen in etwa 5—8 Minuten fertig. Vom Fond macht man eine Sauce, welche man extra dazu serviert.

840. Kalbskoteletten, gespickt und glaciert.

Schöne Kalbskoteletten werden mit feinem Speck gespickt, gesalzen, in ein Sautoir mit heißer Butter gelegt und auf beiden Seiten angebraten und mit einigen Löffeln Bratenjus abgelöscht. Man giebt das Geschirr in den Ofen und glaciert die Koteletten noch etwa 8—10 Minuten durch öfteres Uebergießen, worauf man sie anrichtet und mit dem Fond serviert.

Zu jeder Art Gemüse oder Kartoffelpurée zu servieren.

841. Kalbskoteletten, hachiert, sog. falsche Koteletten.

1 Pfund mageres Kalbfleisch hackt man mit ¼ Pfund gehäuteltem Nierenfett fein, giebt Salz und Pfeffer zu und formt daraus kleine Koteletten, welche man in Eiweiß und Semmelbrösel wendet und in heißer Butter fertig macht. Man richtet sie im Kranz an und giebt eine Bratenjus dazu.

Kartoffelgemüse, Kartoffelpurée oder irgend ein Gemüse wird dazu serviert.

842. Kalbskoteletten, grilliert.

Die schönen, gerichteten Koteletten werden gesalzen und gepfeffert, in zerlassener Butter oder in Olivenöl gewendet und entweder auf dem Rost oder in der Pfanne in heißer Butter oder Oel in etwa 10 Minuten fertig gemacht.

Man kann auf die Koteletten eine Kräuterbutter geben und diese dann als Koteletten mit Kräuterbutter servieren.

843. Kalbskoteletten mit Gurkensauce.

Die Koteletten werden geklopft und geformt, dann gewürzt, in zerlassene Butter getaucht, mit etwas Paniermehl bestreut und bei schwachem Feuer langsam geröstet. Dazu wird eine gute Jus oder eine Gurkensauce (s. Nr. 398) gegeben.

844. Kalbskoteletten, italienisch.

Diese Koteletten werden zubereitet, wie in Nr. 842 beschrieben; wenn sie fertig sind, herausgelegt, mit einer d'Huxelle bestrichen, in ein Sautoir gelegt und noch einige Minuten in den Ofen mit etwas Bratenjus gestellt, sodann angerichtet. Man serviert eine Sauce italienne (s. Nr. 405) dazu.

845. Kalbskotelette, milanaise.

Schöne, gerichtete Koteletten werden in heißer Butter umgewendet, gesalzen und gepfeffert, gut mit geriebenem Parmesan=

käse auf allen Seiten bestreut, mit Eiweiß und Semmelbrösel paniert und in heißer Butter auf beiden Seiten gebacken. Man serviert dazu eine gute Bratenjus, sowie Maccaroni à la milanaise.

846. Kalbskotelette, paniert.

Die Koteletten gegen den Hals werden behandelt, wie Nr. 835 beschrieben, in Eiweiß und Semmelbrösel gewendet, mit dem Messer ein wenig glatt gedrückt und auf beiden Seiten in Butter oder Schmalz hübsch gelb gebacken.

847. Kalbskoteletten, paniert und grilliert.

Schöne, gerichtete Kalbskoteletten werden gesalzen, in zerlassener Butter und Semmelbrösel gewendet und auf dem Rost in etwa 10—12 Minuten fertig gemacht und serviert.

848. Kalbskoteletten in einer Papierhülle, en papillotes.

Schön geschnittene Kalbskoteletten, denen man die Rippe etwas kurz abgeschlagen hat, werden gesalzen und in heißer Butter auf beiden Seiten einige Minuten angebraten, worauf man sie herauslegt und erkalten läßt. Sehr dünn geschnittener Speck oder roher Schinken, dem man die Form der Nuß der Koteletten giebt, werden ebenfalls leicht in heißer Butter gebraten. Fein gehackte Schalotten werden mit fein gehacktem rohem Schinken und einigen Champignons in Oel gedämpft, mit etwas Weißwein, guter Bratenjus, einem Löffel Tomatenpurée und Espagnole zu einer Gratinfarce dick eingekocht. In Herzform schneidet man genügend groß ein weißes Papier aus, das man mit Olivenöl bestreicht und auf dem Tisch ausbreitet. Sodann giebt man auf das Papier an der runden Seite eine Tranche des Schinkens oder Specks, auf dieses einen Löffel der Gratinfarce, sodann die Kotelette, wieder Farce und eine Tranche Schinken. Man legt die Kotelette so, daß an dem Rücken des auseinandergefalteten Papiers die Rippe der Koteletten zu liegen kommt. Hierauf kneift man das Papier, an der Rundung anfangend, rings um die Kotelette, bis dieses ganz eingeschlossen ist. Man legt die Koteletten etwa 10 Minuten auf den Rost, dressiert sie auf die Platte und serviert sie in derselben.

849. Kalbskoteletten in Sauce.

Die Koteletten werden gehackt, gesalzen, in zerlassener Butter und Semmelmehl umgedreht. In einer Kasserole läßt man Butter zergehen, bestreut den Boden mit Geigenmehl und recht vielen, kleingewiegten Zwiebeln, legt die Koteletten hinein und deckt sie zu, damit sie gut dämpfen. Man schüttelt hie und da an der Pfanne, damit sie nicht anbrennen. Sind die Koteletten fertig, so legt man sie heraus, streut ein paar Löffel Mehl in die Butter, läßt es ein wenig anziehen, löscht dann mit Essig und Wein ab, gießt etwas Fleischbrühe nach, passiert die Sauce und giebt sie zu den Koteletten.

Weitere Rezepte siehe bei den Ragouts oder Zwischenspeisen Abschnitt 13.

850. Kalbsnierenstück oder Nierenbraten.

Der Teil des Kalbsrückens, welcher vom Schlußbein des Schlegels bis zu den Rippen geht, in welchem das kleine Filet, sowie die Niere liegt, kann als Ganzes, Nierenstück, auf dieselbe Art zubereitet werden, wie der Kalbsrücken. Oder aber man schneidet das Nierenstück der Länge nach am Rückgrat auseinander und erhält dadurch 2 Nierenbraten (s. Tafel VI, Nr. 1). Man löst aus diesem Nierenbraten sämtliche Knochen, schneidet den Nerven ein wenig ab, salzt ihn, wickelt den Lappen gegen die Niere zu auf, daß es eine Rolle giebt, und bindet ihn fest mit Bindfaden; legt ihn in ein Bratgeschirr mit einigen zerschnittenen Zwiebeln, salzt ihn gut und bratet ihn in Butter mit etwas Zuguß von Fleischbrühe etwa 1 Stunde schön gelb. Den Fond staubt man mit Mehl auf, gießt etwas Fleischbrühe und Bratenjus daran, giebt davon über den Braten und serviert das Uebrige extra dazu. Man serviert zum Nierenbraten eine Garnitur von verschiedenen Gemüschen, Spinat, Erbsen, Kartoffelgemüse u. s. w. oder auch verschiedene Salate.

851. Kalbsnierenbraten, gespickt.

Man schneidet die Nieren aus dem Braten, hackt die starken Rückgratknochen ab, häutet und spickt ihn mit dürrem Speck, wickelt den Lappen auf und befestigt ihn mit kleinen Hölzchen oder schneidet ihn ganz ab. Dann bestreut man das Fleisch mit Pfeffer, Salz und Nelken und legt ihn eine Stunde oder über Nacht in Essig, worin sich 1 Zwiebel, Lorbeerblatt und einige Zitronenrädchen befinden. Hierauf wird er in einer Kasserole gelb angebraten, die Beize und etwas Fleischbrühe daran gegossen und in diesem Fond etwa 1 Stunde gedämpft, worauf man ihn zum Glacieren mit etwas saurem Rahm in den Ofen giebt, die Sauce passiert und über den geschnittenen und angerichteten Braten giebt.

852. Kalbsschlegel

(siehe Tafel VI und VII).

Der Kalbsschlegel (Taf. VII A), als solcher ganz gebraten auf die Tafel gebracht, wird, nachdem der Schlußknochen losgelöst ist, rein abgewischt, der Knieknochen abgehauen und der Rohrknochen etwas gestutzt, sodann, wie unten beschrieben, gebraten, oder aber fein abgehäutet, gespickt und so fertig gemacht.

Allein der Schlegel bietet, zerlegt in kleinere Teile, der Hausfrau manche Abwechslung. Bei der nun zu beschreibenden Zerlegung zerfällt der Schlegel (Taf. VII A) in 3 Teile. a) In die Schale, sogenannte obere oder dünnere Schale, welche die Außenseite desselben bildet. b) In das Fricandeau oder die untere, dickere Schale, welche nach innen liegt und c) in die Nuß, welche zwischen diesen beiden liegt und den Raum vom Knieknochen bis zum Schlußknochen einnimmt. Das Trennen in die einzelnen Teile erleichtert sich dadurch sehr, daß die Muskeln, die sich leicht trennen lassen, den eigentlichen Weg dazu angeben.

Man schneidet mit einem scharfen Messer, dem gut wahrnehmbaren Streifen folgend, der sich an der Seite des Schlegels vom Schwanz bis zum Knieknochen hinzieht, von unten zwischen der dicken unteren und der dünnen oberen Schale anfangend bis gegen den Knieknochen, indem man zwischen den Muskeln das Fleisch teilt, wie die punktierte Linie der Figur zeigt. Vom Knieknochen aus setzt man den Schnitt abwärts fort, dem Rohr folgend gegen den Schlußknochen, auch hier dem wahrnehmbaren Muskelstreifen folgend. Durch dieses Verfahren schneidet man die untere dicke oder Fricandeauschale b aus dem Schlegel. Anschließend an das Fricandeaustück liegt die Nuß c. Man löst das Fleisch vom Rohr ab, fortfahrend bis zum Kniegelenk (s. punkt. Linie), das man durchschneidet, und trennt sodann dem Rohr entlang (s. Figur punktierte Linie), dem wahrnehmbaren Streifen abwärts folgend bis zu den zwei Pfeilen, die Nuß c vom oberen Teil der Schale a. Die obere Schale a liegt nun frei und wird durch einen Schnitt vom Sprunggelenk gegen das Kniegelenk (s. punkt. Linie), vom Knochen oder Storzen d vollends losgetrennt.

Bei den nun folgenden, beschriebenen einzelnen Teilen des Schlegels und dessen Verwendung soll nicht gesagt sein, daß sich die Hausfrau streng daran zu halten hat, sondern es soll nur gezeigt werden, wozu die einzelnen, zerlegten Teile sich am besten eignen und gebraucht werden können. Es kann also

Tafel VII.

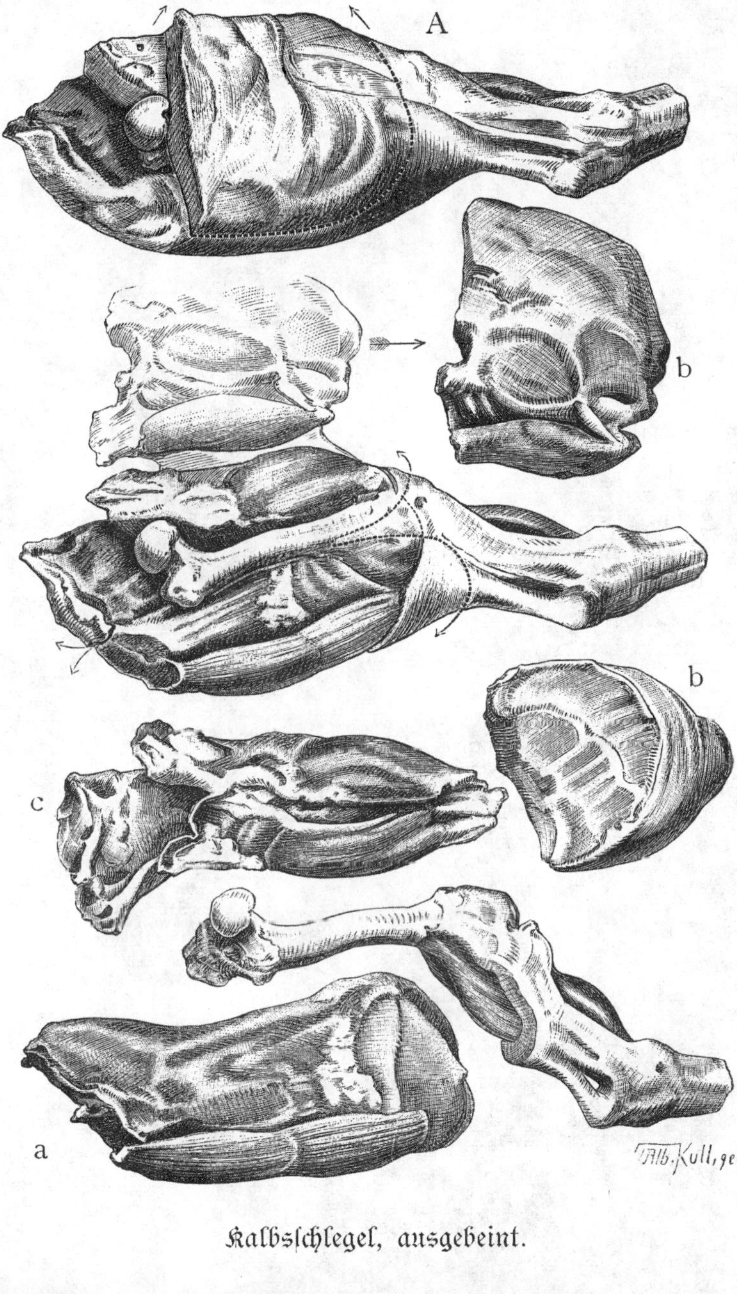

Kalbsschlegel, ausgebeint.

ebenso gut die obere, dünne Schale gespickt werden, als wie die dazu sich besser eignende dickere, untere, oder man kann ebenso gut ein Schnitzel aus der unteren und oberen Schale herausschneiden, als wie allein nur aus der Nuß.

853. Kalbsschlegel, gebraten.

Der, wie oben beschrieben, zugerichtete Kalbsschlegel wird gesalzen und in ein Bratgeschirr mit Zwiebelscheiben und 150 Gramm Butter gegeben. Man bedeckt den Schlegel mit einem doppelten Butterpapier, gießt einige Löffel Wasser an denselben und bratet ihn während 2 Stunden unter fortwährendem Begießen; nach dieser Zeit entfernt man das Papier, giebt ihm eine schöne Farbe und ist der Braten weich, wird er in schöne Scheiben geschnitten und angerichtet. Den Fond läßt man leicht anbraten, schüttet die Butter ab und kocht denselben mit Fleischbrühe oder guter Jus auf. Will man die Jus etwas dicker haben, so staubt man Mehl auf. Man giebt die Sauce durch ein Sieb und serviert sie in einer Saucière zu dem Schlegel.

854. Kalbsschlegel, gedämpft und gebeizt.

Der Kalbsschlegel gerichtet und gespickt, wie oben beschrieben, wird in ein irdenes Geschirr gelegt. 1 Zwiebel, 1 gelbe Rübe, ½ Sellerie werden in Stücke geschnitten und mit Lorbeerblatt, Gewürznelken und Pfefferkörner in 100 Gramm Butter leicht geröstet, mit ½ Liter Essig aufgefüllt, gekocht und, wenn erkaltet, auf den Schlegel gegossen. In dieser Marinade läßt man den Schlegel einen Tag stehen, giebt ihn mit der Marinade zum Dämpfen in ein tiefes Geschirr mit Deckel, salzt ihn und läßt ihn etwa 1½—2 Stunden dämpfen, deckt ihn sodann auf und glaciert ihn schön braun im heißen Ofen. Den Fond läßt man anbraten, staubt ihn mit Mehl auf, kocht ihn mit Fleischbrühe oder Jus auf, giebt, wenn die Sauce nicht pikant genug ist, Zitronensaft dazu und passiert die Sauce, welche man extra zum aufgeschnittenen Schlegel serviert.

855. Kalbsschlegel, gedämpft mit saurem Rahm.

Wird ebenso behandelt, wie vorhergehend beschrieben. Beim Glacieren giebt man einige Löffel sauren Rahm über denselben, begießt ihn gut damit und kocht den Fond mit ½ Liter saurem Rahm und etwas Fleischbrühe oder Jus auf. Oder giebt man einige Löffel fertiger Espagnole dazu. Um die Sauce pikanter zu machen, giebt man etwas Zitronensaft dazu.

Man serviert dazu Maccaroni, alle Arten von Klößen, Spatzen, Kartoffelpurée, Salate u. s. w.

856. Kalbsschlegel am Spieß.

Der Kalbsschlegel wird zugerichtet, wie oben beschrieben, doch muß er mindestens 3 Tage nach dem Schlachten, um mürbe zu werden, gelegen haben. Nachdem er mit frischer Butter stark bestrichen und in Papier eingebunden, wird er bei schwachem Feuer am Spieße gebraten. Nach etwa zwei Stunden wird das Papier abgelöst, der Schlegel gesalzen und gepfeffert und noch eine halbe Stunde, bei fleißigem Spießwenden, einem raschen Feuer ausgesetzt. Ist das Fleisch schön braun, wird er abgenommen und aufgetragen.

857. Kalbsschlegel, gedämpft mit süßem Rahm.

Ein gespickter, aber nicht marinierter Schlegel wird gedämpft, wie oben beschrieben, beim Glacieren mit ¼ Liter süßem, dickem Rahm übergossen, der Bratenfond alsdann, wenn der Schlegel weich ist, mit ½ Liter süßem Rahm und einigen Löffeln Espagnole aufgekocht und zum Fleische serviert.

858. Kalbsschlegel mit Sardellen.

Ein Kalbsschlegel wird mit Speck und Sardellen gespickt, gedämpft, wie oben beschrieben. Den Fond kocht man mit etwas Weißwein auf, giebt einige Löffel Jus oder Fleischbrühe, sowie Espagnole zum Aufkochen dazu, passiert die Sauce und giebt vor dem Anrichten in dieselbe ein Stück Sardellenbutter nach und nach hinein.

859. Kalbsschale, gebraten. (Einfacher Kalbsbraten.)

Es wird ein passendes Stück von der Schale (Taf. VII a oder c) geklopft und mit Salz und Pfeffer eingerieben. In eine Kasserole giebt man ein Stück Butter und einige Scheiben Zwiebel, das Fleisch dazu und bratet es auf beiden Seiten rasch an, giebt etwas Wasser darauf und läßt es gut zugedeckt dämpfen; schiebt den Braten in den Backofen und bräunt ihn dort unter recht fleißigem Uebergießen. Vom Fond schüttet man das Fett ab, streut etwas Mehl auf, löscht mit Fleischbrühe ab, gießt ihn durch ein Sieb und giebt ihn auf den angerichteten Braten.

860. Kalbsschale, gedämpft.

Für 5 bis 6 Personen nimmt man 3 Pfund Kalbfleisch von der Schale, (Taf. VII a) reibt es, nachdem es vorher geklopft und gewaschen worden, mit Pfeffer und Salz ein, macht in einer Kasserole 60 Gramm Butter heiß, legt das Fleisch hinein, bratet es auf beiden Seiten gelb, überstreut es mit einem kleinen Kochlöffel Mehl und läßt dies auch gelb werden; hierauf gießt man ein Glas Wein und ebenso viel Wasser daran, giebt ein Lorbeerblatt, 2 Zitronenrädchen und 1 Zwiebel in 4 Teile geschnitten dazu und läßt es kochen; sollte die Sauce dick werden, ehe das Fleisch weich ist, so wird noch ein wenig Wasser daran gegossen; bei dem Anrichten gießt man die Sauce durch ein Sieb und giebt sie über das Fleisch.

861. Kalbsschale in Rahmsauce.

Die Kalbsschale (s. Taf. VII a oder c) wird behandelt, wie oben beschrieben. Wenn dieselbe beinahe weich ist, giebt man einige Löffel sauren Rahm zu dem Braten, giebt denselben in den Ofen und glaciert ihn schön gelb; man gießt den Fond ab, entfettet ihn, läßt ihn noch etwas einkochen, giebt etwas leicht in Butter angeröstetes Mehl dazu, sowie einige Löffel guter Bratenjus und passiert diese Sauce über die Schale.

862. Kalbsschale, mariniert und gedämpft.

Man legt eine Kalbsschale (Taf. VII a oder c), welche man geklopft, gehäutelt und mit Speck gespickt hat, in eine Schüssel und giebt folgende Marinade heiß über dieselbe. 1 Glas Essig, 1 Glas Weißwein kocht man mit einigen Scheiben Zwiebeln und Rüben, einigen Zitronenscheiben, Salz, Pfeffer und Nelken auf und giebt dies auf die Schale. Nach einer oder zwei Stunden giebt man die Schale in eine Kasserole mit heißer Butter und bratet dieselbe auf beiden Seiten an, gießt die Hälfte der Marinade, sowie etwas Fleisch und Bratenbrühe daran, dämpft sie in dieser Brühe und giebt sie zum Glacieren in den Ofen. Den Fond seiht man durch, entfettet ihn, giebt einige Löffel sauren Rahm, etwas in Butter gelb geröstetes Mehl sowie Fleisch und Bratenjus dazu und passiert diese dickliche Sauce über das Fleisch.

Man serviert Maccaroni, Spatzen, Kartoffelpurée u.s.w. dazu.

863. Kalbfleisch, eingemacht.

Siehe Abschnitt 13.

864. Kalbsfricandeau.

Das Fricandeaustück (Taf. VII b) wird von seiner oberen Haut befreit, etwas geklopft und mit geräuchtem Speck gespickt. In eine Kasserole mit Deckel giebt man 1 Zwiebel, etwas Wurzel und Sellerie, Lorbeer und Pfefferkörner, sowie den Abfall des Fricandeaustückes, einige Stückchen rohen Schinken und ein Stück Butter, salzt dasselbe, giebt einige Löffel guter Jus und Fleischbrühe dazu, daß nur die gespickte Oberseite frei ist, giebt ein Butterpapier darüber, deckt den Deckel darauf und dämpft das Stück während 1—1½ Stunden, worauf man den Deckel abnimmt und im Ofen dasselbe in seinem eigenen Safte schön braun glaciert. An den Fond giebt man 1 Glas Weißwein und einige Löffel Espagnole zum Aufkochen, passiert die Sauce, giebt etwas über das aufgeschnittene Fleisch und die übrige Sauce extra in einer Saucière dazu.

Zum Fricandeau serviert man: Spinat, Sauerampfer, Spargeln, Spargelspitzen, Morcheln, Champignons, Kartoffelpurée, Maronenpurée oder man giebt ein braunes Ragout (financière) oder ein weißes (Toulouse) dazu. Auch eine zusammengestellte Garnitur, von Gemüschen à la jardinière oder macédoine paßt sehr gut dazu. Außerdem Maccaroni, Reis, Risotto u. s. w.

865. Kalbsfricandeau mit Tomaten.

Zu dem zu dämpfenden Fricandeau giebt man zerschnittene und ausgedrückte Tomaten, welche man mit demselben fertig dämpfen läßt und beim Passieren der Sauce mit derselben durchstreicht und extra serviert.

866. Kalbsfricandeau mit saurem Rahm.

Man mariniert das gespickte Fricandeau, wie in Nr. 862 beschrieben, und dämpft es in dieser Marinade. Beim Glacieren giebt man ½ Liter sauren Rahm dazu, macht vom Fond mit etwas saurem Rahm, guter Jus und Espagnole eine Sauce, welche man passiert und dazu serviert.

867. Kalbsgoulasch, ungarisch.

Das Fleisch vom Schlegel, vom Bug oder Hals wird entbeint und gewürfelt, in heißer Butter mit Pfeffer und Salz, etwas Zitronenschale, gehackten Zwiebeln, Schnittlauch und Petersilie 20 Minuten in zugedeckter Kasserole gedämpft; man stäubt sodann einen kleinen Kochlöffel Mehl ein, giebt ¼ Liter sauren

Rahm, 1 Prise Paprikapfeffer hinzu und läßt alles noch etwa 10 Minuten kochen, worauf man das Goulasch serviert.

868. Kalbsgoulasch mit brauner Sauce.

Man bereitet dieses ebenso zu wie das vorhergehende, giebt aber statt des Mehls einige Löffel fertiger Espagnole und anstatt des sauren Rahms 1 Glas Weißwein daran.

869. Kalbshachis.

Man verwendet hiezu Bratenreste, welche man fein wiegt, wie auch einige ausgegrätete Sardellen, 1 Löffel Kapern, Petersilie und einige Schalottenzwiebeln. Letztere werden mit etwas Butter auf dem Feuer angeröstet, mit 1 Eßlöffel Mehl aufgestaubt und mit etwas Kalbsbratensauce und Fleischbrühe zu einer dicklichen Sauce eingekocht; diese würzt man mit etwas Zitronensaft, Pfeffer und Salz, giebt das gewiegte Kalbfleisch dazu und läßt alles zusammen einigemale aufkochen. Beim Anrichten giebt man das Hachis in eine tiefe Schüssel und garniert es mit Brotkroutons oder Butterteigfleurons, auch giebt man gerne verlorene Eier oder kleine Pfannkuchen dazu. Als Pastetchenfülle findet dieses Hachis auch gute Verwendung.

870. Kalbshachis für Kranke.

Von einem Stück gebratenem Kalbfleisch wird alle Haut und Fett entfernt und sodann sehr fein gewiegt. Eine gute, weiße Sauce, mit einer alten Henne ausgekocht, wird dicklich eingekocht, mit einigen Eigelb abgezogen und das gewiegte Fleisch darin aufgekocht, leicht abgeschmeckt und serviert.

871. Kalbfleischklopse.

2 Pfund Kalbfleisch von der Nuß oder der Schale wird von aller Haut und den Sehnen befreit und mit 50 Gramm frischem Speck oder Nierenfett fein gewiegt. Ebenso wird 1 Zwiebel, Petersilie, Kapern fein gewiegt und in einem Stückchen Butter gedämpft. Dies giebt man zu dem gewiegten Fleisch, ebenso ein eingeweichtes und gut ausgedrücktes Milchbrot und mischt das Ganze mit Pfeffer, Salz, etwas Muskatnuß und 2 ganzen Eiern gut untereinander, formt von dieser Masse runde, flache, gedrückte, nicht zu dicke Klopse, welche man in Eiweiß und Panierbrot oder auch nur in Mehl umwendet, in heißer Butter fertig macht und mit guter Bratenjus in einer Sauciere dazu serviert. Man giebt die Klopse als Beilage zu Gemüse oder Kartoffelpurée.

872. Kalbfleischkuchen.

Ein Kuchenblech wird mit einem 7mal geschlagenen Butterteig ausgelegt, und in dieses ein Hachis, wie in Nr. 869 beschrieben, eingefüllt. Aus dem Teig werden fingerdicke Streifen geschnitten und diese netzartig über das Hachis gelegt, mit Eigelb am Rand festgemacht und sodann noch ein Streifen um den Rand gelegt und festgedrückt, der Blätterteig mit Eigelb bestrichen, auf das Hachis ein wenig zerlassene Butter geträufelt und etwa ½ Stunde in heißem Ofen gebacken. Man serviert eine fertige, mit Zitronensaft pikant gemachte Buttersauce dazu.

873. Kalbsnuß.

Dieser schon früher beschriebene Teil des Schlegels (Taf. VII c) wird behandelt, wie bei der Schale und dem Fricandeau angegeben ist, und die daselbst gegebenen Vorschriften und Rezepte sind auch hier maßgebend.

874. Kalbfleischragout.

Siehe Abschnitt 13.

875. Kalbfleischreste in weißer Sauce.

Die Reste von einem Schlegel werden von der Haut befreit und in hübsche Scheiben geschnitten. Unterdessen kocht man eine gute, weiße Sauce aus, kocht dieselbe, wenn alles Fett herausgekocht, dick ein, legiert sie mit 3 Eigelb, etwas süßem Rahm und Butter, etwas Zitronensaft und Salz und passiert diese Sauce über die Kalbfleischscheiben, schwingt sie unter die Sauce, läßt es einmal aufkochen und hält sie im Wasserbad bis zum Servieren heiß, worauf man sie in tiefer Schüssel anrichtet, mit Brotcroutons oder Teigfleurons garniert. Eine Handvoll gekochter Champignons gut abgetrocknet, können auch dazu gegeben werden.

876. Kalbfleischreste in brauner Sauce.

Man schneidet die Reste, von der Haut befreit, in Scheiben. Die kleingehackten, übrigen Bratenknochen schwitzt man in etwas Butter und einer in Scheiben geschnittenen Zwiebel leicht an, giebt einen Löffel Mehl dazu, läßt dies leicht gelb anrösten und gießt dann einige Löffel Bratenjus, 1 Glas Weißwein, sowie Fleischbrühe daran und kocht diese Sauce zu einer dicklichen Sauce ein, passiert diese Sauce auf das Fleisch, läßt sie einmal aufkochen und giebt sie bis zum Anrichten ins

Wasserbad. Morcheln oder Champignons können dazu gegeben werden. Auch eignet es sich gut, dieses Gericht in einem Reisrand angerichtet, mit Teigfleurons verziert zu Tische zu geben. Auch breite Nudeln können dazu serviert werden.

877. Kalbsrouladen oder -Rouletten.

Die Nuß oder das Fricandeaustück wird enthäutet und aus diesem der Länge nach, etwa fingerdicke und dreifingerbreite Streifen geschnitten, die breitgeschlagen und tüchtig geklopft werden. Von den Abfällen des Fleisches wird eine Godiveau bereitet, wie Nr. 246 beschrieben, in welche etwas gehackte Kräuter, sowie süßer Rahm gerührt wird. Die Kalbfleischstücke werden aufgelegt, gesalzen, auf einer Seite mit Ei bestrichen und darauf etwa messerrückendick von der Godiveau gestrichen, sodann aufgerollt, mit Bindfaden umbunden und in eine tiefe Kasserole mit Deckel gegeben, nebst einigen Scheiben Zwiebeln und Wurzelwerk, sowie Gewürz, Salz und Butter, mit Fleischbrühe und Bratenjus übergossen und etwa ³/₄ Stunden langsam weich gedämpft. Zur Sauce nimmt man in Butter braun geröstetes Mehl, rührt dies mit dem Fond und etwas Zitronensaft an, läßt alles zusammen aufkochen und sämig werden, giebt die Rouladen auf eine runde Platte und richtet die Sauce darüber an. Oder man seiht die Brühe der Rouladen durch, läßt sie zur Hälfte einkochen, giebt einige Löffel Espagnole dazu, legt die Rouladen in die Sauce hinein, glaciert sie noch eine Zeit in heißem Ofen, schneidet die Bindfäden ab und serviert sie, nachdem man die dick eingekochte Sauce darüber gegeben hat.

878. Kalbsschnitzel.

Am besten schneidet man die Schnitzel aus der Nuß oder der Fricandeauschale (Taf. VII b und c). Man häutet das betreffende Stück ab und schneidet fingerstarke Stücke aus demselben, klopft sie und schneidet das überflüssige Fleisch ab, um ihnen eine hübsche Form zu geben. Die natürlichen, unpanierten Schnitzel (Schnitzel naturelle) werden, wenn sie geklopft und gesalzen, in einer schwarzen Pfanne in heißer Butter auf beiden Seiten etwa 10 Minuten gebraten oder mit Oel bestrichen auf dem Rost fertig gemacht. Es ist darauf zu achten, daß sie nicht ausbraten, da sie dadurch zähe und trocken werden. Die panierten Schnitzel wendet man in Eiweiß und Semmelbröſel um, drückt sie mit dem Messer platt, giebt ihnen schöne Form und backt sie schön krustig gelb in der Pfanne, in heißem Fett oder Butter. Zu beiden Arten giebt man etwas gute Kalbsbratenjus und ein Stückchen Zitrone. Man giebt die Schnitzel paniert oder naturelle gerne als Beilage zu den verschiedensten Gemüsen, als Erbsen, Artischocken, Karotten, Spargelspitzen u. s. w.

879. Kalbsschnitzel mit Champignons.

Die Schnitzel werden geschnitten, wie oben beschrieben, geklopft, gesalzen, gepfeffert und in einer schwarzen Pfanne oder einem Sautoir auf lebhaftem Feuer in heißer Butter gar gemacht, so daß sie auf beiden Seiten eine schöne, blonde Farbe erhalten. Hierauf richtet man die Schnitzel auf der Platte im Kranze an, gießt an den Fond einige Löffel guter Jus, etwas Zitronensaft und gehackte Petersilie. 1 Pfund Champignons hat man in Butter sautiert, giebt etwas Zitronensaft dazu und giebt diese in die Mitte der Schnitzel. Ehe man die Jus auf die Schnitzel giebt, rührt man noch ein Stückchen Butter unter dieselbe.

880. Kalbsschnitzel fines herbes.

Einige Schalottenzwiebeln oder andere Zwiebeln, etwas Petersilie, Estragon, Kerbelkraut, eine Hand voll Champignons und etwas Zitronenschale werden in 100 Gramm Butter gedämpft. Schnitzel naturelle werden in heiße Butter gelegt, diese Kräuter dazu gegeben und mit diesen auf jeder Seite etwa 3 Minuten angebraten, mit Salz und Pfeffer bestreut und sodann auf runder Platte im Kranze angerichtet. Die Kräuter kocht man mit 1 Glas Weißwein etwas ein, giebt einige Löffel brauner Sauce, sowie etwas Zitronensaft dazu, kocht sie noch einmal auf und gießt sie über die Schnitzel.

Man giebt zu diesen Schnitzeln gerne ein Purée von Kartoffeln, Kastanien, Sellerie u. s. w.

881. Kalbsschnitzel, gespickt.

Geschnittene und geklopfte Schnitzel werden gespickt und gesalzen. In einer Sautépfanne wird Butter heiß gemacht und in dieser in feine Scheiben geschnittene Zwiebeln gelblich gedünstet, worauf man die Schnitzel hineinlegt, die Kasserole bedeckt und etwa 10 Minuten bei einmaligem Wenden dämpfen läßt. Man giebt an die Schnitzel 1 Glas Weißwein und einen Löffel Jus und glaciert sie hübsch braun im Ofen, worauf man sie anrichtet und entweder in die Mitte ein Gemüse giebt, oder Maccaroni, breite Nudeln, Kartoffelpurée u. s. w. Den Fond passiert man, kocht einen Löffel Espagnole damit auf und giebt dies über die Schnitzel.

882. Kalbsschnitzel fricassé.

Die Schnitzel naturelle werden in Butter leicht sautiert, so daß sie nicht braun werden. In eine gut ausgekochte Allemande, welche man mit einigen Eigelb und süßem Rahm abgezogen hat, giebt man den gezogenen Fond der Schnitzel, etwas Zitronensaft dazu, schlägt vor dem Anrichten unter die Sauce noch etwas Butter und giebt diese auf die Schnitzel. Man giebt dazu sautierte Champignons oder Morcheln oder ein weißes Ragout von Brieschen.

883. Kalbsschnitzel mit Gansleberpurée.

Die Schnitzel naturelle werden, wie oben gesagt, zubereitet. Ein fertiges Gansleberpurée giebt man in die Mitte der im Kranze angerichteten Schnitzel. Den Fond der Schnitzel kocht man mit etwas Weißwein ein, giebt einige Löffel Espagnole und guter Jus dazu, kocht sie sämig, passiert sie und giebt, bevor man sie auf die Schnitzel gießt, noch zwei gehackte Trüffeln unter dieselbe.

884. Kalbsschnitzel, gedämpft.

Ein gerichtetes Schnitzel naturelle giebt man in eine Beefsteakkasserole in heiße Butter, salzt und pfeffert es und giebt etwas Zitronensaft dazu. Ist das Schnitzel auf beiden Seiten leicht angedämpft, giebt man etwas gute Jus dazu, einen kleinen Löffel Espagnole und Weißwein, und macht das Schnitzel in der Sauce vollends fertig, in welcher man es auch serviert.

Man kann dieses Schnitzel auch mit Mehl aufstauben oder, wie oben gesagt, mit saurem Rahm fertig machen.

885. Kalbsschnitzel à la Holstein.

Panierte Schnitzel werden schön zubereitet, auf die Platte angerichtet, auf jedes Schnitzel ein rund ausgestochenes Setzei gelegt, dies und das Schnitzel geschmackvoll mit Kapern, Sardellen, roten Rüben, Mixedpicles garniert, etwas Kalbsbratenjus daran gegeben und serviert.

886. Kalbsschnitzel, italienisch.

Werden wie die Kalbskoteletten Nr. 844 behandelt.

887. Kalbsschnitzel, milanaise.

Werden wie die Kalbskoteletten Nr. 845 behandelt.

888. Kalbsschnitzel, östreichische.

Schnitzel naturelle werden gespickt und gesalzen und in eine flache Kasserole mit zerlassener Butter gelegt, dazu etwas Fleischbrühe gegossen, eine in Scheiben geschnittene Selleriewurzel, eine gelbe Rübe, eine Zwiebel, etwas Zitronenschale, ein Lorbeerblatt gegeben und damit 20 Minuten lang gut gedämpft. Vor dem Anrichten werden die Schnitzel mit saurem Rahm bestrichen, glaciert und angerichtet. Zu dem Fond giebt man einen Löffel Bratenjus und Espagnole, kocht ihn damit auf und giebt ihn über die Schnitzel.

889. Kalbsschnitzel mit Paprika, ungarisch.

Die geschnittenen und gesalzenen Schnitzel werden auf dem Rost oder in der Pfanne von beiden Seiten hellgelb angebraten, dann weggenommen und mit etwas Butter, einem Eßlöffel Fleischbrühe, einigen Tropfen Zitronensaft und einem Spritzchen Paprika in einem Sautékasserol gedämpft. In der Zwischenzeit werden zwei fein gehackte Zwiebeln in Butter gedämpft, mit saurem Rahm zu einem dicken Mus eingekocht und dieses durch ein Sieb gestrichen. Die weichgedämpften Schnitzel giebt man in eine andere Kasserole. Den Saft derselben kocht man mit dem Zwiebelmus, etwas saurem Rahm und Zitronensaft zu einer dicklichen Sauce ein, giebt noch etwas Paprika zu, giebt das Ganze auf die Schnitzel und kocht sie darin noch einmal auf, worauf man sie anrichtet und mit der Sauce übergießt.

Einzelne Paprikaschnitzel sind sehr gut in den Beefsteakkasserolen auf die oben beschriebene Art herzustellen.

890. Kalbsschnitzel, Wiener.

Die Wienerschnitzel sind bekannt, als panierte Schnitzel mit einer Zitronenscheibe serviert. Man wendet die geklopften und gesalzenen Schnitzeln in Mehl und sodann in Eiweiß und Semmelbröſel um, klopft sie mit einem Messer und giebt ihnen Form, worauf man sie in schwimmendem Fett herausbackt, auf einem Tuch abtropfen läßt und auf der Platte mit Zitronenscheiben und Petersilie garniert, serviert. Man kann eine Bratenjus in einer Saucière dazu servieren.

891. Kalbsschnitzel mit Schinken.

Schnitzel naturelle werden in Butter sautiert, ebenso gleich große, in Scheiben geschnittene Schinkenstücke, welche die Form der Schnitzel haben. Den Fond der Schnitzel kocht man mit etwas Zitronensaft auf, giebt etwas Weißwein, sowie Espagnole und gute Jus dazu. Beim Anrichten giebt man ein Schnitzel und dazwischen eine Scheibe Schinken und so fortfahrend auf die Platte, giebt die Sauce darauf und serviert.

892. Kalbsschnitzel mit Sardellen.

Die Schnitzel werden zubereitet, wie die Wienerschnitzel. Beim Anrichten giebt man auf jedes Schnitzel kreuzweise gelegte Streifen von entgräteten Sardellen und in die einzelnen Zwischenräume Kapern, garniert sie mit Zitronenscheiben und serviert sie mit einer Saucière Bratenjus.

893. Kalbsschwänze, gedämpft.

Etwa 6 Kalbsschwänze werden in 2 Teile geschnitten, gewässert und blanchiert. In eine Kasserole giebt man eine Zwiebel, 1 gelbe Rübe, Sellerie, Salz und Pfeffer, sowie die Kalbsschwänze, giebt 2 Glas Weißwein, sowie 2 Löffel Fleischbrühe und 1 Löffel Bratenjus dazu und läßt das Ganze etwa 2 Stunden kochen, worauf man die Schwänze herausnimmt, den Fond passiert, entfettet und mit einigen Löffeln Espagnole zu einer dicklichen Sauce einkocht, welche man über die angerichteten Schwänze giebt.

Man serviert sie zu allen Arten Kohl, zu Linsen, Erbsenpurée u. s. w.

894. Kalbsstorzen.

Ein Kalbsstorzen (s. Tafel VI, Nr. 8) wird gewaschen, der Knochen etwas gestutzt und entweder in der Fleischbrühe im Fleischtopf, oder aber mit Wasser, Salz und Gewürz halb weich gekocht. In eine Kasserole giebt man etwas Butter und in Scheiben geschnittene Zwiebel, giebt den Storzen dazu, läßt ihn anbraten, gießt ihn mit etwas Fleischbrühe und Bratenjus ab und dämpft ihn im Ofen weich, glaciert ihn in seinem Fond und serviert ihn mit der Jus, in welcher er fertig gedämpft wurde.

Oder man legt ihn, wenn er glaciert ist, auf einen Plafond, giebt den dick eingekochten Fond darauf, streut Semmelbröfel auf den Storzen und läßt ihn im Ofen gratinieren.

In Schleimsuppen gekocht, wird er in der Krankenküche gerne verwendet und in die Krankensuppen als Einlage geschnitten.

895. Kalbsvögel.

Aus einer Kalbsschale werden dünne Streifen geschnitten und diese gut geklopft. Ein Stück geräuchter Speck, etwa 50 Gramm, wird in kleine Stücke geschnitten, ebenso eine halbe Kalbsniere. Dies wird fein gehackt mit etwas Petersilie, 2 Löffel Semmelbrösel und 2 ganzen Eiern, Pfeffer und Salz; man bestreicht die Fleischstreifen mit zerlassener Butter und streicht die Farce darauf, rollt dieselben auf, umbindet sie und setzt sie in eine mit Butter ausgestrichene Kasserole, in welcher man sie etwa ½ Stunde mit etwas Fleischbrühe und Bratenjus dämpfen und glacieren läßt. Den Fond fettet man ab, gießt ein Glas Wein zu und kocht die Sauce mit etwas Espagnole aus. Man richtet die Vögel an und giebt die Sauce darüber.

Die Streifen kann man auch mit folgender Kräuterfarce füllen. Etwa 6 Schalotten, Petersilie, 10 Champignons, Estragon und Kerbel werden fein gewiegt und in 50 Gramm Butter gedämpft, auf die Streifen gestrichen und fertig gemacht, wie oben beschrieben.

896. Kalbszunge, gedämpft.

Die Kalbszungen werden gewaschen und blanchiert, sodann in einer Kasserole mit Gemüse und Gewürz, 1 Glas Rotwein, Fleischbrühe und Bratenjus gekocht, nach etwa zwei Stunden, wenn sie weich sind, abgezogen und bis zum Gebrauch warm gestellt. Den Fond kocht man ein, giebt einige Löffel Espagnole dazu, schneidet die Zungen in Scheiben, richtet sie im Kranze an und giebt die Sauce darüber. Man giebt auch eine Sauce fines herbes oder Tomate dazu.

897. Kalbszunge au gratin.

Die gekochten und abgezogenen Zungen werden in Scheiben geschnitten und auf einer mit Butter bestrichenen Gratinschüssel im Kranz aufgelegt. Eine dick eingekochte fines herbes Sauce oder auch Zwiebelsauce streicht man über die Zungenscheiben, streut Semmelbrösel darauf, giebt einige Stückchen Butter darüber und gratiniert das Ganze etwa 20 Minuten im Ofen.

898. Kalbszunge in Papilloten.

Man behandelt die Kalbszungen und verfährt ebenso, wie in Nr. 775 bei Ochsenzunge beschrieben.

899. Kalbszungen, gekocht.

Die gewässerten und blanchierten Kalbszungen werden in der Fleischbrühe weichgekocht, die Haut abgezogen, in Scheiben geschnitten und mit einer Sauce piquante oder Zwiebelsauce serviert.

C. Hammel- und Lammfleisch.

Die Bezeichnung der verschiedenen verwendbaren Fleischteile des Hammels siehe auch Seite 35 Fig. 115.

Fig. 357 und 358.

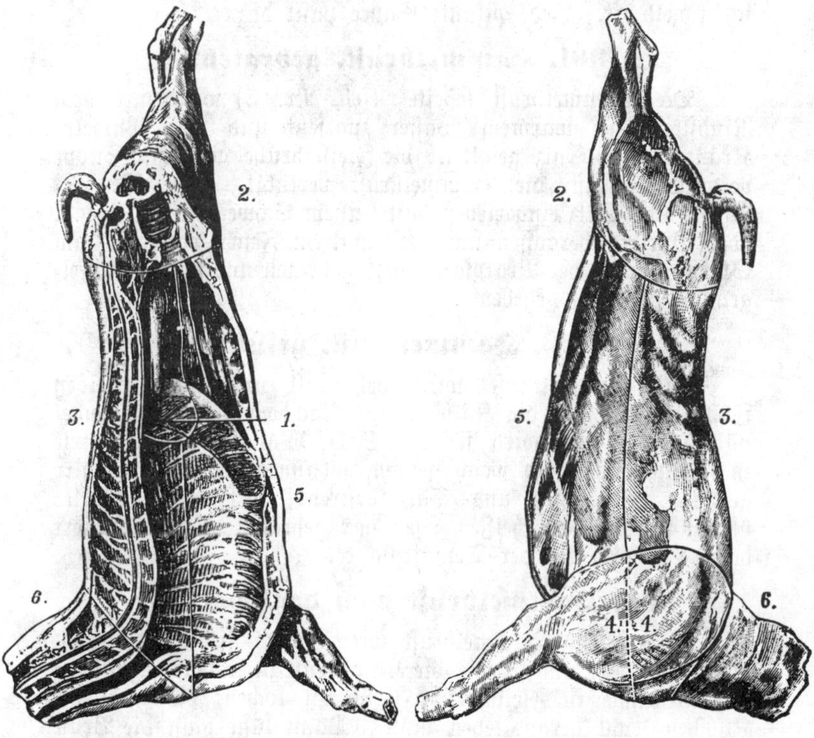

Der Hammel und seine Teile.

1—3. Rückennierenstück mit Filet und Nieren, Karbonnaden u. Steaks.
2. Schlegel oder Keule.
3. Ganzer Rücken, Carré, Koteletten.
4. Bug.
5. Brust mit Lappen.
6. Hals.

Beim Servieren des Hammelfleisches ist hauptsächlich darauf zu sehen, daß dasselbe sehr heiß auf den Tisch kommt und ist es deshalb auch notwendig, heiße Teller zu benützen.

900. Hammelfleisch mit Kruste, gebraten.

Ein Stück Fleisch (Seite 401, Nr. 4 und 6) wird mit kaltem Wasser und Salz zugesetzt und wohl zugedeckt langsam 2 bis 3 Stunden gekocht; es wird dann das meiste Wasser eingekocht und das Fleisch gut durchgekocht sein. Man nimmt es nun heraus, schneidet es nach dem Abkühlen hübsch zu, bestreut es mit feingehackter Petersilie, Salz und Pfeffer, bespritzt es stark mit zerlassener Butter, streut geriebenes Milchbrot darauf und bratet es langsam im Ofen, bis das Brot schön gelb ist. Jede pikante Sauce paßt dazu

901. Hammelbrust, gebraten.

Die Hammelbrust (Seite 401, Nr. 5) wird mit dem Rindfleisch in warmem Wasser zugesetzt und mit Wurzeln, Kräutern und Salz gesotten; die Fleischbrühe wird zur Suppe verwendet. Ist die Hammelbrust verkühlt, wird sie mit Pfeffer und Salz eingerieben, mit heißem Schweinefett, Olivenöl oder Butter übergossen und bei mattem Feuer entweder am Spieß oder in der Bratpfanne gelb gebraten und mit Kartoffelgemüse zu Tisch gegeben.

902. Hammelbrust, gefüllt.

Die Hammelbrust wird behandelt und mit derselben Fülle gefüllt wie die Kalbsbrust. Nachdem die Brust zugenäht worden ist, wird sie mit Salz, Wurzeln und Gewürze in Fleischbrühe halb weich gekocht, sodann in ein Bratgeschirr gelegt, mit Pfeffer und Salz bestreut, mit heißer Butter übergossen und im heißen Ofen gar gebraten. Man serviert dazu eine pikante oder Tomatensauce.

903. Hammelbrust nach deutscher Art.

Eine schöne Hammelbrust wird, ohne sie auszubeinen, durchgebrochen, um sie wie die Kalbsbrust zu füllen, zuzunähen und so lange in Fleischbrühe weich zu kochen, bis man die Knochen leicht herausziehen kann. Dann läßt man die Brust erkalten, schneidet fingerbreite Tranchen und bratet dieselben in einer Pfanne auf beiden Seiten schön gelb oder, nachdem man die Tranchen in zerlassener Butter umgekehrt, legt man sie auf den Beefsteakrost und bratet sie auf beiden Seiten. Gute Jus wird dazu gegeben.

904. Hammelbrust, paniert und gebraten.

Die Hammelbrust wird in der Fleischbrühe gekocht, bis die Knochen sich leicht lösen lassen, kalt gelegt und leicht gepreßt. Aus der Brust werden nun gleich große Stücke geschnitten, diese gesalzen und gepfeffert, in zerlassener Butter und sodann in Panierbrot gewendet und in heißer Butter in der Pfanne schön gelb gebraten.

Man serviert dazu eine Tomatensauce oder eine pikante oder Zwiebelsauce. Man kann diese Schnitten auch als Beilage zu Gemüsen geben.

905. Ragouts von Hammelbrust.

Siehe Abschnitt 13.

906. Hammelbug, gedämpft.

Ein schöner Hammelbug (siehe Seite 401, Nr. 4) wird ausgebeint wie der Kalbsbug, demselben eine längliche Form gegeben, gesalzen und mit Bindfaden gebunden und in einem tiefen Kasserol mit Wurzelwerk, Gewürz, einer Scheibe rohen Schinken, einigen Löffeln Fleischbrühe und guter Jus etwa ½ Stunde gedämpft, im Ofen glaciert und von dem entfetteten Fond entweder mit einer braunen Mehlschwitze oder einigen Löffeln Espagnole eine gute, kräftige Sauce gemacht, welche man beim Anrichten auf das Fleisch giebt.

907. Hammelbug, gebraten.

Der Hammelbug wird zugerichtet, wie vorher beschrieben, in einem Bratgeschirr mit einigen Zwiebeln, 1 Rübe, etwas Gewürz, ungefähr 1 Stunde oder 1½ saftig und kräftig gebraten; sodann nimmt man den Bug heraus, läßt den Fond anschlagen und gießt ihn mit etwas Fleischbrühe ab; derselbe wird sodann beim Anrichten über das Fleisch passiert oder extra zu demselben gegeben.

908. Hammelbug, gefüllt.

Ein Hammelbug wird ausgebeint, wie vorher gesagt, im Inneren gesalzen und mit einer Kalbfleischfarce oder Godiveau gefüllt und zugenäht. Hierauf wird verfahren, wie in Nr. 906 beschrieben.

Zur Sauce kann man etwas Tomatenpurée geben und den Bug mit Gemüschen à la jardinière garnieren.

909. Hammelbug nach türkischer Art.

Ein schöner Hammelbug (siehe Seite 401, Nr. 4) wird ausgebeint, um denselben zu füllen und zwar mit beifolgendem Reis. 250 Gramm Carolinareis wird sauber gewaschen, mit 125 Gramm frischer Butter, 1 kleinen Zwiebel, 1 kleinem Lorbeerblatt, 1 Nelke und 1 Löffel guter Bouillon langsam etwa ½ Stunde so gekocht, daß er auseinanderfällt. Dann werden 4 Eigelb und der ausgekochte Saft von einem Eßlöffel Safranspähnen mit einer Messerspitze spanischem Pfeffer (Kayennepfeffer) und etwas Salz darunter gerührt. Der Hammelbug wird hiemit gefüllt, zugenäht und ganz so behandelt, wie in Nr. 906 beschrieben.

In den entfetteten Fond giebt man etwas Tomatenpurée und Espagnole und giebt diese Sauce beim Anrichten über den Bug oder extra in der Saucière.

910. Hammelfleisch, einfach gebraten.

Ein Stück Hammelfleisch vom Schlegel, Bug oder Hals wird mit etwas Knoblauch oder Salbeiblättern eingerieben, gesalzen und gepfeffert; dann legt man das Fleisch in einen passenden Kasserol mit Deckel, gießt über das Fleisch 1 Liter Wasser und läßt es auf starkem Kohlenfeuer so lange kochen, bis das Wasser eingekocht und das Fleisch auf allen Seiten gelb anbratet. Hierauf gießt man noch etwas Wasser zu und dämpft das Fleisch, bis es weich ist. An den Fond giebt man etwas Mehl, rührt dies mit etwas Fleischbrühe auf und giebt diese Sauce zu dem Fleisch.

911. Hammelfleischschnitten von Resten.

Reste von gedämpftem oder gebratenem Hammelfleisch werden in Scheiben geschnitten, auf einer Gratinschüssel im Kranz angerichtet, mit einer dick gehaltenen Zwiebel- oder fines herbes- oder Champignonssauce überzogen, geriebenes Brot darauf gestreut und eine halbe Stunde im Ofen gratiniert.

912. Hammelfüße.

8 bis 10 Hammelfüßen werden die Haare abgesengt, jene in siedendem Wasser etwa 5 Minuten gebrüht und hierauf in kaltes Wasser gelegt. Mit Fleischbrühe, Wurzelwerk und Gewürz werden sie sodann während 3—4 Stunden weichgekocht, die großen Knochen ausgelöst, auf einer Platte angerichtet und mit einer Vinaigrette serviert.

913. Hammelfüße à la poulette.

Zu den, wie vorher beschrieben, gekochten Hammelfüßen, wird eine fertige Sauce poulette (Nr. 427) serviert, von derselben etwas über die Füße gegeben, gehackte Petersilie darüber gestreut und der Rest der Sauce in der Saucière dazu serviert.

Eine Tomaten- oder Zwiebelsauce, sowie eine Remoulade oder Ravigote kann auch zu den fertig gekochten Füßen serviert werden.

914. Hammelfüße, gebacken.

Siehe Abschnitt 12.

915. Hammelhachis.

Gedämpftes oder gebratenes Hammelfleisch (gedämpftes eignet sich besser) wird enthäutet und entnervt und mit einigen Schalotten und Petersilie, sowie Salz und Pfeffer leicht gehackt. Eine gehackte Zwiebel schwitzt man in heißer Butter hellgelb, giebt das hachierte Fleisch dazu, sowie einige Löffel Bratenjus und kocht das Ganze auf langsamem Feuer gut durch, bindet es mit einem Löffel Espagnole und richtet es auf runder Platte an. Man umlegt das Hachis mit gebackenen Brotcroutons oder verlorenen Eiern. Einige Löffel Tomatenpurée sind auch sehr gut dazu zu kochen.

916. Hammelhälse, gedämpft.

2 Hammelhälse (s. Seite 401, Nr. 6) werden aus den Knochen gelöst, die Nerven und Haut entfernt und das Fleisch gebunden, in einer Kasserole mit Wurzelwerk und Gewürz, sowie einigen Löffeln Fleischbrühe und guter Jus etwa 1½ bis 2 Stunden gedämpft und im Ofen glaciert. Vom Fond, den man entfettet, macht man mit einigen Löffeln Espagnole und Tomatenpurée eine gute Sauce und giebt diese auf die in Scheiben geschnittenen Hammelstücke.

Man serviert dazu Bohnen, weiße Rüben, weiße Bohnen oder Purée von Erbsen, Bohnen u. s. w.

917. Hammelhälse, gebraten.

Die Hälse werden gerichtet, wie vorher beschrieben, und in einem Bratgeschirr mit Wurzelwerk und Gewürz in Butter oder Fett gebraten. Den Bratenfond löscht man mit etwas Fleischbrühe ab und giebt ihn über das Fleisch.

918. Hammelhälse, gebacken.

Die Hälse werden weich gedämpft und sodann leicht gepreßt. Sind sie erkaltet, werden sie in fingerlange, zweifingerdicke Stücke geschnitten, in ein Bratgeschirr neben einander gelegt, mit dem Fond und mit zerlassener Butter oder Fett begossen, mit Reibbrot bestreut und in heißem Ofen gebacken. Ueber die angerichteten Hammelstücke giebt man etwas von der aus dem Fond gekochten Sauce und serviert ein Kartoffelpurée oder irgend ein Gemüse dazu.

919. Hammelherz.

Das Hammelherz wird ebenso zubereitet, wie das Kalbsherz, (siehe Seite 374, Nr. 802—804).

920. Hammelhirn.

Das Hammelhirn wird ebenso zubereitet wie das Kalbshirn, (siehe Seite 375, Nr. 805—808).

921. Hammelrücken.

Der Hammelrücken, (siehe S. 401, Nr. 1 und Einl. S. 35, Fig. 115) vom Schlußbein anfangend, erstreckt sich über das Nierenstück bis zur 3. oder 4. Rippe. Ist der Hammelrücken so herausgehauen, löst man die Knochen am Ende der Rippen über die Hälfte von der Haut ab und schlägt sie durch, den dadurch blosgelegten Fleischlappen schlägt man nun unter den Rücken, nimmt die Niere heraus und giebt dem Ganzen durch festes Binden mit Bindfaden ein schönes Ansehen. Hierauf wird der Rücken gesalzen in eine Bratpfanne mit Wurzelwerk und Gewürz gelegt, mit Fett übergossen und in gutem Ofen etwa 1—1½ Stunden unter sehr fleißigem Begießen gebraten. Den Fond läßt man anbraten, schüttet das Fett ab und löscht ihn mit Fleischbrühe und guter Jus ab. Am Spieß gebraten, wie er in England auf die Tafel kommt, bleibt der Braten am besten und saftigsten und braucht derselbe etwa 1 Stunde Bratenzeit.

Man garniert den fertigen und geschnittenen Hammelrücken mit verschiedenen Gemüsen à la jardinière, mit braisiertem Salat, glaciertem Sellerie oder Selleriepurée, den verschiedensten Arten von Kartoffeln, Croquetten u. s. w. und bleibt es dem Sinn und Geschmack der Hausfrau überlassen, hier eine hübsche Garnitur zusammenzustellen.

Der Hammelrücken vom Schlußbein bis zum Hals in zwei Hälften gespalten, bietet uns, in seine einzelne Teile zer=

legt, als Carré, Koteletten, Filets, Karbonnaden und Steaks eine gute und willkommene Abwechslung.

922. Hammelrücken, gedämpft.

Der Hammelrücken wird zugerichtet, wie vorher angegeben. In eine tiefe Bratpfanne giebt man Wurzelwerk und Gewürz, sowie Speck- und Schinkenscheiben, legt den Rücken hinein, giebt etwas gute Jus und Fleischbrühe dazu, bedeckt die Bratpfanne mit dem Deckel und läßt denselben etwa 1—1½ Stunden dämpfen, worauf man ihn im Ofen schön braun und krustig glaciert. Den Fond entfettet man und kocht mit etwas Espagnole und Tomatenpurée eine Sauce aus, welche man zu dem angerichteten Hammelrücken serviert.

923. Hammelrücken, mariniert.

Der Hammelrücken wird enthäutet und zum Spicken gerichtet, wenn er gespickt ist, einige Tage in eine nicht zu scharfe Marinade gelegt, wie sie schon einigemale und in Nr. 686 und 689 beschrieben worden ist. Beim Fertigmachen wird der Rücken entweder gedämpft oder gebraten und vom Fond mit etwas Marinade eine Sauce bereitet.

924. Hammelragout, Irish stew (s. S. 401, Nr. 1 u. 3).

Siehe Abschnitt 13.

925. Hammelcarré oder Rippenstück gebraten.

Von einem Rippenstück (s. S. 401, Nr. 3) hackt man die Rückgratknochen ab, haut die Rippen gleich lang, entfernt den Nerven und die Haut, welche das Fleisch bedeckt, und spickt das Fleisch schön mit Speck, giebt es in ein Bratgeschirr mit Wurzelwerk und Gewürz und bratet es mit Fett etwa ¾ bis 1 Stunde im Ofen. Den Fond kocht man auf und giebt ihn über die in Rippchen geschnittenen Hammelstücke; man giebt dazu ein grünes Gemüse oder Kartoffelpurée.

Am Spieß gebraten dauert die Bratenzeit etwa 40—50 Minuten.

926. Hammelkarbonnaden, gedämpft.

Karbonnade ist das zwischen der Keule und dem Carré oder Rippenstück liegende Stück, das beim Kalb als Nierenstück und beim Ochsen als Lendenstück bekannt ist.

Man entbeint die Karbonnade, indem man vom Rückgrat aus den Knochen so auslöst, daß auch das innen liegende kleine Filet mit dem großen Stück zusammenhängend bleibt. Hierauf schneidet man den Nerven an der Seite weg, ebenso die Haut und das Fett, welches die Lende bedeckt und spickt dieselbe gut mit Speck, schneidet die Lappen an der Seite kurz, rollt das Stück zusammen und bindet es. In eine tiefe Kasserole giebt man etwas Wurzelwerk und Gewürz, das Rippenstück dazu, sowie einige Löffel Fleischbrühe und gute Jus und dämpft das Stück etwa 1½ Stunden, glaciert es im Ofen, fettet den Fond gut ab, kocht ihn zur Hälfte ein, giebt einige Löffel Espagnole dazu und giebt diese Sauce zu dem in Scheiben geschnittenen Fleisch; Garnitur oder Beilage von Gemüsen wie bei Hammelcarré. Um die Karbonnade zu braten, kann man auch die Knochen nicht auslösen, sondern bratet sie mit denselben. Beim Zurichten derselben schlägt man den Lappen unter das Filet und bindet das Ganze. Zum Tranchieren löst man das Filet aus der Karbonnade, schneidet dieses in Scheiben und legt es wieder in seiner ursprünglichen Form auf den Knochen.

927. Hammelsteak (s. Seite 401, Nr. 1 und 3).

Die von der Karbonnade geschnittenen Stücke werden, ohne den Knochen zu entfernen, etwa 4 fingerdick von derselben abgeschnitten und abgehauen. Sodann werden diese Steaks halbiert, geschnitten, jedoch nicht durchgehauen, so daß beide Teile, durch den Knochen zusammengehalten, ein Ganzes bilden. Mit dem Fleischklopfer schlägt man das Fleisch auseinander, giebt ihm eine schöne Form, schneidet das überflüssige Fett und die Haut weg, salzt und pfeffert es und macht die Steaks auf dem Rost mit Oel oder in der Pfanne mit Butter in etwa 10 Minuten fertig.

Eine Sauce Béarnaise, Tomate oder fines herbes, sowie Bohnen, Erbsen, Kartoffeln oder pommes frits werden dazu serviert.

928. Hammelfilet (s. Seite 401, Nr. 1 und 3).

Das Fleisch der ausgebeinten Karbonnade wird in 2 cm dicke Stücke geschnitten, paniert, geklopft, gesalzen und gepfeffert, sodann entweder auf dem Rost mit Oel oder aber in der Pfanne mit Butter fertig etwa 3 oder 4 Minuten auf jeder Seite gebraten. Man giebt etwas Kräuterbutter beim Servieren darauf, sowie etwas Bratenjus. Das kleine Filet, sogen. Filet Mignon wird auch auf diese Art verwendet. Kräutersauce, Béarnaise oder Trüffelsauce kann dazu serviert werden.

929. Hammelfilet, mariniert.

Die fertig geschnittenen und geklopften Filets oder Filets Mignons werden gespickt und etwa einen Tag in eine leichte Marinade von 1/3 Weißwein, 1/3 Wasser, 1/3 Essig, Wurzelwerk, Gewürz und Salz gelegt. Eine Stunde vor dem Anrichten legt man die Filets in eine Pfanne mit heißer Butter, bratet sie leicht an, löscht sie mit einigen Löffeln Marinade und Bratenjus ab, dämpft und glaciert die Filets etwa 3/4 Stunden im Ofen, richtet sie dann im Kranze auf runder Platte an und giebt ein Kartoffelpurée, Maccaroni u.s.w. dazu. Den Fond entfettet man, kocht ihn zur Hälfte ein, giebt etwas Espagnole dazu, hackt einige Gurken und Kapern in die Sauce und serviert diese zu den Filets.

930. Hammelkotcletten.

Von einem schönen, abgehängten Hammelrippenstück (siehe Seite 401 Nr. 3), dem der Rückgrat abgehauen und die Rippen kurz geschlagen sind, werden Koteletten aus jeder Rippe geschnitten. Sodann werden diese von Haut und Sehnen befreit, mit dem Fleischklopfer geklopft und zu einer schönen Form geschnitten. Zum Fertigmachen werden sie entweder, wenn gesalzen und gepfeffert, mit Oel bestrichen, auf den Rost gelegt oder in heißer Butter in der schwarzen Pfanne in etwa 3 bis 4 Minuten auf jeder Seite auf raschem Feuer gebraten. Zum Servieren steckt man an jede Rippe eine Papiermanschette und giebt etwas Bratenjus dazu.

Zu den Koteletten serviert man gebackene und gebratene Kartoffeln, Bohnen, Erbsen, eine Jardinière, Spargel, Spinat, Erbsenpurée, Artischockenpurée, Macedoine, glacierte Zwiebeln u. s. w. Auch verschiedene Saucen, wie Tomaten, d'Huxelles, Béarnaise, piquante u. s. w. können dazu gegeben werden, ebenso Trüffeln, Champignons und Morcheln oder Ragout financière.

931. Hammelkoteletten mit feinen Kräutern.

Hammelkoteletten werden gerichtet, wie oben angegeben. Petersilie, Kerbelkraut, Estragon, Schalottenzwiebeln und einige Kapern werden fein gewiegt und in Butter geschwitzt. Man giebt die Koteletten, die gesalzen und gepfeffert werden, dazu und läßt sie auf beiden Seiten anbraten, worauf man die Kräuter mit einem Glas Weißwein ablöscht, die Koteletten, wenn sie fertig sind, herausnimmt und anrichtet. Die Kräuter mit etwas guter Bratenjus und einem Löffel Espagnole kocht man auf und giebt sie über die Koteletten.

932. Hammelkoteletten, italienisch.

Die Hammelkoteletten werden gerichtet, wie oben angegeben, gesalzen und gepfeffert, in heißer Butter, in geriebenem Brot und Parmesankäse gewendet, sodann noch einmal mit geschlagenem Ei, geriebenem Brot und Parmesankäse paniert und in heller Butter gebraten. Eine Sauce Tomate wird dazu serviert.

933. Hammelkoteletten, gedämpft.

Die gerichteten Hammelkoteletten werden in einer Kasserole mit Zwiebeln, Wurzeln, Gewürz, rohem Schinken, mit 1 Glas Weißwein, einigen Löffeln guter Jus und Fleischbrühe weich gedämpft, sodann herausgenommen. Den Fond passiert man, giebt ihn in die Kasserole zurück, kocht ihn ziemlich ein, giebt einen Löffel Espagnole dazu und sodann die Koteletten, glaciert diese in der Sauce, richtet dieselben im Kranz auf runder Schüssel an und passiert die Sauce über die Koteletten. Dazu serviert man irgend eine Kartoffelspeise oder feines Gemüse, wie Artischocken, Cardons u. s. w.

934. Hammelkoteletten à la Soubise.

Die fertig zugerichteten Hammelkoteletten werden auf dem Rost oder in der Pfanne, wie oben beschrieben, fertig gemacht und im Kranz auf runder Platte angerichtet. In die Mitte der Koteletten giebt man ein fertiges, dick gehaltenes Zwiebelpurée (Nr. 577), besteckt die Rippchen mit einer Papillote, giebt etwas Bratenjus zu denselben und serviert.

935. Hammelkoteletten auf Wilddretart.

Die zugerichteten Hammelkoteletten werden ebenso behandelt und fertig gestellt, wie in Nr. 929 Hammelfilet mariniert beschrieben ist.

936. Hammelnieren, mit Weißwein geschwungen.

Die Hammelnieren werden von dem sie umhüllenden Fett befreit, enthäutet, fein geschnitten und in heißer Butter in der Pfanne auf raschem Feuer fertig gemacht, etwas gehackte Zwiebeln dazu gegeben und gesalzen. Wenn die Nieren halb gar sind, nimmt man sie heraus, gießt etwas Weißwein an den Fond und kocht diesen mit etwas guter Jus und Espagnole ein, giebt die Nieren noch einen Augenblick dazu hinein, schwingt sie durch und serviert sie sofort.

937. Hammelnieren, sautiert.

Die fein geschnittenen Nieren werden in Butter mit gehackten Schalotten gedünstet und gesalzen; man giebt etwas Zitronensaft daran und beim Servieren gehackte Petersilie.

938. Hammelnieren, geröstet.

Die Hammelnieren werden gehäutelt, gut gewürzt, mit Zitronensaft beträufelt, durch heiße Butter oder Olivenöl gezogen, mit geschnittener Petersilie bestreut und leicht paniert und dann in heißer Butter geröstet.

In der französischen Küche steckt man die Nieren an einen Spieß, wie in Fig. 111 zu sehen, und bratet sie entweder auf dem Rost oder aber auch in einer Pfanne im Ofen. Beim Servieren streut man etwas gehackte Petersilie auf dieselben und giebt etwas Kräuterbutter dazu.

939. Hammelschlegel.

Der Hammelschlegel (s. Seite 401, Nr. 2) muß gut abgehängt sein, ehe er in der Küche verwendet werden kann, und ist es deshalb gut, denselben mindestens im Winter 6—8 Tage, im Sommer 3—4 Tage hängen zu lassen.

Aus dem Hammelschlegel wird das Schlußbein herausgeschnitten, das übrige Fett weggeschnitten, der Knochen vom Gelenk an auf 6—8 cm vom Fleisch befreit, kurz abgeschlagen, tüchtig geklopft und sodann mit Bindfaden zu einer hübschen, länglichten Form gebunden.

Hierauf wird der Schlegel gesalzen, in eine Bratpfanne mit 2 Zwiebeln, 1 gelben Rübe, Sellerie, etwas Gewürz, Butter oder Fett gegeben und in heißem Ofen etwa $1\frac{1}{2}$—2 Stunden fertig gebraten oder am Spieß befestigt und dort gar gemacht. Den Fond kocht man mit etwas Bratenjus und Fleischbrühe auf und giebt ihn zu dem tranchierten und in seine ursprüngliche Form wieder zusammengestellten Schlegel. Je nach Geschmack kann man den Hammelschlegel auch mit Knoblauch einreiben.

Man serviert zu dem Hammelschlegel verschiedene Kartoffelspeisen, wie Croquetten, Purée, Duchessekartoffeln, auch Maccaroni, breite Nudeln, sodann Gemüse, wie Bohnen, Spinat, weiße Rüben, Maronen und Maronenpurée, weiße Bohnen und Purée, Macédoine u. s. w.

Verschiedene Gemüse oder Kartoffelspeisen, als hübsche Garnitur desselben, werden auch sehr gerne dazu gegeben.

940. Hammelschlegel auf französische Art.

Vom Schlegel werden große, viereckige Stücke geschnitten, diese mit Pfeffer und Salz tüchtig eingerieben, mit frischem Speck und rohem Schinken gespickt, in einer irdenen Schüssel mit Wurzeln und Kräutern, zwei Deziliter Weinessig, 1 Glas Weißwein etwa einen Tag mariniert. Nach dieser Zeit wird das Fleisch herausgenommen, mit 150 Gramm feinverwiegtem Speck in einen irdenen Fleischtopf gebracht und 20 Minuten gedämpft, sodann die geseihte Beize mit frischen Zwiebeln, Knoblauch, Wurzeln, Kräutern und Gewürzen daran gegossen und 10 Minuten gekocht; nach diesem giebt man einen halben, gereinigten Kohlkopf dazu, der Topf wird gut zugedeckt und das Ganze bei leichtem Feuer vier Stunden langsam gekocht und dann angerichtet.

941. Hammelschlegel, gedämpft. Erste Art.

Ein wie oben gerichteter, geklopfter und gebundener Hammelschlegel wird mit 250 Gramm rohem Schinken, 3 ganzen Zwiebeln, 3 gelben Rüben, 1/2 Selleriewurzel, 1 Bouquetchen Petersilie, 2 Nelken, 1 kleinen Lorbeerblatt, 1 Eßlöffel ganzem Pfeffer, 4 Löffel großer Jus und 125 Gr. Butter in eine Braisière (Fig. 44) gesetzt und auf nicht zu raschem Feuer gedämpft. Ist der Schlegel fast weich, so wird der Deckel abgenommen und kommt die Braisière in den Ofen zum Glacieren. Die Jus soll ziemlich dick eingekocht sein, welche dann abgeseiht und abgefettet dazu serviert wird.

942. Hammelschlegel, gedämpft. Zweite Art.

Der Schlegel wird, wie oben beschrieben, gerichtet, mit Knoblauch oder Schalotten eingerieben und in eine Braisière mit 2 Zwiebeln, 1 gelben Rübe, Petersilie und Selleriewurzel, sowie Gewürz gegeben, nebst 1 Liter Wein und ebenso viel Fleischbrühe; eine Schwarzbrotrinde wird darauf gelegt, fest zugedeckt und so lange gekocht, bis die Sauce ganz dick ist. Nun wird der Schlegel herausgenommen, 1 Glas Wein und 1 Schöpflöffel Fleischbrühe zu der Sauce gethan, durchgetrieben, wieder an den Schlegel gegossen, gekochte Morcheln oder Trüffeln kleingeschnitten und 60 Gramm Sardellen oder 1 Löffel Kapern dazu gethan und der Schlegel vollends weichgekocht. Ist die Sauce zu dick, so wird sie mit Fleischbrühe verdünnt.

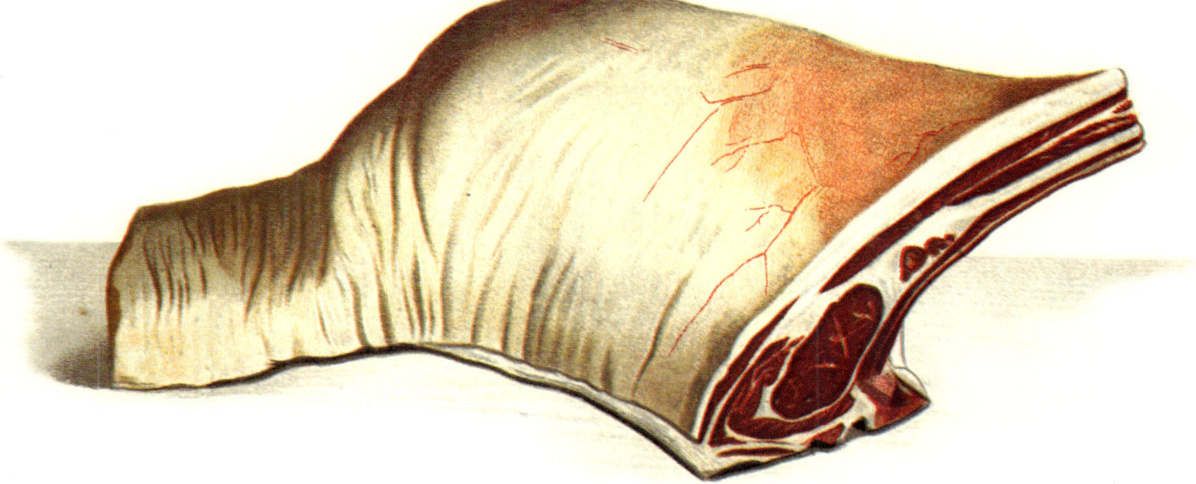

Fig. I. Kamm- und Rückenstück
von einem Masthammel natürliche Grösse I:4.

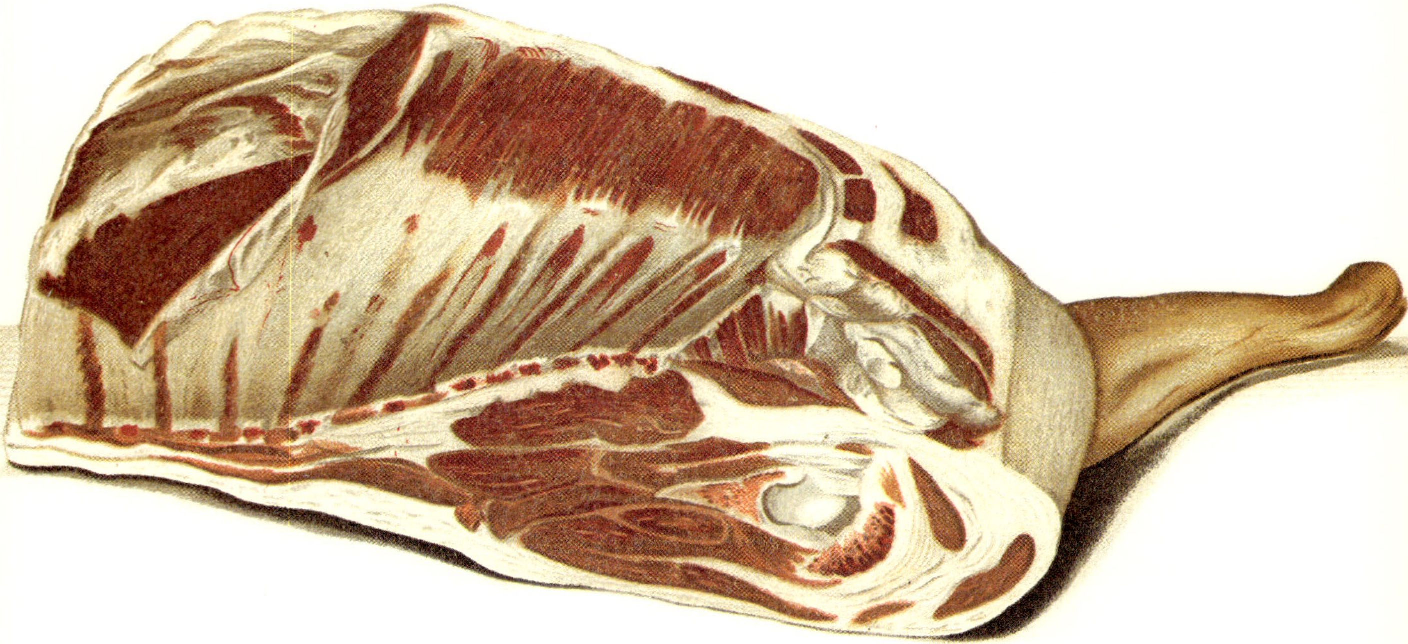

Fig. II. **Brust und Bauchstück** nebst Vorderschenkel
von einem Masthammel natürliche Grösse I:4.

Alle anderen Hammelfleischstücke können in gleicher Weise gedämpft werden.

943. Hammelschlegel auf englische Art.

Ein wie oben beschriebener, gerichteter, schöner Hammelschlegel wird in Fleischbrühe oder Wasser mit Gemüsen und Gewürz 3—4 Stunden langsam weich gekocht. Die Brühe wird etwas eingekocht, mit einer weißen Mehlschwitze angerührt und etwa noch ½ Stunde ausgekocht, worauf man die Sauce passiert, mit 4 Eigelb und 125 Gramm süßer Butter abzieht und 2 Eßlöffel Kapern dazu giebt, ebenso etwas Zitronensaft und gehackte Petersilie. Man giebt diese Sauce über den tranchierten Schlegel und serviert die übrige Sauce extra dazu. In Salzwasser gekochte Kartoffeln werden dazu gegeben.

944. Hammelschlegel auf Wildbretart.

Ein mürbe geklopfter Hammelschlegel wird abgehäutet und gut gespickt, mit einer gekochten Marinade übergossen und einige Tage darin mariniert. In eine Braisière giebt man Wurzelwerk, Gewürz, sowie den Schlegel mit etwas Marinade und Fleischbrühe und dämpft denselben etwa 1½—2 Stunden. Nachdem man ihm noch im Ofen Farbe gegeben hat, wird er herausgenommen und aufgeschnitten auf die Platte gelegt. Den Fond kocht man zur Hälfte ein, giebt einige Löffel sauren Rahm dazu, sowie etwas Bratenjus und Espagnole, passiert diese Sauce, giebt etwas über das Fleisch und serviert die übrige in einer Saucière dazu.

945. Hammelschlegel, gespickt.

Ein mürbe geklopfter Hammelschlegel wird gespickt, mit Salz und Pfeffer bestreut, mit Butter überstrichen, in ein Butterpapier eingebunden und 1½ Stunden am Spieß gebraten. Etwa ¼ Stunde vor dem Anrichten entfernt man das Papier, damit der Schlegel schöne Farbe bekommt. In der Bratpfanne braucht der Schlegel etwa 2 Stunden und macht man vom Fond eine leichte Jus, welche man zum Braten serviert.

946. Hammelschwänze.

Die Schweife von Fetthämmeln, wenn mehrere zu bekommen, sind in der Küche gut zu verwenden. Sie werden entweder mit dem Rindfleisch gesotten, entbeint und zerhackt zur Suppe gegeben, oder wie Rindfleisch-Ragout behandelt, indem man sie in Stücke schneidet, in Schmalz röstet, mit Zitronensaft, Muskatblüte, Pfeffer, Salz und Ingwer würzt, etwas Essig daran gießt und zusammen aufkochen läßt, anrichtet und mit Salzkartoffeln oder Kartoffelklößchen aufträgt.

947. Hammelzunge.

Die Hammelzungen, aus dem Kopf ausgelöst, werden sauber gewaschen, von der Wurzel befreit und etwa 2 Stunden ausgewässert, worauf man sie in heißem Wasser blanchiert. Die Zubereitungsweise der Hammelzungen ist wie bei der Kalbszunge und verweise ich deshalb auf die dort besprochenen Rezepte.

948. Lammfleisch. (Siehe S. 401 wie beim Hammel).

Ebenso wie beim Hammel ist es auch beim Lamm notwendig, daß dasselbe gut abgehängt zum Gebrauche in die Küche kommt. Die Bezeichnungen der verwendbaren Fleischteile sind denen des Hammels ähnlich. Man zerlegt das Lamm in Viertel und benützt es auch so in der Küche, wobei das Vorderviertel aus dem Blatt, der Brust, dem Rippenstück und dem Halse, das Hinterviertel aus der Keule und dem Nierenstück besteht. Lämmer sollen nur im letzten und in den drei ersten Monaten des Jahres geschlachtet werden, zu jeden anderen Zeiten sind sie für die Küche nicht gut. Ein gut gemästetes Lamm muß weißes Fleisch haben mit angesetztem Fett, das Nierchen mit Fett überzogen.

949. Lamm, gebraten, auf englische Art.

Von einem schönen, zarten Lamm wird der Rücken und die beiden Schlegel zusammenhängend gerichtet, das Bauchfleisch unter den Rücken geschlagen und gebunden, der Hals, der Kopf, die Schultern und die Brüste werden abgehauen und weggeschnitten, die Füße an den Schlegeln abgehauen und zugestutzt. In einem Bratgeschirr mit 2 Zwiebeln, 1 gelben Rübe, Sellerie, sowie Gewürz, wird das Lamm mit Butter 1 Stunde im Ofen unter fortwährendem Begießen schön lichtbraun gebraten. Ist das Lamm fertig, wird es in schöne Stücke geschnitten, wieder hübsch zusammengestellt, der Bratenfond, den man mit etwas Fleischbrühe aufgekocht hat, darüber gegeben und so serviert. Salzkartoffeln werden extra dazu serviert.

950. Lamm, gebacken.

Aus den Brüstchen und den ausgeschnittenen Schultern werden fingerlange und =dicke Streifen geschnitten, diese in

Olivenöl, mit Zwiebelscheiben, ganzer Petersilie, Pfeffer und Salz einige Stunden mariniert, mit Mehl bestäubt, in Eiweiß und geriebenem Brot umgewendet und in heißem Fett gebacken. Man serviert dazu eine Tomatensauce.

951. Lamm, eingemacht.

Siehe Abschnitt 13.

952. Lamm auf Wildbretart.

Ein Lamm wird zugerichtet, wie oben beschrieben, enthäutet und gespickt und mit einer gekochten Marinade übergossen, in welcher man das Fleisch einige Stunden marinieren läßt. In einem Bratgeschirr mit Wurzelwerk, Gewürz, Butter und Salz bratet man das Lamm im Ofen an, gießt etwas von der Marinade daran, ebenso einige Löffel sauren Rahm und Fleischbrühe und giebt durch öfteres Begießen dem Braten eine schöne Farbe. Nach einer Stunde etwa ist der Braten fertig; man tranchiert ihn in schöne Stücke, legt ihn in seiner ursprünglichen Form auf die Platte und gießt von der mit etwas saurem Rahm und guter Bratenjus aufgekochten Sauce über das Fleisch, während man die übrige Sauce extra giebt.

Man serviert dazu geschmälzte Spatzen breite Nudeln oder Maccaroni.

953. Lammbrust, gebacken.

Einige Lammbrüstchen werden mit Wurzelwerk, Gewürz und Salz mit Fleischbrühe weich gekocht, von den Knochen befreit, zwischen 2 Brettchen gelegt und, wenn erkaltet, in gleich große Stücke geschnitten, welche in Butter und geriebenem Brot paniert, in einer Pfanne in Butter gebacken werden. Dazu serviert man eine Kräutersauce und giebt ein Kartoffelgemüse dazu oder man giebt die Fleischstücke als Beilage zu einem grünen Gemüse.

954. Lammbrust, gefüllt.

Man legt die Lammbrüstchen in laues Wasser, untergreift sie zum Füllen und werden sie mit derselben Fülle wie bei der Kalbsbrust behandelt. Sie werden sodann in der Bratpfanne in Butter gebraten, vom Fond eine Jus gekocht und dazu serviert.

955. Lammfüße.

Etwa ein Dutzend Lammfüße werden abgesengt, blanchiert und ins kalte Wasser gelegt und gekocht wie die Hammelfüße in Nr. 912.

Dieselben Rezepte, wie in Nr. 912, 913 und 914 angegeben, sind auch hier zu verwerten.

956. Lammgekröse.

Das Herz, die Leber und die Lunge von einem Lamm werden in frischem Wasser gut ausgewässert, von der Haut und Fasern befreit und in viereckige Stücke geschnitten. In heißer Butter werden mit einigem, in Würfeln geschnittenem Bauchspeck die Stücke mit Pfeffer und Salz leicht angebraten, mit einem Löffel Mehl aufgestaubt und sodann mit einem Glas Weißwein, einem Löffel Fleischbrühe und guter Jus abgelöscht, mit etwas Wurzelwerk und Gewürz garniert und auf gutem Feuer weich gekocht. Die Sauce giebt man durch ein Sieb, kocht sie noch ein wenig ein, giebt gehackte Zwiebeln, Petersilie und Estragon sowie etwas Zitronensaft an dieselbe, läßt das Gekröse noch einmal darin aufkochen und richtet es auf einer tiefen, runden Schüssel an.

Breite Nudeln, Spatzen, Maccaroni u. s. w. werden dazu serviert.

957. Lammfilet.

Wird ebenso behandelt wie das Hammelfilet (s. Nr. 928).

958. Lammrücken.

Der Lammrücken wird aus dem Lamm in seiner ganzen Länge von den Schlegeln bis zum Hals herausgeschnitten, gebunden und ebenso behandelt wie der Hammelrücken. Bratenzeit etwa 3/4 Stunden. Siehe Nr. 921.

959. Lammkoteletten.

Von dem in 2 Hälften gespaltenen Lammrücken erhalten wir die beiden Rippenstücke, welche beim Hammel zu Koteletten verwendet werden. Das Rippenstück wird ebenso zugerichtet wie dort, die Koteletten schräg gegen das Filet zu abgeschnitten, damit dieselben größer ausfallen. Gegen den Hals zu nimmt man gewöhnlich 2 Rippen zu einem Kotelett, damit sie nicht zu klein werden. Im übrigen richtet man sie zu wie die Hammelkoteletten, bratet sie entweder auf dem Rost oder in der Pfanne, nur ist die Bratenzeit etwas kürzer.

Die bei den Hammelkoteletten vorkommenden Rezepte sind deshalb auch hier anzuwenden.

960. Lammschulter.

Eine Lammschulter wird ausgebeint wie der Hammelbug, gesalzen und gepfeffert, ihm eine runde Form gegeben und mit Bindfäden gebunden. Hierauf wird sie gedämpft, wie in Nr. 906 bei Hammelsbug angegeben ist, und mit Beilagen, wie in Nr. 939 angegeben, serviert.

961. Lammschultern, gefüllt.

Einige ausgebeinte Lammschultern werden gesalzen und innen mit Eiweiß bestrichen. Mit einer fertigen, leichten Godiveaufarce, etwa 3—4 Eßlöffel davon, werden die Schultern gefüllt, sodann zusammengenäht, mit Bindfaden gebunden und wie in Nr. 941, Hammelsschlegel, weich gedünstet und glaciert. Vom Fond wird eine Sauce hergestellt, die man beim Anrichten dazu serviert. Man giebt dazu Nudeln, Spatzen, Maccaroni oder irgend ein Kartoffelgemüse.

962. Lammviertel.

Ein Lammviertel, bestehend aus einem Schlegel, dem Nieren- und halben Rippenstück bis zur 4. Rippe wird mit Bindfaden gebunden, der Knochen am Schlegel gestutzt und entweder am Spieß befestigt und fertig gemacht oder aber in der Bratpfanne etwa 1 Stunde gebraten, wie in Nr. 939 beschrieben. Den Fond läßt man anschlagen, kocht ihn mit etwas Fleischbrühe und guter Jus auf und serviert ihn zu dem in seiner ursprünglichen Form geschnittenen und angerichteten Lammviertel.

Verschiedene grüne Gemüse, Spargelspitzen, Kartoffelgemüse werden dazu serviert oder damit garniert.

963. Haidschnucke.

Eine wilde Hammelart, welche auf den weiten Flächen der Lüneburger Haide vorkommt, giebt von jungen Tieren einen guten, saftigen Braten. Die Zubereitungsweise ist dieselbe, wie die des Hammels.

964. Pré-salé-Hammelfleisch.

Eine Hammelart, die ihren Namen dadurch erhalten hat, daß die Tiere auf Wiesen am Meeresufer weiden. Sie erhalten in Folge dessen einen äußerst wohlschmeckenden Geschmack und gelten als das feinste Hammelfleisch. Die Zubereitungsweise ist gleich der des Hammelfleisches.

965. Ziegen- oder Kitzbraten.

Das Fleisch der jungen Ziegen oder Kitzen ist wegen seiner leichten Verdaulichkeit sehr geschätzt. Seine Zubereitungsweise ist dieselbe, wie die beim Lamm. Am besten sind sie mit Butter im Ofen schön gelbkrustig gebraten und mit Zitronensaft beträufelt oder als Ragout mit Paprika gedämpft, oder die Schulter und Brust gebacken zu Tisch gegeben.

D. Schweinefleisch.

Das Schwein mit seinem Fleisch ist für die nordischen Völker von besonderem Nährwert und in der Küche fast unentbehrlich. Wohl ist es seit der Entdeckung der Trichinenkrankheit in Verruf gekommen, doch mit Unrecht. Auch der Genuß des Fleisches anderer Tiere ist für die Gesundheit der Menschen schädlich, wenn jene in krankhaftem Zustand geschlachtet werden. Im geordneten Staate hat die Sanitätspolizei mit höchster Gewissenhaftigkeit darüber zu wachen, daß das Fleisch von kranken oder nur krankscheinenden Tieren nicht auf der Fleischbank zum Verkauf kommt, und da, wo es der Kontrole entzogen und in die Küche geschmuggelt wird, trifft der Fluch den Schmuggler und denjenigen, der ihn durch Ankauf gesundheitsschädlichen Fleisches unterstützt. Immerhin ist es gut, besonders Schweinefleisch, nicht anders als gut durchgesotten oder gut durchgebraten und nie roh zu genießen. Die Bezeichnung der Fleischteile des Schweines s. S. 35, Fig. 116. — Schinken zu salzen und zu rauchen siehe Abschnitt 17.

966. Schinken zu kochen und zu tranchieren.

Der Schinken wird am besten, ehe er gekocht wird, einen halben Tag in frischem Wasser eingeweicht, der Knochen etwas gestutzt, abgewaschen und mit kochendem Wasser ganz übergossen, aufs Feuer gesetzt und je nach seiner Größe, etwa 2 bis 3 oder 4 Stunden langsam durchgesotten. Das beste Zeichen, wenn der Schinken fertig, ist, wenn der Schlußknochen ohne Anstrengung entfernt werden kann oder am Rohr das kleine Beinchen sich leicht herausziehen läßt. Zum Kaltaufschneiden läßt man den Schinken in seinem Sud erkalten, wird er warm zu Tische gegeben, so schneidet man die angerauchten Stücke leicht ab, schneidet um den Schinkenknochen, wie Abbildung Fig. 359 zeigt, kleine Zacken in die Schwarte, zieht die übrige Haut ab, schneidet das Fett des Schinkens schön egal und schneidet nun den Schinken bei feinen Diners und kalten Buffets, wie in Abschnitt 14, kalte Zwischenspeisen, angegeben, andernfalls wie Fig. 359 zeigt oder vollständig vom Knochen weg und dann in Scheiben und steckt an den Knochen eine Papillote. Wie schon vorher erwähnt, wird der Schinken als

Fig. 359.

Beilage gegeben oder garniert als großes Stück mit irgend einer Sauce und verschiedenen Garnituren oder Beilagen auf die Tafel gebracht.

967. Schinken zu backen.

Bei dieser Behandlung bleibt der Schinken am saftigsten. Ein mittelgroßer Schinken wird mit einem steifen Brotteig vollständig dick überzogen, in ein flaches Geschirr gelegt und in den Backofen geschoben. Nach etwa $2^1/_2$—3 Stunden ist der Schinken fertig; man schneidet sodann die Brotkruste weg und serviert denselben nun warm oder läßt ihn zum Kalt-aufschneiden stehen.

Am besten ist, man läßt den Schinken durch den Bäcker in den Teig einschlagen und im Backofen fertig machen.

Die Brotkruste giebt, mit Wasser aufgekocht, gute Suppen.

968. Schinken, geräuchert mit Madeirasauce.

Ein kleiner, nicht zu stark gesalzener und leicht geräucherter Schinken wird über Nacht in Wasser eingeweicht, andern Tags gut abgebürstet, abgetrocknet und folgendermaßen in einer Braisière zugesetzt. Mit 2 mittleren Zwiebeln, 2 gelben Rüben, 1 Sellerie, 1 Petersilienwurzel, 1 Eßlöffel ganzem Pfeffer, 3 Nelken, 1 Lorbeerblatt, 2 Flaschen guten Weißwein (Rhein-wein oder weißen Bordeaux, Sauterne) und 2 Schöpflöffel großer Jus kommt der Schinken aufs Feuer und wird zuge-gedeckt langsam weichgedämpft; wenn er weich, wird er herausgelegt, die Jus abgefettet und ziemlich eingekocht, mit 1 Glas guten Madeira und so viel brauner Sauce (Espagnole), als es Jus ist, vermengt, nochmals aufgekocht und passiert. Vor dem Anrichten kommt ein halbes Glas Madeira darunter, und wird der Schinken, wenn er tranchiert, mit Madeira etwas übergossen. Die Sauce wird besonders dazu serviert. Hiezu wird entweder feines Kartoffelpurée oder guter, junger Spinat serviert.

969. Schinken mit Kruste.

Von einem Laib Hausbrot oder engl. Brot werden gleich große Scheiben geschnitten, die Rinde abgelöst, in eine mit Butter oder Speck bestrichene Pfanne gebracht, leicht gebräunt und, nachdem sie umgewendet, mit gleich großen Scheiben von rohem Schinken belegt, mit etwas Pfeffer bestreut und in den Backofen gestellt. Sobald sich der Schinken zu bräunen beginnt, werden die Krusten angerichtet und als Beilage zu Gemüse gegeben.

970. Schinken mit Burgunder.

Man kocht den Schinken etwa eine Stunde sehr langsam und zieht dann die braune Schwarte ab, legt ihn in eine Braisière mit Wurzelwerk und Gewürz und gießt eine Flasche Burgunder daran, sowie einige Löffel Fleischbrühe und gute Jus und läßt den Schinken langsam dämpfen. Nach etwa 1 Stunde giebt man denselben zum Glacieren in den Ofen, den Fond kocht man mit etwas Espagnole und noch etwas Burgunder-Wein aus, tranchiert den Schinken, gießt von der Sauce darüber und giebt den Rest in einer Saucière.

971. Schinken mit Rotwein.

Wird ebenso behandelt, wie vorhin beschrieben. Als Beilage eignen sich sehr gut dazu, Sauerkraut, Maronen glaciert und Purée, Maccaroni, Spatzen, Klöße, Kartoffelpurée, breite Nudeln, Maultaschen u. s. w. Ebenso junge Gemüse, Spinat, Rosenkohl, Macedoine oder eine Garnitur à la jardinière oder eine selbst zusammengestellte Garnitur von verschiedenen Gemüsen.

972. Schweinefleisch, gekocht.

Ein Stück nicht zu fettes, junges Schweinefleisch wird in Salzwasser mit einer Zwiebel, gelben Rübe, Lauch und etwas Gewürz weich gekocht. Eine Meerrettig-, Zwiebel- oder Senfsauce wird dazu serviert.

973. Schweinefleisch, in Bier gedämpft.

Ein Stück entfettetes Schweinefleisch wird gesalzen, in Butter mit 2 in Scheiben geschnittenen Zwiebeln und etwas Kümmel angebraten, sodann mit ½ Liter heiß gemachtem Bier und einigen Löffeln Fleischbrühe und Bratenjus übergossen und im Ofen weich gedämpft und glaciert. Den Fond entfettet man, kocht ihn zur Hälfte ein, kocht einige Löffel Espagnole damit aus und serviert diese Sauce zu dem Fleisch. Man kann das Fleisch auch ohne das Bier dämpfen.

Spatzen, Kartoffelpurée, Kartoffelcroquetten werden dazu serviert.

974. Schweinefleisch mit Kruste, gedämpft.

Ein passendes Stück Schweinefleisch wird gesalzen, mit Zwiebeln, Zitronenschalen, Pfefferkörnern, Gewürznelken, Lorbeerblättern und gestoßenen Wachholderbeeren belegt, mit halb Essig halb Wein begossen, daß es ganz bedeckt ist, und 3—4 Tage darin stehen gelassen und mehrmals während dieser Zeit umgewendet. Sodann giebt man das Fleisch in eine Bratpfanne, die mit Speckschnitten belegt ist, giebt 1 Löffel Fleischbrühe und Beize darüber und läßt es langsam und gut zugedeckt 2½—4 Stunden weich dämpfen. Nun legt man das Fleisch in ein Geschirr, bestreut es mit geriebenem Milchbrot, giebt zerlassene Butter darauf, streut abermals Milchbrot, das mit Pfeffer und Salz vermischt ist, darauf und stellt es in den Ofen, bis es eine gelbe Kruste hat. Den Fond entfettet man, kocht ihn ein, giebt einige Löffel Espagnole dazu und serviert ihn zu dem Fleisch.

975. Schweinefleisch mit Sauerkraut, französisch.

Das Fleisch wird 3 Tage in Salz gelegt, am vierten Tage vor dem Zusetzen in laues Wasser gelegt, getrocknet, mit gutem Sauerkraut, einer ganzen Zwiebel und einer gelben Rübe in den Fleischtopf gebracht und 10 Minuten lang gesotten, dann wird der Topf gut geschlossen und zwei Stunden in den Ofen gestellt. Nach dieser Zeit wird das Fleisch herausgenommen, die Schwarte abgelöst, die Zwiebel und gelbe Rübe aus dem Kraut entfernt, diesem etwas Butter oder Gänsefett beigegeben, noch 10 Minuten gekocht, auf der Platte angerichtet und mit dem in Scheiben geschnittenen Fleisch garniert. Ein Stück vom Bauchlappen im Sauerkraut gedämpft ist auch sehr gut.

976. Schweinefleisch, gebraten.

Ein Stück nicht zu fettes Schweinefleisch wird gesalzen in eine Kasserole gelegt, mit etwas Kümmel bestreut, mit etwas Wasser oder Fleischbrühe begossen und im Ofen unter öfterem Begießen schön gebraten. Den Fond kocht man mit etwas Fleischbrühe und Bratenjus auf und serviert ihn zum Fleisch.

Sauerkraut und Salzkartoffeln oder Spatzen werden dazu serviert.

977. Schweinefleisch gehackt (Hackbraten).

2 Pfund mageres Schweinefleisch wird mit ½ Pfund Speck fein gewiegt oder durch die Hackmaschine getrieben. Einige Schalotten oder Zwiebeln, Petersilie wird fein gehackt und in etwas Butter angedämpft und zu dem Fleisch gegeben, ebenso 2 eingeweichte und ausgedrückte Milchbrote. 2 ganze Eier, Pfeffer, Salz und Muskatnuß werden mit dem Fleisch untereinandergemacht und aus dieser Masse eine armsdicke Rolle geformt, welche man in ein Schweinsnetz einschlägt, mit geriebenem Brot und Butter überstreut und im Ofen langsam bratet. Man serviert dazu eine Piquante-, Kapern-, Senf- oder Zwiebelsauce, giebt ein Kartoffelgemüse, Spatzen, Maultaschen, Kartoffelklöße, Maccaroni u. s. w. dazu.

978. Schweinsrücken, gebraten.

Von einem doppelten Rippenstück, von der Keule etwa bis zu den ersten 3 Rippen geschnitten, wird die Schwarte entfernt, das überflüssige Fett weggeschnitten, gebunden, in eine Bratpfanne mit Zwiebeln gegeben, gesalzen und mit Fett oder Butter übergossen, unter sehr häufigem Begießen im Ofen etwa 1—1½ Stunden gebraten. Den Fond kocht man mit Fleischbrühe und Bratenjus auf und giebt ihn zu dem Rücken. Man serviert dazu Sauerkraut oder ein Kartoffelgemüse oder man garniert denselben mit einer zusammengestellten Garnitur von Sauerkraut, Würstchen, glacierten Maronen, braisiertem Kohl u. s. w.

Auch serviert man eine Senf-, Zwiebel-, Kapern- oder Pfeffersauce dazu.

979. Schweinsrücken, mariniert.

Ein junger Schweinsrücken von etwa 3—4 Kilo wird in eine gekochte Marinade (siehe Abschnitt 8) etwa 4—5 Tage eingelegt, alsdann braisiert und, wenn er weich, herausgelegt. Die Schwarte wird losgelöst, das Fleisch in schöne Stücke geschnitten und zurück auf den Knochen in seiner früheren Form gelegt. Den Fond hat man entfettet, kocht ihn etwas ein, giebt ein Glas Rotwein sowie einige Löffel Espagnole dazu und kocht diese Sauce etwas dick ein. Mit dieser übergießt man den Rücken, setzt ihn auf eine Platte, giebt Panierbrot auf denselben sowie etwas zerstückelte Butter und gratiniert den Rücken vor dem Servieren. Eine pikante Sauce, eine Zwiebel- oder Senfsauce wird dazu serviert.

980. Schweinsrückenbraten, italienisch.

Der Rücken wird, wie vorher gesagt, gerichtet. Sodann macht man in die Schwarte der Länge nach feine Einschnitte, in welche Olivenöl geträufelt wird, wickelt ihn in eine Serviette und hängt ihn 6 Stunden an einem zugfrischen, trockenen Orte auf, reibt ihn alsdann mit Salz, Pfeffer und pulverisierten Senfkörnern ein, hüllt ihn in Oelpapier und bratet ihn am Spieß. Ist das Fleisch weich, so wird das Papier abgenommen und der Braten bei raschem Feuer hübsch gebräunt. Dieser Braten kann auch in einem Bratgeschirr gebraten werden.

981. Schweinslenden.

Die im Nierenstück liegenden, kleinen Lendchen werden abgehäutet, etwas breit geklopft und mit feinem Speck gespickt in einer Bratpfanne mit Zwiebelscheiben und Butter etwa 15 Minuten im Ofen gebraten und mit dem Saft glaciert. An den Fond giebt man etwas Espagnole und Zitronensaft und gießt diese Sauce beim Anrichten über die in Scheiben geschnittenen Lendchen.

982. Schweinslende mit saurem Rahm.

Gespickte Schweinslendchen werden einen Tag in gekochte Marinade gelegt, gesalzen und in einem Bratgeschirr mit etwas Marinade, sowie einem Glas Wein und Bratenjus im Ofen fertig gemacht und glaciert. Zum entfetteten Fond giebt man sauren Rahm, kocht diesen mit etwas Espagnole ein und giebt die Sauce beim Anrichten über die Lendchen.

Spatzen geschmälzt oder geröstet mit Ei, breite Nudeln, verschiedene Klöße, Maultaschen, Kartoffelpurée wird dazu serviert.

983. Schweinslendchen auf dem Rost.

Die Schweinslendchen werden in Tranchen geschnitten und breitgeklopft, gesalzen durch heiße Butter oder Oel gezogen und auf dem Rost gar gebraten. Man kann die Lendchen auch in heißer Butter und in Panierbrot wenden und in der Pfanne oder auf dem Rost fertig machen.

Eine Tomaten- oder Pfeffersauce wird dazu gegeben.

984. Schweinslendchen mit Zwiebelpurée.

Die Schweinslendchen werden roh in Tranchen geschnitten, breitgeklopft und gesalzen. Etwa 6 weiße Zwiebeln werden in Scheiben geschnitten, in Butter angedämpft; zu dieser giebt man die Lendenschnitten in die Kasserole, deckt diese gut zu und dämpft sie im Ofen weich. Wenn die Lendchen weich und die Zwiebel gar sind, passiert man letztere durch ein Sieb und serviert das Purée zu den Lendchen. Eine fines herbes Sauce wird dazu serviert.

985. Schweinefleischkarbonnaden.

Zwei Pfund Schweinefleisch und ½ Pfund Ochsenfleisch werden sehr fein gehackt oder durch die Hackmaschine getrieben und mit 8 in Wasser eingeweichten und ausgedrückten Milchbroten, sowie Pfeffer und Salz unter einander gemacht. Gehackte Zwiebeln und Petersilie in Butter gedämpft, sowie 3 ganze Eier giebt man darunter und formt aus dieser Masse flache, runde Stücke, welche man in Panierbrot wendet und in Fett oder Butter in der Pfanne fertig macht. Eine Bratenjus wird dazu serviert. Man serviert dazu Grüngemüse oder irgend eine Kartoffelspeise.

986. Schweinsrippenstück, gedämpft.

Ein Schweinsrippenstück wird von der Haut befreit, der Rückgratknochen abgehauen, gesalzen, mit Kümmel bestreut und in eine Kasserole mit Wurzelwerk und Gewürz sowie einem Stück Butter gegeben, das Fleisch angebraten und mit Fleischbrühe oder Wasser abgelöscht; den Deckel deckt man auf die Kasserole und dämpft das Fleisch gut weich. Zum Schluß glaciert man es noch in seinem Saft im Ofen. Den Fond entfettet man und giebt ihn extra zu dem Braten. Man schneidet die Rippen beim Tranchieren durch und richtet das Stück wieder in seiner früheren Form auf einer langen Platte an.

987. Schweinsrippenstück, mariniert.

Ein Schweinsrippenstück wird in eine gekochte Marinade von ⅓ Wein, ⅓ Essig und ⅓ Wasser etwa 2—3 Tage gelegt, sodann in einer Kasserole mit Wurzelwerk, einigen

Löffeln Beize, sowie Wein und Fleischbrühe gedämpft, vom Fond eine Sauce gemacht und dieselbe zum Fleisch serviert.

Man kann es auch krustieren, wie in Nr. 979 beschrieben.

988. Schweinsrippenstück, gebraten.

Das gesalzene und gerichtete Rippenstück wird mit Butter oder Fett in einem Bratgeschirr mit einigen Zwiebelscheiben im Ofen gebraten. Mit Wasser oder Fleischbrühe wird der Fond aufgekocht und zu dem Fleisch serviert.

989. Schweinsrippenstück mit Kartoffeln.

Das Rippenstück wird 2 Stunden in Salz gelegt, dann abgetröpfelt, mit Butter gut bestrichen, in die Bratpfanne gelegt und im Ofen gut angebraten. Nach 15 Minuten werden rohe Kartoffelstücke mit geschnittenen Wurzeln und Kräutern und etwas gemahlenem Kümmel beigegeben, damit fertig gebraten und angerichtet. Vom Fond macht man eine Jus und serviert diese dazu.

990. Schweinsrippenstück, polnisch mit Sardellen.

Ein Stück vom Rippenstück wird mit entgräteten Sardellen und Essiggurken gespickt, sodann in ein Geschirr mit Wurzelwerk und Gewürz gegeben, mit heißem Essig, Weißwein und Fleischbrühe übergossen, etwa eine Stunde gedämpft und sodann im Ofen glaciert. Den Fond kocht man ein, giebt etwas Bratenjus und Espagnole dazu und serviert ihn zu dem Fleisch.

Man serviert dazu Kartoffelpurée, Spatzen oder breite Nudeln.

991. Schweinskoteletten, paniert und gebraten.

Die Schweinskoteletten werden aus dem Rippenstück geschnitten, geklopft, paniert, der Rippenknochen gerichtet wie bei den Kalbskoteletten, sodann gesalzen und in heißer Butter und Panierbrot paniert. Man bratet die Koteletten entweder auf dem Rost oder aber in der Pfanne in heißer Butter in 10 Minuten fertig und serviert eine Bratenjus extra dazu.

992. Schweinskoteletten gedämpft.

Die Koteletten werden wie oben gerichtet, gesalzen, gepfeffert und in heißer Butter in der Pfanne rasch angebraten, worauf man sie einstweilen auf eine Platte legt. Unterdessen dämpft man in einem tiefen Bratgeschirr gehackte Schalotten, legt die Koteletten dazu, giebt 1 Glas Rotwein sowie Bratenjus und Fleischbrühe darauf und läßt das Ganze auf kleinem Feuer etwa eine halbe Stunde dämpfen, worauf man die Koteletten anrichtet und mit der Sauce, zu der man einige Essiggurken gehackt hat, übergießt.

993. Schweinskoteletten, elsäßisch.

Klein geschnitten und geformt, werden diese Koteletten Tags zuvor mit Salz und Pfeffer eingerieben und in den Eisschrank gestellt. Sodann werden sie in heißer Butter von beiden Seiten angebraten und abgekühlt und leicht gepreßt. Zugleich wird ein durchzogenes Stück Schweinefleisch mit einer Schweins- oder Kalbsleber fein zerhackt und durch ein Sieb getrieben, mit gekochten, feinen Kräutern, Zwiebeln, Schalotten Champignons und Petersilie zu einem dicken Brei verarbeitet, die Koteletten damit von beiden Seiten überzogen, jedes für sich in ein Schweinsnetz eingeschlagen und unter fleißigem Begießen etwa 15 Minuten in einem Bratgeschirr gebraten und sofort serviert. Eine Zwiebel- oder Senfsauce wird extra dazu serviert. Diese Koteletten können auch kalt gegeben werden und schmecken vorzüglich.

994. Schweinskoteletten mit Sauce Robert.

Die Schweinskoteletten werden auf dem Rost oder in der Pfanne fertig gemacht und dazu eine Sauce Robert serviert. Ebenso kann man eine pikante Sauce oder Senfsauce dazu servieren.

995. Schweinskoteletten in feinen Kräutern.

Die Koteletten werden in Butter angebraten, gehackte Schalotten, Petersilie, Estragon, Kerbel daran gegeben, und wenn sie fertig gebraten herausgelegt; den Fond kocht man mit etwas Bratenjus, 1 Glas Weißwein, Zitronensaft und einem Löffel Espagnole auf und giebt diese Sauce über die Koteletten.

Man serviert dazu ein Kartoffelpurée, gebackene Kartoffeln u. s. w.

996. Schweinskoteletten mit Essiggurken.

Das zu Koteletten geschnittene Fleisch vom Rippenstück wird mit Pfeffer und Salz gewürzt, mit etwas Mehl bestäubt, in eine Pfanne mit heißer Butter gelegt, von beiden Seiten braun gebraten, mit etwas Fleischbrühe und Weinessig begossen, noch 10 Minuten dem Feuer ausgesetzt und sodann angerichtet. Der Sauce werden einige Löffel zerschnittene Essiggurken beigegeben, diese damit aufgekocht, über die Koteletten gegossen und zu Tisch gegeben.

997. Schweinskoteletten auf dem Rost.

Die Koteletten werden zugerichtet, wie oben beschrieben, mit Pfeffer und Salz gewürzt, durch heiße Butter oder Oel gezogen, bei gutem Feuer von beiden Seiten geröstet und mit feiner Jus und gerösteten Kartoffeln auf den Frühstückstisch gegeben.

998. Schweinsfüße, gebraten oder geröstet.

Die Schweinsfüße werden geflammt, geschabt und paarweise zusammengebunden, mit einigen Speckschwarten, zerkleinerten Schweinsknochen, Zwiebeln, gelben Rüben, Salz, ganzem Pfeffer, Nelken und Kräutern mit Fleischbrühe in einen Kasserol gegeben und 4—5 Stunden gekocht. Nach diesem werden sie herausgenommen, abgeträufelt, aufgebunden, der Länge nach durchschnitten, mit ihrem Absud begossen und verkühlt. Dann werden sie mit heißem Schweineschmalz bestrichen, mit Salz bestreut, in Panierbrot gewendet und 15 bis 20 Minuten entweder in der Pfanne gebraten oder auf dem Rost geröstet. Eine Bratenjus oder eine Zwiebelsauce wird dazu serviert.

999. Schweinsfüße, getrüffelt.

Drei halbe Schweinsfüße werden wie oben vorbereitet, dann werden 500 Gramm Schweinefleisch und ebensoviel Bauchfett hachiert, mit aromatischem Salz gewürzt und 1 Deziliter Wasser daran gegossen. Sodann wird ein Schweinsnetz rein ausgeschwemmt und auf dem Tische ausgebreitet. Von der Farce, in welche man 100 Gramm Trüffeln geschnitten hat, legt man etwas auf das Schweinsnetz und auf diese einen halben Schweinsfuß, giebt noch etwas Farce darauf und wickelt ihn in das Netz ein, giebt ihm eine flache, ovale Form, paniert ihn in heißer Butter und Panierbrot und macht ihn auf dem Rost oder in der Pfanne fertig.

Zum Servieren giebt man eine Trüffelsauce extra dazu.

1000. Schweinsfüße au naturel.

Die Schweinsfüße werden wie der Schweinskopf, s. Nr. 1005, behandelt.

1001. Schweinsfüße à la Sainte-Ménéhould.

Die Schweinsfüße werden sauber abgeschabt, der Länge nach entzwei geschnitten und die zwei Hälften zusammengeschnürt, dann werden sie mit Wurzelwerk in Fleischbrühe und Bratenjus gedämpft. Sind sie weich und ausgebeint, läßt man sie erkalten und preßt sie leicht ab, bestreicht sie mit Schweinefett, zieht sie durch frische Brotkrumen, röstet sie auf dem Rost von allen Seiten schön gelb und trägt sie auf.

1002. Schweinsknöchel mit Sauerkraut.

Die Schweinsfüße in gefällige Stücke gebrochen, der Schweinsrüssel, die Ohren 2c. werden gut eingesalzen, mit Sauerkraut zugesetzt und mit diesem in 3—4 Stunden weichgekocht. In der feinern Küche werden die Knöchel mit Kräutern, Wurzeln und Gewürzen mit Bratenjus und Fleischbrühe braisiert und dem fertigen Sauerkraut beigegeben.

1003. Schweineschlegel.

Von dem Schlegel eines jungen, zarten Schweins wird der Schlußknochen ausgebeint, die Schwarte abgezogen, derselbe von seinem Fette befreit und sodann gebunden. Der große Rohrknochen kann herausgeschnitten werden oder läßt man ihn im Schlegel. In ein tiefes Geschirr wird der Schlegel mit Wurzelwerk und Gewürz gelegt, gut gesalzen und mit Fleischbrühe oder Jus etwa 1½ Stunden gedämpft und zum Schluß noch im Ofen glaciert. Den Fond fettet man gut ab und kocht ihn mit einigen Löffeln Espagnole aus, richtet den Schlegel an, giebt etwas Sauce über das Fleisch und serviert die übrige extra dazu.

Sauerkraut, bairisch Kraut, Spatzen, Nudeln, Kartoffelgemüse wird dazu serviert.

1004. Schweineschlegel, mariniert.

Ein junger, zarter Schweineschlegel wird zugerichtet, wie vorher beschrieben, in ein Gefäß gelegt und mit einer gekochten Marinade übergossen, in welcher man denselben einige Tage liegen läßt. Derselbe wird zum Dämpfen in ein tiefes Geschirr gelegt, Wurzelwerk, sowie Gewürz und einige Löffel der Marinade und etwas Fleischbrühe und Bratenjus daran gegeben und etwa 2 Stunden gedämpft und glaciert. Vom Fond macht man mit etwas Espagnole eine Sauce, welche man zum Schlegel serviert. Man kann zur Sauce auch sauren Rahm verwenden und giebt etwas Zitronensaft dazu.

Fig. I. Kotelettstück
vom Schweine natürliche Grösse I:4.

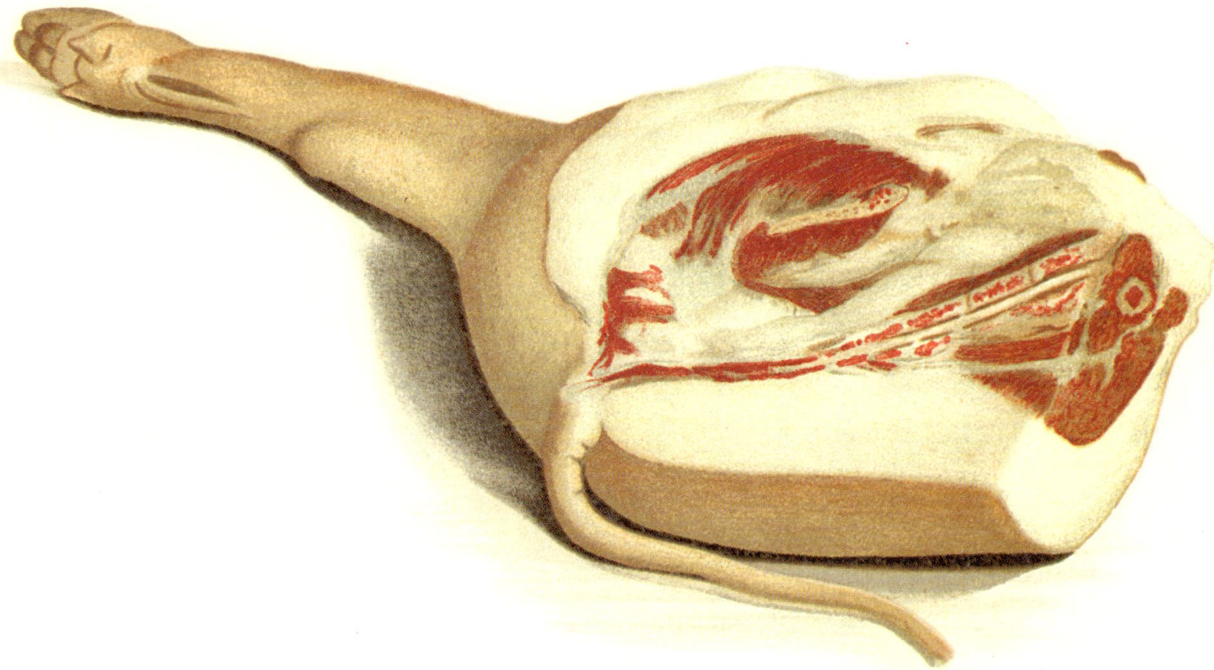

Fig. II. Keule
vom Schweine natürliche Grösse I:4.

1005. Schweinskopf mit Gemüse.

Der Schweinskopf wird gebrüht, geschabt, in lauem Wasser gewaschen, gesalzen, in warmem Wasser zugesetzt und gesotten. Nach zwei Stunden kommt ein Kohlkopf, in zwei Teile zerschnitten, sechs gelbe Rüben, einige Mohrrübchen und einige

Fig. 360.

zerschnittene Zwiebeln dazu. Nach einer weiteren Stunde werden 8—10 Stück rohe, geschälte Kartoffeln hineingeschnitten und fertig gekocht. Der Schweinskopf wird so tranchiert, daß er auf der Platte wieder zusammengesetzt werden kann, und wird mit den abgeseihten Kräutern garniert. Eine Zwiebelsauce oder Kräutersauce wird dazu serviert.

1006. Schweinskopf au naturel.

Der Schweinskopf wird entbeint und ohne Zunge und Hirn mit 100 Gramm Salz in einer Schüssel zwei Tage gebeizt, dann wird der Kopf und die Zunge mit Wurzeln und Kräutern zwei Stunden lang gekocht, der Zunge die Haut abgezogen und der Länge nach in zwei Teile zerschnitten. Hierauf wird 1 Deziliter Essig mit gehackten Schalotten in einer Pfanne gekocht, mit ½ Liter vom Absud abgelöscht und 5 Minuten gesotten, dann wird die Sauce geseiht, Estragon, Kapern und Schnittlauch hinzugefügt, noch etwas eingekocht und über den Schweinskopf und die Zunge gegossen aufgetragen.

1007. Schweinsleber mit Kräutern.

Die gereinigte Schweinsleber erhält der Breite nach verschiedene Einschnitte und wird mit Salz, Pfeffer und Muskatnuß gewürzt, 150 Gramm Speck zerhackt, darunter Zwiebel, Schalotten, Kapern und Petersilie gemengt und ein Teil dieses Hachés in die Einschnitte gebracht. Der andere Teil der Kräuter wird auf ein Schweinsnetz gestrichen, die Leber damit umhüllt und geschnürt, in eine Bratpfanne gebracht und im Ofen mit heißer Butter fertig gebraten. Den Fond kocht man mit Bratenjus und Fleischbrühe auf und serviert ihn extra dazu.

1008. Schweinsnieren.

Die Schweinsnieren werden ebenso behandelt wie die Kalbs- und Hammelnieren.

1009. Schweinsohren mit Kapernsauce.

Die Ohren werden aus lauem Wasser sauber gewaschen, vorsichtig geschabt und abgeschwenkt, dann werden sie mit Salz, Pfeffer und Gewürz, sowie mit Wurzeln und Kräutern mit kaltem Wasser zugesetzt, einige Tropfen Zitronensaft daran gegossen und weich gedämpft. Vor dem Auftragen werden sie in passende Stücke zerlegt und mit einer Kapernsauce, (Nr. 407), zu Tisch gegeben. Sie schmecken auch kalt sehr gut.

1010. Schweinsohren, gedämpft.

Die zugerichteten Schweinsohren werden in einer Kasserole mit Speck, rohem Schinken, Wurzelwerk und Gewürz, in etwas Fleischbrühe und Bratenjus gedämpft. Sind dieselben weich, schneidet man sie in hübsche Stücke und serviert sie auf Sauerkraut oder als Beilage zu einem Kartoffelgemüse. Vom Fond bereitet man eine Sauce, welche man extra dazu serviert.

1011. Schweinsohren, paniert und gebacken.

Die Schweinsohren werden zugerichtet und gedämpft, wie oben beschrieben, sodann aus der Brühe kalt gelegt, in Stücke geschnitten, diese in zerlassener Butter und Panierbrot gewendet und in der Pfanne in Fett gebacken. Man serviert dazu eine kalte Oelsauce oder warm eine Kräuter- oder Tomatensauce.

Man kann unter das Panierbrot auch geriebenen Käse geben und eben so verfahren, wie hier beschrieben ist.

1012. Spanferkel, gebraten.

Ein Spanferkel, rein geputzt und ausgenommen, inwendig mit Salz und Pfeffer eingerieben, wird auf folgende Weise dressiert und dann zum Braten entweder an den Spieß oder in das Bratgeschirr gegeben. Die beiden Schenkel werden flach gedrückt und durch ein Holzspießchen, das man quer durchsteckt, gehalten. Die beiden Vorderfüße steckt man durch einen Einschnitt, den man neben dem Kopf am Halse auf beiden Seiten etwa 2 fingerbreit aus der Haut loslöst, ohne diese jedoch zu zerreißen. Damit der Rücken seine Form behält, legt man einen Laib Brot oder einige Milchbrote unter denselben. Beim Braten am Spieß muß man das Ferkel sehr häufig begießen, entweder mit Fett oder Butter oder aber bestreichen mittelst heißer Butter und Bier. Sollten sich auf dem Körper Blasen zeigen, so werden dieselben mittelst einer

Fig. 361.

Nadel aufgestochen. Es ist, um das Ferkel schön gebraten auf den Tisch zu bringen, vor allem nötig, eine schöne, braune Kruste zu erzielen, und erfordert deshalb das Braten viele Mühe. In der Bratpfanne im Ofen wird auf dieselbe Art und Weise verfahren, und ist der Braten etwa in 1½—2 Stunden fertig. Beim Braten in der Pfanne ist darauf zu achten, daß man das Ferkel auf einen Rost legt, um es leichter aus derselben herausnehmen zu können und ein Zerreißen desselben zu vermeiden. Den Fond kocht man mit Fleischbrühe auf und serviert ihn dazu.

1013. Spanferkel, gefüllt, in Kräutersauce.

Ein sorgfältig geputztes und ausgenommenes Spanferkel wird inwendig mit Salz und Pfeffer eingerieben und mit folgender Farce gefüllt. Die Farce wird bereitet: 250 Gramm Kalbfleisch, 150 Gramm Speck, beides in Würfel geschnitten, gehackte Zwiebeln, Kräuter, Champignons und Trüffeln werden mit dem Fleisch in Butter gedämpft und mit

2 Deziliter guter Fleischbrühe und Bratenjus abgelöscht, mit Salz und Pfeffer gewürzt, verkühlt, mit 2 in Milch eingeweichten Semmeln und 2 Eiern zu einer Masse fertig gemacht. Mit dieser Farce wird das Spanferkel gefüllt, zugenäht, schön dressiert, in ein Bratgeschirr gelegt, mit etwas guter Fleischbrühe übergossen, frische Schweinsknochen, Lorbeerblätter, Zwiebel, Petersilie, eine gelbe Rübe dazu gelegt, mit Salz bestreut und langsam im Ofen unter sehr häufigem Begießen etwa 1½—2 Stunden schön krustig braun gebraten. Die Ohren und das Schwänzlein umwickelt man mit Butterpapier, ebenso ist es gut, das ganze Stück mit demselben Papier zu überdecken. Mit zerlassener Butter und Bier wird mittelst eines Pinsels das Spanferkel öfters angestrichen und erhält es dadurch eine schöne Farbe und Kruste. Den Fond kocht man mit etwas Bratenjus auf und serviert ihn zum Fleisch.

1014. Spanferkel, polnisch.

Ein schönes, junges Spanferkel wird ausgenommen, der Rückenknochen und die Rippen herausgeschnitten und mit Sauerkraut gefüllt. Dieses Sauerkraut wird zuvor weich gedämpft und klein gewürfelter Speck, recht braun geröstet, mit feinen Wachholderbeeren darunter gemischt. Ist das Spanferkel gefüllt, so wird es zusammengenäht, in seine natürliche Form gebracht, Ohren und Schwänzchen in Papier gehüllt und 1½ bis 2 Stunden im Backofen gut gebraten und recht heiß zu Tisch gegeben. Den Fond löscht man ab und serviert ihn extra dazu.

8.

Wildbret verschiedener Art.

Auch die freien Insassen in Wald und Flur hat der Mensch seinem Ernährungstrieb dienstbar gemacht. In den seltensten Fällen jedoch ist es der Hunger, der sich seine Opfer von dort auf geradem Wege holt. Die verfeinerten Sitten haben das Wild unter den Schutz der Gesetze gestellt und das gefahrvolle Handwerk des urkräftigen Nimrod ist, zunächst bei den Kulturvölkern, eine Domäne vornehmer Leidenschaft geworden, die aber nur mit weiser Mäßigung und kluger Berechnung den köstlichen Leckerbissen nachstellt, um den Wildstand auch der Zukunft zu erhalten. Damit läßt sich die unnatürlich erscheinende Beschränkung des Jagdrechts entschieden rechtfertigen.

Wir unterscheiden dreierlei Wildarten: das Hochwild, Schwarzwild und Klein- oder niederes Wild und kommen dabei hauptsächlich in Betracht a) das Haarwild: Der Hirsch, Rotspießhirsch, Axishirsch, das Damwild, die Gemse, das Reh, das Wildschwein, der Hase und das Kaninchen; b) das Federwild in seinen verschiedenen Arten (s. auch S. 36—37).

Die nun hier zunächst folgenden Vorschriften gelten dem vierfüßigen Wild. Nicht zu allen Zeiten ist das Fleisch der verschiedenen Wildarten kochreif und küchengut, und verweise ich deshalb auf beigegebenen Jagdkalender (s. Seite 434 u. 435), wie er in Württemberg u. s. w. durch das Gesetz zu Recht besteht und nach welchem strengstens in der Küche beim Einkauf und Verbrauch des verschiedenen Wildes verfahren werden muß, da jeder Verstoß dagegen strafbar ist.

Jagdkalender für Württemberg. Verordnung vom 30. Juli 1886 *)

	Jan.	Febr.	März	April	Mai	Juni	Juli	Aug.	Sept.	Okt.	Nov.	Dez.
Männl. Rot- u. Damwild. Rehböcke		●	●	●	●							
Weibl. Rot- u. Damwild. Hasen		●	●	●	●	●	●	●	●			
Wildkälber u. Damkitzen, d. h. die noch im Kalenderjahre ihrer Geburt stehenden Jungen . . .	●	●	●	●	●	●	●	●	●	●	●	●
Rehgaisen	●	●	●	●	●	●	●	●	●	● 15		●
Kitzböcke, d. h. männl. Rehwild im Jahre seiner Geburt . . .	●	●	●	●	●	●	●	●	●	● 15		
Auer- und Birkhähne						●	●	● 16				
Auer- und Birkhennen	●	●	●	●	●	●	●	●	●	●		●
Feld- u. Haselhühner. Fasanenhennen	●	●	●	●	●	●	●	● 24				●
Fasanenhähne		●	●	●	●	●	●	● 24				
Wachteln			●	●	●	●	●	● 24				
Wilde Enten			15 ●	●	●	●						
Wilde Tauben			●	●	●	●						
Schnepfen und Bekassinen . . .				15 ●	●	●	● 15					
Alles übrige, hier nicht gen. Wild												

Jagdkalender für Baden. Gesetz vom 29. April 1886.

	Jan.	Febr.	März	April	Mai	Juni	Juli	Aug.	Sept.	Okt.	Nov.	Dez.
Männliches Rot- und Damwild .		●	●	●	●							
Weibliches Rot-, Dam- u. Rehwild		●	●	●	●	●	●	●	●			
Rehböcke		●	●									
Hasen, Fasanen, Haselwild, Wachteln		●	●	●	●	●	●	● 24				
Auer- und Birkhähne						●	●	● 16				
Auer- und Birkhennen	●	●	●	●	●	●	●	●	●	●	●	●
Rebhühner	●	●	●	●	●	●	●	● 24				●
Enten					●	●						
Schnepfen u das andere Sumpf- u. Wassergeflügel, ausgen. Fischreiher					●	●						
Alles übrige, hier nicht gen. Wild												

Jagdkalender für Bayern. Verordnung vom 5. Oktober 1863.

	Jan.	Febr.	März	April	Mai	Juni	Juli	Aug.	Sept.	Okt.	Nov.	Dez.
Hirsche	●	●	●	●	●	● 24				14 ●	●	●
Alt- und Schmaltiere	5 ●	●	●	●	●	●	●	●	● 15			
Damböcke	●	●	●	●	●	● 24				29	●	●
Damgeisen	5 ●	●	●	●	●	●	●	●	●			
Gemswild	●	●	●	●	●	●	● 25				29	●
Rehböcke		1 ●	●	●	●							
Kitzböcke		1 ●	●	●	●	●	●	●	●	●	●	●
Rehgaisen, Wildkälber, Gems- u. Rehkitzen, Auer- u. Birkhennen	●	●	●	●	●	●	●	●	●	●	●	●
Waldhasen		1 ●	●	●	●	●	●	●	● 15			
Dachse	●	●	●	●	●	●	●	●	● 15			
Biber		1 ●	●	●	●	●	●	●	●			
Murmeltiere	●	●	●	●	●	●	●	● 15		30	●	●
Fasanen			●	●	●	●	●	●				
Auer- u. Birkhähne (ex Balzzeit) Hasel-, Schnee- u. Steinhühner		1 ●	●	●	●	●	●					
Enten			●	●	●	● 30						
Waldschnepfen u. Bekassinen (ex. Hochgebirge				14 ●	●	●						
Dieselben im Hochgebirge . .					●	●						
Das auf d. Mösern brüt. Federwild Wildtauben, Ziemer u. Drosseln				●	●							

Jagdkalender f. Preußen), Schaumburg-Lippe, Lübeck, Hamburg u. Bremen.** (26/2. 70, 9./5 70, 21./7. 73, 27/12. 71 u. 2/2. 72, 27./9. 89.)

	Jan.	Febr.	März	April	Mai	Juni	Juli	Aug.	Sept.	Okt.	Nov.	Dez.
Elchwild	●	●	●	●	●	●	●	●				●
Männliches Rot- und Damwild			●	●	●	●						
Weibl. Rot- u. Damwild, Wildkälber		●	●	●	●	●	●	●	●	● 16		
Rehböcke			●	●								
Weibliches Rehwild	●	●	●	●	●	●	●	●	●	● 16		14 ●
Dachse	●	●	●	●	●	●	●	●	●			●
Auer-, Birk-, Fasanenhähne						●	●	●				
Enten				●	●	●						
Trappen, Schnepfen, wilde Schwäne und andere Sumpf- u. Wasservögel, excl. Gänse u. Fischreiher					●	●						
Rebhühner	●	●	●	●	●	●	●	●				●
Auer-, Birk-, Fasanenhennen, Haselwild, Wachteln und Hasen		●	●	●	●	●	●	●				

Jagdkalender für die Hohenzollern'schen Lande.)** Ges. v. 2. Mai 1853.

	Jan.	Febr.	März	April	Mai	Juni	Juli	Aug.	Sept.	Okt.	Nov.	Dez.
Männliches Rotwild	●	●	●	●	●	●				●	●	●
Weibliches Rotwild	●	●	●	●	●	●	●	●	●			
Männliches Damwild										14 ●	●	● 16
Weibliches Damwild		●	●	●	●	●	●	●	●	●	16	
Rehböcke		●	●	●	●	●						
Hasen		●	●	●	●	●	●	●				
Dachs			●	●	●	●	●	●	●			
Fasanen, Hasel- und Rebhühner		●	●	●	●	●	●	● 25				

Jagdkalender für Elsaß-Lothringen.)**

	Jan.	Febr.	März	April	Mai	Juni	Juli	Aug.	Sept.	Okt.	Nov.	Dez.
Weibl. Rot- u. Damwild, Wildkälber, weibl. Rehwild, Rehkitzen, Hasen		1 ●	●	●	●	●	●	● 23				
Rehbock		1 ●	●	●	●							
Fasanen, Rebhühner, Haselwild		1 ●	●	●	●	●	●	● 23				
Schnepfen, Trappen, wilde Schwäne					●	●						
Wilde Enten				●	●	●						
Lerchen	●	●	●	●	●	●	●	●	15			●
Krammetsvögel	●	●	●	●	●	●	●	●	21			

Jagdkalender für das Königreich Sachsen.)** Gesetz v. 22. Juli 1876.

	Jan.	Febr.	März	April	Mai	Juni	Juli	Aug.	Sept.	Okt.	Nov.	Dez.
Männl. Edel- und Dam-Wild			●	●	●	●						
Weibl. Edel- u. Damwild, Kälber beider Wildarten			●	●	●	●	●	●				
Rehböcke		●	●	●	●	●						
Ricken	●	●	●	●	●	●	●	●	●	● 16		15 ●
Spießböcke		●	●	●	●	●	●	●	●	●	●	●
Hasen, Fasanen, außerh. Fasanerien		●	●	●	●	●	●	●	●			
Rebhühner	●	●	●	●	●	●	●	●				●
Auer-, Birk- Haselhähne u. Schnepfen		●			15 ●	●						
Enten			14 ●	●	●	●						
Andere jagdbare Säugetiere und Vögel, einschl. Dachs		●	●	●	●	●	●	●				
Ziemer			●	●	●	●	●	●	●	●	● 16	

*) Die weißen Felder bedeuten Jagdzeit, die schwarzen Schon- und Hegezeit.

**) Das ganze Jahr Schon- u. Hegezeit ist in Preußen für Rehkälber, in Hohenzollern für Ricken, in Elsaß-Lothringen für Auerhennen, Birkwild, in Sachsen für Schmalricken, Rehkälber. — Jagdbar sind das ganze Jahr in Elsaß-Lothringen männl. Rot- und Damwild, Auerhähne, wilde Gänse, in Sachsen Schwarzwild. (Aus dem deutschen Jagdkalender.)

Mehr als beim Schlachtfleisch ist beim Wild darauf zu achten, daß es sich nicht im Zustand der Verwesung befindet, und bürgt nur eine frische, dunkelrote Farbe für Frischsein desselben. Vor allem hat man sich beim Einkauf davor zu hüten, das Stück eines verstickten Tieres zu kaufen, das dadurch entsteht, daß das geschossene Wild nicht sofort aufgebrochen und ausgeweidet worden ist. Es macht sich durch einen üblen Geruch, der oft erst beim Zurichten sich zeigt, bemerkbar, und sind dabei das Rückenmark, sowie die Rohrenden am Schlegel grünlich angelaufen.

Der von den Feinschmeckern so hochgepriesene Haut-goût entwickelt sich mehr oder weniger aus der fortschreitenden Fäulnis, und ist es deshalb mit Rücksicht auf Gesundheit und Leben der Gäste durchaus zu verwerfen, ein derartiges Fleisch auf den Tisch zu bringen.

Ehe wir an die Beschreibung der einzelnen Rezepte kommen, möchte ich noch einen Uebelstand erwähnen und dringend von diesem entschieden zu verwerfenden, alten Brauch abraten. Es ist nemlich in den meisten Haushaltungen der alte Brauch, frisches Reh- oder Hasenwild einige Tage vor dem Gebrauch zu beizen, um dasselbe mürbe zu machen, was bei einem alten Tier ja wohl angezeigt sein mag. Nach meiner Erfahrung verliert ein derartig behandeltes, junges Stück ganz wesentlich und hauptsächlich das Beste an demselben, seinen Wildgeschmack und auch das Nahrhafteste, seinen Saft. Ich rate daher, junges, frisch geschossenes Wild einige Tage an einem luftigen, kühlen Ort aufzubewahren, um es so abhängen und mürbe werden zu lassen, dasselbe dann zu enthäuten, mit weißem oder geräuchtem Speck zu spicken, zu salzen und sodann in einer mit Zwiebel, rohem Schinken, gelben Rübe, Sellerie und Gewürz, sowie mit Butter oder Fett versehenen Bratpfanne in heißem Ofen fertig zu braten. Oefteres Begießen des Bratens und Ablöschen desselben mit etwas Wein oder saurem Rahm giebt einen saftigen und wohlschmeckenden Braten, das Fleisch behält seinen eigentlichen Wildgeschmack und der Fond giebt eine vorzügliche und wohlschmeckende Sauce.

1015. Bärenschinken.

Obgleich der braune Bär längst aus unseren Jagdgehegen verschwunden ist und nur noch, soweit er für die deutsche Küche in Betracht gezogen werden kann, auf den Höhen und in den Schluchten und Klüften der rhätischen Alpen ein vielbedrohtes Dasein fristet, so soll, der Vollständigkeit des vorstehenden

Werkes halber, hier doch desselben gedacht werden. Nachdem das riesige Tier erlegt, ausgebrochen und abgezogen ist, werden nicht sowohl die hinteren als auch die vorderen Schinken ausgelöst, und nachdem die Tatzen abgenommen, sorgfältig gereinigt, mit einem scharfen Messer 2 cm tiefe Einschnitte der Länge nach gemacht und je einige Tropfen Zitronensaft eingegossen, dann wird der Schinken in einen Schwarzbrotteig geschlagen und im Ofen gebacken. Nach 3 Stunden, wenn die Teighülle nahezu schwarz ist, herausgenommen, wird er kalt gestellt und kann in gleicher Weise wie die Schweinsschinken verwendet werden, doch ist er weniger Delikatesse als gastronomische Kuriosität.

1016. Bärentatzen in Sauce.

Die Bärentatzen werden wie die Schinken gebacken, doch bereiten sich die Alpenjäger eine Delikatesse in ihrem Sinn daraus, indem sie die Tatze in Salzwasser dämpfen, dann erkalten lassen und in Scheiben schneiden. Diese werden in Veltlinerwein mit Pfeffer und Salz, mit gehackten Wurzeln und Kräutern der Alpen weichgekocht, herausgenommen und dazu eine Senfsauce oder Zwiebelsauce (Nr. 441 und 452) serviert. Der Absud wird mit guter Fleischbrühe verdünnt, ein Ei hineingeschlagen und siedend über Schwarzbrotschnitten geseiht. Dies giebt die sogenannte Bärensuppe.

1017. Fischotter, gedämpft.

Als Fastenspeise ist die junge Fischotter sehr gut zu verwenden. Nachdem die Fischotter gut gereinigt und ausgewässert ist, wird sie in Stücke zerlegt, diese mit Salz und Pfeffer eingerieben, mit einigen Tropfen Zitronensaft beträufelt, in heiße Butter gelegt, Gewürze und Kräuter dazugegeben, weich gedämpft und kurz vor dem Anrichten roter Burgunder daran gegossen. Das Fleisch wird in der mit Espagnole fertiggestellten Sauce mit gebratenen, ganzen Kartoffeln zu Tisch gegeben.

1018. Fischotter mit Kapern.

Die Fischotter wird in 4 Teile zerlegt und über Nacht in Essig, Zwiebeln, Kräutern und Wurzeln gebeizt. Herausgenommen und gut getrocknet, werden die Fleischstücke in eine Kasserole mit heißer Butter gelegt und unter Zuguß der Beize weich gedämpft. Nach diesem werden die Fleischstücke auf die Platte gebracht und warm gestellt; indessen wird die Sauce mit zwei Eßlöffeln Kapern, mit 3 Deziliter rotem Ungar=

wein und einigen Löffeln Espagnole fertig gemacht, die Kapern darin weich gekocht und mit diesen über das Fleisch gegossen. Die Platte wird mit Sardellen und harten Eiern garniert.

1019. Die Gemse.

Das Fleisch einer jungen Gemse ist in den Monaten September und Oktober am besten und am schmackhaftesten. Die Zubereitungsweise ist gleich, wie die beim Reh. Aeltere Tiere werden 5—6 Tage in eine Beize gelegt, um sie mürbe zu machen.

1020. Gemsklöße.

Die Kleinteile der Gemse, Hals, Brust, Schultern, Lebern, Nieren, Herz und Magen werden in Essig mit Gewürzen, Wurzeln und Kräutern gedämpft, dann zerwiegt, fein geschnitten, Zwiebel darunter gemischt, dann mit 6 Eigelb und 3 eingeweichten Semmeln abgerieben, einige Tropfen Zitronensaft dazugegeben und mittelgroße Klöße daraus geformt, die in der gewöhnlichen Art in Fleischbrühe gekocht und als Beilage zu Gemüse gegeben werden.

1021. Gemsrücken, gebraten.

Der Gemsrücken wird gehäutelt und gespickt und einige Tage in eine scharfe Beize von Wurzeln und Kräutern gelegt, dann herausgenommen, gut getrocknet, mit feinstem Olivenöl bestrichen und am Spieß unter fortwährendem Begießen mit der geschönten Beize langsam gebraten. Oder man legt den Rücken (von einem jungen Tier braucht er nicht gebeizt zu sein) in ein Bratgeschirr mit Wurzelwerk und Gewürz und bratet denselben mit Butter im Ofen. An den Fond gießt man etwas Wein und sauren Rahm und kocht damit etwas Espagnole und Bratenjus auf, passiert die Sauce und serviert sie zu dem Rücken.

Verschiedene Klöße, Spatzen, Nudeln werden dazu serviert.

1022. Gemsschlegel.

Siehe Rehschlegel, dritte Art.

1023. Gemsschlegel in Rahmsauce.

Der Gemsschlegel wird mit Salz, ganzem Pfeffer, Lorbeer, Zitronen, Nelken, Wachholder, Zwiebeln, Kräutern und Wurzeln in einen thönernen Topf gebracht, mit heißem Essig übergossen und drei Tage darin gebeizt. Nach dieser Zeit wird er herausgenommen, gespickt und in eine Bratpfanne gelegt, aufs Neue gewürzt, mit $^{1}/_{2}$ Liter Veltliner übergossen und langsam gedämpft, nach $^{1}/_{4}$ Stunde wird ein Stück manierte Butter beigegeben, 3 Deziliter saurer Rahm eingerührt und dann unter fortwährendem Begießen und Einkochen der Sauce braun gebraten. Die Sauce wird vor dem Anrichten mit Fleischbrühe verdünnt und geschönt über den Braten gegossen.

1024. Der Hase.

In den Monaten September bis Anfang Januar sind die Hasen am besten und ist vor allem beim Einkauf darauf zu sehen, keinen zu großen, d. h. alten, zu wählen, sondern einen jungen, der wegen seines schmackhaften Fleisches mit Recht so beliebt ist. Den jungen Hasen erkennt man an den Löffeln, welche sich leicht einreißen lassen, während dies bei den alten nicht der Fall ist. Auch hier ist es zu verwerfen, dieselben zu beizen, und ist ein junger, in Butter gebratener Hase, in seinem Saft zu Tische gebracht, am besten. Der Hase wird abgezogen, indem man ihn an seinen hinteren Läufen an einen Nagel hängt, mit einem scharfen Messer die Haut vom Schwanze innen an beiden Schenkeln bis zu den Läufen durchschneidet, ohne das Fleisch zu verletzen. Rings um die Läufe schneidet man die Haut ab und zieht nun unter stetem Drücken den Balg von dem Körper. Die Vorderläufe werden abgeschnitten, ebenso die Ohren knapp am Kopfe und zuletzt mit Hilfe des Messers das Fell vom Kopfe gezogen. Hierauf wird der Hase ausgebrochen, die Eingeweide vorsichtig herausgenommen, die Leber, Herz und Lunge abgetrennt. Das Blut hebt man in einer Schüssel auf, um es zur Sauce zu verwenden. Beim Zubereiten der Sauce kann man, wie schon bei Abschnitt 4, Saucen, gesagt, den Fond, anstatt demselben Espagnole zuzusetzen, beim angeschlagenen Bratenfond Mehl aufstauben und dann mit Wein, Fleischbrühe oder Bratenjus ablöschen, den Fond von gedämpftem Fleisch mit einer vorher bereiteten Mehlschwitze anrühren und gut mit Wein, saurem Rahm, Zitronensaft durchkochen. Das Blut des Hasens giebt man gern in die Sauce und rührt dasselbe entweder in den angeschlagenen Fond oder zu dem Braisefond, doch langsam, damit dasselbe nicht gerinnt. Diese Vorschriften bleiben dem Geschmack der Hausfrau überlassen, hier für ihren Tisch das zu Hause Beliebteste herzustellen. Beim Zurichten des Hasens schneidet man den Kopf, die Bügchen, den Hals, sowie die Bruststücke ab, diese Stücke, sowie das Herz, die Leber und Lunge verwendet man zum Hasenklein, während man den Rücken und die beiden Schlegel sauber enthäutet, spickt und zum Braten richtet, entweder am Spieß oder in dem Bratgeschirr zu braten. Sehr gut ist auch, den Hasen in Olivenöl mit geschnittenen Zwiebeln und Petersilie einige Stunden zu marinieren und dann mit dem Oel und den Zwiebeln zu braten. Die Sauce wird vom angeschlagenen Fond gemacht (s. auch S. 37).

1025. Hasenbraten.

Der Hase wird gerichtet, wie oben beschrieben, dann sticht man mit dem Messer in das Fleisch und legt Stückchen Speck hinein, welche in Salz, gehackten Schalotten, Petersilie, Estragon mit Oel umgewendet worden sind, reibt mit dem übrigen den Hasen ein und läßt ihn ein paar Stunden stehen. Sodann wird der Hase in ein Bratgeschirr gelegt, mit Wurzelwerk, Gewürz und Butter etwa ½—¾ Stunden schön im Ofen gebraten. Den Fond kocht man mit etwas Fleischbrühe auf, giebt einen Löffel Espagnole dazu und giebt die Sauce mit den feinen Kräutern über den in Stücke tranchierten Hasen.

1026. Hasen, gebraten, mit Madeirasauce.

Ein gerichteter und gespickter Hase wird in einer Bratpfanne mit Wurzelwerk, Gewürz und Butter schön im Ofen gebraten, oft begossen und der Fond mit Fleischbrühe abgelöscht; ist er fertig und tranchiert, giebt man an die Sauce noch einen Löffel Espagnole und gute Jus, passiert die Sauce und giebt vor dem Anrichten 1 Glas guten Madeira an dieselbe, worauf man sie über den Hasen giebt, sowie noch extra Sauce dazu serviert. (Bratenzeit etwa 30—40 Minuten.)

1027. Hasen, gebraten und mariniert.

Ein älterer Hase wird gerichtet und gespickt und 1 bis 2 Tage in einer gekochten Marinade gebeizt, nun entweder am Spieß gebraten oder in der Bratpfanne mit Wurzelwerk und Gewürz mit Butter angebraten, etwas von der Marinade daran gegossen und so unter öfterem Begießen im Ofen fertig gemacht. An den Fond giebt man noch 1 Glas Rotwein, kocht ihn etwas ein, giebt Espagnole dazu und passiert die Sauce über den Hasen und serviert noch extra eine Saucière dazu.

1028. Hasen, gebraten, mit Rahmsauce.

Ist der Hase zugerichtet, so wird er mit feinem Speck gespickt, mit Salz und Pfeffer bestreut, mit Semmelmehl bestreut und in einer Bratpfanne in Butter mit Wurzelwerk und

Gewürz im Ofen gebraten; man löscht den Braten mit 1 Glas Weißwein ab, giebt einige Löffel sauren Rahm daran und glaciert den Hasen in dieser Sauce, welche man, wenn derselbe fertig ist, passiert und über den tranchierten Hasen giebt.

1029. Hasenbraten, gefüllt.

Ein junger Hase wird abgezogen, ausgenommen, mit aller Vorsicht gereinigt, der Kopf der Länge nach zersägt und ausgespült, die Schlegel und Vorderläufe aus den Gelenken gelöst, der Rücken rippenquer gebrochen und mit folgender Farce gefüllt: 500 Gramm in Fleischbrühe gekochte Schweinsrippchen werden entbeint, klein zerhackt, mit zwei eingeweichten und gut ausgedrückten Semmeln vermengt, darunter Pfeffer, Salz und etwas Muskatblüte mit zerwiegten und in Butter gedämpften Schalotten und Petersilie gemischt. Nach dem Füllen wird der Hase wieder in seine natürliche Form zusammengestellt, über den Rücken mit einer Speckschwarte gebunden, der Bauch geschlossen, die Ohren in Butterpapier gehüllt und im Ofen gebraten. Beim Anrichten wird die Platte mit einem Kranz von Brunnenkresse garniert und der Hase mitten hineingelegt. Die Sauce wird in der Saucière aufgetragen.

1030. Hasenbraten in Lebersauce.

Vom abgezogenen Hasen wird der Rücken mit den beiden Schlegeln gehäutelt, gespickt und 40 Minuten am Spieß gebraten. In der Zwischenzeit wird die rohe Hasenleber, sowie die Fleischteile der beiden Vorderläufe und des Halses fein zerhackt, in eine Pfanne mit heißer Butter gebracht, kräftig gewürzt, das sorgsam aufbewahrte Hasenblut dazu gegossen und dick schwarz eingekocht. Ist der Hase am Spieß fertig, so wird das Haché mit der gewonnenen Jus verdünnt, passiert und zu dem Braten serviert.

1031. Hasencrepinetten.

Von derselben Masse, wie in Nr. 1035 beschrieben, schlägt man kleine Häufchen in ein Stück Schweinsnetz und formt daraus kleine, runde Crepinetten, welche man kurz vor dem Anrichten in heißer Butter fertig macht und als Beilage zu Gemüse oder mit einer Madeirasauce und Champignons zu Tisch giebt.

1032. Hasenfilets, gespickt.

Von einigen jungen Hasen werden die Filets aus den Rücken geschnitten, abgehäutet, jedes Filet in etwa 4 kleine

Stücke in schräger Richtung durchschnitten, breit geklopft und pariert, hierauf mit feinem Speck gespickt. In einem Sautoir läßt man Butter heiß werden, giebt die gesalzenen Filets dazu, bratet sie etwa 5 Minuten auf raschem Feuer, gießt 1 Glas Rotwein daran, sowie etwas gute Jus und glaciert sie in heißem Ofen. Von dem Abfall und Knochen kocht man eine Jus aus, welche man mit Mehl anrührt, auskocht und als Sauce zu dem Fond giebt. Man richtet die Filets im Kranz an und giebt in die Mitte Nudeln, Maccaroni, Maronen oder Maronenpurée oder Trüffel, Champignons u. s. w., gießt von der Sauce, in welche man etwas Madeira gegeben hat, einen Teil über die Filets und den andern serviert man in einer Saucière.

1033. Hasenfilets, sautiert.

Die Filets werden zugerichtet, wie oben beschrieben, aber nicht gespickt, in Oel auf dem Rost oder in Butter in der Pfanne auf raschem Feuer fertig gemacht. Von den Abfällen wird eine Sauce bereitet, etwas Madeira dazu gegeben und dazu serviert. Man richtet die Filets auf runder Platte an und giebt in die Mitte ein braunes Ragout von Brieschen, Champignons und Trüffeln.

1034. Hasenkoteletten.

Aus 3 Hasenrücken werden Filets zubereitet, wie in Nr. 1032 gesagt. Die Rippen der Brüste werden gekocht, von der Haut befreit, etwas kurz geschlagen und je eines in die Filets gesteckt, so daß die Filets wie Koteletten aussehen. Vor dem Braten werden sie gesalzen, in heißer Butter und Panierbrot gewendet und in heißer Butter in 8—10 Minuten fertig gebraten; man serviert dazu eine Bratenjus oder eine pikante oder Pfeffersauce.

1035. Hasenkuchen mit Sauce.

Von 2 jungen Hasen wird das Fleisch von sämtlichen Knochen gelöst, die Haut und Sehnen entfernt und mit halb so viel ausgesuchtem Nierenfett fein gehackt, im Reibstein gestoßen und durch ein grobes Sieb getrieben. Sodann wird diese Farce mit einigen Löffeln Espagnole und etwas Madeira in einer Schüssel mit 3 ganzen Eiern, Pfeffer und Salz gerührt und eine kleine Probe gemacht, dieselbe muß luftig und leicht sein. Ist sie zu fest, giebt man noch etwas Sauce dazu. Einen klein geschnittenen Salpikon von Zunge, Champignons und Trüffeln giebt man in die Masse. Eine glatte Form streicht man gut mit Butter aus und füllt die Masse hinein, legt ein Butterpapier darüber und stellt die Form in kochendes Wasser, in welchem man sie etwa 1 Stunde langsam kochen läßt. Beim Anrichten wird der Kuchen auf eine runde Platte gestürzt und mit einer guten Madeirasauce, welche man aus den Hasenabfällen bereitet hat, serviert.

1036. Hasenragouts.

Siehe Abschnitt 13.

1037. Hasenrücken mit Pfeffersauce.

Ein Hasenrücken wird fein gespickt, gesalzen und in heißer Butter mit einigen Scheiben Speck und Zwiebeln angebraten, mit 1 Glas Weißwein und etwas Bratenjus abgelöscht und in diesem Fond im Ofen glaciert. Eine Sauce poivrade (Pfeffersauce) hat man inzwischen fertig gestellt, passiert den eingekochten Fond des Hasenrückens dazu und serviert diese extra.

1038. Hasenwürstchen.

Von derselben Masse, wie in Nr. 1035 beschrieben, werden mit einem Eßlöffel in siedendes Salzwasser schön egal gestrichene Klöße eingelegt, welche nicht kochen, sondern nur ziehen dürfen und, wenn fertig, zum Erkalten auf ein Tuch gelegt werden. Alsdann werden sie in heißer Butter und Panierbrot gewendet, ihnen mit dem Messer Form gegeben und in heißer, heller Butter herausgebacken. Man serviert sie als Beilage zu Gemüse. Oder aber man richtet sie auf runder Platte im Kranze an, giebt in die Mitte fertige Champignons und eine Trüffelsauce extra dazu.

1039. Der Edelhirsch oder Damhirsch.

Das Fleisch dieser Tiere ist besonders von den Hirschkälbern und Spießhirschen (1—2jährige Tiere) äußerst schmackhaft und namentlich in den Frühjahrs- und Sommermonaten am besten, weniger in den Wintermonaten und während der Brunftzeit im August bis Oktober. Durch Aufhängen in der Haut an einem kühlen, luftigen Ort erhalten wir einen ausgezeichneten, mürben Braten. Das Fleisch des Damwildes ist feiner und besser im Geschmack als das des Edelhirsches. Die Zubereitungsweise der beiden Arten ist gleichwohl dieselbe und gelten die folgenden Rezepte sowohl für den Edelhirsch, wie auch für das Damwild. Auch hier möchte ich darauf hinweisen, das Fleisch eines jungen Tieres aus denselben Gründen, wie schon früher gesagt, nicht zu beizen.

Die einzelnen Teile des Hirsches sind auf Seite 36, Fig. 117, beschrieben.

1040. Hirschbug.

Ein Hirschbug wird enthäutet, gespickt und auf dieselbe Art zubereitet wie der Hirschschlegel. Man kann den Hirschbug auch ausbeinen, denselben spicken, binden und dämpfen.

1041. Hirschbrust.

Eine Hirschbrust wird in Fleischbrühe mit Wurzelwerk und Gewürz weich gekocht, sodann ausgebeint und in ein Bratgeschirr gelegt. Hierauf wird sie mit Ei bestrichen und mit folgender Masse übergossen. 1 Tasse dicken, sauren Rahm angerührt mit 6 großen Löffeln Panierbrot, 2 ganzen Eiern und etwas Salz. Auf diese Masse giebt man etwas Panierbrot, sowie zerlassene Butter und backt die Brust etwa ½ Stunde in heißem Ofen.

Eine pikante Sauce wird dazu serviert.

1042. Hirschrücken, gebraten.

Der Rücken eines jungen Tieres wird zugehauen, enthäutet, gespickt und gesalzen in einem Bratgeschirr mit Wurzelwerk und Gewürz, mit etwas Butter oder Fett auf dem Feuer angebraten, mit Fleischbrühe und etwas Rotwein abgelöscht und etwa 1 Stunde darin gedämpft. Sodann giebt man einige Löffel sauren Rahm dazu und glaciert den Rücken im Ofen. Die Sauce wird behandelt wie beim Schlegel und extra dazu gegeben.

1043. Hirschfilet, gespickt und gebraten.

Von einem jungen Hirsch werden aus dem Rücken die Filets herausgeschnitten, abgehäutet und schön gespickt in einem Bratgeschirr mit Wurzelwerk, rohem Schinken, Gewürz und Butter gut saftig gebraten. Von dem angeschlagenen Fond macht man eine dünne Sauce, giebt etwas Madeira dazu und serviert sie zu dem in Scheiben geschnittenen Filet.

1044. Hirschfilet, sautiert.

Von einem jungen Hirsch werden die Filets ausgeschnitten, abgehäutet und in fingerdicke Stücke wie zu Beefsteaks geschnitten, dieselben breit geschlagen und entweder mit Oel auf dem Rost gebraten oder in heißer Butter in der Pfanne fertig gemacht. Aus den Abfällen bereitet man eine gute Sauce, wie früher bei den Hasen in Nr. 1032 beschrieben, und serviert diese dazu.

Man serviert zu diesen Filets die verschiedensten Saucen wie zu den Beefsteaks, als Béarnaise, Kräutersauce, Champignons, Bordelaise u. s. w., oder etwas Kräuter- und Sardellenbutter.

Kartoffelpurée, gebackene Kartoffeln u. s. w. werden dazu gegeben.

1045. Hirschkoteletten.

Die Hirschkoteletten werden vom halbierten Rücken abgeschnitten wie die Kalbskoteletten, breit geschlagen und gesalzen. 50 Gramm Butter wird zerlassen, mit 2 Eigelb angerührt, die Koteletten darin und in Panierbrot gewendet und in heißer Butter in der Pfanne oder auf dem Rost fertig gemacht. Von den Abfällen bereitet man eine Sauce, wie schon früher beschrieben, und serviert sie zu den Koteletten.

1046. Hirschschlegel, gebraten.

Der Schlegel von einem jungen Hirsch wird abgehäutet, der Schlußknochen entfernt, der Rohrknochen gestutzt und derselbe sodann gespickt, mit Wurzelwerk und Gewürz, sowie mit Butter oder Fett mit einigen Löffeln Fleischbrühe, Salz und etwas rohem Schinken etwa 1½—2 Stunden gedämpft, sodann glaciert. Den Fond läßt man anbraten, gießt das Fett ab, giebt Fleischbrühe oder Bratenjus, sowie einige Löffel Espagnole dazu, passiert die Sauce und serviert sie zu dem aufgeschnittenen Hirschschlegel.

1047. Hirschfricandeau.

Der Hirschschlegel wird in 3 Teile ebenso zerlegt wie der Kalbsschlegel (Nr. 852), abgehäutet und gespickt. In eine Braisière mit Wurzelwerk, rohem Schinken und Gewürz wird das gesalzene Fricandeau gelegt, in Butter angebraten, mit Fleischbrühe und etwas Rotwein abgelöscht, weich gedämpft und im Ofen in seinem Saft glaciert. An den Fond giebt man einige Löffel sauren Rahm, sowie Espagnole, passiert diese Sauce und serviert sie zu dem aufgeschnittenen Fricandeau.

Man serviert dazu Kartoffelpurée, breite Nudeln, Maultaschen, Spatzen, Leber- und andere Klöße u. s. w.

1048. Das Reh.

Das Reh erfreut sich der allgemeinen Beliebtheit auf unseren Tafeln und ist wegen seines vorzüglichen Geschmackes und seiner leichten Verdaulichkeit hoch geschätzt. Der Braten von einem jungen, einjährigen Tier ist besser und zarter als der von einem Rehbock. Auch beim Reh ist das Einbeizen der jungen Tiere zu verwerfen, da es dadurch vollständig den guten und feinen Geschmack verliert. Beim Einkauf ist darauf zu achten, daß dasselbe nicht verkümmert und abgemagert ist, sondern rund und fest im Fleisch. Vor Verwendung in der Küche ist es am besten, das Reh in seinem Fell gut abhängen zu lassen, wodurch es sehr an Güte gewinnt. Ueber die Schon- und Schußzeit siehe Jagdkalender.

Wir unterscheiden am Reh die Keulen oder Schlegel, den Rücken und den Bug. Der Hals, die Brust und der Bug, werden zu Ragouts verwendet. (S. auch S. 36 u. 37, Fig. 117.)

Das Abstreifen und Zerlegen des ganzen Rehes läßt man sich in der Haushaltung am besten durch den Fleischer besorgen. Der Rücken und die Schlegel, sowie das Ragoutfleisch sind meist schon zerlegt zu kaufen.

1049. Rehrücken, gebraten.

Der Rehrücken wird abgehäutelt, die Rippen etwas kurz und egal geschlagen, die dem Rückgrat entlang laufenden Nerven durchschnitten, um ein Zusammenziehen des Rückens zu vermeiden. Der Hals wird etwas gestutzt und sodann der Rücken schön egal gespickt. Er wird in einem Bratgeschirr mit Wurzelwerk und Gewürz in Butter oder Fett etwa ¾ Stunde unter fleißigem Begießen gebraten. Den Saft läßt man anschlagen, gießt das Fett ab, giebt einige Löffel Bratenjus und Espagnole dazu (oder staubt mit Mehl auf) und serviert die Sauce zu dem Rücken. Beim Tranchieren wird so verfahren, wie in der Einleitung Seite 99 beschrieben.

1050. Rehrücken, garniert, à la jardinière.

Der Rücken wird gerichtet und gebraten, wie in Nr. 1049 beschrieben, geschnitten, auf eine lange Platte gesetzt und mit einer Gemüschengarnitur à la jardinière hübsch garniert, ein Silberspieß am Hals eingesteckt (Fig. 362), etwas von der fertigen Sauce, in welche man ein Glas Madeira gegeben hat, auf den Rücken gegeben und noch extra dazu serviert.

Eine Garnitur à la Straßbourg, wie solche in Nr. 727 beschrieben, oder irgend eine zusammengestellte Garnitur von

Fig. 362.

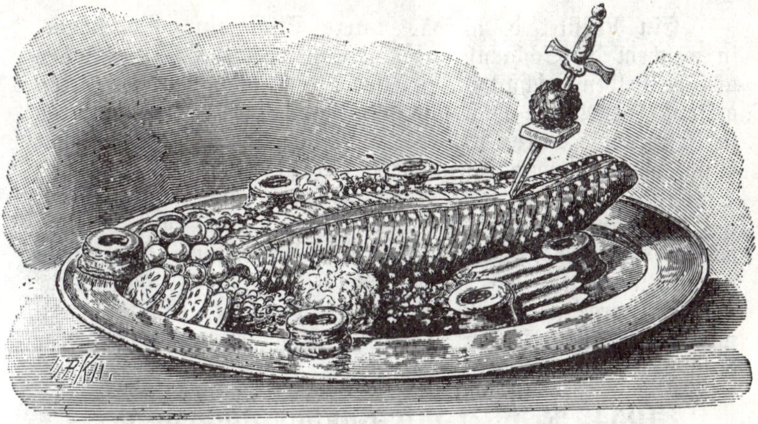

verschiedenen Gemüsen und Kartoffelspeisen kann auch damit garniert werden.

1051. Rehrücken mit saurem Rahm.

Der Rehrücken wird gerichtet und gebraten, wie oben beschrieben, der Fond, wenn der Rücken ½ Stunde gebraten hat, mit 1 Glas Weißwein und einigen Löffeln saurem Rahm abgelöscht und mit diesem Saft glaciert, zum Fond etwas saurer Rahm gegeben, sowie Brulenjus und Espagnole und diese Sauce zu dem Braten serviert.

1052. Reh-Escalopes mit Morcheln.

Aus einem Rehrücken werden die beiden Filets ausgelöst, abgehäutet und thalergroße Stücke daraus geschnitten und geklopft. 5 Minuten vor dem Anrichten werden sie auf raschem Feuer auf beiden Seiten sautiert, dann gesalzen und gepfeffert. Die Sauce wird von den Knochen auf schon beschriebene Art gekocht und auf Morcheln passiert, welche vorher einige Male rein gewaschen, dann mit wenig Butter in Fleischbrühe und Bratenjus weich gekocht worden sind. Hierauf werden die Escalopes auf Reis- oder Kartoffelrand angerichtet, die Morcheln in die Mitte gegeben und von der Sauce extra dazu serviert.

Diese Escalopes müssen sehr rasch zubereitet werden, damit aller Saft gebunden bleibt und sie nicht trocken und zähe auf die Tafel kommen. Man giebt auch Champignons, Trüffeln, Maccaroni u. s. w. dazu.

1053. Rehfilet mit Kartoffelpurée.

Ein Rehfilet d. h. das untere Stück eines Rehrückens, in welchem die Schlachtbrätchen liegen, wird auf beiden Seiten aus demselben geschnitten, in etwa 2 cm dicke Scheiben, leicht geklopft, der Breite nach mit Speck durchzogen und 6 Stunden in Olivenöl, Salz, Pfeffer, Petersilie und Zwiebeln, ohne Essig, gebeizt. Herausgenommen und getrocknet mit geriebener Brotrinde bestreut werden die Scheiben in heißer .Butter 8—10 Minuten scharf gebraten. Die Sauce wird bereitet, wie in den vorhergehenden Nummern beschrieben. Die Filets werden im Kranz auf runder Schüssel angerichtet, das fertige Kartoffelpurée in die Mitte gegeben, die Filets leicht sauciert, mit Sauce extra, serviert. Eine Pfeffersauce wird auch gerne dazu gegeben.

1054. Rehfilet mit Ragout financière.

Die Rehfilets werden geschnitten und zugerichtet, wie oben beschrieben, fertig gemacht und im Kranz angerichtet; in die Mitte derselben giebt man ein fertiges Ragout financière, (siehe Abschnitt 13), welches man mit der dick eingekochten Rehsauce fertig gestellt hat. Man kann ebenso auch Trüffeln, Champignons, Morcheln, Maronen oder Maronenpurée, sowie Spargelspitzen oder Erbsen in die Mitte derselben geben. Die Rehsauce bereitet man von den Fleisch- und Knochenabfällen und giebt ein Glas Madeira dazu.

1055. Rehfilet à la chasseur.

Die Rehfilets werden dicker geschnitten und zugerichtet, sowie hübsch gespickt und während einiger Stunden in Weißwein, Salz, Pfeffer mit 1 Lorbeerblatt, ganzem Pfeffer und einigen Scheiben Zitronen mariniert. Die Filets werden sodann in heißer Butter in der Pfanne rasch fertig gemacht, auf warme Schüssel gelegt und zugedeckt. In einer Kasserole schwitzt man einige gehackte Schalottenzwiebeln ab, giebt die passierte Marinade dazu und läßt diese einkochen, giebt einige Löffel Espagnole, sowie Bratenjus dazu und kocht die Sauce etwas dicklich ein, worauf man sie mit etwas Cayennepfeffer vermischt, auf die angerichteten Filets giebt und extra noch etwas Sauce dazu serviert.

1056. Rehgrenadins mit Gemüschen.

Die Rehfilets vom ganzen Rücken werden in kotelettartige Stückchen und zwar nicht zu dünn geschnitten, geklopft und schön gespickt, dann in eine flache Kasserole mit heller Butter und Salz eingerichtet und 10 Minuten vor dem Anrichten auf raschem Feuer fertig gebraten. Die Grenadins werden sodann im Kranze angerichtet. Gemüschen à la Macédoine (siehe Nr. 527) werden in die Mitte gegeben, die Sauce auf die Grenadins geträufelt und serviert.

Die Sauce wird, wie des öftern schon besprochen, von den Wildabfällen ausgekocht, dicklich eingekocht und zu den Grenadins serviert.

1057. Rehkoteletten mit Trüffeln.

Von einem schönen Rehziemer werden die beiden Rippseiten auseinandergespalten und schöne Koteletten daraus geschnitten, geplättet, mit Eiweiß bestrichen und dick mit gehackten Trüffeln bestreut, auf ein mit heller Butter bestrichenes Blech gelegt und 10 Minuten vor dem Gebrauche im heißen Ofen sautiert. Als Sauce wird eine aus den Rehabfällen gekochte Jus mit Espagnole ausgekocht und mit gehackten Trüffeln versehen, serviert. Die Koteletten werden im Ring angerichtet, kleine Papiermanschetten daran gesteckt und nach Belieben gekochte Trüffeln in die Mitte gegeben. Um der Platte ein schöneres Aussehen zu geben, wird ein Streifen Nudelteigbordure hübsch ausgestochen, am Rand der Platte mit Eiweiß befestigt und in diesen Reif die Koteletten angerichtet, wie Fig. 363 zeigt.

Fig. 363.

Die Rehkoteletten können auch auf dem Rost fertiggestellt werden.

1058. Rehkoteletten, paniert.

Von dem gespaltenen Rehrücken werden die Gratknochen weggehauen, die Rippen gleich lang geschlagen, die Haut und Sehnen entfernt und in schräger Richtung gegen das Filet zu Koteletten geschnitten, leicht breit geschlagen, der Knochen vom Fleisch befreit und den Koteletten dadurch eine hübsche Form gegeben, mit Pfeffer und Salz bestreut und in Eiern mit zerlassener Butter und Panierbrot umgewendet, in heller Butter etwa 6 Minuten gebraten, sodann im Kranz angerichtet und dazu eine aus den Rehabfällen bereitete Pfeffersauce serviert.

1059. Rehkoteletten, gespickt und mariniert.

Die gerichteten Rehkoteletten werden mit fein geschnittenem Speck gespickt und einige Stunden in Oel mariniert, ¼ Stunde vor dem Anrichten in einer Sautépfanne in Oel in etwa 5 Minuten fertig gemacht. Eine aus den Abfällen gekochte Wildsauce, in welche man 1 Glas Madeira giebt, wird dazu serviert.

Maronenpurée oder Maccaroni, Champignons oder Morcheln werden dazu serviert.

1060. Rehfleisch aufzubewahren.

Man enthäutet das betreffende Schlegel- oder Rückenstück, spickt es und giebt es in eine irdene Schüssel mit Olivenöl, Wurzelwerk und Gewürz, worauf man es bedeckt einige Tage so marinieren kann und zum Gebrauch entweder in seinem Oel in der Bratpfanne bratet oder aber am Spieß fertig macht. Diese Methode wird dem Braten einen ausgezeichneten Geschmack geben, ihn mürb und weich machen und den eigentlichen Wildgeschmack zur vollen Geltung bringen.

1061. Rehschlegel, gebraten.

Der Schlegel von einem jungen Reh wird enthäutet, der Schlußknochen entfernt, der Rohrknochen etwas zugestutzt und etwas vom Fleisch befreit, um die Manschette daran zu befestigen, wenn der Braten fertig ist. Hierauf giebt man den Rehschlegel in ein Bratgeschirr mit Fett oder Butter, sowie einem Stück rohem Schinken, einigen in Scheiben geschnittenen Zwiebeln, 1 gelben Rübe, etwas Sellerieworzel, Pfefferkörner, 1 Lorbeerblatt und einigen Nelken und bratet den Schlegel unter sehr oftem Begießen in heißem Ofen etwa 1—1½ Stunden, worauf man ihn, wenn er sich nicht mehr zu weich anfühlen läßt, herauslegt, schneidet, wie auf Seite 95 beschrieben, und auf eine passende Platte giebt. Den Fond läßt man anschlagen, schüttet das Fett ab, rührt eine vorher gemachte

Fig. 364.

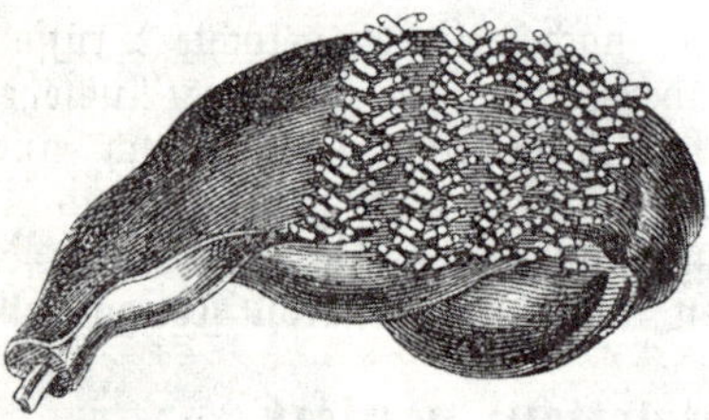

Mehlbrenne an den Fond oder aber man giebt einige Löffel Espagnole, sowie Rotwein und Bratenjus dazu, kocht die Sauce auf und giebt sie zum Rehschlegel.

Man giebt dazu alle Arten Klöße und Kartoffelgemüse, sowie Spatzen, Maultaschen u. s. w.

Mit einer Madeirasauce serviert und mit verschiedenen Gemüsen und Maccaroni oder Croquetten garniert, giebt man den Rehschlegel oft als großes Stück auf die Tafel.

Auch hier möchte ich dringend abraten, den Schlegel von einem jungen Tiere in eine Beize zu legen und ihn dadurch seines Wildgeschmackes vollständig zu berauben. Will man denselben einige Tage länger halten, und ist er aus der Haut herausgemacht, so legt man ihn in Olivenöl mit verschiedenem Wurzelwerk, dadurch wird er mürbe und abgelagert und behält seinen guten Geschmack (s. Nr. 1060).

1062. Rehschlegel mit Rahmsauce.

Der Rehschlegel wird ebenso gerichtet und gebraten, wie oben beschrieben, zum Fond etwas saurer Rahm mit etwas Espagnole und Bratenjus aufgekocht und mit zum Rehschlegel serviert.

1063. Rehschlegel, mariniert.

Der Rehschlegel wird gehäutelt, gespickt, 5—6 Stunden in Olivenöl, Essig, Zwiebelscheiben und Petersilie gelegt. Nach dieser Zeit herausgenommen und in der Pfanne oder am Spieß abwechselnd mit heißer Butter und der Beize beträufelt, mit Pfeffer und Salz bestreut, wird der Braten schön braungelb auf die erwärmte Platte gebracht und die Sauce, mit etwas spanischem Pfeffer gewürzt, heiß darüber gegossen.

1064. Rehfricandeau.

Das untere Stück eines schönen Rehschlegels wird dick ausgeschnitten (wie beim Kalbsschlegel behandelt), gehäutelt, etwas geklopft und schön gespickt, mit Gemüsen, Schinken, Gewürz und 1/4 Pfund Butter angebraten und mit 1/4 Liter Rotwein, 1 Schöpflöffel großer Jus aufgegossen und so weich gedämpft, dann herausgelegt, die Jus abgefettet und mit 1 Schöpflöffel brauner Sauce zur gehörigen Dicke eingekocht. Etwa 30—40 abgedrehte, blanchierte und in guter Jus gekochte Oliven werden um das tranchierte Fricandeau auf eine runde Platte gesetzt und die Sauce dazu gegeben.

1065. Rehschnitten in Sauce.

Von einem Rehrücken oder Schlegel übrig gebliebenes Fleisch wird die Haut und Sehnen weggeschnitten, dasselbe in

Scheiben geschnitten und sodann, ohne das Fleisch kochen zu lassen, in einer fertigen, pikanten oder Pfeffersauce heiß gemacht und zu Tische gegeben.

1066. Rehschnitten anderer Art.

Die kalten Ueberbleibsel vom Rehschlegel oder vom Rehrücken werden in Scheiben geschnitten, 6 kleingeschnittene Schalotten in Butter gedämpft, mit 2 Löffeln Essig abgelöscht, zur Hälfte eingekocht, mit etwas Rehjus und Fleischbrühe angegossen und mit einem Stück manierter Butter aufgekocht. Nach 5 Minuten kommt etwas Pfeffer und zerhackte Petersilie daran, dann werden die Fleischschnitten hineingelegt und, ohne daß sie sieden, erwärmt und angerichtet. Die Platte wird mit gebackenen Brotcroutons garniert.

1067. Rehschnitzel mit Madeirasauce.

Aus einem Rehschlegel schneidet man ebenso solche Streifen, wie aus dem Kalbsschlegel zu Schnitzel, klopft diese etwas, salzt und pfeffert sie und macht sie sodann auf dem Rost mit Oel oder in der Pfanne in heißer Butter möglichst rasch fertig. Eine Madeirasauce mit Champignons wird damit serviert, ebenfalls ein Kartoffel- oder Maronenpurée.

1068. Rehhachis.

Die Ueberreste vom Rehbraten werden zerhackt, mit Salz und Pfeffer in einer Pfanne in heißer Butter, sowie mit gehackter Petersilie, Schnittlauch und Zwiebel abgedämpft. Unter Zuguß von etwas Fleischbrühe und weißem Wein läßt man das Hachis leicht aufschäumen und giebt es mit wachsweichen Eiern zu Tisch.

1069. Rehhachis, zweite Art.

Die Ueberreste von Rehbraten werden von den Sehnen und der Haut befreit und mit einigen Schalotten fein gehackt. Unterdessen bereitet man eine gute Pfeffersauce, giebt das Fleisch dazu, aber ohne es kochen zu lassen, es soll nur heiß werden, und richtet es auf tiefer, runder Platte an und belegt das Hachis mit gebackenen Eiern oder gebackenen Brotcroutons und serviert.

1070. Rehpurée.

Das Rehpurée wird ebenso wie das Hachis aus Ueberresten des Rehbratens gewonnen, fein gehackt, dann mit etwas Butter und einigen Löffeln kalter, dicker Espagnole im

Reibstein gestoßen und durch ein Sieb gestrichen. Eine gut ausgekochte Wildsauce, von den Abfällen hergestellt, kocht man ziemlich dick ein und legiert sie mit 4 Eigelb, giebt das durchgestrichene Fleisch dazu, rührt es gut durch, doch ohne es kochen zu lassen, giebt das Purée in eine Kasserole, etwas Butter darauf und stellt dasselbe bis zum Gebrauch ins Wasserbad.

Dieses Purée wird verwendet zu Rehkoteletten oder Filets oder als Fülle von Pastetchen; auch als selbständiges Gericht mit poschierten Eiern.

1071. Rehschulter, gedämpft.

Die Schultern oder Blätter des Rehs werden vollständig aus den Knochen gelöst, gehäutelt und gespickt, mit Bindfaden fest gebunden und in einer Braisière mit Wurzelwerk, rohem Schinken und Gewürz mit Fleischbrühe, etwas Rotwein und Bratenjus weich gedämpft. Sodann giebt man das Fleisch in den Ofen, einige Löffel sauren Rahm an den Fond und glaciert dasselbe in seinem Saft. Den Fond kocht man mit einigen Löffeln Espagnole auf, giebt etwas Zitronensaft dazu und giebt diese Sauce zu den in Scheiben geschnittenen Rehschultern.

Maccaroni, breite Nudeln, Kartoffelpurée u. s. w. wird dazu serviert.

1072. Rehleber.

Dieses sehr gesuchte und geschätzte Stück des Rehes wird wegen seiner Zartheit und Geschmack als eine Art Delikatesse angesehen und ist seine Zubereitungsart dieselbe wie die beim Kalb. Sehr häufig wird sie auch zu den so geschätzten Rehleberspatzen verwendet.

1073. Renntier.

Das Renntier, eine Hirschart, kommt zu uns in den Wintermonaten, als der günstigsten Jahreszeit, aus Skandinavien, dem nördlichen Rußland (Finnland und Sibirien), auf den Markt und ist von den 2 vorkommenden Arten, dem zahmen und dem wilden Tier, hauptsächlich letzteres für die Küche in Betracht zu ziehen und zu verwenden.

Das Fleisch desselben ist wohlschmeckend, von einem jungen Tier zart, und bietet, wenn die Schußzeit des Hochwildes bei uns beendigt ist, eine willkommene Abwechslung für Küche und Tafel.

Man verwendet die Keulen, den Rücken, den Bug, ebenso wie beim Hirsch, gebeizt, ungebeizt, gespickt, gedämpft oder gebraten. Auch bereitet man aus dem Bug ein sehr gut schmeckendes Ragout. Dieselben Rezepte wie beim Hirsch und

Rehwild sind auch hier anzuwenden und verweise ich deshalb auf die betreffenden Rezepte.

1074. Das Schwarzwild oder Wildschwein.

Das Fleisch des Wildschweines namentlich eines jungen, nicht zu fetten Stückes ist im allgemeinen hochgeachtet und wird nicht nur in frischem Zustande, als großes Stück und Braten, sondern auch hauptsächlich gebeizt und gesulzt, sehr gerne zu Tische gegeben. Das Fleisch eines jungen Tiers, des sogenannten Frischlings, das ältere und größere Stück heißt überlaufener Frischling oder Bache, ist wohl das Beste zu Küchenzwecken, während das Fleisch der alten Stücke, das zäh und hart, sich nicht besonders dazu eignet. In den Wintermonaten November und Dezember ist das Fleisch am besten und werden in dieser Zeit auch die meisten Tiere geschossen.

Weiteres siehe Seite 36 Einleitung.

1075. Schwarzwild mit Sauce.

Zu 4 Pfund Wildbret nimmt man etwas Wasser, 1/4 Liter Wein und eben so viel Essig, Zwiebel, Zitronenscheiben, Lorbeerblätter, ganzen Pfeffer, Nelken und Salz und kocht mit diesem das Fleisch, bis es weich ist, worauf man einen Kochlöffel Mehl und eine Hand voll geriebenes, schwarzes Brot in Butter gelb röstet, zuletzt fein gewiegte Zwiebel dazu giebt und mit der Marinade zu einer Sauce anrührt, diese abschmeckt und zu dem Fleisch serviert.

Johannisbeergelée in einer Saucière wird sehr oft dazu serviert.

1076. Wildschweinrücken.

Der Rücken eines überlaufenen Frischlings wird ebenso behandelt wie der Schlegel, mariniert und weich gedämpft, ebenso die Sauce behandelt wie dort. Auch hier kann man süße Saucen dazu servieren. Wird der Rücken an Stelle des großen Stückes gegeben, so garniert man ihn mit den verschiedensten Gemüsen, Sauerkraut, kleinen Würstchen, Maronen u. s. w.

1077. Wildschweinrücken oder Schlegel auf deutsche Art.

Der Rücken oder Schlegel wird wie oben zugerichtet und in Rotwein, Wurzelwerk und Gewürz weich gekocht. Ist er weich, wird er zum Abkühlen herausgelegt. Sodann wird das Fleisch aus dem Rücken gelöst, dasselbe in schräge Scheiben geschnitten und in seiner ursprünglichen Form wieder auf den Knochen gelegt. Den Fond läßt man sodann ziemlich einkochen, giebt etwas Espagnole dazu, etwa 2 Hände geriebenes Schwarzbrot, welches man in heißer Butter vorher geröstet hat, etwa 2 Eßlöffel Zucker und etwas gestoßenen Zimmet. Diese Masse streicht man über das geschnittene Fleisch, giebt unter das Fleisch etwas Fleischbrühe und giebt es noch ½ Stunde in den Ofen, um es schön croquant und braun werden zu lassen.

Man serviert dazu eine Hagenbutten- oder Kirschsauce.

1078. Wildschweinkoteletten.

Bei den Koteletten wird das Fleisch von Frischlingen verwendet und diese ebenso behandelt, geschnitten und zubereitet wie die vom Schwein. Dazu wird Sauerkraut, Kartoffelpurée, Maronen glaciert u. s. w. gegeben und eine Senf-, pikante oder Zwiebelsauce dazu serviert.

1079. Wildschweinkoteletten.

Siehe Schweinskoteletten Seite 425, Nr. 991—997.

1080. Wildschweinschlegel, gedämpft.

Ein Schlegel von einem überlaufenen Schwein wird gut abgewaschen und abgeschabt, der Schlußknochen ausgelöst, der Rohrknochen etwas gestutzt und in einer gekochten Marinade etwa 1—2 Tage mariniert, sodann gebunden in ein Geschirr mit Deckel gegeben, mit rohem Schinken, Wurzelwerk und Gewürz, dazu ½ Liter Rotwein, einigen Wachholderbeeren, einigen Löffeln Marinade, Fleischbrühe und Bratenjus und in dieser Brühe weichgedämpft. Ist er beinahe weich, legt man ihn heraus, giebt den Fond in eine andere Kasserole, kocht ihn etwa zur Hälfte ein. giebt einige Löffel Espagnole dazu, sowie etwas Zitronensaft, passiert diese Sauce über den in das frühere Geschirr gelegten Schlegel und glaciert denselben in der Sauce im Ofen, bis er ganz weich ist. Die Sauce wird sodann nochmals passiert, ein Teil über den geschnittenen Schlegel gegeben und der andere Teil dazu serviert. Johannisbeergelée in einer Saucière wird nach Geschmack dazu serviert.

1081. Wildschweinschlegel, gekocht mit Pflaumensauce.

Der, wie oben beschrieben, zugerichtete Schlegel wird mit Zwiebeln, Lorbeerblättern, Salz, ganzem Pfeffer, Zitronenscheiben, Kräutern und Wurzeln in ½ Liter weißem Wein und ½ Liter Wasser weich gekocht. Der Schlegel wird tranchiert, die Platte mit Lorbeerblättern und Zitronenscheiben garniert und eine fertige Pflaumen- oder Kirschensauce (s. Abschnitt 19) dazu gegeben.

1082. Wildschweinschlegel mit Hagenbuttensauce.

Der Schlegel eines jungen Tiers wird zugerichtet und gedämpft, wie in Nr. 1080 beschrieben. Vom Fond kocht man ebenfalls eine Sauce, wie dort beschrieben. Vor dem Anrichten verrührt man eine Obertasse Hägenmark mit einigen Löffeln Rotwein glatt und rührt die braune Sauce damit an, giebt etwas Cayenne, sowie Zitronensaft dazu und serviert diese Sauce zum Wildschweinschlegel.

1083. Wildschweinschlegel mit Rotwein.

Der Schlegel eines jungen Tiers wird scharf abgebürstet, mit Salz eingerieben, mit Lorbeerblättern, Zwiebeln, Wachholderbeeren, ganzem Pfeffer, Nelken, Wurzeln und Kräutern in eine große Bratpfanne gebracht, mit guter Fleischbrühe und 1 Liter Rotwein, am besten Macon, übergossen und darin gedämpft. Vor dem Anrichten wird der Schlegel in Scheiben zerlegt, der Fond eingekocht, einige Löffel Espagnole dazu gegeben, ausgekocht und zu dem Schlegel serviert.

Hiezu serviert man Kartoffelpurée, Croquetten, Maccaroni.

1084. Frischling, gebraten.

Die Schlegel und der Rücken eines ganz jungen Tieres können sowohl am Spieß als in der Bratpfanne mit Butter, Wurzelwerk und Gewürz fertig gemacht werden. Oefteres Begießen, sowie Ablöschen mit etwas Wein ist nötig. Man giebt den Fond über das Fleisch beim Servieren und giebt eine Kirschen- oder Johannisbeersauce extra dazu.

1085. Frischling, gedämpft.

Ein Frischling wird dem Rückgrat entlang auseinandergeschlagen, ein Schlegel mit dem Filetstück bis zur Hälfte der Rippen abgetrennt und gebunden, in einem Geschirr mit Deckel ebenso gedämpft wie der Wildschweinschlegel, glaciert und entweder vom Fond eine Hagenbuttensauce gemacht oder Kirschen- oder Johannisbeersauce dazu serviert.

Sauerkraut, breite Nudeln, Maccaroni, Kartoffelpurée wird dazu serviert.

9.

Kaninchen (Hauskaninchen).

Das wilde Kaninchen unterliegt in seiner Zubereitungsweise für die Tafel ganz denselben Vorschriften, wie der Hase, und es kann für jeden Spezialfall darauf hingewiesen werden. Ein Anderes ist es mit dem zahmen oder Hauskaninchen, dessen Züchtung zu Ernährungszwecken auch in Deutschland Eingang gefunden hat, und so gebietet die Anforderung an die Vollständigkeit dieses Werkes, daß desselben in einem besonderen Abschnitt gedacht wird. Wenn auch das Fleisch des Hauskaninchens weniger geschätzt ist, als das des Hasens und des wilden Kaninchens, so hat es doch sehr viele Vorzüge, die durch eine entsprechende Zubereitungsweise noch erhöht werden. Das Fleisch des Kaninchens ist dem Hühnerfleisch ähnlich, weiß und zart, leicht verdaulich und von süßlichem Geschmack, besonders von jungen Tieren sehr saftig, und die Mannigfaltigkeit der Zubereitung hat zu Kochvorschriften geführt, die nach Hunderten zählen, und dürfte dies ein Beweis für die Bedeutung der Sache sein. In Frankreich werden die Kaninchen sofort, nachdem sie getötet sind, ausgeweidet und in ihrem Innern mit Tymian, Lorbeerblatt, Petersilie, Salz und Pfeffer gefüllt, um dem Fleisch dadurch einen guten Geschmack zu geben, vor dem Zubereiten nimmt man diese Gewürze weg. Die sonstige Zurichtung der wilden Kaninchen ist dieselbe wie beim Hasen und finden die dort gegebenen Rezepte auch hier volle Anwendung.

1086. Kaninchen à l'alsacienne.

Ein Kaninchen wird gespickt, mit Gewürzen, gehackten Kräutern und Wurzeln in Butter gebraten, mit einigen Löffeln frischem Schweineblut der Fond abgelöscht, etwas Espagnole dazu gegeben und die Sauce passiert. Das Kaninchen wird auf der Platte angerichtet, die geschönte und dick eingekochte Sauce dazu gegeben und die Platte mit einem Kranz gut gekochtem Sauerkraut garniert.

1087. Kaninchenauflauf mit Sauerkraut.

Ein fettes Kaninchen wird mit Speck gespickt, mit heißem Gänsefett oder Butter bestrichen und am Spieß oder in der Pfanne gebraten, sodann in geeignete Stücke zerlegt, eine Auflaufform mit Butter bestrichen, der Boden mit gestoßenem Zwieback bestreut und mit gerösteten Speckwürfeln belegt. Darauf wird eine Lage gut gekochtes Sauerkraut, auf dieses das Kaninchenfleisch, darüber wieder eine Lage Sauerkraut gebracht, dieses mit Zwieback und Speckwürfel bestreut und 40 Minuten im Backofen gebacken. Der Auflauf muß heiß aufgetragen werden. Eine Sauce vom Fond bereitet serviert man dazu.

1088. Kaninchenkoteletten mit Tomatensauce.

Vom Kaninchenrücken werden Scheiben geschnitten, entsehnt und gehäutelt, dann geklopft, mit Salz und Pfeffer eingerieben, an die geschabten Rippenbeinchen gesteckt, durch heiße Butter oder Olivenöl gezogen und von beiden Seiten in der Pfanne oder auf dem Rost rasch gebraten. Dazu wird eine Tomatensauce (s. Nr.. 425) gegeben.

1089. Kaninchen, gebacken, mit Eiersalat.

Der Rücken und dic beiden Schlegel vom Kaninchen werden in weißem Landwein mit Lorbeerblättern, Zitronen, Zwiebeln, Kräutern und Wurzeln, mit Salz und Pfeffer eingerieben, über Nacht gebeizt, dann abgeträufelt und getrocknet, mit etwas Mehl bestäubt, bei raschem Feuer in heißer Butter gebacken. Ohne Sauce auf der Platte angerichtet, wird diese mit einem Kranz von Eiersalat garniert (gewürfelten hartgesottenen Eiern in Essig und Oel).

1090. Kaninchen, gebacken, mit Gemüse.

Ein abgekochtes, junges Kaninchen wird entbeint, mit 300 Gramm gedämpftem Speck, feinen Kräutern und Wurzeln fein zerhackt, mit Pfeffer und Salz gewürzt, einige Tropfen Zitronensaft daran gegeben, sowie 2 eingeweichte und gut ausgedrückte Semmeln und 2 ganze Eier. Aus diesem Haché werden Kuchen, in Form von Beefsteaks bereitet, diese mit zerrührten Eiern bestrichen, mit Mehl leicht bestäubt und auf raschem Feuer gebacken. Dazu werden Schwarzwurzeln, Hopfen, Spinat oder Weißkraut u. s. w. gegeben.

1091. Kaninchen, gebacken, in Senfsauce.

Das Kaninchen wird gespalten und die Hälften in kleinere Stücke zerlegt, die Stücke mit Salz und Pfeffer eingerieben, mit heißer Butter oder Schweinefett bestrichen, wie Koteletten paniert und gebacken. Dazu wird eine Senfsauce (Nr. 441) gegeben.

1092. Kaninchen, gebraten.

Das Kaninchen wird gespickt, gesalzen, mit einigen Zwiebeln, Wurzelwerk und Gewürz in heißer Butter gegeben und im Ofen gebraten. Kurz vor dem Anrichten wird es mit einigen Tropfen Zitronensaft beträufelt, der Fond mit etwas Bratenjus aufgekocht und an das zerteilte Kaninchen gegeben. Dazu wird Salat oder Compot gegeben.

1093. Kaninchen, gebraten, italienisch.

Das Kaninchen wird gespickt, gewürzt, mit feinem Olivenöl bestrichen und unter fleißigem Begießen mit heißer Butter, der einige Tropfen Zitronensaft beigefügt sind, in der Pfanne oder am Spieß gebraten. Ist die Farbe schön gelb, wird angerichtet und die Platte mit einem Kranz von verschiedenen grünen Salaten, wie sie die Jahreszeit bietet, garniert, auch kann die Garnitur aus italienischem Salat gemacht werden.

1094. Kaninchen, gebraten mit Rahmsauce.

Das gespickte und gewürzte Kaninchen wird mit zerlassenem heißen Speck dick bestrichen, in einer Bratpfanne mit heißer Butter, Wurzeln, ganzem Pfeffer, Wachholderbeeren und Kräutern gebraten. Den Fond kann man mit Mehl aufstauben und mit 1 Deziliter Weißwein ablöschen, einige Löffel sauren Rahm dazugeben, sowie mit Zitronensaft abschmecken. Oder man giebt an den Fond den Wein, den sauren Rahm, etwas Espagnole, Bratenjus und Zitronensaft und serviert diese Sauce zu dem aufgeschnittenen Braten.

1095. Kaninchen, gedämpft.

Nachdem das Kaninchen zugerichtet, mit Salz und Pfeffer eingerieben, mit heißem, zerlassenem Speck von allen Seiten dick bestrichen ist, wird es in ein tiefes Bratgeschirr mit Deckel gebracht, Wurzelwerk, Gewürz und einige Löffel Fleischbrühe oder Wasser dazugegeben und bei schwachem Feuer gedämpft.

Der Fond wird sodann eingekocht und wie sonst mit Espagnole fertig gemacht.

Ein Kartoffelpurée, breite Nudeln, Klöße werden dazu serviert.

1096. Kaninchen, gebeizt und gedämpft.

Das Kaninchen wird zugerichtet und gespickt in einer warmen Marinade einen Tag gebeizt, mit Wurzelwerk, Gewürz, einigen Löffeln der Beize und etwas Fleischbrühe gedämpft und im Ofen glaciert, sodann angerichtet, der Fond entfettet und mit Espagnole und etwas Zitronensaft fertig gemacht, ein Teil davon über das Fleisch gegossen und noch extra eine Saucière dazu serviert.

Man garniert die Platte mit ganzen, gebratenen Kartoffeln, Croquetten oder Duchessekartoffeln.

1097. Kaninchen, gefüllt.

Das mit Salz und Pfeffer gewürzte Kaninchen wird mit folgender Farce gefüllt: 200 Gramm Speck und 200 Gramm rohes Kalbfleisch vom Schlegel werden fein gehackt, 4 eingeweichte und gut ausgedrückte Semmeln mit 4 Eiern gemischt, Pfeffer, Salz, gehackte Zwiebeln und Kräuter, in heißer Butter gedämpft, dazu genommen. Sodann wird mit dieser Masse das Kaninchen gefüllt, zugenäht, mit einer Speckschwarte umbunden und in heißer Butter mit einigen Zwiebeln und Zitronenscheiben gebraten. Den Fond läßt man anschlagen, gießt ihn mit Fleischbrühe und Bratenjus ab und giebt ihn extra zum Fleisch. Es wird dazu Kartoffel- oder Heringsalat, mit Kartoffeln gemischt, gegeben.

1098. Kaninchen-Grenadins.

Der gehäutelte und entbeinte Fleischrücken des Kaninchens wird in fingerdicke Scheiben geschnitten und mit dem Messerrücken leicht geklopft. Inzwischen werden die Fleischreste vom Kaninchen hachiert und in guter Kaninchen- oder Fleischbrühe mit Salz, Kräutern, ganzen Zwiebeln und einigen Nelken in die Pfanne gebracht und langsam angebraten, sodann mit Fleischbrühe, Bratenjus und einigen Löffeln Espagnole, mit 1 Deziliter sauren Rahm zu einer nicht zu dicken Sauce gekocht. Die Schnitten, gesalzen und gepfeffert, sautiert man rasch in heißer Butter, giebt etwas von der Rahmsauce über die angerichteten Filets und serviert noch extra Sauce dazu. Geröstete Kartoffeln oder Purée sind eine geeignete Beilage dazu.

1099. Kaninchenhaché mit Kartoffelklößen.

Die kalten Ueberbleibsel vom gebratenen Kaninchen werden von den Knochen befreit und sodann das Fleisch gehackt; in heißer Butter werden gehackte Zwiebel und feine Kräuter gedämpft, ein wenig Mehl eingerührt, mit einem Deziliter rotem Ungarwein abgelöscht, einige Tropfen Zitronensaft daran gegossen, mit Paprika gewürzt und das Fleisch dazu gegeben und leicht aufgekocht. Die Platte wird mit einem Kranz von Kartoffelklößen garniert und das Haché in die Mitte gegeben und so aufgetragen.

1100. Kaninchenkochfleisch.

Das Kaninchenkochfleisch wird entweder aus dem Fleischtopf mit Meerrettig (s. Nr. 419) auf den Tisch gegeben und schmeckt ganz gut, oder es wird, wenn es weich ist, zum Erkalten gelegt, dann gesalzen in Mehl, Eiweiß und Panierbrot gewendet, rasch gebacken und dient dann als Beilage zu Gemüse.

1101. Kaninchen mit Maccaroni.

Das Kaninchen, in Stücke zerlegt, wird mit Wurzeln, Kräutern und Gewürzen in Fleischbrühe gedämpft und, wenn es weich ist, das Fleisch in eine Kasserole gelegt. Den Fond passiert und entfettet man, kocht denselben zur Hälfte mit 1 Glas Weißwein ein, giebt 1 Löffel Tomatenpurée, sowie 1 Löffel Espagnole dazu und gießt dies über das Fleisch. Zum Servieren werden Maccaroni mit geriebenem Parmesankäse gegeben.

1102. Kaninchen mit Milchreis.

Das Kaninchen wird leicht gewürzt, in heißer Butter, unter Zuguß von etwas süßem Rahm gedämpft und mit in Milch mit einigen Rosinen gekochtem Reis aufgetragen. Diese Speise ist namentlich Rekonvalescenten als kräftig und leicht verdaulich zu empfehlen.

1103. Kaninchen à la Provence.

Die Fleischstücke eines jungen Kaninchens werden mit Salz und Pfeffer eingerieben, durch feines Olivenöl gezogen, in eine Pfanne mit Zwiebelscheiben gelegt und bei scharfem Feuer gedämpft. Ist das Fleisch weich, wird es herausgenommen, der Fond entfettet, einige Tropfen Zitronensaft daran gegossen, mit einem Spritzchen spanischem Pfeffer gewürzt, ein Löffel Espagnole dazu gegeben, heiß über die Fleischstücke gegossen und angerichtet.

10.

Haus- und Wild-Geflügel.

Das Geflügel in seiner Mannigfaltigkeit ist für die Küche von hervorragender Bedeutung, doch in seinem Nährwert sehr verschieden. Das Fleisch alter Tiere jeder Geflügelart eignet sich nicht auf die Tafel, es ist zähe und zuweilen von widrigem Geschmack, dagegen wird durch den Absud desselben mit verschiedenen Gewürzzuthaten eine kräftige Brühe gewonnen, die sich zu Suppen und Saucen vorzüglich verwenden läßt. In diesem Fall wird das weichgesottene Fleisch später hachiert und kann zu Farcen und Einlagen genommen werden. Bei der Auswahl der jungen Tiere ist besonders darauf zu achten, daß diese möglichst fett sind. Man lasse sich beim Einkauf nicht durch den Preis verleiten, magere Tiere sind fast immer zu teuer, dann thut man gut, das Hausgeflügel möglichst lebend zu kaufen und es selbst zu schlachten. Die Merkmale, wodurch sich junge von alten Tieren unterscheiden, sind bei jeder Tierart andere. Die jungen Gänse haben blaßgelbe Schnäbel und Füße, die alten dunkelgelbe; junge Enten haben ein weißes, festes Fett, bei den alten ist es gelb und sandig; junge Tauben haben unter den Flügeln sogenannte Haare oder Flaum, die alten sind mit Federn bestockt; junge Hahnen und Hühner haben hellrote Kämme, die Augen treten glänzend hervor, doch sind die Pupillen weniger beweglich, wie bei den alten, die nebenbei einen dunkelroten, lederartigen Kamm haben, überdies krähen diese in höherem Ton, als die jungen, denen zuweilen auch die Stimme versagt.

Unter dem Hinweis auf die ausführlichen Mitteilungen mit Bezug auf den Einkauf und die Behandlungsweise während der heißen Sommermonate (s. S. 37), über das Dressieren und Einbiegen (s. S. 71 u. 72), über das Garkochen (s. S. 67), über die Tischzulänglichkeit (s. S. 84 u. 85), sowie über das Tranchieren (s. S. 101—109) der verschiedenen Geflügelarten, ist auch die Behandlung derselben mit Bezug auf das Schlachten und Reinigen ebenfalls sehr verschieden. Gänse und Enten werden hinter den Ohren in den Kopf gestochen und nicht selten wird das Blut gesammelt, um es zum Gans- oder Entenpfeffer zu verwenden. Haben sich die gestochenen Tiere verblutet, so werden sie mit Vorsicht gerupft und leicht abgebürstet, dann der Bauch bis zum Hinterteil geöffnet (aufgebrochen) und sorgfältig ausgenommen, der Kopf, die Flügel und die Füße an den Gelenken abgenommen und die Gans oder die Ente mindestens 12 Stunden trocken gehängt. Den Hühnern wird die Halsschlagader durchschnitten, dem Truthahn der Kopf abgehauen und der Taube der Kopf umgedreht und abgerissen. Der Truthahn und die Taube werden trocken gerupft und an einer Spiritus- oder Papierflamme geflammt oder gesengt. Die Hühner werden in ein Warmbad gelegt, aber ja nicht gebrüht, bis die Federn leicht losgehen. Sind sie gerupft, so bringt man sie in kaltes, frisches Wasser, dadurch bleibt das Fleisch schön weiß. Sorgfältig abgetrocknet, werden die Hühner vom Hinterteil aus, so viel wie nötig, geöffnet und das Eingeweide herausgenommen, dann wird der Hals geöffnet und der Kropf und die Gurgel entfernt, die Füße am Kniegelenke gebrochen, die Flügel geschränkt und der Kopf mit dem Hals um einen Flügel herumgezogen und unten festgespießt. Auch die Hühner sollen 12 Stunden nach dem Schlachten trocken hängen. Das Wildgeflügel wird trocken gerupft und geflammt.

Um die Mastung der jungen Hahnen zu beschleunigen und ihr Fleisch für den Tisch schmackhafter zu machen, werden die Tiere verschnitten. Dies geschieht am besten, wenn sie etwa 3 Monate alt sind. Die Operation erfordert große Aufmerksamkeit, ein scharfes Instrument und eine Sicherheit der Hand, wenn das Tier derselben nicht erliegen soll. In neuerer Zeit werden die Tiere auch, bevor sie verschnitten werden, häufig leicht chloroformiert. In diesem Zustand oder auch, wenn es nicht geschehen, wird der Hahn auf den Rücken gelegt, die Haut unter dem Steiß durch Abschneiden der Federn fingerbreit blosgelegt, dann mit einem scharfen Messer der Länge nach ein Einschnitt gemacht, so daß man mit zwei

Fingern, die mit Oel oder Butter bestrichen werden, hineingreifen kann. Oben an den Lenden unter den Eingeweiden, liegt das sog. Steinsäckchen, in welchem sich zwei ovale Steinchen befinden. Dieses Säckchen wird entweder herausgeschnitten oder die Steinchen werden mit den Fingern zerquetscht und zerrieben, womit der Zweck völlig erreicht wird. Hernach wird die Schnittwunde zugenäht, doch ohne die Gedärme zu berühren, und mil Oel eingerieben, dann wird der Kamm abgeschnitten und die blutende Stelle mit einem Brei von Talg oder Butter und Asche bestrichen, worauf das Bluten sofort aufhört.

Auch die Hühner werden verschnitten, wodurch ihre Eier größer und schmackhafter, sie selbst aber zum Brüten unbrauchbar werden. Um die Operation bei den Hühnern vorzunehmen, werden die Federn unter dem Steiß ausgerupft, dort zeigt sich die sog. Sterzfistel, ein weißes, haselnußgroßes Kügelchen, dasselbe wird aufgeschnitten; durch einen Druck mit dem Finger unter den Steiß nach oben tritt die Gebärmutter aus dem Einschnitt heraus, wird mit einem scharfen, reinen Scheerchen abgeschnitten und ein Tröpfchen Oel darauf gegossen, dann heilt die Wunde von selbst. Die Operation des Verschneidens wird am besten Abends, bevor die Tiere aufsitzen, und nicht an zu heißen Tagen vorgenommen; nach derselben müssen sie 4—5 Tage eingesperrt und gut genährt werden.

Da auch die Gans vor der Verwendung in der Küche nicht selten einer Zwangsmastung unterworfen wird, so mag hier ein Verfahren folgen, wie es namentlich in Pommern in zweckentsprechender Weise, bei welcher auf die Natur des Tieres Bedacht genommen wird, mit vielem Vorteil in Anwendung kommt.

Am besten eignen sich die Gänseriche ihrer Größe und weiten Schlundröhre wegen zum Nudeln oder Stopfen. Sie werden Anfangs Oktober ungerupft eingestellt, worauf sofort das Stopfen beginnt. Zu dem Nudeln wird die beste Gerste genommen und diese zu feinstem Schrot, fast Mehl, gemacht. Man rechnet auf eine Gans ¾ Zentner feines Gerstenschrot. Dasselbe wird mit kochendem Wasser vermittelst eines Holzlöffels angerührt und mit den Händen zu einem derben Teig geknetet. Die hieraus alltäglich frisch gemachten Nudeln müssen die Stärke eines Mannesfingers haben und 12 Stück sollen 1 Pfund wiegen. Bis zu ihrer Verwendung läßt man sie auf Brettern an einem warmen Ofen liegen. Man stopft täglich sechsmal, regelmäßig alle 3 Stunden, beginnt um 6 Uhr Morgens und schließt um 9 Uhr Abends. Am ersten

Tage werden jedesmal 4, im ganzen also 24 Nudeln gestopft und so steigt man die folgenden 6 Tage bis 10, also täglich 60 Nudeln. Jede Nudel wird vor dem Einstopfen in Wasser getaucht. Ist es im Monat Oktober noch warm, so bleibt man 14 Tage auf 10 Nudeln per Ration stehen, ist das Wetter frostig, so können als Maximum auch 11—12 Stück auf die Ration gerechnet werden. Länger als 3 Wochen pflegen die Gänse die Aufnahme von 60—72 Nudeln pro Tag nicht zu ertragen. Man geht auf 9 oder 8 Nudeln herunter, bei einzelnen Gänsen muß man sogar die Ration auf 7 Nudeln herabsetzen. Diese Zahl 9, 8 oder 7 wird noch 14 Tage beibehalten; mit 5 Wochen ist das Nudeln beendet. Sollte eine Gans nach dem Stopfen Unbehagen zeigen, niedergeschlagen und traurig sein, wohl gar den Kopf nach beiden Seiten heftig hin und her bewegen und Speichel aus dem Schnabel fließen lassen, so ist Vorsicht nötig; man setzt dann die nächste Ration aus, entzieht auch das Wasser und wartet weiter ab, um nach eingetretenem Wohlbefinden die bestimmte Zahl Nudeln zur festgesetzten Stunde wieder zu stopfen. Ist dagegen die Gans „gut bei Wege“, dann putzt sie ihr Gefieder mit dem Schnabel, zeigt ein munteres Auge, und alle Funktionen gehen gut von statten. Besondere Sorgfalt erfordert auch die Herrichtung des Gänsekobers, eines Holzkastens mit Abteilungen für die einzelnen Gänse nach Art der allgemein gebräuchlichen. Mit dem Beginn der vierten Woche nimmt man die Zwischenwände zwischen den einzelnen Abteilungen zum Teil heraus, so daß stets drei Gänse in einem Fache zusammenstehen. Sie erhalten dadurch mehr Raum und können sich zur Förderung des Appetits noch etwas bewegen. Das Trinkwasser ist täglich durch frisches zu ersetzen. In das Wasser pflegt man hier und da etwas Kies zu werfen. Die Gans wird mit ¾ Ztr. Gerstenschrot 5 Wochen auf dem Kober gehalten; war sie mager 14 Pfund schwer, so wiegt sie jetzt ohne Federn 22 Pfund. Sie liefert dann 7 Pfund Schmalz, eine 2 bis 3 Pfund schwere Leber, eine 3 Pfund schwere Brust, die samt den Keulen geräuchert wird, und eine Geldeinnahme von 3,50 Mk. für die Federn. Um Martini herum werden solche reingemachte Gänse ganze Wagen voll auf die Wochenmärkte gebracht und pro Pfund für 70 bis 80 Pfennig verkauft.

A. Das Haus- oder zahme Geflügel.

1104. Entenbraten.

Zum Braten nimmt man nur junge Enten, welche gut im Fleisch und Fett sind. In den Herbst- und Wintermonaten sind diese am besten. Beim Zurichten derselben schlägt man den Flügel am ersten Knochen ab, um ein besseres Dressieren derselben zu ermöglichen, während das Ausnehmen, Dressieren, u. s. w. ganz so behandelt wird, wie es auf Seite 71—73 beschrieben.

Man giebt die zugerichtete und gesalzene Ente in ein Bratgeschirr, übergießt sie mit heißer Butter oder Fett, giebt eine Zwiebel dazu und bratet sie etwa ³/₄—1 Stunde unter öfterem Begießen schön braun im Ofen. Den Fond läßt man anschlagen, gießt etwas vom Fett ab, gießt ihn mit Fleischbrühe und etwas Bratenjus ab und giebt ihn über die aufgeschnittene und tranchierte Ente (s. S. 106). Man garniert die Platte mit einer Hand voll Kresse.

Man kann die Ente auch am Spieß braten, indem man den Körper mit Petersilie, Tymian und Schnittlauch füllt, gut salzt, mit Butter übergießt und am Spieß befestigt. Nach 25—30 Minuten abgenommen, werden die Kräuter entfernt, die Ente tranchiert, mit etwas Bratenjus übergossen und mit irgend einem Salat zu Tisch gegeben.

1105. Ente, gedämpft mit Kastanien.

Die Ente wird zugerichtet und dressiert, wie oben beschrieben, in eine Kasserole mit Wurzelwerk, Gewürz, mit einigen Löffeln Fleischbrühe und Bratenjus gegeben, gut zugedeckt und etwa ¹/₂ Stunde gedämpft und im Ofen noch etwa ¹/₄ Stunde im Saft glaciert. Der Fond wird entfettet, etwas eingekocht und einige Löffel Espagnole dazugegeben. Die Ente wird tranchiert, hübsch zusammengestellt mit der Sauce übergossen und serviert.

Ist die Ente schon älter, so muß sie so lange gedämpft werden, bis sie weich ist, obige Zeit bezieht sich nur auf junge Enten.

Beim Anrichten giebt man die Enten mit glacierten Kastanien garniert zu Tische.

1106. Ente gedämpft, mit Gemüse.

Eine gereinigte, junge Ente wird mit Salz und Pfeffer eingerieben und mit folgender Farce gefüllt: Mit 100 Gramm

Speck werden 2 Zwiebeln und etwas Petersilie fein gehackt, leicht gedünstet und mit eingeweichter, aber gut ausgerungener Brotrinde vermischt. Ist die Masse erkaltet, giebt man 2 ganze Eier dazu und füllt die Ente damit, näht die Oeffnung zu, dressiert die Ente und giebt sie in eine Kasserole mit heißer Butter zum Anbraten. Nach etwa 25 Minuten giebt man einige Löffel Fleischbrühe und Bratenjus an dieselbe und dämpft sie darin, bis sie gar ist. Während dessen werden gelbe Rüben, weiße Rüben, Selleriewurzeln in hübsche Formen geschnitten und mit einigen kleinen Zwiebeln und 4 klein entblätterten Krautköpfen zu der Ente gelegt, gesalzen und gewürzt und mit derselben weich gedämpft, oder man kocht die Gemüschen für sich weich.

Beim Anrichten wird die tranchierte Ente auf eine erwärmte Platte gelegt und mit dem Gemüse in verschiedene Gruppen garniert.

Die Sauce wird mit dem Fond und einigen Löffeln Espagnole bereitet und darüber gegossen.

1107. Ente, gedämpft, mit Orangensauce.

Zu der wie in Nr. 1105 beschriebenen, gedämpften und angerichteten Ente giebt man eine Orangensauce (s. Nr. 422).

Weitere Rezepte siehe bei Ragouts, Abschnitt 13.

1108. Ente, gefüllt.

Eine ausgenommene und geputzte Ente wird mit folgender Fülle gefüllt. Eine fein gehackte Zwiebel mit etwas Petersilie wird in Butter gedämpft, die gehackte Leber der Ente, sowie 2 eingeweichte und ausgedrückte Semmeln dazu gegeben, etwas Pfeffer, Salz, Muskatnuß und Tymian und das Ganze leicht gedämpft, mit 3 Eiern sodann abgerührt und die Ente damit gefüllt, zugenäht, dressiert und in einem Bratgeschirr in heißer Butter oder Fett in ungefähr 5/4 Stunden gebraten. Den Fond läßt man anschlagen, gießt ihn mit Fleischbrühe und Bratenjus ab und giebt ihn über die tranchierte Ente.

1109. Ente gefüllt, mit pikanter Sauce.

Eine junge Ente wird vollständig entbeint auf dem Tisch ausgebreitet und gesalzen, sodann mit folgender Farce gefüllt. 250 Gramm roher Kalbsleber wird mit der Leber und dem Herz der Ente fein gehackt, ebensoviel ausgebrochenes Nierenfett dazu gehackt und einige Löffel geriebenes Brot dazu gegeben, gehackte und in Butter gedämpfte Zwiebeln und Petersilie.

2 Eier und Salz wird mit der anderen Masse gut gemischt und auf die ausgebeinte Ente gegeben, aufgerollt, zusammengenäht, in eine Serviette eingewickelt, an beiden Enden und 3 Mal in der Mitte gebunden, in Fleischbrühe zugesetzt und etwa 5/4 Stunden langsam gekocht, sodann herausgenommen, die Serviette abgelöst, die Ente in Scheiben geschnitten, auf langer Platte angerichtet und mit einer fertigen, pikanten Sauce (siehe Nr. 429) aufgetragen. Man serviert dazu ein Kartoffelpurée oder breite Nudeln.

1110. Enten mit Kartoffeln gefüllt.

Eine junge Ente wird ausgenommen, flammiert und gereinigt. Sodann werden 6 kleine Kartoffeln roh geschält und in kleine Würfel geschnitten und einstweilen in kaltes Wasser gelegt, damit sie nicht schwarz werden. In heißer Butter dämpft man eine fein gehackte Zwiebel mit Petersilie, etwas Bohnenkraut und Tymian, giebt die Kartoffeln dazu, dämpft sie in den Kräutern halb gar, giebt einige Löffel dicke Espagnole dazu und füllt die Ente damit, wenn die Fülle erkaltet ist, dressiert sie sodann und bratet sie schön im Ofen in Butter oder Fett etwa 5/4 Stunden. Vom Fond macht man eine leichte Jus und giebt diese über die tranchierte Ente, während man die Fülle als Garnitur um dieselbe legt.

Man kann unter die Kartoffeln auch Scheiben von Bratwurst in Butter sautiert oder Schinkenwürfel, ebenso behandelt, geben und mit dieser Masse die Enten füllen.

1111. Ente, mit Kastanien gefüllt.

Siehe Nr. 1117 bei der Gans.

1112. Ente mit Risotto.

Von übrig gebliebenen Entenstücken werden die Knochen ausgelöst und dieselben in eine Kasserole gelegt. Eine in Scheiben geschnittene Zwiebel wird in Butter gelb gedämpft, mit Jus, 1 Glas Weißwein und einem Löffel Tomatenpurée nebst Espagnole zu einer Sauce mit den Abfällen und Knochen der Ente ausgekocht und, wenn die Sauce fertig, auf die Entenstücke passiert, diese dann erwärmt, ohne sie kochen zu lassen. Ein fertiger Risotto (s. Abschnitt 18) wird in eine Bordure, die man mit Butter ausgestrichen hat, gedrückt, auf eine runde Platte gestürzt und die Entenstücke in die Mitte angerichtet.

In ähnlicher Weise wird auch mit den Resten von anderem gebratenem Geflügel verfahren.

1113. Enten mit Sauerkraut.

Gedämpfte Enten, wie in Nr. 1105 beschrieben, zubereitet, werden schön zerlegt, auf fertigem Sauerkraut angerichtet und serviert. Die eigene Jus wird dazu gegeben.

Man kann auch Rotkraut oder braisierten Kohl dazu servieren.

1114. Gans, gebraten.

Die Gans, welche hinsichtlich ihres Fleisches, ihres Fettes, der Leber und Federn wohl als eines der nützlichsten Tiere in unseren Haushaltungen betrachtet werden kann, ist in den Frühjahr= und Sommermonaten als junge Gans des Fleisches wegen wohl am besten und vorzüglichsten, während im Herbst und in den Wintermonaten dieselbe ihre größte Vollkommenheit erreicht und ebenso einen guten Braten giebt, als auch Leber, Fett und Federn in dieser Zeit am meisten Wert haben. Allein nicht nur in gebratenem Zustande kommt die Gans auf unseren Tisch, sondern auch in geräuchertem sind die pommerschen Gänsebrüste eine beliebte Beilage zu verschiedenen Gemüsen.

Eine ausgenommene, flammierte und rein geputzte, junge Gans wird dressiert, innen und außen gut gesalzen, in ein Bratgeschirr mit Butter und 1 Zwiebel gelegt und ungefähr 1 Stunde im Ofen schön krustig braun gebraten oder am Spieß befestigt und etwa ¾—1 Stunde gebraten. Vom angeschlagenen Fond wird eine Jus gemacht und über die tranchierte Gans gegeben (s. S. 106).

Aeltere oder fette Gänse werden, nachdem sie gerichtet sind, in einer Braisière mit wenig Wasser zugesetzt, um dadurch sowohl das ältere Tier weich zu dämpfen, als auch Fett zu gewinnen. Ist das Wasser verdampft, bratet man die Gans im Ofen in ihrem eigenen Fett fertig, schüttet das Fett, wenn dieselbe fertig ist, ab, um es beliebig in der Haushaltung oder zum Schmälzen und Braten zu gebrauchen. Vom Fond macht man eine gute Jus und giebt sie mit der tranchierten Gans zu Tische.

Die Bratenzeit richtet sich ganz darnach, ob die Gans schon älter, und währt oft 1½—2 Stunden.

Man kann zu dieser Art, die Gänse zu braten, ein Sträußchen Beifuß beigeben, was der Gans ein sehr gutes Aroma giebt. Man serviert dazu gerne verschiedene Klöße, sowie Sauerkraut, Rot= und Blaukraut.

1115. Gans, gebraten, mit Aepfel gefüllt.

Nachdem die Gans wie oben gereinigt und mit Pfeffer und Salz eingerieben ist, werden kleine Aepfel geschält und in der Mitte das Kernhaus ausgebohrt oder größere Aepfel in Würfel geschnitten und die Gans damit gefüllt, sodann die Oeffnung zugenäht, die Gans mit heißer Butter bestrichen (dadurch wird der Saft gebunden), in die Bratpfanne gebracht und unter fleißigem Beträufeln mit dem sich ergebenden Fett langsam gebraten. Vom Fond wird die Jus bereitet, dazu serviert und die Aepfel beim Anrichten um die tranchierte Gans gelegt.

1116. Gans, gebraten, mit Kartoffeln gefüllt.

Wird ebenso behandelt, wie in Nr. 1110 bei der Ente beschrieben.

1117. Gans, gebraten, mit Kastanien gefüllt.

Die Gans wird zum Füllen zugerichtet. Eine fein gehackte Zwiebel und Petersilie, mit der gehackten Leber leicht gedämpft, wird unter 1½ Pfund fertig geschälte Kastanien gegeben und mit denselben, sowie etwas Fleischbrühe und Bratenjus, Salz und gestoßenem Zucker beinahe weich gedämpft, die Gans mit dieser Fülle gefüllt und wie oben beschrieben, fertig gebraten, tranchiert und mit den Kastanien garniert zu Tische gegeben.

1118. Gans, gefüllt.

Nachdem die Gans rein geputzt und ausgenommen ist, werden gehackte Zwiebeln und Petersilie in Butter gedämpft, 2 eingeweichte und ausgedrückte Semmeln, sowie die fein gehackte oder in Würfel geschnittene Gansleber dazu gegeben, ebenso Pfeffer, Salz und etwas Thymian und Muskatnuß, die Masse leicht abgedämpft und mit 4 ganzen Eiern aufgerührt, die Gans damit gefüllt; zugenäht und entweder mit Fett oder Butter oder mit Wasser, wie in den vorhergehenden Rezepten beschrieben, fertig gemacht. Die gefüllte Gans braucht natürlich zum Braten länger, und ist eine ganz junge Gans deshalb nicht gut zum Füllen, da sie wohl eher fertig wird, als die Fülle und dann zu weich auf den Tisch kommt. Die Jus wird dazu gegeben, die Fülle um die Gans gelegt und serviert.

1119. Gans, gedämpft.

Wird ebenso behandelt wie die Ente, und verweise ich auf die Rezepte Nr. 1105—1107.

1120. Gans, gekocht, mecklenburgisch.

Eine junge Gans wird sorgfältig gerupft, ausgenommen und gereinigt, in 8 Teile zerlegt, diese mit Salz eingerieben und in warmem Wasser oder Fleischbrühe mit Kräutern, Wurzeln und ganzem Pfeffer zugesetzt und weichgekocht. Sodann werden grüne Erbsen in Butter weichgedämpft, ein Löffel Mehl und eben so viel gestoßener Zucker eingerührt. Den Fleischfond läßt man gut einkochen, giebt einige Löffel weißer Sauce darunter, legiert diese mit 2 Eigelb und süßem Rahm und giebt diese Sauce unter die Erbsen; nach wiederholtem Aufkochen werden die Erbsen über die tranchierte Gans gegossen und aufgetragen.

1121. Gansklein mit Rüben.

Der Kopf, aus dem die Augen entfernt sind, der Hals, die Flügel, die Füße und der Magen nebst Herz, Leber und Nieren der Gans werden gut gereinigt und in Butter gedämpft. Während dessen werden in einer Kasserole 150 Gramm Speckwürfel zerlassen, Salz, ganzer Pfeffer, kleine Zwiebeln dazu gegeben und mit 1 Deziliter weißem Wein abgelöscht, das Fleisch hineingethan, ein kleiner Löffel Mehl eingerührt und warmes Wasser zugegossen, bis es wiederholt aufwallt. Darauf werden etwas Salz und zerwiegte Kräuter eingestreut und die Sauce zu $^3/_4$ eingekocht. In einer zweiten Kasserole werden gleichmäßig geschnittene, weiße Rüben in Butter und Zucker mit einigen Löffeln der Sauce des Gänsekleins weich gekocht. Das Gänseklein wird auf runder Platte in der Mitte angerichtet, mit den weißen Rüben umlegt, die Sauce darüber gegossen und serviert.

1122. Gansklein oder Ganspfeffer.

Wird ebenso behandelt, wie oben beschrieben, doch ohne Leber und weiße Rüben. Die Sauce kann man, ehe man sie auf das Gänseklein giebt, mit dem aufgefangenen Blut der Gans, das man mit etwas Essig gebunden hat, anrühren und noch einmal mit demselben aufgekocht zu Tische geben. Auch kann man eine fertige Zwiebelsauce zu dem Gänseklein geben, dies darin noch aufkochen und zu Tische geben.

1123. Gansschlegel mit Sauerkraut.

Die 2 Schlegel und der Magen der Gans, wenn sie übrig geblieben, werden in Stücke geschnitten. Dann werden in eine Kasserole 1 Kilo Sauerkraut, 1 Zwiebel, ein Stück Speck, 4 Löffel Gänsefett gegeben und etwas Fleischbrühe darüber gegossen. Nachdem das Sauerkraut 2 Stunden gekocht, werden die Gansstücke hineingelegt und damit noch ½ Stunde gekocht. Dann wird Kraut und Fleisch zusammen angerichtet und mit Kartoffel- oder Erbsenpurée aufgetragen.

Die Rezepte über Gänseleber sind in Abschnitt 13 zu suchen.

1124. Hühner, gebraten (Poulet rôti).

Das Huhn ist eines unserer geschätztesten Haustiere, sowohl des Fleisches, seiner Nahrhaftigkeit und Leichtverdaulichkeit wegen, als auch wegen der Vielseitigkeit, dasselbe in der Küche zu verwenden. Das junge Huhn, wenn es noch klein und zart ist, eignet sich wohl nur zum Braten, während die älteren, etwa 3—4 Monate alten, uns manche Abwechslung als Braten, Zwischenspeisen und Ragouts in unserem Speisezettel bringen. Alte Hühner sind wohl nur zu Suppen oder Farcen zu verwenden. Das beste Kennzeichen eines jungen Huhnes ist, wenn das hintere Brustbein weich und biegsam ist.

Ein junges Hühnchen wird ausgenommen, flammiert und dressiert, wie auf Tafel II beschrieben, gesalzen und in heißer Butter auf beiden Schlegeln erst angebraten, auf dem Herd in geschlossener Kasserole oder, auf den Rücken gelegt, im heißen Ofen schön krustig fertig gebraten. Bratenzeit etwa 10 Minuten. Den Fond läßt man anschlagen, schüttet die Butter aber nicht weg, sondern gießt etwas Fleischbrühe auf und passiert diese Jus über das halbiert geschnittene Hühnchen.

Größere Hühner, d. h. ausgewachsene, werden ebenso behandelt betreffs Zurichten und Braten, nur ist die Bratenzeit etwa 20—25 Minuten und beim Tranchieren werden diese behandelt, wie auf Seite 102 beschrieben ist.

Die Hühner werden, wo ein Spieß in Anwendung ist, an demselben festgesteckt, mit Butter übergossen und in 10—20 Minuten fertig gebraten. Von den Abfällen bereitet man eine Bratenjus, um sie zu den Hühnern zu servieren.

1125. Hühner, gefüllt und gebraten.

Zwei junge Hühner werden ausgenommen und geputzt, der Brustknochen eingedrückt, vorsichtig von innen herausgelöst, ohne die Haut zu zerreißen. 2 Milchbrote werden in Wasser eingeweicht und gut ausgedrückt. Gehackte Zwiebeln und Petersilie dämpft man in Butter, giebt die gehackte Hühnerleber und den Magen dazu, ebenso das Brot und dämpft alles zusammen mit noch ein wenig Butter ab, giebt Salz, Muskatnuß und etwas Pfeffer, sowie 3 ganze Eier dazu und füllt damit die Körper der Hühner, näht die Oeffnung zu und bratet sie etwa 25—30 Minuten im Ofen. Beim Anrichten legt man die Fülle vor die tranchierten Hühner, garniert sie mit etwas Kresse, giebt von der Bratenjus über die Hühner und serviert.

1126. Hühner, gebraten und getrüffelt.

Die Hühner werden ausgenommen und gereinigt. Frische Trüffeln werden geschält und in Stücke geschnitten. (Es können auch eingemachte verwendet werden.) Schöner Speck wird fein geschnitten in einer Kasserole heiß gemacht und die Trüffeln mit Pfeffer und Salz gewürzt, etwa 5 Minuten darin sautiert. Nachdem sie erkaltet, wird der Bauch des Huhnes damit gefüllt, um dieses eine Speckschwarte gelegt, gebunden in eine Serviette gehüllt und 2 Tage kühl gehängt. Am 3. Tag wird das Huhn am Spieß oder in einer Kasserole mit Butter gebraten, zugleich wird eine Hand voll Trüffeln mit 2 Deziliter weißem Wein und ebensoviel Fleischbrühe in eine Kasserole gebracht und 10 Minuten, gut geschlossen, gedämpft, mit einem Löffel Espagnole und guter Jus abgelöscht und nach wiederholtem Aufkochen angerichtet. Die Sauce wird mit dem Huhn und den Trüffeln, doch gesondert, aufgetragen.

1127. Hühner, grilliert.

Junge, kleine Hühner werden halbiert, während größere in 5 Teile, die beiden Schlegel, die Bruststücke in 2 Hälften und den Rücken, zerlegt werden. Diese Stücke werden mit einer geschnittenen Zwiebel, ganzer Petersilie, Pfeffer, Salz und Olivenöl einige Stunden vor dem Gebrauch mariniert, in einem Sautoir Olivenöl heiß gemacht, die Hühnerstücke nebst dem Gemüse, sowie etwas Zitronensaft dazu gegeben, mit einem Deckel leicht beschwert, einige Male gewendet und so langsam etwa 20—25 Minuten gedämpft, worauf man sie anrichtet. Den Saft der Hühner kocht man mit 1 Glas Weißwein auf, giebt einige Löffel Espagnole und gute Jus dazu, kocht diese Sauce gut durch, passiert sie und serviert sie zu den grillierten Hühnerstücken.

1128. Hühner, auf dem Rost gebraten.

Die Hühner werden ebenso zugerichtet und in Oel mariniert, wie vorher beschrieben. Vor dem Gebrauch werden die Hühner=

stücke auf ein Tuch gelegt, abgetrocknet, nochmals leicht gesalzen, in heißer Butter und Panierbrot gewendet und auf heißem Rost nicht zu rasch fertig gemacht. Die Schlegel brauchen länger als die Bruststücke. Die Stücke richtet man auf einer runden Platte auf gefalteter Serviette an, garniert mit Petersilie, sowie Zitronenscheiben. Eine Sauce Tartare wird extra dazu serviert.

1129. Hühner, gedämpft oder weiß gekocht.

Junge Hühner, fertig zugerichtet und dressiert (man schneidet gewöhnlich zum Dämpfen oder Kochen die Füße und Flügel am zweiten Knochen durch), werden über der Brust mit Zitronensaft eingerieben und mit einer Speckschwarte überbunden, gesalzen, eine Zwiebel, ½ gelbe Rübe, ¼ Zellerieknolle, sowie etwas Gewürz dazu gegeben und mit Fleischbrühe und etwas Butter etwa 20 bis 25 Minuten in einem bedeckten Kasserol gedämpft. Der Fond wird passiert, rein entfettet, zur Hälfte eingekocht, mit einigen Löffeln weißer Sauce aufgekocht, mit Zitronensaft abgeschmeckt und zu den hübsch tranchierten Hühnern serviert.

1130. Hühnerhachis.

Reste von Hühnern werden ausgebeint, enthäutet und fein zerwiegt. Eine gute, dicke Sauce Allemande wird mit 2 Eigelb abgezogen, abgeschmeckt und über das hachierte Fleisch gegeben, einmal leicht aufgekocht, auf runder Schüssel angerichtet, mit pochierten Eiern oder Brotkroutons umlegt und so serviert. Wird das Hachis nicht gleich serviert, so stellt man es ins Wasserbad bis zu seinem Gebrauch.

1131. Hühner mit Nudeln.

Das zugerichtete Huhn wird in eine Speckschwarte gehüllt, gebunden und in guter Fleischbrühe gekocht. Inzwischen werden 500 Gramm geschnittene Nudeln in Salzwasser gekocht, dann abgeträufelt, in eine Kasserole gebracht, mit Butter, mit geriebenem Parmesankäse, einigen Löffeln Tomatensauce (siehe Nr. 425), und etwas Muskatnuß gewürzt, auf runder Platte angerichtet und das schön tranchierte Huhn in die Mitte gesetzt und aufgetragen. Von dem Fond bereitet man mit Allemande eine nicht zu dicke Sauce, welche man zu den Hühnern serviert.

1132. Hühner mit Paprika.

Die Hühner werden in 4 Teile zerschnitten, gesalzen und gepfeffert. Eine fein gewiegte Zwiebel wird in Butter geschwitzt, die Hühnerstücke dazu gelegt, auf beiden Seiten leicht angebraten und dann Zitronensaft, sowie etwas Bratenjus und Fleischbrühe daran gegossen und etwa 15 Minuten damit gedämpft. Man giebt sodann ¼ Liter sauren Rahm, sowie eine Messerspitze Paprika dazu und macht die Hühner in dieser Sauce vollends fertig. Die Hühner werden hübsch auf runder Platte angerichtet, die Sauce noch etwas dicker eingekocht, gut abgeschmeckt über die Hühner gegeben.

1133. Hühner mit glacierten Zwiebeln.

Das zugerichtete, gesalzene Huhn wird mit einer Speckschwarte bedeckt und gebunden, in einer Kasserole in heißer Butter angebraten, mit Fleischbrühe abgelöscht und bei schwachem Feuer weich gekocht. Währenddessen werden in einer Kasserole 2 Dutzend kleine Zwiebel in einem Löffel Schweineschmalz und einer Messerspitze Zucker bei lebhaftem Feuer braun gedämpft und das Huhn, wenn es ziemlich weich und das Fett abgetropft ist, mit den Zwiebeln fertig gekocht. Das Huhn wird nun entschnürt und mit der Sauce und den Zwiebeln aufgetragen.

1134. Hühner sautiert.

Junge Hühner in 4 Teile zerschnitten, mit Pfeffer und Salz bestreut, werden in Butter und mit in Scheiben geschnittenen Zwiebeln etwa 10 Minuten gedünstet; man gießt 1 Glas Weißwein dazu, sowie 1 Löffel brauner Sauce und Bratenjus und macht die Hühnerstücke in der Sauce fertig. Die Sauce wird passiert über die angerichteten Hühner gegeben.

Weitere Rezepte siehe Abschnitt 12, 13 und 14.

1135. Kapaunen oder Poularden.
Chapon ou Poularde.

Der Kapaun, ein verschnittener junger Hahn, wird durch Mastung und gute Fütterung ein ausgezeichneter, zarter Braten, doch darf derselbe nicht zu alt sein, jedenfalls nicht über ein Jahr. Das Ausnehmen, Dressieren und Zurichten ist dasselbe wie bei den Hühnern.

Die Poularde, ein verschnittenes junges Huhn, ist ebenfalls durch gute Mastung, namentlich in den Wintermonaten, ein willkommener Braten bei unseren Mahlzeiten. Auch hier wird ebenso verfahren, wie bei den Hühnern, nur ist es gut, sowohl die Kapaunen, als auch die Poularden vor dem Gebrauch einige Tage hängen zu lassen.

Bei uns werden hauptsächlich italienische und steiermärkische Kapaunen, sowie französische Poularden verwendet, wobei unter letzteren hauptsächlich die von Le Mans, was Zartheit und Feinheit des Fleisches anbetrifft, unübertroffen sind.

Die nachfolgenden Rezepte beziehen sich eben so gut auch auf die Poularde.

1136. Kapaun, gebraten.

Der Kapaun wird ausgenommen, geputzt und dressiert, wie auf Tafel II beschrieben, eine Speckbarde über die Brust gebunden (Fig. 365), sowohl innen als außen gesalzen und mit Butter oder Fett ¾—1 Stunde im Ofen oder am Spieß gebraten. (Fig. 366). Zum Anbraten legt man den Kapaun erst auf die Schlegel und dann in der letzten Hälfte der Bratzeit auf den Rücken, um eine schön gebratene Brust zu erhalten. Sehr praktisch ist auch das Bratgeschirr (Fig. 367), um das Geflügel zu braten.

Fig. 365.

Fig. 366.

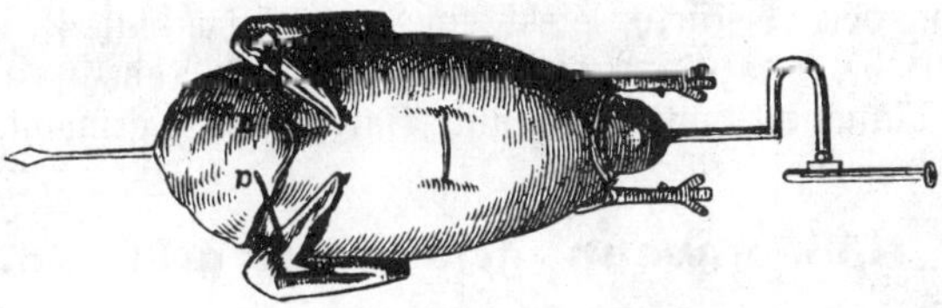

Der Kapaun und die Poularde muß sehr häufig übergossen werden, um einen schönen, saftigen Braten zu Tische zu bringen. Tranchieren s. S. 103 u. 104. Zum schön tranchierten und auf langer Platte angerichteten Kapaunen serviert man die aus dem angeschlagenen Fond mit Fleischbrühe und Bratenjus abgegossene, nun gewonnene Jus. Man garniert den Braten gerne mit Brunnenkresse, welche man leicht gesalzen um denselben legt.

Der Kapaun wird, um ihn am Spieße zu braten, gut in Speckbarden und noch in Butterpapier eingebunden, sodann an dem Spieß befestigt, unter sehr häufigem Begießen etwa ¾ Stunden gebraten. Nach dieser Zeit wird das Papier ent-

Fig. 367.

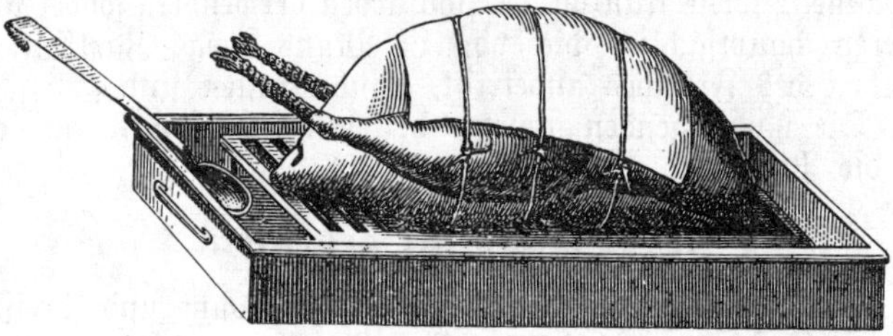

fernt, der Kapaun mit Salz bestreut und bei gutem Feuer vollends fertig gebraten.

1137. Kapaun, gedämpft oder weiß gekocht.

Ein gut gereinigter Kapaun wird zum Braisieren zugerichtet, mit Zitronensaft eingerieben, mit einer Speckbarde umbunden und in einer Fleischbrühe mit etwas Butter, Wurzelwerk und Gewürz etwa $^3/_4$ Stunden gedämpft. Der Kapaun wird schön tranchiert, die Haut der einzelnen Stücke abgezogen. Der Fond wird entfettet, zur Hälfte eingekocht, einige Löffel weißer Sauce dazugegeben, passiert, über den angerichteten Kapaunen einige Löffel derselben gegeben und die andere extra dazu serviert.

Man umlegt den gedämpften Kapaunen gerne mit Champignons oder Trüffeln, giebt ein Ragout Toulouse (s. Abschnitt 13) oder Reis dazu. Auch grob geschnittene Nudeln, in Fleischbrühe blanchiert, mit Käse und Butter fertig gemacht, werden dazu serviert.

1138. Kapaun gefüllt und gebraten.

Der Kapaun wird ausgenommen, flammiert und geputzt. Eine aus 3 Milchbroten und 5 Eiern zubereitete Farce, ebenso behandelt wie die Fülle zu den Hühnern Nr. 1125, wird in den Körper eingefüllt, zugenäht, mit Speck umbunden und in Butter oder Fett im Ofen etwa 1 Stunde gebraten, dann tranchiert und hübsch angerichtet mit der Fülle und etwas Kresse garniert zu Tische gegeben. Den angeschlagenen Fond kocht man mit Fleischbrühe und Bratenjus auf, ohne zu viel Fett abzugießen und giebt die Jus beim Servieren über den Braten.

1139. Kapaun mit Trüffel gefüllt.

Ein Kapaun oder eine Poularde wird sauber ausgenommen und gereinigt. 2 Pfund Schweinefleisch, am besten

Rippstück, und ½ Pfund grüner Speck wird durch die Maschine und sodann durch ein Sieb getrieben, mit Gewürzsalz gesalzen und 1 Pfund gewaschene und geschälte, rohe, in Stücke geschnittene Trüffeln mit der Farce vermengt. Man kann nun den Kapaun, wie oben gesagt, in den Körper füllen und zunähen, oder aber man löst die Haut vom Hals bis zur Mitte der Brust vom Fleisch ab und füllt diesen Teil, den Kropf, bis zur Brust mit dieser Fülle. Zwischen die Haut und dem Fleisch der Brust schiebt man dünn geschnittene Trüffelscheiben. Den auf diese Weise gefüllten Kropf näht man sodann zu, dressiert den Kapaun und bindet eine Speckbarde über die Brust. Man füllt den Kapaunen mit Trüffeln einige Tage vor dem Gebrauch, um dadurch dem Fleisch den feinen, aromatischen Trüffelgeschmack zu geben. Gebraten wird der Kapaun in Butter oder Fett etwa 1—¾ Stunden, tranchiert und serviert, mit Jus übergossen, wie schon öfters beschrieben.

Man kann in die Fülle ein Stück rohe Gänseleber, sowie die Kapaunenleber geben, was den Geschmack der Fülle bedeutend erhöht.

Die Fülle mit Trüffeln soll leicht sein und beim Anrichten zerfallen, es werden deshalb in vielen Küchen die Poularden mit einer reinen Speckfarce gefüllt, die beim Braten zergeht und dadurch demselben Saft und Wohlgeschmack in erhöhterem Maße zuführt, als wie eine trockene Fülle.

Weitere Rezepte siehe Abschnitt 13.

1140. Perlhuhn (Pintade), gebraten.

Das Perlhuhn, eine afrikanische Hühnerart, wird auch bei uns mit den übrigen Hühnern im Hof gezogen und giebt von jungen Tieren einen guten, saftigen Braten. Die Zubereitungsweise ist dieselbe wie bei den Hühnern.

1141. Perlhuhn, gespickt, mit Rahmsauce.

Das junge Perlhuhn wird zugerichtet und zum Braten dressiert, die Brust fein gespickt, in eine Kasserole gegeben, gesalzen, in Butter mit Wurzelwerk und Gewürz angebraten, nach etwa ½ Stunde, etwas Bratenjus oder Fleischbrühe abgelöscht, sowie eine Obertasse saurer Rahm dazugegeben und dann das Perlhuhn vollends gar gemacht. Die Sauce mit 1 Löffel Espagnole aufgekocht, etwas Zitronensaft dazu gegeben und zu dem in Stücke tranchierten Perlhuhn gegeben.

1142. Perlhuhn, gedämpft.

Siehe bei den Hühnerrezepten Nr. 1129.

1143. Welschhuhn, Indian, Truthahn oder Puter, gebraten. (Dinde.)

Das Welschhuhn (Hahn oder Henne), das größte unter unserem Hausgeflügel, ist jung, nicht über ein Jahr alt, ein ausgezeichneter Braten für unseren Tisch. Man erkennt das junge Tier an der weichen, schuppenähnlichen Haut der Füße, welche von grau-weißer Farbe ist, während bei einem älteren Tier dieselbe hart und trocken ist. Das Welschhuhn wird ebenso ausgenommen, dressiert und zugerichtet wie der Kapaun. Ist ein junges Welschhuhn zum Braten gerichtet, wird die Brust mit einer Speckbarde umhüllt in einem Bratgeschirr mit Fett oder Butter etwa 1—1½ Stunden im Ofen unter öfterem Begießen fertig gebraten. Den Bratenfond gießt man mit Fleischbrühe auf und serviert ihn zu dem tranchierten Geflügel.

Das Welschhuhn wird ebenfalls wie die anderen Geflügelarten am Spieß gebraten, dabei bardiert und in Butterpapier eingehüllt. Tranchieren siehe S. 104.

1144. Welschhuhn, gedämpft.

Ein junges Welschhuhn wird zugerichtet, wie in Nr. 1143 beschrieben, mit Speckbarde überbunden, in einem Braisegeschirr mit Wurzelwerk, Gewürz, etwas Salz, Butter, sowie Fleischbrühe etwa 1 Stunde gedämpft. Die Braise kocht man etwa zur Hälfte ein, entfettet sie gut, giebt einige Löffel weißer Sauce dazu, kocht diese dicklich ein, giebt beim Servieren etwas von dieser Sauce über das tranchierte Welschhuhn und das Uebrige extra in einer Saucière.

Man giebt sehr gerne dazu körnig gekochten Reis oder Nudeln.

1145. Welschhuhn, gefüllt.

Wird ebenso behandelt, wie bei dem Kapaun beschrieben ist. Nur wird bei dem Welschhuhn der eingeschlagene Brustknochen vor dem Füllen herausgelöst. Man füllt das Welschhuhn entweder in den Körper oder in die Brusthaut.

1146. Welschhuhn mit Trüffel gefüllt.

Auch hier wird genau so verfahren, wie in Nr. 1139 bei Kapaun beschrieben ist.

1147. Welschhuhn, gespickt.

Ein Welschhuhn wird zugerichtet und dressiert, die Brust mit feinem Speck schön gleichmäßig gespickt; um dies zu erleichtern, ist es gut, das Bruststück 1 Minute in kochendes Wasser zu halten, damit die Haut steif wird. Sodann wird das Welschhuhn in ein Braisière gelegt, Wurzelwerk und Gewürz, sowie Butter daran gegeben und auf beiden Seiten angebraten, mit guter Bratenjus, sowie Fleischbrühe und einem Glas Madeira abgelöscht und etwa $^3/_4$ Stunden gedämpft. Nach dieser Zeit giebt man den Braten in den Ofen und glaciert ihn in seinem eigenen Saft. Den Fond kocht man ein, giebt einige Löffel Espagnole dazu, tranchiert das Huhn, garniert es mit Champignons, Morcheln und Trüffeln oder mit Reis, Risotto, Nudeln oder Maccaroni, gießt etwas von der Sauce, in welche man noch 1 Glas Madeira gegeben hat, über das Fleisch und serviert die übrige extra dazu.

1148. Welschhuhnklein.

Der Kopf mit Hals, die Flügel, die Füße und der Magen des Truthahns oder der Truthenne werden mit 150 Gramm in Würfel geschnittenem Salzfleisch, 6 kleinen Zwiebeln, ganzem Pfeffer, Salz, Wurzeln und Kräutern in eine Kasserole gebracht und bei gutem Feuer gedämpft, ein Löffel Mehl eingerührt, zwei Minuten nachher mit Fleischbrühe oder warmem Wasser abgelöscht, eine Stunde lang gekocht, in Würfel geschnittene, rohe Kartoffeln dazugegeben, aufs neue mit Pfeffer und Salz gewürzt, die geschnittenen Nieren, Herz und Leber dazugethan, ein Deziliter roter Wein beigegossen und die Sauce dicklich eingekocht, auf eine tiefe, runde Schüssel angerichtet, die passierte Sauce darüber gegeben und serviert.

1149. Welschhuhn-Hachis.

Von den Resten des gebratenen oder gedämpften Huhns werden die guten Fleischstücke fein gewiegt und sodann eben so fertig gemacht wie das Hühnerhachis in Nr. 1130.

1150. Taube, gebraten. (Pigeon.)

Die zahmen, jungen Tauben haben ein zartes, nahrhaftes und leicht verdauliches Fleisch, man erkennt sie an dem dicken Schnabel und an den weichen, weißen Füßen. Während die alte Taube nur zu Suppen und Farcen verwendet werden kann, werden die jungen auf die verschiedensten Arten zubereitet und sind auch in der Krankenküche sehr gut zu verwerten.

Die jungen Tauben werden ausgenommen, gereinigt und dressiert, auf dieselbe Art wie die Hühner, sodann gesalzen, in eine Kasserole mit Butter gelegt und in derselben etwa 15 Minuten schön gelb gebraten. Dann kocht man den Fond mit etwas Fleischbrühe auf und giebt ihn zu den in Hälften geschnittenen Tauben (s. Nr. 26).

Man serviert dazu irgend ein Compot, Salat oder Kresse, oder garniert sie mit Gemüse, Erbsen, Karotten, Macédoine oder à la jardinière.

1151. Tauben auf dem Rost gebraten.

Die Tauben werden zugerichtet und halbiert, mit dem Fleischklopfer breit geschlagen, gesalzen und gepfeffert, in heißer Butter und Panierbrot gewendet und auf nicht zu raschem Kohlenfeuer etwa 20—25 Minuten lichtbraun gebraten. Man richtet die Tauben im Kranz an, giebt in die Mitte Petersilie oder Kresse mit Zitronenscheiben garniert und serviert die Platte.

1152. Tauben, gebacken.

Siehe Abschnitt 12.

1153. Tauben, gedämpft, mit Champignons und Zwiebeln.

Zwei fette Tauben werden ausgenommen, geflammt, mit Pfeffer und Salz leicht eingerieben, mit einer Speckbarde bedeckt, gebunden und an den kleinen Bratspieß gesteckt oder in der Kasserole in Butter angebraten. Nach 10 Minuten werden 125 Gramm gesalzener Speck in Würfel geschnitten, hinzugefügt, etwas Prinzessenmehl eingerührt, nach und nach mit heißem Wasser verdünnter, weißer Wein dazu gegossen und bei lebhaftem Feuer 5—6 Minuten lang gedämpft, dann gewürzt und bei schwachem Feuer langsam zur Hälfte eingekocht. Während dessen werden zwei Dutzend kleine Zwiebeln mit einer Messerspitze Zucker mit Butter gebräunt, diese den Tauben beigegeben, nach 20 Minuten 12—15 rohe Champignons hinzugefügt und noch 10 Minuten gebraten. Sind die Tauben fertig, so werden sie entschnürt auf die Platte gebracht, mit den Zwiebeln und Champignons garniert, die Sauce entfettet, über die Tauben gegossen und aufgetragen.

1154. Tauben, gefüllt. Erste Art.

Zwei junge Tauben werden ausgenommen, die Halshaut möglichst lang abgeschnitten und die ganze Brusthaut vorsichtig untergriffen, damit diese nicht zerreißt. Nachstehende Farce wird sodann in das Innere des Körpers und auch in die Brust eingefüllt, die Halshaut zugenäht, die Taube dressiert, gesalzen und in Butter etwa 20—25 Minuten gebraten. Die Fülle ist auf folgende Weise herzustellen. 2 leicht abgeriebene Milchbrote weicht man im Wasser ein, drückt sie gut aus, hackt die Lebern und den Magen sehr fein, ebenso Zwiebel und Petersilie, dämpft dies zusammen in 60 Gramm Butter, giebt Salz, Muskatnuß, sowie 3 Eier dazu und füllt die Tauben mit dieser Fülle.

Oder: Man rührt 60 Gramm Butter leicht, schneidet 2 geriebene Milchbrote in feine Scheiben und gießt diese mit heißer Milch, was sie ansaugen, an, giebt das Brot nach und nach zu der Butter, ebenso gehackte Zwiebel und Petersilie in Butter gedämpft, Muskatnuß und Salz, sowie die gehackte Leber und nach und nach 3 ganze Eier und füllt damit die Tauben.

1155. Tauben, gefüllt. Zweite Art.

Zwei junge Tauben werden ausgenommen, mit Pfeffer und Salz eingerieben und mit folgender Farce gefüllt. 125 Gramm Kalbs- oder Hammelnieren werden mit den Lebern der Tauben und mit 100 Gramm Speck verwiegt, gehackte Zwiebeln und Petersilie, etwas Pfeffer und Salz, 2 Eigelb und eine Hand voll weißes Paniermehl darunter gemischt und die Tauben damit gefüllt, dressiert, mit einer Speckschwarte umbunden und am Spieß oder in der Kasserole in Butter 20—25 Minuten gebraten. Vom Fond wird eine Jus gemacht und auf die halbiert geschnittenen Tauben gegeben.

1156. Taubenkoteletten.

Die Tauben werden in 4 Teile zerschnitten, leicht geklopft, gesalzen, gepfeffert und in Oel gelegt, dann in Eiweiß getaucht, in Panierbrot gewendet, mit dem Messer geklopft und in der Pfanne in heißer Butter oder Fett gebacken. Junge Erbsen oder Bohnen werden dazu serviert.

1157. Tauben mit feinen Kräutern.

Die Tauben werden ausgenommen, flammiert und gereinigt, sodann halbiert, mit dem Fleischklopfer etwas breit geschlagen, in Oel mit Zwiebelscheiben und Petersilie einige Stunden mariniert. Gehackte Schalotten, Champignons und Petersilie werden in Oel angeröstet, die Taubenstücke dazu gegeben, gesalzen und leicht gepfeffert und etwa 20—25 Minuten auf langsamem Feuer gedünstet, nachdem man vorher einige Löffel Bratenjus oder Fleischbrühe zugegossen hat. Sind die Tauben weich, richtet man sie in der Mitte einer runden Platte an, entfettet den Fond derselben, giebt einige Löffel Espagnole dazu und kocht denselben noch einige Male auf, worauf man ihn zu den Tauben mit den Kräutern serviert.

Man garniert die Platte mit Erbsen, Spargelspitzen, Morcheln oder Champignons.

1158. Tauben mit Oliven.

Zwei junge Tauben werden mit etwas Speck, ein wenig Butter und einigen Zwiebeln in eine Kasserole gelegt, gesalzen, leicht gedämpft und mit 1 Deziliter weißem Wein abgelöscht. Hierauf wird gute Fleischbrühe daran gegossen, etwas Mehl eingerührt und die Tauben bei schwachem Feuer fertig gekocht. Sind die Tauben nahezu weich, wird der Fond mit etwas Espagnole und Bratenjus aufgekocht, über die Tauben gegossen und Oliven ohne Kern dazugegeben.

1159. Taubenragout und Fricassée.

Siehe Abschnitt 13.

1160. Tauben-Rostbraten mit Senfsauce.

Zwei junge Tauben werden ausgenommen, geflammt, den Rücken entlang geöffnet, breitgedrückt, mit Salz und Pfeffer eingerieben, in heiße Butter getaucht, durch Paniermehl gezogen und bei schwachem Feuer auf dem Rost geröstet, bis sie eine schöne Farbe haben, dann angerichtet und eine Senfsauce (siehe Nr. 441) dazu gegeben.

B. Das Wildgeflügel.

Ebenso wie beim Haarwild ist auch beim Federwild Jagd- und Schonzeit einzuhalten und müssen sich die Hausfrauen beim Einkauf desselben nach den darüber geltenden Bestimmungen richten, wie sie im Jagdkalender (S. 434 u. 435) enthalten sind.

Junge Tiere sind auch hier den älteren oder gar alten vor Allem vorzuziehen, um einen guten und saftigen Braten zu erhalten. Ebenso ist es notwendig, das Federwild vor dem Gebrauch einige Tage an luftig kühlem Ort aufzuhängen, um es dadurch mürbe werden zu lassen. Das Wild wird gerupft, ausgenommen, flammiert und gereinigt, d. h. trocken, nie mit

Wasser, sodann dressiert, mit Speckbarde umbunden und entweder am Spieß oder in der Kasserole in Butter auf den Schlegeln gebraten. Doch soll der Braten nicht zu lange auf dem Feuer sein, da dies denselben zäh und trocken macht. Während das junge Wild mehr zum Braten gebraucht wird, verwendet man das ältere gedämpft zu Saucen, Purées, Galantinen u. s. w.

Bei allen diesen Wildbraten kann man aus den Lebern derselben kleine Brötchen auf dieselbe Art und Weise, wie bei den Schnepfen, bereiten und damit die Bratenplatte garnieren.

1161. Auerhahn.

Der Auerhahn wird weniger seines Fleisches wegen, als wegen der Jagd geschätzt. Während der junge Auerhahn einen vorzüglichen Braten giebt, ist der ältere nur durch eine längere Beize genießbar zu machen.

1162. Auerhahn, gespickt und gedämpft.

Der Auerhahn wird gerupft, flammiert, ausgenommen, mit einem Tuch gereinigt und dressiert. Zum Spicken wird der Speck mit Pfeffer, gestoßenem Thymian und gehackter Petersilie umgewendet und damit die Brust sowie auch die Schlegel gespickt, sodann in eine gekochte Marinade mit Wurzelwerk und Gewürz, 1/3 Wein, Essig und Wasser etwa 8—10 Tage gelegt und häufig umgewendet. Zum Dämpfen wird er mit der Marinade, etwas Salz und guter Bratenjus in eine Braisière gegeben und langsam weich gekocht, im Ofen in seinem Saft glaciert und auf langer Platte schön zerschnitten angerichtet. Der Fond wird rein entfettet, einige Löffel Espagnole dazugegeben, über den Braten gegossen und serviert. Zur Jus kann man einige Löffel sauren Rahm nehmen.

1163. Birkhuhn gebraten.

Das Birkhuhn ist bedeutend besser als der Auerhahn und giebt das junge Stück einen ausgezeichneten Braten. Alt ist es hart und zähe und kann nur gedämpft auf den Tisch gebracht werden.

Das junge Birkhuhn wird gerupft und dann ebenso wie anderes Geflügel behandelt, bardiert, gesalzen und in Butter mit einigen Zwiebelscheiben und Gewürz etwa 1 Stunde im Ofen gebraten, zum Fond etwas Bratenjus und 1 Löffel Espagnole zugesetzt und dies über den tranchierten und angerichteten Braten gegossen.

1164. Birkhuhn gespickt, mit saurem Rahm.

Ein älteres Birkhuhn wird gerupft und zugerichtet, wie oben beschrieben, Brust und die Schlegel gespickt, wie der Auerhahn mariniert und auch ebenso fertig gedämpft, bis er weich ist. Zur Sauce nimmt man einige Löffel sauren Rahm und gießt diese Sauce über den angerichteten und geschnittenen Birkhahnen.

1165. Wildente, gebraten.

Unter den verschiedensten Arten der Wildenten ist die kleine Kriechente allen anderen vorzuziehen, doch sind auch die anderen Enten, wenn noch jung, ein guter, saftiger Braten, namentlich im Herbst. Die Wildente darf nicht zu lange hängen, da ihr Fleisch viel rascher in Fäulnis übergeht, als dies bei dem andern Federwild der Fall ist.

Die Enten werden ebenso zugerichtet wie das andere Geflügel, bardiert, in einer Kasserole mit Butter, Salz, in Scheiben geschnittener Zwiebel etwa $^3/_4$ Stunden im Ofen gebraten, worauf man die Ente schneidet und anrichtet, den Fond mit einigen Löffeln Bratenjus und Espagnole aufkocht, etwas Zitronensaft dazu giebt und über den Braten gießt.

1166. Wildente, gedämpft.

Die Ente wird zugerichtet und dressiert, mit einer Speckbarde umbunden, mit Wurzelwerk und Gewürz, Fleischbrühe und guter Bratenjus weich gedämpft. Ist dieselbe beinahe weich, giebt man sie in den Ofen zum Glacieren, entfettet den Fond, giebt einige Löffel Espagnole dazu und giebt diese Sauce über die tranchierte Ente.

Eine Orangensauce, von dem Fond der Ente gemacht, schmeckt vorzüglich dazu. Als Umlagen giebt man Kastanien, Sauerkraut oder Rotkraut. Aeltere Enten legt man, um sie mürbe zu machen, in süße Milch.

1167. Wildente, mariniert.

Eine ausgenommene und zugerichtete Ente wird mit Salz und Pfeffer eingerieben und einige Tage in eine gekochte Marinade eingelegt. Sodann mit Speck gespickt, wird sie in Butter mit frischem Wurzelwerk und Gewürz angebraten, von der Beize einige Löffel dazu gegossen und weich gedämpft und zum Glacieren in den Ofen gestellt. Den Fond entfettet man, kocht ihn halb ein, giebt Espagnole dazu und richtet die Sauce über die angerichtete Ente an.

1168. Fasan, gebraten.

Der Fasan, wohl der feinste Braten unter dem Wildgeflügel ist in den Monaten November, Dezember und Januar am besten. Um denselben in seinem vollen Wohlgeschmack auf die Tafel zu bringen, ist es unbedingt nötig, denselben mindestens 6—8 Tage vor dem Gebrauch abhängen zu lassen. Den jungen Fasanen erkennt man am kleinen Sporn, der bei älteren scharf spitzig und größer ist. Die Hennen werden zum Braten auch verwendet und ist das Fett der jungen weißlich, das der älteren mehr gelb.

Ein Fasan wird gerupft, die Flügel weggeschlagen, ebenso der Hals und der Schwanz, sodann ausgenommen, flammiert, geputzt, dressiert und bardiert, gesalzen und gepfeffert, an den Spieß gesteckt oder in eine Kasserole mit Butter, einigen Zwiebelscheiben, sowie Gewürz gelegt und etwa ½ Stunde gebraten. Der Fasan wird schön geschnitten, hübsch angerichtet und zusammengestellt, mit dem mit Papiermanschetten versehenen Kopf und Schwanz, sowie mit Kresse und Zitronen garniert. Der Fond wird mit Fleischbrühe und guter Bratenjus aufgekocht und über den Braten gegeben. Die Speckbarde schneidet man in Streifen, welche man über das geschnittene Fleisch legt.

Von der Leber bereitet man einige kleine Brotkrüstchen auf folgende Weise. Die Leber, sorgfältig gereinigt, wird mit einigen Hühnerlebern oder in Ermangelung von diesen mit einem Stückchen Kalbsleber, etwas Schalotten, Petersilie, einer Scheibe rohen oder geraucherten Speck, Pfeffer, Salz, sowie einen Löffel Panierbrot sehr fein gehackt, in eine Kasserole zum Abdämpfen gegeben, 1 Eigelb dazu gerührt und durch ein Haarsieb passiert, sodann mit einem Löffel Madeira gut verrührt, abgeschmeckt und auf runde thalergroße Brotscheibchen erhaben gestrichen, auf einem mit Butter bestrichenen Blech im Ofen gebacken und zu den Fasanen serviert. Zu Feldhühnern, Wildenten und Schnepfen werden diese Brotkrüstchen ebenso gemacht. (Ueber Tranchieren siehe Seite 108.)

Zu den gebratenen Fasanen serviert man gerne Sauerkraut oder Rotkraut, auch glacierte Kastanien und Purée von diesem.

1169. Fasan, gebraten, mit Sauerkraut.

Ein alter Fasan wird zum Braten gerichtet, gesalzen und in Butter halb gar gebraten, aufdressiert, zu dem in einer anderen Kasserole gekochten Sauerkraut gegeben und mit diesem vollends weich gedämpft. Das Sauerkraut wird sodann, wenn der Fasan weich ist, abgeschmälzt auf eine Platte gerichtet und der tranchierte Fasan über demselben angerichtet. Den Fond kocht man mit Bratenjus auf und giebt ihn über den Fasanen.

1170. Fasan, gefüllt.

Der Fasan wird ausgenommen, flammiert und geputzt, sodann mit derselben Farce gefüllt, wie es beim Kapaunen beschrieben ist, dressiert, bardiert und fertig in 1—5/4 Stunden gebraten.

1171. Fasan mit Trüffel gefüllt.

Wird ebenso mit derselben Trüffelfülle gefüllt, wie bei dem Kapaunen beschrieben ist.

1172. Fasan mit Trüffel oder Champignons gefüllt.

Der Fasan wird, nachdem er gereinigt und geflammt ist, mit folgender Farce gefüllt. 400 Gramm gute Trüffeln, geschält und in Stücke geschnitten, Zwiebel, Petersilie und Thymian fein verwiegt, 300 Gramm frischer Speck gehackt, gestoßene Lorbeerblätter, Pfeffer und Salz werden mit einem 1/2 Liter guten Bordeaux, Veltliner oder Carlowitzer zu einem dicken Brei eingekocht und der Fasan damit gefüllt. Ist das geschehen, so wird der Bauch zugenäht, mit einer Speckschwarte belegt, dressiert und gebunden, in Butterpapier gehüllt und am Spieß oder im Bratrohr gebraten. Dazu wird eine Trüffelsauce (Nr. 445) gegeben. Statt der Trüffeln können Champignons zur Fülle benützt werden, dann wird eine Champignonssauce (Nr. 389) dazu gegeben werden.

1173. Fasanen-Purée.

Das Fleisch eines gebratenen Fasanen wird gut von den Knochen gelöst, dasselbe fein gewiegt, im Reibstein gestoßen. Von den Knochen kocht man mit 2 Glas Rotwein und einigen Löffeln guter Bratenjus mit Wurzelwerk und Gewürz eine Essenz aus, fettet diese rein ab, kocht sie zur Hälfte ein, giebt einige Löffel Espagnole dazu und kocht die Sauce dick ein, vermischt das gehackte Fleisch mit der Sauce, passiert dies durch ein feines Sieb, macht es nochmals heiß, ohne es kochen zu lassen und stellt es bis zum Gebrauch im Wasserbad heiß. Man serviert das Purée auf tiefer Schüssel, garniert mit Brotcroutons und pochierten Eiern.

Purée von Feldhühnern, Birkhühnern u. s. w. wird ebenfalls so gemacht und serviert oder als Fülle von Pastetchen verwendet.

1174. Fasan gespickt.

Der Fasan wird zugerichtet und dressiert, sodann mit feinem Speck gespickt, in einer Kasserole mit Butter, einigen

Fig. 368.

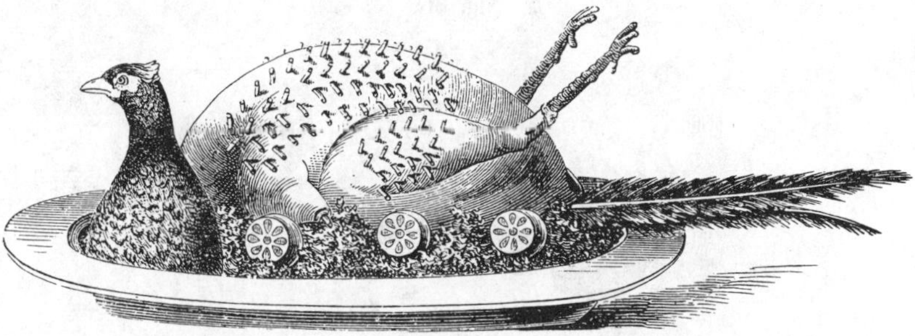

Zwiebelscheiben etwa ½ Stunde gebraten, tranchiert, zusammengestellt mit Kopf, Schwanz, Croutons, Zitronen und Kresse verziert (Fig. 368) und mit Jus serviert.

1175. Gans, wild.

Die junge Wildgans wird ebenso behandelt, wie die Wildente und giebt einen annehmbaren Braten, namentlich wird der eigentümliche Wildgeschmack von vielen sehr geschätzt. Ist die Wildgans alt, so muß sie mindestens, nachdem sie scharf mit Salz eingerieben, 3 Tage lang in einer scharfen Beize von Weinessig, Lorbeer, Zitronen, Zwiebeln, Pfeffer, Wurzeln und Kräutern liegen und häufig darin umgewendet werden, und kann dann nur gedämpft und nicht gebraten genossen werden und läßt selbst dann noch zu wünschen übrig.

1176. Haselhuhn, gebraten.

Das Haselhuhn, wohl bei uns etwas selten vorkommend, ist ein vorzügliches Wildgeflügel und sind namentlich die jungen Hühner ein vorzüglicher und schmackhafter Braten.

Sie werden ebenso behandelt, wie die Rebhühner und verweise ich deshalb auf die dortigen Rezepte.

1177. Krammetsvogel, gebraten.

Der Krammetsvogel, wegen seines gewürzhaften, etwas bitteren Geschmackes sehr beliebt und namentlich im Spätherbst sehr fett, wird gerupft, die Haut über den Kopf abgezogen, die Augen ausgestochen, flammiert, das Gedärm und der Magen herausgenommen, während man das Herzchen und die Leber darin läßt, von innen und außen gesalzen, die Füßchen vom Gelenk aus nach innen gebogen, das Köpfchen mit dem rechten

Fig. 369.

Füßchen durch die Augenhöhle durchstochen und die Füßchen ineinandergesteckt, sodann mit Speckbarden umbunden und entweder an dem Spieß (Fig. 369) oder aber in heißer Butter mit einigen Wachholderbeeren sehr rasch in etwa 10 Minuten gebraten. Beim Anrichten setzt man die Vögel (etwa 3 Stück für die Person) auf ein geröstetes Brotkrüstchen; an die Butter, in welcher sie gebraten, giebt man etwas Panierbrot, röstet dies leicht an und giebt es über die Vögel, oder man kocht den Fond auf und giebt die Jus dazu.

1178. Krammetsvögel mit saurem Rahm.

Sind die Krammetsvögel wie oben dressiert, so werden sie mit Gewürzen, Kräutern und Wurzeln in eine irdene Schüssel gebracht, mit gutem Essig übergossen und darin über Nacht gebeizt. Andern Tags werden die Vögel in heißer Butter gebraten, die Beize geseiht, mit 2 Deziliter saurem Rahm gut eingekocht und diese Sauce beim Anrichten über die Vögel gegossen.

1179. Krammetsvögel, gefüllt.

Die Vögel, etwa 15 Stück, werden ganz ausgenommen, die Leber und das Eingeweide, doch ohne den Magen, mit Schalotten und Petersilie fein gehackt, gepfeffert und gesalzen, mit etwas Butter abgedämpft und durch ein Sieb passiert.

Rohe Gansleber, 1/2 Pfd., wird im Reibstein zerrieben, zu dem Gehackten gegeben, ebenso einige Löffel dicke Bechamel. Diese Farce giebt man in die von innen gesalzenen Vögel, dressiert sie, wie oben beschrieben, bardiert sie und bratet sie in heißer Butter in 15 Minuten im Ofen fertig. Den Fond kocht man mit 1 Glas Madeira auf, giebt einige Löffel Espagnole und Bratenjus dazu und serviert diese Sauce extra zu den im Kranze angerichteten Vögeln; in die Mitte giebt man ein gutes Sauerkraut.

1180. Lerchen, gebraten.

Diese werden gerupft und geschränkt wie die Krammetsvögel, mit Salz und Pfeffer überstreut und in einem Sautoir in Butter gebraten; wenn sie halb fertig sind, vermengt man Panierbrot mit etwas Salz und Pfeffer, bestreut die Lerchen damit recht dick und bratet sie damit in 8 bis 10 Minuten fertig, giebt sie auf eine Platte, gießt zu dem Fond etwas Bratenjus, den man über die Vögel giebt.

1181. Lerchen, gefüllt.

Die zum Braten vorbereiteten Lerchen werden mit folgender Farce gefüllt. Zwei altgebackene Semmeln werden mit 4 Eßlöffel saurem Rahm verkocht, 4 Eigelb darunter gemischt, 100 Gramm Speck und ebensoviel rohes Kalbfleisch vom Schlegel fein gehackt, Salz, Pfeffer, Muskatnuß und eine Messerspitze gestoßener Nelken eingestreut und gut durch einander getrieben. Wenn die Farce erkaltet, werden die gesalzenen Lerchen nicht nur damit gefüllt, sondern auch bestrichen, in eine Kasserole auf Speckscheiben gelegt, Panierbrot darüber gestreut und im heißen Ofen gebraten.

1182. Ortolan oder Fettammer, gebraten.

Die Ortolanen sind an den feinsten Tafeln als Leckerbissen wohl bekannt und wegen ihres zarten Fleisches äußerst beliebt. Sie werden auf dieselbe Weise zubereitet wie die Lerchen.

1183. Ortolan oder Fettammer mit Zitronen.

12 Stück Ortolans werden gerupft, flammiert, der Kropf herausgenommen und, bevor man sie nach Art der Krammetsvögel an den Spieß steckt, mit Zitronensaft beträufelt, durch heiße Butter gezogen, mit Panierbrot bestreut und 10 Minuten über lebhaftem Feuer gebraten. Bevor man sie abnimmt, werden sie gesalzen, dann auf geröstete Brotschnitten gelegt, mit der eigenen Sauce überschüttet und aufgetragen. Ebenso werden sie auch im Ofen gebraten.

1184. Rebhuhn, gebraten.

Das Rebhuhn besitzt wohl das beste, leichtverdaulichste und gesündeste Fleisch unter dem Federwild. Die Schußzeit währt in Württemberg vom 24. August bis Ende November. Am besten sind sie wohl vom August bis Oktober. Das junge Feldhuhn erkennt man an den gelben, hellbraunen Füßen, welche bei den alten eine graulich-weiße Farbe haben, ebenso an den Schwungfedern, welche bei den jungen zugespitzt, bei den alten aber abgerundet sind. Die älteren Hühner werden meistens gedämpft oder zu Farcen, Galantinen, Pasteten u. s. w. verwendet, während die jungen einen ausgezeichneten, saftigen, nahrhaften Braten geben.

Fig. 370.

Das junge Rebhuhn wird gerupft, ausgenommen, flammiert, geputzt und dressiert, mit einer Speckbarde umbunden, in Butter mit einer in Scheiben geschnittenen Zwiebel 15 bis 20 Minuten im Ofen fertig gebraten, auf einer Brotkruste angerichtet. Der Fond samt der Butter wird mit Fleischbrühe und Bratenjus aufgekocht, etwas Kresse, sowie eine Zitronenscheibe um den Braten gelegt, die Jus daran gegossen, der Speck über die Brust gelegt und serviert. Am Spieß werden dieselben ebenfalls gebraten.

Von der Leber können ebenso solche Croutons gemacht und serviert werden, wie in Nr. 1168 beschrieben.

Häufig werden die Feldhühner auch in Weinblätter eingebunden, mit diesen gebraten und serviert.

1185. Rebhühner, gedämpft.

Die Rebhühner werden ausgenommen, geputzt und die Brust mit Speck fein gespickt, dressiert und mit Wurzelwerk, Salz und Gewürz, wenn die Hühner jung sind, etwa $1/4$ Stunde mit Wein, Fleischbrühe und Bratenjus gedämpft und im Ofen glaciert. Sind die Rebhühner alt, dämpft man sie, bis sie weich sind. Der Fond wird entfettet, mit einem Glas Wein und einigen Löffeln Espagnole aufgekocht und über die tranchierten Rebhühner gegeben.

1186. Rebhühnerhachis.

Das Fleisch von alten Rebhühnern, weich gedämpft, wird von den Knochen gelöst und fein gewiegt. Der Fond derselben wird mit einigen Löffeln Espagnole dick eingekocht, unter das gehackte Fleisch vermischt, gesalzen, leicht gepfeffert und auf dem Feuer rasch heiß gerührt, hierauf zum Gebrauch in ein Wasserbad gestellt. Vor dem Anrichten rührt man noch ein Stück Butter darunter und richtet das Hachis auf tiefer Schüssel an, garniert mit Brotcroutons.

1187. Rebhühnerpurée.

Wird ebenso behandelt wie Fasanenpurée (Nr. 1173).

1188. Rebhühner auf dem Rost.

Die ausgenommenen und geputzten Rebhühner werden halbiert, mit dem Fleischklopfer leicht breit geschlagen, nachdem man vorher noch den Schlegelknochen durch einen kleinen Einschnitt an der Seite durchgesteckt hat. Gesalzen und gepfeffert werden die Hühnerstücke in warmer Butter und Panierbrot gewendet und ½ Stunde auf dem Rost fertig gebraten, im Kranze auf runder Platte angerichtet, in die Mitte Petersilie mit Zitrone gegeben und eine Sauce fines herbes extra dazu serviert.

1189. Rebhuhn, gespickt und gefüllt mit Trüffeln.

Die zugerichteten Rebhühner werden mit derselben Farce gefüllt wie die Krammetsvögel nur dazu noch ½ Pfund klein geschnittene Trüffeln gegeben, mit der Farce gefüllt, dressiert und sodann mit feinem Speck gespickt, in Butter angebraten, mit 1 Glas Madeira und etwas Bratenjus abgelöscht und im Ofen schön glaciert, sodann aufdressiert, halbiert, geschnitten und auf eine runde Platte um fertiges Sauerkraut gesetzt. Den Fond kocht man mit etwas Espagnole ein, giebt davon etwas auf die Hühner und serviert die übrige extra.

1190. Rebhuhn mit Weißkraut.

Zwei Rebhühner werden zum Braten dressiert, auf der Brust gespickt und in Geflügelbrühe oder Fleischbrühe gedämpft.

Zu gleicher Zeit werden 2 Kohlköpfe gereinigt, in Stücke geschnitten und diese in Fleischbrühe mit rohem Speck und, wenn es zu haben ist, mit einem Schinkenknochen gedämpft. Bevor das Kraut ganz weich ist, werden die Rebhühner dazu gelegt, mit ½ Deziliter weißem Wein begossen und darin fertig gekocht. Vor dem Anrichten werden die Rebhühner tranchiert, auf die Mitte der Platte gebracht und diese mit dem Weißkohl garniert. Vom Fond, in welchem die Rebhühner angedämpft wurden, macht man mit einigen Löffeln Espagnole eine dickliche Sauce, welche man extra dazu serviert.

1191. Schnepfe, gebraten.

Die Waldschnepfe genießt als die feinste Delikatesse vor allen anderen Wildgeflügelarten durch den eigentümlich feinen und angenehmen Geschmack den ersten Ruf. Sie kommt im Frühjahr und Herbst bei uns vor. Doch ist die im Herbst geschossene, weil fetter, der im Frühjahr bei weitem vorzuziehen. Ueber Schuß- und Schonzeit siehe Jagdkalender. Die feinste Art der Schnepfe ist die Bekassine, eine kleine Sumpfschnepfe, welcher vor allen anderen der Vorzug gegeben wird.

Vor dem Gebrauch läßt man die Schnepfen einige Tage abhängen, dann werden sie gerupft, flammiert, ausgenommen, der Kopf vollständig geputzt und die Augen aus demselben entfernt. Zum Dressieren wird der lange Schnabel durch die

Fig. 371.

beiden Schenkel gestochen, man umbindet sie mit Speckscheiben und legt sie in eine mit Butter und einer in Scheiben geschnittenen Zwiebel versehene Kasserole und bratet sie unter öfterem Begießen etwa 15—20 Minuten. Das Eingeweide, aus welchen man den Magen entfernt, wird mit 2 Schalottenzwiebeln, etwas geschabtem Speck, Petersilie, geriebener Muskatnuß, Pfeffer und einem großen Eßlöffel Panierbrot fein gewiegt, mit einer nußgroß Butter gedämpft und mit 4 Eßlöffeln gutem Madeira nebst 2 Eiern aufgekocht, durch ein feines Sieb gestrichen und dann auf thalergroße, 3 messerrückendicke Blechweckschnitten ziemlich dick aufgestrichen, in ein mit ausgelassener

Butter bestrichenes Blech neben einander gelegt und im Ofen ungefähr 10 Minuten gebacken, bis sie unten gelbe Farbe haben. Sind mittlerweile die Schnepfen gebraten, so

Fig. 372.

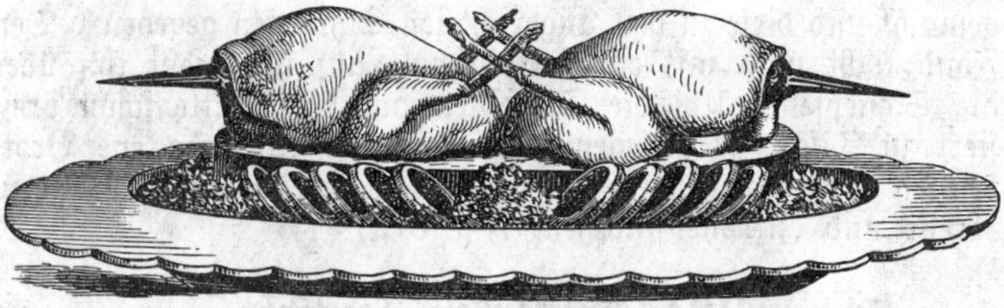

wird die Jus derselben abgefettet, die Schnepfen auf die Platte und die Brötchen mit Kresse darum gelegt und mit der Jus serviert, nachdem noch Zitronenschnitze darum gelegt worden sind (s. Fig. 372).

1192. Schnepfen am Spieß.

Die Schnepfen werden zugerichtet, wie vorher beschrieben, mit Speck- und Butterpapier überbunden und 15—20 Minuten bei starkem Feuer schön gebraten, damit sie recht saftig werden, sehr fleißig begossen, abgenommen, aufdressiert, auf die Platte gesetzt und mit den Schnepfenbrötchen, sowie Zitronen und Kresse verziert, zu Tische gegeben. Den abgetropften Saft kocht man mit etwas Fleischbrühe auf und giebt ihn über die Schnepfen.

Ein zweites Rezept zu den Schnepfenbrötchen ist folgendes. Man nimmt den sogenannten Schnepfendreck, der aus der Leber, dem Herz und den kleinen Gedärmen besteht, also mit Ausnahme des Magens, der sandig und bitter ist, und hackt dies mit etwas Speck, Schalottenzwiebeln, wers liebt, auch mit ein wenig Knoblauch und Zitronenschalen, klein. Ist er fein, so rührt man ihn mit einem Eigelb und einem Stückchen in Wasser eingeweichten und ausgedrückten Weck, nebst Salz und Pfeffer recht ab. Hierauf macht man von Wecken dünne, runde Schnitten, bestreicht sie auf einer Seite mit dem Angerührten und backt sie schnell in Schmalz, damit sie saftig bleiben.

1193. Schnepfen, gedämpft.

Hiezu werden vorzugsweise alte Tiere verwendet. Wenn das Eingeweide ausgebrochen, werden sie mit Pfeffer und Salz gewürzt, der Schnabel durch die Brust gestochen und leicht paniert, dann in heiße Butter gelegt und angebraten. Nun wird das Fett abgeschüttet und 1 Deziliter weißer Wein und ebensoviel Geflügelbrühe oder Fleischbrühe darüber gegossen und mit einem Lorbeerblatt und einigen Zitronenscheibchen scharf gedämpft. Vom Eingeweide werden Brötchen, wie oben beschrieben, gemacht und diese zu den angerichteten Schnepfen gegeben. Den Fond kocht man mit etwas Espagnole auf und gießt ihn über die Schnepfen. Um die Schnepfen auf der Platte schön dressiert zu Tische zu bringen, legt man sie auf gebackene Brotkrusten und garniert sie sodann mit den Schnepfenbrötchen, Kresse und Zitronenstückchen (Fig. 372).

1194. Schnepfen, sautiert.

Die Schnepfen werden wie zum Braten zugerichtet, nicht bardiert, sondern in Butter auf raschem Feuer angebraten und, wenn sie Farbe haben, mit Weißwein und etwas Zitronensaft abgelöscht, worauf man sie in dieser Brühe etwa 10 bis 15 Minuten dämpft. Hierauf richtet man die Schnepfen auf der Platte an, giebt unter den Fond 2—3 Löffel Espagnole, passiert die Sauce, giebt zum Schluß vor dem Anrichten noch ein Stück Butter unter dieselbe, etwas von der Sauce über die angerichteten Schnepfen und das andere extra. Die wie oben fertig gestellten Brötchen giebt man als Garnitur um die Schnepfen.

1195. Schnepfen mit Trüffel gefüllt.

Werden ebenso zugerichtet und mit derselben Farce gefüllt wie die Rebhühner.

1196. Schneehuhn.

Das Schneehuhn, das sehr häufig von Norden uns zum Einkauf geboten wird, ist vermöge seines nicht sehr schmackhaften Fleisches sehr wenig bei uns beliebt. Es hat ein dunkles, etwas zähes Fleisch und wird am besten einige Tage zuvor gebeizt oder in Milch gelegt, gespickt und gedämpft zu Tische gegeben.

1197. Tauben, wild.

Die jungen, wilden Tauben werden ebenso behandelt wie die zahmen, und verweise ich deshalb auf die dort stehenden Rezepte. Man kann dieselben jedoch auch auf die Art der Rebhühner gespickt behandeln.

1198. Wachteln, gebraten.

Die Wachtel, ein äußerst feiner und zarter, außerordentlich wohlschmeckender Braten, sehr leicht verdaulich, ist im Herbst am besten, doch leider in unserer Gegend ein zu seltener Gast, um ihn in größeren Mengen auf die Tafel zu bringen.

Wenn die Wachteln gerupft und ausgenommen sind, werden sie dressiert, mit Speck oder Weinlaub umbunden, gesalzen und in Butter rasch gebraten. Nach 8—10 Minuten herausgenommen, wird der angeschlagene Fond mit etwas rotem Wein abgegossen, Salz, Pfeffer und Petersilie mit einer kleinen Zwiebel hineingethan, halb eingekocht, ein Löffel Espagnole dazugegeben und die Sauce über die gebratenen Wachteln gegossen.

1199. Wachteln, gedämpft.

Die Wachteln werden, wie vorher beschrieben, zugerichtet, mit Salz und Pfeffer eingerieben, mit Paniermehl leicht bestreut und in heißer Butter gelb angebraten. Sodann wird ein Deziliter Wein, einige Tropfen Zitronensaft, etwas Fleischbrühe dazu gegossen, ein Lorbeerblatt und eine Zwiebel beigegeben und die Wachteln etwa 10 Minuten gedämpft, worauf sie angerichtet werden. Mit der Sauce, die man aus dem eingekochten Fond und etwas Espagnole bereitet hat, werden sie übergossen und zu Tische gegeben.

1200. Wachteln, italienisch.

Die Wachteln werden, wie in Nr. 1198 gesagt, in Traubenblättern gebraten; während dessen werden 150 Gramm Welschkornmehl in 100 Gramm frischer Butter sehr leicht eingebrannt, mit 1 Liter guter Fleischbrühe abgelöscht, mit Pfeffer und Salz gewürzt, 50 Gramm geriebener Parmesankäs eingerührt und während 1 Stunde dick eingekocht, dann auf einer Platte angerichtet, diese mit den gebratenen Wachteln garniert aufgetragen. Wenn Reste übrig bleiben sollten, wird der Brei mit 4 Eiern kalt angerührt, das Fleisch der Wachteln gehackt darunter gemengt, Nudeln daraus geformt und diese in heißem Schmalz recht braun gebacken.

1201. Wachteln mit Sauerkraut.

Die gereinigten Wachteln werden mit Salz und etwas Pfeffer eingerieben, einige Tropfen Zitronensaft darüber gegossen, in Speck eingebunden, in Butter mit Wurzeln, Kräutern und einigen Nelken in Fleischbrühe gedämpft. Wenn sie weich sind, werden sie herausgenommen, der Absud eingekocht, durch ein Sieb getrieben, die Wachteln damit bestrichen und auf eine Platte mit Sauerkraut gegeben, das zuvor in weißem Wein gedämpft worden.

Oder die Wachteln werden angebraten, in einem fertigen Sauerkraut vollends fertig gedämpft, das Sauerkraut auf runder, tiefer Platte angerichtet, mit den Wachteln umlegt zu Tisch gegeben. Den Fond derselben kocht man mit Fleischbrühe oder Bratenjus auf und giebt ihn über die Wachteln.

Weitere Recepte des Wildgeflügels als Zwischenspeisen zu Tisch gegeben siehe Abschnitt 13.

II.

Fische, Krebse u. A.

Die Anzahl der Geschöpfe nach Gattung und Stück, die in den Meeren, Seen, Flüssen, Bächen und Sümpfen leben, ist unzählig. Nicht alle sind berufen, dem Menschen zur Nahrung zu dienen. Diejenigen, die der Mensch dazu auserwählt hat, sind mit Bezug auf Nährwert und Geschmack sehr verschieden. Vom Standpunkt der Gesundheitslehre aus gilt für alle Arten von Fischspeisen, mit wenig Ausnahmen, der Vorzug, daß sie leicht verdaulich sind! Unter den Meerfischen nimmt mit Bezug auf die Qualität, nach dem Urteile der Kochkunst, die Steinbutte (Turbot) die erste Stelle ein, unter den Flußfischen wird die Forelle und ihre Verwandtschaft am meisten geschätzt.

Beim Einkaufen der Fische ist hauptsächlich darauf zu sehen, die frischesten Fluß- oder Seefische zu nehmen. Die Flußfische sind ja meistens lebend zu haben. Sind dieselben aber schon getötet zum Verkauf ausgeboten, so soll das Fleisch derselben sich hart anfühlen, die Kiemen rot und die Augen klar sein. Dasselbe gilt auch von den Seefischen; auch hier ist ein festes Fleisch und klare, hervorstehende Augen das sicherste Zeichen für Frischsein derselben. Schlecht gewordene Fische sind unter allen Umständen wegzuwerfen, da dieselben der Gesundheit sehr schädlich sind. Ebenso ist es notwendig, sich nach den Vorschriften der Laich- und Schonzeiten zu richten, da die meisten Fische in ihrer Laichzeit weit geringer sind als sonst, manche sogar wirklich ungesund. (Die Schonzeiten, siehe Tabelle Seite 501, sind nach dem Württemb. Landesgesetz vom Jahre 1894 angegeben.) S. auch Einleitung S. 76 und 77.

Bei der Zubereitung der See-Fische überhaupt gilt es als Regel, daß sie wohlschmeckender werden, wenn man sie mit Pfeffer und Salz eingerieben eine Stunde stehen lassen kann, während die Süßwasserfische dadurch an ihrem Geschmack verlieren. Diesen kann man den moderigen Geschmack (den sie leicht bekommen, wenn sie in stehendem, moosigem Wasser gewesen) dadurch benehmen, daß man Salz in frisches Brunnenwasser streut und damit wohl umrührt. Die Fische werden lebend oder tot darein gethan, einigemale frisches Wasser darauf gegossen und wieder umgerührt und gesalzen; das Moosige verliert sich dann leicht, weil es nur in der Haut liegt und erst durch das Sieden sich dem Fleische mitteilt.

Beim Kochen der Fische ist darauf zu sehen, daß ganze Fische in kaltem Sud zugesetzt werden, während die in Stücke geschnittenen in einen heißen Sud gelegt werden. Die Fische, welche blau gesotten werden, legt man in einen siedenden Sud und läßt sie durchziehen. Sämtliche Fischarten sollen beim Fertigmachen im Sud nicht kochen, sondern nur bis zum Grad des Kochens kommen, um dann vollends langsam bis zum Garwerden durchzuziehen. Die Zeit zum Kochen richtet sich je nach der Größe und Dicke des betreffenden Stückes.

Die edleren, gesottenen Fischsorten, Forellen, Lachse, Felchen, dann Schellfisch, Kabeljau sind am besten, wenn man als Beilage nur Essig und Oel serviert, doch ist eben der Geschmack der Menschen zu raffiniert ausgebildet, als daß man sich mit dieser einfachsten und dem Magen zuträglichsten Beigabe begnügen würde.

Ein Fisch ist gar gekocht, wenn er hinter den Ohren, wo man mit einem Messer hineinstechen kann, nicht mehr blutig, sondern weiß ist, oder wenn man sieht, daß die Augen ausfallen.

Zum Blausieden bestimmte Fische werden nie geschuppt und dürfen außen so wenig als möglich berührt werden; denn nur der die Fische umgebende Schleim bewirkt, daß sie schön blau werden.

Gesalzene Seefische sind vor dem Gebrauche ½ Tag in frisches Wasser zu legen. Noch Weiteres ist zu ersehen bei den einzelnen Rezepten.

Das Ausnehmen und Reinigen der Fische vor ihrer Verwendung ist für den Wohlgeschmack derselben von hoher Bedeutung. Wenn möglich, sollen die Fische aus dem Fischkasten geholt, getötet, ausgenommen, gereinigt und in die Pfanne gebracht werden; wo dies nicht angeht, soll der Fisch nach dem Fang getötet und ausgenommen werden; geschieht dies nicht, so verliert der Fisch viel an seiner Güte.

Schonzeit-Tabelle für Württemberg mit Mindestmaßen.*)

Mindestmaß	Benennung.	Schonzeit.											
		Jan.	Febr.	März	April	Mai	Juni	Juli	Aug.	Sept.	Okt.	Nov.	Dez.
cm	**Fische mit Schonzeit.**												
50	Huchen (Rotfisch)			●●	●●								
25	Aesche			●●	●●								
20	Regenbogenforelle			●●	●●								
35	Zander (Schill)				●●	●●							
—	Barsch (Bersich)				●●	●●							
25	Forellenbarsch					●●	●●						
25	Karpfen					●●	●●						
25	Barbe (Barm)					●●	●●						
25	Brachsen					●●	●●						
25	Orfe (Nerfling)					●●	●●						
20	Schleie					●●	●●						
30	Seeforelle (Lachsforelle) mit Ausnahme der Silberforelle										●●	●●	●●
20	Fluß- und Bachforellen	●10									10●	●●	●●
25	Bach- u. Kreuzungs- (od. Elsäßer-) Saiblinge	●10									10●	●●	●●
25	Seesaibling (Rötheli)											●●	●●
20	Treische											●●	●●
50	Lachs (Salm)											11●	●24
20	Felchen											15●	●15
20	Maränen											15●	●15
—	**Krebse**	●●	●●	●●	●●	●●						●●	●●
	Fische ohne Schonzeit	**Laichzeit.**											
35	Aal	laicht im Meer.											
20	Alet (Schuppfisch. Aitel)				●	●●	●●						
30	Hecht		●●	●●	●●								
—	Karausche (Bauernkarpf)					●●	●●						
20	Nase (Weißfisch)			●●	●●								
—	Rotauge				●●	●●							
—	Gründling (Greßling)					●●	●●						
—	Weller (Wels)					●●	●●						

*) Herausgegeben vom Württ. Landes-Fischerei-Verein. — **) Die schwarzen Felder bedeuten Schon- und Laichzeit, die weißen Fangzeit.

Beim Ausnehmen der Fische schneidet man den Bauch auf, nimmt die Eingeweide heraus, ohne die Galle zu verletzen, entfernt das im Rückgrat sitzende Blut und wäscht den Fisch gut aus. Die Seiten- und Rückenflossen werden weggeschnitten, der Schwanz zugestutzt und die Kiemen aus dem Kopf entfernt. Man rechnet zu einem Gang Fische auf die Person 1/3 Pfund derselben. Um übrig gebliebene Fischreste wieder verwerten zu können, ist es am besten, dieselben in ihrem Sud bis zu ihrer Verwendung aufzubewahren und halten sie in diesem gut mehrere Tage.

Um die Fische leichter abschuppen zu können, giebt man dieselben oft einige Augenblicke in siedendes Wasser, doch ist es immer besser, sich der Mühe zu unterziehen, die Fische mit dem Messer oder einem dazu geeigneten Instrument vom Schwanz zum Kopf abzuschuppen. Fische, wie Hecht und Zander werden rasiert, d. h. man schneidet mit einem scharfen Messer zwischen der eigentlichen Haut und den Schuppen, diese in langen Streifen, am Schwanz anfangend, von dem Fisch ab.

Das Abschuppen der Fische auf gewöhnliche Art ist eine mühselige Arbeit. Um diese zu erleichtern, hat eine geniale amerikanische Hausfrau sich ein Instrument anfertigen lassen, das wir nachfolgend in Wort und Bild veranschaulichen.

Fig. 373

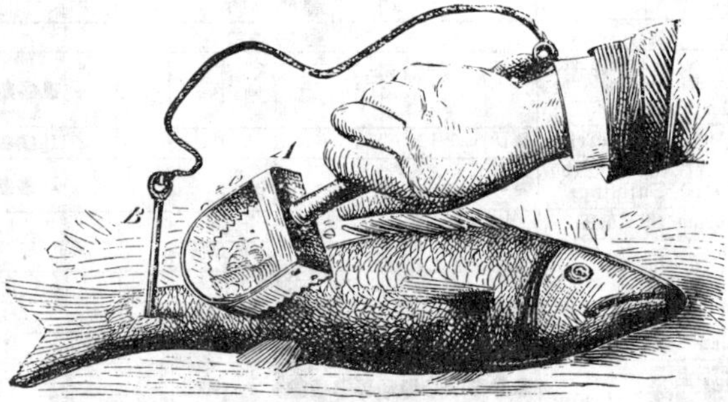

Dieses Instrument besteht aus einem dünnen Bleche, dessen eine Kante sägeartig gezahnt, während die entgegengesetzte glatt ist. Dieses Blech ist halbkreisförmig gebogen und mit einem Holzklötzchen A verbunden, so daß es handlich wird. Mit den entgegengesetzten Enden des Handgriffes ist ein Ende einer Schnur verbunden, welche an einer langen, spitzen Stange, ähnlich einer starken Nadel, befestigt ist. Beim Reinigen des Fisches wird diese Nadel durch den Schwanz in ein darunter gelegtes Brett gestochen, worauf die Arbeit verrichtet wird. Hierauf nimmt man das Instrument zur Hand und löst die Schuppen mit dessen gezahnter Kante, indem man es vom Schwanz ausgehend bis zum Kopfe des Fisches unter Anwendung eines leichten Druckes führt. Sind auf diese Weise die Schuppen gelöst, so dreht man das Instrument um und schabt den Fisch mit der geraden Kante des Bleches rein.

1202. Das Salzen der Fische.

Die ausgenommenen Fische werden gut eingesalzen, nach einigen Tagen mit Hölzchen ausgespannt, am Kopfe in Rauch gehängt und geräuchert. Sie werden gesotten und zu Sauerkraut gegeben. Man kann die Fische auch einfach einsalzen, mit Pfeffer in Essig sieden und warm oder kalt mit Essig und Oel genießen.

A. Flußfische.

1203. Aal, blau gesotten.

Unter den in Seen, Teichen und Flüssen lebenden Aalen ist der Flußaal vor allem den anderen vorzuziehen. Sein Fleisch, wohl zart und von feinem Geschmack, ist wegen seines Fettgehaltes sehr schwer zu verdauen und wird daher meistens in gebackenem oder gebratenem Zustand zu Tisch gebracht, um ihm durch dieses Verfahren etwas Fettstoff zu entziehen.

Fig. 374.

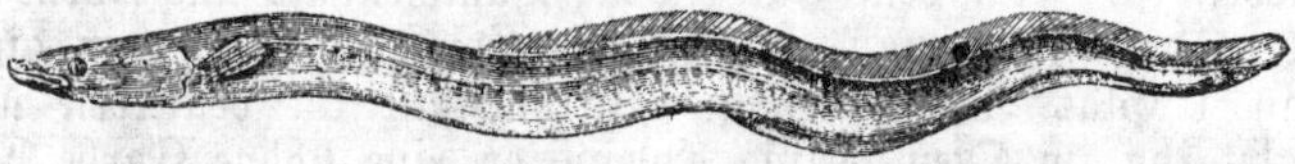

Der Aal wird totgeschlagen, indem man denselben mit einem Tuch erfaßt und kräftig einige Male zu Boden wirft oder ihn mit einem Holzhammer auf den Kopf schlägt. Sodann löst man hinter dem Kopf mit dem Messer etwa zwei Finger breit die Haut ab, bindet den Aal mittelst einer hinter dem Kopf festgemachten Schlinge an einen Nagel, faßt mit einem Tuch die losgelöste Haut und zieht diese ab. Die zweite Haut wird entweder dadurch losgelöst, daß man den Aal in Kohlenglut einige Minuten legt, bis die Haut abspringt, oder aber man legt ihn einige Augenblicke in siedendes Wasser, worauf man diese zweite Haut mit einem Tuch abstreifen kann. Es ist gut, diese zweite Haut ebenfalls zu entfernen, da der Aal dadurch leichter verdaulich wird. Ist der Aal abgezogen, wird der Kopf abgeschnitten, aufgeschnitten und ausgenommen oder mit einem Häkchen vom Hals aus das Eingeweide herausgezogen, damit die Bauchseite ganz bleibt. Nachdem die Rücken- und Bauchflossen mit einer Scheere weggeschnitten, wird der Aal in Stücke zerteilt, diese rein geputzt in einen heißen Sud gegeben, der aus Essig, Wasser, Salz, einer geschnittenen Zwiebel, gelben Rübe, Sellerie, sowie Gewürz besteht, und darin langsam etwa ½ Stunde gekocht, d. h. durch langsames Durchziehen. Ist er fertig, wird er auf gebrochener Serviette angerichtet, mit Petersilie und Zitronenscheiben garniert und eine pikante

Sauce oder eine Hollandaise, auch eine kalte Vinaigrette dazu serviert.

1204. Aal gebraten.

Der Aal, abgezogen und ausgenommen, wird in Stücke geschnitten und etwa 1 Stunde vor dem Anrichten mit Oel, feingehackten Zwiebeln, Petersilie, Salz und Pfeffer mariniert. In einer Pfanne oder Sautoir läßt man etwas Oel heiß werden, giebt die Aalstücke dazu und macht sie im Ofen in etwa 1/2 Stunde fertig, richtet sie auf runder Platte an, garniert sie mit Petersilie und Zitronenscheiben und serviert.

1205. Aal gerollt und gebraten.

Ein mittelgroßer Aal wird enthäutet, am Hals ein Einschnitt in den Bauch gemacht, um mittelst eines Häkchens denselben ausnehmen zu können, gut gewaschen und gesalzen, aufgerollt, auf eine runde Gratinschüssel gebracht, die gut gebuttert worden ist. Um dem Aal einen Zusammenhalt und Form zu geben, durchsticht man ihn mit Holzspießchen. Sodann giebt man 1 Glas Weißwein und Zitronensaft an denselben und bratet ihn im Ofen fertig. Wenn er eine schöne Farbe hat, wird er vorsichtig herausgehoben, auf einem Tuch entfettet, dann auf einer runden Platte, die der Größe des Aales entspricht, gelegt, mit Petersilie und kleinen Fischkartoffeln umlegt und dazu eine Tomatensauce serviert, in welche man den eingekochten Fischfond gegeben hat.

1206. Aal mit Salbei gebraten.

Der abgezogene und ausgenommene Fisch wird in Stücke geschnitten, gut gesalzen, in breite Salbeiblätter eingeschlagen und gebunden. Dann zieht man die Aalstücke durch heiße Butter und bratet sie auf dem Roste, indem man sie fortwährend mit Butter und Zitronensaft beträufelt. Oder man bratet sie in heißer Butter in der Pfanne oder Sautoir auf dem Herd oder im Ofen. (Bratzeit etwa 30 Minuten.)

Wird der Aal in der Pfanne gebraten, giebt man noch etwas frische Butter in dieselbe, läßt sie heiß werden und giebt sie über den angerichteten Fisch. Vor dem Anrichten schneidet man die Fäden ab und giebt den Fisch mit dem Salbei und Zitronenschnitten auf den Tisch.

1207. Aal am Spieß gebraten.

Der Aal wird abgezogen, ausgenommen und in Stücke geteilt, gesalzen, in Oel mit Salbei mariniert, dann an einen kleinen Spieß gesteckt, am großen befestigt und bei lebhaftem Feuer etwa ½ Stunde gebraten. Ehe man den Fisch vom Spieß nimmt, streut man noch Panierbrot auf denselben, legt ihn vor dem Anrichten zum Entfetten auf ein Tuch, richtet ihn auf runder Schüssel an, garniert mit Petersilie und Zitronenstückchen.

1208. Aal gebacken.

Der Aal wird gekocht, wie in Nr. 1203 beschrieben, und läßt man denselben in seinem Sud erkalten. Hierauf wird er auf ein Tuch gelegt, die Gräte herausgezogen, ohne ihn zu zerbröckeln, in Weißmehl, sowie in zerschlagenen Eiern und Panierbrot gewendet, in Backschmalz schön gelb gebacken und in einer Serviette mit gebackener Petersilie und Zitronenschnitzen verziert, serviert. Hiezu wird eine Mayonnaise oder Remoulade serviert. (S. Abschnitt 14.)

1209. Aal à la Matelotte.

Zwei mittlere Aale werden zugerichtet in Stücke geschnitten. In einer Kasserole werden etwa 20 kleine, runde Zwiebeln gebräunt, mit einem Löffel Mehl bestäubt und geröstet, mit ½ Liter Rotwein abgelöscht, gesalzen und gepfeffert. Diese Sauce läßt man etwa 20 Minuten kochen, worauf man die gut gewaschenen und abgetrockneten Aalstücke dazugiebt und etwa 15—20 Minuten darin kocht. Ist derselbe in dieser Zeit fertig, wird er hübsch auf runder Platte angerichtet, mit gebackenen Brotcroutons und Krebsen verziert. Die etwas eingekochte Sauce schlägt man mit etwas Butter auf, die Zwiebeln garniert man um den Aal und serviert einen Teil der Sauce extra, während man den andern Teil auf den Fisch gießt.

1210. Aalragout mit Champignons.

Ein Aal wird zugerichtet, in Stücke geschnitten und in weißem Wein mit Salz, Gewürz und Kräutern gedämpft. Dann werden in einer anderen Kasserole 20 Stück kleine Zwiebeln in heißer Butter gebräunt, etwas Mehl eingerührt, gesalzen und mit dem Aalabsud abgelöscht. Nach wiederholtem Aufwallen werden die Aalstücke mit rohen, geschällten und gewaschenen Champignons in die Sauce gelegt und darin noch 10 Minuten gedämpft, die Sauce mit 3 Eigelb legiert, einige Tropfen Zitronensaft beigegossen, über den angerichteten Aal gegossen und mit den Champignons und Zwiebeln garniert.

1211. Aal auf dem Rost à la tartare.

Der Aal wird zugerichtet, in Stücke geschnitten und 2 Stunden mit Zitronensaft und Salz mariniert. Nachdem sie herausgenommen und abgetrocknet, werden sie in einer kurzen Weinbrühe mit Wurzelwerk und Gewürz gedämpft. Erkaltet, werden sie mit Salz und Pfeffer gewürzt, mit Olivenöl bestrichen, in zerrührte Eier getaucht und paniert, dann bei mattem Feuer langsam geröstet. Dazu wird eine Sauce tartare (s. Abschnitt 14) gegeben.

1212. Aal in Rotwein.

Ein Aal wird zugerichtet, in Stücke geschnitten und mit einer Flasche Rotwein, rohem Schinken, Gemüsen, Gewürz und entsprechendem Salz so lange gekocht, bis sich die Gräte gut herausnehmen läßt. Dann nimmt man die Aalstückchen heraus, schüttet die Hälfte des Weines ab und kocht den Rest bis zu ¼ ein, giebt einen Schöpflöffel brauner Sauce nebst guter Jus dazu und kocht die Sauce bis zur gehörigen Dicke ein, passiert sie und rührt vor dem Anrichten ¼ Pfund süßer Butter und 4 Eßlöffel Sardellenessenz (s. Abschnitt 33) daran, richtet die Aale schön hoch auf, garniert sie mit Fischkartoffeln und Petersilie und serviert sie mit der Sauce.

1213. Aalraupe oder Quappe, auch Treische.

Ein namentlich in Gebirgsgegenden in klarem Wasser vorkommender, dort sehr geschätzter Fisch, ist in den Monaten November und Dezember bei uns verboten. Ihr Fleisch wird dem des Aales vorgezogen. Die Zubereitungsweise ist wie die des Aales. Um die Aalraupe zu enthäuten, wird sie in kochend heißes Wasser gelegt und die Haut mit einem Messer abgeschabt, bis dieselbe ganz weiß erscheint, sodann in Stücke geschnitten und zubereitet, wie bei den Rezepten des Aales beschrieben, gesotten, gebraten oder gebacken und mit den verschiedensten Fischsaucen serviert.

1214. Asche à la Suisse.

Die Asch oder Aesche, aus der Familie der Forelle, ist der Länge nach schwarz gestreift und schwarz punktiert, die Forelle dagegen hat auch noch die roten Punkte, mit blauer, im Licht rötlich schimmernder Rückenflosse. Sie lebt in Gebirgsflüssen, kommt aber auch sehr häufig im Bodensee, dem Blauflusse und im Starnbergersee vor. Ihr Fleisch ist sehr geschätzt. Sie ist fast so schmackhaft wie die Forelle, nur ist ihr Fleisch nicht ganz so fest. Sie wird wie die Forelle zubereitet und in der Schweiz auch auf folgende Art: In 1 Liter Fleischbrühe werden geröstete Schwarzbrotwürfel, einige kleine Zwiebeln, Petersilie, 2 Zitronenscheiben, etwas ganzer Pfeffer und 1

Fig. 375.

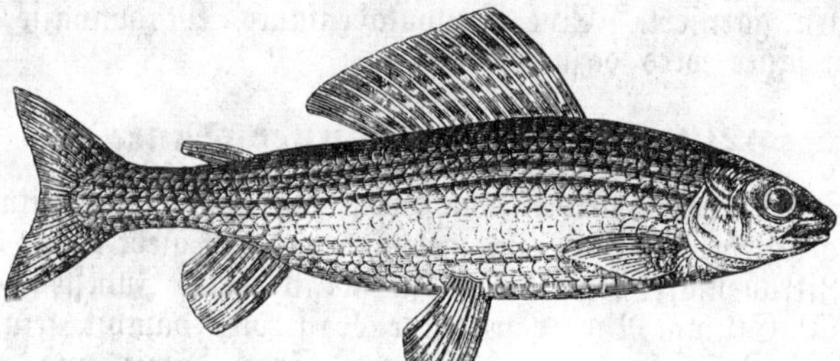

Mazisblättchen abgesotten, der Absud mit 1 Liter weißem Wein abgelöscht, dann die Aschen 20 Minuten darin gedämpft; herausgenommen, wird die Sauce geseiht, ein Spritzchen Mehl eingerührt, eingekocht und die Aschen beim Anrichten damit maskiert. (Fig. 375.)

1215. Asche, gebacken.

Wird zugerichtet und zubereitet, wie bei Forelle gebacken, beschrieben (siehe Nr. 1227).

1216. Asche, gesotten.

Man siedet die Aschen wie die Forellen blau (siehe Nr. 1226) und giebt zerlassene Butter oder eine holländische Sauce dazu.

1217. Barben, gesotten.

Die Barbe, ein guter und wohlschmeckender, viel verbreiteter Fisch, wird bei uns sehr häufig und billig zu Markte gebracht. Die Barbe wird geschuppt, ausgenommen, gewaschen und entweder ganz in den Sud gelegt oder, wenn sie größer ist, halbiert. Der Sud besteht aus 1 Teil Essig und 2 Teilen Wasser mit Salz, etwas Wurzelwerk und Gewürz. Nachdem der Sud siedet, wird der Fisch hineingegeben, und läßt man ihn darin etwa ½ Stunde ziehen, worauf man ihn anrichtet, mit Petersilie und Fischkartoffeln garniert und mit zerlassener Butter zu Tische giebt.

1218. Barben, gebacken.

Die zugerichteten Barben werden in Stücke geschnitten, mit Zitronensaft beträufelt, gesalzen, in Mehl umgewendet, paniert, mit dem Messer glatt geklopft und in heißem Fett etwa 10—15 Minuten gebacken, auf runder Platte mit Fischpapier oder Serviette belegt, angerichtet, mit Petersilie und Zitronen garniert. Eine Remouladensauce, Mayonnaise oder Tartaresauce wird dazu serviert.

1219. Barben in brauner Sauce.

Die Barben werden wie oben zugerichtet und entweder ganz gelassen oder in Stücke geschnitten; man giebt etwas Salz und Zitronensaft dazu und läßt sie stehen. Indessen giebt man 60 Gramm Butter in eine Kasserole, dämpft fein geschnittene Zwiebeln und 60 Gramm Speck damit und röstet 2 Löffel Mehl darin gelb, gießt dies mit einem Löffel Fleischbrühe, 1 Glas Rotwein, etwas Bratenjus und Essig auf und läßt diese Sauce eine Zeit lang kochen. Den Fisch giebt man sodann in die Sauce, läßt ihn darin gar werden, richtet denselben an, passiert die Sauce und schlägt etwa 50 Gramm Süßbutter, ehe man sie über den Fisch gießt, noch darunter. Man serviert Fischkartoffeln dazu.

1220. Barben in Weinsauce.

Eine Barbe wird zugerichtet, wie oben beschrieben, in ein mit Butter bestrichenes Fischgeschirr auf den Rost gelegt, 2 Glas Weißwein, ein halber Löffel Fleischbrühe, Zitronensaft und Salz dazu gegeben und darin weich gedämpft. Ist der Fisch fertig, passiert man den Fischfond in eine flache Kasserole und kocht denselben etwas ein. Eine leichte Mehlschwitze rührt man mit dem Fischfond an, kocht die Sauce gut auf und durch, zieht sie mit 2 Eigelb ab, passiert sie, schlägt einige Stückchen süßer Butter noch darunter, giebt 2 Eßlöffel Kapern dazu und schmeckt sie gut ab, worauf man sie in einer Saucière zu dem angerichteten Fisch serviert.

1221. Barsch oder Bärschling, gebacken.

Der Barsch wird geschuppt, rein gewaschen und abgetrocknet, dann mit Salz eingerieben, mit Zitronensaft beträufelt, zuerst durch Mehl und dann durch gerührte Eier gezogen, paniert und gebacken. Dazu wird eine Senfsauce gegeben und die Platte mit Petersilien garniert.

Fig. 376.

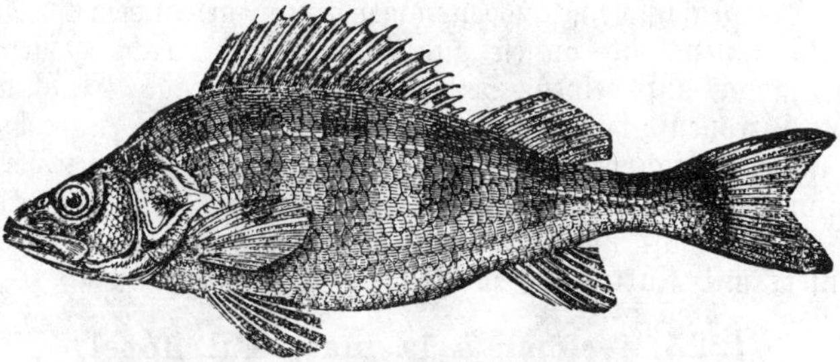

1222. Barsch in Petersiliensauce.

Der rein geschuppte und zugerichtete Barsch wird wie in Nr. 1225 behandelt und zugesetzt; wenn die Sauce fertig und legiert ist, wird etwas Butter dazu geschlagen, sowie gehackte Petersilie dazu gegeben und in einer Saucière zu dem Fisch serviert.

1223. Felchen, blau gesotten.

Die Blau- und Silberfelchen, eine Renkenart, sind hauptsächlich im Bodensee und den Schweizer Seen zu finden und ist ein äußerst feiner, wohlschmeckender Fisch. In der Zeit vom 15. November bis 15. Dezember ist seine Schon- und Laichzeit, während welcher bei uns keine gefangen werden dürfen.

Fig. 377.

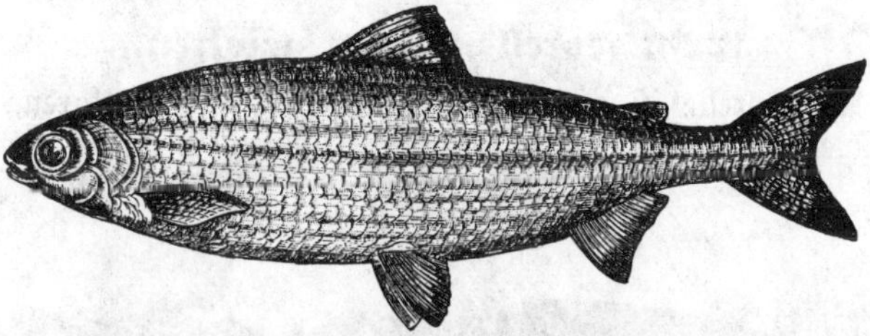

In den Sommermonaten sind sie am besten. Der Fang hängt sehr vom Wetter ab, da sie sich bei schlechtem Wetter in die Tiefen begeben, in welchen sie nicht gefangen werden können.

Die Felchen werden im gleichen Sude gesotten wie die Forellen und zerlassene Butter oder eine holländische Sauce dazu gegeben und mit Fischkartoffeln zu Tische gebracht.

1224. Felchen, gebraten.

Die geschuppten, ausgenommenen und gewaschenen Felchen werden innen und außen gut gesalzen und leicht gepfeffert; man macht auf beiden Seiten derselben schräge Einschnitte, giebt Zitronensaft darüber, wendet sie in Mehl und bratet sie in der Pfanne in heißer Butter in 10 Minuten fertig; sodann macht man noch etwas frische Butter heiß, schmeckt sie mit Zitronensaft und Salz ab und giebt sie über die Felchen, garniert mit Kartoffeln, zu Tisch.

1225. Felchen à la maître d' hôtel.

Die Felchen werden gerichtet, mit gehackten Schalotten und Petersilie, mit Zitronensaft, Salz und Pfeffer mariniert und sodann in heißer Butter gedämpft, etwas Weißwein dazu gegeben und in etwa 10—15 Minuten fertig gemacht. Den Fond kocht man etwas ein, schlägt etwas frische Butter darunter und giebt diesen Fond über die Felchen, nachdem man ihn gut abgeschmeckt hat, streut noch etwas fein gehackte Petersilie über den Fisch und giebt ihn mit Fischkartoffeln zu Tische. Man kann sie auch auf oben beschriebene Weise dämpfen und sauren Rahm mit 1 Löffel Espagnole unter den Fond geben.

Eine weitere Renkenart und dem Blaufelchen ähnlich, nur größer an Gestalt, ist die Bodenrenke, auch Weiß- oder Sandfelchen genannt und der im Bodensee viel vorkommende Kilch oder Kopffelchen. Diese Felchen werden ebenso zubereitet wie die Blaufelchen, ihre Laich- und Schonzeit ist ebenfalls dieselbe wie bei diesen.

1226. Forellen, blau gesotten.

Die Forelle ist ein Lachsfisch, der sich nur in klaren, kalten Quell- und Gebirgsflüssen und Bächen heimisch fühlt, von

Fig. 378.

äußerst zartem, wohlschmeckendem und leicht verdaulichem Fleisch, deshalb auch in der Krankenküche sehr geschätzt.

Am besten sind die Forellen in der Zeit vom April bis Juni. Während der Laichzeit und bei uns zugleich Schonzeit, die vom 10. Oktober bis 10. Januar dauert, dürfen keine Forellen weder gefangen noch verkauft werden.

Die Forelle wird durch einen Schlag auf den Kopf getötet, der Bauch vom Kopfe bis zur Hinterflosse aufgeschnitten, das Eingeweide herausgenommen, am Kopfe durchgeschnitten, die Blutrinnen mit dem Daumen herausgedrückt und sodann sehr vorsichtig, damit der Schleim, der die Forelle umgiebt, nicht abgeht, ausgewaschen. Dieser die Forelle umgebende Schleim bewirkt ihr schönes Blauwerden und bin ich bei einer frisch abgeschlagenen und sofort zu verwendenden Forelle entschieden dagegen, dieselbe vorher zu blauen, vielmehr wird sie viel schöner, wenn man sie gleich in den kochenden Sud giebt. Abgeschlagene Forellen, die transportiert werden müssen, sind

Fig. 379.

sofort nach dem Abschlagen gründlich auszunehmen, zu waschen, dann sofort am besten in Brennesseln einzupacken und zu versenden. Auch diese können, ohne sie vor dem Gebrauch mit Essig zu begießen, sofort nach ihrer Ankunft und, ohne sie viel zu berühren, in siedendem Sud blau gemacht werden. Für das Uebergießen mit Essig vor dem Sieden, wie es so vielfach geschieht, bin ich deshalb nicht, da durch das Berühren der Forelle das Blaue abgeht, was bei dem oben beschriebenen Verfahren nicht der Fall sein kann, man wird vielmehr dadurch eine schöne, blau gesottene Forelle zu Tische bringen.

Kleinere Forellen werden oft gekrümmt und mit Bindfaden auf folgende Weise gebunden. Mit einer Dressiernadel und Bindfaden durchsticht man den Schwanz oberhalb der Schwanzflosse, führt die Nadel sodann durch beide Augen und bindet die beiden Enden des Bindfadens zusammen, worauf man sie in den Sud giebt. Die derart dressierten Forellen geben sowohl warm als kalt mit Krebsen und Petersilie garniert, eine sehr schön gerichtete Platte. (Fig. 380).

Der Forellensud besteht aus 3 Teilen Wasser, 1 Teil Essig, einer Hand voll Salz, einigen Zwiebelscheiben, einer gelben Rübe, 1/2 Selleriewurzel, 1/2 Eßlöffel ganzem Pfeffer, 3 Nelken, 1 Lorbeerblatt und 1 Petersiliebouquet. Man kann zum Fischsud auch 1 Teil Weißwein nehmen. Dieser Sud wird gut gekocht und giebt man dann die ausgenommenen

Fig. 380.

Forellen in denselben, ohne dieselben noch viel zu berühren, am besten faßt man sie beim Einlegen am Kopf. Hierauf läßt man die Forellen im Sud bis ans Kochen kommen und sodann auf der Seite des Herdes noch etwa 10 oder 15 Minuten je nach ihrer Größe durchziehen. Zum Servieren richtet man sie auf gefalteter Serviette an, garniert sie mit Petersilie, Fischkartoffeln und einigen Krebsen und serviert dazu zerlassene Butter, frische Butter, eine holländische oder Bearnaise Sauce, auch wohl Essig und Oel, mit Salz gemischt.

1227. Forellen, gebacken. Erste Art.

Die Forellen werden ausgenommen und gewaschen, auf beiden Seiten messerrückentiefe Einschnitte gemacht, gesalzen und gepfeffert und bis zum Gebrauch zur Seite gestellt, sodann in Mehl gewendet, ebenso in Eiweiß und Panierbrot und aus heißem Backfett gebacken, auf lang gefalteter Serviette angerichtet, mit gebackener Petersilie und Zitronenschnitzen zu Tisch gegeben. Eine Remouladen- oder Tartaresauce kann dazu serviert werden.

1228. Forellen, gebacken. Andere Art.

Die ausgenommenen Forellen werden gekrümmt und leicht gebunden, wie in Nr. 1226 beschrieben, sodann gesalzen, in Mehl sowie in Eiweiß und Panierbrot gewendet und aus heißem Fett gebacken, serviert und garniert, wie vorhin beschrieben, und mit denselben Saucen serviert.

1229. Forellen, gebraten, auf dem Rost.

Die Forellen, welche man hiezu verwenden will, müssen einige Stunden zuvor abgeschlagen, auf beiden Seiten leicht eingeschnitten, gesalzen und gepfeffert und in Olivenöl mit geschnittenen Zwiebeln sowie Petersilie gelegt werden. Sodann werden sie auf dem heiß gemachten Rost auf schwachem Feuer langsam auf beiden Seiten gebraten. Beim Anrichten legt man Kräuter- (maître d'hôtel) Butter darauf, richtet die Forelle auf langer Platte an, garniert mit Petersilie, Zitronenstückchen und Fischkartoffeln.

1230. Forellen à la maître d'hôtel.

Die wie oben zugerichteten Forellen werden leicht eingeschnitten und einige Stunden mit Salz, Zitronensaft, gehackten Zwiebeln und Petersilie mariniert, hierauf mit Mehl bestäubt, durch warme Butter gezogen und in Panierbrot gewendet, auf dem Rost oder in heißer Butter in der Pfanne in ungefähr 10 Minuten fertig gemacht, auf einer gefalteten Serviette angerichtet, mit Petersilie und Zitrone garniert. Eine geschmolzene Butter, mit Salz und Zitronensaft abgeschmeckt, in welche man gehackte Petersilie giebt, wird dazu serviert.

1231. Forelle, in Butter gebraten.

Die zugerichteten und auf beiden Seiten eingeschnittenen Forellen werden gesalzen und mit Zitronensaft beträufelt, hierauf in Mehl gewendet. In einer schwarzen Pfanne läßt man Butter sehr heiß werden, giebt die Forellen dazu und macht sie in etwa 10 Minuten darin fertig, dressiert sie auf die Platte, giebt zu der in der Pfanne zurückgebliebenen Butter etwas frische Butter, etwas Salz, Zitronensaft und gehackte Petersilie, läßt dies heiß werden und gießt es auf die Forellen.

1232. Forellen in Rotwein.

Ein Stückchen gesalzener Speck wird viereckig geschnitten, ebenso 1 Zwiebel, 1 gelbe Rübe mit Gewürz einige Minuten darin gedämpft; man giebt 1 Flasche guten Rotwein und etwas Salz dazu, läßt diesen Sud in einem flachen Geschirr etwa ¼ Stunde kochen, giebt die zugerichteten Forellen dazu mit einigen Stückchen Butter und macht sie in diesem Sud in etwa 10—15 Minuten im Ofen fertig. Den Fond kocht man ein und giebt einen Teil davon, wenn er nicht zu scharf ist, zu einer fertigen Génoise Sauce, welche mit etwas Butter vor dem Servieren aufgeschlagen wird. Die Forellen richtet man auf langer Platte an, garniert mit Fischkartoffeln, Krebsen und Petersilie und serviert die Sauce im Saucière extra dazu. Die Forellen werden wohl kein schönes, blaues Ansehen haben, aber vorzüglich schmecken.

Hiezu wird die in Nr. 396 beschriebene Sauce génoise gegeben.

1233. Groppe oder Kaulkopf, gebacken.

Die Groppe ist ziemlich der kleinste Süßwasserfisch, dessen Länge höchstens 15 cm beträgt. Sie kommt in kleinen, rasch fließenden Bächen vor und hält sich meistens auf dem Grunde unter Steinen auf. Das Fleisch ist sehr zart und wohlschmeckend. Der große, breitgedrückte Kopf wird abgeschnitten, der Leib ausgenommen, und da dieser Fisch ziemlich viel Schleim mit sich führt, so wird er durch mehrere Wasser und zuletzt durch ein laues Salzwasser gezogen und gewaschen, dann mit Salz eingerieben, in Mehl, Eiweiß und Panierbrot gewendet und gebacken oder mit zerhackter Petersilie und einigen Tropfen Zitronensaft in heißer Butter geröstet.

1234. Grundeln oder Greßling, gebacken.

Der Greßling, Grundel oder auch Gründling genannt, ist höchstens 15—18 cm groß und ist wegen seines wohlschmeckenden Fleisches bei uns sehr beliebt. Die Grundeln werden dadurch ausgenommen, daß man oben am Kopf durch einen kleinen Einschnitt das Eingeweide mit dem Finger herausdrückt, sie sodann wäscht, einsalzt, in zerlassener Butter und Mehl umwendet und aus heißem Fett backt.

Oder man giebt Salz, Petersilie, Eier und Rahm, gut verrührt, in einen Hafen, die lebenden Grundeln dazu. Wenn sie sich vollgeschluckt haben, werden sie herausgenommen, ein wenig abgetrocknet, mit Mehl und Salz bestreut und gleichfalls in Schmalz rösch gebacken.

1235. Grundeln oder Greßling gesotten.

Man macht einen kurzen Sud mit Weißwein, etwas Fleischbrühe, ein Stückchen Butter, Zitronensaft, Kümmel, Salz und Pfeffer, läßt ihn aufsieden, giebt die ausgenommenen Grundeln dazu und kocht sie etwa 10—15 Minuten. Die Brühe rührt man mit etwas Mehlschwitze an, zieht sie mit einigen Eigelb ab und giebt diese Sauce auf die angerichteten Grundeln.

1236. Hecht, blau gesotten.

Der Hecht, als Raubfisch in unseren Flüssen und Seen wohl bekannt, ist als mittlerer Fisch von 2—3 Kilo hauptsächlich für die Küche wertvoll, sowohl seines guten, zarten Fleisches wegen, als auch wegen der aus demselben herzustellenden guten und feinen Fischspeisen. Durch seinen vorteilhaften Bau ist er leicht zu entgräten und deshalb für die Küche nützlicher als manch anderer Fisch. Der mittelgroße Fisch hat ein zartes, leicht verdauliches Fleisch, während das der großen Fische trocken ist.

Fig. 381.

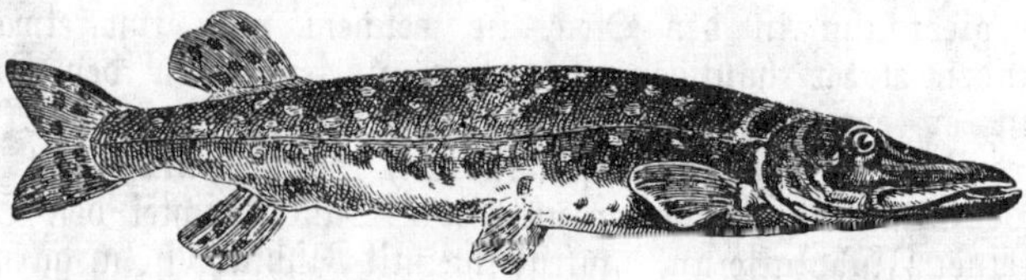

Seine Laichzeit fällt in die Frühjahrsmonate März bis Mai, während sein Fleisch in den Herbst- und Wintermonaten von September—Februar am besten und nahrhaftesten ist.

Der Hecht wird gewöhnlich, wie auf Seite 502 beschrieben, rasiert, wie die anderen Fische zugerichtet und in Salzwasser gesotten. Die Leber desselben wird als Delikatesse zu dem Fisch serviert, indem man dieselbe erst auswässert und dann mit dem Fisch in seinem Sud kocht. Zerlassene Butter mit Zitronensaft und Salz abgeschmeckt, sowie ein Löffel gehackter Petersilie dazu gegeben, wird extra dazu serviert, ebenso auch Essig und Oel gemischt. Der Fisch wird auf langer Platte angerichtet, mit Petersilie und Fischkartoffeln, sowie einigen Krebsen garniert zu Tisch gegeben.

1237. Hecht blau, mit holländischer Sauce.

Ein mittelgroßer Hecht wird rasiert, die Floßen und der Schwanz abgeschnitten und gewaschen. Hierauf giebt man ihn in ein Fischgeschirr mit Einsatz, gießt Wasser dazu, bis es über den Fisch geht, salzt es ziemlich stark und giebt den Fisch aufs Feuer, zieht ihn, wenn er ans Kochen kommt, zurück und läßt ihn noch etwa ½—¾ Stunden auf der Seite ziehen. Man richtet ihn auf eine gefaltete Serviette auf einer Fischplatte an, stellt oder legt ihn, garniert mit Fischkartoffeln, Petersilie und Krebsen.

Eine holländische Sauce wird extra dazu gegeben.

Der Hecht wird auch oft wie die Forelle in einem Essigsud gekocht, sonst behandelt, wie oben beschrieben, und eine holländische Sauce dazu serviert.

1238. Hecht gefüllt, im Ofen gebraten.

Ein Hecht wird zugerichtet wie oben, der Bauch etwa ¾ zugenäht und mittelst einer Papierdüte oder Blechspritze mit der früher beschriebenen Weckenfülle (s. Nr. 276) durch die offene Stelle vollgefüllt und zugenäht; man giebt den gefüllten Hecht in ein Fischgeschirr, dessen Boden man mit Butter ausgestrichen hat, einige geschnittene Zwiebeln dazu, salzt denselben, gießt 1 Glas Weißwein und etwas Fleischbrühe daran und giebt ihn in den Ofen, in welchem man ihn etwa ¾ Stunden unter häufigem Begießen glaciert. An den Fond, wenn er eingekocht ist, giebt man etwas Espagnole (oder rührt ihn mit etwas Mehlschwitze an), passiert und giebt noch einige Stückchen Süßbutter unter die Sauce, richtet den Hecht auf einer Fischplatte an, umlegt ihn mit Fischkartoffeln, garniert mit Krebsen, giebt etwas von der Sauce darüber und serviert die übrige extra dazu.

1239. Hecht, gebraten.

Wenn der Fisch zugerichtet ist, (am besten ein kleiner Hecht), macht man kleine in die Quere laufende Einschnitte in die Haut desselben und reibt ihn innen und außen mit Salz ein. Dann trocknet man ihn mit einem Tuche ab, begießt ihn außen und innen mit Butter und bratet ihn auf beiden Seiten auf dem Roste gelb. Nun werden Petersilie und etliche Schalottenzwiebeln fein gewiegt und gedämpft, Zitronensaft dazu geträufelt und, wenn der Fisch auf einer erwärmten Platte angerichtet worden, mit demselben begossen und serviert.

1240. Hecht, gefüllt.

Ein mittelgroßer Hecht wird zugerichtet und zum Füllen gerichtet, wie in Nr. 1238 beschrieben. Eine feine, leicht gerührte Fischfarce, unter welche man würfelig geschnittene Champignons giebt, wird in den Hecht eingefüllt, leichte Einschnitte in denselben auf beiden Seiten gemacht und dann ebenso zum Fertigmachen behandelt wie in Nr. 1238. Man kann hiezu dieselbe Sauce machen wie in Nr. 1225 oder aber man macht von den Abfällen, die es aus dem Fisch giebt, welchen man zur Fischfarce verwendete, eine Fischessenz (siehe Abschnitt 33), kocht diese ein, giebt einige Löffel Allemande dazu, legiert die Sauce mit 2 Eigelb, giebt etwas Zitronensaft, sowie einige Stückchen Süßbutter noch dazu, schneidet Champignons in Scheiben, welche man unter die Sauce giebt, und serviert diese sodann zum Hecht, den man mit Kartoffeln, Zitronenscheiben, Petersilie verziert zu Tische giebt.

1241. Hecht mit Sardellen, gedünstet.

Der zugerichtete mittelgroße Hecht wird, nachdem er rein gewaschen, in etwa 2-fingerdicke Scheiben geschnitten, mit Salz und Pfeffer bestreut und in ein mit zerlassener Butter, sowie gehackten Zwiebeln versehenes Bratgeschirr gelegt, mit Zitronensaft beträufelt, 1 Glas Weißwein dazu gegeben und darin gedünstet. Einige klein geschnittene Sardellen, sowie gehackte Petersilie giebt man noch dazu. Man richtet, wenn der Fisch fertig ist, denselben womöglich in seiner ursprünglichen Form auf die Platte, garniert mit Zitronenscheiben, Petersilie und Kartoffeln. Den Fischfond kocht man etwas ein, giebt einige Löffel Espagnole darunter, sowie einige Stückchen Butter dazu und giebt diese Sauce zum Hecht.

1242. Hecht, gespickt.

Ein mittelgroßer Hecht wird auf einer Seite gehäutelt und gespickt, in ein Bratgeschirr auf den Fischrost gelegt, mit 2 zerschnittenen Zwiebeln, gelben Rüben, Sellerie, Petersilienbouquet, ¼ Pfund rohem Schinken, in Würfel geschnitten, 1 Kaffeelöffel ganzem Pfeffer, 2 Nelken, 1 Lorbeerblatt und ¼ Pfund Butter, etwas Fleischbrühe und Rotwein in den Ofen gegeben und unter öfterem Beträufeln schön gelb gebraten. Ist er halb fertig, wird er gesalzen und nach ¼ Stunde auf die Anrichtplatte gelegt und warm gestellt. Das Fett des passierten Fond wird abgeschöpft, derselbe eingekocht, einige Löffel Espagnole, gute Jus und Zitronensaft dazu gegeben, dieses etwas dicklich eingekocht und zu dem Hecht serviert. Oder man rührt den Fond mit etwas Mehlschwitze an, läßt sie glatt aufkochen, schlägt etwas Butter dazu und serviert.

1243. Hecht mit gelber Sauce.

Der Hecht wird zugerichtet und gekocht, wie in Nr. 1237 beschrieben, die Sauce dazu auf folgende Weise bereitet. Es werden in einer Kasserole 60 Gramm Butter mit einem Rührlöffel Mehl geknetet, 4 Eidotter damit verrührt, ein halber Schöpflöffel Fisch- und ein Schöpflöffel Fleischbrühe dazu gerührt und ein Eßlöffel Kapern, einige Zitronenscheiben und Muskatnuß dazu gegeben. Man rührt die Sauce fortwährend um, bis sie zu kochen anfängt, schmeckt sie gut ab, dann legt man den Hecht auf eine Platte und übergießt ihn mit der passierten Sauce.

1244. Hecht mit Kräuterbutter.

Ein mittelgroßer Hecht wird zugerichtet und etwa ½ Stunde gekocht, wie in Nr. 1237 beschrieben, auf die Platte angerichtet, mit Fischkartoffeln und Petersilie serviert und mit einer heißen, hellen Butter, welche man mit Zitronensaft und Salz abgeschmeckt hat, übergossen, zu Tische gegeben.

1245. Hecht mit Rahmsauce.

Ein mittelgroßer Hecht wird gespickt und im Ofen halb gar gemacht, wie in Nr. 1242 beschrieben, sodann an denselben einige Löffel saurer Rahm gegossen und mit diesem vollends fertig glaciert. Zum Fond giebt man einige Löffel Espagnole (oder rührt mit einer Mehlschwitze an), giebt noch etwas sauren Rahm dazu, passiert die Sauce, giebt etwas davon über den Fisch und serviert die andere dazu.

1246. Hechtfilets, fines herbes.

Die Hechtfilets erhält man dadurch, daß man einen mittleren Hecht auslöst, wie auf Seite 77 beschrieben ist. Diese Filets giebt man in ein mit Butter bestrichenes Fischgeschirr auf den Rost, gut gesalzen und mit Zitronensaft beträufelt. Gehackte Zwiebeln und Petersilie giebt man dazu, 1 Glas Weißwein und 1 Löffel Fleischbrühe und dämpft diese Filets in dem Fond etwa 10—15 Minuten; hierauf nimmt man dieselben heraus, richtet sie auf der Platte an, giebt unter den Fond einige Löffel Allemande, schlägt diese noch mit etwas Butter auf und giebt diese Sauce über den Fisch. Man kann den Fond auch mit einer Mehlschwitze anrühren.

1247. Hechtfilets mit Krebssauce.

Die Hechtfilets werden ebenso zugerichtet und zubereitet, wie oben beschrieben, nur ohne Zwiebeln und Petersilie. Eine

Krebssauce, deren Essenz aus den Abfällen mit 1 Glas Wein, Zitronensaft, etwas Fleischbrühe, Wurzelwerk und Gewürz gekocht wurde, wird über die angerichteten Hechtfilets gegossen und in einer Saucière mit etwa 24 Krebsschwänzen dazu serviert. Die Krebssauce siehe Nr. 411.

1248. Hechtfilets, gratiniert.

Die Hechtfilets werden ebenso zugerichtet und zubereitet, wie oben beschrieben und, wenn fertig, herausgelegt. Der Fond wird eingekocht, einige Löffel fertige d'Huxelle (siehe Nr. 404) damit dick eingekocht, abgeschmeckt, über die auf eine Gratinplatte gerichteten Fischfilets gestrichen, geriebener Parmesankäse, sowie Panierbrot darüber gestreut und im Ofen schön gelb etwa ¼ Stunde gratiniert, auf eine Platte mit Serviette gegeben, mit Zitronenstücken und Petersilie garniert und serviert.

1249. Hechtschnitten, gebacken.

Von einem größeren Hecht werden die Filets zubereitet und diese in schräge, dickere Scheiben geschnitten, mit Salz und Pfeffer bestreut und in Zwiebelscheiben, Petersilie, Zitronensaft, einem Löffel Olivenöl mariniert. Hierauf läßt man sie auf einem Tuch abtrocknen, wendet sie in Mehl um, zieht sie durch Eiweiß und paniert sie. Vor dem Anrichten backt man sie aus heißem Fett in etwa 8—10 Minuten heraus, richtet sie auf runder Platte an, garniert mit Petersilie und Zitronenscheiben. Eine Remouladen- oder Tartaresauce wird dazu serviert.

1250. Hechtschnitten, fines herbes.

Die Hechtschnitten werden zugerichtet und zubereitet, wie oben beschrieben und wie in Nr. 1246 gesagt ist.

1251. Hecht mit Zitronensauce.

Der Fisch wird wie gewöhnlich geschuppt und gewaschen, mit Salz eingerieben, gekrümmt und der Schweif ihm in das Maul gesteckt, befestigt und alsdann in einer runden, großen Kasserole mit Essig und Wasser, Zwiebeln, Lorbeerblättern, Pfefferkörnern und Petersilienkraut abgekocht und warm erhalten. Zur Sauce schneidet man die Schale einer halben Zitrone ganz fein, wiegt das Mark mit Schalotten, dämpft das Gewiegte in einem Stückchen Butter mit 2 Kochlöffel Mehl, gießt Fleischbrühe mit etwas Fischsud hinzu, nebst Salz und Muskatnuß, und läßt die Sauce ¼ Stunde kochen.

Dann legt man den Fisch auf eine Platte, verziert ihn mit Zitronenscheiben und Petersilie und giebt die Sauce besonders dazu.

1252. Karpfen, blau gesotten.

Der Karpfen, ein bei uns sehr beliebter Fisch, lebt in Flüssen, Seen und Teichen und ist in den Monaten Oktober bis März am besten. Seine Laich- und Schonzeit ist bei uns vom 1. Mai bis 30. Juni. Die Flußkarpfen sind den Teichkarpfen bei weitem vorzuziehen wegen des bei letzteren vorkommenden widrigen Sumpf- und Moosgeschmackes, doch sind auch diese gut zu gebrauchen, wenn man sie einige Tage vor dem Gebrauch in frischem Wasser lebend zubringen läßt. Von den verschiedenen Karpfenarten ist der Spiegelkarpfen den andern vorzuziehen. Am besten sind die Karpfen von 4—5 Pfd.

Fig. 382.

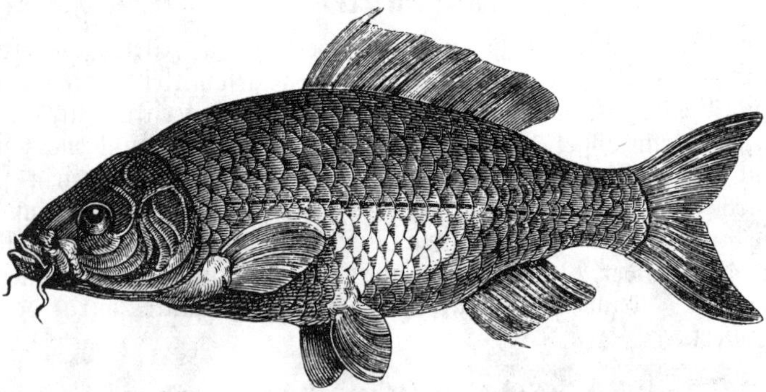

Die Karpfen werden durch einen Schlag auf den Kopf getötet und etwaige Schuppen vom Schwanze gegen den Kopf zu mit einem stumpfen Messer entfernt. Sodann wird der Bauch aufgeschnitten, die Kiemen und Flossen entfernt, das Eingeweide herausgenommen, aber ohne die Galle zu verletzen, sodann ausgewaschen. Wird der Fisch ganz und zum Blausieden gerichtet, so ist darauf zu achten, daß der Schleim nicht abgewischt wird, damit der Fisch schön blau zu Tische kommt. Um den Karpfen in Stücke fertig zu machen, wird er vom Kopf bis zum Schwanz geteilt und dann erst in kleinere Stücke geschnitten. Den ganzen Karpfen oder die Stücke legt man auf eine Platte und gießt heiß gemachten Essig darüber, worauf man ihn in einen siedenden Sud giebt wie bei der Forelle (S. 512) und etwa 15—20 Minuten ziehen läßt. Hierauf richtet man den Karpfen an; ist er in Stücke geschnitten, giebt man ihn in seiner ursprünglichen Form auf den Tisch, garniert mit Petersilie und Kartoffeln.

Man serviert dazu entweder zerlassene Butter mit Zitronensaft und Salz, frische Butter, eine holländische Sauce, kalten, geriebenen Meerrettig oder eine gelbe Sauce (Nr. 1243) oder eine Vinaigrette.

1253. Karpfen, gebacken.

Wenn der Fisch zugerichtet ist, wird er der Länge nach gespalten und in beliebige Stücke geschnitten, mit einem reinen Tuche abgetrocknet, mit Salz und Pfeffer eingerieben, in Mehl gewendet, in Eiweiß getaucht und mit Semmelmehl paniert, in heißem Schmalz schön gelb gebacken, auf Brotschnitten gelegt, damit das Schmalz abläuft, und dann auf Spitzenpapier oder gefalteter Serviette angerichtet und mit Zitronenscheiben, sowie gebackener Petersilie garniert zu Tische gegeben. Eine Remouladensauce wird dazu gegeben. Sehr gut ist auch, die Fischstücke gesalzen und mit Zitronensaft beträufelt nur in Mehl umzuwenden, nicht zu panieren, und diese so im Fett zu backen.

1254. Karpfen, im Ofen gebraten.

Der Karpfen wird zugerichtet und eingesalzen; man giebt ihn in ein Fischgeschirr auf den Rost, nebst 2 Lorbeerblättern, Zitronenscheiben und Pfeffer, gießt Fleischbrühe, 1 Glas Rotwein, ein paar Löffel sauren Rahm, sowie ein Stückchen zerlassener Butter darüber und läßt den Fisch im Ofen langsam unter häufigem Begießen braten und in seinem Saft glacieren. Vom Fischfond macht man mit 1 Löffel Espagnole eine dickliche Sauce, giebt noch etwas sauren Rahm dazu, sowie Zitronensaft und schlägt noch einige Stückchen Süßbutter dazu, worauf man die Sauce zu dem Karpfen serviert.

1255. Karpfen à la Chambord.

Ein großer Karpfen wird zugerichtet, wie oben beschrieben. Sodann wird der Rücken seiner Länge nach aufgeschnitten und der Rückgrat samt den Gräten losgelöst; man schneidet den Grat am Kopfe durch, nimmt die Eingeweide heraus, wäscht ihn einigemale, näht den Rücken zusammen, bis auf eine Oeffnung am Schwanz, durch welche man eine fertige, nicht zu feste Fischfarce mittelst der Spritze einfüllt. Oder man füllt den Fisch wie beim Hecht, ohne den Rückgrat auszulösen, in den Bauch. Auf einer Seite schneidet man schön egal die Haut weg und spickt das Fleisch mit Trüffelstücken, die in Form von Nägeln geschnitten werden, oder man spickt den Fisch mit Speck. Sodann legt man ihn auf einen mit Butter bestrichenen Rost in ein Fischgeschirr, giebt ½ Flasche guten Rotwein, etwas Fleischbrühe, 1 Zwiebel und Gewürz dazu, deckt ein Butterpapier darüber und kocht ihn erst auf dem Feuer auf, worauf man ihn etwa 1–1½ Stunden im Ofen unter häufigem

Fig. 383.

Beträufeln glaciert. Wenn er fertig ist, wird er auf langer Platte angerichtet, mit heiß gestellten Champignons, Trüffeln, gekochten Krebsen, dekorierten großen Klößen schön garniert. Den Fond kocht man ein, giebt einige Löffel Espagnole dazu, sowie etwas Bratenjus, kocht die Sauce ein, schlägt noch einige Stückchen frischer Butter vor dem Anrichten unter dieselbe und serviert sie zu dem Fisch.

1256. Karpfen, farciert.

Der Karpfen wird ebenso ausgenommen und behandelt, wie bei Karpfen (Chambord) beschrieben ist, nur kann man denselben an Stelle der Fischfarcen auch mit einer Weckenfülle (siehe Nr. 276) füllen. Die weitere Behandlungsweise ist ebenso, wie bei Nr. 1254 beschrieben, und serviert man auch dieselbe Sauce dazu. Beim Anrichten umlegt man den Fisch mit Kartoffeln, Krebsen, Petersilie und Zitronenscheiben und giebt ihn leicht sauciert zu Tische, die Saucière extra dazu.

1257. Karpfen, grilliert.

Der zugerichtete und geschuppte Karpfen wird der Länge nach und in Stücke zerschnitten, die Gräten ausgelöst und etwa

1 Stunde in Olivenöl, mit Salz, Pfeffer, Zwiebel in Scheiben und ganzer Petersilie mariniert, sodann entweder auf dem Rost fertig gemacht oder in der Pfanne mit etwas Oel. Man serviert dazu eine Kapernsauce.

1258. Karpfenfilets, gebacken.

Aus einem großen Karpfen werden die Filets ausgelöst und die Haut abgezogen (siehe S. 77), in schräge Streifen geschnitten, mit Salz, Zitronensaft und gehackter Petersilie mariniert, in Mehl gewendet, paniert und aus heißem Fett gebacken. Man richtet die Filets auf gebrochener Serviette an, garniert mit gebackener Petersilie und Zitronenscheiben.

Eine Remouladen- oder Tartaresauce wird dazu serviert.

1259. Karpfenfilets fines herbes.

Ein großer Karpfen wird zugerichtet, die Filets von demselben losgelöst und die Haut abgezogen, sodann in einem flachen Geschirr gesalzen, mit gehackten Schalotten, Petersilie, Estragon und Kerbel mit 1/4 Pfund Butter angedämpft, mit Zitronensaft und Weißwein abgelöscht und etwa 1/4 Stunde in diesem Fond gedämpft. Den Fond kocht man ein, giebt einige Löffel Espagnole dazu oder rührt denselben mit einer braunen Mehlschwitze an und giebt, wenn er genügend gekocht ist, über den angerichteten Fisch, mit Kartoffeln garniert.

1260. Karpfen à la matelotte.

Ein großer Karpfen wird in Stücke geschnitten, in ein Geschirr mit einem Stück Butter und 1/2 Flasche Rotwein gegeben, gesalzen und gepfeffert und etwa 1/4 Stunde in diesem Fond gekocht. Ist der Fisch nach dieser Zeit fertig, wird er angerichtet, einstweilen auf die Seite gestellt und zugedeckt. Der Fond wird mit einigen Löffeln Espagnole aufgekocht und dicklich eingekocht. Die Sauce giebt man über den Fisch, garniert denselben mit glacierten, kleinen Zwiebeln, Champignons, sowie einigen gekochten Krebsen. Man kann die kleinen Zwiebeln auch in Butter anrösten, Mehl dazugeben, mit Rotwein ablöschen, etwas Zitronensaft darangeben und den Karpfen darin kochen. Die Sauce läßt man dann nachher, wenn der Fisch fertig ist, noch etwas einkochen und giebt sie mit den Zwiebeln über denselben.

1261. Karpfen auf polnische Art.

Der wie in Nr. 1257 zugerichtete und in Stücke geschnittene Karpfen wird gesalzen und leicht mit Essig mariniert. 1 Zwiebel,

1 gelbe Rübe, ½ Sellerie wird in feine Filetstückchen geschnitten, diese leicht in einem nußgroßen Stück Butter angedämpft, einige Nelken und Pfefferkörner, sowie ein kleines Stückchen Lorbeerblatt, in ein Tuch gebunden, wird dazu gegeben, sowie ½ Liter bairisch Bier, einige Löffel Essig und Fleischbrühe. Dies läßt man alles zusammen etwa 1 Stunde kochen und giebt dies sodann über die in eine Fischkasserole gerichteten Fischstücke, mit etwa 5 Löffel Honig, einer mit Essig glatt gerührten Mehlschwitze, bereitet aus 100 Gramm Butter und 4 Löffel Mehl, sowie etwa noch 100 Gramm frischer, in Stücke geschnittener Butter; man läßt den Karpfen in dieser Sauce etwa 15—20 Minuten kochen, worauf man ihn auf langer Platte anrichtet, die Sauce nochmals durchkocht und abschmeckt. Diese soll einen säuerlich-süßen Geschmack haben, und kann man entweder mit Zitronensaft, wenn zu süß, oder mit Honigsyrup nachhelfen. Die Sauce gießt man über den angerichteten Karpfen und serviert ihn mit Fischkartoffeln. Zur Sauce kann man auch das aufgefangene Karpfenblut nehmen und mit etwas Essig verrührt diese zum Schluß damit legieren.

1262. Karpfen mit pikanter Sauce.

Man läßt ¼ Pfund Butter in einer Kasserole vergehen, röstet so viel Mehl schön gelb darin, als die Butter leicht annimmt, streut dann noch 2 Hände voll geriebenes Brot dazu, röstet es eine Zeit lang mit dem Mehl und mit feingeschnittenen Zwiebeln. Hierauf wird das Mehl mit Essig abgelöscht und mit Fleischbrühe verdünnt, bis die Sauce die gehörige Dicke hat, würzt sie mit Zucker, Salz, Pfeffer, Feingewürz, Lorbeerblättern und Zitronenschalen nebst dem Saft und läßt sie ein wenig kochen. Die Karpfen kann man entweder, wenn sie geschuppt und gewaschen sind, zu Stücken zerschnitten, in der Sauce fertig machen oder sie in Wasser und Essig, Salz, Lorbeerblättern und Zitronenscheiben sieden und mit obiger Sauce beim Anrichten begießen.

1263. Karpfen mit Sauerkraut.

Ein Kilo Sauerkraut wird ohne Fett gut gedämpft. Ist es weich, so wird ein Mehlchen gemacht und das Sauerkraut hineingethan. Während dessen werden 1 oder 2 Karpfen mit zerlassener Butter und fein gewiegten Kräutern in eine Sautékasserole gebracht, gesalzen, 3 Deziliter weißer Wein daran gegossen, mit Butterpapier zugedeckt und im Ofen gedämpft. Dann wird das Sauerkraut auf der Anrichtplatte im Kranz dressiert und die Karpfen in die Mitte gelegt. Der Fond des Fisches wird etwas eingekocht, mit einer leichten Mehlschwitze verdickt oder der Fond mit einigen Löffeln Espagnole aufgekocht, etwas von der Sauce über den Fisch gegossen und der andere in einer Saucière dazu serviert. Ganze, gebratene Kartoffeln werden dazu gegeben.

1264. Lachs oder Salm.

Der Lachs oder Salm, ein bei uns wegen seines zarten Fleisches, seines ausgezeichneten Geschmackes und auch wegen seiner schönen, roten Farbe hochgeschätzter Fisch, ist in den Frühjahrsmonaten, in welchen er vom Meer in die Flüsse zurückkehrt, am besten. Während der Laichzeit, in den Monaten Oktober—Dezember, ist er am schlechtesten und daher in dieser Zeit zum Essen nicht zu empfehlen. In Württemberg ist die Schonzeit vom 11. Novbr. bis 24. Dezbr. festgesetzt. Am besten ist der Lachs aus dem Rhein; dieser hat schönes, rotes, mit Fett und Muskeln durchwachsenes, saftiges und wohlschmeckendes Fleisch, während die aus der Oder, Weser und Elbe kommenden weit geringer sind. Der Lachs lebt sowohl in den großen Flüssen als auch in der See, doch sind die Flußlachse denen der See bei weitem vorzuziehen. Der Lachs wird wohl bei uns am meisten in frischem Zustand gesotten verspeist, er ist entweder ganz oder in Stücken nach dem Gewicht zu kaufen. Geräuchert oder in Büchsen conserviert wird er auch vielfach zu Markte gebracht.

Ist der Fisch frisch, fühlt er sich hart an, hat schönes, rotes Fleisch und rote Kiemen, ist er schon älter, sieht das Fleisch schmutzig-rot aus, und die Kiemen sind braun-rot, das Fleisch weich, und die Gräte lösen sich leicht vom Fleisch ab.

1265. Lachs oder Salm, blau gesotten.

Ist der Lachs nicht zu groß, wird derselbe unter dem Kopf und der mittleren Flosse am Bauch aufgeschnitten und das Eingeweide, sowie das geronnene Blut am Rückgrat, durch diese beiden Oeffnungen entfernt, sauber geschuppt, die Kiemen entfernt, die Flossen abgeschnitten und rein ausgewaschen. Ist derselbe größer, als man ihn braucht, ist es besser, man läßt sich einige Tranchen beim Fischhändler abschneiden je nach der Personenzahl, wobei man 1/3 Pfund für die Person rechnet.

Man nimmt diese Stücke rein aus und wäscht sie gut. Oder man schneidet bei einem größeren Essen von einem großen Salm erst den Kopf ab, schuppt ihn rein ab und schneidet sodann Tranchen von 2—3 Pfund ab, nimmt diese aus und wäscht sie rein.

Oder man spaltet, wenn man ein schönes Mittelstück hat, den Salmen vom Rücken aus, am Rückgrat entlang schneidend, schlägt die Bauchlappen etwas unter und bindet die beiden Stücke leicht, worauf man sie kocht und nebeneinander auf der Fischplatte anrichtet und garniert, wie weiter unten beschrieben ist. Sodann wird folgender Sud bereitet: Einige Zwiebeln, 1 gelbe Rübe, $^1/_2$ Sellerie werden fein geschnitten und in ein wenig Butter angedämpft; dazu giebt man 1 Liter Weißwein, $^1/_4$ Liter Essig, $^1/_2$ Liter Wasser, sowie Gewürz und läßt diesen Sud aufkochen, salzt ihn gut und gießt denselben durch ein Sieb auf den in einem Fischgeschirr auf dem Rost liegenden Fisch, bis derselbe über ihm steht. Oder aber man macht

Fig. 384.

einen Sud, wie zu den Forellen, nur stärker in Salz und Essig, und legt den Fisch in den kalten Sud, bringt ihn langsam ins Kochen, schäumt ihn ab und läßt ihn sodann von der Seite ziehen, je nach der Größe und Dicke des Fisches oder Stückes $^1/_2$—1 oder 2 Stunden. Ein dickes Schwanzstück, nicht in Tranchen geschnitten, braucht $1^1/_2$—2 Stunden, während in Tranchen geschnittener Lachs in 1—$1^1/_2$ Stunden fertig gemacht werden kann, wobei die Bauchstücke früher fertig sind, als die festeren Schwanzstücke. Den Salm in Scheiben geschnitten zu kochen ist nicht zu empfehlen, da er dadurch trocken wird, während ein dickes Stück saftig und gut bleibt. Man richtet den kleineren, ganzen Fisch auf langer Platte auf gefalteter Serviette an, die Tranchen legt man aneinander gelehnt auf die mit Serviette versehene Platte, garniert mit Peter=

silie, einigen gesottenen Krebsen und Fischkartoffeln. Man serviert dazu entweder frische oder zerlassene Butter, eine

Fig. 385.

Vinaigrette=, eine Hollandaise=, Béarnaise=, Kapern=Sauce, oder eine kalte Sauce als Mayonnaise, Remoulade oder Tartare.

1266. Lachs oder Salm, gedämpft in Rotwein.

Eine schöne Tranche Salm wird geschuppt, ausgenommen, gewaschen und gesalzen. Der Siebeinsatz eines Fischgeschirrs wird gebuttert, 1 Zwiebel, 1 gelbe Rübe, ½ Sellerie und Gewürz unter den Einsatz gegeben, das Fischstück in das Geschirr gelegt, 1 Flasche Rotwein, sowie einige Löffel Bratenjus und Fleischbrühe dazu gegossen, ein Butterpapier auf den Fisch gelegt, der Deckel auf das Geschirr gegeben und der Fisch etwa 1½ Stunde, (je nach der Dicke des Stücks) weich gedämpft. Der Fond wird eingekocht und entweder zu einer Sauce génoise verwendet oder an denselben einige Löffel Espagnole gegeben, gut eingekocht und mit ½ Pfund Butter vor dem Anrichten aufgeschlagen. Den Fisch richtet man auf langer Platte an, garniert mit Petersilie, Zitronen, Krebsen und Kartoffeln und giebt ihn so zu Tische.

1267. Lachs oder Salm, grilliert.

Der Salm, in 2=fingerdicke Tranchen geschnitten, wird gewaschen, abgetrocknet, gesalzen und gepfeffert, mit Zwiebelscheiben, ganzer Petersilie und Olivenöl mariniert. Auf den Rost legt man sodann ein Oelpapier, giebt darauf das Salm=

stück und röstet dies auf beiden Seiten in etwa 15—20 Minuten gelb. Das beste Zeichen, wenn das Stück fertig, ist, wenn der Grat in der Mitte mit Leichtigkeit herausgenommen werden kann. Den Salm richtet man auf gefalteter Serviette an, giebt in Scheiben geschnittene Kräuterbutter auf denselben und garniert ihn mit Kartoffeln, Petersilie und Krebsen. Ebenso kann man eine Béarnaisesauce oder eine Génoise, auch eine Maître d'Hotelsauce dazu servieren.

Man kann die Salmstücke eben so gut in der Pfanne in Oel grillieren.

1268. Lachs- oder Salmkoteletten naturelle.

Ein Stück von 3—4 Pfund wird gespalten, von Haut und Gräten befreit, die Hälften desselben der Länge nach durchschnitten und nun von diesen Stücken fingerdicke Filets geschnitten, wie kleine Koteletten geformt und zugeschnitten. In Oel mit Zwiebeln und Petersilie mariniert, gesalzen und gepfeffert, werden sie entweder auf dem Rost auf einem Oelpapier oder in der schwarzen Pfanne in etwa 8—10 Minuten fertig gemacht. Im Kranze auf runder Platte angerichtet, steckt man an das dünne Ende eine abgebrochene Krebsscheere als Kotelettbein, an welches man eine kleine Papiermanschette steckt. In die Mitte wird ein Ragout von Austern, Krebsschwänzen, Champignons, Trüffeln u. s. w. gegeben und mit einer Génoise oder italienischen Sauce zu Tische gegeben.

1269. Lachs- oder Salmkoteletten, gebacken.

Die Koteletten werden gerichtet, wie oben beschrieben, leicht sautiert und kalt gelegt, dabei leicht gepreßt, sodann mit einer dick eingekochten Allemande- (Villeroi) Sauce auf beiden Seiten bestrichen und kalt gestellt. Wenn die Sauce fast angezogen hat, werden sie erst in Panierbrot gewendet, mit einem Messer egal geklopft, hierauf in Eiweiß getaucht und wiederholt in Panierbrot gegeben und geklopft. Vor dem Anrichten backt man sie aus heißem Fett heraus, legt sie zum Abtropfen auf ein Tuch, richtet sie auf runder Platte im Kranze an, steckt in jedes Kotelett eine abgebrochene Krebsscheere. In die Mitte kann man, wie später bei Seezunge beschrieben, dasselbe Ragout geben oder anstatt der Austern eines mit Hummern mit einer dick eingekochten Allemandesauce. Von dieser Sauce serviert man extra in einer Saucière dazu. Die Abfälle des Fisches kocht man in Weißwein und nimmt diesen Fond zu der Sauce.

1270. Lachs- oder Salmkoteletten in Papilloten.

Die Koteletten werden wie in Nr. 1268 gerichtet, gesalzen, leicht in Oel sautiert und kalt gestellt. Unterdessen wird eine dick eingekochte d'Huxelle bereitet, wie in Nr. 404 beschrieben, ebenso feine, dünngeschnittene Scheiben roher Schinken in der Form der Koteletten leicht in Butter sautiert. Ebenso viele Papierpapilloten (Nr. 775) wie Koteletten werden geschnitten und mit Oel getränkt. Das Verfahren ist nun vollends ganz dasselbe, wie in Nr. 775. Man legt auf das Papier erst die Schinkentranche, dann d'Huxelle, es folgt das Salmstück, hierauf wieder d'Huxelle und zum Schluß die Schinkentranche, worauf man die Koteletten auf dieselbe Art, wie dort beschrieben, umwickelt und fertig macht, im Kranze anrichtet und eine Génoisesauce extra dazu serviert.

1271. Lachs- oder Salmschnitten, gebacken, à la Orly.

Das Salmstück wird auf dieselbe Art geteilt, wie in Nr. 1268 beschrieben, und sodann in fingerlange und fingerdicke Stücke geschnitten, diese in Oel, Salz und Pfeffer einige Zeit mariniert, sodann in Mehl, Eiern und Panierbrot gewendet und aus heißem Fett herausgebacken. Sie dürfen nicht zu lange backen und nicht zu lange stehen, damit sie saftig zu Tische kommen. Man richtet sie auf gefalteter Serviette auf runder Platte an, garniert sie mit gebackener Petersilie und Zitronenscheiben und giebt eine Mayonnaisesauce, eine Remouladen- oder grüne Kräutersauce dazu.

1272. Lachs oder Salm, gratiniert.

Man legt gekochten Salm, der übrig geblieben ist, auf eine gebutterte Gratinplatte, ziemlich gleichmäßig, und bedeckt denselben mit einer fertigen, etwas dick eingekochten d'Huxelle zum Gratinieren (Nr. 404), streut geriebenen Parmesankäse, sowie Panierbrot darüber, giebt zerpflückte Butter darauf und stellt die Platte, je nach der Dicke der Speise, etwa 20 bis 30 Minuten in den heißen Ofen. Beim Servieren garniert man die Platte mit Petersilie, Krebsen, Fischkartoffeln und Zitronenscheiben.

1273. Lachs oder Salm nach amerikanischer Art.

Eine schöne Tranche Salm wird sauber gewaschen, gut abgetrocknet, gesalzen und gepfeffert. Mit 1 oder 2 Eigelb und Mehl wird ein ziemlich dicker Teig gemacht, der Salm zu beiden Seiten damit bedeckt, mit Olivenöl bestrichen, auf Papier gelegt, welches ebenfalls mit Oel bestrichen wird, und auf dem Roste fertig gemacht. In Ermanglung eines Rostes kann der Salm auch in einer Pfanne im heißen Ofen gebacken werden. Durch dieses Bestreichen mit Teig bleibt der Saft des Fisches im Fleisch desselben. Hiezu ist am besten Gurkensalat zu servieren.

1274. Lachs oder Salm mit Spinat.

Ein eingesalzener norwegischer Salm wird 1 Stunde lang gewässert und in Stücke zerlegt, dann mit kalter Fleischbrühe in einer Pfanne zugesetzt und langsam gedämpft. Herausgenommen wird er auf die Platte gelegt, mit einigen Petersiliensträußchen verziert und Spinat mit Eiern dazu gegeben.

1275. Lachs- oder Salmschnitten mit feinen Kräutern.

Der Salm wird wie oben zugerichtet und in fingerdicke Tranchen geschnitten wie zu den Koteletten, mariniert in Oel mit gehackten Schalotten, Petersilie, Kerbel und Estragon, Pfeffer und Salz. Sodann werden die Salmschnitten herausgelegt, in einem Sautoir Oel heiß gemacht, die gehackten Kräuter darin angedämpft, die Salmschnitten dazu gegeben, auf beiden Seiten angebraten und, wenn fertig, auf runder Platte dressiert. Das Oel schüttet man von den Kräutern weg, gießt 1 Glas Weißwein daran, läßt dies ein wenig einkochen, giebt einige Löffel Allemande dazu, sowie etwas Zitronensaft und giebt von dieser Sauce über die Schnitten und den Rest in einer Saucière extra. Man serviert in der Mitte der Schnitten Fischkartoffeln oder Champignons und bestreut jene mit gehackter Petersilie.

1276. Lachs- oder Salmschnitten à l'italienne.

Die zugerichteten und gesalzenen Salmschnitten werden in heißer Butter auf beiden Seiten in einer Sautépfanne fertig gemacht, mit gehackter Petersilie bestreut und mit etwas Zitronensaft beträufelt, worauf man sie im Kranz anrichtet, in die Mitte Fischkartoffeln giebt und eine Saucière fertiger italienischer Sauce (siehe Nr. 405) dazu serviert.

1277. Lachsforelle und Seeforelle.

Diese beiden Lachsarten unterscheiden sich sehr schwer von einander, und wird die Lachs- oder Meerforelle als ein Seefisch, die Seeforelle aber als ein Süßwasserfisch angenommen. Beide Arten kommen bei uns in Deutschland viel vor und haben dieselben ein äußerst zartes, saftiges und wohlschmeckendes, rötliches Fleisch. Die Seeforelle findet sich in unseren Strömen und Flüssen, in den Seen der Schweiz, dem Bodensee, den bayerischen und österreichischen Alpseeen, während die Lachsforelle sich in der Nord- und Ostsee und in den sich in dieselben ergießenden Strömen und Flüssen vorfindet. Die Laich- und Schonzeit für die See- und Lachsforelle ist in Württemberg vom 1. Oktober bis 31. Dezember, ausgenommen hievon die sog. Schwebforelle, eine unfruchtbare Abart der Seeforelle. Die Zubereitung der Seeforelle ist dieselbe, wie in Nr. 1226 bis Nr. 1232 bei der Forelle beschrieben, die der Lachsforelle, wie in Nr. 1264 bis Nr. 1276 beim Lachs.

1278. Huchen.

Der Huchen, eine Salmart, ist diesem auch in Bau, Farbe und Größe gleich. Er lebt in den aus den Alpen kommenden Gewässern, kommt hauptsächlich aber in der Donau vor. Seine Laichzeit fällt in die Monate April und Mai. Sein Fleisch ist weißlich und bei weitem nicht so fein, als das der Lachse und Forellen. Die Zubereitungsart ist dieselbe wie bei dem Lachs.

1279. Rotfisch oder Saibling.

Als der feinste und unbestritten der vorzüglichste Süßwasserfisch steht der Saibling oben an. Eine Forellenart, bewohnt er hauptsächlich die schweizerischen, bayerischen und österreichischen Alpseeen. Seine gewöhnliche Länge beträgt etwa 30 cm, das Gewicht 0,5 Kilogramm, doch werden solche bis zu 80 cm und bis zu 10 Kilogramm gefangen. Die Laichzeit derselben fällt in die Monate Oktober und November. Die Zubereitungsart ist dieselbe, wie bei den Rezepten über die Forelle angegeben ist.

1280. Schleie.

Die Schleie, eine Karpfenart, ist ein vielverbreiteter, in Seeen und Flüssen sich aufhaltender Fisch, dessen Fleisch, obwohl von keinem allzufeinen Geschmack, doch gerne gegessen wird. Auch hier ist es gut, wie beim Karpfen, den Fisch erst in reinem Wasser auswässern zu lassen. Die Laichzeit ist vom März bis Juli, während in Württemberg die Schonzeit vom 1. Mai bis 30. Juni dauert.

Fig. 386.

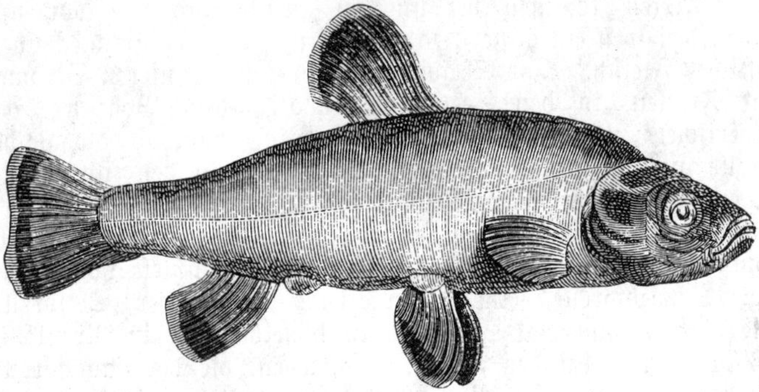

Die Zubereitung geschieht nach denselben Rezepten, wie beim Karpfen, einige weitere folgen.

1281. Schleien, gefüllt.

Die Schleie wird längs des Rückens gespalten und der große Rückengrat herausgenommen und das Innere gut gewaschen. Gehackte Zwiebeln und ebenso rohe oder gekochte Champignons werden in Butter angedämpft, dazu 2 eingeweichte und gut ausgedrückte Milchbrote, sowie 2 ganze Eier, Pfeffer und Salz gegeben, der Fisch inwendig gesalzen und mit dieser Farce gefüllt, zugenäht und mit einer Speckschwarte umbunden. Ein Fischrost eines Fischgeschirrs wird mit Butter bestrichen, die Schleie darauf gelegt, ins Geschirr gegeben und mit 2 Glas Weißwein, etwas gehackten Zwiebeln und Petersilie, 50 Gramm Butter und Salz im Ofen gedämpft, oft übergossen und glaciert. Ist der Fisch weich, wird er herausgenommen, dem Fond ein Stück Butter, einige Tropfen Zitronensaft und verwiegte Petersilie beigegeben, etwas eingekocht und über dem aufgebundenen Fisch angerichtet. Der Fisch wird auf der Platte hübsch geformt, mit Fischkartoffeln umlegt zu Tische gegeben.

1282. Schleien, gratiniert.

Die Schleie wird geschuppt und gesalzen, dann mit hachierten Zwiebeln und Champignons in Butter leicht angedämpft, mit 1 Deziliter weißem Wein abgelöscht, mit Butterpapier bedeckt und in den Ofen gestellt. Bevor der Fisch ganz weich ist, wird er herausgenommen, auf eine gebutterte Gratinplatte gelegt, der Fond mit einem Stück marinierter Butter dick eingekocht, gehackte Champignons und Petersilie dazu gegeben und über den Fisch gegossen, im Ofen noch etwa

10 Minuten gratiniert, mit Petersilie und Zitronenscheiben garniert zu Tisch gegeben.

1283. Wels oder Weller.

Der Wels oder Weller, unter allen Süßwasserfischen der größte, kommt bei uns im Bodensee, in Bayern in seinen Gebirgsseeen, in der Donau öfters vor. Sein Fleisch ist fett und nicht sonderlich geschätzt, doch ist dasselbe, solange der Fisch

Fig. 387.

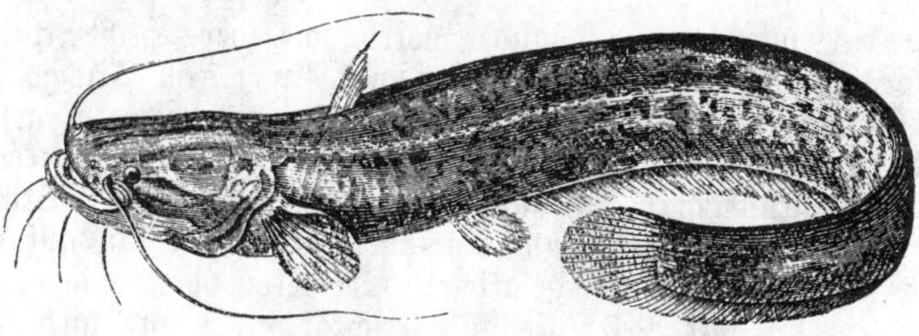

noch jung ist, gut und wohlschmeckend. Sie erreichen oft eine Länge von 2—3 Meter und haben ein äußerst zähes Leben, so daß sie selbst in kleinen Bassins sich längere Zeit gut halten. Ihre Laichzeit ist vom Mai—Juni.

1284. Wels oder Weller, gekocht.

Der Wels wird, nachdem er ausgenommen und durch mehrere Wasser gewaschen, wenn er groß ist, in Tranchen geschnitten, ist er aber jung und klein, ganz gelassen, sodann mit Salz eingerieben und der Länge nach mit einem feinen Messer Einschnitte gemacht, in diese etwas Zitronensaft eingepinselt und der Fisch dann einige Stunden bei Seite gelegt; sodann wird er in Salzwasser mit Essig, Gemüsen und Gewürz gekocht und, wenn er weich ist, trocken angerichtet. Dazu werden Salzkartoffeln und eine holländische Sauce (s. Nr. 402) gegeben. Kleinere Welse sind auch gut im Ofen mit Butter, gehackten Zwiebeln und Petersilie zu braten, mit Weißwein abzulöschen und mit einigen Löffeln sauren Rahm zu glacieren. Die Sauce wird, wenn der Fisch fertig ist und auf langer Platte angerichtet, über denselben gegossen und serviert.

1285. Zander oder Schiel.

Der Zander oder Schiel, auch Hechtbarsch oder Fogosch genannt, ist wegen seines weißen, zarten Fleisches bei uns ein sehr beliebter und feiner Fisch. Er findet sich hauptsächlich im

Elbe-, Oder- und Weichselgebiet, sowie in der Donau, fehlt dagegen ganz im Rhein und in der Weser. Seine Laichzeit ist während der Monate April—Juni, die Schonzeit in Württemberg vom 1. April bis 31. Mai. Am besten und fettesten ist der Zander im Herbst und im Winter und sind die vom frischen und kurischen Haff wohl die besten und gesuchtesten. Die mittelgroßen Fische von 4—5 Pfund sind für die Küche am verwendbarsten.

1286. Zander, gesotten.

Ein mittelgroßer Zander wird wie der Hecht rasiert, ausgenommen, rein ausgewaschen und in einem Fischgeschirr mit Einsatz in kaltem Salzwasser, mit einigen Zwiebeln, gelben Rüben und Gewürz aufs Feuer gestellt, bis er ans Kochen kommt, worauf man ihn zurückzieht und noch etwa ½ Stunde langsam ziehen läßt. Zum Anrichten legt man ihn auf eine lange Fischplatte mit gefalteter Serviette oder ohne diese, garniert ihn mit Petersilie und Fischkartoffeln und giebt entweder zerlassene Butter oder eine holländische Sauce dazu.

1287. Zander, gebraten.

Kleine Zander werden zugerichtet, wie oben beschrieben, an den Seiten leichte Messereinschnitte gemacht, gesalzen, mit Zitronensaft beträufelt und entweder auf einem Oelpapier auf dem Rost oder in heißer Butter in der schwarzen Pfanne fertig gemacht. Auf der Platte angerichtet, gießt man die Butter, in der er gebraten, über denselben, streut Petersilie darüber, giebt etwas Kräuterbutter auf denselben und giebt ihn mit Fischkartoffeln, Petersilie und Zitronenscheiben garniert zu Tische.

1288. Zander, gespickt.

Wird behandelt wie der Hecht Nr. 1242.

1289. Zander in Rahmsauce.

Wird behandelt wie der Hecht Nr. 1245.

1290. Zanderschnitten mit feinen Kräutern.

Ein mittelgroßer Fisch wird der Länge nach vom Rückgrat aus in zwei Teile zerlegt, gehäutelt und entgrätet. Die Längeteile werden nun in schräge Scheiben geschnitten, diese mit Salz eingerieben, mit Zitronensaft beträufelt, mit Pfeffer bestreut und eine Stunde auf die Seite gestellt. Inzwischen werden einige Zwiebeln, gereinigte Champignons, etwas Petersilie fein gehackt und in frischer Butter gedämpft; man legt die Fischschnitten dazu, gießt 4 Deziliter weißen Landwein daran, deckt das Geschirr zu und läßt den Fisch eine Viertelstunde langsam darin dämpfen, nimmt ihn heraus, entfettet, kocht den Fond ein, giebt einige Löffel Allemande daran, sowie etwas Zitronensaft, schlägt noch einige Stückchen Süßbutter unter die Sauce und gießt diese über den hübsch angerichteten Fisch; man garniert ihn mit Fischkartoffeln und Krebsen und serviert möglichst noch etwas von der Sauce in einer Saucière extra dazu.

1291. Zanderschnitten, gebacken.

Der Zander wird auf die vorhin beschriebene Art zugerichtet, in schräge Scheiben geschnitten, diese mit Zitronensaft, Salz und Pfeffer mariniert, sodann in Mehl gewendet, paniert und in heißem Fett gebacken, auf runder Platte im Kranz angerichtet, mit Petersilie und Zitronenscheiben garniert und mit einer Sauce Remoulade oder Tartare serviert.

Man kann diese Schnitten auch wie die Koteletten in heißer Butter in der schwarzen Pfanne auf beiden Seiten fertig machen, anrichten und eine Sauce dazu servieren, wie eben beschrieben.

1292. Zanderschnitten, grilliert.

Die Zanderschnitten werden zugerichtet, wie oben beschrieben, mariniert, abgetrocknet, mit Oel bestrichen und auf einem Oelpapier auf dem Rost auf beiden Seiten gebraten oder die Schnitten in heißer Butter in der schwarzen Pfanne fertig gemacht; bei beiden Zubereitungen kann man eine Béarnaise Sauce extra servieren oder die Schnitten mit Kräuterbutter belegt, mit Zitronenscheiben und Fischkartoffeln garniert zu Tisch geben.

1293. Zanderschnitten, gratiniert.

Die Zanderschnitten werden leicht gesalzen, einen Augenblick in heißer Butter sautiert, mit einer d'Huxelle überstrichen, geriebener Parmesankäse, sowie Panierbrot darüber gestreut und in einem flachen Geschirr, das mit Butter bestrichen, mit einigen Glas Weißwein im Ofen fertig gemacht. Man serviert dazu eine italienische Sauce mit ausgekochter Fischessenz der Abfälle.

1294. Zanderfilets à la maître d'hôtel.

Von einem mittelgroßen rasierten Zander werden die beiden Filets vom Rückgrat aus ausgelöst, die Haut weggeschnitten und entgrätet, gewaschen und auf einem Tuch getrocknet. Diese Filets werden gesalzen, auf einem mit Butter bestrichenen Fischrost in den Fischkasserol gegeben, 2 Glas Weißwein und etwas Fleischbrühe, sowie einige Stückchen Butter und Zitronensaft dazugegeben, ein Butterpapier darüber gelegt und im Ofen etwa 1/4 Stunde langsam gedämpft, sodann auf einer langen Platte angerichtet, der Fond geseiht und eingekocht, mit einigen Löffeln Allemande aufgekocht, mit etwa 50 Gramm Butter noch aufgeschlagen, mit Zitronensaft abgeschmeckt, auf den angerichteten Fisch gegeben. Man bestreut denselben noch mit gehackter Petersilie, garniert ihn mit Fischkartoffeln und serviert.

1295. Zanderschnitten mit Austernsauce.

Ein mittelgroßer Zander wird ebenso behandelt und die Filets ausgeschnitten, wie vorher gesagt worden. Man dämpft die Filets ebenso, wie oben beschrieben, kocht den Fond ein, giebt einige Löffel Allemande dazu und passiert die Sauce. 2 Dutzend Austern hat man während dem geöffnet und giebt diese samt ihrem Wasser in eine kleine Kasserole und setzt diese kurz vor dem Anrichten auf den Herd, um die Austern leicht zu blanchieren, aber ja nicht zu kochen, da sie sonst hart werden. Den Fond der Austern kocht man rasch ein, giebt diesen unter die fertige und einstweilen in ein Wasserbad gestellte Sauce, schlägt noch etwa 50 Gramm Butter dazu, giebt die Austern in dieselbe und übergießt damit die auf langer Platte angerichteten Filets. Mit einigen Krebsen und Fischkartoffeln wird die Platte garniert. Die Sauce soll sämig und ja nicht zu dick und mehlig sein.

1296. Zanderfilets mit Krebs- oder Hummersauce.

Werden auf dieselbe Art und Weise zubereitet wie die vorhergehenden, und ebenso wird auch die Sauce fertiggestellt.

1297. Fischauflauf von Resten.

Man nimmt dazu gut ausgegrätete Fische, hackt sie klein, dämpft sie mit etwas Petersilie, fügt beliebiges Gewürz und etwas Zitronensaft bei, verkleppert 6 Eier mit 1/4 Liter saurem Rahm und 4 Löffel Weißmehl, bestreicht ein kupfernes Becken dick mit Butter, streut das Gedämpfte 1/2-fingerdick darein, gießt von den Eiern und dem Rahm darauf, thut das von dem Gehackten noch Uebrige darauf, bestreicht es mit etwas Rahm und Eiern und backt den Auflauf im Backofen.

B. Seefische.

1298. Barbue, blau gesotten.

Eine kleine Art der Steinbutte, wird ebenso behandelt und zubereitet, wie diese, und verweise deshalb auf die dort beschriebenen Rezepte.

1299. Dorsch. (Siehe Kabeljau.)

1300. Flundern, gebacken.

Die Flunder, ein Plattfisch aus der Nord- und Ostsee, kommt bei uns meist nur in geräuchertem Zustand als Delikatesse auf den Tisch. Doch ist dieselbe auch in frischem Zustand gut zu gebrauchen. Der Fisch wird vom Schwanz anfangend abgezogen, ausgenommen, an der Seite die Flossen abgeschnitten, der Kopf entfernt, gewaschen, getrocknet, gesalzen, in Mehl und sodann in Eiweiß und Panierbrot gewendet und aus heißem Fett herausgebacken.

1301. Hering.

Der Hering, wohl der bekannteste, aber auch bedeutendste und billigste Fisch für den Haushalt der Menschen, wird in großen Mengen gefangen, hat ein gutes, schmackhaftes Fleisch und wird in frischem, gesalzenem und geräuchertem Zustand verwendet. Die besten und feinsten Heringe, gesalzen oder geräuchert, sind wohl die holländischen, und sind die Matjes (junge, noch nicht ausgewachsene Fische), sowie die Vollheringe

Fig. 388.

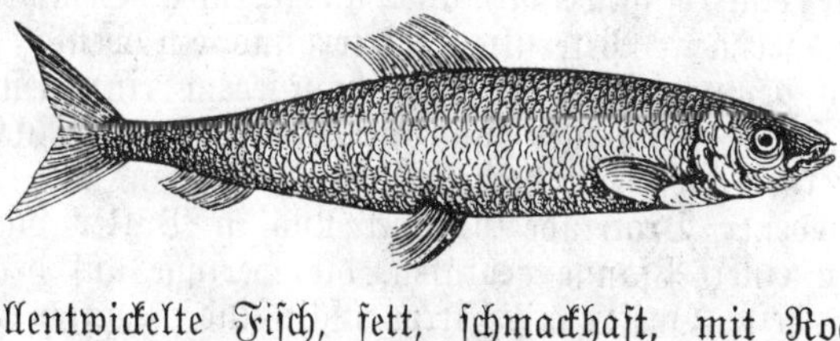

(der vollentwickelte Fisch, fett, schmackhaft, mit Rogen und Milch) überall bekannt und beliebt. Der geräucherte Hering wird erst leicht gesalzen, dann geräuchert und als Bückling auf den Markt gebracht. Aber auch in frischem, grünem Zustand schmeckt der Fisch ausgezeichnet.

Der Fang beginnt anfangs Juni und dauert bis mitte November.

In nachstehenden Rezepten behandle ich erst die frischen,

grünen Heringe, sodann die gesalzenen und zum Schluß die geräucherten oder Bücklinge.

1302. Hering, frisch, grilliert.

Die geschuppten, ausgenommenen und gewaschenen Heringe werden auf beiden Seiten mit dem Messer leicht eingeschnitten, gesalzen und gepfeffert und mit Olivenöl mariniert, hierauf entweder auf dem heiß gemachten Rost fertig gebraten oder in der schwarzen Pfanne gar gemacht. Beim Anrichten giebt man eine Butter, unter welche man etwas englischen Senf, sowie Pfeffer und Salz gemischt hat, auf den Fisch, legt einige Zitronenscheiben dazu und serviert. Man kann auch Kräuterbutter darauf geben.

1303. Hering, frisch, grilliert, à la maître d'hôtel.

Zu den wie oben grillierten Heringen wird eine fertige Maître d'Hotelsauce serviert.

1304. Hering, frisch, gebacken.

Die rein ausgenommenen und gewaschenen Heringe werden 1 Stunde in Oel mit Pfeffer, Salz, Zwiebeln und Petersilie mariniert, sodann paniert und aus heißem Fett gebacken. Dazu serviert man eine Sauce Remoulade oder Tartare.

1305. Hering, frisch, gefüllt.

Die Heringe werden geschuppt und gewaschen, am Rücken vom Kopfe nach dem Schwanz aufgeschnitten und ausgenommen. Eine halbe Zwiebel und einige Champignons werden in Butter gedämpft, eine eingeweichte und ausgedrückte Semmel damit vermischt, zerhackte Petersilie, 2 Eier und ein wenig Muskatnuß dazu genommen, die Milch von jedem einzelnen Hering in diese Farce geschlagen und wieder in den Hering gelegt. Dann werden diese mit heißer Butter bestrichen, mit Petersilie und geriebener Brotrinde bestreut und in Butter von beiden Seiten in einer Pfanne gebraten, die Heringe auf der Platte geordnet, heiße Butter mit Zitronensaft und gehackter Petersilie vermischt über dieselben gegeben und serviert.

1306. Hering, gesalzen.

Der gesalzene Hering wird vor dem Gebrauch etwa 3—4 Stunden in Wasser oder Milch gelegt, geklopft, die Haut abgezogen, der Rückgrat entfernt und vom Kopf geschnitten, die beiden Hälften in ihre ursprüngliche Form aufeinander ge=

legt, mit Petersilie garniert, auf einer Platte serviert. Eine Sauce Mayonnaise schmeckt sehr gut dazu, auch frische Butter und neue Kartoffeln oder Bohnen werden gerne dazu gegeben. Oder man garniert den entgräteten Hering mit Kapern, kleinen Essiggurken, gehackten Zwiebeln und Petersilie, gießt etwas Essig und Oel über den Hering und serviert. Oder gehackte Eier mit Kapern, gehackten Gurken und Zwiebeln vermengt, mit Essig und Oel angerührt, werden über die Heringe gegossen und so serviert.

1307. Hering, gesalzen, mariniert.

Gesalzene Heringe (Milcher) werden 6—8 Stunden in Wasser, dann in Milch gelegt, die Haut abgezogen, der Grat entfernt, die Milch zerrieben, durch ein Sieb passiert, mit etwas süßem und einigen Löffeln sauren Rahm zu einer dicklichen Sauce angerührt, mit Essig und Oel abgeschmeckt. Die Heringe legt man in ein irdenes oder porzellanenes Gefäß, gießt die Sauce über dieselben, dazu einige Scheiben Zitronen, Zwiebeln, einige Pfefferkörner und Lorbeerblatt und läßt die Heringe in dieser Marinade eine Zeit lang stehen, worauf man sie auf langer Platte anrichtet, mit den Zitronen- und Zwiebelscheiben, einigen Kapern und Gurken garniert, die Marinade, die nicht zu scharf sein darf, darüber gießt und serviert.

1308. Hering, gesalzen, mit weißer Sauce.

Die gesalzenen Heringe werden 6—8 Stunden gewässert, enthäutet, die beiden Filets vom Grat geschnitten und einige Minuten in heißem Oel oder Butter auf beiden Seiten rasch grilliert, auf die Platte gelegt, mit einer heißen, weißen Sauce übergossen, mit gehackter Petersilie bestreut und serviert.

1309. Hering, gesalzen, gebacken.

Die gesalzenen Heringe, einen Tag gut ausgewässert, werden enthäutet, ausgegrätet, in Milch noch einige Stunden gelegt, auf einem Tuch getrocknet, in einem Backteig (s. S. 81) umgewendet und aus heißem Fett gebacken, mit Zitronen und Petersilie garniert, als Beilage zu Linsen- oder Erbsenpurée gegeben.

1310. Hering, gesalzen, gerollt und mariniert.

Die Heringe werden ebenso gewässert und dann in die Milch gelegt, wie in Nr. 1307 beschrieben, Kopf und Schwanz weggeschnitten, vollständig von den Gräten gelöst, aufgerollt und festgesteckt oder gebunden. Die Marinade wird ebenso behandelt, wie in Nr. 1307 beschrieben, nur etwas mehr Essig genommen, nach etwa 6—8 Tagen können diese Heringe serviert werden. Oder man mischt unter die zerrührten Milchner einige gehackte Kapern, Zwiebeln und Gurken, streicht dies auf die Heringe und rouliert sie sodann, mariniert sie, wie oben beschrieben, und giebt sie mit der Marinade übergossen zu Tisch.

1311. Hering, geräuchert oder Bückling.

Der Bückling als Beilage zu Gemüse oder als Vorspeise auf den Tisch gebracht, wird nur frisch und gut, nicht trocken, verwendet. Man zieht vorsichtig die Haut ab, entfernt Kopf und Schwanz, löst das Fleisch von den Gräten und legt dasselbe auf eine kleine, lange Platte, garniert mit Petersilie; frische Butter wird dazu serviert.

1312. Bücklinge mit Eiern.

Von einigen Bücklingen werden Köpfe und Haut entfernt, dann werden sie gespalten und der Rückgrat entfernt. Man bestreicht sodann einen Porzellanteller mit kalter Butter und legt die Fische so darauf, daß zwischen jedem Stückchen etwas Raum bleibt, dann setzt man den Teller auf schwache Kohlen und läßt die Bücklinge zugedeckt ein wenig dämpfen, schlägt dann in jeden leergelassenen Raum 1 Ei, bestreut das Weiße mit Salz, überstreut das Ganze mit Pfeffer und läßt dies so lange auf der Glut, bis das Weiße der Eier fest ist, worauf man die Bücklinge so zu Tische giebt.

1313. Bücklinge, fines herbes.

Die Milch der Bücklinge wird fein zerrieben und mit Olivenöl abgezogen, dann werden die Fische damit bestrichen, mit fein zerwiegten Champignons, Petersilie und Schnittlauch bestreut und in heißer Butter gebacken.

1314. Hausen. Grand Esturgeon.

Der Hausen, wohl der größte Fisch unter allen Störarten, denen er angehört, kommt nur im schwarzen und kaspischen Meer vor. Das Fleisch des jungen Hausen ist gut und wohlschmeckend und wird das der jungen Fische frisch, das der älteren gesalzen und geräuchert gegessen. Wenn aber auch der Hausen weniger bei uns seinem Fleisch nach bekannt ist, so ist er doch uns allen wohlbekannt durch den aus seinem Rogen gewonnenen Kaviar und der Hausenblase (Schwimmblase des Fisches), aus welchem ein vortrefflicher Leim gewonnen wird, der in der Küche auch vielfach Verwendung findet.

Die Zubereitungsweise des Hausen ist folgende:

Ein schönes Stück desselben wird in kleine Teile geschnitten; dann werden dieselben mit gereinigten Sardellen durchzogen, mit Pfeffer und Salz bestreut und mit Oel und Zitronensaft gebeizt. Hierauf bratet man die Fischstücke auf dem Roste saftig, begießt sie fortwährend mit der Beize und serviert sie mit ganzen Zitronen, sowie mit Kräuterbutter.

Oder: Man dämpft die in Oel und Zitronensaft marinierten Stücke mit etwas Weißwein weich, giebt zu dem Fond, wenn der Fisch fertig ist, einige Löffel weißer Sauce, sowie einige Stückchen frischer Butter und gießt diese Sauce über den angerichteten Fisch.

1315. Kabeljau.

Der Kabeljau, eine Schellfischart, hat weißes, zartes, blätteriges Fleisch, ist leicht verdaulich und sehr schmackhaft. Frisch versendet und zu Tische gebracht ist der junge und kleinere Fisch wohl am besten und bekannt unter dem Namen

Fig. 389.

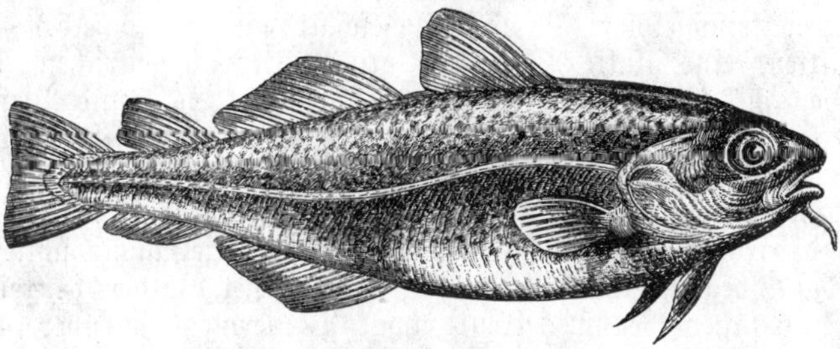

Dorsch. Der ältere, aber frische Fisch heißt Kabeljau, während der auf Stangen an der Luft getrocknete der wohlbekannte Stockfisch ist. In Fässern eingesalzen, wird er Laberdan, gesalzen und auf Felsen getrocknet Klippfisch genannt. Am besten ist der Kabeljau während der Monate Oktober—Februar. Aus der Leber des Fisches wird der Leberthran gewonnen.

1316. Kabeljau oder Dorsch, gesotten.

Der Kabeljau oder Dorsch wird gut gewässert, abgeschuppt, gewaschen und am besten und einfachsten mit kaltem Wasser, etwas Milch und Salz auf's Feuer gesetzt und so langsam zum Sieden gebracht und auf die Seite zum Durchziehen gestellt, bis er fertig ist. Da der Fisch sehr zart ist, muß man ihn immer auf einen Einsatz in das Fischgeschirr legen. Beim Anrichten umlegt man den Fisch mit Salzkartoffeln und Petersilie und serviert eine holländische Sauce oder zerlassene Butter extra dazu. Eine Austern-, Senf- oder Sardellensauce ist auch sehr gut zu geben.

1317. Kabeljau oder Dorsch, gebacken.

Die kleinen Fische, zu zart zum kochen, werden geschuppt, gewaschen, abgetrocknet, gesalzen, in zerlassene Butter getaucht, in Paniermehl gewendet und in Fett hellgelb herausgebacken, angerichtet, mit Zitronenstückchen umlegt und serviert.

1318. Kabeljau oder Dorsch, gebacken, mit Kartoffeln.

Ein Dorsch wird geschuppt, ausgenommen und gut gereinigt, Kopf und Flossen abgeschnitten, in Scheiben zerlegt, diese mit Salz eingerieben, mit einigen Tropfen Zitronensaft beträufelt und in eine Schüssel gelegt. So läßt man sie über Nacht stehen, dämpft sie in der Frühe in etwas Butter mit Weißwein weich, läßt sie erkalten und entgrätet sie. Inzwischen werden frischgekochte Kartoffeln geschält und in Scheiben geschnitten, eine glatte Blechform mit Butter ausgestrichen, der Boden mit Kartoffelscheiben belegt, diese mit Salz und Pfeffer bestreut, etwas heiße Butter darüber gegossen, die Fischscheiben leicht mit Paniermehl bestreut, auf die Kartoffelscheiben gelegt, mit Kartoffelscheiben bedeckt und so schichtenweise fortgefahren, bis die Form gefüllt ist und mit einer Kartoffelschichte schließt. Sodann begießt man die Einlage mit heißer Butter, bestreicht sie mit süßem Rahm, streut etwas Paniermehl darüber und stellt die Form, damit die Kartoffeln am Boden nicht anbacken, auf einen Dreifuß oder kleinen Rost etwa 30—40 Minuten in den mäßig erwärmten Backofen und serviert die Form mit einer Serviette umwunden.

1319. Kabeljau mit Eiern.

Einige Stücke Kabeljau werden in Salzwasser gekocht. Inzwischen läßt man in einer Kasserole 150 Gramm Butter zergehen und, bevor diese braun wird, giebt man 4 gehackte harte Eier dazu, sowie Salz, Pfeffer und gehackte Petersilie. Man rührt 2 Löffel Senf mit ein wenig Butter dazu und gießt diese Eiersauce auf den angerichteten Fisch.

1320. Laberdan.

Der gesalzene und gepökelte Kabeljau wird vor dem Gebrauch 1 oder 2 Tage in öfters zu wechselndem Wasser gewässert, sodann mit kaltem Wasser in einem Fischkessel mit Einsatz, ohne dasselbe zu salzen, aufgesetzt. Kurz vor dem Sieden zieht man den Fisch zum Durchziehen zurück und richtet, wenn er fertig ist, auf langer Platte an, garniert mit Fischkartoffeln und Petersilie. Man übergießt den Fisch mit zerlassener Butter, Salz und Zitronensaft, sowie gehackter Petersilie oder giebt eine Senf-, Sardellen- oder Genoisesauce extra dazu.

1321. Stockfisch.

Beim Einkauf desselben ist es wohl praktischer, denselben nicht gewässert, sondern trocken zu kaufen, da es häufig vorkommt, daß durch das Wässern faul gewordener Fisch seinen Geruch verliert und als guter verkauft wird. Um denselben selbst zu wässern, legt man ihn etwa 6 Stunden in kaltes, weiches Wasser und klopft ihn von Zeit zu Zeit, schneidet ihn sodann in dicke Tranchen und legt diese in ein Kalk- oder Sodawasser oder in eine leichte Buchenlauge (auf 1 Kilo Fisch rechnet man 50 Gramm Soda). In diesem Wasser läßt man ihn etwa 2 Tage, worauf man ihn noch 2—3 Tage in weichem Wasser auswässert, welches von Zeit zu Zeit öfters erneuert werden muß. Ist der Stockfisch auf diese Weise gut ausgewässert, ist er zum Gebrauche fertig und wird auf folgende Arten zubereitet.

1322. Stockfisch zu kochen.

Der gut ausgewässerte Fisch wird in leicht gesalzenes, warmes Wasser gelegt, läßt ihn am Feuer eine halbe Stunde langsam durchziehen, ohne ihn jedoch kochen zu lassen. Sodann wird er mit dem Schaumlöffel herausgenommen, auf die Platte gelegt (wobei zu beachten, daß der Fisch auf keine Metallplatte gelegt wird, da diese schwarz anläuft), von Haut und Gräten befreit und mit heißer Butter, in welcher man Zwiebelscheiben gelb geröstet hat, übergossen und mit Fischkartoffeln serviert. Man kann den Stockfisch auch mit heißer, brauner Butter und Semmelbröjel übergießen und servieren.

1323. Stockfisch, gedämpft.

Man läßt den gewässerten Stockfisch in warmem Salzwasser anziehen, aber ja nicht sieden; dann nimmt man ihn heraus, entfernt Haut und Gräte und legt ihn mit gehackten Zwiebeln und Petersilie in heiße Butter und dämpft den Fisch gut damit durch, worauf man ihn auf runder Platte anrichtet und mit Fischkartoffeln zu Tische giebt.

Stockfisch paßt zu Sauerkraut, Erbsen, Erbsenpurée u.s.w.

1324. Stockfisch mit holländischer Sauce.

Der Stockfisch wird behandelt und fertig gekocht, wie in Nr. 1322 beschrieben, auf der Platte angerichtet, mit einer fertigen holländischen Sauce übergossen und mit Fischkartoffeln zu Tische gegeben.

1325. Stockfisch, gebacken.

Der Stockfisch wird in stark gesalzenem Wasser fertig gemacht, wie in Nr. 1322, vor seinem Erkalten in saurem Rahmteig oder in ganzem Ei umgewendet, mit Panierbrot bestreut und aus heißem Fett schön gelb herausgebacken.

1326. Stockfisch, gebacken, mit Tomatensauce.

Der Stockfisch wird in Stücken gedämpft wie in Nr. 1323 und kalt gestellt. Dann wird er entgrätet, mit Pfeffer, Salz, Olivenöl und Zitronensaft gewürzt, nach einer Stunde durch zerschlagene Eier gezogen, paniert und in heißer Butter oder heißem Oel gebacken. Dazu wird eine Tomatensauce, (siehe Nr. 425) gegeben.

1327. Stockfisch, gebacken, mit Zwiebeln.

Die Stockfischstücke werden wie zu Stockfisch mit Tomatensauce vorbereitet, in heißer Butter oder Oel gebacken; 20—30 Stück kleine Zwiebeln werden in heißer Butter oder Oel gebräunt, mit einigen Tropfen Essig abgelöscht, mit Salz und Pfeffer gewürzt, kurz gekocht und dazugegeben.

1328. Stockfisch mit Tomaten.

Der gewässerte Stockfisch wird zerschnitten und mit 2 gehackten Zwiebeln, 2 Knoblauchzehen, 5 oder 6 in Scheiben geschnittenen Tomaten 40 Minuten lang unter Zuguß von etwas Olivenöl gedämpft. In Ermangelung von frischen Tomaten kann auch Tomatenpurée dazu genommen werden.

1329. Maifisch.

Der Maifisch, eine Heringsart, wird im Frühjahr im Mai, wenn er vom Meer zum Laichen in die Flüsse tritt, gefangen und hat zu dieser Zeit ein fettes und gutes Fleisch. Zum Blausieden wird er erst ausgenommen, geschuppt, gewaschen und sodann mit kaltem Salzwasser und etwas Essig aufs Feuer gestellt; man läßt ihn bis zum Sieden kommen und dann noch etwa 1/2 Stunde durchziehen. Beim Anrichten belegt man ihn mit Petersilie und Fischkartoffeln und serviert zerlassene Butter oder holländische Sauce extra dazu.

1330. Maifisch, grilliert.

Der Maifisch, gereinigt und gewaschen, wird an den Seiten leicht eingeschnitten, gesalzen, leicht gepfeffert, mit Oel etwa 2 Stunden mariniert und sodann auf dem Rost oder in der Pfanne fertig gemacht. Eine Kräuterbutter legt man auf den angerichteten Fisch, mit Kartoffeln, Petersilie und Zitronenscheiben garniert man denselben und serviert.

Eine Kapernsauce oder eine maître d' hôtel Sauce serviert man extra dazu.

1331. Maifisch, gedämpft.

Der Maifisch wird gereinigt, an beiden Seiten aufgeschnitten, mit Salz eingerieben, in Oel, zerhackten Zwiebeln und Petersilie eine Stunde mariniert und unter fleißigem Begießen mit der Beize in heißer Butter mit einem Glas Weißwein gedünstet. Vom eingekochten Fond macht man eine Petersiliensauce, gießt diese über den Fisch und serviert ihn mit Kartoffeln und Petersilie garniert.

1332. Makrelen. Maquereau.

Die Makrele, ein schön gestalteter und gefärbter Fisch hat ein feines, zartes und vorzügliches Fleisch, das jedoch nach dem Fange rasch verbraucht werden muß, da sie schnell verderben. Die Fangzeiten sind in den Frühjahrsmonaten und sind die Fische zu dieser Zeit auch am besten.

Die Makrelen werden ausgenommen, gewaschen und hierauf in einem kochenden Sud wie bei Forellen etwa 20 Minuten zum Ziehen auf die Seite gestellt. Beim Servieren giebt man zerlassene Butter oder eine holländische Sauce extra dabei zu Tische.

1333. Makrelen, grilliert, à la maître d' hôtel.

Die Makrelen werden ausgenommen und gut abgetrocknet, am Rücken vom Kopf bis zum Schwanz ein etwa 3 cm tiefer Einschnitt gemacht, gewürzt und in Oel 1 bis 2 Stunden mariniert, sodann auf den heißen Rost gelegt oder in der Pfanne in heißem Oel fertig gemacht etwa 15 Minuten unter fleißigem Umwenden und Beträufeln. Auf die angerichteten Fische giebt man etwas Kräuterbutter und gehackte Petersilie, garniert mit Zitronenstückchen. Eine feine maître d' hôtel Sauce wird extra dazu serviert.

1334. Makrelen, mit schwarzer Butter.

Die Makrelen werden wie oben zugerichtet, mariniert und entweder auf dem Rost oder in der Pfanne grilliert. 50 Gramm Butter läßt man in der Pfanne braun werden, giebt etwas Zitronensaft, Salz, 1 Löffel gehackter Petersilie in die nun schwarze Butter und gießt diese über die angerichteten Fische, legt Fischkartoffeln noch dazu und serviert.

1335. Makrelen, mit kleinen Zwiebeln.

3—4 Dutzend kleine Zwiebeln werden in Butter mit etwas Zucker gewürzt, gebräunt, dann mit ein wenig Fleischbrühe begossen, gedämpft. Ferner werden 4 kleine Makrelen in Butter gedämpft, gewürzt, 1 Deziliter Wein daran gegossen und zur Hälfte eingekocht; dann werden die Zwiebeln dazugegeben, bei schwachem Feuer noch 1/4 Stunde damit gedämpft und sodann angerichtet, der Fond über die Fische gegossen, die Zwiebeln hübsch um die Fische garniert und zu Tische gegeben.

1336. Makrelen, gebacken.

Die Makrelen werden, nachdem sie gewaschen und getrocknet, mit Zitronensaft, Pfeffer und Salz mariniert, in Mehl, sowie Eiweiß und Panierbrot gewendet und aus heißem Fett gebacken, auf gefalteter Serviette angerichtet, mit gebackener Petersilie und Zitronenscheiben garniert, mit einer Sauce Tartare oder Remoulade zu Tisch gegeben.

1337. Merlan oder Weißling. Merlan.

Der Merlan, eine Schellfischart, hat ein ausgezeichnetes, höchst schmackhaftes und leicht verdauliches Fleisch und wird deshalb mit Recht, namentlich in Frankreich, von den Kennern hochgeschätzt. Zum Blausieden werden die Weißlinge rein ausgenommen, gewaschen und in demselben Sud gekocht, wie die Forellen. Man serviert dazu zerlassene Butter oder eine Kapernsauce.

1338. Merlan, gebacken.

Wenn die Fische ausgenommen und gewaschen sind, werden sie getrocknet, gesalzen, mit Zitronensaft beträufelt, im Mehl gewendet und sofort aus heißem Fett gebacken, auf gefalteter Serviette angerichtet, mit gebackener Petersilie und Zitronenstücken garniert zu Tisch gegeben.

1339. Merlan, grilliert, à la maître d'hôtel.

Wird ebenso behandelt, wie in Nr. 1333 (Makrelen) beschrieben.

1340. Neunaugen. Lamproie.

Die Neunauge, ein Fisch an Gestalt gleich dem Aal, hat auch ähnlichen Geschmack wie dieser und ist frisch eine gute

Fig. 390.

und seltene Delikatesse. Doch werden sie meistens gleich nach dem Fang gebraten, dann mariniert und, in Fässern verpackt, verschickt.

1341. Neunaugen gebacken.

Die Neunaugen werden zerlegt und in Salzwasser eingeweicht. Nach einer Stunde werden sie herausgenommen und in Weißwein gedämpft. Erkaltet, wird der Absud abgeschüttet, mit 4 Eigelb legiert, die Neunaugen damit bestrichen, in Eiweiß getaucht, paniert und gebacken. Dazu wird eine pikante Sauce (s. Nr. 429) gegeben.

1342. Neunaugen als Ragout.

Zwei lebendigen Neunaugen werden die Adern geöffnet, das Blut abgelassen und dieses in Verwahrung genommen. Um den Neunaugen die Haut abziehen zu können, werden sie abgebrüht und geschabt, dann in geeignete Stücke zerlegt in einer Pfanne mit Butter und hachierten Zwiebeln bei lebhaftem Feuer gedämpft. Mit Salz, Pfeffer gewürzt, wird ein wenig Mehl eingerührt, heißer Rotwein daran gegossen, ein Kräuterbouquet und eine Zitronenscheibe hinzugefügt und langsam fertig gekocht. Eine Viertelstunde vor dem Anrichten werden einige Champignons beigegeben und schließlich das aufbewahrte Blut mit einem Tropfen Weinessig vermischt, daran gegossen und aufgetragen.

1343. Rochen, Stachelroche. Raie.

Der Rochen, bekannt durch seine eigentümliche und häßliche Gestalt, ist in Frankreich und England ein sehr beliebter Fisch. Hauptsächlich der Stachelrochen wird wegen seines feinen Fleisches hochgeschätzt. Beim Ausnehmen und Zurichten desselben muß man Vorsicht gebrauchen, damit man sich nicht verletzt. Wenn er ausgenommen, rein geputzt und gebürstet ist, schneidet man den Kopf und Schwanz weg, teilt den Körper in 2 Hälften, giebt diese in ein Fischgeschirr, Wasser dazu, Salz, Essig und Wein, sowie Gewürz und stellt den Fisch aufs Feuer, läßt ihn bis zum Sieden kommen und noch etwa 10 Minuten ziehen. Wenn er ein wenig abgekühlt ist, entfernt man sämtliche Stacheln und die Haut, legt die Stücke wieder in den Sud, macht ihn heiß und richtet ihn sodann auf die Platte, übergießt ihn mit einer schwarzen Butter und serviert oder giebt zerlassene Butter, eine Maître d'hôtel-Sauce oder eine Hollandaise dazu.

1344. Sardine.

Die Sardine oder Pilchard, ein kleiner, 18—20 cm langer, dem Hering ähnlicher, kleiner Fisch, kommt hauptsächlich längs der französischen und spanischen Küste in großen Schwärmen vor und werden sie dort massenhaft gefangen. Entweder gesalzen oder in Oel gekocht werden sie in Blechdosen gelegt und als Sardinen à l'huile in den Handel gebracht. Sie werden als Vorspeise mit frischer Butter oder auf Brötchen serviert. Frische Fische werden, wenn sie ausgenommen, entweder grilliert oder gebacken zu Tische gegeben.

1345. Sardelle. Anchois.

Die Sardelle, ein mit dem Hering ebenfalls ähnelnder, kleiner Fisch, welcher sich vom mittelländischen Meer bis zur Nordsee hin verbreitet, wird wie der Hering eingesalzen, in Tonnen verpackt und so in den Handel gebracht. Die in Büchsen eingelegten Sardellen, in einer rötlichen Lake oder mit Gewürz und Kräutern eingemacht, heißen Anchovis. Beide finden in der Küche die mannigfaltigste Verwendung, als Vorspeise, zu Verzierungen, auf Brötchen gelegt oder in Saucen.

1346. Sardellen, gebacken.

8—10 Stück schöne Sardellen werden sauber geputzt und gewaschen, dann sauber abgetrocknet. Der in Abschnitt 20 beschriebene, gebrühte Teig wird ziemlich dünn auf einen Kasseroldeckel oder ein Brettchen gestrichen, die Sardellen darauf gelegt, Teig darüber gestrichen und diese sodann stückweise ins heiße Fett gelegt und gebacken, mit gebackener Petersilie garniert und serviert. Heringstückchen können ebenso gegeben werden.

1347. Schellfisch. Aigrefin.

Der Schellfisch, im Fleische ähnlich wie der Kabeljau, ist bedeutend kleiner als dieser, kommt sehr häufig in der Nordsee vor, sowie in der Ostsee bis in die Gegend von Kiel. Sein Fleisch ist in den Wintermonaten am besten, durch seine Zartheit aber leicht dem Verderben ausgesetzt, namentlich in der warmen Jahreszeit. Dasselbe ist weiß, schmackhaft und leicht verdaulich. Die Zubereitungsweise ist dieselbe wie beim Kabeljau (s. Nr. 1316) und ist auch hier die einfachste Zubereitung die beste.

1348. Schellfisch, gebacken.

Wie in Nr. 1317 bei Dorsch beschrieben, wird hier verfahren.

1349. Schellfisch, fines herbes.

Der Fischkessel wird mit Butter bestrichen, mit gehackten Zwiebeln und Champignons bestreut, der gut gereinigte Fisch dazu gelegt, gesalzen, mit gehackten Champignons, Petersilie und geriebener Brotrinde bestreut, mit Butter betraufelt, etwas Weißwein daran gegossen und im Ofen gar gedämpft, sodann auf langer Platte angerichtet, das fines herbes mit Butter aufgekocht und über den Fisch gegeben.

1350. Schellfisch mit Kapern.

Die sauber gereinigten Schellfische werden mit Wasser, Salz, Zwiebeln, Lorbeerblättern, Zitronenscheiben und Pfefferkörnern gekocht und im Sude warm erhalten. Inzwischen wiegt man Kapern mit Schalotten fein zusammen, giebt dies in heiße Butter mit etwas Salz und Zitronensaft, richtet die Fische auf eine heiße Platte an, garniert solche mit kleinen, in Butter gedämpften Kartoffeln und gießt die heiße Butter darüber.

1351. Seezunge. Sole.

Die Seezunge, zum Geschlecht der Plattfische gehörend, ist der feinste, wohlschmeckendste und leicht verdaulichste Fisch unter denselben. Sein Fleisch, weiß, zart und saftig, ist den mannigfachsten und vielseitigsten Zubereitungen in der feinen und gewöhnlichen Küche unterworfen. Die holländischen Ostendezungen sind wohl die besten, doch sind auch die aus der Nordsee und aus der Ostsee, hier nur bis Kiel sich vorfindend und bei uns in den Handel kommend, gut zu gebrauchen.

Unter diese Art gehören auch die sogenannten Rotzungen oder Korksoles, welche ebenso behandelt und zubereitet werden, wie die Seezungen.

Fig. 391.

Zugerichtet werden die Zungen folgendermaßen: Die Haut derselben wird vom Schwanz aus, auf beiden Seiten gegen den Kopf zu, abgezogen, der Kopf schräg abgeschnitten, auf beiden Seiten des Bauches eingeschnitten, ausgenommen, sodann mit einer Scheere die Flossen abgeschnitten, rein ausgewaschen und abgetrocknet. Um die Filets der Seezungen auszulösen, ist es nicht nötig, den Kopf abzuschneiden oder denselben auszunehmen, sondern man zieht nur die Haut ab und löst die 4 Filets vom Rücken aus ab, pariert sie, entfernt etwaige Gräten, wäscht sie und trocknet sie vor dem Gebrauch.

1352. Seezunge, gesotten, s. hollandaise.

Einige Seezungen werden, wenn sie, wie oben beschrieben, zugerichtet und gewaschen sind, gesalzen, in etwas Butter, ein wenig Wasser und Wein, mit Wurzeln und Gewürz, etwa 15—20 Minuten gesotten, auf langer Platte angerichtet, mit Fischkartoffeln umlegt und mit einer holländischen oder Kapern-Sauce serviert.

1353. Seezunge, gebacken.

2 mittelgroße, gereinigte und zugerichtete Seezungen werden leicht gesalzen, in Mehl gewendet und aus heißem Fett

in 10—15 Minuten herausgebacken, auf ein Tuch gelegt, nachgesalzen, auf einer Serviette serviert, mit gebackener Petersilie und Zitronenstückchen garniert oder, nachdem die Seezunge im Mehl, in Eiweiß und Panierbrot gewendet, mit dem Messer flach geklopft worden ist, werden sie in heißem Fett gebacken und angerichtet wie oben. Größere Seezungen können auch in 2 oder 3 Teile zerteilt, paniert und gebacken werden oder ganz gebacken und dann erst geteilt werden. Eine Remoulade=, Vinaigrette= oder Tartare=Sauce wird extra dazu serviert.

1354. Seezungen, gebacken, à la Colbert.

Die zugerichteten Seezungen werden leicht gesalzen und in Mehl gewendet, sodann vom Rücken aus auf beiden Seiten mit dem Messer leichte Einschnitte gemacht, in welche, wenn die Seezungen aus heißem Fett gebacken und angerichtet worden sind, eine pikante Maître d'Hotel oder Kräuterbutter eingelegt wird. Garniert mit gebackener Petersilie und Zitronenstücken werden sie zu Tische gegeben.

1355. Seezungen, gedämpft, in Weißwein.

Die Seezungen werden gesalzen, mit Weißwein und Butter kurz weich gedämpft, auf langer Platte angerichtet und mit Kartoffeln umlegt. Der Fond wird eingekocht und mit einigen Löffeln legierter Allemande aufgekocht, einige Stückchen Süßbutter dazu geschlagen, mit etwas Zitronensaft abgeschmeckt, auf die Seezungen gegeben und serviert. Von den so zubereiteten Seezungen können folgende Speisen hergestellt werden.

1356. Seezungen in Champignons.

Man umlegt die fertigen Fische mit Champignons und Fischkartoffeln, giebt zur Sauce, zu dem Fond des Fisches auch den der Champignons und verfährt sonst genau, wie eben gesagt.

1357. Seezungen mit Krebs=, Hummer= oder Crevettensauce.

Unter die vom Fischfond fertiggestellte Sauce schlägt man etwas Krebs=, Hummer= oder Crevettenbutter, umlegt den Fisch mit Krebsen, mit den ausgebrochenen Schwänzen derselben, sowie mit Fischkartoffeln, gießt die Sauce über den Fisch und serviert.

1358. Seezungen mit Austern oder Muscheln.

Die Seezungen und die Sauce werden ebenfalls so fertig gemacht, wie in Nr. 1355 beschrieben, die Austern werden blanchiert, der Saft zur Sauce eingekocht und diese unter die Sauce zur Hälfte oder ganz gegeben und auf den angerichteten Fisch gegossen. Die Muscheln werden, wie später in Nr. 1407 angegeben, gekocht und kommen sodann unter die fertige Sauce, werden mit derselben über den Fisch gegossen und serviert.

Man kann die Rezepte von Nr. 1355 bis Nr. 1358 auch so herstellen, daß man von den Seezungen die Filets zum Dämpfen in Weißwein oder zum Sautieren in Butter benützt, dieselben entweder lang läßt oder zusammenschlägt, wobei aber zu beachten ist, daß die Hautseite nach innen zu liegen kommt, um ein Zusammenziehen möglichst zu vermeiden. Läßt man die Filets lang, ist das Anrichten, wie oben beschrieben, legt man dieselben zusammen, richtet man diese im Kranz meist auf runder Platte an und giebt die Garnitur, sei es Champignons, runde Kartoffeln, ein Austern- oder Krebs-, Hummer- oder Crevettenragout, in die Mitte. Die sonstige Behandlung bleibt dieselbe.

1359. Seezunge au gratin.

Zwei Seezungen werden gesalzen, mit gehackten Kräutern und Schalotten in Weißwein und Butter sautiert und kalt gelegt, die Filets von den Fischen losgelöst und auf eine gebutterte Gratinplatte gelegt. Zu den Kräutern giebt man alsdann eine Hand voll fein gewiegter Champignons, 1 Löffel brauner Sauce, 1 Löffel Tomatenpurée und Bratenjus, kocht dies auf offenem Feuer dick ein und giebt dieses d'Huxelle über den auf der Gratinplatte gerichteten Fisch. Die Sauce muß so dick sein, daß sie am Fisch hält. Man streut sodann Panierbrot über denselben, beträufelt ihn mit heller Butter und gratiniert den Fisch in 10 - 15 Minuten im Ofen. Man garniert die Platte mit Petersilie und einigen Krebsen, Champignons und Zitronenstücken und serviert sie auf einer mit Serviette belegten Platte.

1360. Seezunge, mit Kräutern.

8—10 Schalottenzwiebel mit etwas Petersilie werden fein gewiegt und mit Butter einige Minuten gedämpft. 2 zugerichtete Seezungen, gesalzen und gepfeffert, werden darin $^1/_4$ Stunde gedämpft, herausgelegt, an die Kräuter $^1/_2$ Flasche guter Weißwein geschüttet, eingekocht und mit einigen Löffeln legierter Allemande die Sauce fertig gekocht. Vor dem Anrichten rührt man unter die Sauce einige Stückchen süßer Butter, giebt etwas Zitronensaft dazu und giebt die Sauce auf die Seezungen.

1361. Seezunge, grilliert.

Zwei zugerichtete Seezungen werden gesalzen, in Mehl gewendet, durch heiße Butter gezogen und auf dem Rost auf beiden Seiten bei schwachem Feuer fertig gemacht, indem man von Zeit zu Zeit dieselben mit Butter beträufelt.

Auf die angerichteten Fische giebt man einige Tranchen Kräuterbutter, legt Zitronenscheiben um dieselben und serviert.

1362. Seezungen, rouliert.

Die Filets der Seezungen werden egal geschnitten, gewaschen und gut abgetrocknet. Von den Abfällen bereitet man eine Fischfarce, unter welche man fein gehackte Champignons mischt. Diese Farce streicht man auf die Hautseite der Seezunge, die man vorher mit Eiweiß bestrichen hat und leicht salzt, hierauf rollt man die Filets auf, steckt ein Hölzchen durch und setzt die Rollen in ein mit Butter gestrichenes Kasserol, gießt etwas Weißwein daran, salzt sie leicht und dämpft sie mit Weißwein etwa 15—20 Minuten. Vom Fond macht man mit legierter Allemande eine Sauce, richtet die Rollen auf runder Platte im Kreise an und giebt in die Mitte entweder kleine, runde Kartoffeln, Champignons, ein Ragout von Austern, Krebsen oder Hummern. Ebenso kann man auch nur eine Austern-, Krebs- oder Hummernsauce über die Rollen geben und so servieren.

1363. Seezungenfilet, gebacken.

Die ausgelösten Filets werden gesalzen, mit Zitronensaft einige Stunden mariniert, sodann zu einem Knoten geschlungen, in Mehl, Eiweiß und Panierbrot gewendet und aus nicht zu heißem Fett etwa 10—15 Minuten gebacken, auf gefalteter Serviette hoch angerichtet, mit gebackener Petersilie und Zitronenstückchen garniert, zu Tische gegeben.

1364. Seezungen-Filet gebacken, à la Orly.

Von den Seezungen werden die Filets losgelöst und dieselben mit Salz, Zitronensaft und gehackter Petersilie einige Stunden mariniert, sodann in einem Backteig umgewendet und aus heißem Fett gebacken, auf einer Serviette angerichtet, mit

Petersilie garniert und eine fertige Tomatensauce dazu serviert, ebenso eine Poivrade oder Piquante.

1365. Seezungenfilet à la vénitienne.

Die gesalzenen und zusammengelegten Seezungenfilets werden zum Sautieren in heiße Butter gelegt, etwas Zitronensaft darauf gegeben und auf beiden Seiten auf dem offenen Feuer sautiert. Sind sie fertig, richtet man sie auf einer runden Platte im Kranze an, giebt in die Mitte kleine, runde Salzkartoffeln, die, wenn sie fertig sind, mit gehackter Petersilie bestreut werden. Eine fertige Sauce vénitienne giebt man über die Filets und serviert.

1366. Seezungenfilet à la Normande.

Die gesalzenen, langen Seezungenfilets werden in Weißwein mit etwas Butter gedämpft, auf langer Platte angerichtet und mit blanchierten Austern, Muscheln und Champignons

Fig. 392

abwechslungsweise umlegt, mit Krebsen und Brotcroutons garniert. Vom Fond, unter den man den Austern- und Champignonsfond giebt, wird eine weiße Sauce bereitet, welche man über den Fisch gießt und sodann serviert. (Fig. 392).

1367. Steinbutt. Turbot.

Die Steinbutte, unter den verschiedensten Arten von Plattfischen und Schollen wohl die größte, aber auch beste, hat ein weißes, trockenes, festes Fleisch, von gutem, angenehmen Geschmack und Geruch. Sie hat viel Gallertstoff und ist deshalb sehr nahrhaft und sättigend. Ihr Fleisch ist im Spätsommer am besten, am schlechtesten im Spätherbst. In der Nordsee wohl auch in der Ostsee werden sie viel gefangen und bei uns auf den Markt gebracht.

Die Steinbutte wird am Kopf durch einen Einschnitt ausgenommen, gewaschen und mit einer Scheere die Flossen zu beiden Seiten abgeschnitten. Die in der oberen Haut sich oft vorfindenden Steinchen werden ausgeschnitten, die weiße Haut mit Zitronensaft eingerieben, der Fisch auf einen Einsatz und diese nach oben in den Fischkessel (Turbotière) gelegt, mit Wasser und Milch, sowie Salz, 2 Zwiebeln, 2 gelben Rüben $\frac{1}{2}$ Sellerie, dem Gewürz (in einen Leinwandlappen gebunden) aufs Feuer gesetzt, bis er zu schäumen anfängt, worauf man denselben zurückzieht und auf der Seite langsam durchziehen läßt. Die Zeit ist, je nachdem der Fisch dick ist, $\frac{3}{4}$, 1—1$\frac{1}{2}$ Stunden.

Fig. 393

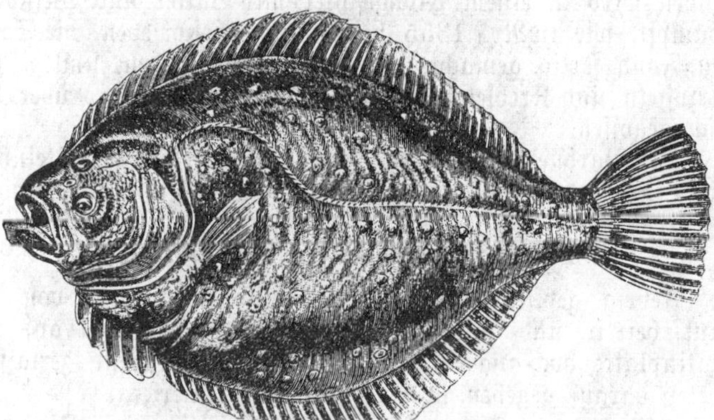

Den fertigen Steinbutt richtet man auf großer Platte auf einer Serviette an, garniert mit Petersilie, einigen Krebsen und Fischkartoffeln. Bei feineren Gesellschaften kann man auch einige Austern au gratin, kleine Seezungenfilets gebacken u.s.w. umlegen. Eine zerlassene Butter, mit Salz und Zitronensaft abgeschmeckt, wird extra dazu serviert.

Zu große Fische halbiert man, indem man sie vom Schwanz aus spaltet, schneidet den Kopf weg und kocht die beiden Hälften für sich und richtet sie auch so an, da wohl zu einer großen Steinbutte keine Platte sich finden würde. Den

Kopf kocht man für sich und verwendet sein Fleisch zu Muscheln, Pastetchenfülle u. s. w.

Auch eine holländische oder Béarnaise Sauce, sowie eine Kapern=, Krebs=, Austern= oder Hummersauce kann dazu serviert werden.

1368. Steinbutte, grilliert.

Ein schönes Stück Steinbutt wird in fingerdicke Tranchen geschnitten, gesalzen und gepfeffert und in Oel mariniert, die Stücke sodann in der Pfanne in heißes Oel gelegt und darin fertig gemacht, auf die Platte Tranche an Tranche gelegt, dazwischen Scheiben von Kräuterbutter, das Ganze mit Petersilie und Zitronenstücken garniert und serviert. Eine Béarnaise wird extra dazu serviert.

1369. Steinbutte, in Weißwein gedämpft.

Ein kleiner Turbot oder Barbue gut gereinigt und gewaschen wird in einem Fischgeschirr mit Butter und Weißwein gedämpft, wie in Nr. 1355 bei Seezunge beschrieben, die Sauce vom Fond fertig gemacht, auf die Platte gegeben, umlegt mit Kartoffeln und Krebsen und die dick gehaltene Sauce über den Fisch gegossen.

Der Barbue wird genau ebenso behandelt wie der Steinbutt selbst und sind deshalb diese Rezepte auch für ihn anzuwenden.

1370. Steinbutte au gratin.

Uebrig gebliebene Stückchen Steinbutte werden von der Haut befreit und mit einer dicken Sauce Bechamel auf eine Gratinplatte hoch angerichtet, mit Panierbrot bestreut, zerlassene Butter darauf gegeben und im Ofen gratiniert.

1371. Steinbuttfilets au gratin.

Von einem Steinbutt werden die 4 Filets losgelöst, gewaschen und getrocknet, gesalzen und mit gehackten Kräutern und Schalotten mit Butter und Weißwein fertig gedämpft. Die weitere Behandlung ist dieselbe wie bei Seezungen au gratin (siehe Nr. 1359), ebenso auch das Anrichten.

1372. Steinbuttfilets in Weißwein.

Die ausgelösten Steinbuttfilets werden in Weißwein mit Butter gedämpft und ebenso weiter behandelt wie Seezunge in Weißwein.

Ebenso kann dazu eine Austernsauce, ein Austernragout, Hummer- und Krebssauce, sowie Ragouts davon zu diesen Filets serviert werden.

1373. Steinbutte mit Reis.

Eine halbe Steinbutte wird in Stücke zerlegt und in einer Kasserole mit gehackten Zwiebeln in Butter gedämpft, gesalzen und gewürzt, nach einigen Minuten warmes Wasser dazugegossen und mit ½ Liter auserlesenem Reis völlig gar gekocht, mit 100 Gramm heißer Butter begossen, die Kasserole 10 Minuten zugedeckt und im Ofen gedämpft. Zum Reis werden 3 harte Eier in Würfel geschnitten und eine Messerspitze spanischer Pfeffer beigegeben und das Ganze in einer tiefen Platte angerichtet und zu Tisch gegeben.

1374. Stör. Esturgeon.

Der Stör, nicht so groß als der Hausen, ist diesem jedoch ganz ähnlich. Er lebt im atlantischen und mittelländischen Meer, in der Nord- und Ostsee und kommt im Frühjahr in unsere großen Ströme Elbe, Oder, Weichsel, Rhein, um dort zu laichen, wobei er dann gefangen wird. Von seinem Rogen wird wie beim Hausen auch Kaviar bereitet. Das Fleisch ist weiß und gut, mehr dem des Kalbfleisches als eines Fisches ähnlich, hauptsächlich das eines jungen Fisches.

1375. Stör, gesotten.

Ein junger Stör wird aufgeschnitten, rein ausgenommen, die Schilder ausgeschnitten, gewaschen, gesalzen, in eine Fischkasserole mit Wasser, Essig, Salz, sowie Wurzelwerk und Gewürz gelegt und langsam in 1—1½ Stunden fertig gemacht, auf eine Serviette angerichtet, mit Petersilie und Kartoffeln garniert, mit einer holländischen Sauce oder Butter zu Tische gegeben. Ist der Stör zu groß, so zerteilt man ihn.

1376. Stör, gebraten.

Ein Stör oder ein Stück desselben wird mehrere Stunden gut gesalzen, dann abgetrocknet und in ein passendes Geschirr gelegt, dazu etwas Butter, ein Löffel Essig, ½ Liter Rotwein gegeben mit Wurzelwerk und Gewürz, und der Fisch im Ofen langsam gebraten und mit dem Fond glaciert. Den Fond entfettet man, kocht ihn ein, giebt etwas braune Sauce daran und gießt ihn beim Anrichten über den Fisch.

1377. Stör, gedämpft, mit Kräutern.

Ein kleiner Stör oder ein Stück desselben wird mit Salz eingerieben, in einem passenden Geschirr mit gehacktem Speck und Kräutern in Butter gedämpft und mit etwas Fleischbrühe übergossen. Dann wird 1 Deziliter weißer Wein beigegeben und der Fisch 1 Stunde gekocht. Hierauf wird derselbe herausgenommen, nachdem er abgetropft, die Haut abgezogen und warm gestellt. Der Absud wird entfettet, zur Hälfte eingekocht, ein Stück manierte Butter beigegeben, nach 10 Minuten der Fisch in diese Sauce gelegt und mit ihr leicht gedämpft, dann auf der Platte angerichtet, ganze Kapern und zerhackte Petersilie darüber gestreut und serviert.

1378. Störschnitten, paniert.

Man schneidet fingerdicke Tranchen, entfernt deren Gräte und Haut, mariniert sie in Zitronensaft, Salz und Pfeffer einen halben Tag, wendet sie in Mehl, Eiweiß und Panierbrot und bratet sie in heißer Butter auf beiden Seiten, richtet sie an, garniert mit Petersilie und Zitronenscheiben und giebt eine Kräuter-, Kapern- oder pikante Sauce dazu.

1379. Sterlet.

Der Sterlet ist dem Stör ähnlich, nur nicht so groß wie dieser. Er ist der feinste und höchst geachtete unter den Stören, sowohl seines feinen Fleisches wegen, als auch des aus seinem Rogen zu gewinnenden Caviars. Er bewohnt das schwarze Meer und findet sich deshalb viel auch in der unteren Donau.

Seine Zubereitungsart ist dieselbe wie die beim Stör.

1380. Stint.

Der Stint, zur Familie der Lachse gehörend, lebt am hauptsächlichsten in der Nord- und Ostsee, wird beim Eintritt in die großen Flüsse, wo er laicht, in großen Mengen gefangen. Er wird frisch gegessen, dann auch geräuchert oder gesalzen in den Handel gebracht. Er ist zwischen 15—20 cm lang und wird meistens gebacken zu Tisch gegeben.

1381. Thunfisch.

Der Thunfisch, eine riesige Makrelenart, der oft über 2 bis 3 m lang gefunden wird, kommt hauptsächlich nur im mittelländischen Meer vor. Sein Fleisch ist hart, schmeckt roh und thranig, ist schwer zu verdauen und deshalb wenig beliebt, um es frisch verwenden zu können. Es sieht an einer Stelle aus wie Kalbfleisch, an einer andern ist es dem Schweinefleisch ähnlich, am besten und am meisten geschätzt ist das Bauchstück.

Fig. 394.

Sein Fleisch kommt bei uns nur in mariniertem Zustand in Büchsen und Gläsern auf den Markt und wird beim Servieren mit Mayonnaisesauce zu Tische gegeben. In Italien wird sein Fleisch auf alle möglichen Arten zubereitet, doch wird es meistens auch nur von den ärmeren Volksklassen, weil billig, verspeist.

1382. Thun auf dem Rost.

Vom frischen Thunfisch werden Scheiben geschnitten und einige Stunden in Salz, Oel, zerwiegten Zwiebeln und Petersilie mariniert, dann mit geriebener Brotrinde bestreut und bei langsamem Feuer geröstet. Vor dem Anrichten muß man sie abtropfen lassen und wird eine Petersiliensauce (Nr. 427) dazugegeben.

C. Krebse, Seekrebse und Muscheln.

1383. Krebse. Ecrevisses.

Die Süßwasserkrebse, Fluß- oder Edelkrebse sind wohl die besten Krustentiere und bei uns in Deutschland hochgeschätzt. Sie finden sich in vielen Flüssen, Bächen und Teichen, in welchen mehr klares Wasser ist, und halten sich meist in Löchern und unter Steinen auf. Ihr Fleisch ist schwerverdaulich, doch leichter als das der Hummern. Ihre Farbe ist schwarz-braun oder schwarz-grün und verändert sich beim Kochen in rot. Vor dem Kochen ist es gut, sie zu untersuchen, ob sie gesund und frisch sind. Verdorbene oder übelriechende sind sofort wegzuwerfen.

Bei den Krebsen gilt die Regel, daß sie in den Monaten am feinsten und besten sind, in welchen im Namen derselben kein R vorkommt.

Damit die Krebse sich längere Zeit lebend halten, ist es am besten, sie in einem Korb mit Brennesseln entweder im Eiskasten oder im Keller aufzubewahren, und halten sie sich auf diese Weise 8—10 Tage.

Sehr häufig liest man in Rezepten, den Darm den lebenden Krebsen vor dem Kochen herauszuziehen, doch ist dieses Verfahren als eine Tierquälerei entschieden zu verwerfen und verfährt man am besten nach nachfolgenden Rezepten.

1384. Krebse, gesotten.

25—30 Krebse werden, nachdem sie einigemale abgewaschen, mit Salz, etwas Gemüse und Gewürz mit kochendem Wasser bis zum Bedecken übergossen und etwa 10 Minuten auf raschem Feuer fertig gekocht, worauf man sie in einer Schüssel in ihrem Sud erkalten läßt. Man schlägt die Krebse in eine reine Serviette, welche man mit Petersilie garniert zu Tische bringt. Will man aber die Krebse noch schmackhafter bereiten, so wird gleich ein halbes Glas Weinessig, ein Stück Butter und Petersilie dazu gegeben, der Kümmel aber wird weggelassen. Man darf die Krebse nicht zu lange sieden, weil sonst das Fleisch hart wird, auch müssen sie sehr wenig Brühe haben, weil sie sonst an Wohlgeschmack verlieren.

Die auf diese Art gekochten Krebse verwendet man zu Pastetchen, Suppen oder Garnituren.

1385. Krebse, gesotten, zum Servieren.

Zum Servieren werden sie auf folgende Art bereitet. 24 große Krebse werden in verschiedenen Wassern gut gewaschen, etwas Kümmel, Pfeffer und Salz, sowie 50 Gramm Butter mit 1 Glas Weißwein und 1 Glas Wasser werden einigemale gut aufgekocht, die Krebse dazu gegeben und in diesem Sud etwa 10 Minuten gekocht, herausgenommen und entweder in einer tiefen Schüssel oder auf einer Krebsétagère angerichtet, diese auf eine gefaltete Serviette gestellt und mit Petersilie garniert zu Tische gegeben. Den Sud kann man mit etwas frischer Butter aufschlagen und dazu servieren. Anstatt des

Kümmels kann man gehackte Petersilie nehmen, sowie auch etwas guten Estragonessig.

Um den Gästen das Essen der Krebse angenehmer zu machen und zu erleichtern, bricht man mit einem kleinen Messer erst das Schwanzende ab, sodann die übrige Schale des Schwanzes, ebenso schneidet man an den Scheeren zu beiden Seiten die Ränder ab und entfernt die Schale davon.

1386. Krebse auf bürgerliche Art.

¼ Liter Weinessig, 2 Eßlöffel Salz, 1 Zwiebel, gelbe Rübe, Sellerie, Petersilienbouquet, ganzer Pfeffer, 2 Nelken, 1 Lorbeerblatt, ein eigroß Butter und 1 kleiner Schöpflöffel Fleischbrühe werden einige Zeit gekocht und in diesem Sud 12 schöne Krebse in etwa 10 Minuten fertig gekocht, sodann abgetrocknet, auf einer Serviette mit frischer, grüner Petersilie garniert zu Tische gegeben und die Brühe darüber geseiht.

1387. Krebse à la bordelaise.

Etwas roher Schinken, 1 Zwiebel, 1 gelbe Rübe und ½ Sellerie werden fein klein würflicht geschnitten, mit einem Petersilienbouquet, ganzem Pfeffer, 2 Nelken, 1 Lorbeerblatt und ¼ Pfund süßer Butter gedämpft, mit ½ Flasche gutem französischem Weißwein aufgegossen, entsprechend gesalzen und gut aufgekocht. 12 schöne Krebse werden in diesem Sud etwa 10 Minuten gekocht, ein Gläschen Cognac dazu gegeben und sodann in einer Gemüseschüssel angerichtet. Der Fond mit den Gemüschen, ausgenommen das Petersilienbouquet, wird auf den dritten Teil eingekocht, etwas frische Butter, sowie eine Prise Cayenne dazu gegeben und zum Servieren über die Krebse gegossen.

1388. Krebse mit frischer Butter.

In eine Kasserole wird auf ⅘ Liter Wasser ⅕ Essig, sowie Salz, Pfeffer, Nelken, gelbe Rüben, Petersilie und Zwiebel gegeben, zum Sieden gebracht und die Krebse lebend hineingelegt. Nach ¼ Stunde sind sie fertig. Herausgelegt, wird der Absud geseiht und ein Teil über die Krebse gegossen. Dazu wird frische Butter serviert. Statt Essig kann weißer Wein genommen werden.

1389. Krebse, gebacken.

Nach vorstehender Angabe werden gesottene Krebse ausgebrochen, die Schwänze und Scheeren mit Mehl, feingehackter

Petersilie und Salz bestreut und in heißem Schmalz schnell gebacken. Sind zu eingemachten Fleischspeisen sehr geschätzt und werden zum Auftragen mit gebackenem Petersilienkraut garniert.

1390. Krebse mit Madeira, à la Lucullus.

1/4 Pfund magerer, roher Schinken wird in Würfel geschnitten und einige Augenblicke mit 1/4 Pfund süßer Butter gedämpft, mit 1/2 Liter gutem Madeira aufgegossen, etwas Salz und gestoßener Pfeffer dazugethan und 12 schöne, große Krebse etwa 10 Minuten darin gekocht. Dieselben werden in einer Gemüseschüssel angerichtet, der Fond halb eingekocht und unter denselben etwas Süßbutter geschlagen, über die Krebse gegossen und serviert.

1391. Seekrebse: Hummer. Homard, lobster.

Der Hummer, ein großer Seekrebs, unsern Flußkrebsen ähnlich und derselben Klasse angehörend, wird bis zu 1/2 m groß gefangen. Er lebt an den Küsten Norwegens, Englands, Hollands, Amerikas, sowie bei uns in der Nordsee (bei Helgoland, große, bekannte Fischerei) und Ostsee. Er hat eine dunkelblaue Farbe, welche sich beim Sieden hell bis dunkelrot verändert. Sein Fleisch ist wohlschmeckend, von den Feinschmeckern sehr geschätzt, doch schwer verdaulich. Deshalb wird er auch am besten, der leichteren Verdauung wegen, mit Essig und Oel oder Butter zu Tische gegeben.

Die Hummern werden am besten in lebendigem Zustand gekauft und selbst gekocht, da dies wohl am sichersten ist, um denselben frisch auf den Tisch zu bringen. Man sehe darauf, nur immer frischeste Ware zu kaufen, daß der schon abgekochte Hummer keinen übelriechenden, zu stark ausgesprochenen Seegeschmack hat, er zu seiner Größe auch das nötige Gewicht besitzt und daß der Schwanz noch elastisch ist. In Büchsen eingemacht kommen die Hummern viel in den Handel und sind wohl die Helgoländer Kronenhummern die bekanntesten. Die Schonzeit der Hummern erstreckt sich in Norwegen auf die Zeit vom 1. Juni bis 15. September. Eine eigentliche Schonzeit in Deutschland existiert bis jetzt noch nicht, doch wird eine solche wohl bald eingeführt werden.

1392. Hummer zu kochen.

Die lebenden Hummern, deren Scheeren fest gebunden, werden in den siedenden Sud, denselben wie bei den Krebsen,

Fig. 395.

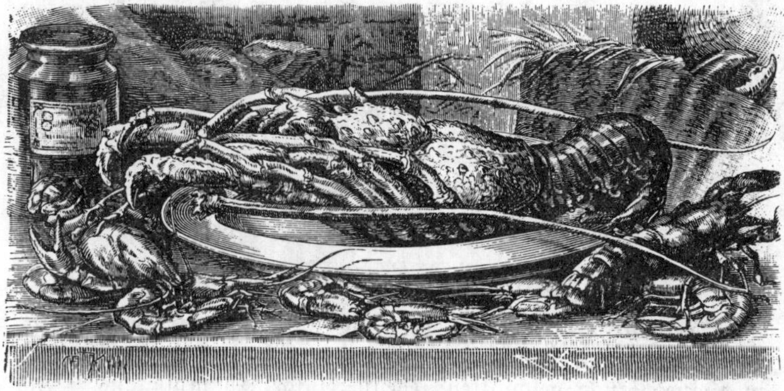

gegeben, einmal aufgekocht, zurückgezogen, dann etwa 20—30 Minuten auf der Seite zum Durchziehen stehen gelassen und zum Erkalten im Sud zur Seite gestellt. Um die erkalteten Hummern zu servieren, werden dieselben ihrer Länge nach durchschnitten, die Scheeren losgemacht und mit dem Messer durchschlagen oder mit einer Scheere aufgeschnitten, auf eine Platte auf Serviette gelegt, mit Petersilie garniert und mit einer Sauce Remoulade, Mayonnaise oder Tartare zu Tische gegeben.

Weiteres über Anrichten von Hummerplatten siehe Abschnitt 14.

1393. Hummer, warm, auf amerikanische Art.

Fein geschnittener, roher Schinken, 1 Zwiebel, 1 gelbe Rübe, 1 Sellerie werden in Butter oder Oel angedünstet, mit ½ Flasche gutem Weißwein abgelöscht, 3 Löffel Tomatenpurée dazu gegeben und gut durchgekocht. Einige kleine, lebendfrische Hummern werden der Länge nach durchschnitten, die Scheeren durchgehauen, in ein Fischgeschirr mit Seiher gelegt, gesalzen und mit dem Sud übergossen, aufs Feuer gegeben und etwa 15—20 Minuten darin gekocht. Die Hummer werden nun auf heißer, langer Platte angerichtet, der Fond mit etwas Espagnole rasch eingekocht, einige Stückchen Butter dazu geschlagen mit Kayenne und Zitronensaft gewürzt und die Sauce mit den Gemüschen auf den Hummer gegeben und so serviert.

Man kann die Hummern americaines auch von gekochten Hummern herstellen. Man zerschneidet dieselben, legt die

Stücke in ein Fischgeschirr mit Seiher und gießt einen Teil von vorbeschriebenem Fond darüber. Dabei ist aber zu beachten, die Hummernstücke unter keinen Umständen kochen zu lassen, sondern nur heiß zu machen, da sie sonst hart und schlecht werden. Den Fond gießt man zu dem Uebrigen, verfertigt die Sauce, wie oben beschrieben, und serviert die Hummern mit derselben.

1394. Hummer à la bordelaise.

Wird wie die Krebse à la bordelaise behandelt.

1395. Hummer au gratin.

Gekochte Hummern werden der Länge nach zerschnitten, das Fleisch aus den Schwänzen und Scheeren ausgelöst und in kleine Stücke geschnitten, ebenso einige Champignons. Die Scheeren werden gestoßen, mit Weißwein etwas ausgekocht und zu diesem Fond eine dick eingekochte Bechamel gegeben, mit Zitronensaft abgeschmeckt, das Fleisch der Hummern dazu gegeben und in die Hummerschalen eingefüllt, mit geriebenem Parmesankäse und Semmelbrösel bestreut und mit zerlassener Butter leicht beträufelt, etwa 10 Minuten im Ofen gratiniert, auf eine Serviette angerichtet, mit Zitronen und Petersilie garniert und sehr heiß zu Tisch gegeben.

Hummermayonnaisen und Salate siehe Abschnitt 14.

1396. Langusten. Langustes.

Die Languste, deren Fleisch dem des Hummers ähnlich ist, besitzt keine Scheeren wie dieser. Ihr Vorderkörper ist dicht mit Stacheln besetzt und mit Fühlern ausgestattet, welche den Körper an Länge übertreffen. Sie hat ein feines etwas süßlich schmeckeudes Fleisch, von den Kennern hochgeschätzt. Sie kommt am häufigsten im Mittelmeer vor, -ist etwa 40 cm lang, von rötlich violetter Farbe, welche sich beim Kochen in Hellrot verwandelt. Sie wird auf dieselbe Art gekocht, wie der Hummer und verweise ich deshalb auf die in Nr. 1392 beschriebenen Rezepte.

Weitere Rezepte über kalte Schüsseln derselben siehe Abschnitt 14.

1397. Crevetten oder Garnellen, crevettes, engl. shrimps.

Es giebt 2 Arten von Crevetten, die grauen und die roten (Bouquet). An den Küsten der Nord- und Ostsee, sowie Frankreichs und Englands werden beide Arten viel gefangen und zu Markt gebracht. Die grauen schmecken süß, sind weich und halten sich nicht lange. Die roten sind feiner, haben festes Fleisch und halten sich auch länger. Man kocht die Crevetten in demselben Sud wie die Hummern. Beim Einkauf ist nur frische, gute Ware zu kaufen und auf den Tisch zu bringen. Man verwendet die Crevetten zu Vorspeisen (siehe Nr. 291) auf Brötchen oder in Saucen.

1398. Froschschenkel. Grenouilles.

Die Schenkel des Wasserfrosches geben einige sehr nahrhafte und leichtverdauliche Speisen. Im Herbst sind sie wohl am besten, doch werden sie bis ins Frühjahr hinein in der Küche verwendet. Man kauft sie auf dem Markt fertig geputzt und zum Verwenden gerichtet. Für Magenkranke und Rekonvalescenten sind sie als eine zweckmäßige Speise sehr zu empfehlen.

1399. Froschschenkel, gebacken.

Vor dem eigentlichen Gebrauch wäscht man die Froschschenkel und trocknet sie ab. Sodann schlingt man die Beine, damit sie beim Backen zusammenhalten, bestreut sie mit Salz, beträufelt sie mit etwas Zitronensaft, kehrt sie erst in Mehl, dann in Ei und Panierbrot um und backt sie aus heißem Fett hellgelb, worauf man sie auf einer Serviette oder einem Papierstern anrichtet, mit gebackener Petersilie und einigen Zitronenstücken zu Tische giebt.

1400. Froschschenkel, gedämpft.

Die wie oben beschriebenen Froschschenkel werden mit Salz bestreut und in einer Kasserole mit Butter weich gedämpft, etwas Zitronensaft daran gegeben und so serviert.

1401. Froschschenkel à la maitre d'hôtel.

50 Stück Froschschenkel werden gewaschen und auf ein Tuch gelegt, mit ¼ Pfund Butter, Gemüsen und Gewürz etwa ¼ Stunde unter öfterem Aufschütteln gedämpft, sodann abgeschüttet. Eine weiße Mehlschwitze mit etwas Butter angeröstet wird mit dem Fond angerührt und, wenn sie einige Zeit gekocht, mit 3 Eigelb, etwas Rahm, frischer Butter und

Muskatnuß abgezogen und über die Froschschenkel passiert. Vor dem Anrichten wird gehackte Petersilie und Zitronensaft daran gegeben und in einer Gemüseschüssel serviert.

1402. Froschschenkel, gebacken, à la Villeroi.

50 Stück große Froschschenkel werden, wie vorher beschrieben, gekocht. Von der Brühe wird eine weiße Sauce gemacht, sehr dick eingekocht und wie obige mit 4 Eigelb abgezogen und passiert. Bis zum Gebrauch wird diese beständig umgerührt, damit sie keine Haut zieht. Ist die Sauce erkaltet, werden die Froschschenkel einer um den andern darein getaucht, nebeneinander auf ein Brett oder Blech gelegt und womöglich zum Erkalten aufs Eis gestellt. Wenn die Sauce angezogen hat und fest ist, werden sie behutsam im Mutschelmehl umgedreht, in zerschlagene Eier, in welche ein wenig Olivenöl gegossen worden ist, eingetaucht und wiederholt in Mutschelmehl umgedreht, in heißem Fett dann rasch herausgebacken, auf einer Serviette angerichtet, mit gebackener Petersilie und Zitronenschnitzchen garniert und serviert.

1403. Froschschenkel, fricassée.

50 Stück gut gewaschene Froschschenkel werden eingesalzen und dann mit einem Tuche abgetrocknet. Von 100 Gramm Butter macht man eine weiße Mehlschwitze, rührt diese mit einem großen Schöpflöffel Fleischbrühe, 1 Glas Weißwein, etwas Zitronensaft an, läßt die Sauce aufkochen, giebt die zusammengesteckten Froschschenkel dazu und läßt sie in der Sauce etwa 20 Minuten kochen. Die Froschschenkel nimmt man sodann aus der Sauce, richtet sie auf tiefer Schüssel an, legiert die gut abgeschmeckte Sauce mit 3 Eigelb und passiert sie über die Froschschenkel.

1404. Austern. Huîtres.

Die Auster, ein Muscheltier, ist eine äußerst zuträgliche, nahrhafte, appetitreizende Speise. Roh genossen ist sie hauptsächlich auch für Kranke wegen ihrer Leichtverdaulichkeit sehr zu empfehlen. Sie ist über den ganzen Erdball verbreitet und sind für uns die wichtigsten Sorten, die holländische, englische (whitestable), amerikanische (blue points) und die deutsche (Holsteiner) Auster. Am besten und saftigsten sind sie im Herbst und Winter, während sie im Sommer saft- und kraftlos sind. Fest geschlossen ist die Auster frisch und gut; weiche, übelriechende Austern sind wegzuwerfen.

Beim Kochen oder Braten der Austern ist zu beobachten, daß sie nicht zu fest, zu hart werden, daß also das Eiweiß nicht ganz gerinnt, da sie sonst zu schwer zu verdauen sind.

Um ein Selbstöffnen und Auslaufen des Saftes der Austern zu verhüten, ist es notwendig, wenn dieselben längere Zeit vor dem Aufmachen stehen, sie mit einem Brett oder irgend einem schweren Gegenstand zu beschweren.

Das Aufmachen und Servieren ist auf Seite 216 beschrieben. Ebenso einige Rezepte Nr. 315—317.

1405. Austern, gedämpft oder gesotten.

Die geöffneten Austern gibt man aus der Schale mit dem Saft in eine kleine Kasserole mit etwas Zitronensaft und weißem Pfeffer und läßt den Fond zum Kochen kommen, was in 2—3 Minuten geschehen ist, worauf man sie sofort zurückzieht und in heißes Wasser stellt. Die Auster darf nicht kochen, da sie sonst hart und schwerverdaulich wird. Zum Fond giebt man etwas Allemande oder rührt ihn mit einer Mehlschwitze auf, zieht die Sauce mit einigen Eigelb ab, giebt sie an die Austern, richtet sie auf tiefer Schüssel an, garniert mit einigen Brotcroutons und giebt sie zu Tische.

1406. Austern, frische, gebraten.

Die Austern werden sorgfältig, damit der Saft nicht verloren geht, geöffnet und mit einem Messer von der Schale losgelöst. Dann legt man auf jede ein Stückchen Butter nebst ein paar Messerspitzen Semmelmehl und Muskatnuß. Hierauf werden die Austern auf einen Rost gestellt oder in den Ofen auf ein Blech mit Salz; man läßt sie so lange darauf stehen, bis sie zu sieden anfangen und die Schale außen herum gelb wird, dann drückt man in jede Auster Zitronensaft, richtet sie samt den Schalen auf einer Platte an und giebt sie sofort zu Tisch.

1407. Muscheln, Pfahlmuscheln. Moules.

Diese schwarzen, länglichten Muscheln finden sich überall an den Küsten des Meeres. Zu uns kommen sie hauptsächlich aus Holland, der Nord- und Ostsee. Sie sind nur im Herbst und Winter gut und frisch, nahrhaft und leicht verdaulich.

Vor dem Zusetzen müssen sie gründlich aus mehreren Wassern, denen man etwas Essig beigiebt, gewaschen werden. Man kocht die Muscheln in heißem Salzwasser mit Gemüse und Gewürz, bis die Schalen aufspringen. Wenn sie im Sud erkaltet sind, nimmt man sie aus den Schalen, befreit sie von dem schwarzen Magen, giebt von der Brühe darauf und stellt sie zu weiterer Verwendung zur Seite.

1408. Muscheln, gedämpft.

Die Muscheln, sehr gründlich und pünktlich gereinigt und gewaschen, werden mit einem Stück Butter, Salz, Gemüse und Gewürz auf offenem Feuer so lange unter beständigem Schütteln gedämpft, bis die Schalen aufspringen und die Muscheln sich weich und fertig anfühlen, worauf man sie herausnimmt, in eine tiefe Schüssel anrichtet und den Saft passiert darüber giebt und serviert.

1409. Muscheln à la poulette.

Die gekochten und gereinigten Muscheln werden in eine fertige Sauce poulette (siehe Nr. 427) gegeben, in tiefer Schüssel angerichtet, mit gebackenen Brotcroutons umlegt und serviert.

1410. Schnecken. Escargots.

Unter den verschiedensten Schneckenarten kommt für die Küche nur die Weinbergschnecke in Betracht und auch nur dann, wenn sie im Herbst ihr Gehäuse mit einer Kalkdecke verschließt, welche sich erst im Frühjahr wieder öffnet. In dieser Zeit wird die Schnecke gegessen. Während die gebratene Schnecke für die Verdauung sehr schwer ist, bekommen weich gesottene oder in Essig und Oel gegebene gut.

1411. Schnecken zu kochen.

Die Schnecken werden aus kaltem Wasser gut herausgewaschen und mit Salzwasser gekocht, bis sich der Deckel löst. Sodann zieht man die Schnecken mittelst einer Nadel oder Gabel aus ihren Häuschen heraus und legt sie in kaltes Wasser. Der Darm und der Kragen, sowie das Harte am Kopf wird sodann abgelöst, die gereinigten Schnecken mit Salz abgerieben, noch aus einigen Wassern gewaschen, damit aller Schleim weg ist, und sodann mit klein geschnittenem Gemüse und etwas Fleischbrühe oder Weißwein, sowie etwas Essig weich gekocht.

In diesem Sud läßt man sie erkalten und bewahrt sie bis zum Gebrauch auf.

1412. Schnecken fines herbes au gratin.

Wenn die Schnecken wie oben sauber gewaschen und gereinigt sind, werden sie mit Butter, sowie fein gehackten Schalotten angedämpft, leicht gesalzen, 1 Glas Rotwein, 2 Löffel Bratenjus und Fleischbrühe, sowie 1 Löffel Espagnole daran gegeben und darin weich gekocht. Einige Schalotten, 2 entgrätete Sardellen, 1 Löffel Kapern, sowie Petersilie werden fein gehackt und mit 100 Gramm Süßbutter zu einer Kräuterbutter verarbeitet. Die Schneckenhäuschen werden gut gewässert, gereinigt und getrocknet. Sodann giebt man in die Schneckenhäuschen etwas von der Sauce, in welcher man die Schnecken gekocht hat, dann die Schnecke selbst, wieder ein wenig von der Sauce und zuletzt streicht man mit der Butter das Häuschen zu, setzt sie auf ein Backblech auf Salz, damit sie gut halten, und giebt sie etwa 8—10 Minuten in den heißen Ofen, richtet sie auf einer Serviette an und serviert sie sehr heiß.

1413. Schnecken, gedämpft.

Die Schnecken werden ebenso behandelt, wie in vorhergehender Nr. beschrieben, in Butter mit gehackten Zwiebeln und Petersilie sodann gedämpft, mit 1 Glas Weißwein abgelöscht und in diesem Sud weich gekocht. Den Fond rührt man mit einer Mehlschwitze an, giebt die Schnecken, wenn sie weich sind, in die Sauce und serviert sie mit etwas Zitronensaft abgeschmeckt.

1414. Schnecken, mariniert und geröstet.

Wenn die Schnecken gut gereinigt und gewaschen sind, werden sie in einer irdenen Schüssel auf eine Speckschwarte gelegt, einige Zwiebeln und Kräuter dazu gegeben und 2 Eßlöffel Cognac darüber gegossen. Mit Fleischbrühe bis zur halben Höhe gefüllt, wird die Schüssel zugedeckt und die Fugen verkittet, dann stellt man sie 7—8 Stunden in heiße Asche oder zu einem ganz schwachen Feuer. Nachdem die Schüssel erkaltet ist, werden die Schnecken herausgenommen, in gute Jus getaucht und in die inzwischen gereinigten Schneckenhäuschen mit dem Fond, in welchem sie gekocht wurden, gethan und die Oeffnung mit Butter zugestrichen, mit welcher Pfeffer, Salz, Schnittlauch und Petersilie gemischt ist. Dann werden die

Schnecken im Ofen geröstet, indem man sie auf ein Backblech aufstellt und nach etwa 10 Minuten zu Tische giebt.

1415. Schnecken, römisch.

Wenn die Schnecken wie oben vorbereitet aus dem letzten Wasser gewaschen sind, werden sie abgetrocknet, gewürzt und durch heißes Olivenöl gezogen. Dann werden kleine Düten von mit Oel getränktem Papier gemacht, diese inwendig mit Zwiebeln, Champignons und Petersilie bestreut, in jede Düte 5 Schnecken gethan, die Oeffnung geschlossen und auf dem Roste oder in heißer Asche geröstet.

12.

Fleischgebackenes, Beilagen zu Gemüsen.

Nicht sowohl die Kleinteile der verschiedenen Schlacht- und Wildtiere, die zum Sieden, Braten, Dämpfen u. s. w. weniger geeignet sind, als auch die Ueberbleibsel der verschiedenen Fleischplatten finden als Fleischgebackenes eine nützliche Verwendung, und die schmackhaften Beilagen zu Gemüse, die daraus bereitet werden, erhöhen ihren Wert für die Küche. Ohne dieselben würde manches Menu weniger vorzüglich genannt werden, trotzdem die Platte nur aus umgestalteten Fleischresten besteht. So hat es die Kochkunst verstanden, die Nützlichkeit mit der Sparsamkeit zu paaren.

Einige Rezepte über Pastetchen, Croquetten u. s. w. finden sich in Abschnitt 3, Vorspeisen; diese eignen sich auch sehr gut als Beilage zu Gemüse.

1416. Beignets à la russe.

Ein gebrühter Teig wird von 1/4 Liter Wasser, 60 Gramm Butter und 100 Gramm Mehl gemacht, indem man das Wasser mit der Butter aufkochen läßt, das Mehl dazurührt und die Masse so lange auf dem Feuer abrührt, bis sie von der Kasserole losgeht. Sodann wird etwas Muskatnuß, Salz, 2 ganze Eier daran gerührt und hievon nußgroße Kugeln in heißes Backschmalz eingelegt, so daß dieselben schwimmen und bei immerwährendem Schütteln der Pfanne gut aufgehen können. Sind dieselben schön gelb, so werden sie an der Seite leicht eingeschnitten, durch diese Oeffnung mit einer Fülle, wie in Nr. 335, gefüllt und recht heiß serviert. Kann auch als Vorspeise mit einer Brieschen-, Geflügel- oder Krebsfülle serviert werden.

1417. Bratwürste, gebacken. Erste Art.

Diese werden mit Butter in einer Omelettenpfanne oder auf dem Rost gebraten, dabei müssen sie aber saftig bleiben; wenn sie ein wenig erkaltet sind, werden sie der Länge nach in der Mitte von einander und zu fingerlangen Stückchen geschnitten, in einem nicht zu dicken Backteig (siehe Seite 81) umgekehrt und in heißem Fett schön gelb gebacken.

Es können alle grünen Gemüse damit umlegt werden.

1418. Bratwürste, gebacken. Andere Art.

Man lasse sich beim Metzger die dünnste Sorte Bratwürstchen machen, welche, nachdem dieselben in Bouillon steif gekocht, kalt gelegt, in fingerlange Stückchen geschnitten werden. Sodann wird jedes einzelne in ein egal geschnittenes, viereckiges Stückchen Butterteig, welches am äußersten Ende mit Ei bestrichen, oben und unten zugedrückt und so aufs Backblech gelegt, daß die glatte Seite nach oben kommt, mit Ei bestrichen und etwa 1/4 Stunde im heißen Ofen gebacken.

1419. Bratwürste, in Butterteig eingebacken.

Oder ein dickes Bratwurstbrät, unter welches man etwas Schweinefarce, sowie in Würfel geschnittene Gansleber mischt, wird auf ebenso viereckig geschnittenen Butterteig in länglicher Form dressiert, eingeschlagen und sodann ebenso behandelt, wie vorhin oben beschrieben.

Kann als Vorspeise gegeben und mit Madeirasauce serviert werden.

1420. Croquetten von Fleisch.

Uebrig gebliebenes Fleisch von Kalb, Schlachtbraten, Roastbeef, Wild, Hühnern u. s. w. wird in kleine, viereckig geschnittene Würfel geschnitten. An eine braune Mehlschwitze giebt man 1 Glas Rotwein, einige Löffel Fleischbrühe, Bratenjus oder Liebig's Fleischextrakt, kocht diese Sauce gut auf, giebt etwas in Butter gedämpftes Wurzelwerk und Gewürz dazu und läßt sie von der Seite kochen. Sodann passiert man sie, kocht sie auf offenem Feuer rasch und dick ein, zieht sie mit einigen Eigelb ab, giebt das geschnittene Fleisch dazu, kocht die Masse noch einmal auf und streicht dieselbe, wenn sie dick genug ist, zum Erkalten auf einen Teller oder Blech. Sonstige Behandlung wie in Seite 225 beschrieben.

Werden als Beilage zu den verschiedensten Gemüsen gegeben. Von Kalb- oder Hühnerfleisch werden sie mit weißer Sauce oder Bechamel gemacht (siehe Nr. 322).

1421. Eier, verlorene, als Beilage zu Gemüse.

In einer Kasserole oder Pfanne wird 2/3 Wasser, 1/3 Essig siedend gemacht, gesalzen und dann 4—6 Eier langsam während des Kochens hineingeschlagen. Nach etwa 6—8 Minuten, wenn sie gesotten sind, legt man sie auf ein Tuch, damit sie gut ablaufen, bestreicht sie mit einem verrührten Ei, kehrt sie in Semmelmehl, kleingehacktem Fleisch, Salz und Pfeffer um und backt sie in Fett. Das gehackte Fleisch kann man auch weglassen.

1422. Fleischkrapfen.

Von 2 Eiern, 50 Gramm Butter, 1/2 Glas Wasser, Salz, 1/2 Pfund feinem Mehl wird ein fester Teig gemacht, nicht zu dünn ausgewellt und runde Flecke daraus gestochen. Etwas Zwiebel, Petersilie, ein Stückchen gebratenes Fleisch, das fein gewiegt sein muß, und eine Hand voll Semmel werden in Butter gedämpft, vom Feuer genommen und, wenn abgekühlt, ein Ei nebst ein wenig Wein und Zitronensaft, Salz und Muskatnuß dazu gerührt. Sodann legt man auf jedes Teigstückchen einen Löffel der Masse, bestreicht den Teig rings mit Ei, überschlägt denselben und drückt ihn zu, kehrt die Krapfen in Eiweiß und Semmel um und läßt sie in heißem Schmalz schön gelb backen. Als Beilage zu grünen Gemüsen sehr gut.

Als Teig ist ein Blätterteig auch sehr zu empfehlen und können hiezu Abfälle desselben genommen werden.

1423. Gansleber, gebacken.

Eine von der Galle befreite Gansleber wird in fingersdicke Schnitten geschnitten, in einem Gemisch von Mehl, etwas Salz und Gewürz umgekehrt und schön dunkelgelb in heißer Butter gebacken. Ist zu allem Gemüse, das eine fette Zuspeise erfordert, namentlich zu Sauerkraut, ausgezeichnet.

1424. Gansleberklöße, gebacken.

Eine schöne Fleischleber, (ja nicht Fettleber, um dies zu sehen, ist es am besten, als Probe von derselben ein Stückchen in heißer Butter zu sautieren, zerläuft dieselbe, ist sie nicht zu gebrauchen, bleibt sie fest und giebt wenig Fett ab, wird sie verwendet; weiteres hierüber siehe Abschnitt 13) wird in kleine Würfel geschnitten, ebenso 2 abgeriebene Milchbrote, welch' letztere man mit einer halben Tasse warmer Milch anfeuchtet. In einem nußgroßen Stück Butter dämpft man eine feingehackte Zwiebel, giebt diese zu der Gansleber und den Milchbroten, giebt 2 ganze Eier, Salz und Muskatnuß dazu und formt aus dieser Masse runde Klöße, welche im

Panierbrot gewendet, aus heißem Fett gebacken werden. Sollte die Masse zu fett werden, so zerfallen die Klöße und giebt man deshalb einige Löffel Panierbrot dazu.

1425. Geflügel, gebacken, zu Gemüsen.

Tauben, Hennen oder Hühner werden, wenn sie sauber geputzt, ausgenommen und gewaschen sind, in Viertel geschnitten, gesalzen und 1/4 Stunde in zerlassener Butter gedämpft, wobei man sie einigemale umwendet. Sodann läßt man sie erkalten, kehrt sie in Ei und Semmelbrösel um und backt sie aus heißem Fett. Oder man taucht sie in einen Backteig und backt sie aus heißem Fett. Hiezu sind Reste zu verwenden. Sie werden zu Spargeln, Karviol, Wirsing u. s. w. gegeben.

1426. Hammelbrust, gebacken.

1 Hammelbrust wird in der Fleischbrühe weichgekocht, die Knochen und Knorpeln entfernt und leicht gepreßt. Nachdem sie erkaltet, wird sie in egale Stückchen geschnitten, gesalzen, gepfeffert, in zerlassener Butter und Panierbrot gewendet und auf dem Rost gebacken oder in Eiweiß und Panierbrot gewendet und aus heißem Fett gebacken.

Eignet sich vorzüglich als Beilage zu Spinat, Bohnen u.sw.

1427. Hammelcroquetten.

Werden von übrig gebliebenem Hammelfleisch, das von Haut und Sehnen befreit und klein würflig geschnitten worden ist, mit brauner Sauce ebenso zubereitet, wie die Fleischcroquetten (Nr. 1420).

Als Beilage zu grünen oder weißen Bohnen vorzüglich.

1428. Hammelfüße, gebacken.

Die Hammelfüße werden gebrüht, wie in Nr. 912 weichgekocht, von den Knochen abgelöst und jeder Fuß in zwei Teile zerlegt. Diese werden in Essig und Oel etwa 1 Stunde mariniert, mit Salz, Pfeffer und geschnittener Petersilie gewürzt, in Blätterteig geschlagen, von außen mit Butter oder süßem Rahm bestrichen und im Ofen gebacken oder in einen Backteig getaucht und aus heißem Fett herausgebacken.

1429. Hammelnieren, gebacken.

Gehäutelte Nieren werden gespickt, mit Salz und Pfeffer bestreut, in Butter gebacken und, wenn sie fertig sind, mit geriebenem Brot bestreut, zerlassene Butter darauf gespritzt und zu allen Arten Rüben, Kohl und dergl. gegeben.

1430. Hennen, gebacken.

Jüngeren Hennen, welche vorher in einer Suppe gekocht worden sind, doch nicht zu lange und zu weich, wird die Haut abgezogen, dann werden sie in 6 Teile zerschnitten, in Mehl, Eiweiß und Panierbrot gewendet, in Fett gebacken und als Beilage zu Gemüse gegeben.

1431. Hirnbaveusen oder Hirnschnitten, gebacken.

Wenn das Hirn gereinigt und zugerichtet ist, läßt man es im Salzwasser anlaufen, verrührt oder hackt es mit dem Messer recht fein, giebt Pfeffer und Salz, in Butter gedämpfte, gehackte Petersilie, Zwiebeln und Zitronenschalen dazu. Altgebackene Semmeln werden in dünne Scheiben geschnitten, einzeln mit dem Hirn bestrichen und darauf mit einer trockenen, passenden Scheibe belegt. Diese Doppelscheiben werden in verrührten Eiern und Salz umgewendet und in Schmalz gebacken.

1432. Hühner, gebacken, à la Villeroi.

2 Hühner werden 10 Minuten in Fleischbrühe mit Wurzelwerk und Gewürz gekocht, kalt gestellt, schön tranchiert und die Haut davon abgezogen. Die Brühe wird gut abgefettet, stark zur Hälfte eingekocht, einige Löffel fertiger Allemande dazugegeben, ziemlich dick eingekocht, mit einigen Eigelb legiert und durch ein Haartuch in eine Schüssel passiert. Um sicher zu sein, daß die Sauce beim Backen nicht ausläuft, ist es am besten, als Probe auf ein Teller einige Tropfen derselben zu geben, diese auf dem Eis stocken zu lassen; ist sie nach wenigen Minuten kalt und fest, ist sie zu gebrauchen, bleibt sie aber nach längerem Stehen weich, ist sie noch weiter einzukochen, so lange, bis sie die Probe besteht. Die Hühnerstückchen werden in die Sauce getaucht, so daß dieselben überall gedeckt sind, sodann auf einen verzinnten Kasseroldeckel oder Porzellanplatte nebeneinander gelegt und gut kalt gestellt, sodann behutsam in Mutschelmehl umgekehrt, nach diesem in zerschlagene, mit zerlassener Butter vermischte Eier getaucht und wiederholt in Mutschelmehl umgekehrt, schön gelb in reiner Butter oder Schmalz schwimmend gebacken und mit gebackener Petersilie garniert auf der Serviette angerichtet. Auf diese Art werden sie als Beilage zu grünen Gemüsen gerne gegeben. Um sie als Zwischenplatte auf den Tisch zu bringen, wird eine gute, weiße Sauce von Geflügelbouillon und Champignons dazu gegeben.

1433. Hühner, gebacken.

Die Hühner werden, wenn jung, in 4 Teile, wenn größer, in die Schlegel, 2 Flügel, 2 Brust- und 1 Rückenstück geteilt, diese in Zwiebel, Petersilie, Pfeffer und Salz mit Olivenöl mariniert, sodann abgetrocknet, in Mehl und sodann in einem Backteig umgewendet und im Fett hellgelb gebacken. Oder sie werden nur im Mehl gewendet und so gebacken. Ueberreste werden ebenso behandelt. Man serviert dazu eine Kräuter- oder Tomatensauce oder giebt sie als Beilage zu frischen Erbsen.

1434. Hühner, gebacken, auf Wiener Art.

Junge Hühner werden in vier Teile geteilt, mit Zwiebelscheiben, ganzer Petersilie, Salz, Pfeffer und Olivenöl vor dem Gebrauch einige Stunden mariniert, abgetrocknet, in Mehl und sodann in Eier und Panierbrot gewendet und in heißem Fett die Schlegel, sowie die Bruststücke für sich in 10—15 Minuten herausgebacken. Man giebt die Hühner auf gefaltete Serviette, gebackene Petersilie dazu und garniert mit Zitronenscheiben.

1435. Kalbfleisch, gebacken.

Schneide fingerlange und dreifingerbreite und etwa fingerdicke Stückchen von der Schale, klopfe sie leicht, bestreue sie mit Salz und Pfeffer, kehre sie in Mehl um und backe sie in heißer Butter. Sie werden, sowie sie gelb sind, auf Brotschnitten gelegt und können zu jedem Gemüse gegeben werden.

1436. Kalbsbraten-Küchlein.

Uebrig gebliebenes Kalbfleisch wird fein gewiegt, ebenso Schalottenzwiebeln und Petersilie, letztere beiden in etwas Butter gedämpft, sowie noch dazu 2 in Milch eingeweichte und ausgedrückte Milchbrote oder Wecken. Das gewiegte Fleisch giebt man dazu, schmeckt es mit Salz und Pfeffer ab, giebt 2 ganze Eier daran und formt aus dieser Masse runde, flachgeklopfte Küchlein, welche man in Butter auf beiden Seiten schön gelb backt und als Beilage zu den verschiedensten Gemüsen, Erbsen, Blumenkohl, Wirsing u. s. w. giebt.

1437. Kalbsbrieschen, gebacken.

Nachdem die Kalbsbrieschen gerichtet und gekocht worden sind, wie in Abschnitt 7, Nr. 780 angegeben, werden sie der Länge nach in nicht zu dünne Scheiben geschnitten, mit Salz und Pfeffer bestreut, in Eiweiß und Panierbrot gewendet und in heißer Butter rasch gebacken. Sehr gut als Beilage zu Erbsen. Aber auch als Vorspeise auf gefalteter Serviette angerichtet, mit

Zitronenstücken und gebackener Petersilie umlegt und mit einer Remouladensauce serviert, wird diese Speise sehr gerne gegeben.

1438. Kalbsbrieschen, gebacken, à la Villeroi.

Nachdem die Brieschen nach Nr. 780 behandelt, gekocht und erkaltet sind, werden sie in egale Scheiben geschnitten und leicht gesalzen. Unterdessen kocht man den Fond der Brieschen wie in Nr. 1432 zur Hälfte stark mit einigen Löffeln Allemande ein, legiert die Sauce und passiert sie, wenn sie die nötige Dicke hat und die Probe gelungen ist, worauf man mit der halb erkalteten Sauce auf beiden Seiten die Brieschen überzieht, auf eine Platte giebt, vollständig auf dem Eis erkalten läßt und erst in Panierbrot, sodann in Eiweiß und Panierbrot wendet und aus heißer Butter oder Fett herausbackt. Auch diese Art der gebackenen Brieschen eignet sich sowohl als Beilage zu Gemüse, wie als Vorspeise nach der Suppe.

1439. Kalbfleischschnitten, gebacken.

Die Reste eines Kalbsbratens oder Fricandeau werden in Scheiben geschnitten, mit einer dicken Villeroisauce auf beiden Seiten bedeckt, erst in Panierbrot und dann in Eiweiß und Panierbrot gewendet und aus heißem Fett gebacken. Als Beilage zu grünem Gemüse gerne gegeben.

Oder man kocht mit 2 Löffeln Mehl, 1 Tasse Milch oder Rahm, sowie 50 Gramm Butter, Salz, Muskatnuß eine dicke Bechamel, rührt 2 Eigelb darunter, sowie etwas gehackte Champignons und bedeckt, wenn die Masse erkaltet, die Fleischschnitten damit, paniert sie wie oben und backt sie aus heißem Fett. Reste von Boeuf braisé, Roastbeef, Schlachtbraten können ebenso behandelt werden.

1440. Kalbfleischfricandellen.

Von übrig gebliebenem, gebratenem Kalbfleisch werden Haut und Sehnen entfernt und dasselbe fein gewiegt. 4 abgeriebene Milchbrote werden in Wasser eingeweicht, gut ausgedrückt und in 80 Gramm Butter mit gehackten Zwiebeln und Petersilie gedämpft, sodann zu dem Fleisch gegeben, gesalzen und gepfeffert, sowie 4 Eier dazu gerührt. Alsdann formt man entweder flache, fingerhohe Scheiben oder lange, kroquettenartige Klöße, paniert diese in Semmelbrösel und backt sie in der schwarzen Pfanne in Fett oder Butter. Wird als Beilage zu grünen, sowie getrockneten Gemüsen gegeben. Man kann außer Kalbfleischresten auch solche von Rind-, Hammel- oder Schweinefleisch nehmen.

1441. Kalbsfüße, gebacken. Erste Art.

3—4 Kalbsfüße werden mit Gemüschen und Gewürzen in Salzwasser nicht zu weich gekocht, zwischen 2 Brettchen gepreßt (nachdem man zuerst die Knochen herausgenommen) und, wenn dieselben erkaltet, zu hübschen, gleichen Stücken geschnitten, in Olivenöl und Essig, etwas gehackter Petersilie mariniert, in einen Backteig getaucht und im heißen Schmalz schön gelb gebacken.

1442. Kalbsfüße, gebacken. Andere Art.

Die ausgebeinten Kalbsfüße werden zerteilt, mit Pfeffer und Salz gewürzt, mit Zitronensaft beträufelt, durch gutes Olivenöl oder auch durch heiße Butter gezogen, in einen starken Nudelteig geschlagen und in heißem Fett gebacken.

1443. Kalbsgekröse, gebacken.

Das Gekröse wird rein geputzt, von den Drüsen befreit, in gesalzenem Wasser weich gekocht, in kaltem Wasser fest ausgedrückt, in Stücke zerschnitten und diese in nachfolgend beschriebenem Teig umgekehrt und im Fett gebacken. Der Teig wird also bereitet: 3 Löffel Mehl mit etwas Salz und Milch wird mit 5 Eiern nebst Schnittlauch oder Zwiebeln glatt gerührt und die Stückchen darein getaucht und gebacken.

Alles Eingeschlächt und kleinere Fleischstücke, wie Kalbsbrieschen, Kalbsfüße, Schweins- und Kalbsohren, junge Hühner, Tauben, 2c. können auf gleiche Weise hergestellt werden.

1444. Kalbshirn, gebacken. Erste Art.

Um alle blutigen Teile zu entfernen und das Gehirn recht weiß herzustellen, muß vorerst das Kalbs- oder Rindsgehirn recht gut ausgewässert werden, dann häutet man es ab, schneidet es in Stückchen und salzt es gut; endlich wird es abgetrocknet, in Eiern und Panierbrot umgewendet und dann in heißem Fett gebacken.

1445. Kalbshirn, gebacken. Andere Art.

Das Kalbshirn wird enthäutet und ausgewässert, wie oben beschrieben, dann setzt man es in kaltem Wasser mit allen zur Hand habenden Kräutern, Wurzeln und Gewürzen, sowie mit etwas Zitronensaft oder Essig zu und kocht es halb gar. Abgekühlt und gut getrocknet, wird es mit Eigelb bestrichen, mit Pfeffer und Salz gewürzt, in Eiweiß und Panierbrot gewendet und in heißer Butter langsam ausgebacken.

1446. Kalbsklöße.

500 Gramm enthäutetes rohes Kalbfleisch von der Schale wird mit 150 Gr. Speck fein verwiegt, dazu kommen 150 Gr. Bratwurstbrät, die Milch zweier Heringe, 2 eingeweichte und gut ausgedrückte Milchbrote, 1 Löffel Mehl, etwas Zitronensaft, Pfeffer und Salz, sowie 1 Löffel Olivenöl; diese Masse macht man gut untereinander und formt daraus mittelgroße Klöße, welche man in heißer Butter auf schnellem Feuer anbratet. Aus der Butter genommen und einstweilen auf die Seite gestellt, wird die Butter mit Mehl angerührt und gebräunt, die Heringe verwiegt dazu gegeben, ebenso einige Löffel guter Jus und Fleischbrühe, Zitronensaft, Pfeffer und Salz. Wenn die Sauce kocht, giebt man die Klöße in dieselbe und kocht sie noch etwa 10 Minuten, worauf man sie anrichtet, mit der Sauce übergießt und zu Tische giebt.

1447. Kalbskopf, gebacken.

Der wie in Nr. 810 weich gesottene Kalbskopf wird in gleiche Teile geschnitten, mit Salz, Pfeffer, gehackter Petersilie und Zitronensaft gewürzt, hernach Stück für Stück in einen Backteig getaucht und rasch gebacken oder in Eiweiß und Panierbrot gewendet und ebenso verfahren.

1448. Kalbsleber, gebacken.

Die gut gereinigte Kalbsleber wird gehäutelt, in fingerdicke Scheiben geschnitten, mit Pfeffer und Salz gewürzt, mit zerrührtem Ei leicht bestrichen, mit feinem Mehl bestäubt, dann in heißer Butter bei raschem Feuer von beiden Seiten dunkelbraun gebacken und abgesetzt. Der zurückgebliebene Fond wird mit etwas Fleischbrühe aufgegossen, mit gehackten Schalotten, Petersilie, Zitronenschale und einem Spritzchen gestoßenem Kümmel, unter Zugabe von etwas Salz, dunkelbraun eingekocht, die Leberschnitten auf heißer Platte angerichtet, die Sauce darüber gegossen, mit Zitronen umlegt, allein serviert oder, als besonders geeignet, zu Blättergemüse gegeben.

1449. Kalbsleber zu Gemüsen.

Die Kalbsleber wird abgehäutet und zu fingerdicken Scheiben geschnitten, durch warme Butter gezogen, in Panierbrot gewendet und in heißer Butter rasch auf beiden Seiten gelb gebraten, sodann gesalzen und serviert. Man kann sie zu grünem Gemüse, zu Wirsing oder zu weißem Kraut geben.

1450. Kalbsnieren, gebacken.

Die aus ihrem Fett befreiten Kalbsnieren werden mit Butter, Salz, ganzem Pfeffer, Zitronenschalen, Schalotten,

Petersilie, Selleriewurzel, mit guter Jus und etwas Zitronensaft gedämpft, in 4 Teile geschnitten, diese Stücke in Backteig getaucht und aus heißem Fett herausgebacken.

1451. Kalbsohren, gebacken.

Die Kalbsohren werden zugerichtet und gekocht, wie in Nr. 827 beschrieben ist. Sobald sie weich und ein wenig erkaltet sind, schneidet man in den dünnen Teil, von der Muschel gegen die Spitze zu laufend mit einem Messer in gleicher Entfernung von einander Einschnitte in das Ohr, doch so, daß das Ohr beisammen bleibt. Hierauf bestreut man die Ohren mit Salz, wendet sie in Mehl, dann in Eiweiß und Panierbrot und backt sie aus heißem Fett.

1452. Kalbsroulade, gebacken.

Von einer übrig gebliebenen, wie in Nr. 791 mit Godiveau gefüllten Kalbsbrust werden gleiche Scheiben geschnitten, diese in zerlassener Butter und Panierbrot gewendet, in heißer Butter gebacken und als Beilage zu Erbsen, Spinat u. s. w. gegeben.

1453. Kalbsschwänze, gebacken.

Die Kalbsschwänze werden gedämpft, wie in Nr. 893 angegeben; wenn sie weich sind, läßt man sie erkalten, schneidet sie egal lang, wendet sie in Eiweiß und Panierbrot und backt sie aus heißem Fett.

Oder man zieht sie durch warme Butter, bestreut sie mit Panierbrot und geriebenem Parmesankäse, giebt sie auf eine flache, mit Butter bestrichene Bratpfanne und backt sie im heißen Ofen.

1454. Kalbszunge, gebacken.

Die weich gekochte, abgeschälte und zugeschnittene Zunge teilt man der ganzen Länge nach in 3 oder 4 Scheiben, salzt und würzt sie, taucht sie in einen Backteig, um sie so aus heißem Fett gebacken zu Tisch zu bringen, oder man wendet sie in Eiweiß und Panierbrot oder man zieht sie durch warme Butter, paniert sie sodann und backt sie aus heißem Fett. Man giebt sie als Garnitur oder Beilage zu den verschiedensten Gemüsen.

1455. Kaninchen-Croquetten.

Ein gebratenes Kaninchen wird hachiert und in Kaninchen- oder Fleischbrühe mit zerwiegten Zwiebeln, Kräutern und Wurzeln, nachdem es mit Salz und Pfeffer gewürzt ist und 4 Eigelb eingerührt worden, zu einem dicken Brei eingekocht. Ist dieser völlig erkaltet, wird er mit etwas Kartoffelmehl oder einer eingeweichten und ausgedrückten Semmel abgerieben und 3 cm dicke, runde Croquetten daraus geformt, mit zerrührten Eiern und mit geriebener Weißbrotrinde paniert und in heißer Butter gebacken.

1456. Kaninchenpastetchen.

Das gekochte Kaninchenfleisch, wohl auch von Ueberbleibseln, wird entbeint und mit feinen Kräutern hachiert, dann gewürzt, mit gestoßenem Zwieback und 4 Eiern abgerieben, Pastetchenformen mit Butter bestrichen, damit gefüllt und im Ofen gebacken. Sie können als Beilage zu Gemüse oder als kleines Frühstück mit Caviar gegeben werden.

1457. Klops von Rindfleisch.

½ Kilo gutes Rindfleisch, von Sehnen und der Haut befreit, wird durch die Hackmaschine getrieben oder die Abfälle von Filetbraten u. s. w. werden dazu verwendet. Dazu giebt man eine fein gehackte Zwiebel, 30 Gramm zerlassener Butter, Salz, Pfeffer, 2 ganze Eier, 2 eingeweichte und ausgedrückte Milchbrote, 2 Löffel sauren Rahm, rührt alles gut unter einander und formt daraus kleine, runde, flache Klöße, welche man mit Panierbrot bestreut. In ein Sautoir giebt man einige Löffel Fleischbrühe, sowie Bratenjus, einige gehackte Sardellen, Kapern und gehackte Zwiebeln, etwas Zitronensaft und Pfeffer, läßt diese Brühe aufkochen, giebt die Klopse in dieselbe und kocht sie etwa ½ Stunde darin fertig. Die Brühe rührt man mit einer Mehlschwitze an, kocht die Sauce auf und gießt sie über die angerichteten Klopse. Man kann die Klopse auch als Beilage zu Kohlgemüsen ohne Sauce geben, mit Sauce zu Kartoffel oder Leberklößen, Maultaschen u. s. w.

1458. Klops von Kalbfleisch.

½ Kilo Kalbfleisch ohne Nerven und Haut wird mit 150 Gramm grünem Speck durch die Hackmaschine getrieben; man giebt 2 eingeweichte und gut ausgedrückte Milchbrote, Pfeffer, Salz, 2 Eier, 2 Löffel süßen Rahm dazu und formt daraus runde, flache Klöße, welche man entweder in warmer Butter oder Eiweiß und Panierbrot wendet, in der Pfanne fertig backt und als Beilage zu Gemüse serviert.

1459. Knackwürste, gebacken.

Man schneide die enthäuteten Knackwürste der Länge nach auseinander, tauche sie in Backteig, backe sie in Fett und gebe sie als Beilage zu Gemüse.

1460. Leberschnitten.

Enthäutete und feingehackte Kalbsleber sowie Wildleber oder Lebern von zahmem oder Wild-Geflügel, diese behutsam von ihrer Galle befreit, werden mit einigen Scheiben grünem Speck, Pfeffer, Salz, gehackten Schalotten, Petersilie, einem Löffel Panierbrot fein gehackt, mit einem kleinen Stückchen Butter in einer Kasserole auf dem Feuer abgerührt, durch ein Sieb passiert, 2 Eigelb daran gegeben, auf Scheiben von Milchbrot gestrichen, diese auf einem mit Butter bestrichenen Blech in heißem Ofen einige Minuten gebacken.

1461. Netzwürste, gebacken.

1 Pfund gutes Kalbfleisch wird mit beliebigen Gewürzkräutern nebst dem nötigen Salz und 30 Gramm Rindsmark fein gehackt oder durch die Hackmaschine getrieben, 1 Milchbrot eingeweicht, gut ausgedrückt und mit 2 Eiern an das Gehackte gerührt. Auf ein Schweins- oder Kalbsnetz, das gut entwässert, wird von der Masse gegeben, das Netz um dasselbe herum geschnitten, diese in das Netz in Croquettenform eingeschlagen und aus heißem Fett herausgebacken.

1462. Nierenschnitten, gebacken.

2 leicht gebratene Kalbsnieren werden mit 30 Gramm Nierenfett fein gehackt; man giebt dazu 2 Kaffeelöffel gehackter Petersilie und Schalotten in 30 Gramm Butter gedämpft, 1 geriebenes Milchbrot, Salz, Muskatnuß und 2 Eigelb, schlägt das Weiße davon zu Schnee und rührt es gleichfalls unter die Masse. Von Milchbroten werden dünne Scheiben geschnitten, diese in zerklopften Eiern umgekehrt und fingersdick mit obiger Masse bestrichen. Nach diesem werden sie mit verrührtem Ei angepinselt, mit geriebenem Milchbrot bestreut, zerlassene Butter darüber geträufelt, auf ein mit Butter bestrichenes Backblech gegeben und in heißem Ofen gebacken.

1463. Ochsenzunge, gebacken.

Man siedet sie in Salzwasser weich und zieht die Haut ab, so lange sie noch warm ist, dann schneidet man sie zu dicken, runden Scheiben, wendet sie in zerklopftem Ei und Semmelmehl und backt sie in der Pfanne in heißer Butter. Auf diese Art wird sie zu Gemüsen oder neben dem Rindfleisch als Zwischenspeise gegeben.

1464. Schinkenschnitten.

Gekochter Schinken oder Reste von diesem werden mit seinem Fett fein gehackt, gedämpfte und gehackte Zwiebeln und

Petersilie darunter gegeben, einige Eigelb, einige Löffel süßer Rahm, sowie Panierbrot, daraus ein dicker Teig gemacht, auf Brotschnitten gestrichen, mit Panierbrot und Parmesankäse bestreut, mit zerlassener Butter beträufelt und auf einem mit Butter bestrichenen Blech in heißem Ofen gebacken.

1465. Schwartenmagen.

Einige Pfund Schweinefleisch vom Kinnbacken und Halsstück werden weich gesotten und in ganz kleine Stückchen geschnitten, dann giebt man einige Löffel gewiegtes Schweinefleisch, nebst einem Glas Schweins- oder Kalbsblut, sowie Salz, Pfeffer, Ingwer, Nelken und Majoran dazu. Nachdem dieses recht durcheinander geschafft ist, wird alles in einen Schweinsmagen oder weiten Ochsendarm gefüllt und langsam in heißem Wasser verwellt, dann herausgenommen, mit einer Nadel durchstochen, zwischen 2 hölzerne Teller gelegt und beschwert, zuletzt aber noch 3–4 Tage in den Rauch gehängt. Davon können fingerdicke Scheiben geschnitten, durch heiße Butter gezogen, mit zerrührten Eiern bestrichen, leicht mit feinem Paniermehl bestäubt und rasch gebacken werden.

1466. Schweinsohren, gebacken.

Diese werden wie die Kalbsohren zubereitet, nur müssen sie in der Mitte durchschnitten werden, weil sie zu groß sind. Zu allen Wintergemüsen können dergleichen Schweinsohren gegeben werden.

1467. Schweinszungen, gebacken.

Mehrere grüne Zungen werden mit Salz, Wurzelwerk und Gewürz in Wasser und 1 Glas Wein, sowie etwas Zitronensaft weich gedämpft, denselben sodann die Haut abgezogen, in Hälften geschnitten, in Eiweiß und Panierbrot gewendet und aus heißer Butter oder Fett gebacken.

1468. Tauben, eingebacken.

Die geputzten und ausgenommenen Tauben werden in ihre Hälften zerschnitten, Magen, Herz und Leber derselben hackt man mit etwas Schinken, Zwiebeln, geriebenen Semmeln, einigen Eigelb, etwas Butter und Mehl zu einem Teig, mit welchem man die zuvor in Butter weich gedämpften Tauben fingersdick bestreicht, jede Halfte in ein mit Butter bestrichenes Papier wickelt und auf dem Roste fertig bratet.

1469. Weißwürste, gebacken.

Ein kleingeschnittener Weck wird mit süßem Rahm angefeuchtet, dann kocht man 120 Gramm klein geschnittenen grünen Speck in einem Glase Milch. giebt etwas gehackte Zwiebel, Petersilie, Salz, Muskatnuß und Pfeffer daran, rührt mit 5 Eigelb alles zusammen und füllt dies in Bratwurstdärme. Diese läßt man nun in heißer, aber ja nicht siedender Milch anziehen, trocknet sie dann ab und backt sie in Schmalz gelb.

1470. Wildschnitten.

Uebrig gebliebenes Wildfleisch wird fein gewiegt und daraus mit brauner, dicker Sauce ein ebenso dickes Wildhaché bereitet, dieses auf Semmelscheiben gestrichen, Panierbrot mit geriebenem Parmesankäse vermischt, darüber gestreut, auf ein mit Butter bestrichenes Backblech gegeben, zerlassene Butter darüber geträufelt und in heißem Ofen gebacken.

1471. Würste von übrig gebliebenem Fleisch.

Uebrig gebliebenes Fleisch, zusammen etwa 1 Pfund, wird mit etwas Speck, ½ Zwiebel und dem nötigen Salz und Gewürz klein gehackt, 1 bis 2 Wecken in Wasser eingeweicht, wieder ausgedrückt und mit 2 Eiern und etwas Bratensauce unter das Fleisch gerührt. Ist dies gut gemischt, so formt man kleine Würstchen daraus, paniert diese in Eiweiß und Semmelbrot und backt sie in Butter gelb.

1472. Würstchen, auf Gemüse zu geben.

1 Pfund junges Schweinefleisch, am besten vom Bauchlappen, wird, nachdem die Schwarte davon geschnitten, klein gehackt, in eine Schüssel gethan, dazu 60 Gramm frischer Speck in kleinen Würfeln, Salz, Pfeffer, nebst einer fein gewiegten Zwiebel zu dem Fleisch gegeben und mit einem Glas frischem Wasser angerührt. Hierauf wird Mehl auf ein Brett gestreut und so viel von der Masse herausgenommen, daß es stark fingerdicke und eben so lange Würstlein giebt. In einer schwarzen Pfanne werden dieselben in heißer Butter langsam auf beiden Seiten fertig gebraten und zu grünem Gemüse gegeben.

13.

Warme Zwischengerichte.

Entrees, Ragouts u. s. w.

Weniger reichhaltig ist die deutsche Küche an Zwischenspeisen und Ragouts, als die französische, die durch einen größeren Reichtum an feineren und feinsten Gemüsen unterstützt wird. Bei den Zwischenspeisen kommt das Fleisch, das im Geschirr nur einfach gedämpft wird, in zweiter Linie. Die Hauptsache dabei ist die Sauce, die durch allerhand pikante Zugaben dem Gaumen schmeichelt und der Zwischenplatte auf der Tafel eine Beliebtheit errungen hat, so daß ohne eine solche ein ausgewähltes Menu kaum gedacht werden kann. Die Saucen zu den Zwischenspeisen müssen gut ausgekocht sein, wie beim Kapitel Saucen schon erwähnt worden ist, dürfen nicht zu dick, d. h. nicht mehlig, schmierig oder klebrig, müssen rein entfettet, glänzend, gut eingekocht und von feinstem Geschmack sein. Der geringste Brand- oder Rauchgeschmack derselben macht die Platte völlig unbrauchbar. Allein nicht nur gut gekocht, sondern auch schön und pünktlich angerichtet sollen die Zwischenplatten auf den Tisch gebracht werden. Mit wenig Mitteln kann die Hausfrau oder Köchin auch hier viel erreichen.

Um feinere Zwischenplatten und Ragouts hübsch anzurichten, bedient man sich gerne der Nudelteigbordure; Silberreifen werden hiezu auch verwendet. Diese geben der Platte ein hübsches Aussehen und verhindern zugleich das Ueberfließen der Saucen. Man macht, um eine Nudelteigbordure herzustellen, aus 3 Eigelb mit dem nötigen Weißmehl einen festen, glatten Nudelteig, rollt ihn, wenn er einige Zeit geruht hat, messerrückendick als langes Band aus, so groß wie das Innere des Plattenrandes, schneidet den Streifen sodann etwa 3—4 cm zu beiden Seiten egal und sticht mit einem kleinen Ausstecher Zacken in die obere Seite des Streifens und ebenso einige Reihen aus dem Teig, wie Figur 396 zeigt. Hierauf befestigt man die Bordure mit einem dünnen, angerührten Teig aus Mehl und Eiweiß auf der Platte und

Fig. 396.

stellt diese an einen trockenen Ort. Häufig befestigt man in der Mitte der Platte einen in Fett gebackenen Brotcrouton, um daran einen Zierspieß befestigen zu können. Weitere Borduren von Brot, Kartoffeln, Reis, Fleischfarce u. s. w. sind bei den einzelnen Rezepten angegeben.

1473. Austernragout.

Einige Dutzend geöffneter Austern werden aus der Schale gelöst, von dem Bart befreit und in ihrem Wasser in einer Kasserole leicht blanchiert, mit etwas Zitronensaft, aber ja nicht gekocht. Die Essenz der Austern kocht man ein, knetet Mehl mit 60 Gramm frischer Butter und giebt dies an die Essenz oder giebt ausgekochte Allemande daran, kocht die Sauce sodann noch etwas ein, legiert sie mit einigen Eigelb und passiert sie auf die Austern; unter diese kann man einige Löffel Kapern, sowie Champignons geben, dieses Ragout in einen Reisrand füllen und servieren.

1474. Brieschenragout.

Die Brieschen werden von den Gurgeln abgetrennt, aus mehreren Wassern herausgewaschen, bis sie kein Blut mehr ziehen, sodann in einer Kasserole mit Wasser blanchiert und in kaltes Wasser gelegt. Hierauf wird die äußere, feine Haut abgenommen, die Brieschen in lange oder runde Stücke geschnitten, in Butter mit einem kleinen Löffel Mehl gedämpft, etwas Fleischbrühe oder Consommé dazu gegossen, sowie Zitronensaft dazu gegeben. Nach 10 Minuten nimmt man sie aus der Sauce, kocht diese noch etwas ein, legiert sie mit 2 Eigelb, passiert sie über die Brieschen, giebt einige fertige oder conservierte Champignons zu denselben und stellt das Ragout bis zum Gebrauch in ein Wasserbad. Zum Servieren richtet man das Ragout in einer tiefen Schüssel erhaben an, umlegt mit gebackenen Brotcroutons.

1475. Brieschen à la Toulouse, im Reisrand.

6 blanchierte Kalbsbrieschen werden abgehäutelt, in ein Sautoir gegeben, mit Gemüse und Gewürz, etwas Butter und Fleischbrühe, etwa 1/4 Stunde gekocht. Frisch gekochte Champignons oder solche aus der Büchse, mit Godiveau oder Geflügelklößen, sowie einigen weichgekochten Morcheln, werden in eine Kasserole zusammen gegeben. Der Fond von den Brieschen wird rein entfettet, eingekocht, mit einigen Löffeln Allemande zu einer schönen, nicht zu dicken Sauce ausgekocht. Ein Teil derselben wird auf das Ragout gegeben, dieses aufgekocht und mit der übrig gebliebenen Sauce bis zum Gebrauch im Wasserbad warm gestellt. 3/4 Pfund Reis wird sodann blanchiert, das Wasser gut abgeschüttet und mit doppelt so viel Fleischbrühe, Salz und 100 Gramm Butter langsam, etwa 20—25 Minuten gekocht, bis der Reis, der aber körnig bleiben muß, weich ist. Eine einfache, glatte Bordureform streicht man mit Butter aus (oder giebt kaltes Wasser in dieselbe, ehe man den Reis einfüllt) und drückt den Reis fest in dieselbe, stürzt die Bordure auf eine runde Platte, schneidet die Brieschen in hübsche Stücke, legt diese geschmackvoll auf den Reis, giebt in die Mitte der Bordure das Ragout und sauciert die Platte vor dem Servieren mit etwas Sauce, während man eine Saucière extra dazu serviert.

Um den Reis legt man Fleurons oder Brotcroutons.

1476. Brieschen à la financière.

4—6 leicht blanchierte Kalbsbrieschen (sie dürfen im Wasser nicht hart werden) werden leicht gepreßt, egal geschnitten und mit fein geschnittenem Speck gespickt, sodann in eine Sautépfanne mit Speckscheiben, Gemüse und Gewürz gegeben, mit einem Butterpapier bedeckt, einige Löffel guter Jus oder Bratenjus daran gegeben, sowie etwas Butter und im Ofen etwa 1/2 Stunde gedämpft und im Saft schön gelb glaciert. Eine feine Geflügel- oder Godiveaufarce wird in eine niedere, glatte, mit Butter bestrichene Bordureform eingefüllt und so im Wasserbad gekocht. Die Spitze einer weich gekochten, gesalzenen Ochsenzunge, einige Champignons und Trüffeln, sowie kleine Klöße werden in eine Kasserole zusammen gegeben.

Den entfetteten Fond der Brieschen kocht man ein, giebt einige Löffel Espagnole dazu, kocht die Sauce nicht zu dick ein, giebt einen Teil derselben auf das Ragout, den andern in eine Saucen-Kasserole. Beim Anrichten stürzt man den Farcerand auf eine runde Platte, giebt das Ragout in die Mitte hoch dressiert, die Brieschen schneidet man in schräge Stücke und belegt damit den Farcerand. In die Sauce giebt man 1 Glas Madeira, sauciert damit die Brieschen und giebt noch extra Sauce in einer Saucière dazu. Um den Farcerand kann man geschnittene und gebackene Brotcroutons legen oder Butterteigfleurons.

1477. Brieschen à la Périgueux.

Wird ähnlich behandelt, wie die Brieschen à la financière, nur spickt man dieselben mit Trüffelstiften anstatt mit Speck und sauciert und serviert eine Trüffelsauce damit.

1478. Enten mit grünen Erbsen.

2 junge Enten werden ausgenommen, flammiert und dressiert, mit Gemüsen und Gewürz, etwas rohem Schinken, ¼ Pfund Butter und einem kleinen Schöpflöffel guter Fleischbrühe und Bratenjus gut weich gedämpft. Einige Hände voll junger Erbsen werden in Salzwasser weich gekocht, in ⅛ Pfund süßer Butter mit etwas Zucker und Salz geschwungen und warm gestellt. Oder man verwendet Büchsenerbsen und macht diese auf dieselbe Art fertig. Eine Sauce Béchamel (siehe Nr. 382) mit ¼ Pfund Mehl und ¼ Pfund Butter, welches einige Zeit geröstet wird, mit ½ Liter süßem Rahm auf dem Feuer ziemlich dick gekocht, wird, nachdem vorher entsprechend Gemüse und Gewürz dazu gethan worden ist, durch ein Haartuch passiert und die Platte folgendermaßen angerichtet. Auf den Boden der Platte kommt die Béchamel, in welche man vor dem Anrichten 1 eigroß frische Butter gerührt hat. Dann werden die Enten hübsch tranchiert, hoch in die Mitte der Platte gerichtet, die Erbsen im Kranze darumgegeben und schließlich die zu dicker Jus kurz gekochte, abgefettete Brühe der Enten darauf gegeben und serviert. Um die Erbsen legt man hübsch geschnittene Brotcroutons oder Butterteigfleurons.

1479. Enten mit Gemüschen, à la macédoine.

Die Enten werden gerichtet und in einer Kasserole mit Gemüse und Gewürz in Butter angebraten, mit 1 Glas Rotwein, sowie etwas Bratenjus abgelöscht und darin weich gedämpft. Den Fond fettet man ab und kocht ihn mit einigen

Löffeln Espagnole zu einer nicht zu dicken Sauce ein. Gelbe und weiße Rüben, sowie Selleriewurzeln werden sauber geschält, gewaschen und hübsch egal mit dem Kolonnenausstecher ausgestochen oder mittelst des Gemüsebohrers ausgebohrt. Jede Sorte wird einzeln blanchiert und mit guter Fleischbrühe, etwas Butter, Zucker und Salz kurz und weich gekocht. Ein Teller ausgebrochener Erbsen, kleine, in Viereckchen geschnittene Bohnen werden jedes für sich ebenfalls blanchiert. Diese Gemüse kommen sodann alle zusammen und werden in Butter, Salz und gestoßenem Zucker geschwungen. Die Enten werden, nachdem sie schön tranchiert und auf Béchamel hoch angerichtet sind, mit den Gemüschen und kleinen Brotcroutons garniert zu Tische gegeben, die Sauce extra dazu serviert.

1480. Enten-Salmi mit Oliven.

2 Enten werden gerichtet, in einer Kasserole mit Gemüse und Gewürz in Butter schön gelb angebraten, das Fett abgeschüttet, 1 Löffel guter Jus, sowie 1 Glas Rotwein dazu gegeben. Nach einigen Minuten giebt man 1 Löffel brauner Sauce (Espagnole) dazu und kocht die Enten noch einige Zeit, bis sie weich sind; dann werden sie herausgelegt, die Sauce passiert, dicklich eingekocht und etwa 40—50 abgedrehte, blanchierte und in Jus weich gekochte Oliven in dieselbe gethan. Die Enten werden nun hübsch tranchiert, in der Mitte einer runden Platte hoch angerichtet und die Oliven darum gegeben. Den Rand kann man mit Brot- oder Butterteigcroutons belegen.

Von Wildenten wird diese Platte ebenso zubereitet.

1481. Enten mit Sauerkraut.

Die jungen, dressierten Enten werden in Butter etwa ¼ Stunde hellgelb angebraten, zum Fertigmachen in ein noch nicht ganz fertig gekochtes Sauerkraut gegeben und in diesem weich gedämpft. Sind die Enten fertig, werden sie hübsch tranchiert und folgendermaßen angerichtet: Auf eine tiefe, runde Platte wird erst etwas von dem Sauerkraut gegeben, das man vorher wie in Nr. 521 fertig gemacht hat, die Entenstücke werden darauf erhaben angerichtet und mit dem Sauerkraut, sowie Brot- oder Blätterteigcroutons garniert. Den zurückgebliebenen Bratenfond in der Kasserole kocht man mit etwas guter Jus auf und gießt es über die angerichteten Enten.

Von Wildenten ebenso zubereitet.

1482. Farcetimbale mit Ragout.

Von 3 Pfund Kalbfleisch vom Schlegel, enthäutet und entnervt, wird eine Godiveaufarce hergestellt (siehe Nr. 246). Einige Brieschen, in Fleischbrühe gekocht, einige Champignons, weich gekochte Morcheln, einige Zungenstückchen werden zusammen in eine kleine Kasserole gegeben. Den Fond der Brieschen mit der Essenz der Champignons kocht man stark ein, giebt einige Löffel Allemande dazu und kocht diese Sauce halb dick ein, worauf man sie passiert und die Hälfte in eine Saucenkasserole giebt und ins Wasserbad bis zum Gebrauch setzt. Den anderen Teil der Sauce legiert man mit 4 Eigelb und kocht sie dick ein, passiert sie an das Ragout, kocht dies rasch einmal auf und stellt es kalt. Von der Godiveaufarce macht man eine Probe in heißem Wasser, sie soll nicht zu leicht sein, und streicht sodann eine glatte, gut ausgebutterte Timbaleform stark fingerbreit am Boden und an den Wandungen mit der Farce aus. Das Ragout, das ziemlich dick gehalten sein muß, damit die Sauce nicht ausbrechen kann, giebt man in die Mitte des Timbals, nicht ganz bis zum Rand, und streicht sodann mit der übrigen Farce die Timbale oben fingerdick glatt zu. Sodann giebt man die Timbale in eine hohe Kasserole in heißes Wasserbad und läßt sie darin etwa 1—1½ Stunden langsam ziehen, ja nicht kochen. Hierauf stürzt man sie auf runde Platte, garniert mit Zungen-, Brot- oder Blätterteigcroutons. In die Sauce schlägt man noch etwas Süßbutter und serviert diese extra.

1483. Fasan mit Sauerkraut.

Der gerichtete und bardierte Fasan wird in Butter gelb angebraten, sodann in Sauerkraut gegeben und darin vollends weich gedämpft, das Sauerkraut sodann fertig gemacht, der Fasan tranchiert, auf demselben hübsch erhaben angerichtet und mit Brotcroutons (siehe Nr. 537) garniert zu Tische gegeben. Den zurückgebliebenen Bratenfond kocht man mit etwas guter Jus auf und passiert ihn über den Fasan.

1484. Fasanen-Salmi.

Ein gerichteter, dressierter und mit Speck umbundener Fasan wird mit ¼ Pfund Butter, einigen Stückchen rohem Schinken, Gemüse und Gewürz schön angebraten und mit ¼ Liter dickrotem Wein und einem Löffel guter Jus weich gedämpft, sodann in hübsche Stücke tranchiert und in einer Kasserole mit etwas guter Jus im Wasserbad warm gestellt.

Die Abfälle werden gehackt, in den Fond gegeben, ebenso auch die Trüffel- oder Champignons-Essenz, dieser sodann passiert, entfettet, eingekocht und mit einigen Löffeln Espagnole zu einer dicklichen Sauce eingekocht, deren einen Teil man auf die Fasanenstücke giebt, während man den anderen Teil in einer Saucenkasserole warm hält. Das Salmi richtet man entweder in einer Reisbordure oder in einem Blätterteigreif erhaben an, mit Champignons oder Trüffelscheiben umlegt, sauciert und etwas Sauce extra noch dazu serviert. Salmi werden von allen anderen Arten Wildgeflügel ebenso zubereitet.

1485. Fasanenragout.

Die hier zu verwendenden jungen Fasanen werden in geeignete Stücke zerlegt, in eine mit Speckschnitten belegte niedere Kasserole gebracht, mit Salz und etwas Pfeffer gewürzt, roher Schinken, nicht zu fein verwiegt, eine in Butter gebräunte Zwiebel, Nelken und eine Zitronenscheibe dazu gegeben und ½ Liter schwerer, weißer Wein daran gegossen und gedämpft. Sind die Fleischstücke weich, so werden sie herausgenommen, gut entfettet, der Fond mit einigen Löffeln Espagnole gut eingekocht, 200 bis 300 Gramm in Scheibchen geschnittene Trüffeln darin weich gekocht, das Fleisch wieder hineingelegt und, nachdem es noch 5—10 Minuten zusammen gekocht hat, angerichtet.

1486. Fasanengalantine mit Champignons.

Ein Fasan wird gerupft, flammiert, geputzt, der Kropf herausgenommen, die Beine und ebenso der Hals abgeschlagen. Sodann beint man ihn, vom Rücken anfangend, wie in der Einleitung S. 73 beschrieben, aus. Aus dem rohen Fleisch eines Rehbugs stellt man eine Godiveau (s. Nr. 285) her, welche man sehr leicht hält. In diese Farce schneidet man ein kleines Salpikon von Trüffeln, Champignons und roter Zunge, giebt die Farce auf den ausgebreiteten und gesalzenen Fasan, rouliert und näht ihn zu und bindet ihn in eine Serviette. Von den Knochen kocht man mit einem Glas Rotwein, sowie guter Jus, Gemüse und Gewürz eine Essenz, passiert diese, giebt einige Löffel Espagnole dazu und kocht die Sauce mit der Champignonsessenz gut ein. Die Galantine giebt man in heiße Fleischbrühe mit 1 Zwiebel, Rüben und Gewürz und läßt sie darin etwa 1—1½ Stunden langsam ziehen, nicht kochen. Nach dieser Zeit nimmt man die Galantine heraus, bindet sie auf, entfernt die Nähte und schneidet sie in hübsche Scheiben, welche man auf einem Reissockel auf runder Platte im Kranze anrichtet. In die Mitte giebt man fertige Champignons oder auch Trüffeln hoch angerichtet und ein Zierspießchen, an einem Brotcrouton befestigt. Den Reis umlegt man mit ausgestochenen und gebackenen Halbmonden von Brot. In die Sauce giebt man kurz vor dem Anrichten ein Glas Madeira, sauciert die Galantine leicht damit und giebt die übrige extra dazu.

Rebhühner mit Trüffeln oder Champignons werden ebenso zubereitet.

1487. Gansleberschnitten.

Von zwei schönen Ganslebern werden gleich dicke Stücke in der Form von Koteletten geschnitten. Die Abfallstücke werden mit Gemüse, Schinken und Gewürz in Butter gedämpft, mit 1 Glas Rotwein und Bratenjus gekocht, passiert und mit einigen Löffeln Espagnole zu einer dicklichen Sauce eingekocht. Die zurückgebliebenen Stücke Gansleber können entweder kalt zu Purée oder in Stückchen geschnitten zu einer Pastetchenfülle verwendet werden. Zehn Minuten vor dem Anrichten werden die Gansleberschnitten gesalzen und in heißer, heller Butter auf beiden Seiten rasch gebraten, auf runder Platte in einer Teigbordure im Kranze angerichtet, in die Mitte fertige Trüffeln oder Champignons schön erhaben angerichtet und mit der Sauce, unter welche man etwas Madeira gegeben hat, sauciert zu Tische gegeben.

1488. Gansleberschnitten in Farcereif.

Von 2—3 Ganslebern schneidet man fingerdicke Scheiben, welche man egal schneidet, auf eine Platte legt und einstweilen zur Seite stellt. Die Abfälle der Lebern giebt man in eine flache Kasserole in heiße Butter mit feingehackten Schalotten, Petersilie sowie Trüffelscheiben oder Abfällen, giebt etwas Bratenfond dazu und dämpft die Gansleberabfälle etwa 1/4 Stunde. Wenn sie erkaltet sind, giebt man sie samt allem in den Reibstein, stößt sie fein und passiert sie durch ein Sieb. Eine feste Panade, halb so viel als Gansleberpurée giebt man dazu, Salz, 2 ganze Eier und 4 Eigelb und macht alles gut durcheinander, worauf man es noch einmal durchs Sieb passiert. Vor dem Einfüllen der Farce in die mit Butter ausgestrichene glatte, niedere Bordureform ist es gut, eine kleine Probe von derselben zu machen; ist sie zu weich, giebt man etwas gestoßenes, rohes und passiertes Kalbfleisch dazu. Ist sie fest genug, giebt man sie in die Bordureform und läßt sie in heißem Wasser in einer Kasserole 3/4 Stunden ziehen. Die Ganslebern werden nun gesalzen und in heißer Butter in der Pfanne auf beiden Seiten rasch sautiert. Den Farcerand stürzt man auf eine runde Platte, setzt die sautierten Gansleberschnitten im Kranz darauf und auf jedes derselben eine Trüffelscheibe. Eine gute, kräftige Madeirasauce gießt man über die Schnitten und serviert noch extra davon in einer Saucière.

1489. Gansleber à la Périgueux.

In eine schöne Gansleber werden leichte Einschnitte auf der oberen Seite gemacht und in diese rohe oder gekochte Trüffelscheiben eingelegt. Die Leber wird sodann gesalzen, mit einer Speckschwarte zugedeckt und in einer Kasserole mit rohem Schinken, 1 Zwiebel, 1 gelben Rübe, Selleriewurzel und Gewürz mit etwas Butter angedämpft und sodann mit 1 Glas Rotwein, sowie einigen Löffeln Bratenjus abgelöscht und so etwa noch $1/2$ Stunde langsam gedämpft. Vor dem Anrichten schneidet man die Leber in hübsche Scheiben, legt sie auf eine runde Platte, garniert sie mit in Rotwein fertig gekochten Trüffeln. Die Sauce kocht man mit dem Fond und Espagnole aus und giebt einen Teil über die Leber, den anderen in einer Saucière dazu. (Fig. 397.)

Fig 397.

1490. Gansleber à la Provençale.

Die rohe Gansleber wird in nicht zu dünne Scheiben geschnitten, mit Salz und Gewürzen versehen und mit Semmelmehl und geschlagenen Eiern paniert und bei lebhaftem Feuer unter fortwährendem Umwenden in Olivenöl gebraten. In heißem Olivenöl werden gehackte Zwiebeln, sowie einige Löffel frischer oder trockener, gehackter Champignons gedämpft, nach einigen Minuten wird eine Messerspitze Mehl eingerührt und mit 1 Deziliter weißem Wein und ebensoviel Fleischbrühe und Bratenjus abgelöscht oder anstatt des Mehles einige Löffel fertiger Espagnole damit aufgekocht. Wiederholt aufgekocht werden einige geschnittene Trüffeln, frisch oder trocken dazu gethan, die Leberschnitten im Kranze angerichtet, die Sauce in die Mitte der Platte gegossen und die übrige in einer Saucière dazu serviert.

1491. Gansleber mit Ragout.

Eine nicht zu fette Gansleber wird mit 1 Zwiebel, 1 gelben Rübe, 1 Stückchen Sellerie, einem kleinen Bouquetchen Petersilie und ¼ Pfund rohem Schinken, einigen Pfefferkörnern, 1 Nelke und einem Stückchen Lorbeerblatt mit ¼ Pfund Butter ¼ Stunde langsam gedämpft, mit ⅛ Liter guter Jus, ¼ Liter gutem, dickrotem Wein angegossen und hierin die Gänseleber je nach Größe etwa ¾—1 Stunde langsam weichgedämpft. Der Fond wird passiert, rein entfettet, mit einigen Löffeln Espagnole zur gehörigen Dicke eingekocht. Die Leber wird in Tranchen geschnitten, in ihrer ursprünglichen Form angerichtet, dazu ein Ragout von Champignons, Morcheln, Trüffeln, Godiveauklöße mit der Sauce hergestellt. Die Leber setzt man in einen Reis- oder Kartoffelrand, giebt das Ragout darüber und serviert die Sauce extra dazu.

1492. Gansleber in Sauce.

Die Gansleber wird in einem Stückchen Butter auf schwachen Kohlen gelb angebraten, dann giebt man eine in Stücke geschnittene Zwiebel, ein Stückchen Speck, sowie Gewürz dazu, gießt das Fett von der Leber ab, bestreut sie mit einem Löffel Mehl, gießt 1 Glas Rotwein, sowie etwas Fleischbrühe oder Bratenjus daran und dämpft die Leber langsam ¾—1 Stunde. Den Fond kocht man ein, daß die Sauce etwas dicklich wird, und passiert sie über die angerichtete, in Scheiben geschnittene Leber.

1493. Gansragout.

Eine Gans wird, wenn sie rein ausgenommen und geputzt ist, roh in Stücke geschnitten, gesalzen und in einer Bratpfanne in heißer Butter angeröstet. 20—25 kleine Zwiebeln giebt man dazu, staubt einige Löffel Mehl auf die Stücke und gießt sodann 2 Glas Weißwein, einige Löffel Fleischbrühe und gute Jus daran, deckt den Deckel zu und dämpft die Gans etwa 1—1½ Stunden, bis die Stückchen gut weich sind, worauf man sie in eine Kasserole legt, die Sauce dicklich einkocht und auf die Stückchen giebt. Man richtet das Ragout auf einer Platte mit Bordure an, legt fertige Champignons und Brotcroutons um dieselbe und giebt es zu Tisch.

1494. Ganspfeffer oder Gänseklein.

Flügel, Füße, Kopf, Hals, Magen und Herz werden gut gereinigt und gewaschen, mit gesalzenem Wasser, Wurzeln und

Gewürz, auch etwas Essig zugesetzt und recht weich gekocht. Man reinigt die Flügel durch Ueberbrühen oder Stehenlassen in kochendheißem Wasser, die Füße, deren Oberhaut man durch Ueberbrühen abziehen kann. Vom Kopf haut man den Schnabel ab, sticht die Augen aus und entfernt r· in die Stoppeln. Vom Hals zieht man meist die Haut ab, kann sie aber auch lassen. Der Magen wird auseinander geschnitten und die harte Haut entfernt. Einige Kochlöffel Mehl röstet man mit Butter schön gelb, fügt kleingeschnittene Zwiebeln bei und löscht es mit der Brühe, in welcher das Gänseklein gekocht wurde, ab und kocht die Sauce gut aus. Die Fleischstücke schneidet man in kleinere Stücke, legiert die Sauce kochend vor dem Anrichten mit dem, mit etwas Essig aufgefangenen Gänseblut und giebt sie durch ein Sieb auf das Gänseklein. Für große Haushaltungen kann man Schweinefleisch mitkochen, damit der Ganspfeffer besser ausgiebt.

Man serviert dazu Kartoffeln in der Schale, Kartoffelklöße oder Salzkartoffeln.

1495. Geflügel, fricassiert.

Hühner, Tauben, Kapaunen, junge Hennen, sauber gerichtet und geputzt, können auf nachfolgende Art zubereitet werden. Man schneidet das Geflügel entweder roh in Stücke oder dämpft es ganz, um, wenn dasselbe fertig ist, erst zu zerteilen. Bei beiden Arten wird das Geflügel in zerlassener Butter, mit Fleischbrühe, etwas Salz, Gemüse und Gewürz weich gedämpft. Eine leichte Mehlschwitze rührt man mit der Brühe des Geflügels an und läßt die Sauce etwa 1 Stunde von der Seite kochen. Wenn sie genügend dick ist, legiert man sie mit einigen Eigelb und Rahm, kocht sie noch einmal auf und passiert sie über das in hübsche Stücke geschnittene Geflügel.

Für Kranke zu empfehlen, doch ohne Gemüse und Gewürz mitzukochen.

1496. Geflügel-Hachis.

Gebratenes oder weißgekochtes Fleisch von Hühnern, Kapaunen, Poularden oder Welschhühnern oder übrig gebliebene Stücke derselben werden enthäutet, entbeint und sodann fein gehackt, mit einem Eigroß Süßbutter, etwas Zitronensaft angedämpft, einige Löffel guter, weißer Sauce dazugegeben und mit 2 Eigelb legiert. Beim Anrichten giebt man das Hachis in die Mitte der Platte, umlegt dasselbe mit verlorenen Eiern, Brotcroutons oder Blätterteigfleurons und serviert.

Für Kranke ist das Hachis von weißgekochten, zarten,

weichen Hühnerbrüsten herzustellen und die Brühe der Hühner zur Sauce zu verwenden.

1497. Geflügelreste als Ragout.

Reste von Geflügel werden am besten entbeint, dann in nicht zu kleine Stücke geschnitten, die Knochen zerschlagen, mit Gemüse und Gewürz in Butter leicht angeröstet, dann mit 1 Glas Weißwein und guter Geflügelfleischbrühe oder Consommé zu einer Essenz ausgekocht. Diese kocht man entweder mit einer weißen Mehlschwitze aus oder giebt zu der Essenz, wenn man sie ziemlich eingekocht hat, einige Löffel Allemande zu. Auf beide Arten wird die Sauce dick eingekocht, legiert und auf die Geflügelstückchen passiert. Champignons, kleine Klöße und Morcheln können dazu gegeben werden und richtet man das Ragout entweder in einem Reisrand oder in einem Blätterteigreif an.

1498. Hammelragout. Erste Art.

Zum Hammelragout verwendet man am besten Brust, Schulter oder die bedeckten Rippenstücke von guter, frischer Qualität. Dieselben werden mit Pfeffer und Salz, mit Zwiebeln, Knoblauch, Lorbeerblättern, Nelken, Zitronenschale unter Zuguß von einigen Tropfen Zitronensaft in Butter gedämpft. Dann wird eine braune Mehlschwitze mit Butter gemacht, die mit der gewonnenen Brühe, sowie Fleischbrühe abgelöscht wird, das Fleisch hineingelegt, ein Deziliter weißer Landwein dazu gegossen und gut zugedeckt 1—1½ Stunden weich gedämpft. Man kann ½ Stunde vor dem Anrichten rohe Kartoffeln zugeben und sie im Ragout vollends fertig kochen.

1499. Hammelragout. Andere Art.

Vom Hammelrücken werden Stücke in Form von Koteletten geschnitten, diese, damit sie steif werden, einen Augenblick in siedendes Wasser getaucht und mit Pfeffer und Salz gewürzt. Sodann wird der Boden eines Bratgeschirres mit Zwiebelscheiben belegt, darauf eine Lage Fleisch gegeben, auf dieses Scheiben von rohen Kartoffeln, mit Salz und Pfeffer bestreut, dann eine zweite Lage Fleisch und darüber eine zweite Lage Kartoffel. Diesem wird der Absud von Wurzeln, Kräutern und Gewürzen beigegossen und 2 Stunden langsam gekocht. Wer es liebt, kann etwas Essig oder weißen Landwein dazu gießen.

1500. Hammelragout von Brust.

Wird, wie in Nr. 1498 oder Nr. 1499 beschrieben ist, behandelt.

1501. Haricot de mouton, französ. Hammelragout.

Eine Hammelbrust, Schulter oder bedecktes Rippenstück wird in Stücke geschnitten und auf lebhaftem Feuer mit Butter oder gehacktem Speck angebraten, sodann gesalzen und gepfeffert. Wenn die Stücke eine hübsche Farbe haben, doch ohne sie anbrennen zu lassen, staubt man sie mit einigen Löffeln Mehl ein und läßt sie unter öfterem Wenden mittelst eines Holzlöffels noch etwa 5 Minuten auf dem Feuer. Alsdann gießt man heißes Wasser oder besser heiße Fleischbrühe auf das Fleisch, giebt eine Zwiebel, besteckt mit einigen Nelken, ein klein wenig Knoblauch und ein Petersilienbouquet dazu und läßt es auf langsamem Feuer etwa 1½ Stunden kochen. ¾ Stunden vor dem Fertigwerden giebt man einige weiße Rüben, welche man in hübsche, gleiche Stücke geschnitten und zuvor in Butter angedämpft hat, zu dem Fleisch. Ist das Ragout fertig, entfernt man die Gemüse außer den weißen Rüben und richtet es auf einer Ragoutplatte an.

Man giebt ebenso wie nur weiße Rüben: Kartoffeln, gelbe Rüben, Sellerie, kleine Zwiebeln, Erbsen zu dem Fleisch, um es mit demselben fertig zu dämpfen und zu servieren.

1502. Hammelpilaff oder -Pilaw.

Ein Hammelbug oder Rippenstück wird in Stücke geschnitten, gesalzen und gepfeffert und in einem Bratgeschirr in heißer Butter auf allen Seiten angebraten. Sodann giebt man einige gehackte Schalotten dazu und sodann etwa 1 Pfund Reis, welchen man auch in der Butter röstet. Nach einigen Minuten gießt man einige Löffel Fleischbrühe an das Fleisch und läßt das Ganze langsam etwa 1—1½ Stunden von der Seite dämpfen. Ist das Fleisch weich, giebt man noch einige Löffel Tomatenpurée unter dasselbe, richtet die Fleischstücke mit dem Reis auf einer tiefen Ragoutplatte an und serviert.

Wird die Speise durch den Reis zu dick, gießt man etwas Fleischbrühe oder gute Bratenjus dazu.

Von Lammfleisch ist diese Speise vorzuglich; ebenso von Kalbfleisch.

1503. Hasenragout, italienisch.

Ein, wie in Nr. 1508 erwähnt, zerlegter Hase wird in heißem Oel mit gehackten Zwiebeln angebraten, Salz, Pfeffer, Lorbeer und gehackte Petersilie dazu gegeben, mit Mehl aufgestaubt, mit 1/4 Liter Weißwein, etwas Fleischbrühe und guter Jus abgelöscht und weich gekocht. Unter die Sauce giebt man sodann einige Löffel Tomatenpurée, sowie etwas Cayennepfeffer, kocht das Ganze noch einmal auf und giebt es zu Tische, umlegt mit Kartoffeln, Nudeln oder Maccaroni, auch Risotto mit Käse.

1504. Hasenragout, russisch.

Ein Hase wird, wie in Nr. 1508 gesagt, zerlegt, gepfeffert und gesalzen und in 200 Gramm Bauchspeck mit gehackten Zwiebeln und Petersilie angebraten, dann leicht mit Mehl aufgestaubt und 1/4 Liter Weißwein, sowie 1/4 Liter saurer Rahm und etwas gute Jus daran gegossen, das Geschirr gut verschlossen und im Ofen etwa 2—2 1/2 Stunden gedämpft, das Fleisch sodann, wenn es fertig, angerichtet, die Sauce mit saurem Rahm noch legiert und über das Fleisch gegeben. Kleine, glacierte Zwiebeln, sowie in Würfel geschnittenen, gebratenen Bauchspeck giebt man über das Ragout.

1505. Hasenpfeffer, Jägerragout.

Die Kleinteile des Hasens, soweit sie nicht zum Braten verwendet werden, also der Kopf ohne die Augen, der Hals, die Büge, die Brust, die Leber, die Lunge und die Nieren, werden in passende Stücke geschnitten, in 200 Gramm gewürfeltem, heiß gemachtem Speck in einer Kasserole angebraten, dazu Salz, Pfeffer, 1/2 Lorbeerblatt, 1 Zwiebel, mit 2 Nelken besteckt, und 1/2 Selleriewurzel gegeben. Nachdem das Ragout gut angebraten, wird 1—2 Löffel Mehl aufgestaubt, man läßt dieses noch etwas anziehen, giebt 1/4 Liter Rotwein dazu und läßt das Fleisch darin weich kochen. Hierauf giebt man es in eine andere Kasserole, passiert die Sauce, entfettet sie, schneidet die Leber und die Nieren in Scheiben zu dem Fleisch und schmeckt das Ragout mit etwas Zitronensaft ab. Vor dem Anrichten rührt man das Hasenblut mit der Sauce langsam an, giebt es an das Ragout, kocht das Ganze nochmals rasch auf und giebt es sofort zu Tische. Dazu serviert man Kartoffelklöße, Leberklöße, Spätzlen u. s. w. (Mit dem Blut angerührt soll das Ragout nicht mehr stehen, da es sonst gerinnt. Das Blut verdickt auch die Sauce des Ragouts und braucht man dann nicht so viel Mehl zu nehmen).

1506. Hasenragout mit Kapern.

Das Ragout, wie oben zugerichtet, wird in heißem Speck mit Zwiebeln, Salz und Pfeffer angebraten, mit Mehl aufgestaubt, ½ Liter Weißwein daran gegossen und darin weich gekocht. Ist das Ragout weich, giebt man es in eine andere Kasserole, passiert die Sauce über dasselbe, giebt einige Löffel Kapern dazu, sowie etwas Zitronensaft und serviert das Ragout in einer tiefen Schüssel.

1507. Hasenragout, französisch.

Ein Hase wird zerlegt, wie in Nr. 1508 (Hasencivet) angegeben ist, und ebenso in heißem Speck mit Pfeffer und Salz, sowie gehackten Zwiebeln angebraten, sodann mit Mehl aufgestaubt, mit ¼ Liter Weißwein, etwas Fleischbrühe und guter Jus abgelöscht, in Scheiben geschnitten, rohe Champignons oder eingemachte dazu gegeben und weich gekocht, sodann auf runder Platte angerichtet und mit Champignons garniert zu Tische gegeben.

1508. Hasencivet.

Von einem abgestreiften Hasen werden der Rücken in 4 Stücke, die Schlegel in 3 Stücke zerteilt und mit den beiden Bügchen, dem Hals, der Brust, Leber und Niere, sowie mit in Würfel geschnittenem Bauchspeck (etwa ½ Pfund) zusammen in heißer Butter auf offenem Feuer hellbraun angebraten, unter beständigem Durcheinanderrühren. Sodann giebt man 1 Flasche Rotwein, etwas Fleischbrühe oder Bratenjus, nebst 2 Zwiebeln und Gewurz an das Fleisch und läßt es langsam weich kochen. Hierauf entfernt man die Zwiebeln und das Gewürz, legt die Hasenstücke in eine Kasserole und ebenso die Speckstückchen, zu denen man noch in Scheiben geschnittene Champignons und kleine, glacierte Zwiebeln giebt und stellt beide Kasserole einstweilen im Wasserbad warm. Den Fond des Hasen passiert und entfettet man, kocht ihn halb ein und giebt einige Löffel Espagnole zum Aufkochen dazu. Beim Anrichten giebt man die Hasenstücke erhaben in die Mitte, das Ragout und die Sauce über dieselben, garniert mit Brotkroutons oder Blätterteigfleurons und serviert die Platte sehr heiß. Man kann das Fleisch, ehe man dasselbe mit Wein ablöscht, auch mit Mehl aufstauben und auf diese Art die Sauce herstellen.

1509. Hasen oder Wild à la Metternich.

Man nimmt von einem Feldhasen das rohe Fleisch von den Beinen sorgfältig ab, löst die Häute und Nerven daran sauber weg, so daß man das reine Fleisch hat, stößt selbes in einem Mörser mit etwas Salz und Muskatnuß sehr fein und giebt während des Stoßens ein gutes Stück Butter dazu. Alsdann nimmt man die Farce aus dem Mörser heraus, passiert sie durch ein feines Sieb und giebt sie in einer Schüssel auf das Eis, damit sie sehr kalt wird. Ungefähr 1 Stunde vor dem Bedarf rührt man löffelweise ½ Liter süßen Rahm (Obers) hinein und ¾ Liter Schlagrahm (Schlagobers). Nun nimmt man ein kleines Förmchen, giebt etwas von der Farce hinein, läßt es in Wasserdunst mit einem Kohlendeckel, ganz an der Ecke des Herdes schön langsam anziehen, es darf aber ja nicht kochen. Sodann stürzt man die Farce aus den Förmchen heraus, versucht sie, ob sie genügend Salz hat und ob sie nicht zu fest ist; sollte sie zu fest sein, so giebt man noch etwas Rahm dazu. Ist die Speise aber fein und delikat, so nimmt man eine größere, glatte Sturzform, streicht sie mit guter Butter aus, giebt Farce hinein und läßt dann die Form in Wasserdunst mit Kohlendeckel ungefähr ½ Stunde am Rande des Herdes anziehen; sie darf ja nicht kochen, denn blos der Dunst muß die Speise fertig machen. Nun stürzt man die Speise auf eine Schüssel, nimmt die Form herunter und serviert dazu ein Purée von Champignons oder, noch feiner, ein Purée von Trüffeln mit Madeirawein.

1510. Huhn mit Kräutersauce à la Chivry.

2 Hühner werden ausgenommen, flammiert, die Beine am zweiten Gelenk abgeschlagen, ebenso die Flügel, dann dressiert und leicht mit Zitronensaft eingerieben, in eine Kasserole auf die Schlegel gelegt, leicht gesalzen, mit einigen Löffeln fetter Fleischbrühe, einer nußgroß Butter, 1 Zwiebel, 1 gelben Rübe und etwas Gewürz aufs Feuer gesetzt und etwa 20 Minuten gekocht. Die Hühneressenz wird entfettet und eingekocht, einiger Löffel gute Allemande dazugegeben und dicklich eingekocht, mit einigen Eigelb abgezogen, in eine Saucenkasserole passiert und bis zum Gebrauch warm gestellt. Auf die Sauce giebt man einige Stückchen Butter oder etwas Fleischbrühe, damit sie keine Haut zieht. Die Hühner werden unterdessen in hübsche Stücke zerlegt, die Haut abgezogen und bis zum Anrichten in Fleischbrühe im Wasserbad mit der Sauce heiß gestellt. In die Sauce schlägt man kurz vor dem Anrichten eine Kräuterbutter (s. Nr. 734), schmeckt die Sauce mit etwas Zitronensaft noch ab und giebt einen Teil derselben über die hübsch erhaben angerichteten Hühnerstücke, garniert die Platte mit Champignons, Brotkroutons und Blätterteigfleurons und serviert von der Sauce extra dazu.

1511. Huhn mit Krebsschwänzchen à la Royal.

2 Hühner werden, wie in Nr. 1510 gerichtet und gekocht, die Essenz passiert, entfettet und zu 1/3 eingekocht, hierauf einige Löffel Allemande dazu gegeben, dicklich eingekocht, mit 2 Eigelb legiert und im Wasserbad heiß gestellt. 40 bis 50 Krebse werden gekocht, die Schwänze ausgebrochen und diese ebenfalls warm gestellt, doch ja nicht zu heiß oder gar kochen lassen, da sie sonst unbrauchbar werden. Einige Champignons werden gewaschen, geputzt und gekocht oder eingemachte genommen und ebenfalls heiß gestellt.

Von den Krebsschwänzen und Scheeren bereitet man eine Butter, wie auf S. 79 beschrieben, und schlägt diese vor dem Anrichten nach und nach in die Sauce und schmeckt diese mit Zitronensaft ab. Die tranchierten Hühner, denen die Haut abgezogen, werden nun entweder in einer Blätterteigpastete (Vol-au-vent) oder in einer Reisbordure hübsch angerichtet, mit den Krebsschwänzchen und den Champignons garniert, von der Krebssauce etwas darüber gegossen und der Rest extra dazu serviert.

1512. Huhn mit Reis.

Zwei Hühner werden gerichtet und dressiert, wie in Nr. 1510 angegeben, und ebenso gekocht. Die Essenz wird ebenso wie dort eingekocht und die Sauce mit Allemande fertiggestellt. Wenn die Hühner fertig sind, werden sie in schöne Stücke zerlegt und in Fleischbrühe im Wasserbad heiß gestellt, ebenso die Sauce. Unterdessen hat man 1/2 Pfund Karolinareis aus mehreren kalten Wassern gewaschen, giebt diesen in eine Kasserole, kaltes Wasser darüber und bringt ihn bis ans Aufkochen, worauf man ihn auf ein Sieb schüttet, mit kaltem Wasser abschwenkt und sodann mit 1/4 Pfund Butter, Salz und einigen Löffeln Fleischbrühe, die gerade über dem Reis stehen muß, aufs Feuer bringt und etwa 25—30 Minuten langsam kocht. Das so unnötige Aufrühren von Reis, wie es so vielfach geschieht, ist entschieden zu verwerfen, da er dadurch zerquetscht wird. Am besten macht man den Reis mit einer großen Gabel untereinander. Der Reis soll nach dem Kochen ganze Körner haben und leicht auseinanderfallen. Wenn der Reis auf diese Art gekocht ist, wird er in eine mit Butter ausgestrichene Bordurenform eingedrückt, diese auf eine runde Platte umgestürzt, die Geflügelstücke in der Mitte derselben hoch angerichtet. Hierauf wird die Sauce mit etwas Süßbutter aufgerührt, vielleicht noch etwas Zitronensaft dazu gegeben und das Geflügel damit sauciert, während man den Rest derselben extra dazu serviert. Man umlegt die Platte mit Champignons, Brotcroutons oder Blätterteigfleurons, auch Trüffeln oder Morcheln. Ebenso kann man den Reis mit egal ausgestochenen Trüffelstückchen belegen und garnieren.

1513. Huhn, mariniert und gebacken mit Ragout.

Zwei jungen, ausgenommenen und flammierten Hühnern werden erst die Schlegel und sodann die Filets mit den Flügeln weggeschnitten. Den ersten Knochen in den Schlegeln kann man auch auslösen und die Flügel am 2. Gelenk abschneiden. Sodann giebt man die Hühnerstücke in eine Porzellanschüssel und mariniert sie einige Stunden mit etwas Weißwein, einigen Löffeln Olivenöl, Zitronensaft, feingeschnittenen Zwiebelscheiben, gehackter Petersilie, Pfeffer und Salz. Vor dem Anrichten trocknet man die Stücke mit einem Tuche ab, dreht sie erst in Mehl, taucht sie dann in einen Backteig und backt sie schön gelb aus dem Fett, erst die Schlegel, dann die Filets. Man richtet sie in einen Bordurenring an und giebt in die Mitte grüne Erbsen oder ein braunes Ragout (Financière). Eine fines herbes oder Champignonssauce serviert man extra dazu.

1514. Huhn mit Erbsen.

Die Hühner und ebenso die Sauce werden wie in Nr. 1510 fertig gemacht. Beim Anrichten verwendet man einen Bordurenring von Nudelteig oder Silber, richtet die blanchierten und in Butter geschwungenen Erbsen in der Mitte an, die enthäuteten Geflügelstücke hübsch damit umlegt, giebt etwas Sauce darüber, serviert die Platte und etwas Sauce noch extra dazu.

Macédoine wird ebenso verwendet.

1515. Huhn mit Curry und Reis.

Die Hühner werden gekocht, wie in Nr. 1510 angegeben, nur giebt man zur Brühe einen Löffel Curry-powder. Die Hühner schneidet man, wenn sie fertig sind, und stellt sie im Wasserbad heiß. Die Essenz passiert und entfettet man und kocht sie ein, worauf man sie mit Allemande zu einer dicklichen Sauce einkocht, passiert und ebenfalls bis zum Gebrauch ins Wasser stellt. ½ Pfund Reis wird wie in Nr. 1512 gekocht und, wenn derselbe körnig und weich ist, unter denselben ein großes Stück Butter, sowie einige Löffel Curry mittelst einer Gabel unter einander gemacht. Man giebt den Reis sodann auf eine tiefe, runde Platte oder in eine Bordure, richtet die Geflügelstückchen hübsch an, sauciert dieselben leicht und giebt die übrige Sauce extra in einer Saucière dazu.

1516. Huhn, fricassiert.

Ein Huhn wird roh in Stücke geschnitten (siehe Einleitung S. 101) und in eine Kasserole entweder in Wasser oder Fleischbrühe mit etwas Weißwein, so daß dasselbe gerade die Stücke bedeckt. Man giebt sodann Salz, Pfeffer, Zitronensaft, eine Zwiebel mit 1 Nelke besteckt, 1 Garnierbouquet dazu und läßt dies zusammen ¼ Stunde kochen, legt sodann die Stücke aus der Brühe, gießt diese durch ein Sieb und rührt diese mit einer Mehlschwitze (hergestellt aus 40 Gramm Butter und 1 Löffel Mehl) glatt an, kocht sie einmal auf und giebt das Fleisch ohne das Gemüse zu und kocht dies etwa ½ Stunde darin. Hierauf richtet man das Geflügel auf runder Platte erhaben an, kocht die Sauce rasch noch etwas ein, legiert sie mit 4 Eigelb und etwas Rahm und giebt sie über das Geflügel, etwas Sauce extra dazu. Garniert wird das Huhn mit Champignons. Wenn solche frisch sind, kocht man sie mit dem Huhn. Eingemachte macht man in ihrer Brühe heiß und legt sie um das Huhn.

Eine zweite Art ist, das geschnittene, rohe Huhn in Butter etwa 10 Minuten anzudämpfen, doch ohne daß es Farbe bekommt; sodann wird es gesalzen, leicht gepfeffert, Gemüse, wie oben, dazugegeben, 1 Glas Weißwein, sowie einige Löffel Fleischbrühe, gut zugedeckt und etwa ¾ Stunden gedämpft. Das Fleisch giebt man sodann in eine andere Kasserole und rührt die Brühe mit einer Mehlschwitze, wie oben gesagt, an, legiert die Sauce mit 4 Eigelb, kocht sie noch einmal auf und giebt sie an das Geflügel, sowie etwas Zitronensaft und Butter, schwingt alles zusammen noch einige Augenblicke auf dem Feuer, doch ohne es kochen zu lassen und richtet es sodann, wie oben gesagt, mit Champignons umlegt an.

1517. Huhn, sautiert, à la Provençale.

2 junge Hühner werden roh zerschnitten, indem man erst die Schlegel ablöst, dann die Flügelstücke, die Brust in 2 Teile teilt und ebenso den Rücken, die Haut läßt man darauf. In ein Sautoir giebt man Olivenöl und, wenn dieses heiß ist, die gesalzenen und leicht gepfefferten Geflügelstücke nebst fein geschnittenen Zwiebeln. Man bratet die Flügelstücke auf beiden Seiten hell an, schüttet sodann das Oel ab und giebt etwas

Champignonsessenz, sowie Hühnerbrühe daran und läßt die Stücke darin etwa $^1/_4$ Stunde weich dämpfen, worauf man sie herausnimmt und in einer Kasserole bis zum Anrichten warm hält. Die Essenz wird passiert, rein entfettet, sodann mit einigen Löffeln Allemande zu einer nicht zu dicken Sauce ausgekocht und mit etwas Zitronensaft, sowie fein gehackter Petersilie vermischt. Das Geflügel richtet man sodann auf tiefer Platte mit Teigbordure an, garniert mit Champignons. Einen Teil der Sauce giebt man auf das Geflügel und den andern serviert man extra in einer Saucière dazu.

1518. Huhn, sautiert, mit Tomatensauce à la Marengo.

Die jungen Hühner werden wie in Nr. 1517 zugerichtet und in Stücke zerschnitten, diese einige Stunden vor dem Gebrauch mit Olivenöl, Zitronensaft, Pfeffer, Salz, Zwiebelscheiben und Petersilie mariniert. In eine Sautékasserole giebt man etwas Olivenöl und, wenn dieses heiß ist, die Hühnerstücke mit geschnittenen Zwiebeln und Petersilie. Man legt die Geflügelstücke, die Haut nach unten, in das Oel und bratet sie hübsch gelb an, schüttet das Oel alsdann ab, gießt einige Löffel guter Bratenjus, 3 Eßlöffel Tomatenpurée (von frischen oder konservierten hergestellt) und einige Löffel Espagnole dazu und kocht die Geflügelstücke noch etwa 10—15 Minuten. Die Brust- und Flügelstücke nimmt man früher heraus und stellt sie, wenn die Schlegel auch fertig sind, einstweilen ins Wasserbad. Die Sauce wird passiert, entfettet, eine Prise Kayennepfeffer dazugegeben und das Geflügel auf runder Platte, umgeben mit Champignons und Brotcroutons, oder in einer Reisbordure mit Trüffeln oder in einer Blätterteighülle angerichtet. Von der Sauce giebt man einige Löffel über das Fleisch, die andere wird extra serviert.

1519. Huhn à la Turque.

2 Hühner werden ausgenommen und flammiert, sodann wird die Haut derselben mittelst eines Eßlöffels oder des Fingers von den Brüsten oben durch den Kropf so weit als möglich losgelöst. Etwa 150 Gramm Reis wird gut weich und körnig wie in Nro. 1512 gekocht und mit einigen Tropfen Safransaft, 4 Eigelb und etwas Kayennepfeffer angerührt. Mit diesem Reis füllt man den Hühnern die losgelösten Teile zwischen Brust und Haut aus, ebenso auch das Innere des Körpers, näht den Kropf zu und ebenso die hintere Oeffnung,

dressiert die Hühner, umbindet sie mit Speck und kocht sie in weißer Fleischbrühe, wie in Nr. 1510 beschrieben, etwa 40 Minuten, worauf man sie schneidet, den Reis auf runder Platte anrichtet, die Hühnerstücke damit umlegt und eine gute

Fig. 398.

Sauce Tomate, unter welche man von der eingekochten Geflügelessenz gegeben hat, darüber gießt und noch extra dazu serviert. Einige Champignons und Fleurons verwendet man zum Garnieren. (Fig. 398.)

1520. Huhn farciert à la Toulouse.

Ein Huhn wird flammiert, der Kropf herausgemacht, Kragen, Flügel und Füße, die beiden letzteren am zweiten Gelenk abgeschlagen, sodann vom Rücken anfangend entbeint, wie in Einl. S. 73 beschrieben, auf ein Tuch gelegt und gesalzen. Eine Geflügelfarce oder eine Kalbfleischgodiveau wird mit einigen Löffeln Allemande leicht gerührt; dann schneidet man einige Trüffeln und etwas rote Ochsenzunge von der Spitze in kleine Würfel und giebt diese dazu. Die Farce streicht man auf das Huhn, schlägt die Haut zusammen und formt daraus eine längliche Roulade, welche man in das Tuch einschlägt und gleichmäßig bindet. Zum Kochen giebt man die Roulade in ein längliches Geschirr mit heißer Fleischbrühe, Gemüse und Gewürz und kocht sie langsam an der Seite etwa ¾ Stunden. Wenn sie fertig ist, nimmt man sie aus dem Tuch heraus und schneidet sie entweder ganz in Scheiben und richtet sie auf einem Reissockel auf runder Platte kranzförmig an oder man schneidet aus der Roulade ein Stück heraus, wie bei der kalten Galantine, schneidet dies in schöne Scheiben und setzt es wieder an seinen ursprünglichen Platz und richtet die Roulade auf einem Reissockel an. Letzteres Anrichten und Tranchieren wird angewendet, wenn die Roulade als großes Stück an

Stelle von Schlachtbraten u. s. w. mit den verschiedensten Garnituren von Gemüsen à la jardinière u. s. w. zu Tische kommt. Als Zwischengericht wird es mit einer Nudelteigbordure umgeben, auf runder Platte, wie obengesagt, angerichtet. Ein gutes feines Ragout aus Brieschen, Champignons, Trüffeln, Morcheln, Hahnenkämmen mit einer weißen Hühnersauce hergestellt wird in die Mitte der Scheibe gegeben und von derselben Sauce noch extra dazu serviert.

1521. Huhn à la diable.

Ein junges Huhn wird ausgenommen, flammiert und sauber geputzt, die Füße und Flügel am zweiten Gelenk abgeschlagen, der Rücken der Länge nach durchgeschnitten, so daß das Huhn durch die Brust zusammengehalten eine Fläche bildet. Die Schlegelknochen werden, damit sie nicht abstehen, durch die Haut gesteckt und das Huhn mit dem Fleischklopfer leicht platt geschlagen, sodann gesalzen, gepfeffert mit etwas Kayennepfeffer dabei und in einer Kasserole in heißer Butter auf beiden Seiten etwa 3—4 Minuten angedämpft. Hierauf wendet man es in Panierbrot und giebt es auf den heißen Rost und bratet es bei mäßigem Feuer etwa 20—30 Minuten lang unter fortwährendem Begießen mit heißer Butter. Oder man legt das Huhn in eine schwarze Pfanne und macht es im Ofen mit heißer Butter fertig. Hat es eine schöne, braune Kruste, schneidet man das Huhn in hübsche Stücke, legt es auf eine gefaltete Serviette, garniert mit Petersilie und Zitronen und serviert eine Sauce Diable extra dazu.

1522. Huhn mit Estragon.

Ein junges Huhn wird zum Kochen gerichtet und in seinen Körper abgezupfter Estragon, mit Butter und Mehl vermengt, gegeben, hierauf in eine Kasserole gelegt, mit einer Zwiebel, einer gelben Rübe, einigen Pfefferkörnern, sowie 1 Glas weißem Wein und einigen Löffeln Fleischbrühe 30 Minuten etwa gekocht. Man schneidet das Huhn sodann in hübsche Stücke, zieht die Haut davon ab und stellt diese einstweilen warm. Den Fond passiert und entfettet man und rührt ihn entweder mit einer weißen Mehlschwitze an oder man giebt einige Löffel Allemande dazu, legiert die Sauce mit einigen Eigelb, giebt Estragonblättchen, die man vorher blanchiert hat, in die Sauce, schmeckt diese mit Zitronensaft noch etwas ab und giebt die Sauce über die angerichteten Hühnerstückchen.

1523. Hühner-Filets. Filets de volaille.

Wenn auch die Hühnerfilets und die damit hergestellten Zwischenplatten zur feinsten Küche gehören, so möchte ich sie doch hier besprechen, da ja wohl, wie ich hoffe, viele der Hausfrauen oder Köchinnen bei einer feineren Tafel diese Speise gut herstellen können und damit gewiß auch einen Erfolg erzielen werden.

Vor allem ist beim Einkauf der Hühner darauf zu sehen, daß diesen die Brust nicht eingeschlagen ist, diese vielmehr schön voll ist. Man flammiert die Hühner, nimmt den Kropf heraus und schneidet Hals, Beine und Flügel ab, trennt sodann mit einem scharfen Messer die Haut der Brust der Länge nach und zieht diese auf beiden Seiten von derselben. Hierauf schneidet man die Filets vorsichtig, am Brustknochen beginnend, über den Brustkorb und über den Flügeln ab, wobei hauptsächlich zu beachten, die Filets nicht zu zerreißen. Das Filet taucht man sodann einen Moment ins Wasser und legt es, die Hautseite nach unten, auf den Tisch, klopft das Filets mit dem Messer leicht platt, schneidet die Haut vorsichtig von demselben weg und hübsch egal an den Seiten. Den Nerven des kleinen Filets schneidet man aus diesem mit der Messerspitze vorsichtig heraus und klopft es leicht mit dem Messerrücken wieder ans große Filet. Die Filets legt man sodann in ein Sautoir auf helle Butter, die Hautseite nach unten, bedeckt sie mit einem Butterpapier und, nachdem sie gesalzen, giebt man sie einige Minuten vor dem Anrichten in den Ofen, um sie auf beiden Seiten rasch fertig zu machen und sofort zu servieren. Lange stehen dürfen die Filets nicht, sonst werden sie hart und trocken.

Man bereitet von Rebhühnern, Fasanen und Tauben ebensolche Filets auf dieselbe Art, wie sie hier beschrieben.

1524. Hühnerfilet. Suprême à l'écarlate.

Von 5 schönen, fleischigen, jungen Hühnern werden die Filets, wie oben beschrieben, herausgeschnitten und pariert, auf ein mit heller Butter versehenes Sautoir auf die Hautseite gelegt und an der oberen, runden Seite mit Eiweiß ein rund ausgestochenes Trüffelblättchen angeklebt, ein Butterpapier daraufgegeben und bis zum Gebrauch zur Seite gestellt. Aus den übrigen Knochen (die Hühner nimmt man aus und schneidet die Schlegel zu anderer Verwendung ab) wird eine Hühneressenz mit Gemüse, Gewürz und einigen Löffeln Fleischbrühe gut ausgekocht, passiert und entfettet, sodann eingekocht, einige Löffel Allemande dazu gegeben, dicklich eingekocht, mit 2 Eigelb legiert, durch ein Tuch oder Sieb passiert und bis zum Gebrauch in ein Wasserbad gestellt. Oder man rührt die Essenz mit einer weißen Mehlschwitze an, kocht die Sauce gut aus, dann ein und legiert sie. Etwa 30 schöne, große, frische Champignons werden fertig gemacht oder werden solche in Büchsen verwendet und heiß gestellt. Von einem Stück schöner, roter Zunge werden eben so viele Stücke als Filets und in Form und Größe denselben ganz gleich geschnitten und in heißer Fleischbrühe warm gehalten.

Die übrig bleibenden Hühnersch'egel können als Koteletten verwendet werden oder als Hühnerschlegel Marengo; gekocht zu einem Ragout, zu Purées, mit Champignons geschnitten zu Pastetchen u. s. w.

Fig. 399.

Eine runde Platte, mit Teigbordure versehen, wird nicht ganz bis zum Rande der Bordure mit heißem, fertiggekochtem Reis egal gefüllt, die Filets einige Minuten in den Ofen gegeben, wenn fertig, abwechslungsweise mit den vorgerichteten und heißen Scheiben Zunge im Kranz angerichtet, das Trüffelstück nach oben, die Champignons werden erhaben in der Mitte angerichtet, die Sauce mit etwas Süßbutter aufgeschlagen und extra zu der Platte serviert. (Fig. 399.)

1525. Hühnerkoteletten.

Die Hühnerschlegel samt der Haut, welche man aus Nr. 1524 erhält, werden zu Koteletten auf folgende Weise gerichtet. Man schneidet den zweiten Knochen am Gelenk ab und löst ihn aus dem Fleisch, ebenso haut man den Beinknochen noch etwa bis zur Hälfte ab, ohne aber das äußere dieses Teils des Schlegels zu verletzen, am besten, indem man den Beinknochen einfach verschiebt und abhaut. Hierauf schneidet man am Beinknochen, wie bei den Koteletten, rundum ein Stückchen Fleisch ab, so den Kotelettknochen bildend, an welchem beim Servieren eine kleine Manschette befestigt wird. Hierauf klopft man das Fleisch, die Haut darüber schlagend, in Kotelettform mit dem Messerrücken, salzt die Koteletten und legt sie auf die gehackte Seite in heiße Butter, dieselben in der Pfanne leicht mit einem runden Brette beschwerend, um ein Aufgehen derselben zu verhüten. Hierauf wendet man die Koteletten und bratet sie rasch auf der anderen Seite an, worauf man sie serviert und dazu eine Tomatensauce oder eine aus den Geflügelknochen gut ausgekochte Sauce serviert. Man giebt dazu Champignons, Morcheln, Risotto u. s. w.

Zu weiterem Gebrauch legt man die Koteletten auf ein Brett und beschwert sie mit einem solchen, um sie dann, wie unten beschrieben, zu verwenden. Von kleinen Hühnern nimmt man die Hälfte derselben zu einem Kotelett, indem man von diesen sämtliche Knochen bis auf den kurz gehauenen Beinknochen entfernt und dann das Filetfleisch ebenso hackt und formt, wie oben schon gesagt. Sind die Hühner größer, kann man auch aus dem Filet, wie aus dem Schlegel ein Kotelett herstellen, wobei aber zu beachten, daß man möglichst viel Haut vom Flügel und Rücken an das Filet schneidet und dann ebenso verfährt mittelst Anhäkeln, um eine Kotelettform zu erreichen. Wenn die Koteletten erkaltet sind, werden sie pariert und entweder mit einer dicken Villeroisauce überzogen, dann zweimal paniert, oder man überzieht sie mit Hühnerfarce und dämpft sie in guter Jus fertig. Bei ersterem giebt man sie in heiße Butter zum Fertigmachen, etwa 10 Minuten, worauf man sie im Kranz auf runder Platte anrichtet, in die Mitte ein Ragout von Brieschen oder Champignons; von den Abfällen kocht man eine Essenz und aus dieser mit Allemande die Villeroisauce, sowie die Sauce zum Extraservieren. Die mit Farce überzogenen werden ebenso angerichtet.

1526. Hühner, eingemachte. Blanquette de poulets.

Rohe, in Stücke geschnittene Hühner werden leicht in Butter angedämpft, ohne daß sie Farbe bekommen, sodann mit einigen Löffeln Mehl aufgestaubt, noch etwas zum Ziehen auf dem Feuer gelassen und dann mit einigen Löffeln Fleischbrühe, sowie Weißwein aufgefüllt, bis dies über das Geflügel geht, gesalzen, gehackte Petersilie und etwas Zitronensaft dazu gegeben und etwa ½ Stunde gekocht. Ist die Sauce dick genug. giebt man das Eingemachte gleich zu Tisch, andernfalls kocht man die Sauce dicklich ein und gießt sie über die Hühnerstücke.

1527. Hühner, eingemachte, von Resten.

Von übrig gebliebenem Hühnerfleisch, von welchem man die Haut abgezogen hat, kann diese Speise ebenso hergestellt werden, nur läßt man diese höchstens 10 Minuten kochen, gießt die Sauce zum Einkochen hierauf ab, und wenn sie dick genug und legiert ist, über das Geflügel.

1528. Hühnerklöße à la Monglas.

Von 4 Filets von alten Hühnern und ¾ Pfund entnervtem Kalbfleisch wird eine leichte, feine Farce bereitet und daraus mit 2 großen Eßlöffeln Klöße geformt und diese in ein mit Butter ausgestrichenes Geschirr gesetzt. Von 2 gekochten Hühnern, welche ausgebeint werden, wird mit Champignons, Trüffeln und Hahnenkämmen ein Ragout in eine Kasserole zusammengegeben. Von der Essenz der Hühner wird mit einigen Löffeln Allemande eine dickliche Sauce ausgekocht, von dieser etwas an das Ragout passiert, die übrige in einer Saucekasserole im Wasserbad zum Gebrauch heiß gestellt. Von einem dick und weichgekochten Reis formt man eine glatte, runde Bordure und stürzt diese auf eine runde Platte. An die Klöße giebt man 15 Minuten vor dem Anrichten heiße Fleischbrühe oder Wasser und läßt dieselben langsam auf der Seite ziehen, nimmt sie aus dem Sud, läßt sie abtropfen und richtet sie im Kranz auf dem Reis an, zwischen jedes derselben eine rund ausgestochene Scheibe Zunge gebend. Das Ragout richtet man in die Mitte an, sauciert es leicht mit noch etwas Sauce, umlegt den Reis mit Zungen oder gebackenen Brotcroutons und serviert die Platte, eine Saucière extra dazu gebend.

1529. Hühnerhachis.

Siehe Geflügelhachis Nr. 1496.

1530. Hühnerragout.

Zwei junge, zugerichtete Hühner werden in Fleischbrühe mit Gemüse und Gewürz weich gekocht, wenn erkaltet, abgezogen, tranchiert und sämtliche Knochen aus dem Fleisch entfernt, doch ohne die Fleischstücke zu zerreißen. Die entbeinten

Geflügelstücke werden nicht zu klein zerschnitten (ungefähr aus den Schlegeln 2 Teile, aus der Brust 2 und 2 aus dem Flügel, den Körper läßt man weg), giebt diese in eine Kasserole, gekochte Champignons, einige Morcheln, Trüffeln, Godiveauklöße dazu und mischt alles gut durcheinander. Von der Essenz kocht man mit einigen Löffeln Allemande eine ziemlich dicke Sauce ein, legiert diese mit einigen Eigelb und passiert sie auf das Ragout, kocht dieses noch einmal auf und stellt es bis zum Gebrauch in ein Wasserbad. Ein Teil der Sauce hält man zurück, um sie dann beim Servieren extra geben zu können.

Man richtet das Ragout entweder in einer tiefen Schüssel, umgeben mit Blätterteigfleurons an, oder man füllt es in eine Bordure von Reis oder einen Butterteigring.

Man kann zu dieser Speise auch übrig gebliebene Geflügelreste, denen man erst die Haut abgezogen, verwenden.

1531. Hühnerleber, sautiert.

Die gut von der Galle und den Nerven gereinigten Hühnerlebern werden in Stücke geschnitten, in eine schwarze Pfanne mit etwas heißer Butter gebracht und in dieser etwa 6—8 Minuten sautiert; man giebt dazu etwas gehackte Zwiebeln, Pfeffer und Salz und löscht, wenn dieselben gar sind und aus der Pfanne einstweilen auf eine Platte gegeben wurden, den Fond mit etwas Weißwein, sowie 1 Löffel Bratenjus und Espagnole ab, giebt die Leber noch einen Augenblick hinein und serviert sie sofort. Champignons schneidet man häufig in Scheiben darunter, oder giebt man etwas Madeira in die Sauce, auch eine fertige fines herbes schmeckt sehr gut dazu. Als Hors-d'œuvres nach der Suppe mit breiten Nudeln oder Risotto wird es öfters zu Tische gegeben. Lebern von Enten, Kapaunen, Poularden werden ebenso behandelt.

1532. Hühnerleber am Spieß.

Die gut gereinigten Hühnerlebern werden in gleich dicke Scheiben geschnitten, ebenso große, nur dünnere Scheiben von rohem Schinken. Diese Scheiben werden abwechslungsweise auf einen Silberspieß aneinander gereiht, von jedem etwa 8—10 Scheiben, diese sodann gepfeffert und gesalzen, in zerlassener Butter und in Panierbrot gewendet und in einer schwarzen Pfanne oder auf dem Roste in etwa ¼ Stunde fertig gemacht. Beim Anrichten giebt man etwas Kräuterbutter darüber oder eine Madeirasauce dazu.

1533. Hühnerleberragout mit Risotto.

Die von der Galle und von Nerven gut gereinigten Hühnerlebern werden in einige Stücke geteilt, gesalzen und gepfeffert und in einer schwarzen Pfanne in heißer Butter 10 Minuten sautiert und in eine Kasserole gegeben. Einige Champignons, sowie Godiveauklöße und Morcheln werden dazu gegeben, ebenso eine dick eingekochte, braune Sauce mit etwas Madeira an das Ragout passiert, dies aufgekocht und einstweilen im Wasserbad warm gestellt. Die übrige Sauce stellt man in einer Saucenkasserole ebenfalls ins Wasserbad. 150 Gr. Karolinareis wird mit gehackter Zwiebel und einem großen Stück Butter in einer Kasserole hellgelb angeröstet und sodann mit einigen Löffeln Bratenjus und guter Fleischbrühe, sowie einem Stückchen Butter und Salz aufs Feuer gesetzt und langsam in etwa 25—30 Min. körnig weich gekocht. Vor dem Anrichten streicht man eine kleine Bordureform mit Butter aus, zieht mit einer Gabel unter den Risotto 3 Löffel geriebenen Parmesankäse und füllt diesen in die Form, stürzt sie auf eine runde Platte, richtet das Ragout in die Mitte hoch erhaben an, sauciert es leicht und giebt die Platte mit einer Sauce extra zu Tische.

1534. Hühnerpain.

Von 2 oder 3 rohen Hahnen, diese entbeint und enthäutet, sowie die Nerven entfernt, macht man vom Fleisch derselben eine sehr leichte und zarte Farce, indem man darunter süßen Rahm oder Allemande rührt. Eine Timbaleform mit Zylinder streicht man gut mit Butter aus und füllt in diese die Farce, worauf man sie mit einem Butterpapier bedeckt und in eine Kasserole stellt, deren Boden mit kochendem Wasser gefüllt ist, mit dem Deckel bedeckt und etwa ½ Stunde langsam von der Seite ziehen läßt, doch ohne zu kochen. Um das Pain hübsch anrichten zu können, kann man einen runden, glatten Sockel aus gekochtem Reis auf eine runde Platte dressiren oder aus einem runden Kasserolbrot einen Brodsockel ausschneiden, der gebacken auf der Platte sodann befestigt wird. Das Pain stürzt man auf den Sockel und umgiebt es hübsch mit Champignons und Trüffeln. Von den Geflügelabfällen kocht man eine Essenz, mit dieser stellt man eine gute Suprême-Sauce her, von welcher man etwas über das Pain giebt und die übrige extra dazu serviert.

1535. Hühnerpilaff.

Ein rohes Huhn sauber geputzt und gereinigt wird in beliebig kleine Teile zerlegt, gesalzen und in einer Kasserole in heißer Butter mit einer fein gehackten Zwiebel, sowie etwas Paprika angedämpft und, wenn es Farbe hat, mit Bratenjus und Fleischbrühe, sowie einem Löffel Tomatenpurée weich gekocht. Wenn die Stücke weich sind, legt man sie in eine andere Kasserole, den Fond kocht man ein, giebt einige Löffel Espagnole noch dazu und, ist die Sauce dicklich eingekocht, passiert man sie auf die Geflügelstücke. Einen Risotto kocht man ebenso, wie in Nr. 1533 beschrieben, füllt ihn in eine Bordureform, richtet diese auf runder Platte an, die Geflügelstücke hübsch dressiert in die Mitte, gießt etwas von der Sauce auf dieselben und den Rest serviert man extra zu der Platte.

1536. Hühnerpilaff von Resten.

Uebrig gebliebene Geflügelreste pariert man, schneidet die großen Knochen, den Brustkorb und Rücken weg und hackt diese Abfälle. Die Geflügelstücke giebt man in eine Kasserole mit geschnittenen Zwiebeln und dämpft diese darin mit Butter, giebt sodann 1 Glas Wein daran, sowie 1 Löffel guter Bratenjus und läßt das Geflügel noch etwa 10 Minuten auf dem Feuer. Die Geflügelabfälle röstet man mit Butter und gehackten Zwiebeln auf dem Feuer an und gießt den Fond der Geflügelstücke, sowie einige Löffel Espagnole und Tomatenpurée daran und kocht diese Sauce ziemlich dick ein, worauf man sie auf die Geflügelstücke giebt und im übrigen verfährt, wie in Nr. 1535 beschrieben.

Sämtliche Geflügelarten können so benützt werden.

1537. Hirschragout.

Siehe Rehragout Nr. 1572 und 1573.

1538. Hummerragout.

Von einigen frisch gekochten Hummern werden die Schwänze und Scheeren ausgebrochen, diese in hübsche Stücke geteilt und in eine Kasserole mit Champignons, Trüffeln und kleinen Klößen gegeben. Die Schalen des Körpers, sowie die der Scheeren stößt man mit etwas Butter, um davon eine zum Färben zu benützende Butter (siehe Krebsbutter) zu erhalten. Der Körper mit den Füßen wird von dem Bittern, im Innern des Hummers sich befindlichen, gereinigt und dies, sowie das Uebrige in kleine Stücke zerhackt, auf dem Feuer mit etwas Butter angeröstet, sodann 1 Glas Weißwein und einige Löffel Fleischbrühe daran gegossen und dies sodann gut ausgekocht.

Den Fond gießt man sodann ab, rührt ihn entweder mit einer weißen Mehlschwitze an und kocht diese Sauce dann aus und legiert sie, oder man giebt einige Löffel Allemande und etwas Zitronensaft dazu, kocht sie dicklich ein, legiert sie mit einigen Eigelb und passiert sie auf das Ragout. Das Ragout kocht man einmal auf und stellt es alsdann zum Gebrauch ins Wasserbad. Zum Anrichten verwendet man eine Reisbordure oder eine Teigkruste, giebt zum Ragout, ehe man es anrichtet, von der Hummerbutter, damit dasselbe eine schöne, rote Farbe bekommt, ebenso schlägt man etwas davon unter die zurückgelassene Sauce und serviert diese extra dazu.

Von eingemachten Hummern kann man dieses Ragout auch herstellen.

1539. Hummerpain, à la américaine.

Einigen frisch gekochten Hummern werden die Schwänze und Scheeren ausgebrochen, diese fein gewiegt, im Reibstein mit einigen Löffeln Allemande gestoßen und gerieben und durch ein Sieb getrieben. Eine feste Panade oder Bechamel, eben so viel als Hummerpurée, wird dazu gerührt und, um dem Purée eine schöne, rote Farbe zu geben, wird von den Abfällen eine Hummerbutter gemacht und ein Teil davon zu dem Pain verwendet. Einige Eigelb giebt man dazu, ebenso Salz und Muskatnuß und macht von der Farce eine kleine Probe, sie muß leicht und zart sein. Einige schöne Stücke vom Schwanz läßt man zurück, um sie in kleine Stücke zerschnitten zur Sauce zu geben. Von den noch übrig bleibenden Schalen kocht man mit einigen Löffeln Fleischbrühe und 1 Glas Wein eine Essenz aus, welche man mit Allemande dick einkocht, in eine Saucenkasserole giebt und in die Sauce vor dem Anrichten noch ein Stück Hummerbutter schlägt und die Hummerstücke in die Sauce giebt. Eine glatte Timbaleform streicht man mit Butter aus und füllt die Farce darein, giebt die Form in ein kochendes Wasserbad und läßt sie darin etwa 30 Minuten zugedeckt ziehen, doch ja nicht kochen, worauf man sie auf einen Brotsockel oder auf einen Reissockel stürzt, mit Champignons und Brotcroutons umlegt und mit der Sauce extra dazu serviert.

1540. Hummerragout als Fastenspeise.

2 große Hummern werden wie gewöhnlich gereinigt, in kochendes Wasser gegeben, mit Salz, Gemüse und Gewürz 20—25 Minuten gekocht. Im Sud sodann erkaltet, werden

die Scheeren und Schwänze ausgebrochen und in Stücke geschnitten, die Schalen fein gestoßen. Von 150 Gramm Butter macht man mit dem nötigen Mehl eine weiße Mehlschwitze und rührt damit von der Hummerbrühe an, läßt diese 1 Stunde kochen und giebt dann einen Teil der gestoßenen Schalen dazu. Die übrigen kocht man mit 150 Gramm Butter zu Hummerbutter aus. Nach 2 Stunden kocht man die Sauce dick ein und legiert sie mit 4 Eigelb, worauf man sie über die Hummerstücke giebt, dazu einige Hände voll weich blanchierte Hopfen- oder Spargelspitzen, sowie Mutschel- oder Griesklöße. Vor dem Anrichten giebt man die Hummerbutter unter das Ragout, ohne es jedoch noch einmal kochen zu lassen. Angerichtet wird das Ragout entweder in einer Blätterteighülle oder in Reis.

1541. Hummerragout mit Milch als Fastenspeise.

Die Hummern werden wie oben vorbereitet und die zerstoßenen Schalen in 3 Liter Milch langsam gekocht. 100 Gr. Butter mit Mehl zu einer weißen Mehlschwitze angerührt und einigen Tropfen Zitronensaft, mit Salz und weißem Pfeffer gewürzt, wird mit der Milch angerührt, ausgekocht, dicklich eingekocht und sodann über das Hummerfleisch und in Butter gebackenen Kartoffelklößchen geseiht und auf tiefer Schüssel mit Butterteigcroutons umlegt, serviert.

1542. Irish stew, englisches Hammelragout.

Eine Hammelbrust, ein Bug oder der Hals (von diesem die großen Knochen weggehauen) wird in nicht zu kleine Stücke geschnitten. Etwa 10 große, geschälte Kartoffeln werden in eben so große Stücke, wie das Fleisch, geschnitten, etwa 6 bis 8 Zwiebeln in Scheiben und ein großer Kohlkopf in Stücke. In ein tiefes Geschirr mit gut schließendem Deckel wird zuerst eine Lage der Zwiebeln, dann Kartoffeln, hierauf das Fleisch und der Kohl gegeben, gut gepfeffert und gesalzen, dann wieder mit den Zwiebeln anfangend, dann Kartoffeln, Fleisch und Kohl in das Geschirr gegeben, bis alles aufgebraucht ist. Hierauf giebt man 2—3 Löffel kochender Fleischbrühe daran, verschließt das Geschirr sehr dicht und giebt es in den Ofen, wo man es etwa 2—3 Stunden langsam dämpfen läßt und, wenn das Fleisch weich ist, es herausnimmt, auf runder Platte anrichtet, die Kartoffeln und den Kohl um das Fleisch legt und so serviert. Es ist natürlich notwendig, von Zeit zu Zeit nach dem Gericht zu sehen, und muß, wenn es zu wenig Brühe hat, Fleischbrühe nachgegossen werden. Der Kohl und die

Zwiebeln werden verkocht sein, die Kartoffeln teilweise auch, und dies zusammen giebt der Brühe ein Bindemittel und schmeckt vorzüglich. Viele geben auch gelbe Rüben und Selleriestücke dazu, lassen die Gemüse und die Kartoffeln nicht ganz verkochen, sondern geben sie erst nach 1 Stunde dazu, damit sie ganz bleiben, und garnieren dann das Fleisch damit.

1543. Kalbsbrust oder Kalbfleisch, eingemacht. Erste Art.

Aus 2—3 Pfd. Kalbsbrust, möglichst von der Spitze, werden die Rippenknochen entfernt und sodann dieselbe samt den Knorpeln in gleich große Stücke geschnitten, in eine Kasserole mit kaltem Wasser und Salz gegeben und aufs Feuer gesetzt. Nachdem das Fleisch blanchiert ist (einmaliges Aufkochen und Abschaumen), schüttet man es auf ein Sieb und gießt kaltes Wasser darüber. Sodann giebt man das Fleisch wieder in die Kasserole zurück, kaltes Wasser dazu, bis es über dem Fleisch steht, Salz, 1 Zwiebel, 1 gelbe Rübe, $^{1}/_{2}$ Selleriewurzel, 1 Petersilienbouquet, etwas Gewürz, in einem reinen Tuchlappen eingebunden, etwas Zitronensaft und 2 Glas Weißwein, läßt das Fleisch ins Kochen kommen, schäumt es ab und langsam von der Seite weich kochen. Unterdessen macht man mit etwa 60 Gramm Butter und 2 Löffeln Mehl eine weiße Mehlschwitze und rührt von der Kalbsbrustbrühe eine Sauce nicht zu dick, an, läßt diese $^{1}/_{4}$ Stunde von der Seite kochen und legiert sie zum Schluß mit einigen Eigelb. Das Fleisch läßt man gut abtropfen, entfernt die Gemüseeinlage, giebt dasselbe in eine andere Kasserole und passiert die Sauce dazu. Nachdem man das Fleisch mit Zitronensaft abgeschmeckt hat, wird es in einer tiefen Schüssel angerichtet und dazu Spätzle, breite Nudeln, Maccaroni oder Eierhaber u. s. w. serviert.

Von einem anderen Stück Kalbfleisch, sei es vom Bug oder Schlegel oder auch von der abgedeckten Rippe wird dasselbe ebenso behandelt.

1544. Kalbsbrust oder Kalbfleisch, eingemacht. Zweite Art.

Die rohe Kalbsbrust oder ein anderes Stück vom Kalb wird ebenso wie oben in Stücke geschnitten und in eine Kasserole mit heißer Butter gegeben, gepfeffert und gesalzen und etwa 10 Minuten auf dem Feuer angedämpft, doch ohne es Farbe nehmen zu lassen. Sodann giebt man etwa 20—30 kleine, geputzte Zwiebelchen und ein Petersilienbouquet mit etwas Estragon dazu, sowie 2 Glas Wein und 3 große Löffel

Fleischbrühe, worauf man die Kasserole gut verschließt und das Fleisch etwa 1 Stunde, bis es ziemlich weich ist, dämpft. Von etwa 60 Gramm Butter und dem dazu nötigen Mehl macht man eine helle Mehlschwitze und rührt den Fond des Fleisches damit an. Das Fleisch und die Zwiebeln giebt man in eine andere Kasserole, das Bouquet entfernt man, giebt Zitronensaft dazu und, nachdem die Sauce etwa ¼ Stunde gekocht hat, legiert man sie mit einigen Eigelb und passier sie auf das Fleisch, kocht sie noch einmal damit auf und richtet sie auf tiefer Schüssel an. Zum Warmhalten stellt man das Fleisch am besten in ein heißes Wasserbad. Champignons können auch unter das Fleisch gegeben werden.

1545. Kalbsbrust-Ragout mit Paprikasauce.

Von einer Kalbsbrust werden die Rippknochen entfernt und sodann nicht zu kleine Stücke, etwa 6 cm groß, geschnitten, in heißer Butter auf offenem Feuer angebraten und, wenn sie Farbe haben, mit einigen Löffeln Mehl aufgestaubt, noch einige Augenblicke auf dem Feuer gelassen und sodann mit 2 Glas Rotwein, Salz, 1 Messerspitze Paprika, einigen Löffeln guter Bratenjus und Fleischbrühe sowie ½ Liter sauren Rahm abgelöscht und hierauf etwa 1½ Stunden im Ofen bei geschlossener Kasserole gedämpft. Etwa ¾ Stunden bevor das Ragout aus dem Ofen kommt, giebt man etwa 30 kleine Zwiebelchen und etwa ebenso viel Champignons dazu. Kurz vor dem Anrichten rührt man noch etwas Paprika mit saurem Rahm an und rührt dies unter die Sauce, schmeckt diese gut ab, giebt etwas Zitronensaft zu und richtet die Fleischstücke auf tiefer Schüssel an, die Sauce darüber, die Zwiebeln und Champignons als Garnitur mit Brotcroutons abwechselnd, und serviert die Platte. Kann ebenso von jedem anderen Stück des Kalbes zubereitet werden.

1546. Kalbsbrustragout à la Marengo.

Eine Kalbsbrust wird in Stücke geschnitten, 2—3 Zwiebel in Scheiben, wie oben angegeben, und in 5—6 Löffel heißem Olivenöl angebraten, bis das Fleisch eine schöne Farbe bekommt, gesalzen, gepfeffert und mit 2 Löffel Mehl aufgestaubt und noch einige Minuten auf dem Feuer gelassen, sodann mit 2 Glas Weißwein, einigen Löffeln Fleischbrühe und guter Jus sowie 2 Löffeln Tomatenpurée abgelöscht und etwa 2 Stunden gekocht. Vor dem Anrichten giebt man in Scheiben geschnittene Champignons unter das Ragout, ebenso kann man kleine, weich gedämpfte Zwiebelchen dazu geben.

Man richtet das Ganze auf tiefer, runder Platte an, umlegt sie mit Brotcroutons und giebt sie sehr heiß zu Tisch.

Kann von jedem anderen Stück vom Kalb ebenso hergestellt werden.

1547. Kalbfleischgrenadins, gefüllt mit Champignons.

Eine Kalbsnuß von der Haut und den Sehnen befreit, wird in 10—12 fingerdicke Stücke in der Form von Filets geschnitten, diese geklopft und egal zu Filets pariert. Mit fein geschnittenem Speck wird die Hälfte der Filets am dickeren Ende gespickt. Die Abfälle der Filets werden mit etwas Nierenfett und 2 Eigelb sowie einigen Sardellen, Salz und Pfeffer fein gehackt, durch ein Sieb gestrichen, im Reibstein tüchtig verrieben und, wenn zu fest, mit etwas süßem Rahm leicht gerührt. Hierauf wird das andere ungespickte Filet leicht mit Eiweiß bestrichen und etwas von der Farce gleichmäßig daraufgestrichen, vom anderen Filet die nicht gespickte Seite ebenfalls mit Eiweiß bestrichen und auf das mit Farce bestrichene aufgesetzt, so daß die gespickte Seite nun nach oben sieht. Eine Kasserole belegt man mit Butter und Speckscheiben, sowie mit Zwiebeln, gelber Rübe, Sellerie und Gewürz und legt die Grenadins darauf, giebt einige Löffel heißer Bratenjus und Fleischbrühe daran, deckt ein Butterpapier darauf und läßt sie langsam etwa 1—1½ Stunden weich kochen. Sodann giebt man sie zum Glacieren in den Ofen, begießt sie häufig. Den Fond gießt man zum Einkochen in ein Geschirr, giebt ein Glas Weißwein dazu, sowie einige Löffel Espagnole und passiert diese Sauce in eine Saucenkasserole. Die Grenadins werden nun auf runder Platte im Kranz angerichtet und in die Mitte fertige Champignons hoch erhaben angerichtet; um die Fleischstücke legt man Brotcroutons oder Blätterteigfleurons, sauciert die Grenadins und giebt von der Sauce noch extra dazu. Man kann in die Mitte derselben auch ein Gemüse, Spargelspitzen, Erbsen, Macedoine u. s. w. geben.

1548. Kalbfleischragout, weiß.

Von einer Schale oder Bug, diesen entbeint, schneidet man gleich große Stücke und blanchiert diese. In einer Kasserole läßt man Butter zergehen, fügt 1 fein gehackte Zwiebel dazu und dämpft das gut abgetrocknete Fleisch darin, ohne es aber Farbe nehmen zu lassen. Sodann streut man 2 Löffel Mehl auf, läßt dies einen Augenblick anziehen und giebt 1 Glas Wein, Salz und Zitronensaft sowie einige Löffel heißer Fleischbrühe oder Wasser daran und läßt das Fleisch langsam etwa 1—1½ Stunden, bis es weich ist, kochen. Ist die Sauce dick genug, giebt man das Fleisch zu Tisch, andernfalls schüttet man die Sauce ab, kocht sie dicklich ein und serviert alsdann das Ragout.

1549. Kalbfleischragout, braun.

Das Fleisch wird wie in vorhergehender Nummer geschnitten und roh in heißer Butter mit fein gehackter Zwiebel angebraten, bis es Farbe bekommt, sodann mit einigen Löffeln Mehl aufgestaubt, ein Glas Rotwein dazugegossen, sowie einige Löffel guter Jus und Fleischbrühe, Salz und Pfeffer. Das Ragout stellt man gut verschlossen in den Ofen und läßt es etwa 1—1½ Stunde dämpfen. Eine halbe Stunde vor dem Anrichten giebt man einige schön geschnittene Kartoffeln, kleine Zwiebeln, abgedrehte Carotten und Sellerie, sowie weiße Rüben an das Ragout und kocht diese Gemüse mit demselben weich. Ist sodann Fleisch und Gemüse weich, schmeckt man das Ragout mit etwas Zitronensaft ab und richtet es auf tiefer, runder Platte an, umlegt mit Butterteigfleurons.

1550. Kalbfleischkuchen mit Ragout.

2 Pfund enthäutetes Kalbfleisch wird mit ¾ Pfund Nierenfett oder Mark nebst einer fein geschnittenen Zwiebel fein gehackt, sodann im Reibstein mit 2 abgeschälten, eingeweichten und gut ausgedrückten Tafelbroten, sowie mit 6 ganzen Eiern, Muskatnuß und Salz durcheinandergeschafft. Eine Porzellanauflaufschüssel wird stark mit Butter bestrichen und von der Farce auf den Boden, sowie an die Seitenwände gleichmäßig etwa fingerdick gestrichen. Ein Ragout, bestehend aus Brieschen, 24 Krebsschwänzchen, Morcheln, Champignonsklößen wird nicht zu klein geschnitten. Von dem Fond der Brieschen kocht man mit einer weißen Mehlschwitze eine Sauce aus oder man giebt an den Fond einige Löffel Allemande, kocht die Sauce ein und legiert sie mit einigen Eigelb. An das Ragout giebt man etwas von der Sauce, den Rest stellt man im Wasserbad bis zum Gebrauch heiß. Das Ragout, dessen Sauce ziemlich dick sein muß, läßt man rasch erkalten und füllt es in die Mitte der mit Farce ausgestrichenen Form, streicht die Füllung oben glatt und streicht von der zurückbehaltenen Farce die Schüssel zu, legt ein Butterpapier darauf und giebt die Schüssel etwa 20—30 Minuten in den Ofen. Beim Anrichten setzt man die Schüssel auf eine

gefaltete Serviette, umlegt mit Zitronenschnitzen. Die Sauce serviert man extra dazu.

1551. Kalbfleischreste, eingemacht.

Von gebratenen Kalbfleischresten wird die braune Haut weggeschnitten und sodann in nicht zu große Stücke geschnitten, diese in heißer Butter leicht angedämpft, doch ohne, daß sie Farbe bekommen, sodann mit Mehl aufgestaubt, mit Weißwein und Fleischbrühe aufgefüllt und etwa 10 Minuten langsam gekocht. Die Sauce wird sodann abgeschüttet und, wenn sie dick genug ist, legiert, andernfalls noch mehr eingekocht und auf das Fleisch passiert, mit diesem noch einmal aufgekocht und serviert.

1552. Kalbsgekröse als Ragout.

Ein gut gereinigtes Gekröse wird in Fleischbrühe oder Wasser mit Salz, etwas Weißwein, Gemüse und Gewürz weich gekocht. Eine braune Mehlschwitze wird mit dem Fond angerührt und zu einer dicklichen Sauce ausgekocht und sodann über das in Stücke geschnittene Gekröse passiert, unter welches man noch geschnittene, gekochte Kartoffeln, sowie kleine, gedämpfte Zwiebelchen gegeben hat. Das Ganze läßt man sodann noch 1/4 Stunde kochen, schmeckt es pikant ab und serviert es in einer tiefen, runden Platte.

1553. Kalbskopf tortue.

Der abgezogene Kalbskopf wird, wie in Abschnitt 7 Nr. 810 beschrieben, blanchiert und sodann in ovale oder runde Stücke geschnitten, in Fleischbrühe oder Wasser mit Salz, Gemüse und Gewürz, sowie etwas Zitronensaft nicht zu weich gekocht. Das Hirn wird enthäutet und in Wasser mit Essig und Salz etwa 10 Minuten gekocht. Wenn der Kalbskopf fertig ist, macht man in die Ohren Einschnitte, wie in Nr. 810 gesagt ist, und stellt diese mit dem übrigen, sowie mit der abgezogenen Zunge warm. Ein gute, pikante Tomatensauce oder auch Madeirasauce hat man unterdessen ausgekocht, einen Teil davon, etwas dicker eingekocht, giebt man an ein Ragout, bestehend aus Champignons, Trüffeln, abgedrehten Oliven, Klößen, Hahnenkämmen und egal geschnittenen Essiggurken und stellt das Ragout im Wasserbad heiß. Der Kalbskopf wird sodann aus dem heißen Sud herausgenommen, im Kranz auf einer runden Platte angerichtet nnd in die Mitte das Ragout gegeben. Man kann dieses Ragout in ein kleines, rundes Teigtrögchen, aus einem Nudelteig hergestellt und in der Mitte der Platte aufgesetzt, anrichten. Um den Kalbskopf legt man Butterteigfleurons oder Brotcroutons, abwechselnd mit einigen gekochten Krebsen, die geschnittenen Ohren

Fig. 400.

legt man auf beiden Seiten und in dieselben das gekochte Hirn. Die Zunge schneidet man entweder in das Ragout oder in Scheiben und legt sie um das angerichtete Ragout. Von der Sauce giebt man etwas über den Kalbskopf, die andere extra in einer Saucière.

1554. Kalbskopf financière.

Der Kalbskopf wird ebenso geschnitten und gekocht wie beim Kalbskopf tortue, ebenso Ohren, Zunge und Hirn. Von einer Geflügel- oder Kalbfleischfarce macht man in eine einfache Bordure einen Farcerand, den man in einer Kasserole langsam fertig macht und sodann auf eine runde Platte stürzt. Ein Ragout aus Brieschen, Champignons, Trüffeln, Hahnenkämmen, Klößen wird mit einer dicklichen Madeirasauce vermischt und der übrige Teil derselben warm gestellt. Beim Anrichten umlegt man den gestürzten Farcerand mit dem Kalbskopf, giebt in die Mitte das Ragout und um den Farcerand Brotcroutons oder Blätterteigfleurons, sowie abwechselnd das Hirn, Scheiben der Zunge und die geschnittenen Ohren, sauciert den Kalbskopf und serviert die Platte mit einer Saucière extra.

1555. Kalbsohren tortue.

Einige Kalbsohren, rein geputzt und der Knorpel entfernt, werden in Fleischbrühe mit Gemüse und Gewürz beinahe weich gekocht und in ein Sautoir mit Butter gesetzt. Ein kleines Ragout tortue, sowie eine Sauce, wie in Nr. 444 hergestellt, wird bereit gehalten. Eine halbe Stunde vor dem Anrichten füllt man die Ohren mit dem Ragout, das ziemlich dick gehalten sein muß, ein, giebt etwas zerlassene Butter, mit Panierbrot vermischt, darauf und giebt die Ohren etwa 10 Minuten in den Ofen und gießt ein wenig Fleischbrühe oder Jus an dieselben. Sodann richtet man die Ohren auf runder Platte an, ist noch Ragout übrig, giebt man dieses in die Mitte, sauciert leicht mit der Sauce und giebt von dieser noch extra zu den Ohren.

1556. Kalbsohren financière.

Wird ebenso behandelt wie Kalbsohren tortue, nur das entsprechende Ragout und Sauce dazu verwendet, wie bei Kalbskopf financière angegeben ist.

1557. Kaninchen-Fricassée.

2 junge Kaninchen werden in nicht zu kleine Stücke zerlegt, zu gewürfeltem Speck, der zuerst heiß gemacht, mit 2 kleinen Zwiebeln, fein gehackten Kräutern, Pfeffer und Salz gegeben und darin angedämpft, sodann mit Kaninchen- oder Fleischbrühe abgegossen. Wenn das Fleisch weich, nimmt man es mit den Speckwürfeln heraus, ebenso die Zwiebeln. Die Brühe seiht man durch, entfettet sie rein und kocht sie zur Hälfte ein, rührt sie mit einer leichten Mehlschwitze an, kocht sie ordentlich auf, legiert sie mit etwas Süßbutter und saurem Rahm, giebt das Fleisch und den Speck dazu, richtet das Ragout auf tiefer Platte an, garniert mit kleinen, glacierten Zwiebeln und serviert.

1558. Kaninchen-Jägerragout.

Das Kaninchen wird zerlegt, wie oben, in eine Kasserole mit heißer Butter gegeben, dazu in Würfel geschnittene Fleischstücke vom Ochsen, Kalb und Schwein. Zwiebel in Scheiben geschnitten, Wurzeln und Kräuter werden in Butter angebraten, mit einigen Löffeln Essig, sowie 2 Glas Weißwein abgelöscht und einige Male gut durchgekocht, worauf man diese Essenz an das inzwischen mit einem Löffel Mehl aufgestaubte Fleisch passiert, Pfeffer und Salz dazugiebt, sowie noch 1/4 Liter Wein, 2 Löffel guter Jus und Fleischbrühe, 1 Lorbeerblatt und etwas Zitronensaft. Nachdem das Fleisch weich ist, wird es herausgenommen und in eine andere Kasserole gegeben, die Sauce darüber passiert und noch einmal aufgekocht. Soll das Ragout fein serviert werden, giebt man einige Champignons und Trüffeln unter dasselbe, oder man serviert runde, kleine Bratkartoffeln dazu.

1559. Kaninchen-Ragout.

1—2 Kaninchen werden in Stücke zerlegt und diese etwa 1 Stunde in einen guten Rotwein gelegt. Inzwischen werden etwa 100 Gramm gewürfelter Speck angeröstet und das Fett abpassiert. In das zerlassene heiße Fett giebt man die Kaninchenstücke, Pfeffer und Salz, sowie gehackte Zwiebeln und Kräuter, einige Nelken, 1 Lorbeerblatt und dämpft das Fleisch darin an, gießt es mit der Beize und einigen Löffeln Bratenjus ab, nachdem man das Fleisch erst mit ein paar Löffeln Mehl aufgestaubt hat, und läßt es etwa 1—1½ Stunden langsam dämpfen. Man giebt das Fleisch in eine andere Kasserole und passiert die Sauce an dasselbe, etwas Zitronensaft dazu, kocht das Ganze noch einmal auf und serviert das Ragout in einer tiefen Schüssel, mit Brotcroutons oder Blätterteigfleurons umlegt.

1560. Kapaun mit Gemüschen, à la macédoine.

Der dressierte, wohl auch gespickte, junge Kapaun wird in Fleischbrühe mit Gemüse etwa ¾—1 Stunde weich gedämpft. Das Anrichten dieses, ebenso die Zubereitung und Garnierung der Gemuschen wird behandelt, wie bei den Rezepten des Huhnes mit Erbsen (Nr. 1514).

1561. Kapaun, gespickt, mit Nudeln.

Der dressierte und gespickte junge Kapaun wird in Fleischbrühe mit Gemüse weich gedämpft, tranchiert, die Haut abgezogen und in warmer Fleischbrühe bis zum Anrichten im Wasserbad heiß gestellt. Von 2 ganzen und 2 gelben Eiern wird mit etwas Mehl und Salz ein nicht zu fester Nudelteig gemacht, der Nudelteig messerrückendick ausgerollt und in der Dicke wie Maccaroni etwa 4—5 cm geschnitten, getrocknet und dann in Salzwasser gut weich gekocht, in 100 Gramm Butter geschwungen, einige Löffel Parmesankäse, Salz und Muskatnuß dazu gegeben und auf eine runde, tiefe Schüssel gegeben. Die Kapaunstücke legt man hoch erhaben auf diese. Die Brühe desselben hat man unterdessen mit einer Mehlschwitze gut aus- und eingekocht, mit 3 Eigelb legiert, und passiert sie nun an das Geflügel, in einer Saucière noch extra zugebend.

1562. Kapaun mit Reis oder fricassiert.

Wird, wie in den Rezepten bei den Hühnern gesagt, behandelt, wie auch alle dort beschriebenen Rezepte für den Kapaun passend sind und ebenso auch für die Poularden.

1563. Krammetsvögelragout.

Von 10 Krammetsvögeln werden die Brüstchen ausgelöst und diese in einen Plafond auf ausgelassene Butter und mit einem Butterpapier bedeckt, gelegt. ½ Zwiebel, 1 kleine, gelbe Rübe und etwas Sellerie, sowie rohen Schinken, alles klein geschnitten, läßt man in heißer Butter anrösten und giebt die Abfälle der Krammetsvögel dazu, gießt sodann 1 Glas Rotwein, sowie einige Löffel Bratenjus und Fleischbrühe dazu und läßt diese Essenz gut auskochen; man rührt sie sodann mit einer braunen Mehlschwitze an, und kocht sie gut aus, oder man giebt zu der eingekochten Essenz einige Löffel Espagnole und ist die Sauce dicklich, passiert man sie in eine Saucenkasserole und gießt Madeira dazu. Unterdessen hat man einige Champignons, sowie Trüffeln, auch einige fertige Godiveauklöße in eine Kasserole gegeben und giebt etwas von der Sauce darauf. Beim Anrichten kann man entweder einen Fleischreif, hergestellt aus einer Wildgodiveau (Nr. 285) benützen oder einen Blätterteigreif. Eine Viertelstunde etwa vor dem Anrichten giebt man die Brüstchen auf das offene Feuer und macht sie rasch auf beiden Seiten fertig, giebt in die Mitte des Fleischreifs oder Blätterteigreifs das Ragout, umlegt dieses mit den Brüstchen, sauciert das Ganze mit der Sauce und serviert in einer Saucière noch etwas extra dazu.

1564. Krebsragout.

Etwa 60 Krebse werden in Salzwasser gekocht und, wenn fertig und erkaltet, die Schwänze daran entfernt und die Scheeren ausgebrochen und diese zur Seite gestellt. Die Schalen stößt man, nachdem man das Innere, Bittere entfernt hat, mit ¼ Pfund Butter fein im Reibstein und macht Krebsbutter davon. Von ¼ Pfund Butter mit Mehl hat man eine weiße Sauce ausgekocht, kocht dies sodann dick ein, giebt etwas Zitronensaft dazu, zieht sie mit 4 Eigelb ab und stellt sie im Wasserbad heiß. Zu den Schwänzen und Scheeren giebt man einige Champignons, fertige Griesklöße bei Fastenspeisen, sonst kann man auch Godiveauklöße nehmen. Zu diesem Ragout giebt man die Hälfte der Sauce, macht es heiß und stellt es ins heiße Wasser. Vor dem Gebrauch schwenkt man die Hälfte der Krebsbutter unter das Ragout, die andere Hälfte schlägt man in die Sauce hinein, richtet das Ragout in einem Reisreif an, giebt etwas von der Sauce darauf und serviert die übrige extra dazu. Man garniert die Platte mit einigen Krebsen, sowie Brotcroutons oder Blätterteigfleurons.

1565. Lammfleischragout mit Reis.

Von irgend einem Teil des Lammes, etwa 2—3 Pfund, werden Stücke geschnitten, dieselben mit Butter, Schalotten, Wurzeln und Kräutern in einer Kasserole angebraten und mit einigen Löffeln Mehl aufgestaubt, sodann mit Pfeffer und Salz und Rotwein gewürzt, zwei Deziliter Fleischbrühe zugegossen und darin gekocht. $^1/_4$ Pfd. Reis wird zu gleicher Zeit in Fleischbrühe mit Butter und einem Löffel Tomatenpurée weich gekocht und soll mit dem Ragout fertig sein. Ist das Ragout fertig, entfernt man das Gemüse und passiert die Sauce an das Fleisch. Den Reis giebt man auf eine runde Platte im Kranz dressiert oder drückt ihn in eine Bordureform. Das Ragout wird in die Mitte angerichtet und umlegt mit gebackenen Brotcroutons zu Tische gegeben.

1566. Lammfleisch, eingemacht mit Paprika.

Das Fleisch vom Bug eines Lammes wird in Stücke geschnitten und in Butter mit fein gewiegten Zwiebeln, Pfeffer, Salz und Paprika angedämpft, sodann mit etwas Mehl aufgestaubt und, wenn dieses angezogen, mit 1 Glas Weißwein und Fleischbrühe abgegossen, zugedeckt und weich gedämpft. Wenn das Fleisch weich, giebt man 1 Kaffeelöffel Kartoffelmehl mit einigen Löffeln sauren Rahm, sowie Zitronensaft unter das Fleisch, läßt dieses noch einmal aufkochen und giebt es auf tiefer Platte zu Tische. Breite Nudeln, Bratkartoffeln u. s. w. werden dazu gegeben.

1567. Ochsenschweifragout.

Der Ochsenschweif wird roh in kleine Stücke geschnitten, sodann in Salzwasser blanchiert, abgeschwenkt und mit Gemüse, sowie 2 Glas Rotwein, 1 Löffel guter Bratenjus und Fleischbrühe langsam weich gedämpft, was etwa 2—2$^1/_2$ Stunden in Anspruch nimmt. Unterdessen richtet man in eine Kasserole fertig gekochte Champignons oder solche aus Büchsen, giebt dazu Trüffeln und fertige Godiveauklöße, sowie in Stücke geschnittene Ochsenzunge. Wenn der Schweif weich ist, giebt man ihn zum Ragout, bereitet eine bräunliche Mehlschwitze, rührt diese mit der durchgeseihten Brühe an und kocht diese gut aus und dann rasch zu einer dicken Sauce ein, welche man nun über das Ragout passiert, noch einmal damit aufkocht, vor dem Servieren etwas Madeira zugiebt und sodann auf tiefer Ragoutschüssel, mit Zungencroutons oder solchen von Brot umlegt zu Tisch giebt.

1568. Poularden als Ragout.

Siehe Hühner und Kapaunen.

1569. Rebhühnersalmi.

Siehe Fasansalmi, Nr. 1484.

1570. Rebhühnergalantine.

2 Feldhühner werden zum Ausbeinen gerichtet und stellt man zum Füllen von irgend einem Wildfleisch, wie in Nr. 1486 beim Fasanen beschrieben ist, ein Wildgodiveau her. Die übrige Behandlung ist ebenso wie dort, nur ist die Kochzeit eine kleinere, nämlich ³/₄ Stunden. Angerichtet wird diese Platte ebenso, wie bei Fasanengalantine beschrieben.

1571. Rehcivet.

Die Schulterblätter, sowie die Bruststücke werden in gleiche Stücke gehauen und in heißer Butter mit 20 kleinen Zwiebeln, 150 Gramm in Stücke geschnittenem Bauchspeck bräunlich angebraten, gesalzen und gepfeffert, sowie einige gehackte Schalotten dazugegeben, 2 Löffel Mehl aufgestaubt und noch einige Minuten damit gebraten, sodann mit ¹/₂ Liter dickem Rotwein, etwas guter Jus und Fleischbrühe abgelöscht, ein Garnierbouquet zugegeben, zugedeckt und etwa 1—1 ¹/₂ Stunden langsam gekocht. Nach ³/₄ Stunden nimmt man die Zwiebelchen und den Speck heraus und giebt dies zusammen mit einigen Champignons in eine Kasserole und stellt warm. Das Fleisch giebt man in eine andere Kasserole und passiert die dickliche Sauce daran. Beim Anrichten giebt man das Civet auf eine tiefe Schüssel, umlegt mit den Zwiebelchen, Speck und Champignons.

1572. Rehragout, gebeizt.

Die entbeinten Schulterblätter werden enthäutet, in 4eckige Stücke geschnitten und jedes mit feinem Speck gespickt, in einen

Steintopf gelegt und mit einer nicht zu scharfen (1/3 Essig, 2/3 Wasser) Marinade übergossen und etwa 1 Tag stehen gelassen. Herausgenommen, werden die Stücke gut getrocknet und in 150 Gramm zerlassener heißer Butter oder Speck scharf angebraten, gepfeffert und gesalzen, mit 2 Löffeln Mehl aufgestaubt und mit 2/10 Liter Rotwein, sowie 2 Löffeln der Beize, Fleischbrühe und guter Jus abgelöscht, 1 Zwiebel mit 2 Nelken besteckt, 1 Lorbeerblatt, sowie einige Pfefferkörner dazu gegeben und während 1—1½ Stunden in gut verschlossener Kasserole weich gedämpft. Sind die Stücke weich, giebt man sie in eine frische Kasserole und passiert die Sauce, kocht sie dick ein und giebt sie auf die Fleischstücke, läßt alles noch einmal aufkochen, schmeckt das Ragout mit etwas Zitronensaft, wenn nötig, ab und serviert.

1573. Rehragout, ungebeizt.

Die Schulterblätter, sowie die Bruststücke werden in 5 cm große Stücke gehauen und sodann in heißer Butter oder Speck braun angebraten, mit einigen Löffeln Mehl aufgestaubt, mit 4/10 Liter Rotwein abgelöscht, Salz, Pfeffer, gute Bratenjus, sowie etwas Fleischbrühe daran gegeben, ebenso 1 Zwiebel mit 2 Nelken besteckt, 1 Lorbeerblatt, sowie Pfefferkörner. Ist das Ragout weich, giebt man das Fleisch in eine frische Kasserole, kocht die Sauce dicklich ein, giebt Zitronensaft zu, legiert die Sauce mit Rehblut, in dessen Ermanglung man etwas Schweineblut nimmt, dies mit einem Löffel Essig versetzt und mit der Sauce anrührt. Ueber die Fleischstücke giebt man sodann die dickliche Sauce und serviert das Ragout in einer tiefen Platte. Man serviert dazu Spatzen, Maccaroni, Purée von Kartoffeln, breite Nudeln u. s. w.

1574. Rindfleischreste als Ragout.

Reste von Rindfleisch, sei es vom Filet, Boeuf braisé, Roastbeef u. s. w., werden erst enthäutet, sodann in Stücke geschnitten, in Butter leicht mit gehackten Zwiebeln angedämpft, gute Bratenjus (oder Fleischextrakt mit Fleischbrühe vermischt), sowie etwas Zitronensaft, Pfeffer und Salz daran gegeben und zusammen ungefähr 10 Minuten langsam gedämpft. Damit die Sauce sämig wird, giebt man geriebenes Weißbrot, vielleicht 2 Löffel, dazu und läßt dies einkochen. Man kann Gurken, Kapern, Sardellen oder Champignons unter dieses Ragout geben.

1575. Schinkenragout.

Dünne Scheiben von rohem Schinken werden mit weißem Pfeffer gewürzt, mit Rotwein angegossen und darin kurz gedämpft, etwas geriebene Semmelkrusten dazu gegeben, damit die Sauce dicklich wird, mit Zitronensaft abgeschmeckt und sogleich serviert.

1576. Schnepfensalmi.

Zwei ausgenommene, gut gereinigte Schnepfen werden mittelst des Schnabels dressiert, indem man diesen durch beide Schlegel durchsticht und eine Speckbarde mittelst eines Bindfadens um dieselben bindet. Das Eingeweide wird einstweilen zurückgestellt, der Magen erst entfernt und dann behandelt, wie bei Schnepfe (Abschnit 10, Nr. 1191) angegeben ist. Die Schnepfen bratet man in Butter mit einer Zwiebel in etwa 15 Minuten fertig und läßt sie sodann erkalten. Sie werden sodann tranchiert und in eine Kasserole gegeben, etwas gute Jus dazu und im Wasserbad warm gestellt (dürfen aber nicht mehr kochen). Die Abfälle derselben werden zerhackt in die erste Kasserole mit geschnittenem Gemüse, rohem Schinken oder Speck, sowie Gewürzen gegeben, angebraten und mit $^1/_4$ Liter gutem, altem Rotwein, sowie einigen Löffeln guter Jus und Fleischbrühe abgelöscht und auf $^3/_4$ eingekocht. Sodann werden einige Löffel Espagnole dazu gegeben und die Sauce noch etwas ausgekocht, passiert sie hierauf in eine Saucenkasserole und stellt sie heiß. Von dem aus den Eingeweiden fertiggestellten Schnepfendreck dressiert man runde Brotcroutons, welche man auf einem mit Butter bestrichenen Blech vor dem Anrichten im Ofen fertig macht, dressiert dann die Schnepfenstücke in die Mitte einer runden Platte auf einen runden, geschnittenen und gebackenen Brotsockel, stellt die Schnäbel gegen einander an den Fleischstücken auf, die Brotcroutons am Rande der Platte, giebt etwas Sauce über dieselben und serviert die übrige extra dazu. Trüffeln oder Champignons werden als Garnitur dabei verwendet.

1577. Schwarzwildragout auf gewöhnliche Art.

Ein Stück Schwarzwild, sauber gebürstet und gewaschen, vom Bug oder Schlegel, wird gebunden und mit Fleischbrühe oder Wasser, etwas Essig und Wein, Salz, Gemüse und Gewürz, dabei einigen Wachholderbeeren, langsam gedämpft, bis es beinahe weich ist. Sodann röstet man in Butter einige Löffel Mehl mit geriebenem Schwarzbrot dunkelbraun (auf 1 Pfund

Wildbret, 1 Löffel Mehl, 3 Löffel geriebenes Brot und 50 Gramm Butter) und rührt die Brühe des Fleisches mit dieser Mehlschwitze an, giebt diese wieder an das Fleisch und läßt es nun vollends weichdämpfen. Das Fleisch wird nun herausgenommen, aufgebunden, in große Würfel geschnitten, in eine Kasserole gegeben, die Sauce dazu passiert, mit Zitronensaft abgeschmeckt, noch einmal aufgekocht, zum Schluß noch einige Stückchen Butter darunter geschwungen und auf tiefer Platte umlegt, mit Brotcroutons zu Tische gebracht.

1578. Schwarzwildragout auf feine Art.

Um die Platte feiner zu Tische zu bringen, dämpft man das Fleisch nur in Rotwein, Schinken und guter Jus mit Gemüse und Gewürz, kocht die Brühe sodann mit Espagnole zu einer dicklichen Sauce ein. Zu dem in Stücke geschnittenen Fleisch giebt man einige Trüffeln, sowie Champignons, Morcheln und Klöße, die Sauce passiert man auf das Ragout und richtet dieses mit Madeira abgeschmeckt, in einer Blätterteighülle oder in einem Rand von Risotto an. Von der Sauce wird noch extra dazu serviert.

1579. Schüssel- oder Terrinenragout von Fleischresten.

Fleischreste von gekochtem oder gedämpftem Fleisch schneidet man in nicht zu dicke Scheiben. Eine vertiefte Terrine oder Schüssel von Porzellan wird mit Butter ausgestrichen, auf den Boden derselben einige in Butter gedämpfte Speckwürfel, gehackte Zwiebel, Petersilie und Kapern gestreut, sodann das Fleisch hineingelegt, eine Tranche auf die andere. Eine mit einer leichten, gebräunten Mehlschwitze und Fleischbrühe, sowie etwas guter Jus oder Fleischextrakt und 2 Glas Weißwein angerührte Sauce wird aufgekocht, die zerrührte Milch von 2 Heringen dazugegeben und mit der Sauce ausgekocht. Die Heringe schneidet man in Stücke und giebt sie zum Fleisch, passiert die Sauce, wann sie dick eingekocht ist, auf das Fleisch, streut etwas geriebenen Käse, sowie Semmelbrösel und in Stücke zerpflückte Butter darauf und backt das Ganze etwa eine halbe Stunde im Ofen, worauf man es sofort zu Tische giebt. Salzkartoffeln, breite Nudeln, Klöße, Spatzen u. s. w. werden dazu serviert.

Auf diese Art kann man aus den Resten von Fleisch die verschiedensten Schüsseln, mit einer Sauce von Zwiebeln, Gurken, Kapern, piquante u. s. w. herstellen.

1580. Schüssel- oder Terrinenragout von Geflügel mit Reis.

Reste von übrig gebliebenem Geflügel werden enthäutet, die Knochen daraus entfernt und in eine Kasserole gegeben. Die Knochen zerschlägt man ein wenig, röstet sie in heißer Butter mit einer geschnittenen Zwiebel an, gießt sie mit 1 Glas Weißwein, etwas Fleischbrühe und guter Jus ab und kocht sie gut aus. Eine kleine, bräunliche Mehlschwitze rührt man mit der Geflügelbrühe an und kocht diese 1 Stunde aus und dann dicklich ein. Zu den Geflügelstücken giebt man einige Champignons, sowie einen Teil von der dick eingekochten Sauce. Etwa 100 Gramm Reis wird in Wasser blanchiert und dann mit Fleischbrühe, Salz und etwas Butter weich gekocht, 1 Hand voll geriebener Käse darunter gemengt und dann in eine ausgebutterte, tiefe Porzellanschüssel eine Lage Reis gegeben, hierauf die Geflügelstücke mit etwas Sauce bedeckt und diese mit dem Rest vom Reis. Hierauf streut man geriebenen Käse, sowie Panierbrot und Butter auf das Ganze und backt die Form etwa ½ Stunde im Ofen. Zum Servieren giebt man von dem Rest der Sauce extra in einer Saucière.

Der Reis darf nicht trocken sein und kann man unter denselben etwas Fleischbrühe geben, damit er nicht zu fest ist.

1581. Schüsselpasteten oder Pies.

Siehe bei Pasteten, Abschnitt 16.

1582. Wildentensalmi mit Oliven.

Wird ebenso behandelt wie Seite 589, Nr. 1480.

1583. Wildenten, mit Sauerkraut.

Siehe Enten mit Sauerkraut (Nr. 1481).

1584. Taubenragout in weißer Sauce.

Vier gut gereinigte Tauben werden in 4 Teile zerschnitten und in Butter leicht angebraten, sodann aus der Kasserole genommen, die Butter mit einem Löffel Mehl zu einer hellen Mehlschwitze angerührt und mit einigen Löffeln Fleischbrühe, sowie 1 Glas Weißwein, etwas Zitronensaft zu einer Sauce angerührt und, wenn diese aufkocht, gesalzen, die Taubenstücke dazu gegeben und etwa ¾ Stunden darin gekocht. Nach dieser Zeit giebt man die Fleischstücke in eine andere Kasserole, eine Hand voll Champignons dazu und passiert die rein entfettete Sauce, welche man noch etwas dicklich eingekocht und mit 3 Eigelb legiert hat, auf die Taubenstücke, richtet sie auf runder Platte erhaben an, die Champignons im Kranz herumgelegt, und serviert etwas der Sauce extra dazu.

1585. Taubenragout in brauner Sauce.

Vier in 4 Teile geschnittene Tauben werden in einer Kasserole in heißer Butter mit etwas geschnittenem Speck und fein geschnittenen Zwiebeln angebraten, wenn sie schöne Farbe haben, herausgelegt und die Butter mit Mehl zu einer bräunlichen Mehlschwitze angerührt, mit 1 Glas Rotwein, Salz, Pfeffer, Fleischbrühe und guter Jus aufgekocht, die Taubenstücke dazu gegeben und etwa $\frac{1}{2}$—$\frac{3}{4}$ Stunden darin weichgekocht. Man giebt diese dann in eine andere Kasserole, passiert die inzwischen dick eingekochte Sauce darauf, giebt einige Champignons, sowie glacierte Zwiebeln dazu, kocht alles noch einmal auf und serviert das Ragout in einer tiefen Schüssel, umlegt mit Brotcroutons und Blätterteigfleurons.

1586. Taubenragout, ungarisch.

Einige in 4 Teile geschnittene Tauben werden gesalzen, in Butter angebraten, mit $\frac{1}{2}$ Liter Weißwein und einigen Löffeln Essig, Salz, etwas Paprika gewürzt, abgelöscht und etwa $\frac{1}{2}$ Stunde weich gedämpft, die Brühe mit einer braunen Mehlschwitze angerührt, einige Löffel Tomatenpurée mitgekocht oder frische Tomaten dazu gegeben und, wenn die Sauce dick genug ist, passiert und über die Taubenstücke gegeben, noch einmal aufgekocht, auf einer tiefen Schüssel angerichtet und umlegt mit Brotcroutons zu Tische gegeben.

1587. Zungenragout.

Von einer fertig gekochten grünen oder gepökelten Zunge, auch einer Büchsenzunge, wird die Haut rein weggeschnitten, die Zunge sodann in nicht zu große Würfel geschnitten und zusammen mit Champignons, Morcheln und Godiveauklößen in eine Kasserole gegeben. Eine gut ausgekochte Madeirasauce wird zubereitet, dicklich eingekocht und an das Ragout passiert, gut aufgekocht und bis zum Gebrauch ins Wasserbad gestellt. Zum Anrichten giebt man das Ragout in einen Reisrand oder in eine Blätterteigpastete und serviert eine Saucière Madeirasauce dazu.

1588. Zungenragout, im Ofen gebacken.

Von einer erkalteten grünen, gepökelten oder Büchsenzunge werden dickere Scheiben geschnitten. In eine tiefe Porzellanschüssel, gut ausgebuttert, giebt man auf den Boden derselben eine dünne Schichte einer dick eingekochten Zwiebelsauce, auf diese etwa 3—4 gekochte und gehackte Eier, ebenso einige Kapern und Gurken, sodann die Zungenstücke, im Kranz gelegt, auf diese wieder etwas von der Zwiebelsauce, sodann geriebenen Käse und Panierbrot, sowie zerstückelte Butter und läßt das Ganze etwa ½ Stunde im Ofen backen und serviert es sofort.

14.

Kalte Zwischengerichte und kalte Saucen.

Um auch der Hausfrau und Köchin einen wesentlichen Bestandteil unserer modernen Kochkunst vor Augen zu führen, habe ich den Abschnitt „Kalte Zwischenspeisen", die Behandlung und Garnierung derselben, besonders erwähnt.

Es ist eine willkommene Abwechslung namentlich bei Frühstücken und Abendessen, wie ja auch bei einem größeren und feineren Mittagessen, eine kalte Zwischenplatte geben zu können.

Wenn bei den nachfolgenden Rezepten einige der Platten mehr für den feineren Tisch sich zu eignen scheinen, so ist doch auch für den einfacheren Tisch, in einfacheren Formen davon Gebrauch zu machen.

Hauptsache bei den kalten Zwischenplatten ist gutes Herstellen derselben, Genauigkeit und Pünktlichkeit beim Tranchieren, Anrichten und Garnieren.

Die zum Garnieren der Schüsseln zu verwendende Aspic oder Sulz ist in der Einleitung S. 82 Ziff. 23 beschrieben, ebenso auch in Abschnitt 15.

Zu den kalten Zwischenspeisen gehören auch die Sulzen und kalten Pasteten, diese sind für sich in den Abschnitten 15 und 16 behandelt.

1589. Mayonnaise oder Oelsauce.

Die Mayonnaise stellt in der kalten Küche als Sauce ungefähr dasselbe vor, was die Hollandaise uns als Sauce in der warmen Küche ist, sie ist eine Art Grundsauce geworden, um daraus andere Saucenarten mit allerlei pikanten Zugaben herzustellen. Wie die Hollandaise hergestellt wird, durch langsames warm Aufschlagen von Eigelb und Butter mit Zusatz von Essig, Zitronensaft, Pfeffer und Salz, so wird die Mayonnaise mit Eigelb, Oel, Essig, Pfeffer und Salz kalt aufgeschlagen oder gerührt und muß bei beiden mit der nötigen Vorsicht verfahren werden, um ein Gerinnen derselben zu vermeiden, wobei gewöhnlich die Hauptschuld darin liegt, daß man die Butter oder das Oel zu rasch dazu giebt, ehe die Eier genug angezogen haben, bei der Hollandaise durch die Wärme, bei der Mayonnaise durch Rühren. Um einem Gerinnen der Mayonnaise vorzubeugen, ist es am besten, beim Anrühren an die Eigelb sofort das Salz und ein wenig Essig zu geben, wenn die Eier einige Minuten gerührt sind, das Oel recht langsam daran zu rühren; durch zu rasches Zuschütten zersetzt sich die Sauce. Das Oel darf nicht gefroren dazu gerührt werden, sondern, sollte dies je der Fall sein, muß man dasselbe erst aufthauen lassen und darf man dasselbe dann nicht warm an die Eigelb rühren. Gerinnt die Mayonnaise oder Oelsauce trotz aller Vorsicht dennoch, so ist es am besten, eine neue mit einigen Eigelb in einer frischen Schale anzurühren und erst, wenn diese gut angezogen hat, die geronnene langsam mit einem Löffel nach und nach dazuzugeben. Ich glaubte, diese kleinen Bemerkungen vorausschicken zu müssen, da ich zu oft schon Gelegenheit hatte, von jungen Hausfrauen hören zu müssen, daß trotz aller Aufmerksamkeit die Oelsauce nie gerate und immer in geronnenem Zustand zu Tisch komme. Zu beachten ist auch, die Saucen nicht zu lange in warmen Zimmern stehen zu lassen, sondern möglichst im Eisschrank, bis sie gebraucht wird. Vor dem Servieren und, ehe man die Sauce in die Saucière giebt, rührt man sie nochmals recht langsam und vorsichtig, von der Seite anfangend, mit einigen Tropfen Wasser auf. Auf eine Saucière rechnet man gewöhnlich 2 Eigelb und etwa ¼ Flasche Oel, wobei aber nur feinstes, echtes Olivenöl genommen werden sollte; als Essig verwendet man einen feinen Wein-, Kräuter- oder Estragonessig. Sehr häufig rührt man zu den rohen Eigelb auch noch 1 gekochtes, durch ein Sieb passiertes Eigelb zu, was das Gerinnen der Sauce aufhält, auch einige Löffel zerlaufener Aspik werden oft eingerührt.

1590. Mayonnaise oder Oelsauce.

In eine Porzellanschale mit kleinem Boden giebt man 2 Eigelb, eine Messerspitze Salz und einige Tropfen Essig, stellt die Schale auf Eis und rührt die Eier einige Minuten entweder mit einem Holzlöffel oder kleinem Schneebesen. Wenn die Eier fest und dick werden, giebt man langsam nach und nach tropfenweise das Oel dazu, etwa ¼ Flasche zu einer Saucière. Wird die Sauce zu dick, giebt man einige Tropfen Essig dazu und fährt so fort. Die Sauce schmeckt man gut ab und verwendet sie sodann dick gehalten zum Ueberstreichen der verschiedensten Fisch-, Hummer- und Fleischmayonnaisen. Zum Servieren in Saucièren ist es gut, sie dünner zu halten und dabei mit etwas Wasser nachzuhelfen.

1591. Oelsauce mit Senf. Remoulade.

2 Eigelb mit ½ Kaffeelöffel Senf und etwas Salz werden auf dieselbe Art, wie oben beschrieben, zu einer nicht zu dicken Sauce angerührt und, wenn diese fertig, folgendes zugegeben. Etwas Petersilie, Schalotten, Kapern und kleine Essiggurken werden fein gehackt und unter die fertige Oelsauce gerührt.

1592. Oelsauce à la tartare.

Unter eine mit Senf angerührte, fertige Oelsauce werden fein gehackte Petersilie, Schalotten, Kerbel, Estragon, Kapern, Gurken und einige entgrätete Sardellen gegeben.

1593. Oelkräutersauce, Ravigote.

Fein gewiegte Petersilie, Kerbel, Estragon, Kresse, Schnittlauch wird mit 2 gekochten Eigelb und etwas Oel im Reibstein gerieben, durch ein feines Haarsieb gestrichen und an eine fertige Oelsauce mit Senf gerührt.

1594. Oelkräutersauce, grüne, à la Jugenheim.

Zu den Kräutern, wie sie in Nr. 1592 beschrieben worden, giebt man, von einer Handvoll Spinat hergestellt, Spinatgrün (s. Abschnitt 32) und rührt alles zusammen an eine mit englischem Senf hergestellte Oelsauce.

1595. Oelsauce à la diable.

Etwa 6 Wachholderbeeren und 2 weiße Pfefferkörner werden zerdrückt, fein zerhackt und mit einigen Schalottenzwiebeln und Petersilie in 3 Löffel Weinessig mit 1 Stückchen Zucker auf dem Feuer eingekocht und, wenn erkaltet, an eine mit englischem Senf angerührte Oelsauce gegeben.

Sehr gut zu Wildschwein und Wildfleisch.

1596. Cumberlandsauce.

Von 1 Orange schneidet man die Schale dünn ab, diese in feine, kleine Streifen und blanchiert sie. Auf einem Stück Zucker reibt man eine andere Orange ab, schabt diesen Orangezucker von demselben und löst ihn mit einigen Löffeln Rotwein auf. 1 Glas Johannisbeergelée verdünnt man mit Rotwein, giebt 1 Löffel englischen Senf, etwas Salz, den aufgelösten Orangezucker, sowie die Filets dazu und serviert die Sauce zu kalten Bratenschüsseln, Wild und Schwarzwild.

1597. Heringsauce.

1 Milchner zieht man die Haut ab, wascht ihn, nimmt den Milchner heraus und legt diesen in ein Geschirr. Der Hering wird sodann entgrätet und mit dem Gelben von 3 hart gesottenen Eiern, sowie 2 rohen gelben, nebst einem geschälten und in Stückchen geschnittenen Apfel und etwas Zwiebelscheiben fein gestoßen, sodann mit dem Milchner durch ein Sieb getrieben. An diese Masse rührt man, wie zu Mayonnaise, Oel und Essig, bis es eine nicht zu dicke Sauce giebt, welche man zu Fisch und Rindfleisch serviert.

1598. Meerrettigsauce mit Schlagrahm.

½ Stange Meerrettig, geputzt und gewaschen, wird auf dem Reibeisen gerieben, mit etwas Salz, 1 Eßlöffel gestoßenem Zucker, etwas Essig und 2 Löffeln süßem Rahm angerührt, vor dem Servieren zieht man unter denselben etwa ¼ Liter geschlagenen Rahm und serviert die Sauce zu kaltem Fisch, Schinken, Wild u. s. w.

1599. Sardellensauce.

Einige (3—4) ausgewaschene und ausgegrätete Sardellen werden mit 3 hart gesottenen Eigelb in einem Mörser klein gestoßen, 1 rohes Eigelb dazu gegeben und durch ein Sieb passiert. Sodann rührt man Essig und Oel, Salz und Pfeffer zu, wie zu einer Mayonnaise. Zum Servieren giebt man noch geschnittenen Schnittlauch in die Sauce.

Wird zu Fisch und Siedfleisch sehr gerne gegeben.

1600. Senfsauce.

2 Löffel Senf werden mit 3 Löffeln Rotwein, 1 Löffel Oel, dem Saft ½ Zitrone und etwas gehackten Zitronenschalen angerührt, mit Salz und Pfeffer abgeschmeckt und zu kaltem Fleisch, Wildbret u. s. w. zu Tisch gegeben.

1601. Vinaigrette.

Das Gelbe von 3 hart gesottenen Eiern wird klein gehackt, etwa 30 Gramm fein gehackte Kapern, 2 Eßlöffel Olivenöl, 1 Eßlöffel Senf, Salz, etwas gestoßener Pfeffer, 2 Eßlöffel Essig dazu gegeben, gut unter einander gerührt und zu Beilage des Siedfleisches, zu Fischen, Kalbskopf u. s. w. serviert.

Oder: Man rührt zu einem Eßlöffel Senf gehackte Schalotten oder Zwiebeln, etwas Petersilie, Kapern und kleine Gurken und rührt dazu 3 Löffel Olivenöl und 2 Löffel Essig, Salz und Pfeffer, mischt alles gut zusammen und serviert die Sauce, wie oben zu denselben Speisen.

Oder: Man hackt einen beliebigen grünen Salat fein, dazu ½ Knoblauchzehe und 2 Schalotten, giebt 1 Löffel Senf, 3 Löffel Olivenöl, etwas Essig, Salz und Pfeffer zu, mischt diese Teile gut durcheinander und serviert.

Beim Essigzusetzen muß darauf Rücksicht genommen werden, ob derselbe sehr scharf oder milde ist.

1602. Boeuf à la mode, kalt.

Ein Boeuf à la mode, entweder ein schönes Schwanzstück oder ein Rippenstück, wird auf dieselbe Art und Weise gebeizt und fertig gedämpft, wie in Abschnitt 7, Nr. 686 beschrieben ist. Ist das Fleisch fertig, schneidet man die Bindfaden ab und läßt es erkalten. Die Sauce fettet man gut ab, kocht sie dicklich ein und rührt sie kalt. Das Fleisch schneidet man egal und dann in nicht zu dünne Stücke, richtet es auf langer Platte an und gießt die gut erkaltete, pikant schmeckende Sauce über das Fleisch, so daß es von allen Seiten bedeckt ist, stellt die Platte zum Gestehen an einen kalten Ort oder auf Eis und garniert sie sodann mit Mixed picles, geschabtem Meerrettig und gehackter Sulz. Man giebt diese Platte gerne zu Abendgesellschaften.

1603. Chaud-froid.

Die unter dem Namen Chaud-froid in der Küche hergestellten Zwischenspeisen heißen, wie es der französische Namen in deutscher Uebersetzung zeigt, „Warm—Kalt“ und werden die Fleischstücke warm hergestellt, mit der passenden, kalten Sauce überzogen und kalt serviert. Die Saucen, welche man dazu verwendet, werden für das dunkle Fleisch aus Espagnole hergestellt, für das weiße Fleisch aus einer Oelsauce mit Sulz oder einer Allemandesauce mit Oel und Sulz.

1604. Braune Chaud-froidsauce.

Eine Espagnole mit guter Jus, Rotwein und Madeira wird langsam von der Seite ausgekocht, so daß alles Fett und Unreine abgeschöpft werden kann. Ist sie genügend hell und klar ausgekocht, wird sie dicklich eingekocht, sodann passiert man sie durch ein Tuch in eine Porzellanschale und rührt unter die Sauce (auf 1/2 Liter Sauce, etwa 3—4 Deziliter) flüssige, jedoch erkaltete Sulz. Man kann auch einige Blatt Gelatine in der Sauce mit auskochen. Wenn die Sauce nun anfängt dick und rund zu werden, werden die vorher hübsch zugerichteten Fleischstücke in dieselbe eingetaucht, damit sie mit der Sauce vollständig überzogen sind, dann legt man sie auf eine flache Schüssel oder Blech und stellt sie auf Eis kalt. Vor dem Anrichten schneidet man die Stücke egal rund umher und richtet sie dann schön gleichmäßig auf Brot oder Holzsockel erhaben an, garniert mit Sulzcroutons u. s. w.

1605. Weiße Chaud-froidsauce.

2 Eigelb mit etwas Salz und ein wenig Essig werden aufgerührt wie zu Mayonnaise, nach und nach Oel dazu gegeben, sowie zerlassene kalte Sulz, etwa auf 1/4 Liter Oel 3 bis 4 Deziliter Sulz. In diese Sauce taucht man die Fleischstücke, setzt sie auf ein Blech und zum Kaltwerden auf Eis. Um ein rasches Dickwerden der Sauce zu verhindern, ist es gut, die Sauce mit der Porzellanschüssel auf ein Gefäß zu stellen, in welchem heißes Wasser sich befindet, damit durch den Dampf die Sauce sich immer gleichmäßig dick erhält.

Wird eine Chaud-froidsauce mit Allemande hergestellt, so kocht man die Allemande dünn angerührt gut aus, nimmt bei Geflügelchaudfroid die Essenz derselben unter die Sauce, kocht sie langsam von der Seite, entfettet sie rein. Sodann kocht man sie auf dem Feuer dick ein, legiert sie mit einigen Eigelb, kocht sie noch einmal auf und passiert sie in eine Porzellanschüssel. In dieser rührt man sie kalt und giebt nach und nach einige Löffel Oel, sowie Sulz dazu, auf 1/2 Liter Allemande 4 Eßlöffel Oel und 4 Deziliter Sulz.

Es ist übrigens gut, um sich von der Haltbarkeit der Sauce zu überzeugen, sowohl bei der braunen und weißen bei dem Eintauchen des Fleisches eine kleine Probe auf einem flachen Teller zu machen. Die Sauce soll nicht zu dünn, jedoch auch nicht zu dick und zu fest sein.

Uebrig gebliebene Bratenreste, wie Schlachtbraten, Fricandeau oder solche von Wild, Geflügel, Wildgeflügel u. s. w. können in den Haushaltungen als Chaud=froid behandelt und verwendet werden. Besser ist es aber, diese Speisen frisch herzustellen, um die Essenz des Fleisches, welche man beim Kochen desselben erhält, mit der Sauce auskochen zu können und dadurch dieser den wichtigen, kräftigen Geschmack zu geben.

1606. Chaud=froid von Gansleber.

Einige fertig gekochte Ganslebern (Nr. 1491) werden, nachdem sie auf Eis gut erkaltet, mittelst eines in warmes Wasser getauchten Messers, in halbfingerdicke Scheiben geschnitten, und diese etwa thalergroß rund ausgestochen. Eine braune Chaud=froidsauce mit Madeira ausgekocht, wird, wie oben beschrieben, hergestellt und kalt gerührt, die Gansleberstückchen in diese getaucht, auf ein Blech gesetzt und auf Eis kalt gestellt, sodann rund um garniert. Beim Anrichten verwendet man zum Auflegen am besten, um die Speise voll zur Geltung zu

Fig. 401.

bringen, einen Holzsockel, setzt diesen mit Papier überzogen auf eine runde Platte und klebt ihn mit einem Teigchen fest. Auf diesen Sockel giebt man gehackte Sulz, in die Mitte desselben einen runden, gebackenen Brotsockel, durch welchen man einen Spieß mit Trüffeln steckt, der in einem gebohrten Loch des Holzsockels festsitzt. Um diesen Brotsockel giebt man gehackte Sulz und setzt die Chaud=froid übereinander auf oder im Kreise rund herum aufeinander gelegt. Die Zwischenräume füllt man mit gehackter Sulz aus, garniert die einzelnen Chaud=froidstücke mit ausgestochenem Eiweiß, umlegt die Platte mit Sulzcroutons, putzt die Platte mit etwas Petersilie und

Zitronenscheiben aus und giebt sie zu Tische. Die Abfälle der Gänseleber verwendet man zu Sulzen, Pastetchen oder Purée.

1607. Chaud-froid von Geflügel.

Einige junge, gerichtete und dressierte Hühner werden mit Gemüse, etwas Gewürz und Fleischbrühe weich gekocht und zum Erkalten auf eine Platte gelegt, während man die Brühe in eine Schüssel passiert. Eine zuvor ausgekochte Allemande wird sodann mit der Geflügelbrühe dick eingekocht und in eine Porzellanschüssel gegeben. Währenddem schneidet man die Hühner in beliebig große Teile, doch nicht zu klein und nimmt womöglich die großen Knochen heraus, doch so, daß die Stücke ihre ursprüngliche Form behalten. Von der eingekochten Allemande stellt man eine weiße Chaud-froidsauce her, wie sie oben beschrieben ist, taucht die Geflügelstücke darein, setzt sie auf ein Blech und läßt sie erkalten. Beim Anrichten legt man die Stücke auf einen Sockel mit gehackter Sulz, die Schlegelstücke untenhin, und auf dieselben in schöner, egaler Reihenfolge die Bruststücke, garniert die einzelnen Stücke mit ausgestochenen Trüffeln und die Platte mit ausgestochenen Sulzcroutons und Petersilieblättchen.

1608. Chaud-froid von Wild und Wildgeflügel.

Von den verschiedensten Wildarten, sei es von Reh, Hasen, Hirsch u. s. w., werden die besten Stücke, möglichst vom Rücken, dazu verwendet, die Filets herausgeschnitten, diese in kleine Stücke geteilt, geklopft und in Butter rasch fertig gebraten, dann leicht gepreßt. Wenn erkaltet, wird denselben eine schöne egale Form gegeben, dann werden sie in eine braune Chaud-froidsauce getaucht, in welcher man aus den Abfällen des Wildes mit Wein und Jus eine Essenz bereitet und diese so gewonnene Essenz mit der Sauce ausgekocht hat. Oder man bratet größere Wildstücke und, wenn diese erkaltet, schneidet man hübsche, egale Schnitten daraus, übergießt sie mit Chaud-

Fig. 402.

froidsauce, wie oben beschrieben, und richtet sie, wie Fig. 402 zeigt, auf einen Sockel an, in die Mitte einen Gemüsesalat oder Champignons, umlegt mit Sulzcroutons.

Von Feldhühnern, Fasanen, Birk- und Haselhuhn wird diese Zwischenspeise ebenso hergestellt.

1609. Chaud-froid von Hummer.

Die aus den Schalen genommenen Hummerschwänze und Scheeren werden in eine weiße Chaud-froidsauce getaucht und schön erhaben angerichtet, verziert mit Krebsen, Sulzcroutons und Petersilie zu Tische gegeben.

1610. Forellen, kalt mit Oelsauce.

Einige Forellen werden fertig gekocht (siehe Abschnitt 11 Nr. 1226), zur Seite gestellt und in ihrem Sud kalt gemacht, sodann vor dem Anrichten auf ein Tuch zum Abtropfen gelegt. Man legt die Forellen auf eine lange Platte, garniert mit

Fig. 403.

Petersilie, einigen Krebsen und gehackter Sulz und verziert die Platte mit ausgeschnittenen Sulzcroutons. Kleine Forellen werden mit Bindfaden geringelt und so gekocht, geschmackvoll angerichtet und garniert.

Man serviert zu den kalten Forellen eine Sauce Mayonnaise, Remoulade, Tartare oder Kräutersauce.

1611. Fleischplatten von verschiedenem Fleisch.

Diese Platten werden gerne bei Abendgesellschaften zum Thee serviert und bestehen aus den verschiedensten Fleischarten, als Schlachtbraten, Roastbeef, Kalbsbraten, Galantinen, Zunge, Schinken, Geflügel, alle Arten von Würsten u. s. w. Das Fleisch schneidet man in schöne, nicht zu dicke Scheiben und legt die einzelnen Fleischarten auf langer Platte so auf, daß dieselben jedes für sich liegt und der Gast dadurch leicht seine Auswahl treffen kann. Die Platte garniert man sodann mit gehackter Sulz und Sulzcroutons, sowie Petersilie und Zitronenscheiben.

1612. Galantine.

Galantinen können von Welschhühnern, Poularden, Kapaunen, Hühnern, sowie von verschiedenem Wildgeflügel bereitet werden, und ist die Zubereitung wie Behandlung jedesmal dieselbe, nur daß entsprechend dem größeren oder kleineren Geflügel mehr oder weniger Fleischfarce verwendet wird und ebenso beim Kochen der Galantine die Größe und Dicke derselben zu beachten ist.

1613. Fleischfülle zu Galantinen.

Als Fülle (Farce) für die verschiedensten Galantinen gelten im Allgemeinen für das weiße Geflügel, sowie für die Kalbsbrust: Schweinefleisch, Kalbfleisch und Speck, wobei auf 1 Kilogramm mageres Fleisch etwa ¾ Kilogramm Speck kommt.

Für das Wildgeflügel kann man ebenfalls obige Farce verwenden oder aber man macht aus Rehbügen oder sonstigen Wildabfällen, Hasen, Hirsch u. s. w., sowie etwas Schwein- oder Kalbfleisch und Speck eine Farce, wobei sich das Verhältnis ebenso stellt, wie schon oben bemerkt, also zu 1 Kilogramm mageres Fleisch ¾ Kilogramm Speck.

Das zu verwendende Fleisch soll möglichst sehnenfrei sein und ist deshalb als Schweinefleisch am besten das vom Karré oder Filet, sowie als Kalbfleisch das der Nuß zu verwenden. Der Speck muß frisch und fest sein.

1614. Galantine von Aal.

Ein schöner, dicker Aal wird abgezogen, die Flossen weggeschnitten, ebenso der Kopf und der Schwanz, sodann schneidet man die Bauchseite ihrer ganzen Länge nach auf, schneidet den Rückgrat vorsichtig heraus und salzt das Fleisch. Einige Schalottenzwiebeln, Kerbelkraut, Estragon, Kresse, Petersilie, Schnittlauch, von jedem etwa 1 Handvoll, werden zusammen fein gewiegt und in ¼ Pfund Butter gedämpft und, wenn erkaltet, auf den Aal gleichmäßig verteilt, aufgestrichen. Dann rollt man den Aal, vom Schwanz anfangend gegen den Kopf, und sodann in eine Serviette, bindet die Galantine an beiden

Enden, sodann rundum noch 2 oder 3mal, legt sie sodann in einen Ovalkessel mit Gemüsen, Gewürz, Salz, sowie fetter Fleischbrühe, ½ Pfund Gelatine und ½ Liter Weißwein und läßt die Galantine etwa ¾ Stunden langsam kochen. Wenn sie nach einiger Zeit abgekühlt ist, so ist es gut, die Serviette zu öffnen und die Galantine noch einmal fest einzubinden und sie sodann in ihrem Sud bis zum Gebrauch aufzubewahren. Man füllt den Aal auch mit einer Farce von halb Kalb- und Schweinefleisch, indem man etwa 2½ bis 3 Pfund von jedem durch die Fleischhackmaschine und sodann durch ein Drahtsieb treibt. Unter diese Farce giebt man in Würfel geschnittene Trüffeln, sowie Zunge, schafft die Farce gut durch und giebt sie der Länge nach gleichmäßig verteilt auf den ausgebreiteten Aal, schlägt das Fleisch um die Farce und bindet die Galantine in eine Serviette. Gekocht wird diese Galantine ebenso, wie die vorher beschriebene. Beim Anrichten schneidet man die Galantine in hübsche, nicht zu dicke Scheiben und richtet sie im Kranze auf runder Platte an, entweder auf gehackter Sulz, die man aus dem Sud herstellt, oder auf einem runden Holzsockel, garniert sodann die Platte mit Krebsen, Sulzcroutons, Zitronenscheiben, Petersilie, steckt in die Mitte ein Zierspießchen und giebt die Platte mit einer Saucière Mayonnaise oder grüner Oelsauce zu Tisch.

Die Galantine läßt sich in ihrem festen Stand und von demselben gut bedeckt in einem Steinguttopf, mit Fell zugegossen, längere Zeit aufbewahren.

1615. Galantine vom Huhn.

Ein junges Huhn wird flammiert und sauber geputzt, der Kropf entfernt, der Hals sowie die Füße und Flügel abgehauen und sodann entbeint (siehe Seite 73, Fig. 150 bis 152).

½ Pfund Kalbfleisch, sowie ½ Pfund Schweinefleisch oder 1 Pfund Schweinefleisch wird mit ¾ Pfund Speck fein gehackt, entweder mittelst des Hackmessers auf dem Hackstock oder durch die Fleischhackmaschine getrieben, oder man läßt es am besten durch den Fleischer besorgen. Sodann passiert man sie durch ein Drahtsieb. Diese Farce giebt man in eine Schüssel, einen Löffel Wasser dazu, sowie Salz und Gewürz (s. S. 83 Ziff. 27) und schafft das Ganze tüchtig durcheinander, damit die Farce leicht und weiß wird. Etwas frischen Speck, sowie Ochsenzunge und Schinken, von jedem etwa 100 Gramm, schneidet man in kleine

Würfel und giebt dies in die Farce, ebenso, will man die Galantine feiner machen, einige Trüffeln und abgebrühte Pistazien. Das unterdessen leicht gesalzene, abgebeinte Huhn legt man ausgebreitet, die Schlegel und Flügel nach innen gezogen, auf eine Serviette, legt die Farce darauf, und wenn man rohe Gansleber zur Verfügung hat, schneidet man diese in lange Streifen, salzt sie und legt sie der Länge nach auf die Farce. Hierauf schlägt man die Haut um die Farce, giebt dem Ganzen eine länglich-runde Form, rollt diese in die Serviette, bindet erst die beiden Enden fest zu und noch einigemal die Galantine rund um und legt sie in ein ovales Geschirr in kochende Fleischbrühe, zu welcher man $^1/_2$ Flasche Weißwein, etwas Essig, Salz, Gewürz und Gemüse gegeben hat. Da man gewöhnlich diesen Sud nachher zu Sulz verwendet, so ist es am besten, man giebt zum Kochen Gelatine, etwa $^1/_2$ Pfund, zu. Nachdem die Galantine etwa $^3/_4$ bis 1 Stunde langsam von der Seite gekocht hat, stellt man sie zum Abkühlen zur Seite, und damit sie in diesem erkaltet, ist es gut, sie leicht zu beschweren. Ist dieselbe genügend abgekühlt, bindet man sie auf, rollt und bindet sie wieder in die Serviette, giebt sie in einen Topf und passiert die kalte Brühe darüber, die Galantine damit ganz bedeckend. In diesem Sud kann man sie namentlich, wenn man noch Fett oder Butter darüber gießt, Tage lang aufbewahren. Um zu sehen, ob die Galantine gut durch und fertig ist, sticht man mit einer Nadel in dieselbe; hängt der Nadel beim Herausziehen keine Farce mehr an und geht sie leicht heraus, ist die Galantine fertig.

Fig. 404.

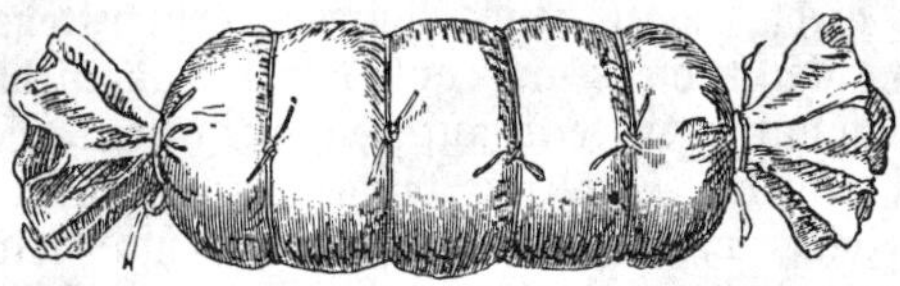

Beim Tranchieren der Galantine schneidet man diese in gleiche, egale Scheiben und belegt damit im Kranze eine runde Platte, indem man erst auf den Boden derselben etwas gehackte Sulz giebt. Oder man nimmt einen runden, gedrehten Holzsockel, den man mit Papier überklebt, und richtet auf diesem die Galantinen kranzförmig an, garniert dann mit Zitronenstücken, Sulzcroutons und Petersilie.

Sehr häufig schneidet man auch aus der Galantine nur ein Mittelstück heraus, an beiden Enden etwa 2 fingerbreit stehen lassend, und ebenso einen Boden, wie nebenstehende Fig. 405 zeigt. Man legt die Galantine auf gehackte Sulz

Fig. 405.

oder auf langen Sockel, garniert sie mit Sulzcroutons, Petersilie und Zitronenstücken, sowie einigen Zierspießchen (Fig. 405).

1616. Galantine von Kalbsbrust.

Eine nicht zu große und schwere Kalbsbrust wird so ausgebeint, daß sämtliche Rippknochen, sowie Knorpeln daraus entfernt sind, worauf man sie einsalzt und bei Seite legt. Eine Farce von Schweinefleisch und Speck (4 Pfund Schweinefleisch und 3 Pfund Speck) wird durch die Fleischhackmaschine fein durchgetrieben und durch's Drahtsieb passiert. 70 Gramm magerer Schinken, 60 Gramm Zunge, 120 Gramm grüner Speck wird in gleich große Würfel geschnitten und, will man die Galantine fein haben, giebt man noch abgezogene Pistazien, sowie würfelig geschnittene Trüffeln dazu. Diese Farce wird mit $^1/_4$ Liter Wasser, sowie Gewürz und Salz tüchtig in einer Schüssel durcheinander geschafft, damit sie weiß und schaumig wird, hierauf legt man sie auf die ausgebeinte, ausgebreitete Kalbsbrust, schlägt diese rund um die Farce, rollt und bindet sie in eine Serviette fest ein, bindet erst die Enden fest ab und dann noch einige Male die Galantine rund um, worauf man sie in einem langen Fischkessel in einen kochenden Sud von Fleischbrühe, $^1/_2$ Liter Weißwein, $^1/_8$ Liter Essig, $^1/_2$ Pfd. Gelatine, Salz, Gewürz und Suppengemüse legt und darin etwa $^3/_4$ Stunden recht langsam von der Seite kochen läßt. Nach dieser Zeit nimmt man die Galantine vom Feuer, beschwert sie mit dem Fischseiher, damit sie auf allen Seiten im Sud liegt und läßt sie darin erkalten. Beim Anrichten schneidet man sie in Scheiben und richtet sie kranzförmig auf runder Platte an, garniert mit gehackter Sulz, sowie Croutons und Petersilie.

1617. Galantine von Kalbsbrust mit Gänseleber.

Die Kalbsbrust wird ebenso ausgebeint und behandelt, wie in voriger Nummer, die Farce ebenso hergestellt aus 4 Pfund Schweinefleisch, 2 Pfund Speck und den Abfällen einer pfündigen, schönen, rohen Gansleber. Die schönen Stücke derselben schneidet man in fingerdicke Streifen und salzt sie ein. Wenn die Farce, wie oben schon beschrieben, durchgeschafft ist und das in Würfel geschnittene Fleisch von Schinken, Zunge und Speck dazu gegeben ist, giebt man dieselbe auf die ausgebeinte Kalbsbrust, legt die Gansleberstreifen der Länge nach auf die Farce, schlägt die Kalbsbrust um die Farce und vollendet die Galantine, wie oben schon besprochen.

1618. Galantine von Kalbsschulter.

Eine Kalbsschulter oder Bug wird vollständig ausgebeint und das innere Fleisch derselben gleichmäßig geschnitten, d. h. die großen, dickeren Stücke weggeschnitten und zur Farce verwendet, so daß die ausgebreitete Schulter auf ihrer ganzen Fläche überall gleich viel Fleisch enthält, dabei ist aber die äußere Haut zu schonen. Zu dem herausgeschnittenen Kalbfleisch giebt man ebenso viel Schweinernes und ebenso viel grünen Speck und macht daraus die Farce, salzt und würzt diese, arbeitet sie tüchtig mit 1/4 Liter Wasser durch, giebt in Würfel geschnittenen Schinken, Zunge und Speck darunter, giebt die Farce auf das Fleisch und vollendet die Galantine genau, wie es in voriger Nummer beschrieben ist. Die Kochzeit beträgt etwa 1 Stunde je nach der Dicke der Galantine. Auch hierin ist die Behandlung dieselbe, wie oben schon gesagt, ebenso auch beim Anrichten derselben.

1619. Galantine von Wildgeflügel.

Die verschiedenen Arten von Wildgeflügel, sei es Fasan oder Rebhuhn u. s. w., werden ausgebeint wie das Huhn, die Farce aus Reh- oder Hasenfleisch mit solchem vom Schwein und Speck, auf 1 kg Fleisch 3/4 Speck, durch die Hackmaschine getrieben und dann durchs Sieb passiert. Sonst ebenso behandelt, wie die oben beschriebenen Galantinen, nur beim Kochen der Größe und Stärke desselben entsprechend kürzere Zeit gekocht, Fasan 3/4 Stunden, Feldhuhn etwa 1/2 Stunde.

1620. Gänseleber in Papierkapseln.

Eine schöne, große Gänseleber (keine Fettleber) wird, wie in Nr. 1491 beschrieben, gekocht und wenn sie erkaltet, in nicht zu dicke Scheiben mittelst eines in heißes Wasser getauchten Messers geschnitten und aus diesen Scheiben mittelst eines glatten, runden Ausstechers, in derselben Größe wie die runden Papierkapseln, Stücke ausgestochen. Die Abfälle der

Fig. 406.

Leber giebt man erst in die Papierkapseln und legt oben auf das schöne Stück, die Kapseln richtet man sodann rund um auf runder Platte pyramidenförmig an und giebt sie mit gehackter Sulz und Sulzcroutons, sowie mit Zitronenstücken und Petersilie verziert zu Tisch (s. Fig. 406).

1621. Geflügelplatten, kalt.

Zu diesen, namentlich für Abendgesellschaften, Buffets u. s. w. gerne gegebenen Platten, wählt man schöne Hühner, Poularden, Welsche oder Fasanen, Feldhühner mit schönen Brüsten aus, um, wenn sie schön gebraten sind, womöglich ganz tranchiert und zusammengestellt mit Sulz und Petersilie garniert zur Tafel bringen zu können. (Siehe Einleitung Tranchieren S. 103). Wenn aber auch das Geflügel in alle seine Teile zerlegt wird, bieten diese Platten, hübsch aufgelegt, die Schlegel und Rückenstücke unten auf derselben, die Flügel und die Bruststücke oben liegend und dann mit gehackter Sulz und Sulzcroutons umlegt, eine hübsche Abendplatte. Ein italienischer Salat dazu serviert, schmeckt vorzüglich.

Ebenso ist es sehr gut, den beim Braten erhaltenen Fond, nachdem man das Fett rein abgegossen hat, mit etwas Fleischbrühe und guter Jus aufzukochen, diese mit einem Eiweiß zu klären, durch eine Serviette laufen zu lassen, um sie dann in einem kleinen Geschirr stocken zu lassen. Man sticht dann diese leicht haltbare, gallertartige Jus mit einem Löffel aus und garniert damit die Bratenplatte. Auch sehr gut zu kaltem Kalbsbraten, Filet- und Rehbraten.

1622. Hechtschnitten mit Oelsauce.

Von einem mittelgroßen, rasierten und rein gewaschenen Hecht werden die beiden Filets geschnitten (Seite 76) und diese in 2—3 kleinere Schnitten geteilt. Diese werden hierauf gesalzen, in Butter sautiert und leicht gepreßt, worauf man sie in einer Schüssel mit Oel, Essig, fein gewiegten Kräutern, als Petersilie, Estragon, Kerbel u. s. w. einige Stunden mariniert. Vor dem Anrichten legt man die Schnitten auf ein Tuch zum Abtropfen und richtet sie sodann im Kranz auf runder Platte an, garniert sie mit einigen Krebsen, gehackter Sulz, Sulzcroutons und Petersilie. In die Mitte giebt man entweder gehackte Sulz oder einen fein geschnittenen, grünen Salat, leicht mit Essig, Oel und Salz angemacht, doch darf dieser nicht zu lange vorher angemacht werden, da er sonst zusammenfällt. Eine dünn gehaltene Oelsauce wird dazu serviert.

1623. Hummer mit Oelsauce.

Die einfachste Art, einen Hummer anzurichten, ist, wenn er aus dem Sud herauskommt und abgetrocknet ist, oder wenn er gekocht eingekauft und gewaschen ist, denselben der Länge nach durch Körper und Schwanz in zwei Hälften zu teilen und diese auf eine lange Platte zu legen, die Scheeren vom Körper zu trennen und diese zu öffnen, indem man mit einem Messer oder besser einer Scheere die Schale rund umher los schneidet. Den Hummer garniert man sodann mit Petersilie und Sulz und serviert irgend eine Oelsauce zu demselben.

Bei größeren Essen oder bei Aufstellen eines Buffets richtet man die Hummern in der mannigfaltigsten Weise an, wie die Figuren 407 und 408 zeigen. Die einfachste und gebräuchlichste Art ist, in die Mitte einer Platte einen 4kantigen Brotsockel, der vorher gebacken, fest zu machen. (Mit etwas Teig aus Eiweiß und Mehl zusammengesetzt). Den Hummern, gut abgetrocknet, werden die Schwänze und die Scheeren aus= und abgebrochen, die Schwänze halbiert und die Scheeren mit Hilfe einer Scheere aufgebrochen. Aus den Körpern entfernt man die Weichteile, sowie etwaiges darin sich befindliches Hummerrot. Die Körper macht man nun an dem Brotsockel fest, entweder mit Zierspießchen oder mit Teig. Die Schwänze

Fig. 407.

sowie die Scheeren legt man in die Zwischenräume, wie Fig. 407 zeigt, putzt das Ganze mit Petersilie aus, umlegt die Hummern mit gehackter Sulz und Sulzcroutons und giebt in die Mitte des Brotsockels ein Zierspießchen mit Krebsen besteckt. Das Weiche des inneren Körpers mit dem Hummerrot wird gestoßen, durch ein Sieb passiert und kann unter eine Oelsauce gemischt werden. Oder man serviert eine Remoulade, Tartare, Jugenheim u. s. w. extra dazu.

1624. Hummer mit Gansleberpastete.

4 größeren Hummern werden die Schwänze und Scheeren ausgebrochen und erstere der Länge nach geteilt. Ein Stück Gansleber oder Pastete wird in hübsche, egale Stücke geschnitten. Auf eine runde Platte befestigt man in deren Mitte einen Brot= oder Holzsockel und auf diesem eine kleine Kristallschale. Zu beiden Seiten dieser Schale richtet man die Hummerkörper, die Schwänze und Scheeren wie in Figur 408 an, in die Schale die geschnittene Gansleber, garniert die Platte mit

Fig. 408.

gehackter Sulz, Sulzcroutons, Petersilie, sowie einem Zierspießchen und serviert die Platte mit einer Saucière Mayonnaise oder Remoulade.

1625. Kalbsnuß oder Fricandeau mit Sulz.

Ein schönes Nuß- oder Fricandeaustück wird gespickt und entweder als Braten fertig gemacht oder mit Weißwein und guter Jus kurz gedämpft und schön glaciert, wie in Abschnitt 7 beschrieben ist. Ist das Fleischstück erkaltet, schneidet man es in schöne Tranchen und richtet es auf langer Platte an, garniert mit gehackter Sulz, sowie mit dem gestockten Fond, wie er in Nr. 1620 (Geflügelplatte) beschrieben ist. Mit gehackter Sulz und Sulzcroutons garniert, sowie mit Petersilie verziert, wird die Platte serviert. Ein italienischer oder Gemüsesalat wird dazu gegeben.

1626. Kalbskoteletten mit Gemüsesalat.

Von einem schönen Kalbskarré werden die schönsten Koteletten geschnitten und zugerichtet, geklopft und gespickt, sodann in eine Bratpfanne mit Deckel gegeben, dazu einige Scheiben Zwiebel, gelbe Rübe, Sellerie, roher Schinken, Salz, Gewürz, 1 Glas Weißwein, etwas Bratenjus und Fleischbrühe. Man bedeckt die Koteletten jedes mit einer Speckscheibe und läßt die Koteletten sodann etwa 1/2—3/4 Stunden langsam in dieser Brühe dämpfen, worauf man sie auf ein Brett legt und mit einem andern darauf gelegten leicht preßt. Sind sie erkaltet, pariert man sie rund um und stutzt die Knochen gleich lang. Den Fond passiert man in eine Kasserole und, nachdem er entfettet ist, giebt man einige Löffel Espagnole zu und kocht die Sauce gut aus und sodann dick ein. Hierauf rührt man sie kalt, giebt nach und nach einige Löffel kalter, zerlassener Sulz unter dieselbe und, wenn sie recht dick ist, übergießt man die Koteletten egal damit oder taucht die einzelnen Koteletten in die Sauce, legt sie auf ein Blech und läßt die Sauce fest anziehen. Die Koteletten richtet man auf einem Holzsockel an, giebt in die Mitte eine aus Stearin gegossene Vase, in welche man einen Gemüsesalat (s. Nr. 614) anrichtet, garniert die Platte noch mit gehackter Sulz und Sulzcroutons, sowie mit Petersilie und serviert.

1627. Krebse. Bouisson d'écrevisses.

Einige Dutzend große Krebse werden durch mehrere Wasser gewaschen, sodann in einer Kasserole, welche gut schließt, in

Fig. 409.

nachstehenden, kochenden Sud geworfen. In Würfel geschnittener Schinken, 1 Zwiebel, 1/2 gelbe Rübe, 1/4 Sellerie, Salz, Pfefferkörner und 2 Nelken werden in 60 Gramm Butter ange=

dämpft und mit ½ Liter Weißwein abgelöscht, aufgekocht und die Krebse sodann zugegeben und unter öfterem Schwingen des Kasserols etwa 10 Minuten gekocht. Hierauf läßt man sie im Sud erkalten, vor dem Anrichten auf einem Tuch abtropfen und richtet sie sodann auf einer Krebsetagère, indem man die Schwänze einhängt und den Kopf nach unten sehen läßt, oder auf einer gefalteten Serviette, die Schwänze nach außen, die Scheeren nach innen hoch erhaben an, dazwischen garniert mit Petersilie, oben auf legt man einen dressierten oder einen an ein Zierspießchen gesteckten Krebs. (Fig. 409.)

Den Fond, den man passiert hat, hebt man auf und verwendet ihn zu einer Fischsauce.

1628. Langusten, en belle vue.

Der Langust wird, nachdem er im Sud erkaltet ist, herausgelegt, gut getrocknet, der Schwanz vom Körper los getrennt, indem man am besten dabei mit einem kleinen Messer nachhilft. Sodann wird der Schwanz ausgebrochen, indem man mittelst einer großen, starken Scheere die innen liegende, die beiden Schwanzenden verbindende Haut, in welcher das Fleisch liegt, auf beiden Seiten der Länge nach abschneidet und dann das Fleisch behutsam aus der Schwanzschale herausnimmt. Der Schwanz wird sodann rein abgewaschen und getrocknet, hierauf in schräge Scheiben geschnitten, so daß der Schwanz Stück nach Stück beisammen bleibt. Den Vorderkörper richtet man sodann auf einem langen Sockel von Holz, Stearin oder Brot an, indem man unter den Kopf ein Stück Brot giebt, damit der Vorderkörper in die Höhe zu liegen kommt, das Schwanzstück steckt man langgestreckt in den Körper. Sodann legt man die Fleischstücke der Länge nach eines nach dem andern auf den Körper, indem man jedes einzelne erst in zerlassene Sulz taucht, um ein besseres Halten dadurch zu ermöglichen. Den Körper betupft man mittelst eines Pinsels mit Oel oder Sulz, damit er glänzt. Sodann umlegt man den Körper mit Krebsen, kleinen Sülzchen, Crevetten, garnierten Eiern, alles geschmackvoll geordnet. Auf die Fleischstücke garniert man kleine ausgestochene Trüffelstücke, steckt einige Zierspießchen mit Krebsen in den Kopf, putzt die Platte mit Petersilie, sowie mit gehackter Sulz und Sulzcroutons heraus und serviert eine Oelsauce, Remoulade, Tartare, Jugenheim u.s.w. extra dazu. (Siehe Figur 410.)

Man garniert diese Langusten auch sehr häufig mit Gansleberpapierkapseln oder mit einem Gansleber-Chaud-froid umlegt

Fig 410.

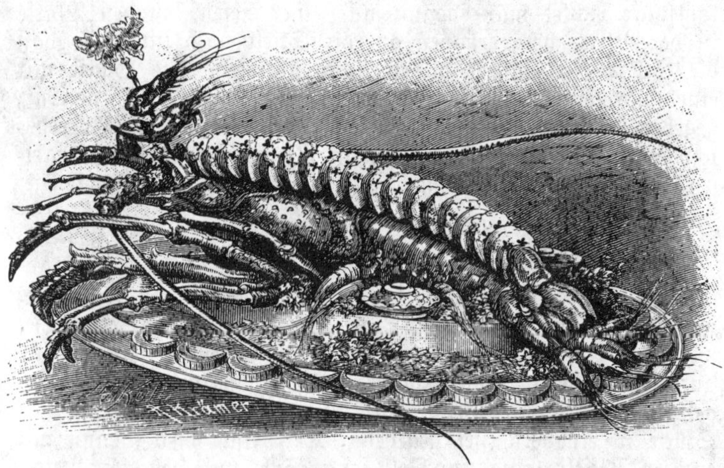

mit gehackter Sulz, Petersilie, Krebsen oder Crevetten und Sulzcroutons.

1629. Mayonnaise von Brieschen.

2—3 Brieschen, von der Gurgel geschnitten, blanchiert und enthäutet, werden in etwas Weißwein mit Gemüschen etwa ½ Stunde langsam gekocht, sodann in ein Geschirr zum Erkalten in die passierte Brühe gelegt. Vor dem Anrichten schneidet man die Brieschen in schöne Tranchen, überstreut sie mit Salz, etwas Pfeffer, giebt Essig und Oel, sowie gehackte Petersilie, Estragon und Kerbel zu und läßt dies eine halbe Stunde stehen. Beim Anrichten legt man die Brieschen etwas hoch erhaben, kugelförmig in die Mitte einer Platte, zum Erhöhen unter dieselben etwas gereinigten und gewaschenen Kopfsalat. Hierauf überzieht man die Brieschen mit einer dicken Mayonnaisesauce von allen Seiten und streicht diese mit dem Messer egal. Zum Garnieren verwendet man sodann ¼ Stücke von gekochten Eiern, Kopfsalatherzen, Kapern, Trüffelscheiben, gehackte Sulz, mit welchen man geschmackvoll die Mayonnaise garniert und zu Tische giebt.

1630. Mayonnaise von Blumenkohl.

Einige schöne Blumenkohl werden, wenn sie rein geputzt sind, in Salzwasser nicht zu weich gekocht und, wenn sie erkaltet sind, auf ein Sieb zum Abtropfen gelegt, sodann in kleinere Rosen zerlegt und diese mit Oel, Essig, Salz, gehackter

Petersilie und Estragon einige Zeit mariniert. Die Blumenkohlstücke richtet man sodann auf einer tiefen, runden Platte in der Mitte hoch erhaben an, die Stiele nach innen, so daß die Stücke ein Ganzes bilden, und überzieht das Ganze mit einer Mayonnaisesauce, unter welche man etwas zerlassene Sulz gegeben. Ringsum garniert man den Salat mit Krebsschwänzen oder Hummerstücken, in Viertel geschnittenen, hartgekochten Eiern, leicht marinierten Spargelspitzen, sowie gehackter Sulz.

1631. Mayonnaise von Fisch.

Zu den Fischmayonnaisen können alle Sorten Fische genommen, namentlich übrig gebliebene Reste dazu verwendet werden. Der gesottene Fisch wird am besten in seinem Sud aufbewahrt, was einige Tage sein kann, hierauf auf ein Tuch gelegt, Haut und Gräte entfernt und die nicht zu kleinen Stücke in eine Schüssel gegeben. Der Fisch wird sodann mit einigen Löffeln Essig und Oel, sowie Salz und gehackter Petersilie, Estragon und Kerbel einige Stunden vor dem Anrichten mariniert. In die Mitte einer runden Platte giebt man irgend einen grünen Salat, ordnet um diesen die leicht ausgedrückten oder abgelaufenen Fischstücke, lagenweise und, zwischen jede einige Löffel dicker Mayonnaisesauce gebend, kuppelförmig an, überzieht das Ganze gleichmäßig mit dicker Mayonnaise, diese mit einem Messer glatt streichend, und garniert sodann die Mayonnaise oben und an den Seiten mit Streifen von Sardellen, Kapern, Krebsschwänzen, Gurken, Oliven u. s. w., während man unten garnierte Eier, abwechselnd mit Krebsen, Crevetten, Salatherzchen, gehackte Sulz und Sulzcroutons umlegt und die sehr hübsch aussehende Platte so zu Tische giebt.

Es ist durchaus nicht gesagt, daß nur übrig gebliebener Fisch zu den Mayonnaisen verwendet wird, sondern es kann jeder beliebige Fisch in scharfem Sud gekocht, in demselben erkaltet und, wie oben besprochen, zur Mayonnaise verwendet werden.

Der Unterschied zwischen den Mayonnaisen und Salaten, z. B. Hummermayonnaise und Hummersalat besteht im großen Ganzen darin, daß man die Hummermayonnaise (siehe Nr. 1633) mit der Oelsauce überzieht, sodann garniert und so zu Tische giebt, während der Hummersalat (siehe Nr. 1649) nicht mit Mayonnaise überzogen wird, sondern irgend eine Oelsauce extra dazu serviert wird. Der Unterschied, wie er beispielsweise hier erwähnt, ist ebenso auch beim Fisch, Geflügel u.s.w. anzuwenden.

1632. Mayonnaise von Geflügel.

Ein junges Huhn wird in wenig Fleischbrühe mit Gemüse und Gewürz etwa 25 Minuten gekocht, sodann zum Erkalten auf einen Teller gegeben. Den Fond passiert man in eine Schüssel und verwendet ihn zu irgend einer Suppe oder Sauce. Wenn das Huhn erkaltet, zerlegt man es in seine Teile, Schlegel, Flügel und Brust, zieht die Haut ab, beint die Stücke aus, so daß die Form derselben nicht zerrissen wird, und mariniert die Stücke einige Stunden, mit Essig, Oel, Salz, etwas gehackter Petersilie, Kerbel und Estragon. Beim Anrichten giebt man in die Mitte der Platte etwas grünen Salat, legt die Stücke auf einander, daß es kuppelförmig aussieht, überzieht diese dann mit einer dicken Mayonnaise und garniert diese rund herum abwechselnd mit Eihälften und Kopfsalatherzchen, Gurken und Kapern, sowie mit gehackter Sulz und Sulzkroutons. In die Mitte legt man ein halbes Ei, ausgezackt als Körbchen, das Gelbe entfernt und gehackte Sulz darein gegeben.

Uebrig gebliebene Geflügelstücke werden ebenfalls dazu verwendet, diese auch entbeint, enthäutet und sodann längere Zeit mariniert und angerichtet, wie oben beschrieben.

Poularden, Kapaunen und Welsche werden ebenfalls auf obige Weise als Mayonnaisen angerichtet.

1633. Mayonnaise von Hirn.

Einige Kalbshirn werden gekocht wie in Nr. 805. Sind diese in ihrem Sud erkaltet, legt man sie in eine tiefe Schüssel, mariniert sie mit Essig, Oel, Salz, etwas gehackter Petersilie und Estragon, richtet sie auf runder Platte auf einer Unterlage von Kopfsalat hocherhaben an, bedeckt das Ganze mit einer dicken Mayonnaisesauce, garniert diese mit ausgestochenen Trüffeln, Kapern und Gurken, den Rand mit halbierten Eiern, Kopfsalatherzchen, gehackter Sulz und Salzcroutons.

1634. Mayonnaise von Hummern.

Man nimmt dazu entweder frisch gekochte Hummern oder solche aus Büchsen. Den frisch gekochten Hummern werden die Scheeren und Schwänze ausgebrochen und das Fleisch daraus entfernt, ebenso das Weiche im Körper, alsdann in kleine Stücke geschnitten, mit Essig, Oel, Salz, sowie etwas gehackter Petersilie eine Stunde mariniert, alsdann auf Salat hoch erhaben, kuppelförmig angerichtet, mit einer dicken Mayonnaise überstrichen, diese hübsch mit Sardellenstreifen, roten Rüben, Gurken, Kapern, sowie am Rand mit Krebsen, Crevetten, halbierten Eiern, gehackter Sulz und Sulzcroutons garniert und serviert.

Die in Büchsen eingemachten Hummern werden geöffnet, die Stücke klein geschnitten und ebenso mariniert, behandelt und angerichtet wie die frischen.

1635. Mayonnaise von Hummer mit Sulz.

Einigen gekochten Hummern werden Scheeren und Schwänze ausgebrochen, der Darm aus dem Schwanz entfernt, letzterer in egale Stücke geschnitten, ebenso auch die Scheeren und mit Salz, Essig und Oel einige Stunden mariniert. Das im Innern des Körpers befindliche Hummerrot, sowie die Weichteile desselben, oder die etwa unter dem Schwanz sich befindenden Hummereier werden gestoßen und durch ein Sieb getrieben, sodann unter eine fertige Mayonnaisesauce gemischt, so daß diese eine blaßrote Färbung erhält. Eine vertiefte Porzellanschale gießt man bis zum innern Rand mit Sulz aus und legt darauf, wenn diese gestockt, die Hummerstückchen lagenweise, dazwischen überstrichen mit der oben erwähnten Mayonnaise, so daß das Ganze kuppelförmige Form erhält. Hierauf überzieht man die Hummerstücke schön egal von allen Seiten mit der rötlichen Mayonnaise, garniert mit Sardellenstreifen, hart gesottenen Eiern, roten Rüben. Die Porzellanschale stellt man auf eine gefaltete Serviette auf eine runde Platte, umlegt mit etwas Petersilie und Zitronenstückchen, und serviert die Mayonnaise.

1636. Mayonnaise von Salm und Seezungen.

Wird ebenso zugerichtet und behandelt wie Fischmayonnaise.

1637. Ochsenzunge mit sauce diable.

Eine Ochsenzunge wird fertig gekocht, im Sud halb erkalten gelassen, sodann abgezogen und leicht mit einem Brettchen gepreßt. Die Zunge pariert man sodann ein wenig und schneidet sie in schöne, schräge Scheiben, richtet diese hübsch auf langer oder runder Platte an, garniert mit gehackter Sulz und Sulzcroutons, sowie mit Petersilie und serviert eine Sauce diable (Nr. 1595) dazu.

1638. Pain von Gänseleber.

Eine schöne, pfündige Gansleber wird, nachdem die Galle vorsichtig herausgeschnitten, gesalzen, in eine Kasserole gegeben, dazu etwas roher Schinken, ein wenig Butter, einige Scheiben

Zwiebel, gelbe Rüben und Sellerie, sowie einige Pfefferkörner, das Geschirr zugedeckt und die Leber angedämpft. Wenn dieselbe und das Gemüse leicht Farbe bekommt, gießt man ein großes Glas Rotwein zu, sowie etwas Fleischbrühe und gute Jus (oder verdünnten Liebig's Fleischextrakt) und dämpft die Leber etwa $^3/_4$ Stunden langsam zur Seite, oder man stellt die Kasserole in ein Wasserbad und macht die Leber im Bratofen fertig. Die Leber läßt man erkalten, den Fond passiert man in eine Kasserole, giebt einige Löffel Espagnole dazu und kocht diese Sauce aus und dann dicklich ein. Oder man rührt ein braunes Mehlchen an, passiert den Fond daran, sowie Fleischbrühe und gute Jus und macht daraus eine dick eingekochte Sauce. Die Gansleber nimmt man sodann in den Reibstein, zerreibt sie in demselben und giebt 2—3 Löffel der Sauce dazu, worauf man sie durch ein Haarsieb in eine Schüssel passiert. Das Gansleberpurée wird sodann mit 2 weiteren Löffeln Sauce verdünnt und dann rührt man nach und nach etwa stark $^1/_4$ Liter zerlaufene, jedoch nicht heiße Sulz an das Purée, so daß die Masse dünnflüssig wird. Nun ist es gut, eine kleine Probe in einem Förmchen zu machen, ob das Pain haltbar ist, im entgegengesetzten Fall giebt man entweder noch etwas Sulz zu oder einige Blatt zerlaufene Gelatine. Zum Abschmecken giebt man $^1/_2$ Glas Madeira, etwas Salz dazu und füllt sodann die Masse in eine glatte, eckige oder runde Form ohne Cylinder ein und stellt diese auf Eis. Vor dem Servieren stürzt man die Form mittelst Eintauchen in warmes Wasser und richtet sie auf einem runden Holzsockel oder auf gehackter Sulz, umlegt mit Zitronenschnitzen, Sulzcroutons und Petersilie an. Häufig schneidet man auch Trüffel in die Masse und garniert den oberen Rand und Fläche der Form mit ausgestochenen Trüffelstücken und steckt einen Zierspieß in die Mitte der Form.

1639. Pain von Geflügel.

2 junge Hühner werden mit Fleischbrühe, etwas Gemüse und Gewürz weichgekocht, wenn sie erkaltet, die Haut abgezogen, sämtliches Fleisch von den Knochen abgemacht und dieses erst fein gewiegt, sodann in dem Reibstein gestoßen. Dazu giebt man etwa die Hälfte dick eingekochte, gute, legierte Allemande (den Fond der Hühner dazu eingekocht), reibt dies zusammen, schmeckt sie ab und treibt das Purée durch ein Haarsieb. In eine glatte, mittelgroße Form mit Cylinder gießt man den Boden mit etwas Sulz aus und garniert diesen geschmackvoll

mit ausgestochenen Trüffelscheiben und giebt darauf wieder etwas Sulz (Abschnitt 17). Zu dem Purée rührt man sodann nach und nach etwa ¼ Liter zerlaufene, aber nicht warme Sulz und gießt diese Masse, wenn man sich zuvor durch eine kleine Probe von ihrer Haltbarkeit überzeugt hat und wenn sie anfängt, dicklich zu werden, in die Form. Am besten setzt man nun die Form auf Eis oder in eine Schüssel mit solchem umgeben. Zum Anrichten taucht man die Form einen Augenblick in warmes Wasser, stürzt sie auf eine runde Platte oder auf einen Holzsockel und garniert das Pain mit gehackter Sulz und Sulzcroutons, sowie mit Petersilie ausgeputzt.

Zu dieser Speise können auch die verschiedensten Geflügelabfälle genommen und genau so verfahren werden, wie oben gesagt wurde.

1640. Pain von Wildfleisch.

Frisch gebratenes Reh- oder Hasenfleisch oder übrig gebliebene Stücke von diesem werden, nachdem die Sehnen und die Haut weggeschnitten, in kleine Stücke geteilt, sodann fein gewiegt und im Reibstein gestoßen; man giebt etwa zu 1 Pfd. Rehfleisch 3 mittelgroße Schöpflöffel gut ausgekochter, dicker Espagnole, reibt dies gut durcheinander und passiert das Purée durch ein Sieb. Hierauf rührt man nach und nach ¼ Liter zerlaufene Sulz, sowie 1 Glas Madeira darunter, macht eine kleine Probe davon und, wenn diese fest genug ist und das Purée anfängt, rund zu werden, gießt man es in eine Cylinderform, deren Boden man mit Aspic ausgegossen und mit Trüffelscheiben garniert hat. Sodann gestürzt, angerichtet und garniert, wie Pain von Gansleber.

1641. Pain von Wildgeflügel.

Dazu verwendet man entweder übrig gebliebene Stücke der verschiedensten Arten von Fasan, Feldhuhn, Haselhuhn, Birkhuhn u. s. w., oder man bratet die einzelnen Wildstücke mit Butter, Gemüse und Gewürz an, gießt etwas Rotwein, Fleischbrühe und gute Bratenjus zu und läßt das Geflügel darin weich dämpfen, löst, wenn es erkaltet, das Fleisch von den Knochen, wiegt es, stößt es sodann im Reibstein in gleichem Verhältnis wie beim Huhn, mit einer dicken Espagnole, in welcher man den Fond des Wildgeflügels eingekocht hat, und vollendet sodann das Weitere genau, wie es beim Pain von Huhn gesagt wurde.

1642. Roastbeef, s. Remoulade.

Ein hübsches Roastbeefstück, mit oder ohne Knochen, zugerichtet wie in Nr. 713, Fig. 346 und 347, wird nach den Vorschriften fertig gebraten und dann zum Erkalten auf eine Platte gelegt, tranchiert, wie in der Einleitung Seite 94 gesagt, auf langer Platte angerichtet und, wenn ohne Knochen, tranchiert, lang auf einander gelegt, andernfalls auf dem Knochen in seiner ursprünglichen Lage wieder zusammen gestellt, mit kleinen Radieschen, geschabtem Meerrettig, Naturmuscheln, gefüllt mit verschiedenen Salaten, Gurken u. s. w., sowie gehackter Sulz und Sulzcroutons hübsch garniert. Eine Remouladesauce wird dazu serviert, ebenso auch italienischer Salat.

1643. Rehziemer oder Rehschlegel.

Der schön zugerichtete, gespickte und gebratene Rehziemer oder Schlegel, (siehe Nr .1049 und Nr. 1061,) wird, wenn er erkaltet ist, nach den Vorschriften in der Einleitung S. 99 tranchiert und auf langer Platte angerichtet und mit gehackter Sulz und Sulzcroutons, mit Petersilie, Zitronenstücken, Gurken, Radieschen, Kresse u. s. w. garniert. An den Knochen des Schlegels wird eine Papiermanchette gesteckt. Dazu serviert man eine Sauce diable oder ein Johannisbeergelée, ebenso auch verschiedene Salate.

1644. Salat von Fischresten.

Uebrig gebliebene, schöne Fischstücke werden enthäutet und entgrätet (siehe Mayonnaise von Fisch), sodann in kleinere Stücke zerteilt und dazu ein gut ausgewässerter Vollhering in kleine, lange Stücke zerschnitten, gegeben, ebenso auch einige gereinigte und entgrätete Sardellen. Nachdem man dies alles in eine Schüssel gethan hat, giebt man zwei Eßlöffel Kapern, einige in Scheibchen geschnittene Essiggurken und ½ Eßlöffel fein gehackter und gewaschener Zwiebeln dazu. Das Weiße von 4 hartgekochten Eiern schneidet man in längliche Stückchen und giebt dies ebenfalls dazu; 2 der beiseite gelegten Eidotter passiert man durch ein Sieb in eine Schüssel, giebt dazu 1 Eßlöffel französischen Senf, sowie Pfeffer und Salz, sodann nach und nach etwa 6 Löffel Olivenöl, 1 Eßlöffel Estragonessig und mengt diese Sauce gut unter den Salat. Ist der Salat zu trocken, giebt man etwas kalte Consommé, Fleischbrühe oder zerlassene Sulz dazu. Die übrigen 2 Eigelb hackt man sehr fein und garniert damit den in eine tiefe Schüssel hoch erhaben angerichteten Salat, abwechslungsweise mit Sardellenstreifen, roten Rübenstückchen, Kapern, Oliven und Essiggurken verziert und giebt ihn zu Tisch.

1645. Salat von Geflügel.

Die Hühner, Poularden u. s. w. werden gekocht, wie in Nr. 1632 bei Mayonnaise von Geflügel beschrieben, und ebenso auch ausgebeint und alsdann mariniert, sodann auf runder Platte erhaben angerichtet, mit Salatherzchen, gekochten Eiern, gehackter Sulz u. s. w. garniert und serviert.

1646. Salat von Geflügelresten.

Von übrig gebliebenem Geflügel entfernt man die Haut, entbeint dasselbe und schneidet die Fleischstücke in Filetstücke, dazu einige Sardellen, sowie etwas gekochten Schinken. Einige Essiggurken schneidet man ebenso, giebt etwas gehackte Petersilie, Estragon und Kerbel dazu, Pfeffer, Salz, Essig und Oel, mengt alles gut durcheinander und läßt das Ganze eine Stunde ziehen, hierauf giebt man noch einige Löffel fertiger Mayonnaise an den Salat, richtet diesen auf tiefer Schüssel an, garniert denselben mit Eiern, Salatherzchen u. s. w. und giebt ihn zu Tisch.

1647. Salat von Gemüse.

Die Köpfe weißer Spargeln werden etwa 5—6 cm gleichlang abgeschnitten, gereinigt und in Salzwasser gekocht, ebenso einige grüne Spargelköpfe, ein in Röschen zerschnittener Blumenkohl, kugelförmig geschnittene Gelbrüben, grüne und weiße Bohnen, Kartoffeln, Selleriewurzeln und rote Rüben. Aus einem Teil der grünen Spargelköpfe macht man ein hübsches Bündelchen, das man auf einen Ring von gelben Rüben stellt. Einen Teil der Gemüse giebt man in eine Schüssel, dazu einige Kapern, etwas Essig, Oel, Pfeffer und Salz zum Marinieren. Nach etwa ½ Stunde läßt man das Gemüse auf einem Sieb abtropfen und giebt unter dasselbe eine mit Sulz versetzte Oelsauce. Eine pyramidenförmige, glatte Form setzt man in Eis und füllt in diese den Gemüsesalat zum Stocken. Einen runden Sockel von Brot geschnitten und gebacken oder einen solchen von Holz und mit Papier überzogen, befestigt man auf eine runde Platte und stürzt den gut gestockten Salat nach raschem Eintauchen der Form in heißes Wasser auf den Sockel. Die Spargelköpfe stellt man am Fuße der Pyramide aufrecht aneinander, jeden einzelnen erst leicht in eine mit Sulz versetzte Oelsauce tauchend. Auf diese Reihe setzt man eine Reihe Blumenkohlröschen, dann eine solche der kugelförmig geschnittenen Gelbrüben, sodann wieder Blumenkohlröschen, dann Oliven und zum Schluß das Bündelchen Spargeln mit den Rüben, jemals die Gemüschen leicht immer in die Sauce eintauchend, damit sie aneinanderhalten. Den Rand des Sockels faßt man mit halben Eiern gefüllt mit Kapern ein, garniert den Fuß des Sockels mit Sulzcroutons und giebt den Salat mit einer Saucière Mayonnaise zu Tisch.

1648. Salat von Hecht.

Einen mittelgroßen, rasierten Hecht kocht man in Salzwasser und läßt ihn, wenn er fertig ist, in demselben erkalten. Hierauf löst man ihn von seinen Gräten, entfernt diese gut und schneidet ihn in kleinere Stücke. Einige Eigelb drückt man durch ein Haarsieb, rührt diese mit Essig und Oel und etwas Senf zu einer dicklichen Sauce an, giebt gehackte Schalotten und Sardellen, sowie Petersilie und Estragon dazu und giebt diese Sauce unter den schon vorher mit etwas Essig und Oel marinierten Fisch. Den Salat richtet man sodann in einer tiefen Schüssel an, streicht ihn glatt, hoch erhaben und garniert denselben mit Krebsschwänzen, Kapern, Eiern, Sardellenstreifen u. s. w.

Von Zander, Weißfisch, Barben u. s. w. wird ein Salat ebenso bereitet.

1649. Salat von Hummer.

Von einigen frisch gekochten Hummern (siehe Nr. 1392) werden die Scheeren und Schwänze ausgebrochen und in kleine Stücke oder Scheiben geschnitten, diese sodann mit Essig, Oel und Salz, sowie gehackter Petersilie und Estragon mariniert. Einige hart gekochte Eigelb rührt man, wenn sie passiert sind, mit etwas Senf, Essig und Oel zu einer Sauce an und giebt diese unter die Hummer. In eine tiefe Schüssel richtet man sodann den Hummersalat hoch erhaben an, garniert ihn mit Eiervierteln, Salatherzchen, Sardellen, Kapern, Essiggurken u. s. w. und serviert ihn.

Die übrig gebliebenen Schalen können zu einer Suppe verwendet werden oder zu Hummerbutter.

Von eingemachten Hummern wird dieser Salat ebenso gemacht.

1650. Salat von Hummer mit Sulz.

Von 3 gekochten, großen Hummern werden die Scheeren und Schwänze ausgebrochen, die Schwänze in Scheiben geschnitten und beides mit Salz, sowie Essig und Oel mariniert. In einer glatten Bordureform mit Cylinder wird der Boden mit etwas zerlassener Sulz ausgegossen und auf diese halbiert geschnittene Eier gesetzt, die Zwischenräume mit Petersilie oder mit Krebsschwänzen oder mit verschiedenen gekochten Gemüschen ausgefüllt. Hierauf füllt man die Form mit schon ziemlich erkalteter, jedoch noch flüssiger Sulz auf und stellt diese zum

Fig. 411.

Erkalten aufs Eis. Zum Anrichten stürzt man die Form auf eine runde, kalte Platte. Von den verschiedensten Gemüsen hat man unterdessen einen Gemüsesalat hergestellt, wie er in Nr. 614 beschrieben ist, und denselben mit etwas Mayonnaise und zerlassener Sulz angemacht. Diesen Salat richtet man pyramidenartig im leeren Raum der Form an und legt die Hummerstücke reihenweise um den Salat, wie Figur 411 zeigt. Oben auf legt oder stellt man die Scheeren, diese kann man auch in den Sulzrand einlegen. Ueber das Ganze gießt man etwas dicke Sulz und serviert dazu eine Mayonnaise.

1651. Salat von Hummer mit Caviarschnitten.

Der Hummersalat wird aus frischen oder eingemachten Hummern ebenso hergestellt, wie in den vorhergehenden Nummern beschrieben worden ist. Nachdem der Salat gut mariniert ist, wird er auf einem runden, mit Papier überzogenen Holzsockel hoch erhaben angerichtet, mit aufgerollten Sardellen, halben Eiern, Kapern, gehackter Sulz garniert, während man um den Holzsockel kleine, rund ausgestochene Caviarschnitten legt und dazwischen Zitronenstücke und Petersilie zum Ausputzen giebt. Eine Mayonnaisesauce kann dazu serviert werden.

1652. Salat von Kalbshirn.

Etwa 4—6 Kalbshirn werden, wenn gewässert und enthäutet, in Salzwasser mit etwas Essig und Gemüse gekocht (siehe Nr. 805), und wenn sie im Sud erkaltet, herausgenommen, in Hälften geschnitten und mit Essig, Oel, Pfeffer, Salz, gehacktem Estragon und Petersilie einige Zeit mariniert. Vor dem Anrichten legt man sie zum Abtropfen auf ein Tuch oder Sieb und dann auf eine Platte. Einige Löffel Sulz rührt man auf dem Eis so lange, bis sie anfängt, rund zu werden, giebt dazu gehackte Petersilie, etwas Estragon und Kerbel, sowie einige Löffel Mayonnaise und gießt diese Sauce auf die Hirne. Ist die Sauce gestockt, richtet man die Hirne auf eine runde Platte im Kreise auf gehackte Aspic an, giebt in die Mitte einen mit Mayonnaise angemachten Gemüsesalat, garniert sodann die Hirne mit halben, gekochten Eiern, Salatherzchen, aufgerollten Sardellenfilets, Essiggurken u. s. w. und serviert die Platte mit einer Saucière Mayonnaise.

1653. Salat von Kartoffeln, gestürzt.

Etwa 20 Kartoffeln, keine mehlige, werden in Dampf so gekocht, daß sie ganz bleiben, wenn geschält, in 24 Millimeter lange Stückchen geschnitten und mit dem hohen Kolonnenausstecher in der Größe eines 20-Pfennigstücks ausgestochen; den Rest der Kartoffeln schneidet man in würfelige Stücke und stellt jede Sorte für sich, zugedeckt, zur Seite. Eine glatte Timbaleform stellt man in Eis und übergießt den Boden derselben leicht mit klarer Sulz. Ist diese gestockt, so nimmt man die ausgestochenen Kartoffeln und taucht jede in dickliche Sulz und stellt sie nebeneinander, bis eine Reihe voll ist. Rote Rübenblättchen werden in der Größe von 20 Pfennigstücken ausgestochen, ebenfalls in Sulz getaucht und je auf die obere Kante der Kartoffelstücke gelegt; so fährt man abwechselnd mit den Kartoffeln und den Rotrübenblättchen fort, bis die Form voll ist. Den Boden der Form garniert man mit ausgestochenen Eiweiß und Trüffelstücken (siehe bei Abschnitt 15) und übergießt diese Garnitur leicht mit kalter Sulz. Ein glatter, um etwa 1—1½ cm kleinerer, rein gehaltener, am besten verzinnter Zylinder wird nun in die Mitte des leeren Raums gestellt und der Raum zwischen diesem und den Kartoffelstücken mit einer klaren, jedoch schon etwas runden Sulz aufgefüllt, das Innere des Zylinders dabei am besten mit Eis gefüllt, um das Festwerden der Sulz zu beschleunigen. Ist die Sulz gestockt, entfernt man das Eis, gießt in den leeren Raum des Zylinders heißes Wasser, leert dieses rasch wieder aus und zieht sodann diesen vorsichtig heraus. Unterdessen hat man eine mit Sulz angerührte Mayonnaise angerührt, giebt unter diese die würfelig geschnittenen Kartoffelstücke nebst ebenso geschnittenen Sardellen und füllt mit diesem Salat das Innere der Form bis zum Rand aus und gießt den Rand mit etwas Sulz zu. Vor dem Anrichten taucht man die Form in heißes Wasser, trocknet sie rasch ab und stürzt den Salat auf eine runde Platte oder flache Kristallschale. Den untern Rand des Salats garniert man mit halben Eiern, Kapern, aufgerollten Sardellen, sowie Essiggurken u. s. w. und giebt ihn zu Tisch.

1654. Salat von Seezungen, gestürzt.

2 Seezungen werden die Filets herausgeschnitten, diese gesalzen, in Weißwein gedünstet und, wenn erkaltet, in kleine, viereckige Stücke geschnitten, ebenso einige Kartoffeln, Essiggurken, rote Rüben, sowie einige Sardellen, wobei zu beachten, daß das Gemüse doppelt so viel sein soll als der Fisch. Die Seezungenstücke sowie die Sardellen mariniert man mit Salz, Oel und Essig für sich, ebenso das übrige Gemüse auf dieselbe Weise auch für sich. Nach einer Stunde etwa läßt man sie auf einem Sieb abtropfen, giebt alles zusammen in eine Schüssel und mengt das Ganze mit einigen Löffeln Mayonnaise, diese mit Sulz angerührt. Eine glatte Timbaleform hat man einstweilen mit Eis umgeben, sowie einen glatten, kleineren Cylinder, wie in Nr. 1653 beschrieben, mit Eis gefüllt. Den Boden der glatten Form gießt man mit Sulz aus und dekoriert diesen mit Eiweiß, Trüffeln, Gurken, Sardellen, Krebsschwänzen u. s. w. und gießt darauf etwas Sulz. Ist diese erkaltet, stellt man den kleineren Cylinder in die Mitte der Form und füllt den leeren Raum mit Sulz aus. Ist diese gestockt, entfernt man aus dem Cylinder das Eis, gießt heißes Wasser in denselben, entleert ihn rasch und zieht alsdann den Cylinder langsam heraus. Den nun erhaltenen leeren Raum füllt man mit dem Seezungensalat aus, gießt noch etwas zerlassene Sulz auf das Ganze und stürzt dann die Form auf eine kalte, runde Platte oder Kristallschale, garniert den Salat mit gekochten Eivierteln, Krebsen u. s. w. und serviert die Platte mit einer Saucière Mayonnaise.

1655. Salm mit Mayonnaise.

Der Salm wird entweder in 2—3 fingerbreite Tranchen geschnitten oder in größere Stücke zerteilt und diese dann in Salzwasser mit Essig, Gemüse und Gewürz, je nach ihrer Dicke gekocht. Ist der Fisch im Sud erkaltet, legt man ihn zum Abtropfen auf ein Tuch. Beim Anrichten giebt man ihn entweder auf eine Serviette oder auf einen langen, mit Papier überzogenen Holzsockel, garniert ihn mit Krebsen, Petersilie, Zitronenstücken, gehackter Sulz und Sulzcroutons und giebt ihn mit einer Saucière Mayonnaise zu Tisch. Eine grüne, kalte Oelsauce wird sehr gerne dazu serviert.

Es ist gut, um ein Abtrocknen des Fleisches bei längerem Anrichten und Stehen zu vermeiden, den Fisch mit einer zerlassenen, dicken Sulz leicht mittelst eines Pinsels zu überziehen.

1656. Seezungenfilet mit Mayonnaise.

Den Seezungen, abgezogen und gereinigt, werden die 4 Filets herausgeschnitten, diese gewaschen, abgetrocknet, wenn diese groß sind, in kleinere Stücke zerteilt, kleinere auf einander gelegt, leicht gesalzen, Zitronensaft darauf geträufelt und in Weißwein mit Butter auf beiden Seiten rasch gekocht, herausgenommen und leicht gepreßt. Die Filets werden sodann egal pariert, in eine Schüssel gelegt, mit Salz, Pfeffer, Essig, Oel, sowie gehackter Petersilie, Estragon und Kerbel mariniert, auf runder Platte im Kranz angerichtet, in die Mitte derselben von den Abfällen der Filets, sowie Kartoffeln mit Mayonnaise vermischt, ein Salat gegeben, rund um die Filets einige Krebse, einige Eier, sowie gehackte Sulz und Sulzcroutons belegt und die Platte mit einer Saucière Mayonnaise zu Tisch gegeben.

1657. Schlachtbraten, kalt mit Gemüsen.

Ein schöner Schlachtbraten wird saftig gebraten und zum Erkalten auf die Seite gestellt, egal geschnitten, die Seitenstücke pariert und wie in Einleit. Fig. 165 ein Stück herausgeschnitten, dieses in Scheiben tranchiert und in seine ursprüngliche Form wieder zusammengestellt. Verschiedene Gemüschen, Karotten, Erbsen, Morcheln, Champignons gut weich gekocht, werden mit Essig und Oel und Salz einige Stunden mariniert, vier Brieschen gedämpft und glaciert kalt gestellt, ein Silber- oder Teigtrögchen, wie Fig. 412 zeigt, am unteren Ende des Filets festgemacht, in dieses irgend ein Gemüsesalat gelegt, die Brieschen abwechslungsweise mit den verschiedenen Gemüsearten hübsch um das Filet gelegt, dazwischen mit Trüffeln,

Fig. 412.

dekorierten Eiern, gehackter Sulz und Croutons von solcher garniert. Eine Sauce Tartare wird dazu gegeben. (Fig. 412.)

1658. Schlachtbraten mit Sulz.

Ein schöner Schlachtbraten wird gebraten (siehe S. 353 Nr. 730) und recht häufig dabei begossen. Wenn er fertig ist, nach 1—1½ Stunden, legt man ihn heraus und läßt ihn erkalten, pariert ihn sodann egal und schneidet schöne Scheiben, richtet ihn in seiner ursprünglichen Gestalt auf langer Platte an, garniert mit gehackter Sulz, sowie Sulzcroutons, geschabtem Meerrettig, kleinen Essiggurken, Kresse und Petersilie und giebt ihn mit Remouladensauce zu Tische. Ital. Salat wird extra dazu serviert.

1659. Schinken mit Sulz.

Ein nicht zu großer, geräucherter Schinken, 8—10 Pfund, wird zum Weichen etwa ½ Tag ins Wasser gelegt und sodann in vollem Wasser etwa 3–4 Stunden langsam weichgekocht. Ist er im Sud erkaltet, legt man ihn heraus, schneidet den Schlußknochen heraus und am Rohr ein Stück ab, damit der Knochen mehr zur Geltung kommt, um beim Anrichten eine Papiermanschette daran befestigen zu können. Die Schwarte wird sodann abgezogen, doch vorher am Stiel ein halbrundes Stück mittelst eines Messers gleichmäßig ausgezackt, wie in der Zeichnung ersichtlich ist, der Schinken sodann von dem überflüssigen Fett befreit und egal umher geschnitten. Sodann schneidet man die obere Hälfte aus dem Schinken, schneidet dasselbe in schöne Tranchen und setzt es wieder an seine ursprüngliche Stelle, legt den Schinken auf eine lange Platte,

Fig. 413.

garniert ihn mit gehackter Sulz, umlegt mit Sulzcroutons, ausgeputzt mit Petersilie, einige Zierspießchen angesteckt, sowie an den Knochen eine Papiermanschette und giebt eine Cumberlandsauce dazu. (Fig. 413.)

1660. Wildschweinfleisch mit Sulz.

Das Fleisch eines jungen Wildschweins (überlaufener Frischling), sei es vom Bug, Schlegel oder von der Brust, wird, nachdem es vollständig entbeint und die Schwarte im Wasser mittelst einer Bürste gut abgerieben, in einer Marinade von 2 Teilen Wasser, 1 Teil Essig, Salz, verschiedenen Gemüsen, Lorbeerblättern, Pfefferkörnern, Nelken, einigen Wachholderbeeren etwa 6—8 Tage gebeizt, dabei jeden Tag das Fleisch einmal umgewendet. Die Knochen hat man unterdessen wie zur Fleischbrühe gekocht, wenn möglich mit einigen Kalbsfüßen, andernfalls aber mit Zusatz von Gelatine, um daraus eine Sulz zu erhalten. Diese Sulz hebt man einstweilen auf. Nach 8 Tagen nimmt man das Fleisch heraus und zerlegt es so, daß daraus Rouladen geformt d. h. das Fleisch gerollt und geschnürt werden kann. Die Wildsulz läßt man auf dem Feuer aufkochen, giebt Weißwein, Essig, Gemüse, Salz und Gewürze dazu und legt das Fleisch hinein und kocht es etwa, je nach der Dicke und dem Alter des Tieres, 2—3 Stunden. Am besten, man überzeugt sich durch Einstechen einer Nadel. Ist die Schwarte weich und findet keinen Widerstand, ist die Roulade fertig. Man nimmt alsdann das Geschirr vom Feuer, giebt die Roulade in ein passendes Geschirr und passiert die Brühe, wenn sie genügend Stand hat, über dieselbe, gießt, wenn der Stand gestockt ist, Butter oder Fett darüber, so daß das Geschirr hermetisch verschlossen ist, und setzt das Geschirr in den Keller. Auf diese Art kann man das Fleisch monatelang aufbewahren. Zum Anrichten schneidet man die Roulade in Tranchen, richtet diese auf runder Platte im Kranze an, garniert mit gehackter Sulz und Sulzcroutons, ausgeputzt mit Zitronenstücken und Petersilie und giebt eine Cumberland-, eine Diable- oder Ravigotesauce extra dazu.

1661. Wildschweinkopf mit Sulz.

Wird der Wildschweinkopf nicht gefüllt, so wird er ziemlich lang zwischen den Schultern abgeschnitten, da nur das Fleisch des Halses brauchbar ist. Der abgesengte Kopf wird sodann rein gebürstet und einige Stunden in kaltes Wasser gelegt. Hierauf löst man den Halsknochen bis zum Gehirn ab, schneidet die blutigen und verbrannten Stücke weg, reibt das Fleisch mit Salz und Pfeffer ein und legt den Kopf, die Schwarte nach unten, in ein Geschirr, gießt Weißwein, sowie etwas Essig daran und läßt den Kopf 3—4 Tage marinieren. Nach dieser Zeit löst man die Schnauze vom Nasenknochen, macht auf die Stirn mit dem Messer ein Kreuz, schnürt den ganzen Kopf gut und gleichmäßig mit Bindfaden und giebt ihn sodann in einen Sud von Fleischbrühe, der Marinade, Weißwein, Essig, Gemüse und Gewürz, sowie Kalbsfüße oder Gelatine und läßt den Kopf in diesem Sud etwa 5—6 Stunden langsam von der Seite kochen. Die Probe, ob er fertig ist, geschieht am besten mit der Nadel, wie schon vorher gesagt. Man kann den Kopf ebenso in seinem Sud aufbewahren mit Fett das Geschirr zugegossen, wie in Nr. 1660 schon erläutert wurde. Beim Anrichten schneidet man das Fleisch des Halses allein in Scheiben und umlegt damit den Kopf. Den Kopf dekoriert man mit Schweinefett, was man sich am besten durch einen Konditor besorgen läßt, legt den Kopf auf einen mit Papier überzogenen Fettsockel, garniert mit gehackter Sulz und großen Sulzcroutons, sowie mit Zitronenstücken und Petersilie. Einige Zierspießchen steckt man hinter den Ohren in den Kopf und serviert zu demselben eine Saucière mit Cumberland-, Diable- oder Ravigotesauce.

1662. Wildschweinkopf, gefüllt.

Der Kopf eines jungen, gesengten Wildschweins wird am Wirbel vom Körper getrennt, sauber gebürstet und sodann ausgebeint, indem man am Unterkiefer, durch einen Längsschnitt beginnend, nach und nach die Haut mit dem Fleisch von den Knochen löst; es ist dabei sehr vorsichtig zu verfahren, da am obern Teil des Schädels kein Fleisch, sondern die Haut direkt am Knochen liegt. Den so ausgebeinten Kopf legt man in ein Geschirr, übergießt ihn mit Weißwein, etwas Essig, Salz und Gewürz und läßt ihn darin einige Tage marinieren. Zum Füllen des Kopfes nimmt man eine Schweinefarce aus 3 Pfund Schweinefleisch und 2 Pfund Speck hergestellt. Das Fleisch treibt man durch die Hackmaschine und sodann durch ein Drahtsieb, vermischt die Farce mit Gewürz und Salz, sowie mit in Würfel geschnittenen Trüffeln, Speck, Ochsenzunge und Schinken, dies alles gut durcheinander gearbeitet. Den Kopf breitet man sodann aus, schneidet, wo zu viel Fleisch ist, von demselben weg und legt es auf die dünneren Stellen. Die zwei getrennten Stücke des Ober- und Unterkiefers näht man sodann auf der Hautseite zusammen und legt sodann die Farce auf den Kopf, schlägt die Haut umher, so daß der Kopf seine ursprüngliche Form wieder erhält, und näht nun den ganzen Kopf an der untern Seite der Länge nach zu. Die Farce am Hals bedeckt man mit Speckschwarten, rollt den Kopf in ein Tuch, möglichst die Form des Kopfes wahrend, bindet die Enden, wie bei einer Roulade, und den Kopf sodann noch mehreremal ziemlich fest ein. Man kocht ihn sodann in eben solchem Sud, wie in der vorhergehenden Nummer beschrieben, langsam etwa 3—4 Stunden und untersucht dann, ob er fertig ist, mit einer Nadel. Nachdem er in seinem Sud beinahe erkaltet ist, löst man ihn aus dem Tuch und bindet ihn wieder frisch ein, legt ihn sodann in ein Geschirr, übergießt ihn mit dem Sud und kann ihn mit Fett zugegossen längere Zeit stehen lassen.

Beim Anrichten schneidet man den Kopf unten egal, damit er gerade zu liegen kommt. Tranchieren kann man entweder das Halsstück und diese Stücke um den Kopf legen oder man schneidet aus dem Kopf in seiner Breite und Länge ein Stück heraus, schneidet dieses in Scheiben und setzt es wieder an seine ursprüngliche Stelle. Hierauf glaciert man ihn leicht mit Glace, legt ihn auf einen Sockel, dekoriert ihn mit weißem Schweinefett, garniert ihn mit gehackter Sulz, Sulzcroutons, Zitronenstücken und Petersilie, steckt einige Zierspießchen hinter die Ohren und giebt eine Cumberland-, Diable-, oder Ravigotesauce extra dazu.

15.

Sulzen verschiedener Art.

Die Sulzen werden bei größeren Essen als kalte Zwischengerichte, sehr gern aber bei Abendtafeln und zu Buffets verwendet. Wie in der Küche überhaupt die schönen, noch brauchbaren Reste verwendet werden sollen, so bieten gerade die Sulzen Gelegenheit, jene gut zu verwerten und in schöner, appetitlicher Form zu Tische zu bringen. Allein nicht nur dadurch, sondern auch durch die Mannigfaltigkeit der Formen, in welche diese Sulzen gebracht werden können, sowie durch die Art und Weise ihrer Garnierungen sind diese Sulzplatten eine Zierde der Tafel und Buffets geworden.

Im Allgemeinen sei gesagt, daß eine gute, wohlschmeckende Sulz nicht zu fest und von zartem, pikanten, kräftigen Geschmack sein soll. Uebung und Pünktlichkeit ist auch hier vor Allem notwendig.

Die Sulz, auch Gallerte genannt, französisch aspic, wird aus animalischen Stoffen durch Kochen aus Fleisch und Knochen gewonnen und wird hauptsächlich dazu der Kalbfuß und auch der Schweinsfuß verwendet, in welchen die meiste Gallerte enthalten ist. Neuerdings ersetzt diese Stoffe die Gelatine, von welcher aber nur die feinste Sorte in der Küche zu verwenden ist. Um den Wohlgeschmack dieser Sulzen zu erhöhen, werden die verschiedensten Zuthaten und Einlagen, sei es von Fisch, Fleisch, Geflügel, Wild u. s. w. in die noch in flüssigem, schönen, klaren Zustand befindliche Sulz gegeben. Als Zuthaten werden hiezu feinster Estragonessig, Zitronensaft, Madeira, Sherry, Geflügel- und Wildessenzen, guter Weißwein, sowie Liebigs Fleischextrakt, letzterer auch als Färbemittel verwendet. Doch ist es gut, da durch wiederholtes Kochen die Saucen und der Geschmack des Weins oder Madeira sich zu sehr verflüchtigen, diese erst dann in die Brühe zu geben, wenn diese abgefettet und abgeschaumt ist. Sehr zu empfehlen ist, die Sulz öfters auf ihren pikanten, richtig zusammengestellten Geschmack zu versuchen. Ist die Sulz erkaltet, wird sie mittelst Eintauchen in nicht zu heißes Wasser, wobei aber darauf zu achten, daß sie gleichmäßig eingetaucht wird und nicht zu lange in demselben bleibt, auf eine kalte, runde Platte gestürzt und schön garniert zu Tische gegeben. Häufig werden die Formen auch mit feinstem Olivenöl ausgestrichen, um das Stürzen zu ermöglichen, oder ein heißer Lappen um die Form gelegt. Beim Einlegen von Fleisch u. s. w. in die Formen wird im Allgemeinen folgendermaßen verfahren. Das zu verwendende Fleisch, Fisch oder Geflügel wird in Scheiben oder Stücke zerlegt, beim Fleisch die Haut und Sehnen, beim Fisch die Haut und Gräte, beim Geflügel die Knochen entfernt. Die zu verwendende Form, am besten eine Cylinderform oder eine tiefe Porzellan- oder Kristallschüssel wird mit gestoßenem Eis umgeben und alsdann auf den Boden derselben einige Löffel Sulz gegossen. Die dazu verwendete Sulz soll hell und kalt sein. Dieser Boden wird sodann mit Eiweiß und Trüffelscheiben, diese in den verschiedensten Formen, mittelst kleiner Ausstecher ausgeschnitten, geschmackvoll dekoriert und jedes einzelne Stückchen erst in zerlassene Sulz getaucht und dann eingesetzt. Ist die Garnierung beendet, werden über das Ganze einige Löffel dicklicher Sulz gegossen. Sodann legt man das Fleisch, Fisch u. s. w., die in Scheiben geschnittenen Stücke im Kranz aufeinandergelegt, in die Form ein, die schönen Stücke nach unten, giebt zwischen jede Lage Fleisch zerlassene, kalte Sulz, dann, wenn dies gestockt ist, wieder Fleisch, sodann Sulz u. s. w., bis die Form gefüllt ist. Warme Sulz ist zum Aufgießen nicht zu verwenden, da diese durch das immer etwas Fett enthaltende Fleisch leicht trübe wird. Bis zum Anrichten läßt man die Form in Eis stehen, stürzt sie alsdann auf eine kalte, runde Platte und serviert sie sodann, umlegt mit gehackter Sulz, Sulzcroutons, Petersilie und Zitronenstücken.

Eine mittelgroße Cylinderform reicht für 6—8 Personen und ist dazu etwa 1½—2 Liter Sulz notwendig, je nach den Einlagen.

Bei Porzellan- oder Kristallschüsseln wird erst der Boden mit Sulz gefüllt, sodann die Einlagen hübsch eingelegt, der schöne Teil nach oben, und zum Schluß oben auf mit Eiern, Trüffeln u. s. w. mittelst der kleinen Ausstecher eine Dekoration gemacht. Diese Sulzen werden nicht gestürzt, sondern in den Schüsseln aufgetragen. Man kann jede unten beschriebene Sulz so servieren.

Die Sulz wird auch zum Garnieren der verschiedensten fertig gestellten Fleischplatten verwendet und dabei derselben die verschiedensten Farben gegeben.

1663. Süße Sulzen.

Siehe Abschnitt 24.

1664. Sulz zu kochen von Kalbs- oder Schweinsfüßen.

Die hauptsächlichste und gebräuchlichste Art und Weise, die Sulz zu kochen und zu klären, ist in der Einleitung (S. 82) beschrieben.

1665. Sulz von Gelatine.

Zu 1 Liter vorrätiger, vollständig entfetteter Fleischbrühe giebt man ½ Liter Weißwein, ⅛ Liter Estragonessig, etwas Gemüse und Gewürz, sowie Salz und läßt alles zusammen einmal gut aufkochen, schäumt die Brühe sodann gut ab und stellt sie zur Seite. 2 ganze Eier samt der Schale oder einige vielleicht übrig gebliebene Eiweiß zerschlägt man mit einem Schneebesen in einer Schüssel, giebt einige Löffel der Brühe langsam dazu und sodann alles zusammen wieder zurück in die Kasserole. 80 Gramm feinste französische Gelatine (1 Blatt etwa 2 Gramm) weicht man in kaltes Wasser ein, ist dieselbe weich, giebt man sie abgetropft zu der Brühe und kocht die Sulz auf offenem Feuer unter beständigem Rühren, bis sie zu kochen anfängt, zieht sie alsdann zur Seite, bedeckt sie mit einem Deckel, läßt sie stehen, bis sich alles Eiweiß zusammengezogen hat und die Sulz hell und klar ist. Sodann wird sie durch eine über einen umgekehrten Stuhl an die vier Füße desselben gespannte Serviette gegossen, so daß dieselbe langsam durchläuft. Die erst abgelaufene Sulz, die meistens nicht ganz klar ist, wird noch einmal aufgegossen, bis sie klar durchläuft. Um ein zu rasches Erkalten der Sulz zu verhüten, ist es am besten, man überdeckt sie mit einem Deckel.

Zum Färben der Sulz verwendet man gebrannte Zuckerfarbe (s. Nr. 1672), auch wohl um dieselbe rot zu färben, flüssigen Carmin.

Wird die Sulz nicht hell, so ist es am besten, sie noch

mit 1 oder 2 weiteren Eiweiß oder ganzen Eiern zu klären und dieselbe Prodezur, wie oben beschrieben, zu wiederholen.

Beim Verwenden der Gelatine ist solche stets in die heiße Brühe zu geben. Wird sie in kalter Brühe gegeben, so ist sie erst in kaltem Wasser aufzulösen und dann mit etwas Wasser aufzukochen, dabei zu rühren, damit sie nicht anbrennt. (Zu 1 Blatt Gelatine rechnet man 1 Eßlöffel Wasser.) Es sei hier sofort erwähnt, daß man sich nicht genau an die Vorschrift, zu 1 Liter Flüssigkeit 40 Gramm Gelatine zu nehmen, halten muß. Es hängt diese Mischung vielmehr auch von kalter oder warmer Witterung ab, sowie von den in die Sulz einzulegenden, vielleicht selbst Gallerte enthaltenden Speisen.

Um sich von der Festigkeit und Haltbarkeit der Sulz zu überzeugen, ist es am besten, man macht während des Aufkochens eine kleine Probe und stellt diese auf Eis.

Eine mittelgroße Sulzform von 1 Liter Flüssigkeitsinhalt reicht für 6—8 Personen und sind die Rezepte auch alle für diese Größe und Personenzahl geschrieben. Durch das Einlegen von Fleisch, Fisch u. s. w. in die Sulz wird natürlich von 1 Liter Sulz übrig bleiben, welche man am besten in eine glatte Form gießt, um sie beim Anrichten zum Garnieren der Sulzplatte zu verwenden.

Diese Sulz ist für die Haushaltung am praktischsten, da sie jederzeit rasch und billig hergestellt werden kann.

1666. Sulz in 1½—2 Stunden herzustellen.

Das Fleisch von 3 Pfund Ochsenstorzen, von 2 Pfund Kalbsstorzen und 1 alten Henne, von welcher man die Brüste zu anderweitiger Verwendung ausschneidet, wird gehackt und im Reibsteine gestoßen, 2 ganze Eier mit der Schale, 1 Flasche Weißwein, ¼ Liter Estragonessig, 4 Liter Wasser und 1 kleine Hand voll Salz daran gerührt, 2 Zwiebeln, gelbe Rüben, Sellerie und Gewürz hineingethan und unter fortwährendem Umrühren bis zum Kochen gebracht. Ehe es kocht, kommen 30—40 Blatt Gelatine hinein und wird die Sulz noch ¾ Stunden gekocht, gut abgefettet und durch die Serviette geschüttet, nachdem sie etwas gefärbt worden ist.

1667. Sulz in kürzester Zeit herzustellen.

Zu 1 Liter heißer, rein abgefetteter Fleischbrühe wird ½ Liter Weißwein, ⅛ Liter Essig und Salz zugegeben, ebenso aufgelöste Gelatine, auf 1 Liter Brühe 40 Gramm, 2 ganze Eier nebst der Schale zum Klären, dies alles einmal aufgekocht, auf eine Serviette gegossen und verwendet. In 1/4 Stunde erhält man dadurch Sulz zum beliebigen Gebrauch, sei es nun, um eine Fleisch- oder andere Sulz herzustellen oder solche zum Garnieren zu verwenden.

1668. Sulz für Kranke.

4 entbeinte Kalbsfüße werden blanchiert, in ein Geschirr mit 1 alten Huhn 1 Pfund Ochsenfleisch, sowie 1 Pfund Kalbfleisch und 4 Liter Wasser, sowie ein wenig Salz gegeben, aufgekocht, rein abgeschäumt und etwa 4 Stunden langsam von der Seite gekocht, damit die Brühe klar bleibt, sodann durch ein Tuch in eine Schüssel geseiht, das Fett abgehoben, mit 2 Eiern und der Schale geklärt, wie schon oben beschrieben, und dann in einer Schüssel aufbewahrt.

Liebigs Fleischextrakt wird sehr häufig zugesetzt, namentlich, wenn man, um eine solche Krankensulz rasch zu bereiten, eine schon fertige Consommé dazunimmt und diese mit Gelatine, vielleicht auch mit etwas feinem Weißwein aufkocht und klärt.

Gehackte Geflügelstücke der Brust oder solche von Wild werden in dieser Sulz eingesulzt und den Kranken sehr gerne als willkommene Abwechslung gegeben.

1669. Sulz-Essenzen.

Diese Essenzsulz wird hauptsächlich zum Ausfüllen von kalten Pasteten verwendet und meistens zu den Wild-, Wildgeflügel-, Geflügel- und Fischpasteten hergestellt.

Man gewinnt die Essenz durch Auskochen der zerkleinerten Knochen und Abfälle von Wildbret oder Geflügel mittelst Fleischbrühe, Weißwein, Rotwein, guter Jus, Gewürz und Gemüse, bei den Fischen durch Auskochen mit Fleischbrühe, Gemüse, Gewürz und Wein.

Diese Essenz, welche man etwa 1 Stunde gekocht hat, wird sodann geseiht, gut abgefettet und mit Fleischbrühe, Zitronensaft, Weißwein oder Essig abgeschmeckt, im gleichen Verhältnis, zu 1 Liter Flüssigkeit 40 Gramm Gelatine zugegeben und ebenso geklärt und behandelt, wie dort beschrieben ist.

1670. Sulz von Ochsenfuß.

Diese wird mit einem ausgebeinten, blanchierten Ochsenfuß, Kalbsstorzen, Ochsenstorzen und mit 1 alten Huhn ebenso behandelt, wie obige Sulzen, nur muß diese, um allen Stand aus dem Ochsenfuße zu ziehen, wenigstens 6 Stunden kochen, nachdem vorher die guten Fleischstücke herausgenommen sind.

1671. Sulz von Schweinsschwarten.

3—4 Schweinsschwarten, von frischem Speck abgelöst, werden in Bänder geschnitten, einigemal gut gewässert, dann in kaltem Wasser aufs Feuer gesetzt. Man läßt sie bis zum Kochen kommen, dann legt man sie wieder in kaltes Wasser, giebt sie in ein Geschirr, dazu 3—4 Pfund Kalb-, 2—3 Pfund Ochsenstorzen mit 1 alten Huhn. Dies setzt man zum Feuer, läßt es zum Kochen kommen, schaumt es gut ab, garniert die Sulz mit Gemüse und läßt sie 3 Stunden langsam von der Seite kochen. Geklärt wird diese Sulz ebenso, wie die schon oben beschriebenen.

1672. Zuckerfarbe oder Caramel zum Färben der Sulzen.

¼ Pfund Stückzucker wird in Wasser getaucht und in einem Pfännchen so lange gekocht, bis er anfängt bräunlich zu werden, dann stellt man es auf die Seite des Feuers und brennt den Zucker unter manchmaligem Umrühren recht langsam schwarz. Nun stellt man das Pfännchen wieder einen Augenblick aufs starke Feuer und gießt vorsichtig ¼ Liter Wasser zu, läßt ¼ Stunde aufkochen, erkalten und schüttet den Caramel zum weiteren Gebrauche in ein kleines Fläschchen. 1—2 Tropfen von diesem Caramel genügen, 2 Liter Sulz schön hellgelb zu färben. Dieser Caramel kann auch von gestoßenem Zucker gemacht werden, welcher trocken zum Feuer gesetzt und gebrannt wird, wie oben gesagter.

1673. Aalsulz.

Ein Aal wird zugerichtet und in Stücke geschnitten, sodann gekocht, wie in Nr. 1203 beschrieben ist. Ist er im Sud erkaltet, legt man ihn auf ein Tuch und zieht den Grat heraus. Eine mittelgroße Zylinderform, 1 Liter Inhalt, wird auf dem Boden dünn ausgegossen und garniert, sodann der gut getrocknete Aal, die schöne Seite nach unten, eingelegt, sodann etwas kalte Sulz aufgefüllt, dann wieder Aal u. s. w., bis die Form gefüllt ist. Beim Anrichten kann man die gestürzte Sulz mit Krebsen, Petersilie und Sulzcroutons garnieren und eine Mayonnaise- oder Remouladesauce dazu servieren.

Sehr häufig verwendet man auch einen Teil des Fischsuds zur Sulz, indem man etwa 1/3 von diesem zu den andern Zuthaten giebt und sie dann klärt.

1674. Brieschensulz.

2—3 Brieschen werden nach Vorschrift (siehe Nr. 780) gekocht und wenn sie in der Essenz erkaltet sind, zum Abtrocknen auf ein Tuch gelegt und sodann in möglichst egale Scheiben geschnitten. Eine Zylinderform wird hübsch garniert und die Brieschenscheiben im Kranz eingelegt, kalte Sulz darüber gegossen und dies fortgesetzt, bis die Form gefüllt ist. Um eine Abwechslung zu bringen, kann man zwischen die Brieschen Zungenscheiben oder solche von Champignons und Trüffeln legen. Ist die Sulz gestürzt, wird sie mit gehackter Sulz und Sulzcroutons verziert zu Tische gegeben.

1675. Eier, gesulzt.

6 frische Eier werden wachsweich gekocht, d. h. so, daß das Gelbe wohl fest, doch nicht hart ist. Eine tiefe Schüssel oder eine Zylinderform gießt man mit Sulz aus, die Form kann man auch mit Trüffeln, Gurken u. s. w. auf dem Boden derselben dekorieren, legt sodann die in Hälften zerlegten Eier in die Schüssel oder Form, gießt die gut und kräftig schmeckende Sulz in kaltem Zustande über die Eier und füllt mit den Eiern und der Sulz die Form, stürzt und garniert die Sulz und giebt sie zu Tisch.

1676. Eier in Sulzring mit Einlage.

Eine glatte oder verzierte Ringform oder Bordureform wird in Eis gesetzt und der Boden derselben dünn mit Sulz begossen, mit Trüffeln und Eiweiß garniert. 4 Eier werden leicht hart gekocht und halbiert, in die Form so eingesetzt, daß die Spitze nach unten gegen den garnierten Boden, die Schnittfläche abwechselnd einmal nach außen und dann wieder nach innen sieht, dann wird die Form mit kalter Sulz gefüllt. Diese Sulzringe verwendet man sehr häufig, um in dem inneren und freien Raum derselben irgend einen Salat von Fleisch, italienischen, solchen von Geflügel, Hummer u. s. w. anzurichten. Man stürzt den Sulzring auf eine runde Platte, giebt in das Innere den betreffenden Salat, wie diese in Abschnitt 14 beschrieben sind, hoch erhaben angerichtet, überstreicht ihn mit Mayonnaise oder giebt diese extra zu Tisch. Die Platte umlegt man mit Sulzcroutons, Petersilie u. s. w.

Siehe Weiteres später Seite 685—686.

1677. Fasan, gesulzt.

Ein in Butter fertig gebratener Fasan wird, wenn er erkaltet, in nicht zu kleine Stücke tranchiert, die Hauptknochen desselben entfernt. Von den Knochen kocht man eine Essenz, aus welcher man mit Fleischbrühe, Wein, Gemüse, Gewürz, Essig, Gelatine eine Sulz herstellt, wie sie in Nr. 1665 beschrieben ist. In einer Sulzform von 1 Liter Inhalt wird der Boden dekoriert, die schönen Bruststücke des Fasans darauf gleichmäßig eingelegt und die Sulz, unter welche man gerne bei Wild etwas Madeira giebt, kalt eingefüllt, dann wieder vom Fleisch darauf gegeben, mit Sulz übergossen und so fortgefahren, bis die Sulzform gefüllt ist. Zum Anrichten wird die Form gestürzt, mit Sulzcroutons umlegt zu Tische gegeben.

Uebrig gebliebene schöne Stücke eines Fasanen werden ebenso eingesulzt.

1678. Forellensulz.

1½ Pfd. ausgenommene, womöglich kleine Forellen werden wie in Nro. 1226 beschrieben, gekocht, sodann zurückgestellt, um sie in ihrem Sud erkalten zu lassen, worauf man sie auf ein Tuch zum Abtropfen legt. Eine 1½ Literform wird in Eis gesetzt, der Boden leicht mit Sulz begossen und mit Trüffeln, Krebsschwänzen, Krebsscheeren und Eiweiß hübsch dekoriert, auf diese Dekoration leicht wieder kalte Sulz gegeben und sodann die Forellen, den Rücken nach unten im Kranz eingelegt. Den Kopf läßt man am besten zurück und ebenso den Mittelgrat, der vorsichtig entfernt wird, um die Gestalt der Forelle nicht zu zerreißen. Die Form füllt man dann nach und nach mit den Forellen und kalter Sulz auf, stürzt sie sodann auf runde Platte und garniert sie mit gehackter Sulz, Sulzcroutons, Krebsen oder Crevetten, sowie mit Petersilie und giebt eine Mayonnaisesauce extra dazu.

1679. Fischreste, gesulzt.

Die meisten Fische eignen sich zum Sulzen und sind namentlich schöne Reststücke, sei es von Salm, Hecht, Zander u. s. w. dazu zu verwenden. Verfahren wird dabei, wie bei Forellensulz beschrieben worden ist.

1680. Fleischpurée, gesulzt.

Von übrig gebliebenem Fleisch vom Filet, Roastbeef, Beef braisé, Kalbfleisch u. s. w. werden Haut und Sehnen ent=

fernt und dieses sehr fein gewiegt, alsdann in den Reibstein genommen, einige Löffel dicker Espagnole dazu gegeben, gewürzt, 1 Glas Madeira dazu gemischt und kleine, runde, egale Kugeln aus dieser Masse geformt. Eine glatte Zylinderform dekoriert man auf dem Boden mit Trüffeln und Eiweiß, legt die Kugeln vorsichtig in die Form lagenweise ein, zwischen jede Lage kalte Sulz eingießend, bis die Form voll ist. Beim Servieren wird die Form gestürzt, mit Zitronenscheiben und Sulzcroutons garniert zu Tische gegeben.

1681. Geflügel- oder Hühnersulz.

2 junge Hühner werden in Butter oder Fett gut und saftig gebraten, kalt gestellt und in hübsche Stücke, jedoch nicht zu klein (s. S. 102, Fig. 179—182) tranchiert und diese entbeint, jedoch so, daß sie ihre ursprüngliche Form beibehalten. Eine Zylinderform von 1 Liter wird auf dem Boden dekoriert, die Geflügelstücke, die schönsten, auf den Boden der Form gelegt,

Fig. 414.

eine kräftige, kalte Sulz darauf gegossen und so fortgefahren, bis die Form gefüllt ist, sodann auf runde Platte gestürzt und garniert zu Tische gegeben.

Reste von Geflügel werden auf diese Art und Weise sehr gerne verwendet, die Reststücke egal geschnitten, ausgebeint und dann in guter, kräftiger Sulz wie oben eingesulzt.

Auch wird das Geflügel häufig in Filets geschnitten, in kleine Förmchen mit der Sulz eingefüllt, gestürzt und serviert oder das Fleisch fein gewiegt und ebenfalls eingesulzt.

1682. Galantinen, gesulzt.

Die im Abschnitt 14 beschriebenen kalten Galantinen werden in Formen eingesulzt sehr gerne zu Tische gegeben. Die Galantine von Kalbfleisch, Hühnern, Wildgeflügel u. s. w. werden in Scheiben geschnitten, diese, wenn zu groß, halbiert oder geviertteilt, dann im Kranz in die dekorierte Form eingelegt, mit kalter Sulz begossen, wenn gestockt, gestürzt und garniert serviert.

1683. Gansleber, gesulzt.

Eine mittelgroße Fleischleber (½ Pfund groß) wird gekocht (siehe Nr. 1638) und, wenn diese erkaltet, vom Fett gereinigt, in nicht zu dünnen Scheiben mittelst Eintauchen des Messers in heißes Wasser, geschnitten. Ein (1 Lit.) Sulzform in Eis gesetzt hat man mit Eiweiß und Trüffeln dekoriert, über diese Sulz gegossen und die Gansleber im Kranz eingelegt, auf die erste Lage Sulz gegossen, die schon ziemlich angezogen haben muß, damit sie hell und klar bleibt. Würde die Sulz warm sein, so löst sie die in der Gansleber vorhandenen Fettstoffe auf und die Sulz wird trübe und unansehnlich. Ist die Form gefüllt und genug erkaltet, wird sie auf runde Platte gestürzt, mit gehackter Sulz, Zitronenstücken, Sulzcroutons verziert zu Tische gegeben.

1684. Gansleberpastete, gesulzt.

Aus einer kleineren Straßburger Gansleberterrine, dessen weißes Fett man erst rein abgehoben, werden, mittelst eines in heißes Wasser getauchten Löffels Scheiben herausgestochen und diese auf weißes Papier gelegt. Eine Sulzform wird in Eis gestellt, dekoriert und die Scheiben so eingelegt, daß sie beim Stürzen schön zur Geltung kommen, dazwischen hinein füllt man eine kalte Sulz, legt auch Trüffelscheiben dazwischen und füllt so nach und nach die Sulz, wie bei Gansleber beschrieben, stürzt und garniert diese Platte ebenso. (Gansleberpastete siehe Abschnitt 16.)

1685. Gansleberwurst, gesulzt.

Eine Gansleberwurst, beim Fleischer gekauft oder selbst gemacht (siehe Abschnitt 17), wird in Scheiben geschnitten, die Haut weggezogen und sodann ebenso eingesulzt, wie in der vorhergehenden Nr. beschrieben worden ist.

1686. Gänseteilereste, gesulzt.

Uebrig gebliebene Gänseteile, entbeint und zugeschnitten, werden ebenso eingesulzt, wie in Nr. 1681 Hühner beschrieben worden ist.

1687. Gehackte Fleischreste, gesulzt.

Uebrig gebliebene Fleischstücke, von Haut, Knochen und Sehnen befreit, werden fein gewiegt und dann in kalte Sulz langsam lagenweise nach und nach eingestreut, bis die Form gefüllt ist.

1688. Geschnittene Fleischreste, gesulzt.

Alle Arten Fleisch, sei es von Filets, Kalbsfricandeau, Wildbret u. s. w. werden, namentlich von übrig gebliebenem, zum Einsulzen ganz gut verwertet. Die Fleischstücke werden hübsch egal geschnitten, die Haut und das Vorstehende abgeschnitten, dann im Kranz in die Form eingelegt, dazwischen Sulz gegossen und so fortgefahren, bis diese gefüllt ist.

1689. Hackbraten, gesulzt.

Wie geschnittenes Fleisch so kann auch Hackbraten geschnitten und eingesulzt werden.

1690. Hirn, gesulzt.

3—4 in Essig und Salzwasser gekochte Kalbshirn (Nr. 805) läßt man, wenn sie in ihrem Sud erkaltet, auf einem Tuch abtropfen und sulzt diese dann in eine 1 Liter enthaltende Form auf dieselbe Art und Weise ein, wie in Nr. 1674 bei Brieschensulz beschrieben ist. Eine Oelsauce wird dazu serviert.

1691. Hasen, gesulzt.

Uebrig gebliebene Teile des Hasen werden, wenn diese schön sind, in Scheiben geschnitten und eingesulzt, oder es wird ein Purée davon gemacht wie in Nr. 1680 bei Fleischpurée, von diesem Purée Kugeln geformt und diese sodann eingesulzt. Oder das Hasenfleisch wird gehackt oder in Filets geschnitten und dann eingesulzt.

1692. Hummer, frisch, gesulzt.

2—3 mittelgroßen Hummern werden die Scheeren und die Schwänze ausgebrochen und das Fleisch aus denselben entfernt, der Schwanz halbiert und sein Fleisch herausgenommen. Eine Literform dekoriert man hübsch auf dem Boden mit Krebsschwänzen, Eiweiß, Trüffeln, Krebsscheeren u. s. w. und legt sodann die Hummerstücke so in die Form ein, daß sie beim Stürzen bestens zur Geltung kommen, zwischen die einzelnen Lagen gießt man kalte Sulz. Die Schwänze der Hummern legt man gewöhnlich, die rote Seite nach unten, auf den Boden der Form, die Scheeren zum Schluß, füllt die Form mit Sulz auf und garniert sie, wenn sie gestürzt ist, mit Krebsen, gehackter Sulz, Sulzcroutons u. s. w. Eine Oelsauce giebt man extra dazu.

1693. Hummern, eingemachte, gesulzt.

Die in Büchsen eingemachten Hummer (1 große Büchse zu 1 Literform), wovon nur die besten zu nehmen sind, werden erst behutsam aus der Büchse genommen, damit das Fleisch möglichst beisammen bleibt und nicht, wie es leicht vorkommen kann, vollständig zerfällt. Sodann werden die ganz gebliebenen Stücke gut getrocknet und dann die schönen Stücke in den unteren Teil der Form gelegt, kalte Sulz dazwischen gegossen und dann die weniger ansehnlichen Stücke zuletzt eingesulzt. Gestürzt wird die Form und garniert wie oben und mit Oelsauce zu Tisch gegeben.

1694. Kalbsfüße und Kalbskopf, eingesulzt.

3 Kalbsfüße werden mit einigen Kalbsknochen mit ½ Liter Weißwein, 1 Liter Fleischbrühe, Gemüse und Gewürz weichgekocht, die Brühe geseiht und pikant abgeschmeckt, eine Probe davon gemacht, ob sie haltbar ist, wenn nicht, giebt man die noch nötige fehlende Gelatine hinzu. Die Kalbsfüße schneidet man, nachdem die Knochen derselben entfernt sind, in Scheiben. Eine Form dekoriert man mit Gurken, Kapern u. s. w. Die Sulz kann man nun so benützen, wie sie ist, d. h. sie nicht mit Eiweiß hell machen, sondern in heißem Zustand durch eine Serviette passieren und sie, wenn auch nicht weinklar, doch so benützen. Andernfalls klärt man sie rasch mit Eiweiß und sulzt sodann den geschnittenen Kalbsfuß lagenweise in die Form ein.

Der Kalbskopf kann ebenso gekocht und eingesulzt werden, oder man schneidet denselben in runde Stücke und sulzt ihn so ein, die weiße Hautseite nach unten. Die Brühe desselben wird ebenfalls zur Sulz verwendet. Einige Zungenscheiben zwischen die Stücke gelegt, putzt die gestürzte Sulz sehr hübsch heraus.

1695. Kapaun, gesulzt.

Wird ebenso behandelt, wie in Nr. 1681 bei Hühner beschrieben ist.

1696. Ochsenmaul oder Kopf, gesulzt.

Ein Ochsen- oder Rindsmaul (oder ein Kopf) wird blanchiert und dann gut gereinigt, in Brühe mit Salz, Gemüse und Gewürz etwa 3—4 Stunden langsam weich gekocht, hierauf der Sud durch ein Sieb gegeben, entfettet, mit Essig pikant abgeschmeckt, das Maul sodann ausgebeint, gereinigt und in Scheiben geschnitten, der Sud an das Fleisch gegeben und dies zusammen, wenn es anfängt, rund und gallertartig zu werden, in eine Form gebracht, wenn gestockt, gestürzt und serviert.

1697. Rehfleisch, gesulzt.

Ein Rehschlegel oder Ziemer wird, wie schon früher beschrieben, gebraten und kalt gestellt, hierauf in hübsche Tranchen geschnitten und, wie in den vorhergehenden Nummen beschrieben, eingesulzt.

Uebrig gebliebene Reste können ebenfalls dazu verwendet, ebenso gehackt oder in Filets geschnitten, wie beim Hasen, oder als Purée behandelt werden.

1698. Russische Sulz, feinste.

Die Einlage zu einer russischen Sulz besteht aus in Würfel geschnittenen Zungenstücken, Krebsschwänzen, Hummerfleisch, Champignons, Trüffeln, gekochtem Hirn, Brieschen, leicht blanchierten Austern, Caviar. Eine runde, glatte Form ohne Cylinder oder eine 8eckige wird in Eis gesetzt und mit etwas Sulz auf dem Boden ausgegossen. Dieser Boden, schön mit Trüffeln, Eiweiß und Krebsschwänzen garniert, wird mit etwas Sulz übergossen. Die verschiedenen, oben beschriebenen Einlagen werden nun mittelst einer Nadel erst in kalte Sulz getaucht und dann lagenweise in schöner, gefälliger und in den Farben abwechselnder Form eingelegt, die einzelnen Lagen mit kalter Sulz übergossen und so fortgefahren, bis die Form gefüllt ist. Beim Anrichten stürzt man die Form auf einen Sockel von Holz oder Stearin, garniert diesen mit Zitronstücken, gehackter Sulz, Krebsen, Sulzcroutons und Petersilie und serviert dazu eine Oelsauce. In die Mitte steckt man ein mit Trüffeln bestecktes Zierspießchen.

1699. Sulz, russisch.

Ein halber Schweinsrüssel mit 300 Gramm Hals- und Bauchlappenfleisch und 300 Gramm Kalbfleisch vom Bug werden mit Salz und Pfeffer, mit Gewürzkörnern, Wurzeln und Kräutern aller Art mit Wasser und etwas Essig zugesetzt und dieses, wenn es siedet, fleißig abgeschäumt. Sobald das Fleisch weich ist, sodaß es von den Knochen fällt, wird es herausgenommen und fein gewürfelt; indessen wird die Brühe entfettet und langsam eingekocht, das Fleisch mit einigen Tropfen Zitronensaft beträufelt, unter die sodann kalt und gallertartig werdende Brühe gemischt, in eine Form gefüllt und auf Eis gestellt.

1700. Poularden, gesulzt.

Wird ebenso behandelt, wie in Nr. 1681 bei Hühner beschrieben ist.

1701. Schweinsrüssel, gesulzt.

Ein Schweinsrüssel wird sauber geputzt und mit 4 Kalbs- und 4 Schweinsstorzen, mit Salz, ganzem Pfeffer, Senfkörnern, einer Zwiebel und einem Lorbeerblatt zugesetzt. Sobald das Wasser siedet, wird es fleißig abgeschäumt, die Zwiebel herausgenommen und das Fleisch so weich gekocht, daß es sich sehr leicht von den Knochen löst. Hierauf wird es mit 150 Gr. gesalzener, abgesottener Rindszunge klein gewürfelt, der indessen erkaltete Absud entfettet, aufs neue erwärmt, an die Fleischwürfel gegossen, die Masse in eine Sulzform gebracht und aufs Eis gestellt. Wird mit Essig und Oel zu Tisch gegeben.

1702. Seezungenfilets, gesulzt.

Von 3 mittelstarken Seezungen werden beide Häute abgezogen, das Fleisch zu 4 Teilen abgelöst, jeder Teil halbiert, so daß es 8 Stückchen giebt. Dieselben werden 6—8 Minuten in heller Butter mit Zitronensaft, Salz und Pfeffer sautiert und auf ein reines Tuch gelegt, so daß die Hälfte des Tuches darübergeschlagen werden kann. Hierauf legt man sie auf ein Blech oder Brett und preßt sie ganz leicht. Sind die Filets kalt, so wird denselben eine nette Form gegeben und diese in einer schön dekorierten Form, wie schon mehr beschrieben, lageweise im Kranz eingelegt, eingesulzt, beim Anrichten die Form mit Krebsen, Sulzcroutons und Petersilie garniert, mit einer Oelsauce zu Tische gegeben.

1703. Spanferkel, gesulzt.

Ein Spanferkel wird geschlachtet, ausgenommen und gut gereinigt, hierauf zerteilt, zum Kochen mit Wasser zugesetzt, abgeschäumt, der Absud gewürzt mit Salz, Pfeffer, Ingwer, Zwiebeln und Lorbeerblättern. Nachdem das Fleisch weich geworden, wird es herausgenommen, entbeint, das Fleisch in Würfel geschnitten, 4 hart gesottene Eier gewürfelt, Figuren aus roten Rüben und aus gelben Rüben geschnitten, einige Kapern und ganz kleine, eingemachte Gurken mit den Fleischwürfeln sorgfältig vermischt, in eine Porzellanform gebracht und mit der inzwischen eingekochten und geschönten Brühe übergossen und zum Erkalten auf Eis gestellt. Beim Auftragen wird die Form auf eine Porzellanplatte gestürzt und diese mit einem Kranz von Blumen garniert.

1704. Sulz von Ueberresten, (falscher Preßkopf).

Die Ueberbleibsel von Braten und Geflügel werden nicht zu klein gewürfelt und zu 250 Gramm Fleischwürfel 4 harte Eier, 100 Gr. gedämpfter Speck mit der Schwarte, aber kalt, etwas abgetropfte, rote Rüben, Essiggurken, diese ebenfalls gewürfelt, und weiche Kapern gemischt, mit weißem Pfeffer und Salz gewürzt, gut vermengt, in eine niedere Kupferform gebracht, mit klarer, dicker, erkalteter Sulz übergossen, mit einer Porzellanplatte zugedeckt, diese darauf festgebunden, dann umgestürzt, so daß die Form auf der Platte ruht und über Nacht kalt gestellt. Vor dem Auftragen wird die Form abgenommen und die Platte mit einigen Petersiliensträußchen garniert.

1705. Salm, gesulzt.

Der gekochte, im Sud erkaltete Salm wird ebenso eingesulzt wie andere Fische. Der kalte Fisch, in größere Würfel geschnitten oder schon in Tranchen gekocht, wird in die Form eingelegt, mit kalter Sulz eingesulzt und beim Servieren eine Oelsauce dazu serviert.

1706. Sulzringe mit Fisch.

Ein mittelgroßer Sulzring mit halben Eiern (siehe Nr. 1676) ausgelegt, sowie mit Krebsschwänzen, Krebsscheeren, Eiweiß und Trüffeln wird auf eine runde Platte oder erst auf einen runden Sockel gestürzt. Ein Fischsalat aus irgend einem Fisch hergestellt (Nr. 1644), wird auf ein Sieb zum Abtropfen gegeben und sodann in den leeren Raum des

Ringes hocherhaben angerichtet, sodann garniert mit einigen Sardellenstreifen, Kapern, Oliven u. s. w., den Rand des Ringes mit Krebsen und Sulzcroutons, sowie Petersilie belegt, mit einer Oelsauce zu Tische gegeben.

Oder man überstreicht den Fischsalat mit einer dicken Mayonnaisesauce, garniert diese mit Kapern, Sardellen u. s. w. und serviert die Platte.

1707. Sulzring mit Geflügelsalat.

Ein Sulzring mit Eiern hergestellt, mit Trüffeln pariert, wird gestürzt und in seine Mitte ein Hühnersalat (Nr. 1645) hoch erhaben, die Bruststücke oben aufgelegt, angerichtet, der Ring unten herum mit Sulzcroutons und Petersilie garniert, mit einer Mayonnaisesauce extra zu Tische gegeben.

1708. Sulzring mit Salat.

In einen mit Eiern hergestellten Sulzring können die verschiedensten Salate von Gemüsen, Trüffeln und Kartoffeln, Hummer, Krebs, Polnischer Salat, Salat à la Pompadour, Spargel u. s. w. gegeben werden.

1709 Sulzschüsseln mit Fleisch umlegt.

Eine sehr hübsche Platte, besonders bei Abendgesellschaften zu geben, ist die nachfolgend beschriebene. In eine kleinere Sulzform, dekoriert mit Eiweiß und Trüffeln wird irgend eine Fleisch- oder Fischspeise eingesulzt, diese auf eine lange Platte gestürzt, womöglich etwas erhaben auf einen Sockel. Rund um diese Sulz legt man nun die verschiedensten Arten von kleinen, aufgelegten Brötchen, Caviar, Lachs, Sardellen u. s. w., sowie auf die andere Seite aufgeschnittenes Fleisch, Schinken, Roastbeef, Zunge, Wurst u. s. w. Das Ganze umlegt man mit gehackter Sulz und Sulzcroutons, garniert mit etwas Petersilie und giebt die Platte zu Tisch.

Diese Platte kann auf die mannigfaltigste Weise angerichtet werden und wird die Hausfrau damit stets Ehre bei ihren Gästen einlegen.

1710. Ungarische Sulz.

500 Gr. abgespecktes Schweinefleisch vom Rücken, 300 Gr. Rindfleisch vom Brustkern und 500 Gr. Kalbfleisch vom Schlegel, werden mit 2 Kalbsfüßen in Salzwasser gedämpft und sauber abgeschäumt; hernach werden Zwiebel, Pfefferkör-

ner, Senfkörner, ganze Nelken und einige Lorbeerblätter hinzugesetzt. Wenn das Fleisch weich ist, so daß es sich leicht von den Knochen löst, wird es herausgenommen, gewürfelt, die Brühe entfettet, mit etwas Estragonessig versetzt und eingekocht. Inzwischen werden die Fleischwürfel in eine Sulzform gebracht, die dick eingekochte Brühe darüber gegossen und zum Erkalten aufgestellt.

1711. Wildschwein zum Einsulzen. Vorbereitung.

Ein Stück Schwarzwild vom Schlegel oder Mittelstück wird, nachdem es gut mittelst einer Bürste abgerieben und dann getrocknet, etwa 5 bis 6 Tage in eine Marinade von 2 Teilen Essig und 1 Teil Wasser, Salz, Gemüse und Gewürz, worunter auch einige Wachholderbeeren sich befinden, gelegt. Man kehre es täglich einige Mal um und bindet sodann das Fleisch aufgerollt wie zu Galantine. In einem kochenden Sud von Fleischbrühe, Essig, Weißwein, Salz, Gemüse und Gewürz, sowie mit einem Teil der Beize wird sodann das Schwarzwild weich gekocht, vor dem Wegsetzen vom Feuer giebt man noch die nötige Gelatine zu. Wenn die Schwarte des Schwarzwildes sich weich anfühlt, ist es fertig. Man nimmt es sodann vom Feuer, läßt es im Sud erkalten, giebt das Fleisch in eine Schüssel oder Topf, passiert die Sulz kalt aber flüssig darauf und gießt Fett über das Ganze. Auf diese Weise kann man das Schwarzwild einige Monate aufbewahren.

Zum Einsulzen verwendet man eine Cylinderform, dekoriert diese, wie schon öfters gesagt, und legt das in Scheiben geschnittene Schwarzwild im Kranz in die Form ein. Den Sud, in welchem man das Schwarzwild gekocht, verwendet man als Sulz, schwenkt sie pikant mit Weißwein ab, prüft sie auf ihre Festigkeit, klärt sie schön und gießt davon über das in der Form befindliche Schwarzwild, fährt lageweiß fort, bis die Form damit gefüllt ist. Ist die Form gestürzt, garniert man sie mit Zitronstücken, Sulzcroutons und Petersilie und serviert eine Cumberland- oder eine pikante Oelsauce extra dazu.

1712. Schwarzwildkopf, eingesulzt. (Siehe Nr. 1662.)

Der Schwarzwildkopf wird ebenso behandelt und eingesulzt, wie in vorhergehender Nr. 1711 gesagt worden ist.

1713. Wildgeflügel, gesulzt.

Wie beim Fasanen Nr. 1677.

1714. Welschhuhn, gesulzt.

Wie bei Huhn Nr. 1681.

1715. Zunge, gesulzt.

Eine mittelgroße, gesalzene Ochsenzunge, gekocht und geschält wird in dünne Tranchen geschnitten, die harte Haut weggeschnitten und in eine dekorierte Form eingelegt und mit Sulz übergossen, wie schon öfters gesagt wurde.

Die in Büchsen eingemachte, amerikanische Zunge wird ebenso behandelt.

16.

Warme, kalte, Schüssel-Pasteten, Pies u. s. w.

Unter dem Namen Pasteten versteht man Zwischengerichte, die in der feineren Küche wohl die erste Stelle einnehmen. Diese werden aus Teig, in Formen hergestellt, mit Farcen und den verschiedensten feinsten und pikanten Zuthaten gefüllt und warm oder kalt zu Tische gegeben. Allein nicht nur in der feinen, sondern auch in der bürgerlichen Küche sind diese Pasteten leicht und gut herzustellen und werden diese weiter unten, unter dem Namen Schüsselpastelen, beschrieben werden. Diese haben sich wegen ihrer raschen und einfachen Herstellungsweise, mit wenig Kosten und Mühe verbunden, rasch eingebürgert.

Der besseren Uebersicht wegen teile ich diesen Abschnitt in:

a. Teige.

b. Farcen, Einlagen und das Dressieren der Pasteten.

c. Warme Pasteten.

d. Kalte Teig- und Terrinenpasteten, Vol-au-vents.

e. Schüssel- und Kasserolenpasteten (Ragoutpasteten), Timbalen und Pies.

Die warmen und kalten Pasteten, welche in den verschiedensten Formen und Arten zu Tische gebracht werden, sind ein Produkt des Backofens, ebenso wie auch die Schüsselpasteten, Pies u. s. w. Sie bilden bei richtigem, verständnis- und maßvollem Zusammenstellen der einzelnen Zuthaten und Gewürze eine sehr beliebte und schöne Speise, von kräftigem, pikanten Geschmack.

Zu einer guten Pastete gehört ein guter Teig. Zu diesem wähle man ein feines, weißes, durchaus trockenes Mehl und beste Süßbutter. Die zwei hauptsächlichsten Teigarten sind: Der geriebene oder Pastetenteig (pâte brisée) und der Butter oder Blätterteig (feuilletage, pâte feuilletée), wovon sich letzterer hauptsächlich für die kleinen Pastetchen, die Vol-au-vents, für Kuchen, Schüsselpasteten, Timbalen u. s. w. eignet, während der geriebene Pastetenteig für die in Formen dressierten und darin gebackenen, warmen oder kalten Pasteten angewendet wird. Zum weiteren Gelingen einer Pastete trägt aber auch der Backofen bei, der entsprechend der Größe und der Einlage derselben geheizt werden muß. Den richtigen Wärmegrad, um Pasteten zu backen, hat die Röhre, wenn man in dieselbe ein Blatt weißes Papier legt und dasselbe sich langsam bräunt. Doch ist eine gewisse Uebung unbedingt notwendig und sind ganz bestimmte Vorschriften nicht zu geben. Die Farcen oder Einlagen, aus welchem Fleisch diese auch herzustellen seien, sollen immer von gutem, frischem, möglichst sehnenfreiem, jedoch abgelagertem Fleisch sein. Solches von alten Tieren, z. B. alten Hasen, sowie von alten Hühnern oder Rebhühnern u.s.w. ist als Einlage nicht zu verwenden. Die Fleischeinlagen, durch die Fleischfarce zusammengehalten, werden, wenn die Pasteten groß und dick sind, um das Durchbacken derselben zu erleichtern, erst leicht in heißer Butter oder Oel angebraten, z. B. Filets von Reh, von Hasen oder solches von Kalb oder Schwein, sodann erkaltet je nach Geschmack mit gehackten Schalotten und Petersilie bis zum Gebrauch mariniert. Dieses Verfahren des Marinierens ist auch gut beim rohen Fleisch anzuwenden. Um ein Zusammenhalten, namentlich beim Aufschneiden von kalten Pasteten zu ermöglichen, ist es am besten, die einzelnen z. B. Fleisch-, Speck- und Ganslebereinlagen durch dünne Lagen von Farce zu verbinden.

Um zu untersuchen, ob die Pastete ausgebacken ist, und deshalb sicher zu sein, ist es am besten, dies mit einer langen, dünnen Nadel zu thun, indem man diese durch das Kamin der Pastete sticht und nach einigen Augenblicken herauszieht. Ist die Nadel kalt oder mit Fleischresten noch bedeckt, so ist die Pastete noch nicht fertig, fühlt die Nadel sich aber in den wenigen Augenblicken heiß an, ist sie frei von Fleischresten und ist auch das Fett, das sich oben zeigt, hell und klar, so ist die Pastete fertig und kann nun, wenn aus der Form genommen und der Deckel aufgeschnitten, die Einlage tranchiert und heiß serviert werden.

Dazu giebt man eine Sauce, welche aus den Knochen und Abfällen der jeweiligen Einlage hergestellt ist, was weiter unten noch beschrieben wird. Bei den zum Kaltservieren bestimmten Pasteten ist es gut, um ein Austrocknen derselben zu vermeiden, nachdem sie aus dem Ofen sind, etwas heißes, gutes Fett oder helle, klare Butter in dieselbe zu gießen und dann, wenn sie erkaltet, die Einlage zu schneiden, schön zu dressieren, zu garnieren und zu servieren.

Um nicht bei jedem Rezept Gleichlautendes, was bei den Pasteten zu beachten ist, wiederholen zu müssen, habe ich diese Bemerkungen vorausgeschickt.

A. Teige.

Wie schon oben erwähnt, kommt bei den warmen, sowie kalten Pasteten hauptsächlich der geriebene oder Pastetenteig zur Anwendung. Zum Anwirken desselben benützt man entweder eine Tischplatte oder das Nudelbrett. Man siebt das Mehl hügelförmig in die Mitte desselben, macht mit der Hand eine Grube, in welche man die möglichst weiche, in Stücke zerpflückte Butter, die Eier, das Salz und Wasser giebt. Man arbeitet erst die Butter, Eier, Wasser mit etwas Mehl von Innern heraus zu einem Teig und giebt dann nach und nach immer mehr Mehl zu. Es ist dabei vorsichtig zu verfahren, damit das Wasser nicht ausbricht und deshalb gut, erst, wie eben bemerkt, mit etwas Mehl ein Teigchen anzurühren. Sodann schafft man das übrige Mehl vollends unter den Teig, bis dieser seine richtige Festigkeit hat. Sodann verarbeitet man denselben kräftig und gleichmäßig, indem man mit dem Ballen der Hand Stücke desselben losreißt und diese dann wieder zusammenwirkt, so lange damit fortfahrend, bis er glatt und glänzend ist. Es kommt sehr viel darauf an, den Teig rasch zusammen zu wirken, um ein sog. Verbrennen desselben zu vermeiden, da er hiedurch unbrauchbar wird. Das Verbrennen desselben entsteht dadurch, daß die Butter zu langsam mit den Eiern und Mehl zusammengeschafft wird. Vor dem Verwenden des Teigs ist es unbedingt notwendig, denselben einige Zeit an kühlem Ort oder auf Eis zugedeckt stehen zu lassen. Dadurch läßt er sich leichter ausrollen und zieht sich nicht mehr zusammen.

1716. Geriebener oder Pastetenteig (Pâte brisée).

Dieser Teig ist der praktischste und beste zu allen Pasteten, welche in Formen dressiert werden. Er geht nicht auf, sondern behält die Form, welche man ihm giebt. Deshalb ist er auch sehr gut zu solchen Pasteten zu verwenden, welche blind (d. h. mit Papier oder Erbsen ausgefüllt) gebacken, erst beim Anrichten mit irgend einem Ragout u. s. w. gefüllt und serviert werden.

Zu einer mittleren Pastetenform (etwa für 8 Personen) rechnet man 1 Kilo Mehl, wie oben gesagt, auf den Tisch oder das Nudelbrett in Form eines Hügels gesiebt, giebt in die Grube 350 Gramm Butter, in Stückchen zerpflückt, dazu 20 Gramm Salz, 6 Eigelb, 2 Deziliter frisches, kaltes Wasser und bereitet daraus, unter Beobachtung des schon oben Gesagten, einen festen, glatten Teig. Wird er zu fest, so schafft man noch etwas Wasser darunter und stellt ihn sodann bis zum Gebrauch etwa 1 Stunde aufs Eis.

1717. Teig zum Auslegen der Formen.

Zu 1 Kilo Mehl 600 Gramm Butter, 20 Gramm Salz, 6 ganze Eier, ½ Liter Wasser.

Dieser Teig wird ebenso behandelt, wie obiger, und wird zum Auslegen von Timbalformen, zu Schüsselpasteten, als Deckel zu Pasteten verwendet.

1718. Teig zu Croute-Pasteten.

Zu 3 Kilo Mehl 1 Liter warmes Wasser und 1 Kilo Butter.

Wie oben behandelt, sehr rasch zusammen gearbeitet und dann aufs Eis bis vor dem Gebrauch gelegt.

1719. Butter- oder Blätterteig. Feuilletage.

Siehe Vorspeisen, Abschnitt 3, Nr. 359.

1 Pfund Mehl, ½ Liter Wasser, 1 Pfund Butter.

Bevor ich beschreibe, wie der Blätterteig hergestellt wird, möchte ich noch einiges Beachtenswerte vorausschicken.

Die so vielfach in den Haushaltungen angewandten Hilfsmittel und Zusätze, um, wie man glaubt, den Blätterteig leicht und blätterig zu machen, sind entschieden wegzulassen, also Eigelb, Kirschwasser, ja sogar Weingeist, wie dies vielfach angewandt wird.

Vor allem ist bei der Ausführung des Butterteigs darauf zu sehen, daß der Raum, in welchem man arbeitet, namentlich aber zur heißen Jahreszeit, kühl ist. Es ist wohl am besten, den Teig jedesmal, wenn er ausgerollt ist, aufs Eis zu legen, nicht unmittelbar, sondern auf eine Platte oder Brett, mit einem Tuch überdeckt. Rasches Arbeiten ist beim Schaffen eines Butterteigs unerläßlich und ist dann sicherer Erfolg gewiß. Das Ausrollen des Teigs hat gleichmäßig zu geschehen, nach weiter unten beschriebener Methode. Ebenso muß nach jedem Ausrollen des Teigs derselbe mindestens 10 Minuten Ruhe haben. Beim Ausrollen ist möglichst wenig Mehl aufzustauben, sowohl auf den Tisch, als auch auf den Teig selbst.

Fig. 415–423.

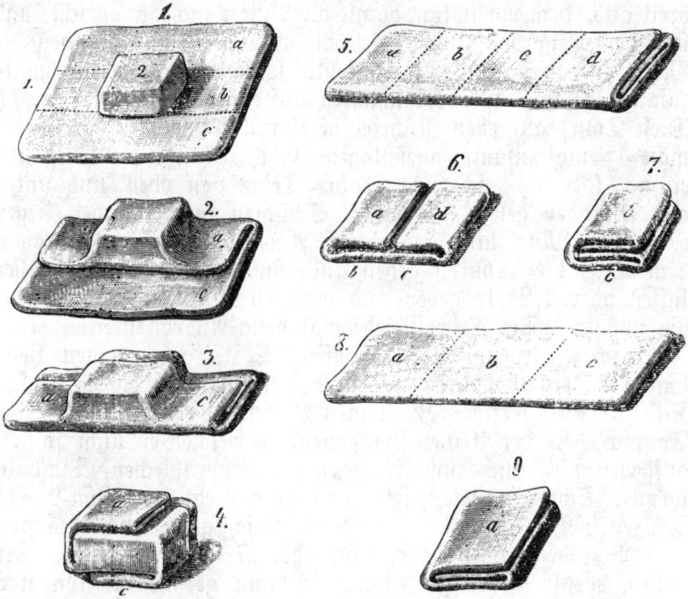

500 Gramm Mehl wird hügelförmig in die Mitte des Tisches oder Nudelbretts gesiebt, von der Spitze aus in dasselbe eine Grube gemacht, 10 Gramm Salz, sowie ½ Liter frisches, kaltes Wasser in dieselbe gegeben. Sodann schafft man mit der rechten Hand das Mehl langsam von dem Rand der Grube aus unter das Wasser, um dadurch einen dicklichen Brei zu erhalten und ein Ausbrechen des Wassers zu verhindern. Alsdann wird das übrige Mehl rasch vollends dazu gewirkt und der Teig geschafft, bis das Ganze einen gleichmäßigen, glatten, nicht zu festen Teig giebt und sich nicht mehr an der Hand und auf der Tischplatte festsetzt. Den Teig in Kugelform läßt man sodann auf Eis ¼ Stunde ruhen. 1 Pfund kaltgelegte Süßbutter wird währenddem auf dem Tisch glatt

gewirkt, dadurch von Milch und Wasser befreit und dann ebenfalls etwa 10 Minuten aufs Eis gelegt (was namentlich in der heißen Jahreszeit unbedingt nötig ist). Den Vorteig rollt man sodann gleichmäßig etwa fingerdick aus, legt die Butter in die Mitte desselben (Nr. 1) und bedeckt die Butter gleichmäßig mit dem Teig von allen 4 Seiten (Nr. 2, 3 und 4), giebt ihn auf ein Blech und stellt ihn zum Ruhen 10 Minuten auf Eis. Nun giebt man dem Teig die erste Tour, d. h. man rollt den Teig möglichst lang (Nr. 5), nicht breit aus, doch vorsichtig, damit die Butter nicht ausbricht, und legt den Teig von unten wie von oben gleichmäßig gegen die Mitte zu, so daß Nr. 6 entsteht, schlägt den Teig nochmals zusammen, so daß 4 Teigschichten auf einander liegen (Nr. 7). Diese Tour, auf eben beschriebene Art und Weise gelegt, nennt man 1½mal zusammengeschlagen. Schlägt man den Teig nur einmal (Nr. 8), so wird ⅓ des Teigs von oben und unten auf einander gelegt, so daß 3 Schichten auf einander liegen (Nr. 9). Man kann nun beim Ausrollen entweder jedesmal dem Teig 1½ Touren geben und ihn dann ¼ Stunde ruhen lassen oder 1 Tour geben und nach 10 Minuten Ruhe wieder die nächste. Der Teig ist jedesmal beim Ausrollen einer neuen Tour so zu legen, daß die offene Seite gegen einen sieht. Hat der Teig 6 Touren, so ist er zum Ausschneiden der großen Vol-au-vents fertig. Zu kleinen Pastetchen rechnet man 7—8 Touren. Zu den kleinen Bäckereien, zu welchen er nicht so hoch aufgehen soll, auch zum Auslegen von Kuchenblechen, Timbaleformen, Schüsselpasteten, Fleurons u.s.w. giebt man ihm 9—10 Touren. Bei Fig. 415—423 die Buchstaben auch beachten.

Vor dem Verwenden muß der Teig noch einige Zeit ruhen, ebenso ist es gut, wenn er dünn gerollt ist, ihn noch einige Zeit stehen zu lassen, damit er sich nachher nicht mehr zusammenzieht.

Da das Mehl nicht immer dasselbe Quantum Wasser anschluckt, wie in diesem Rezept beschrieben ist, so ist es zweckmäßiger, den fertigen Vorteig zu wägen und als Butter die Hälfte seines Gewichts zu nehmen.

1720. Butter- oder Blätterteig von saurem Rahm.

1 Pfund gesiebtes Mehl wird mit 10 Gramm Salz, sowie schwach ½ Liter dickem, saurem Rahm zu einem Vorteig angemacht, dieser gewogen und zu 1 Pfund Teig 180 Gramm Butter genommen, der Vorteig ausgerollt, die vorher weich geschaffte Butter in denselben eingeschlagen und etwa 4—5mal touriert und ausgerollt. Diesen Teig macht man am besten

abends und läßt ihn über Nacht bis zum Gebrauch stehen. Der Teig geht ziemlich hoch auf und schmeckt vorzüglich, zu kleinen Vorspeisenpastetchen, Kuchen, Bäckereien u. s. w.

Man kann denselben mit 120 Gramm Zucker versüßen und ihn dann als süßen Butterteig verwenden.

1721. Butter- oder Blätterteig, englisch.

1 Pfund Mehl, 3/4 Pfund Butter, 10 Gramm Salz und etwa 1/2 Liter Wasser wird zu einem festen Teig geknetet und aufs Eis gelegt, nach einiger Zeit, wie bei obigem Butterteig, 2mal 1 1/2 Touren gegeben und verwendet. Dieser Teig wird nicht so leicht, wie in Nr. 1719, und geht deshalb auch nicht so hoch auf.

1722. Amerikanischer Pies-Teig.

Zu diesem Teig werden 300 Gramm frisch gerührter Butter aus kaltem Wasser gewaschen, dann auf Eis gestellt und, wenn sie recht hart geworden, in kleine Würfel geschnitten; darauf werden 500 Gramm feines Mehl auf dem Backbrett ausgebreitet, die Butterwürfel damit vermischt, das Mehl zusammengezogen, 2 Eigelb in 3 Deziliter frischem Wasser verrührt, an das Mehl gegossen und zu einem festen Teig gerollt; dieser wird 3mal ausgerollt und zusammengeschlagen, bevor er verwendet werden kann. Statt dessen können auch 100 Gramm gewürfelter Butter mit 200 Gramm feinem Mehl und 20 Gramm Salz in einer Backschüssel vermischt werden; hierauf wird in die Mitte ein Loch gemacht, 100 Gramm Butter zerlassen, 1 Deziliter Milch daran gegossen, das Ganze zu dem Mehl geschüttet und ein strenger Teig daraus angewirkt, im Uebrigen aber wie oben behandelt.

Die süßen Teige finden sich in Abschnitt 22, Kuchen.

B. Farcen.

Farce zu den warmen Pasteten.

Als Bindemittel zu den Farcen werden die sogenannten Panades verwendet, welche auf verschiedene Arten hergestellt wird.

1723. Panades zum Binden der Farce. Erste Art.

4 Tafelbrötchen werden, nachdem die Rinde abgeschnitten, in kleine Stücke geschnitten, in Milch eingeweicht und mit

1 nußgroß Butter einige Minuten auf dem Feuer gedämpft und kalt gestellt. Diese Panade kann auch uneingeweicht und nicht gedämpft verwendet werden.

1724. Panades zum Binden der Farce. Zweite Art.

60 Gramm Mehl und 60 Gramm Butter wird 5 Minuten auf dem Feuer geröstet, mit ½ Liter süßem Rahm tüchtig abgerührt und zum Gebrauch kalt gestellt.

Weich gekochter Carolinareis thut den gleichen Dienst.

1725. Panades zum Binden der Farce. Dritte Art.

¼ Liter Wasser wird mit 1 nußgroß Stückchen Butter aufgekocht, Mehl, so viel das Wasser anschluckt, dazu gerührt, auf dem Feuer noch einige Zeit abgedämpft, bis es sich von der Kasserole loslöst, auf ein Teller gegeben und zum Gebrauch kalt gestellt.

1726. Farce zu warmen Pasteten mit Brot.

3—4 Weißbrote oder Wecken werden auf dem Reibeisen abgerieben und in Bouillon eingeweicht. Mittlerweile wird eine kleine Zwiebel mit etwas Petersilie fein gewiegt und mit ¼ Pfund frischer Butter und etwa übriger Hühnerleber weichgedämpft, die Wecken dazugegeben und ¼ Stunde auf dem Feuer tüchtig abgetrocknet, Salz, Muskat und Pfeffer hinzugefügt, mit 2 Eigelb und 1 ganzen Ei abgerührt, durchs Sieb getrieben und bis zu seiner Verwendung auf Eis gestellt.

1727. Farce mit Kalbsleber und Schweinefleisch zu warmen Pasteten.

Zu 600 Gramm Kalbsleber nimmt man 200 Gramm entnervtes Schweinefleisch und 400 Gramm grünen Speck. Den Speck und das Schweinefleisch treibt man durch die Fleischhackmaschine. Die Leber wird in kleine Stücke geschnitten und in Butter mit einigen feingehackten Zwiebeln, etwa 6—8 Minuten gedämpft, wenn sie erkaltet, im Reibstein zu dem durchgetriebenen Fleisch gegeben, gestoßen und durch ein Sieb passiert, mit Salz und Pfeffer gewürzt, 2 oder 3 ganze Eier dazu gegeben und in heißem Salzwasser eine Probe gemacht. Ist die Farce zu fest, giebt man einige Löffel kalter Espagnole dazu, bis die Farce zart und leicht wird. Sollte sie nicht halten, weicht man einige Brötchen ein, drückt sie gut aus und giebt sie unter die Farce.

Diese Farce ist für die Haushaltung sehr leicht herzustellen und zu allen warmen Pasteten gut zu verwenden.

Bei Wildpasteten kann man statt des Schweinefleisches auch Fleisch von Reh, Hirsch oder Hasen nehmen.

1728. Farce zu warmen Wildpasteten.

Als Fleisch zu den Wildfarcen verwendet man die geringsten Stücke derselben, sei es nun vom Wild oder Wildgeflügel. Man nimmt zu einem Kilo Fleisch (wenn das Wildfleisch nicht reicht, Schweinefleisch oder Kalbfleisch) 250 Gr. grünen Speck, 125 Gr. Kalbsleber, 60 Gr. Sardellen und ebensoviel Kapern. Das Fleisch und den Speck treibt man durch die Hackmaschine und dann durch ein Sieb, die Kalbsleber, Sardellen und Kapern schneidet und wiegt man fein, dämpft sie in Butter, stößt sie im Reibstein und giebt sie durchs Sieb getrieben zu dem vorher passierten Fleisch, würzt die Farce sodann, macht eine Probe, wie vorher beschrieben, und verfährt mit dieser, wie in Nr. 1727 gesagt ist.

1729. Feine Farce zu warmen Geflügel- und Kalbfleischpasteten.

Zu dieser feinen Farce werden gewöhnlich die besten Fleischstücke verwendet, z. B. wenn das Fleisch der Farce aus Geflügel bestehen soll, solches von den Brüsten, aus Kalbfleisch von Kalbskarré, und wie folgt, behandelt.

1730. Farce zu warmen Pasteten.

Etwa 1 Pfund schönes weißes Kalbskarré wird abgehäutelt und entnervt, im Reibstein fein gestoßen, durchs Sieb getrieben und einstweilen zurückgestellt. Nachdem das Fleisch gewogen, nimmt man eben so viel frische Butter und ebenso viel Panades und stößt dies ebenfalls fein. Ist letzteres auch passiert, kommt das Fleisch und die Panades mit Butter nochmals in den Reibstein und wird tüchtig durchgerieben. 1 Eigelb, 1 ganzes Ei, 2 Eßlöffel süßer Rahm oder weißer Sauce, Salz, weißer, gestoßener Pfeffer und Muskatnuß wird dazu gegeben, alles nochmals passiert und tüchtig gerührt, damit die Farce leicht und fein wird. Eine kleine Probe legt man in heißes Wasser ein, ist die Farce zu fest, giebt man Rahm oder weiße Sauce zu. Ist sie zu weich, etwas Eigelb, bis sie fest genug wird.

Feine Wildbretfarce wird ebenso zubereitet, nur nimmt man, ist die Farce zu fest, an Stelle von weißer Sauce eine braune.

1731. Farce mit Gänseleber zu warmen Pasteten.

Zu 1 Kilo Fleisch, halb Kalb- und halb Schweinefleisch, wird 100 Gramm grüner Speck genommen und dies durch die Hackmaschine getrieben. Eine mittelgroße Gansleber von etwa ³/₄ Pfund wird im Reibstein roh gerieben, das Fleisch darunter gemischt und alles sodann durch ein Sieb getrieben, mit Salz und Pfeffer gewürzt, 2—3 Eigelb dazu gegeben und, wenn die Probe zu fest ist, einige Löffel Espagnolesauce zugesetzt, im andern Falle einige eingeweichte und gut ausgedrückte Semmel dazu gegeben, ebenso etwaige Abfälle von Champignons und Trüffeln.

Diese Farce mit Wildfleisch hergestellt, paßt vorzüglich zu Wildpasteten, namentlich auch Wildgeflügel, wobei die Leber des Geflügels, bei Schnepfen auch das Eingeweide (ohne Magen) verwendet wird.

1732. Farce mit Nierenfett zu warmen Pasteten.

Kalbfleisch, Rindfleisch und solches von Wild wird nach dem Godiveau-Recept Nr. 246 behandelt und wegen der zarten und leichten Konsistenz, durch Beigabe von weißen oder braunen Saucen, sehr gerne zu den warmen Pasteten verwendet.

1733. Farce zu Fischpasteten.

Wird ebenso hergestellt wie die Geflügelfarce in Nr. 228. Anstatt dem Fleisch wird das von Haut und Gräten befreite Fleisch von irgend einem Fisch dazu verwendet. Um diese Farce zu verfeinern, kann man gehackte Champignons und Trüffel, in Butter gedämpft, dazu geben oder wird unter das passierte Fischfleisch auf ¹/₂ Pfund Fleisch 3 eingeweichte Brötchen, in Butter gedämpfte Zwiebel und Petersilie, und 2—3 Eigelb gegeben und verwendet.

Farce zu den kalten Pasteten.

1734. Farce zu kalten Pasteten von Schweinefleisch.

6 Pfund frisches Schweinscarré wird gut entbeint, mit 2 Pfund grünem Speck durch die Hackmaschine getrieben, im Reibstein tüchtig verklopft und durch ein grobes Sieb passiert, mit Pfeffer, Salz und Mußkatnuß oder Gewürzsalz gewürzt und verwendet.

1735. Farce zu kalten Pasteten mit Kalb- und Schweinefleisch.

4 Pfund frisches Schweinscarré, wird entbeint und mit 2 Pfund Kalbfleisch, 3 Pfund grünem Speck durch die Hackmaschine getrieben. 1 Pfund Kalbsleber, in Stückchen geschnitten, wird in Butter mit gehackten Zwiebeln und Petersilie gedämpft, im Reibstein fein gestoßen, zu der übrigen Farce gegeben, das Ganze durch ein Sieb getrieben, mit Pfeffer und Salz gewürzt oder mit Gewürzsalz und sodann verwendet.

1736. Farce zu kalten Wild-Pasteten.

3 Pfund Rehfleisch vom Bug oder sonstiges Wildfleisch wird gut enthäutet und entnervt, mit 1½ Pfund Speck und ½ Pfund Gänseleber durch die Hackmaschine getrieben, gestoßen, durchs Sieb passiert, mit Salz, Pfeffer und Muskat oder mit Gewürzsalz gewürzt und sodann verwendet. Diese Wildfarce wird auch zu den kalten Wildgeflügelpasteten verwendet, zu welcher auch die Lebern des Geflügels verwendet werden, bei Schnepfen auch das Eingeweide. Abfälle von Champignons stößt und passiert man und giebt sie zu der Farce.

Einlagen zu den Pasteten.

Die Einlagen zu den verschiedenen Pasteten, sei es nun von Kalb-, Schweine- oder Ochsenfleisch oder von irgend einem Wild, müssen von tadelloser Güte, haut- und sehnenfrei verarbeitet werden. Wie ich schon erwähnt habe, ist es gut, dieselben vor dem Gebrauch, wenn sie in angebratenem Zustand eingefüllt werden, in Oel mit gehackten Schalotten und Petersilie, oder, wenn roh, nur allein mit gehackten Schalotten und Petersilie zu marinieren. Häufig legt man sie aber, namentlich Wildfleisch und Wildgeflügel, vorher in Madeira.

Das Dressieren und Auslegen der Pasteten.

Man kann die Pastetenformen auf 2erlei Art mit Teig auslegen, indem man den Boden für sich einlegt und die Seitenwände an diesem mittelst Eigelb und dem Finger fest macht oder indem man den Boden und die Seitenwände aus einem Stück Teig dressiert.

Bei der ersten Art rollt man den Teig etwa ½ Zentimeter dick aus, legt den unteren Teil der ovalen oder runden Form der Pastete auf den Teig und schneidet den Boden aus diesem heraus. Nachdem die Form gut ausgebuttert ist, wird sie auf ein mit Butter oder Fett getränktes Papier gestellt. Sodann wird der Boden eingelegt, auf das Papier festgedrückt und ebenso an dem äußersten Rand des Bodens der Form. Dann schneidet man für die Seitenwände 2 fingerbreit höher als die Form ist, einen großen, gleichhohen und langen, passenden Seitenstreifen, macht diesen mittelst Eigelb an dem Boden durch Andrücken mit dem Finger fest. Ebenso drückt man den Teig an den Seitenwänden gleichmäßig fest und läßt den Teig etwa 2fingerbreit über die Form hervorragen. Ist die Form so ausgelegt, ist sie zum Füllen fertig.

Um die Pastete aus einem Stück herzustellen, rollt man den Teig $1\frac{1}{2}$ cm aus, giebt ihm eine runde oder ovale Form je nach der Pastetenform. Diese setzt man ausgebuttert auf ein mit Butter bestrichenes Blech. Den Teig bearbeitet man

Fig. 424—425.

nun mit den Fingern beider Hände derart, daß durch Zusammenschieben und Drücken des Teigrandes nach und nach die Form der Pastete sich bildet und der Boden mit den Seitenwänden dadurch entsteht. Hierauf setzt man den so dressierten Teig in die Pastetenform, drückt den Teig mit dem Finger erst auf den Boden und an den Bodenrändern fest und ebenso auch an der Seite, so daß derselbe überall die gleiche Dicke hat.

Bei jeder Pastete muß der Teig den Rand der Form um mindestens 2 Finger breit überragen, um, wenn die Pastete gefüllt ist, den Deckel bequem fest machen zu können.

Ist die Pastetenform mit Teig ausgelegt, wird der Boden und die Seitenwände nicht zu dick gleichmäßig mit Farce bestrichen, auf den Boden erst eine Lage der zu verwendenden Einlage gebracht, zwischen die Fleischstücke immer etwas Farce gegeben und so fortgefahren, bis die Pastete gefüllt ist, wobei zu beachten, daß das Fleisch in der Mitte höher ist als am Rand, damit bei geschlossener Pastete der auslaufende Saft und das Fett sich in der dadurch entstehenden Rinne fassen kann. Zuletzt giebt man Farce über die Einlage, belegt diese mit Speckscheiben und schneidet dann, der Form entsprechend, aus dem übrig gebliebenen Teig einen Deckel, in dessen Mitte man mittelst eines runden Ausstechers ein kleines Loch aussticht, streicht diesen Deckel mit Eigelb an und legt ihn so auf die Pastete, daß der hochstehende Teigrand überall bedeckt ist. Hiebei ist darauf zu sehen, daß der Teig fest an den Randteig angedrückt wird und die oben schon erwähnte Rinne rings herum entsteht. Den oberen Rand der Pastete schneidet man sodann gleich hoch, kneipt mit der Pastetenzange den hochstehenden Rand auf beiden Seiten, steckt in die ausgestochene Oeffnung ein gerolltes Papier als Kamin, damit beim Backen der Dampf entweichen kann, streicht den Teigdeckel mit Eigelb an und backt sodann die Pastete in nicht zu heißem Ofen. Den Teigdeckel verziert man häufig mit aus Teig ausgestochenen Blättern u. s. w. (s. Fig. 424—425).

1737. Aufgesetzte Pastete.

Aus ½ Pfund Mehl macht man einen Blätterteig und überschlägt ihn 8—9mal. Die Hälfte des Teigs rollt man sodann etwa halb fingerdick aus, legt ein Teller darauf und schneidet mittelst eines spitzen Messers am Rand des Tellers den Boden aus, legt diesen auf ein mit Wasser angefeuchtetes Backblech, den Rand bestreicht man mit Eigelb und legt einen etwa 2—3 fingerbreiten Teigstreifen rund um auf den be-

Fig. 426—427.

strichenen Bodenrand. Ein zusammengeballtes Papier legt man nun in die Mitte des Bodens so, daß das Papier eine gleichmäßige Kugelform hat, bestreicht die Streifen ebenfalls mit Eigelb und legt nun den aus dem zweiten Teigstück mit einem um 2 Finger breiteren Teller ausgeschnittenen Deckel auf die Teigstreifen und das Papier, so daß der Deckelrand auf den Rand des Teigstreifens gleichmäßig zu liegen kommt. Da, wo der Deckel nun über das zusammengeballte Papier in die Höhe zu gehen beginnt, legt man rings um noch einen Teigstreifen. Zum Garnieren legt man darauf ausgestochene Teigfiguren, bestreicht sodann die ganze Pastete mit Eigelb und backt sie in heißem Ofen schön gleichmäßig.

Wird die Pastete vor dem Backen gefüllt, legt man erst den Boden und den Streifen, streicht sodann die Farce auf den Boden, legt die Einlage gleichmäßig in die Mitte desselben, giebt Farce dazwischen, wieder Einlage und zum Schluß wieder Farce, legt dann den Deckel auf, rund herum den Teigstreifen, wie oben gesagt, und backt die Pastete.

Wird eine Pastete in der Schüssel gebacken, so rollt man den Butterteig zwei starke Messerrücken dick aus, belegt den Boden und die Seitenwände der Schüssel damit, giebt die Einlage in dieselbe, bestreicht den Rand der Schüssel mit Eiern, setzt den Deckel darauf, denselben fest am Rande andrückend. Auch hier ist eine kleine Rinne rings um sehr angebracht, um ein Ueberfließen des Saftes oder Fettes zu verhüten.

1738. Leere Pastetenkrusten zu Ragouts.

Hiezu wird eine Pastetenform mit Teig ausgefüttert, wie oben Seite 699 beschrieben ist. Das Innere wird sodann mit Papier umlegt, ebenso auch der Boden. Nun werden dürre Bohnen, Erbsen, Hafer, Mehl oder Salz hineingefüllt, bis die Form voll ist, der Teigdeckel sodann aufgesetzt, und nachdem die Pastete in heißem Ofen gebacken, wird der Deckel abgeschnitten, sie ihres Inhalts entleert, noch 5 Minuten im Ofen getrocknet und dann mit beliebigem Inhalt gefüllt.

Fig. 428.

1739. Pastetenhaus.

Für 3 oder 4 Personen bereitet man von ½ Pfund Mehl einen Butterteig, etwa 8—9mal überschlagen, schneidet ihn in 2 Teile, rollt den einen etwas dicker und legt ihn auf ein mit Mehl bestreutes Blech, macht einen runden Ballen von Papier, legt ihn in die Mitte des Bodens, bestreicht diesen mit Eigelb, legt den etwas größer ausgeschnittenen Deckel leicht über das Papier, gleichmäßig mit dem Rand des Bodens abschneidend und schneidet den Rand mit dem Rücken eines Federmessers leicht ein. Von dem übrigen Teig rollt man einen 2 Finger breiten Streifen, schneidet ihn zu beiden Seiten egal und legt ihn gleichmäßig um den Deckel herum, bestreicht diesen Streifen mit Eigelb, garniert ihn mit ausgestochenen Teigfiguren und backt die Pastete in gutem, heißem Ofen. Nach dem Backen wird der Deckel rund um losgeschnitten und mit Vorsicht abgenommen, das Papier daraus entfernt und das einzulegende Fleisch, Geflügel u. s. w. alsdann hineingegeben und serviert. (Siehe auch Nr. 1737 und Fig. 426 und 427.)

1740. Blätterteigpastete. Vol-au-vent.

Von ½ Pfund Mehl (giebt ein Vol-au-vent für 6–8 Personen) wird ein 6mal geschlagener Blätterteig fertig gemacht und, wenn dieser gehörig geruht, etwa 10—12 mm dick schön gleichmäßig ausgerollt. Hat er noch eine Zeit lang geruht, wird ein Teller oder ein Deckel auf den Teig gelegt und aus diesem mittelst eines spitzen Messers, dieses schräg nach außen gehalten, das Vol-au-vent ausgeschnitten. Sodann wird dieser

Fig. 429—430.

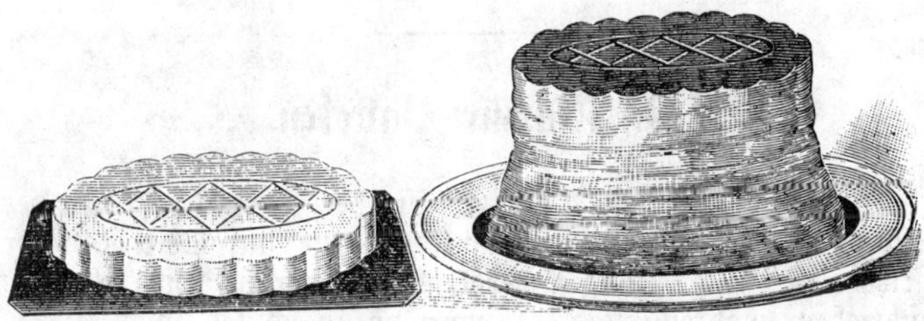

Teigboden umgekehrt auf ein mit Wasser bestrichenes Blech gelegt und mit Eigelb bestrichen (Fig. 429). Um den Deckel zu bekommen, wird etwa 2—3 cm vom Rand entfernt mit einem kleinen Teller oder Deckel, die Messerspitze gerade gehalten, ein Einschnitt rings um denselben gemacht, doch darf dieser Kreisschnitt den Teig nicht durchschneiden, mit dem Rücken des Messers dann eine Kreuzlinie leicht in den Deckel eingeritzt, sowie der Rand außen herum leicht eingeschnitten; sodann in mäßig heißem Ofen gebacken. Beim Backen ist sehr darauf zu achten, den Ofen nicht zu oft zu öffnen, das Vol-au-vent auf rundes Blech zu setzen und hie und da gleichmäßig im Ofen zu drehen. Bekommt es Farbe, deckt man es mit Papier zu. Wird alles richtig befolgt, so soll das Vol-au-vent mindestens 10 cm hoch aufgehen. Nach etwa ½ oder ¾ Stunden wird das Vol-au-vent fertig sein, man nimmt sodann den

Deckel ab, nimmt den inneren, weichen Teig mittelst eines Löffels heraus und giebt die Kruste noch einige Augenblicke zum Nachtrocknen in den Ofen, worauf eine beliebige Fülle (siehe später) eingefüllt und sodann recht heiß serviert wird.

1741. Blätterteigring zu Ragouts.

Ein 7mal geschlagener Blätterteig wird etwa ½ cm stark ausgerollt und mittelst eines Tellers ein runder Boden ausgeschnitten. Mit einer Untertasse schneidet man sodann einen kleinen Ring aus der Mitte heraus, und benützt diesen Teig, um aus demselben einige Blätter u. s. w. auszustechen und damit den oben erhaltenen Ring zu garnieren, sodann streicht man das Ganze mit Eigelb an und backt den Ring in heißem Ofen. In die Mitte füllt man vor dem Anrichten irgend ein Ragout.

Fig 431.

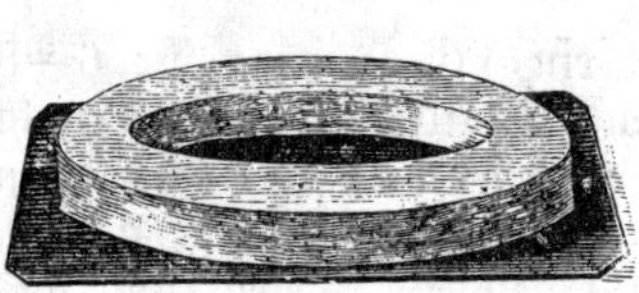

C. Warme Pasteten.

Zu den warmen Pasteten ist der Teig Nr. 1 zu verwenden und die Formen auszulegen, wie auf Seite 699 beschrieben ist. Die Einlagen werden bei den verschiedenen Rezepten beschrieben, während ich Folgendes vorausschicken möchte.

Von den Abfällen der Einlagen, sei es von Wild, Geflügel, Wildgeflügel, Fischen u. s. w., wird stets eine Essenz hergestellt, die Abfälle also mit Fleischbrühe, Wein oder Jus, mit Wurzelwerk zu einer Essenz ausgekocht, Allemande oder Espag nole, je nach der Art des Fleisches, zugesetzt, diese Sauce dann gut ausgekocht und dicklich eingekocht, um die Pastete, wenn sie fertig ist, entweder noch im Ofen oder erst beim Servieren damit saucieren zu können. Beim Anrichten wird der Deckel abgeschnitten, das Fleisch herausgenommen, in Tranchen geschnitten, erhaben angerichtet, etwas Sauce darüber gegossen, die Pastete auf eine heiße Platte gestellt, mit Petersilie und Zitronenstücken garniert, einige Trüffelspieße an die Enden oder in die Mitte gesteckt und Sauce extra noch dazu serviert. Häufig garniert man auch die Pastete mit Trüffeln, Champignons u. s. w.

1742. Warme Aalpastete.

Ein abgezogener Aal wird ausgenommen, rein ausgewaschen, der Länge nach der Rückgrat herausgeschnitten, in Stücke geschnitten, dann halbiert und mit Zitronensaft, einigen gehackten Schalotten und Petersilie, Pfeffer und Salz mariniert. Aus irgend einem Fisch und den Abfällen des Aales wird eine Fischfarce (Nr. 1733) bereitet und eine kleine, runde Pastetenform nach Vorschrift (S. 699) ausgelegt. In heißer Butter werden einige gehackte Schalottenzwiebeln sowie Petersilie angedämpft, die Aalstücke dazugegeben, auf beiden Seiten angebraten und dann kalt gestellt. Die ausgelegte Form streicht man sodann mit der Fischfarce auf dem Boden und der Seite gut aus, legt eine Lage Fisch erst ein, giebt darauf Scheiben von Trüffeln und Champignons, sodann Farce, fortfahrend mit Fisch, Champignons und Trüffeln, sodann wieder Farce, bis die Form gefüllt ist; dünn geschnittenen Speck giebt man sodann auf die Farce, macht den Deckel mit Eigelb fest und beendet die Pastete, wie auf S. 701 beschrieben ist. (Backzeit etwa ³/₄ Stunde). Von der Essenz macht man mit Espagnole eine Sauce, giebt von dieser etwas in die Form, die andere serviert man zu der angerichteten Pastete.

1743. Warme Entenpastete auf deutsche Art.

1 junge Ente wird ausgebeint und eine Farce (Nr. 1726) hergestellt, unter welche man auch die Entenleber genommen hat. Eine runde oder ovale Pastetenform wird nach Vorschrift ausgelegt und mit Farce ausgestrichen. Die Ente wird sodann gesalzen, wie eine Galantine mit etwas Farce gefüllt, kugelförmig oder oval, je nach der Pastetenform, in diese gegeben, mit Farce überstrichen, eine Speckscheibe darüber gelegt und sodann geschlossen und gebacken (etwa 1¹/₂ Stunde). Von den Knochen wird Essenz und braune Sauce gemacht und kann man gut gekochte Morcheln dazu servieren oder die Pastete damit garnieren.

1744. Warme Fasanen-, Rebhühner-, Schnepfen-, Wachtel- u. s. w. Pasteten.

Ein Fasan oder Rebhuhn u. s. w. wird gut ausgebeint, von den Sehnen befreit, leicht mit Gewürzsalz gesalzen, mit etwas Madeira übergossen und darin 1 Stunde mariniert. Eine runde Pastetenform wird mit Teig (Nr. 1716) ausgelegt und mit einer Wildfarce (Nr. 1727) oder besser noch nach Nr. 1728 und 1731 hergestellt, ausgestrichen. Das Wildgeflügel legt man sodann auf den Tisch, die Haut nach unten, giebt etwas von der Farce, einige Stücke Trüffeln und Streifen roher Gansleber dazu, formt daraus eine Kugel und setzt diese passend in die Form, streicht Farce darüber, giebt eine Speckscheibe darauf, macht den Deckel fest und backt die Pastete etwa $1\frac{1}{2}$ Stunden in mäßig heißem Ofen. Von den Abfällen wird die Essenz und Sauce bereitet, unter welche man etwas Madeira giebt und die man kurz vor dem Anrichten in die Pastete gießt, den Rest extra dazu serviert. Garnieren kann man die Pastete mit Trüffeln und Champignons. Die Fasanenpastete (gewöhnlich ovale Form) verziert man mit dem Federnschmuck und Trüffelspießchen. Bei den Feldhühnern, Schnepfen u. s. w. nimmt man den gefiederten Kopf, steckt diesen an ein Spießchen, unter den Kopf eine Papiermanchette und serviert damit verziert die Pastete.

Zu den Schnepfenpasteten kann man zur Farce das Eingeweide ohne den Magen nehmen, oder aber man macht von denselben Brötchen, wie in Nr. 1168 gesagt, und garniert damit die Pastete.

1745. Warme Fischpastete.

Die Fischpasteten können aus den verschiedensten Fischen hergestellt und dazu die Filets der betreffenden Fische verwendet werden. Diese werden in Tranchen geschnitten, mit Zitronensaft, gehackten Schalotten, Petersilie, Pfeffer und Salz einige Stunden mariniert und in heißer Butter einige Minuten gedämpft, dann zum Erkalten zur Seite gestellt. Aus den Resten des Fischfleisches macht man eine Fischfarce (s. Nr. 1733). Eine Pastetenform legt man mit Teig aus, bestreicht mit der Farce den Boden und die Wände und legt sodann abwechselnd erst das Fischfleisch und dann eine Lage Farce u. s. w. in die Pastete ein, streicht oben auf Farce, legt eine Speckscheibe darauf, macht den Deckel fest und backt sie etwa 1 Stunde in mäßig heißem Ofen. Von den Abfällen kocht man eine Essenz, giebt Allemande dazu, gießt von dieser Sauce beim Anrichten in die Pastete und giebt in einer Saucière noch extra dazu. Die Pastete garniert man mit Krebsen, Zitronenstücken und Petersilie und giebt sie zu Tische.

1746. Warme Hasenpastete.

Von einem oder zwei jungen Hasen werden die Filets ausgelöst und die Haut davon entfernt, die Schlegel ausgebeint, entnervt und die schönen Stücke davon zu den Filets gelegt, das übrige Fleisch und die Bügchen enthäutet, entnervt und daraus mit Nierenfett eine Wildgodiveau hergestellt. (S. 203) Die Filets schneidet man in kleine Stücke und bratet sie mit den Schlegelstücken rasch in heißer Butter mit gehackten Schalotten und Petersilie einige Minuten, worauf man sie kalt werden läßt. In eine ausgelegte Pastetenform streicht man die Farce, legt die Hasenstücke hinein, abwechselnd mit der Farce und macht die Pastete fertig, wie in den vorhergehenden Rezepten beschrieben wurde. Einige Trüffelstücke giebt man zwischen das Fleisch und Farce. Die Sauce stellt man aus den Abfällen her und giebt vor dem Anrichten etwas Madeira hinein.

1747. Warme Hühnerpastete.

Ein Huhn wird ausgebeint und mit Gewürzsalz leicht gesalzen. Eine Geflügelfarce wird mit etwas Allemande zu einer leichten Farce verrührt und davon eine kleine Probe gemacht. Das ausgebeinte Huhn wird ausgebreitet und mit Geflügelfarce, unter welche man 2—3 in kleine Würfeln geschnittene Trüffel gegeben, auf die gleiche Art wie zu Galantine, doch nicht zu voll, gefüllt. Eine runde oder ovale Pastetenform (Fig. 432) wird mit Pastetenteig (Nr. 1716) ausgelegt und der Boden, sowie die Wandungen mit der Geflügelfarce bestrichen. Das Huhn wird sodann in die Form eingelegt, mit Farce überstrichen, eine dünne Speckscheibe darüber gelegt und sodann der Teigdeckel darauf fest gemacht, weiter behandelt, wie schon oben öfters erwähnt, und etwa 1—1¼ Stunde in mäßig heißem Ofen gebacken. Beim Anrichten und, wenn der Deckel abgenommen, hebt man das Huhn mittelst einer Gabel heraus, schneidet es in hübsche Tranchen und setzt diese wieder in die Pastete. Von den Abfällen bereitet man eine Essenz und mit Allemande eine kräftige Sauce, welche man extra dazu serviert, die Pastete vorher sauciert und mit Champignons und Trüffeln garniert zu Tische giebt.

Fig. 432.

Pasteten von Kapaunen, Poularden, Welschen u. s. w. werden ebenso zubereitet.

1748. Warme Kaninchenpasteten.

Von 2—3 Kaninchen wird der Rücken und die besten Fleischteile des Schlegels benützt, diese ebenso behandelt, wie bei der Hasenpastete. Die Farce wird von dem übrigen Fleisch hergestellt und die Pastete ganz so vollendet, wie in Nr. 1746 bei Hasenpasteten beschrieben worden ist.

1749. Warme Kalbfleischpasteten.

Von einer enthäuteten Kalbsschale (Fricandeaustück) schneidet man fingerdicke Scheiben, klopft diese und schneidet sie egal, salzt sie und bratet sie rasch in heißer Butter mit gehackten Schalotten und Zwiebeln, sowie mit Trüffeln und Champignonsabfällen einige Minuten lang. Von den Abfällen stellt man eine Kalbfleischfarce her (siehe Nr. 246), mit welcher man eine runde oder ovale mit Pastetenteig Nr. 1716 ausgelegte Form ausstreicht. Die erkalteten Fricandeaustücke werden nun abwechselnd mit Farce und den fines herbes in die Pasteten eingelegt und diese, wie schon öfters oben erwähnt, fertig zum Backen gemacht. Eine kräftige Kalbfleischsauce, unter welche man einige gehackte Trüffeln oder Champignons giebt, wird in die Pastete beim Anrichten gegossen und von dieser Sauce noch extra dazu serviert.

1750. Warme Schinkenpastete.

Ein schönes Stück zarter, nicht zu fetter Schinken wird in dicke Tranchen, und diese etwas egal geschnitten. Aus einem Fricandeaustück schneidet man, wie in vorhergehender Nummer, Scheiben und behandelt sie, wie dort angegeben. Die Abfälle des Schinkens giebt man feingehackt unter die fertige Kalbfleischfarce (Nr. 246), diese auch aus den Abfällen des Fricandeau hergestellt. Den Schinken und das Kalbfleisch legt man sodann abwechslungsweise in die mit einem Pastetenteig ausgelegte Form ein und beendigt die Pastete, wie oben schon öfters angegeben. Aus den Abfällen bereitet man eine Madeirasauce, welche man vor dem Anrichten über die Pastete gießt und extra in einer Saucière noch dazu serviert.

1751. Warme Taubenpastete.

2—3 zarte, junge Tauben werden entbeint, die Farce ebenso hergestellt, wie bei der warmen Entenpastete Nr. 1743 angegeben, und die Pasteten ebenso behandelt und fertig gemacht, wie dort beschrieben ist.

1752. Warme Wachtelpastete.

8 Stück schöne Wachteln werden gerupft, flammiert und ausgebeint, die Knochen zu einer Essenz mit etwas Rotwein, Gemüse und Gewürz gekocht, etwas gute Jus und braune Sauce

dazugethan, aufgekocht und, wenn durchgeseiht, zur späteren Benützung zur Seite gestellt. Eine Pastetenform mittlerer Größe wird mit Pastetenteig ausgelegt, mit einer Farce von 1/3 Hasenfleisch vom Schlegel, 1/3 frischer Speck, 1/3 frischer Gänseleber, hergestellt (siehe Farce Nr. 1731), ausgestrichen. Die Wachteln werden sodann abwechselnd mit Farce, Gänseleber und Trüffeln eingelegt und fertig gemacht, wie die schon oben beschriebenen, etwa 1—1 1/4 Stunde gebacken und die oben beschriebene Sauce beim Servieren darüber gegossen und noch extra dazu serviert.

Die in Blätterteighüllen oder Pastetenhäusern eingefüllten Pasteten werden später bei E. beschrieben.

D. Kalte Teig- und Terrinen-Pasteten.

Bei den kalten Pasteten wird derselbe Teig verwendet, wie bei den warmen, ebenso ist die Herstellungsweise genau dieselbe wie dort. Als Farcen verwendet man die auf Seite 698 angegebenen. Damit die Pasteten nach dem Erkalten nicht zu sehr trocknen, ist es gut, aus den etwa zurückbleibenden Abfällen der Einlagen eine gute, kräftige Essenz herzustellen und diese, wenn die Pastete aus dem Ofen kommt, in dieselbe heiß einzufüllen. Sehr häufig wird auch aus der Essenz mit Zusatz von Gelatine eine Sulz bereitet und diese in die kalte Pastete eingegossen. Zum Servieren schneidet man den Deckel ab, hebt die Einlagen heraus, um sie, in Tranchen geschnitten, wieder in die Pastete einzusetzen, garniert den oberen Rand mit gehackter Sulz, setzt die Pastete auf eine gefaltete Serviette und garniert sie mit Petersilie, Zitronenstücken, gehackter Sulz Sulzcroutons, u. s. w. Als Spieße verwendet man solche aus Gelatine gegossen (Fig. 109), oder Trüffel u. s. w.

1753. Kalte Aalpastete.

Ein Aal wird ebenso behandelt, wie in Nr. 1742 bei warmer Aalpastete beschrieben ist, in Butter gedämpft und dann kalt gestellt. Eine Farce (Nr. 1733) aus 3 Pfund Schweinefleisch hergestellt wird zum Ausstreichen der Pastetenform verwendet. Sodann wird abwechslungsweise eine Lage Aal und eine Lage Farce gelegt, bis die Form voll ist, obenauf eine dünne Speckscheibe und 1 Lorbeerblatt und die Pastete mit dem Deckel geschlossen, oben verziert, etwa 1 Stunde gebacken. Von den Fischabfällen wird mit Fleischbrühe und Weißwein eine Essenz gekocht, von dieser einige Löffel heiß in die Pastete vor dem Erkalten gegeben. Zur übrig gebliebenen Essenz giebt man etwas Essig oder Zitronensaft, die nötige Gelatine und klärt diese Sulz nach Vorschrift. Ist die Pastete vollständig erkaltet, gießt man sie durch das Kamin in dieselbe und stellt sie auf Eis bis zu ihrer Verwendung. Sie wird angerichtet, wie vorhin beschrieben, und, mit Krebsen und Zierspießchen versehen, zu Tische gebracht.

1754. Kalte Feldhühner- und Wildgeflügelpasteten.

3 Feldhühner werden ausgebeint, gesalzen und in Madeira eine Stunde mariniert. Von 3 Pfund Schweinscarré und Speck wird eine Farce (Nr. 1734) bereitet und unter diese die erst in Butter sautierten, dann gehackten Lebern gegeben und durchs Sieb passiert. In die Feldhühner füllt man sodann etwas von dieser Farce und legt auf den Boden der mit Farce ausgestrichenen Pastetenform 2 der Feldhühner, dazwischen Farce und in Scheiben geschnittene Trüffeln, sowie rohe Gansleberstreifen, streicht sodann Farce darüber und giebt das andere Feldhuhn darauf. Ueber das Ganze streicht man sodann Farce, legt eine Speckscheibe darauf und ein kleines Stück Lorbeerblatt, schließt die Pastete mit dem Deckel und backt sie etwa 1½ Stunden recht langsam. Die Knochen der Rebhühner verwendet man zu einer Essenz, von welcher man, nachdem die Pastete aus dem Ofen ist, einige Löffel heiß eingießt und die anderen zu einer Sulz mit Madeira verwendet, welche man kalt in die Pastete füllt. Beim Anrichten wird wie bei den anderen verfahren.

Von Fasanen, Schnepfen, (hier wird das Eingeweide ohne Magen in Butter gedämpft und zu Farce verwendet), Birk- und Haselhühner, Wachteln u. s. w. werden kalte Pasteten auf die gleiche Art hergestellt.

1755. Kalte Gansleberpastete in Teig.

Von zwei nicht zu großen Ganslebern schneidet man die Galle heraus und ebenso die Nerven und Sehnen und salzt sie gut mit Gewürzsalz. 1 Pfund geschälte, rohe Perigordtrüffeln werden in gleich große Stücke zerschnitten und die Ganslebern mit einem Teil derselben gespickt, indem man mit einem Holz ein Loch in die Leber macht und die Trüffel hinein steckt. ¼ Pfund Butter macht man hell und giebt einige gehackte Schalotten und Petersilie dazu. Von 2 Teil Schweinefleisch und 1 Teil Speck (also etwa 6 Pfund Schweinskarré samt Knochen und 2 Pfund Speck) macht man eine Farce, unter welche man auch etwaige Gansleberabfälle giebt und diese sodann zusammen durch ein Sieb treibt und Gewürzsalz dazu giebt. Eine runde Pastetenform oder eine solche, wie man sie in Straßburg zu den sogen. Croute-Pasteten verwendet, wird mit dem Teig (Nr. 1718) ausgelegt und mit der Farce dick ausgestrichen. Sodann legt man eine Lage Gansleber ein, etwas Farce darauf und Trüffel, sodann wieder Gansleberfarce und Trüffel, überstreicht das Ganze mit Farce, deckt eine Speckscheibe darüber und schließt die Pastete mit dem Teigdeckel, auf dieselbe Art und Weise behandelt, wie auf S. 700 beschrieben ist. In mäßig heißem Ofen wird die Pastete sodann gebacken, nachdem man sie vorher auf dem Deckel mit ausgestochenen Teigblättern u. s. w. verziert und mit Eigelb bestrichen hat. Um den oberen, sichtbaren, über die Form ragenden Teigrand wird ein mit Butter gut bestrichenes Papier

Fig. 433.

gelegt, um ein zu rasches Farbenehmen des Teiges zu verhindern. Dieses Einbinden ist überhaupt bei allen Pasteten sehr zu empfehlen. Die Pastete wird in etwa 1—1½ Stunden gebacken sein, und ist es das untrüglichste Zeichen, wenn das Fett derselben aus dem Kamin hell herausläuft. Das so übergelaufene Fett wird gesammelt und wieder in die Pastete gegossen, diese hierauf aus der Form genommen und zum Gebrauch kalt gestellt. Soll die Pastete einige Tage aufbewahrt werden, so gießt man sie mit Gänse- oder Schweinefett zu und hält sie so ungefähr 8—12 Tage.

Beim Anrichten nimmt man den Deckel ab, nimmt das oben lagernde Fett mittelst eines Löffels ab und sticht sodann mit diesem Löffel, den man vorher in heißes Wasser taucht, aus der Pastete Scheiben aus, welche man hoch erhaben in die Teigkruste anrichtet und mit gehackter Sulz oben am Rand garniert; man setzt sie sodann auf eine gefaltete Serviette, umlegt sie mit Zitronenschnitzen, Petersilie und Sulzcroutons, steckt in die Mitte der Pastete einen mit Trüffeln versehenen Zierspieß und giebt sie so zur Tafel (siehe auch Fig. 434).

1756. Kalte Hasenpastete.

Ein schöner Hase wird in den Ziemer, Schlegel und Büge zerlegt, die Ziemer werden enthäutet und die Filets abgeschnitten, in kleine Stücke zerteilt, mit gehackten Schalotten, Petersilie, etwas Gewürzsalz und Oel leicht einige Stunden mariniert. Von den Schlegeln und Bügen macht man mit Speck und Gänseleber, wie in Nr. 1736, eine Wildfarce, salzt sie mit Gewürzsalz und streicht damit eine mit Teig (Nr. 1716) ausgelegte Pastetenform aus. Die Hasenfilets legt man nun lagenweise in die Form ein, dazwischen etwas Farce, wohl auch Streifen von roher Gänseleber, wenn es die Saison erlaubt, sowie Trüffel und setzt dies fort, bis die Form voll ist, worauf der Deckel aufgeklebt, verziert, mit Eigelb bestrichen und die Pastete etwa 1½ Stunden in mäßig heißem Ofen gebacken wird. Von den Abfällen bereitet man eine Essenz, verwendet einen Teil zum Aufgießen, den anderen zur Sulz, welche man kalt in die Pastete gießt und auf Eis erkalten läßt. Angerichtet wird die Pastete, wie vorhin beschrieben.

1757. Kalte Hühner- und Hausgeflügelpastete.

Hiezu werden 2 junge Hühner ausgebeint und mit der Farce Nr. 1734, nachdem in dieselbe ein wenig gekochter Schinken, Zunge, frischer Speck, Trüffeln und Gänseleber kleingewürfelt geschnitten worden ist, gefüllt. Nachdem die Pastetenform mit Teig ausgelegt und mit Farce bestrichen ist, werden die Hühner auf einander, und zwar die Haut nach oben, hineingelegt, dazwischen mit Farce bestrichen, 1 dünne Speckscheibe und 1 Lorbeerblatt oben auf gegeben, der Deckel aufgeklebt, verziert und gebacken. Sulz, in welcher die Hühnerknochen ausgekocht, wird anderen Tags in die Pastete gegossen und diese bis zum Gebrauch aufs Eis gesetzt und ebenso angerichtet, wie in den vorhergehenden Nummern beschrieben.

Kalte Geflügelpasteten von Poularden, Kapaunen, Welschen u. s. w. werden auf dieselbe Art und Weise zubereitet.

1758. Kalte Schinkenpastete.

Wird ebenso hergestellt, wie die in Nr. 1750 beschriebene warme Schinkenpastete, nur die in Nr. 1735 beschriebene Farce dazu verwendet. Eine dick eingekochte Kalbfleischjus wird aus den Resten hergestellt und warm in die Pastete eingegossen. Angerichtet und garniert wird sie wie die anderen kalten Pasteten.

1759. Kalte Terrinenpasteten.

Die nachfolgenden Rezepte über die in Terrinen fertig gestellten Pasteten werden alle nach einer Methode behandelt, und ist es daher nicht nötig, jedesmal Gleichlautendes zu wiederholen, sondern will ich als Einleitung die Behandlung derselben voranschicken.

Als Farce zu diesen Pasteten wird, wenn bei den einzelnen Pasteten nichts Besonderes angegeben, eine solche aus gleichen Teilen Speck, sowie Schweine- oder Kalbfleisch hergestellt, diese mit Gewürzsalz gewürzt. Eine Fayenceterrine, längliche oder runde Form mit Deckel, wird mit der Farce ausgestrichen, die Einlage in dieselbe eingelegt, mit Farce gut zugestrichen, eine Speckscheibe darauf gelegt, mit dem Deckel bedeckt und in heißem Wasserbad im Ofen fertig gekocht. Auch hier ist die Probe maßgebend, daß das ausscheidende Fett hell sein soll, frei von jedem Fleischsaftzusatz, oder daß man sich mittelst einer Nadel überzeugt, wie in Seite 690 gesagt wurde. Sind die Terrinen gar gekocht, werden sie aus dem Wasser genommen, die Speckbarde abgenommen und mit dem etwa ausgeschiedenen Fett heiß aufgefüllt. Soll die Pastete längere Zeit aufbewahrt werden, gießt man sie, nachdem der innere und äußere Rand der Terrine gut gereinigt worden ist, mittelst Gänse- oder Schweinefett, wohl auch heller Butter zu, bedeckt sie mit weißem Papier, giebt den Deckel fest darüber und bewahrt sie an kaltem Ort bis zum Gebrauch auf. Man kann den Deckel auch mittelst eines Streifen Papier an der Terrine festkleben, um jeden Luftzutritt abzuhalten.

1760. Terrinenpastete von Gansleber. Straßburger Art.

Zur Gansleberterrine, wie sie nach Straßburger Art hergestellt wird, nimmt man eine fette Farce aus 3 Pfund Schweinskarré und 2 Pfund grünem Speck. Den Gänselebern, 2 schöne Stück, werden die Gallen ausgeschnitten, die Nerven und Sehnen entfernt und mit Gewürzsalz eingesalzen. 1 Pfund geschälte, rohe Trüffeln schneidet man in kleinere Stücke. In helle Butter giebt man gehackte Schalotten und Petersilie. Die Abfälle der Gänseleber giebt man zur Farce und passiert diese durch ein Sieb, giebt Gewürzsalz dazu und streicht die Terrine dick mit Farce aus. Die Lebern werden mit den Trüffeln gespickt und dann in die Terrine abwechslungsweise mit Trüffeln und Farce gegeben und auf die Lebern etwas von den fines herbes gegossen. Ist die Terrine beinahe voll, streicht man sie erhaben mit Farce zu, giebt eine Speckscheibe und den Deckel darauf, stellt sie ins Wasserbad und kocht sie etwa 1 Stunde im Ofen. Ehe man sie aus dem Ofen nimmt, wird

Fig. 434.

sie probiert, das ausgelaufene Fett wieder darüber gegossen und, wenn sie erkaltet, glatt gestrichen, mit heller Butter oder rein ausgelassenem Fett zugegossen, mit Papier bedeckt, der Deckel darauf gemacht, mit einem Streifen Papier oder Staniol dieser an der Terrine fest gemacht, daß die Luft abgeschlossen, und dann bis zum Gebrauch aufbewahrt.

Als Trüffeln können auch eingemachte verwendet werden.

1761. Terrinenpastete von Gansleber. Andere Art.

750 Gramm Bauchfett werden zerschnitten, bei schwachem Feuer zerlassen, mit aromatischem Salz gewürzt und 750 Gramm vorher enthäutete und dann geschnittene Kalbsleber dazu gegeben und damit auf lebhaftem Feuer gedämpft. Wenn es erkaltet, wird es im Reibstein gestoßen und durch ein Sieb passiert. 2 Ganslebern werden gesalzen, die Terrine mit obiger Farce gut ausgestrichen, die Ganslebern hineingegeben, dazwischen immer etwas Farce, ebenso die Terrine mit Farce

zugestrichen, mit einer Speckscheibe belegt, gekocht und weiter behandelt, wie oben gesagt.

1762. Terrinenpastete von Geflügel.

Hühner, Kapaunen, Poularden, Welschhühner, Gänse, Tauben werden auf die gleiche Art und Weise behandelt und beschreibe ich deshalb nur die Pastete von Huhn.

Das Huhn wird entbeint, die Nerven gut weggeschnitten und dann gesalzen. Von der oben beschriebenen Farce (700 Gramm Speck, 700 Gramm Kalbfleisch ohne Haut und Sehnen) wird eine Terrine dick ausgestrichen. Auf das ausgebeinte Huhn wird Farce gestrichen, dieses dann aufgerollt in die Terrine gelegt, mit Farce zugestrichen und nun vollends ebenso behandelt und gekocht, wie oben schon gesagt. Die Zeitdauer des Kochens ist etwa 1½ Stunden. Einige Trüffelscheiben können dazu genommen werden, was den Geschmack wesentlich erhöht.

1763. Terrinenpastete von Hasen oder Kaninchen.

Ein Hase ohne die Vorderläufe und der vordere Teil des Schlegels wird entbeint und mit gut gewürzten Speckstreifen gespickt, dann in einer Pfanne mit heißer Butter gedämpft und verkühlt. Inzwischen wird das Fleisch von Schulter und Schlegel mit 750 Gramm Bauchfett und ebensoviel Kalbfleisch durch die Hackmaschine getrieben und mit Gewürzsalz gewürzt. Die erkalteten Hasenteile werden nun in Stücke geschnitten, die Terrine mit der Farce ausgestrichen, die Hasenstücke darauf gelegt, darüber eine Lage Farce und darauf die übrigen Stücke Fleisch, zum Schluß wieder Farce und die Terrine in etwa 1 bis 1½ Stunden, wie oben gesagt, fertig gekocht.

1764. Terrinenpastete von Rehwild.

Die Nuß einer Rehkeule wird enthäutet, mit gewürzten Speckstreifen durchzogen, gewürzt und 24 Stunden gebeizt, dann in Butter gedämpft und verkühlt. Die Fleischreste werden mit ebensoviel Bauchfett zerstoßen, durch ein Sieb getrieben, mit aromatischem Salz gewürzt und die Pastete sodann vollendet, wie schon mehrere Mal beschrieben.

Die Terrinenpasteten des übrigen Wildes werden ebenso zubereitet.

1765. Terrinenpastete von Salm.

150 Gramm Fleisch vom Meer- oder Flußhecht werden zerstoßen und durch ein Sieb getrieben, der Mörser gereinigt,

150 Gramm Butter mit aromatischem Salz gewürzt, mit dem zerstoßenen Fleisch fein abgerieben, 150 Gramm Panade damit vermischt, 3 Eier daran gerührt und bei Seite gestellt. Dann werden 2½ Pfund Salm entgrätet, die Haut abgezogen und in Scheiben zerschnitten. Nun wird die Schüssel mit der Farce ausgestrichen, ein Teil der Salmstücke darüber geordnet, eine zweite Lage Farce, aufs Neue Salm, mit Farce geschlossen, Lorbeerblätter, Butterpapier, dann der Deckel und im Warmbad gekocht. Ist die Schüssel erkaltet, wird der Deckel abgenommen, das Butterpapier abgezogen, geklärte Butter darüber gegossen, aufs Neue mit Papier, dann mit dem Deckel bedeckt und an einem kalten Ort aufbewahrt.

1766. Terrinenpastete von Seezunge.

Die Filets von vier Seezungen werden ausgeschnitten und in gleich lange Stücke geteilt, eine Fischfarce wie bei Salm hergestellt und die Pastete ebenso wie dort auch behandelt.

Im übrigen werden alle Terrinenfischpasteten wie die vorhergehenden behandelt.

1767. Terrinenpasteten von Wildgeflügel.

Eine Farce je zur Hälfte bestehend aus Speck, Kalb- oder Wildfleisch wird durch die Hackmaschine getrieben, dann passiert und gewürzt. Das ausgebeinte Geflügel wird mit etwas Farce bestrichen, aufgerollt und dann in die Terrine eingelegt, dazwischen immer Farce gegeben. Einige Trüffelscheiben können auch eingelegt werden. Die Fasanen- und Feldhühnerlebern giebt man durchpassiert zur Farce. Die Eingeweide der Schnepfe ebenso. Im übrigen werden diese Pasteten ebenso behandelt, wie die oben beschriebenen.

E. Schüssel- und Kasserolenpasteten.

Vol-au-vents (Ragoutspasteten), Timbalen und Pies.

1768. Blätterteigpastete. Vol-au-vent.

Die Vol-au-vents werden, wie in Nr. 1740 beschrieben, fertig gebacken, ausgenommen, dann heiß gestellt und mit den verschiedensten Ragouts u. s. w. gefüllt, zu Tisch gegeben.

1769. Blätterteigring zu Ragouts.

Die in dem Abschnitt 13 Ragouts beschriebenen Rezepte von Hühner, Wild, Fleisch u. s. w. hergestellten Ragouts werden sehr gerne in die in Nr. 1741 beschriebenen Blätterteigringe angerichtet, etwas Sauce extra dazu gegeben und als Zwischenspeise serviert.

Fig. 435.

1770. Blätterteigpastete mit Brieschenragout. Vol-au-vent à la Toulouse.

In die fertig gestellte heiße Blätterteigpastete wird ein mit Champignons, Morcheln, Klößen, Brieschen und weißer Sauce (s. Nr. 1475) hergestelltes Ragout eingefüllt und in einer Saucière etwas Sauce noch extra dazu serviert.

1771. Blätterteigpastete mit braunem Ragout. Vol-au-vent à la financière.

Ein aus Brieschen, Kalbszunge, Morcheln, Champignons und Klößen hergestelltes Ragout wird mit einer braunen, dicklich eingekochten Madeirasauce aufgekocht, bis zum Anrichten in heißes Wasserbad gestellt und dann in die Blätterteigpastete eingefüllt und serviert (Nr. 1476). Etwas Sauce wird extra dazu serviert.

1772. Blätterteigpastete mit Hühnerfricassée oder Hühnerragout.

Ein feines Hühnerfricassée (Nr. 1516) oder Hühnerragout (s. Nr. 1530) wird in eine Blätterteigpastete gefüllt und sehr heiß zu Tisch gegeben.

1773. Blätterteigpastete mit Fischragout.

Ein von irgend einem Fisch hergestelltes Fischragout (Nr. 1210) wird in die Blätterteigpastete heiß eingefüllt und serviert.

Wird als Fastenspeise verwendet, nur muß dann die Sauce aus einer Bechamel (siehe Nr. 382) bestehen.

1774. Blätterteigpastete mit Fleischragout.

Irgend ein Ragout von Kalbfleisch, Hammel, Reh, Hasen u. s. w. wird dazu verwendet und in der Blätterteigpastete zu Tische gebracht.

1775. Blätterteigpastete von Hummer- oder Krebsragout.

Das fertige Hummer- (siehe Nr. 1538 oder 1540 und

Fig. 436.

1541) oder Krebsragout (Nr. 1564) wird in die heiße Blätterteigpastete eingefüllt und recht heiß serviert.

1776. Blätterteigpastete von Krebs oder Hummer für Fasttage.

Zu einer Pastete (4 Personen) weicht man das Weiche von 3 Wecken in ½ Liter Milch ein und kocht es so lange, bis diese verdampft ist. Von 20—30 gekochten Krebsen bricht man Schwänze und Scheeren aus, stößt die Schalen und röstet sie in ½ Pfund Butter, preßt sie durch ein leinenes Tuch und giebt etwas mehr als die Hälfte an das gekochte Weißbrot, rührt es mit 8 Eigelb tüchtig, giebt den Schnee von 4 Eiern dazu, ebenso in Butter gedämpfte Schalotten und Petersilie, nebst den klein geschnittenen Krebsschwänzen, Scheeren, sowie gekochte und geschnittene Morcheln, füllt damit ein Vol-au-vent oder Pastetenhaus, auch aufgesetzte Pastete und stellt diese zum Anziehen vor dem Anrichten noch etwa 5 Minuten in den Ofen.

An Stelle dieser Vol-au-vents können auch die aufgesetzten Pasteten oder die Pastetenhäuser, ebenso gefüllt und behandelt wie diese, zu Tische gebracht werden. Deshalb verweise ich auf die bei den Vol-au-vents besprochenen Rezepte.

1777. Gehackte Fleischpastete.

Irgend ein Stück kalter Braten, etwa 1½ Pfund, wird fein gewiegt, ebenso 60 Gramm Blätterteig, Sardellen, ein halber Hering, etwas Kapern, die Schale einer halben Zitrone nebst Saft, etwas Zwiebeln und Petersilie. Einen Kochlöffel Mehl röstet man in Butter gelb und giebt das Gewiegte daran, nebst Salz und Muskatnuß, 1 Glas Wein, sowie 1 Löffel Fleischbrühe und Bratenjus oder Fleischextrakt und kocht es etwa 1 Stunde, worauf man die Masse zum Erkalten auf eine Platte giebt. Wenn der Teig 8—9 Mal überschlagen ist, rollt man die Hälfte aus und schneidet einen runden Boden aus, den man auf ein Backblech legt, die Fülle streicht man sodann auf den Teigboden, vom Rande etwa 2 Finger breit wegbleibend, legt dann den andern, ebenfalls rund ausgeschnittenen Teig auf das Fleisch und den Rand mit Eigelb festklebend, bestreicht das Ganze mit Eigelb, macht am Rande mit dem Messerrücken Einschnitte und backt die Pastete in heißem Ofen rasch heraus. Eine pikante Sauce wird dazu serviert.

1778. Pastete zum Ausschnitt oder Jagdpastete.

Zu dieser Pastete verwendet man eine lange, viereckige Form. Diese wird gut ausgebuttert und auf ein Butterpapier und ein Blech gegeben, sodann mit einem Pastetenteig (etwa 1—1½ Pfund) von Nr. 1716 erst auf dem Boden und dann

Fig. 437.

an den Seiten ausgelegt, auf dieselbe Art und Weise, wie auf S. 699 gesagt wurde. Von 4 Pfd. Schweinefleisch und 2 Pfund Speck wird eine Farce, wie in Nr. 1734 beschrieben, hergestellt und die Pastete damit ausgestrichen. Von einem Hasen oder Reh wird das Fleisch enthäutet und entnervt, in egale Streifen geschnitten, ebenso in dünne Streifen grüner Speck, und mit gehackten Schalotten und Petersilie mit Gewürzsalz einige Zeit mariniert. Eine mittelgroße Gänseleber schneidet man ebenfalls in Streifen und salzt sie gut ein. Gekochten, mageren Schinken, sowie schöne, rote Zunge, bei feinen Pasteten auch Trüffeln, schneidet man auch in dünne Streifen und legt nun die Form der Länge nach, mit den verschiedenen Fleischsorten abwechselnd, aus, immer etwas Farce dazwischen gebend, bis die Form beinahe gefüllt ist, worauf man Farce darüber streicht, einen Teigdeckel darüber legt, wie schon auf Seite 700 gesagt, 2 Löcher in den Deckel einschneidet, um den Dampf entweichen zu lassen, und die Pastete ringsum mit dem Pastetenkneifer einkneist und mit ausgestochenen Teigblättern u. s. w. garniert, mit Eigelb sodann bestreicht und etwa ¾ bis 1 Stunde backt. Wenn die Pastete aus dem Ofen kommt, füllt man sie mit etwas heißer, heller Butter auf, nimmt nach etwa einer halben Stunde die Form ab und füllt sie andern Tags mit Aspic, um sie dann in Tranchen geschnitten, auf langer Platte, mit Sulz garniert, zu Tische zu bringen oder sie mit anderem gemischten Fleisch zu servieren.

Zu Zeiten, wo es kein Wild giebt, stellt man die Pastete auch aus Kalbfleischfilets her.

1779. Pies oder Schüsselpasteten.

Zur Herstellungsweise der Schüsselpasteten genügt ein tiefe Porzellan- oder Emailschüssel, welche die Backofenhitze erträgt. Da ein Verwenden von Fleischresten u. s. w. bei diesen Pasteten sehr gut angebracht ist, so sind sie auch in ökonomischer Beziehung sehr zu empfehlen.

Um die Schüssel zum Einfüllen vorzubereiten, wird diese erst gut ausgebuttert, sodann mit dem in Nr. 1721—1722 beschriebenen Teig oder irgend einem Blätter- oder Pastetenteig ausgelegt. Dieser wird dünn ausgerollt und die Schüssel damit ganz ausgelegt oder nur vom Boden bis an den Rand mit einem Teigstreifen. Sodann wird die Füllung in die Schüssel gegeben, von dem übrig gebliebenen Teig der Deckel hergestellt, dieser am Rand mittelst Eigelbs an den Teigstreifen fest gedrückt. Häufig buttert

Fig. 438.

man die Form auch nur aus und streut sie mit Semmelbrösel aus und macht den Teigdeckel mittelst Wassers am Rand der Schüssel fest. In die Mitte des Deckels kann man ein Loch machen, um etwaige Saucen zum Nachfüllen einzugießen. Die Schüsseln stellt man zum Backen auf ein Blech mit Salz belegt und backt sie aus mäßig heißem Ofen. (Siehe auch S. 702, Nr. 1737.) Vor dem Servieren schneidet man den Deckel vorsichtig ab, begießt die Pastete mit Sauce und entfettet zu fette Gerichte, legt den Teigdeckel wieder auf und giebt die Schüssel sehr heiß in einer Serviette auf runder Platte zu Tisch.

1780. Schüsselpastete von Fleisch- oder Geflügel-Resten.

Zu den Schüsselpasteten können, wie oben schon erwähnt, als Einlagen schöne Reste von den verschiedensten Fleischarten und Geflügel verwendet werden. Diese werden, in Tranchen oder Stücke geschnitten, in die gut ausgebutterte Schüssel eingelegt. Nachdem man eine gute, braune Sauce, eine fines herbes, Zwiebel- oder pikante Sauce ausgekocht hat, gießt man etwas von dieser zwischen die einzelnen Tranchen und Stücke und schließt sodann die Schüssel mit dem Teigdeckel. Während des Backens gießt man von Zeit zu Zeit durch das im Deckel befindliche Loch etwas von der Sauce nach. Man kann die Schüssel auch mit der Farce (Nr. 1726) ausstreichen, dann das Fleisch mit der Sauce einlegen, mit Farce das Ganze überziehen und dann mit dem Teigdeckel schließen. Ebenso giebt man häufig Kartoffelscheiben oder gehackte Trüffeln, Champignons und harte Eier auf das Fleisch. Vielfach legt man den Boden der Schüssel mit Speckscheiben aus oder giebt solche zwischen die einzelnen Fleischscheiben, ebenso auch fein geschnittenen rohen Schinken.

Von frischem Fleisch hergestellt, werden die Schüsselpasteten nach den folgenden Rezepten behandelt.

1781. Schüsselpastete von Beefsteaks.

Von einem enthäuteten Schlachtbraten werden kleine Beefsteaks geschnitten und geklopft, mit gehackten Schalotten und Petersilie, Salz, Pfeffer und einigen Löffeln Olivenöl mariniert. Einige Schalotten, Petersilie, sowie Champignons werden fein gehackt und in Butter abgedämpft, mit etwas Mehl ausgestaubt und daraus mit Fleischbrühe, Wein und Bratenjus eine fines herbes-Sauce dick ausgekocht, sodann in die gut ausgebutterte Schüssel erst etwas von der kalten Sauce gegeben, die Beefsteaks dann im Kranze eingelegt, zwischen jedes entweder Sauce oder eine Scheibe Speck oder Schinken gelegt, von der Sauce noch darüber gegeben, der Teigdeckel aufgelegt, auf Salz gesetzt und etwa 1½—2 Stunden in nicht zu heißem Ofen gebacken. Hie und da wird von der Sauce nachgegossen und beim Servieren verfahren, wie schon oben erwähnt. Man kann auch rohe Kartoffeln, in dicke Scheiben geschnitten, auf die Beefsteaks legen und mit fertig machen.

1782. Schüsselpastete von Fisch.

Von irgend einem Fisch werden die Filets ausgeschnitten, enthäutet, entgrätet, dann in kleinere Stücke geschnitten, mit etwas Essig, gehackten Zwiebeln und Petersilie, Salz und Pfeffer mariniert. Das übrig gebliebene Fischfleisch wird mit einigen Sardellen gestoßen, 2 eingeweichte Milchbrote, sowie 3 Eigelb, Pfeffer und Salz dazu gerührt und mit dieser Farce die Schüssel ausgestrichen. Die Fischstücke werden sodann in Butter leicht gedünstet, auf eine Platte zum Erkalten gelegt, worauf sie in die Schüssel gegeben werden. Von den Abfällen kocht man mit Weißwein eine Essenz, macht eine weiße Mehlschwitze, rührt die Essenz daran und kocht eine dicke Sauce damit ein. Von dieser Sauce giebt man, wenn sie erkaltet ist, zwischen die Fischstücke und die etwa übrig gebliebene Farce oben darauf und beendigt die Pastete mit dem Teigdeckel. Zeit des Backens etwa ¾—1 Stunde.

Eine Fischsauce, sei es eine Hollandaise, Krebs- oder Sardellensauce, kann noch extra dazu serviert werden.

Zu diesen Fischschüsselpasteten kann Aal, Hecht, Karpfen, Salm, Forellen u. s. w. verwendet werden.

1783. Schüsselpastete von Gänsefleisch.

Eine junge Gans wird, nachdem sie ausgenommen, flammiert und gereinigt ist, roh in kleine Stücke geschnitten, diese mit gehackten Schalotten und Petersilie, sowie Pfeffer und Salz und einigen Löffeln Olivenöl mariniert. Von 300 Gr. Kalbfleisch und 200 Gr. grünem Speck bereitet man eine Farce und streicht diese durchs Sieb. Eine ausgebutterte Schüssel streicht man mit der Farce aus, legt die Gansstücke ein, zwischen dieselben Scheiben Speck oder rohen Schinken, sowie gehackte Champignons und harte Eier. Von den Abfällen bereitet man mit etwas Rotwein und Bratenjus eine

Essenz und wie in Nr. 1781 eine dicke Sauce, welche erkaltet zwischen die Fleischstücke gegossen wird. Die übrige Behandlung ist, wie oben gesagt.

Backzeit etwa 1—1½ Stunden.

1784. Schüsselpastete von Gänseleber.

2 Fleischlebern, deren Nerven und Haut entfernt ist, werden in Tranchen geschnitten, mit gehackten Schalotten, Petersilie, Champignons und Trüffeln, sowie Pfeffer und Salz mariniert und in etwa 100 Gr. Butter rasch einige Minuten sautiert und zum Erkalten zur Seite gestellt. Eine Gansleberfarce von 300 Gr. Kalbfleisch, 200 Gr. roher Gansleber und 100 Gr. Speck (s. Farce Nr. 1731) wird mit etwas Madeirasauce aufgerührt, gehackte Trüffeln und Champignons je ein Eßlöffel dazu gegeben. Die Schüssel wird sodann mit der Farce bestrichen, die Lebern eingelegt, darauf Farce gegeben, sodann der Teigdeckel festgemacht und etwa 1 Stunde gebacken. Eine Trüffel- oder Madeirasauce wird dazu serviert und vor dem Servieren in die Pastete davon etwas eingegossen.

1785. Schüsselpastete von Hammelfleisch.

Als Fleisch verwendet man hiezu entweder das Karré oder das neben diesem liegende Filetstück. Das Fleisch wird entbeint, das Fett etwas weggeschnitten und aus den Filets sodann dicke Tranchen geschnitten und diese geklopft. In eine Schüssel giebt man auf den Boden dick geschnittene Scheiben Kartoffeln, sodann die gesalzenen und gepfefferten Fleischstücke. In 150 Gramm Butter dämpft man einige gehackte Schalotten und Petersilie, Champignons und Trüffeln und gießt dies über das Fleisch, ebenso ½ Glas guter Bratenjus und ½ Glas Portwein, Sherry oder Madeira. Oben auf legt man wieder Kartoffelscheiben, etwas von der fines herbes-Butter und schließt sodann die Pastete. Backzeit etwa 1 bis 1½ Stunden.

1786. Schüsselpastete von Hasen.

Ein abgezogener und gereinigter Hase wird enthäutet und gespickt, sodann mit Butter in seinem Saft gebraten, mit Rotwein abgelöscht und kalt gestellt. Den Fond seiht man durch und macht mit Espagnole eine dickliche Sauce. Eine Schüssel

46*

streicht man mit Wildfarce (Nr. 1728) aus (300 Gramm Fleisch), legt sodann die Hasenstücke, ohne Knochen natürlich, in die Schüssel ein, immer etwas der Sauce dazwischen gebend, streicht Farce darauf und schließt sodann mit dem Teigdeckel. Zur Sauce giebt man 1 Glas Madeira oder gehackte Trüffeln, backt die Schüssel etwa ¾ Stunden und serviert sie sodann recht heiß.

Ebenso behandelt werden die Schüsselpasteten von Reh und Hirsch.

1787. Schüsselpastete von Hering mit Kartoffeln.

4 schöne Heringe (Rogner) werden gewässert, sodann abgezogen, der Rogen herausgenommen, die Flossen und der Kopf weggeschnitten, die Fische der Länge nach gespalten und dann eine Zeit lang in Milch gelegt. Die Rogen werden sodann durch ein Sieb getrieben und mit saurem Rahm zu einem dicken Brei angerührt. Eine dicke Bechamel kann auch dazu verwendet werden, und giebt man unter diese sodann einige Eigelb und sauren Rahm. Gekochte Kartoffeln, in Scheiben geschnitten, legt man auf den Boden der Schüssel und gießt etwas von der Sauce darüber, sodann legt man die in kleine Stücke geschnittenen Heringe ein, wieder Kartoffeln und Sauce und fährt so fort, bis die Schüssel genügend voll ist. Oben auf giebt man kleine Stückchen Butter, macht den Teigdeckel fest und backt die Pastete etwa ¾ Stunden. Man kann auch Aepfel- und Zwiebelscheiben damit einlegen.

1788. Schüsselpastete von Hühnern.

2 junge Hühner, ausgenommen und flammiert, werden roh in 4 Teile zerlegt, mit gehackten Zwiebeln, Petersilie, etwas Zitronensaft, Pfeffer und Salz einige Zeit mariniert. Von 300 Gramm Kalbfleisch und 200 Gramm Speck, sowie der Leber der Hühner bereitet man eine Farce (siehe Nr. 1727) und streicht mit dieser eine Schüssel aus. Gehackte Schalotten und Petersilie werden in 50 Gramm Butter gedämpft, mit Mehl aufgestäubt und mit Fleischbrühe daraus eine dickliche Sauce ausgekocht, mit etwas Zitronensaft und Weißwein abgeschmeckt. Die Hühner werden sodann in die Schüssel eingelegt, Sauce dazu gegossen, einige Scheiben roher Schinken dazwischen gelegt, mit Farce zugedeckt, der Deckel darüber gelegt und etwa 1 Stunde in nicht zu heißem Ofen gebacken.

Man kann die geteilten Hühner auch erst in Butter mit

gehackten Kräutern, Weißwein und Gewürz etwa 10 Minuten dämpfen und dann weiter so behandeln, wie oben gesagt.

Von Poularden, Kapaunen u. s. w. werden Schüsselpasteten ebenso hergestellt.

1789. Schüsselpasteten von Kaninchen.

Wird wie die Schüsselpastete von Hasen behandelt.

1790. Schüsselpastete von Kartoffeln.

In eine gut ausgebutterte Schüssel giebt man auf den Boden in dicke Scheiben geschnittene, rohe Kartoffeln, sowie Zwiebel, salzt und pfeffert sie leicht. In Tranchen geschnittene Ochsenfleischstücke, am besten Beefsteaks, oder Hammelfleisch (solches vom Filet) wird auf die Kartoffeln gelegt und gewürzt, sodann giebt man wieder viel Kartoffelscheiben, gießt einige Löffel guter Consommé oder kräftiger Fleischbrühe über die Kartoffeln, giebt den Teigdeckel darüber und backt die Pastete etwa 1½—2 Stunden in nicht zu heißem Ofen.

1791. Schüsselpastete von Kalbfleisch.

Von einem Koteletten-, Nierenstück oder der Nuß werden Tranchen ohne Knochen geschnitten und geklopft. In eine gebutterte Schüssel legt man auf den Boden geschnittene Zwiebeln, sodann die gesalzenen und gepfefferten Kalbfleischstücke, dazwischen Scheiben von rohem Schinken. Einige gehackte Schalotten und Petersilie dämpft man in Butter an, stäubt sie mit Mehl auf, giebt einige Löffel guter Bratenjus, Fleischbrühe, gehackte Champignons und Trüffel dazu und kocht damit eine Sauce aus, die man zur Hälfte, wenn erkaltet, auf das Fleisch giebt. Auf die oberste Schichte des Fleisches streut man 3—4 gehackte, harte Eier, macht mit dem Teigdeckel die Pastete zu und backt sie etwa 1—1½ Stunden in nicht zu heißem Ofen. Die andere Hälfte der Sauce ist zum Nachgießen oder zum extra Mitservieren. Kartoffeln können auch mit eingelegt werden.

Man kann diese Pastete auch mit Farce Nr. 1726 herstellen, die Kalbfleischstücke mit fines herbes-Sauce einlegen, im übrigen behandeln, wie schon beschrieben.

1792. Schüsselpastete von Lammfleisch.

Wird ebenso behandelt, wie beim Hammelfleisch angegeben.

1793. Schüsselpastete von Maccaroni und Fleischresten.

Etwa ½ Pfund Maccaroni (siehe Abschnitt 18), klein gebrochen, wird in Salzwasser weich gekocht und abgeschüttet, in einer Schüssel mit geriebenem Parmesankäse, etwas weißer Sauce, zerlassener Butter vermischt und der Boden einer ausgebutterten Schüssel damit ausgelegt. Irgend welche Fleischreste, Schinken, Zunge, Brieschen u. s. w., werden in Scheiben oder von Geflügel ohne Knochen in Stücke geschnitten auf die Maccaroni gegeben, dieses Fleisch leicht mit einer fertigen Kräutersauce übergossen, Maccaroni darauf gegeben, zuletzt etwas Parmesankäse und zerpflückte Butter und mit dem Teigdeckel die Pastete geschlossen, etwa ¾ Stunden gebacken und sodann serviert, wie oben gesagt.

1794. Schüsselpastete von Maccaroni mit frischem Fleisch.

Hiezu verwendet man kleine Beefsteaks oder Kalbschnitzelfleisch, welches man abwechselnd mit vorhin erwähnten Maccaronis in die Schüssel einlegt. Zwischen das Fleisch giebt man eine Kräutersauce, unter welche man gehackte Champignons und Trüffeln geben kann. Die sonstige Behandlung ist, wie schon öfters oben beschrieben. Backzeit 1½ bis 2 Stunden.

1795. Schüsselpastete von breiten Nudeln.

Wird ebenso hergestellt, wie in den Nr. 1793 und 1794 bei Maccaroni gesagt wurde.

1796. Schüsselpastete von Rebhühnern.

Einige Rebhühner werden in Butter saftig gebraten und zur Seite gestellt. Den Fond derselben kocht man mit etwas Rotwein und guter Bratenjus auf und macht daraus entweder durch Mehlaufstauben oder mittelst Espagnole eine dickliche Sauce, unter die man, ehe sie gebraucht wird, etwas Madeira giebt. Die Rebhühner werden in hübsche Stücke geschnitten, der Speck davon zur Seite gelegt und die Abfälle mit obiger Sauce ausgekocht. Mit einer Wildfarce (Nr. 1728) wird eine tiefe Schüssel ausgestrichen, die Rebhühnerstücke eingelegt, etwas von der Sauce darauf gegeben, der Speck ebenfalls eingelegt, mit Farce überdeckt, der Deckel fest gemacht, etwa 1 Stunde in mäßig heißem Ofen gebacken.

Schüsselpasteten von den übrigen Wildgeflügelarten werden ebenso behandelt. Ebenso auch Reste von solchen verwendet.

1797. Schüsselpastete von Rindfleisch.

Uebrig gebliebenes, gekochtes Rindfleisch wird wie in Nr. 1780 behandelt, mit einer Zwiebelsauce und Kartoffeln eingelegt und ½—¾ Stunden im Ofen gebacken.

1798. Schüsselpastete von Risotto.

Die bei Maccaroni angegebenen Rezepte Nr. 1793 und 1794 sind auch hier anzuwenden, statt der Maccaroni ist ein nicht zu weich gekochter Risotto, mit Parmesan und Butter vermischt, zu verwenden (siehe Abschnitt 18).

1799. Schüsselpastete von Schinken.

Wird behandelt, wie bei Maccaronischüsselpastete gesagt wurde (Nr. 1793). Statt des Fleisches legt man in Scheiben geschnittenen, gekochten Schinken ein, über den man etwas Kräutersauce gießt, Maccaroni darauf giebt, mit dem Deckel schließt und etwa 1 Stunde backt.

Oder man nimmt eine Farce (Nr. 1727) zwischen die Schinkenscheiben, giebt Kräutersauce dazwischen und verfährt, wie sonst gesagt.

1800. Schüsselpastete von Schlachtbraten.

Wird aus gebratenem Schlachtbraten hergestellt, wie bei Verwendung von Resten gesagt (Nr. 1780), mit einer Kräutersauce, Farce (Nr. 1727) oder mit Kartoffeln, gehackten Champignons und Eiern. (Siehe Nr. 1781 Beefsteak oder Nr. 1791 Kalbfleisch.)

1801. Schüsselpastete mit Sauerkraut und Wildgeflügel.

Hiezu sind ebensogut Reststücke von irgend einem Wildgeflügel, als auch frisch gebratenes zu benützen. In einer Schüssel wird der Boden mit einem fertig gekochten Sauerkraut belegt, sodann die Geflügelstücke darauf gelegt. Von den Abfällen wird mittelst Rotwein, guter Bratenjus, sowie Gemüse und Gewürz eine Essenz ausgekocht, diese entweder mit einer Mehlschwitze angerührt oder mit Espagnole ausgekocht und dick eingekocht, wenn erkaltet, auf die Wildgeflügelstücke gegeben, mit Kraut sodann überdeckt, mit Speckscheiben dieses belegt und mit dem Teigdeckel geschlossen. Backzeit etwa 3/4—1 Stunde.

1802. Schüsselpastete von Stockfisch.

4—6 gewässerte Stockfisch setzt man in kaltem Wasser zu und legt sie, wenn sie zu sieden anfangen, auf eine Platte, entfernt die Haut und Gräte und dämpft die schönsten Stücke in 125 Gramm Butter, mit gehackter Petersilie, Salz, Pfeffer und Muskatnuß und legt sie auf eine Platte zum Erkalten. Den übrigen Fisch hackt man mit einigen Zwiebeln und Petersilie fein, dämpft ein oder zwei abgeriebene, in Milch eingeweichte Brote in Butter, giebt den Fisch, sowie 2 Eßlöffel süßen Rahm, Salz und 2—3 ganze Eier an die Farce und streicht eine Schüssel damit aus; sodann legt man die Stockfischstücke auf diese Farce, auf den Fisch giebt man wieder Farce, gehackte Eier, sowie zerpflückte Butter, schließt die Pastete mit dem Teigdeckel und backt sie 3/4 Stunden.

Andere Fische oder Reste von solchen können ebenso behandelt werden.

1803. Schüsselpastete von Schweinefleisch.

Schweinefleischtranchen werden geklopft und wie bei Kalbfleisch (Nr. 1791) behandelt. Oder man legt die Schüssel mit Speck und Schinkenscheiben aus, giebt sodann Kartoffelscheiben zu, sodann das Schweinefleisch, einige in Butter gedämpfte Schalotten und Petersilie darauf, dann wieder Kartoffeln, sowie 1 Glas guter Jus, schließt die Pastete mit einem Teigdeckel und backt sie etwa 3/4—1 Stunde.

1804. Schüsselpastete von Tauben.

Wird ebenso behandelt und hergestellt, wie bei den Hühnern in Nr. 1788 gesagt worden ist.

1805. Schüsselpastete, altdeutsche von Wildfleisch.

Diese ausgezeichnete, schmackhafte Pastete erfordert eine aufmerksame Behandlung, wenn sie gelingen soll. Dazu wird eine tiefe Pastetenform mit breitem Rand genommen, dieser Rand mit zerkleppertem Ei bestrichen und mit einem nicht zu dünn ausgewellten Butterteigrand belegt. Der Boden der Form wird mit der früher beschriebenen Kalbfleischfarce (Nr. 1730) ziemlich dick bestrichen und in Butter gebratene und entbeinte, junge

Feldhühner daraufgeschichtet, die Lücken mit gekochten Krebsschwänzen, mit Scheiben von gedämpfter Kalbszunge und Kalbsmilch ausgelegt. Darüber werden Trüffeln und Champignons in Butter gedämpft und klein geschnitten, gestreut und mit einer Schichte Kalbsfarce geschlossen. Hierauf wird die Oberfläche mit Krebsbutter bestrichen, der Teigdeckel auf die Farce gelegt und die Pastete bei scharfem Ofen 1 Stunde lang gebacken. Dazu wird eine Fricassée-Sauce gegeben.

1806. Schüsselpastete von Zunge.

Man kann dazu geräucherte, gesalzene, gekochte Zunge oder solche aus Büchsen verwenden. Sie werden in Scheiben geschnitten und mit Farce (Nr. 1727), sowie Kräutersauce in die Pastete eingelegt und 1 Stunde gebacken (siehe auch Nr. 1781, Beefsteak).

Auch Kalbs- und Schweinszungen sind gut dazu zu verwenden.

1807. Timbale à la Toulouse.

Von einem Pastetenteig (Nr. 1716) wird eine Timbaleform, welche vorher mit Butter bestrichen und mit feinen Nudeln oder Vermicelles bestreut ist, ausgefüttert. Ein Ragout financière, bestehend in Brieschen, Hahnenklößen, Morcheln, Champignons und Trüffeln mit kalter, dick eingekochter, weißer Sauce hineingefüllt. Sodann wird der Teigdeckel mit Ei angeklebt, oben mit Ei bestrichen, eine kleine Oeffnung hineingemacht und schön gelb in ungefähr 1 Stunde gebacken, dann auf eine runde Platte umgestürzt und eine gute Sauce Allemande dazu serviert.

1808. Timbale à la financière.

Wie obige Timbale wird auch diese behandelt, ein Ragout, wie das in Nr. 1476, hergestellt und eine dick eingekochte Madeirasauce darunter gegeben, in die Form eingefüllt und gebacken. Von der Sauce wird extra dazu serviert.

Unter das Ragout nimmt man auch Reste von Geflügel, Wildfleisch, Gänseleber und Wildgeflügel.

1809. Timbale à la financière mit Maccaroni.

Die Timbale wird ausgelegt, wie oben gesagt. Weich gekochte Maccaroni, mit Butter und Parmesankäse untermischt, werden in die Form auf den Boden eingefüllt und dann eine

Lage Ragout financière dazwischen gegeben, hierauf Maccaroni und dann Ragout und so fort, bis die Form gefüllt ist, oben auf Maccaroni. Sodann wird der Deckel festgemacht und die Form etwa 1 Stunde gebacken. Zum Servieren giebt man eine Madeirasauce extra dazu.

Auf diese Art und Weise kann auch ein weißes Ragout eingefüllt werden.

17.

Salz-, Rauch- u. Pökelfleisch, Fleisch- und Fischwürste.

Die Kochkunst hat sich nicht nur damit beschäftigt, das frische Fleisch zur Ernährung zuzubereiten, es ist ihr auch die Aufgabe zugefallen, das Fleisch für späteren Gebrauch zu erhalten. Sie hat sich dieser Aufgabe in anerkennenswertester Weise entledigt und sucht täglich mehr die Erfahrungen in der Chemie für ihre Zwecke nützlich zu verwerten. Die Art und die Vollkommenheit der Erhaltung des Fleisches ist für die Gesundheit der Menschen von höchster Bedeutung und die Erfahrungen, die darin gesammelt werden, sind von besonderem Werte für Alle und Jeden. Die gewöhnliche und schon bei den Völkern des Altertums gekannte Art, das Fleisch vor Fäulnis zu schützen, ist das Räuchern, indem das Fleisch eine bestimmte Zeit den Einwirkungen des Holzrauches ausgesetzt wird. Gewöhnlich wird dies dadurch bewerkstelligt, daß das zum Räuchern bestimmte Fleisch in den Schornstein gehängt wird, doch genügte dies den Anforderungen der Neuzeit nicht mehr. Man war bemüht, der Wichtigkeit der Sache angemessen, eigene, mit sinnigen Vorrichtungen versehene Rauchkammern zu bauen, und mögen hier zwei Modelle beschrieben folgen, wovon das letztere seiner Billigkeit und Einfachheit wegen, bei vollkommener Zweckdienlichkeit besonders empfehlenswert erscheint.

Die Rauchkammer wird am besten aus Eichenholz, in Form eines Kastens mit gut verschließbarer Thüre gemacht. Die Höhe beträgt 1,5 Meter. Die quadratische Weite je 1 Meter. Der obere Deckel hat ein Loch, auf welchem ein Rohraufsatz befestigt ist, die gleiche Oeffnung hat der Boden, in welche das Raucheinströmungsrohr mündet. Etwa 15—20 cm unter dem Deckel gehen 2 eiserne Stangen durch den Kasten, an welchen das zum Räuchern bestimmte Fleisch aufgehängt wird. Der Kasten steht auf 4 Füßen, unter demselben ein tragbarer, viereckiger Ofen von Eisen mit einem 8 cm hohen Rand und einem spitzdachförmigen Deckel, der sich an das Raucheinströmungsrohr anschließt. Eine Seite des Deckels ist mit einem Handgriff versehen und wird als Thüre benützt, um das Räuchermaterial, Holz- oder Sägespähne, in den Ofen einzuführen. Der Rand des Ofens hat runde Zuglöcher. Diese Rauchkammer wird sich im Gebrauche gewiß als sehr vorteilhaft erweisen. Die zweite Art ist wie folgt: Aus einem großen Fasse, wie es zum Transport von Zucker, Mehl ꝛc. dient und welches man in jeder größeren Material- oder Drogenwarenhandlung kaufen kann, nimmt man die beiden Böden heraus und bringt oben einen beweglichen Deckel an, den man aus Brettern oder einem alten Stücke Wachstuch u. s. w. herstellt. Hierauf gräbt man einen kurzen Kanal in den Boden ein und legt ein Stück altes Ofenrohr in denselben, um den Rauchkanal herzustellen. Ueber das am Erdboden ausmündende Ende des Kanals stellt man das Faß auf, während man am tieferen Ende eine kleine Grube herstellt, in welcher eine Pfanne zum Brennen von Hobelspähnen und klarem Holze aufgestellt wird, worauf man die Grube mit einem Deckel schließt, nachdem man das Fleisch, z. B. vier bis fünf mäßig große Schinken im Fasse aufgehängt und das Feuer in der Grube angezündet hat. Zum Aufhängen der Fleischwaren legt man am besten ein oder mehrere hölzerne Stangen über das Faß und deckt alsdann die Mündung mit Wachstuch zu, so daß alles möglichst dicht schließt. Auf diese Weise soll man einen Schinken sehr gut in etwa 6 Stunden durchräuchern können.

Wenn das Fleisch kürzere Zeit aufbewahrt werden soll, wird es nur eingesalzen, für längere Zeit muß es aus dem Salz genommen und geräuchert werden. Da das Salzen und Würzen des Fleisches, namentlich auch für die Wurstfabrikation von außerordentlichem Einfluß auf die Schmackhaftigkeit desselben ist, so mögen hier zunächst zwei Vorschriften für Gewürzkonserven für alle Arten von Fleisch folgen.

1810. Aromatisches Salz.

10 Gramm Thymian, 10 Gr. Lorbeerblätter, 10 Gr. Salbei, 10 Gr. Muskatnuß, 10 Gr. Nelken, 5 Gr. Majoran, 5 Gr. Rosmarin, 15 Gr. weißer Pfeffer, 10 Gr. Muskat-

blüte werden in eine Düte von weißem Papier gut verschlossen und in einem nicht zu heißen Backofen getrocknet, dann feingestoßen, gesiebt und in einer wohlverschlossenen Flasche an einem trockenen Ort aufbewahrt.

Bei der Anwendung kommen 30 Gramm Gewürz zu 500 Gramm Salz.

1811. Indisches Karik.

60 Gramm Koriander, 15 Gr. Gelbwurzel, 10 Gr. schwarzer Pfeffer, 10 Gr. Jamaika-Pfeffer, 10 Gr. Safran, 10 Gr. Muskatblüte.

Der Jamaika-Pfeffer wird getrocknet, mit dem Koriander, der Muskatblüte und dem schwarzen Pfeffer zerstoßen, dies mit der Gelbwurz in Pulver und dem Safran vermischt, gesiebt und in einer gut verschlossenen Flasche trocken aufbewahrt.

Das in allen Drogengeschäften erhältliche Universal-Wurstgewürz ist zu nachfolgenden Rezepten sehr zu empfehlen.

1812. Aalfastenwurst.

Einem starken Flußaal wird die Haut abgezogen; nachdem er gebrüht worden, um die zweite Haut leichter abziehen zu können, wird er in seiner ganzen Länge am Bauch aufgeschnitten, um ihn zu entgräten, mit grobem Salz bestreut und in eine Schüssel gelegt. Während dessen wird das Fleisch von einem Hecht zerstoßen und durch ein Sieb getrieben, 400 Gramm Butter darunter gemischt, mit 25 Gramm aromatischem Salz gewürzt und im Reibstein durcheinandergerieben, 3 Eier zugefügt, 300 Gramm entgrätete und gewässerte Anchovis in Stücke zerschnitten, damit vermengt. Nun wird der Aal abgetrocknet und, nachdem das Salz sorgfältig abgewischt, mit der Farce vollständig überzogen, in eine Serviette schön geformt, gehüllt und geschnürt. In einer Fischkasserole wird derselbe halb in Wein halb in Wasser mit verwiegten Kräutern, Wurzeln, Nelken, Pfeffer und Salz gekocht. Nach einer Stunde wird die Kasserole vom Feuer genommen und läßt man die Aalwurst in ihrem Sud erkalten. Herausgenommen, wird die Serviette losgebunden, ausgewaschen, die Aalwurst aufs neue hineingewickelt, sehr fest geschnürt und an einem kalten, luftfrischen Ort aufbewahrt. Nach einigen Tagen wird die Serviette abgeommmen und kann sodann die Aalwurst verwendet werden. Statt des Hechtes kann jeder andere Fisch, und statt des Aales auch das Neunauge zur Fastenwurst verwendet werden. In keinem Fall aber darf sie in einen Darm kommen.

1813. Bauernschinken.

Ein frischer Schinken wird acht Tage eingesalzen, dann wird er in Salzwasser gesotten, entbeint und in eine Schüssel, die Schwarte nach unten, gelegt, ein Holzdeckel, der in die Schüssel hineingeht, auf den Schinken gedeckt und mit einem Gewicht von 5—6 Kilo beschwert. Man läßt den Schinken erkalten und nimmt ihn nach 1 oder 2 Tagen aus der Schüssel.

1814. Gänsebrüste zu räuchern.

Die jungen, höchstens 1 Jahr alten Gänse, werden nach der in der Einleitung zu Geflügel angegebenen Art gemästet und, wenn sie geschlachtet und gereinigt sind, werden die Brüste herausgeschnitten und 24 Stunden an einem trockenen, luftigen Ort aufgehängt, dann mit Salz, dem $^1/_5$ Salpeter beigemischt ist, eingerieben und in einen steinernen Topf gelegt, mit einem Brettchen zugedeckt, etwas beschwert und an einen kühlen Ort gestellt. Nach 8—10 Tagen werden die Brüste herausgenommen, abgetrocknet, in Fließpapier gehüllt und 8—10 Tage in Rauch gehängt. Sollen die Brüste geräuchert aufbewahrt werden, so werden sie am besten in kalte, trockene Asche gelegt, die von Zeit zu Zeit erneuert wird.

1815. Geflügelwurst.

Eine welsche Henne wird entbeint, zerhackt und zerstoßen, 500 Gramm gewürfelter Speck darunter gemischt, mit aromatischem Salz gewürzt, in Rindsdärme gefüllt, diese auf Wurstlänge unterbunden. Dann wird das Gerippe der welschen Henne zerschlagen und in einer Pfanne mit Speckschwartenwürfeln, Petersilie, Lorbeerblättern, Thymian, zwei Zwiebeln, 3 Nelken in 1 Liter weißem Wein und 2 Liter Wasser, mit aromatischem Salz gewürzt, zwei Stunden lang gekocht und in dieser Brühe die Würste zugesetzt. Nach einer Stunde läßt man sie halb erkalten, dann abtropfen und bewahrt sie an einem trockenen, kalten Orte auf. In Ermangelung von Rindsdärmen kann auch die Haut der welschen Henne verwendet werden, die aber, wenn sie gefüllt ist, geschnürt werden muß.

1816. Gewöhnliche Wurst.

Das Fleisch von der Schulter des Schweines wird hachiert und 1 Kilo Fleisch mit 500 Gramm sogenanntem Unterspeck in kleine Würfel geschnitten, vermischt und in folgender Weise gewürzt: Aromatisches Salz 25 Gramm, Salpeter 1 Gramm, Pfefferkörner 1 Gramm. Nun werden die Rindsdärme, die 8 Tage im Salz gelegen und gereinigt worden, damit gefüllt, nach Wurstgröße unterbunden, dann 3—4 Tage in Rauch gehängt und nach dieser Zeit gekocht.

1817. Hammelschinken.

Nimm eine zartfaserige Hammelkeule von 10—14 Pfd. Gewicht, haue sie in Schinkenform zu und hänge sie 2 Tage auf. Thue nun 625 Gramm Salz, 60 Gr. Salpeter, 250 Gramm Rohzucker in einen Topf, lasse es darin recht heiß werden, dann reibe damit den Schinken recht tüchtig ein. Wende ihn in der sich bildenden Brühe täglich um, füge nach 4 Tagen 60 Gramm Kochsalz bei, nimm ihn nach 12 Tagen heraus, trockne ihn ab und hänge ihn 8—14 Tage in Holzrauch. Im weiteren wird er wie Schweinsschinken behandelt und schmeckt sehr gut.

1818. Hasenwurst.

Ein Hase wird ausgenommen und mit Vorsicht entbeint, daß die Haut nicht zerrissen wird, dann wird das Fleisch zerhackt und zerstoßen und durch ein Sieb getrieben, mit 500 Gr. Bauchfett auf 1 Kilo Fleisch abgerieben, mit aromatischem Salz gewürzt, dazu ein Spritzchen pulverisierter Salpeter und etwas Pfefferkörner darunter gemischt und diese Masse in Rindsdärme gefüllt und diese in Wurstlänge unterbunden. Nun wird das Hasengerippe in weißem Wein und Wasser mit Kräutern und Zwiebeln gedämpft und die Würste in diesem Absud eine Stunde gekocht und, nachdem sie erkaltet, an einem trockenen Ort, wie die Geflügelwürste, aufbewahrt.

1819. Italienischer Käse.

Die Schweinsleber wird gehäutelt, entsehnt und gewürfelt, dann in einer Pfanne 1 Kilo Bauchfett zerlassen, die Leberwürfel hineingethan, mit aromatischem Salz (Nr. 1810) gewürzt und mit einem Rührlöffel durcheinandergerührt, dann läßt man es erkalten. Während dessen werden 2 Deziliter Wasser mit aromatischem Salz gewürzt, mit 10 Gr. Butter zum Sieden gebracht und 200 Gr. Mehl eingerührt. Wenn alles gut gemischt ist, wird die Masse (Panade) 5 Minuten lang eingekocht, doch so, daß sie nicht anbrennt, dann werden

4 Eier, eines nach dem andern, hineingegeben, ·300 Gramm gewürfelter Speck ohne Schwarten und Nerven, der zuvor gedämpft und wieder erkaltet, eingestreut, dann wird die Leber und das Bauchfett zerstoßen, durch ein Sieb von Stahldraht getrieben, ein Glas süßer Rahm daran gegossen und die ganze vorbereitete Masse darunter gemischt, gut gewürzt, in eine Form von entsprechender Größe, mit Schweinefett bestrichen, gebracht, im Backofen gebacken oder im Warmbad (bain-marie) gedämpft. Nachdem der Käse völlig erkaltet ist, wird er aus der Form gestürzt und aufgetragen.

1820. Italienische Wurst, Mortadella.

3 Kilo Schweinefleisch vom Schlegel wird gehäutelt und die Sehnen und Nerven herausgeschnitten und mit 500 Gramm Bauchlappenfett hachiert, mit 25 Gramm aromatischem Salz und 5 Gramm pulverisiertem Salpeter gewürzt, darunter gemischt werden 400 Gramm gewürfelter Speck ohne Schwarten, 15 Gramm Pfefferkörner und dies wird in eine gesalzene und gut gereinigte Schweinsblase gefüllt, diese fest zugebunden, während 8 Tage in eine gute Salzlacke gelegt und dann 6 Tage in die Rauchkammer gehängt. Trocken aufbewahrt, wird die Wurst in Salzwasser mit Kräutern und Wurzeln gewürzt, 1 Stunde lang gekocht, und daß die Schweinsblase nicht aufspringt, wird die Wurst in eine Serviette gewickelt und gebunden. Erst, wenn die Wurst ganz erkaltet ist, darf sie angeschnitten werden.

1821. Kalbswürstchen, Andouillette.

Der Wanst des Schweines wird gut gereinigt, indem er durch verschiedene Wasser während 48 Stunden gezogen wird. Ist er vollkommen rein, so wird er in Streifen geschnitten, und zu 560 Gramm Wanst werden 100 Gramm Speck ebenso geschnitten und dies mit 25 Gramm aromatischem Salz gewürzt. Nun wird ein Darmende zugebunden, die vorbereiteten Streifen gut gemischt, hineingebracht, der Darm auch oben gebunden und die Würste in Salzwasser gesotten, das in folgender Weise gewürzt wird: Petersilie 50 Gramm, Salz 40 Gramm, Lorbeerblätter 5 Gramm, Salbei und Tymian 5 Gramm, Pfeffer, brauner, 5 Gramm.

Nachdem die Würste im Absud erkaltet sind, werden sie herausgenommen, abgetrocknet und beschwert, in 12 cm lange Stücke zerlegt, diese in heißes Schweinefett getaucht und auf dem Roste gebraten.

1822. Kaninchenfleisch-Würste in Weißbrotteig gebacken.

Ein junges, fettes Kaninchen wird ausgenommen, durch ein Warmbad gezogen, dann entbeint und das Fleisch mit halb so viel grünem, gedämpftem Speck wurstklein gehackt, mit frischem Schweinsblut abgezogen, dann mit in süßem Rahm eingeweichtem Weißbrot fein abgerieben, mit Pfeffer, Salz und Muskatnuß gewürzt, einige Tropfen Zitronensaft daran gegossen und leicht angedämpft. Wieder erkaltet, werden frische Schweinsdärme in Bratwurstgröße damit gefüllt, die Würste unterbunden, mit einem leichten Weißbrotteig überzogen, der Ueberzug mit Butter bestrichen und im Ofen gebacken. Wenn die Würste zuvor geräuchert werden, so halten sie länger und schmecken gebacken nicht weniger gut.

1823. Kaninchenfleischwürste. Andere Art.

2 junge Kaninchen werden ausgenommen, durch lauwarmes Wasser gezogen, in siedendem Wasser leicht blanchiert, dann rasch verkühlt, entbeint, das Fleisch wurstklein gehackt, ein Drittel des Fleischgewichts gehackter Speck daruntergemischt, mit Pfeffer, Salz, gestoßener Muskatblüte, gestoßenen Nelken, gehackter Zitronenschale gewürzt und dieses Brät, dem man die gehackten und zuvor gedämpften Lebern beifügen kann, in gut gereinigte Schweinsdärme gefüllt, in 20 cm lange Würste unterbunden und wie gewöhnliche Bratwürste behandelt. Diese Würste bilden eine vorzügliche Beilage zu den verschiedensten Gemüsen, namentlich zu jungem Spinat.

1824. Lange Würste.

Die langen Würste werden wie in Nr. 1821 bereitet, nur werden diese in getrocknete Därme gefüllt und diese während des Röstens aufgestochen, daß die Wurst nicht aufspringt. Nimmt man Blutwurstdärme dazu, so werden Trüffeln unter die Masse gegeben, und auch diese Würste schmecken vorzüglich.

1825. Lothringer Schinken.

Die Lothringer salzen ihre Schinken nicht auf gewöhnliche Art. Sie bereiten ihre Lacke aus dem Absud von Schinken, Speck und gesalzenen Brüsten, welchem sie je 25 Gramm Tymian, Lorbeerblätter, Salbei und Wachholderbeeren beifügen, dies wird über 2 mit Zucker und Salpeter gut eingeriebene

Schinken gegossen und aufs Neue 6 Lorbeerblätter, entsprechend Salbei, Thymian und Wachholderbeeren hinzugefügt. Die Schinken bleiben 15—20 Tage, je nachdem sie mehr oder weniger fett sind, in dieser Lacke liegen, nach dieser Zeit kommen sie in den Rauch. In Lothringen werden die geräucherten Schinken in Asche gelegt, um sie aufzubewahren und zu erhalten. Sollen die Schinken verwendet werden, so weicht man sie 2 Tage lang ein, bürstet sie ab, wickelt sie in Sackleinen und kocht sie in weißem Wein, wozu eine Braisière verwendet wird.

1826. Lothringer Wurst.

2 Kilo sorgfältig gereinigtes Kalbsgekröse wird mit 1 Kilo Schweinefleisch vom Schinken klein geschnitten und in einer Schüssel mit 50 Gramm aromatischem Salz, (s. dieses), gewürzt, mit den Händen durcheinander gearbeitet und halbweite Rindsdärme damit gefüllt, auf Wurstlänge unterbunden, 8 Tage lang geräuchert und, wenn sie verspeist werden sollen, in Salzwasser gesotten, wenn sie erkaltet sind, angestochen und gebraten. Sie schmecken auch kalt sehr gut.

1827. Lyoner Wurst.

$^3/_4$ grünes Schweinefleisch, sehnenfrei, vom Filetbraten oder Bug, auch Schlegel, $^1/_4$ gesalzenes Schweinefleisch, sehnen- und faserfrei, werden mittelst der Hackmaschine fein zerhackt. Die Masse wird hierauf mit etwas Wasser vermengt (muß aber doch fest bleiben), sodann nach Geschmack mit aromatischem Salz gewürzt, ein klein wenig Salpeter und Salz zugegeben, alles gut durcheinander gemengt, in gesalzene Mitteldärme gefüllt und gebunden. Die Würste werden nun langsam angeraucht und in 75° heißem Wasser etwa 40 Minuten gekocht. Hierauf werden dieselben 5 Minuten etwa in kaltem Wasser abgekühlt, damit sie in kaltem Zustand ein schönes Aussehen erhalten.

1828. Netzwürste, flach gedrückt.

Ein Kilo Halsfleisch vom Schwein wird entfettet und zerhackt, etwas gewürfelter Speck darunter gemischt, gesalzen und gewürzt und 1 Deziliter Wasser daran gegossen, dann werden 8—10 cm lange, 5 cm breite und 4 cm dicke Würste daraus gemacht, mit dem gut gereinigten Netz umwickelt, geröstet und warm aufgetragen.

1829. Ochsen- oder Rauchfleisch zu salzen und zu räuchern. Erste Art.

Um ein recht wohlschmeckendes Rauchfleisch herzustellen, wird das zu räuchernde Fleisch dem frisch geschlachteten Tiere warm entnommen, sogleich in einem zuvor bereiteten Gemenge von einem Teil gepulvertem Salpeter mit 32 Teilen Kochsalz gehörig herumgewälzt, dann überall mit soviel Roggenkleie bestreut, als daran hängen bleiben will, und entweder unmittelbar oder in eine einfache Lage von Druckpapier eingewickelt in den Rauch gehängt. Die Kleie hält die brenzlichen Bestandteile des Rauches ab und verhütet zugleich das allzustarke Austrocknen des Fleisches durch die Wärme. Das auf diese Weise dargestellte Rauchfleisch besitzt eine dem stark geräucherten Lachs ähnliche Farbe, es schmeckt bei weitem angenehmer, als das in gewöhnlicher Weise bereitete, und konserviert sich auf lange Zeit.

1830. Andere Art.

Wähle Rindfleischstücke mit möglichst wenig Knochen, bestreue sie mit Salz, lasse sie einen Tag trocknen und reibe sie dann tüchtig mit einer Mischung von Kochsalz, etwas Salpeter- und ein wenig See- oder Steinsalz ein und lasse sie unter wiederholtem Einreiben 8 Tage lang in der Pöckelbrühe liegen. Mit 16 Tagen ist es aus der Pöckelbrühe zu nehmen, zu trocknen und kann dann so gekocht oder in den Rauch gehängt werden.

Um eine vorzügliche Pöckelbrühe zu bekommen, die auch zu Schweinsfüßen und Ohren zu verwenden ist, lasse man 1 Pfund Weizenkleie, 1 Lorbeer-, und 1 Rosmarinsprosse in 10 Liter Wasser und ¼ Pfund Salz ½ Stunde lang sieden, seihe es durch und wende es erst an, wenn es vollständig erkaltet ist.

1831. Dritte Art.

Ein fleischiges, nicht zu fettes Stück vom Ochsen oder Rind von 6 Kilo wird mit 15 Gramm Farinzucker und 10 Gramm pulverisiertem Salpeter eingerieben, in eine Pöckelstande gelegt und mit gekochtem Salzwasser übergossen, das auf der Wage 18 Grad zeigt. In den ersten 4 Tagen wird das Fleisch aufs Neue mit Zucker und Salpeter eingerieben, nach 10 Tagen aus der Lacke genommen, in die Rauchkammer gehängt und auf folgende Weise geräuchert. Im Ofen wird ein Kohlenfeuer angemacht, eine Lage Sägmehl darauf geschüttet, 4 Lorbeerblätter, etwas Thymian und 20 Wachholderbeeren darunter gemischt und mit verbrannt. Das Fleisch bleibt acht Tage in der Rauchkammer, während dessen wird das Feuer sorgfältig unterhalten und die Gewürzkräuter alle 2 Tage erneuert. Wenn das Fleisch in die Küche kommt, wird es in einer kurzen Brühe so weich gesotten, daß die Spicknadel leicht in das Fleisch eindringt. Ist das Fleisch abgetropft, wird es in Formen gepreßt und kalt, mit einigen Petersiliensträußchen geziert, aufgetragen.

1832. Ochsen- oder Rindfleisch, holländisch.

Möglichst knochenloses, mageres Rindfleisch bestreue mit Salz, lasse es 1 Tag lang trocknen, dann reibe es mit Kochsalz, etwas Salpeter und Zucker gut ein und reibe es 8 Tage lang täglich mit der Pöckelbrühe ein, dann aber wende es blos um. Nach 16 Tagen kann das Fleisch aus der Brühe genommen, getrocknet und geräuchert werden. Bei der Bereitung nach holländischer Art wird es gesotten, noch warm gepreßt und in Papier gewickelt. So kann man es 2—3 Monate aufbewahren und es ist zu Auflagen auf Butterbrot vorzüglich geeignet.

1833. Ochsenbrust zu salzen.

5 Kilo Ochsenbrust wird entsehnt, entbeint und nach der dritten Art eingesalzen, gesotten und als Frühstück oder als Jagdimbiß gegeben.

1834. Ochsen- oder Rindszunge zu salzen und zu räuchern. Erste Art.

Eine frische Ochsen- oder Rindszunge wird nach der dritten Art eingesalzen; soll sie geräuchert werden, wird sie wie das Ochsenfleisch, doch nur 6 Tage in die Rauchkammer gehängt und, wie oben gesagt, verfahren. Der zum Räuchern bestimmten Zunge wird die Knorpelhaut nicht abgezogen.

1835. Ochsen- oder Rindszunge zu salzen. Andere Art.

Von der frischen Zunge wird das Häutige und Fette weggeschnitten, mit Salz und für 5 Pfennig Salpeter tüchtig eingerieben, in eine Schüssel gelegt, noch einige Hände Sal und mehrere Wachholderbeeren dazu gethan, ein Brettchen darauf gelegt und mit einem Gewicht beschwert. Die Zunge darf im Sommer 8 Tage, im Winter 14 Tage im Salz liegen bleiben; man dreht sie auch öfters um.

1836. Preßkopf vom Schwein.

2 Schweinsohren und 1 Schweinsrüssel werden mit Gemüse und Gewürz weichgekocht und, wenn erkaltet, in längliche, dünne Scheiben geschnitten, ebenso ein Stück rote Zunge. Eine große Zwiebel wird fein gehackt und mit ¼ Glas weißem Essig eingedämpft, hierauf die Fleischstücke dazu gegeben und von der Brühe, in welcher das Fleisch gekocht wurde, darauf passiert, gesalzen und gepfeffert, einmal aufgekocht, mit etwas Essig oder Zitronensaft pikant gemacht und dann in eine Form eingefüllt. Wenn der Preßkopf gestanden, wird er gestürzt und zu kalten Platten aufgeschnitten oder als solche mit Sulz garniert zu Tische gegeben. Die Brühe kann man auch wie Sulz (siehe S. 89) klären und an das Fleisch geben.

Von Kalbskopf oder Kalbsfuß wird Preßkopf ebenso hergestellt.

1837. Preßsack.

Gesalzenes Schweinsohr und Rüssel werden ca. 1 Stunde gekocht und hierauf in längliche, fingerlange Stücke geschnitten. ½ Teil frisches Kalbfleisch und ½ Teil frisches Schweinefleisch werden sehr fein gehackt und mit Zusatz von warmer Fleischbrühe so lange gemengt, bis die Masse teigartig wird. Mit dieser Masse werden nun die geschnittenen Fleischstücke vermischt und mit aromatischem Salz gewürzt. Die Masse wird sodann in einen Schweinsmagen gefüllt und etwa 3—4 Stunden in 72° heißem Wasser gekocht (die Zeit ist von der Größe der Würste abhängig).

Diese Wurstsorte schmeckt äußerst schmackhaft und wird namentlich bei Metzelsuppen hergestellt.

1838. Rauchwurst, Straßburger.

Das Fleisch vom Schweinsbug wird gehäutelt und die Sehnen und Flechsen herausgeschnitten, dann mit 25 Gramm Salz, 1 Gramm Salpeter, 5 Gramm Muskatnuß, 5 Gramm Pfeffer im Verhältnis von 1 Kilo Fleisch gewürzt und mit 500 Gramm fettem Speck wurstklein gehackt und in Rindsdärme von 25—30 mm im Durchmesser gefüllt und in Längen von 15 cm unterbunden, dann in die Rauchkammer gehängt und 6 Tage geräuchert, bis sie gelb geworden sind. Aus der Rauchkammer werden die Würste kalt und trocken aufbewahrt und, ehe sie verspeist werden sollen, ½—¾ Stunden in Salzwasser gesotten.

1839. Rauchwürste. Andere Art.

1 Kilo Schweinsrippen und 1½ Kilo Bauchlappenfett werden, wie folgt, gewürzt: 25 Gramm Salz, 5 Gramm Pfeffer, 1 Gramm Salpeter, 1 Gramm Tymian, einige Lorbeerblätter, dann fein hachiert und in halbweite Rindsdärme gefüllt, diese auf die Länge von 12—15 cm unterbunden und wie die Straßburger Rauchwürste geräuchert und gesotten.

1840. Schinken, einzusalzen. Erste Art.

Nachdem die Schinken losgelöst sind, werden sie auf folgende Weise gesalzen und geräuchert: Hänge den Schinken einige Tage auf, bestreue ihn dann mit etwas Salz und trockne ihn am folgenden Tage ab, stoße 45 Gramm Salpeter, 45 Gramm Seesalz, 15 Gramm Prunellsalz und 1 Pfund Rohzucker und reibe ihn 4 Tage lang täglich damit ein; nach dem vierten Tage lasse ihn ruhig in der Brühe liegen. Ehe er zum Räuchern aufgehängt wird, ist er abzutrocknen und mit Kleie zu bedecken. Bei anhaltendem und starkem Rauch ist er in 10 Tagen durchgeräuchert, bei schwachem Rauch braucht er natürlich länger.

1841. Schinken, einzusalzen. Andere Art.

Der Schinken wird 2—3 Tage aufgehängt, dann mit Salz bestreut und nach dem Abtrocknen in eine Pöckelbrühe von 1½ Liter starkem Bier, ¼ Liter Syrup, 60 Gramm Wachholderbeeren, 30 Gramm Pfeffer, 30 Gramm Piment, 30 Gramm Salpeter, 15 Gramm Prunellsalz, 1 Hand voll Kochsalz, 1 Schalotte, alles fein gestoßen, gelegt, nachdem diese Brühe zuvor einige Minuten gekocht wurde. Ein Schinken von 10 Pfund kann mit dieser Brühe gemacht werden, wenn man ihn 14 Tage lang darin umwendet und einreibt. Dann wird er in dünne Leinwand genäht und wenigstens 3 Wochen lang in Rauch gehängt.

1842. Schinken, ohne Pökel, zu räuchern.

Sobald das Schlachtgeschäft vorüber ist, werden die Schinken ausgehauen, auf ein Brett gelegt und überall tüchtig, wohl 1 Stunde lang, mit Salz und Salpeter eingerieben. (Zu 1 Liter Salz 1 voller Löffel Salpeter gemischt.) An die Knochen reibt man etwas mehr Salz und fügt für diesen noch gestoßenen Pfeffer hinzu, um der an ihnen zuerst entstehenden Fäulnis zu begegnen. Sobald die Einreibungen verrichtet sind, wird der Schinken ohne weitere Einpökelung in den Rauch gehangen und gebraucht nun keiner längeren Zeit zum Gutwerden, als wenn er eingepökelt gewesen wäre. Daß die ganze Kraft im Schinkenfleisch geblieben, hierin liegt der große Vorzug, wie er überhaupt viel zarter in dieser Einreibebehandlung wird, als der wochenlang gepökelte Schinken.

1843. Schinkenwurst.

1 Teil Kalbfleisch, 1 Teil gesalzenes Kalbfleisch, 1 Teil frisches und 1 Teil gesalzenes Schweinefleisch von dem Schlegel oder Bug, aber sehnen- und fehlerfrei, das Kalbfleisch sehr fein gehackt, das Schweinefleisch grob geschrotet, werden mit etwas Wasser gut durcheinander gemengt, mit aromatischem Salz und etwas Salpeter (nach Geschmack auch etwas zerriebenem Knoblauch und Zwiebel) gewürzt und in Mitteldärme gefüllt. Räuchern und Abkochen, wie in Nr. 1827, bei Lyoner Wurst.

1844. Schweinsbrust zu salzen und zu räuchern.

Die Schweinsbrust wird wie der Schinken gesalzen, während 4 Tage mit Farinzucker und Salpeter eingerieben, nach 20 Tagen aus der Lacke genommen und 8 Tage in Rauch gehängt. Wenn die Brust nicht geräuchert werden soll, so wird sie mit grobem Salz bestreut und an einem trockenen und kalten Ort auf eine Platte gelegt und zugedeckt.

1845. Schweinefleisch, einzupökeln.

Folgende Verhältnisse gelten für die mittleren Teile eines ziemlich großen Schweins, nachdem die Schultern- und Keulenstücke entfernt sind. — Mische ¼ Pfund Salpeter, 1 Pfund Rohzucker, ⅛ Pfund Prunellsalz, welches dem Fleische eine helle Farbe giebt, und 4 Pfund Steinsalz und lege die Fleischstücke, die vorher mit Kochsalz bestreut, 24 Stunden aufgehängt und dann wieder abgewischt worden waren, hinein, reibe sie nach 2 Tagen mit der Salzbrühe tüchtig ein, packe sie dann ganz fest aufeinander und lege Steine darauf, daß die Brühe darüber geht. Hält man das Fleisch von der Luft frei, so kann man es ein ganzes Jahr aufbewahren, oder es ist ausgezeichnet zum Räuchern, wenn man es nach 8 Tagen aus der Brühe nimmt, abtrocknet und in den Rauch hängt.

1846. Schweinsleberkuchen.

Eine rohe, enthäutete Schweinsleber wird gehackt und gestoßen, ebenso die Hälfte des Gewichts roher, grüner Speck. Man giebt 1 Löffel Mehl, 2 oder 3 Eigelb, aromatisches Salz und eine halbe, gehackte Zwiebel dazu und arbeitet alles gut durcheinander. Eine glatte Form ohne Cylinder oder eine Porzellanschüssel legt man mit Speckscheiben aus oder mit einem Schweinsnetz und füllt die Masse ein und giebt sie etwa 1½—2 Stunden in den Ofen. Nach dem Erkalten in der Form stürzt man sie auf eine Platte und giebt sie zu Tisch.

1847. Schweins-, Kalbs- und Hammelzunge.

Diese Zungen werden wie die Ochsenzungen behandelt, doch bleiben die beiden ersten 8 Tage, die Hammelzunge dagegen nur 6 Tage im Salz liegen.

1848. Spanische Wurst.

500 Gramm Fleisch vom Schinken und ebensoviel Speck werden, wie folgt, gewürzt: 12 Gramm Salz, 5 Gramm Piment (Jamaika-Pfeffer), 3 Gramm Safranpulver, 1 Gramm Thymian, 1 Gramm Lorbeerblätter, gestoßen. Das Fleisch und der Speck werden hachiert und in halbweite Rindsdärme gefüllt, in Würste von 10 cm Länge unterbunden und 4—6 Tage in den Rauch gehangen, dann trocken und kalt aufbewahrt und später in Salzwasser gesotten.

1849. Speck, auszulassen.

Grüner Speck wird in kleine Würfel geschnitten, einige Löffel Wasser dazu gegossen und in einer gut verzinnten Kasserole langsam erhitzt, häufig gerührt, damit es nicht anhängt und so lange auf dem Feuer gelassen, bis das Fett hell und klar ausgesotten ist, hierauf passiert, gepreßt und zum Gebrauche in Töpfe gefüllt. Die Grieben sind sehr gut zu Salaten, auch zum so essen.

1850. Speck zu salzen.

Die Speckseite wird während eines Monats in die bekannte Lake, (siehe Nr. 1831) gelegt, dann herausgenommen, mit grobem Salz bestreut und etwas beschwert, dann wird sie alle 6 Tage umgewendet und nach einem weiteren Monat, wenn der Speck fest und hart ist, wird er an einem kalten Ort in trockener Luft aufgehängt.

1851. Speckseiten, einzusalzen.

Die Speckseite wird 24 Stunden zum Abtrocknen aufgehängt, dann mit Salz bestreut, nach 24 Stunden abgetrocknet und nun mit einer Mischung von 1½ Pfund Rohzucker, 1½ Pfund Salz, 180 Gramm Salpeter, 4 Pfund Steinsalz tüchtig eingerieben, vier Wochen lang täglich darin umgewendet und mit der Brühe benetzt, endlich zum Trocknen aufgehängt und dann 14 Tage einem ziemlich starken Holzrauch ausgesetzt. — Mit der angegebenen Quantität kann man 140 bis 160 Pfund Fleisch und noch mehr gehörig einsalzen und sehr schmackhaft machen.

1852. Sulzwurst.

500 Gramm mageres Schweinefleisch, 150 Gramm ungesalzener Speck, 100 Gramm Schwarten werden weich gekocht, wenn sie kalt sind, gewürfelt, mit Salz, Pfeffer, gestoßenen Nelken und Cardamomen gewürzt, mit Fleischbrühe und Schweineblut angegossen und der indessen gereinigte Schweinsmagen damit gefüllt und unterbunden. Wenn diese Wurst zum Erkalten auf das Eis gebracht werden soll, so wird sie zwischen 2 Brettchen gelegt und diese entsprechend beschwert.

1853. Weißwurst.

Ein Kilo vom Schweinsfilet wird entfettet und entsehnt, mit 500 Gramm Bauchlappenfett, ohne Haut und Nerven, zerhackt nnd zerstoßen, mit Salz und Muskatnuß gewürzt; dann werden 1 Deziliter Milch mit 5 Gramm Butter gekocht und 50 Gramm Mehl eingerührt, diese Panade ziemlich dick eingekocht, doch so, daß sie nicht anbrennt, dann werden 2 Eiweiß angerührt und, wenn alles erkaltet ist, wird es mit dem Fleisch abgerieben, 1½ Deziliter Mandelmilch daran gegossen, alles zusammen durchgetrieben, 3 zu Schaum geschlagene Eiweiß beigefügt, wenn nötig, noch einmal gewürzt, die Därme damit gefüllt, diese auf 15 Zentimeter Länge unterbunden, in Salzwasser, ohne zu sieden, erwärmt, zur Hälfte erkaltet, herausgenommen, abgetrocknet und, nachdem sie ganz erkaltet sind, angestochen und bei bescheidenem Feuer gebraten und sehr heiß aufgetragen.

1854. Westphälische Leberwurst.

Zwei Schweinslebern werden gut ausgewaschen, gehäutelt, geklopft, zerstoßen und durch ein Sieb getrieben, dann mit 500 Gramm gedämpftem, magerem Schweinefleisch, 250 Gramm Kalbfleisch, beides zusammen wurstklein gehackt, dann mit 500 Gramm gewürfeltem, frischem Speck vermischt, mit Salz, Pfeffer und Nelken gewürzt, aus 250 Gramm Weizenmehl mit der Schweinefleischbrühe ein Brei gemacht, die Wurstmasse darunter gerührt und weite Schweinsdärme damit aufgefüllt, die auf Wurstlänge unterbunden werden. Die Würste werden nach einer Stunde in siedendes Salzwasser gelegt, leicht gedämpft und, nachdem sie erkaltet sind, geräuchert.

1855. Wildschweinswurst.

Das Fleisch der Schultern vom Wildschwein wird mit aromatischem Salz eingerieben, mit einem Spritzchen Salpeter bestreut und nach 2 Stunden fein hachiert. Mit diesem Haché werden 150 Gramm gewürfelter Speck vermischt, die Masse in eingesalzene und wieder eingeweichte Därme gefüllt, wie die vorigen Würste unterbunden und wie die Geflügelwürste gesotten. In gleicher Weise werden Hirsch-, Reh- und Gemswürste bereitet. Sie müssen, bevor sie gut sind, 2 Monnte an einem kalten Orte aufbewahrt werden; nicht weniger gut schmecken sie, wenn sie 8 Tage im Rauch gehangen haben.

1856. Wildschweinsblutwurst.

200 Gramm Zwiebel werden blanchiert und geschnitten, in 30 Gramm Schweinefett leicht gedämpft, dann läßt man sie erkalten, gießt 1 Liter Wildschweinsblut daran, das durch ein Sieb getrieben worden, mischt 150 Gramm gehacktes Bauchfett dazu, würzt es mit 25 Gramm aromatischem Salz und 3 Gramm zerwiegtem und leicht gedämpftem Salbei, füllt die vorbereiteten Därme damit und unterbindet sie nach Wurstgröße und bringt sie so lang in heißes, doch nicht kochendes Wasser, bis kein Blut mehr abläuft, wenn der Darm mit der Nadel angestochen wird. Sind die Würste erkaltet, so können

sie kalt genossen werden, oder sie werden in Stücke zerlegt und diese auf dem Rost gebraten.

1857. Zamponi di Modena.

Vier Schweinsvorderfüße werden sorgsam abgezogen, so daß die Haut nicht beschädigt wird, dann wird das Fleisch mit den Knochen und vier Kalbsfüßen leicht blanchiert, dann verkühlt, das Fleisch losgelöst und wurstklein gehackt. Darunter wird gemischt 100 Gramm vom Kalbsschlegel und 100 Gr. kleingewürfelter, frischer Speck. Diese Masse wird gewürzt mit Salz, Pfeffer, gehackten Trüffeln, und wenn es zur Hand ist, mit 30 Gr. indischem Karik, (s. Nr. 1811), dann in die abgezogene Haut der Schweinsfüße gefüllt, diese an beiden Enden zugebunden, 8 Tage in die unter Nr. 1831 beschriebene Pökelbrühe gelegt, dann herausgenommen, 24 Stunden lufttrocken aufgehängt und dann langsam geräuchert. Vor dem Gebrauch werden sie in kaltes Wasser gelegt, dann abgetrocknet und bei mäßigem Feuer in ein Tuch gebunden, 2 Stunden leicht gedämpft, dann läßt man sie in der Brühe erkalten, nimmt sie heraus, bindet das Tuch auf und giebt sie, in feine Scheiben aufgeschnitten, als kalte Beilage zu allerlei Gemüsen; außerdem schmecken sie vortrefflich als Beilage zum Thee oder als Frühstück mit einer Senfsauce.

1858. Zungenwurst, geräuchert.

Die Schweinszungen werden mit Salz und Salpeter eingerieben, dann gekocht und gehäutelt. Außerdem werden Herz, Nieren, das Halsstück und 500 Gr. vom Brustlappen eines Schweines in Salzwasser gedämpft. Nachdem dies erkaltet, wird alles Knorpelige davon entfernt und das Fleisch klein gewürfelt, mit 50 Gramm aromatischem Salz, (s. Nr. 1810) gewürzt und etwas frisches Schweineblut und Schweinefleischbrühe eingerührt. Dann nimmt man 2 Schweinsmägen, füllt die Masse hinein und steckt je eine Zunge in die Mitte, bindet den Magen zu, läßt die Würste im Salzwasser kochen und bringt sie, nachdem sie erkaltet sind, mit leichtem Druck unter die Wurstpresse oder legt sie über Nacht zwischen zwei Brettchen mit einem Druck von 10—12 Pfund, hernach werden die Würste geräuchert und dann an einem zugfrischen Ort aufgehängt und kalt gegeben.

1859. Zwiebelwurst, geräuchert.

Die rohe Schweinsleber wird gehäutelt, entsehnt und fein gehackt, dann wird etwas gewürfelter Speck, die Lunge, das

Herz und etwas Bauchlappenfleisch, die letzteren drei Teile gedämpft und gehackt, und 3 verwiegte, in Butter gedämpfte Zwiebeln darunter gemischt, das Brät mit aromatischem Salz gewürzt, in Schweinsdärme gefüllt, diese unterbunden, die Würste in Salzwasser gedämpft und geräuchert.

18.

Eier- und Mehl-Speisen.

A. Eierspeisen.

Die Eierspeisen nehmen in der Küche einen hervorragenden Platz ein, und ist es für jede Hausfrau von großem Wert, durch derartige Speisen sowohl dem Frühstückstisch als auch den übrigen Mahlzeiten eine angenehme Abwechslung geben zu können. Da die Eierspeisen bekanntlich sehr nahrhaft sind, so sind sie in erster Linie auch als Ersatz für Fleischnahrung zu betrachten. Sie sind leicht herzustellen, nehmen nicht viel Zeit in Anspruch, ja es genügt ein kleiner Gasapparat zur Herstellung derselben.

1860. Eier weich zu kochen. Oeufs à la coque.

Die zum Kochen zu verwendenden Eier müssen möglichst vom gleichen Tage und frisch sein.

Man legt die frischen Eier, wenn sie abgewaschen sind, mittelst eines Schaumlöffels in kochendes Wasser und kocht sie 3—4 Minuten oder benützt hiezu die Eieruhr. Beim Servieren legt man sie auf eine gefaltete Serviette oder unter dieselbe (siehe Fig. 272—273) und serviert Eierbecher, frische Butter und geröstete Brötchen dazu.

Um Eier weich, halbweich oder hart zu kochen und um die hiezu nötige Zeit einzuhalten, bedient man sich am besten einer Eieruhr, entweder der schon längst bekannten Sanduhr oder der neuen, sehr praktischen Eieruhr, bei welcher die verschiedenen Kocharten durch das Fallen einer Kugel auf eine Glocke zur rechten Zeit angezeigt werden.

1861. Eier halb weich zu kochen (flaum- oder wachsweich). Oeufs mollets.

Diese werden 5—6 Minuten in kochendes Wasser gelegt, sodann in kaltes Wasser gegeben und vorsichtig geschält. Da diese Eier meist zu Garnituren von Gemüse, Spinat u. s. w. gegeben werden, so legt man sie geschält vor dem Gebrauch in warmes Wasser und umlegt das Gemüse mit den ganzen Eiern.

1862. Eier hart zu kochen. Oeufs durs.

Um harte Eier zu kochen, legt man sie etwa 8—10 Minuten in kochendes Wasser, alsdann zum Erkalten und Schälen in kaltes Wasser und verwendet sie namentlich zum Garnieren von kalten Speisen, zu Mayonnaisen, Salaten, zum Belegen von Brötchen u. s. w.

1863. Eier, ausgestochen. Oeufs au miroir.

In eine Sautépfanne giebt man einige Stücke Butter und, wenn diese heiß ist, schlägt man ganze Eier in dieselbe, doch so, daß, wenn das Eiweiß angezogen hat, mit dem Einlegen derselben fortgefahren wird. Sind die Eier sämtlich eingelegt, giebt man dieselben etwa 5 Minuten in den heißen Ofen, salzt sie sodann und sticht mit einem runden, glatten Ausstecher die Eier groß genug rund um das Eigelb aus, nimmt sie mit einer Backschaufel aus dem Geschirr und garniert damit Gemüse, Platten u. s. w.

1864. Eier, eingeschlagen.

Siehe Spiegeleier (Nr. 1911).

1865. Eier, aufgezogen.

Eine flache Porzellan- oder Eierplatte wird dick mit Butter bestrichen, 6—8 verrührte und gesalzene Eier in dieselbe gegeben, auf Kohlenfeuer gesetzt, einige kleine Stückchen Butter darauf gegeben, eine glühende Schaufel darüber gehalten, bis sie auflaufen, worauf man sie sofort serviert.

Schinken oder Wursttranchen können leicht angebraten auf den Boden der Schüssel gelegt werden, die Eier darüber gegossen und fertig gemacht und serviert werden, wie oben beschrieben.

1866. Eier-Fricassée von geschnittenen Eiern.

Auf eine Person nimmt man gewöhnlich 2 Eier, siedet sie hart und läßt sie kalt werden. Dann schält man auf 6 Eier eine mittelgroße Zwiebel und schneidet sie ganz fein, ferner wird eine Hand voll gewaschener Petersilie ebenfalls so fein wie möglich geschnitten und beides, die Zwiebel und die Petersilie, dann in 60 Gramm frischer Butter gedämpft, bis sie recht weich sind, ein kleiner Löffel feines Mehl darauf gestreut und mit ½ Liter guter Fleischbrühe (an Fasttagen Wasser oder Erbsenbrühe) aufgefüllt, wie auch Pfeffer, Salz und Muskatenblüte daran gethan, und nun läßt man es noch eine Viertelstunde kochen. Die Eier werden unterdessen abgeschält, das Gelbe herausgenommen und das Weiße nach Belieben (in Halbe oder Viertel) geschnitten. Das Gelbe nimmt man zu der Sauce, läßt es recht heiß werden und richtet es zusammen an. Man kann auch nach Belieben ein wenig Essig und Kapern dazu thun und mitkochen lassen. Zur Abwechslung können auch Morcheln und Spargeln dazu gethan werden; einige Eigelb kann man zerhacken und um den Rand streuen, wenn angerichtet ist, es giebt ihm ein hübscheres Ansehen.

1867. Eier-Fricassée von verlorenen Eiern.

Siehe Verlorene Eier, Fricassée (Nr. 1905).

1868. Eier, gefüllt. Oeufs farcis.

Etwa 6 Eier werden hart gekocht, in ihren Schalen der Länge nach geteilt und das Gelbe herausgenommen. Das Eigelb wird sodann in einer Schüssel zerdrückt, mit eben so viel Butter zerrührt, 1 rohes Ei, 1 Löffel Panierbrot oder ein in Milch eingeweichtes Milchbrot, gut ausgedrückt, dazu gegeben, ebenso 1 Theelöffel gehackter Petersilie, Pfeffer und Salz; man streicht diese Farce sodann durch ein Haarsieb, rührt sie gut durch und streicht sie in die Eier an Stelle des Eigelbs. Auf jedes Ei giebt man etwas zerlassene Butter, stellt die Eier auf Salz auf ein Blech und giebt sie etwa 6—8 Minuten in den Ofen. Man richtet die Eier auf einer Serviette im Kranz an, giebt in die Mitte Petersilie, einige Zitronenstücke und serviert. Auch als Garnitur zu Gemüse zu verwenden.

1869. Eier, gefüllt mit Sardellen.

Die Eier werden ebenso behandelt wie die vorhergehenden, unter die Farce etwa 3—4 gut gereinigte Sardellen gehackt und mit dem übrigen durchs Sieb gestrichen und ebenso serviert, wie oben gesagt.

1870. Eier, gefüllt mit Sardellensauce.

Man kann die Eier auch ohne Schalen auf eine mit Butter bestrichene Gratinschüssel stellen und etwas Sardellen-

oder Buttersauce über die Eier geben, im Ofen fertig machen und mit der Gratinschüssel servieren.

1871. Eier, gefüllt mit Krebsen.

Die hartgekochten Eier werden mit der Schale halbiert, das Gelbe herausgenommen und durchs Sieb passiert. Von 18 Krebsen werden die Scheeren und Schwänze ausgebrochen, in kleine Stückchen geschnitten und zu dem passierten Eigelb gegeben. 2 rohe Eigelb, etwas Salz und Pfeffer, sowie ein kleines Stückchen Butter rührt man dazu, ebenso 1 Eßlöffel Panierbrot oder ½ eingeweichtes, gut ausgedrücktes Milchbrot. Die gut durchgerührte und abgeschmeckte Masse füllt man erhaben in und auf die Eier. Von den Schalen der Krebse stellt man eine Krebsbutter her, welche man, wenn die Eier auf Salz auf ein Blech gesetzt sind, über die Eier gießt und diese sodann in heißem Ofen in etwa 6—8 Minuten fertig macht.

Man kann die Eier auch ohne Schalen auf einer Gratinschüssel mit einer fertigen Krebssauce im Ofen fertig machen.

1872. Eier, gefüllt au gratin.

Etwa 10 hartgekochte Eier werden geschält, halbiert und das Gelbe herausgenommen. Unter in Butter angedünstete, gehackte Champignons und Zwiebeln giebt man einige Löffel Allemande und legiert diese Sauce mit 2 Eigelb und füllt die Eier damit. Das harte Eigelb zerrührt man in einer Schüssel mit 50 Gramm Butter und 5 in Milch eingeweichten, gut ausgedrückten Milchbroten, 3 rohen Eigelb, Salz, Pfeffer, geriebener Muskatnuß, passiert diese Farce durch ein Haarsieb und streicht sie über die eingefüllte d'Huxellesauce, die Eier vollständig damit überdeckend, daß sie ihre ganze Form wieder bekommen. Mit dem Rest der Farce streicht man eine Gratinschüssel aus, legt die Eier neben einander, daß sie bis zum Rand derselben mit Farce umgeben sind, streut geriebenen Parmesankäse und Panierbrot, gießt geschmolzene Butter darüber und stellt die Schüssel zum Gratinieren etwa ¼ Stunde in den Ofen.

Die einzelnen halben Eier können auch in der Schale auf die eben beschriebene Art hergestellt und so im Ofen gratiniert werden, um als Garnitur verwendet zu werden.

1873. Eier, gebacken. Oeufs frits.

Um Eier zu backen, ist es notwendig, jedes Ei einzeln für sich zu machen. In eine kleine, tiefe, eiserne Pfanne giebt man etwas Oel, Butter oder Schweinefett, hält die Pfanne schräg, damit das Oel oder Fett auf einer Seite ist, und läßt es heiß werden. Das Ei schlägt man sodann auf einen kleinen Teller und läßt es sodann in das heiße Fett oder Oel laufen. Sowie sich das Eiweiß zusammenzieht, sucht man es mittelst einer Gabel um das Gelbe zu ziehen, so daß dies von allen Seiten von Eiweiß eingeschlossen ist. In einigen Minuten hat das Eiweiß Farbe und ist das Ei gebacken. Man legt es sodann auf Papier, salzt es leicht und giebt es zu Tische. Entweder verwendet man sie zur Garnitur von Ragouts oder Gemüsen oder als Speise für sich.

1874. Eier, gebacken, mit Tomatensauce.

Die fertig gebackenen Eier werden auf runder Platte im Kranze angerichtet, gebackene Petersilie in die Mitte gegeben, mit Zitronenstücken garniert und mit einer Saucière Tomatensauce zu Tische gegeben.

1875. Eier, gerührte, sogenannte Rühreier. Oeufs brouillés.

In eine Schüssel schlägt man 4—6 ganze Eier aus und zerquirlt oder zerschlägt sie mit einem Schlagbesen, giebt Salz, Muskatnuß und 2 Löffel süßen Rahm zu. 60 Gramm Butter läßt man in einer Kasserole zergehen, giebt die Eier dazu, sowie noch etwa 50 Gramm zerpflückter Butter und rührt nun auf mäßigem Feuer mittelst eines Holzlöffels die Eiermasse fest vom Boden, so lange damit fortfahrend, bis die Eier dicklich, jedoch leicht und nicht fest werden, worauf man sie auf heißer Platte zu Tische giebt.

Für 1 Person rechnet man 3 Eier. Die Rühreier dürfen nicht lange stehen, da sie sonst hart und ungenießbar werden. Für Kranke sehr gut, weil leichtverdaulich und nahrhaft. Statt des Rahms kann man auch Fleischbrühe, Consommé oder Liebigs Fleischextrakt anwenden.

1876. Eier, gerührte, mit Käse.

Kleine Stückchen Edamer- oder Emmenthalerkäse, auch geriebener Parmesankäse wird in die aufgeschlagenen Eier gegeben und weiter, wie oben gesagt, behandelt.

1877. Eier, gerührte, mit Sardellen oder Lachs.

Die Sardellen entgrätet, in kleine Stückchen geschnitten, ebenso auch der Lachs wird unter die Eier gegeben und ebenso fertig gestellt, wie oben erwähnt.

1878. Eier, gerührte, mit Schinken oder Wurst.

Der Schinken, nicht fett, oder eine geräuchte Wurstsorte wird in Stücke geschnitten, unter die Eier gerührt und im übrigen fertig gemacht, wie schon beschrieben. Man kann den Schinken auch gehackt darunter geben oder die Schinkenstücke erst in heißer Butter leicht anbraten.

1879. Eier, gerührte, mit Trüffeln.

Eingemachte oder in Madeira gekochte Trüffeln werden in Tranchen geschnitten, mit den Eiern, wie schon mehr erwähnt, fertig gemacht. Champignons und Morcheln sind ebenso zu verwenden.

1880. Eier, gerührte, mit Spargelspitzen.

Weich blanchierte Spargelspitzen werden mit den Eiern, wie oben besprochen, hergestellt. Eingemachte Spargelspitzen, feingeschnittene Zwiebeln in Butter gedämpft, ebenso Schnittlauch fein geschnitten können ebenfalls zu Rühreier verwendet werden.

1881. Eierkuchen, französisch oder Omelette naturelle.

Da der geläufigere Ausdruck für französischen Eierkuchen Omelette ist, so will ich in den folgenden Rezepten auch diesen Namen beibehalten.

Die Omelette unterscheidet sich von den mit dem Namen Eier- oder Pfannkuchen benannten Speisen dadurch, daß kein Mehl zu den Eiern genommen wird und kein flacher Kuchen, sondern ein aufgerollter gebacken wird.

Sehr zu beachten ist, daß die schwarze Pfanne, in welcher gebacken wird, sehr rein ist, da die Omelette zu leicht am Boden anhängt. Deshalb ist es gut, in einer Küche, wo viel Omeletten gebraucht werden, immer dieselbe Pfanne zu diesem Zweck zu halten.

Für eine Person rechnet man gewöhnlich 3 Eier. Von mehr als zwölf Eiern sollte keine Omelette gemacht werden.

9 Eier werden in eine Schüssel ausgeschlagen, Salz, etwas Pfeffer, sowie einige kleine Stückchen Butter dazu gegeben und das Ganze mit einem Schlagbesen gut durcheinander geschlagen. Eine schwarze Pfanne setzt man auf lebhaftes Feuer, giebt ein Stückchen Butter, etwa 50 Gramm, in dieselbe, und wenn dieses heiß, die ausgeschlagenen Eier hinein. Hierauf arbeitet man mit einer langen Gabel die Eier durcheinander, so daß

sie gleichmäßig in der Pfanne anziehen und nach und nach fest werden. Die Pfanne wird mit der einen Hand fortwährend gedreht, solange man mit der Gabel die Eier verarbeitet. Haben die Eier gleichmäßig angezogen, rollt man sie zusammen oder schlägt sie auf beiden Seiten gegen die Mitte zusammen und giebt der Omelette eine hellgelbe Farbe, worauf man sie auf eine ovale Platte giebt und serviert.

Für die Eierspeisen sind stets Porzellanplatten zu nehmen, da Silber, Christofel oder Nickel bei längerem Stehenbleiben anziehen und schwarz werden.

1882. Omelette mit Austern.

Auf eine Person rechnet man 3 Austern, öffnet diese, nimmt sie aus der Schale und blanchiert sie in ihrem Wasser mit etwas Weißwein. Von der Essenz macht man mittelst etwas weißer Mehlschwitze eine dickliche Sauce, zieht diese mit 1 Eigelb ab, giebt die Sauce durch ein Sieb über die Austern und stellt dies im Wasserbad heiß. Hat man nun die Omelette, wie in Nr. 1881 gesagt, fertig gestellt und auf die Porzellanplatte angerichtet, macht man in die Mitte derselben mittelst eines Messers der Länge nach einen Einschnitt und füllt in diesen die Austern samt der Sauce ein und giebt sie zu Tische oder man legt die Austern um die Omelette und giebt die Sauce auf die Austern.

1883. Omelette mit Champignons.

Frisch gekochte oder eingemachte Champignons werden entweder ganz oder in Scheiben in eine dicke, fertige, weiße Sauce gegeben und damit eine fertige, aufgeschnittene Omelette gefüllt.

1884. Omelette mit Erbsen.

Blanchierte Erbsen oder Büchsenerbsen werden mit einigen Löffeln heißer Allemande, mit Zucker, Salz und gehackter Petersilie geschwungen und in eine fertige, aufgeschnittene Omelette eingefüllt.

1885. Omelette mit feinen Kräutern.

Die verschiedensten Kräuter, Petersilie, Schnittlauch, Kresse, Estragon u. s. w. werden fein gewiegt und wenn sie ausgewaschen, zu den ausgeschlagenen Eiern der Omelette gegeben, gesalzen und diese hergestellt, wie oben beschrieben.

1886. Omelette mit Gansleberpurée.

Eine kleine Leber wird gekocht, wie in Nr. 1489 gesagt, und, wenn erkaltet, durch ein Sieb getrieben und mit einer dick eingekochten, mit 2 Eigelb legierten Madeirasauce zu einem nicht zu dicken Purée warm angerührt. Dieses Gansleberpurée, unter welches man gehackte Trüffeln gegeben, wird in eine aufgeschnittene Omelette eingefüllt und sehr heiß serviert.

1887. Omelette mit Hühnerleber.

Gut gereinigte und in kleine Stücke geschnittene Hühnerleber werden mit gehackten Zwiebeln in Butter sautiert, mit ein wenig Mehl aufgestaubt, 1 halbes Glas Weißwein daran gegossen, etwas gute Jus oder Fleischbrühe daran gegeben und rasch dicklich eingekocht. Eine Omelette wird nach Vorschrift hergestellt, aufgeschnitten, zu den Hühnerlebern etwas Madeira gegeben und die Omelette damit gefüllt.

1888. Omelette mit Käse.

Ein Stück Emmenthaler wird in kleine, viereckige Stückchen geschnitten und diese unter die ausgeschlagenen Eier gemischt. Ist die Omelette fertig, so streut man geriebenen Schweizer- oder Parmesankäse auf dieselbe und serviert sie sofort.

1889. Omelette m. Krebs oder Crevettenschwänzen.

Von 1 oder 2 Dutzend Krebsen werden die Schwänze und Scheeren ausgebrochen, die Schalen gestoßen und zu Krebs-Butter gemacht, eine dickliche Allemandesauce an die Schwänze gegossen, die Krebsbutter daran gegeben und eine aufgeschnittene Omelette damit gefüllt.

Von Crevetten oder Hummerfleisch ebenso gemacht.

1890. Omelette mit Krebs, Hummer oder Crevettenragout.

Ein Krebsragout, nach Nr. 1564 hergestellt, wird in eine aufgeschnittene Omelette angerichtet und sehr heiß zu Tische gegeben.

1891. Omelette mit Lachs.

Man kann den Lachs in Stücke geschnitten unter die ausgeschlagenen Eier geben und die Omelette so fertig machen, oder man serviert zu einer fertigen Omelette den Lachs in Tranchen geschnitten auf einer Extra-Platte

1892. Omelette mit Nieren.

Fein geschnittene Nieren werden ebenso sautiert und zubereitet, wie bei Hühnerleber gesagt worden ist, und die Omelette damit vollendet.

1893. Omelette mit Ragout.

Mit einem Hühner- oder Brieschenragout wird eine aufgeschnittene Omelette gefüllt und serviert.

1894. Omelette mit Schinken.

Magerer Schinken wird in kleine Stücke zerschnitten, diese in etwas Butter geröstet, dann zu den aufgeschlagenen Eiern gegeben und die Omelette nach Vorschrift fertig gestellt.

1895. Omelette mit Spargelspitzen.

Die nicht zu weich blanchierten Spargelspitzen oder auch eingemachte werden in einer dicklichen Butter- (Nr. 385) oder Allemandesauce geschwungen, in eine aufgeschnittene Omelette eingefüllt und serviert.

1896. Omelette mit Trüffeln.

Die in Rotwein gekochten, geschälten Trüffeln werden in Scheiben geschnitten, zu den aufgeschlagenen Eiern gegeben und die Omelette fertig gemacht. Oder man giebt die Trüffelscheiben unter eine dick eingekochte Madeirasauce, kocht sie mit dieser auf und füllt damit eine aufgeschnittene Omelette.

1897. Omelette mit Zwiebel.

Eine große Zwiebel wird in Scheiben und in einem Stück Butter weich gedämpft, hierauf unter die ausgeschlagenen Eier gemengt und die Omelette wie oben fertig gemacht.

1898. Eier-Pie.

Eine tiefe Porzellanplatte wird mit Butter bestrichen, Kartoffeln in Scheiben geschnitten, auf den Boden der Platte gegeben, Schnittchen von hartgesottenen Eiern darauf gelegt, dann wieder Kartoffeln, abermals Eier u. s. f.. Nun rührt man zerlassene Butter, etwas Salz, Muskatnuß, 5 ganze Eier, ¼ Liter sauren Rahm untereinander, gießt dies über die Speise und äßt es im Bratrohr etwa ¼ Stunde backen.

1899. Eier-Ragout.

Man siedet für 4 Personen 8—10 Eier hart, schält sie ab, schneidet sie von einander und thut das Gelbe heraus. Dann wird eine Zwiebel in zarte Scheiben geschnitten, in einem Stückchen Butter weich gedämpft, ohne daß sie gelb werden. Hierauf zerdrückt man das Gelbe der Eier, rührt dies mit 2 Löffeln süßem Rahm, Salz und Pfeffer zu den gedämpften Zwiebeln und läßt es zusammen aufkochen. Das Weiße von den Eiern wird dann mit dem Gedämpften gefüllt. Eine Buttersauce (Nr. 385) wird über die Eier gegossen und in einer Saucière extra dazu serviert.

1900. Eierkuchen oder Polster.

Man gießt ¾—1 Liter Milch über 3 kleingeschnittene Wecken, läßt dies 1 Stunde stehen, rührt 12 mit etwas Salz verklepperte Eier, eine Hand voll Schnittlauch, etwas feingehackte Zwiebeln und, wenn man will, etwas kleingeschnittenes, dürres Fleisch dazu. In einer schwarzen Pfanne läßt man etwas Butter zergehen, gießt den Teig darein und backt den Kuchen langsam auf Kohlen aus, was in etwa 1 Stunde geschehen sein wird. Man giebt ihn meist mit Salat zu Tisch. Wer ihn süß will, läßt das Salz weg und giebt statt des Schnittlauchs und Zwiebeln Rosinen und Zucker daran.

1901. Eier, verlorene. Oeufs pochés.

Eine tiefe Kasserole setzt man mit viel Wasser aufs Feuer, giebt Salz und etwas Essig dazu. Wenn das Wasser zu kochen anfängt, schlägt man frische Eier auf und läßt eines nach dem andern, dicht über dem kochenden Wasser in dasselbe hineinfallen. Sofort zieht sich das Eiweiß um das Gelbe und hüllt dieses vollständig ein. Man zieht sodann die Kasserole zurück und läßt die Eier an der Seite durchziehen, probiert mit dem Finger, ob das Weiße fest angezogen hat, während das Gelbe weich sein muß, legt sodann die Eier behutsam mittelst eines Schaumlöffels in kaltes Wasser und läßt sie darin erkalten. Hierauf nimmt man sie aus dem Wasser wieder heraus, schneidet das überflüssige, herabhängende Eiweiß egal ab und legt sie bis zum Gebrauch in lauwarmes Wasser, um sie darin warm zu halten. Man garniert mit diesen Eiern die verschiedensten Gemüse, als Spinat, Chicorée, Maronenpurée, Linsen, Erbsenpurée u. s. w., oder verwendet man sie zu nachfolgenden Eierspeisen.

Die Rezepte sind für 3 Personen berechnet.

1902. Verlorene Eier auf amerikanische Art.
Oeufs pochés à l'américaine.

Nach Nr. 1901 werden 6—8 pochierte Eier hergestellt und warm gehalten. Ebensoviel Tranchen geräuchter und durchwachsener Bauchspeck werden in heißer Butter rasch sautiert, auf eine heiße, runde Platte gelegt, die Eier darauf und das Ganze mit einer Tomatensauce sauciert zu Tische gegeben.

1903. Verlorene Eier mit Béarnaise-Sauce.

Etwa 6—8 fertige, pochierte Eier werden warmgehalten und kurz vor dem Anrichten auf runder Platte im Kranz auf oval ausgestochene und gebackene Brotscheiben gelegt, mit einer feinen, dicken Sauce Béarnaise übergossen, mit gehackter Petersilie und Estragon bestreut und heiß zu Tisch gegeben. Sauce hollandaise wird ebenso verwendet.

1904. Verlorene Eier mit Sauce diable.

Die pochierten Eier auf Brotscheiben angerichtet, werden mit einer Sauce diable sauciert zu Tische gegeben.

Andere braune Saucen, wie fines herbes, pikante, Zwiebelsauce u. s. w. können ebenso dazu verwendet werden.

1905. Verlorene Eier, Fricassée.

Die pochierten Eier werden auf Brotscheiben im Kranz angerichtet. Eine feine Fricasséesauce mit Champignonsscheiben wird darüber gegossen und serviert.

1906. Verlorene Eier mit Krebssauce.

Ueber, auf gebackenen Brotscheiben angerichtete, pochierte Eier wird eine fertige Krebssauce mit Krebsbutter aufgeschlagen, gegossen und so serviert.

1907. Verlorene Eier à la milanaise au gratin.

Etwa 10—12 Eier werden leicht pochiert, wie schon oben gesagt, und dann auf ein Tuch gelegt. Eine tiefe Gratinschüssel wird mit Butter ausgestrichen. Von 1/2 Liter Rahm wird eine dicke Bechamel hergestellt und, wenn fertig, kalt gestellt. Auf den Boden der Schüssel giebt man etwas Bechamel, legt die pochierten Eier vorsichtig neben einander auf diese, Sauce Bechamel darüber. Zum Schluß streut man geriebenen Parmesankäse, sowie Panierbrot und zerstückelte Butter über das Ganze und stellt die Schüssel etwa 15—20 Minuten in den heißen Ofen, setzt die Schüssel auf eine Serviette und serviert.

1908. Verlorene Eier à la Meyerbeer.

6—8 Eier werden pochiert und in warmem Wasser zurückgestellt. Eben so viel ovale Brotcroutons werden gebacken und die Eier hierauf auf runder Platte im Kranze angerichtet. 4 Hammelnieren halbiert werden in Butter sautiert und in die Mitte der Eier angerichtet oder in Ermanglung von Hammelnieren 2 Kalbsnieren in feine Scheiben geschnitten, in Butter sautiert und ebenfalls in die Mitte der Eier gegeben. Eine gute Madeirasauce wird zubereitet und die Eier und die Nieren damit sautiert. Auf jedes Ei giebt man eine große Scheibe Trüffel und serviert sodann die Platte sehr heiß.

Man kann diese pochierten Eier auch einzeln in Brotkästchen setzen, im übrigen ebenso anrichten, wie besprochen.

1909. Verlorene Eier mit Jus.

Die pochierten Eier werden im Kranz auf ovalen, gebackenen Brotscheiben angerichtet, mit einer heißen, guten, kräftigen Jus übergossen und serviert.

1910. Verlorene Eier à la Rossini.

Etwa 6—8 pochierte Eier werden fertig gemacht und auf der Seite im Wasser warm gestellt. Eben so viel Brotkrüstchen werden gebacken und warm gestellt. Kleine Stückchen Gansleber, ebenfalls 6—8 Stückchen, werden in Butter sautiert und bis zum Gebrauch warm gestellt. Von gekochten Gänselebern, etwa ¼ Pfund, stellt man ein Purée her, von welchem man einen kleinen Teil auf den Boden der Krüstchen giebt, alsdann das Gansleberstückchen hineinlegt, das oeuf poché darauf giebt, diese Krüstchen sodann im Kranz auf runder Platte anrichtet, in die Mitte derselben entweder das übrige Gänseleberpurée oder einige Trüffeln und Champignons giebt, das Ganze mit einer Trüffelsauce sauciert und zu Tische giebt.

1911. Spiegel- oder Setzeier. Oeufs à l' oeil de boeuf.

6—8 Eier werden, eines nach dem andern, in eine eiserne Pfanne, in welcher etwa 50 Gramm Butter heiß gemacht worden ist, über einander eingeschlagen und zwar so, daß das Eigelb ganz bleibt. Am besten ist, man schlägt ein Ei nach dem andern auf einen kleinen Teller und verwendet nur die, welche ganz bleiben und nicht zerlaufen. Beim Einlegen läßt man nur das Eiweiß etwas anziehen, damit die Eigelb nicht zu nahe zusammen kommen. Sodann stellt man die Pfanne einige Minuten in den Ofen und läßt die Eier anziehen, doch nicht hart werden, salzt und pfeffert sie sodann und verwendet sie sodann, als Speise für sich allein serviert, indem man die Eier mit einem runden Ausstecher aussticht oder den ganzen Kuchen als solchen auf eine runde Platte anrichtet. Die ausgestochenen Eier verwendet man auch als Garnitur zu den verschiedensten Gemüsen und auch Salaten.

Man legt die Eier auch in eigens hiezu hergestellte Eierpfannen, bei welchen jedes Ei für sich in einer Vertiefung fertig gemacht wird, indem man in dieselbe ein wenig Butter giebt, das Ei sodann hinein giebt, im übrigen behandelt, wie schon oben erwähnt.

1912. Setzeier, saure.

Für einzelne Personen sind zu derartigen Eierspeisen die jede Hitze gut ertragenden Fayence-Eierplatten zu empfehlen, in welchen die betreffenden Speisen sowohl fertig gestellt, als auch serviert werden können. Die Eier werden wie Setzeier in Nr. 1911 behandelt und vor dem Servieren eine pikante Sauce über dieselben gegossen und serviert.

1913. Setzeier mit Schinken.

Nicht zu fette Schinkenscheiben werden in einer Fayenceeierplatte oder schwarzer Pfanne in heißer Butter auf beiden Seiten angebraten und auf diese sodann etwa 6—8 Eier gegeben, im Ofen einige Minuten fertig gemacht und zu Tische gegeben.

1914. Setzeier mit schwarzer Butter.

Ueber 6—8 eingeschlagenen Eier wird eine schwarze Butter gegossen, indem man die Butter schwarz werden läßt, etwas Salz, Pfeffer, einen Löffel Essig daran gießt, alles zusammen über die Eier sodann gießt, gehackte Petersilie und Kapern darüber streut und zu Tische giebt.

Wachsweiche Eier aber in der Schale halbiert, werden ebenfalls so behandelt.

1915. Setzeier mit Wurst.

Die in Scheiben geschnittene Wurst wird wie bei Nr. 1913 Schinken behandelt, die Eier daraufgeschlagen, fertig gemacht und serviert.

B. Mehlspeisen.

Die in der Küche hergestellten Mehlspeisen, welche als Beilage zu den verschiedensten Gerichten, Fleisch, Gemüse u. s. w. oder als selbständiges Zwischengericht gegeben werden, möchte ich in diesem Abschnitt besonders behandeln. Die süßen Mehlspeisen folgen sodann in Abschnitt 19.

1916. Maccaroni.

½ Pfund italienische Maccaroni bricht man in kleinere Stücke, schüttet sie in siedendes Salzwasser und kocht sie in demselben langsam weich, ungefähr 20—30 Minuten, schüttet sie sodann ab, giebt sie in die Kasserole zurück, dazu ¼ Pfd. Süßbutter, ¼ Pfd. geriebenen Käse, entweder Parmesan oder Schweizerkäse, etwas Salz und Muskatnuß und macht die Maccaroni mittelst einer langen Gabel gut durcheinander, worauf man sie anrichtet.

Sehr häufig werden die fertigen Maccaroni auch mit Butter und Semmelbrösel geschmälzt.

1917. Maccaroni, gedünstet.

Die in kleinere Stücke gebrochenen Maccaroni (½ Pfd.) werden wie oben in Salzwasser etwa 20 Minuten gekocht, sodann auf ein Sieb geschüttet. Wieder in die Kasserole zurückgegeben, gießt man 1 Glas Fleischbrühe oder guter Bratenjus an dieselbe und giebt 50 Gramm Butter zu, worauf man die Maccaroni dünstet, bis alle Brühe eingedampft ist. Vor dem Anrichten giebt man sodann noch 50 Gramm Butter, sowie 120 Gramm geriebenen Parmesan oder Schweizerkäse unter die Maccaroni, sowie etwas weißen Pfeffer, Salz und geriebene Muskatnuß und serviert sie sehr heiß.

Sehr häufig giebt man auch einige Löffel Tomatenpurée zu den fertigen Maccaroni und verwendet diese sodann zum Garnieren.

1918. Maccaroni, gratiniert.

½ Pfund Maccaroni werden, wie oben schon beschrieben, weich gekocht und sodann auf ein Sieb zum Abtropfen geschüttet; man giebt sie sodann in die Kasserole zurück, 150 Gr. Butter, sowie 150 Gramm geriebenen Käse, halb Parmesan-, halb Schweizerkäse, Salz und Muskatnuß, sowie einige Löffel weißer Sauce oder auch dicken, sauren Rahm, füllt sodann diese Masse in eine tiefe Gratinschüssel, bestreut oben mit

Parmesankäse und Panierbrot, sowie mit kleinen Stückchen Butter und gratiniert die Schüssel etwa 20—30 Minuten in heißem Ofen, richtet die Gratinschüssel auf runder Platte mit Serviette an und serviert sie als Beigabe von Boeuf à la mode, Schlachtbraten u. s. w.

1919. Maccaroni, gratiniert, mit Schinken.

Die Maccaroni, ebenso gekocht und fertig gemacht, wie in vorhergehender Nummer beschrieben, entweder mit weißer Sauce oder saurem Rahm, werden in eine tiefe, ausgebutterte Schüssel auf den Boden derselben eingefüllt. 200 Gramm Schinken, in Scheiben geschnitten, wird in der schwarzen Pfanne rasch in heißer Butter auf beiden Seiten angebraten und diese Scheiben sodann auf die Maccaroni gelegt, über diese sodann wieder Maccaroni gegeben, dann wieder Schinken und zuletzt Maccaroni, mit Parmesan und Panierbrot bestreut, Butter darauf gegeben und die Schüssel im Ofen gestellt und die Speise etwa ½ Stunde gratiniert. Man serviert sodann, wie oben gesagt.

1920. Maccaroni à la milanaise.

Sehr kleine, gleichmäßig gebrochene Maccaroni werden in Salzwasser weich gekocht, abgeschüttet und wieder in die Kasserole zurückgegeben, mit 120 Gramm Butter heiß gemacht und folgender Salpikon dazu gegeben. Etwa 6—8 Champignons, 2 Trüffeln, die Spitze einer rot gesalzenen Zunge werden in feine, längliche Stücke geschnitten und zu den Maccaroni gegeben, 120 Gramm geriebener Käse, halb Parmesan- und halb Schweizerkäse, wird dazu gegeben, alles gut zusammen gemischt und dann entweder als Garnitur zu irgend einem Fleisch oder Ragout gegeben oder auf runder Platte angerichtet, mit Fleurons oder Brotcroutons umlegt extra zu Fleisch serviert.

Gehackte Trüffeln oder Champignons, auch gehackter Schinken oder Zunge wird unter die Maccaroni gemischt und als Garnitur verwendet.

1921. Maccaroni mit Geflügelleber oder Nieren.

½ Pfund Maccaroni wird, wie bei Nr. 1918, zum Gratinieren fertig gestellt, eine tiefe Gratinschüssel mit Butter ausgestrichen. Einige Hühnerlebern oder Nieren, in Scheiben geschnitten, werden in Butter mit gehackten Zwiebeln und etwas Petersilie sautiert, einige Löffel dicker, brauner Sauce oder eine Kräutersauce daran gegeben und nun abwechselnd mit den Maccaroni in die Gratinschüssel eingelegt, wie in Nr. 1919,

Gratin mit Schinken, etwa 20 Minuten im Ofen gratiniert und sodann serviert.

1922. Nudeln. Nouilles, vermicelles.

Nudelteig: 1 Pfund trockenes Mehl siebt man hügelartig auf das Nudelbrett, macht in die Mitte eine Vertiefung, in welche man 6 ganze Eier, etwas Salz und 2 Löffel Wasser giebt, mischt die Eier und Wasser mit dem Mehl langsam nach und nach zusammen zu einem nicht zu festen Teig, knetet ihn tüchtig, daß er glatt wird, und läßt diesen etwa 10 Minuten ruhen; man teilt ihn sodann in 4 Teile und rollt diese so dünn wie möglich gleichmäßig aus, legt die Kuchen zum Trocknen auf eine Serviette und schneidet sodann aus diesen Nudelkuchen, entweder die feinen Suppennudeln, breite Nudeln, italienische Nudeln, oder verwendet man die Nudelkuchen zu Maultaschen, Raviolen u. s. w.

Die sämtlichen Nudelsorten und Maccaroni werden in Fabriken hergestellt (Knorr in Heilbronn) und sind in allen Kolonialwarenhandlungen vorrätig.

1923. Nudeln, breite.

Die breiten Nudeln (½ Pfd.) werden in Salzwasser weich blanchiert, sodann auf ein Sieb zum Abtropfen gegeben. In einer Kasserole läßt man 100 Gr. Butter heiß werden, giebt die Nudeln dazu, ebenso Salz und Muskatnuß und richtet die Nudeln sodann auf runder Platte an. Oft schmälzt man die Nudeln auch mit Semmelbrösel und Butter ab oder giebt man Käse unter dieselben.

1924. Nudeln, breite, gratiniert.

Siehe Maccaroni, gratiniert, Nr. 1918.

1925. Nudeln, breite, gratiniert mit Schinken.

Wird ebenso behandelt und hergestellt wie in Nr. 1919.

1926. Nudeln, gefüllte.

Siehe Maultaschen, Nr. 261.

1927. Nudeln, breite, aufgezogene.

Die breiten Nudeln werden in Salzwasser gekocht und dann abgeschüttet. Alsdann verrührt man 5 Eier mit ¼ Liter süßen Rahm, giebt Salz, feingewiegte Petersilie oder Schnittlauch dazu und gießt diese Mischung an die Nudeln, mengt alles gut durcheinander und giebt diese Masse in eine Auflaufschüssel und backt sie im Ofen. Besser ist es aber, eine Aufzug-Kasserole mit Deckel zu haben, das Geschirr auf Kohlen zu setzen und ebenso Kohlen auf den Deckel desselben zu geben.

1928. Nudeln, breite, mit Rahm.

Man kocht die breiten Nudeln in siedender Milch, so lange bis diese Brühe eingedampft ist, giebt dann folgende Masse an dieselben. 3 Eiern mit ¼ Liter süßen Rahm und 3 Eigelb nebst Salz und Muskatnuß. Eine Gratin Schüssel streicht man gut mit Butter an, giebt die Nudeln hinein, giebt Butter darauf und backt die Schüssel in heißem Ofen.

1929. Nudeln, italienische.

Die Nudelkuchen werden streichholzdick ausgerollt und ebenso lang und viereckig wie solche geschnitten, in Salzwasser weich gekocht und sonst behandelt wie die andern breiten Nudeln.

1930. Nudeln von saurem Rahm.

½ Liter sauren Rahm läßt man in einer Kasserole heiß werden und rührt sodann soviel feines Mehl hinein, bis der Teig, wenn er gekocht, vom Löffel sich loslöst, rührt sodann 4 ganze Eier daran, wie zu einem Spatzenteig und legt diesen Teig wie bei den Spatzen in siedende Milch an. Man serviert diese Nudeln abgeschmelzt mit Butter und Semmelbrösel.

1931. Polenta.

Polenta, eine italienische Speise, aus Maismehl oder Grütze mit Wasser hergestellter, gekochter, dicker Brei.

In kochendes Wasser, leicht gesalzen, wird Maismehl langsam nach und nach unter beständigem Rühren eingeschüttet, ungefähr auf 1 Liter Wasser ½ Pfund Mehl und dies auf dem Feuer zu einem dicken Brei abgerührt, der so fest sein muß, daß der Löffel darin stehen bleibt. Sodann streicht man den Brei auf ein naßgemachtes Brett, schneidet ihn mittelst eines naß gemachten Messers oder mit einem Draht in Scheiben, taucht diese in zerlassene Butter, bestreut sie mit Parmesankäse und giebt sie zu Tische oder man legt sie auf ein Blech und giebt sie nach einigen Minuten in den Ofen und serviert sie sodann als Beilage zu verschiedenen Fleischspeisen.

1932. Pfannkuchen oder Eierkuchen, schwäbischer. Pannequets.

Der Pfannkuchen, eigentlich Eierkuchen genannt, ist speziell in der süddeutschen Küche nur unter jenem bekannt.

Man rechnet zu 3 Löffel Mehl, 1/4 Liter Milch und 4—5 Eier, rührt die Milch langsam nach und nach ans Mehl und wenn dieses glatt ist, die Eier dazu, etwas Salz und um die Kuchen leichter zu machen, etwas zerlassene Butter. Sehr häufig giebt man auch fein geschnittenen Schnittlauch, sowie in Scheiben geschnittene, in Butter weich gedämpfte Zwiebeln unter die Teigmasse. In einer flachen Pfanne macht man sodann ein Stück Butter oder Schmalz heiß und gißt nun von dem Teig in die Pfanne, daß der Kuchen etwa 1/2 fingerdick wird. Ist der Kuchen auf der einen Seite bräunlich gebacken, wobei es gut ist, die Pfanne immer leicht zu bewegen, um ein Anbrennen zu vermeiden, schwenkt man die Pfanne so, daß der Kuchen auf die andere Seite fliegt, um ihn auch auf dieser Seite auszubacken. Hat man hierin zu wenig Uebung, legt man einen Deckel über die Pfanne, hält diesen mit der linken Hand, kehrt die Pfanne um und läßt dann den Kuchen vom Teller wieder in die Pfanne zurückgleiten, so fährt man fort, bis der Teig aufgebaucht ist. Die Pfannkuchen müssen sofort zu Tische gegeben werden und sollen nicht lange stehen. Man giebt sie gerne zu Salat, Compot u. s. w.

1933. Süße Eierkuchen.

Siehe Abschnitt 19.

1934. Pfannkuchen, dünne, sog. Flädlen.

Obiger Teig wird mit noch etwas Milch verdünnt und daraus ganz dünne Pfannkuchen sog. Flädlen gebacken, die entweder so gegessen werden oder in Streifen geschnitten zu Suppe verwendet werden, auch zu süßen Speisen findet dieser Teig Verwendung.

1935. Flädlein, aufgezogen.

Die Flädlein werden auf gewöhnliche Weise gebacken, in 3 Streifen geschnitten, schneckenförmig aufgerollt und in eine mit Butter bestrichene Auflaufschüssel gesetzt, so daß das Aufgewickelte nach oben sieht. Von dem Teige behält man einige Löffel zurück, rührt 3—4 Eier tüchtig darunter, gießt nach und nach 1/4 Liter Rahm dazu, salzt gehörig und gießt so viel an die Flädlein, daß sie über die Hälfte darin stehen. Sodann läßt man sie im Backofen oder zwischen Kohlen schön gelb werden, nachdem man zuvor etwas Butter darauf geschnitten hat. Als süße Speise kann man statt des Salzes Zucker zu dem Angerührten nehmen und Rosinen beifügen.

1936. Flädlein, gefüllt.

In den fertigen Flädlesteig giebt man gehackte Petersilie und Schnittlauch und backt davon Flädlein. Zur Fülle hackt man 1 Pfund kalten Kalbsbraten oder sonst ein übrig gebliebenes Fleisch mit ein paar Zwiebeln und Petersilie fein, ist das Fleisch mager, so nimmt man ein Stückchen Ochsenmark dazu, Salz, Muskatnuß und einen in Wasser eingeweichten und wieder ausgedrückten Wecken, rührt dann die Masse mit 4 Eiern und so viel Eßlöffel süßem Rahm wohl untereinander, überstreicht die Flädlein damit, legt sie zwei fingerbreit zusammen, bestreicht eine Auflaufschüssel mit Butter, legt die Flädlein neben einander, gießt gute Fleischbrühe daran und läßt sie auf Kohlen langsam aufkochen. Um diese Flädlein als süße Speise zu servieren, füllt man sie mit den verschiedensten Früchten, Vanillecrême, Aepfel, Birnen, Marmeladen u. s. w., rollt sie auf, paniert und backt sie und giebt sie mit einer Vanille- oder Früchtensauce zu Tisch.

1937. Flädlein, gefüllt und gebacken.

Die oben beschriebenen, gefüllten Flädlein werden in Eiweiß getaucht, in Panierbrot gewendet und aus heißem Fett herausgebacken.

1938. Pfannkuchen, mit Fleisch gefüllt.

Man bäckt 2 dünne Pfannkuchen je auf der einen Seite, belegt dann einen davon auf der gebackenen Seite mit einer beliebigen, gehackten Fleischfülle (siehe unter Füllsel und Pasteten), legt den andern mit der gebackenen Seite darauf, legt den Pfannkuchen wieder in die Pfanne und backt ihn auf beiden Seiten vollends gelb. Man kann das Gehäckfel auch unter den Teig rühren und den Pfannkuchen auf gewöhnliche Art backen. Jedes beliebige Fleisch, Schinken u. s. w. kann zu diesem Zwecke gehackt und verwendet werden.

1939. Pfannkuchen mit Hefe.

Rühre 6 Löffel Mehl mit etwas Milch, 3 Eiern, Salz und verdünnter Bierhefe zu einem ganz dünnen Pfannenkuchenteig, stelle ihn zur Wärme, daß er gut aufgeht und backe ihn dann mit heißem Schmalz oder Butter bei festzugemachtem Deckel. Wenn man mehr Milch nimmt, so kann man die Eier weglassen, es ist dieser Pfannkuchen daher vorzüglich für Zeiten geeignet, wo die Eier sehr teuer sind.

1940. Pfannkuchen mit Kartoffeln.

Etwa 100 Gr. Butter wird leicht gerührt, nach und nach 6 Eigelb dazugegeben, ebenso 250 Gr. geriebene Kartoffeln und 50 Gr. Mehl, schwach ½ Liter Milch und das Weiße der Eier als Schnee zuletzt unter die Masse leicht eingerührt, von dieser Masse sodann Pfannkuchen gebacken, wie schon oben beschrieben.

1941. Pfannkuchen mit Käse.

125 Gramm Mehl werden mit ½ Liter Milch angerührt, 6 Eier dazu gegeben, etwas Salz und 150 Gramm geriebener Schweizer- oder Parmesankäse, und daraus Pfannkuchen gebacken, wie oben schon erwähnt wurde.

1942. Pfannkuchen mit Speck.

Man macht, wie in Nr. 1932 gesagt, einen Pfannkuchenteig, giebt in denselben etwas Schnittlauch und gedämpfte Zwiebeln, und anstatt der Butter beim Backen in der Pfanne läßt man in derselben einige klein geschnittene Speckwürfel bräunlich werden, gießt den Teig sodann wie sonst hinein und bäckt die Pfannkuchen fertig.

1943. Reis. Ris.

Der Reis ist in der Küche durch die Mannigfaltigkeit seiner Zubereitungsweise, sei es als Suppe, Gemüse, Beilage, Garnitur, als Pudding zu Crême u. s. w. ganz unentbehrlich geworden. Dabei ist er leicht verdaulich und sehr reich an Stärkemehl. Zur Verwendung in der Küche sollte nur immer der beste genommen werden, der Karolinareis aus Amerika oder der ostindische Reis, welcher sehr weiße und durchsichtige Körner hat. Nicht so fein und gut ist der italienische Reis. Der feine Reis quillt nicht so rasch, aber gleichmäßig auf und ist dabei bedeutend wohlschmeckender.

Bekannt ist seine Verwendung zu Arac, ebenso wie die Anwendung der aus ihm gewonnen Reisstärke und Reismehl. (Siehe II. Teil „Die Hausfrau in ihrem Hauswesen".)

Der Reis ist stets vor dem Zusetzen aus einigen kalten Wassern herauszuwaschen, um ihn von Staub und Schmutz zu befreien. Dann erst wird er blanchiert und gekocht. Sehr zu verwerfen ist es, den Reis in viel Brühe zu kochen, dadurch geht er zu sehr auf und verkocht leicht. Am besten ist es, ihn kurz und langsam an der Seite des Herdes zu kochen, wenig oder gar nicht in demselben während des Kochens zu rühren und dann nur mit einer Gabel, nie mit einem Löffel, um die Körner nicht zu zerdrücken. Der Reis soll, wenn er richtig gekocht und gut schmeckend zu Tische kommen soll, mit seinen Körnern auseinanderfallen und nicht breiartig serviert werden.

1944. Reis, gekocht.

¼ Pfund Reis wird gut gewaschen, in einer Kasserole mit Wasser auf den Herd gesetzt und, wenn der Reis zu kochen anfängt, weggenommen, auf ein Sieb geschüttet, mit kaltem Wasser übergossen und, wenn er gut abgetropft ist, in die Kasserole zurückgegeben. Ein großer Löffel warmer oder kalter Fleischbrühe mit 50 Gr. Butter wird mit Salz, etwas Pfeffer und Muskatnuß, sowie ein kleiner Zwiebel an den Reis gegeben, zum Kochen gebracht und langsam von der Seite 20 Minuten gekocht. Ist der Reis weich, wird die Zwiebel entfernt, etwa 50 Gr. Butter unter den Reis mittelst einer Gabel möglichst leicht gegeben und der auf diese Weise gekochte Reis sodann zu Garnituren mit allen möglichen Zuthaten, zu Reisborduren, Timbalen u. s. w. verwendet.

1945. Reis mit Curry. Indischer Reis.

Unter den, wie oben beschrieben, gekochten Reis giebt man einen kleinen Löffel indischen Curry-Pfeffer und mischt diesen mittelst einer Gabel unter denselben.

1946. Reis, gratiniert.

Der Reis wird fertig gekocht und sodann unter denselben 150 Gr. geriebener Parmesankäse, sowie einige Löffel Allemande gegeben. Eine kleine Gratinschüssel wird ausgebuttert, der Reis in dieselbe eingefüllt, geriebener Käse und Panierbrot, sowie kleine Stückchen Butter darüber gestreut und im Ofen gratiniert. In Scheiben geschnittene Champignons und Trüffeln können zwischen den Reis gelegt werden.

1947. Reis mit Zuthaten zum Garnieren.

Unter den fertig gekochten Reis giebt man gehackte Trüffeln, gehackte Champignons, Zunge, Schinken, Tomatenpurée und sind diese Arten namentlich zu Garnituren sehr gut zu verwerten, indem man einen kleinen, runden Schöpflöffel erst in kaltes Wasser hält, den Reis dann in denselben füllt und auf die Platte stürzt oder kleine Becherförmchen dazu verwendet.

1948. Risotto, ital. Reis.

1/4 Pfund Reis wird gewaschen und blanchiert auf ein Sieb zum Trocknen gelegt. Eine fein gehackte Zwiebel wird in 50 Gr. Butter mit dem Reis hellgelb angeröstet, Fleischbrühe, etwas gute Bratenjus, Pfeffer und Salz daran gegeben und der Reis langsam, doch körnig weich gedünstet. Vor dem Anrichten mischt man einige Löffel geriebenen Parmesankäse, sowie noch etwas Butter unter den Risotto, auch wenn man will, etwas Safran und giebt ihn sodann zu Tische.

Unter den Risotto mischt man auch sehr oft geschnittene Champignons und Trüffeln oder sautierte Hühner oder Kalblebern, auch Hammels- oder Kalbsnieren und serviert diese Speisen zum Frühstück.

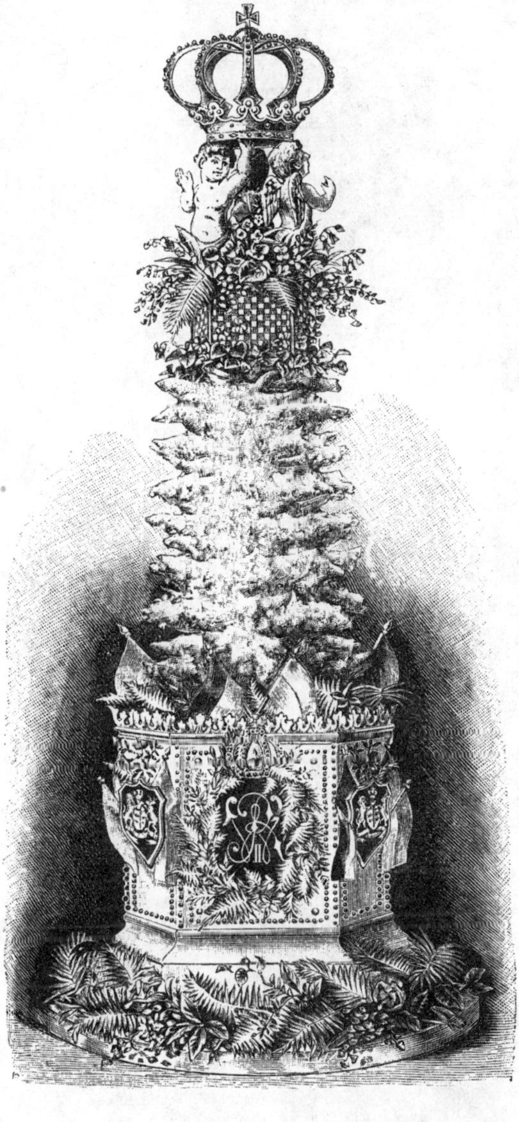

Baumkuchen,

bei der Geburtstags-Festtafel Sr. Majestät des Königs Wilhelm II. von Württemberg, von der Firma Th. Bechtel, Konditorei, Stuttgart (verfertigt von Max Bechtel) geliefert.

19.

Süsse Milch- u. Mehlspeisen, Aufläufe, Puddings u. s. w.

Die nun folgenden Abschnitte befassen sich ausschließlich mit den verschiedensten Arten und Herstellungsweisen der süßen Speisen, der Milch- und Mehlspeisen, Aufläufe, Puddings, der Crêmes, Gefrorenen u. s. w., welche, im großen Ganzen zur bürgerlichen Küche gehörend, dennoch in den feinsten Menus nicht fehlen dürfen. Ehe wir an die Beschreibung der einzelnen Rezepte kommen, möchte ich einzelnes hauptsächlich Bemerkenswerte voranschicken.

Bei der Zubereitung dieser Speisen ist besonders auf gute, frische Zuthaten zu sehen. Vor Anwendung der frischen Eier müssen diese untersucht werden, ob das Huhn nicht darauf gebrütet hat, da sonst der Dotter in seiner Entwicklung schon zu weit vorgeschritten ist; in diesem Fall sind sie nicht zu gebrauchen. Unter den sog. Winter- oder Kalkeiern befinden sich nicht selten in Fäulnis übergegangene Stücke mit widrigem Geruch, auch diese sind in den Abgang zu werfen. Die vorsichtige Köchin wird deshalb die Eier nicht an der Schüssel oder an der Pfanne aufschlagen, in welcher sich schon andere Zuthaten befinden, sondern jedes für sich öffnen, denn wenn nur ein Tropfen von einem unbrauchbaren Ei hineinfiele, so wäre die ganze Speise verdorben. Das zum Gebrauch kommende Mehl darf vor allem nicht angegangen, sondern soll gut trocken sein, und wählt man am besten deshalb die feinste Sorte, diese giebt mehr aus, ist nahrhafter und leichter zu verdauen und macht die daraus bereiteten Speisen schmackhafter und ansehnlicher. Ebenso soll nur eine gute Vollmilch in Verwendung genommen werden.

Beim Schneeschlagen ist darauf zu achten, daß das Eiweiß ohne das geringste Eigelb abgelassen und in einem unverzinnten, reingehaltenen Schlagkessel mittelst eines Schneebesens, der womöglich nur zu diesem Zweck verwendet und absolut nicht fett sein darf, anfangs langsam, nach und nach aber schneller geschlagen wird, bis der Schnee vollständig ausgeschlagen d. h. steif und fest ist. Auf diese Art und Weise wird er erst kurz vor dem Gebrauch aufgeschlagen und unter die Masse gegeben, erst ⅓ Teil desselben leicht eingerührt, und wenn diese dadurch etwas verdünnt ist, der übrige Teil langsam, nach und nach darunter gezogen, damit die Masse leicht bleibt, doch nicht daruntergerührt, da sie sonst zusammenfällt und nicht mehr aufgehen kann.

Die Formen zu Aufläufen (Porzellanschüsseln) und die Puddingformen von Blech, Porzellan oder Kupfer werden mit zerlassener Butter ausgestrichen und sodann mit gestoßenem Zucker oder auch Gries, Semmelbröseln ausgestreut.

Bevor die Formen eingefüllt werden, ist darauf zu sehen, daß der Backofen die nötige, richtige Hitze zum Backen hat.

Die Masse wird zu ⅔ in die Form eingefüllt, ja nicht mehr, damit genügend Raum zum Aufgehen derselben vorhanden ist und diese nicht überläuft.

Die Aufläufe setzt man auf ein rundes Blech in den sowohl von oben als unten gleichmäßig geheizten, nicht zu heißen Backofen und dreht das Blech öfters, aber mit Vorsicht, um ein gleichmäßiges Backen herbeizuführen. Beim Servieren bestreut man die Aufläufe mit Zucker und giebt sie sofort zu Tische, zu langes Stehen macht sie schlecht und fallen sie sofort zusammen. Beim Servieren setzt man sie auf runde Platte in eine Serviette (S. 125, Fig. 244.)

Die Puddingformen füllt man ebenfalls nur zu ⅔ ein, stellt sodann eine hohe Kasserole mit gut schließendem Deckel auf den Herd. Diese muß mindestens stark handbreit höher sein als die Form; man giebt auf den Boden ein Papierblatt und etwa 2—3 Finger hoch heißes Wasser, bringt dieses ins Kochen und stellt dann die Form hinein, verschließt die Kasserole mit dem Deckel und läßt den Pudding etwa ¾—1 Stunde im Dampf kochen und aufgehen, oder auch man nimmt den Deckel nach einer halben Stunde ab und stellt die Form in die Wasserbadkasserole zum vollends Fertigbacken in den heißen Ofen. Um ein Ueberkochen in die Masse zu vermeiden, darf nicht zu viel Wasser in der Kasserole sein, ebenso muß heißes Wasser nachgegossen werden, wenn dieses eingekocht ist. Außer der oben beschriebenen, bewährten Methode des Kochens und Backens der Puddingmasse in Formen können dieselben auch in Servietten gekocht werden; diese in der Mitte mit Butter bestrichen, mit Mehl bestreut und die Masse eingefüllt, werden lose gebunden und im siedendem Wasser gekocht. Zu beachten ist, daß ein gekochter Pudding 1/3 mehr Zeit braucht als ein gebackener. Die Formen mit Zylinder sind in 3/4—1 Stunde, die ohne Zylinder in 1 1/2—2 Stunden fertig. Die mit Deckel versehenen Puddingformen sind für kleinere Haushaltungen sehr praktisch, jedoch rate ich sehr zu obig beschriebener Koch- und Back-Methode, wobei ich namentlich die Methode sehr empfehlen möchte, 2/3 Teil der nötigen Zeit zum Kochen auf dem Herd mit gut verschlossenem Deckel der Wasserbadkasserole und 1/3 Teil bei offenem Deckel derselben im Ofen zu benützen.

Ist der Pudding fertig, stürzt man ihn auf eine runde Platte, läßt die Form noch einen Augenblick darüber, damit der Dampf entweichen kann und dabei den Pudding nicht zerreißt, serviert ihn dann sofort, indem man entweder die dazu gehörige Sauce über denselben oder in einer Saucière extra dazu giebt.

Süße Saucen.

Die mit * bezeichneten Saucen werden auch zur Herstellung von kalten Puddings, Gefrorenem u. s. w. benützt.

1949. Araksauce, warm.

Man rührt einen Löffel Mehl mit etwas Wasser glatt, giebt 4 Eigelb, 50 Gr. Zucker, 50 Gr. Butter, 1 Weinglas Wasser, die Schale einer halben Zitrone dazu und rührt alles zusammen bis ans Kochen, passiert die Sauce sodann, giebt nach Geschmack Arak dazu und serviert diese Sauce zu warmen Puddings.

1950. * Caramelsauce, warm.

Etwa 50 Gr. gestoßenen Zucker läßt man in der Zucker-Kasserole braun werden, gießt diesen sodann mit etwas Wasser ab und kocht ihn wieder auf, bis er sich aufgelöst hat. 6 Eigelb, 1/2 Theelöffel Stärkemehl, 2 Deziliter Rahm rührt man mit dem aufgelösten Caramel an und rührt oder schlägt die Sauce auf schwachem Feuer auf und giebt ihn zu Puddings.

NB. Die mit Eigelb abgezogenen und dann aufgerührten oder aufgeschlagenen Saucen dürfen nie kochen, da sie sonst gerinnen. Sie müssen deshalb auf schwachem Feuer langsam bis zum Kochen gebracht und, wenn sie nicht gleich serviert, einstweilen bis zum Gebrauch im Wasserbad warm gehalten werden.

1951. * Chocoladensauce, warm.

¼ Pfund Chocolade läßt man mit 1 Glas Milch oder Wasser schmelzen. Zu 6 Eigelb, ½ Theelöffel Stärkemehl und 2 Deziliter Milch giebt man die Chocolade, rührt die Sauce auf bis ans Kochen und serviert dieselbe zu Pudding u. s. w.

Zum Kaltservieren zieht man unter die Sauce etwas geschlagenen Rahm, ebenso unter die Zitronen- und Caramelsauce.

1952. * Erdbeersauce, kalt.

Frische Erdbeeren werden durch ein Haarsieb getrieben und mit gestoßenem Zucker gemischt und zu Crêmes, kalten und warmen Puddings serviert. Man rechnet zu 1 Liter Erdbeeren 100 Gr. gestoßenen Zucker.

Himbeersauce bereitet man ebenso.

Die in Abschnitt 28 beschriebene eingemachte Erdbeermarmelade wird zu dieser Sauce gern verwendet, indem man dieselbe mit Wein oder Wasser anrührt und, sollte dieselbe an Farbe verloren haben, mit Carminfarbe (eigens für den Küchengebrauch hergestellt) leicht rot färbt.

1953. Erdbeersauce, warm.

Zu ½ Liter durch ein Haarsieb durchgetriebenen, mit Zucker vermischten Erdbeersaft rührt man 1 Glas Rotwein und 1 starken Theelöffel Stärkemehl, rührt dann die Sauce auf dem Feuer bis zum Kochen um und giebt vor dem Servieren irgend einen Geschmack, sei es Rum oder Arac hinzu. Diese Sauce ist sehr gut zu Plumpudding.

Himbeer- und Johannisbeersauce wird ebenso zubereitet.

1954. Hagebuttensauce, warm.

½ Liter Hagebutten werden der Länge nach geteilt, von den Samenkörnern befreit, aus lauwarmem Wasser gewaschen und mit ½ Liter Wasser recht weich gekocht, was immerhin 1½—2 Stunden dauern dürfte. Hierauf werden sie durch ein Haarsieb gestrichen, mit etwa ½ Liter Weiß-Wein, etwas Zimmet oder Zitronenschalen aufgekocht. 60 Gramm Butter mit einem großen Löffel Mehl zu einer hellen Mehlschwitze hergestellt, wird mit dem Purée angerührt, mit 150 Gramm Zucker versüßt, noch einmal aufgekocht und zu Puddings oder Aufläufen serviert.

Von getrockneten Hagebutten nimmt man ¼ Liter zu obigem Rezept und behandelt sie sonst ganz wie die frischen.

1955. Himbeersauce.

Siehe Erdbeersauce Nr. 1952 und 1953.

1956. *Kaffeesauce.

Zu 1/2 Liter kochender Milch giebt man etwa 50 Gramm frisch gerösteten, noch heißen, ganzen Kaffee, deckt die Kasserole zu und läßt sie etwa 1/4 Stunde ziehen. 6 Eigelb, 1/2 Theelöffel Stärkemehl und 60 Gramm Zucker rührt man in einer Schüssel zusammen und die passierte, ausgezogene Bohnenmilch daran. Sodann schlägt man die Sauce bis ans Kochen.

1957. Kirschensauce.

Etwa 1/2 Kilo guter, reifer, etwas saurer Kirschen werden ausgesteint, mit einigen Löffeln Wasser, etwas Zimmet, kurz weichgekocht und sodann durch ein Sieb gestrichen. Die Kerne werden unterdeß im Mörser recht fein gestoßen, einige Löffel Wasser und Rotwein daran gegossen, aufgekocht und zu den passierten Kirschen gegeben; man giebt genügend gestoßenen Zucker, abgeriebene Zitronenschalen, gestoßenen Zimmet, einige Nelken hinzu und kocht dies einmal auf. Um die Sauce sämig zu erhalten, giebt man nun entweder einen größeren Kaffeelöffel Kartoffelmehl in etwas Rotwein erst aufgelöst daran oder man macht von 2 Löffeln Mehl und etwas Butter eine Mehlschwitze und rührt das Purée damit auf. Auch kann man einige Zwiebacke oder altgebackene Milchbrote mit der Sauce zum Sämigwerden verkochen.

1 Theelöffel Arrowroot ist ebenfalls zu diesem Zweck zu verwenden.

Von eingemachter Kirschenmarmelade wird diese Sauce ebenfalls, namentlich zur Winterszeit, auf dieselbe Art hergestellt, nur weniger Mehl oder gar keines dazu genommen, je nach der eingekochten Marmelade.

Von getrockneten Kirschen, welche erst rein gewaschen und sodann ganz zerstoßen werden, wird, wie oben beschrieben, ebenso eine Sauce hergestellt.

1958. *Mandelsauce.

60 Gramm abgezogene Mandeln werden mit etwas Milch fein gestoßen und giebt man einen kleinen Löffel Mehl zu, sowie 6 Eigelb. Ein Liter versüßter Milch läßt man aufkochen und zieht die Milch langsam mit den Mandeln und Eigelb ab, schlägt oder rührt sie, bis sie ans Kochen kommt, und serviert die Sauce zu Puddings, Aufläufen u. s. w.

Von Nuß oder Pistazien ebenso.

1959. Milchsauce.

1/2 Zitrone wird abgerieben, ein kleiner Kochlöffel Mehl mit etwas Milch glatt gerührt, 6 Eigelb dazu gegeben, 1 Liter kalter Milch langsam daran gegossen, die abgeriebene Zitrone, sowie gestoßener Zucker dazu gegeben und entweder aufgerührt oder geschlagen, bis sie ein wenig aufkocht. Ist zu Puddings, Aufläufen u. s. w. sehr gut.

1960. Pflaumen- und Zwetschgensauce.

Die reifen Pflaumen oder Zwetschgen werden mit heißem Wasser übergossen, geschält, von den Steinen befreit, weich gekocht, passiert und alsdann wie die Kirschensauce (Nr. 1957) vollends fertig gemacht.

1961. Vanillesauce.

In 1/4 Liter Milch mit 50 Gramm Zucker giebt man 1/2 gespaltene Schote Vanille und läßt diese in der Milch langsam, zugedeckt, wenn diese aufgekocht hat, ausziehen. 4 Eigelb und 1 Theelöffel Kartoffelmehl rührt man sodann mit der Milch an und schlägt die Sauce auf dem Feuer auf, bis sie ans Kochen kommt, passiert und serviert sie sodann.

Wird auch kalt sehr gerne gegeben und kann man dazu einige Löffel geschlagenen Rahm darunter ziehen.

1962. Vanillecrême. Crême patissière à la vanille.

2 Löffel Mehl, 100 Gramm Zucker, 8 Eigelb, 1/4 Liter Rahm oder Milch, 1/2 Stück Vanille und 50 Gramm Butter rührt man auf schwachem Feuer bis zum Kochen und verwendet dieses Crême, wenn es erkaltet, zum Füllen der verschiedensten kleinen Törtchen, Pfannkuchen u. s. w.

1963. Weinchaudeau.

Zu 5 Eigelb und 2 ganzen Eiern giebt man 1 Theelöffel Kartoffelmehl, 100 Gramm gestoßenen oder ganzen Zucker, auf Zucker abgeriebene und geschabte Zitronenschale, den Saft von 2 Zitronen und 1/2 Liter Weißwein. Dies alles zusammen giebt man in einen Schneekessel und schlägt die Sauce kurz vor dem Anrichten auf, jedoch ohne sie kochen zu lassen, da sie sonst wieder zusammenfällt.

Oder: 1 Löffel Mehl wird mit 5 Eigelb verrührt, indessen 1/2 Liter Weißwein mit Zitronenschalen und 100 Gramm Zucker siedend gemacht und an die Eier gerührt, vollendet, wie oben gesagt. Etwas Arak oder Rum beigeben schmeckt vortrefflich.

Oder: ½ Liter Weißwein mit 10 Eigelb, ¼ Pfund Zucker auf dem Feuer schaumig geschlagen, 2 Eßlöffel Rum zum Schluß beigegeben und serviert.

1964. Weinsauce von Rotwein.

¾ Liter Rotwein (1 Flasche), 150 Gramm Zucker, 1 Stück Zimmet, Zitronenschale läßt man einmal aufkochen, rührt 1 Löffel Kartoffelmehl, vorher in etwas Rotwein aufgelöst, dazu, läßt die Sauce noch einige Augenblicke kochen, passiert und serviert sie.

1965. Weinsauce von Weißwein.

Zu 1 Löffel Kartoffelmehl, mit Weißwein angerührt, giebt man 6 Eigelb, 150 Gramm Zucker, Zitronenschale, ½ Liter Weißwein, rührt die Sauce bis zum Kochen, passiert und serviert sie.

1966. Weinsauce mit Zibeben und Rosinen.

¼ Pfund Zibeben, ½ Pfund Rosinen werden ausgelesen, rein gewaschen, in 1 Liter Wein, etwas Zucker zugesetzt und weich gekocht. 1 Löffel Mehl röstet man in Butter gelb, giebt die Früchte samt der Brühe daran, kocht sie auf, giebt etwa 50 Gramm geschnittene Mandeln zu und serviert die Sauce. Man kann sie auch mit 4 Eigelb abziehen.

1967. Zitronensauce.

50 Gramm Butter werden mit 1 Löffel Mehl lichtgelb geröstet, mit ½ Liter Wein und etwas Wasser angerührt, Zitronenschale, sowie der Saft derselben dazu gegeben und aufgekocht, mit 6 Eigelb sodann abgezogen und bis zum Kochen gerührt, worauf man sie serviert.

1968. * Zitronensauce, warm.

Ein Löffel Mehl wird in 50 Gr. Butter hellgelb geröstet, 1 Glas Weißwein und 1 Glas Wasser daran gerührt, das abgeriebene gelbe, sowie der Saft einer Zitrone hinzugefügt, ebenso etwa 50 Gr. Zucker, und sodann aufgekocht, mit 4—5 Eigelb abgezogen, die Sauce nochmals aufs Feuer gesetzt, bis sie anzieht und dann zu Puddings u. s. w. serviert. Muß die Sauce noch stehen, stellt man sie in ein Wasserbad.

Orangensauce wird ebenso gemacht.

1969. *Zitronensauce mit Rahm, warm.

An 6 Eigelb rührt man 50 Gr. Zucker, 1/2 Theelöffel Stärkemehl, 2 Deziliter Rahm, die gehackte oder abgeriebene Schale, sowie den Saft einer Zitrone, rührt oder schlägt diese Sauce auf schwachem Feuer auf und serviert sie ebenfalls zu Puddings u. s. w.

Süße Teige.

1970. Brandteig (Pâte à choux).

Zu vielen süßen Speisen, Backwaren u. s. w. zu verwenden.

Einen halben Liter Milch oder Wasser, 5 Gramm Salz, 15 Gr. Zucker und 200 Gr. Butter läßt man in einer Kasserole kochend werden und rührt sodann 200 Gr. gesiebtes Mehl daran, arbeitet den Teig, bis er von dem Geschirr gut los geht, giebt ihn in eine Schüssel und schlägt nach und nach 9 ganze Eier an denselben, worauf er zum Gebrauch fertig ist. Der Teig soll weich, aber nicht flüssig sein.

1971. Butterteig zu Kuchen. (Aelteres Rezept.)

Ein Ei mit 1/4 Liter Milch und etwas Salz wird in einer Schüssel verrührt und so viel Mehl dazu gerührt, bis sich der Teig von der Schüssel löst. Man nimmt ihn alsdann aufs Backbrett, wirkt ihn, bis er glatt ist, und rollt ihn dann aus. 375 Gramm Butter schafft man gut durch und legt diese auf die eine Hälfte des Teigs, schlägt die andere darüber, überschlägt ihn dann viermal, wie bei Butterteig und verwendet alsdann den Teig. Statt der Milch kann man Wein und statt des Salzes Zucker nehmen, die übrige Behandlung bleibt dieselbe.

1972. Süßer Butterteig (zu Kuchen).

250 Gramm Mehl, 125 Gramm Butter, 50 Gramm Zucker, etwas Salz, wird mit Wasser zu einem glatten Teig angewirkt, an einem kühlen Ort bis zum Gebrauch aufbewahrt. (Zu Kuchen zu verwenden.)

1973. Kuchenteig. Mürbteig.

375 Gramm Mehl, 375 Gramm Butter, 2 Eier, 2—3 Löffel Wein, einige Löffel gestoßener Zucker. Die zerlassene Butter wird mit dem Mehl geknetet, Eier, Wein und Zucker dazugegeben und zu einem glatten Teig verarbeitet. Ist er genügend an kaltem Ort geruht, verwendet man ihn.

1974. Geriebener Kuchenteig.

250 Gramm Mehl werden auf das Backbrett genommen, in die Mitte derselben 1 Ei geschlagen, 180 Gramm Butter dazu in Stücke geschnitten, 1 Tasse Milch und etwas Salz dazugegeben und alles zusammengewirkt. Der Teig wird glatt geschafft, ausgerollt, zweimal überschlagen, wie beim Butterteig und, wenn er geruht hat, zu Kuchen verwendet.

1975. Mandelteig.

150 Gramm abgebrühte Mandeln werden mit 4 Eigelb und einer Hand voll Zucker fein zerrieben. 1 Pfund Mehl, ¾ Pfund Butter, ½ Pfund Zucker, die Mandeln, 2 ganze Eier, etwas Zitronenschale wird zusammen zu einem feinen, glatten Teig gewirkt und nach einiger Zeit des Ausruhens an einem kühlen Ort oder auf Eis, zu Kuchen, Timbalen u. s. w. verwendet.

1976. Mürber Teig I.

1 Pfund Mehl siebt man auf den Backtisch und giebt in die Mitte desselben ¾ Pfund Butter, 50 Gramm Zucker, eine Prise Salz, etwas abgeriebene Zitronenschale, 2—3 ganze Eier und etwas Wasser (etwa ½ Tasse), arbeitet den Teig rasch zusammen und verwendet ihn, nachdem er einige Zeit geruht hat.

1977. Mürber Teig II.

Zu 1 Pfund Mehl nimmt man ½ Pfund Butter, 2 ganze Eier, Salz, 10 Gramm Zucker und eine halbe Tasse Milch oder Rahm.

1978. Obstkuchenteig.

250 Gramm Mehl wird auf dem Backbrett mit etwas Salz, Zucker, 1 ganzen Ei, 150 Gramm Süßbutter und etwas Wasser zu einem festen, glatten Teige verarbeitet und dann verwendet.

1979. Rahmteig.

1 Pfund Mehl, 4 Eigelb, ¼ Liter saurer Rahm wird zu einem Teig angerührt, ¾ Pfund Butter unter diesen Vorteig eingerollt, wie bei Nr. 1719 Blätterteig, und ihm 5—6 Touren gegeben.

Die nun folgenden Recepte sind für 6 bis 8 Personen berechnet.

1980. Apfelgemüse.

Für 6 Personen schält man 8—10 Aepfel und schneidet sie in dünne Scheiben. 2 Hände geriebenes Schwarzbrot, 60 Gramm gestoßenen Zucker, 100 Gramm grob gestoßene Mandeln mit der Schale und 8 Gramm gestoßenen Zimmet mengt man gut durcheinander. In eine Porzellanschüssel (Auflaufform) giebt man dünne Scheiben von Butter, streut von dem geriebenenen Brot darüber, sodann eine Lage Aepfel, wieder Schnitten von Butter und wieder Brot, oben auf noch etwas Brot und Butter und backt die Form etwa ½—¾ Stunden.

1981. Aepfelcharlotte, englisch.

Etwa 12—15 große Aepfel werden geschält, in 4 Teile und dann in feine Scheibchen geschnitten, mit ½ Pfund süßer Butter, ¾ Pfund gestoßenem Zucker, 8 Gramm Ceylonzimmet, der gehackten Schale einer halben Zitrone, 2 Eßlöffeln dicker Aprikosenmarmelade und ⅛ Liter gutem, altem Kirschengeist, unter beständigem Umkehren mit einer Backschaufel gedämpft, bis die Aepfel weich und ein gelbes, gratiniertes Aussehen erhalten haben, dann kalt gestellt.

Eine flache Form oder Auflaufform wird mit Butterteig ausgefüttert, mit der Aepfelmasse gefüllt, mit einem Teigdeckel geschlossen, im heißen Ofen etwa ¾ bis 1 Stunde schön gebacken und mit einer Aprikosensauce, der ⅛ Liter Kirschengeist beigefügt ist, zu Tische gegeben.

1982. Aepfelcharlotte, französisch.

Eine Charlottenform wird mit heller Butter gut ausgestrichen. Von englischem Kapselbrot (Nr. 286) wird ein Boden in die Form geschnitten (in kleinere Stücke geteilt, wie man einen Kuchen schneidet). Jedes dieser Stücke taucht man vor dem Einlegen in die Form auf der nach unten zu liegen kommenden Seite erst in warme Butter und dann in gestoßenen Zucker. Um den Rand der Form auszustellen, schneidet man fingerbreite und der Form gleich hohe Brotschnitten, etwa 3 mm dick, welche ebenfalls erst in Butter und Zucker getaucht, übereinandergelegt, aufgestellt werden. Hierauf füllt man die Form mit derselben Aepfelmasse, wie sie in Nr. 1981 beschrieben wurde, bedeckt sie oben ebenfalls mit Brot und backt sie etwa ¾ Stunden schön hellbraun, stürzt sie auf die Platte und giebt eine Aprikosensauce dazu.

1983. Apfel-Koch.

8—10 geschälte Aepfel werden in kleine Würfel geschnitten, ebenso drei abgeriebene Milchbrote, welche man mit ½ Tasse Milch oder Rahm einweicht. 120 Gramm Butter rührt man leicht, giebt nach und nach 6 Eigelb, sowie die Aepfel- und Milchbrotstückchen, 120 Gramm Zucker, ½ abgeriebene Zitronenschale, eine Hand voll Zibeben und einige gehackte Mandeln dazu, zieht den Schnee der 6 Eiweiß darunter, füllt die Masse in eine mit Butter ausgestrichene Porzellan-Auflaufform, backt sie etwa 1 Stunde und giebt sie zu Tisch.

1984. Aepfel-Pie, englisch.

½ Pfund Nierenfett wird enthäutet und mit 150 Gramm Mehl fein gewiegt; 10 Aepfel, geschält und entkernt, werden fein geschnitten, 50 Gramm Zibeben, 50 Gramm Sultaninen, 50 Gramm Orangeat dazu gegeben, etwas gestoßener Zimmet, sowie abgeriebene Zitrone. Dies alles zusammen mengt man mit ¼ Liter Wasser und ½ Glas Rum zu einem Teige. Eine Pie-Schüssel legt man mit Butterteig (Nr. 1719) oder Pieteig (Nr. 1722) aus, giebt die Masse hinein, legt einen Teigdeckel fest darauf und backt den Aepfel-Pie etwa 1½ Stunde langsam im Ofen.

1985. Auflauf von Aepfeln.

Etwa 5 Aepfel werden geschält, in 8 Stücke geschnitten, das Kernhaus entfernt und in einem Glas Wein weich gekocht, worauf man sie zum Erkalten auf eine Platte legt. 125 Gramm Butter wird leicht gerührt, nach und nach 3 ganze, 3 gelbe Eier dazu geschlagen, sowie 2 kleine Kochlöffel Mehl, 60 Gramm Zucker, etwas Zimmet und eine halbe abgeriebene Zitrone. Man rührt unter diese Masse langsam die Aepfel, jedoch ohne Brühe, ebenso den Schnee der 3 weißen, füllt die Masse in eine gerichtete Auflaufform, streut etwas gehackte Mandeln, Zucker, Zimmet und Butter darauf und backt den Auflauf etwa ½—¾ Stunden.

1986. Auflauf von Aepfeln mit Arak.

10—12 Borsdorfer Aepfel werden geschält, das Kernhaus entfernt und recht weich mit einem kleinen Stückchen Butter gedünstet und durch ein Sieb gestrichen. 125 Gramm feingesiebten Zucker rührt man mit 10 Eigelb schaumig, giebt das Abgeriebene einer Zitrone nebst dem Saft, sowie 2 Löffel echten Arak zu, sodann den erkalteten Apfelbrei und den Schnee der

10 Eier, füllt mit dieser Masse eine Auflaufform und backt sie etwa 20—25 Minuten.

1987. Auflauf von Aprikosen.

15 reife Aprikosen werden geschält und mit etwas Zucker zu einem dicken Brei gekocht, welchen man durch ein Sieb treibt, rührt das Purée sodann etwa 1/4 Stunde, wobei man das Doppelte seines Gewichtes Zucker dazu giebt. Zuletzt giebt man 2 Eßlöffel Kartoffelmehl, den Schnee von 4 Eiweiß und 60 Gramm würfelig geschnittene Mandelmakronen dazu und backt den Auflauf etwa 1/2—3/4 Stunden.

1988. Auflauf mit Arak.

3/4 Liter Milch wird siedend gemacht und damit 100 Gramm Mehl glatt gerührt, 100 Gramm Butter daran gegeben und zu einem dicken Brei gekocht. Nach dessen Erkalten kommen 100 Gramm Zucker, 9 Eigelb, Arak nach Gutdünken und der Schnee von 9 Eiweiß dazu, worauf man die Masse in die Form füllt und etwa 1/2 Stunde backt.

1989. Auflauf von Bisquit.

280 Gramm Zucker werden mit 10 Eigelb, dem Abgeriebenen und dem Saft einer halben Zitrone leicht gerührt, zuletzt 125 Gramm Puder nebst dem Schnee der 10 Eier hineingerührt, die Form gefüllt und etwa 1/2 Stunde im Ofen gebacken.

1990. Auflauf von Eingemachtem.

4 Milchbrote werden fein geschnitten, mit siedender Milch angefeuchtet und zugedeckt zur Seite gestellt. 125 Gr. Butter werden leicht gerührt, das abgekühlte Milchbrot dazu gegeben, mit 8 Eigelb und 125 Gr. abgezogenen und geriebenen Mandeln verrührt. Vor dem Einfüllen kommt etwas Zimmet, Zucker und abgeriebene Zitronenschalen dazu, das Eiweiß wird zu Schnee geschlagen, die Hälfte der Masse eingefüllt, Eingemachtes darauf gestrichen, das Uebrige darüber gegossen und im Ofen gebacken.

Auflauf von Erdbeeren, die man durch einen feinen Seiher treibt, mit etwas Butter und Eigelb abreibt und wie das Eingemachte benutzt, — von Himbeeren, die man vorher eine Stunde mit Zucker stehen läßt und mit 2 Eiweiß stark anrührt, — von Zwetschgen, die man vorher in Wein und Wasser, Zucker, Zimmet und Zitronen weich kocht,

— von Johannisbeeren, die man versüßt, mit geschlagenem Schnee verrührt, werden gerade so bereitet, wie der Auflauf von Eingemachtem.

1991. Auflauf von Flädlein.

Von einem schwach gesalzenen Flädlesteig (s. Nr. 1934) werden kleinere Flädlein gebacken. 50 Gramm Sultanrosinen, eben so viel Rosinen, Orangeat geschnitten, werden mit Butter weich gekocht und auf die Flädlein gestreut, diese sodann aufgerollt, in 2 Teile geschnitten und in eine Auflaufform, die gut ausgebuttert ist, eingelegt. 1 Löffel Mehl rührt man mit etwas zerlassener Butter glatt, giebt 2 Messerspitzen Zimmet, 2 Löffel Zucker, 5 ganze Eier, 2 große Tassen kalten Rahm dazu, verrührt es gut, giebt diese Masse über die Flädlein und backt den Auflauf etwa ½ Stunde.

1992. Fürstenauflauf.

250 Gramm frische Butter wird leicht gerührt, 10 Eigelb nach und nach dazu geschlagen, ebenso 4 Kochlöffel Mehl, 1 Glas süßer Rahm dazu gegossen, 60 Gramm klein geschnittene Mandeln nebst Zitronenschalen dazu gethan, 30 Gramm Vanille-Zucker samt dem Schnee von 6 Eiweiß in einer Auflaufform 30—40 Minuten gebacken.

1993. Auflauf von Haselnüssen.

125 Gramm Haselnußkerne werden im Ofen auf einem Bleche geröstet und von der Haut befreit, mit 1 Ei im Reibstein fein gestoßen, unter eine feine Vanillesouffléemasse gerührt und behandelt, wie dort angegeben.

1994. Auflauf von Johannisbeeren.

Für 6 bis 8 Personen nimmt man vier altgebackene Milchwecken, welche man abreibt und in kleine Scheiben schneidet, giebt diese in eine tiefe Schüssel, schneidet 250 Gramm frische Butter darauf, macht ½ Liter Milch siedend, gießt sie über die Butter und den Weck und läßt es so eine halbe Stunde stehen. Alsdann wird die Masse mit 10—12 Eigelb leicht gerührt, die Schale von einer halben Zitrone abgerieben, so viel gestoßener Zucker dazu gethan, bis es süß genug ist, das Eiweiß zu Schnee geschlagen und schnell an die Masse gerührt. Die Hälfte der Masse wird in ein mit Butter bestrichenes Suppenblech oder Auflaufform gegossen und mit eingemachten Johannisbeeren belegt, dann kommt die andere Hälfte darauf und wird auf Kohlen aufgezogen oder im Ofen gebacken; wenn der Auflauf fertig ist, so muß er gleich auf den Tisch gebracht werden.

1995. Auflauf von Kaffee.

125 Gramm guter Kaffee wird hell geröstet, etwas zerstampft und in ½ Liter siedenden Rahm oder Milch geworfen, gut zugedeckt und, nachdem er kalt, passiert. 125 Gramm Butter und 125 Gramm Mehl werden einige Minuten geröstet, 120 Gramm gestoßener Zucker und die Kaffeemilch damit angerührt, gut abgedämpft, mit 5 Eigelb und dem Schnee derselben vermischt, 30—40 Minuten im Ofen gebacken.

1996. Auflauf von Kartoffeln, süß.

Es werden etwa 6—8 Kartoffeln roh geschält und nicht zu weich gesotten, wenn sie kalt sind, auf dem Reibeisen gerieben; solche vom Tag zuvor sind besser. 190 Gramm Butter rührt man leicht, schlägt 6 Eigelb dazu; ½ Pfund geriebene Kartoffeln, nebst 1 Kochlöffel feinem Mehl wird mit 1 Glas Milch glatt gerührt, 125 Gramm Zucker und die abgeriebene Schale einer halben Zitrone dazu gegeben. Kurz vor dem Einfüllen zieht man den Schnee der 6 Eier unter die Masse und backt sie in einer Auflaufschüssel etwa 30—40 Minuten.

1997. Auflauf von Mandeln.

2 Kochlöffel Mehl röstet man mit etwas Butter; 1 Liter Milch, verrührt mit 2 Eigelb, 60 Gramm Zucker und 125 Gramm gestoßener Mandeln rührt man an die Mehlschwitze, kocht das Ganze gut auf und zu einem dicklichen Brei ein. Beim Servieren streut man Zucker und Zimmet darauf.

1998. Auflauf von Mandelmilch.

Aus 125 Gramm fein gestoßenen Mandeln, worunter auch einige bittere sein sollten, wird mit ⅝ Liter Milch eine Mandelmilch hergestellt, 125 Gramm Butter und 125 Gramm Mehl einige Minuten geröstet, wird damit angerührt und 125 Gr. mit Vanille vermischter Zucker darunter gemischt. Hiezu kommen 5 Eigelb, die zu festem Schnee geschlagenen Eiweiß und ein wenig Salz. Die Masse wird in die Souffléeform gefüllt und gebacken.

1999. Auflauf von Mehl und Eier oder Kuchemichel.

3 Löffel Mehl werden mit etwas kalter Milch angerührt, 4 Eier geschlagen und der Teig mit kalter oder heißer Milch

so dünn wie ein Flädlesteig angerührt; man fügt Zucker, kleine Trauben oder Kirschen zu oder, wer ihn nicht süß will, Salz und Schnittlauch, rührt alles gut durcheinander, bestreicht eine Bratpfanne dicht mit Butter, gießt den Teig darein, schneidet Schnittchen Butter darauf und läßt sie im Backofen backen. Der Teig darf in der Pfanne nur daumensdick sein.

2000. Auflauf von gebackenen Nudeln.

Von einem Nudelkuchen werden nicht zu dünne Nudeln geschnitten, dieselben in heißem Schmalz gebacken, auf weißes Fließpapier gelegt und kalt gestellt. Nachdem eine Form mit Butter ausgestrichen und mit Zucker ausgestaubt, kommt auf den Boden eine Lage Vanillesouffléemasse, dann eine Lage gebackener Nudeln u. s. f., bis die Form ³/₄ voll ist. Nun wird das Soufflée etwa 30—40 Minuten gebacken und serviert.

2001. Auflauf von Quitten.

Von 6 frischen, in Schnitze geschnittenen Quitten wird ein weiches Compot, zu welchem die Schale von ¹/₂ Zitrone hineingethan wurde, gekocht. 2—3 der Schnitze werden kalt gelegt und klein würflich geschnitten. Der Rest der Quitten wird durch ein feines Sieb getrieben und diese Marmelade ¹/₂ Stunde lang gerührt, bis sie das Ansehen von schaumig gerührter Butter hat. Hierauf werden 2 Eßlöffel Stärke- oder Kartoffelmehl mit 4 zu Schnee geschlagenen Eiweiß, sowie auch die geschnittenen Quitten langsam darunter gemischt. Es wird wie die anderen Soufflées etwa 30 bis 40 Minuten gebacken und serviert.

2002. Auflauf von saurem Rahm.

Von 2 Liter saurer Milch wird der Rahm abgenommen, in eine messingene Pfanne gegeben, über das Feuer gesetzt, bis der Rahm anfängt, Bläschen zu werfen, dann wird feines Mehl hineingerührt, bis es ein dicker Brei ist, und derselbe in eine Schüssel zum Erkalten gethan, dann eine zeitlang gerührt, das Gelbe von 6 Eiern nach und nach hineingerührt und eine halbe Zitrone an Zucker abgerieben und 125 Gramm Zucker dazu gegeben. Wenn die Masse recht leicht ist, so wird das Weiße von den 6 Eiern zu Schaum geschlagen und hineingerührt, die Masse in eine Auflaufform eingefüllt und 25—30 Minuten gebacken.

2003. Auflauf von süßem Rahm à la Béchamel.

125 Gramm Butter läßt man heiß werden, rührt diese mit 4—6 Löffeln Mehl an und läßt es leicht rösten, gießt ½ Liter guten, süßen Rahm damit glatt und läßt diese Masse gut kochen, bis sie vom Kasserol sich löst. Wenn sie halb erkaltet, rührt man 9 Eigelb sowie 125 Gramm Zucker nach und nach in die Masse, zieht den Schnee der Eier darunter und backt den Auflauf in etwa 40—60 Minuten in mittelmäßigem Ofen.

2004. Auflauf à la Raphael.

Zu einer fertigen abgerührten Vanillesouffléemasse, unter welche noch kein Schnee gezogen ist, werden 125 Gramm fein gestoßene, grüne Pistazien gemischt. Der Boden einer ausgebutterten und gezuckerten Auflaufform wird mit dieser Masse etwa 3 cm hoch gefüllt, auf diese giebt man eine Lage kleiner, mit Aprikosenmarmelade gefüllter, trockener Meringues, dann wieder Masse u. s. f. Das Backen wird wie oben behandelt, etwa 30—40 Minuten, und der Auflauf mit Zucker bestreut serviert.

2005. Auflauf von Reis.

250 Gramm Reis wird rein gewaschen, blanchiert, gut abgeflößt und auf ein Sieb abgegossen. Den Reis setzt man sodann mit 1 Liter Milch aufs Feuer, giebt 60 Gramm Butter, ½ Schote Vanille längs in der Mitte zerschnitten dazu und kocht den Reis langsam von der Seite weich, giebt ihn in eine Schüssel zum Abkühlen, 125 Gramm Zucker und nach und nach 8 Eigelb dazu, zum Schluß den Schnee derselben, füllt die Masse ein und backt sie 45 Minuten bis eine Stunde.

2006. Auflauf von Reis mit Aepfeln.

6—8 Aepfel werden geschält, mit Zitronensaft eingerieben und mit ¼ Pfund Zucker, von ½ Zitrone die Schale, mit ⅜ Liter Wasser nicht sehr weich gekocht, dann auf ein Sieb gelegt und kalt gestellt.

90 Gr. Carolinareis wird gewaschen, blanchiert und mit ½ Liter Milch weich gekocht, wenn der Reis trocken ist, wieder ¼ Pfund süßer Butter, 90 Gr. Vanillezucker, 6 Eigelb, ein wenig Salz und die 6 zu Schnee geschlagenen Eiweiß langsam darunter gemischt.

In die ausgebutterte und ausgezuckerte Auflaufform giebt man erst etwas von der Reismasse, dann einige Aepfel und so fort, bis alles aufgebraucht ist, zum Schluß Reismasse, backt den Auflauf eine Stunde und serviert ihn sofort.

2007. Auflauf von Reismehl.

4 Eßlöffel Reismehl werden mit ½ Liter Milch auf dem Feuer zu einem nicht zu dicken Teig angerührt, mit 125 Gr. süßer Butter, 125 Gr. Vanille-, Orange- oder Zitronenzucker abgedämpft, mit 5 Eigelb angerührt, das zu Schnee geschlagene Eiweiß darunter gemischt, gebacken und serviert.

2008. Schaum-Auflauf.

12 Eiweiß werden zu Schnee geschlagen, etwas Zucker und Eingemachtes, z. B. Himbeeren, Erdbeeren 2c. langsam daran gerührt, auf Porzellanplatten gefüllt, mit Zucker bestreut und im Ofen hellgelb gebacken.

2009. Auflauf von Vanille oder Omelette soufflée.

4 Eigelb werden mit 90 Gr. gestoßenem Zucker, 30 Gr. Vanillezucker schaumig gerührt, das Eiweiß obiger 4 Eier zu Schnee geschlagen, mit 1 Kaffeelöffel Kartoffel- oder Stärkemehl leicht in die Masse gearbeitet und entweder in einem halbhohen, kupfernen und verzinnten oder in einem blechernen oder porzellanenen Aufzugmodel in mittelheißem Ofen gebacken, vor dem Servieren mit Zucker bestreut und zu Tisch gegeben. Diese Souffléemasse wird häufig auch in der schwarzen Omelettepfanne im Ofen gebacken, zusammengeschlagen wie eine Eieromelette und auf langer Platte serviert.

2010. Auflauf von Vanille. Andere Art.

125 Gr. süßer Butter und 125 Gr. Mehl werden 5 Minuten langsam geröstet, mit ⅜ Liter siedender Milch und 125 Gr. Zucker mit Vanille angerührt und etwa 10 Minuten auf dem Feuer abgedämpft. 5 Eigelb werden gleich darunter gerührt, das Weiße hievon zu einem festen Schnee geschlagen, langsam darunter gemischt, in mit Zucker ausgestaubte Form gegeben und 20—30 Minuten langsam gebacken, hierauf mit Zucker bestreut und serviert. Sämtliche Aufläufe können auch in Papierkapseln größerer oder kleinerer Dimension gebacken werden.

2011. Auflauf von Vanille. Dritte Art.

125 Gr. Butter, 125 Gr. Vanillezucker, 125 Gr. Mehl und 3/8 Liter kalter Milch werden zusammen in eine Kasserole gethan und auf dem Feuer abgerührt. Nachdem man die Masse 1/4 Stunde abgedämpft hat, werden 6 Eigelb und der Schnee von denselben damit vermischt, in die Auflaufform gegeben und gebacken. Alle 3 Sorten sollen in mittelheißem Ofen in 20—30 Minuten fertig sein, da sie in der Mitte noch feucht sein sollen.

2012. Wasser-Auflauf.

Man weicht 3—4 Milchbrote in kaltem Wasser ein, drückt sie wieder aus und dämpft sie in 50 Gr. Butter, bis sie ganz trocken sind, läßt sie erkalten und rührt 6 Eigelb daran, 125 Gr. Zucker und etwas abgeriebene Zitronenschale, das Eiweiß, zu Schnee geschlagen, wird langsam hineingerührt. Die Masse wird in eine gerichtete Auflaufform gegeben und etwa 30 Minuten gebacken.

2013. Auflauf, gekocht von Wecken.

Es werden 4 Blechwecken abgeschält und fein geschnitten, 1/2 Liter Milch daran gegossen und unter beständigem Umrühren zu einem Brei gekocht. Hierauf gießt man ihn zum Erkalten auf eine Platte, rührt 125 Gr. Butter leicht, giebt den Brei und 8 Eigelb dazu, eine Hand voll fein geschnittene Mandeln, ebensoviel Rosinen und Zibeben, etwas Zimmet und abgeriebene Zitronenschalen, Zucker nach Belieben und rührt dies alles untereinander, giebt den Schnee der 8 Eier dazu, füllt die Masse in die Auflaufform und backt sie 30 Minuten.

2014. Brei von Mehl, sog. Kinderbrei.

Hiezu nimmt man 6—8 Löffel Mehl und rührt dieses mit etwas Milch glatt. In einen Liter kochender Milch läßt man sodann unter beständigem Rühren obige Masse einlaufen und zu einem dicken Brei einkochen. Sehr gut ist er, wenn man ihn auf Kohlen stellt und eine sog. Scharre ankochen läßt. Beim Anrichten bestreut man ihn mit Zucker und Zimmet. Um Zitronenbrei zu erhalten, zieht man den Brei mit 2—3 Eigelb ab und giebt Zucker, auf dem eine Zitrone abgerieben worden ist, dazu.

2015. Brei von Eiern.

In 125 Gr. zerlassener Butter röstet man 2 Hände voll Mehl weiß, 6 Eier verührt man mit 1 1/2 Liter guter Milch, rührt die Mehlschwitze damit an und läßt es unter fortwährendem Umrühren aufkochen. Vor dem Auftragen streut man Zucker und Zimmet darauf.

2016. Brei von Gries.

Unter 2 Liter kochender Milch rührt man 180 Gramm Gries und kocht ihn langsam, jedoch nicht zu dick, salzt denselben leicht, giebt ein nußgroßes Stück Butter dazu und streut Zucker und Zimmet beim Servieren darauf.

Man kann ihn auch dicker kochen, kalt werden lassen, 5 bis 6 Eier daran rühren, an einer Zitrone abgeriebenen Zucker dazu thun, den Brei in eine mit Butter bestrichene Schüssel gießen und im Backofen oder zwischen Kohlen aufziehen.

2017. Brei von Reis, Hirse und Gerste.

½ Pfund Reis, Hirse oder Gerste wird ausgelesen, gewaschen, mit lauem Wasser ans Feuer gesetzt, blanchiert, das Wasser abgegossen, 2 Liter siedender Milch daran gethan und unter öfterem Umrühren und Nachgießen von warmer Milch gekocht. ½ Stunde, ehe man anrichtet, rührt man 2 Löffel Mehl, 1 oder 2 Eier, etwas Milch, Salz, ein Stückchen Butter dazu und läßt auf Kohlen noch eine Scharre daran kochen. Vor dem Auftragen streut man Zucker und Zimmet darauf.

2018. Brötchen, gefüllt.

Man läßt kleine, runde Milchbrötchen backen, reibt die äußere Rinde etwas ab, schneidet oben einen Deckel ab und höhlt das Innere heraus. Diese werden in Milch eingeweicht und wieder ausgedrückt. Nun nimmt man eine Hand voll geschälte, mit Rosenwasser zartgestoßene Mandeln, Zucker, kleingeschnittenes Zitronat, 2 bis 3 Eier, Zibeben, rührt dies mit dem innern, eingeweichten weichen Brot zusammen, füllt die Brötchen damit, bindet den Deckel fest darauf, bäckt sie schnell in heißgemachtem Schmalz und läßt sie darauf einmal in Hagenbutten- oder Kirschensauce aufkochen.

Man kann die Brötchen auch, wenn die Deckel aufgebunden sind, einige Stunden in süße Milch und verklepperte Eier einweichen und dann langsam in heißem Schmalz backen. Jede süße Farce kann zum Füllen dieser Brötchen benützt werden.

2019. Brot, spanisch.

Von gutem Butterteig werden fingerlange und 2 fingerbreite Stückchen geschnitten, mit Ei bestrichen und in einem heißen Ofen rasch gebacken; giebt eine geschätzte Beilage zu grünen Gemüsen, ebenso zu Thee und Frühstück.

2020. Dampfnudeln, gesalzen oder süß.

Wenn man dieselben gut machen will, so nimmt man zu 1 Pfund Mehl 125 Gr. Butter und 3—4 Eier. Das Mehl siebt man und stellt es vor dem Gebrauch warm. 2 Löffel Bierhefe, (Kunsthefe 30 Gr.), rührt man mit etwas von dem Mehl und lauer Milch glatt, stellt es an einen warmen Ort zum Gehen. Das Mehl rührt man sodann mit den Eiern, der nötigen Milch (stark 1/4 Lit.), etwas Salz, 30 Gr. Zucker zu einem nicht zu dicken Teig an, rührt und schlägt denselben tüchtig, nach und nach die Butter in lauwarmem, zerlassenem Zustand dazu gebend, bis derselbe sich vom Löffel schält, läßt ihn sodann in der Wärme halb aufgehen und sticht mit einem Löffel hühnereigroße Nudeln heraus, setzt sie auf ein mit Mehl bestreutes Nudelbrett und läßt sie aufgehen. Alsdann streicht man ein geeignetes Geschirr dick mit Butter aus, bestreut den Boden mit gestoßenem Zucker, gießt siedende Milch dazu und setzt die gegangenen Nudeln hinein. Das Geschirr wird nun bedeckt, auf starke Kohlen gestellt und zum Aufziehen Kohlen auf den Deckel gelegt. Sind sie schön aufgezogen, so bestreut man sie mit Zucker und läßt sie im Ofen vollends schön gelb backen. Darauf gießt man noch ein klein wenig Milch neben herum, daß sie schön ablösen und giebt sie mit warmer und versüßter Milch (zu 1/2 Liter Milch 30 Gramm Zucker, heiß gemacht, mit etwas Kartoffelmehl, 2—3 Eigelb abgezogen und aufgerührt; Zitronenschale oder Vanillegeschmack) zu Tisch. Zu bemerken ist, daß die Milch nur bis zur halben Höhe der Dampfnudeln gehen darf.

Die Dampfnudeln können auch als Beilage zu Fleisch gegeben werden, indem man sie in gesalzene Milch oder gesalzenes Wasser mit Butter einlegt, die übrige Behandlung bleibt dieselbe, wie oben beschrieben. Zwetschgenbrühe, Krebsbrühe u. s. w. wird ebenfalls öfters zum Aufziehen der Nudeln verwendet und heißen diese dann Zwetschgendampfnudeln, Krebsdampfnudeln ꝛc.

2021. Dampfnudeln mit Vanille.

Von 1 Pfd. Mehl wird ein Dampfnudelteig ebenso bereitet, wie in voriger Nummer gesagt wurde; man giebt aber statt der 3 Eier hier 6 dazu. Ist der Teig halb gegangen, bestreut man das Nudelbrett mit Mehl, sticht mit einem Löffel kleine Nudeln daraus, dreht sie mit der Hand schön rund und läßt sie nochmals gehen. Hierauf läßt man in einer Kasserole ½ Pfund Butter zergehen, gießt ein Gläschen süßer Milch dazu, stößt Vanille und 120 Gr. Zucker dazu und läßt dies alles zusammen siedend werden, die Dampfnudeln werden dann nicht zu nahe neben einander hineingelegt, fest zugedeckt und zwischen unten und oben aufgelegten Kohlen langsam aufgezogen. Aufgedeckt dürfen sie gar nicht werden, erst wenn man glaubt, daß sie fertig sein könnten, sticht man mit einem Hölzchen in eine Nudel; wenn kein Teig mehr daran hängen bleibt, sind sie fertig; man läßt sie unten noch ein wenig gelb werden, sticht sie auf eine Platte heraus und giebt eine Vanillesauce dazu.

2022. Dampfnudeln, gebacken.

Die fertig geformten Dampfnudeln werden in ein tiefes, gut ausgebuttertes und ausgezuckertes Blech, eine neben die andere gesetzt, leicht mit Butter bestrichen, daß sie einzeln von einander gehen, dann in der Wärme gehen gelassen und in nicht zu heißem Ofen gebacken. Vanillesauce dazu.

2023. Eierhaber mit Rosinen.

Aus 250 Gr. Mehl, ½ Liter Milch und 6 Eiern wird ein dicker Teig angerührt, in die Backpfanne, wie zum Pfannkuchen Backen, nur etwas dicker, gegeben und in heißer Butter oder Rindschmalz in kleinen Stücken unter fleißigem Umwenden gelb gebacken, dann kurz vor dem Anrichten etwas gereinigte Rosinen eingestreut und auf der Platte gezuckert.

2024. Eierschnee, Pudding.

4 Eiweiß werden zu Schnee geschlagen, 150 Gr. gestoßener, fein gesiebter Zucker langsam darunter gemischt, vanillirt, in eine hübsche Form gegossen, nachdem dieselbe mit Butter bestrichen und mit Zucker glaciert worden. Die Form kommt dann 15 Minuten in ein Warmbad (bain marie), wird herausgenommen, auf eine Platte gestürzt, mit Vanillesauce übergossen und aufgetragen.

2025. Eierschnee, geformt.

Aus obiger Masse werden mittelst 2 Löffeln Eier geformt, wie man Klöße formt, und diese in siedender Vanille und Zuckermilch gekocht, zum Abtropfen auf ein Sieb gegeben, auf runder, tiefer Schüssel im Kranz angerichtet und von der Milch eine Vanillesauce bereitet, welche man beim Anrichten an die Eier gießt.

2026. Flädlein, süße, aufgezogen.

Siehe Abschnitt 18 Nr. 1935.

2027. Flädlein, süße, gefüllt und gebacken.

Siehe Abschnitt 18, Nr. 1936.

2028. Jacoten.

6 ganze Eier und 6 Eigelb werden in einem Hafen recht verrührt, 1/4 Liter süßer Rahm und ebensoviel süße Milch daran gegossen, nach Belieben Zucker dazu gethan, ebenso der Saft einer halben Zitrone und nochmals wohl verrührt. Zu dieser Portion werden 12 obere Tassen mit Butter bestrichen und die Masse in dieselben verteilt; hierauf wird in einem flachen Geschirr Wasser siedend gemacht, die Tassen hineingestellt und zugedeckt, das Wasser darf nur bis zur Hälfte der Tassen gehen; nach einer Viertelstunde stürzt man sie auf eine Platte und giebt eine Chaudeausauce dazu.

2029. Kaiserkuchen.

Zu einem Kaiserkuchen für 6 bis 8 Personen reibt man 4 Milchwecken ab, schneidet das Innere zu zarten Schnitten, gießt 1/4 Liter siedender Milch darüber und deckt es zu. Indessen rührt man 180 Gr. Butter leicht, schlägt 7 bis 8 Eier hinein nebst dem Weck und rührt dies eine Viertelstunde. Die feingeschnittene Schale von einer halben Zitrone, 10 Gr. gestoßenen Zimmet, 125 Gr. Zucker und je 60 Gr. gewaschene Zibeben, Rosinen und Zitronat werden dazu gegeben. Ein rundes Blech oder Puddingform wird mit Butter und Semmelmehl bestreut, die Masse eingefüllt und im Ofen gebacken. Nach dem Backen wird der Kuchen mit grob geschnittenen Mandeln besteckt und eine beliebige Sauce mit Rotwein von Kirschen, Hägen oder Rosinen gemacht.

NB. Will man den Kaiserkuchen noch besser haben, so werden 120 Gr. Mandeln fein gestoßen und zu der Masse gethan. Die Masse wird sehr häufig auch in kleine Tortenförmchen gefüllt und mit Sauce zu Tische gegeben.

2030. Kartoffelknopf, süß gebacken.

Wenn 250 Gr. kalte Kartoffeln geschält und gerieben sind, stößt man 120 Gr. süße und 30 Gr. bittere, abgeschälte Mandeln recht fein; 125 Gr. Butter rührt man etwas leicht, schlägt 6 Eigelb daran, giebt Zimmet und die abgeriebene Schale einer halben Zitrone dazu, ebenso die Kartoffeln, die Mandeln und einen Kochlöffel Mehl, mit süßem oder saurem Rahm glatt gerührt, zum Schluß den Schnee der Eier nebst 100 Gr. gestoßenem Zucker. In einem runden, mit Butter bestrichenem Blech oder in einer Auflaufschüssel wird der Knopf alsdann 30—40 Minuten im Ofen gebacken.

2031. Nockerl, Salzburger.

Mit dem in Nr. 1970 beschriebenen Teig werden mit der Spritze längliche Klöße in 1½ Liter, mit 1 Stange Vanille und 1 Pfund Zucker gekochter Milch eingelegt, mit 15 Eigelb abgezogen, das Weiße von 9 Eiern darunter gemengt und in einer Souffléeform gebacken. Die Masse muß innen noch weich sein und wird mit gehackten Mandeln bestreut, gezuckert und serviert.

2032. Nockerl, Wiener.

Mit dem in Nr. 1970 beschriebenen Teig werden mit der Spritze, deren Oeffnung 7 mm Durchmesser haben soll, kleine Beignets in Fett eingelegt, gebacken, auf Fließpapier gelegt und kalt gestellt. ½ Pfund Zucker wird zum Bruch gekocht und mit diesem die kleinen Beignets im Kranze neben einander und handbreit hoch in eine mit Oel ausgestrichene, glatte Form gesetzt, wenn sie erkaltet, auf eine runde, tiefe Platte gestürzt.

½ Liter Milch, ½ Pfund Zucker und eine Stange Vanille werden kochend gemacht und mit der Spritze von der übrigen Masse länglichte Klöße eingelegt. Die Milch mit den fertigen Klößchen wird sodann mit 12 Eigelb abgezogen, rasch einmal aufgekocht, damit die Masse dick wird, und sodann in obige Timbale eingefüllt und sofort serviert.

2033. Nudeln, gestutzt.

Gewöhnliche, abgetrocknete Nudelkuchen werden in fingerbreite Nudeln geschnitten, in 1½ Liter siedender, gezuckerter Milch gestreut und langsam so lange gekocht, bis nur noch wenig Milch daran ist; man giebt ¼ Pfund Butter daran, die Nudeln in ein Auflaufgeschirr, etwas süßen Rahm darüber und backt die Nudeln in heißem Ofen.

2034. Pastetchen, süße, englisch.

Hacke das Fleisch von einem gesottenen Kalbsfuß, von dem die Brühe zu Gallerte benützt wird, 2 Aepfel, 30 Gr. kandierte Pommeranzen- und Zitronenschalen, nebst einigen frischen Schalen und Saft, vermische dies mit ½ geriebenen

Muskatnuß, 1 Eigelb, 1 Löffel Branntwein und 120 Gr. gereinigten Korinthen und backe es, gehörig eingefüllt, in kleinen Pastetenpfännchen.

2035. Pfann- oder Eierkuchen, süß.

Von einem Eierkuchenteig backt man schöne Kuchen in heißer Butter, bestreicht diese mit irgend einer Marmelade oder eingemachten, süßen Früchten und rollt sie auf, bestreut sie dick mit Zucker und brennt diesen mit einem glühenden Eisen.

2036. Pfann- oder Eierkuchen mit Aepfeln.

In einen fertigen Eierkuchenteig giebt man dünne Aepfelschnitten, die vorher in heißer Butter gedämpft worden sind, und backt davon in heißer Butter Kuchen, welche man mit Zucker bestreut zu Tische giebt.

2037. Pfann- oder Eierkuchen à la reine.

Von einem Flädlesteig werden kleine Flädlen gebacken, diese mit einem dicken, warmen Vanillecrême (siehe Nr. 1962) gefüllt, aufgerollt und warm auf runder Platte mit einer Vanillesauce (Nr. 1961) serviert.

2038. Plumcakes.

½ Pfund Butter wird schaumig gerührt und nach und nach 6—7 Eigelb mit ½ Pfund gestoßenem Zucker, der abgeriebenen Schale einer halben Zitrone, ½ Kaffeelöffel gemahlenem Zimmet und ¼ Nelken, ½ Pfund Sultanrosinen, ½ Pfund Korinthen, ½ Pfund Zitronat, ¼ Pfund Orangeschale in feine Stücke geschnitten, dazu ½ Pfund Mehl nebst dem Schnee der Eier gegeben, die Masse in lange, viereckige, mit Papier ausgelegte und gut ausgebutterte Formen gefüllt und in sehr heißem Ofen etwa 1½ Stunden gebacken. Diese Cakesformen werden sodann in Scheiben geschnitten und kalt serviert oder aber die Schnitten im Ofen warm gemacht und mit einer Rumsauce zu Tische gegeben.

2039. Plumpudding.

¾ Pfund Ochsennierenfett, welches von aller Haut befreit worden, wird mit 180 Gramm Weißmehl fein gehackt und in eine Schüssel gethan. Hiezu kommen 3 gehackte Milchbrote, 180 Gramm gestoßener Zucker, 2 würflicht geschnittene Aepfel, von 1 Zitrone die gehackte Schale, 4 Gramm Ceylonzimmet, 4 ganze Eier, 2 Deziliter Weißwein, 1 Deziliter Rum, 180

Gramm Zibeben, 180 Gramm Rosinen und Sultaninen, 90 Gramm Zitronat, 90 Gramm Orangeat und etwas Salz. Alles dies wird gut durcheinander gerührt. Nun wird eine Serviette in der Mitte mit Butter bestrichen, mit Mehl bestaubt, die Masse in die Serviette gefüllt und diese zugebunden. Man kann eben so gut eine kleine Porzellan-Salatschüssel

Fig. 439 und 440.

ausstreichen und die Masse hineinfüllen und zubinden. Der Pudding, wenn er nicht zu groß, muß 2—3 Stunden in siedendem Wasser kochen und wird nach Ablauf dieser Zeit herausgenommen, auf eine Platte gestürzt und mit einer Erdbeersauce (Nr. 1953) serviert. Der Pudding kann, indem man Rum darüber gießt und diesen im Speisezimmer entzündet, brennend serviert werden.

2040. Pudding von Ananas mit Mandeln.

8 Eigelb, 1/4 Pfd. Butter, 1/4 Pfd. geriebene Mandeln werden mit 3—4 Löffeln Ananassyrup und mit 1/4 Pfd. in Stücke geschnittenen Ananas im Wasserbad dick gerührt, wenn erkaltet, der Schnee der 8 Eier darunter gezogen, in der Form etwa 3/4—1 Stunde gekocht; hiezu wird eine Aprikosensauce mit geschnittenen Ananasstückchen serviert.

2041. Pudding von Bisquit.

Ein Bisquit wird in Scheiben geschnitten und in eine mit Butter bestrichene Form gelegt. Dann werden 125 Gramm gestoßene Mandeln, 90 Gramm gesiebter Zucker, an dem zuvor die Schale von einer Zitrone abgerieben wurde, 6 ganze Eier und 4 Eigelb mit 1 Liter süßem Rahm abgerührt und über das Bisquit in die Puddingform gegeben, in eine ausgebutterte Puddingform eingefüllt und 1 Stunde gekocht oder gebacken und mit einer Zitronensauce (siehe Nr. 1968) serviert.

2042. Pudding von Brot. Erste Art.

4 Eigelb und 2 ganze Eier werden mit 125 Gramm Zucker leicht gerührt, dann giebt man 60 Gramm mit 3 Eiweiß geriebene Mandeln dazu, ebenso abgeriebene Zitronschale, 100 Gramm geriebenes, mit Wein angefeuchtetes Schwarzbrot, zieht sodann den Schnee der Eiweiß unter die Masse, füllt die Masse in die Form und giebt den Pudding, wenn er 1 Stunde gesotten, mit einer Chaudeausauce (Nr. 1963) zu Tisch.

2043. Pudding von Brot. Andere Art.

Man reibt schwarzes Brot so fein wie möglich; 100 Gramm frische Butter wird leicht gerührt, 120 Gramm fein gesiebter Zucker dazu gegeben und ganz schaumig gerührt. Man giebt sodann 1 Löffel des gewiegten Brotes und 1 Eigelb dazu, auf diese Art 8 Eier und ebensoviel Brot, etwas abgeriebene Zitronschale, gestoßenen Zimmet und zum Schluß den Schnee der Eier und kocht oder backt den Pudding etwa 1 Stunde. Hiezu eine Chaudeau-Sauce.

2044. Pudding von Brot mit Früchten (englisch).

4 bis 5 Wecken werden würflich geschnitten, in einer Kasserole mit 1 Flasche weißem Wein, 180 Gr. süßer Butter, 180 Gr. Zucker, der gehackten Schale einer Zitrone, ein wenig Salz und 125 Gr. feingeriebenen Mandeln auf dem Feuer gedämpft, bis sich der Teig von der Kasserole löst, 7 Eigelb nebst dem zu Schnee geschlagenen Eiweiß werden mit $^1/_2$ Pfund geschnittenen, verschiedenen, eingemachten Früchten und $^1/_{16}$ Liter Rum langsam darunter gemischt, in eine mit Butter bestrichene, mit Zucker ausgestaubte Form gefüllt und im Wasser im Backofen etwa 1 Stunde gebacken. Hiezu eine Chaudeausauce mit Rum.

2045. Pudding von Schwarzbrot.

150 Gr. Butter wird schaumig gerührt, nach und nach 10 Eigelb dazu gegeben, 125 Gr. Zucker, 125 Gr. feingehacktes Ochsenmark, 250 Gr. geriebenes Schwarzbrot, etwas gestoßener Zimmet, 250 Gr. verschiedene Südfrüchte, 1 Glas Rum und das Weiße zum Schnee; die Masse füllt man in eine mit Butter und braunem Panierbrot gerichtete Form, kocht sie 1 Stunde im Wasserbad. Man giebt dazu eine Chaudeau-Port- oder Weinsauce.

2046. Pudding von Caramel.

Mit 1 Pfund hellbraun gekochtem Zucker läßt man eine Timbaleform auslaufen, der Rest des Zuckers wird kalt gestellt, 3/4 Liter Milch darauf gegossen, wieder zum Feuer gebracht und dies zum Anrühren von 6 bis 8 Eßlöffeln Reismehl verwendet, mit 150 Gr. Butter und 180 Gr. gestoßenem Zucker auf dem Feuer gedämpft, bis der Teig ein glänzendes Aussehen erhält. 8 Eigelb werden sodann dazu gerührt, das Weiße als Schnee darunter gezogen, im Wasser im Ofen gekocht und keine Sauce appart gegeben, da der Caramel, welcher an der Form ist, geschmolzen sein muß. Ist das nicht der Fall, wird ein wenig Wasser in die Form gegossen, aufgekocht und die Sauce auf den Pudding gegossen. Extra dazu kann man eine Caramelsauce servieren.

2047. Pudding, Carmeliter.

Es werden 150 Gr. Mandeln abgezogen, grob gehackt und im Ofen gelb geröstet.

Von weißem Kipfelbrot werden fingerlange und breite Scheibchen geschnitten, dieselben in heller Butter auf beiden Seiten hellbraun gebacken und nachdem sie auf ein sauberes Tuch oder weißes Fließpapier gelegt, je zwei, welche mit dicker Aprikosenmarmelade bestrichen und mit obigen Mandeln bestreut, zusammengeklebt. Wenn dies geschehen, dann werden die Scheibchen in eine einfache Form, welche in der Mitte eine Oeffnung hat und gut mit heller Butter bestrichen und mit Zucker ausgestreut ist, lagenweise eingelegt. Zwischen jede Lage werden in Maraskino gekochte Malagatrauben gestreut. Hierauf wird nach und nach eine Masse von 1/2 Pfund Zucker, 3/4 Liter Milch, 8 ganzen Eiern und einem Glase gutem, altem Rum, gut gemischt und geschlagen, dazu gegossen und im Wasser im Ofen gekocht, bis sie fest ist. Hiezu wird Chaudeau- oder Früchtensauce gegeben, welche mit etwas Kirschengeist versetzt ist.

2048. Pudding von Chokolade.

Man nimmt 100 Gramm Chokolade und 1/4 Liter süßer Milch, läßt dies unter beständigem Rühren kochen, bis es dick ist, dann streut man 30 Gramm feines Mehl hinein, giebt 100 Gramm Zucker und 100 Gramm Butter dazu und läßt die Masse so lange auf dem Feuer, bis die Butter beinahe vergangen. Ist die Masse erkaltet, so rührt man sie 1 Stunde lang und schlägt langsam 7 Eigelb daran; das Weiße, zu einem steifen Schnee geschlagen, wird nun vor dem Einfüllen daran gerührt und 1½ Stunden gekocht. Eine Vanillesauce wird dazu gegeben.

2049. Pudding, englisch I.

4 Wecken werden auf dem Reibeisen abgerieben, das Innere derselben in dünne Scheiben geschnitten und mit ¼ Liter siedender Milch angegossen und zugedeckt. 150 Gr. Butter wird leicht gerührt und nach und nach 10—12 Eigelb zugegeben, ebenso eine Handvoll geriebene Mandeln, 50 Gr. Rosinen und Zibeben, sowie 60 Gr. Zucker. Ist die Masse leicht gerührt, giebt man den Schnee der Eier dazu und kocht die Masse entweder im Tuch oder in einer Puddingform etwa 1½—2 Stunden. Eine Zitronensauce oder ein Rumchaudeau wird dazu serviert.

2050. Pudding, englisch II.

4 Blechwecken werden mit ½ Liter Weißwein, 60 Gr. Butter, ½ abgeriebenen Zitronenschale, 60 Gr. süßen, geriebenen Mandeln auf dem Feuer gut abgetrocknet, 6 Eigelb nach und nach mit 100 Gr. Zucker dazugegeben, das Weiße der Eier langsam darunter gerührt und im Wasserbad etwa 1 Stunde gekocht, hiezu am besten eine Chaudeausauce. ¼ Pfund Malagatrauben, in etwas Rum aufgekocht, kann trocken unter die Masse gerührt werden.

2051. Pudding von Früchten, englisch.

Einige Birnen, Aepfel, Aprikosen, Reineclauden werden in frischem Zustande 4eckig geschnitten und mit etwas eingemachten festen Kirschen, ¼ Pfund Zucker und 1 Glas Rum angemacht und auf die Seite gestellt. 1 Pfund Mehl mit ½ Pfund abgehäuteltem Nierenfett wird auf einem Brett fein zerwiegt, in den Reibstein oder in einer Schüssel mit 2 Eiern, etwas Salz und 1 Deziliter kaltem Wasser oder einem Stückchen Eis gut gestoßen oder verrührt. Dieser Teig wird auf das Backbrett genommen und 7 mm dick zu einem Kuchen ausgewellt. Dieser wird in die Mitte einer kleinen Porzellanschüssel gelegt und die Früchte ohne den gezogenen Saft hineingegeben. Der über die Schüssel herabhängende Teig wird mit Wasser benetzt, über die Früchte geschlagen, eine Serviette fest darüber gebunden und 2 Stunden in siedendem Wasser gesotten, daß das Wasser ganz darüber geht. Nach dieser Zeit wird er gestürzt und mit einem Johannisbeer-Gelée serviert.

2052. Pudding, gebacken.

Man schneidet 4 altgebackene Wecken zu Schnitten, brüht sie mit 1/2 Liter siedender Milch an und deckt sie fest zu. Indessen rührt man 125 Gramm frische Butter leicht, schlägt nach und nach 12 Eigelb und 60 Gramm Zucker dazu, gestoßenen Zimmet, geriebene Zitronenschalen, eine Hand voll fein gestoßene Mandeln und die Wecken, rührt es noch eine Viertelstunde gut durch, schlägt von 6 Eiweiß einen Schnee und backt den Pudding im Ofen.

Man serviert dazu einen Weinchaudeau (Nr. 1963).

2053. Pudding, gekocht.

60 Gramm Mehl werden in 1/4 Liter Milch glatt gerührt und mit 60 Gramm Butter unter beständigem Rühren gekocht, bis sich der Teig von der Pfanne löst, dann wird er zum Erkalten auf die Seite gestellt. Indessen werden 125 Gramm Mandeln geschält und feingestoßen, von einer halben Zitrone die Schale abgerieben, das Gelbe von 7 Eiern langsam an die Masse gerührt, 60 Gramm Zucker und das Weiße von den Eiern zu Schaum geschlagen und ebenfalls dazu gerührt. Dieser Pudding wird au bain marie gekocht.

Es kann nach Gefallen Kirschen- (Nr. 1957) oder Hagenbutten-Sauce (Nr. 1954) dazu gegeben werden.

2054. Pudding von Gries.

In 1/2 Liter Milch mit 60 Gramm Butter kocht man, wenn dies siedet, 180 Gramm feinsten Gries ein und dämpft diesen Brei unter beständigem Rühren so lange ab, bis er sich leicht von der Kasserole löst, worauf man die Masse in eine Schüssel giebt, etwas Salz, 60 Gramm Zucker dazu giebt und wenn es etwas ausgekühlt, 5—6 Eigelb, die abgeriebene Schale von 1/2 Zitrone, den Schnee der Eiweiße daran rührt, in die vorbereitete Form einfüllt und etwa 1—1 1/2 Stunden im Wasserbad kochen läßt. Hiezu serviert man eine Mandel- oder Weinsauce.

2055. Pudding von Gries, mit Caramel.

Eine glatte Timbaleform läßt man, wie in Nr. 2046, mit hellbraunem Zucker auslaufen und füllt sodann die wie in vorhergehender Nummer hergestellte Griesmasse in dieselbe ein. Kochzeit wie dort. Eine Caramelsauce (Nr. 1950) wird extra dazu serviert.

2056. Pudding, abgerührter.

Man macht von einem nußgroßen Stück Butter und einer Tasse Milch einen gebrühten Teig und rührt ihn mit 4 Eigelb ab. Bis der Teig erkaltet, rührt man 60 Gramm Butter leicht, nimmt das Gekochte dazu und rührt noch 4 Eigelb dazu, Zitronensaft und Schale nach Belieben, 60 Gramm Zucker und zuletzt das Weiße zum Schnee. 1 Stunde im Wasserbad zu kochen, mit einer Chaudeausauce servieren.

2057. Hefen-Pudding (Mazarin).

120 Gramm Weißmehl werden in eine Schüssel warm gestellt und in der Mitte eine Vertiefung gemacht, dann 25 Gramm trockene Bierhefe mit 1 Deziliter warmer Milch glatt gerührt, mit dem dritten Teil des Mehls in der Mitte zu einem leichten Teig angerührt und an einen warmen Ort gestellt. Wenn der Teig gegangen, wird er mit dem Rest des Mehls, 5 Eigelb, etwas Zucker, Salz, Vanille und einer nußgroß süßer, zergangener Butter tüchtig durchgearbeitet und zwar wit lauer Milch so verdünnt, daß er dicklaufig und glatt vom Rührlöffel fällt. Hierauf läßt man den Teig gehen, schlägt dann noch 2 Eigelb hinzu, arbeitet gut durch und füllt eine Timbaleform, welche gut mit Butter bestrichen und mit gehackten Mandeln ausgestreut ist, ¼ voll, läßt den Teig in der Form so lange gehen, bis er den Rand erreicht hat, und backt den Pudding im Ofen, welcher ziemlich heiß sein soll, hellbraun, was in einer kleinen halben Stunde geschehen soll. Nun stürzt man ihn auf ein Sieb und läßt ihn erkalten. 125 Gramm Malagatrauben, 125 Gramm Rosinen und 60 Gramm Zitronat werden mit Maraskino weich gekocht.

Eine Sauce von 180 Gramm süßer Butter, ¾ Liter Wasser und eine gespaltene Stange Vanille wird siedend gemacht, der Pudding in 3 Tranchen mitten durchgeschnitten und in ein mit einem Rand versehenes Blech gelegt. Zuerst wird nun der obere Teil (Kopf) des Puddings mit dieser Sauce gut beträufelt und auf die Platte gelegt. Hierauf kommen wieder Südfrüchte und schließlich der gut angefeuchtete Boden darauf. Der Pudding wird die Sauce ganz anschlucken, doch wird keine weitere dazu serviert. Der Pudding wird oben stark gezuckert.

2058. Hefen-Pudding mit Rum und Früchten (Savarin).

Derselbe Teig, wie in vorhergehender Nummer beschrieben wird, nachdem eine glatte Bordureform mit weiter Oeffnung gut ausgebuttert, mit halben abgezogenen Mandeln ausgelegt oder mit gehackten ausgestreut, ¼ voll in dieselbe gefüllt. Nachdem derselbe bis an den Rand gegangen, wird er in heißem Ofen ¼ Stunde hellbraun gebacken. Hiezu wird ½ Liter Wasser, 120 Gr. Zucker und 125 Gr. süße Butter siedend gemacht, schließlich 3 Deziliter guter, alter Rum daran gegossen und der Pudding in einem tiefen Geschirr aufgeweicht. In die Mitte werden verschiedene warme Compots, Pfirsiche, Aepfel, Aprikosen, Kirschen u. s. w. gegeben und heiß serviert. (Fig. 441.)

Fig. 441.

2059. Kabinets-Pudding.

Eine Form, womöglich nach Fig. 59, andernfalls eine kupferne, verzinnte Crêmeform, wird mit heller Butter dick ausgestrichen und mit Zucker ausgestaubt oder, was noch besser, ausgebuttert, mit weißem Papier belegt und dieses wieder mit Butter bestrichen. 125 Gramm frische Zuckerbrote werden mit gekochten Malagatrauben, Rosinen, geschnittenem Zitronat und Orangeat parat gehalten. Nun wird die Form mit einer Lage Zuckerbrot belegt und hierauf von den Südfrüchten gegeben. Eine Masse von 5—6 ganzen zerschlagenen Eiern, 6 Deziliter kalter Milch und Rahm und 150 Gramm Vanille- oder anderem Zucker zusammengemischt und passiert, wird nach und nach zwischen die einzelnen Lagen der Zuckerbrote gegossen, so daß diese langsam anschlucken. Auf diese Weise fährt man fort, bis die Form gefüllt ist, worauf man sie im Wasserbad langsam etwa 1 Stunde stocken, nicht kochen, läßt. Eine Form ohne Cylinder braucht mindestens 1½—2 Stunden. Beim Servieren giebt man eine Wein-, Früchten- oder Chaudeausauce dazu.

2060. Kabinets-Pudding von Makronen mit Kaffee.

¼ Pfund frisch gerösteter, guter Kaffee wird mit ½ Liter heißer Milch angebrüht und, wenn erkaltet, passiert, mit 6 ganzen Eiern und 150 Gramm Zucker angerührt. Eine glatte, einfache, mit Cylinder versehene Form wird, wie oben beschrieben, zugerichtet, abwechselnd eine Lage Mandel-Makronen und gekochte Malagatrauben mit dem Kaffeecrême langsam eingefüllt und, wie oben beschrieben, langsam von der Seite fertig gemacht. Hiezu serviert man eine Vanillesauce.

2061. Pudding von Kakao mit Chocoladesauce.

1/2 Pfund Kakaobohnen werden auf einem Blech im Ofen gedörrt, bis sich die Schale gut ablösen läßt, dann etwas gestoßen und heiß in 3/4 Liter siedender Milch geworfen, zugedeckt und kalt gestellt.

6—8 Eßlöffel Reismehl werden mit dieser Milch, welche abgeseiht, glatt gerührt und mit 150 Gr. Butter und 180 Gr. gestoßenem Zucker auf dem Feuer gedämpft, bis der Teig ein glänzendes Aussehen erhält. 8 Eigelb, das zu Schnee geschlagene Eiweiß und 60 Gramm würflicht geschnittene Mandeln, worunter auch einige bittere sein dürfen, werden langsam darunter gemengt, in eine mit Butter bestrichene und mit Zucker bestaubte Form gefüllt und in Wasser im Ofen etwa 1 Stunde gekocht und mit Vanille- oder Chocoladesauce serviert.

2062. Pudding von Kartoffeln.

100 Gr. Butter werden leicht gerührt und nach und nach 250 Gr. kalte, geriebene Kartoffeln, 120 Gr. Zucker, die Schale einer halb abgeriebenen Zitrone, 60 Gr. geriebene Mandeln, sowie 8 Eigelb dazu gegeben. Zum Schluß wird der Schnee der 8 Eier in die Form gefüllt und etwa 1 Stunde im Wasserbad gekocht. Eine Wein- oder Obstsauce wird dazu gegeben.

2063. Pudding von Kartoffeln mit Zitronensaft.

125 Gramm Zucker werden mit 10 Eigelb eine Viertelstunde gerührt, dann nach und nach 3/4 Pfund geriebene Kartoffeln dazu gethan, die Schale und der Saft von einer Zitrone und 125 Gr. süße und einige bittere, geschälte und gestoßene Mandeln, ein Löffel Zimmet und der Schnee von den Eiern kommt zuletzt dazu. Wird etwa 1 Stunde im Wasserbad gekocht und eine Obstsauce dazu gegeben.

2064. Pudding von Kirschen.

5 Brote werden abgeschält, in Würfel geschnitten, mit etwas Milch angefeuchtet und mit 125 Gramm süßer Butter, 125 Gramm fein zerriebener Mandeln (mit einigen bittern), der gehackten Schale einer Zitrone, 180 Gramm Zucker, ein wenig Salz und 4 Gramm Ceylonzimmet auf dem Feuer gut abgedämpft, 7 Eigelb dazu gerührt und mit dem Schnee der

Eier nebst ½ Pfund ausgesteinter Kirschen langsam gemischt und wie die andern Puddings im Wasser etwa 1 Stunde in

Fig 442.

einem raschen Ofen gebacken. Hiezu wird mit Zitronenschale gekochter Kirschensyrup serviert oder irgend eine Weinsauce.

2065. Pudding von Kirschen mit Schwarzbrot.

¼ Pfd. Butter wird leicht gerührt, 6 Eigelb, ¼ Pfd. geriebener Mandeln, ½ Pfd. geriebenes Schwarzbrot in Rotwein eingeweicht, 125 Gr. Zucker, ½ Pfd. ausgesteinter, schwarzer Kirschen, alles zusammengerührt, der Schnee des Eiweiß dazu, 30—45 Min. im Wasserbad gekocht und im Ofen gebacken. Hiezu eine Vanillesauce mit Kirschwasser.

2066. Pudding mit Korinthen.

1 Liter süßer Milch und 100 Gramm frischer Butter werden zusammengekocht, mit 250 Gr. feingesiebtem Mehl angerührt und auf dem Feuer abgedämpft, bis sich der Teig von der Kasserole loslöst. Sobald der Teig erkaltet ist, werden 10 Eigelb mit 100 Gramm gestoßenem Zucker, einer abgeriebenen Zitronenschale und 150 Gr. ausgelesenen und gereinigten Korinthen und mit den zu Schnee geschlagenen 10 Eiweiß unter den Teig gearbeitet, die Masse in eine mit Butter bestrichene Puddingform gefüllt und 1½ Stunden im Wasserbad gekocht und mit einer Weinchaudeausauce serviert.

2067. Pudding mit Madeira, englisch.

4 ganze Eier und 2 Eigelb werden mit ½ Pfund gestoßenem Zucker gerührt, 180 Gr. zerlassene Süßbutter, 3 zu Schnee geschlagene Eiweiß, 150 Gr. Weißmehl, ein wenig Salz und gehackte Zitronenschalen langsam darunter gemischt und in eine niedere Form, wie eine Zuckerhutspitze, welche mit Butter bestrichen und mit Mehl bestaubt ist, gefüllt, diese in ein Tuch gebunden und 2 Stunden in siedendem Wasser gekocht, auf eine Platte gelegt und so lange mit gutem, warmem Madeira getränkt, bis es nichts mehr anschluckt, dann mittelst eines

Pinsels mit Aprikosen- oder Johannisbeergelée angestrichen und mit 125 Gr. schönen, grünen Pistazien gespickt, serviert.

2068. Pudding von Mandeln I.

100 Gr. fein geriebene, süße und einige bittere Mandeln, 190 Gr. Semmeln giebt man in eine Schüssel, schneidet 125 Gr. Butter darauf, streut 60 Gr. Zucker dazu und gießt 1/2 Liter siedender Milch darüber, deckt es zu und läßt es erkalten. 6 Eigelb werden dazu gerührt, das Weiße zu Schnee geschlagen, schnell hineingerührt, eine Form damit gefüllt und solche in Wasser 1 Stunde gesotten.

Hiezu gibt man Mandelsauce.

2069. Pudding von Mandeln II.

2 Milchbrote werden in Rahm eingeweicht, mit 65 Gramm Butter abgedämpft, mit 65 Gramm geriebenen Mandeln, 8 Eigelb, 125 Gramm Zucker, etwas Vanille und dem Schnee der Eier eingerührt und 3/4 Stunden im Wasserbad gekocht.

Eine Frucht- oder Chaudeausauce wird dazu serviert.

2070. Pudding von Maronen (Kastanien).

1/2 Pfund gute, große Maronen werden geschält und die zweite Haut mittelst Abbrühens abgezogen. Nun werden dieselben mit 1/2 Liter Milch und einer Stange Vanille gekocht, bis die Milch eingedampft, die Maronen aber weich sind, durch ein feines Sieb gestrichen, mit 125 Gr. Zucker und 90 Gr.

Fig. 443.

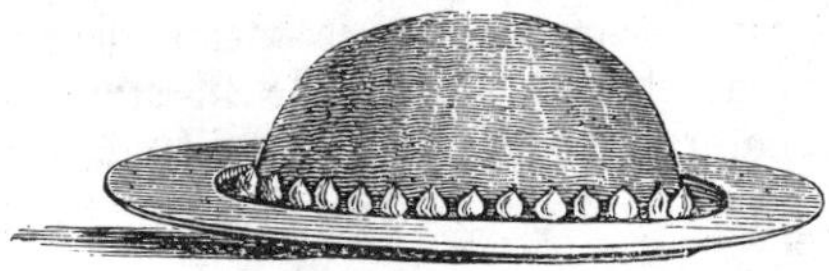

süßer Butter auf dem Feuer abgetrocknet; 6 Eigelb schlägt man in die halb erkaltete Masse und zieht dann das zu Schnee geschlagene Eiweiß behutsam darunter, giebt 1 Hand voll zu Würfel geschnittene Ananas dazu, backt die Pudding etwa 1 Stunde im Wasserbad im Ofen. Hiezu giebt man Vanille-, Aprikosen- oder Ananassauce.

2071. Pudding von Mehl, fein.

180 Gr. Butter werden mit einem schwachen halben Liter Milch aufgekocht, 180 Gr. feines Mehl dazu geschüttet

und stark gerührt. Wenn sich der Teig von der Kasserole löst, so läßt man ihn erkalten und rührt 12 Eigelb dazu, nebst ein paar Löffel Zucker, geschnittene Zitronenschale, ein wenig Zimmet; der Schnee der 12 Eiweiß wird schnell hineingerührt, die Masse 2 Stunden gekocht und mit einer Wein- oder Obstsauce zu Tisch gegeben.

2072. Neunlot-Pudding.

130 Gr. Butter werden leicht gerührt, das Gelbe von 9 Eiern dazu gegeben, dann 375 Gr. fein gesiebter Zucker, 375 Gr. geriebene Kartoffeln, die Schale von einer halben Zitrone zart geschnitten, eine Viertelstunde damit gerührt und der Schnee der Eier unter die Masse gerührt, in die Form gefüllt und im Wasserbad 1 Stunde gekocht. Hiezu giebt man eine Mandel- oder Chaudeausauce.

Dieser Pudding kann auch gesalzen werden, dann bleibt Zucker und Zitrone weg und statt dessen dämpft man fein geschnittene Zwiebeln und Petersilie in Butter weich und rührt sie mit Muskatnuß an die Masse; statt der süßen Sauce wird eine einfache Buttersauce dazu gegeben.

2073. Pudding von Nudeln.

Von 2 ganzen Eiern und 2 Eigelb macht man mit dem nötigen Mehl, Salz und etwas süßem Rahm einen Nudelteig, rollt diesen aus und schneidet dünne, feine Nudeln daraus, welche man in 1 Liter heißer Zuckermilch auf- und dick einkocht. Unterdessen rührt man 125 Gr. Butter mit 5 bis 6 Eigelb ab,

Fig. 444.

fügt 80 Gr. Zucker und einige Löffel süßen Rahm bei, schlägt das Eiweiß zu Schnee, rührt ihn samt den Nudeln langsam unter die Masse und kocht den Pudding in einer Form eine starke Stunde in siedendem Wasser. Eine Wein- oder Früchtensauce wird dazu gegeben.

2074. Pudding von gebackenen Nudeln.

½ Liter Milch und 1 Stange Vanille, 180 Gramm Zucker, etwas Salz und 180 Gr. süßer Butter werden zum

Kochen gebracht, 150—180 Gr. Vermicellenudeln hineingestreut und auf dem Feuer abgedämpft, mit 8 Eigelb und dem zu steifem Schnee geschlagenen Weißen behutsam gemischt. Ferner wird eine Hand voll Vermicelles (Fadennudeln) in schönem Fett gelb gebacken und auf Fließpapier zum Kaltwerden gelegt. Nun wird der Pudding derart eingefüllt, daß unten in die Form (Fig. 444) Masse kommt, dann gebackene Nudeln, dann Masse u. s. f., bis alles eingefüllt ist. Der Pudding wird im Wasser 1—1½ St. gekocht und mit Vanille- oder Früchtensauce serviert.

2075. Pudding mit Orangen (Savarin à l'Orange.)

Wie zu den in Nr. 2057 und 2058 beschriebenen Puddings wird ein Teig gemacht und wie zu letzterem ein Ring gebacken. Von 5—6 Orangen werden Schnitze geschnitten und dieselben mit einem halbdicken Syrup übergossen und zugedeckt. Ist die Masse kalt, nimmt man den Syrup davon, macht ihn mit 180 Gr. süßer Butter, ¼ Lit. Wasser und den Schalen von einer Orange heiß und feuchtet den Pudding damit gut an, setzt ihn auf die Platte und richtet das Orangecompot hübsch in die Mitte an. Kann ebenso mit Kirschen, Reineclauden, Ananas &c. gemacht werden.

2076. Pudding mit Orangen. Wiener Art.

½ Liter kalte, abgesahnte Milch wird geseiht und 100 Gramm Kartoffelmehl hineingerührt. Inzwischen läßt man 1 Liter Milch auf dem Feuer kochen, gießt die angerührte Masse hinein und läßt es dick einkochen; wenn dies, vom Feuer genommen, erkaltet ist, werden die auf Zucker abgeriebenen Schalen und der Saft von 3 frischen Orangen, 200 Gr. mit 50 Gr. Mehl angewirkter Butter, 10 Eigelb und 10 geschlagene Eiweiß mit 150 Gr. gestoßenem Zucker darunter gemengt, das Ganze in eine mit Butter bestrichene Puddingform gefüllt und 1 Stunde lang darin gebacken oder im Wasserbad fertig gemacht.

Eine Vanille-, Chaudeau- oder Fruchtsauce wird dazu serviert.

2077. Pariser-Pudding.

½ Pfund Zuckerbrot wird mit heißer Vanillemilch, 60 Gramm feinem Zucker, 180 Gramm frischer Butter und ein wenig Salz auf dem Feuer gedämpft, bis sich die Masse von der Kasserole löst. 6 Eigelb, das zu festem Schnee geschlagene Eiweiß und

½ Pfund in Würfel geschnittene Früchte verschiedener Art werden langsam damit vermischt, eingefüllt und etwa ¾ bis 1 Stunde im Wasserbad gekocht. Man giebt Früchtensauce oder Weinchaudeausauce dazu.

2078. Pudding von Pistazien.

125 Gramm abgezogene, grüne Pistazien werden mit 1 Ei fein gestoßen und in eine Rahmpuddingmasse gerührt (s. Nr. 2081) und wie dieser Pudding weiter behandelt. Hiezu giebt man eine Chocolade- oder Vanillensauce.

2079. Pudding von Pomeranzen.

125 Gr. süße und 30 Gr. bittere Mandeln werden abgeschält und mit einigen Eiweiß gestoßen. 2 Stück Pomeranzen kocht man in Wasser weich, wiegt sie und treibt sie durch ein Zuckersieb so fein wie möglich. Von 2 Milchbroten wird die Rinde abgeschnitten, in Milch eingeweicht und ausgedrückt. Hierauf rührt man 125 Gr. Butter leicht, vermischt die Mandeln und Pomeranzen damit und die Schale einer Zitrone. Dann wird das Gelbe von 8 Eiern, 180 Gr. Zucker und das Milchbrot leicht gerührt und der Schnee von den Eiern dazu gegeben, der Pudding etwa ¾—1 Stunde gekocht und eine Rotweinsauce dazu gegeben.

2080. Pudding von Punsch.

Hiezu wird in einer mit heller Butter bestrichenen und mit feinem Zucker bestaubten Charlottenform ein Bisquit gebacken. Es werden 6 Eigelb mit ½ Pfund feinem Zucker schaumig gerührt, die Schale von einer Zitrone gehackt, das zu festem Schnee geschlagene Eiweiß mit 90 Gr. gesiebtem Weißmehl und 60 Gr. Kartoffelmehl langsam darunter gemischt, eingefüllt und schön gelb gebacken. Nachdem das Bisquit kalt geworden, wird es in 3 Scheiben geschnitten, dazwischen mit Apfel- und Aprikosenmarmelade, welche mit Rum verdünnt werden, dick bestrichen und auf einander gesetzt und gleich auf die Platte gelegt.

Ein Punsch von ½ Liter Wasser, 2 Zitronen, 1 Orange, ½ Pfund Zucker und ¼ Liter Arak wird nun heiß gemacht und das Bisquit damit getränkt, dann oben gezuckert und serviert.

2081. Pudding mit Rahm, à la Crême.

Von 8 Eiern wird das Gelbe mit 4 Eßlöffeln gutem, süßem Rahm, 125 Gramm gestoßenem Zucker, 1 Stange Vanille, eine nußgroß süße Butter und ein wenig Salz in eine Kasserole gegeben, ins heiße Wasser gestellt und mit dem Schaumbesen solange geschlagen, bis die Masse leicht schaumig ist. Dann wird sie herausgenommen und so lange fortgeschlagen, bis sie kalt ist. Nun kommen die zu festem Schnee geschlagenen 8 Eiweiß darunter, die Masse eingefüllt und im Ofen im Wasser laugekocht. Dieser Pudding ist in 10 bis 15 Minuten fertig und ist deshalb einer der feinsten. Um ihn fester zu machen, gebe man in die Masse einen Kaffeelöffel Kartoffelmehl. Eine Vanille oder Fruchtsauce wird dazu gegeben.

2082. Pudding à la reine, kalt.

Wie zum Punschpudding wird ein Bisquit gebacken, kalt gestellt und in 3 Scheiben geschnitten. 3/4 Liter frischer Walderdbeeren werden durch ein Sieb passiert, mit einem Syrup von 1 Pfund Zucker, der ziemlich dick gekocht, angerührt und kalt, später aufs Eis gestellt.

1/2 Liter Erdbeeren werden gewaschen und abgetrocknet, mit einem dicken Zuckersyrup übergossen und auch kalt gestellt.

Von 3/4 Liter Milch, 1/2 Pfund Zucker, 1 Stange Vanille, 2 Kaffeelöffeln Mehl und 6 Eigelb wird eine dicke Crême (frangipane genannt) auf dem Feuer abgerührt, und nachdem die Vanille herausgenommen, auch aufs Eis gesetzt.

Der obere Teil (Kopf) des Bisquit kommt nun auf die Platte, auf welcher man serviert, und wird mit dem Syrup und ganzen Erdbeeren tüchtig getränkt, ein Löffel Crême darüber gestrichen und das zweite Stück Bisquit darauf gelegt, mit demselben eben so verfahren und schließlich das letzte Stück darauf gesetzt, welches auch tüchtig getränkt worden ist. Ist der Pudding nun gut durchgeweicht, wird er mit der Platte bis zum Servieren aufs Eis gesetzt, daß er durchaus recht kalt wird. Soll er serviert werden, so kommt das kalte Erdbeerpurée darüber und zwar so, daß er ganz glaciert erscheint.

Es ist dies eine der feinsten und besten, süßen Speisen und kann auch ähnlich von Aprikosen und Pfirsichen gemacht werden.

2083. Pudding mit Reis.

1/2 Pfund schöner Reis wird ausgelesen, gewaschen und angebrüht, dann in 1 Liter siedender Milch solange gekocht, bis er dick ist. Während der Reis erkaltet, rührt man 1/2 Pfund Butter leicht, schlägt 7 Eier dazu und bringt den abgekühlten Reis, ein paar Hände voll Rosinen, ebensoviel ab=

gezogene Mandeln, Zimmet und 80 Gramm Zucker in die Schüssel und rührt es noch eine Viertelstunde. Den Schnee von 5 Eiern rührt man zuletzt noch schnell hinein, füllt die Form und läßt die Masse 1 Stunde kochen.

Man kann den Pudding auch auf folgende Art bereiten: Man nimmt 125 Gramm Butter, 10 Eier, 125 Gramm Zucker, die Schale von einer Zitrone, etwas Zimmet in den gekochten Reis, verfährt wie oben und läßt ihn im Backofen in einer mit Semmelmehl bestreuten Form ³/₄ Stunden backen. Eine Kirschensauce oder irgend eine Fruchtsauce wird dazu serviert.

2084. Pudding mit Reis und Caramel.

1 Pfund Zucker wird gelbbraun gekocht und eine glatte Form damit ausgegossen. 125 Gramm Carolinareis wird gewaschen und blanchiert, abgeschüttet und mit ¹/₂ Stange Vanille in ¹/₂ Liter Milch trocken gekocht. Ist derselbe weich, so wird er in eine Schüssel mit 125 Gramm süßer Butter gethan und mit 5 Eigelb, 125 Gramm gestoßenem Zucker, etwas Salz und 3 geschlagenen Eiweiß langsam gemischt, in die Form gefüllt und wie Caramelpudding gekocht. Eine Caramel- oder Vanillesauce wird dazu serviert.

2085. Pudding mit Sago.

180 Gramm weißer Sago wird gewaschen und in siedender Milch ganz dick eingekocht; genau läßt sich die hiezu erforderliche Milch nicht angeben, deshalb ist es immer besser, wenn man die Hälfte der siedenden Milch zurückläßt und, was nötig ist, nachschüttet; so läßt man ihn ³/₄ Stunden vorsichtig kochen, daß er nicht anbrennt, und dann auf einer Platte abkühlen. Indessen rührt man 60 Gramm Butter leicht, schlägt 6 oder 8 Eier daran, nebst dem Sago, 100 Gramm Zucker und fein geschnittene Zitronenschalen und stößt 5—6 Zwiebacke fein, welche man auch in die Masse rührt, und zuletzt den Schnee der Eier. Hierauf füllt man die Masse ein und siedet ihn 1 Stunde im Wasserbad. Man giebt eine Wein- oder Kirschensauce dazu.

2086. Vierlot-Pudding.

60 Gramm feines Mehl werden mit ¹/₄ Liter Milch in einer Kasserole glatt angerührt und dick gekocht, auf dem Feuer 60 Gr. Butter hineingerührt und zum Abkühlen in eine Schüssel gegossen. Dazu werden 60 Gramm abgezogene

Mandeln mit Eiweiß fein gestoßen und dazu gerührt, 8 Eigelb dazu geschlagen, ein wenig Zitronen abgerieben und 60 Gr. Zucker dazu gethan. Das Weiße von den Eiern schlägt man zu einem steifen Schnee und rührt ihn vor dem Einfüllen an die Masse. Man kann diesen Pudding in einer Kapsel sieden oder im Ofen backen. Eine Chaudeau- oder Fruchtsauce wird dazu gegeben.

2087. Pudding von Zitronen. Erste Art.

Man rührt 10 Eigelb mit 125 Gr. Zucker und 60 Gr. feinem Mehl schön leicht und giebt 1 Zitrone am Zucker abgerieben dazu. Der Saft der Zitrone wird ausgedrückt, das Weiße von den Eiern zu Schnee geschlagen und langsam an die Masse gerührt; dann wird eine Kapsel oder Serviette mit Butter bestrichen, gefüllt und in siedendem Wasser eine Stunde gesotten, auf eine Platte gestürzt und eine Zitronensauce darüber gegossen.

2088. Pudding von Zitronen oder Orangen. Zweite Art.

Von 8 Eigelb wird dieselbe Masse gemacht wie in Nr. 2081 und kommt statt Rahm der Saft von 3 Zitronen und die abgeriebene Haut von 1 Zitrone oder der Saft zweier Orangen und die abgeriebene Haut einer halben dazu. Behandlung gleich der in Nr. 2081 beschriebenen.

Zu diesem und dem in Nr. 2081 beschriebenen Pudding ist Aprikosensauce am besten.

2089. Rahmstrudeln. Erste Art.

Man macht einen Nudelteig von 2 ganzen und 3 Eigelb, dem nötigen Mehl und etwas Rahm und rollt dünne Kuchen daraus, welche man leicht abtrocknen läßt. Sodann verrührt man 4 Eigelb mit 50 Gramm zerlassener Butter, fügt 2 Deciliter Rahm dazu, bestreicht die Nudelkuchen damit, schlägt sie 3 Finger breit übereinander, legt sie nicht zu nahe aneinander in eine mit Butter bestrichene Pfanne, bestreicht die Strudeln oben mit Butter und backt sie in einem Backofen schön gelb, gießt so viel siedende Milch daran, daß es zur Hälfte an die Strudeln geht, läßt sie nahezu einkochen und giebt sie dann zu Tisch. Man kann auch Kohlen auf den Deckel legen und sie so backen.

Man kann die Nudeln auch nur mit saurem Rahm bestreichen, verschiedene Früchte und geriebenes Zuckerbrot einstreuen, zusammenrollen, in aufgekochte Milch und Butter legen und auf gleiche Weise im Backofen oder zwischen Kohlen backen.

2090. Rahmstrudeln. Zweite Art.

½ Pfund Mehl wird mit 3—4 Eiweiß, 75 Gr. Butter, etwas Salz und lauwarmem Wasser zu einem nicht zu festen Teig gearbeitet, doch so, daß er sich nicht ausrollen, sondern ziehen läßt, und läßt ihn sodann bis zum Gebrauch ruhen. Unterdessen bereitet man nach Nr. 1961 einen leichten Vanillecrême und verdünnt diesen mit ½ Obertasse saurem Rahm. Der Teig wird sodann auf ein mit Mehl gut bestreutes Tischtuch gelegt und mittelst der Hände langsam von allen Seiten möglichst dünn ausgezogen, die Rahmmasse sodann auf den Teig gestrichen, ¼ Pfund Bisquit fein gewiegt, sowie ½ Pfd. verschiedene Südfrüchte damit bestreut, das Ganze mit dem Teig aufgerollt und in ein mit Butter gut bestrichenes Geschirr gegeben, der Strudel ebenfalls mit Butter bestrichen und etwa 1 Stunde im Ofen gebacken, nach dieser Zeit gießt man zur Hälfte heiße Milch an den Strudel, läßt diese schön lichtbraun einkochen und giebt dann den Strudel zu Tisch.

2091. Rahmstrudel mit Aepfeln.

Genau, wie oben beschrieben, hergestellt, statt der Südfrüchte werden 10—12 in Scheiben geschnittene und in ¼ Pfund Butter vorher gedunstete Aepfel eingestreut.

2092. Reis- und Grieskuchen.

Dieselben werden wie die Puddingmassen gemacht und in mit Butter bestrichenen und mit Mutschelmehl bestreuten Kuchenformen im Ofen gebacken, mit Zucker bestreut und mit Fruchtensauce serviert.

2093. Reisknopf mit Aepfeln.

200 Gr. feinster Carolinareis werden gewaschen, blanchiert, abgeschüttet und in 1½ Liter Milch langsam weich gekocht. Inzwischen werden 2 Dtzd. geschälte Aepfel mit 100 Gr. gestoßenem Zucker, einer abgeriebenen Zitronenschale oder Vanille und etwas Butter und Wein oder Wasser etwas dick verkocht. Hierauf wird eine ausgebutterte Porzellanschüssel schichtenweise mit Reis und Aepfeln gefüllt und mit einer Reisschicht geschlossen, diese dick mit Zucker und Butter bestreut und im Ofen ½—¾ Stunden gebacken.

2094. Reistimbalen, kleine, mit Compot, warm.

½ Pfund Reis wird, nachdem er gewaschen und blanchiert worden ist, ½ Stunde mit ½ Liter Milch und 60 Gramm Butter weichgekocht, 80 Gramm Zucker dazugegeben und diese Masse gut verrührt, in kleine mit Butter ausgestrichene Timbaleförmchen eingefüllt, im Ring auf eine runde Platte gestürzt, in die Mitte ein fertiges Compot von Aepfeln, Aprikosen, Pfirsichen und Kirschen hübsch angerichtet gegeben, die Timbalen oben mit Kirschen garniert, mit einer warmen Aprikosensauce übergossen und zu Tisch gegeben.

2095. Scheiterbeuge (Ofenschlupfer.)

5—6 Milchbrote oder Wecken werden, nachdem die Rinde abgeschält, in dünne Scheiben geschnitten und diese in einer mit ziemlich Butter ausgestrichenen Auflaufform, niederen Kasserole oder Bratgeschirr aufeinander gelegt und einige Hände voll Rosinen dazwischen gestreut. 10 ganze Eier werden mit 80 Gramm Zucker, 2 Liter süßer, kalter Milch, etwas gestoßenem Zimmet gut untereinander gerührt und über die Schnitten gegossen, etwas gehackte Mandeln und Rosinen darüber gestreut, sowie einige Stückchen Butter und in heißem Ofen etwa ½ Stunde gebacken. Zum Servieren sticht man die Scheiterbeuge aus oder serviert sie in der Auflaufform, eine Vanillesauce giebt man extra dazu. An Stelle der Rosinen sind in Scheiben geschnittene Aepfel auch sehr gut zu verwenden.

2096. Roulade von Bisquit.

140 Gramm Zucker wird mit 6 Eigelb schaumig gerührt, das Abgeriebene und der Saft von einer halben Zitrone beigegeben, ebenso 140 Gramm Puder mit dem geschlagenen Eiweiß dazu gerührt. Diese Masse wird auf ein großes, viereckiges, stark mit Mehl bestreutes Blech fingerdick aufgestrichen und so im Ofen etwa in 20 Minuten gebacken, eine Frucht-Marmelade wird sodann ziemlich dick darauf gestrichen, der Kuchen im Ofen aufgerollt und, wenn er erkaltet ist, in fingerdicke Querstücke geschnitten. Irgend eine Fruchtsauce wird dazu serviert.

2097. Schneeflocken.

125 Gr. guter Butter werden leicht gerührt, 50 Gramm Zucker mit etwas Vanille beigegeben, 8 Eigelb mit je ½ Eßlöffel Weißmehl und schließlich die 8 Eiweiß zu Schnee geschlagen gut hineingemischt. Diese Masse wird in eine niedere

Kasserole oder Pfanne, welche etwas warme Butter enthält, 2 Finger hoch gegeben, auf gelindes Feuer gesetzt und zugedeckt. Haben sie auf einer Seite schöne, gelbe Farbe, werden sie gewendet, noch einen Augenblick zugedeckt, nach einigen Minuten in Stücke zerschnitten, auf eine Platte gesetzt, gezuckert und mit Vanillesauce serviert.

2098. Schnitten au bain marie à la princesse.

10 Eigelb, ½ Stange Vanille mit 125 Gr. gestoßenem Zucker, 3 Deziliter Rahm werden kalt unter einander geschlagen, passiert und in einer mit Butter bestrichenen, langen Blechkapsel im heißen Wasserbad etwa ½ Stunde langsam von der Seite fertig gemacht, ohne das Wasser kochen zu lassen. Ist die Masse erkaltet, wird sie gestürzt, in 2 cm dicke Tranchen geschnitten, wie Koteletten paniert und schön gelb in Schmalz gebacken, auf eine Serviette angerichtet, gezuckert und mit Aprikosensauce apart serviert.

2099. Storchennester.

200 Gramm Zucker, 8 Eier und die hachierte Schale einer Zitrone werden geschlagen und so viel Mehl damit vermischt, daß es einen festen Teig giebt, dieser wird dann ausgewellt und in zweifingerbreite Bänder geschnitten, diese werden nestartig in einander verschlungen, mit Butter leicht bestrichen, braun gebacken, mit Zucker bestreut und kalt aufgetragen.

2100. Timbale von Reis und Aepfeln.

8—10 Aepfel werden in ½ Pfund Zucker, ½ Liter Wasser, mit der Schale einer Zitrone zu weißem Compot gekocht und kalt gestellt. Der Syrup wird passiert und auch kalt gestellt. Inzwischen wird ½ Pfund Carolinareis gewaschen, blanchiert, mit ¾ Liter Milch, 1 Stange Vanille und 125 Gramm süßer Butter weich gekocht und, nachdem 125 Gramm gestoßener Zucker und ein wenig Salz darunter gemischt ist, ebenfalls kalt gestellt. Eine Timbaleform wird mit Butter bestrichen, mit Mutschelmehl ausgestreut und mit Butterteig ausgefüttert. Man giebt auf den Boden eine Lage Reis, sodann eine Lage Aepfel und so fort, bis alles verwendet ist. Der obere Rand wird mit Ei bestrichen, ein Teigdeckel darauf geklebt, in welchen man eine kleine Oeffnung gemacht, mit Ei angestrichen und in einem ziemlich heißen Ofen hellbraun gebacken, auf eine Platte gestürzt, eine dicke Aprikosensauce darauf gegossen und noch etwas extra dazu serviert.

2101. Timbale nach Pariser Art.

Eine Timbaleform wird mit Butterteig oder Mürbteig ausgefüttert, dann mit Aepfeln, Birnen, Pfirsichen, Aprikosen ꝛc., welche vorher auf ein Sieb trocken gelegt worden, mit Lagen von gehackten Macronen, welche zum Ansaugen der Säfte dienen, abwechslungsweise ganz voll gefüllt, mit einem Deckel geschlossen, im Ofen gebacken und mit heißem Früchtensyrup, den man oben durch eine kleine Oeffnung gießt, serviert.

2102. Törtlein von weißem Brot.

Man röstet einen in Scheiben geschnittenen Blechweck und stößt ihn recht fein, rührt ihn mit 125 Gramm Zucker und 5—6 Eiern eine Viertelstunde recht stark, giebt klein geschnittene Zitronenschalen, Zitronat und gestoßenen Zimmet dazu und rührt es mit diesem noch eine Zeit lang. Dann werden kleine Tortenförmchen mit Butter bestrichen, mit Semmelmehl bestreut und die Masse hinein gefüllt. Wenn die Törtlein schön gelb gebacken sind, giebt man eine Kirschen-, Rahm- oder Chaudeausauce darüber und serviert sie.

2103. Törtlein auf andere Art.

Man rührt 125 Gramm Butter leicht und giebt nach und nach 4 Eigelb dazu. Dann giebt man Zucker, der zuvor auf einer Zitrone abgerieben worden ist, nebst einer Hand voll feinem Mehl daran und rührt dieses langsam mit dem Schnee der Eier darunter. Wenn alles nochmals gut durchgerührt worden ist, füllt man den Teig in kleine, mit Butter bestrichene Tortenförmchen und backt sie schön gelb. Man kann sie trocken oder in einer süßen Sauce auf den Tisch geben.

2104. Tranches à la Saxe.

Ein etwas leichter, gesalzener und gezuckerter Pfannkuchenteig wird in eine mit Butter bestrichene Form gefüllt, in bain marie gestellt, zugedeckt und im Ofen gekocht, wenn er fertig, gestürzt, in lange Streifen geschnitten, paniert, einige Einschnitte gemacht, in heißem, gutem Fett gebacken, auf eine Serviette angerichtet, gut gezuckert und mit Vanillesauce recht heiß serviert.

2105. Türkenbrot.

10 Eier werden mit 250 Gramm gestoßenem Zucker, der abgeriebenen Schale einer frischen Zitrone und 2 Liter

Milch schaumig geschlagen, die Masse durch ein feines Sieb in eine Porzellanform gegossen und im Wasserbad im Ofen gebacken. Wenn die Oberfläche schön gelb geworden, wird die Form herausgenommen, mit Früchten und Zitronat hübsch garniert und aufgetragen.

2106. Vanillemilch.

10 frische Eier werden mit 100 Gr. gestoßenem Zucker, 30 Gr. Vanillezucker und 20 Gr. Fecul zu Schaum geschlagen, 1 Liter guter, frischer Milch daran gerührt, die Masse über schwachem Feuer abgezogen, zum Erkalten in eine Schale gegossen und aufgetragen. Diese Speise ist ein vorzügliches Linderungsmittel bei Affectionen der Stimm- und Brustorgane.

2107. Wecktörtlein mit Zitronen- oder Rosinensauce.

125 Gr. Butter rührt man leicht und schlägt das Gelbe von 4 Eiern daran; das Gelbe von einer Zitrone wird an Zucker abgerieben und ein starker Eßlöffel Zucker dazu gegeben. Das Weiße von den Eiern schlägt man zu Schnee, rührt damit 3 Kochlöffel Mehl besonders an und gießt es an die Butter. Wenn man die Törtlein in kleine Förmchen gefüllt hat, werden sie im Ofen langsam gebacken und giebt man eine Hagenbutten- oder Kirschensauce dazu.

2108. Wiener Schmarrn mit Rosinen.

250 Gr. feines Mehl werden mit 7 Deziliter süßem Rahm und 10 Eigelb verrührt, hierauf mit 80 Gr. Zucker versetzt, etwas gehackte Zitronenschale hineingearbeitet und mit Vanille und Zimmet gewürzt. Ist die Masse leicht flüssig, so werden die zu Schnee geschlagenen 10 Eiweiß hineingerührt, 150 Gr. Butter zerlassen, die Masse eingefüllt und gebacken. Vor dem Umkehren wird mit der Backschaufel der Kuchen zerschnitten, die Stücke umgewendet, gelb gebacken, dann groß gewürfelt, gereinigte Rosinen hineingestreut, auf einer Porzellanschüssel angerichtet und gut gezuckert.

2109. Wiener Törtlein.

½ Pfund Butter rührt man leicht und schlägt 4 ganze Eier und 4 Eigelb hinein, 125 Gr. abgezogene und zart gestoßene Mandeln, 125 Gr. Mutschel- oder Semmelmehl, 60 Gramm gestoßenen Zucker etwas Zimmet, und die Schale von einer Zitrone klein geschnitten; dies alles wird zusammen eine halbe Stunde gerührt, alsdann bestreicht man kleine, aber etwas tiefe Förmchen mit Butter, bestreut sie mit Semmelmehl, füllt sie halb voll und backt sie gelb.

Diese Törtlein können mit Zucker bestreut oder als Zwischengemüse in einer Kirschen- oder Hagenbuttensauce gegeben werden.

2110. Wiener Törtlein auf andere Art.

Man rührt 1 Pfund Butter leicht, schlägt 10 Eigelb daran und jedesmal einen Eßlöffel voll Mehl dazu, die Schale von einer halben Zitrone und 375 Gr. fein gesiebter Zucker werden noch 1/4 Stunde damit gerührt. Dann werden kleine Formen mit Butter bestrichen, mit Semmelmehl bestreut und im Ofen gebacken. Hiezu kann jede süße Sauce gegeben werden.

2111. Zola oder Schalet (israelitisch).

300 Gr. feines Mehl werden in flüssiges Fett langsam eingerührt, 200 Gr. Syrup, 100 Gr. Rosinen, 20 Gr. verwiegte Mandeln, ein Spritzchen Salz und Pfeffer, die verwiegte Schale einer abgeriebenen Zitrone, gestoßene Nelken und Zimmet, 2 eingeweichte Semmeln und 5 Eier darunter gearbeitet, die Masse in eine mit Gänsefett ausgestrichene Form gefüllt, im Backofen gebacken und recht heiß aufgetragen.

20.

Hefen- und Schmalzbackwerk.

Wenn man ein gutes Hefenbackwerk erhalten will, so hat man eine sehr gute Hefe (Bärme, Geste) nötig; ohne diese ist an ein Gelingen nicht zu denken, selbst wenn alle übrigen Zuthaten von der vorzüglichsten Beschaffenheit wären. Zur Bereitung eines guten Hefenteiges muß die Hefe frisch und darf nicht bitter sein. Die flüssige Hefe wird mit reinem Wasser angerührt und dann durch ein Sieb gegossen, sodaß alles Unreine davon geschieden wird. Nachdem sie einige Stunden gestanden hat, gießt man das braune Wasser, das sich oben sammelt, ab, gießt frisches darauf, verrührt es mit der Hefe und wiederholt dies so oft, bis der bittere Geschmack verschwunden ist und die Hefe schön weiß aussieht. Um zu untersuchen, ob die Hefe zu gebrauchen ist, gieße man etwas davon in heißes Wasser. Steigt sie in die Höhe, so ist die Hefe gut, sinkt sie unter, dann hat sie keinen Wert mehr. Auch die trockene Hefe sollte vor dem Gebrauch über Nacht in frisches Wasser gelegt werden. Kommt man in die Lage, eine minder gute Hefe verwenden zu müssen, so thut man gut, mit 1 Deziliter flüssiger Hefe, die gleich 30 Gramm trockener Hefe ist, ½ Deziliter reinen Spiritus zu vermischen, dadurch wird die Gährung beschleunigt, doch kann für den Erfolg nicht garantiert werden. Am besten ist wohl die überall eingeführte Preßhefe zu verwenden und der Bierhefe schon deshalb vorzuziehen, da sie leicht mit warmer Milch aufzulösen ist und auch sofort zum Teigmachen verwendet werden kann. Man rechnet auf ½ Kilo Mehl etwa 20 Gramm Hefe, ist der Teig ziemlich fett, also das Rezept mit ziemlich Butter angegeben, so nimmt man 5 bis 10 Gramm mehr Hefe dazu. Um einen guten Hefenteig zu machen, muß die Milch leicht erwärmt, aber nicht heiß sein, ebenso das Geschirr, in welchem der Teig gemacht wird, das Mehl und die Eier. Am besten ist, die Hefe erst mit etwas Mehl und lauwarmer Milch zu einem sog. Vorteig anzurühren, diesen dann gehen zu lassen und dann erst, wenn man sieht, daß die Hefe gut gegangen, diesen an den Teig zum Fertigmachen zu geben. Wird der Teig vor dem Gebrauch auf dem Backbrett oder in der Schüssel tüchtig geschlagen und ausgewirkt, so wird das Backwerk um so leichter und schmackhafter. Der Teig soll mit einem Tuch bedeckt zum Aufgehen an einen mäßig warmen Ort gestellt werden und erfordert das Backen des Hefenteigs eine starke, gleichmäßige Ofenhitze.

Zum Schmalzbacken soll nur ein vorzügliches Fett verwendet werden, entweder ausgelassene Butter (sog. Rindschmalz) oder das in der Küche selbst gewonnene Backfett (siehe Einleitung.) Beim Backen muß das Fett rauchheiß sein, d. h. so heiß, daß die Oberfläche des Fettes leicht raucht. Wenn man seiner Sache nicht sicher ist, kann man mit einem Stückchen Brot eine Probe machen; wird dies rasch gleichmäßig braun, ist das Fett zum Backen heiß genug.

Ein großer Fehler ist, die Speisen zu früh ins Fett zu bringen, wenn dasselbe noch nicht heiß genug ist, dadurch dringt das Fett in die Speisen ein und werden ungenießbar. Auch ist darauf zu sehen, daß die Speisen im Fett schwimmen, daß also immer genügend Fett in der Pfanne ist. Bei panierten Speisen muß das Fett nach dem Gebrauch passiert werden, um ein Verbrennen bei späterem Gebrauch zu verhüten. Da die meisten, namentlich Hefenbäckereien schwach gezuckert sind und dadurch auch schöner aufgehen, wendet man nach dem Backen diese Speisen reichlich in Zucker um. Ueber das Backen siehe auch Einleitung S. 57, Ziff. 13 und 17.

2112. Anisbrot mit Hefe.

Von 3 Pfund Mehl wird ein Teil mit 60 Gramm Hefe und 1/2 Liter warmer Milch zu einem Vorteig angelassen. Wenn der Teig aufgegangen ist, giebt man einen Löffel Anis, 1 feingeschnittene Zitronenschale, 1/2 Pfund gesiebten Zucker, 6 Eier, Milch nach Bedürfnis dazu, schlägt daraus einen glatten Teig, läßt ihn wieder gehen und wirkt ihn dann so lange, bis der Anis herausfällt, macht daraus längliche Laibchen, setzt sie auf ein mit Mehl bestreutes Blech, läßt sie darauf wieder gehen, reißt sie mit einem Messer der Länge nach

Fig. 445.

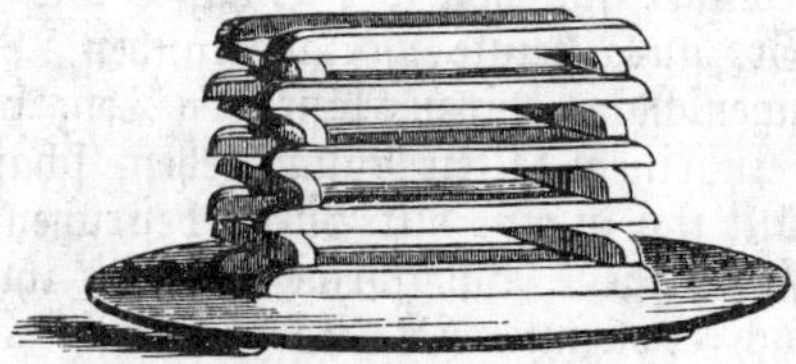

und backt sie in starker Hitze. Erkaltet schneidet man Schnitten daraus und röstet sie im Ofen rasch an.

2113. Aepfel, gefüllt, zu backen.

Hiezu schält man 10 gute Aepfel, schneidet oben das Deckelchen ab, nimmt das Kernhaus mittelst eines Löffelchens heraus und füllt die Aepfel mit gestoßenen Mandeln und Rosinen, nebst Zucker und Zimmet, und macht den Deckel darauf. Hierauf wendet man die Aepfel in einem dünnen Backteig um, mit dem man auch die Deckelchen der Aepfel befestigen kann, backt sie im Schmalze, bestreut sie mit Zucker und Zimmet und giebt sie gleich zu Tische.

2114. Apfelküchlein.

Aus Milch, 1 Löffel Mehl, etwas Salz und 2 oder 3 Eiern wird ein leichter Teig angerührt, geschälte Aepfel in Scheiben geschnitten, mit einem runden Ausstecher das Kernhaus entfernt, in dem Teig umgewendet und aus heißem Fett herausgebacken, in Zucker und Zimmet umgewendet und gleich serviert. Man kann auch Milch mit siedendem Wein und Mehl zu einem glatten Teig anrühren, einige Eier beifügen, die Apfelschnitten in diesem Teige umkehren und in heißem Schmalze backen; man erhält dann Apfelküchlein in Weinteig.

Am besten sind die Apfelküchlein in Backteig (Bierteig s. S. 81, Ziff. 22) getaucht und gebacken. Einen ausgezeichneten Geschmack erhalten die Küchlein dadurch, sie vor dem Backen mit Kirschwasser und Zucker anzufeuchten und etwa 1 Stunde darin stehen zu lassen.

2115. Baba.

1 Pfund Mehl wird warm gestellt, in die Mitte desselben eine Vertiefung gemacht und hierin ¼ Liter lauer Milch mit 25 Gr. Hefe angerührt. Wenn dieser Vorteig genügend gegangen, giebt man 250 Gr. Butter, 5 Eier, Salz, Zucker

und laue Milch dazu, bis es einen feinen, weichen Teig giebt, schlägt diesen, bis er sich von der Schüssel löst, fügt 60 Gr. Rosinen, 60 Gr. ausgesteinte Malagatrauben, 60 Gr. Zitronat und Orangenschalen hinzu, läßt den Teig in einer Schüssel über Nacht in einem kalten Raum gehen, schafft ihn andern Tags durch, füllt ihn in eine mit Butter bestrichene, hohe Form ¾ voll, (es giebt eigene Babaformen), stellt ihn zum Gehen an einen schwach erwärmten Ort und backt ihn dann in ziemlich heißem Ofen. Diese Baba sind sowohl ein vorzügliches Thee- und Frühstückgebäck, als auch eine feine, süße Speise, indem man den Baba, wenn er fertig ist, halbiert, die beiden Teile mit einem heißen Syrup von ¼ Liter Aprikosensyrup mit ⅛ Liter feinem Madeira anfeuchtet, einige halbierte, gekochte Aprikosen dazwischen legt und in ursprünglicher Form mit einer Chaudeausauce zu Tische giebt.

2116. Beignets, gefüllt.

½ Liter Milch mit 125 Gr. Butter, 50 Gr. Zucker und wenig Salz werden gekocht und sodann unter beständigem Rühren 250 Gr. Mehl eingerührt und abgedämpft, bis der Teig von der Kasserole sich leicht löst. Wenn er etwas ausgekühlt ist, werden 5—6 ganze Eier darunter gerührt und mittelst eines Eßlöffels egal nußgroße Häufchen in siedendes Fett eingelegt, wobei zu achten, daß nicht zu viel eingelegt werden, da sie sonst nicht aufgehen können und, um die Beignets schön gleichmäßig zu backen, die Pfanne immer gerüttelt wird. Haben sie schöne, hellgelbe Farbe, legt man sie auf ein Sieb, bestreut sie mit Zucker und giebt sie sofort zu Tische. Oder man macht in jedes eine kleine Oeffnung an der Seite und füllt irgend eine Marmelade von Himbeer, Johannisbeer, Aprikosen u. s. w. in dieselben.

2117. Beignets mit Mandelmilch.

Von 250 Gr. geschälten, mit Wasser geriebenen Mandeln wird mit ¾ Liter Milch, welche mit ½ Stange Vanille und 125 Gr. Zucker gekocht wurde, eine Mandelmilch gemacht. Nachdem diese gut ausgepreßt ist, wird dieselbe mit 4 bis 5 Eßlöffeln Kartoffelmehl angerührt, auf dem Feuer 10 Minuten abgedämpft und dann auf ein flaches, vorher mit Wasser benetztes Blech fingerdick aufgestrichen. Wenn die Masse erkaltet ist, werden mittelst eines runden Ausstechers kleine Küchlein ausgestochen, welche in Ei und Mutschelmehl sorgfältig umgekehrt, in sehr heißem Schmalz schwimmend rasch gelb gebacken, mit Vanillezucker bestreut, auf eine Serviette angerichtet und mit einer Saucière dicker Vanillesauce serviert werden.

2118. Beignets von Birnen.

Von schönen Birnen wird ein Compot gemacht, dieses in Backteig gewendet, im heißen Fett gebacken, mit Vanillezucker eingestreut und serviert.

2119. Beignets mit Pfirsich.

8—10 reife Pfirsiche werden geschält, mit Zucker, Zimmet und Kirschenwasser angemacht und so eine Stunde mariniert, sodann im Backteig (S. 81, Ziff. 22) eingetaucht und in vollem Fett gebacken, mit Zucker bestreut und serviert. Wird von Aprikosen ebenso zubereitet.

2120. Brioche oder Apostelkuchen. Erste Art.

3 Pfund Mehl werden auf die Backtafel gesiebt und, nachdem man etwa mit ½ Pfund davon nebst 50 Gr. Hefe und ¾ Liter lauer Milch einen Vorteig gemacht hat und dieser gegangen ist, wird in die Mitte des Mehls eine Vertiefung gemacht, in dasselbe 1½ Pfund Butter, etwas Salz, 1 Hand voll Zucker und 15 Eier gegeben und mit halb lauem Wasser, halb Milch zu einem leichten Teig geschafft. Nach 5 Minuten wird der Vorteig darunter gearbeitet, der Teig tüchtig geschlagen und in eine Serviette, welche in eine Schüssel gelegt, gebracht, mit der Serviette zugedeckt und zum Gehen an einen warmen Ort gestellt. Nach 2 Stunden wird der Teig wieder auf die Backtafel genommen, nochmals durchgearbeitet und dann wieder in die Serviette gelegt, am besten im Sommer über Nacht aufs Eis und Winters an die Luft gestellt. Am andern Morgen wird derselbe wieder umgearbeitet und nach 2 Stunden verarbeitet. Hievon werden nun kleinere oder größere Brioches geformt, d. h. es wird von dem Teige eine Kugel und in die Mitte derselben eine Vertiefung gemacht, dieselbe mit Ei bestrichen, in die Vertiefung eine kleinere Kugel gelegt, welche mittelst eines spitzigen Holzes hineingepreßt wird. Das Ganze wird mit Ei bestrichen, mit Papierstreifen, welche mit Butter bestrichen, umbunden und dann gebacken. Man kann die Brioches auch in kleinen und größeren Formen backen. Brioche ist ein beliebtes Theegebäck, kann aber ebenso wie Baba als süße Speise verwendet werden.

2121. Brioche. Andere Art.

3 Pfund Mehl werden, nachdem vom 3. Teil ein Vorteig gemacht, mit 3 Pfund Butter, 24 ganzen Eiern, Zucker und Salz ebenso behandelt, wie obig beschriebener Teig und ebenso gebacken.

2122. Braunschweiger Kuchen.

Aus 1 1/5 Pfund Weißmehl, 60 Gr. Zucker, etwas Salz, 60 Gr. Hefe mit 1/4 Liter lauer Milch verdünnt, 6 Eigelb, 60 Gr. abgezogenen und feingestoßenen Mandeln, 1/3 Pfund Butter und gehackter Zitronenschale wird ein ziemlich leichter Teig gemacht. Ist derselbe recht glatt, mischt man 1/2 Pfund gewaschene Rosinen darunter, macht hievon handlange und ebenso breite, ovale Streifen, legt dieselben auf ein mit Butter bestrichenes Blech, streut länglich geschnittene Mandeln darauf, läßt sie an einem lauen Orte gehen und backt sie in ziemlich heißem Ofen. Wenn dieselben beinahe fertig sind, werden sie, um ihnen Glanz zu geben, mit Zuckerwasser bestrichen und nach 5 Minuten aus dem Ofen genommen.

2123. Brotkuchen.

1 Pfund Mehl, 1/2 Pfund Butter und 4 Eßlöffel guter, gestandener Milch werden auf langsamem Feuer zu einem zähen Teig mit dem Schneebesen geschlagen, 50 Gr. Hefe mit lauer Milch und 60 Gr. Mehl zu einem Vorteig gemacht und dieser nebst 4 ganzen Eiern, Zucker, Salz und etwas gehackter Zitronenschale tüchtig darunter gearbeitet und in eine bestrichene Kupferform gefüllt. Wenn der Teig gegangen, wird er in ziemlich heißem Ofen gebacken.

2124. Crême von Chocolade, gebacken.

Die Behandlung derselben ist die gleiche wie in nachfolgender Nummer, nur kommen unter die Masse 2 Chocoladetafeln, welche vorher mit Milch gelöst worden. Zu den gebackenen Crêmes wird Vanillesauce serviert.

2125. Crême von Vanille, gebacken.

1/2 Liter Rahm, 1 Stange Vanille und 125 Gr. Zucker werden gekocht, mit 5 ganzen Eiern, wenn der Rahm erkaltet, abgerührt, durchgeseiht und in mit Butter bestrichenen kleinen, geraden Formen in warmes Wasser gestellt und im Backofen gekocht. Sind diese Crêmes erkaltet, werden sie gestürzt, in 3 oder 4 Tranchen geschnitten, in Ei und Mutschelmehl behutsam umgekehrt, im heißen Schmalz schwimmend gebacken, mit Vanillezucker bestreut und im Kranz auf runder Platte angerichtet. Zur Zeit der frischen Erdbeeren macht man eine dicke Sauce hievon und serviert diese extra dazu.

2126. Croquets von Aprikosen, russisch.

Von 2 Eiern, etwas Mehl, Salz, Milch und ein wenig Zucker wird ein dünner Pfannkuchenteig gemacht, etwa 6 in kleine Würfel geschnittene oder gehackte Makronen darunter gerührt und hievon dünne Flädchen gemacht, kalt gelegt, mit Aprikosenmarmelade bestrichen, mit feingehackten Mandeln bestreut, zusammengerollt, dann in fingerlange Stückchen gleich geschnitten, in Ei und Mutschelmehl gerollt, in heißem Schmalz gebacken, auf einer Serviette angerichtet, mit Vanillezucker bestreut und mit einer Saucière Aprikosensauce serviert.

2127. Croquets, englische, gebacken.

300 Gr. Mehl rührt man mit Milch zu einem Pfannkuchenteig glatt, giebt dazu 8 ganze, 2 gelbe Eier, 80 Gr. Zucker, etwas Salz, schlägt alles gut durcheinander und kocht diese Masse in einer langen, ausgebutterten Kapsel im Wasserbad langsam fertig. Wenn sie erkaltet, stürzt man sie, schneidet sie in daumendicke Scheiben und diese wieder in viereckige Stücke, ritzt leichte Schnitte auf 2 Seiten ein, paniert sie in Eier und Mutschelmehl, backt sie aus heißem Fett und serviert sie mit einer Vanillesauce.

2128. Croquets von Kartoffeln, süß.

Von 5 bis 6 großen Kartoffeln, welche in Asche gebraten, wird das Innere ausgedrückt und schnell durchs Sieb gestrichen. 4 Eigelb und 60 Gr. Zucker werden schaumig gerührt, etwas gehackte Zitronenschale, etwas Salz, 60 Gr. zerlassene Butter, 30 Gr. gewaschene Rosinen und die passierten Kartoffeln gut zusammengeschafft, hievon Croquetten geformt, in Ei und Mutschelmehl gerollt, in Schmalz schwimmend gebacken, mit Zitronenzucker bestreut und mit Früchtensauce serviert.

2129. Croquets von Reis à la vanille.

½ Pfund Reis wird gewaschen, blanchiert und mit 4 Deziliter Milch, ½ Stange Vanille und 60 Gr. Süßbutter weich und trocken gekocht, eine Prise Salz, 125 Gr. Zucker mit 4 bis 5 Eigelb darunter gemischt, kalt gestellt und mit einem mit Butter bestrichenen Papier zugedeckt. Ist die Masse völlig erkaltet, werden hievon fingerlange, 2 cm dicke Croquetten geformt, in Ei und Mutschelmehl umgekehrt und gerollt, in heißem Fett schwimmend schön gelb gebacken, mit Vanillezucker bestreut und auf einer Serviette angerichtet.

Fig. 446.

Hiezu wird in einer Saucière Aprikosen-, Erdbeer- oder Vanillesauce serviert.

2130. Erbsen, gebacken.

Es wird beliebig viel Mehl mit Rahm, Milch und ein wenig Salz glatt gerührt, nach und nach Eier nach Bedürfnis daran geschlagen und dieser Teig durch einen engen Seiher in heißes Schmalz getrieben und hellgelb gebacken. Man kann dies, mit Zucker bestreut, servieren oder in der Fleischbrühe als Suppe zu Tische geben.

2131. Fastnachtküchlein.

½ Liter Milch wird mit ½ Pfund Butter siedend gemacht, 6 Eier mit etwas Salz verrührt, an die Milch gegossen und so viel Mehl dazu genommen, daß der Teig so dick wird, daß er sich wirken und austreiben läßt. Man nimmt alsdann die Masse auf das Nudelbrett, rollt sie messerrückendick, schneidet mit dem Backrädchen viereckige Stückchen aus, welche in heißem Schmalz gebacken und mit Zucker und Zimmet bestreut serviert werden. Während des Backens muß die Pfanne immer geschüttelt werden.

2132. Fastnachtküchlein, feinere Art.

8 Eigelb werden recht schaumig gerührt. dann giebt man 1 Deziliter süßen Rahm, Zucker nach Gutdünken und so viel feines Mehl dazu, daß es einen lockeren Teig zum Wirken giebt; diesen nimmt man auf ein Backbrett, rollt ihn so dünn als möglich aus, schneidet ihn mit einem Backrädlein zu viereckigen Küchlein, backt diese in Schmalz und bestreut sie mit Zucker.

2133. Fastnachtküchlein mit Hefe.

Man läßt in ¾ Liter warmer Milch 125 Gr. Butter zergehen, rührt 160 Gr. Mehl damit an, giebt 3 Eier, 3 Eßlöffel Hefe und etwas Salz dazu, schafft es gut durcheinander und wenn der Teig fest und glatt ist, läßt man ihn gehen. Ist der Teig gegangen, so sticht man mit dem Löffel Küchlein auf das Nudelbrett und wellt sie, ohne sie zu wirken, zwei Messerrücken dick leicht aus, schneidet si: mit dem Backrädchen länglich verschoben viereckig aus, legt sie auf eine mit Mehl bestreute Serviette und läßt sie wieder gehen. Alsdann legt man sie auf der gewellten Seite in heißes Schmalz und läßt sie schön gelb backen. Man kann die Küchlein, wenn sie gewellt sind, mit Eingemachtem füllen, nur muß man sie dann gut überschlagen und dann erst ausrädeln und nochmals gehen lassen; nach dem Backen bestreut man sie noch warm mit Zucker und giebt sie auf erwärmter Platte zu Tisch.

2134. Goldschnitten.

Man schneidet gute Wecken in runde Schnitten, taucht sie in kalten Wein mit Zucker und dann in verklepperte Eier und backt sie in heißem Schmalz. Man bestreut sie mit Zucker und Zimmet oder macht eine Kirschen- oder Rosinensauce dazu, die man darüber besonders geben kann. Oder man legt sie in laue Milch, taucht sie in einen leichten Flädlesteig, unter welchen man einige Eiweiß als Schnee giebt, und backt sie aus heißem Fett.

Man serviert diese Schnitten als Beilagen zu Gemüse oder zu verschiedenen Compots und Marmeladen.

2135. Griesblättchen, gebacken.

Ein ziemlich dicker Griesbrei mit ½ Stange Vanille, 60 Gramm Butter, 60 Gramm Zucker und etwas Salz gemischt, wird auf ein mit Butter bestrichenes Blech halbfingerdick gestrichen. Ist die Masse gut erkaltet, so werden mit einem runden Ausstecher, im Durchmesser eines gewöhnlichen Trinkglases, Küchlein ausgestochen, in die Mitte derselben ein wenig Aprikosenmarmelade gegeben, außen herum mit Ei bestrichen, ein zweites Blättchen darüber gelegt, neben herum angedrückt, in Ei und Mutschelmehl umgekehrt, im schwimmenden Schmalz schön gelb gebacken, gezuckert und auf der Serviette serviert. Man kann hiezu Aprikosensauce servieren.

2136. Gugelhopfen, gerührt.

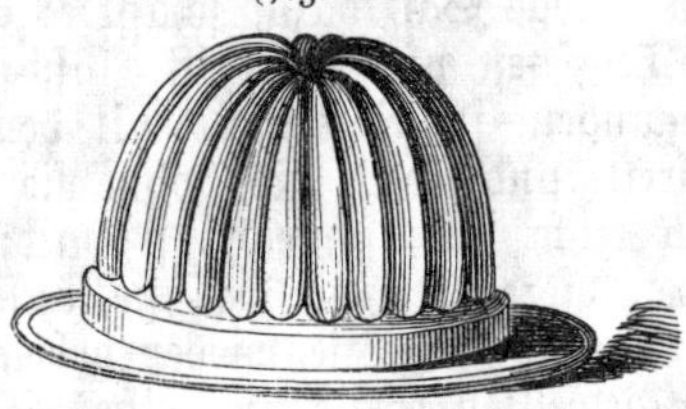

Fig. 447.

250 Gramm Butter werden leicht gerührt und nach und nach 10 Eier und 300 Gr. Mehl dazu gegeben, wobei man jedes Ei mit etwas Mehl besonders einrührt, so daß die Masse ganz leicht und wohl 1 Stunde gerührt wird. 20 bis 25 Gr. Hefe wird mit lauer Milch verrührt und giebt man dieselbe, sowie 30 Gr. gestoßenen Zucker daran, füllt diesen Teig in eine mit Butter bestrichene, mit geriebenem Milchbrot und Zucker bestreuten Gugelhopfenform und backt ihn, wenn er langsam etwa 1 Stunde gegangen ist, etwa ³/₄ Stunden in einem heißen Ofen.

2137. Gugelhopfen, gewöhnlich.

Man nimmt ¹/₂ Pfund feines Mehl in eine Schüssel, stellt es zur Wärme und legt 5 Eier in warmes Wasser, verdünnt 25 Gramm Hefe mit lauer Milch und etwas von dem Mehl und läßt diesen Vorteig gehen. ¹/₄ Pfund Butter läßt man zergehen, giebt den Vorteig zum Mehl, nach und nach die 5 Eier und die zerlassene Butter, 30 Gramm Zucker, etwas Salz und schlägt den Teig tüchtig in der Schüssel ab, bis er sich gut loslöst, stellt ihn dann zur Wärme und schlägt ihn, ehe man ihn in die Gugelhopfenform einfüllt, noch einmal durch. Ist er nun etwa 1—1¹/₂ Stunden wieder gegangen, backt man ihn etwa ³/₄—1 Stunde in gut heißem Ofen, stürzt ihn zum Auskühlen auf ein Haarsieb und giebt ihn dann zu Thee oder Kaffee. Rosinen und Zibeben werden sehr gerne darunter gerührt, etwa ¹/₄ Pfund.

2138. Hefenanisbrot.

2 Pfund Mehl werden in eine Schüssel gegeben und in die Mitte ein Vorteig mit 45 Gramm Hefe und der nötigen lauwarmen Milch gemacht, 125 Gramm zerlassener Butter, 1 Eßlöffel Anis, 125 Gramm Zucker, 3 Eier und etwas lauwarme Milch schlägt man zu einem glatten Teig und stellt ihn zum Gehen, giebt ihn sodann auf den Backtisch und schafft ihn noch einige Zeit, macht lange Stangen davon, welche man auf ein mit Butter bestrichenes Blech zum Gehen setzt und dann in heißem Ofen backt. Oder man schneidet kleinere

Stücke ab, formt diese jedes für sich länglich und setzt eines an das andere mit etwas zerlassener Butter dazwischen aneinander, bis es eine lange Stange bildet, worauf man sie auf ein mit Butter bestrichenes Blech setzt und backt. Wenn die Stangen erkaltet sind, schneidet man sie in Scheiben, röstet sie im Ofen und giebt sie als Kaffee- oder Theegebäck.

2139. Hefenbrezeln.

Man nimmt 1 Pfund feines Mehl in eine Schüssel, macht mit 1/8 Liter lauer Milch und 2 Eßlöffeln Hefe einen Vorteig in die Mitte und läßt ihn gehen. Indeß rührt man 1/4 Pfund Butter leicht, giebt 2 ganze Eier und 1 Eigelb daran, etwas feingeschnittene Zitronenschalen, einige Löffel Zucker, ein wenig Salz und nach Geschmack 1/4 Tasse Rosenwasser. Ist der Vorteig gegangen, schafft man alles gut unter einander. Sollte der Teig zu dick sein, wird etwas laue Milch zugegossen. Hat der Teig Blasen und schält er sich vom Löffel, so wird er zur Wärme gestellt. Ist er gegangen, formt man kleine Brezeln daraus, legt diese auf ein mit Mehl bestreutes Blech, nicht zu nahe zusammen. Wenn sie schön gegangen sind, bestreicht man sie mit Ei, streut grob gestoßenen Zucker darauf und backt sie in heißem Ofen.

2140. Hefenbrezeln. Andere Art.

Nachdem mit 60 Gramm Mehl, 30 Gramm Hefe und mit 1 Deziliter lauer Milch ein Vorteig gemacht, werden 375 Gramm Butter gerührt, 4 ganze Eier und 30 Gramm Zucker, etwas gehackte Zitronenschale und 375 Gramm Mehl nebst dem Vorteig und etwas warmer Milch darunter gearbeitet. Der Teig muß so fest sein, daß er auf dem Teigtisch sich zu Brezeln verarbeiten läßt, deshalb kann im nötigen Falle noch Mehl darunter geschafft werden, wenn er zu locker wäre. Die Brezeln werden auf ein bestrichenes Blech gelegt, mit Ei bestrichen und rasch gebacken.

2141. Hefenbrot.

Von 130 Gramm feinem Mehl, 2 Löffeln Hefe und lauer Milch wird ein Vorteig angerührt; man giebt, wenn er gegangen, 125 Gramm Mehl, 125 Gramm zerlassener Butter, 3 Eier und etwas Salz dazu, schafft den Teig gut, läßt ihn wieder gehen, bestreut ein Blech mit Mehl und setzt den Teig in faustgroßen Laibchen darauf. Wenn sie gegangen sind, so werden sie mit Ei bestrichen, geschnittene Mandeln und Zucker oder etwas Kümmel und Salz und kleine Speckwürfel darauf gestreut und in heißem Ofen gebacken.

2142. Hefenkranz.

2 Pfund feines Mehl werden in eine Schüssel gethan, 80 Gramm Hefe mit 1/4 Liter lauer Milch glatt gerührt und davon ein Vorteigchen gemacht; bis dieses geht, wird 1/2 Pfund Butter leicht gerührt, von 8 Eiern das Gelbe, nebst 60 Gramm gestoßenem Zucker, und dem Gelben einer Zitrone an den gegangenen Teig gerührt, das Weiße von den Eiern zu Schaum geschlagen und der Teig so lange gewirkt, bis er sich vom Löffel schält, dann läßt man ihn wieder gehen, nimmt ihn auf ein Nudelbrett, überschlägt ihn leicht, macht 3—4 gleiche Teile, rollt diese leicht zu langen Streifen aus und flicht einen Zopf davon, nur muß man sehr leicht damit umgehen, daß er nicht zu dünn wird. Dann legt man ihn auf ein Blech, formiert einen Kranz davon und läßt diesen noch einmal gehen; ehe der Kranz in den Ofen kommt, bestreicht man ihn mit Ei und streut grob gestoßene Mandeln und Zucker darauf.

2143. Hefenkranz mit Vanille.

750 Gramm Mehl werden mit 145 Gramm Zucker, welcher mit etwas Vanille gestoßen wird, in eine aus 5 Eiern und 200 Gramm frischer Butter gerührte Masse gegeben, 1 Deciliter süßer Rahm, worin je nach der Güte 15—20 Gramm Preßhefe gelöst werden, daran gegossen, zu einem guten Teig verarbeitet, daraus ein Kranz gewunden, dieser auf ein Kuchenblech gelegt, zum Gehen in die Wärme gestellt, mit Eigelb bestrichen, im Ofen gebacken, mit Zucker bestreut und leicht glaciert.

2144. Hefenkuchen, fein.

Ein halbes Pfund Butter wird leicht gerührt, 7 Eigelb, 3 Eßlöffel Hefe, 1/2 Pfund gesiebter Zucker, 1 Prise Salz, 1/2 Pfund Zibeben, 8 Gr. Zimmet und die abgeriebene Schale einer Zitrone werden unter einander gerührt, dann 1/2 Pfund feines Mehl und das Weiße von den Eiern zu Schaum geschlagen, noch dazu gethan. Hierauf wird ein Kuchenblech mit Butter bestrichen, eingefüllt, noch einmal zum Gehen an die Wärme gestellt und dann langsam gebacken.

2145. Hefenküchlein.

1 Pfund feines Mehl wird in eine Schüssel gethan, dann von 2 Eßlöffeln Hefe und einer Tasse lauer Milch ein Vorteig angemacht. 180 Gr. Butter werden mit 2 ganzen Eiern und 2 Eigelb leicht gerührt. Ist der Vorteig gegangen, werden zu der gerührten Butter einige Löffel Zucker, die klein geschnittene Schale einer Zitrone, der Vorteig und das Mehl gethan, alles wohl untereinander gemengt. Sollte der Teig zu dick sein, so wird noch etwas laue Milch nachgegossen, nur muß die Butter schon hineingeschafft sein, denn sonst wird der Teig leicht zu gering. Dann bestreut man ein Blech mit Mehl, setzt runde Küchlein darauf, läßt diese gehen, bestreicht sie mit verrührtem Ei, streut Zucker und geschnittene Mandeln darauf und backt sie in einem heißen Ofen.

2146. Hefenkrapfen.

Ein Hefenteig nach Nr. 2147 hergestellt, wird, wenn er 3mal geschlagen, ausgerollt, runde Scheiben ausgestochen, auf diese Marmelade gegeben, wie zu Krapfen übereinander gelegt, mit Eigelb festgemacht und mit Butter gestrichen in heißem Ofen gebacken.

2147. Hefenteig, gut.

500 Gr. feines Weißmehl giebt man auf den Backtisch, macht in die Mitte desselben eine Oeffnung, in welche man 60 Gr. Zucker, etwas Salz, gehackte Zitronenschale und 30 bis 40 Gr. guter Hefe mit entsprechend lauer Milch angerührt, sowie 250 Gr. zerlassener Butter und 3 ganze Eier giebt. Hierauf wird alles zusammen geknetet und zu beliebigem Gebrauche verwendet.

2148. Hefenteig, vorzüglich.

Auf 1 Pfund Mehl werden 375 Gr. Butter, 4 Löffel Hefe, 375 Gramm süßer Rahm und 18 Eigelb genommen. Man macht davon einen glatten Teig, läßt ihn dann gehörig gehen, dann wird er nochmals geschlagen, mit Zucker und Salz gewürzt und zu beliebigem Hefenbackwerk verwendet.

2149. Hefenteig. Dritte Art.

Folgender Hefenteig ist zu Kuchen jeder Art, zu Brezeln, Hörnchen 2c. sehr gut geeignet. 2 Pfund Mehl nimmt man in eine Schüssel und rührt von einem Teil desselben mit 60 Gramm Hefe und etwas lauer Milch einen Vorteig an, giebt, wenn er gegangen, 250 Gr. zerlassener Butter, 60 Gr. Zucker, 4 Eier, etwas Salz nach und nach zu, giebt die nötige laue Milch dazu, arbeitet ihn tüchtig, daß er leicht wird, und läßt ihn gehen. Die aus diesem Teig bereiteten Kuchen, Bretzeln, Stollen u. s. w. läßt man, ehe sie gebacken werden, noch einmal aufgehen, bestreicht sie mit Butter oder Ei und bestreut sie mit Mandeln.

2150. Hefenteig. Vierte Art.

1 Pfund feines Mehl kommt auf den Backtisch, 125 Gr. von diesem Mehl, 50 Gr. Hefe und etwas laue Milch werden zu einem Vorteig angerührt und zum Gehen an einen warmen Ort gestellt. Hierauf verarbeitet man den Rest des Mehls mit 4 ganzen Eiern und 6 Gelben, 60 Gr. Zucker, Salz und der nötigen lauen Milch, giebt den Vorteig dazu, schafft den Teig tüchtig und läßt ihn dann ruhen. ¾ Pfund süßer Butter wird auf dem Backtisch geschafft, wie beim Butterteig gesagt wurde, der Teig ausgerollt, die Butter daraufgelegt, eingeschlagen und mit vier Touren wie beim Butterteig ausgerollt. Nachdem man den Teig noch eine Zeit hat ruhen lassen, wird er verwendet; zu Hörnchen, Brezeln u. s. w. ist der Teig vorzüglich, da er sehr leicht und blättrig ist.

2151. Hefenteig zu Theebäckerei.

Man stellt 1 Pfund Mehl in einer Schüssel warm und macht von etwas Mehl, 20 Gr. Hefe und etwas lauer Milch einen Vorteig. 125 Gramm Butter mit etwas Milch wird warm gemacht und mit 3 ganzen Eiern nebst einem Eßlöffel Rosenwasser und gehackter Zitronenschale und dem Mehl zu dem Vorteig gegeben und tüchtig verarbeitet, bis derselbe glänzt. Dann läßt man ihn ¼ Stunde ruhen und verwendet ihn zu Brezeln, Ringen, Zöpfen 2c.

2152. Hefenteigtorte mit Früchten.

Ein wie zu Hefenteig (Nr. 2147) bereiteter Teig wird dünn ausgewellt und auf einem mit Butter bestrichenen Kuchenblech ausgebreitet, mit zerrührtem Ei bestrichen und mit dieser oder jener eingemachten Frucht nach Geschmack und Wunsch belegt, ein zweiter Teigkuchen, so dünn wie der Boden ausgewellt, darauf gedrückt, die Ränder durch Aufrollen geschlossen und an einen warmen Ort gestellt. Hat der Teig angezogen, so kommt das Blech in den Ofen, wird nach 35 Minuten zurückgezogen, mit Eierschaum und Zucker bestrichen, mit Mandeln bestreut und kurz im Ofen getrocknet, so daß der Eierschaum weiß bleibt.

2153. Hefenbrot von Zitronen.

Auf der Backtafel werden 1 Pfund feines Mehl, etwas Salz, 60 Gramm Zucker, 30 Gramm Hefe mit etwas lauer Milch, 125 Gramm Butter, 2 ganze Eier, 3 Eigelb und von 1 Zitrone die gehackte Schale gut verschafft. Nach ¼ Stunde werden fingerlange Stückchen hievon geformt, auf ein mit Butter bestrichenes Backblech gesetzt, zum Gehen an einen warmen Ort gestellt, mit Ei bestrichen und in ziemlich heißem Ofen gebacken.

2154. Hirschhörnchen.

Fig. 448.

100 Gramm Butter werden schaumig gerührt, 250 Gramm Zucker und 4 Eigelb nebst 500 Gramm Mehl, 30 Gramm Puder und Zitronenschale untergerührt, mit Sterndülle in das Schmalz gespritzt und rasch gebacken. Giebt ca. 30 Stück.

2155. Hosenbendel, Tyroler.

Nachdem von 4 Eigelb und dem nötigen Mehl Nudelteig gemacht worden ist, werden dünne Kuchen ausgewellt und in breite Streifen geschnitten. Diese werden in gutem, heißem Fett schön gelb gebacken und in eine Silberkasserole oder Porzellanschüssel gethan. Dann werden sie mit gutem Weißweinchaudeau übergossen und recht heiß serviert.

2156. Karlsbader Kolatschen.

Von 125 Gramm Mehl, 30 Gramm Hefe und etwas lauer Milch wird ein Vorteig gemacht. Nun werden 375 Gramm Butter schaumig gerührt und 10 Eigelb nach und nach hineingerührt, wobei ½ Pfund Mehl löffelweise zu jedem Ei zugegeben wird. Dann rührt man etwas Salz und Vanillezucker und zuletzt den Vorteig darunter. Diese Masse wird nun in Häufchen auf mit Butter bestrichenes Papier gesetzt, von 2 geschlagenen Eiweiß, worunter 100 Gramm Zucker vermischt werden, kleine Häufchen auf obige Masse gesetzt, zum Gehenlassen an einen warmen Ort gestellt, mit Zucker bestreut und ziemlich rasch gebacken.

2157. Karlsbader Kolatschen. Andere Art.

125 Gr. Butter werden leicht gerührt; man giebt 2 Eier und 1 Gelbes, 1½ Pfund feines Mehl, 125 Gramm Zucker, etwas abgeriebene Zitronenschalen, ¼ Liter lauer Milch und 2 Löffel Hefe zu der Butter und macht daraus einen nicht zu dicken Teig. Wenn er recht durchgearbeitet ist, wird er auf dem Nudelbrett geknetet und dann läßt man ihn gehen. Hierauf sticht man mit dem Löffel kleine Häufchen auf ein bestrichenes Blech; wenn sie in die Höhe gegangen, drückt man mit der spitzigen Seite eines Hühnereies ein Grübchen hinein und legt etwas Obstmarmelade darauf, deckt dies mit steifem Schnee und Zucker vermengt zu und backt sie eine Viertelstunde in einem nicht zu heißen Ofen.

2158. Karthäuserklöße.

4—5 Milchbrote werden halbiert, auf dem Reibeisen die Kruste abgerieben und oben halb durch übers Kreuz 2 Einschnitte gemacht. In diese kommen mit etwas in Maraskino gekochtem Zitronat und Pomeranzenschalen, Malagatrauben und Rosinen hinein, werden mit Faden zusammen gebunden, mit warmem Glühwein angegossen und, wenn sie kalt sind, in Ei und Mutschelmehl gerollt, in schwimmendem Schmalz gebacken und, nachdem der Faden entfernt, mit Bordeaux Glühwein in einer Kasserole serviert. Die Klöße können auch mit länglicht geschnittenen Mandeln gespickt und trocken auf eine Serviette gelegt und eine Chaudeausauce oder der Glühwein apart serviert werden.

2159. Käsestangen (Paillettes).

Ein ½ Pfund 6 Mal geschlagener Blätterteig wird messerrückendick ausgerollt, mit Eiweiß gestrichen, mit ¼ Pfund geriebenem Parmesankäse, mit einer starken Messerspitze Cayennepfeffer vermischt, bestreut und sodann noch dreimal zusammengeschlagen (siehe Butterteig Nr. 1719). Alsdann läßt man den Teig ruhen, rollt ihn messerrückendick aus, schneidet ihn in 10 cm lange und etwa 5 cm breite Stangen und backt diese sehr rasch nur etwa 5—8 Minuten in sehr heißem Ofen.

2160. Kirschenküchlein.

4 Löffel Mehl werden mit ¼ Liter Milch, 30 Gramm zerlassener Butter, etwas Salz und 5 Eiern so angerührt, daß

man einen Teig erhält, wie zu Apfelküchlein; darunter giebt man einen Teller entsteinter Kirschen und legt von dieser Masse kleine Küchlein in Schmalz ein, wendet sie in Zucker und serviert. Statt der Kirschen kann man auch beliebige Beeren nehmen.

2161. Kirschgranaten, gebacken.

6 Milchbrote werden halbiert, die Schalen abgerieben, rund geschnitten und mit einem warmen Rahm mit Vanillezucker versüßt, getränkt und auf ein Sieb zum Ablaufen gelegt, in Eiweiß und Panierbrot gewendet, gebacken in heißem Fett, mit Vanillezucker bestreut, eine Kirschsauce und ein gutes, ausgesteintes Kirschencompot dazu serviert.

2162. Kipfen, griechische.

250 Gr. Mehl, 200 Gr. Butter, 100 Gr. gestoßener Mandeln, 1 Eßlöffel Rahm wird mit 4 Eigelb zu einem Teig geschafft, jedoch ohne Zucker. Man formt aus diesem Kipfen, backt diese in heißem Fett, bestreut sie mit Vanillezucker und serviert.

2163. Krapfen, böhmisch.

Man nimmt 1 Pfund feines Mehl und 60. Gr. frischer Butter in eine Schüssel, reibt dies mit den Händen recht durch und rührt ½ Liter lauen Rahm, 3 ganze Eier und 1 Eigelb daran, und sollte der Teig sich noch nicht arbeiten lassen, so nimmt man noch den nötigen Rahm dazu; sobald sich der Teig von der Schüssel löst, so werden 2 Eßlöffel Hefe nebst Salz und 60 Gr. geschäller oder gewiegter Mandeln dazu gethan, ebenso geschnittene Zitronenschalen und 60 Gr. Zucker. Ist der Teig gehörig gearbeitet, läßt man ihn gehen, rolliert ihn halbfingerdick aus und sticht mit einem runden, glatten Ausstecher größere Böden aus, giebt in die Mitte irgend eine eingemachte Frucht oder Marmelade, streicht rund um Eigelb und überschlägt die Hälfte des Teiges auf den andern, so daß man die Krapfenform erhält, drückt die beiden Enden fest an und mit dem umgekehrten Ausstecher rund um das Eingemachte, um ein Auslaufen derselben beim Backen zu verhindern. Wenn sie nochmals gegangen, backt man sie langsam aus heißem Fett, bestreut sie mit Zucker und serviert.

2164. Kuchen, mürber.

3 Pfund feines Mehl stellt man zur Wärme und macht in die Mitte desselben von 30 Gramm Hefe und 1/4 Liter lauer Milch einen Vorteig; bis dieser geht, rührt man 170 Gramm frischer Butter leicht, schlägt 6 Eier nach und nach dazu und giebt dies nebst noch 30 Gramm Hefe und Salz zum Vorteig, schafft die Masse recht gut durch, formt daraus einen runden Kuchen, bestreut ein Blech mit Mehl, setzt den Kuchen darauf, läßt ihn gehen, bestreicht ihn mit Ei, streut Salz und Kümmel darauf und backt ihn in ziemlich heißem Ofen.

2165. Küchlein, gebrüht.

Zu 1/2 Liter siedender Milch und 80 Gr. Butter giebt man unter beständigem Rühren so viel Mehl, daß der Teig dick anzieht. Diesen dämpft man sodann auf dem Feuer so lange ab, bis er sich selbst von der Kasserole löst, worauf man ihn salzt, 60 Gr. Zucker zugiebt und, wenn halb erkaltet, nach und nach 4—5 ganze Eier ein und glatt rührt. Mit einem Löffel legt man in heißes Fett runde Küchlein ein, backt sie schön gelb, wendet sie in Zucker und giebt sie mit einer Vanillesauce zu Tisch. Ohne Zucker verwendet man die Küchlein als Beilage zu Gemüse.

2166. Küchlein mit Kirschen.

4 Löffel Mehl rührt man mit Milch wie zu einem Spatzenteig an, rührt 60 Gramm zerlassener und abgekühlter Butter, sowie 2 ganze Eier und 2 Eidotter dazu. Zuletzt rührt man 1 Pfund abgezupfte Kirschen hinein, und ist alles gut untereinander, legt man mit einem Eßlöffel runde Küchlein in Fett ein, backt, überstreut sie mit Zucker und serviert sie.

2167. Kümmelstangen.

180 Gramm Butter wird mit 360 Gramm Mehl und 10 Eßlöffeln Rahm zu einem dicken Teig angewirkt, bis er Bläschen bekommt. Hierauf läßt man den Teig zugedeckt ruhen, rollt ihn alsdann messerrückendick aus, schneidet ihn in rechteckige Stücke, die man wie Cigarren aufrollt, bestreicht diese mit Ei, streut Salz und Kümmel darauf und backt sie aus heißem Ofen. Als Theegebäck sehr gut.

2168. Luftküchlein.

3/8 Liter Wasser oder Milch werden mit 125 Gramm Butter, etwas Salz und Zucker gekocht, nach und nach mit 4—5 Eßlöffeln Mehl vermischt und auf dem Feuer abgedämpft, bis der Teig sich von der Kasserole löst, alsdann mit 5 bis 6 ganzen Eiern abgerührt, aus dieser Masse in heißem Fett Küchlein gebacken, welche mit Zucker bestreut serviert werden.

Ohne Zucker zubereitet werden sie zu Gemüse serviert.

2169. Maccaronicroquetten à l'italienne.

125 Gramm dünner Maccaroni werden blanchiert, in 1/2 Liter Vanillemilch nicht zu weich gekocht, auf ein Sieb geschüttet und in ganz kleine Stückchen geschnitten, 100 Gramm Malagatrauben ausgesteint und auch klein geschnitten. Von der abgeseihten Milch wird mit 6 Eigelb und 1 Eßlöffel Kartoffelmehl eine Vanillecrême hergestellt, die Maccaronistückchen und Malagatrauben in die heiße Crême gegeben, rasch einmal aufgekocht, in eine mit Butter ausgestrichene Platte zum Erkalten gegeben und hievon gleichmäßig große Croquetten geformt, paniert und in heller Butter oder Fett gebacken, gezuckert, auf Serviette angerichtet und mit einer Vanillesauce zu Tische gegeben.

2170. Mandelklöße, Nürnberger.

4—5 Milchbrote werden von der Kruste befreit, in Milch eingeweicht und tüchtig ausgedrückt, hierauf mit 125 Gramm guter, süßer Butter auf dem Feuer abgedämpft, mit 60 Gramm feingestoßener Mandeln, 60 Gramm Zucker, der gehackten Schale einer halben Zitrone, 1 Ei, 2 Eigelb und etwas Salz gut verrührt. Von dieser Masse werden mittelst Eßlöffel gleich große Klöße in heißes Schmalz gelegt, schön gelb gebacken, mit Zucker bestreut und mit einer Chaudeausauce serviert.

2171. Milchbrötchen.

75 Gramm Preßhefe werden in 1 Liter süßem Rahm verrührt und mit 3 Pfund weißem Mehl ein Teig angelassen. Wenn er gut gegangen ist, werden 80 Gramm Butter darunter gearbeitet und gesalzen, dann werden länglich-runde Brötchen daraus geformt, diese der Länge nach eingeschnitten, mit zerlassener Butter bestrichen und im Ofen gebacken.

2172. Napfkuchen.

1 1/2 Pfund süßer Butter wird mit 10 Eiern und 6 Eigelb schaumig gerührt, wobei von letzteren eines um das andere hinzugethan und tüchtig verrührt wird. Sodann wird mit 1/2 Pfund Mehl, 1/4 Liter lauer Milch nebst 60 Gramm Hefe

Fig. 449.

ein Vorteig gemacht. Wenn derselbe gegangen, wird er mit weiteren 2 1/2 Pfund Mehl an obige Masse gerührt, Zucker und etwas Salz dazu gethan; wenn der Teig glänzt, füllt man ihn in eine mit Butter bestrichene Form (Gugelhopfenform), läßt ihn gehen und backt ihn in heißem Ofen.

2173. Nudeln, gebacken à la Palfi.

Von einem Nudelteig (Nr. 1922) werden dünne Kuchen ausgerollt und daraus etwas dickere Nudeln geschnitten als zur Suppe, diese, wenn sie getrocknet, aus heißem Fett sehr rasch herausgebacken, auf eine Serviette angerichtet, mit Zucker bestreut und mit einer Vanillesauce zu Tische gegeben.

2174. Nudeln, gebacken, mit Vanille.

1/2 Pfund Nudeln werden in 1/2 Liter Milch kurz gekocht, mit 125 Gr. Butter und 4 Eigelb abgedämpft, 65 Gr. Zucker und 20 Gr. Vanillezucker dazu gegeben, wenn die Masse halb erkaltet, auf ein Blech etwa fingerdick aufgestrichen, in der Form eines Thalers ausgestochen, erst in Mehl, dann in Eiweiß und Semmelbröseln umgedreht und in heißem Fett gebacken, mit Zucker bestreut, mit dem Salamander gebrannt, auf einer Serviette angerichtet zu Tische gegeben.

2175. Ochsenaugen.

Von 1/4 Liter Milch wird ein gebrühter Teig gemacht wie zu Kaffeebrot; wenn er erkaltet, schlägt man 5—6 Eier langsam hinein und giebt etwas Salz dazu. In diesen Teig taucht man dann halbierte, frische Zwetschgen, aber so, daß an das Blaue nichts hinkommt, weil dies das Auge bildet, deshalb nimmt man sie an die Gabel und hält sie mit derselben in das Schmalz, bis sie fertig sind; man bestreut sie noch warm mit Zucker.

2176. Orangen, gebacken.

Einige Orangen werden geschält und in natürliche Schnitze gebrochen, gut von der Haut befreit, in einen Backteig (s. S. 81, Ziff. 22) getaucht und aus heißem Fett gebacken, mit Zucker bestreut und serviert.

2177. Pfannkuchen, Berliner. Erste Art.

Briocheteig (s. Nr. 2120) von 1½ Pfund Mehl wird stark messerrückendick ausgewellt und in der Größe einer Obertasse rund ausgestochen. Auf die Mitte dieser Böden wird Aprikosenmarmelade, welche ziemlich fest sein soll, gegeben und rund herum mit Ei bestrichen, dann eine zweite Lage Teig darauf gelegt und fest am Rand aufgedrückt. Nun läßt man die Kuchen wie Dampfnudeln an einem lauen Orte gehen und backt sie dann in schwimmendem Fett auf beiden Seiten schön gelb, streut Zimmet- oder Vanillezucker darauf und serviert sie heiß.

2178. Pfannkuchen, Berliner. Andere Art.

60 Gramm Butter werden schaumig geschlagen, 3 Eigelb und 2 ganze Eier nach und nach hineingerührt, etwas Salz und Zucker dazugethan, 30 Gramm feingehackter, bitterer Mandeln, Zitronenschale, ¼ Liter lauwarmer, süßer Rahm und 30 Gramm Hefe darunter gemischt und mit 1½ Pfund weißem Mehl verarbeitet, aus diesem Teig auf dieselbe Art und Weise, wie in Nr. 2177 (Pfannkuchen), hergestellt und gebacken.

2179. Pfannkuchen, Berliner. Dritte Art.

Man macht in die Mitte von einem Pfund Mehl mit ¼ Liter Milch und 2 Löffeln Hefe einen Vorteig, verrührt 125 Gramm zerlassener Butter mit 4 ganzen Eiern und 4 Eigelb, 60 Gr. gestoßenen Zucker, etwas Zimmet und Salz und noch ¼ Liter lauer Milch, gießt dies an den Teig und schafft noch 1 Pfund Mehl dazu. Die weitere Behandlung der Pfannkuchen, wie oben schon beschrieben.

2180. Pfitzauf.

375 Gramm Mehl werden mit ½ Liter Milch glatt gerührt, 4 ganze Eier und ein wenig Salz daran gegeben, 125 Gramm zerlassener Butter hineingerührt, in ausgebutterten Förmchen gebacken, mit Zucker bestreut nnd serviert.

2181. Pudding, gebacken.

Uebrig gebliebener Pudding wird in gleiche Stücke oder Scheiben geschnitten, mit Zitronenzucker und Rum angefeuchtet und einige Zeit stehen gelassen. Diese Stücke werden nun in einen Teig wie den der Pfirsichbeignets Nr. 2119 eingetaucht, im heißen Schmalz gebacken, mit Zimmetzucker bestreut und mit Rumchaudeau serviert.

Diese in Rum angefeuchteten Pudding-Stücke werden auch in Ei und Mutschelmehl umgekehrt, gebacken und mit Chaudeau serviert.

2182. Reisklöße gebacken.

½ Pfund Reis wird mit demselben Zusatz wie in Nr. 2082 gekocht und mit 6 Eigelb gemischt, runde Klöße aus der Masse geformt, diese in heißem Fett gebacken und mit einer Chaudeausauce serviert.

2183. Ringe von gebrühtem Teig.

Von einem Brandteig (S. 81, Ziff. 22) werden mittelst der Spritzbüchse auf ein mit heißem Fett bestrichenes Papier egale Ringe gespritzt und diese sodann mit dem Papier in heißes Fett zum Backen gegeben und so fort gefahren, bis die Masse aufgebraucht ist, wenn sie schön gelb sind, auf Brot oder Papier zum Abtropfen gelegt, mit Zucker bestreut und mit einer Vanille- oder Chaudeausauce zu Tische gegeben.

2184. Schmalzkuchen.

½ Pfund frischer Butter wird leicht gerührt und nach und nach ½ Pfd. feines Mehl und 10 Eier abwechslungsweise dazu gegeben, ebenso 1 Löffel Hefe, eben so viel süßer Rahm, 60 Gr. gestoßener Zucker und die Schale einer Zitrone. Ist diese Masse recht untereinander gerührt, füllt man sie in eine mit Butter ausgestrichene und bestreute Form, läßt ihn gehen und backt ihn langsam.

2185. Schnittlauchküchlein.

Vier Löffel Mehl werden mit lauem Wasser, etwas guter Hefe, 3 Eiern und Schnittlauch zu einem Teig gerührt und dieser so lange geschlagen, bis er Blasen wirft. Nun läßt man ihn gehen und legt mittelst eines Löffels kleine Küchlein in heißes Fett, backt diese schön gelb und serviert sie als Beilage zu Gemüse oder als Suppeneinlage.

2186. Seelen.

1 Pfund feines Mehl wird mit 60 Gr. Hefe in lauer Milch zu einem Vorteig angerührt und zum Gehen gestellt. Indessen rührt man 1 Pfund Butter leicht, schlägt nach und nach 4 Eier und 4 Eigelb, 125 Gr. gestoßenen Zucker, 1 Pfd. feines Mehl und 1 Glas Rosenwasser dazu, nimmt den gegangenen Vorteig dazu und klopft ihn so lange, bis er Blasen wirft und sich abschält. Dann läßt man ihn wieder gehen, bestreicht indessen einige Bogen Papier mit Butter, legt dies auf ein Blech, setzt von dem gegangenen Teig mit einem Eßlöffel längliche Brötchen darauf, läßt sie wieder gehen, bestreicht sie mit Eiern, bestreut sie mit grob gestoßenem Zucker und backt sie in frischer Hitze im Ofen.

2187. Speckkuchen.

Zu Speckkuchen wird ein Hefenteig (Nr. 2147) angelassen, daraus Kuchen gewellt, diese auf Butterpapier gelegt und warm gestellt. Wenn sie aufgegangen sind, werden sie mit Eigelb bestrichen, mit Speckwürfeln, Salz und Kümmel bestreut und gebacken.

2188. Stollen.

2 Pfund Mehl bringt man in eine Schüssel und macht mit 30 bis 40 Gr. Hefe und etwas lauer Milch einen Vorteig in die Mitte. Wenn der Vorteig gegangen, giebt man 2 Eier, etwa ½ Liter Milch, 50 Gr. Zucker, 250 Gr. zerlassener Butter und etwas Salz zu und arbeitet daraus einen glatten, etwas festen Teig und stellt ihn zum Gehen. Auf dem Nudelbrett wird in den Teig nun möglichst schnell 250 Gr. verschiedener Südfrüchte, 80 Gr. süßer Mandeln und 30 Gr. bitterer, geschnittener Mandeln eingewellt; man formt daraus längliche Laibe, läßt diese noch einmal gehen, bestreicht sie mit Butter und backt sie bei mäßiger Hitze. Man kann die Stollen auch mit Mandeln und Zucker bestreut backen oder mit Zucker und Zimmet.

2189. Strauben.

Zu Strauben verwendet man einen Brandteig (S. 81, Ziff. 22) aus ½ Liter Milch, 60 Gr. Butter, ½ Pfd. Mehl, unter welchen man 10 ganze Eier, nachdem er gut abgedämpft ist, nach und nach einrührt. Dieser Teig soll dickflüssig sein, um denselben durch den Straubentrichter in heißes Fett einlaufen zu lassen und giebt man deshalb, ist er zu dick, noch einige Eier dazu. Man läßt den Teig schneckenartig in das Fett einlaufen und die Straube schön hellgelb backen und giebt sie mit Zucker bestreut zu Tisch.

Oder man rührt ½ Pfund Mehl, 50 Gramm Zucker mit Weißwein glatt, giebt etwa 6 Eier dazu, daß es ein dickflüssiger Teig wird, und macht die Strauben fertig, wie oben gesagt.

2190. Strauben von Wein.

½ Liter guter Wein wird siedend gemacht, dann rührt man so viel feines Mehl hinein, bis es wie ein dünner Teig ist, giebt ihn in eine Schüssel und rührt, wenn er erkaltet, 60 Gramm zerlassener Butter, 8 Eigelb, 60 Gramm Zucker, die klein gewiegte Schale einer Zitrone und zuletzt den Schnee von 8 Eiweiß leicht darunter und backt die Strauben, wie oben angegeben.

2191. Streußelkuchen.

Ein Teig von 2 Pfund Mehl, wie in Nr. 2164 beschrieben, wird, wenn er fertig ist, rund und flach auf ein Butterblech ausgerollt, wenn der Kuchen gegangen ist, mit zerlassener Butter bestrichen und mit folgendem „Streußel“ dicht bestreut: Streußel: 100 Gr. Butter wird mit 100 Gr. Zucker schaumig gerührt, etwas Zimmet und 250 Gr. Mehl dazu gewirkt. Diese Masse wird durch ein Drahtsieb gedrückt oder auf dem Reibeisen gerieben oder mit dem Wiegmesser fein gehackt, der Kuchen damit bestreut, zerlassene Butter darüber gegeben und in einem heißen Ofen gebacken.

2192. Stritzel, bayrischzeller.

1 Pfund Mehl giebt man in eine Schüssel und macht von 2 Eßlöffeln Hefe, mit etwas Mehl und lauer Milch einen Vorteig, wenn derselbe gegangen, wird er mit ¼ Pfund Butter, ¼ Pfund süßem Rahm, 80 Gr. Zucker, etwas Salz und ¼ Pfund saurem Rahm zu einem Teig tüchtig abgeschlagen; wird der Teig glatt und löst sich leicht vom Kochlöffel, giebt man ¼ Pfund Rosinen, ¼ Pfund Zibeben dazu und läßt den Teig an warmem Ort gehen. Wenn der Teig gegangen, giebt man

ihn aufs Backbrett und wirckt 2 ganze und 2 gelbe Eier darunter. Aus diesem Teig schneidet man fingerlange und dicke Stritzel, dreht dieselben der Länge nach und backt sie in heißem Fett, bestreut sie mit Zucker und Zimmet und serviert sie.

2193. Süster.

Von 380 Gramm Mehl, 90 Gramm Hefe und etwas lauer Milch wird ein Vorteig gemacht, dann 320 Gramm Butter, 120 Gramm Zucker, 80 Gramm bitterer, fein gestoßener Mandeln und 5 Eier nach und nach darunter gerührt, der Vorteig mit etwas Salz tüchtig unter obige Masse gearbeitet, in eine glatte Form gefüllt und, wenn der Teig gegangen, in ziemlich heißem Ofen gebacken.

2194. Sustor.

1 Pfund Süßbutter wird schaumig gerührt, nach und nach 20 ganze Eier mit 625 Gramm Weißmehl (je 1 Löffel auf 1 Ei) darunter gerührt, so daß das ganze Verfahren 1 Stunde währt. Hierauf werden damit 125 Gramm Zucker, etwas Salz, ½ Pfund gewaschener Rosinen und der Vorteig von 60 Gramm Hefe und Mehl, welcher vorher vom anderen weggenommen wurde, gut verarbeitet und die Masse in eine mit Butter bestrichene und mit gehackten Mandeln bestreute Form gefüllt, an einen schwach erwärmten Ort zum Gehen gestellt und im ziemlich heißen Ofen gebacken.

2195. Theestangen.

60 Gr. Butter wird mit ¼ Liter Milch und mit 150 Gr. Mehl und etwas Salz angerührt, 1 ganzes Ei dazugegeben, ebenso ein Vorteig mit 10 Gr. Hefe, einem Löffel Mehl und etwas Milch. Dieser Teig wird auf den Backtisch in federkieldicke Stangen formiert, zum Gehen warm gestellt, mit Butter gestrichen, Kümmel und Salz darauf gestreut und aus heißem Ofen gebacken. Wird zum Thee serviert.

2196. Topfen- oder Quarknudeln.

250 Gr. zarter Milchkäse wird in einer erwärmten Schüssel mit 60 Gr. zerlassener Butter tüchtig gerührt; hierauf kommen (je nach Säure der Topfen) ca. 30 Gr. Zucker, 60 Gramm Rosinen, wenig Zitronenschale, 2 Eigelb, 20—25 Gramm in Milch aufgelöster Hefe und zuletzt etwa 250 Gramm Mehl dazu, sodaß die Masse einem leichten Hefenteig ähnlich

wird. Diesen Teig läßt man aufgehen, sticht mittelst eines Löffels fingerlange Nudeln aus der Schüssel, welche man in heißem Fett herausbackt, in Zimmetzucker wendet und zu Marmelade und irgend einem Compot zu Tische giebt.

2197. Waffeln auf gewöhnliche Art.

125 Gramm Butter werden leicht gerührt und nach und nach 8 Eier dazugeschlagen; 125 Gramm Mehl nebst etwas Salz rührt man daran, schafft dies recht durcheinander, gießt ½ Liter sauren oder warmgemachten, süßen Rahm dazu, backt die Waffeln im Eisen und bestreut sie mit Zucker und Zimmet und serviert. Um im Waffeleisen zu backen, ist darauf zu sehen, daß dasselbe vor dem Gebrauch gut rein gemacht wird.

Fig. 450.

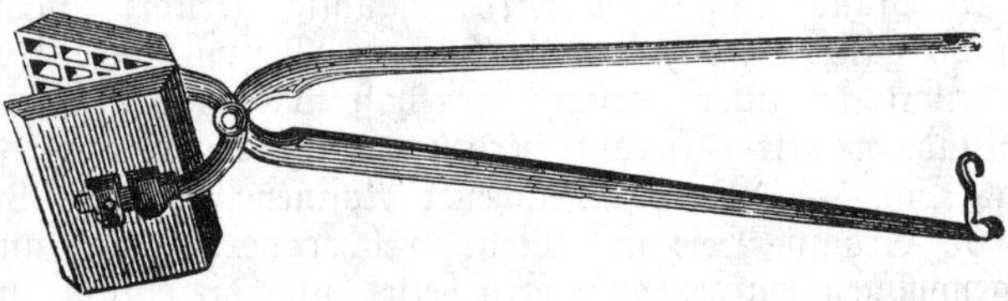

Erst erhitzt auf beiden Seiten und dann entweder mit Speck oder zerlassener Butter ausgestrichen, wird der Teig auf die untere Seite mittelst eines Löffels eingefüllt, erst auf dieser und dann auf der andern Seite einige Minuten auf lebhaftem Feuer gebacken. Die gebackenen Waffeln dürfen nicht auf einander, sondern müssen auseinander gelegt werden.

2198. Waffeln von süßem Rahm.

In ½ Liter süßen, festgeschlagenen Rahm giebt man 8 Eigelb, etwas Salz, 120 Gr. zerlassener, frischer Butter, 160 Gr. feines Mehl, eine in Zucker abgeriebene, halbe Zitrone und den festgeschlagenen Schnee der 8 Eiweiß und backt daraus Waffeln, wie oben beschrieben.

2199. Waffeln mit Hefe.

280 Gr. Butter werden leicht gerührt, 5 ganze Eier und 5 Eigelb daran geschlagen, 1 Pfund Mehl, 3 Löffel Hefe, etwas Salz, 1 Löffel Zucker, ½ Liter Milch, 3 Löffel Rum daran gerührt. Ist der Teig schön glatt, so wird er zum

Aufgehen an einen warmen Ort gestellt. Nachdem er gegangen, werden die Waffeln wie vorbeschrieben gebacken.

2200. Waffeln mit Mandeln.

Man rührt 100 Gramm Butter schaumig, giebt nach und nach 2—3 Eier dazu, etwa 60 Gramm Zucker und 80 Gramm feiner, mit einem Eiweiß geriebener Mandeln, sowie 125 Gramm Mehl, etwas Salz und ½ feingehackte Zitronenschale, einige Löffel süßen oder besser geschlagenen Rahm und backt die Waffeln, wie oben schon gesagt.

2201. Waffeln, feinste Art.

½ Pfund Butter wird schaumig gerührt, nach und nach 8 Eigelb und ½ Pfund Mehl, Salz und Zucker zugerührt, ½ Liter fettgeschlagener Rahm, sowie die Eiweiß als Schnee darunter gemischt und recht schnell gebacken.

2202. Waffeln, russische.

1 Pfund Zucker wird mit 3 ganzen und 2 weißen Eiern schaumig gerührt, etwas Zimmet und ¼ Pfund zerlassener Butter nebst ¼ Pfund Mehl in die Masse gerührt und, wie oben gesagt, gebacken.

2203. Windbeutel.

Von ½ Liter siedender Milch mit 50 Gramm Butter und 200—250 Gr. Mehl wird ein Brandteig (S. 81, Ziff. 22) gemacht, mit etwa 8 Eiern abgerührt, etwas Salz dazu gegeben und mittelst eines Löffels runde Klößchen in heißes Fett gegeben und gebacken. Man serviert sie mit Zucker und Zimmet bestreut oder giebt sie mit einer Vanillesauce zu Tisch.

2204. Windbeutel, gefüllt.

Die fertigen Windbeutel schneidet man an der Seite auf und füllt sie mit irgend einer Marmelade oder Crême.

2205. Zwieback.

375 Gramm Mehl werden mit 3 Löffeln Hefe und Milch zu einem so festen Teig gemacht, daß er mit der Hand geschafft werden kann. Ist er gegangen, so arbeitet man ½ Pfund Butter, ½ Pfund Zucker, 2 Eier, kleingewiegte Zitronenschale und noch etwas Milch dazu, formt längliche Laibchen daraus,

bestreicht sie mit Ei, backt sie im Ofen schön gelb, schneidet sie, wenn erkaltet, in Schnitten und röstet sie im Ofen.

2206. Zwieback mit Vanilleguß.

Als feines Theegebäck sehr gerne gegeben. Die, wie oben gesagt, in Scheiben geschnittenen Zwiebacke werden mit einem Vanilleguß, bestehend aus: 125 Gramm Zucker, 30 Gramm Vanillezucker mit 1 Eiweiß angerührt, überzogen und im Ofen fertig gebacken.

21.

Torten aller Art.

Eine schöne, gut zubereitete Torte ziert nicht blos die Tafel und erfreut das Auge, auch der Gaumen wird im Genuß angenehm davon berührt. Doch nur mit der größten Vorsicht ist es möglich, eine allen Anforderungen entsprechende Torte zu bereiten. Zunächst nehme man als Zuthaten das feinste Mehl und stelle solches vor der Verwendung etwas warm; der Zucker muß fein gesiebt sein; die Butter wird ganz frisch in reinem, kaltem Quellwasser geknetet, wodurch alle Milchteile entfernt werden; sodann etwas in die Wärme gestellt, um dieselbe leichter anrühren zu können, jedoch nicht zu warm stehen lassen, daß sie verläuft und heiß wird; die Eier, wovon das Weiße zu Schaum geschlagen wird, müssen so kalt wie möglich sein; Zitronen und Mandeln, wo solche vorgeschrieben sind, müssen auf ihre Qualität untersucht werden, daß sie namentlich nicht bitter sind oder einen fauligen Geschmack haben; auch darf man nicht zu viel Wasser dazu nehmen, sonst wird das Backwerk sehr leicht speckig. Die bei Früchtentorten zur Verwendung kommenden Früchte müssen von vorzüglicher Qualität sein, und wenn man darüber im Zweifel ist, so nimmt man sie besser nicht. Um bei den verschiedenen Torten das Aufgehen zu befördern, fügt man dem Eierschaum während des Schlagens einige Prisen fein gestoßenen Zuckers bei; derselbe verhindert das Gerinnen des Schnees, ohne welches die Tortenmasse leichter wird. Der Schnee von ganz frischen Eiern gerinnt am leichtesten, derjenige von länger liegenden und Kalkeiern niemals. Rasches Schlagen verhindert das Gerinnen des

Schaumes ebenfalls. Ist die Torte so weit vorbereitet, daß sie in den Ofen gebracht werden kann, so muß dieser untersucht werden, ob er nicht zu heiß ist, und dies geschieht am besten dadurch, daß man ein Blatt Papier hineinlegt; bräunt sich dieses rasch und wird schwarz, so ist der Ofen zu heiß, wird es langsam und ohne zu rauchen gelbbraun, dann hat der Ofen die nötige Wärme, und in diesem Fall gilt die Zeit, welche in den Rezepten für die Torten zum Backen vorgeschrieben ist. Backt der Ofen zu stark von unten, so ist es gut, die Torte oder den Kuchen auf einen Dreifuß von Eisen, einen Ziegelstein u. s. w. zu stellen, um ihn der Gefahr des Verbrennens von unten zu entheben. Ist der Ofen von oben zu heiß, deckt man am besten ein mit Wasser oder Butter angefeuchtetes Papier auf die Torte. Um zu untersuchen, ob die Torte ausgebacken, sticht man mit einem Holzspießchen hinein, kommt dieses rein heraus, so ist die Torte gut. Befolgt die Köchin diese Fingerzeige, so muß ihr jede Torte gelingen. Ist die Torte fertig, so läßt man sie vor dem Stürzen noch einen Augenblick stehen, stürzt sie auf ein Sieb und dann auf die Platte. Hier mag noch angefügt werden, daß die Meinung, der Teig oder die Masse müsse immer nach einer Seite hin gerührt werden, ein längst überwundener Standpunkt ist. Marmeladen, Früchte und Glasuren dienen zur Verzierung der Torten, wobei dem Geschmack und dem Geschick ein weites Feld gegeben ist. Die mit Glasur (siehe Abschnitt 32) überzogenen Torten bringt man zum Abtrocknen derselben einige Zeit in einen Trockenofen. Das Teilen und Schneiden der Torten geschieht entweder, indem man dieselben erst halbiert und dann in kleinere Stücke zerlegt oder aber, vom Mittelpunkt aus gerechnet, etwa 5 cm im Halbmesser ein kleines Stück rund ausschneidet und dann die Torte in kleinere Stücke von diesem Rundschnitt aus zum Rand teilt.

2207. Meringuenmasse.

Auf ½ Pfund gestoßenen Zucker, diesen fein gesiebt, kommen 4 Eiweiß. Das Eiweiß wird in einem Kupferkessel steif und fest geschlagen, erst langsam, dann immer schneller werdend. Den Zucker rührt man sodann langsam und vorsichtig mit einem Holzlöffel unter das Eiweiß und benützt diese Masse entweder zum Aufsetzen von kleinen gespritzten, runden oder ovalen Meringuen oder zum Ueberziehen der Torten, sowie zu der Meringuentorte mit geschlagenem Rahn gefüllt.

2208. Alexistorte.

Aus 500 Gramm feinem Mehl, 300 Gramm Butter, 4 Eiern und 1 Deziliter süßem Rahm wird unter Zuguß von nötigem lauem Wasser und etwas Salz ein guter Teig gemacht und dieser viereckig oder rund ausgewellt. Im ersteren Fall legt man von einem gegenüber liegenden Eck zum anderen Streifen von Macronenmasse und füllt die dadurch entstehenden Felder mit Mandeltortenmasse (siehe Nr. 2247) aus oder, wenn der Boden rund ausgewellt ist, zieht man durch den Mittelpunkt 2 Kreuzstreifen von Macronenmasse, so daß der Boden in 4 gleiche Felder geteilt wird, füllt diese mit Mandeltortenmasse, backt die Torte ¾ Stunden in nicht zu heißem Ofen, glaciert sie mit einem Guß von Orangenblütenwasser und trägt sie auf.

2209. Anistorte.

3 ganze Eier, 6 Eigelb, 1 Pfund gesiebter Zucker werden ½ Stunde lang gerührt, dann schlägt man das Eiweiß zu Schnee, rührt ihn nebst 250 Gramm feinem Mehl und 1 Eßlöffel Anis daran, füllt diese Masse in ein gehörig bestrichenes und bestreutes Tortenblech und backt die Torte etwa ¾—1 Stunde im Ofen.

2210. Apfeltorte, gerührte.

Man schält und richtet 6—8 Aepfel, schneidet sie recht fein und bestreut sie mit Zucker und 4 Gramm Zimmet. Dann rührt man 250 Gramm frischer Butter leicht und nach und nach 8 Eier hinein, ebenso 250 Gramm abgeschälter und fein gestoßener Mandeln und 250 Gramm gesiebten Zucker, rührt die Masse etwa ½ Stunde, giebt zwei abgeriebene Wecken, in Milch eingeweicht und fest ausgedrückt, die abgeriebene Schale einer Zitrone dazu und rührt zuletzt die Aepfel langsam hinein. Die Form wird mit Butter bestrichen, zuerst mit feingeschnittenen Mandeln und dann mit Semmelmehl bestreut, die Masse eingefüllt und in frischer Hitze etwa ¾—1 Stunde gebacken.

2211. Apfeltorte, gewöhnliche.

Es werden 8—10 Aepfel geschält, gerichtet, in Scheiben geschnitten und in Butter gedämpft, mit ¼ Liter Wein unter beständigem Rühren gekocht, etwas Zimmet und Zucker, kleingeschnittene Zitronenschalen und 120 Gramm gelesener Rosinen dazu gegeben. Mit einem 8 mal geschlagenen Butterteig wird eine Kuchenform ausgelegt, der Rand ziemlich hoch dressiert, das kalte Apfelpurée in die Kuchenform gefüllt, vom übrigen Teig Streifen geschnitten und diese gitterartig über das Apfelpurée gelegt und an den Teigseiten mit Eigelb festgemacht, hierauf über die Enden der Streifen rings um den Rand noch ein Teigstreifen zum Festhalten mit Eigelb gelegt, der Teig mit Eigelb bestrichen und in ½—¾ Stunden aus dem Ofen gebacken.

2212. Apfeltorte, mit Mandeln.

8—10 im Ofen gebratene Aepfel werden durch ein Haarsieb gestrichen, 250 Gramm abgezogener Mandeln mit 8 Eiweiß fein gerieben, 250 Gramm Zucker und die Aepfel dazu gemischt und in einem mit Butterteig ausgefütterten Bleche auf ähnliche Weise wie in Nr. 2211 gebacken.

2213. Apfelsinentorte.

125 Gramm Zucker, 6 schaumig gerührte Eigelb, der Schnee von 6 Eiweiß, 125 Gramm Mehl und die gehackte Schale einer halben Orange werden zu einer Bisquitmasse gerührt und hievon 2 Scheiben in Tortenringen gebacken. Nachdem etwas Stachelbeermarmelade mit auf Zucker abgeriebener Orangenschale und etwas Zitronensaft zusammengerührt, werden die Scheiben damit bestrichen, ganz dünne Orangenscheibchen ohne Kern daraufgelegt, zusammengesetzt und oben mit einer Orangenglasur glaciert.

2214. Baumkuchentorte.

375 Gr. Butter werden mit 18 Eigelb schaumig gerührt, 375 Gramm gestoßener Zucker mit dem Schnee von 10 Eiern, 375 Gramm Mehl, pulverisierte Muskatblüte, Zitronenschale und etwas Rahm darunter gemischt. Diese Masse wird, wie folgt, behandelt.

In eine gleichweite Kasserole- oder Auflaufform wird auf den Boden ein mit Butter bestrichenes Papier passend eingelegt, von der Masse dünn aufgetragen, im nicht zu heißen Ofen gebacken, dann wird hierauf wieder ein Löffel Masse gethan, wieder gebacken und so fort, bis die Form voll und alles durchgebacken ist, und sodann aus der Form gestürzt, das Papier abgenommen und mit einer Wasserglasur von beliebigem Geschmack glaciert.

2215. Bierhefentorte.

125 Gramm Butter wird eine halbe Stunde gerührt, nach und nach 1 Löffel Hefe und 5 Eier dazugegeben, ebenso

70 Gramm gestoßener Zucker, etwas Rosenwasser und zuletzt 190 Gramm Mehl. Mit Eiern und Mehl darf nicht länger gerührt werden, als bis Alles durcheinander ist. Die Masse wird dann in eine mit Butter bestrichene Form gefüllt und und wenn sie schön gegangen, im Backofen etwa ³/₄—1 Stunde gebacken.

2216. Bisquittorte.

250 Gramm gesiebter Zucker werden mit 4 Eigelb und 8 ganzen Eiern eine Stunde gerührt, ist die Masse recht steif, kommen 190 Gramm vom feinsten Mehl, die Schale und der Saft einer halben Zitrone dazu; ist alles wohl vermengt, so wird die Masse in eine gerichtete Form gefüllt und im Backofen etwa ³/₄ Stunden gebacken.

2217. Blätterteigtorte.

Es werden aus Blätterteig, welcher 6mal zusammengeschlagen, tellergroße, messerrückendicke Kuchen ausgewellt, mittelst einer Gabel mehreremale durchstochen und rasch gebacken. Nachdem 6—8 solcher Kuchen fertig, wird auf den ersten Aprikosenmarmelade gestrichen, ein zweiter darauf gelegt, derselbe mit eingemachten Himbeeren belegt, der dritte daraufgesetzt und mit Johannisbeer bestrichen und so fortgefahren, bis alle übereinandergelegt zu einer Torte gebildet sind. Nun wird die Torte schön gleichrund geformt und tüchtig mit feinem Zucker bestreut. Oben kann dieselbe mit eingemachten Früchten belegt werden.

2218. Brottorte.

250 Gr. gesiebter Zucker werden mit 5 ganzen Eiern und 5 Eigelb eine halbe Stunde gerührt, dann nimmt man 190 Gr. abgezogener, mit 2 Eiern zart gestoßener Mandeln dazu, und rührt die Masse noch eine Zeit, giebt 8 Gr. gestoßenen Zimmet, 4 Gr. Nelken und 100 Gr. in Rotwein angefeuchtetes, geriebenes Schwarzbrot, die Schale von einer ganzen Zitrone klein gewiegt und den Schnee der 5 Eier dazu. Die Form wird mit Butter bestrichen, mit Brotmehl bestreut und etwa ³/₄—1 Stunde gebacken.

2219. Brottorte, gefüllt.

125 Gr. Butter werden schaumig gerührt und 2 ganze Eier, 60 Gr. Zucker und 125 Gr. Mehl darunter gemischt. Diese Masse wird in eine mit Butter bestrichene und mit

Zucker bestreute Form gefüllt, Aprikosenmarmelade darauf gestrichen und mit folgender Masse bedeckt: 180 Gr. Zucker, 125 Gr. unabgezogener, fein gestoßener Mandeln und 10 Eigelb werden schaumig gerührt, der Schnee von 7 Eiweiß, 60 Gr. geriebenes Schwarzbrot, mit Zimmet, Nelken und etwas rotem Wein angemacht, darunter gemischt, darauf gefüllt und etwa 1 Stunde gebacken.

2220. Bröseltorte.

380 Gr. feines Mehl, 320 Gr. frischer Butter, 120 Gr. Zucker, die Schale einer Zitrone. Zimmet, ein wenig saurer Rahm, etwas Salz werden mit 6 Eigelb gut untereinander gearbeitet und auf ein Backbrett genommen. Die Hälfte des Teiges wird messerrückendick rund ausgerollt und auf einen mit Mehl bestreuten Bogen Papier gesetzt und mit verrührtem Ei bestrichen. Von der andern Hälfte werden federkieldicke Stücke gerollt und damit ein Gitter auf den Boden gelegt, bestrichen und in einem nicht zu heißen Ofen gebacken Nach dem Backen giebt man in die zwischen dem Gitter liegenden freien Räume eine Bröselmasse hergestellt aus 60 Gr. Mehl, 50 Gr. Bisquitbröseln und 6 Gr. zerlassener Butter und auf diese eine Marmelade von Himbeer, Erdbeer, Preiselbeer u.s.w. Etwa 60 Gr. fein geriebener Mandeln unter die Bröselmasse zu nehmen ist sehr gut. Die Torte giebt man noch einige Minuten in den Ofen, ehe man die Marmelade auflegt.

2221. Canelletorte.

125 Gr. mit Eiweiß geriebener Mandeln werden mit 180 Gr. Zucker, 8 Eigelb und 30 Gr. Zimmet gerührt, der Schnee von 6 Eiweiß darunter gemischt und diese Masse in einem mit Teig gefütterten Tortenblech in $^3/_4$ Stunden gebacken.

2222. Carmelitertorte.

240 Gr. geschälter Mandeln werden länglich geschnitten; man verrührt 7 Eier, bis sie Blasen werfen, fügt 250 Gr. feinen Zucker bei, rührt dies eine halbe Stunde stark, giebt eine halbe an Zucker abgeriebene Zitronenschale, 125 Gr. Mehl und $^2/_3$ der geschnittenen Mandeln dazu, rührt es langsam durcheinander, füllt es in einen mit Butter bestrichenen und Mutschelmehl bestreuten Model und backt die Torte 1 Stunde langsam. Das andere Drittel Mandeln verwendet man zum Bestreuen der fertigen Torte.

2223. Charfreitagtorte.

Ein fertiger, mürber Teig $^1/_4$ Pfund (s. Nr. 1976) wird rund ausgerollt und ein mit Butter bestrichenes Kuchenblech damit ausgelegt, der Rand aufgebogen und das Blech zum Trocknen einige Zeit in den Ofen gegeben. 2 Eiweiß werden zu Schnee geschlagen und, wann dieser fest, 75 Gramm Zucker und 75 Gramm geschnittener Mandeln eingerührt; den Boden des Teiges bestreicht man mit einer dick eingekochten Aprikosenmarmelade, auf diese giebt man die Mandelmasse und dann die Torte etwa 20—25 Minuten in den Ofen. Man läßt die Torte erkalten, bestreicht sie von allen Seiten mit einem Erdbeer- oder Himbeergelée, hüllt die ganze Torte von allen Seiten in eine Meringuenmasse (s. Nr. 2207), $^1/_2$ Pfund Zucker und 4 Eiweiß, streicht diese in glatte Formen rings herum und oben, bestreut sie mit Zucker, stellt sie zum leicht Bräunen etwa 10 Minuten in den Ofen und serviert sie, wenn sie erkaltet ist.

2224. Chinesische Torte.

Von einem Mürbteig (s. Nr. 1976) $^1/_2$ Pfund werden 2 runde Böden ausgerollt, von denen einer größer ist als der andere, diese in 2 mit Butter bestrichene Blechringe auf Butterpapier gesetzt, mit Mandelmasse (s. Nr. 2247) fingerdick gefüllt und gebacken, wenn erkaltet, aus den Ringen gethan, das Papier entfernt, der größere Boden auf ein glattes Blech gesetzt und mit irgend einer Marmelade (s. dort) bestrichen, der kleine Boden darauf gesetzt und wie in Nr. 2223 die ganze Torte von allen Seiten mit Meringuenmasse gleichmäßig bestrichen, nach etwa 10 Minuten im Ofen gebräunt und serviert. Man verziert die Torte mit den verschiedensten Marmeladen und Gelées.

2225. Chocoladentorte.

100 Gr. Chocolade werden mit etwas heißer Milch glat gerührt und etwas gekocht, dann läßt man es erkalten. Unter dessen werden 375 Gr. Zucker mit 12 Eigelb und 3 ganzen Eiern recht schaumig gerührt, dann kommt die Chocolade und 150 Gramm Puder daran und zuletzt der Schnee von 12 Eiern. Man füllt die Masse in die gerichtete Tortenform und backt sie in etwa $^3/_4$—1 Stunde fertig. Sehr gut ist die Torte mit einer Chocoladenglasur zu überziehen oder aber nur mit Zucker bestreut zu Tische zu geben.

2226. Englische Torte oder Kuchen.

500 Gr. gestoßener Zucker mit 250 Gr. feingestoßener Mandeln und 24 Eigelb werden gut schaumig gerührt. 500 Gramm fester Butter mit 500 Gramm Weißmehl werden fein gewiegt oder gehackt und mit den 24 geschlagenen Eiweiß, 125 Gramm geputzter Rosinen, 125 Gramm Sultaninen, 125 Gr. Zitronat, 125 Gr. Orangeat und 2 abgeriebenen Zitronenschalen darunter gemischt, in eine mit Butter bestrichene und mit Zucker bestaubte Form gefüllt und in einem gelinden Ofen etwa 1 Stunde langsam gebacken.

2227. Erbsentorte.

1 Pfund durchgetriebener Erbsen werden mit 1 Pfund schaumig gerührter Butter und 1 Pfund Zucker vermischt, 24 Eigelb, das zu Schnee geschlagene Eiweiß davon und 1 Löffel Arac darunter gerührt und in einer mit Butter bestrichenen Form gebacken.

2228. Frangipanetorte.

Ein Blech mit Butterteig gefüttert wird mit einer Crême, welche von 6 Eigelb, 3 Deziliter Rahm, Vanillezucker und einem Rührlöffel Mehl auf dem Feuer dick gerührt wurde, nach dem Erkalten gefüllt, gebacken und mit verschiedenen Früchten garniert, welche oben mit glatt gerührtem Johannisbeerengelée oder Aprikosenmarmelade glaciert werden.

2229. Früchtentorte.

Der Teig wird wie zur Alexistorte gemacht, ein runder Boden davon ausgerollt, dieser durch schmale Streifen von eingemachten Kirschen in acht gleich große Felder geteilt, und je zwei der gegenüberliegenden Felder mit eingemachten Zwetschgen, Stachelbeeren, Himbeeren, Erdbeeren, Johannisbeeren nach Wunsch ausgefüllt. Aus dem übrig bleibenden Teig werden fingerdicke Streifen geschnitten, diese gitterartig über die Früchte gelegt, mit Eigelb bestrichen und im Ofen etwa 20—25 Min. mit einem Butterpapier bedeckt, gebacken.

2230. Genfertorte.

100 Gr. Mandeln mit 6 hart gesottenen Eiern gerieben, mit 200 Gramm Zucker und 12 Eigelb gerührt, sodann der Schnee von 9 Eiweiß, 150 Gr. zerlassener Butter und 150 Gr. Mehl dazu. In zwei Böden gebacken, mit Vanillecrême gefüllt und mit Vanilleguß glaciert.

2231. Gewürztorte.

1 Pfd. kleingestoßener Mandeln werden auf einem Nudelbrett mit 100 Gr. Butter, 375 Gr. gestoßenem Zucker, 8 Gr. Zimmet, 8 Gr. Muskatenblüte, 375 Gr. Mehl und dem Schnee von 6 Eiweiß zusammengeschafft, dann ausgerollt, auf ein mit Butter bestrichenes Tortenblech gelegt und von dem übrigen Teig ein Stern in die Mitte daraufgelegt und dann die Torte in gelinder Hitze gebacken. Der Stern wird nachher mit irgend einer farbigen Glasur überzogen und im Ofen getrocknet.

2232. Giraffentorte.

250 Gr. Mandeln werden abgezogen, mit Eiern fein gerieben, mit 250 Gr. Zucker und 14 Eigelb gerührt, sodann der Schnee von 6 Eiweiß dazugegeben und zuletzt 30 Gr. Chocolade in ganz kleinen Stückchen und 30 Gramm Mehl untergerührt, in flacher Form gebacken, mit Vanillezucker glaciert und von Chocoladeguß Punkte auf die Torte unregelmäßig aufgesetzt.

2233. Gußtorte.

Es wird ein Blech mit Butter bestrichen und mit Semmelmehl bestreut, dann mit gutem Butterteig belegt, ein ziemlich hoher Rand darangelassen und der Boden mit eingemachten Träublein, Himbeeren oder Kirschen überstrichen. Darauf wird folgende Masse gegossen: 250 Gramm gesiebter Zucker, eben so viel geschalte und fein gestoßene Mandeln rührt man mit 125 Gr. Puder, 4 Eigelb und 6 Eiern eine halbe Stunde, schneidet die Schale von einer halben Zitrone, 30 Gr. Zitronat und eben so viel Pomeranzenschalen fein, und wenn die Masse dick gerührt ist, kommt das Geschnittene dazu und wird so auf die Torte gegeben und in nicht zu heißem Ofen etwa ³/₄ Stunde gebacken.

2234. Hagebuttentorte.

250 Gr. Hagenbuttenmarmelade werden mit 125 Gr. Butter schaumig gerührt, 10 Eigelb und 250 Gr. Zucker dazugegeben, 8 Gr. Zimmet, etwas Nelken, 60 Gr. gehackter Mandeln nebst dem Schnee der Eiweiß und ¹/₂ Pfund Mehl dazu gethan und in einem mit Zucker ausgestaubten Tortenblech gebacken.

2235. Himbeertorte.

Ein Tortenblech wird mit Butterteig ausgelegt, hierauf werden 1 Liter frischer, mit gestoßenem Zucker angemachter Wald=

himbeeren gelegt und folgende Masse darauf gegeben und gebacken: 125 Gr. Butter, schaumig gerührt, werden mit 125 Gramm Zucker und 5 Eigelb nebst 125 Gr. feingeriebenen Mandeln und Vanille zusammengemischt, eingefüllt und in nicht zu heißem Ofen in einer halben Stunde gebacken.

2236. Jägertorte.

250 Gr. gesiebter Zucker und eben so viel geschälte und fein gestoßene Mandeln werden mit 180 Gramm Mehl, 6 Eiern und 6 Eigelb recht leicht gerührt. Ist die Masse schaumig, so wird sie in ein bestrichenes und bestreutes Blech gefüllt und in einem gelinden Ofen gebacken. Unter eine Meringuenmasse von 4 Eiweiß und 1/2 Pfund Zucker rührt man 250 Gramm länglich geschnittener, abgezogener Mandeln, bestreicht die erkaltete Torte mit irgend einer Marmelade von allen Seiten, streicht dann die Meringuenmasse darüber, zuckert sie gut und läßt die Torte noch einige Zeit im Ofen abtrocknen.

2237. Johannisbeertorte.

125 Gr. fein geriebener Mandeln werden mit 1 Eigelb, 6 Löffeln süßem Rahm und 60 Gr. Zucker angerührt und auf ein mit Butter- oder Kuchenteig gefüttertes Blech gegossen. Nachdem man es im Ofen ein wenig hat anziehen lassen, giebt man 3/4 Liter abgezupfter Johannisbeeren darauf, sowie eine aus 5 Eiern, 150 Gr. Zucker und 1/4 Liter süßem Rahm hergestellte Masse und backt die Torte etwa noch 30 bis 35 Minuten.

2238. Johannitertorte.

150 Gr. Mandeln werden mit 2 Eiern fein gerieben, mit 300 Gr. Zucker und 10 Eigelb schaumig gerührt, von einer Orange die Schale feingehackt und der Schnee von 10 Eiweiß und 180 Gr. Mehl darunter gemischt, in einer mit Butter bestrichenen und mit gehackten Mandeln bestreuten Tortenform 3/4—1 Stunde gebacken, mit einer Orangenglasur überzogen oder nur mit Zucker bestreut gegeben.

2239. Kaffeetorte.

250 Gr. Mandeln werden mit 6 Eiweiß fein gerieben. Dazu kommen 125 Gr. Puder, 8 Eier und 120 Gr. Zucker, gut mit den Mandeln verrührt, während man nach und nach noch 120 Gramm Zucker beifügt; ferner 1 geriebenes Chocoladetäfelchen, 60 Gr. gebrannter und feingesiebter Kaffee.

Man giebt die Masse in eine Tortenform und backt sie etwa ¾ Stunden im Ofen.

2240. Kaisertorte.

Von einer guten, feinen Mandelmacronenmasse wird ein runder Boden etwa halb fingerdick auf Oblaten gelegt, ein Rand 2—3 mm dick aufgesetzt und im Ofen gebacken. Dieser Boden wird, wenn er erkaltet, mit Aprikosenmarmelade gefüllt. Von 90 Gramm Mandeln (s. Nr. 2247) wird eine Mandelmasse gefertigt, diese in einem Tortenring gebacken, jedoch etwas kleiner als der Mandelmacronenboden und, wenn er erkaltet, auf diesen gesetzt. Von 2 Eiweiß macht man eine Meringuenmasse (s. Nr. 2207), füllt diese in eine Papier- oder Tuchdüte und spritzt rund um den Rand eine Verzierung, ebenso in die Mitte der Torte, bestreut die Meringuenmasse mittelst eines Zuckerbeutels, backt die Torte noch eine Zeit lang leicht ab und verziert sie mit einigen Früchten.

2241. Kartoffeltorte.

125 Gr. fein geriebener Mandeln werden mit 250 Gr. Zucker und 15 Eigelb schaumig gerührt, etwas Muskatnuß, gehackte Zitronenschale, 250 Gr. geriebener, gekochter Kartoffeln nebst dem von 10 Eiweiß geschlagenen Schnee gemischt und in einer mit Zucker bestaubten Form ziemlich rasch gebacken.

2242. Kartoffeltorte, braun.

Man schält 8 große, rohe Kartoffeln, wäscht sie und läßt sie weich sieden, doch so, daß sie nicht zerfallen; wenn sie erkaltet sind, werden sie auf dem Reibeisen gerieben, 375 Gr. davon in eine Schüssel gegeben, nebst einem halben Pfund fein gesiebtem Zucker, mit 6 ganzen Eiern und 6 Eigelb eine Stunde gerührt, dann 8 Gr. gestoßener Zimmet, 4 Gr. Nelken, feingeschnittene Zitronenschalen und Zitronat nach Belieben dazu gegeben, eine Tortenform mit Butter bestrichen, mit Semmelmehl bestreut und die Masse eingefüllt. Man backt sie langsam ¾—1 Stunde im Ofen.

2243. Krafttorte.

1 Pfund gestoßener Zucker, 20 Eigelb wird mit 1 abgeriebenen Zitronenschale, 8 Gr. Zimmet, 3 Gr. Nelken und Muskatblüten so lange gerührt, bis die Masse Blasen wirft. Nun fügt man 1 Pfund Mehl, den Schnee von 12 Eiweiß löffelweise bei und backt diese Masse in einer mit Butter

ausgestrichenen und mit Semmelbrosamen bestreuten Tortenform in etwa ¾ Stunden.

2244. Linzertorte.

190 Gr. Butter werden schaumig gerührt, 300 Gr. gesiebter Zucker, 60 Gr. geschälter und fein gestoßener Mandeln, 2 ganze Eier und 4 Eigelb, 15 Gr. gestoßener Zimmet, 4 Gr. Nelken, fein geschnittene Zitronenschalen, 190 Gr. feines Mehl und zuletzt der Schnee von dem übrigen Weißen nach und nach dazu gegeben und gut gerührt, in einer Tortenform etwa ¾—1 Stunde gebacken.

2245. Lübeckertorte.

125 Gr. unabgezogener, mit einem Ei fein geriebener Mandeln werden mit 250 Gr. Zucker und 2 weiteren Eiern angerührt, die Masse auf ein mit Butterteig (½ Pfund) belegtes Blech gegeben, mit Butterteigstreifen ein Gitter darüber gemacht, mit Eigelb dieses bestrichen und in etwa 30—40 Minuten schön gebacken.

2246. Macronentorte.

Von 1 Pfund süßen Mandeln, 4 Eiweiß, 1 Pfund Zucker und etwas Rosenwasser wird eine Macronenmasse gemacht, indem man die abgeschälten Mandeln im Reibstein mit den 4 Eiweiß fein reibt und den Zucker in einer Schüssel darunter arbeitet. Von dieser Masse wird ein Boden auf Oblaten 7 mm dick in der Größe eines Tellers aufgestrichen, mit Zucker bestreut und gebacken. Vom Reste wird für sich auf Oblaten entweder ein Gitter, Rosette oder sonst eine Form in der Größe des Bodens gespritzt und auch gebacken. Der Boden wird nun mit Eingemachtem bestrichen und das Gitter, von welchem erst die Oblaten entfernt werden, darauf gesetzt und serviert.

2247. Mandeltorte auf gewöhnliche Art.

Man brüht 180 Gr. Mandeln, schält sie ab und legt sie, bis alle fertig sind, in frisches Wasser, dann trocknet man sie mit einem Tuch ab und stößt sie mit 2 Eiern recht fein, hierauf werden sie mit 180 Gr. gesiebtem Zucker, 50 Gr. Puder und mit 6 ganzen Eiern nebst 4 Eigelb eine Stunde stark gerührt; sollte die Masse zu dick sein, so nimmt man nach Gutdünken noch ein ganzes Ei und zuweilen auch noch ein Eigelb. Vor dem Einfüllen wird die klein geschnittene Schale von einer Zitrone dazu gegeben, der Tortenring mit Butter bestrichen und mit Semmelmehl bestreut; die Torte wird wie alles Gerührte langsam etwa $^{3}/_{4}$ Stunde gebacken. Gewöhnlich überzieht man diese Mandeltorte mit einer Orangen- oder Zitronenglasur oder aber man bestreut sie mit Zucker.

2248. Mandeltorte, schwarz.

375 Gramm ungeschälter Mandeln werden mit einem Tuch sauber abgerieben, dann recht fein gestoßen und mit 250 Gr. gesiebtem Zucker und 12 Eiern $^{1}/_{2}$ Stunde gerührt, bis der Teig dick wird. Vor dem Einfüllen werden 8 Gramm grob gestoßener Zimmet, 4 Gramm Nelken, 60 Gramm Zitronat, eben so viel Pomeranzenschalen und die Schale von 1 Zitrone klein geschnitten und langsam in die Masse gerührt. Der Tortenring wird mit zerlassener Butter bestrichen, mit Semmelmehl bestreut, die Masse eingefüllt und gebacken.

2249. Mandeltorte, weiße.

20 Eiweiß werden zu einem festen Schnee geschlagen und einige Tropfen Rosenöl eingeträufelt, mit 400 Gramm feingestoßenem Zucker und der abgeriebenen Schale einer Zitrone vermischt; diese Masse wird mit 600 Gr. süßer und 75 Gr. bitterer Mandeln in süßem Rahm zerstoßen, verrührt, in eine mit Butter bestrichene Form gegossen und im leichten Ofen 50—60 Minuten lang gebacken.

2250. Mandelcrêmetorte.

Ein Tortenblech wird mit gutem Butter- oder geriebenem Teig ausgefüttert und mit verschiedenen frischen, gezuckerten Früchten belegt, eine Masse, wie folgt, darauf gegossen und schön gebacken, 90 Gramm Butter mit 300 Gramm Zucker gerührt, 10 Eigelb mit 150 Gramm geriebener Mandeln und dem zu Schnee geschlagenen Weißen von 10 Eiern nebst $^{1}/_{2}$ Liter süßem Rahm darunter gemischt, aufgegossen und etwa 1 bis $1^{1}/_{4}$ Stunden gebacken.

2251. Maraskinotorte.

8 Eiweiß werden zu festem Schnee geschlagen, das Gelbe derselben mit 180 Gramm Zucker nebst $^{1}/_{4}$ Tasse Rosenwasser darunter geschlagen und auf langsamem Feuer bis zum Aufstoßen aufgeschlagen. Wenn die Masse vom Feuer genommen, wird sie kalt geschlagen, mit etwas Cochenille gefärbt, 90 Gr. Mehl und 90 Gr. Puder darunter gerührt, in 3 mit Rand

versehenen Papierkapseln gebacken, die Böden, wenn erkaltet, mit Maraskino getränkt, die beiden unteren mit Aprikosenmarmelade bestrichen, auf einander gesetzt und die ganze Torte mit Maraskinoglasur überzogen und getrocknet.

2252. Margarethentorte.

Von ½ Pfund Mürbteig (Nr. 1976) wird in der Größe eines Tortenringes ein runder Boden ausgestochen, dieser auf ein gebuttertes Blech gegeben und der Ring um den Teig gelegt. Man bestreicht sodann den Boden mit einer Marmelade und setzt einen kleinen Ring in die Mitte. Den Zwischenraum zwischen dem äußern und innern Ring füllt man mit einer Mandeltortenmasse (die helle Masse wie in Nr. 2247) und backt die Torte etwa ¾ Stunden im Ofen, nimmt sodann die Ringe ab und füllt den innern Raum mit einer Zitronencrême, indem man 75 Gr. Zucker, 2 Eigelb, 1 kleinen Löffel Kartoffelmehl, etwas Zitronensaft und 1 Glas Weißwein zusammen auf dem Feuer bis zum Kochen aufschlägt, wenn er erkaltet, die 2 Eiweiß als Schnee darunter zieht und dieses, wie oben bemerkt, einfüllt. Die Mandelmasse verziert man mit Meringuenmasse (Nr. 2207) indem man ringsum gleiche Punkte dressiert, diese zuckert und im Ofen noch einen Augenblick abflammt.

2253. Maronentorte.

2 Pfund italienischer Kastanien werden geschält, im heißen Wasser die zweite Haut abgezogen, in ½ Liter Milch mit Vanille weich gekocht, auf dem Feuer abgedämpft und wenn erkaltet, mit 14—16 Eigelb und 250 Gr. gestoßenem Zucker tüchtig abgerührt. Hievon werden auf mit Butter bestrichenem Papier Blätter in runder Form gebacken. Sind dieselben kalt, so werden sie mit folgender Masse gefüllt, aufeinander gesetzt: 1 Pfund Kastanien werden wie obige zu Purée gemacht und 375 Gr. Zucker, mit 5 Eiern und Vanille dick gekocht, darunter gerührt. Die Torte wird gleich rund geschnitten und mit einer Wasser- und Vanilleglasur glaciert.

2254. Mazarintorte.

250 Gramm unabgezogener Mandeln werden mit 2 Eiern fein gerieben, mit 250 Gr. Zucker, 10 gelben und 8 ganzen Eiern schaumig gerührt, mit 10 zu Schnee geschlagenen Eiweiß vermengt, in ein mit Teig gefüttertes Kuchenblech eingefüllt und etwa ¾—1 Stunde gebacken.

2255. Meringuentorte.

Siehe Meringuenmasse (Nr. 2207).

2256. Mürbe Torte.

Unter 1 Pfund geschlagener Butter mischt man 10 Eigelb, 250 Gramm Zucker, 250 Gramm geriebenen Zwieback, 1 abgeriebene Zitronenschale und den Schnee von 10 Eiweiß. Diese Masse wird in einer mit Butter ausgestrichenen Form etwa 1 Stunde gebacken und mit einer beliebigen Glasur überzogen.

2257. Nelsontorte.

Eine Kuchenform wird mit mürbem Teig oder Blätterteig ausgelegt. 6 Eiweiß werden zu Schnee geschlagen, 130 Gramm Zucker, 20 Gr. Mehl und 30 Gr. grob zerstoßener, gebrannter Mandeln eingerührt, die Hälfte dieser Masse in die Form gefüllt, Himbeermarmelade dazwischen gegeben und sodann der Rest der Masse darauf, glattgestrichen, $^3/_4$ Stunden langsam gebacken und mit Vanilleguß glaciert.

2258. Nußtorte.

60 Gr. Nußkerne und 60 Gr. süßer Mandeln werden zusammen mit 2 Eiern fein zerrieben, 90 Gr. Zucker, der Schnee von 4 Eiweiß und 45 Gr. Mehl beigemischt, und diese Masse in 2 Scheiben in Tortenringen gebacken. Zwischen die beiden Böden streicht man eine Masse von 60 Gr. mit einigen Löffeln Rahm zerriebener Nußkerne, welche man mit 20 Gramm Zucker, $^1/_2$ Kaffeelöffel Kartoffelmehl und 2 Eigelb auf dem Feuer zu einer dicken Crême kocht und diese, wenn erkaltet, auf obige Art verwendet. Die Torte wird mit Vanilleglasur glaciert.

2259. Pistazientorte.

100 Gr. abgezogener Pistazien und 100 Gr. abgezogener Mandeln werden mit 2 Eiern fein gerieben, mit 200 Gr. Zucker und 12 Eigelb gerührt, der Schnee von 5 Eiweiß und 30 Gr. Mehl dazugerührt, in einem Tortenringe 30—45 Minuten gebacken, mit Vanilleguß glaciert oder gezuckert serviert.

2260. Pithivierstorte.

250 Gr. abgezogener Mandeln werden mit 2 ganzen Eiern und etwas süßem Rahm fein gerieben, mit 250 Gr. zer-

lassener Butter, 250 Gr. Mehl und 6 ganzen Eiern gut verrührt, 250 Gr. Zucker dazu gegeben und diese Masse in ein Blech, welches mit Butterteig (½ Pfund) ausgelegt und mit einem Butterteigrand versehen ist, gefüllt. Die Butterteigabfälle verwendet man dazu, ein Gitter über die Masse bis zum Rand zu legen, ebenso noch einen Streifen um den Rand, bestreicht sodann mit Eigelb und backt die Torte etwa 30—40 Minuten im Ofen.

2261. Punschtorte.

½ Pfund fein gesiebter Zucker wird mit 4 ganzen Eiern und 4 Eigelb schaumig gerührt, nach und nach ½ Pfund Mehl, der Schnee von 6 Eiweiß sowie ½ Pfund warmer Butter, die Schale einer abgeriebenen Zitrone langsam darunter gerührt. Die Masse wird in 3 runden Papierkapseln mit Rand eingefüllt, glatt gestrichen und gebacken, was in 20 bis 25 Minuten geschehen ist. Oder man backt die ganze Masse im Tortenring und schneidet dann die erkaltete Torte in 3 Scheiben. Zwischen 2 der Scheiben giebt man Aprikosen- oder Aepfelmarmelade (etwa ½ Pfund) mit etwas Rum oder Arac vermischt und setzt die 3 Böden auf diese Weise aufeinander, den obern unbestrichen, überzieht die Torte mit einer Punschglasur und belegt sie, nachdem sie getrocknet, hübsch verziert mit eingemachten Früchten.

2262. Quittentorte.

Einige Quitten werden geschält und in etwas Wasser weich und kurz gekocht, trocken durch ein Sieb gestrichen, so daß man etwa 250 Gr. Purée hat. Zu diesem rührt man etwa 375 Gr. Zucker, etwas gestoßenen Zimmet und 1 geriebene Zitronenschale, 3 Löffel Mehl und 6 Eigelb und zieht den Schnee der Eier unter die Masse. Ein Kuchenblech bestreicht man mit Butter, belegt es mit dünnem Butter- oder Mürbteig, bestreut es mit Semmelmehl, füllt die Masse hinein und backt die Torte in einem nicht zu heißen Ofen etwa ¾ Stunden.

2263. Rahmtorte.

3 ganze Eier, 125 Gr. Zucker und ½ Liter süßer Rahm werden im Schlagkessel auf dem Feuer zu einer Crême abgeschlagen, bis sie einmal aufstößt. 125 Gr. Mandeln werden mit 6 Eiweiß fein gerieben, 8 Eigelb, 125 Gr. Zucker, 60 Gr. Mehl und die geschlagenen 8 Eiweiß darunter gemischt und in einem mit Butter- oder Mürbteig gefütterten Bleche etwa ¾ Stunden gebacken.

2264. Regententorte.

Von 250 Gr. Butter, 250 Gr. Mehl, 2 Eiern, 125 Gr. Mandeln, etwas Salz und Zucker macht man einen Teig. Von der Hälfte desselben rollt man einen runden Boden aus, von der andern Hälfte wird ein runder Rand geformt, welcher in gehacktem Zitronat, Orangeschale, Mandeln und Orangeblüten gerollt wird, so daß diese daran hängen bleiben. Dieser Rand wird mit Ei auf den Boden angeklebt und mit Ei bestrichen. Auf den Boden streicht man Aprikosen-, Quitten- oder Apfelmarmelade, macht eine helle Mandelmasse (siehe Nr. 2247) und füllt diese in den Boden ein und backt die Torte etwa 30—40 Minuten.

2265. Rosentorte.

125 Gr. Zucker und 5 Eigelb werden auf langsamem Feuer, bis es warm, leicht geschlagen, mit Cochenillefarbe wenig gefärbt und 125 Gramm Mehl, der Schnee von den Eiweiß und etwas Rosenwasser dazu gemischt. Hievon backt man 2 Böden, macht etwas Apfelmarmelade mit einigen Tropfen Rosenlikör an, bestreicht die Böden hiemit, setzt sie zusammen, schneidet sie schön rund und glaciert die Torte mit einer Rosenwasserglasur.

2266. Sandtorte.

300 Gr. Butter werden schaumig gerührt, 300 Gr. Zucker sowie 5 ganze Eier und 3 Eigelb nebst dem Abgeriebenen von ½ Zitrone dazu gegeben und zuletzt 300 Gramm Puder langsam daran gerührt. Man füllt die Masse in ein niederes Blech oder Tortenring und backt die Torte etwa ¾ Stunden und bestreut sie mit geschnittenen Mandeln oder zum Servieren mit Zucker.

2267. Sandtorte, gefüllt.

Obige Masse wird in einem Tortenring gebacken, die Torte in 2 Scheiben geteilt, der eine Teil als Boden mit Arac getränkt, irgend eine Marmelade darüber gestrichen, der andere Teil darauf gelegt, mit Zitronenglasur glaciert und getrocknet.

2268. Schneemußtorte.

8 Eiweiß werden zu festem Schnee geschlagen, mit 375 Gr. gestoßenem Zucker und etwas gerösteter Orangeblüte vermengt und auf einen aus Mürbteig gerichteten Boden, auf

welchen man erst etwas Marmelade gestrichen, gefüllt, glatt gestrichen, mit Zucker bestreut und ungefähr 30 Minuten gebacken.

2269. Schwabentorte.

Zwei Böden von Brottortenmasse (s. Nr. 2218) werden, wenn sie erkaltet, in Papierkapseln mit Rand gefüllt und mit Aprikosenmarmelade bestrichen, eine leichte Schneemasse von 250 Gramm Zucker und 8 Eiweiß hergestellt, über die Böden glatt und egal gestrichen, mit Zucker von allen Seiten bestreut und etwa 15 Minuten im Ofen gebacken. Man kann von dieser Masse auch einige Verzierungen auf die Torte spritzen.

2270. Traubentorte.

½ Pfund schöner, weißer Weintrauben werden abgezupft und in dick gekochten, warmen Zucker gelegt, warm gestellt, bis der Saft der Beeren sich mit dem Zucker vermengt hat und wenn erkaltet, auf ein Sieb geschüttet, der Saft sodann dick eingekocht, die Weinbeeren mit 100 Gr. geriebener Mandeln und 100 Gramm geriebenem Schwarzbrot angemacht, auf ein mit Butter- oder Mürbteig gefüttertes Kuchenblech gegeben, mit einer Meringuenmasse überstrichen, diese gezuckert und ½ Stunde im Ofen gebacken. Man kann diese Torte auch anstatt mit Meringuenmasse mit einer ½ Brottortenmasse (s. Nr. 2218) überstreichen und etwa 30—40 Minuten im Ofen backen.

2271. Tyrolertorte.

Man rührt 250 Gr. Butter schaumig, hierauf 250 Gr. feines Mehl und eben so viel gesiebten Zucker dazu; hat man dies nebst der geschnittenen Schale einer ganzen Zitrone recht durchgeschafft, so wird der Teig auf ein Backbrett genommen und ein runder Boden halbfingersdick davon ausgerollt. Diesen belegt man mit Marmelade oder mit eingemachten Früchten und sticht von dem übrigen Teig kleine Formen, als Tulpen, Blätter oder Sterne aus, bestreicht sie mit verrührtem Eigelb und legt sie auf die Torte und backt sie etwa 20—30 Minuten in einem nicht zu heißen Ofen. Ist die Torte fertig, bestreicht man die Verzierungen mit frischem Wasser, streut Hagelzucker darauf und setzt die Torte noch einige Minuten zum Trocknen in den Ofen.

2272. Ulmertorte.

Gelesene Rosinen werden in Wein und Zucker bis zum Aufquellen gekocht, während dessen man 250 Gr. Butter, 3 Eier, 3 Eigelb, 3 Eßlöffel Hefe, 5 Löffel Rahm, 1 Löffel Zucker, etwas Zimmet, 1 Pfund Mehl und ein wenig Salz zu einem Teige rührt und gehen läßt. Nun rollt man einen messerrückendicken Boden aus, legt ihn auf ein mit Butter bestrichenes Blech, streut Rosinen, geschnittene Mandeln, Zitronat, Zitronenschalen, Zimmet und Zucker darauf, legt den übrigen Teig in Kränzchen darüber, einen Teigrand und einen blechernen Reif um das Ganze, läßt die Torte etwas gehen, bestreicht sie mit Eigelb, streut groben Zucker darüber und backt sie nicht zu schnell im Ofen.

2273. Ungartorte.

120 Gr. unabgezogener Mandeln werden fein gestoßen, mit 120 Gr. Zucker und 8 Eigelb schaumig gerührt, der Schnee von 8 Eiweiß mit 120 Gr. Mehl und 125 Gr. in Wasser aufgelöste, gute Chokolade darunter gemischt und in einer Tortenform etwa ¾ Stunden gebacken.

2274. Wellingtontorte.

Von Mürbteig wird ein runder Boden ausgerollt, ein Rand darauf gesetzt und in die Mitte desselben dicke Aprikosenmarmelade gestrichen. Um diese herum auf den Rand wird eine Masse, wie folgt, gespritzt, so daß es ein Vogelnest bildet:

4 Eiweiß werden zu Schnee geschlagen und mit 250 Gr. Zucker, 80 Gr. geschnittener Mandeln und Vanille vermengt. In die Mitte der Marmelade kommt eine Mandelbisquitmasse. Die Torte, mit einem Papierstreifen, der mit Butter bestrichen, umwunden, wird mit Zucker bestreut, gebacken.

2275. Zitronentorte.

Von 6 Zitronen wird das Gelbe auf dem Reibeisen oder auf Zucker abgerieben, die weiße Schale abgeschält und das Fleisch in Scheiben geschnitten, die Kerne entfernt, auf eine Porzellanschüssel gelegt, mit 250 Gr. Zucker bestreut, sodann noch einige Zeit auf ein Sieb über Nacht zum Abtropfen gegeben, der abgelaufene Zucker andern Tags auf dem Feuer dick eingekocht, die Zitronenschale dazu gegeben und einige Mal aufgekocht und zur Seite gestellt. 250 Gr. abgezogener Mandeln werden fein gestoßen und fein gerührt, mit 60 Gr. Zitronat und 90 Gr. Pomeranzenschale vermischt. Ein Boden aus Mürbteig mit Rand hergestellt, wird mit Eigelb bestrichen, das Gewiegte darauf gestreut, dann die Zitronenscheiben, wieder etwas von gewiegten Mandeln, der dick eingekochte Saft sodann; man legt von dem übrigen Teig ein Gitter über das Ganze, bestreicht alles mit Eigelb und backt die Torte etwa 1/2 Stunde.

2276. Zitronentorte, aufgelaufen.

Man reibt an 250 Gr. Zucker das Gelbe von 4 Zitronen sauber ab, schabt das Abgeriebene mit einem Messer wieder herunter, den übrigen Zucker stößt man nnd rührt ihn mit 8 Eigelb nebst dem Abgeriebenen 1/2 Stunde lang recht stark; dann drückt man den Saft von 2 Zitronen dazu, schlägt das Weiße von den Eiern zu einem steifen Schnee und rührt ihn mit 200 Gr. Weißmehl langsam darunter, füllt die Masse in ein mit Mürb- oder Butterteig ausgelegtes Tortenblech und backt die Torte etwa 3/4 Stunden im Ofen. — Pomeranzentorte wird wie diese, nur mit Pomeranzen gemacht.

2277. Zitronentorte, Wiener.

375 Gr. süßer Butter werden mit 375 Gr. Zucker gerührt, 15 Eigelb nach und nach daran geschlagen und gehackte Zitronenschale, 10 geschlagene Eiweiß und 375 Gr. Weißmehl behutsam darunter gemischt. Hievon werden zwei gleiche Böden etwa eine halbe Stunde gebacken. mit Aprikosenmarmelade, mit etwas Arac gemischt, aufeinandergesetzt, gleich rund geschnitten und mit einer Zitronenglasur glaciert.

22.

Kuchen verschiedenster Art.

Bei der Zubereitung von Kuchen gelten mit Bezug auf die Zuthaten, auf den Teig und auf den Ofen die gleichen allgemeinen Regeln, wie solche für Torten angegeben sind. Als besondere Vorschrift für die Kuchenbäckerei mag gelten, daß der Ofen nicht zu heiß, daß man den Kuchen, wenn er aus dem Ofen kommt, nicht sofort aus der Form oder vom Blech nimmt, sondern daß man ihn zuvor an einem mäßig erwärmten und zugfreien Ort langsam verkühlen läßt. Wenn man die Kuchen schüttelt, so lange sie noch warm sind, um sie vom Blech loszubringen, so fallen sie leicht zusammen und verlieren den Stand. Sollte es sich nach dem Aufschneiden zeigen, daß ein Früchtekuchen noch nicht ganz ausgebacken ist, so schadet es dem Geschmack nichts, wenn der Kuchen sogleich, nicht erst nach dem Erkalten, noch einmal in den Ofen gebracht wird.

Um die Kuchenbleche und Kuchenformen für den nächsten Gebrauch vorzubereiten, ist es nötig, daß sie, wenn das Gebäck abgenommen ist, sofort mit gutem Fließpapier, das mit etwas Spiritus getränkt ist, sauber ausgerieben und an einem trockenen, luftigen, staubfreien Ort aufgestellt werden. Die Kuchenbleche, rein gehalten, bestreicht man leicht mit zerlassener Butter und legt dann den dünn ausgerollten Teig gleichmäßig in dieselben ein, rund um mit Eigelb aufgelegt, einen Teigstreifen als Rand.

Auch empfiehlt es sich, nachdem starkriechendes Backwerk oder Fleischpasteten u. dgl. aus dem Ofen genommen sind, die inneren Wände der noch heißen Backröhre mit Essig zu besprengen, damit sich mit der Verdampfung desselben der üble Geruch verliert und sich nicht anderem, nachher in den Ofen kommendem Gebäck mitteilen kann.

Zum Reiben und Schneiden der Mandeln bedient man sich am besten der in allen Haushaltungsgeschäften zu kaufenden Maschinen.

Kuchenteige zum Auslegen sind in Abschnitt 19 S. 778 enthalten.

2278. Apfelkuchen.

Etwa 10 Aepfel werden geschält und zu Schnitzen geschnitten. Eine Hand voll Zucker, 4 Gr. Zimmet und das Gelbe von einer halben Zitrone wird mit ein wenig süßem Rahm glatt gerührt, 3—4 Eier dazu geschlagen und 130 Gr. zerlassener Butter dazu gerührt, die Aepfel darin umgekehrt und dicht auf den geschnittenen Butterteig gelegt. Man streut ein Gemisch von fein geschälten Mandeln und Zucker darüber und backt den Kuchen.

Man kann die Schnitze auch trocken auf den Boden legen, 6 Eier mit Zucker und Zimmet verrühren, etwas Milch oder Rahm dazu nehmen, diese Masse über die Aepfel gießen, Mandeln länglich oder würfelig schneiden, mit Zucker vermengen und darüber streuen.

2279. Apfelkuchen, englisch.

10—12 gute Aepfel werden geschält und in Scheiben geschnitten, mit 125 Gr. Süßbutter, 125 Gr. Zucker, etwas Zimmet, 1 gehackten Zitronenschale auf dem Feuer gedämpft, ohne daß die Aepfel zerfallen, dann kalt gestellt und ein Eßlöffel Aprikosenmarmelade und eben so viel Kirschwasser darunter gemischt. Diese Masse wird in einem mit dem Butterteig ausgefütterten und mit Zuckerbrot ausgelegten Kuchenblech gebacken. Man kann die Masse mit einem Butterteiggitter oder mit einem Butterteigblatt ganz bedecken.

2280. Apfelkuchen, geriebener.

Ungefähr 10 saure Aepfel werden geschält, gerieben und dann stark mit Zucker bestreut, mit 60 Gr. Zibeben und eben so viel Rosinen, mit etwas Zimmet und geschnittenen Zitronenschalen vermischt. Mit dieser Fülle bestreicht man einen Boden von Butterteig, stößt 60 Gr. Mandeln nur grob, giebt eine Hand voll Milchbrot, etwas Zimmet, Zucker und Nelken daran, streut dies auf die Aepfel, schneidet etwas Butter dazu und backt den Kuchen in einem heißen Ofen.

2281. Apfelkuchen, gerührter.

Es werden 60 Gr. Mandeln abgeschält und mit einem Ei gestoßen, 100 Gr. Zucker, etwas Zimmet, geriebene Zitronenschalen und 6 Eidotter zu einer dicken Masse gerührt, dann werden 8 bis 10 große Aepfel gerieben, das Eiweiß zu Schaum geschlagen, alles leicht zusammen gerührt und in ein mit Butterteig belegtes Kuchenblech gefüllt und gebacken.

2282. Apfelkuchen mit Mandeln und Rum.

Wenn 10—12 Aepfel geschält, in Schnitze geschnitten sind und das Kernhaus entfernt ist, werden diese stark mit Zucker bestreut, 100 Gr. zerlassener Butter und 2 Spitzkelche Rum dazu gegeben und etwa 1 Stunde darin mariniert und die Apfelschnitze sodann auf ein mit Butterteig ausgelegtes Kuchenblech gegeben. 80 Gr. ungeschälter, gereinigter Mandeln werden nicht zu fein zerwiegt, ebenso 120 Gr. Schwarzbrot von der Rinde befreit; man giebt 60 Gr. Zucker dazu und etwa 3 Spitzgläser Rum, etwas gestoßenen Zimmet und geriebene Zitronen, streut diese Masse auf die Aepfel und backt den Kuchen in ziemlich heißem Ofen.

2283. Guß zu Apfelkuchen.

1 Löffel Mehl wird in etwas zerlassener Butter in einem Topf glatt gerührt, 2 Messerspitzen Zimmet, 2 Löffel Zucker, 5 Eier, 2 große Tassen kalter Rahm dazu gegossen, mit einander gerührt und über den Kuchen geschüttet.

2284. Aufgelegte Fruchtkuchen von eingemachten Früchten.

Sehr schnell herzustellen sind diese Kuchen, indem man von einem Mürbteig (Nr. 1976) einen runden Boden ausrollt, nach einer runden Platte ausschneidet, einen Rand mit Eigelb umlegt und das Ganze mit Eigelb bestreicht und den Boden im Ofen backt. Unterdessen legt man die Früchte auf ein Sieb zum Abtropfen, streut, wenn der Boden kalt ist, etwas Zuckerbrotbrösel und fein geschnittene Mandeln darauf, legt die Früchte auf und giebt sie sofort zu Tisch. Man giebt Kuchen auch noch einige Minuten in einen heißen Ofen, kocht den Syrup der Früchte dick ein und giebt diesen vor dem Servieren auf die Kuchen.

2285. Blitzkuchen.

280 Gramm Butter werden leicht gerührt, dazu nimmt man 280 Gramm feines Mehl und 280 Gramm gesiebten

Zucker, 3 ganze Eier und 3 Eigelb und reibt die Hälfte einer Zitrone am Reibeisen ab; wenn die Masse ganz glatt, aber ja nicht zu flüssig ist, so bestreicht man ein zuvor leicht erwärmtes Kuchenblech mit guter, gesalzener Butter, bestreut es mit Semmelmehl und füllt die Masse ein. Dann schält man 60 Gramm Mandeln, schneidet sie länglich, giebt einige Löffel gestoßenen Zucker daran, streut sie auf den halbgebackenen Kuchen und backt ihn sodann vollends fertig.

2286. Bratwurstkuchen.

Zu einem Kuchen von mittlerer Größe rührt man 125 Gr. Butter leicht, schlägt 2 Eier und 2 Eigelb hinein und nimmt 250 Gramm feines Mehl, welches aber nicht kalt sein darf, 2 Eßlöffel Bierhefe, eine obere Tasse lauer Milch, Salz und Muskatnuß dazu. Ist dieser Teig gut geschafft worden, so läßt man ihn gehen und bratet indessen 3 Bratwürste; sind diese etwas erkaltet, so schneidet man sie in dicke Scheiben. Die Hälfte des gegangenen Teiges breitet man auf das butterbestrichene und mit Semmelmehl bestreute Blech aus, legt die Würste nebeneinander darauf, die andere Hälfte des Teigs darüber, bildet aus dem Boden des Kuchens mit dem Messer einen hübschen Rand und läßt ihn nochmals gehen. In den Deckel sticht man mit dem Messer und backt den Kuchen in frischer Hitze. Man giebt diesen Kuchen zu Gemüsen, wie: Winter- und Sommerkohl, grüne oder eingemachte Bohnen oder zu Weißkraut.

2287. Breikuchen.

90 Gramm Butter werden leicht angerührt, 90 Gramm Mandeln, darunter 15 Gramm bitterer, werden abgezogen und fein gerieben, 150 Gramm Mehl mit $\frac{1}{2}$ Liter Milch angerührt und zu einem dicken Brei gekocht. Wenn derselbe erkaltet ist, so nimmt man 1 Löffel Brei, 1 Eigelb, 100 Gr. Butter, 100 Gramm Zucker und die Mandeln, rührt sie mit der Butter stark und macht mit dem Brei so lange fort, bis 6 Eigelb dabei sind. Hernach wird das Gelbe von einer Zitrone, sowie der Schnee von 6 Eiern darunter gerührt, auf einen Boden von Butterteig in ein Blech gefüllt und gebacken.

2288. Butterkuchen.

Man nimmt 250 Gr. frischer Butter, den halben Teil davon läßt man zergehen und den andern rührt man mit 4 Eiern so lange, bis er recht leicht ist. Dann nimmt man

½ Liter süßen Rahm, macht ihn warm und giebt die zerlassene Butter dazu und rührt dieses an die andere Hälfte Butter. Etwas Salz, eine Messerspitze gestoßener Muskatenblüte und so viel feines Mehl nebst 2 Löffeln Hefe giebt man dazu, bis der Teig so dick ist, daß man ihn wirken kann. Dann läßt man ihn an einem warmen Orte gehen, nimmt ihn aus der Schüssel auf ein Backbrett, wirkt ihn ein wenig und rollt ihn 2 Finger dick aus, legt ihn auf ein mit Butter bestrichenes Blech und schlägt einen 3 Finger breiten Rand von außen herum hinauf. Mit 50 Gr. Zibeben, Rosinen und 50 Gr. geschnittener Mandeln bestreut man den Kuchen, bestreicht ihn mit Eiern und läßt ihn schön gelb backen.

Man kann auch, wenn dies zu umständlich ist, auf folgende Art den Teig machen: statt die Butter zu rühren läßt man sie zergehen, mischt 4 zerklepperte Eier darunter und macht von 750 Gramm feinem Mehl, der nötigen, lauen Milch in 1 Deziliter guter Bierhefe einen Teig daraus, der so lange geschlagen wird, bis er sich vom Löffel schält. Wenn er halb gegangen ist, thut man ihn, wie den vorigen, heraus, wirkt ihn und wellt ihn aber nur so viel aus, daß er 2 Finger dick ist. Dann läßt man den Kuchen noch einmal gehen, bestreicht ihn mit Eiern und bestreut ihn mit abgeschälten und länglich geschnittenen Mandeln, Anis und Zucker oder mit würfelig geschnittenem Speck, Kümmel und Salz. Man kann auch kleine Küchlein auf diese Art von dem Teige machen.

2289. Chocoladekuchen.

125 Gramm Butter und 125 Gramm gestoßener Zucker werden ½ Stunde gerührt, 60 Gramm warmer Chocolade und 2 Eier darunter gemischt, zuletzt 160 Gramm Mehl hinzu gethan und in einem mit Zucker bestreuten Blech gebacken.

2290. Dicker Kuchen.

4 Pfund Mehl werden mit 1—1½ Liter Milch, 60 Gramm Hefe und 8 Eiern angerührt; daran kommen 500 bis 750 Gramm Butter, etwas Salz und 60 Gramm Zucker. Ist dies gut durchgearbeitet, so mischt man 250—375 Gramm Rosinen, 125 Gr. geschälter und zerschnittener Mandeln und etwas Zitronat bei, läßt den Teig an einem warmen Ort aufgehen, wirkt ihn, wellt ihn fingersdick aus, bringt ihn auf ein Blech, sticht ihn zum Vermeiden von Blasen durch und bestreicht ihn stark mit zerlassener Butter. Nach dem Backen streicht man wieder so viel zerlassene Butter darauf, als er

annimmt, oder man bestreicht ihn mit geschlagenem Ei und streut in beiden Fällen Zucker darauf und läßt ihn im Ofen noch ein wenig anziehen.

2291. Eierkuchen.

In einem Topfe werden 6 Eigelb gequirlt und dazu unter fortwährendem Quirlen löffelweise heiße Butter gethan, wodurch die Eier erstaunlich aufquellen und etwa $^1/_2$ Pfund Butter erfordern. Ist die Masse so dick wie Brei, so streicht man sie auf einen Kuchen von Hefenteig, streut ziemlich Rosinen und geschnittene Mandeln und nach dem Ausbacken Zucker und Zimmet darauf.

2292. Erdbeerkuchen.

Ein Kuchenblech wird mit Butterteig ausgelegt und folgende Masse eingefüllt: 4 Eier mit 120 Gramm Zucker gerührt, etwas Zimmet und fein geriebene Zitronenschale. Auf diese Masse giebt man $^3/_4$ Liter frischer Erdbeeren, 250 Gramm geschälter, fein gewiegter Mandeln, 2 Hände geriebenes Brot, 80 Gramm Zucker, etwas Zimmet, eine abgeriebene Zitrone und backt den Kuchen in einem heißen Ofen.

2293. Früchtekuchen, gemischt.

Von 1 Pfund Mürbteig wird auf einem glatten Blech ein runder Boden ausgeschnitten und ein Streifen als Rand aufgesetzt, der Boden durch Teigstreifen in verschiedene Teile geteilt, mit Eigelb bestrichen, der Boden mit der Gabel mehreremal durchstochen, um ein Aufgehen zu verhindern, dann gebacken. Inzwischen werden Aprikosen mit Vanille, Pfirsiche mit Kirschgeist und Aepfel mit Zimmet gekocht und ein frisches Himbeer-, Erdbeer- und Kirschencompot bereitet. Von jeder Sorte Frucht wird der dick eingekochte Syrup auf den Kuchen gegossen und die Früchte alsdann in hübscher Farbenabwechslung in die Teile eingelegt.

2294. Gâteau de Savoie.

240 Gramm Zucker mit 6 Eigelb gerührt, 6 Eiweiß zu Schnee, 150 Gramm Puder (nicht Mehl), Zitronenschale. In Pufferform gebacken.

2295. Grieskuchen.

Ein Kuchenblech wird mit einem mürben oder anderen Kuchenteig ausgelegt. 250 Gramm Gries werden in 1 Liter

Milch eingerührt und recht dick eingekocht, leicht gesalzen und nach dem Erkalten mit 250 Gramm zerlassener Butter, 8 bis 10 Eiern, 30 Gramm bitterer und 90 Gramm süßer, gewiegter Mandeln, 1 abgeriebenen Zitrone, 80 Gramm Zucker angerührt, die Masse in ein mit Mürb- oder Kuchenteig ausgelegtes Kuchenblech gegeben, etwas Butter darauf geschnitten, gebacken und mit Zucker und Zimmet bestreut serviert.

2296. Gußkuchen.

150 Gramm Zucker, 20 Gramm Puder und etwas Vanille werden mit 6 Eiern verrührt und ³/₄ Liter Milch dazu gegeben, in eine mit Mürbteig ausgelegte Form gefüllt, 70 Gramm klein geschnittener Butterstückchen, nebst 70 Gr. kleiner Weinbeeren eingestreut und gebacken.

2297. Heidelbeerkuchen.

2 Liter Heidelbeeren werden gut verlesen und gezuckert. 3—4 Milchbrote, fein gewiegt, mit 150 Gramm Zucker vermischt, werden auf eine mit Butterteig oder Mürbteig ausgelegte Kuchenform gestreut, die Heidelbeeren darauf gegeben, sowie einige kleine Stückchen Butter und gebacken.

Oder man macht den Kuchen, wie bei Traubenkuchen (Nr. 2330) angegeben.

2298. Johannisbeerkuchen.

Die Johannisbeeren werden stark mit Zucker bestreut und leicht gemischt, ein Kuchenblech, mit Butterteig belegt, wird mit geriebenem Brot und etwas Zucker bestreut, die Beeren darauf gegeben, 125 Gramm geschälter und gewiegter Mandeln mit gewiegtem Brot, Zucker und Zimmet vermischt, darauf gegeben, mit Butterstückchen belegt und gebacken.

2299. Johannisbeerkuchen mit Mandelguß.

Ein Kuchenblech wird mit Blätterteig ausgelegt und mit Johannisbeeren gut bedeckt. ½ Pfund abgezogener Mandeln, mit 4 Eiweiß fein gerieben, werden mit ½ Pfund Zucker und ½ geriebenen Zitronenschale gerührt, der Schnee der 4 Eiweiß darunter gemischt, auf die Johannisbeeren gegossen, im Ofen gebacken, mit Zucker bestreut und kalt serviert.

2300. Kaffee- oder Theekuchen, vorzüglich.

Zu 1 Pfund Butter werden allmälig 15 Eigelb gegeben und zu Schaum geschlagen. Man fügt ¼ Liter Rahm, 60

Gramm gestoßenen Zucker, ein wenig Salz und Muskatenblüte bei, rührt löffelweise 250 Gramm Mehl, 30 Gramm bitterer und 90 Gramm süßer, gewiegter Mandeln, Zitronat, Hefe und den Schnee von 6 Eiweiß daran. Ist der Teig so durchgeschlagen, daß er sich von selbst ablöst, so rollt man ihn auf dem Kuchenbrett fingersdick rund aus, belegt ihn mit zerschnittenen Mandeln, Zucker und Butterschnitten und backt ihn in einem heißen Ofen.

2301. Kartoffelkuchen.

10—12 Kartoffeln, geschält, kocht man im Dampf, läßt sie abdämpfen und treibt sie durch ein Sieb, giebt 100 Gramm Butter, etwas abgeriebene Zitronenschale und 125 Gramm Zucker dazu, rührt diese Masse auf dem Feuer mit $^1/_4$ Liter süßem Rahm ab, giebt, wenn sie vom Feuer und etwas verkühlt ist, 5—6 Eigelb und das Weiße zum Schnee unter die Masse, füllt alles in eine mit Butter ausgestrichene und mit Semmelbröseln ausgestreute Kuchenform und backt den Kuchen etwa 30—40 Minuten. Man kann auch 125 Gramm zeriebener Mandeln dazu geben.

2302. Käsekuchen.

180 Gr. Butter werden leicht gerührt und nach und nach von 2—3 Stück Milchkäsen sowohl wie auch von 8 Eiern je 1 Stück dazu gegeben, sowie ein Löffel Mehl, 60 Gr. Zucker, 60 Gr. geriebener Mandeln, $^1/_2$ geriebene Zitronenschale, etwas saurer Rahm, 60 Gr. Zibeben und 60 Gr. Rosinen, die Masse in ein mit Butterteig ausgelegtes Kuchenblech gelegt und gebacken.

2303. Kirschenkuchen.

250 Gramm Butter werden leicht gerührt, sodann 60 Gramm abgezogener, fein gestoßener Mandeln, 120 Gramm Zucker und das Weiche von 4 in Milch eingeweichten und ausgedrückten Blechwecken mit 8 Eiern glatt abgerührt und mit der Butter vermischt, 8 Gramm Zimmet, 8 Stück Nelken, 30 Gramm Zitronat, 30 Gramm Pomeranzenschalen, das Gelbe einer halben Zitrone feingeschnitten und zuletzt giebt man $1^1/_2$ Kilo abgezupfter, schwarzer Kirschen unter die Masse, bestreicht eine Kuchenform dick mit Butter, bestreut sie mit Weckbröseln, füllt die Masse hinein und bringt die Form sofort in den heißen Ofen, so daß sich die Kirschen nicht setzen können.

Himbeer-, Johannisbeer-, Aprikosen- 2c. Kuchen werden auf die gleiche Art bereitet.

2304. Kirschenkuchen, abgedämpfter.

½ Pfund Zuckerbrot, ¼ Pfund Butter, 60 Gr. Zucker, ½ Stange Vanille, etwas Salz, ¼ Pfund geriebener Mandeln werden mit 1—1½ Liter Rahm auf dem Feuer abgerührt und abgedämpft, wenn halb erkaltet, 8 Eigelb dazu geschlagen, 50 Gr. Sultaninen und geschnittene Zitronenschalen nebst 1½ Kilo schwarzer Kirschen darunter gemengt, der Schnee der 8 Eier ebenfalls und die Masse in einem mit Brotmehl ausgestreuten Kuchenblech gebacken, mit Maraskino bespritzt, gezuckert und serviert.

2305. Kirschenkuchen, gerührter.

1½ Kilo schwarzer Kirschen werden ausgesteint, 250 Gr. Butter leicht gerührt, ¼ Pfund abgezogener Mandeln fein gestoßen, 180 Gr. Zucker, ½ Zitronenschale abgerieben, etwas Zimmet und Salz, 5 in Milch eingeweichte und ausgedrückte Milchbrote werden in folgender Weise gemischt. Zu der leicht gerührten Butter giebt man den Zucker, die Mandeln, dann das Brot und die 8 Eigelb, den Schnee und 60 Gr. Zitronat und Rosinen, sowie die Kirschen, füllt die Masse in eine mit Weckbröseln ausgestreute Form und backt den Kuchen in heißem Ofen.

2306. Kirschenkuchen mit Geigenmehl.

150 Gramm Zucker und 7 Eier werden leicht gerührt, dann 190 Gramm Geigenmehl und 1 Pfund Kirschen hinein gearbeitet, dies in eine Form gegossen und schön gelb gebacken.

2307. Kirschenkuchen mit Gries.

Zu einem großen Kuchen rührt man 250 Gramm Butter leicht, kocht von ¾ Liter Milch und 180 Gramm Griesmehl einen dicken Brei und rührt ihn, wenn er erkaltet ist, mit 250 Gramm geschälter und gestoßener Mandeln und 10 Eiern ab; Zucker nimmt man, bis die Masse süß ist, reibt die Schale einer Zitrone ab, schneidet 30 Gramm Zitronat, eben so viel Pomeranzenschalen, stößt 8 Gramm Zimmet, 4 Gramm Nelken und rührt alles zusammen langsam an die Butter, zuletzt kommen noch 1½ Kilo abgezupfter Kirschen dazu und nun füllt man den Kuchen in eine bestrichene und mit Semmelmehl bestreute Form. Diese Masse erfordert einen heißen Ofen.

2308. Kirschenkuchen mit Guß.

Ein Kuchenblech legt man mit Butterteig aus und bestreut den Boden mit geriebenem Milchbrot oder mit Bisquit und geschnittenen Mandeln, giebt etwa 2 Kilo ausgesteinter Kirschen darauf, bestreut mit Zucker und backt den Kuchen fertig im Ofen. Unter den festen Schnee von 4 Eiweiß rührt man 120 Gr. Zucker, giebt den Saft einer Zitrone dazu, streicht diese Masse auf den Kuchen, streut Zucker über das Ganze und giebt ihn zum Gelbwerden noch einige Zeit in den Ofen.

2309. Kirschenkuchen mit Kruste.

250 Gramm schwarzes Brot werden gerieben und mit gutem Wein angefeuchtet, dann 120 Gr. ungeschälter Mandeln fein gewiegt, 8 Gr. Zimmet und 8 Nelken grob gestoßen, die Schale einer Zitrone feingewiegt und dies mit dem Brote vermengt. Hierauf wird ein Kuchenblech bestrichen, mit Semmelmehl bestreut, mit Butterteig ausgelegt, die Hälfte des Brotes darauf gegeben, dann 1½ Kilo Kirschen und das übrige Brot; man gießt zerlassene Butter darüber und backt den Kuchen.

2310. Magdalenenkuchen.

Portugiesermasse (s. Nr. 2318) wird mit 250 Gramm feingehackter Mandeln vermischt, die Masse in einem mit Blätterteig ausgelegten Kuchenblech gebacken und, wenn erkaltet, oben mit Orangenglasur glaciert und mit gehackten Pistazien bestreut.

2311. Mandelkuchen.

Man stößt 125 Gramm abgezogener Mandeln mit ein wenig Rosenwasser recht fein. 90 Gramm gesiebten Zucker, 2 ganze Eier und 4 Eigelb rührt man ½ Stunde, giebt eine abgeriebene Zitrone dazu. Auf ein flaches Blech legt man einen rund ausgeschnittenen Butterteigboden, gießt die Mandelmasse darauf, so daß ringsum 2 Finger breit Raum bleibt, legt über die Masse einen zweiten Butterteigboden, den man mittelst Eigelb an ersterem fest macht und schlägt dann den untern Teil rings herum herauf, bestreicht alles mit Eigelb, schneidet den Rand des Teiges mittelst des Messerrückens leicht ringsum ein, streut Zucker, Anis und geschnittene Mandeln darauf und backt den Kuchen etwa ½ Stunde im Ofen.

2312. Mandelkuchen.

Ein Kuchenblech wird mit Butterteig ausgelegt. 1/2 Pfund fein gestoßener Mandeln werden mit 6 Eigelb, 1/2 Liter Rahm, 50 Gr. Mehl und 1 Löffel Vanillezucker tüchtig gerührt, 60 Gr. zerlassener Butter dazu gegeben, die Masse eingefüllt und gebacken, beim Servieren mit irgend einer Früchtemarmelade übergossen.

2313. Markkuchen.

120 Gr. Ochsenmark, geschmolzen und gereinigt, 60 Gr. mit 2 ganzen Eiern geriebener Mandeln, 60 Gramm Zucker, Zimmet, etwas Salz, ein altgebackenes, geriebenes Weißbrot und 3 Eier werden zusammengerührt und in einer mit Blätterteig ausgelegten Kuchenform gebacken.

2314. Mincepie.

600 Gr. halbgebratenes zusammengehacktes Kalbfleisch, 480 Gr. Aepfel in kleinen Schnitzen, 120 Gr. Zucker, 480 Gr. enthäutetes und mit 2 Löffeln Mehl gewiegtes Nierenfett, 50 Gr. Zitronat, 50 Gr. Pomeranzenschalen, 10 Gr. Zimmet, 480 Gr. Rosinen, 5 Gr. Nelken, 10 Gr. Ingwer, 15 Gr. Salz, 1/4 Liter Muskatwein, 1 Zitronenschale, 1/8 Liter Rum gut vermengt und in einer mit Blätterteig ausgelegten Kuchenform 1 1/2 Stunden gebacken. — Ein sehr schwerer, englischer Kuchen.

2315. Oster- oder Rahmkuchen.

2 Löffel Weißmehl werden mit 10 ganzen Eiern mit dem Schneebesen 1/2 Stunde gepeitscht, 1/2 Liter Rahm mit 60 Gramm zerlassener Butter, 125 Gramm Zucker, etwas abgeriebene Zitronenschale und Salz dazu gegeben und in einem mit Teig gefütterten Blech gebacken, mit Zucker bestreut und serviert.

2316. Pfirsichkuchen.

12 bis 15 halbreife Pfirsiche werden geschält, von den Kernen befreit und in Kirschgeist mit Zucker etwa 2—3 Stunden liegen gelassen, dann auf ein mit Kuchenteig ausgefüttertes Blech gelegt und so gebacken. Der Syrup, welcher sich gebildet hat, wird dick gekocht und über die Pfirsiche gegossen. Gehackte Mandeln und Macronen mit etwas Zimmet, Zucker und Zitrone vermengt werden vor oder nach dem Backen darüber gestreut.

2317. Plumkuchen.

240 Gr. Butter leicht gerührt, 240 Gr. Zucker, 240 Gr. Mehl, 240 Gr. Rosinen, 240 Gr. Corinthen, 120 Gr. Zitronat, 120 Gr. Orangenschalen, Zimmet, Nelken, 8 Eigelb dazu gegeben und zuletzt der Schnee der 8 Eier. Bei geschlossenem Ofen 2 Stunden gebacken.

2318. Portugieserkuchen.

1 Pfund Süßbutter rührt man leicht, schlägt nach und nach 10 frische Eier hinzu und 1 Pfund gestoßenen Zucker, rührt ½ Stunde, mischt 1 Pfund feines Mehl langsam darunter und den Geschmack von Orangezucker dazu, bestreicht sodann ein Kuchenblech mit Butter, giebt die Masse hinein, bestaubt sie mit Zucker, streut länglicht geschnittene Mandeln darüber und backt den Kuchen in ziemlich heißem Ofen schön gelb.

2319. Prinzenkuchen.

Eine Bisquitmasse (s. Abschnitt 21, Nr. 2216) wird auf ein mit Butterpapier belegtes Kuchenblech 2 Finger dick gestrichen, im schwachen Ofen gebacken und kalt gestellt. Aus

Fig. 451.

diesem Kuchen werden runde Stücke geschnitten und ein Hut daraus geformt, dieser auf eine Platte in Aprikosenmarmelade gesetzt, die Spitze mit Meringuen verziert, mit Zucker bestreut, im Ofen gebräunt und die Lücken mit Zuckerkirschen ausgefüllt. Dazu wird eine Aprikosensauce gegeben. (Fig. 451.)

2320. Rahmkuchen.

Auf ein mit Butterteig ausgelegtes Kuchenblech werden etwa 60 Gr. Zibeben, eben so viel Rosinen, nebst 60 Gr. abgezogener und gewiegter Mandeln gestreut; dann verrührt man 4 ganze Eier und 3 Gelbe mit 3 Deziliter saurem und ½

Liter süßem Rahm, giebt Zimmet, ein wenig Salz und 60 Gr. Zucker und eine halbe, abgeriebene Zitrone dazu, gießt den Guß in das Blech und backt den Kuchen aus nicht zu heißem Ofen.

2321. Reiskuchen.

250 Gr. Carolinareis werden verlesen, sauber gewaschen, blanchiert und mit ¾ Liter Milch und 1 Stange Vanille dick gekocht. Wenn derselbe weich ist, giebt man eine kleine Prise Salz, 180 Gr. Zucker, 125 Gr. feingeschnittenes Zitronat und Pomeranzenschale hinein, giebt nach und nach 10 Eigelb und 180 Gr. zerlassener Süßbutter hinzu, schlägt das Weiße der Eier zu Schnee, mischt denselben langsam darunter und backt die Masse in einem mit Butter bestrichenen und mit Mutschelmehl bestreuten Kuchenblech schön gelb.

2322. Rhabarberkuchen.

Die jungen Rhabarberstiele werden in feine Scheiben geschnitten, mit Zucker gut vermischt und einige Zeit so stehen gelassen, hierauf wie bei Apfelkuchen in ein mit Butter oder Mürbteig ausgelegtes Kuchenblech gegeben und gebacken, mit Zucker und Zimmet bestreut serviert.

2323. Rhabarberkuchen, englisch (Pie.)

Die dicken Stiele von etwa 20—25 Rhabarberblättern werden gleichförmig geschnitten und in heißem Salzwasser

Fig. 452.

nicht ganz weich blanchiert, dann in kaltes Wasser und aus diesem auf ein reines Tuch gelegt. Ein mit Blätter- oder Pieteig ausgefütterte Pieschüssel wird mit den zuvor mit ziemlich viel Zucker vermischten Stielen gut ausgelegt, mit Teig wieder bedeckt und mit Eigelb bestrichen. Oben in den Deckel macht man eine kleine Oeffnung, daß der Dampf entweichen kann, backt die Pie in einem ziemlich raschen Ofen etwa ³/₄ Stunden, bestreut sie gut mit Zucker und serviert sie kalt oder warm (s. Fig. 452).

2324. Schnellfertiger Kuchen.

In die Mitte von 1 Pfund Mehl kommen 250 Gr. Butter, 180 Gr. Zucker, 3 Eier, 2 abgeriebene Zitronenschalen. Hieraus knetet man mit etwas Milch einen Teig, rollt ihn auf einem mit Butter bestrichenen Papier fingersdick aus, bestreicht ihn mit Eiern, streut Mandeln darauf und backt ihn.

2325. Speckkuchen, süß.

Von gutem Butterteig wird ein runder Boden ausgerollt und mit irgend einer Marmelade belegt, am Rand aber ein daumenbreiter Rand leer gelassen. 60 Gr. Butter werden leicht gerührt, 250 Gr. gesiebter Zucker, ebensoviel abgezogene und geriebene Mandeln, 8 Eigelb und der Schnee von 8 Eiweiß darunter gegeben, die Masse über das Eingemachte gestrichen, ein zweiter Butterteigboden über das Ganze gelegt und mit dem Boden durch Eigelb festgeklebt, der Rand heraufgeschlagen, leicht der Deckel mit dem Messer oder einer Gabel gestupft, mit Eigelb bestrichen und im Ofen gebacken. Hierauf bröckelt man 60 Gr. weißen und braunen Kandiszucker, den man zur Wärme gelegt, wie geschnittenen Speck, schneidet Zitronat wie Zwiebeln, ebenso geschälte Mandeln und bestreicht den Kuchen, wenn er halbgebacken ist, mittelst eines Pinsels mit Butter, streut das Obige und etwas Anis darauf und backt ihn vollends aus.

2326. Stachelbeerkuchen.

1 Liter noch nicht ganz reifer, grüner Stachelbeeren werden blanchiert, dann in heißen, dicken Zucker gelegt und nach etwa 3 Stunden zum Ablaufen auf ein Sieb gegeben, der Saft sodann dick eingekocht zur Seite gestellt. Ein Blech wird mit Kuchenteig ausgelegt, mit gehackten Macronen dick bestreut und die Stachelbeeren darauf gelegt, etwas Vanillezucker daraufgestreut, im Ofen gebacken und vor dem Servieren der eingekochte Saft darüber gegossen.

2327. Tartarenkuchen.

100 Gr. feines Mehl, 5 Eier, die gehackte Schale einer Zitrone und 1/2 Theelöffel Salz werden mit 1 Liter süßem Rahm glatt gerührt und aus dieser Masse in einer Pfanne ziemlich dicke Kuchen gebacken. Inzwischen werden 500 Gr. feiner Carolinareis mit etwas Salz in 1 1/2 Liter Milch weich gekocht und 300 Gr. Korinthen und 200 Gr. gestoßener Zucker eingerührt. Hierauf wird eine runde Form in der Größe der gebackenen Kuchen mit Butter ausgestrichen, mit Semmelbröseln bestreut, ein Kuchen hinein und eine Schichte Reis auf diesen gelegt, dann schichtenweise so fortgefahren, bis die Form voll ist, mit einem Kuchen geschlossen, darüber ein aus 10 Eiern, 1/2 Liter süßen Rahm, 100 Gr. Zucker und 15 Gr. gestoßenem Zimmet abgerührter Schaum gegossen, in den Ofen gebracht und 1 Stunde lang gebacken. Kann warm oder kalt gegeben werden.

2328. Tausendblätterkuchen.

Man backt von Butter=(Blätter)=Teig, 8 Mal geschlagen, gleich große, dünne, ausgerollte Böden in einem nicht zu heißen Ofen, damit dieselben sehr rösch werden, etwa 6—8. Nach diesem werden sie mit einer guten Vanillecreme, hergestellt von 80 Gramm Zucker, 5—6 Eigelb, 5 Gr. Mehl oder Puder und 1/4 Liter Milch (s. Nr. 1961) dem Schnee von 4 Eiweiß bestrichen, die Böden auf einander gesetzt, mit Zucker bestreut, am Rande schön egal abgeschnitten und dann zusammengesetzt, oben mit Früchten verziert und serviert. Der Kuchen muß frisch serviert werden, sonst verliert er an Geschmack. Die Böden können auch mit den verschiedensten Marmeladen bestrichen werden.

2329. Topf= oder Napfkuchen.

1/2 Pfund Zucker wird mit 12 Eigelb gut schaumig gerührt, 1/2 Pfund Mehl und 190 Gramm fester Butter werden zusammengehackt und zwar so, daß sie sich nicht zusammenballt. Der Schnee vom Eiweiß wird mit dem Mehl und Butter nebst gehackter Zitronenschale, 90 Gr. Korinthen und 90 Gr. Sultanzibeben langsam unter die Masse gemischt und diese in einem mit Zucker ausgestaubten Kuchenblech schön gelb gebacken.

2330. Traubenkuchen.

Ein mit Butter bestrichenes und mit Semmelmehl bestreutes Kuchenblech legt man mit gutem Butterteig aus,

125 Gr. geschälter und zart gestoßener Mandeln rührt man nebst eben so viel gesiebtem Zucker mit einem Ei und 6 Eßlöffeln süßem Rahm an, giebt 8 Gr. gestoßenen Zimmet darunter, giebt dies in den Boden des Butterteiges, zupft schwarze und rote Trauben ab, legt die Beeren ganz dicht auf den Mandeln herum, rührt 6 Eier mit 50 Gr. Zucker schaumig, giebt 1/4 Liter süßen Rahm daran, gießt dies über den Kuchen und backt ihn im Ofen.

2331. Traubenkuchen mit Guß.

Ein Kuchenblech legt man mit Mürbteig aus. 6 Eiweiß schlägt man zu einem steifen Schnee und zieht 300 Gr. gestoßenen Zucker darunter, giebt 1 Kilo abgepflückter Trauben, welche man vorher gezuckert, zu dem Schnee, streut auf den Teigboden feingewiegte Mandeln, giebt die Masse dazu und backt den Kuchen etwa 3/4 Stunden.

2332. Türkenkuchen.

300 Gr. Reismehl werden mit 1 Liter Milch angerührt und bei schwachem Feuer in einer Kasserole abgedämpft, 80 Gr. Zucker, einige Tropfen Rosen- oder Jasminessenz daran gegeben, die Masse 2 Finger dick auf ein kalt angefeuchtetes Kuchenblech gegossen, die Oberfläche glatt gestrichen und leicht gebacken. Wenn erkaltet, wird er mit Zucker bestreut und in runde oder viereckige Stücke geschnitten.

2333. Zeltkuchen.

Aus 300 Gr. abgezogener und dann gestoßener Mandeln, 600 Gr. gestoßenem Zucker, 20 Eigelb und 6 ganzen Eiern wird ein Schaum geschlagen, die abgeriebenen Schalen von 2 Zitronen darunter gemischt und mit 750 Gr. feinem Mehl ein steifer Teig gewirkt, kleine, runde oder viereckige Kuchen daraus gewellt, diese mit gehackten Mandeln bestreut, auf ein mit Wachs bestrichenes Kuchenblech gesetzt und bei mäßiger Hitze im Ofen gebacken.

2334. Zimmetkuchen. Erste Art.

Es wird ein Blech mit gutem Butterteig ausgelegt, 125 Gr. Butter leicht verrührt, 7—8 Eigelb daran geschlagen, 125 Gr. ungeschälter Mandeln mit einem Ei fein gestoßen, etwas Zitronenschale fein geschnitten und dies Alles nebst 125 Gr. gestoßenem Zucker, 2 Eßlöffeln Zimmet und dem Schnee der Eiweiß dazu gerührt und im Ofen gebacken.

2335. Zimmetkuchen. Andere Art.

300 Gr. Mehl, 150 Gr. zerlassener Butter, 100 Gr. gestoßener Zucker, 20 Gr. gestoßener Zimmet und 2 Deziliter weißer Rheinwein werden zu einem glatten Teig bearbeitet, davon nicht zu dünne Kuchen ausgewellt, diese mit einem Schnee aus Eiweiß und Zucker bestrichen, ganz zart geschnittene Mandeln darüber gestreut, auf ein mit Butter bestrichenes Blech gelegt und langsam schön gelb gebacken.

2336. Zwetschgen- oder Pflaumenkuchen mit einem Guß.

Wenn die Zwetschgen ausgesteint sind, werden sie stark gezuckert, das Kuchenblech mit gutem Butterteig belegt und die Zwetschgen darauf ausgebreitet. Alsdann werden 130 Gramm Butter leicht gerührt, eben so viel geschälte, mit einem Ei gestoßene Mandeln, 120 Gramm Zucker und 5 Eier dazu gegeben und gut verrührt auf die Zwetschgen gegossen.

Man kann die Zwetschgen oder Pflaumen auch auf einen gewöhnlichen Hefenteig legen, kleine Stückchen Butter darauf geben, Zucker und geriebene Wecken oben auf streuen und backen.

2337. Zwetschgenkuchen von gedörrten Zwetschgen.

Man siedet dürre Zwetschgen in Wasser weich, steint sie aus, verrührt sie zu einem Brei, rührt etwas Zucker, Zimmet, Nelken und klein geschnittene Zitronenschalen hinein, belegt ein Blech mit Butterteig, füllt das Angerührte hinein und macht ein Gitter von Butterteig darauf, welches man mit Eigelb bestreicht; man kann aber auch statt dessen den Kuchen mit gestoßenen Mandeln und einer Hand voll geriebenem Brot und Zucker bestreuen und mit Butter belegen.

2338. Zwiebelkuchen. Erste Art.

Man schneidet 6—8 große Zwiebeln in Scheiben, verdämpft sie mit 125 Gramm Butter und läßt sie in einer Schüssel abkühlen, dann rührt man etwas Salz und Kümmel nebst 4 Eiern und ¼ Liter süßen oder sauren Rahm an die Zwiebeln, bestreicht ein Blech mit Butter, bestreut es mit Semmelmehl, legt es mit Butterteig aus und füllt die Masse hinein. Zuletzt schneidet man 125 Gramm Speck zu Würfeln, bestreut den Kuchen damit, stupft ihn, damit er keine Blasen bekommt, und backt ihn im Ofen.

2339. Zwiebelkuchen. Andere Art.

Aus 500 Gramm Roggenmehl wird ein guter Kuchenteig bereitet, daraus werden dünne Kuchen gewellt und auf ein mit Butter bestrichenes Blech gelegt. Inzwischen werden 10 rohe Zwiebeln in Scheiben und frischer Speck in gleichem Quantum in Würfel geschnitten, der Speck heiß gemacht und hellgelb geröstet, die Zwiebeln sodann darin gedämpft und die Kuchen dick damit belegt, mit Kümmel und Salz bestreut und in den Ofen gebracht. Während des Backens werden die Kuchen mit einem Schaum von ¼ Liter saurem Rahm und 5 Eiern übergossen, gebacken und recht heiß aufgetragen.

23.

Kleinbackwerk (Dessert).

Das Klein- oder Zuckerbackwerk spielt in der Familie, namentlich zur Weihnachts- und Osterzeit, eine bedeutende Rolle, und ohne die Ersparnis, die durch Selbstbereitung erzielt wird, ist es in der Regel bei geringeren Kosten auch schmackhafter, als das gebacken gekaufte, wenn es nicht aus einer als leistungsfähig bekannten Konditorei bezogen werden kann. Der Ofen, in welchem gebacken wird, soll nicht zu heiß sein, und ist die beste Probe, das Backwerk dann in den Ofen zu geben, wenn ein Papierstreifen, den man 5 Minuten in denselben giebt, sich hellgelb färbt. Ein öfteres Wenden des Blechs ist auch notwendig, da die Oefen gewöhnlich nicht auf allen Seiten gleichmäßig backen. Meist wird die Hausfrau beim Bäcker backen lassen, nur muß dann darauf gesehen werden, daß das Backwerk nicht zu lange mehr steht, da solches dies nicht ertragen kann und deshalb keinen Erfolg verspricht. Zu denjenigen Backwerksorten, welche nicht auf Papier oder Oblaten, sondern unmittelbar auf dem Backblech gebacken werden, wird letzteres mit einer ganz dünnen Lage zerlassener Butter versehen oder erwärmt, mit gebleichtem Wachs bestrichen und dieses vermittelst eines Papiers über die Blechfläche gleichmäßig verteilt. Erst nach dem Wiedererkalten des Bleches wird das zu Backende darauf gesetzt. Es empfiehlt sich, das Gebackene noch im warmen Zustande vom Backblech zu lösen, sollte dies versäumt worden sein, so giebt man dasselbe noch einige Augenblicke zum Warmmachen in den Ofen, damit es beim Abnehmen nicht zerbröckelt. Ist das Gebäck auf Papier gesetzt, so befeuchtet man dasselbe auf der Rückseite, bis es sich leicht abnehmen läßt. Der beste Aufbewahrungsort für das Backwerk ist an einem kühlen, luftigen, aber trockenen Ort, in geschlossenen Porzellan- oder Steinguttöpfen.

2340. Glacieren des Backwerks. (Siehe Abschnitt 32.)

Durch den Guß gewinnt das kleine Backwerk wesentlich und erhält ein schönes Aussehen. Dieser Guß wird auf die verschiedenste Art bereitet. Mit Wasser: 3 Eßlöffel fein gestoßener und gesiebter Zucker werden mit einem großen Eßlöffel Wasser so lange gerührt, bis die Masse dicklich wird. Diese Masse kann nun, dem Geschmack des betreffenden Backwerks entsprechend, in mannigfaltigster Weise mit Geschmack versehen werden, z. B. durch Hinzuthun von auf Zucker abgeriebener Zitronen- oder Orangenschale und Saft aus diesen Früchten, ferner durch Zusetzung von Vanille, Cacao, Kaffee-Essenz, Zimmet, Maraskino, Arac, Erbsensaft, Punschessenz, Malaga, Rosen- oder Orangenblütenwasser u. s. w. (siehe Abschnitt 32). Ein Färben des Gusses, außer etwa Rot mit Cochenillefarbe, ist kaum ratsam. — Das Glacieren geschieht, indem der Guß entweder auf das noch warme Backwerk mit einem Pinsel aufgestrichen oder in gleicher Weise auf das erkaltete Gebäck aufgetragen wird. Im letzteren Falle ist nach dem Glacieren dasselbe kurze Zeit in den mäßig warmen Ofen zu bringen, damit der Guß rasch abtrocknet und dadurch Glanz erhält. — Will man Eiweißguß oder -Glasur in Anwendung bringen, so stellt man diese in folgender Weise her: 125 Gramm fein gesiebter Zucker wird mit 2 Eiweiß und Zitronensaft zu einer dickflüssigen Masse so lange gerührt, bis dieselbe ihre Durchsichtigkeit verliert und schön weiß ist, worauf beim Glacieren wie beim Guß verfahren wird. Es muß aber die Eiweißglasur stets im Ofen rasch abgetrocknet werden, damit sie Glanz behält. Einzelne Backwerksorten werden schon vor dem Backen teilweise mit Eiweißguß versehen und dieser mitgebacken, was sehr schön aussieht und gut schmeckt. — Chokoladeguß wird bereitet, indem man 100 Gramm Cacaomasse in einer Kasserole erwärmt, ist sie flüssig, so kommen 300 Gramm gestoßener Zucker und etwas Vanille dazu. Diese Mischung, zu einer dickflüssigen Masse mit vorher erwärmtem Wasser angerührt, wird aufgekocht, vom Feuer genommen, tüchtig gerührt (tabliert) und hierauf mit der noch heißen Glasur das Backwerk glaciert und warm abgetrocknet. Dieser Guß verlangt rasche Behandlung, weil sonst kein Glanz erzielt wird.

Weitere Glasuren siehe in Abschnitt 32.

2341. Anisbrötchen.

250 Gramm gesiebter Zucker werden mit 5 Eiern eine halbe Stunde gerührt, wenn die Masse dick ist, rührt man 250 Gramm feines Mehl, die geschnittene Schale einer Zitrone und für 3 Pfennig Anis hinein. Dann wird ein Blech mit Mehl bestreut, der Teig zu kleinen Laibchen ausgewirkt, diese auf das Blech gesetzt und schön gelb gebacken.

2342. Aniskuchen.

5 Eier werden mit 500 Gramm Zucker zu Schaum geschlagen, 500 Gramm Mehl, ein Spritzchen Anis und etwas Zitronenschale darunter gemischt, kleine, runde Kuchen daraus gemacht, diese in geeigneter Entfernung auf einem mit Butter bestrichenen Kuchenblech geordnet, 25 Minuten trocken gestellt, dann bei bescheidenem Feuer gebacken.

2343. Anisküchlein.

7 Eier werden mit 250 Gr. Zucker und einer abgeriebenen Zitronenschale so lange geschlagen, bis die Masse dick ist, darauf werden 250 Gr. Mehl und Anis nach Belieben beigefügt, gut zusammengerührt, in kleinen Häufchen auf Oblaten gesetzt und langsam gebacken. Häufig werden sie auch mit einem Wasserguß glaciert.

2344. Anisschnitten.

10 ganze Eier, 5 Eigelb und 1 Pfund Zucker werden mit dem Schneebesen ½ Stunde geschlagen, 560 Gr. Mehl darunter geschafft, 16 Gr. gewaschene Anis dazu gethan, ein Blech mit Mehl bestaubt, die Masse in 2 langen Streifen darauf gegossen und schön gelb gebacken. Hievon werden fingerdicke Streifen geschnitten, dieselben auf ein Blech gelegt und im Ofen gelb geröstet. Statt Anis können auch unabgezogene Mandeln beigefügt werden, in diesem Fall heißen sie Mandelschnitten.

2345. Bauernkrapfen.

4 Eigelb werden mit 250 Gr. gesiebtem Zucker eine Viertelstunde lang gerührt, 60 Gr. abgezogener und zu kleinen Würfeln geschnittener Mandeln und die Schale von einer halben Zitrone fein geschnitten, 4 Löffel feines Mehl dazu gegeben, alles gut durcheinander gerührt, kleine Häuflein auf Oblaten gesetzt und im Backofen schön gelb gebacken.

2346. Belgrader Brot.

Man rührt 250 Gr. gesiebten Zucker mit 3 ganzen Eiern und 2 Eigelb zu einer leichten Masse, dann giebt man 250 Gr. geschälter und in Stücke geschnittener Mandeln, die Schale einer Zitrone, 15 Gr. Zimmet, 4 Gr. Nelken, 30 Gr. Zitronat und 30 Gr. Pomeranzenschalen gröblich geschnitten und zuletzt 250 Gr. feines Mehl dazu. Auf dem Nudelbrett rollt man den Teig aus und schneidet ihn in 5—6 cm lange 2½ cm breite Stückchen, setzt sie auf ein mit Butter bestrichenes Blech und backt sie schön gelb, glaciert sie mit einem Wasser oder Orangenguß.

2347. Bischofbrötchen.

125 Gr. Süßbutter werden schaumig gerührt, 12 Eigelb, 160 Gr. Mehl und 80 Gr. Vanillezucker nach und nach darunter gemischt, der Schnee der 12 Eiweiß und eine Prise Salz dazugegeben, die Masse in kleine, mit Butter bestrichene und mit Zucker bestaubte Förmchen eingefüllt und schön gelb gebacken.

2348. Bisquit. I.

6 Eigelb werden mit 250 Gr. Zucker schaumig gerührt, der Schnee der Eier und 250 Gr. feines Weißmehl zugegeben, dieser Teig wird messerrückendick auf ein Tortenblech gestrichen und gebacken. Sowie er Farbe hat, wird er herausgenommen, runde Blätter daraus gestochen, eingemachte Früchte auf das eine Blatt gestrichen, ein anderes ähnliches darauf gedrückt, mit Eiweißglasur glaciert, zum Abtrocknen noch einmal in den Ofen gegeben und verwendet.

2349. Bisquit II.

120 Gr. Zucker werden mit 5 Eigelb leicht gerührt, das Weiße der 5 Eier als Schnee, sowie 90 Gr. Mehl darunter gemengt, auf ein Blech gestrichen, gebacken und beliebig verwendet.

2350. Geduld-Bisquit.

6 Eiweiß, zu festem Schnee geschlagen, werden mit 250 Gr. Vanillezucker gut vermischt, 250 Gr. Mehl darunter gerührt und diese Masse mittelst Blechspritze fingerlang, dem Zuckerbrot ähnlich, auf ein mit Wachs bestrichenes Blech gesetzt. Man läßt sie stehen, bis sich oben eine trockene Haut bildet, und

backt sie dann schön hell in einem gelinden Ofen und serviert sie auf einer Serviette.

2351. Bisquit à la reine.

10 Eigelb werden mit 250 Gr. schaumig gerührter Butter gut verrührt, 250 Gr. Zucker mit Vanille, 125 Gr. Mehl und zum Schluß ½ Liter dick geschlagener Rahm darunter gezogen. Diese Masse wird in Papierkapseln gebacken und zu kleinen Bäckereien in beliebige Stückchen zerteilt, gezuckert und serviert.

2352. Bisquit mit Mandeln I.

250 Gr. Mandeln werden mit 3 Eigelb fein gestoßen, mit 3 weiteren und 250 Gr. Zucker zu einem mäßig steifen Teig gerührt, den man auf Oblaten ausbreitet, mit Zucker bestreut und in nicht zu großer Hitze backt. — Auf die gleiche Weise erhält man Zitronenbisquit, wenn man dazu nur die Hälfte Mandeln, dagegen aber eine Zitronenschale nimmt. — Läßt man die Mandeln weg und nimmt statt derselben Chocolade, so erhält man Chocoladebisquit.

2353. Bisquit mit Mandeln II.

250 Gr. Mandeln (darunter 20 Stück bittere) werden mit 2 Eiern am Reibstein fein gerieben, 12 Eigelb mit 250 Gr. Zucker schaumig gerührt, die Mandeln dazu gegeben, ebenso 70 Gr. feines Mehl und der Schnee der 12 Eiweiß, in Papierkapseln etwa fingerdick gefüllt und langsam gebacken.

2354. Bisquit von Reis.

250 Gr. Reismehl werden gut getrocknet, durchs Sieb passiert, 250 Gr. Zucker mit 6 Eigelb gerührt, der Schnee von den Eiern, nebst einem Löffel Aprikosenmarmelade und obiges Mehl mit Zitronengeschmack darunter gemischt, in einer Papierkapsel gebacken und zu kleinem Backwerk verwendet.

2355. Bisquitschnitten.

10 Eiweiß werden zu Schnee geschlagen, 380 Gr. Zucker, 30 Gr. bitterer, feingeriebener Mandeln, nebst 180 Gr. zerlassener Butter und 180 Gr. Mehl darunter gemengt, in Papierkapseln gebacken, davon längliche, viereckige Schnitten gemacht, mit dicker Aprikosenmarmelade bestrichen, mit Aracglasur glaciert, getrocknet, angerichtet und serviert.

2356. Bisquitschnitten mit Butter.

250 Gr. Butter wird schaumig gerührt, 250 Gr. gestoßener Zucker, 5 ganze Eier und 250 Gr. Mehl mit Orangegeschmack darunter gemischt, diese Masse dünn gestrichen, in einer Papierkapsel gelb gebacken, in beliebige Formen geschnitten, mit Marmelade bestrichen, aufeinander gesetzt, mit Zucker bestaubt oder glaciert und auf der Serviette angerichtet serviert.

2357. Bisquitspähne.

375 Gr. Zucker werden mit 7 ganzen Eiern schaumig gerührt, 375 Gr. Mehl mit etwas Vanille darunter gemischt, auf ein mit Wachs bestrichenes Blech dünn aufgestrichen und gebacken. Hernach werden fingerbreite Streifen geschnitten, über ein rundes Holz warm aufgelegt, so daß sie wie Locken geformt werden, wenn sie erkaltet, mit Zucker bestaubt und auf der Serviette angerichtet.

2358. Bisquittörtchen.

250 Gr. Zucker wird mit 4 Eigelb schaumig gerührt, der Schnee der 4 Eiweiß dazu gegeben und 60 Gr. Kartoffelmehl darunter gerührt, in kleinen, mit Butter ausgestrichenen und mit Mehl bestäubten Förmchen gebacken.

2359. Blitzbrötchen.

Mit einer Spritze werden Brötchen von Brandteig (s. S. 81, Ziffer 22) in Form von Halbmonden auf ein mit Butter bestrichenes Blech gesetzt, schön gelb gebacken, wenn sie erkaltet, mit Johannisbeergelee oben bestrichen, unten eine kleine Oeffnung gemacht, mit Kaffeeschlagrahm gefüllt, angerichtet und serviert.

2360. Blücherschnitten.

250 Gr. Zucker, 125 Gr. feingewiegter, durch einen Seiher gesiebter Mandeln, 60 Gramm Mehl und 2 Eiweiß werden zu einem Teig gewirkt, ausgewellt und mit einer Eiweißzuckerglasur glaciert, in fingerbreite und -lange Streifen geschnitten, schön gelb gebacken und serviert.

2361. Bremerbrot.

Man rührt 4 Eier mit 250 Gr. feingesiebtem Zucker, bis die Masse leicht ist, giebt 16 Gr. zartgeschnittenes Zitronat, ebensoviel Pomeranzenschalen und 60 Gr. geschnittener Mandeln hinein, rührt 250 Gr. Mehl dazu, bis der Teig nicht mehr verläuft, formt mit dem Löffel längliche Brötchen auf ein mit Mehl bestäubtes Blech und backt sie schön gelb.

2362. Brezeln zu Thee.

250 Gr. Mehl, 100 Gr. Zucker, 80 Gr. Butter, etwas saurer Rahm und 1 Eigelb wird zu einem Teig gearbeitet und kleine Brezeln daraus geformt. Sind sie schön dunkelgelb gebacken, so bestreicht man sie mit Eiweiß und überstreut sie mit Zucker.

2363. Bordeauxbisquit.

In kleinen, einfachen Förmchen werden Bisquits, wie sie oben beschrieben, gebacken und kalt gestellt. Hierauf werden ¼ Liter Bordeaux, etwas Zitronenschale und Zucker heiß gemacht und die Bisquits derart damit bespritzt, daß sie nicht zu weich werden, dann in zerschlagenen Eiern und Mutschelmehl gerollt, im schwimmenden Schmalz gebacken, mit Zitronenzucker bestreut und mit einem Chaudeau serviert.

2364. Butterteigschnitten mit Aepfeln.

6—8 Aepfel werden, wenn geschält, in Scheiben geschnitten, in ¼ Pfund Butter weich gedämpft, 1 Löffel Vanillezucker und 2 Löffel Aprikosenmarmelade daran gegeben und kalt gestellt. Von ½ Pfund 8 mal geschlagenem Butterteig schneidet man 2 gleich lange und breite Böden, giebt den einen auf ein mit Wasser befeuchtetes Blech, streicht die Aepfelmasse gleichmäßig darauf, legt den andern Boden darüber, auf den 4 Seiten die Ränder mit Eigelb festklebend und zudrückend,

Fig. 453.

Fig. 454.

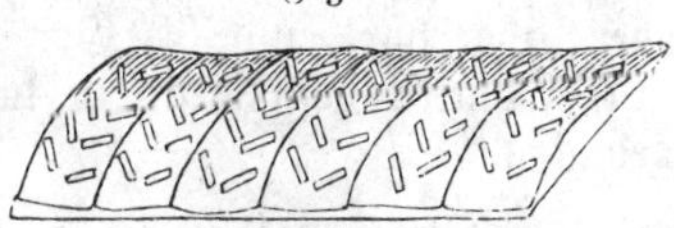

streicht das Ganze mit Ei und teilt die Fläche mittelst eines Messerrückens in gleich lange und breite Stücke (s. Fig. 453) ritzt irgend eine kleine Zeichnung leicht in den Teig. Man giebt das Ganze zum Backen in einen nicht zu heißen Ofen und bestreut es 5 Minuten vor dem Fertigwerden tüchtig mit Zucker, um demselben einen schönen Zuckerglanz zu geben; wenn erkaltet, zerteilt man es mit einem Messer nach den vorher eingeritzten Linien (siehe Fig. 454) und serviert.

2365. Butterteigschnitten mit Mandeln.

4 Löffel gewiegter Mandeln werden mit eben so viel Löffeln Staubzucker gemischt, mit etwas Vanille und 3 Eiweiß zu flüssiger Masse gerührt. Diese Masse ebenso wie in Nr. 2364 zwischen Butterteig aufgestrichen und weiter behandelt wie dort.

2366. Chocoladebrot.

180 Gr. Zucker und 30 Gr. geriebener Chocolade rührt man mit dem steifen Schnee von zwei Eiweiß eine halbe Stunde, setzt kleine Häufchen davon auf ein mit Butter bestrichenes Blech und backt sie in einem ganz kühlen Ofen.

2367. Chocoladenüßchen.

Von 4 Eiweiß wird ein Schnee geschlagen und mit 250 Gr. feingesiebtem Zucker eine halbe Stunde gerührt, dann werden 250 Gramm ungeschälter Mandeln gewiegt, 50 Gramm Chocolade auf dem Reibeisen gerieben und dies mit 8 Gr. gestoßenem Zimmet untereinander gemengt, die Masse auf ein Nudelbrett gegeben, mit irgend einem Ausstecher ausgestochen und gebacken.

2368. Chocoladeschnitten. Erste Art.

In die Hälfte der in Nr. 2341 beschriebenen Masse wird statt Anis 60 Gr. geriebener Chocolade gegeben, behandelt und gebacken wie Anisschnitten.

2369. Chocoladeschnitten. Andere Art.

60 Gr. Mandeln werden mit 4 Eiweiß fein gerieben, 250 Gr. Zucker, 60 Gr. geriebener Chocolade darunter gerührt, auf dem Feuer abgeröstet und 60 Gr. geschnittener Mandeln beigemischt, auf Oblaten gestrichen, in längliche Schnitten geformt und gebacken.

2370. Choux.

¼ Liter Milch, ¼ Liter Wasser, 180 Gr. Butter, etwas Salz und Zucker werden zum Sieden gebracht, 250 Gr. gesiebtes Weißmehl daran gerührt, 10 Minuten auf langsamem Feuer abgedämpft, auf die Seite gestellt und wenn der Teig etwas erkaltet, 4—6 ganze Eier daran geschlagen. Nachdem ein Blech mit Butter bestrichen, werden taubeneigroße Häufchen in geringer Entfernung mittelst eines Löffels oder einer Spritze aufgesetzt. Auf diese Häufchen werden abgezogene, gehackte

Mandeln, welche mit 1 Eiweiß und Vanillezucker angemacht sind, gestrichen, dann in gut heißem Ofen rasch gelb gebacken, gezuckert und auf einer Serviette angerichtet zu Tische gegeben.

2371. Eigelbbrötchen.

125 Gr. feingestoßener Mandeln, 125 Gr. Mehl, 125 Gr. Zucker, die abgeriebene Schale einer Zitrone, 6 Eigelb werden zu einem Teig gearbeitet; dieser wird ausgerollt, in beliebige Formen geschnitten und langsam gebacken.

2372. Eisbogen.

Unter den Schnee von 4 Eiweiß werden 250 Gr. Zucker gezogen, 6 Löffel Mehl und eine abgeriebene Zitronenschale dazugegeben, dies auf längliche Oblatenstreifen gestrichen, mit zerschnittenen Pomeranzenschalen belegt und schnell gebacken. Wenn sie aus dem Ofen kommen, werden sie über ein Wellholz gelegt.

2373. Englische Schnitten.

250 Gr. Butter werden mit 250 Gr. feinem Weißmehl verarbeitet; zu gleicher Zeit werden 125 Gramm abgezogener Mandeln mit 1 Ei gerieben und 250 Gramm Zucker und 12 Eigelb damit schaumig geschlagen und der Schnee von 12 Eiweiß mit etwas gehackter Zitronenschale und ½ Deziliter Kirschgeist unter den Teig gemischt, die Masse, wenn sie ganz glatt ist, auf ein mit Butter ausgestrichenes Randblech gestrichen; dann läßt man die Masse langsam im Ofen anziehen, bis sie fest ist, schneidet sie aus oder teilt sie in Vierecke, paniert, backt und zuckert sie sodann und richtet sie an.

2374. Erdbeertörtchen mit Schlagrahm.

15—20 kleine, glatte, runde Förmchen werden mit Butterteig ausgefüttert, dieser mit einer Gabel gestochen und sodann in heißem Ofen gebacken, mit Zucker bestreut und einen Augenblick zum Glacieren in den Ofen gestellt. Frische Walderdbeeren, etwa 1 Liter, werden sauber verlesen. 150 Gr. Hutzucker mit etwas Wasser aufgelöst und zum Flug gekocht (siehe S. 78) und an die Erdbeeren gegossen, diese in die Förmchen eingefüllt, mit geschlagenem und versüßtem Rahm gleichmäßig überstrichen und auf einer Serviette angerichtet zu Tische gegeben.

2375. Geduldzeltchen, aufgelaufen.

125 Gr. gestoßener Zucker werden mit 4 Eigelb eine halbe Stunde gerührt, die Schale einer halben Zitrone auf dem Reibeisen abgerieben und 125 Gr. vom schönsten Mehl dazu gegeben, ein heißes Blech mit Wachs bestrichen, haselnußgroße Zeltchen mit einem Löffelchen aufgesetzt und im Backofen langsam gebacken.

2376. Génoise I.

4 Eigelb werden mit 125 Gr. Zucker auf dem Feuer etwa 10 Minuten aufgeschlagen, 100 Gr. zerlassener Butter, 50 Gr. Kartoffelmehl, 50 Gr. Mehl, ½ gewiegte Zitronenschale dazu gerührt, auf ein mit Rand versehenes, gebuttertes Blech gestrichen und gebacken, sodann umgestürzt, in längliche, viereckige Stücke geschnitten, mit Zucker bestreut und serviert.

2377. Génoise mit Mandeln.

Zur selben Masse wie oben, giebt man, ehe man das Mehl nimmt, zum Zucker und den Eiern 50 Gr. fein geriebener Mandeln mit 1 ganzen Ei.

2378. Genueserschnitten.

In eine Madeleinemasse (siehe Nr. 2399) von ½ Pfund Zucker, u. s. w. gießt man 2—3 Eßlöffel Rum, giebt die Masse in ein mit Rand versehenes, ausgebuttertes und mit Zucker bestaubtes Blech, streicht sie glatt, backt sie im Ofen, stürzt sie sodann, schneidet sie in längliche, gleich große Stücke glaciert sie mit einer Rumglasur und serviert sie, wenn getrocknet, auf einer Serviette.

2379. Gewürzbrot.

Gewürzbrot wird wie Anisbrot (s. Nr. 2341) bereitet, nur nimmt man statt des Anis irgend ein anderes, beliebiges Gewürz, z. B. Zitronen, Pomeranzen, Zimmet 2c. und heißt es dann Zitronenbrot, Zimmetbrot u. s. w.

2380. Gußbögen.

Von 3 Eiern wird das Weiße zu einem steifen Schnee geschlagen und mit 125 Gramm gesiebtem Zucker so lange gerührt, bis er recht schön weiß ist, 250 Gr. geschälter Mandeln werden länglich und fein geschnitten, das Gelbe von einer Zitrone abgerieben und nebst dem Safte und einer

Messerspitze pulverisiertem Tragant dazugegeben. Wenn das Blech mit Butter bestrichen worden, nimmt man einen Eßlöffel von der Masse und streicht diese in der Runde so gleich als möglich herum, backt sie rasch im Ofen bei schwacher Hitze gelblich, nimmt die Bögen mit einem Messer behutsam vom Blech und krümmt sie gleich über dem Rollholz.

2381. Kleine Meringuen mit Aprikosengelee oder Marmelade.

6 Eiweiß werden zu einem steifen Schnee geschlagen und mit 250 Gr. Zucker gemischt. In einen Dressierbeutel oder eine Papierdüte giebt man von der Masse und dressiert auf ein Papier, das man auf ein Brett oder Blech legt, rund geformten, halben Eiern ähnlich sehende Häufchen, bestreut sie gut mit Zucker, trocknet und backt sie in dem Ofen blaßgelb, zieht sie vom Papier, höhlt mittelst eines Kaffeelöffels die innere weiche Masse aus, füllt die Meringue mit irgend einer Marmelade, Aprikosengelee oder einer Creme, setzt je 2 zusammen, dressiert sie auf eine Serviette und serviert.

2382. Haselnußbrötchen.

60 Gr. Haselnußkerne und 60 Gr. Mandeln werden mit einem Eiweiß fein gerieben, mit 250 Gr. Zucker und 3 geschlagenen Eiweiß zusammengeschafft, auf Oblaten gestrichen, in längliche Streifen geschnitten, mit Zitronenglasur glaciert und langsam gebacken.

2383. Haselnußtörtchen.

125 Gr. Haselnußkerne werden mit einem ganzen Ei fein gerieben. 125 Gr. Zucker wird mit 4 Eigelb schaumig gerührt, das Haselnußpurée dazugegeben, ebenso der Schnee von 4 Eiweiß und 50 Gramm Mehl, in kleine, mit Butter ausgestrichene Förmchen gefüllt und gebacken.

2384. Hohlhippen.

200 Gr. Mehl, 100 Gr. Zucker, 30 Gr. zerlassener Butter, 3 Eigelb und 2 Deziliter Milch mit etwas Zitronengeschmack werden glatt abgerührt, dann ein Hippeneisen mit Speck bestrichen, ein Eßlöffel von der Masse eingefüllt und auf beiden Seiten schön gelb gebacken, oder man schneidet von starker Pappe eine runde Schablone mit Stiel, wachst ein Blech und streicht die Masse mit einem Messer gleichmäßig dünn in die Schablone und backt sie rasch gelb im Ofen. So

lange die Hippen warm sind, werden sie um ein fingerdickes, rundes Holz gewickelt und mit Backen und Wickeln fortgefahren, bis der Teig zu Ende ist. In den hohlen Raum dieser gewickelten Hippen wird Vanilleschlagrahm gespritzt, auf eine Serviette aufeinandergesetzt und aufgetragen oder auch ungefüllt zu Thee und zu Gefrorenem gegeben.

2385. Kaffeeküchlein, gefüllt mit Schlagrahm.

Man macht einen Brandteig (S. 81, Ziff. 22) von 375 Gr. Mehl, 125 Gr. Zucker, ½ Liter Milch und 125 Gr. Butter, etwas Salz und abgeriebener Zitrone; wenn er sich von der Kasserole löst und halb ausgekühlt ist, schlägt man 6 ganze Eier und 3 gelbe nach und nach in den Teig, rührt ihn glatt und setzt mittelst eines Löffels runde, kleine Kuchen auf ein mit Butter bestrichenes Blech, bestreicht sie mit Eigelb und backt sie hellbraun. Um sie zu füllen, schneidet man sie von der Seite halb durch und füllt den inneren Raum mit fest geschlagenem Rahm, etwa ½ Liter, mit Zucker und Vanillezucker vermischt.

2386. Kaffeeküchlein, gefüllt.

Von einem Brandteig, wie oben beschrieben, backt man kleine, runde Küchlein und füllt diese mit einer Kaffeecreme oder Chokoladecreme und überzieht sie mit Chokoladeguß.

2387. Kapuzinerbrot.

250 Gr. Zucker werden mit 4 ganzen Eiern und 6 Eigelb gerührt, nach einer halben Stunde 250 Gr. Mehl mit dem Schnee von 4 Eiweiß und 10 Gr. Fenchel darunter gemischt, kleine Häufchen daraus geformt, diese mit Ei bestrichen und in ziemlich heißem Ofen gebacken.

2388. Katzenzungen.

¼ Pfund Zucker und ¼ Pfund Mehl wird mit ¼ Liter ungeschlagenem, dickem Rahm und 25 Gr. Vanillezucker angerührt. Man zieht den geschlagenen Schnee von 4 Eiweiß unter die Masse und dressiert diese Masse auf ein gerichtetes Blech in Form eines etwa 10 cm langen, oben und unten spitz zulaufenden Blattes, dessen größte Breite 3—4 cm ist.

2389. Kirschentörtchen.

Von 90 Gr. Zucker, 90 Gr. Butter, 180 Gr. Mehl, 7 hartgesottenen und durch ein Sieb passierten Eigelb, 1 rohen

Eigelb und etwas abgeriebener Zitrone wird sehr schnell, da er leicht gerinnt, ein geriebener Teig gearbeitet. Von diesem werden kleine, runde Böden ausgestochen, außen herum ein kleiner Rand gelegt und mit Eigelb befestigt, der Boden mit der Gabel gestochen, der Rand mit Ei bestrichen und im Ofen hellgelb gebacken. 1½ Pfund schwarzer, ausgesteinter Kirschen werden 1 Stunde lang in Vanillezucker gelegt, dann auf die Böden gelegt, nach etwa 8—10 Minuten in den Ofen gegeben, auf eine Serviette, wenn erkaltet, auf die Platte gerichtet, mit Vanillezucker bestreut und serviert.

Von anderen frischen Früchten ebenso.

2390. Königsbisquit.

125 Gr. Butter werden schaumig gerührt und nach und nach 125 Gr. Mehl dazu gegeben. 125 Gr. Zucker werden ebenfalls mit 5 Eigelb schaumig gerührt und letztere Masse an die erstere gerührt. 80 Gr. verschiedener eingemachter Früchte werden in kleine Stücke geschnitten und nebst dem Schnee der 5 Eiweiß an die Masse gerührt, diese in kleine, glatte, runde, ausgebutterte Förmchen gefüllt und in mäßig heißem Ofen gebacken.

2391. Königsbrot.

250 Gramm gesiebter Zucker werden mit 3 ganzen Eiern leicht gerührt, von einer Zitrone die Schale fein geschnitten, 250 Gr. geschälter Mandeln nicht sehr fein geschnitten und im Ofen gelb geröstet, 250 Gr. feines Mehl daran gerührt, auf ein Nudelbrett genommen, mit Zucker und Mehl stark messerrückendick ausgerollt, in längliche Brote geschnitten und gebacken.

2392. Königsschnitten.

Ein guter Butterteig (250 Gr. Mehl) wird messerrückendick ausgerollt, mit ziemlich fester Vanilleglasur von 2 Eiweiß bestrichen, länglich viereckige Schnitten daraus geschnitten, diese rasch gelb gebacken, auf einer Serviette angerichtet und aufgetragen.

2393. Lebkuchen.

1 Kilo feines Mehl, 500 Gramm geschälter, gröblich geschnittener Mandeln, 375 Gr. gestoßener Zucker, 375 Gramm Pomeranzenschalen, 125 Gr. Zitronat, beides klein gewürfelt geschnitten, 8 Gr. Nelken, 15 Gr. Zimmet, 50 Gr. Zibeben und 8 Gr. Potasche in Kirschengeist aufgelöst, wird zusammen

in einer Schüssel gut untereinander gemacht. 1 Liter Honig läßt man am Feuer zergehen, rührt den Teig damit an und schafft ihn so lange, bis alles gut durcheinander ist, dann wird er auf ein Backbrett genommen, messerrückendick ausgerollt, in viereckige Stücke von beliebiger Größe geschnitten, über Nacht stehen gelassen, auf ein mit Mehl bestreutes Blech gelegt und im Ofen braun gebacken. Man kann die Masse auch auf das ganze Blech in einem Stück legen und, wenn es gebacken, in Stücke schneiden.

2394. Lebkuchen, Basler.

½ Liter Honig läßt man auf dem Feuer zergehen, giebt 375 Gr. Zucker, 250 Gr. länglich geschnittener Mandeln, 30 Gr. feinen Zimmet, 15 Gr. Nelken, 60 Gr. geschnittenes Zitronat, 60 Gr. Orangenschale und 250 Gr. Mehl, sowie ½ Glas Rum, Kirschwasser oder Arac dazu, wirkt dies alles gut zu einem kräftigen Teig und läßt ihn einige Tage stehen. Hierauf rollt man ihn halbfingerdick aus, legt den Teig auf ein mit Wachs bestrichenes Backblech, backt ihn bei starker Hitze und schneidet viereckige, längliche Stücke.

2395. Lebkuchen oder Pfefferkuchen, Nürnberger.

Zu ¾ Liter Honig giebt man, wenn er auf dem Feuer zu kochen beginnt, 250 Gr. Zucker und läßt dies so lange zusammen kochen, bis ein Tropfen, den man auf einen Teller fallen läßt, trocknet. Dann mischt man damit 250 Gramm zerschnittener Mandeln, 5 Gr. gestoßener Nelken, 4 Gr. Kardamomen, 60 Gr. Zitronat, 30 Gr. Pomeranzenschale, 2 Zitronenschalen, 30 Gr. Zimmet, sowie ½ Glas Rum oder Kirschwasser und ein paar Messerspitzen Potasche. Ist dies gut verrührt, so fügt man etwa 350 Gramm Mehl bei, daß ein steifer Teig entsteht, welchen man ausrollt, in Formen drückt oder in längliche Vierecke schneidet und auf einem mit Mehl bestreuten Blech backt. Sowie sie aus dem Ofen kommen, werden sie mit einem dünnen Honigwasser bestrichen, auch kann die Oberfläche mit geschälten Mandeln oder irgend einer Glasur verziert werden.

2396. Lebkuchen, weiß.

500 Gr. fein gesiebter Zucker, 250 Gr. geschälter, fein gestoßener Mandeln werden in einer tiefen Schüssel mit 8 Eiern eine Stunde gerührt, 8 Gr. Potasche, 4 Gr. Muskatnuß, 15 Gr. feiner Zimmet, 8 Gr. Gewürznelken, 4 Gr. Zibeben, 60 Gr. feingeschnittener Pomeranzenschalen, 60 Gr.

Zitronat, sowie die Schale von einer Zitrone dazu gethan; wenn alles gut untereinander geschafft ist, siebt man 250 Gr. feines Mehl hinein, schneidet viereckige Stückchen Oblaten, streicht von der Masse darauf, belegt diese mit Zitronat, legt sie auf ein mit Mehl bestreutes Blech, stellt sie zum Ofen, daß sie abtrocknen, und backt sie bei gelinder Ofenhitze schön gelb.

2397. Lebkuchen von Zucker.

4 Eier werden mit 500 Gr. gesiebtem Zucker eine Stunde gerührt, dann werden 60 Gr. Zitronat, 60 Gr. Pomeranzenschalen und die Schale einer Zitrone gröblich geschnitten, 60 Gramm grob gestoßener Mandeln nebst 15 Gr. Zimmet an die Masse gethan und mit 500 Gr. Mehl leicht untereinander gerührt, die Masse ausgerollt, in längliche Stücke geschnitten, auf ein mit Mehl bestreutes Blech gegeben und schön gelb gebacken.

2398. Löffelbisquit oder Zuckerbrot.

7 Eier schwer Zucker (d. h. soviel Zucker, wie die Eier wiegen), 4 Eier schwer Mehl, 7 Eigelb werden mit dem Zucker leicht gerührt, der Schnee der 7 Eiweiß darunter gerührt nebst dem Mehl, von dieser Masse auf Papier mit einem Dressierbeutel oder einer Papierdüte längliche, fingerlange und breite Bisquits dressiert, mit Staubzucker bestäubt, auf ein Blech gesetzt und in mäßig heißem Ofen gebacken. Man kann diese Masse in kleinen, länglichen Papierkapseln, sowie in dazu fertig gestellten Blechförmchen backen.

2399. Madeleinetörtchen I.

8 ganze Eier werden mit 500 Gr. Zucker schaumig gerührt, nach und nach 400 Gramm zerlassener Butter nebst einer gehackten Zitronenschale dazugegeben, ebenso 500 Gr. Mehl darunter gemischt, die Masse in kleine, mit Butter bestrichene und mit Zucker ausgestaubte Förmchen gefüllt und gelb gebacken.

2400. Madeleinetörtchen. II.

250 Gr. Zucker mit 10 Eigelb leicht rühren, 200 Gr. zerlassener Butter, 250 Gr. Mehl und Eiweiß zum festen Schnee, Behandlung wie vorher in Nr. 2399. Die Masse wird auf ein Randblech gestrichen, in die verschiedensten Formen geschnitten und glaciert oder mit Zucker bestreut serviert.

2401. Madeleinetörtchen mit Mandeln.

500 Gr. Zucker rührt man mit 12 Eigelb und 1 ganzen Ei schaumig, giebt die mit 2 Eiweiß gestoßenen 150 Gr.

Mandeln dazu, nach und nach 400 Gr. zerlassener Butter, sowie von 6 Eiweiß den Schnee und 500 Gr. Mehl, backt die Masse in kleinen Förmchen oder in einem Blech mit Rand, schneidet die Masse in die verschiedensten Formen und giebt sie glaciert zu Tische.

2402. Makronen von Butter.

125 Gr. Butter werden leicht gerührt und mit 3 Eigelb und 125 Gr. fein gesiebtem Zucker noch eine Viertelstunde gerührt. Hierauf werden 125 Gr. geschälter Mandeln gestoßen, 30 Gr. Zitronat gewiegt, nebst einer Messerspitze Kardamomen und 125 Gr. feines Mehl an die Masse gerührt. Sollte der Teig noch flüssig sein, so nimmt man nach Gutdünken, aber ja nicht mehr 30 Gramm Mehl dazu, setzt von dieser Masse nußgroße Häufchen auf ein Blech, bestreicht sie schwach mit Eiweiß, überstreut sie mit Zucker und läßt sie in einem sehr schwachen Ofen backen. Auf jeden Fall ist es gut, sich durch eine kleine Probe von der Haltbarkeit der Masse zu überzeugen.

2403. Makronen von Gries.

8 Eiweiß werden zu Schnee geschlagen, 500 Gr. gesiebter Zucker, die feingeschnittene Schale einer Zitrone und der Saft davon hineingerührt, dann 250 Gr. Gries und 500 Gr. geschälter und gestoßener Mandeln unter stetem Umrühren beigefügt, das Ganze noch eine halbe Stunde gerührt, auf Papier länglich oder rund aufgesetzt und gebacken.

2404. Makronen mit Hägenmark.

180 Gr. fein gewiegter Mandeln werden mit 250 Gr. Zucker und 3 Eiweiß schaumig gerührt, die Masse auf Kohlen aufgeschlagen, bis sie gut warm ist. Wenn erkaltet, kommen 3 Eßlöffel Hägenmark dazu und ein Löffel Stärkemehl; man rührt alles gut zusammen und setzt die Masse in kleine Häuflein auf Oblaten, backt und glaciert sie, wenn erkaltet, mit einer Zitronenglasur.

2405. Makronen von Mandeln.

250 Gr. abgezogener Mandeln werden mit 5—6 Eiweiß im Reibstein fein gerieben; man mengt 25 Gr. Vanillezucker, sowie 250 Gr. fein gesiebten Zucker unter die Mandeln, daß es eine weiche, geschmeidige Masse giebt, und setzt davon mittelst der Spritze oder mit einem Messer auf Papier runde Häufchen, giebt sie auf ein Blech und backt sie in langsamer Hitze.

2406. Makronen mit ungeschälten Mandeln.

250 Gr. Mandeln werden gestoßen und durch einen Seiher getrieben, hierauf werden 250 Gr. feingestoßener Zucker, 15 Gr. Zimmet, 60 Gr. Zitronat, die Schale einer Zitrone fein geschnitten, der Saft einer solchen und der Schnee von 4 Eiweiß darunter gemischt, diese Masse durch eine Spritzbüchse rund auf Papier oder Oblaten aufgesetzt und in schwachem Ofen gebacken.

2407. Mandelblumen.

125 Gramm geschälter und gestoßener Mandeln, 125 Gr. feines Mehl, 125 Gr. Butter und 80 Gr. Zucker werden in einer Schüssel mit einem Ei durcheinander gemacht, der Teig auf dem Nudelbrett 2 messerrückendick ausgerollt und mit Ausstechern Blumen, oder was sonst beliebt, davon ausgestochen, mit Ei bestrichen, mit Zucker bestreut und im Backofen schön gelb gebacken.

2408. Mandelbögen.

125 Gr. Mandeln werden mit 3 Eiweiß fein gerieben; man giebt 125 Gr. Zucker dazu, streicht die Masse auf ein gewachstes Blech, backt es hellgelb, schneidet, so lange das Gebackene noch heiß ist, dieses in viereckige, schmale, lange Streifen und legt diese zum Biegen auf ein rundes Holz.

2409. Geröstetes Mandelbrot.

125 Gr. gerösteter Mandeln und 125 Gr. geschälter Mandeln werden mit 3 Eiern gerieben, 125 Gr. braunes, gewiegtes Brot, sowie 6 Eigelb dazugegeben, zum Schluß der Schnee der Eier, die Masse in länglicher Form auf ein gebuttertes Blech gesetzt, gebacken und, wenn erkaltet, mit einer Vanilleglasur, unter welche etwas geriebene Mandeln gerührt werden, glaciert und im Ofen getrocknet.

2410. Mandelhippen.

2 Eiweiß werden zu Schnee geschlagen, 125 Gr. geschnittener Mandeln, 125 Gr. Zucker, 1/2 abgeriebene Zitronenschale giebt man dazu, streicht davon runde, dünne Böden auf ein gewachstes Blech, backt sie in schwachem Ofen und rollt sie sofort warm über einem runden Holz auf.

2411. Mandelspähne.

Eine Masse wie in Nr. 2401 (Madeleinetörtchen mit Mandeln), messerdick ausgerollt, wird in fingerbreite und

=lange Streifen geschnitten, auf ein mit Butter gestrichenes Blech gesetzt und im Ofen gebacken, sofort warm um einen Stock gewickelt und, wenn erkaltet, abgenommen und serviert.

2412. Mandeltörtchen.

24 kleine, glatte, runde Förmchen werden mit einem 10=mal zusammengeschlagenen Butterteig ausgefüttert. Eine Mandelmasse wie in Nr. 2408 (Mandelbögen) wird in dieselben eingefüllt, im Ofen gebacken und auf einer Serviette angerichtet serviert.

2413. Mandel=Ringe.

3 Eiweiß werden zu steifem Schnee geschlagen und 250 Gr. Zucker, wie zu Zimmetstern gerührt. 250 Gr. abgezogener Mandeln werden breit fein geschnitten und unter diese Masse gerührt. Von ½ Pfund Butterteig, 10=mal geschlagen und messerrückendick ausgerollt, werden in der Größe eines Wein=glases runde Böden und aus diesen in der Größe eines Markstücks die Mitte ausgestochen, die Mandelmasse gleichmäßig auf diese Butterteigringe gestrichen und in mäßig heißem Ofen gebacken.

2414. Marzipan.

500 Gramm süßer Mandeln werden, wenn sie geschält, in so viel Wasser gewaschen, bis dasselbe hell davon abläuft. Dann werden die Mandeln getrocknet, mit Rosenwasser möglichst fein gerieben, 250 Gr. gestoßener Zucker dazugegeben und diese Masse in einem Kupfer=Kessel über Kohlenfeuer so lange unter beständigem Rühren geröstet, bis sie sich vom Kessel ablöst. Die so gearbeitete Masse schlägt man in ein Tuch und läßt sie einige Stunden ruhen. Will man sie länger aufbewahren, giebt man ihr irgend eine Form, wendet diese von allen Seiten in Zucker um, schlägt sie in ein Tuch und bewahrt sie dann auf. Vor dem Gebrauch wirkt man auf dem Backbrett in die Mandelmasse halb so viel Zucker, als es Masse ist, rollt diese sodann, mit Zucker bestreut, halb fingerdick aus, sticht mit blechernen Formen beliebige Figuren daraus oder schneidet runde Böden aus, verziert diese mit den verschiedensten Figuren und Früchten, ebenfalls aus Marzipan hergestellt, legt sie auf ein mit Zucker bestreutes Papier und trocknet sie an einem Ofen.

2415. Marzipan zum Backen. (Hamburger Marzipan.)

Unter 1 Pfund mit Zucker verarbeiteter Masse werden 4 Eigelb gewirkt, die aus dieser Masse ausgestochenen Gegenstände werden mit Eigelb bestrichen und im Ofen gebacken.

2416. Mehlbrezeln, süß.

250 Gr. Zucker, 250 Gr. Mehl werden gut miteinander gemischt; dazu schlägt man 5 Eigelb, etwas Anis, arbeitet den Teig tüchtig auf einem Brett, schneidet kleine Stückchen davon ab, rollt diese in die Länge aus, macht daraus kleine Brezeln, Hörnchen oder Schnecken 2c., bestreicht sie mit Eigelb, streut Zucker darauf, giebt sie auf ein mit Butter bestrichenes Blech und backt sie schön gelb.

2417. Mekkabrötchen.

Von einem Brandteig (siehe Nr. 1970) werden fingerlange und -dicke Würstchen mit der Spritzbüchse oder einer Papierdüte auf ein mit Butter bestrichenes Blech geformt, mit Ei bestrichen und gebacken. Wenn dieselben kalt geworden, werden sie durch eine kleine Oeffnung an der Seite mittelst einer Papierdüte mit Vanilleschlagrahm gefüllt, Zucker zum Bruch gekocht (siehe S. 78), in diesen getaucht, mit gehackten Pistazien bestreut und auf einer Serviette serviert.

2418. Meringuen mit Zitronen.

6 Eiweiß werden zu Schnee geschlagen und 250 Gramm Zucker nebst 15 Tropfen Zitronensaft mit dem Schnee vermischt. Von dieser Masse werden, wie unten beschrieben, Häufchen auf

Fig. 455.

Papier gesetzt und gebacken, vom Papier genommen, ausgehöhlt, ausgetrocknet, mit Zitronencreme gefüllt, je zwei und zwei zusammengesetzt, die Fugen mit Meringuenmasse verstrichen, noch einmal 5 Minuten in den Ofen gebracht und auf einer Serviette angerichtet. (Fig. 455.)

2419. Meringuen, gefüllt.

Von 6 Eiweiß und 250 Gramm Zucker stellt man eine Meringuenmasse her (s. Nr. 2207) und dressiert länglich geformte Meringuen mit dem Dressierbeutel oder einer Papierdüte auf Papier, legt sie auf ein Brett oder Blech, bestreut sie gut mit Zucker und backt d. h. trocknet sie im Ofen blaßgelb, nimmt sie vom Papier ab, nimmt das innere Weiche mittelst eines Löffels heraus, stellt die Schalen noch einmal zum Nachtrocknen und hebt sie zum Gebrauch in einem verschlossenen Gefäß auf. Zum Füllen verwendet man Schlagrahm mit Vanillezucker oder die verschiedensten Arten von Gefrorenem und setzt je zwei und zwei zusammen und serviert sie auf gefalteter Serviette.

2420. Merlitentörtchen.

Etwa 30 kleine, runde Förmchen werden mit 10 mal geschlagenem Butterteig ausgelegt und auf den Boden etwas Johannisbeergelee gegeben. 100 Gr. Zucker, 2 ganze Eier und 2 Eigelb rührt man leicht, giebt 100 Gr. fein gehackter Mandeln, 50 Gr. Kartoffel- oder Stärkemehl, 50 Gr. Butter und 2—3 geschlagene Eiweiß dazu, füllt die Masse in die Förmchen, streut Zucker darauf und backt sie in mäßig heißem Ofen.

2421. Mocken.

250 Gr. Zucker werden mit 7 Eiern gerührt, 60 Gr. Butter und 250 Gr. Mehl unter fortwährendem Umrühren beigefügt, Häufchen davon auf ein mit Speck bestrichenes Blech gesetzt, mit in Streifen geschnittenen Zitronenschalen belegt und gebacken.

2422. Nougats.

250 Gr. süßer, abgezogener Mandeln werden, wenn sie abgetrocknet, in längliche Stücke geschnitten und auf einem Backblech ausgebreitet, im Ofen nachgetrocknet. 200 Gr. fein gesiebten Zucker läßt man mit dem Saft einer halben, ausgepreßten Zitrone in einer Messingpfanne oder Zuckerkupferpfanne unter beständigem Rühren zergehen und giebt, wenn er anfängt, gelb und bräunlich zu werden, die Mandeln dazu, verrührt die Mandeln mit dem Zucker und benützt die warme Masse zum Auslegen der verschiedensten, mit Oel ausgestrichenen Blechformen, kleine, runde, ovale, Timbaleformen u. s. w. Die Nougatmasse kann mit dem Rollholz ausgerollt werden und dann in die Formen mit einer in Oel getauchten Zitrone angedrückt werden. Es muß dabei aber sehr schnell verfahren werden, da die Nougatmasse rasch kalt wird.

Für die oben beschriebene Nougatmasse streicht man kleine runde, nicht zu hohe Förmchen mit Oel oder Mandelöl aus, giebt in jedes etwas von der warmen Masse und streicht diese mit einer Zitrone in der Form gleichmäßig auseinander, läßt sie sodann erkalten, schneidet den Rand gleichmäßig und füllt die Nougats mit einem versüßten Schlagrahm oder Gefrorenen.

2423. Nußstangen.

90 Gr. Nußkerne und 90 Gr. roher Mandeln werden mit 2 Eiweiß fein gerieben, 375 Gr. Zucker und etwas Vanille darunter gearbeitet, auf Oblaten gestrichen, mit geschnittenen, abgezogenen Mandeln bestreut, in lange Streifen geschnitten und langsam gebacken.

2424. Ofenküchlein.

In ½ Liter siedender Milch giebt man 60 Gr. Butter und rührt 125 Gr. Mehl hinein und so lange auf dem Feuer ab, bis sich der Teig loslöst, giebt nach und nach 4 Eier daran, Zucker nach Belieben, setzt von dieser Masse Küchlein auf ein mit Mehl bestreutes Blech, bestreut sie mit Zucker, drückt in die Mitte eine Haselnuß groß von Eingemachtem und läßt sie schön gelb backen.

2425. Orangebrötchen. I.

2 ganze Eier nebst 2 Eigelb werden mit 250 Gr. Zucker gerührt, 60 Gr. Orangenschalen, 60 Gr. Zitronat und 250 Gr. Mehl auf dem Backbrett zusammengeschafft, ausgerollt und beliebig ausgestochen oder geschnitten, mit Ei bestrichen, auf einem mit Butter bestrichenen Bleche gelb gebacken und auf der Serviette angerichtet.

2426. Orangebrötchen II.

Auf 250 Gr. Hutzucker werden die Schalen von 2 Orangen abgerieben. Man stößt diesen Zucker fein, giebt 100 Gr. geriebener Mandeln, den Saft einer Orange, 40 Gr. Mehl, etwas Zimmet, sowie 2 geschlagene Eiweiß dazu, setzt davon auf Oblaten kleine Häufchen und backt diese in nicht zu heißem Ofen.

2427. Pariser Theebrot.

180 Gr. Zucker werden mit 2 Eiern schaumig gerührt, 360 Gr. Mehl, 15 Gr. Amon mit etwas Milch verdünnt dazu gegeben, diese Masse auf ein mit Butter bestrichenes Blech rund dressiert, mit Hagelzucker bestreut und rasch gebacken.

2428. Pfaffenbrot.

250 Gr. Mehl, 250 Gr. Zucker, 250 Gr. geschälter und länglich geschnittener Mandeln, 2 Messerspitzen Potasche werden

mit 1 Ei und 4 Eigelb zu einem steifen Teig geschafft, dieser stark messerrückendick ausgerollt, in fingerslange und 2 Finger breite Streifen geschnitten, auf ein mit Mehl bestreutes Blech gesetzt und schön gelb gebacken.

2429. Pfeffernüßchen.

250 Gr. Zucker werden mit 4 Eiern leicht gerührt, dann 8 Gr. Zimmet, 4 Gr. Nelken, von einer halben Zitrone das Gelbe fein geschnitten und so viel feines Mehl dazu gerührt, daß man die Masse auf dem Backbrett wirken kann. Den Teig rollt man nicht zu dünn aus, sticht mit dem Ausstecher beliebige Figuren aus, setzt sie auf ein mit Speck bestrichenes Blech und backt sie schön hellgelb.

2430. Pomeranzenbrot.

250 Gr. gesiebten Zucker rührt man mit 2 ganzen Eiern und 2 Eigelb so lange, bis die Masse so leicht wie Bisquitmasse ist, schneidet von einer Zitrone und einer frischen Pomeranze die Schale oder 30 Gr. Pomeranzenschalen, eben so viel Zitronat, rührt dies nebst 250 Gr. feinem Mehl an den Zucker, formt hieraus fingergroße Würstchen, macht mit dem Messer kleine Schnitten darüber, legt in diese Einschnitte Streifen von Pomeranzenschale und backt sie langsam.

2431. Portugieserschnitten.

Hiezu wird eine Masse wie zu Englische Schnitten (siehe Nr. 2373) bereitet; dazu kommen noch 125 Gr. Zitronat, 125 Gr. Orangeat, 250 Gr. Zibeben und 250 Gr. Rosinen. Die Masse wird in Kapseln gefüllt, gebacken und, wenn das Gebäck erkaltet, in Tranchen geschnitten, dieselben auf beiden Seiten im Ofen schön gelb geröstet und auf der Serviette angerichtet.

2432. Prinzessenküchlein.

375 Gr. Butter werden schaumig gerührt, nach und nach 10 Eigelb mit 375 Gr. Zucker darunter gerührt, 180 Gr. mit 2 Eiweiß geriebener, abgezogener Mandeln, etwas Zimmet, Nelken, der Schnee von 10 Eiweiß und 375 Gr. Mehl dazu gemischt, die Masse löffelweise auf ein mit Butter bestrichenes Blech gesetzt, mit gehackten Mandeln bestreut, schön gelb gebacken, mit Zucker bestreut und auf der Serviette angerichtet.

2433. Punschschnitten.

Von der in Nr. 2348 beschriebenen Masse werden zwei Kapseln, etwa fingerbreit hoch, gebacken, aus dem Papier genommen und die eine Kapsel mit Arac oder Rum getränkt und mit Aprikosenmarmelade bestrichen, die zweite Kapsel ebenfalls getränkt und auf die erste gelegt, in viereckig-länglich-egale Schnitten geschnitten, mit Punschglasur glaciert, getrocknet und auf der Serviette angerichtet.

2434. Rahmküchlein.

750 Gr. Mehl werden mit 400 Gr. Butter, 100 Gr. Zucker, 4 Deziliter Rahm zu einem Teig angewirkt, den man messerrückendick ausrollt, beliebige Stückchen und Figuren daraus schneidet, diese mit Eigelb bestreicht, kleingewiegte, süße Mandeln, Zitronenschale, gestoßenen Zucker und Zimmet darauf streut und auf Blechen backt. Man kann runde Böden ausstechen, mit einem Rande versehen, mit Eingemachtem füllen, mit dem gleichen Teig bedecken und mit Eigelb bestreichen und backen.

2435. Reimserbisquit.

180 Gr. Zucker werden mit 6 ganzen Eiern und 5 Gelben auf dem Feuer warm geschlagen, dann wieder kalt. Man giebt sehr vorsichtig nach und nach 150 Gr. zerlassener Butter und alsdann 90 Gr. Kartoffelmehl und 90 Gr. Mehl dazu, füllt die Masse in kleine, flache, ausgebutterte und mit Mehl ausgestaubte Formen und backt sie in mäßig warmem Ofen.

2436. Sandmasse zu kleinen Desserts.

125 Gr. Butter wird schaumig gerührt, 125 Gr. Zucker, 1 ganzes Ei und 2 Gelbe 1/2 Stunde mitgerührt, 150 Gr. Mehl, die abgeriebene Schale einer Zitrone dazugegeben, in einer Papierkapsel gebacken, um dann, wenn erkaltet, zu allen möglichen Dessertstückchen, rund, lang, mit Ausstecher ausgestochen, glaciert und gefüllt verwendet werden zu können.

2437. Sandküchlein.

250 Gr. Butter werden leicht gerührt und nach und nach 3 Eigelb dazu gerührt, ebenso 3 Eßlöffel Zucker und zuletzt 300 Gr. Mehl. Von dieser Masse sticht man runde Küchlein aus, bestreicht sie mit Eigelb und backt sie in heißem Ofen.

2438. SS gebacken.

375 Gr. feines Mehl, 250 Gr. frischer Butter, 125 Gr. gesiebter Zucker und das Gelbe von 6 Eiern werden zu einem Teige geschafft, dieser auf dem Backtisch fingerdick dressiert, lateinische S daraus geformt, auf ein mit Butter bestrichenes Blech gelegt, mit Eiweiß bestrichen, mit Hagelzucker überstreut und gelb gebacken.

2439. SS gebacken mit Mandeln.

Man rührt 375 Gramm Butter sehr leicht, giebt nach und nach 125 Gr. abgezogener und feingestoßener Mandeln dazu, ebenso 125 Gr. gesiebten Zucker, die Schale einer Zitrone, 5 Eigelb und zuletzt 250 Gr. feines Mehl. Man schafft den Teig auf dem Backbrett und dressiert ihn zu S, setzt sie auf ein mit Mehl bestreutes Blech, bestreicht sie mit Eiweiß, bestreut sie mit Zucker und backt sie in einem nicht zu heißen Ofen.

2440. Sandtortenschnitten.

150 Gr. Butter werden recht schaumig gerührt; man giebt 150 Gramm Zucker, 1 gehackte Zitronenschale, 3 ganze Eier und 1 Eigelb und zuletzt noch 150 Gr. Puder daran. Ist dies gut zusammengerührt, füllt man die Masse in eine Papierkapsel und schneidet das Gebackene, wenn erkaltet, in Schnitten, welche man auf einer Serviette anrichtet und serviert.

2441. Schaumchampignons.

180 Gramm Mandeln, worunter einige bittere, werden mit etwas Wasser fein gerieben, mit 1 Eiweiß und 375 Gr. Zucker auf gelindem Feuer abgerührt. Während dieser Zeit werden 8 Eiweiß zu steifem Schnee geschlagen, unter obige erkaltete Masse gerührt und davon mittelst einer Blechspritze oder Papierdüte auf ein mit Wachs bestrichenes Backblech kleine Häufchen gesetzt, dieselben mit geriebener Chocolade bestreut und langsam gebacken. Nachdem sie vom Blech abgelöst, werden je 2 zusammengeklebt und auf der Serviette angerichtet serviert.

2442. Schnitz- und Hutzelbrot.

5½ Liter guter Birnschnitze oder Hutzeln und Zwetschgen kocht man jedes besonders weich, steint die Zwetschgen aus und verliest die Schnitze pünktlich, daß Köpfchen, Stiele und Steine heraus kommen. 500 Gr. großer und kleiner Rosinen, gut verlesen und gewaschen, läßt man mit 1 Glas Wein aufquellen, nimmt 500 Gramm geschälter Mandeln, 60 Gr. Nüsse, die Schale von 2 Zitronen, 90 Gr. Pomeranzenschalen, 90 Gr. Zitronat, schneidet dies alles gröblich, stößt 60 Gramm Zimmet, 15 Gr. Nelken grob, verliest 30 Gr. Fenchel und 60 Gr. Anis sauber und schafft dann alles zusammen unter die Schnitze und Zwetschgen. Wenn die Brühe der Schnitze und Zwetschgen bis auf ½ Liter eingekocht ist, wird sie dazu gegeben. Vom Bäcker nimmt man 8 Pfund reifen Brotteig und schafft ihn nebst 6 Löffeln Bierhefe und 500 Gr. Mehl gut unter die Schnitzmasse. Sollte der Teig noch zu gering sein, so wirkt man noch etwas mehr Mehl hinein und läßt die Masse in dem Geschirr zugedeckt, bis sie in einigen Stunden aufgegangen ist. Alsdann macht man Laibchen von ½ bis 1 Kilo schwer, in länglicher oder runder Form daraus, läßt sie wieder gehen und backt sie dann in gutem Ofen. Nach dem Backen kann man sie so lassen oder mit Zuckerwasser bestreichen. Man kann auch 1 Kilo Feigen dazu nehmen, die man im Wein aufkocht. Hauptsächlich ist darauf zu sehen, daß alles in gleicher Wärme und nichts zu kalt dazu kommt, sonst wird das Brot fest.

2443. Schweizerbatzen.

250 Gr. gesiebter Zucker werden mit 3 ganzen Eiern leicht gerührt, dann werden 250 Gr. geschälter Mandeln, 30 Gramm Pomeranzenschalen, 30 Gr. Zitronat und die Schale einer Zitrone feingeschnitten und an die Masse leicht gerührt, zuletzt siebt man 200 Gr. feines Mehl hinein und setzt nußgroße Häufchen auf ein Blech mit Wachs bestrichen und backt diese in nicht zu heißem Ofen.

2444. Sprengerlen.

500 Gr. gut getrockneter Zucker werden mit 4 Eiern eine Stunde lang gerührt, die Schale von einer Zitrone abgerieben und nebst 500 Gr. auf dem Ofen getrockneter und gesiebten Mehl mit einer Messerspitze gereinigter Potasche in den Zucker geschafft. Dann läßt man den Teig 1—2 Stunden ruhen. Hernach nimmt man von dem Teig ein Stück auf das Nudelbrett und rollt dies einen starken Messerrücken dick aus. Die Sprengerlesmödel werden gut mit Mehl bestaubt, das Ausgerollte auf den Model gelegt, mit den Fingern fest gedrückt, daß die Figur auf den Teig kommt, die ausgedrückten Stückchen behutsam abgenommen und egal geschnitten. Zu dem abgeschnittenen Teig wird immer wieder frischer genommen und so fortgefahren, bis der Teig zu Ende ist. Die Bleche werden nun mit Butter bestrichen, mit rein ausgelesenem Anis bestreut, die Sprengerlen darauf gelegt und über Nacht stehen gelassen, doch in einem kühlen Zimmer. Andern Tags backt man sie in einem nicht zu heißen Ofen.

Das Bisquit- oder Stärkemehl ist zu denselben nicht so gut, als das gewöhnliche, feine, sogenannte Schwingmehl.

2445. Sultanschnitten.

100 Gr. Zucker, 50 Gr. feines Mehl und 30 Gr. mit 4 Eiern gerührter Butter werden durcheinander gearbeitet, die

Masse in eine mit Butter bestrichene, längliche Form gefüllt und im Ofen gebacken. Ist die Schnitte erkaltet, so wird sie mit folgendem Zucker überzogen: mehrere Stücke Zucker werden in etwas Wasser dick eingekocht, dann etwas Arak dazu geschüttet und so lange gerührt, bis der Zucker wieder weiß und dick ist, die Schnitten damit glaciert, im Ofen abgetrocknet und serviert.

2446. Tellerbrot.

Einige Scheiben Roggenbrot werden geröstet, fein gestoßen und gesiebt, hierauf 125 Gr. frischer Butter leicht gerührt, 2 ganze Eier und 4 Eigelb dazu geschlagen, 125 Gr. gestoßener Zucker, etwas Zimmet und zuletzt 100 Gr. von dem gesiebten Brot dazu gerührt. Von dieser Masse setzt man kleine Häufchen auf ein mit Wachs bestrichenes Blech, bestreut sie mit gehackten Mandeln und Zucker und backt sie langsam im Ofen.

2447. Vanillebrezeln.

250 Gr. Mehl, 135 Gr. in Stücke geschnittener Butter, 60 Gr. Zucker, 20 Gr. Vanillezucker werden mit 2 Eiern zu einem Teig angewirkt, daraus kleine Brezeln geformt, diese in nicht zu heißem Ofen gebacken und mit Vanilleglasur glaciert.

2448. Vanilleplätzchen.

Der Schnee von 3 Eiweiß und 125 Gr. Zucker werden $1/2$ Stunde gerührt und mit etwas gestoßener Vanille vermischt. Rund geschnittene Oblaten legt man auf ein Blech, bringt auf jede $1/2$ Löffel von der Masse und backt dies bei ganz gelinder Wärme. Statt der Vanille kann man jedes andere Gewürz nehmen und der Masse auch einige Löffel Mehl beifügen.

2449. Weinröllchen.

4 Eigelb werden mit $1/2$ Liter Wein abgeschlagen, 1 abgeriebene Zitrone, gestoßener Zimmet und Zucker dazugegeben und so viel Mehl beigefügt, daß man einen Teig wie Waffelteig erhält. Dieser wird in einem glatten Eisen gelb gebacken, warm um ein rundes Holz gewickelt und serviert.

2450. Wienerbrötchen.

5 Eiweiß werden zu Schnee geschlagen, 250 Gr. Zucker, gehackte Zitronenschale und 125 Gr. Mehl darunter geschafft, davon kleine Häufchen auf ein mit Mehl bestaubtes Blech

gesetzt, mit Zucker bestreut, schön gelb gebacken, angerichtet und serviert.

2451. Wiener Ringe.

½ Pfund Butter wird leicht gerührt, ½ Pfund Zucker, 3 ganze Eier und 4 Eigelb, ½ abgeriebene Zitrone und zuletzt 1 Pfund Mehl wird nach und nach dazugegeben, der Teig möglichst schnell zusammen gemacht, Mehl und Eier erwärmt. Von dieser Masse formt man Ringe oder drückt den Teig in eine Holzform, setzt die Ringe auf ein mit Butter bestrichenes Blech, streicht sie mit Ei an, streut Hagelzucker darüber nnd backt sie in nicht zu heißem Ofen.

2452. Zimmetküchlein.

250 Gr. Mehl, 125 Gr. Zucker, 125 Gr. Butter, 15 Gr. Zimmet, 65 Gr. guter, saurer Rahm, 1 ganzes Ei und 2 Eigelb werden zu einem Teig geknetet, ausgerollt, runde Küchlein ausgestochen, mit Ei bestrichen, mit Hagelzucker bestreut, gebacken und angerichtet.

2453. Zimmetschwämme.

4 Eiweiß werden zu festem Schnee geschlagen, 100 Gr. gestoßener Zucker, 60 Gr. gut getrocknetes Mehl und 8 Gr. Zimmet langsam darunter gearbeitet. Von dieser Masse werden auf ein mit Wachs bestrichenes Blech kleine Häufchen mittelst einer Blechspritze oder Papierdüte aufgesetzt. Diese werden mit gehackten Mandeln bestreut, mit Zucker bestaubt und in gelindem Ofen gebacken.

2454. Zimmetsterne.

Der Schnee von 3 Eiweiß wird mit 250 Gr. gesiebtem Zucker ½ Stunde gerührt. Inzwischen werden 250 Gr. ungeschälter Mandeln ausgelesen, mit einem reinen Tuche abgerieben, fein gestoßen, im Mandelreiber gerieben oder gewiegt, ebenso die Schale einer Zitrone, alles zusammen mit 15 Gr. gestoßenem Zimmet vermengt. Die Masse läßt man entweder über Nacht oder doch vor dem Gebrauch zugedeckt einige Stunden stehen. Aus dieser Masse wird auf dem mit Mehl und Zucker bestaubten Backbrett der Teig gewirkt, halb fingerdick ausgewellt, mit einer Sternform ausgestochen und auf ein butterbestrichenes Blech nicht zu nahe an einander gelegt. Man läßt die Sterne einige Stunden trocknen und backt sie in nicht zu heißem Ofen.

Folgende Glasur wird zum Glacieren der Zimmetsterne benützt. Entweder läßt man etwa 4—5 Eßlöffel von der leicht gerührten Eiweiß- und Zuckermasse zurück und glaciert hiemit die Sterne und giebt sie zum Trocknen in den Ofen, oder man schlägt 1 Eiweiß zu Schnee, rührt 80 Gramm Zucker und 15 Gr. Zimmet so lange damit, bis die Masse ganz leicht und dick ist, und glaciert damit die Zimmetsterne.

2455. Zimmetsterne mit Chokolade.

500 Gr. Mandeln werden auf dem Reibeisen fein gerieben, 6 Eiweiß zu Schnee geschlagen und mit 125 Gr. feingesiebtem Zucker 1 Stunde lang gerührt. 30 Gr. feingestoßener Zimmet, 1 Tafel Chokolade, sowie die Schale von 2 Zitronen, auf dem Reibeisen abgerieben, werden nebst dem Saft von einer halben Zitrone hinzugethan, alles gut mit einander vermengt, die Masse auf dem Backbrett mit Mehl und Zucker messerrückendick ausgewellt, mit einer Sternform ausgestochen, auf ein mit Butter bestrichenes Blech gelegt und, wenn sie gebacken, glaciert, wie vorher schon gesagt.

2456. Zimmetsterne, falsche.

6 ganze Eier werden mit 500 Gr. Zucker, welcher fein gesiebt sein muß, ½ Stunde stark gerührt, 30 Gr. grob gestoßener Zimmet, die abgeriebene Schale einer Zitrone und 500 Gr. feines Mehl hinein geschafft, mit Ausnahme dessen, was man zum Ausrollen nötig hat. Wenn der Teig ausgerollt ist, so sticht man mit dem Ausstecher Sterne aus, läßt diese über Nacht stehen und backt sie auf einem mit Butter bestrichenen Blech in einem nicht zu heißen Ofen. Glaciert mit oben schon beschriebener Glasur.

2457. Zimmetwürstchen.

6 Eiweiß werden zu Schnee geschlagen, mit 250 Gr. gesiebtem Zucker und dem Saft einer halben Zitrone leicht gerührt, 30 Gr. gestoßener Zimmet, 2 Gr. Nelken und die geschnittene Schale einer Zitrone hineingerührt, 250 Gr. ungeschälter Mandeln, die der Länge nach geschnitten, werden dazu gegeben, halbfingerlange Würstchen auf ein mit Wachs bestrichenes Blech gesetzt, gebacken und mit einer Zuckerglasur leicht glaciert.

2458. Zitronenbrot.

2 Eier werden mit 250 Gr. fein gesiebtem Zucker so lange gerührt, bis die Masse dick ist, dann reibt man das Gelbe

von einer Zitrone am Zucker ab und giebt dies nebst dem Saft und 250 Gr. vom feinsten Mehl in das Gerührte, rollt die Masse stark messerrückendick aus, sticht sie mit kleinen Formen aus, läßt sie einige Stunden stehen und backt sie in nicht zu heißem Ofen auf mit Wachs bestrichenen Blechen.

2459. Zuckerbrezeln. Erste Art.

250 Gr. Mehl, 125 Gr. Butter, 125 Gr. feiner Zucker, 1/8 Liter saurer Rahm und 3 Eigelb werden auf dem Nudelbrett zu einem Teig angewirkt, kleine Brezeln daraus geformt, diese auf ein mit Butter bestrichenes Blech gelegt, mit Ei bestrichen, mit gehackten oder gewiegten Mandeln und Zucker bestreut und in nicht zu heißem Ofen gebacken.

2460. Zuckerbrezeln. Andere Art.

250 Gr. Mehl, 125 Gr. Butter, 125 Gr. Zucker und 1 ganzes Ei werden zu einem Teig gewirkt, hievon kleine Brezeln geformt, mit Ei bestrichen, mit feinem Hagelzucker bestreut und im warmen Ofen gebacken.

2461. Ulmer Zuckerbrot.

2 Pfund Mehl wird in eine Schüssel gesiebt und zur Wärme gestellt. Von der Hälfte des Mehls wird mit 1/4 Liter lauwarmer Milch und 3 Löffeln frischer, dicker Bierhefe oder Preßhefe ein Vorteig gemacht. Ist dieser gegangen, so giebt man 1 Pfund Zucker, 1/8 Liter Rosenwasser, 4 ganze Eier, etwas Fenchel und das übrige Mehl dazu, arbeitet alles gut zusammen, macht aus dem Teig lange Laibe, die man etwas breit drückt und dann gehen läßt, schneidet sie dann der Länge nach halb durch und backt sie einem guten Ofen.

2462. Zuckerkränzchen.

100 Gr. Zucker, 20 Gr. frischer Butter, 2 Eigelb, 1 ganzes Ei und etwas Zimmet werden mit 250 Gr. Mehl auf dem Backbrett verarbeitet. Wenn der Teig 1/2 Stunde gelegen, so werden Kränzchen daraus geformt, auf ein mit Butter bestrichenes Blech gesetzt, mit Ei bestrichen und gebacken.

2463. Zuckerringe.

250 Gr. Mehl, 125 Gr. Butter 125 Gr. Zucker, 1 ganzes Ei, nebst 2 Eigelb, 8 Gr. Zimmet und 3 Gr. Nelken werden zu einem Teig geknetet. Nachdem derselbe in die Kälte oder aufs Eis gestellt, werden nach 1 Stunde Ringlein davon ge-

formt, auf ein mit Butter bestrichenes Blech gelegt, mit Ei bestrichen, Hagelzucker darauf gestreut, schön gelb gebacken und angerichtet.

2464. Zuckerschnitten.

125 Gr. Zucker werden mit 3 ganzen Eiern schaumig gerührt, 150 Gr. zerlassener Butter, 125 Gramm gewaschener Rosinen, 250 Gramm feines Mehl und gehackte Orangenschale dazu geschafft, auf ein mit Butter bestrichenes und mit Zucker bestaubtes Randblech halbfingersdick aufgestrichen, mit länglich geschnittenen, abgezogenen Mandeln bestreut, schön gelb gebacken, rund ausgeschnitten oder länglich viereckige Tranchen geschnitten, gezuckert und auf der Serviette angerichtet.

2465. Zuckerstangen.

250 Gr. Zucker werden mit 250 Gr. Butter und 250 Gr. Mehl nebst 4 Eigelb zu einem Teig auf dem Backbrett gearbeitet, fingerdicke Stangen ausgerollt, 20 cm lang geschnitten, auf ein mit Mehl bestrichenes Blech gesetzt und in nicht zu heißem Ofen gebacken.

24.

Creme, kalte Puddinge und süsse Sulzen (Gelees).

Bei der Zubereitung der verschiedenen Arten von Creme ist vor allem nötig, daß die zu verwendenden Zuthaten von feinstem Geruch und Geschmack und die in Anwendung kommenden Geschirre durchaus rein sind. Hauptsächlich eignen sich zum Warmaufschlagen emaillierte Blechtöpfe, messingene und gut verzinnte, kupferne Geschirre. Zur weiteren Bereitung giebt man die Creme am besten in Porzellan, Steingut oder irdene Schüsseln. Sehr zu beachten ist beim Kochen der Creme, daß gleich bei dem Zusetzen mit dem Schlagen begonnen wird und so lange fortgesetzt wird, bis die Creme ans Kochen kommt. Alsdann wird sie vom Feuer genommen, durch ein Sieb in eine Schüssel passiert, das Schlagen dabei langsam fortgesetzt, bis die Creme völlig erkaltet ist. Da die Creme sehr leicht gerinnen, namentlich wenn kein Mehl, sondern nur Eier in denselben sind, so ist die größte Vorsicht nötig. Gerinnt trotzdem eine Creme, so suche man mit einigen Tropfen kaltem Wasser oder kalter Milch durch Aufschlagen dieselbe wieder glatt zu bringen; falls es nicht gelingt, streicht man sie durch ein feines Haarsieb.

Beim Anrühren der Flüssigkeiten mit den Eiern sind letztere gut zu verrühren.

Das zu den meisten Cremen und süßen Sulzen verwendete Bindemittel ist die Gelatine oder noch besser die Hausenblase und ist ihre Zubereitung zum Gebrauch (Seite 82, Ziff. 24 und Ziff. 25) beschrieben. Beide Stoffe sollen erst gut aufgekocht und glatt gerührt, unter die noch warme Creme gemischt werden. Bis diese erkaltet ist, fährt man mit dem langsamen Schlagen fort.

Die verschiedenen Arten der Creme will ich in nachfolgenden Arten unterscheiden und beschreiben.

a) Im Wasserbad oder Dampf gekochte Eiercreme heißen: „Englische Creme".
b) Abgeschlagene Creme mit Bindemittel, ohne Schlagrahmschnee, heißen: „Französische Creme".
c) Flüssige Creme mit Schlagrahmschnee ohne Bindemittel.
d) Gestürzte Creme mit Schlagrahmschnee und Bindemitel heißen: „Bayerische Creme".

Weitere Creme und Zusammenstellungen von solchen und solche mit Eiweiß folgen in e.

Ebenfalls in:

e) Verschiedene kalte Puddinge, süße Speisen, Creme u.s.w.
f) Süße Sulzen oder Gelees.

a. Englische Creme oder gekochte Eiercreme.

Diese Creme aus Eiern, Rahm oder Milch, mit irgend einem Geschmack, werden kalt zusammengestellt, in kleine Porzellanbecher (Kaffeeschüsseln) oder Porzellanschüsseln (Gratinschüsseln), auch Timbaleformen u. s. w. gefüllt und im heißen Wasserbad mit aufgelegtem Deckel langsam gedämpft, bis die Creme gestockt ist. Hiebei ist vor allem darauf zu sehen, daß das Wasser wohl heiß, doch niemals kochend sein darf, da dadurch die Creme gerinnen, Wasser ziehen, mit Bläschen durchlöchert sind und dann nichts mehr vorstellen. Die Becher, Schüsseln oder Formen werden auf gefalteter Serviette zu Tische gegeben oder die dann vorher ausgebutterten Formen, wenn sie erkaltet, auf eine runde Platte gestürzt.

Es ist wohl am besten, von der Creme, bevor man sie aufsetzt, eine kleine Probe in einem kleinen Becherförmchen zu machen und, ist diese genügend fest, sie einzufüllen und fertig zu machen.

Gut ist es auch, um ein Kochen zu vermeiden, auf den Boden des Marienbades ein Tuch oder dichtes Papier zu legen und dann erst die Form in das Wasser zu stellen. Um sicher zu sein, daß die Creme fertig ist, sticht man mit einer Nadel in dieselbe, ist diese beim Herausziehen durchaus heiß und hängt nichts mehr an ihr, so ist die Creme fertig.

2466. Englische Creme mit Caramel.

125 Gr. Zucker wird in einem Pfännchen zu Caramel gekocht; man giebt ein wenig Wasser dazu und läßt ihn schmelzen, 4 Eigelb und 4 ganze Eier werden zusammengeschlagen, sodann giebt man 5/8 Liter Rahm dazu, sowie 60 Gr. gestoßenen Zucker und den aufgelösten Caramel, füllt die durch ein Sieb gegossene Creme nun entweder in Becherformen oder in eine Porzellanschüssel, kocht dieselbe im Wasserbade, wie oben gesagt, und serviert sie.

Eine Vanillesauce kann dazu serviert werden.

2467. Englische Creme von Chocolade.

125 Gr. Chocolade werden warm geschmolzen mit 60 Gr. Zucker, 5/8 Liter Milch und Rahm, 4 ganzen Eiern und 4 Eigelb angerührt und behandelt, wie oben gesagt. Vanillesauce mit etwas Schlagrahm wird hiezu gegeben.

2468. Englische Creme von Kaffee.

125 Gr. guter Kaffee wird frisch hellbraun geröstet, etwas zerstoßen und mit 3/4 Liter siedender Milch und Rahm übergossen, luftdicht verschlossen und kalt gestellt. 5 ganze Eier, 5 Eigelb und 180 Gr. Zucker werden mit dem durch ein Sieb gegossenen Kaffeerahm angerührt, in eine mit Butter gestrichene Form gefüllt und gekocht, wie oben gesagt. Man kann eine Vanillesauce dazu servieren.

2469. Englische Creme von Kirschen.

Ein Pfund abgezupfter, guter Kirschen stößt man klein und preßt sie durch ein Sieb. Hierauf rührt man in einem hohen Topfe 12 Eier, ein Gläschen Wein, 120 Gr. Zucker, mit dem Gelben einer Zitrone abgerieben, dann gestoßen, etwas gestoßenen Zimmet und den Kirschensaft recht untereinander, setzt den Topf mit der darin befindlichen Masse auf schwaches Kohlenfeuer, rührt so lange, bis sie in die Höhe steigt und zu einem dicken Schaume wird, welchen man in Tassen gießt, darin erkalten läßt und serviert.

2470. Englische Creme von Mandeln.

125 Gr. süßer Mandeln werden abgezogen, mit einigen Löffeln Rahm oder Milch fein gestoßen, mit 1/4 Liter Rahm, 90 Gr. Zucker auf dem Feuer zum Kochen gerührt, wenn erkaltet, 4 ganze Eier und 4 Eigelb dazu geschlagen, durch ein Sieb gegossen und im übrigen ebenso behandelt, wie die obigen. Von Pistazien ebenso hergestellt.

2471. Englische Creme von gerösteten Mandeln.

125 Gr. gerösteter, frischer Mandeln werden mit 4 Eigelb und 4 ganzen Eiern im Reibstein sehr fein gerieben, mit 60 Gr. Zucker und ¾ Liter Rahm und Milch angerührt, in die Form gefüllt und gekocht wie obige Creme. Hiezu paßt Vanille- oder Chocoladesauce.

2472. Englische Creme von Rum.

¾ Liter Milch wird mit 180 Gramm Zucker, 5 ganzen Eiern, 4 Eigelb und ¼ Liter Rum kalt zusammen geschlagen, in die Form gefüllt und gekocht, wie oben gesagt. Hiezu paßt eine Chaudeausauce mit Rum oder Früchtensauce. Es können auf diese Art Creme von den verschiedensten Sorten Likören gekocht werden.

2473. Englische Creme von Schwarzbrot.

30 Gr. bitterer und 90 Gr. süßer Mandeln werden abgeschält und auf einem Reibeisen ganz fein gerieben, wie auch 90 Gr. Schwarzbrot, dann werden 90 Gr. Zucker fein gestoßen, von einer Zitrone die Schale abgerieben und dieses zusammen auf gelindem Feuer durchgerührt und zur Wärme gestellt. Dann wird ein kleiner Eßlöffel Mehl mit etwas Milch glatt gerührt, 8 Eigelb nach und nach dazu gegeben, nebst 1½ Liter süßem Rahm unter beständigem Rühren aufs Feuer gesetzt, bis es dick wird; ist es nicht süß genug, wird noch mehr Zucker genommen, dann wird das Brot dazu gegeben und, wenn alles durchgerührt ist, giebt man die Creme in eine Porzellanschüssel und serviert sie.

2474. Englische Creme von Thee.

Wird wie in Nr. 2468 behandelt.

2475. Englische Creme von Vanille.

Fig. 456.

½ Liter Rahm und Milch wird mit 180 Gr. Zucker und 1 der Länge nach gespaltenen Stange Vanille aufgekocht, etwa ¼ Stunde ausgekocht und dann kalt gestellt. 4 ganze Eier und 4 Eigelb werden zerrührt, die Vanillemilch durch ein Sieb daran gegossen und sodann Tassen oder eine Porzellanschüssel damit gefüllt und weiter behandelt wie die obigen Rezepte.

b. Französische Creme.

Bei den französischen Cremen wird die Creme mit dem Geschmack, dem Rahm oder der Milch und den Eigelb erst abgezogen, dann aufgeschlagen, die Gelatine darunter gemischt und die Creme kalt gerührt, in eine mit Mandelöl ausgestrichene Form gefüllt, diese ins Eis gesetzt und, wenn sie gestockt, gestürzt, indem man, wenn die Form nicht mit Mandel-Oel ausgestrichen ist, diese erst einen Augenblick in warmes Wasser taucht, auf eine runde Platte giebt und sie so oder mit irgend einer passenden Sauce oder kleinem Backwerk serviert. Aus den mit Mandelöl ausgestrichenen Formen läßt sich die Creme von selbst auf die Platte stürzen, indem man erst rings am Rand der Form die Creme von derselben loslöst.

Auf eine mittelgroße Form mit Cylinder für etwa 6 bis 8 Personen rechnet man 5—6 Eigelb, $^3/_4$ des Gehalts der Form, etwa $^1/_2$ Liter Rahm oder Milch, 25 Gr. (12—13 Blatt) Gelatine oder Hausenblase. Um sich zu überzeugen, ob die Creme genügend fest, ist es gut, eine kleine Probe vor dem Einfüllen zu machen.

2476. Französische Creme von Chokolade.

75 Gr. Chokolade läßt man schmelzen. $^3/_4$ der Form Rahm oder Milch rührt man mit 5 Eigelb, etwas Vanille und gestoßenem Zucker auf schwachem Feuer zu einer Creme bis ans Kochen, passiert sie in eine Porzellanschüssel, rührt, so lange sie lauwarm ist, 25 Gramm aufgekochter Gelatine oder Hausenblase dazu, gießt sie in die zugerichtete Form, setzt sie in Eis und läßt sie darin stocken, stürzt die Creme auf eine runde Platte, umlegt sie mit kleinen Bisquits oder serviert eine Fruchtsauce extra dazu.

2477. Französische Creme von Kaffee.

75 Gr. feinen Kaffee röstet man und giebt $^3/_4$ der Form kochende Milch oder Rahm an den heißen Kaffee, deckt ihn gut zu und läßt ihn stehen. Wenn er erkaltet, wird er passiert, 5 Eigelb und 80 Gr. Zucker dazu gerührt, auf dem Feuer bis ans Kochen aufgeschlagen, in eine Schüssel passiert, 25 Gr. Gelatine oder Hausenblase darunter gegeben und beendet, wie in voriger Nummer gesagt.

2478. Französische Creme von Mandeln.

100 Gr. geschälter, süßer Mandeln werden mit etwas Rahm fein gestoßen, $^1/_4$ Stange Vanille dazu gegeben und $^3/_4$ der

Form kochende Milch oder Rahm daran gegeben und zugedeckt, zur Seite gestellt. Zu 5 Eigelb giebt man den durch ein Sieb passierten Rahm, den nötigen Zucker, rührt 25 Gr. Gelatine oder Hausenblase daran und macht die Creme, wie oben beschrieben, fertig.

2479. Französische Creme von Maraskino.

¾ der Form mit Rahm oder Milch gefüllt, wird mit 5—6 Eigelb, ¼ Stange Vanille und 80 Gr. Zucker auf dem Feuer bis ans Kochen aufgeschlagen; man passiert die Creme in eine Schüssel, giebt 25 Gr. Gelatine oder Hausenblase, sowie 1 Deziliter Maraskino dazu und fertigt die Creme, wie oben erwähnt. Von anderen Likören ebenso hergestellt.

2480. Französische Creme von Thee.

Auf 30 Gr. feinen Thee gießt man ¾ der Form siedende Milch oder Rahm, läßt denselben etwa 2—3 Minuten zugedeckt ziehen, passiert ihn zu 5—6 Eigelb, giebt 80 Gr. Zucker dazu, schlägt die Creme auf dem Feuer bis ans Kochen und vollendet sie mit 25 Gr. Gelatine oder Hausenblase, wie oben schon gesagt.

2481. Französische Creme von Vanille.

Zu ½ Liter Milch oder Rahm giebt man ½ Stange der Länge nach zerteilte Vanille und läßt diese etwa 10 Minuten kochen. 5—6 Eigelb rührt man mit dem erkalteten Rahm oder Milch, sowie mit 80 Gr. Zucker an und schlägt dies auf dem Feuer bis ans Kochen auf und passiert die Creme in eine Steingutschüssel, giebt 25 Gr. Gelatine oder Hausenblase darunter und vollendet die Creme, wie oben gesagt.

2482. Französische Creme von Aprikosen.

6—8 schöne, reife Aprikosen werden mit 125 Gr. Zucker zu einer dicklichen Marmelade gekocht und durchs Sieb passiert. 5—6 Eigelb werden mit 60 Gr. Zucker, ½ Liter Rahm oder Milch auf dem Feuer bis ans Kochen aufgeschlagen, 25 Gr. Gelatine oder Hausenblase dazugerührt und diese Creme nach und nach unter die Aprikosenmarmelade gegeben und wie oben vollendet.

c. Creme mit Schlagrahmschnee.

Zu dieser Creme ist vor allem ein sehr guter, dicker, süßer Rahm nötig, der sich schön fest schlagen läßt. Sehr angenehm und erfrischend, dabei leicht und rasch herzustellen ist der geschlagene Rahm mit Zugabe von frischen Früchten, ebenso wie von verschiedenstem Geruchzucker. Man richtet diese Creme auf Glasschalen oder tiefen Porzellanschüsseln an und serviert diese recht kalt, umlegt mit kleinen Bisquits.

2483. Schlagrahmschnee von Aprikosen.

½ Liter dicker, süßer Schlagrahm, den man einige Stunden ins Eis gesetzt hat, wird zu festem Schnee langsam aufgeschlagen und zum Abtropfen auf ein Sieb gegeben. 10 bis 12 große Aprikosen werden vom Kern befreit und durch ein Sieb gestrichen, das Purée mit etwa 180 Gr. Zucker verrührt und der Schlagrahm kurz vor dem Anrichten langsam unter die Marmelade gemischt, auf tiefer Schüssel erhaben dressiert, mit kleinen Bisquits umlegt und serviert.

2484. Schlagrahmschnee von Ananas.

Eine halbe, geschälte Ananasfrucht wird geschnitten und dann gestoßen, das damit gewonnene Mark mit dem nötigen Zucker vermischt und zuletzt mit dem festgeschlagenen Rahm.

2485. Schlagrahmschnee von Chokolade.

125 Gr. geriebener Chokolade wird mit 50 Gr. Vanillezucker unter ½ Liter festgeschlagenen Rahm gemischt.

2486. Schlagrahmschnee von Erdbeeren.

Zu einem Liter Walderdbeeren, durchs Sieb getrieben, giebt man den nötigen Zucker, stellt das Purée bis zum Anrichten auf Eis und zieht ½ Liter festgeschlagenen Rahm darunter.

2487. Schlagrahmschnee von Himbeeren.

Wird wie bei Erdbeeren behandelt.

2488. Schlagrahmschnee von Mandeln.

125 Gr. süßer, abgezogener Mandeln werden mit etwas Rahm gerieben, der nötige Zucker dazu gegeben, der Saft einer Zitrone und zuletzt der festgeschlagene Schnee von ½ Liter Rahm.

2489. Schlagrahmschnee von Vanille.

Unter ½ Liter fest geschlagenen Rahm giebt man kurz vor dem Anrichten den nötigen Vanillezucker.

Oder: Ein kleiner Löffel Mehl wird mit Rahm glatt

gerührt, mit 1/2 Stange Vanille und 60 Gr. Zucker gekocht und noch ein wenig Rahm aufgegossen und passiert. Man läßt es erkalten, zieht 1/2 Liter festgeschlagenen Rahm darunter und serviert, wie oben schon beschrieben.

2490. Schlagrahmschnee mit Orange.

Die Schale einer Orange wird an 200 Gr. Zucker abgerieben, der Zucker getrocknet, gestoßen, mit 5 Eigelb schaumig gerührt und zum Schluß 1/2 Liter gut geschlagener Rahm darunter gezogen.

d. Bayerische oder gestürzte Creme.

Die bayerischen Creme, eine Art Zusammensetzung der französischen mit geschlagenem Rahm, sind wohl mit Recht die beliebtesten und feinsten. Ihre Herstellungsweise ähnelt der der französischen, indem wie dort erst eine Creme mit Geschmack hergestellt wird und an diese die Gelatine sowie der gut geschlagene Rahm gerührt wird. Zum Gelingen einer leichten, duftigen Creme ist nun aber vor allem nötig, daß der geschlagene Rahm zur richtigen Zeit unter die mit Gelatine oder Hausenblase (10—12 Blatt 20—25 Gr.) versetzte Creme gerührt wird und zwar dann, wenn die Creme anfängt, dicklich zu werden. Wenn die Creme noch zu warm, so verfließt der geschlagene Rahm und, ist die Creme schon zu dick, so läßt sich der geschlagene Rahm nicht mehr vollständig mit der Creme vermischen. Um Eier zu sparen, kann man unter die aufzuschlagenden Milch-Creme einen Löffel feines Mehl, Mondamin, Kartoffel-, Mais-, Reis-Mehl u. s. w. nehmen.

Die mit Schlagrahm unterrührte Crememasse füllt man in mit Mandelöl ausgestrichene Cremeform, stürzt sie, wie oben schon erwähnt, oder in unausgestrichene Formen und behandelt sie, wie auf S. 917 beschrieben. Zum Garnieren der gestürzten Creme verwendet man farbige Gelees, Schlagrahm, Bisquitstückchen, Meringuen oder man serviert eine passende Fruchtsauce extra dazu.

2491. Bayerische Creme von Ananas.

Von einer frischen Ananas wird die Hälfte geschält und diese Schalen mit 1/2 Pfd. Zucker ausgekocht, der Saft sodann passiert, die Ananas in Scheiben geschnitten, 1/2 Pfd. gestoßener Zucker darauf gestreut und etwa 2 Stunden zum Ziehen zur Seite gestellt. Die Scheiben schneidet man würfelig und giebt sie später zum Aufschlagen in die Creme. Den gezogenen Saft kocht man mit dem Gekochten zu einem Syrup, giebt 5 bis 6 Eigelb daran, schlägt dies auf dem Feuer auf bis zum Kochen. Wenn halb erkaltet, giebt man 20—25 Gr. Gelatine oder Hausenblase dazu und, wenn die Masse anfängt, dicklich zu werden, zieht man ½ Liter gut geschlagenen Rahm darunter, füllt die Masse in die Form ein, stellt sie zum Stocken ins Eis, stürzt sie vor dem Gebrauch, garniert sie mit Ananasstücken oder Bisquit und serviert eine dicke Erdbeer- oder Aprikosensauce extra dazu. Pfirsiche werden ebenso behandelt.

2492. Bayerische Creme von Aprikosen.

12—15 gute, reife Aprikosen werden halbiert und durch ein Sieb gestrichen, die Kerne aus den Steinen genommen, mit etwas Wasser fein gerieben, der Saft zu dem Aprikosenpurée durch ein Tuch gedrückt, mit 180 Gr. Zucker gegeben, 25 Gr. Gelatine dazu gerührt, ½ Liter geschlagener Rahm darunter gemischt und behandelt, wie oben beschrieben, mit einem Aprikosencompot, einer Sauce hievon oder einem Bisquit garniert zu Tische gegeben.

2493. Bayerische Creme von Caramel.

60 Gr. gestoßener Zucker wird so lange auf dem Feuer gerührt, bis er anfängt, braun zu werden, sodann mit ein wenig Wasser aufgegossen und zur Hälfte eingekocht. 4—5 Eigelb mit 125 Gr. Zucker und ¼ Liter Rahm oder Milch werden mit dem Caramel bis ans Kochen zu einer Creme abgerührt, 25 Gr. Gelatine oder Hausenblase dazugegeben und die Creme mit ½ Liter gut geschlagenem Rahm, wie oben gesagt, beendigt. Man serviert dazu eine kalte Vanillesauce.

2494. Bayerische Creme von Chokolade.

125 Gr. guter Vanillechokolade wird mit ¼ Liter Rahm, 125 Gr. Zucker und 6 Eigelb bis zum Kochen aufgeschlagen, mit 25 Gr. Gelatine vermischt, ½ Liter geschlagener Rahm darunter gerührt, behandelt wie die vorhergehenden und mit Vanillesauce serviert.

Fig. 157.

2495. Bayerische Creme von Erdbeeren.

1 Liter frischer Wald-Erdbeeren werden durch ein feines Haarsieb gestrichen, 180 Gr. Zucker und 25 Gr. gekochter Gelatine darunter gerührt. Ist die Masse halb erkaltet, werden 1/2 Liter dick geschlagener Rahm darunter gemischt, eingefüllt und aufs Eis gestellt. Vanillesauce wird hiezu gegeben.

Auch kann die Creme mit einem Kranze von großen, eingezuckerten Ananasprestlingen oder kleiner Bäckerei verziert werden.

2496. Bayerische Creme von Himbeeren und Johannisbeeren.

Diese werden wie die vorhergehend beschriebene Erdbeer-Creme behandelt, nur mehr Zucker dazu genommen.

2497. Bayerische Creme von Kaffee.

125 Gr. frisch gerösteter, guter Kaffee wird grob gestoßen und in 1/4 Liter heißen Rahm geworfen, gut zugedeckt und kalt gestellt, sodann passiert, mit 4 Eigelb und 180 Gramm

Fig. 458.

Zucker zu einer Creme bis ans Kochen geschlagen, mit 25 Gramm Gelatine und 1/2 Liter geschlagenem Rahm gemischt, im übrigen, wie schon oben gesagt, behandelt. Eine Vanillesauce, mit Schlagrahm versetzt, kann dazu serviert werden.

2498. Bayerische Creme von Macronen.

In eine fertige Vanillecreme (siehe Nr. 2507) werden vor dem Einfüllen in die Form, 65 Gr. frischer, würflicht geschnittener und in Maraskino 1/2 Stunde lang eingelegter Macronen gerührt und behandelt, wie oben beschrieben.

2499. Bayerische Creme von Mandeln.

250 Gr. Mandeln, unter welchen einige bittere, werden abgeschält und mit etwas Milch sehr fein gerieben, mit $^1/_4$ Liter Rahm und 180 Gr. Zucker kochend gerührt, durch ein Haartuch oder ein Haarsieb gestrichen, mit 25 Gr. Gelatine verrührt, $^1/_2$ Liter geschlagener Rahm darunter gemischt und in die Form gefüllt, sonst genau, wie beschrieben, verfahren. Der Mandelrahm kann auch mit 4 Eigelb aufgeschlagen werden.

2500. Bayerische Creme von Maraskino.

180 Gr. Zucker werden mit $^1/_4$ Liter süßem Rahm und 4 Eigelb auf dem Feuer bis zum Kochen abgerührt, 25 Gr. Gelatine dazu gerührt, sowie 1$^1/_2$ Deziliter Maraskino und $^1/_2$ Liter geschlagener Rahm.

2501. Bayerische Creme von Orangen.

Wird wie von Zitronen behandelt (s. Nr. 2508)

2502. Bayerische Creme von Pfirsichen.

Wird ebenso behandelt wie von Aprikosen (Nr. 2492.)

2503. Bayerische Creme von Pistazien.

125 Gr. grüner Pistazien werden abgebrüht, abgezogen, mit etwas Rahm fein gestoßen und mit 5 Eigelb, $^3/_8$ Liter süßem Rahm und 180 Gr. Vanille auf dem Feuer bis zum Kochen aufgeschlagen, mit 125 Gr. gekochter Gelatine gemischt und kalt gerührt, $^1/_2$ Liter dick geschlagener Rahm darunter gemengt, in die Form gefüllt, ins Eis gestellt und, wenn es gestockt ist, mit einer dicken Chokoladesauce serviert.

Fig. 459.

2504. Bayerische Creme von Reis.

65 Gr. Carolinareis werden gut gewaschen, blanchiert, mit $^1/_4$ Liter süßem Rahm und $^1/_4$ Stange Vanille nicht ganz

weich gekocht, wenn halb erkaltet, 125 Gr. gestoßener Zucker daran gegeben, 15 Gr. gekochter Gelatine damit gemischt. (Bei Reiscreme wenig Gelatine nehmen, da der Reis selbst ziemlich Festigkeit besitzt.) $^1/_2$ Liter geschlagener Rahm wird unter die Masse gerührt und in die Form gefüllt, mit einer Fruchtsauce serviert.

Reiscreme mit Früchten siehe Trautmannsdorf Nr. 2517.

2505. Bayerische Creme von Stachelbeeren.

1 $^1/_2$ Pfund schöner, reifer Stachelbeeren werden vom Stiel und Köpfchen gereinigt, abgebrüht und, nachdem sie gut abgetropft, durch ein Sieb getrieben, mit 250 Gr. gestoßenem Zucker eingekocht, $^3/_4$ Liter geschlagener Rahm und 30 Gr. Gelatine eingerührt, in eine Kristallschale gegossen, diese mit Confituren garniert und aufgetragen.

2506. Bayerische Creme von Thee.

20 Gr. russischer Thee wird mit siedendem Wasser rasch abgebrüht und dasselbe sofort abgegossen. $^3/_8$ Liter kochendheißer Rahm wird sodann an den Thee gegeben und zum Ziehen zur Seite gestellt. Wenn er abgeseiht, werden 6 Eigelb und 180 Gr. Zucker daran gerührt und auf dem Feuer bis zum Kochen gebracht, mit 25 Gr. Gelatine vermischt und mit $^1/_2$ Liter geschlagenem Rahm verrührt, eingefüllt, ins Eis gestellt und, wenn gestürzt, mit Chokolade- oder Vanillesauce serviert.

2507. Bayerische Creme von Vanille.

$^3/_8$ Liter dünner, süßer Rahm werden mit einer gespaltenen Stange Vanille $^1/_4$ Stunde ausgekocht, wenn halb erkaltet, mit 6 Eigelb und 125 Gr. gestoßenem Zucker angerührt und unter fortwährendem Schlagen bis ans Kochen gebracht. Ist diese Masse passiert und fast erkaltet, giebt man 20—25 Gr. Gelatine oder Hausenblase dazu und zum Schluß, wenn die Masse anfängt, dicklich zu werden, $^1/_2$ Liter geschlagenen Rahm, füllt die Masse in die Form, stellt sie auf Eis und giebt sie mit einer Früchtensauce oder mit irgend einer Bäckerei verziert zu Tische.

2508. Bayerische Creme von Zitronen.

150 Gr. Zucker löst man in 2 Deziliter Wasser auf und läßt darin eine fein abgeschälte Schale einer Zitrone einige Minuten ausziehen, giebt den Saft von 2 oder 3 Zitronen

dazu, passiert die Masse, giebt 25 Gr. aufgelöster Gelatine unter dieselbe und, wenn sie anfängt, dicklich zu werden, ½ Liter geschlagenen Rahm. Fernere Behandlung wie oben.

e. Verschiedene kalte Puddinge, süße Speisen, Creme u. s. w.

2509. Charlotte à la russe.

Von einer dünn gebackenen Bisquitmasse (Nr. 2348) oder Genoisemasse schneidet man dreieckige Stücke in der Form des Bodens einer glatten Timbaleform und legt diese dicht neben einander auf denselben. Den Boden der Form belegt man erst mit einem rund ausgeschnittenen Papier, die Wandung ebenfalls, schneidet alsdann in gleicher Höhe der Form egal hohe und breite Bisquitstücke, welche man fest an einander an die Seiten der Form stellt.

Fig 460.

Oder man bestellt sich beim Konditor ziemlich lange und egal breite Zuckerbrote, schneidet diese in die Form als Boden und ebenso stellt man die Wandungen damit aus.

In die Mitte füllt man sodann eine bayerische Creme mit irgend einem Geschmack, stellt die Form in Eis, schneidet die Bisquits am Rand gleichmäßig und stürzt die Form auf eine runde Platte, nimmt das Papier ab, garniert den unteren Rand mit verschiedenen Früchten oder mit Schlagrahm, Meringuen u. s. w. oder giebt irgend eine passende Fruchtsauce extra dazu.

2510. Creme von Aepfeln.

½ Kilo Goldreinetten oder eine andere feine Apfelsorte werden geschält, entkernt, in 1 Liter Wasser verkocht, wenn die Masse erkaltet ist, wird sie zerstampft, durch ein Sieb getrieben und zurückgestellt. 6 Eigelb werden mit 200 Gr. gestoßenem Zucker zu einem Schaum geschlagen, 4 Deziliter saurer Rahm und 10 Tropfen Zitronensaft mit 30 Gramm Rosinen darunter gemischt, die Aepfelmasse langsam eingerührt, mit dem Schnee der 6 Eiweiß durchzogen, auf eine Porzellan- oder Kristallschale angerichtet und auf Eis gestellt, die Platte mit Bisquit garniert und aufgetragen.

2511. Creme Figaro.

Spritze von einem Brandteig (½ Liter Milch, ¼ Pfund Mehl, 60 Gr. Butter, 4 Eier) gleich große, runde Ringe auf ein Blech und backe diese im Ofen. Setze diese mit Himbeermarmelade dazwischen aufeinander und fülle den inneren Raum mit 1 Liter geschlagenem, versüßtem Rahm, unter welche man 1½ Liter frischer Walderdbeeren gemischt hat.

2512. Creme von Punsch.

Das Gelbe von 2 Zitronen reibt man auf 125 Gr. Zucker ab, stößt diesen und rührt ihn in einem Geschirr mit 12 Eigelb, 2 Tassen Wasser, dem Saft der 2 Zitronen, 2 Gläsern Wein und 1 Glas Arak recht durch, läßt die Masse in einer Kasserole auf schwachem Feuer unter beständigem Rühren ans Kochen kommen und passiert sie in eine Porzellanschüssel oder in Tassen und giebt sie zu Tische.

2513. Creme Panache.

Hiezu werden von den bayerischen Cremen kleinere Partien, als dort angegeben, also etwa ⅓ Teil der Rezepte, gemacht, die Cremeform in Eis gestellt und auf den Boden eine Lage Vanillecreme gegossen, wenn dieses gestockt, folgt als zweites entweder eine Erdbeer- oder eine Pistaziencreme; man läßt dieses wieder stocken und giebt dann als drittes ein Chocolade-, Kaffee- oder Theecreme. Ist die Creme fest, wird sie gestürzt, mit Backwerk verziert und mit einer Vanillesauce zu Tische gegeben. Kann von den verschiedensten Cremen nach Belieben und Geschmack hergestellt werden.

2514. Creme à la Pompadour.

Von ½ Pfund fertigem, 8—10 Mal geschlagenem Butterteig schneidet man mittelst eines Tellers und eines Glases runde, gleichmäßige Ringe aus, bestreicht sie mit Eigelb und backt sie, setzt sie sodann aufeinander, dazwischen irgend ein Confiture streichend. Vor dem Servieren giebt man in den innern Raum von 1 $^1/_2$ Liter geschlagenen, mit Zucker und Vanille versüßten Rahm, streicht die Außenseite und den obern Teil ebenfalls mit dem Rahm und diesen glatt, wie eine Timbale, giebt in eine Papierdüte etwas Rahm und verziert damit die Speise und serviert.

2515. Creme, russisch.

Auf 125 Gr. Zucker werden 1 Zitrone und 1 Orange abgerieben, der Zucker, der Saft, $^1/_2$ Liter Weißwein, 5 Eigelb, 2 ganze Eier, 125 Gr. gestoßener Zucker, 25 Gr. Gelatine, in Wasser aufgelöst, werden auf dem Feuer zu einer Creme aufgeschlagen, in eine Schüssel gegeben, weiter geschlagen, bis sie halb erkaltet ist, worauf man $^1/_2$ Liter geschlagenen Rahm darunter zieht, sowie $^1/_2$ Glas Arak. Die Creme wird in eine Form gefüllt, gestürzt, mit Meringuen oder kleinen Bisquits garniert und serviert.

2516. Creme tutti frutti.

Aus 12 Pflaumen und 6 Aepfeln wird mit Weißwein, Zucker und einigen Tropfen Zitronensaft ein Compot gekocht, dieses in ein tiefes Porzellangeschirr mit verschiedenen eingemachten Früchten und 12 Bisquits mit etwas Maraskino getränkt gegeben. 1 Liter süßer Rahm wird mit 50 Gramm Kartoffelmehl, 150 Gr. Zucker, 12 Eigelb und 10 Gr. fein geschnittener Vanille zu einer Creme geschlagen und diese erkaltet, über das Compot gegossen, mit Zucker bestreut, mit dem zu Schnee geschlagenen Eiweiß, unter das etwas Zucker kommt, garniert, mit der glühenden Schaufel glaciert und serviert.

2517. Creme Trautmannsdorf.

Unter den gekochten Reis, wie in Nr. 2504 beschrieben, giebt man 250 Gr. verschiedener, in Stücke geschnittener, eingemachter Früchte, sodann die Gelatine und den geschlagenen Rahm, wie dort gesagt, und vollendet die Creme nach Vorschrift.

2518. Creme, englisch.

200 Gr. Zucker werden mit $^1/_2$ Liter süßem Rahm und dem Saft 1 Zitrone aufgekocht, 3 Deziliter Weißwein, in welchem 20 Gramm Gelatine gelöst wurden, dazu gegeben, vom Feuer genommen, so lange geschlagen, bis es erkaltet, in eine mit Oel bestrichene Form gefüllt und bis zum Servieren auf Eis gestellt.

2519. Creme mit Wein in Tassen.

½ Liter guten Wein läßt man mit einem Stück Zucker, worauf das Gelbe einer Zitrone abgerieben worden ist, kochen, rührt indessen 10 Eigelb mit 1 Löffel Mehl glatt, zieht damit

Fig. 461.

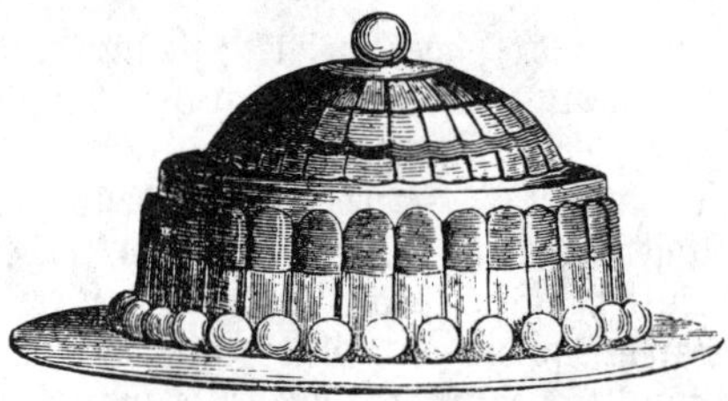

den kochenden Wein ab, läßt ihn unter beständigem Rühren aufstoßen, nimmt ihn dann vom Feuer und rührt den von dem Eiweiß geschlagenen Schnee langsam löffelweise darunter und giebt die Creme in Tassen und serviert sie, wenn sie erkaltet.

2520. Creme von Weinchaudeau mit Zitronen.

5 Eigelb und 1 Eßlöffel Kartoffelmehl schlägt man mit ½ Liter Weißwein, dem Saft von 2 Zitronen, der auf Zucker abgeriebenen Schale einer Zitrone und 125 Gr. Zucker in einem Kessel auf schwachem Feuer bis ans Kochen und dann, wenn er vom Feuer ist, kalt. Zu dieser Masse, halb erkaltet, giebt man 25 Gr. Gelatine oder Hausenblase, füllt die Creme in eine Form oder in Tassen und serviert.

Man kann die Creme auch ohne Gelatine machen und, wenn sie erkaltet, in Tassen füllen und servieren.

2521. Maronenpurée à la Chentilly.

2 Pfund schöner Maronen werden geschält, in kochendem Wasser gebrüht und die zweite Haut abgezogen, mit ½ Liter Milch und 1 Stange Vanille weich gekocht, zum Abtrocknen in den Ofen gegeben, dann durch ein Sieb gestrichen, mit 250 Gr. gestoßenem Zucker und etwas Wasser zu einer festen Masse angerührt. Diese Masse wird nicht zu dünn gehalten, jedoch so, daß sie zusammenhält, in eine mit einem Seiher versehene Blechspritze gefüllt und auf eine runde Platte in Form eines Vogelnestes gespritzt. Hierin wird fest geschlagener Rahm, mit Vanillezucker vermischt, angerichtet und so serviert.

2522. Maronencroque en bouche mit Schlagrahm.

Von oben beschriebener Maronenmasse, welche so fest als möglich sein muß, werden egale Kugeln wie kleine Nüsse geformt und eine Stunde zum Abtrocknen gestellt. Hierauf werden dieselben an Stricknadeln oder Draht gesteckt, eine nach der andern in zum Bruch gekochten Zucker (siehe S. 78) getaucht und auf ein weites Sieb zum Erkalten gesteckt. Dann werden sie abgenommen, mittelst gekochten Zuckers in einer mit Mandelöl gut ausgestrichenen Timbaleform reihenweise aufeinander gesetzt, bis die Form voll ist. Ist der croque en bouche erkaltet, wird er behutsam herausgenommen, auf eine gebrochene Serviette und Platte gestellt und mit 1 Liter Vanilleschlagrahm gefüllt zu Tische gegeben.

2523. Pain von Aprikosen.

12 schöne, reife Aprikosen werden durchs Sieb getrieben oder mit etwas Zucker und Wasser kurz weich gekocht. Das Purée wird mit 1/2 Liter gutem Rahm und 250 Gr. Zucker (beides auf dem Feuer zur Hälfte erst eingekocht) gemischt, 20 Gr. Gelatine dazu gegeben, in eine Cremeform eingegossen, ins Eis gestellt, gestürzt und mit einer Aprikosensauce serviert.

2524. Pain von Haselnüssen.

150 Gramm geröstete Haselnußkerne werden mit einigen Löffeln Rahm sehr fein zerrieben. Von 3/4 Liter Rahm, 8 Eigelb, 1/2 Stange Vanille wird eine Vanillesauce hergestellt, das Purée dazu gerührt, 25 Gr. Gelatine dazu gegeben, die Masse eingefüllt, auf Eis gestellt, gestürzt und mit einer Vanillesauce zu Tische gegeben.

2525. Pudding von Bittermandeln, kalt.

20 Gr. bitterer und 70 Gr. süßer, abgezogener Mandeln werden mit 3/8 Liter Rahm und 180 Gr. Zucker gestoßen, durch ein Tuch gepreßt und der Saft mit 4 Eigelb bis zum Heißwerden gerührt, in eine Schüssel passiert, mit 10 Blatt gekochter Gelatine vermischt und, wenn kalt, 1/2 Liter dick geschlagener Rahm daran gerührt, lagenweise damit und mit in Maraskino getauchten Zuckerbroten eingefüllt und ins Eis gestellt. Ist die Creme kalt, so wird sie gestürzt und mit einer Sauce von Pfirsichen serviert.

2526. Pudding Diplomat, kalt.

65 Gramm Malagatrauben und 65 Gr. Rosinen werden sauber geputzt, gewaschen und mit in Würfel geschnittenem Zitronat und Orangeat, zusammen 80 Gr., mit etwas Maraskino und Wasser weich gekocht und kalt gestellt. 8 Eigelb werden mit ³/₄ Liter süßem Rahm, 180 Gr. Zucker und 1 Stange gespaltener Vanille bis ans Kochen geschlagen, in eine Schüssel passiert, wenn halb kalt, mit 25 Gr. gekochter Gelatine und mit ³/₈ Liter dick geschlagenem Rahm gemischt. Von dieser Creme giebt man 1 kleinen Löffel in eine Cremeform und setzt diese in Eis. Ist die Creme gestockt, wird von obigen Südfrüchten darüber gestreut, darauf eine Lage in Maraskino angefeuchteter Zuckerbrote gelegt, über die Zuckerbrote Creme gegeben und so fort gefahren, bis die Form voll ist. Wenn der Pudding im Eis gestockt, wird er gestürzt, mit Bisquitstückchen garniert und mit einer Früchtensauce zu Tische gegeben.

2527. Pudding Flavigneuil, kalt.

125 Gr. Karolinareis werden blanchiert, mit ¹/₄ Liter Rahm langsam weich gekocht und in eine Schüssel gegeben. ¹/₂ frische Ananas wird geschält, in Scheiben geschnitten, die Schnitten und das Abgeschälte in geläutertem Zucker weich gekocht, ein Teil des Syrup davon dick eingekocht und zum Reis passiert. Unter den halb erkalteten Reis giebt man 25 Gr. aufgekochter Gelatine oder Hausenblase und vermischt dies mit ¹/₂ Liter gut geschlagenem Rahm. Man giebt etwas der Creme in eine in Eis gesetzte Cremeform, sodann eine Lage der Ananasschnitten und setzt dies abwechselnd fort, bis die Form gefüllt ist. Wenn der Pudding gestürzt ist, umlegt man ihn mit zurückgelassenen Ananasstücken, gießt den übrigen Syrup über den Pudding und giebt ihn zu Tisch.

2528. Pudding, italienisch, kalt.

In einer glatten Timbaleform wird 1¹/₂ cm hoch Orange-Creme (siehe Nr. 2501) zum Stockenlassen aufs Eis gestellt. Von Mandelmasse (siehe Nr. 2352) wird ein gutes, feuchtes Punschtörtchen gemacht von 7 cm Durchmesser und 8 cm Höhe, je nachdem die Form groß oder klein ist, so daß, wenn man das Törtchen in die Form setzt, zwischen letzterem und der Wand der Form 3 cm und oben eben so viel Raum bleibt. Dies wird nun mit Orangecreme ganz aufgefüllt, aufs Eis gestellt, wenn gestockt, auf eine Platte gestürzt und die Außenseite hübsch mit eingemachten Früchten garniert. Hiezu kann Aprikosensauce, mit gutem, altem Kirschengeist beigemischt, gegeben werden.

2529. Pudding von Maronen, mit Ananas, kalt.

40 bis 50 schöne italienische Maronen werden geschält, mit heißem Wasser abgebrüht, die zweite Haut mittelst eines groben Tuches abgerieben, mit ½ Liter Milch und einer Stange Vanille weichgekocht, durchs Haarsieb gestrichen und mit 180 Gramm gestoßenem Zucker und dem Ananassyrup angerührt. 12 Blätter gekochte Gelatine werden dazugegossen, mit ⅝ Liter geschlagenem, dickem Rahm angerührt und 4—5 Eßlöffel würflicht geschnittener, gekochter Ananasschnitten hineingegeben, abwechslungsweise mit in Maraskino eingetauchtem Zuckerbrote in eine Cremeform eingefüllt und ins Eis gestellt. Wenn die Creme gestockt ist, wird sie gestürzt, mit Ananasstücken garniert und eine Aprikosensauce extra dazu serviert.

2530. Pudding Prince, kalt.

150 Gr. feiner Kaffee wird hellbraun geröstet und ½ Liter heißer Milch mit 125 Gr. Zucker vermischt, darauf gegossen, zugedeckt und zur Seite gestellt, nach 20 Minuten passiert und mit 8 Eigelb auf langsamem Feuer bis ans Kochen geschlagen, in eine Porzellanschüssel passiert, wenn halb erkaltet, 20 Gr. Gelatine dazu gerührt und ½ Liter geschlagener Rahm darunter gemischt.

2531. Reis à la Condé.

250 Gr. Reis werden blanchiert, mit ¾ Liter Milch, 80 Gr. Butter, ½ Stange Vanille langsam weich gekocht, in eine Porzellanschale gegeben, etwa 180 Gr. Zucker darunter gemischt und dieser Reis lauwarm in eine mit Butter ausgestrichene, glatte Bordureform gefüllt und auf eine runde Platte gestürzt. Das Innere der Bordure füllt man mit den verschiedensten Früchtecompoten (s. Abschnitt 26), nach Farben hübsch zusammengestellt, und stellt die Platte aufs Eis. Den Syrup derselben kocht man dick ein. Einige Löffel Aprikosenmarmelade rührt man mit etwas Weißwein sehr dick ab und überzieht damit die Reisbordure, gießt den Früchtesyrup über die Früchte und serviert die Platte sehr kalt.

2532. Reis à l'impératrice.

125 Gr. Reis werden blanchiert, mit kaltem Wasser abgeschwenkt und gut abgetropft, sodann mit ¼ Liter Weißwein,

100 Gr. ganzem Zucker, worauf 2 Orangen abgerieben worden sind, langsam von der Seite gekocht. Wenn halb erkaltet, werden ¼ Liter geschlagener Rahm unter den Reis gemischt, dieser auf runder Platte in der Mitte derselben hoch aufdressiert und auf Eis gestellt. Verschiedene Compote von Pfirsichen, Aprikosen, Kirschen, Orangen u. s. w., von frischen oder eingemachten Früchten, werden ebenfalls aufs Eis gestellt und vor dem Anrichten der Reis hübsch mit den Farben abwechselnd damit umlegt. Der Fruchtsaft wird dick eingekocht, unter Aprikosenmarmelade mit etwas Zitronensaft gerührt und über den Reis gegossen.

2533. Timbale von Maronen, mit Chocolade glaciert.

Dieselbe Masse, wie in Nr. 2521, wird recht trocken angerührt, ohne jeden Zusatz von Wasser. Nachdem eine Timbaleform (Wandung und Boden) mit etwas steifem, weißem Papier ausgelegt ist, ohne daß es Falten giebt, wird diese Masse nicht ganz 3 cm dick an die Wandung angepreßt und der Boden frei gelassen. Ist nun das Innere glatt gestrichen oder geschnitten, so wird diese Timbale auf ein sauberes Blech gestürzt, das Papier hinweggenommen und die Timbale außen mit schöner Chocoladeglasur (siehe Nr. 2340) glaciert, zum Trocknen einen Augenblick in lauen Ofen gegeben, auf eine mit einer Serviette belegte Platte gestellt, mit Vanilleschlagrahm gefüllt, hübsch garniert und serviert.

f. Süße Sulzen oder Gelees.

Bei der Zubereitung der Gelees möchte ich einiges Bemerkenswerte vorausschicken.

Die Hauptbedingungen, unter welchen ein Gelee zu Tisch gebracht werden soll und worauf bei der Zubereitung hauptsächlich gesehen werden muß, ist, daß sie vor allem kristallhell, von gutem Geschmack und nicht zu süß sein soll, daß gerade so viel Gelatine oder Hausenblase dazu verwendet wird, daß sie fest genug ist und hält. Es ist deshalb wohl am besten, durch eine kleine Probe vor der Fertigstellung der Gelees sich von der Haltbarkeit derselben zu überzeugen.

Die Herstellung der Gelees erfordert die größte Sorgfalt und Reinlichkeit. Am besten verwendet man Porzellan- oder Silberterrinen und Silberlöffel. Die einzelnen Bestandteile derselben, Gelatine, Hausenblase, Hutzucker, Säfte u. s. w.

müssen von bester und feinster Qualität sein und dürfen diese nur in kaltem Zustande zusammengegeben werden.

Ueber das Klären der Gelatine und der Hausenblase ist schon in der Einleitung (s. Seite 82) das Nötige gesagt worden.

Das Klären des Zuckers geschieht am einfachsten, indem man den Hutzucker in kleine Stücke schlägt, in eine Schüssel legt, kaltes Wasser zugießt, bisweilen darin rührt, ihn einige Stunden stehen läßt und dann durch eine reine Serviette gießt. Zu 3/4 Pfund Hutzucker nimmt man 1/2 Liter Wasser. Oder man kocht dasselbe Quantum Zucker und Wasser, wie oben gesagt, mit dem Saft einer Zitrone in der Zuckerkasserole, schaumt ihn ab und passiert ihn sodann durch eine Serviette.

Zum Klären des Frucht- oder Zitronensaftes bedient man sich des ungeleimten Fließ- oder Filtrierpapiers (s. auch Abschnitt 27). Man weicht einige Bogen desselben in Wasser ein, wechselt das Wasser öfters, drückt das Papier aus, zerhackt es mit einigen Löffeln des zu filtrierenden Saftes, giebt dies in ein kleines Spitzsieb, dieses auf eine Porzellanschüssel und gießt den Saft so lange immer wieder über das Filtrierpapier, bis er hell und klar in die Schüssel läuft.

Ein Verhältnis zwischen Zucker und Gelatine ist eigentlich nicht zu geben, im Großen und Ganzen aber ist anzunehmen, daß zu 375 Gr. Zucker mit 1/2 Liter Wasser aufgelöst, 45 Gr. Gelatine oder Hausenblase zu einer mittelgroßen 1 Liter-Form (für etwa 8 Personen) gerechnet wird. Am besten und sichersten ist, wie oben schon bemerkt, eine kleine Probe. Im Sommer darf etwas mehr Gelatine wie im Winter genommen werden. Beim Stürzen wird die Form einen Augenblick vollständig in warmes Wasser getaucht, abgetrocknet, auf eine runde Platte gestürzt, leicht gerüttelt, die Form abgehoben und das Gelee serviert.

2534. Gelee von Ananas.

Die Hälfte einer reifen Frucht oder eine kleine Ananas schält man, teilt sie in Viertel und schneidet diese in dünne Scheiben. Von 250 Gr. Zucker wird ein Syrup gekocht und dieser kalt auf die Ananasscheiben gegossen. Die Ananasschalen werden gestoßen, mit etwas Zucker vermischt, der Saft einer Zitrone, sowie etwas kaltes Wasser dazu gegeben und dies etwa 1 Stunde zum Ziehen zur Seite gestellt. Die beiden Säfte passiert man alsdann zusammen und filtriert sie durch. 45 Gr. heller, klarer Gelatine wird kalt zu dem Ananassaft gegeben, eine Probe des Gelee gemacht und, wenn sie genügend fest, der Boden einer Geleeform damit bedeckt und abwechselnd mit Ananasscheiben die Form gefüllt, bis zum Gebrauch in Eis gestellt, dann gestürzt und zu Tische gegeben. Häufig garniert man die Gelees mit Früchten, kleinen Bäckereien u. s. w.

2535. Gelee von Champagner.

Unter Zitronengelee mischt man ½ Flasche Champagner.

2536. Gelee von Erdbeeren.

1½ Liter frischer Walderdbeeren werden ausgelesen, gewaschen, in eine Porzellanschale gegeben, mit 250 Gr. Zuckersyrup übergossen und einige Stunden zum Ziehen zur Seite gestellt. Der Saft von 2 Zitronen wird mit Filtrierpapier filtriert und ebenso der Saft der Erdbeeren, der einigemale durch eine aufgespannte Serviette gegossen wird. Zu dem Saft giebt man 45 Gr. geklärter Gelatine, den geklärten Zitronensaft und füllt, nachdem man eine kleine Probe gemacht hat, eine Geleeform abwechselnd mit Gelee und größeren Erdbeeren, giebt die Form in Eis bis zum Anrichten, stürzt und serviert sie sodann.

Oder man legt in eine fertige Zitronengelee (Nro. 2552) schöne, große Erdbeeren ein, wie oben beschrieben worden ist.

2537. Gelee von Früchten, schnell zu verfertigen.

Man nimmt dazu die eingekochten Säfte von Himbeeren, Kirschen oder Johannisbeeren, giebt zu ¾ Saft ¼ Wein und passiert dieses, bis es klar wird, durch eine Serviette, filtriert den Saft von 2 Zitronen, giebt diesen dazu nebst 45 Gr. heller, Gelatine und füllt dieses Gelee in die Form.

Oder man schlägt den Syrup mit dem Wein, dem unfiltrierten Zitronensaft und der ungeklärten Gelatine mit dem Schneebesen so lange, bis das Gelee anfängt, dick zu werden, füllt es dann sofort ein, setzt es bis fest in Eis, stürzt und serviert es sodann.

2538. Gelee von Himbeeren oder Johannisbeeren.

Siehe Erdbeeren (Nr. 2536).

2539. Gelee von Kirschen.

2 Pfund recht reifer, von den Stielen abgezupfter Kirschen stößt man mit den Kernen in einem Mörser, schüttet sie dann in eine Kasserole, gießt ¼ Liter roten Wein darauf und läßt

sie eine halbe Stunde langsam kochen. Dann gießt man den Saft durch ein Sieb in eine andere Kasserole, giebt zu ½ Liter Saft 250 Gr. Zucker, etwas ganzen Zimmet und einige Nelken, läßt alles zusammen noch eine Viertelstunde kochen, giebt 45 Gr. aufgelöster Hausenblase und von einigen Eiern das zu Schnee geschlagene Weiße hinzu, läßt das Gelee damit noch ein paar Mal aufkochen, gießt es nachher 2—3 Mal durch eine Serviette und füllt es in die Geleeform.

2540. Gelee von Kirschenwasser.

Unter 45 Gr. geklärter Gelatine mischt man den nötigen Zuckersyrup, den mit Filtrierpapier filtrierten Saft von 1—2 Zitronen, ¼ Liter gutes, schwarzwälder Kirschenwasser und füllt eine Geleeform damit, setzt diese in Eis, stürzt sie und serviert das Gelee sodann.

2541. Gelee von Mandeln (Blanc-manger.)

250 Gr. süßer Mandeln und einige bittere werden geschält und, damit sie schön weiß werden, einige Stunden in kaltes Wasser gelegt. Hierauf werden sie mit etwas süßem Rahm sehr fein gerieben, ½ Liter Rahm dazu gegeben nebst 150 Gr. gestoßenem Zucker und diese Masse durch eine Serviette oder ein sehr feines Haarsieb gepreßt. 45 Gr. aufgekochter, erkalteter Gelatine mischt man sodann darunter, probiert das Mandelgelee und füllt es, wenn fest genug, in eine mit Mandelöl bestrichene Geleeform, giebt sie auf Eis und stürzt sie kurz vor dem Anrichten.

2542. Gelee von Pistazien und Nüssen

werden wie in Nr. 2541 zubereitet.

2543. Gelee von Maraskino.

Unter den mit Filtrierpapier filtrierten Saft von 1—2 Zitronen mischt man den nötigen Zuckersyrup, 45 Gr. geklärter Gelatine oder Hausenblase, ungefähr ¼ Liter ächten Maraskino, füllt das Gelee in die Form und setzt diese bis zum Gebrauch in Eis.

Gelees von allen Sorten Likören können auf diese Weise hergestellt werden.

2544. Gelee Moskovit.

Zu Moskovit-Gelees können alle klaren Gelees von beliebigem Geschmack benützt werden. Dieselben werden genau auf die Art und Weise hergestellt, wie oben beschrieben, nur wenn sie in die Formen eingefüllt, in Eis mit Salz zum Gefrieren eingesetzt. Deshalb wird nur die Hälfte der Gelatine oder Hausenblase in die Gelees gegeben. Das fertige Gelee wird in die Geleeform gegossen und zum Stocken in Eis gesetzt. Wann es dann anfängt, gallertartig zu werden, giebt man ein mit Mandelöl bestrichenes Papier darüber und schließt die Form mit einem gut sitzenden Deckel ab, setzt die Form in eine tiefe Schüssel, umgiebt sie mit Eis und Steinsalz und läßt in 1½—2 Stunden eine etwa 1—2 cm dicke Kruste rings um angefrieren, da das Innere weich bleiben muß; sodann wird sie in laues Wasser getaucht, gestürzt, mit Gebäck garniert und zu Tische gegeben. Sehr gut schmecken gekochte Früchte als Einlage in dem Gelee.

2545. Gelee à la Macédoine von verschiedenen Früchten.

Es wird ein Zitronengelee, wie in Nr. 2552 gesagt, hergestellt und zum Erkalten auf Eis gerührt. Eine Geleeform wird in Eis gesetzt, der Boden derselben mit etwas Gelee begossen und nun in reicher, farbiger Abwechslung die verschiedensten frisch gekochten Früchte und eingemachte Compote, vorher auf einem Sieb gut abgetropft, abwechslungsweise mit dem Gelee eingefüllt und, wenn gestockt, gestürzt und mit Früchten garniert zu Tische gegeben.

2546. Gelee von Orangen.

Von 5 bis 6 Orangen schält man die Schale sehr dünn ab und läßt diese in etwas geklärtem Zucker kalt ausziehen. Zwei derselben mit 2 Zitronen drückt man aus und filtriert ihren Saft durch Filtrierpapier. Die übrigen schält man und schneidet sie in kleine Schnitze. Unter den Saft giebt man den nötigen geklärten Zuckersyrup, 45 Gr. geklärter Gelatine und füllt nun die Geleeform mit dem Gelee und den Orangenstückchen auf.

2547. Gelee von Rheinwein.

Von 2—3 Zitronen wird der Saft mit Filtrierpapier filtriert, Zuckersyrup daran gegeben, ebenso 45 Gr. geklärter Gelatine, ½ Flasche guter, feiner Rheinwein und, wie oben gesagt, vollendet.

2548. Gelee von Tapiokamehl.

250 Gr. Tapiokamehl wird sorgfältig gewaschen, mit Zitronenschale und ½ Liter Weißwein aufs Feuer gesetzt und

gerührt, damit es nicht anhängt. Inzwischen werden 250 Gr. Zucker mit 2 Deziliter gutem Madeira und dem Saft einer Zitrone angerührt, mit obiger Masse gut vermischt, und wenn dies geschehen, aufs Eis gestellt und recht kalt serviert.

2549. Gelee von Tokayer.

Wird wie in Nr. 2547, Gelee von Rheinwein, hergestellt, an dessen Stelle ½ Flasche Tokayerwein darunter gemischt wird.

2550. Gelee von Rum.

Siehe Gelee von Kirschwasser Nr. 2540.

2551. Gelee, russisch.

Die russischen Gelees sind mit Schneebesen aufgeschlagene Gelees. Zusammenstellung derselben ist genau so wie die der oben beschriebenen Gelees, und können sie auch alle auf diese Art und in dem verschiedensten Geschmack hergestellt werden.

2552. Gelee von Zitronen.

Von 3—4 Zitronen giebt man den Saft in eine Porzellan-Schüssel und die dünn abgeschälte Schale von einer Zitrone dazu, filtriert ihn mittelst Filtrierpapiers, giebt den nötigen geklärten Zuckersyrup, sowie die geklärte Gelatine oder Hausenblase dazu, sowie ¼ Liter guten, feinen Weißwein, macht eine kleine Probe und ist das Gelee fest genug, füllt man es ein.

2553. Sicilienne von Prestlingen.

Es wird von ¾ Liter Wasser, 375 Gr. Zucker und 18 Blättern Gelatine ein festes, helles Gelee gemacht; wenn dasselbe, ohne gestockt zu sein, fast ganz kalt geworden, wird ⅜ Liter Kirschgeist dazugegossen. Es werden etwa 100 Stück schöne, gleiche Prestlinge abgezupft, gewaschen und zum Trocknen auf ein Sieb gelegt. Nun wird mit obigem Gelee der Boden einer Timbaleform 1½ cm hoch gefüllt, eingeeist und, wenn gestockt, eine kleine Blechform in die Mitte, den Boden nach unten, die Oeffnung nach oben, gebracht, welche zwischen beiden Wandungen etwa 3 cm Raum frei läßt. Die innere Form wird mit feingestoßenem Eis vollgefüllt. In den Zwischenraum wird nun ein Kranz Prestlinge möglichst korrekt eingelegt, Gelee darauf gegossen, wenn dies gestockt, wieder ein Kranz Prestlinge, dann Gelee und so fort, bis die Form voll ist. Während dies fest stockt, wird eine feste Vanillecreme (Nr. 1962) mit in Würfel geschnittenen und in Maraskino getränkten Makronen fertig gestellt.

Die innere Form wird ihres Eises entleert, mit heißem Wasser gefüllt, rasch wieder entleert, die Form langsam herausgehoben, so daß die Erdbeergeleewand hübsch stehen bleibt. In die hiedurch entstandene Oeffnung wird obige Creme eingefüllt, die Form ins Eis gesetzt und, wenn gestanden, auf eine Serviette und Platte gestürzt und serviert. Diese Speise ist eine der schönsten und feinsten und braucht zu ihrer Ausführung deshalb sehr viel Pünktlichkeit. Sie kann auch mit Orangen, Quitten, Aepfeln 2c. gemacht werden.

25.

Gefrorenes, gefrorene Puddinge, Bomben, Plombièren.

Gute Eisapparate gelten als erstes Erfordernis, um Gefrorenes so herzustellen, daß es allen Anforderungen an Form und Geschmack entspricht. Die alten Zinnbüchsen, wie sie früher benutzt wurden, sind in neuerer Zeit durch sinnreich konstruierte Eismaschinen verdrängt worden; da deren Anschaffung aber ziemlich kostspielig und deshalb nicht allgemein möglich ist, so findet die einfachere Eismaschine mit Kübel die häufigste Anwendung. (S. Einleitung Fig. 101 und Fig. 162.) Die Handhabung dieser Maschine wird, wie folgt, bewerkstelligt:

Der Kübel wird 5 cm hoch mit zerkleinertem Eis angefüllt, dicht mit Steinsalz bestreut, die Eismaschine darauf gesetzt, der Zwischenraum zwischen Kübel und Maschine abwechselnd mit Eis und Steinsalz bis herauf zum Rand ausgefüllt. Nach etwa 15 Minuten wird die Masse in die Maschine gebracht und diese mittelst einer Kurbel in Bewegung gesetzt, während die Zinnbüchse zu demselben Zweck oben am Deckel einen Handgriff hat. Schmilzt das Eis, während die Maschine getrieben wird, so muß es so lange ersetzt werden, bis das Gefrorene fest genug geworden ist. Um dasselbe tüchtig bearbeiten zu können, sind große, breite, hölzerne Löffel, sogenannte Spaten, nötig, und muß ein solcher Löffel an die innere Wandung der Maschine gehalten werden, um die Masse loszustoßen, so lange bis das Gefrorene fest und glatt ist. Sämtliche Geschirre, welche zu Bereitung von Gefrorenem verwendet werden, müssen sehr rein und geruchlos sein.

Das in der Maschine hergestellte Gefrorene wird entweder in eine Form mit Deckel eingefüllt, diese gut geschlossen und bis zum Gebrauch in Eis und Salz eingesetzt, beim Stürzen einen Augenblick in kaltes oder lauwarmes Wasser gehalten, abgetrocknet und auf eine mit gefalteter Serviette versehene Platte gelegt und mit Eisgebäck, Waffeln, Rollen u. s. w. zu Tische gegeben, oder man sticht das Gefrorene mit einem kleinen Schöpflöffel, den man vorher in kaltes Wasser gehalten, aus der Maschine, indem man den Löffel füllt, glatt streicht und als eine Halbkugel auf eine mit Serviette belegte Platte oder Schale, auch Gläser, giebt. Das Gefrorene auf die Weise hübsch angerichtet wird ebenfalls mit Gebäck serviert. Häufig werden die Gefrorenen unter dem Namen Sorbet in Gläsern serviert; siehe später.

Aus dem Gefrorenen hervorgegangen sind die Plombièren. Diese Gefrorenen werden ebenso hergestellt, wie die gewöhnlichen, nur wird, wenn sie gefroren und glatt gearbeitet sind, geschlagener Rahm dazu gerührt, in eine hohe Form gefüllt, sogen. Bombenform, noch 1 Stunde in Eis und Salz gesetzt, auf eine Serviette gestürzt, mit Backwerk garniert und serviert.

Eine weitere Art sind die Bomben, auch Mousse genannt, die sich von dem Gefrorenen dadurch unterscheiden, daß die dazu verwendete Creme oder Saft nicht erst gefroren, sondern unter diese, wie bei den bayerischen Cremen, geschlagener Rahm gemischt, die Masse in eine hohe, glatte Eis- oder Bombenform gefüllt und etwa 1—1½ Stunden in Eis und Salz gesetzt wird. Die Bomben sollen außen gefroren, in der Mitte noch weich und musartig sein. Gestürzt werden sie in lauwarmem Wasser, auf Servietten angerichtet, mit Backwerk umlegt, oder irgend eine passende Fruchtsauce dazu gegeben.

a. Rahm-Gefrorenes.

2554. Alkermes-Gefrorenes.

Fig. 462.

5 Eiweiß werden zu Schnee geschlagen; 150 Gr. Zucker mit 3 Deziliter Wasser zum Flug gekocht und heiß an den Schnee gerührt, die Masse kalt geschlagen und in die Gefrierbüchse (Fig. 462) gegossen. Ist sie halb gestockt, so werden 3 Deziliter Alkermeslikör daran gerührt, damit verarbeitet, das Gefrieren,

wie oben beschrieben, vollendet, das Gefrorene in eine Creme-Form gegeben, noch eine Zeit lang eingeeist, dann gestürzt oder ausgestochen serviert. (s. oben.)

2555. Bittermandel-Gefrorenes.

Bittermandel-Gefrorenes wird wie in Nr. 2568 (Süßmandel-Gefrorenes) behandelt, nur werden unter die süßen etwa 12 bis 15 bittere Mandeln gerieben.

2556. Caramel-Gefrorenes.

125 Gr. Zucker werden zu gelbbraunem Caramel gekocht, mit etwas Wasser aufgelöst und kalt gestellt. 1/4 Liter Rahm, 1/4 Liter Milch, 8 Eigelb, 125 Gr. Zucker werden mit Caramel auf dem Feuer bis zum Kochen aufgeschlagen; man schlägt die Creme kalt und passiert sie zum Gefrieren in die in Eis und Salz eingesetzte Gefrierbüchse, vollendet und richtet, wie oben beschrieben, an.

2557. Chokolade-Gefrorenes.

1/4 Liter Milch und 1/4 Liter Rahm werden mit 125 Gr. Chokolade aufgekocht, diese mit 8 Eigelb und 125 Gr. Zucker auf dem Feuer bis zum Kochen abgerührt, durchgeseiht und, wie oben gesagt, behandelt.

2558. Gefrorenes von Haselnüssen.

Siehe bei Mandeln.

2559. Kaffee-Gefrorenes.

125 Gr. Kaffee, beste Sorte, werden hellbraun geröstet und noch heiß im Mörser zerstoßen oder zerdrückt. Inzwischen

Fig. 463.

werden 1/4 Liter süßer Rahm und 1/4 Liter Milch mit 250 Gramm Zucker siedend gemacht, über den Kaffee gegossen, zugedeckt, so daß kein Dampf entweichen kann, 30 Minuten bei Seite gestellt, passiert, mit 10 Eigelb angerührt und bis ans Kochen aufgeschlagen, dann durch ein Sieb passiert und, wenn erkaltet, gefroren.

2560. Kaffee=Granit mit Schlagrahm.

Es wird ½ Liter starker, schwarzer Kaffee mit 250 Gr. Zucker angerührt und kalt gestellt, dann in die eingesetzte Eisbüchse gegeben und gefroren. Vor dem Anrichten zieht man ¼ Liter geschlagenen Rahm darunter, giebt das Gefrorene zu ¾ voll in Weingläser, streicht dasselbe glatt und giebt auf jedes Glas noch mit Zucker versüßten, gut geschlagenen Rahm, welchen man mit einem Messer hoch dressiert und dann serviert. Ist eine vorzügliche Erfrischung im Sommer.

2561. Kakao=Gefrorenes.

125 Gr. Kakaobohnen röstet man im Backofen, bis sich die Haut gut abnehmen läßt, gießt ½ Liter heißer Milch und 120 Gr. Zucker daran, läßt es ziehen und schlägt abgeseihte Milch mit 8 Eigelb bis ans Kochen, passiert die Creme und vollendet das Gefrorene wie die anderen.

2562. Maraskino=Gefrorenes.

4 Eiweiß werden zu Schnee geschlagen, 25 Gramm Zucker mit 2 Deziliter Wasser zum Flug gekocht und nach 10 Minuten heiß an die Eiweiß gerührt, kalt geschlagen und dann in die Gefrierbüchse gegeben. Ist die Masse halb gefroren, so wird ein halbes Glas guter Maraskino darunter gearbeitet und das Gefrorene wie oben vollendet.

Oder: Man rührt ½ Liter Milch mit 250 Gr. Zucker und 8 Eigelb bis zum Kochen, gefriert die Creme und giebt, wann sie erkaltet, ½ Glas Maraskino dazu und vollendet das Gefrorene wie die anderen.

2563. Maronen=Gefrorenes.

250 Gr. italienischer Kastanien werden geschält, mittelst siedendem Wasser die zweite Haut abgelöst, sauber ausgesucht, daß keine faulen darunter sind, und dann mit ¼ Liter Milch langsam weich gekocht, durch ein Haarsieb getrieben, mit 8 Eigelb und einem ganzen Ei, 180 Gramm Vanillezucker, ½ Liter Rahm und ¼ Liter Milch auf dem Feuer abge=

rührt und im übrigen verfahren wie bei den anderen Sorten Gefrorenes.

2564. Orangen-Rahm-Gefrorenes.

In 1/2 Liter Rahm oder Milch giebt man die dünn abgeschälten Schalen von einer Orange und läßt sie kochen, schlägt sie mit 8 Eigelb und 300 Gr. Zucker bis ans Kochen und gefriert die Creme in derselben Weise wie die anderen vorhergehenden.

2565. Pistazien-Gefrorenes.

150 Gr. grüner Pistazien werden abgezogen, mit etwas Rahm fein gerieben, mit 10 Eigelb, 200 Gr. Zucker und 1/2 Liter Rahm oder Milch abgerührt, in die Eismaschine gefüllt und gefroren.

2566. Pralinen-Gefrorenes.

150 Gramm geröſteter Mandeln werden mit 75 Gramm Zucker und etwas süßem Rahm im Reibstein fein verarbeitet und die Masse, wie oben angegeben, mit 10 Eigelb, 1/2 Liter Milch oder Rahm und 325 Gramm Zucker bis ans Kochen aufgeschlagen, durch ein Sieb getrieben und zum Gefrieren eingefüllt.

2567. Rahm-Gefrorenes.

1/4 Liter Milch und 1/4 Liter Rahm werden siedend gemacht, mit 180 Gramm Zucker und 1/2 Stange Vanille ausgekocht, dann mit 8 Eigelb und 1 ganzen Ei zusammen auf dem Feuer so lange geschlagen, bis die Masse ziemlich dick ist, durch ein Sieb passiert, kalt gestellt und von Zeit zu Zeit gerührt, daß sich auf der Oberfläche keine Haut bildet. Ist die Masse kalt, so kommt dieselbe in die Gefrierbüchse, wird gefroren, wie oben schon mehr gesagt.

2568. Süß-Mandel-Gefrorenes.

125 Gramm Mandeln mit etwas Rahm fein gestoßen, werden mit 8 Eigelb und 1 ganzen Ei, 170 Gramm Zucker, 1/4 Liter Milch, 1/4 Liter Rahm auf dem Feuer abgerührt, durch ein Sieb passiert und in die Gefrierbüchse gebracht und gefroren.

Gefrorenes von Haselnüssen wird auf dieselbe Weise gemacht.

2569. Thee-Gefrorenes.

Ein kleiner Eßlöffel russischer Thee wird mit 1/4 Liter siedendem Wasser abgebrüht, nach Verlauf einiger Minuten abgeseiht, 5/8 Liter süßer, dicker Rahm, 8 Eigelb und 1 ganzes Ei, ohne daß es kocht, auf dem Feuer damit abgerührt, abgeseiht, und wie die anderen Sorten Gefrorenes behandelt. Es kann auch etwas Vanille darunter gegeben werden.

2570. Vanille-Gefrorenes.

In 1 Liter süßen Rahm kocht man 1 gespaltene Stange Vanille mit 300 Gramm Zucker und rührt dies, wenn es gekocht hat, langsam an 10 Eigelb, schlägt dies bis ans Kochen ab, schlägt die Masse kalt, passiert sie alsdann in die Gefrierbüchse und macht das Gefrorene wie die oben beschriebenen fertig.

b. Saft-Gefrorenes.

Bei den Frucht-Gefrorenen ist vor allem darauf zu sehen, daß diese nicht zu süß sind, sondern daß das zusammengestellte Gefrorene mit der Zuckerwage gewogen, nicht mehr als 22 Grad hat. Denn nimmt man zu viel Zucker, gefriert das Eis nicht, nimmt man zu wenig, dann wird es trocken und hart. Auch ist es gut, den zu verwendenden Zucker kalt aufzulösen, und nimmt man zu 250 Gr. Zucker 1/2 Liter kaltes Wasser.

2571. Ananas-Gefrorenes.

Nachdem 1 frische Ananas geschält, werden die Schalen mit Zuckersyrup kalt ausgezogen. Die Frucht schneidet man in kleine Stücke, stößt sie zu Purée, giebt etwas kalten Zuckersyrup daran und läßt es einige Zeit lang ziehen. Hierauf giebt man den Saft von 1—2 Zitronen dazu, den nötigen kalten Zuckersyrup und wiegt den Saft auf 22 Grad, worauf man ihn, wie schon oben beschrieben, gefriert.

2572. Aprikosen-Gefrorenes.

Etwa 15 reife Aprikosen werden durch ein feines Sieb gestrichen, mit 3/4 Liter in Wasser aufgelöstem Zucker und dem Saft von 2 Zitronen angerührt, auf 22 Grad gewogen, passiert und wie sonst gefroren.

Wird von Pfirsichen ebenso gemacht.

2573. Apfelsinen-Gefrorenes.

3 Apfelsinen werden mit 150 Gr. Zucker abgerieben, dieser Zucker mit Wasser kalt geläutert, der Saft von 10 Apfel-

Fig. 464.

sinen hineingedrückt, das Ganze auf 22 Gr. gewogen, durch ein Haarsieb gegeben und in gewöhnlicher Weise gefroren.

2574. Erdbeer-Gefrorenes.

1 Liter frischer Walderdbeeren werden durch ein Sieb getrieben, mit ½ Liter kalt aufgelöstem Zuckersyrup, dem Saft

Fig. 465.

von 1—2 Zitronen angerührt und auf 22 Grad gewogen, dann in die Gefrierbüchse passiert und behandelt, wie schon oben beschrieben.

2575. Hagebutten-Gefrorenes.

450 Gramm Hagebutten, gewaschen, von den Kernen gereinigt, werden blanchiert und weich gekocht, dann zerdrückt, durch ein Sieb getrieben und mit 200 Gr. gesiebtem Zucker verrührt. Inzwischen werden 200 Gr. Zucker in 5 Deziliter Wasser geläutert, der Saft von 1—2 Zitronen dazugegeben,

60

auf 22 Grad gewogen und das Ganze in die Eismaschine zum Gefrieren gegeben.

2576. Himbeer- und Johannisbeer-Gefrorenes.

Wird wie Erdbeer-Gefrorenes (s. Nr. 2574) behandelt.

2577. Orangensaft-Gefrorenes.

Wird wie in Nr. 2573, Apfelsinen-Gefrorenes, behandelt.

2578. Pfirsich-Gefrorenes.

Dasselbe wird wie Aprikosen-Gefrorenes behandelt.

2579. Quitten-Gefrorenes.

10 Stück Quitten werden weich gekocht, zerdrückt, durch ein Sieb getrieben und mit 300 Gr. pulverisiertem Zucker vermengt, einige Tropfen Orangenessenz, sowie kalter Zuckersyrup zugegeben, gut verrührt, auf 22 Grad gewogen und zum Gefrieren in die Eismaschine gegeben.

2580. Tutti frutti-Gefrorenes.

In ein fertiges Zitronengefrorenes (s. Nr. 2582) werden etwa ½ Pfd. verschiedener gekochter oder eingemachter Früchte, würfelicht geschnitten, gegeben, damit vermischt und serviert. Ist auch von Mandel-Gefrorenem herzustellen.

2581. Weichsel-Gefrorenes.

500 Gr. saurer Weichselkirschen werden weich gekocht, entsteint, zu einem Purée gerieben, mit kaltem Zuckersyrup und dem Saft einer Zitrone auf 22 Grad gewogen und, wie oben beschrieben, gefroren.

2582. Zitronen-Gefrorenes.

3 Zitronen werden gut ausgedrückt, mit ½ Liter kaltem Zuckersyrup und der Schale von 1½ auf 22 Grad gewogen, durch ein Sieb passiert und behandelt wie die anderen Gefrorenen.

2583. Meringuen-Masse, italienisch.

6 Eiweiß werden zu steifem Schnee geschlagen, unterdessen 275 Gr. Zucker mit ⅜ Liter Wasser zum Breitlauf gekocht, langsam unter fortwährendem Schlagen an die Eiweiß gegossen und mit dem Schlagen so lange fortgefahren, bis die

Masse halb erkaltet ist. Dann stellt man sie bis zum Gebrauch bei Seite.

2584. Gefrorener, römischer Punsch.

In eine Schüssel giebt man den Saft von 2—3 Zitronen und 2 Orangen, ebenso die Schale von 1½ Zitronen und 2 Orangen, giebt etwa ½ Liter kalten Zuckersyrup dazu, wiegt auf 22 Grad und gießt die Masse zum Gefrieren in die gut in Eis und Salz gesetzte Gefriermaschine und arbeitet daraus ein festes, glattes Gefrorenes. 3 Eiweiß schlägt man zu festem Schnee und giebt 250 Gr. Hutzucker, zum Flug gekocht, langsam nach und nach in denselben. Diese sogenannte italienische Meringue zieht man unter das Gefrorene, arbeitet es wiederholt gut und glatt durch, giebt, ehe man den Punsch anrichtet, ¼ Glas Rum und 2 Glas Champagner darunter, füllt ihn in Gläser und serviert ihn sofort.

Der Punsch muß dickfließend, aber nicht fest sein.

2585. Gefrorener Punsch von Ananas.

Eine kleine, reife Ananas wird geschält, die Schale in halbdickem Syrup eine Viertelstunde ausgekocht, abgeseiht und, wenn dies erkaltet, in die Eisbüchse geschüttet, gut eingesetzt und bei gutem Durcharbeiten gefroren. Die Ananas werden in dicke Rädchen geschnitten und auch eine halbe Stunde in Syrup gekocht. Dieser Syrup wird nach und nach zum Gefrorenen gegossen, die Hälfte der Ananas wird zu kleinen Würfeln geschnitten und zuletzt mit einem halben Glas Arak und einem halben Glas Rum in das Gefrorene gethan. Dieser Punsch wird in Gläsern serviert.

2586. Gefrorener Punsch à l'impérial.

Von 4 Orangen werden die Schalen in ¼ Liter Wasser ausgezogen, von 10 Orangen wird der Saft ausgepreßt, 500 Gr. Zucker eingekocht, die Masse in die Gefrierbüchse gebracht, ½ Flasche Champagner, ebensoviel Bordeaux, etwas Maraskino und 10 Löffel italienischer Meringuenmasse damit vermischt und kalt serviert.

c. Gefrorenes mit Schlagrahm, sog. Plombièren.

2587. Gefrorenes von Aprikosen mit Schlagrahm.

15—20 reife Aprikosen werden geschält und durch ein feines Sieb gestrichen; man vermischt das Purée mit 300 Gr.

in Wasser aufgelöstem Zucker, giebt die Masse zum Gefrieren in die Eisbüchse, arbeitet sie gut durch, bis sie fest und glatt wird, und zieht sodann etwa ½ Liter gut geschlagenen Rahm darunter, füllt die Masse in eine Form mit Deckel, unter welchen man ein Papier legt, und giebt die Form noch etwa 1 Stunde in Eis, taucht sie in lauwarmes Wasser, stürzt sie und giebt sie zu Tisch (siehe S. 940) oder man dressiert, wenn der Schlagrahm eingemischt ist, die schön glatt gearbeitete Plombière auf eine Kristallschaale, umlegt sie mit Backwerk oder Früchten und serviert sie sogleich.

2588. Gefrorenes von Kaffee mit Schlagrahm.

150 Gr. Kaffee röstet man, giebt 4 Deziliter kochender Milch daran und läßt dies zugedeckt stehen, schlägt die passierte Kaffeemilch mit 8 Eigelb und 200 Gr. Zucker bis ans Kochen, gießt die Creme in die Gefrierbüchse, zieht, wenn sie gefroren und glatt ist, ½ Liter geschlagenen Rahm darunter und serviert die Plombière, wie oben gesagt wurde.

2589. Gefrorenes von Orangen mit Schlagrahm.

Wie in Nr. 2564 reibt man 2 Orangen ab, nimmt von 6 den Saft, vermischt ihn mit Zuckersyrup, gefriert das Ganze, mischt ½ Liter geschlagenen Rahm darunter und macht die Plombière fertig, wie oben gesagt wurde.

Mandel-, Maronen- und Vanille-Plombière wird ebenso zubereitet.

d. Bomben.

2590. Bombe von Ananas.

Man nimmt eine frisch geschälte Ananas, kann aber auch eine eingemachte dazu verwenden. Die Ananas schneidet man in Scheiben, gießt zum Ausziehen derselben ½ Liter dünnen Zuckersyrup daran und läßt diesen einige Stunden stehen. Zu 8 Eigelb giebt man den abpassierten Syrup, giebt kleine Ananas in Würfel geschnitten dazu und schlägt die Masse auf dem Feuer bis ans Kochen. Man giebt sie in eine Schüssel, schlägt sie kalt, zieht ½ Liter gut geschlagenen Rahm darunter, füllt die Masse in eine hohe, glatte Bombenform bis an den Rand, giebt ein feines Papier darauf und sodann den Deckel, den man rings um mit Butter bestreicht, um ein Eindringen von Salzwasser zu verhüten. Diese Form setzt man, den Deckel nach unten, in ein tiefes Gefäß, umgiebt sie von allen

Seiten und auch oben gut mit Eis und Salz, in welchem etwas Ammoniak befindlich ist, und läßt sie darin etwa 2 bis 2½ Stunden gefrieren, ohne die Form einmal zu öffnen. Höchstens wäre, wenn das Salz und Eis zu viel Wasser zieht, dasselbe abzuschütten und neues Eis und Salz darauf zu geben. Zum Stürzen taucht man die Form in lauwarmes Wasser, schüttelt die Form ein wenig oder fährt mit einem Messer leicht an der glatten Seitenwand rings herum, stürzt die Bombe auf eine Serviette und serviert sie sofort, umlegt mit etwas Backwerk oder mit einer Aprikosensauce extra serviert.

2591. Bombe von Aprikosen.

12—15 Aprikosen werden durch ein Sieb gestrichen, mit 3 Deziliter Zuckersyrup und 8 Eigelb zu einer Creme geschlagen, wenn erkaltet, mit ½ Liter Schlagrahm gemischt und, wie oben gesagt, fertig gemacht.

Von Pfirsichen ebenso behandelt.

2592. Bombe von Chokolade.

125 Gr. Chokolade wird mit 2 Deziliter Wasser und 125 Gramm Vanillezucker gekocht, passiert und, wenn erkaltet, ½ Liter geschlagener Rahm darunter gemischt, in eine Bombenform gefüllt und auf dieselbe Art und Weise fertig gemacht wie in voriger Nummer.

Oder man schlägt die 125 Gr. Chokolade, erst warm gemacht, mit 8 Eigelb und 2 Deziliter Zuckersyrup bis zum Kochen, mischt alsdann ½ Liter geschlagenen Rahm darunter und behandelt die Bombe, wie oben schon gesagt.

2593. Bombe von Kaffee.

80 Gr. Kaffee wird geröstet und derselbe in 3 Deziliter heißer Milch oder Rahm geworfen, das Geschirr zugedeckt und zur Seite gestellt. Mit 8 Eigelb und 150 Gr. Zucker wird die Masse bis ans Kochen geschlagen, wenn passiert und erkaltet, ½ Liter geschlagener Rahm darunter gemischt und die Bombe auf oben beschriebene Weise behandelt.

2594. Bombe von Erdbeeren.

1½ Liter Erdbeeren werden durch ein Sieb gestrichen, 350 Gr. Zucker darunter gerührt, der geschlagene Rahm von ½ Liter darunter gezogen, in eine Bombenform gefüllt und, wie oben gesagt, vollendet.

2595. Bombe von Mandeln.

80 Gr. süßer, abgezogener Mandeln werden mit etwas Rahm sehr fein gerieben und durch ein Sieb gestrichen, mit 8 Eigelb, 150 Gr. Zucker und 3 Deziliter Rahm zu einer Creme auf dem Feuer abgeschlagen, mit ½ Liter Schalgrahm vermischt und, wie oben gesagt, fertig gemacht.

Wird von Haselnüssen ebenso zubereitet.

2596. Bombe Dame blanche.

Von 6 Eiweiß und ½ Pfund Zucker, dieser zum Faden gekocht, macht man eine sogenannte Meringue italienne. Man kocht den ganzen Zucker, in kleine Stückchen geschlagen, mit 1 Deziliter Wasser und einigen Tropfen Zitronensaft bis zum Faden auf raschem Feuer in eine Zuckerpfanne (siehe Einleitung Seite 78), schlägt unterdessen die 6 Eiweiß zu festem Schnee, nimmt den Zucker, wenn er den Grad erreicht, vom Feuer, läßt ihn eine Weile kühlen und gießt ihn alsdann langsam unter beständigem Schlagen zu dem Eiweiß.

Unter diese Masse rührt man, wenn sie kalt geschlagen, sehr vorsichtig ½ Liter geschlagenen Rahm, giebt ¼ Pfund in Maraskino getränkter Makronen zu, füllt die Masse in eine Bombenform und setzt sie etwa 1½ Stunden vor dem Anrichten ins Eis. Gestürzt und angerichtet, wie oben gesagt.

2597. Bombe von Vanille.

Unter ¾ Ltr. geschlagenen Rahm giebt man 250 Gr. Zucker mit 50 Gr. gestoßener Vanille versetzt, giebt 60 Gr. in Stücke geschnittener Mandelmakronen mit etwas Maraskino angefeuchtet dazu, füllt das Ganze in die Bombenform und beendigt, wie oben gesagt.

e. Gefrorene Puddinge.

2598. Bismarck-Pudding-Gefrorenes.

100 Gr. süßer und ebensoviel bittere Macronen werden fein zerschnitten, mit 200 Gr. fein gesiebtem Zucker in 1 Liter Schlagrahm eingerührt. Zu 150 Gr. frischer oder eingemachter Himbeeren werden 3 Deziliter Schlagrahm gegeben und abwechslungsweise die beiden Massen in eine Bombenform eingefüllt, mit Papier bedeckt, der Deckel fest darauf gegeben, in Eis ge-

froren, wie bei den Bomben gesagt wurde, und ebenso angerichtet.

2599. Chateaubriand, gefroren.

Hiezu wird ein feines Bittermandelgefrorenes (Nr. 2568) mit ¼ Liter Schlagrahm, etwas geschnittenen, grünen, eingemachten Mandeln und gekochter Ananas vermischt. Ferner werden von Mandelmasse 2 dünne Blatt in Papierkapseln gebacken, wenn sie erkaltet, mit gutem Kirschengeist benetzt, mit Aprikosenmarmelade bestrichen, zusammengelegt und 6 Zentimeter im Durchmesser rund ausgestochen. Dies wird nun lagenweise mit der Gefrorenenmasse in eine Form gefüllt, gut verschlossen und eingesetzt. Ist die Form gestürzt, so kommt ein mit Vanille angerührtes Apfelgelee darüber und wird so serviert.

2600. Früchten-Pudding, gefroren.

100 Gr. Malagatrauben, 100 Gr. Rosinen, 50 Gr. Zitronat und 50 Gr. Orangeat werden in Maraskino weichgekocht und kalt gestellt. Inzwischen wird ein Vanille-Gefrorenes gemacht (s. Nr. 2570) und 10 Zuckerbrote mit Maraskino angefeuchtet. Hierauf wird der Boden einer Deckelform mit einer Lage Gefrorenem belegt, darüber kommt eine Lage Zuckerbrot und dann eine Lage Südfrüchte. In dieser Weise wird schichtenweise fortgefahren, bis die Form voll ist, darauf wird der Deckel gut geschlossen und in die Form in Salz und Eis etwa 2—2½ St. eingesetzt. Sodann wird die Form herausgenommen, in laues Wasser eingetaucht, auf eine Serviette gestürzt und aufgetragen.

2601. Meringuen, mit Gefrorenem gefüllt.

Kleine Meringuenschalen (Nr. 2419) werden mit den verschiedensten Gefrorenen gefüllt und auf nur mit Serviette belegter Platte serviert, oder auch in große Meringuentorten gefüllt.

2602. Pudding à la Nesselrode.

250 Gr. italienischer Kastanien werden sorgfältig ausgelesen, daß keine angefaulten darunter sind, dann werden sie geschält, in heißem Wasser blanchiert, die zweite Haut abgezogen, mit ¼ Ltr. Milch, ½ Stange Vanille weichgekocht, im Ofen noch abgetrocknet und durch ein Sieb gestrichen, mit 6

Deziliter Ananassyrup und 8 Eigelb auf dem Feuer abgerührt, diese Masse in der Gefrierbüchse gefroren, 3 Deziliter geschlagener Rahm darunter gemischt, schichtenweise mit in Maraskino gekochten Südfrüchten und in Maraskino angefeuchtetem Zuckerbrot in eine Deckelform gefüllt und wie Bomben behandelt.

26.

Compote, gekochte Früchte.

Bei der Zubereitung der Compote oder gekochten Früchte gilt als allgemein feststehende Regel, daß nur gut glaciertes, irdenes Geschirr hiezu verwendet werden darf. In eisernen Geschirren leidet nicht nur die Farbe, auch der Geschmack wird verdorben, und Kupfergeschirr ist gesundheitsschädlich. Die getrockneten Früchte werden, nachdem sie abgerieben und abgespült sind, mit Wasser zugesetzt, die frischen Früchte dagegen womöglich im eigenen Saft gekocht; dabei ist zu beachten, daß die Beerfrüchte während des Einkochens so wenig wie möglich umgerührt werden, sonst verlieren sie Form und Aussehen.

So angenehm gekochte Früchte im Sommer schmecken, wenn sie kalt zu Tisch gegeben werden, so gefährlich können sie im Winter werden, da man sich sehr leicht eine Magenerkältung zuzieht, deshalb richte man sich in dieser Beziehung ganz nach der Jahreszeit. Das gekochte Obst, große Stücke in zwei Hälften geteilt, wird auf einer flachen Porzellanplatte angerichtet, so daß die Früchte zusammen eine gefällige Form haben, dann werden einzelne Früchte in die eingekochte Sauce eingetaucht und die Platte damit garniert, die Sauce selbst aber erst kurz vor dem Auftragen vorsichtig an die Früchte gegossen. Eine gute Compotplatte würzt jedes feine Menu.

Außer den nachbeschriebenen Compoten werden zu solchen auch die im Warmbade (bain marie) mit ganz dünner Zuckerlösung eingedunsteten Früchte verwendet. Es ermöglicht diese Art des Einmachens, Compote von jeder Frucht zu jeder Jahreszeit auf die Tafel zu bringen.

2603. Ananascompot.

Ananas geben die besten Compote; sie werden zu diesem Zwecke von der Schale befreit, in Scheiben geschnitten und mit Zucker bestreut. Der Saft von 2 Orangen wird ausgepreßt, gleich viel Wasser dazu gethan, einige Löffel Zucker darin gekocht und dies siedend über die Ananasscheiben gegossen.

2604. Apfelcompot-Guß.

Die zu Compot bestimmten Aepfel werden, wie in der folgenden Nummer beschrieben, vorbereitet, dann das Mark von im Ofen gebratenen Aepfeln herausgenommen und mit dem Schnee von 4 Eiern, Zucker und Zitronenschale zu einem Schaum gerührt. Dieser wird dann auf die angerichteten Aepfel gegossen, worauf man sie im Backofen anziehen läßt, bis sie Farbe haben.

2605. Apfelcompot mit Rosinen.

Man schält etwa 10—12 Borsdorfer, Reinetten, Luiken oder sonst gute Aepfel, schneidet sie mitten entzwei, bohrt das Kernhaus mit einem Gemüselöffel aus, reibt sie, damit sie weiß bleiben, mit Zitronensaft ein und legt sie in kaltes Wasser. Inzwischen werden in ein passendes Geschirr etwas Zitronensaft, ¾ Liter Wasser, 250 Gr. Zucker, einige Stückchen Zimmet

Fig. 466

und Zitronenschalen, nebst einer Hand voll gewaschener Rosinen gegeben und an das Feuer gestellt. Wenn dies zusammen siedet, legt man die Aepfel so hinein, daß das Kernhaus unten ist, auch dürfen sie wohl eng beisammen, aber nicht auf einander liegen, und kocht sie langsam weich. Hierauf stellt man sie weg und läßt sie zugedeckt stehen, bis der eingeschlossene Dampf die Aepfel wieder zusammengezogen hat. Dann werden sie auf eine Platte gelegt, und sollte der Saft zu stark eingekocht sein, so kann man noch ein Glas Wein nebst Zucker und Rosinen daran gießen und damit aufsieden, bis die Masse sulzig ist, die dann über das Compot gegossen wird.

Man kann den Zimmet, die Zitronenschale und die Rosinen auch weglassen.

Vielfach schneidet man das Kernhaus der Länge nach durch den ganz abgeschälten Apfel mittelst des Kolonnenausstechers heraus, kocht dann die Aepfel auf oben beschriebene Art und füllt das Kernhaus mit in dem Apfelsyrup aufgekochten Rosinen, giebt noch Syrup über die auf der Compotschale angerichten Aepfel und serviert.

2606. Apfel-Purée.

6—8 Reinetten werden geschält, von den Kernen befreit und in einer Kasserole mit 125 Gr. gestoßenem Zucker, 1/8 Liter Weißwein und der Schale von einer halben Zitrone weichgekocht. Nun werden die Aepfel durch ein feines Sieb getrieben, mit in Kirschengeist gekochten Rosinen und Malagatrauben vermischt, angerichtet und mit Zuckerbrot garniert.

2607. Apfelsinencompot.

Siehe Orangencompot.

2608. Aprikosen- oder Pfirsichcompot.

Wenn die Aprikosen geschält, entzweigebrochen und der Kern herausgenommen, so läßt man 125 Gramm Zucker nebst 1/4 Liter Wein oder Wasser kochen; ist der Saft fleißig abgeschäumt worden, so legt man die Aprikosen hinein, aber so, daß die äußere Seite unten ist, streut gewiegte Zitronenschalen darüber und läßt sie auf Kohlen kochen. Wenn sie nach kurzer Zeit weich sind, werden sie auf eine Schale gelegt, der Saft noch etwas eingekocht und darüber gegossen. Die abgezogenen Kerne der Früchte, im Saft mitgekocht und dazu gegeben, geben dem Compot ein feines Aroma.

2609. Birnencompot.

Man nimmt hiezu gute Birnen, schält sie fein, sticht das Köpfchen und das Kernhaus heraus, steckt in die eine Hälfte der Birnen je eine Gewürznelke, in die andere Hälfte ein Stückchen Zimmet, stellt dann alle aufrecht in eine Kasserole, gießt 2 Teile Wein und 1 Teil Wasser darüber, nebst etwas Zucker und Zitronenschalen, läßt sie so lange zugedeckt kochen, bis die Birnen weich sind und der Saft kurz eingekocht ist, alsdann stellt man sie aufrecht auf eine Platte und läßt den eingekochten Saft durch einen engen Seiher an die Birnen laufen. Die Birnen können auch nur in Zucker, mit Zitronenschale und etwas Zitronensaft gekocht werden. Große Birnen werden in zwei Teile geschnitten, auf dieselbe Art gekocht und als Compot gegeben. Um rote, gefärbte Birnen zu erhalten, wird in den Zuckersyrup etwas Cochenillefarbe gegeben und beim Anrichten die Hälfte weiße, die andere Hälfte rote Birnen auf der Compotschale angerichtet.

2610. Erdbeercompot.

Zu 2 Liter frischer Walderdbeeren, welche sauber ausgesucht und gewaschen worden, werden 500 Gr. Zucker mit ½ Liter Wasser dick gekocht, auf die Erdbeeren gegossen, zugedeckt und, wenn sie erkaltet, abgeschüttet. Der Syrup wird dick eingekocht, das Compot angerichtet, ersterer darüber gegossen und kalt serviert.

2611. Feigencompot.

500 Gr. grüner Feigen werden gebrüht, dann mit Wasser gut abgeschwenkt. Inzwischen werden 350 Gr. Zucker geläutert, die Feigen hineingelegt und so lange am Feuer gelassen, bis sie weich sind. Dann werden sie herausgenommen, der Absud noch etwas eingekocht und erkaltet über die Feigen gegossen.

2612. Heidelbeercompot. Erste Art.

3 Liter Heidelbeeren werden ausgesucht und sauber gewaschen, in einer Kasserole mit ½ Liter dickrotem Wein, 475 Gr. Zucker, der Schale einer halben Zitrone und einem kleinen Stückchen Vanille weich gekocht, zum Erkalten gestellt, angerichtet und mit Zuckerbrot garniert gegeben.

2613. Heidelbeercompot. Andere Art.

Die Heidelbeeren werden gelesen, geschwemmt und in warmem Wasser zugesetzt, gekocht, geseiht, der Saft eingekocht, mit einigen Tropfen Orangenessenz vermischt, die Beeren wieder eingerührt, entsprechend mit Zucker und Zimmet gewürzt, auf der Compotplatte angerichtet und diese mit Bisquit garniert.

2614. Himbeer-Compot.

Himbeercompot wird ganz ebenso wie Erdbeercompot behandelt.

2615. Johannisbeer- oder Träubchencompot.

Dasselbe wird wie dasjenige von Trauben zubereitet, nur müssen die Beeren sehr reif sein, weil sie sehr viel Säure enthalten.

2616. Kastaniencompot.

1 Kilo Zucker wird zu ziemlich dickem Syrup gekocht und kalt gestellt. Inzwischen werden 1 Kilo großer, italienischer Maronen geschält, von der zweiten Haut befreit und in ganz dünnem Vanillesyrup langsam weich gekocht und zwar so, daß sie ganz bleiben. Dann werden dieselben auf ein Sieb gelegt und, wenn sie erkaltet, in den andern Syrup gebracht. Nach 8—10 Stunden werden die Maronen angerichtet, der Vanillesyrup mit etwas von dem, in welchem man die Maronen gelegt hatte, dick eingekocht, darüber geschüttet und serviert.

2617. Kirschencompot.

Man läßt in einem reinen Geschirr 250—300 Gr. Zucker mit 1/4 Liter Wasser aufkochen, giebt 500 Gramm schwarzer und 500 Gr. sauber ausgesteinter roter Kirschen mit ihrem Saft dazu, läßt es auf Kohlen langsam etwa 10—15 Minuten kochen, nimmt die Kirschen mit einem Schaumlöffel heraus, kocht den Saft dicklich ein und giebt ihn beim Anrichten über die Kirschen.

2618. Kirschenschaum.

4 Löffel eingemachter Kirschen ohne Saft sind durch ein Haarsieb zu treiben und mit dem festen Schnee von 4 Eiern zu vermischen, mit dem erforderlichen Zucker zu versüßen, bergartig auf einer Platte anzurichten, mit gestoßenem Zucker zu bestreuen und mit einem glühenden Eisen zu brennen. Auf ähnliche Weise kann man auch Schaum von anderen Fruchten machen und statt des Brennens aufziehen.

2619. Melonencompot. Erste Art.

Eine kleine, nicht zu reife Melone wird geschält und in fingerdicke Tranchen geschnitten, in leicht gesalzenem, siedendem Wasser einige Minuten blanchiert und in frisches Wasser gelegt. 500 Gramm Zucker wird mit 1/2 Liter Wasser zu einem dicklichen Syrup gekocht, die Melone hineingegeben und darin gekocht, in eine Porzellanschale gegeben und kalt gestellt. Die Melonenstücke richtet man an, kocht den Syrup dick ein und giebt ihn, wenn er kalt ist, über dieselben.

2620. Melonencompot. Andere Art.

Die reifen Melonen werden geschält, gereinigt und in passende, nicht zu dünne Stücke zerlegt, dann werden sie in mit Zitronensaft geschwängertem Wasser weich gekocht. Man legt sie einige Zeit in kaltes Wasser und läßt sie auf einem Sieb abtropfen. Ueber Nacht legt man sie in Zuckersaft (auf eine Melone rechnet man 350 Gr. Zucker), nimmt am folgenden Morgen die Melonenstücke heraus, kocht den Saft dicklich ein und gießt ihn kalt über die Melonen.

2621. Mirabellencompot.

Dasselbe wird ganz so wie Reineclaudencompot (Nr. 2626) zubereitet und serviert.

2622. Orangencompot. Erste Art.

250 Gr. Zucker werden mit 3/8 Liter Wasser zu einem dicken Syrup heiß bereitet und 3 schöne Orangen, nachdem sie in ganze Tranchen geschnitten und geschält oder die äußeren Teile davon abgeschnitten und die Kerne herausgenommen sind, 5 Minuten in obigem Zucker aufgekocht, dann die Orangen herausgenommen und kalt gestellt und der Syrup dick eingekocht. Hierauf wird das Compot angerichtet, der Syrup aufgegossen und, wenn er kalt ist, serviert.

2623. Orangencompot. Andere Art.

Zu demselben werden 3 Orangen, welche geschält und von allem Weißen gereinigt sind, in ziemlich dicke Tranchen geschnitten, von den Kernen befreit und dick mit gestoßenem Zucker bestreut, aufeinander in eine Schüssel gelegt und nach etwa einer Stunde angerichtet, der von den Orangen gezogene Saft darüber gegossen und serviert.

2624. Pflaumencompot.

100 Gramm Zucker läßt man mit einem Glas roten Wein in einer Kasserole kochen, legt recht schöne, ganze Pflaumen hinein und kocht sie unter öfterem Schwenken und so lange, bis die Haut aufplatzt. Hierauf legt man sie auf eine Platte, kocht den Saft dicklich ein, gießt ihn über die Pflaumen, streut Zucker, Zimmet und länglich geschnittene Zitronenschalen darüber und serviert.

2625. Quittencompot.

Hiezu nimmt man Birnenquitten, etwa 12 Stück, da diese sich zu Compot schöner als die Apfelquitten kochen, schält und schneidet sie nach ihrer Größe in zwei oder vier Teile, nimmt das Steinige heraus und giebt sie in kaltes Wasser mit etwas Zitronensaft. Nun kocht man sie in einer Kasserole in Wasser ziemlich weich, um ihnen den herben Geschmack zu benehmen, und legt sie in kaltes Wasser und zum Abtropfen auf ein Sieb. In einer Messingpfanne kocht man 500 Gr. Zucker mit ½ Liter Wasser und dem Saft einer Zitrone, sowie Zitronenschalen, legt die Quitten nebst deren in ein Tüchlein gebundenen Kernen hinein (bekanntlich geben diese eine Sulz), deckt sie zu und kocht sie, wie die Birnen, langsam auf Kohlen etwa ¾—1 Stunde; legt sie auf ein Sieb, später in eine Compotschale. Den Saft kocht man ein und giebt ihn über die angerichteten Quitten.

2626. Reineclauden-Compot.

Etwa 40—50 Reineclauden werden mit einer Nadel öfters durchstochen und in Wasser blanchiert. 500 Gr. Zucker kocht man mit ½ Liter Wasser und läßt die Früchte darin kochen; man muß dabei vorsichtig sein, da sie sehr verschieden kochen, und diejenigen immer herausnehmen, welche weich sind. Sind alle fertig, so wird der Saft dick gekocht und, wenn die Reineclauden angerichtet sind, darüber gegossen.

2627. Stachelbeercompot.

500 Gr. großer, dem Reifen naher Stachelbeeren werden von Stiel und Köpfchen gereinigt, verlesen und in frischem Wasser zugesetzt, dem man einige Tropfen Maiglöckchenessig beimischt, rasch gekocht, mit kaltem Wasser abgeschwenkt und, nachdem sie abgetropft und erkaltet sind, läßt man sie in 400 Gramm geläutertem Zucker schwach ankochen. Man läßt sie im Zucker erkalten, richtet sie sodann an, kocht den Syrup noch etwas ein und giebt sie zu Tische.

2628. Traubencompot.

Man zupft die noch nicht ganz reifen Trauben, etwa 1 Pfund, von den Stielen ab, kocht sie in geläutertem Zucker, (250 Gr. Zucker und ¼ Wasser) langsam auf, nimmt sie heraus, kocht den Syrup ein, giebt diesen über die Beeren und in einer Compotschale zu Tische.

2629. Tutti-frutti Compot.

Feine, aber nicht überreife Aepfel werden geschält und wie in Nr. 2605 gesagt, vorbereitet; ebenso werden reif

Pflaumen entstielt und ausgesteint. Inzwischen läßt man ½ Liter guten Rotwein, ¼ Liter Wasser, 250 Gr. Zucker, etwas Zitronenschale und gewaschene Rosinen in einer Messingpfanne aufkochen. Hierauf werden die Früchte neben einander in die Pfanne gelegt, mit einem Deckel zugedeckt und gekocht. Wenn die Früchte weich sind, werden sie auf ein Sieb gelegt, der Saft noch mehr eingekocht und über die in einer Compotschale hübsch in den verschiedenen Farben angerichteten Früchte gegossen.

2630. Weichselcompot.

500 Gr. reifer Weichseln entstielt und entkernt man, doch so, daß sie ganz bleiben, mischt 400 Gramm gestoßenen Zucker darunter, läßt sie über Nacht stehen, kocht sie in der Frühe unter Zuguß von etwas Wasser im eigenen Saft, gießt 1 Deziliter Rum daran, zieht sie vom Feuer, stellt sie kalt und giebt sie mit Bisquit zu Tisch.

27.

Eingemachte Früchte und Gemüse.

Die frischen Früchte und Gemüse können nicht alle in natürlichem Zustande aufbewahrt werden, ohne dem Verderben ausgesetzt zu sein und ihm schließlich anheimzufallen. Dadurch fühlte sich die Kochkunst veranlaßt, auf Mittel zu sinnen, durch welche es möglich wäre, diese kostbaren Zugaben auch für diejenige Zeit und solche Verhältnisse (auf Reisen, über weite Meere) zu erhalten, in welchen sie nicht frisch zu haben sind. Dies ist im Wege des Einmachens, Einkochens, Einsiedens mit die Erhaltung befördernden Ingredienzien gelungen. Wie dies geschehen soll, werden die unten folgenden Vorschriften angeben. Als allgemeine Regel darf vorausgeschickt werden, daß beim Einmachen von Früchten und Gemüsen die größte Reinlichkeit und Sauberkeit zu beobachten ist. Die geringste Nachlässigkeit hierin stellt nicht nur das Gelingen der kostspieligen Arbeit in Frage, ja es kann der Genuß von derartig Eingemachtem für die Gesundheit schädlich wirken, weil durch unreine Beimischungen sich giftige Säuren entwickeln können. Ebenso ist auf vollständig gesunde Früchte und Gemüse zu achten, und muß man den richtigen Reifegrad der Früchte kennen, in dem sie zum Einmachen brauchbar sind. Der Zucker muß von bester Qualität sein, und es dient, um den Gehalt der Zuckerlösung zu messen, die Zuckerwage (siehe umstehende Figur), indem sie frei schwimmend hineingelegt wird. Je dicker der flüssige Zucker eingekocht ist, um so weniger sinkt die Wage in denselben ein; die an letzterer angebrachte Scala zeigt die Gehaltgrade des Syrup an. Auch auf das Geschirr ist Rücksicht zu nehmen. Zum Einkochen bedient man sich einer verzinnten Kasserole oder einer solchen von Email, zum Aufbewahren sind Töpfe von Steingut, Porzellan und Glas am besten. Gefässe und Löffel von Metallen sind meistens schädlich. Bedient man sich messingener oder kupferner Geschirre, so darf man nie in denselben Früchtesyrup oder Früchte längere Zeit stehen lassen, da dies gesundheitsschädlich ist. Vor Einlegen der Früchte in die bestimmten Gefässe ist es gut, diese mit einem Stückchen Schwefel auszuschwefeln, und giebt man das Eingekochte kochend heiß in dieselben und nicht erkaltet.

Fig. 467.

Bei denjenigen Früchten, welche vor ihrem Einmachen in Zucker oder in Wasser blanchiert, d. h. weiß und weichgekocht werden müssen, wie z. B. Aepfel, Birnen, Quitten, Melonen, Pfirsiche, Aprikosen, Nüsse, grüne Mandeln, Reineclauden u. dergl. ist sehr zu beachten, daß sie vor ihrem Einlegen in Zucker weich genug blanchiert sind, um das Eindringen des Zuckers zu erleichtern, weil sie, wenn dies nicht der Fall wäre, bei ihrer weiteren Behandlung m Zucker einschrumpfen, hart werden und alles Ansehen vereren würden.

Langsames Blanchieren und Einmachen der obengenannten consistenteren Früchte ist zu empfehlen, bei Beerenfrüchten gilt das Gegenteil. Ist das in die Gefäße eingefüllte Eingekochte erkaltet, wobei sehr darauf zu achten ist, daß genügend Zuckerfruchtsaft über den Früchten ist, so giebt man der Form des Gefässes entsprechende, ausgeschnittene Papierscheiben, in Kirschwasser oder Rum getaucht, darüber und bindet das Gefäß mit Pergamentpapier oder einer Schweinsblase zu, welche in lauem Wasser gut gewaschen und getrocknet ist. Sehr zu empfehlen sind die vorzüglichen Einmachgläser mit Patentverschluß (siehe Einleitung, S. 29, Fig. 104).

Zur Conservierung des Eingemachten bedient man sich auch viel der mit Kirschwasser oder reinem Weingeist aufgelösten Salicylsäure in Pulverform, wobei man zu 5 Gr. Salicyl ½ Liter reinen Weingeist rechnet. In diese Lösung taucht man, anstatt in Rum, die Papierscheibe und legt sie dann auf das Eingemachte. Sehr viel wird das Salicyl auch schon beim Einmachen der Früchte verwendet, um eine bessere Haltbarkeit zu erzielen, und giebt man auf 2 Liter Früchtensyrup eine halbe Messerspitze Salicyl, welches man in dem Fruchtsaft aufkocht. Gut ist, keine zu großen Einmachgefässe zu nehmen, namentlich für feinere Früchte, da sich dieselben durch das öftere Herausnehmen weniger gut halten. Alle eingemachten Früchte, Gelees, Marmeladen u. s. w. sind an einem kühlen, luftigen Ort aufzubewahren, möglichst nicht im Keller.

Beim Herstellen der süßen Sulzen (siehe Abschnitt 24), beim Einmachen der Fruchtgelees und Klären der Fruchtsäfte verdient das Filtrieren besondere Beachtung, und sollen zunächst die einzelnen Utensilien und ihre Handhabung in Wort und Bild einleitend veranschaulicht werden.

2631. Filtrieren durch den Filtriersack.

Die gebräuchlichste und für die Küche geeignetste Art ist, den aus weißem Molton bereiteten Filtrierbeutel (siehe S. 27, Fig. 98 und S. 82, Fig. 159) mit einem aus Filtrierpapier bereiteten Teig zu belegen und die Masse dadurch zu filtrieren. Der Teig wird auf folgende Weise bereitet. Man nimmt 4 Bogen Filtrierpapier, verkocht sie zu einem Brei, läßt diesen durch ein Sieb abtropfen, wäscht ihn hernach aus kaltem Wasser, preßt ihn aus, begießt ihn mit demjenigen Saft, den man filtrieren will, und bringt ihn in den Filtriersack. Darüber wird die Masse gegossen und so lange wiederholt, bis die Flüssigkeit völlig klar ist.

2632. Filtrieren durch einen Glastrichter.

Der Glastrichter wird auf eine weiße Flasche gesteckt; wenn das Abtropfen langsam vor sich gehen soll, wird die

Fig. 468—470.

Mündung des Trichters mit reiner Wolle oder Werg verstopft, in den Trichter der oben beschriebene Filtrierteig gelegt und wie beim Filtrieren durch den Filtriersack verfahren; oder man kann einen Bogen Filtrierpapier in Trichterform in Spitzfalten legen und in den Trichter bringen, so daß der Saft dadurch in die Flasche filtriert wird, doch ist diese Art bedenklich, weil der Papiertrichter leicht zerplatzt, wodurch der filtrierte Saft verunreinigt wird, deshalb sind die beiden anderen Arten mehr zu empfehlen; wobei noch zu bemerken ist, daß stark gelierende Säfte in erwärmtem Zustande auf das Filtriertuch zu gießen sind, weil sie, erkaltet, nicht mehr durchlaufen würden. Ein sehr fleißiges Abschaumen der Säfte während des Kochens trägt neben der Filtrierung viel zu ihrer Reinigung und Klärung bei, auch werden durch dieses Abschäumen am sichersten die in den Früchten sich etwa entwickelt habenden Säuren entfernt.

2633. Das Einmachen in Blechbüchsen im Dunst.

Beim Einmachen der Früchte in Blechbüchsen, wie es namentlich für Birnen, Aprikosen, Pfirsiche, Zwetschgen, Pflaumen, Mirabellen, Reineclauden zweckmäßig ist, muß vor allem darauf gesehen werden, daß die Büchsen aus gut verzinntem Weißblech hergestellt und möglichst neue, die gegenwärtig zu billigem Preise zu haben, dazu zu verwenden sind. Alte Büchsen sind vor dem Gebrauch mit einer starken Aschen- oder Sodalauge auszukochen, gründlich in heißem und dann in kaltem Wasser auszuspülen und gut zu trocknen, um den Früchten jeden Beigeschmack von Blech zu nehmen. Als Deckel bedient man sich eines solchen von Blech, der nach dem Einfüllen der Früchte durch einen Klempner, Flaschner eingelötet wird. Hiebei ist darauf zu achten, daß das aufgetragene Zinn auch gleichmäßig aufgetragen und gut mit dem Blech verlötet wird, da durch ein kleines Loch Luft in die Büchse kommt und der Inhalt unbrauchbar würde. Deshalb stellt man jede Büchse vor dem Kochen einige Minuten in heißes Wasser und sieht genau nach, ob nicht aus irgend einer, nicht gut verlöteten Stelle weiße Blasen aufsteigen, bezeichnet diese Stelle und verlötet sie von neuem. Dann erst giebt man alle Büchsen zum gleichmäßigen Kochen ins kochende Wasser, kocht diese etwa $1/4$—$1/2$ Stunde, nimmt sie nach dieser Zeit sofort heraus, da die Früchte sonst nachkochen und Not leiden; man stellt sie deshalb zum Erkalten in kaltes, fließendes Wasser, während man die in Büchsen eingemachten Gemüse noch einige Zeit in heißem Wasser nachziehen läßt.

Blechbüchsen mit Patentverschluß, Gummiring und Federn sind ebenfalls sehr zweckmäßig.

Der über die rohen, in Büchsen eingefüllten Früchte gegossene Zuckersyrup wird von 2 Pfund Zucker mit ½ Liter Wasser unter beständigem Kochen und Abschäumen bis zum Breitlauf gekocht und kalt über dieselben gegossen.

2634. Das Einmachen im Dunst in Porzellan-, Steinguttöpfen oder Gläsern

geschieht, indem man die Früchte entweder roh oder gekocht einfüllt, wie unten in den einzelnen Rezepten angegeben, den Zuckersyrup darüber gießt und die Gefäße gut verschließt, Gläser mit Patentverschluß, Flaschen mit Korken und fest zugebunden, oder Töpfe mit Schweinsblase. Dann werden sie mit Heu und Stroh umwickelt, in ein weites Geschirr nicht zu nahe aneinandergesetzt, dieses bis zur stark halben Höhe mit kaltem Wasser gefüllt, langsam ins Kochen gebracht und langsam bis zur bestimmten Zeit weiter gekocht, sodann vom Feuer genommen und im Wasser zum Erkalten gestellt.

Diese Methode, im Dunst rohe oder halb gekochte Früchte in hermetisch verschlossenen Büchsen oder Gläsern zu kochen, ist eine äußerst gute und bewahren dieselben dadurch ihr feines Aroma und die natürliche, schöne Farbe.

2635. Das Einmachen ohne Zucker.

Von reifem Steinobst entfernt man die Stiele und, wenn man will, auch die Steine. Kirschen und Pflaumen können auch mit den Steinen eingemacht werden und füllt man damit Einmachgläser oder Flaschen, wobei zu beachten, daß die Früchte recht dicht eingefüllt werden, verschließt sie dann fest mit Schweinsblase oder mit Kork und Schnur, stellt sie, jedes mit Heu gut umwickelt, in ein breites Geschirr, gießt bis zur halben Höhe kaltes Wasser dazu und läßt sie, wenn das Wasser anfängt, zu kochen, etwa 25—30 Minuten auf langsamem Feuer weiter kochen, setzt nach dieser Zeit den Kessel vom Feuer und läßt die Früchte darin erkalten. Vor dem Gebrauch der Früchte kocht man einen Zuckersyrup, giebt diesen zu dem Saft der Früchte, letzteren dazu und verwendet diese Früchte, welche ausgezeichnet schmecken, zu Compoten, Kuchen u. s. w.

2636. Sacharin.

Der von der Firma Fahlberg, List und Co. in Salbke-Westerhüsen an der Elbe in den Handel gebrachte Süßstoff „Saccharin" verdient in erhöhtem Maße unsere Aufmerksamkeit, weil er sowohl aus ökonomischen und praktischen, wie auch diätetischen Gründen mit größtem Vorteile als Ersatz des Zuckers in Küche und Haus verwendet werden kann.

Saccharin ist billiger als Zucker und auch schon deshalb als Versüßungsmittel mehr zu empfehlen, weil es die damit behandelten Nahrungsmittel zugleich gegen Verderben schützt, nicht säurebildend wirkt und keine Gärung in Darm und Magen verursacht. Für Haushaltungen empfiehlt sich die Anwendung einesteils des leicht löslichen oder leicht löslich raffinierten Saccharin, wenn es sich um die Versüßung und Geschmacksverbesserung größerer Quantitäten handelt, anderenteils der Haushaltungstabletten, die namentlich zur Versüßung kleiner Portionen geeignet sind. Ganz besonders hat sich das leicht löslich raffinierte Saccharin zum Versüßen von Compot, Obstmus, Fruchtsäften, Kaltschale, süßen Suppen 2c. vorzüglich bewährt, während die Saccharintabletten namentlich zur Versüßung von Thee, Kaffee, Punsch, Grog und dergl. sehr vorteilhaft zu verwenden sind, da eine Tablette die Süßkraft von 1½ Stück Würfelzucker hat und in der Regel zum Versüßen einer Tasse Thee, Kaffee u. s. w. vollkommen ausreicht.

Im allgemeinen sei bemerkt, daß das Saccharin vor dem Zusetzen aufgelöst werden muß und gut in die zu versüßende Masse zu verteilen ist, und daß die zur Verwendung gelangenden Mengen je nach Beschaffenheit und Geschmack der betreffenden Speise bemessen werden müssen, indem man nur zu berücksichtigen braucht, daß 2,25 Gr. leicht löslich raffiniertes Saccharin die Süßkraft von einem Kilogramm Zucker reichlich ersetzen.

A. Früchte.

2637. Aepfel, in Zucker einzumachen.

Geschälte Aepfel werden in der Mitte zerschnitten, die Kernhäuser herausgenommen, die Aepfel nebst einem Stück ganzem Zimmet in kochendes Wasser gelegt und ein paar mal aufgekocht. Man nimmt sie heraus, läßt sie ablaufen, setzt dann auf 2 Kilo Aepfel, 500 Gr. Zucker mit ein paar Tassen Wasser ans Feuer, fügt, wenn er abgeschäumt ist, die kleingewiegten Schalen und den Saft von 2 Zitronen nebst den Aepfeln bei und kocht alles so lange, bis die Aepfel klar und weich sind. Dann nimmt man sie heraus, läßt den Zucker dick einkochen, bis er sich mit dem Löffel ziehen läßt, und füllt ihn ziemich erkaltet zu den Aepfeln in ein Glas.

2638. Ananas-Früchte.

Von einer reifen Ananas schneidet man die Schale ab und giebt diese in eine Schüssel. Die Ananas teilt man in 4 Teile, schneidet diese in Scheiben und giebt auf diese eben so viel feinen Zucker, als das Gewicht der Frucht ausmacht, legt diese sodann in Gläser, giebt oben auf fingerdick Zucker und verwahrt sie mit einer Schweinsblase.

An die Schale giebt man einen dünnen Zuckersyrup, kocht diesen mit den Schalen etwa 15 Minuten aus und verwendet ihn zu irgend einer süßen Schüssel.

In Büchsen eingekocht, giebt man die Scheiben in dieselben, gießt kalten Zuckersyrup daran, verlötet die Büchsen und kocht diese etwa 45 Minuten und giebt sie alsdann zum rasch Abkühlen in kaltes Wasser.

2639. Ananas-Purée.

Die Ananas werden, wie sie vom Strauche kommen, zerstoßen, durch ein Sieb getrieben, zu 100 Gr. Purée eben soviel gestoßener Rohrzucker gemischt, in Flaschen gefüllt, diese verkorkt, mit starkem Bindfaden gebunden und in Sand gestellt. Dazu wird am besten eine Kiste verwendet, die so hoch mit Sand gefüllt ist, daß von den Flaschen nur der Kopf heraussieht.

2640. Aprikosen oder Pfirsiche einzumachen.

Diese werden nur halbreif zum Einmachen genommen, abgeschält und entzwei geschnitten, entsteint und gewogen. Hat man 500 Gr. hievon, so läutert man 500 Gr. Zucker mit 1/4 Liter Wasser bis zum Faden. Hierauf legt man die Früchte hinein und läßt sie ziemlich weich kochen, mit Vorsicht, daß sie nicht zerfallen; legt sie sodann mit einem silbernen Löffel auf eine Platte und kocht den Zucker mit geschnittenen Zitronenschalen ein. Wenn beides erkaltet, füllt man die Früchte in Gläser, gießt den Zucker darüber und verwahrt sie wie andere Früchte.

2641. Aprikosen im Dunst.

Die Aprikosen werden abgerieben, halbiert, ausgesteint, in Büchsen oder Gläser eingefüllt, der Zuckersyrup 3/4 damit übergossen, wie oben beschrieben, und ebenso 1/2 — 3/4 Stunde gekocht.

2642. Berberitze (Sauerdorn, Erbseln) in Zuckersaft.

500 Gr. Berberitzen werden sorgfältig gelesen, die Knöpfchen abgeschnitten und in 1/2 Liter Wasser so lange gesotten, bis

sich die Beeren leicht zwischen den Fingern zerdrücken lassen, dann wird die Masse filtriert, dem Saft 700 Gramm Zucker beigemischt, auf 52 Grad eingekocht; man läßt es so rasch wie möglich erkalten, um zu vermeiden, daß der Zucker in den Flaschen, in welche der Saft abgefüllt wird, candiert. Die Flaschen werden gut gepfropft, gebunden und kalt aufbewahrt.

2643. Birnen-Purée.

Die Birnen, besonders Bergamotten, werden geschält, das Kerngehäuse mit den Kernen herausgeschnitten, in zehngradigem Zuckersaft weich gekocht, geseiht, die Masse durch ein Sieb getrieben, mit 100 Gr. gestoßenem Zucker auf 100 Gr. Purée vermischt, dies zusammen in Flaschen gefüllt, diese gut geschlossen und in Sand gestellt.

2644. Birnen mit Dunst.

Die, wie oben beschrieben, geschälten Birnen werden in leichtem Zuckersyrup (1 Kilo Zucker in ½ Liter Wasser) aufgelöst und gekocht. Halb weich gekocht, läßt man sie im Syrup erkalten, füllt sie in die Büchsen oder Gläserein und kocht sie, wie dort beschrieben Nr. 2634.

2645. Birnen in Essig und Zucker.

3 Kilo guter Birnen werden geschält, halbiert, ausgeschnitten und in kaltes Wasser mit etwas Zitronensaft gelegt. 1 Kilo Zucker und 1 Liter Essig kocht man zusammen unter sorgfältigem Abschäumen, giebt 15 Gr. Zimmet und 10 Gr. Nelken dazu, sowie die Birnen und kocht diese darin nicht zu weich, läßt sie auf einem Sieb abtropfen und giebt sie in die Gläser, kocht den Saft dicklich ein, gießt ihn über die Birnen, läßt die Früchte einige Tage stehen, kocht den Saft nochmals auf und giebt ihn erkaltet wieder zu den Birnen und verwahrt dieselben mit Korken oder Schweinsblase.

2646. Birnen in Zucker einzumachen.

Reife, jedoch noch grüne Birnen werden geschält, die Blüten herausgestochen, die Stiele abgeschnitten und in frisches Wasser gelegt. Alsdann kocht man auf 1½ Kilo Birnen 1 Kilo Zucker mit etwas Wasser zu Syrup, läßt darin die Birnen mit Nelken und Zimmet zugedeckt langsam kochen, nimmt sie, wenn sie weich genug sind, ohne daß sie zerfallen, heraus und läßt den Zucker noch etwas einkochen. Wenn derselbe verkühlt ist, bringt man ihn nebst den etwas verkühlten

Birnen in ein Einmachglas. Drei Tage nachher läßt man den Saft mit 60 Gr. Zucker noch einigemal aufkochen und gießt ihn ausgekühlt über die Birnen.

2647. Borsdorfer Aepfel einzumachen.

Man schält die Aepfel fein ab, schneidet sie entzwei und nimmt die Kernhäuser sauber heraus, legt sie nebst einigen Stückchen ganzem Zimmet in kochendes Wasser und läßt sie ein paarmal darin aufwallen, dann legt man sie in einen Durchschlag zum Ablaufen und setzt indessen zu 1 Kilo Aepfel 3/4 Kilo Zucker mit 1/4 Liter Wasser in einer Pfanne auf das Feuer. Wenn der Zucker abgeschäumt und dicklich eingekocht ist, wird die Schale einer Zitrone fein gewiegt und nebst dem Saft an die Aepfel gegeben und solange mit den Aepfeln gekocht, bis diese nicht ganz weich sind, daß man sie noch herausnehmen kann, dann läßt man den Zucker einkochen, bis er sich mit dem Löffel ziehen läßt; wenn beides erkaltet, werden sie in Gläser eingefüllt, in Rum getauchtes Papier daraufgelegt und zugebunden.

2648. Dürrlitzen in Essig.

Man nimmt 1 Kilo reiner, ausgesuchter Dürrlitzen, dann kocht man 1/2 Liter Essig, 250 Gr. Zucker, ein Stückchen Zimmet und 4 Gr. Nelken, schäumt es fleißig ab, läßt den Essig alsdann etwas verkühlen, gießt ihn über die Dürrlitzen und läßt sie ein paar Tage stehen. Dann gießt man den Essig ab und kocht ihn nochmals auf. Wird er dadurch weniger, als über die Früchte geht, so siedet man noch so viel frischen Essig dazu, läßt die Dürrlitzen ein wenig damit aufkochen und giebt sie, wenn erkaltet, in ein Glas zum Aufbewahren.

2649. Erdbeeren im Dunst.

Die rein verlesenen Erdbeeren werden in Gläser gefüllt, mit dem schon mehrfach erwähnten Zuckersyrup (s. Nr. 2633) übergossen, gekorkt und gebunden und etwa 15 Minuten im Dunst, wie Nr. 2634 gesagt, gekocht.

2650. Erdbeeren einzumachen.

1 Kilo schön gereifter, fester Erdbeeren werden sorgfältig gelesen und namentlich alle unreifen und sauren Beeren beseitigt, dann werden 1 Kilo Hutzucker in wenig Wasser langsam geläutert, die Erdbeeren roh in eine Porzellanschüssel gegeben, der Zucker heiß darauf gegossen und, wenn erkaltet, mit Papier zugedeckt. Andern Tags gießt man den Saft von den

Erdbeeren, kocht diesen bis zum 4. Grad Flug unter fleißigem Abschäumen, giebt die Erdbeeren auf einige Minuten zum Ziehen in den Syrup und füllt sie dann in Gläser ein. Dasselbe wiederholt man nach 3 oder 4 Tagen und beendet dann das Einmachen durch Zubinden der Gläser.

Oder man übergießt wie oben die Erdbeeren mit heißem Zucker, giebt sie, wenn erkaltet, in die Gläser, bindet diese mit Schweinsblase fest zu, giebt sie in ein weites Geschirr, gut mit Heu eingebunden, gießt bis zur Hälfte kaltes Wasser daran, bringt sie zum Kochen, nimmt die Gläser nach etwa 5 bis 8 Minuten heraus, wiederholt dieses Verfahren nach dem 3. und 8. Tage wieder und hebt sie dann auf.

2651. Erdbeeren-Purée.

500 Gr. Erdbeeren werden kalt durch ein Haarsieb getrieben, 500 Gr. gestoßener Zucker hinzugefügt, gut durcheinander gerührt, in Flaschen abgefüllt, diese mit Kork geschlossen, mit Schnur fest umgebunden und in Sand gestellt. In gleicher Weise werden Purées von Himbeeren, Aprikosen, Pfirsichen und Reineclauden bereitet.

2652. Erdbeerensaft I.

1 Kilo gutgereifter, gewaschener und rasch abgetrockneter Wald-Erdbeeren und 1½ Kilo grobgestoßener Raffinadezucker werden in einer Schüssel untereinander geschüttelt, in einem Topfe vier Tage lang in den Keller gestellt. Hierauf wird der nun geschmolzene Zuckersaft abgegossen, durch Flanell filtriert und die Früchte und der Saft in kleine Flaschen gefüllt, diese werden gut verkorkt, gebunden und im Keller aufbewahrt. Der Inhalt einer einmal entkorkten Erdbeersaftflasche muß rasch verbraucht werden.

2653. Erdbeerensaft II.

Man löst 30 Gr. Weinsteinsäure in 1 Liter Wasser auf, giebt diese Lösung an 1 Kilo verlesener und rein gewaschener Erdbeeren, stellt die Schüssel in den Keller, preßt nach einem Tag den Saft aus den Beeren, giebt 1½ Kilo Zucker dazu und läßt dies durch den Filtriersack laufen, füllt den Saft in Flaschen und hebt ihn gut verkorkt und verschnürt auf.

2654. Früchte in Rum oder Kirschwasser einzumachen.

Dazu nimmt man am besten Aprikosen, Pfirsiche, Reineclauden, Mirabellen, die wohl reif, doch fest sein müssen. Man kocht die Früchte, wie in den betreffenden Nummer eingemacht; beschrieben ist, nur giebt man je nach dem Quantum, ehe man die Gläser oder Töpfe zubindet, Rum oder Kirschwasser über dieselben.

2655. Hagebutten, ganze.

1 Kilo reifer Hagebutten, größte Sorte, werden von den Stielen befreit, entkernt und wiederholt aus kaltem Wasser gewaschen, dann 5 Minuten in kochendem Wasser blanchiert, kalt abgeschwenkt, auf ein Sieb und, wenn sie abgetropft, auf ein Tuch gelegt. Inzwischen wird 1 Kilo feinster Zucker mit 2 Liter Wasser zu einem leichten Syrup gekocht, dieser über die Hagebutten gegossen, dieses Verfahren an drei aufeinanderfolgenden Tagen wiederholt, die Hagebutten am dritten Tage in Syrup weichgekocht, dann in die Einmachgläser gefüllt, der Saft noch etwas eingedickt, darüber gegossen und gut verschlossen aufbewahrt.

2656. Heidelbeeren, im Dunst.

Die rein und sauber gelesenen Heidelbeeren werden in gut ausgetrocknete, womöglich ausgeschwefelte Flaschen gefüllt und nicht verkorkt in ein breites Geschirr mit Heu umgeben gestellt; man gießt über die Hälfte kaltes Wasser daran und läßt sie, wenn das Wasser zu kochen beginnt, etwa 45 Minuten kochen und sodann im Geschirr erkalten, füllt alsdann die Flaschen gegenseitig auf, gießt auf jeden einen Löffel Rum oder Kirschwasser, verkorkt und bindet die Flaschen und hebt sie auf. Zum Gebrauch giebt man gestoßenen Zucker darunter.

2657. Heidelbeeren, einzumachen.

Man läutert 625 Gr. Zucker zu 3 Kilo Heidelbeeren mit möglichst wenig Wasser, schüttet die frischen Beeren ungewaschen hinein und läßt sie einmal aufkochen. Am folgenden Tag gießt man den Saft ab, kocht diesen dicklich ein und die Beeren noch einmal darin auf, gießt sie in Zuckergläser, läßt sie ein paar Tage stehen, bedeckt sie mit Rumpapier und bindet sie zu.

2658. Himbeeren, im Dunst.

Werden wie die Erdbeeren behandelt.

2659. Himbeeren, einzumachen.

Hiezu nimmt man 500 Gr. ganz schöner, auserlesener Himbeeren, kocht 375 Gr. Zucker mit ¼ Liter Wasser, bis zum Fadenziehen, giebt die Beeren dazu und kocht sie einmal auf, läßt sie über Nacht in einer Porzellanschüssel stehen, schüttet den Saft durch ein Sieb in eine Pfanne und läßt ihn einkochen. Die Früchte füllt man in die Gläser und giebt dann den erkalteten Saft darüber.

2660. Himbeersaft.

Die Himbeeren werden in einem zugebundenen Topf in den Keller gestellt, so lange, bis sich die Beeren aufwerfen. Dann preßt man sie fest aus und läßt den Saft über Nacht stehen, damit er sich aufwirft und das Trübe sich auf den Boden setzt. Hierauf wird der Saft behutsam abgegossen und zu ½ Liter Saft 375 Gramm Zucker geläutert. Dann kocht man den Saft etwa 15 Minuten, bis er rein abgeschäumt und dicklich geworden. Wenn er halb erkaltet, füllt man ihn in Flaschen und, ist er vollständig erkaltet, werden diese gekorkt und fest zugebunden.

2661. Johannisbeeren einzumachen.

Zu 500 Gr. großer, reifer und abgezupfter Johannisbeeren läutert man 500 Gr. Zucker mit ¼ Liter Wasser. Wenn der Zucker keinen Schaum mehr wirft, werden die Beeren hineingethan, sobald sie kochen, nimmt man den Schaum abermals ab, fangen die Beeren zu sinken an, so nimmt man sie vom Feuer und läßt sie in einem Porzellangeschirr erkalten, füllt sie dann in Gläser oder Töpfe von Porzellan, verwahrt sie mit Rumpapier und bindet sie wie jede eingemachte Frucht.

2662. Johannisbeeren in Essig.

Die Beeren werden abgezupft und in einem Zuckerglas gut mit Zucker bestreut und so einige Tage ins Kühle gestellt, dann gießt man guten Essig darüber und läßt sie wieder 2 Tage stehen, gießt dann den Essig ab und siedet ihn mit grob gestoßenem Zimmet und Nelken. Die Beeren kommen in eine Schüssel, der Essig siedend darüber und so läßt man sie wieder zwei Tage stehen, dann wird der Essig noch eine Viertelstunde gesotten, die Beeren läßt man nur einen Wall damit sieden, darauf in einem reinen Geschirr erkalten und bewahrt sie im Zuckerglas auf. Zu ½ Liter Essig nimmt man 125 Gr. Zucker.

2663. Johannisbeeren, trocken überzuckert.

Hiezu werden 500 Gr. der schönsten, roten oder weißen Johannisbeeren in ganzen Träubchen genommen, diese einzeln in Eiweiß getaucht, in gestoßenem, auf einem Blech erwärmtem Zucker umgekehrt und auf einen Dessertteller übereinander hübsch dressiert. Sobald der Zucker erkaltet, muß er wieder erwärmt werden, da die Beeren sonst feucht würden.

2664. Johannisbeeren ohne Zucker.

Man füllt die abgepflückten Beeren in weithalsige Flaschen ohne jeden Zusatz, korkt sie fest zu, bindet sie und kocht sie im Wasserbad mit Heu, wie schon öfters beschrieben, etwa 10 Minuten von der Zeit des Kochens an.

2665. Kastanien einzumachen.

1 bis 1½ Kilo Maronen (italienische) werden geschält und die zweite Haut durch Einlegen der Maronen in heißes Wasser entfernt. Nun wird ein ziemlich dünner Syrup von 500 Gr. Zucker, ¼ Liter Wasser samt ½ Stange Vanille daran gegossen, die Maronen 8 Tage nacheinander abgeschüttet und der Syrup jedesmal wieder mehr eingekocht, bis er den letzten Tag ziemlich dick ist. Die Maronen werden in Gläser gethan, der Syrup daraufgegossen und dieselben zum Gebrauche aufbewahrt.

2666. Kirschen aufzubewahren in Flaschen.

Schöne, frisch gepflückte Kirschen ohne Stiel werden sofort in reine, trocken geschwefelte Flaschen gegeben, mit gestoßenem Zucker etwa fingerhoch bedeckt, daß die Kirschen davon ganz bedeckt sind, dann verkorkt und gebunden, im Keller aufbewahrt.

2667. Kirschen im Dunst.

Schöne, frische, reife Kirschen legt man in Büchsen oder Gläser, giebt Zuckersyrup darauf, verschließt sie hermetisch und kocht sie dann im Wasserbad, wie bereits schon einigemale beschrieben, etwa 20—30 Minuten.

2668. Kirschen einzumachen.

2 Kilo schöner Weichselkirschen werden abgezupft und die Steine herausgenommen. Inzwischen werden 2 Kilo Zucker in einer Messingpfanne zum Faden gekocht. Wenn der Zucker geläutert ist, läßt man die Kirschen damit kochen und schäumt sie ab, sind sie dick erkaltet, so füllt man sie in Gläser oder Porzellan und behandelt sie wie die schon beschriebenen Früchte.

2669. Kirschen, entsteinte, eingemacht.

Kirschen, schwarze oder rote, werden entsteint, die Kirschen, 1 Kilo, mit 3/4 Kilo geklärtem Zucker kurz eingekocht und dann heiß eingefüllt.

2670. Kirschen in Essig.

2 Kilo Kirschen werden mit 1/4 Liter Weinessig übergossen. Nach einigen Tagen schüttet man den Essig ab, giebt 1/2 Kilo Zucker und den Essig zusammen aufs Feuer, kocht dieses auf und giebt es kalt über die Kirschen. Nach einigen Tagen kocht man den Saft auf und die Kirschen ebenfalls in demselben, giebt die Kirschen in die Gläser und den noch etwas eingekochten Saft heiß über die Früchte. Wenn sie erkaltet, zugebunden und aufbewahrt.

2671. Kirschensaft.

Hiezu nimmt man die Hälfte schwarze und die Hälfte Weinkirschen, zupft die Stiele ab und stößt die Kirschen samt den Steinen, dann stellt man sie einige Tage in einem irdenen oder steinernen Geschirr in den Keller, preßt sie durch ein Tuch und stellt den Saft noch eine Nacht in den Keller. Dann nimmt man den hellen Saft und zu 1/2 Kilo Saft 1/4 Kilo feingestoßenen Zucker, setzt alles über das Feuer, siedet es, nimmt den Schaum davon und füllt den Saft, wenn er abgekühlt ist, in Flaschen; gut erkaltet, aufgehoben.

2672. Kirschen in Zuckersaft.

1 Kilo saurer Kirschen werden entstielt und entsteint, in 7 Deziliter Wasser gekocht, filtriert, der Saft, sofern er 500 Gr. wiegt, mit 750 Gr. Zucker auf 32 Grad eingekocht, rasch auf Eis verkühlt, in Flaschen abgefüllt, diese gut gepfropft und kalt gestellt.

2673. Maulbeeren in Zuckersaft mit Essig.

500 Gr. Maulbeeren werden in 1/2 Liter Essig 3 Tage lang eingeweicht, dann filtriert, mit 750 Gr. Zucker eingekocht und wie Erdbeeren in Zuckersaft zu Ende behandelt.

2674. Mirabellen.

Die zum Einmachen bestimmten Mirabellen müssen halbreif gepflückt und wie Reineclauden behandelt und eingemacht werden.

2675. Nelken in Zuckersaft.

250 Gr. Blättchen von roten, frischen Nelken werden reinlich gelesen, in eine Steingutschüssel gethan, 2 1/3 Liter kochendes Wasser darüber gegossen und über Nacht bei Seite gestellt, dann durch ein reines Filtriertuch gedrückt, der Saft über 750 Gr. Hutzucker gegossen, auf 30 Grad eingekocht, nachdem der Sud erkaltet, in Flaschen abgezogen und diese gut verschlossen und kalt gestellt.

2676. Nüsse, schwarze, einzumachen.

Im Juni bei trockenem Wetter werden 2 Kilo unreifer, grüner Nüsse gepflückt, entstielt, am entgegengesetzten Teil leicht angeschnitten, mittelst Stecknadeln mehreremale durchstochen, dann in kaltes Brunnenwasser gelegt, dieses nach 24 Stunden abgeschüttet und frisches aufgegossen und dies 8—10 Tage lang wiederholt. Nun werden die Nüsse mit kaltem Wasser und etwas Salz auf schwachem Feuer zugesetzt, langsam weich gekocht, herausgenommen und auf einem Tuch zum Trocknen ausgebreitet. Inzwischen wird aus 1 Kilo Zucker ein dünner Syrup gekocht und, wenn er erkaltet ist, über die Nüsse gegossen, die zuvor in eine Schüssel gebracht worden. Der Syrup wird nach 24 Stunden abgeseiht, dicker eingekocht, gut abgeschäumt, kalt gestellt und wieder über die Nüsse geschüttet und dasselbe Verfahren 6 Tage lang wiederholt. Am 7. Tage werden die Nüsse mit dem Syrup 5 Minuten lang gekocht, abgeschüttet und mit ganzem Zimmet und einigen Nelken in die Einmachbüchsen gefüllt, mit dem nochmals eingekochten Syrup übergossen, mit Kirschengeist befeuchtetes Papier darüber gelegt, die Büchsen gut zugebunden und trocken und kalt aufbewahrt.

2677. Nüsse, weiße, einzumachen.

Wie oben werden 2 Kilo unreifer Nüsse von der grünen Schale befreit, jede einzelne Nuß in verdünnten Zitronensaft getaucht und in frisches Brunnenwasser gelegt. Nach 24 Stunden abgeschüttet, werden die Nüsse in Salzwasser leicht gedämpft, mit kaltem Wasser abgeschwenkt, auf einem Tuch zum Trocknen ausgebreitet, in eine Schüssel gelegt und mit dünnem Syrup wie die schwarzen Nüsse behandelt.

2678. Nüsse in Essig.

Werden wie die vorhergehenden behandelt, nur giebt man zum Zucker auf 1 Kilo 1/4 Liter Weinessig und kocht dies zusammen klar.

2679. Orangenblüte in Zuckersaft.

Aus 300 Gr. Orangenblüte werden 500 Gr. Orangenwasser bereitet, in diesem 1 Kilo guter Hutzucker aufgelöst, die Masse filtriert, in Flaschen abgezogen und kalt aufbewahrt.

2680. Orangen in Zuckersaft.

Die Schalen von 6 Orangen werden mit 6 ganzen, ausgekernten Orangen und dem ausgepreßten und filtrierten Saft der ersten 6 mit 1½ Kilo Zucker eingekocht, die Masse durch ein Sieb getrieben, der Saft rasch verkühlt, in Flaschen abgezogen, gepfropft und kalt aufbewahrt.

2681. Pflaumen oder Zwetschgen einzumachen.

Man gießt, um die Haut der Pflaumen abzuziehen, kochendes Wasser über dieselben oder man verwendet sie mit der Haut, welche man leicht abreibt. Zu 2 Kilo Früchten löst man 1¼ Kilo Zucker auf mit etwas Zimmet und giebt, wenn der Zucker kocht, die Früchte etwa 5 Minuten hinein, nimmt die Früchte heraus, giebt sie in ein Geschirr, kocht den Zucker nochmals auf und giebt ihn heiß über die Pflaumen, dasselbe wiederholt man nach 2 Tagen, worauf man sie heiß in die Einmachgläser giebt und wie bei den anderen Früchten beendigt.

2682. Pflaumen oder Zwetschgen im Dunst.

Man reibt die Pflaumen ab oder bricht sie, legt sie in die Büchsen, giebt den Zuckersyrup wie bei Aprikosen darüber, verlötet sie und kocht sie, wie schon einige Male beschrieben, im Wasserbad.

2683. Pflaumen oder Zwetschgen in Essig einzumachen.

Auf 2 Kilo frischer Zwetschgen oder Pflaumen nimm 1 Kilo Zucker, 1 Liter Essig, 8 Gr. ganzen Zimmet und 2 Gr. ganzer Nelken, koche außer den Zwetschgen alles, schäume es ab und gieb dann die Zwetschgen dazu. Am andern Tag gieße den Saft wieder ab, koche ihn auf, gieße ihn abermals darüber; am dritten Tage aber siede Saft und Früchte 15 Minuten lang schwach auf Kohlen und bewahre sie dann in einem Einmachtopf auf.

2684. Pfirsich.

Werden wie Aprikosen behandelt (siehe Nr. 2641).

2685. Preißelbeeren einzumachen.

Zu 500 Gr. gut gelesener, gewaschener und abgelaufener Preißelbeeren kocht und läutert man 500 Gr. Zucker mit einem Gläschen weißen Wein, schüttet die Beeren nebst etwas Zitronenschalen und einigen Stückchen Zimmet hinein und läßt sie so lange kochen, bis sie durchsichtig werden. Dann nimmt man sie mit einem Schaumlöffel heraus und giebt sie in die Einmachgläser, läßt den Saft einkochen und giebt ihn, wenn er erkaltet ist, auf die Beeren.

2686. Preißelbeeren auf andere Art.

Die gereinigten Beeren setzt man in einer Kasserole auf schwaches Kohlenfeuer und läßt sie unter öfterem Umrühren dick einkochen; wenn sie abgekühlt sind, füllt man sie in einen steinernen Topf und erst, wenn sie völlig erkaltet, bindet man das Geschirr zu. Die erforderliche Portion wird, ehe man sie auf den Tisch giebt, mit Wein flüssig gemacht und mit gestoßenem Zucker und Zimmet versüßt.

2687. Quitten einzumachen.

Man schält recht schöne Quitten, schneidet sie der Länge nach in mehrere Teile, entkernt, kocht sie in Wasser, doch nicht zu weich, legt sie in kaltes Wasser, läßt sie ablaufen und legt sie in ein tiefes Geschirr. Zu 1 Kilo Quitten nimmt man ebensoviel Zucker, läutert ihn, schüttet ihn heiß über die Quitten und läßt sie damit zwei Tage lang zugedeckt stehen. Dann gießt man den Zucker ab, setzt ihn auf das Feuer, läßt die Quitten eine halbe Viertelstunde damit langsam sieden, nach Belieben auch klein geschnittene Zitronenschalen, Zimmet und Nelken, nimmt die Quitten vorsichtig mit einem silbernen Löffel heraus, kocht den Zucker noch etwas ein, füllt die Frucht in das Einmachglas, den erkalteten Zucker darauf und verfährt wie bei den obigen Früchten.

2688. Reineclauden einzumachen.

Unreife, noch grüne Reineclauden werden mittelst Stecknadeln, deren man 6—8 durch ein dünnes Stück Kork steckt, auf allen Seiten gestochen und in einen Einmachkessel mit einer Messerspitze Alaun in kaltes Wasser gelegt. Derselbe wird auf ein sehr gelindes Kohlenfeuer gesetzt, so daß die Reineclauden durch das Erwärmen des Wassers, welches man mittelst der Hand mehrere Male umrührt, nach und nach weich werden. (Diejenigen, welche zu weich werden, legt man zu Marmelade auf die Seite.) Wenn sie weich sind, werden sie in kaltes Wasser gelegt und bis zum andern Tag stehen gelassen. Das warme Wasser wird auf den andern Tag aufbewahrt und das gleiche Verfahren wie am Tage vorher damit vorgenommen, vom kalten Wasser auf ein Sieb und von diesem auf ein Tuch gelegt. Je nach Quantität der Frucht wird ein dünner Syrup gekocht und auf die Reineclauden langsam in kaltem Wasser aufgegossen. Andern Tags wird die Frucht auf ein Sieb geschüttet, der Zucker aber etwas dick gekocht, abgeschäumt und kalt wieder auf die Reineclauden geschüttet. So wird noch 5 Tage fortgefahren, die 2 letzten Tage läßt man die Frucht einen Moment mit aufkochen. Am letzten Tag legt man die Reineclauden, nachdem sie erkaltet sind, in Gläser oder Töpfe, gießt den dicken, gekochten Syrup darüber, legt runde Papiere, welche in Kirschengeist getaucht, darauf, bindet die Gläser mit Papier oder Schweinsblasen zu und bewahrt sie zum Gebrauche auf.

2689. Reineclauden, im Dunst.

Die ganzen Früchte legt man in Büchsen oder Einmachgläser, gießt Zuckersyrup daran und beendigt, wie bei Aprikosen im Dunst (Nr. 2641) angegeben. Mirabellen werden ebenso behandelt.

2690. Stachelbeeren einzumachen.

Zu 500 Gr. Stachelbeeren werden 375 Gr. Zucker mit ½ Liter Wasser geklärt, hernach werden die Stachelbeeren, welche nicht ganz reif sein dürfen und die man von den Köpfchen befreit hat, mit dem Zucker gekocht, bis sie gut abgeschäumt sind und sinken. Sie werden in ein Zuckerglas verfüllt und im Weiteren wie mit den anderen Früchten verfahren.

2691. Veilchen in Zuckersaft.

500 Gr. sorgfältig ausgelesener Veilchenblätter werden mit 1½ Liter siedendem Wasser in einem gut verschließbaren Steinguttopf übergossen und zugedeckt, über Nacht bei Seite gestellt, in der Frühe durch das rein gewaschene Filtriertuch gedrückt, nachdem der Saft geklärt, mit 2½ Kilo Zucker auf 30 Grad eingekocht, verkühlt, in Flaschen abgezogen, gepfropft und kalt aufbewahrt.

2692. Weintrauben einzumachen.

1 Kilo reifer, weißer Weintrauben werden rein abgezupft, in kaltem Wasser gewaschen und auf ein Sieb zum Abtrocknen

geschüttet. Inzwischen werden 750 Gr. Zucker dünn gekocht, wenn derselbe erkaltet ist, auf die Trauben in eine reine Schüssel geschüttet, mit Papier bedeckt und bis zum andern Tag stehen gelassen. Dieses Verfahren wird 3 Tage nach einander wiederholt, nachdem der Zucker jeden Tag etwas dicker gekocht und während des Kochens gut abgeschäumt worden ist. Den vierten Tag wird der Zucker so dick gekocht, daß er breit vom Schaumlöffel läuft; im letzten Augenblick wirft man die Trauben hinein, läßt sie einmal aufkochen und im Syrup erkalten. Dann füllt man sie in Einmachgläser, legt ein mit Kirschengeist getränktes, weißes Papier darauf, bindet die Gefässe gut zu und bewahrt sie zum Gebrauch auf.

2693. Weintrauben-Zuckersaft.

1 Kilo Weintrauben, am besten von säuerlichem Geschmack, werden entbeert, die Beeren mit 1 Kilo verkochtem Hutzucker vermischt und nach einmaligem Aufwallen über dem Feuer filtriert, der Saft auf 30—32 Grad eingekocht, wenn er erkaltet, in Flaschen abgezogen, diese geschlossen und kalt aufbewahrt.

2694. Zitronen in Zuckersaft.

10 Zitronen werden entschalt, die Schalen in lauem Wasser gereinigt, mit dem Saft von 2 Zitronen und 2,5 Kilo Zucker auf 32 Grad eingekocht, filtriert, nach dem Erkalten in Flaschen gefüllt, diese gut gekorkt und kalt aufbewahrt.

B. Gemüse.

2695. Artischocken einzumachen.

Von 10 Artischocken werden die harten Blätter kurz abgeschnitten, blanchiert, in ziemlich gleich große Stücke geteilt, das Innere ausgeschnitten, mit Zitronensaft beträufelt und in kaltes Wasser gelegt. Dann werden 35 Gr. Mehl mit 12 Gr. Salz gewürzt und 25 Minuten gekocht, die Artischocken hineingegeben, 20 Minuten darin weichgesotten, vom Feuer abgezogen und verkühlt, jede Artischocke herausgenommen, durch laues Wasser gezogen, abgetrocknet in eine Büchse gelegt, mit gekochtem Wasser gefüllt, leicht gesalzen, einige Tropfen Zitronensaft zugegeben, die Büchse zugelötet und eine Stunde in ein Warmbad (bain-marie) gelegt, kann herausgenommen und an einem trockenen, kalten Ort aufbewahrt.

2696. Bohnen in Essig.

Man putzt ganz kleine, junge Bohnen, siedet sie in Salzwasser nur einige Minuten und läßt sie wieder ablaufen, dann werden sie auf ein Tuch zum Trocknen gelegt. In einen steinernen Topf streut man grob gestoßenen Pfeffer und giebt eine Lage von den Bohnen, dann streut man wieder Pfeffer darauf und fährt damit fort, bis der Topf voll ist; man legt auch etwas Lorbeerblätter dazu und drückt die Bohnen so fest als möglich ein, gießt Weinessig darüber und darauf noch 1½ cm hoch gutes Salatöl. Man bindet sie fest zu und kann sie alsdann lange aufheben; auf den Tisch giebt man sie wie jeden andern Salat mit Essig, Oel und Salz angemacht.

2697. Bohnen einzumachen. Erste Art.

Noch kernlose, gute Bohnen werden im Nachsommer geputzt, geschnitzelt, in Salzwasser und einigen Messerspitzen Holzasche, die in einen Lappen gebunden wird, leicht gesotten. Nach dem Abgießen des Wassers werden sie zum Abtrocknen ausgebreitet, dann legt man sie in einen Topf oder ein Einmachständchen, streut etwas Pfeffer darauf und gießt ein starkes, jedoch wieder völlig erkaltetes Salzwasser darüber, dann halten sie sich gegen ein Jahr. Bei dem Gebrauch sind sie zuerst über Nacht zu wässern, damit sich der starke Salzgeschmack verliert.

2698. Schneide-Bohnen in Büchsen. Andere Art.

Frisch gepflückte Bohnen werden geputzt, geschnitzelt, gewaschen, in Salzwasser blanchiert, abgetropft, auf einem Tuch zum Erkalten ausgebreitet, dann in Büchsen gefüllt, mit 4 Gr. Vichy-Salz auf das Liter gewürzt, die Büchse zugelötet und 2 Stunden ins Warmbad gebracht, dann kalt aufbewahrt.

2699. Bohnen in Krügen.

Junge Bohnen werden geputzt und deren Fasern entfernt, fein geschnitten, in geschwefelte Krüge oder Flaschen sehr dicht eingefüllt, auf jede Flasche ein Löffel Salz gegeben, diese gut und fest verkorkt und gebunden, mit Heu umwunden, in ein breites Geschirr gestellt, zur Hälfte kaltes Wasser daran gefüllt und vom Kochen an langsam 1 Stunde lang auf dem Feuer gekocht. Man läßt sie im Wasser erkalten und hebt sie im Keller auf. Diese Bohnen werden sehr gut und sind beim Abschlagen des Halses der Flaschen erst zu blanchieren und dann zu kochen.

2700. Bohnen, süße, als Beilage.

Kleine, feine Bohnen werden, nachdem die Fasern abgezogen, in heißem Salzwasser in einem Messing- oder Kupfergeschirr halb weich gekocht und auf ein Sieb zum Trocknen geschüttet. Zu 1 Kilo Bohnen wird 700 Gramm Zucker mit ½ Liter Weinessig aufgekocht, die Bohnen dazu gegeben, weich gekocht und in Einmachgläser gefüllt. Den Essigsyrup kocht man ein und giebt ihn kalt über das Gemüse. Uebrige Behandlung wie bei den Früchten.

2701. Feine Bohnen in Büchsen einzumachen.

Feine, kleine Bohnen werden geputzt und einige Minuten in leicht gesalzenem Wasser blanchiert und zum Abtropfen auf ein Sieb gegeben. Dann werden sie in Büchsen gefüllt, mit kaltem Wasser überdeckt, zugelötet und etwa 2 Stunden im Wasserbad gekocht.

2702. Bohnen in Flaschen.

Auf 7 Pfund geschnitzelter Bohnen nimmt man 1 Pfund Salz, mischt dieses gut mit den Bohnen in einer Schüssel zusammen und füllt sie sodann in Flaschen. Wenn die Bohnen einige Tage gestanden sind und Wasser gezogen haben, so daß dasselbe über das Gemüse geht, werden die Flaschen verkorkt, verschnürt und im Keller bis zum Gebrauch aufbewahrt. Um die Bohnen aus der Flasche zum Gebrauch herauszuholen, bedient man sich eines Häkchens, blanchiert sodann das Gemüse und kocht es, wie sonst angegeben.

2703. Carotten in Büchsen.

Kleine, gleich große Carotten werden abgeschnitten und gleichmäßig abgedreht. Man giebt sie in heißes Salzwasser mit etwas Butter und kocht sie dann halb weich, füllt sie in Büchsen sammt der Brühe, lötet sie zu und giebt sie etwa ¾ Stunden ins Wasserbad.

2704. Champignons oder Morcheln in Essig.

Wasche mittelgroße Champignons mit einer Bürste, lege sie in einen Topf, streue Pfeffer, etwas Lorbeerblätter und

Basilikum darüber, übergieße sie mit gesottenem und wieder kalt gewordenem Essig und gieb sie als Beilage zu Rindfleisch.

Morcheln werden ebenso behandelt.

2705. Champignons einzumachen.

Frisch gepflückte Champignons werden sorgfältig gelesen, gewaschen und auf einem Tuch ausgebreitet. Zu 1 Kilo Champignons nimmt man 8 Tropfen Zitronensaft, ebensoviel Wasser, ein Spritzchen Salz, darin werden die Champignons umgedreht, in einen Topf gebracht und bei lebhaftem Feuer in 1 Deziliter Wasser 5 Minuten gedämpft, dann in eine Schüssel zum Erkalten gegossen, herausgenommen, abgetrocknet, in eine Blechbüchse gelegt, mit dem Absud angefüllt, die Büchse verlötet und 2 Stunden in einem Wasserbad gekocht.

2706. Erbsen einzumachen.

Grün gepflückte Erbsen werden frisch enthülst, in Salzwasser gedämpft, nachdem sie abgetropft, zum Erkalten auf einem Tuche ausgebreitet, dann in Blechbüchsen gefüllt, diese mit gekochtem und erkaltetem Wasser angegossen, mit 4 Gr. Vichy-Salz per Liter gewürzt, die Büchsen zugelötet, 2 Stunden im Wasserbad gekocht und trocken aufbewahrt.

2707. Gurken in Essig.

Schneide hiezu ganz kleine Gurken so nahe am Stiel ab, daß noch ein Stückchen von der Gurke am Stiel bleibt, mache in jede derselben einige Nadelstiche, lege sie 2 Tage in Salzwasser und trockne sie dann ab, bringe die Gurken nun in ein Steingefäß und gieb so viel guten Essig daran, daß er darüber geht, nachdem zuvor gehäckelte Zwiebeln, Knoblauch, Estragon, Fenchel und Pfeffer darin gekocht worden sind. Die Gewürze dürfen aber nicht mit an die Gurken. Am andern Tage schütte den Essig wieder ab, laß ihn mit jenen Zuthaten noch einmal aufkochen und gieße ihn wieder heiß über die Gurken, dann halten sich dieselben, mit einer Blase zugebunden, über ein Jahr lang gut.

2708. Gurken, geschnitten.

Hiezu nimmt man solche, die noch wenig Kern haben, schält sie rein und schneidet sie auf einem Eisen wie zum Salat, salzt und schwingt sie, dann läßt man sie einige Stunden zugedeckt stehen. Alsdann werden sie ausgedrückt und in ein Zuckerglas oder steinernes Geschirr gelegt, etwas gestoßener Pfeffer darauf gestreut und guter Essig, bis er darüber geht, hinzugegossen, dann gießt man ungefähr 3 cm Olivenöl oder zerlassenes Rindschmalz darauf, bindet das Geschirr mit einer Blase wohl zu und bewahrt es an einem kühlen, aber nicht feuchten Ort auf.

2709. Gurken mit spanischem Pfeffer oder Teufels-Gurken.

Große Gurken werden geschält, in 2 Teile geschnitten und mit einem silbernen Löffel das Mark herausgenommen, dann werden die Gurken recht stark mit Salz eingerieben, fest neben einander in eine tiefe Schüssel gethan, mit einem hölzernen Brett zugedeckt und beschwert. Wenn sie 24 Stunden so gelegen sind, drückt man sie fest aus, nimmt ein Zuckerglas und legt eine Lage von Gurken mit folgendem Gewürz hinein:

Schwarzer, weißer, langer und spanischer Pfeffer, Fenchel, Senfkörner, Lorbeerblätter, geschnittener Meerrettig und Knoblauch. Zu 24 Gurken nimmt man von jeder Sorte Pfeffer 15 Gramm, von Knoblauch und Meerrettig etwas mehr, ebenso von Fenchel und Senf und etwa 10 oder 12 Lorbeerblätter. 1 Liter guten Weinessig macht man siedend, läßt ihn wieder erkalten und gießt ihn dann erst über die Gurken; dasselbe wird 3 Tage wiederholt. Zum Aufbewahren wird das Glas mit einer Blase zugebunden.

2710. Gurken einzumachen.

Die Gurken werden geschält, der Länge nach in 4 Teile zerschnitten, die Kerne herausgenommen, jedes einzelne Stück aufs neue durchschnitten, in mit Zitronensaft versetzes Wasser gegeben, darin gekocht und vom Feuer abgezogen. Sind die Gurken zur Hälfte erkaltet, läßt man sie auf einem Tuch abtropfen, füllt sie dann in Blechbüchsen, gießt mit Zitronensaft und Salz versetztes Wasser dazu, verlötet die Büchsen und kocht sie noch etwa ½ Stunde im Wasserbad.

2711. Paradiesäpfel, Tomaten.

Aus reifen Paradiesäpfeln werden die Stiele gezogen, jene in Blechdosen eingesetzt, leichtes, gekochtes Salzwasser darüber gegossen, die Dosen zugelötet und 30 bis 40 Minuten im Dampf gekocht.

2712. Paradiesäpfelpurée.

25 Pfund Tomaten werden gewaschen, halbiert, die Kerne herausgedrückt, die Früchte in ein Geschirr auf den Herd gestellt und langsam erhitzt, so daß sich das Wasser aus den Früchten zieht, dieses wird nun abgeschöpft und die Tomaten nach und nach gekocht. Nach 2 Stunden giebt man die Früchte zum Abtropfen, streicht sie durch ein Sieb, kocht das Purée schnell noch einmal auf, füllt es kalt in Büchsen, lötet diese zu und kocht sie noch 1 Stunde im Wasserbad.

2713. Perlzwiebeln einzumachen.

Kleine Zwiebeln werden nach dem Waschen eingesalzen, über Nacht stehen gelassen, andern Tags mit einem rauhen Tuch abgerieben, damit sich die feine Schale ablöst. Sie werden nun in Salzwasser einige Male aufgekocht, dann nimmt man sie heraus und läßt sie gut abtrocknen. Unterdessen kocht man echten Weinessig mit Pfeffer, Nelken, einigen Lorbeerblättern auf, läßt zuletzt auch die Zwiebeln einmal darin aufwallen, bringt sie in ein Zuckerglas oder einen Topf, giebt sie zu Rindfleisch, Schlachtbraten &c. und benützt sie zu Salaten und Saucen.

2714. Rüben, gelbe, süß einzumachen.

Dazu nimmt man ganz helle Rüben, die so blaß wie Zitronen aussehen, schabt sie sauber und schneidet sie fingerlang so fein wie möglich. Man siedet sie dann in Wasser weich und läßt sie auf einem Tuch abtrocknen; indessen wird die Schale von einer oder zwei Zitronen ebenso geschnitten und in ganz wenig Wasser weich gesotten. Bei 1 Kilo Rüben nimmt man eben so viel Zucker und läutert ihn, bis er Fäden zieht, thut die Rüben, Zitronen und deren Saft dazu und läßt sie so lange kochen, bis die Rüben klar aussehen. Dann läßt man sie erkalten, füllt sie ein und drückt sie mit einem Löffel hinein, gießt den Saft darüber und bindet das Glas zu.

2715. Rüben, rote, in Essig.

Wenn die echten, roten Rüben weich gesotten, geschält, in Rädchen geschnitten worden, dann sind sie zum Einmachen vorbereitet. Nun streut man Salz, Pfeffer und etwas Fenchel darauf, gießt guten Essig darüber, bindet sie im Topf zu und gebraucht sie, wie man davon nötig hat.

2716. Rüben, weiße, einzumachen.

Die weißen Rüben werden in Birnenform geschnitzt und wie die gelben Rüben behandelt.

2717. Sauerkraut einzumachen.

Ist es mittelst des Krautschneiders eingeschnitten, so legt man unten in die ganz reine Krautstande Krautblätter, darauf 1 Korb Kraut, auf welchem 2 Hände Salz herumzustreuen sind, stößt es nun so fest ein, bis sich oben Wasser bildet, dann wieder Kraut und Salz, bis alles Kraut eingestampft ist. Das Kraut wird oben beschwert und muß alle 8 Tage abgewaschen werden, wenn es sich gut halten soll.

2718. Selleriewurzeln einzumachen.

Die Selleriewurzeln werden gereinigt und in Form von Aepfelschnitzen geschnitten und blanchiert. Nachdem sie, auf einem Tuch ausgebreitet, abgetrocknet sind, werden sie wie die Artischocken behandelt.

2719. Spargeln einzumachen.

2 Dutzend schöner Spargeln werden 5 Minuten in Salzwasser gedämpft, dann vom Feuer gestellt, verkühlt, auf einem Tuch ausgebreitet; wenn sie völlig erkaltet sind, werden sie, die Köpfe nach oben, in eine Blechbüchse gestellt, diese mit einem schwachen Salzwasser aufgefüllt und zugelötet, dann während ½ Stunde im Warmbad gekocht, herausgenommen und kalt gestellt.

2720. Spargelsaft mit Zucker.

1 Kilo schöner Spargel werden in 1½ Liter Wasser so lange gekocht, bis das Wasser zur Hälfte verdunstet ist, dann wird es filtriert, der gewonnene Saft mit 1200 Gr. Hutzucker auf 32 Grad eingekocht, verkühlt, in Flaschen abgezogen, diese gut verpfropft und kalt aufbewahrt.

2721. Weinrebenspitzen einzumachen.

Die im Frühjahr beim Beschneiden der Reben gewonnenen, zarten Zweige werden gewaschen und auf einem Tuch ausgebreitet, dann mit Salz bestreut, in Büchsen gefüllt, mit Olivenöl übergossen, jeder Büchse zwei Knoblauchzehen beigegeben, verlötet und 3 Stunden im Warmbad gekocht. In gleicher Weise können auch die Hopfenspitzen eingemacht werden.

2722. Wurzeln in Zuckersaft.

150 Gramm Petersilienwurzeln, 150 Gramm Spargelwurzeln, 150 Gr. Fenchelwurzeln, 150 Gr. Selleriewurzeln werden sämtlich zerschnitten, 2½ Liter siedendes Wasser darüber gegossen und 12 Stunden bei Seite gestellt, doch so, daß die Masse von Zeit zu Zeit umgerührt wird. Nach dieser Zeit werden die Wurzeln abgeseiht und aufs neue 2½ Liter siedendes Wasser daran gegossen, nach 8 Stunden filtriert, dem Produkt 1 Kilo weißer Zucker beigegeben, mit diesem auf 30 Grad eingekocht, in Flaschen abgefüllt, gepfropft und kalt gestellt. Dieser Zuckersaft ist ein vorzügliches, lösendes Mittel bei Husten und Katarrh.

28.

Gesälze und Marmeladen.

Die Gesälze, Marmeladen und Gelees von Früchten bieten im Winter einigen Ersatz für frische Früchte. Die erstgenannten Präparate sind eine angenehme Beigabe zum kalten Tisch und dienen als Zuthat zur Bereitung mancher anderen Speisen. Die Früchtensäfte werden hauptsächlich zu Gefrorenem verwendet. Bei der Auswahl der Früchte muß darauf gesehen werden, daß diese nicht überreif sind, weil sie in diesem Fall schon in das erste Stadium der Fäulnis eingetreten und das daraus bereitete Gesälz oder Gelee nicht haltbar sein würde. Ferner müssen die Früchte gut verlesen und alles Fremdartige daraus entfernt werden; überhaupt ist die Reinigung mit der größten Genauigkeit so zu besorgen, wie es in den Vorschriften gesagt ist, dann kann man mit Zuversicht auf ein gutes Gesälz oder Gelee rechnen. Ferner darf nur Hutzucker genommen werden, weil der Farin leicht in Gährung kommen kann, wodurch das Gesälz verdirbt. Sind die Früchte vorschriftsmäßig eingekocht, so muß man darnach trachten, daß sie rasch verkühlen, sonst kandiert der Zucker, d. h., er sondert sich in kleinen Kristallen ab und der eigentliche Zweck des Einkochens, die Früchte gegen Fäulnis zu schützen, geht verloren.

Um die Gesälze und Gelees aufzubewahren, wird am sichersten Steingutgeschirr verwendet. Nachdem dieses gefüllt ist, deckt man ein weißes Papier darauf, das mit reinem Sprit getränkt ist, dann wird der Topf gut zugebunden und an einem kalten, trockenen Ort in möglichst gleicher Temperatur aufbewahrt. Man muß darauf achten, daß der Gesälztopf niemals in der Sonne steht, selbst nicht, während man

Gesälz herausnimmt. Nach der neuesten Methode wird das Eingemachte, bevor es mit in Kirschgeist getränktem Papier belegt wird, mit etwas Salycil oder dreifachem Konservensalz bestreut.

2723. Ananas-Marmelade.

Die Ananas werden geschält, zu einem Brei zerstoßen, auf 500 Gr. Früchtenmasse ebensoviel Zucker genommen, beides zusammen gut eingekocht, in Gläser oder Einmachtöpfe gefüllt, diese gut verschlossen und kalt aufbewahrt.

2724. Apfelgelee.

Borsdorfer- oder Fleiner-Aepfel schneidet man in der Mitte entzwei, nimmt sie samt dem Kernhaus in eine Pfanne, gießt, wenn es 20 Aepfel sind, ½ Liter Wein darüber, läßt sie so lange kochen, bis sie weich und eingekocht sind, und treibt sie durch ein Haarsieb; dann nimmt man zu 500 Gr. Masse 250 Gramm Zucker, läßt dies zusammen in einer messingenen Pfanne langsam kochen, schäumt fleißig ab, kocht es ziemlich dick ein, reibt auf je 500 Gr. eine Zitronenschale an Zucker ab, giebt sie hinein und kocht so lange fort, bis das Gelee gesteht, sobald man davon auf einen Teller tropft. Alsdann wird es in ein Glas oder Porzellantopf gefüllt und, wenn erkaltet, zugebunden und aufbewahrt.

2725. Aprikosenmarmelade.

1 Kilo ganz reifer Aprikosen werden ausgekernt und durch ein ganz feines Sieb gestrichen, das Mark gewogen und eben so viel feiner Zucker in einen Einmachkessel gebracht, auf einem Holzkohlenfeuer rasch eingekocht, mittelst eines starken Löffels kalt gerührt und zwar, bis es breit und schwer vom Löffel läuft, dann in Gläser gefüllt, ein mit Kirschengeist getränktes Papier darauf gelegt, zugebunden und bis zum Gebrauche aufbewahrt.

2726. Aprikosenmarmelade zum Gefrorenen.

Wie in Nr. 2725 werden reife Aprikosen durch ein Sieb getrieben, das Purée in Flaschen gefüllt, diese verkorkt, gut mit Schnüren überbunden, die Flaschen mit Heu umwickelt und in ein Gefäß neben einander gestellt, Wasser daran gegossen und aufs Feuer gesetzt. Wenn es ½ Stunde gekocht, wird das Gefäß vom Feuer genommen und kalt gestellt, dann die Flasche verpicht und im Keller in Sand gelegt. Die Marmelade wird erst beim Gebrauch mit Zucker vermengt.

2727. Aprikosenpasten.

500 Gr. Aprikosenmark werden durchs Sieb getrieben und auf dem Feuer recht dick eingedämpft, dann werden 750 Gramm Staubzucker darunter gerührt, einigemale aufgekocht, auf Bleche gespritzt und, wenn sie erkaltet, weggenommen, 2 Stückchen zusammengesetzt und als Dessert gegeben.

2728. Birnengesälz.

Man schält Zucker- oder andere gute Birnen, so viel man einkochen will, schneidet das Steinige aus, macht ganz dünne Schnitze daraus, nimmt nach Belieben einige Quitten dazu und legt sie in eine tiefe Pfanne, dann siedet man so viel süßen Wein- oder Birnmost, als man nötig hat, gießt ihn, wenn er verschäumt, an die Birnen und kocht sie damit so lange, bis sie recht weich sind. Fängt die Masse an, dick zu werden, so muß man sich sehr in Acht nehmen, weil sie gerne anhängt. Zu 1 Kilo Gesälz stößt man 8 Gr. Zimmet und 4 Gr. Nelken gröblich, schneidet die Schale von einer halben Zitrone fein, rührt es unter die erkaltete Masse, füllt diese in einen steinernen Topf, legt ein in Kirschengeist getränktes Papier darauf, bindet ihn zu und bewahrt das Gesälz wie gewöhnlich auf. Hat man keinen Most, so werden die Birnen mit Wasser und Wein und 250 Gr. Zucker zugesetzt und gut eingekocht.

2729. Erdbeermarmelade.

Zu 500 Gr. durch ein Sieb gestrichenem Erdbeermark werden 500 Gr. gestoßener Zucker in einen Kessel gegeben, 10 Minuten auf lebhaftem Kohlenfeuer eingedämpft und, nachdem es halb erkaltet, in Flaschen oder Gläser gefüllt.

2730. Erdbeermarmelade zu Gefrorenem.

Schöne, frische Walderdbeeren werden durch ein feines Sieb, durch welches die Kerne nicht durchdringen, gestrichen, gewogen und zu je 500 Gr. Mark 1 Kilo feiner Zucker gut durchgerührt. Die Masse wird nun in grüne Flaschen gefüllt, dieselbe mit guten Pfropfen verkorkt, umschnürt, im Keller in Sand eingegraben und bis zum Gebrauche aufbewahrt.

2731. Hagebuttengelee.

500 Gr. Hagebutten werden gereinigt, 1 Liter Wasser daran gegossen und 4 Tage kalt gestellt, doch müssen sie alle Tage umgerührt werden. Nach dieser Zeit durch ein Haarsieb getrieben, werden auf jedes Liter Saft 400 Gr. Hutzucker

geläutert und über den Saft unter beständigem Umrühren langsam gegossen.

2732. Himbeergelee. Erste Art.

Die Himbeeren, wenn sie pünktlich verlesen sind, werden in einen sauberen, innen glacierten Topf gegeben, mit einem Deckel oder Tuch wohl zugedeckt und so samt dem Topf in einen kleinen Kessel voll siedendem Wasser gestellt, doch so, daß oben nichts von demselben hineinlaufen kann. Zu diesem läßt man die Himbeeren so lange kochen, bis sie Saft haben; dann gießt man diesen nach und nach ab, daß er schön hell bleibt. Zu ½ Liter Saft nimmt man 375 Gr. vom feinsten Zucker, giebt diesen in eine Messingpfanne, gießt den Saft dazu und läßt es damit so lange kochen, bis ein Tropfen davon, auf ein Teller geträufelt, wenn er kalt ist, gesteht. Nur vergesse man nicht während des Kochens, das Unreine mit einem silbernen Eßlöffel fleißig abzunehmen. Ist dieses geschehen und das Gelee erkaltet, so wird es in beliebige Gläser gefüllt und aufbewahrt.

2733. Himbeergelee. Andere Art.

3 Teile Himbeeren und 1 Teil Johannisbeeren werden in einer Schüssel zerstampft und mittelst der Presse ausgedrückt. Auf ½ Liter dieses Saftes werden nun 375 Gr. Zucker ziemlich dick gekocht und zu diesem dann der Saft gegossen. Während fleißigen Abschäumens wird der Saft so lange auf Kohlenfeuer gekocht, bis die Probe, indem man einige Tropfen auf ein Porzellanteller gießt, schnell geleeartig gesteht und fest genug ist. In nicht zu heißem Zustande wird nun das Gelee in Gläser gegossen, wenn es darin erkaltet, mit in Kirschengeist getauchtem Papier belegt, zugebunden und an einem trockenen Orte aufbewahrt.

2734. Holzäpfelgelee.

1 Kilo Holzäpfel werden ungeschält im Bratrohr gebacken, dann in einem glacierten oder Steinguttopf mit 2 Liter Wasser dick eingekocht, durch ein Seihtuch gedrückt und der Saft über Nacht kalt gestellt. In dieser Zeit hat er sich geklärt und wird mit, auf 1 Liter Saft, 400 Gr. Hutzucker eingekocht und dann auf Eis gestellt.

2735. Johannisbeergelee. Erste Art.

Man nimmt schöne, reife Johannisbeeren, zupft sie von den Stielen, giebt sie in einen neuen Topf, deckt sie zu, setzt den Topf, wie bei den Himbeeren, in kochendes Wasser und läßt das Wasser so lange kochen, bis die Beeren Saft haben. Sobald Saft auf den Beeren ist, gießt man diesen behutsam ab, drückt aber die Beeren nicht, sonst wird der Saft trübe. Dann nimmt man zu ½ Liter Saft 375 Gr. Zucker, läutert ihn mit 1 Glas Wasser bis zur Perle, giebt den Saft dazu und kocht ihn ½ Stunde. Während des Kochens muß fleißig abgeschäumt werden. Hierauf macht man die Probe auf ein Porzellanteller und füllt die Geleegläser mit dem Gelee, wenn es ein wenig erkaltet ist. Im übrigen behandelt, wie die anderen Gelees.

2736. Johannisbeergelee. Andere Art.

Man zerdrückt nach Belieben abgezupfte Johannisbeeren und läßt sie über Nacht stehen, den anderen Tag preßt man sie durch und nimmt zu ½ Liter Saft 500 Gr. Zucker, den man mit ¼ Liter Wasser läutert, bis er lange Fäden zieht, gießt dann den Saft dazu und kocht es unter fleißigem Abschäumen zu Gelee. Wenn man einen Tropfen auf einen Teller gießt und er gesteht, so ist das Gelee fertig und wird, wenn er abgekühlt ist und gleich zu Tische gegeben werden soll, in Geleegläser gegossen, zum Aufbewahren aber in Zuckergläser gefüllt.

2737. Johannisbeergelee ohne Feuer zu bereiten.

Man nimmt von den allerreifsten Johannisbeeren, zupft sie ab, preßt sie aus, stößt zu ½ Liter Saft 375 Gr. Raffinatzucker ganz fein, rührt den Zucker mit dem Saft 3 Stunden ohne Unterbrechung, bis es ein völliges Gelee ist, füllt es dann in eine Glastasse oder einen Becher und stellt es einige Zeit in den Keller.

2738. Maulbeer-Gelee.

1 Kilo sehr reifer Maulbeeren werden ausgepreßt und der Saft durch eine Serviette abgegossen. Inzwischen werden 500 Gr. Zucker geläutert, bis er Fäden zieht, der Maulbeersaft damit vermischt und dick eingekocht, bis das Gelee vom Löffel fällt, dann wird es, wenn es erkaltet ist, in Gläser gefüllt, gut verschlossen und kalt gestellt.

2739. Pfirsichmarmelade.

Eine Partie ganz reifer Pfirsiche werden ausgesteint, durchs Sieb gestrichen, gewogen und zu je 500 Gr. Mark 500 Gr. feiner Zucker hinzugethan. Dies wird nun zusammen in einem Einmachkessel wie die Aprikosenmarmelade eingedämpft und ebenso weiter behandelt.

2740. Quittenbrot.

Nachdem man einige schöne, gelbe Quitten geschält und weich blanchiert hat, werden dieselben auf ein Sieb gelegt, dann in eine Schüssel gegeben, gehackte und rohe Orangen- und Zitronenschalen mit etwas Zimmet, sowie 2 Eßlöffel alter Kirschengeist beigefügt. Andern Tags werden die Quitten durch ein feines Haarsieb gestrichen, das Mark mit der gleichen Menge gestoßenem Zucker in einen Einmachkessel gethan, mittelst eines starken Holzlöffels so lange auf Kohlenfeuer eingedämpft, bis sich die Masse vom Kessel löst. Hierin werden etwas Zitronat und Orangeat fein würflicht geschnitten, die Masse in kleine, mit Mandelöl bestrichene Förmchen gegossen, wenn sie erkaltet, herausgenommen und noch einige Stunden im Wärmeofen bis zum Gebrauche verwahrt.

2741. Quittengelee.

Man reibt 10—15 geschälte Quitten zuerst an einem Tuche, dann auf dem Reibeisen, bis auf das Steinige, ab, preßt sie fest durch ein Tuch, ohne aber viel auf einmal zu nehmen. Wenn alles durchgepreßt ist, gießt man den Saft in einen Topf und läßt ihn über Nacht stehen, den andern Tag gießt man das Helle davon ab, nimmt auf ½ Liter hellen Quittensaft 500 Gr. Zucker, läutert ihn mit ⅛ Liter Wasser in einer Messingpfanne, bis er kurze Fäden zieht, dann gießt man den Saft dazu; die Quittenkerne bindet man in Tüchelchen und siedet sie mit. Wenn die Masse unter fleißigem Abschäumen ¼ Stunde gesotten hat und bei der Probe gleich gesteht, so wird sie in Porzellangeschirre gegossen, zugebunden und aufbewahrt.

2742. Reineclauden-Marmelade.

Ganz reife, grüne Reineclauden werden wie zum Einmachen blanchiert und, wenn sie weich sind, durchs Sieb gedrückt, zu 500 Gr. Marmelade 500 Gr. Zucker gemischt, eingekocht und wie Marmelade von Aprikosen behandelt. Beim Einfüllen ebenso verfahren.

2743. Stachelbeergelee.

1 Kilo nicht ganz reifer Stachelbeeren werden von Stiel und Köpfchen gereinigt, in warmem Wasser zugesetzt und eingekocht, dann durch ein Haarsieb getrieben, der Saft, wenn es 2 Liter gegeben, mit 500 Gr. Hutzucker eingekocht und auf Eis gestellt.

2744. Traubengesälz.

500 Gr. abgezupfter, schwarzer Traubenbeeren werden mit 500 Gr. gestoßenem Zucker in einer messingenen Pfanne so lange gekocht, bis sie zur Haltbarkeit die gehörige Dicke haben. Während des Kochens nimmt man mit einem silbernen Löffel die heraufkommenden Kerne pünktlich ab, wenn sie erkaltet sind, füllt man sie in Zuckergläser, legt ein mit Branntwein getränktes Papier darauf und bindet sie zu.

2745. Traubenmarmelade.

Man siedet süßen Weinmost so viel beliebt, läßt den fünften Teil davon einkochen, dann nimmt man geschälte und zu Schnitzen geschnittene Quitten, süße Aepfel, Birnen, abgeputzte Trauben, gestoßenen Zimmet, Nelken und klein gewiegte Zitronenschalen, alles nach Gutdünken und kocht es in dem Maß, bis es in der Dicke wie eine Aepfelmarmelade ist; dann giebt man es in Zuckergläser, Porzellan- oder Stein-Töpfe und verwahrt es wohl. Es ist im Winter gut zu Torten zu gebrauchen oder man giebt es auch auf Brot- oder Weckschnitten.

2746. Vogelbeer-Gelee.

Wenn die Vogelbeeren, ohne aber mehlig zu sein, reif sind, werden sie geerntet, von den Stielen gepflückt, rein ausgelesen und langsam dick eingekocht. Zugleich werden auf 500 Gr. Beeren 600 Gr. Zucker geläutert, der abgeseihte Beersaft damit vermischt und beides so lange gekocht, bis ein Tropfen, auf einen Porzellanteller gegossen, sofort erstarrt. Wenn das Gelee erkaltet, wird es abgefüllt und aufbewahrt. Es ist sehr haltbar und von feinem Geschmack.

2747. Wachholdergesälz.

Die Wachholderbeeren werden ½ Stunde gekocht, dann durch ein dickes Tuch gepreßt, der Saft bei ganz gelindem Feuer zur Honigdicke abgedämpft und zuletzt noch etwas gestoßener Zucker darunter gemischt, um den Geschmack angenehmer zu machen. Wirkt sehr magenstärkend, wenn man in Wein oder Milch davon nimmt.

2748. Wachholdersyrup.

Man zerstößt frische und reife Wachholderbeeren in einem hölzernen Gefäß nicht zu klein, schüttet die Masse dann in einen kupfernen Kessel und so viel siedendes Wasser darüber, daß es ungefähr einen Finger breit über die Beeren geht. Unter beständigem Umrühren mit einem hölzernen Löffel läßt man sie nun über gelindem Feuer so lange aufkochen, bis man einen zähen Saft hat, welchen man in einem leinenen Tuche auspreßt und in Flaschen zum Gebrauche aufbewahrt.

2749. Weinbeer-Gelee.

1 Kilo großer, reifer Muskateller-Weinbeeren werden in einem glacierten Topf im Warmbad so lange gekocht, bis sämtliche Beeren aufgesprungen und der Saft ausgelaufen ist. Hierauf werden 750 Gr. Zucker geläutert, mit 2 Deziliter Wasser syrupiert, der abgeseihte Weinbeersaft dazu gegossen, beides zusammen geleeartig eingekocht, dann kalt gestellt, in Gläser eingefüllt und sorgfältig aufbewahrt.

2750. Weinbeer-Marmelade.

500 Gr. Weinbeeren werden mit 500 Gr. Hutzucker dick eingekocht; während des Kochens wird fleißig abgeschäumt, die aufsteigenden Kerne werden abgeschöpft und, wenn die Marmelade die nötige Consistenz erlangt hat, wird sie zum Erkalten aufs Eis gestellt, in Gläser gefüllt und aufbewahrt.

2751. Zwetschgen-Gelee.

1 Kilo reifer, aber nicht überreifer Zwetschgen werden ausgesteint, mit kochendem Wasser angegossen und so lange gekocht, bis der Saft ausgeflossen ist. Inzwischen werden 250 Gr. Zucker geläutert, der von dem erkalteten Zwetschgenbrei abgeseihte Saft mit der Zuckerlösung vermischt, beides zum Gelee eingekocht, dabei fleißig abgeschäumt, in Gläser gefüllt und diese gut verschlossen kalt aufbewahrt.

2752. Zwetschgengesälz.

Man steint sehr reife Zwetschgen, etwa 2 Kilo aus, giebt sie in einen neuen Fußtopf, setzt sie auf Kohlen, bis die Zwetschgen zusammengefallen sind, dann erst giebt man sie zum Kochen. Sind sie recht weich, verrührt man sie und treibt sie durch einen Seiher, läßt sie auf Kohlen vollends recht dick einkochen, giebt 1 Kilo Zucker, gestoßenen Zimmet, Nelken und klein geschnittene Zitronenschalen (alles nach Verhältnis der genommenen Zwetschgen) dazu, rührt mit einem hölzernen Löffel fleißig um und bewahrt das Gesälz in Gläsern auf.

29.

Gedörrte u. getrocknete Früchte.

Die Früchte und Gemüse in ihrer hohen Bedeutung für Nahrungszwecke werden, um sie vor dem Verderben zu schützen, wenn sie für späteren Gebrauch aufbewahrt werden sollen, nicht blos eingemacht und eingekocht, sondern auch in Dörröfen oder in der Luft durch die Einwirkung der Sonnenstrahlen gedörrt, beziehungsweise getrocknet. Besonders die bürgerliche Küche hat sich schon seit Jahrhunderten damit beschäftigt, ihren Haushalt mit gedörrten und getrockneten Früchten für die Zeit zu versorgen, in welcher frische Früchte nicht zu bekommen sind. In neuerer Zeit sind gedörrte Früchte ein ganz bedeutender Handelsartikel geworden, gleichwohl lohnt es sich, besonders in früchte- und gemüsereichen Jahren, sich seinen Bedarf selbst zu dörren, weil man durch die Auswahl der frischen Früchte und durch die sorgfältige Behandlung derselben vor Schaden bewahrt bleibt. Um Früchte zu trocknen, sind sog. Hürden notwendig. Auf diese werden die ersteren ausgebreitet und damit in den Ofen gebracht, oder an einem luftigen, trockenen Ort der Sonne ausgesetzt. Trockenbleche sind nicht zu empfehlen. Wo das Dörrgeschäft im Großen zu Handelszwecken betrieben wird, werden sinnreich konstruierte Dörröfen angelegt. Für den bürgerlichen Bedarf reicht ein guter Backofen aus, wenn die nötige Sorgfalt und Aufmerksamkeit beobachtet wird. Das gedörrte Obst erhält auf dem Lager sehr leicht Maden und wird sporig. Um dies zu verhüten, muß es völlig ausgetrocknet sein, bevor es zur Aufbewahrung kommt und muß dies an einem trockenen, luftigen Ort geschehen. Am besten geeignet zur Aufnahme ist eine

Holzkiste, deren Wandungen durchlöchert sind, so daß der Zutritt der Luft nicht abgeschlossen ist. Auch müssen die Vorräte fleißig untersucht und durcheinander geschüttelt werden, dann erhalten sie sich Jahre lang und dienen zur Bereitung schmackhaftester Speisen.

2753. Aepfel zu dörren.

Die zum Dörren bestimmten Aepfel müssen vollständig reif und von guter Sorte sein. Dieselben werden geschält, geschnitzt, die Kerne herausgeschnitten, auf den Dörrhürden an einander gereiht, zum Austrocknen der Luft ausgesetzt und im mäßig heißen Ofen so lange langsam gedörrt, bis sie eine dunkelgelbe Färbung haben, doch dürfen sie nicht hart und brandig werden. Vor der Aufbewahrung werden die Schnitze verlesen, die brandigen ausgeschossen und die zu weichen zu früherem Gebrauch abgesondert.

2754. Aepfel zu trocknen, französisch.

Die frisch vom Baum gepflückten Früchte werden mit kochendem Wasser angegossen und weich gedämpft, dann auf ein Sieb gelegt und der abtropfende Saft in eine Schüssel aufgefaßt. Wenn die Früchte erkaltet sind, werden sie geschält, auf den Hürden oder auf Backbrettern nebeneinander gereiht und in mäßig warmem Ofen getrocknet. Nach 24 Stunden herausgenommen, läßt man sie erkalten, drückt sie zwischen 2 Brettchen breit, taucht sie in den abgetropften Saft und läßt sie, auf Siebe gelegt, im warmen Zimmer abtrocknen. Die Früchte werden in Schichten in Kisten eingelegt und jede Schichte mit reinem Papier belegt. Dasselbe Verfahren gilt auch für Birnen.

2755. Birnen zu dörren.

Hiezu eignen sich besonders gute, nicht zu große Sorten Spätbirnen. Dieselben müssen reif und etwas abgelagert sein, dann werden sie geschält, geschnitzelt, die Kerne herausgeschnitten, die Schnitze einige Zeit zum Abtrocknen der Luft ausgesetzt, dann auf den Hürden ausgebreitet, so daß sie nicht über einander liegen, und in den mäßig erwärmten Ofen gebracht. Nach dem Dörren werden die Birnenschnitze verlesen und nur die vollkommen gedörrten, nicht verbrannten oder zu weichen, aufbewahrt.

2756. Birnen als Hutzeln zu dörren.

Hiezu werden nicht zu große, süße Sorten, vollständig reif und etwas abgelegen, genommen, mit kochendem Wasser übergossen, wenn sie erkaltet sind, die Blütenköpfchen herausgeschnitten, auf den Trockenhürden ausgebreitet, weißes Papier darüber gelegt und im mäßig geheizten Ofen so lange langsam gedörrt, bis das Papier anfängt, braun zu werden, dann werden die Hürden aus dem Ofen genommen, die Hutzeln verlesen, schichtenweise in eine Kiste oder ein Faß eingelegt, mit gesiebter Holzasche leicht bestreut und trocken aufbewahrt.

2757. Birnen zu trocknen.

Die Birnen werden gedämpft und halb weich zum Erkalten bei Seite gestellt, dann werden sie geschält, die Blüten mit dem Kernhaus herausgeschnitten, auf den Hürden ausgebreitet und im Ofen oder auch an der Luft getrocknet. Diese Birnen eignen sich zu Compoten und Marmeladen.

2758. Bohnen zu trocknen.

Frisch gepflückte Bohnen, so lange sie noch recht zart und fasernfrei sind, werden mit kochendem Salzwasser angegossen und weich gedämpft, dann abgeschöpft, zum Erkalten auf Sieben ausgebreitet, an der Luft und dann in mäßig warmem Ofen getrocknet, in leinene Säckchen eingefüllt und diese an einem luftigen Ort aufgehängt. Vor dem Kochen müssen diese Bohnen mit lauwarmem Wasser angegossen und frisch abgeschwenkt werden.

2759. Brünellen zu trocknen.

Schöne, blaue Zwetschgen werden in einem Netz in kochendes Wasser getaucht, die Haut vorsichtig abgezogen, die Steine herausgenommen, auf den Hürden ausgebreitet, im Ofen oder an der Luft getrocknet und, wie die Dessertbirnen (Nr. 2761), in Töpfe eingelegt.

2760. Champignons zu trocknen.

Die frisch ausgegrabenen Champignons werden in frischem Wasser gewaschen und gebürstet, dann an ein Schnürchen angereiht, in die Sonne gehängt und getrocknet.

2761. Dessert-Birnen zu trocknen.

Die sog. Zuckerbirnen werden geschält, das Kernhaus herausgebohrt, ein irdener Topf halb mit Wasser, halb mit Wein gefüllt, einige Nelken, etwas ganzer Zimmet und der Saft von 2 Zitronen dazu gegeben, die Birnen eingelegt und langsam weich gekocht. Wenn sie erkaltet sind, werden sie platt gedrückt, in der Luft oder im Ofen getrocknet, schichtenweise in Steintöpfe eingelegt, mit Zucker und gestoßenem Zimmet bestreut, die Töpfe mit Schweinsblase zugebunden und trocken aufbewahrt.

2762. Dessert-Quitten.

Reife Quitten werden geschält, geschnitzt, die Kerne herausgenommen, die Schnitze auf einer irdenen Platte neben einander gelegt, im heißen Backofen getrocknet, wenn sie erkaltet sind, mit Zucker bestreut, in Steintöpfe eingelegt und aufbewahrt.

2763. Erbsen, grüne, zu trocknen.

Frischgepflückte, grüne Erbsen werden enthülst, kochendes Wasser daran gegossen, zweimal darin aufgekocht, auf ein Sieb zum Abtropfen geschüttet und auf einem Tischtuch an der Luft getrocknet, dann werden sie auf Pappdeckeln im warmen Ofen gedörrt.

2764. Erbsen grün zu erhalten.

Junge, grüne, frisch ausgehülste Erbsen werden auf Fließpapier ausgebreitet; wenn dieses die Feuchtigkeit an sich gezogen, werden sie in Glasflaschen eingefüllt, fest geschüttelt, verkorkt und verpicht und ziemlich tief in trockener Erde eingegraben. So erhalten sich die Erbsen ein halbes Jahr lang frisch und grün.

2765. Gurken frisch zum Salat zu erhalten.

Grüne, junge Gurken werden geschält, in Scheibchen geschnitten, diese mit Salz bestreut, in eine Schüssel eingelegt, nach einer Stunde auf Fließpapier ausgebreitet, dann auf ein Tuch zum vollständigen Trocknen gelegt. Sind die Gurkenscheiben so weit trocken, so werden sie in Steintöpfe eingeschichtet, bis diese halb voll sind, dann wird guter Weinessig darauf und auf diesen feines Salatöl gegossen, die Töpfe mit Schweinsblase überbunden und kalt aufbewahrt. In diesem Zustand erhalten sich die Gurken lange Zeit grün und eignen sich noch spät im Winter zu Salat.

2766. Hagebutten zu dörren.

Die reifen Hagebutten werden in frischem Wasser abgeschwenkt, von außen gut abgerieben, in der Mitte durchschnitten, die Kerne sorgfältig herausgeschabt und die so gereinigten Hagebutten auf Papierbögen im warmen Ofen gedörrt, doch müssen sie öfter gewendet werden, daß sie gleichmäßig trocknen.

2767. Heidelbeeren zu trocknen.

Die reifen Heidelbeeren werden gut ausgelesen, auf Trockenbrettchen dünn ausgebreitet, mit feingesiebtem Zucker leicht überstreut, im warmen Ofen getrocknet und in Steintöpfen aufbewahrt.

2768. Kalmus, überzuckert, zu trocknen.

Die Kalmuswurzel wird gewaschen, geschält, in Streifen geschnitten, weich gekocht und kalt gestellt. Inzwischen wird Zucker geläutert, die Kalmusstreifen eingelegt und so lange darin gekocht, bis der Zucker lange Faden zieht. Nach dem Kochen wird der Zucker mit einem Rührlöffel an der Kesselwand so lange tabliert, d. h. gerieben, bis er weiß geworden und abgestorben ist, dann wird die Kalmus herausgenommen und auf einem Messing-Drahtsieb getrocknet.

2769. Kirschen zu dörren.

Große, reife Kirschen werden, daß der Saft nicht herausfließt, mit den Stielen auf den Hürden ausgebreitet und zuerst an der Luft, dann bei mäßiger Wärme langsam im Ofen gedörrt. Dann werden die Kirschen entstielt und aufbewahrt.

2770. Kirschen zu trocknen.

Reife Kirschen mit festem Fleisch, werden am Stiel halb getrocknet, dann der Stiel entfernt, der Stein durch die Stielöffnung herausgedrückt, die entsteinten Kirschen auf den mit Papier belegten Hürden ausgebreitet und bei mäßiger Hitze vollends getrocknet; wenn sie völlig erkaltet sind, werden sie von den Hürden genommen und werden dann die Form von Rosinen haben.

2771. Knoblauchschwämme (Mousserons) zu trocknen.

Die kleinen Knoblauchschwämme werden im Sammeln vorsichtig abgepflückt, gut gereinigt, dürfen aber nicht gewaschen werden. Wenn sie an der Luft abgetrocknet sind, werden sie auf Backbrettchen gelegt und im leicht erwärmten Ofen langsam getrocknet. Zur Aufbewahrung werden die Schwämme in Einmachgläser eingelegt und mit Papier überbunden, trocken aufbewahrt. Diese kleinen Pilze eignen sich ihres feinen Geschmacks wegen hauptsächlich zu Fleischsaucen und Farcen.

2772. Kürbis zu trocknen.

Die Kürbis werden geschält, das Fleisch in Streifen geschnitten, diese in leichten Sprit oder weißen Wein eingetaucht und an der Sonne getrocknet. Schmeckt mit gekochtem Dörrobst sehr gut, kann auch zu sogenannten Schnitz oder Hutzelbrot mit verwendet werden.

2773. Mirabellen zu dörren.

Die zum Dörren bestimmten Mirabellen müssen, bevor sie völlig ausgereift sind, samt den Stielen vorsichtig vom Baum gepflückt und mit kochendem Wasser angegossen werden. Wenn sie erkaltet sind, werden die Stiele entfernt, die Früchte geschält, auf die Hürden gelegt und im ganz leicht erwärmten Ofen halb gedörrt; so lange sie noch warm sind, werden sie aus dem Ofen genommen und an der Sonne zu Ende gedörrt, dadurch bleiben die Früchte voll und glänzend.

2774. Morcheln zu trocknen.

Die ausgegrabenen Morcheln werden von den sandigen Faserwurzeln befreit, aus lauem Wasser gewaschen, frisch abgeschwenkt, an eine Schnur gereiht und an einem luftigen Ort in der Sonne getrocknet und in Papiersäckchen trocken und luftig aufbewahrt.

2775. Petersilie zu trocknen.

Um sich den Bedarf der so nützlichen Petersilie auch für den Winter zu sichern, werden die Pflanzen im Herbst gesammelt, sauber verlesen, gewaschen, fein verwiegt, an der Sonne getrocknet, mit fein gestoßenem Salz vermischt, in Einmachbüchsen eingedrückt, eine Schichte Salz darüber gestreut und luftdicht verschlossen.

2776. Pfirsiche in Zucker zu dörren.

Wenn die Pfirsiche reif geworden, werden sie vom Baum genommen, mit siedendem Wasser angegossen, nach einer Viertelstunde zum Abtropfen auf ein Sieb gelegt, Stück für Stück an einer Serviette abgetrocknet, die Kerne herausgedrückt und bei Seite gelegt. Inzwischen wird soviel Zucker als nötig im Wasser eingekocht, bis er lange Fäden zieht, dann werden die Früchte eingelegt und, nachdem sie 10 Minuten darin gekocht, wird der Topf vom Feuer gezogen und über Nacht samt den Pfirsichen kalt gestellt. Am folgenden Tag werden die Pfirsiche mit einem Holzlöffel herausgenommen, zum Abtropfen auf ein Sieb gelegt und, bevor sie zum Dörren in den Ofen kommen, mit Staubzucker bestreut und langsam gedörrt.

2777. Pflaumen oder Zwetschgen zu dörren.

Die völlig reifen Pflaumen werden verlesen und nur die besten auf den Hürden im schwachen Ofen langsam gedörrt, wobei sie öfters umgewendet werden müssen. Sie werden be=

sonders schmackhaft, wenn sie vor dem Dörren in eine leichte Zuckerlösung eingetaucht werden.

2778. Pflaumen zu trocknen und in Cognac aufzubewahren.

Italienische Pflaumen, reif und groß, werden vorsichtig vom Baum genommen, in kaltem Wasser abgeschwenkt, auf Sieben zum Ablaufen ausgebreitet, dann in einen gut glacierten Topf eingelegt, mit weißem Wein übergossen, nach 2 Tagen abgeschüttet, die Früchte an der Luft getrocknet, mit Zucker, Zimmet und Gewürznelken in Einmachbüchsen eingelegt, mit Cognac übergossen und mit Schweinsblase überbunden, einige Tage den Einwirkungen der Sonne ausgesetzt und aufbewahrt.

2779. Pilze zu dörren.

Die Pilze werden eingesammelt, ohne sie zu waschen, gereinigt, in Scheiben geschnitten, an der Sonne gedörrt, in Steintöpfe eingelegt, diese zugebunden und trocken und kühl aufbewahrt.

2780. Pomeranzen zu trocknen und zu candieren.

Grüne Pomeranzen werden mit einer Nadel angestochen, in frisches Brunnenwasser eingelegt, dieses nach 2 Stunden abgegossen und die Früchte in frischem, mit weißem Wein leicht zersetztem Wasser auf schwachem Feuer weich gekocht, dann kalt abgeschwenkt, auf Sieben an der Luft getrocknet und in einen Steintopf eingelegt. Inzwischen werden auf 1 Kilo Früchte 750 Gr. Zucker syrupiert, der Syrup heiß darüber gegossen, dies dreimal nach je 24 Stunden wiederholt, das letztemal die Pomeranzen im Syrup aufgekocht, herausgenommen, abgetropft, mit Zucker bestreut, im schwacherwärmten Ofen getrocknet und in mit Papier belegten Schachteln aufbewahrt.

2781. Reineclauden zu trocknen und zu candieren.

Die Reineclauden werden nicht völlig reif, aber gesund und frisch vom Baum gepflückt, mit einem Tuche abgewischt, in eine leichte Zuckerlösung gelegt und drinnen etwa 20 Minuten gekocht. Man läßt sie abtropfen, bestreut sie mit Zucker, legt sie auf die Hürden und trocknet sie unter fleißigem Umwenden, indem sie immer wieder mit Zucker bestreut werden, im mäßig warmen Ofen. Wenn sie gleichmäßig trocken sind, werden sie in Seidenpapier eingewickelt und in Schachteln trocken aufbewahrt.

2782. Stachelbeeren in Flaschen zu trocknen.

Völlig reife Stachelbeeren, so lange sie noch fest sind, werden von Stiel und Blütchen befreit, in Glasflaschen eingefüllt, diese mit noch nicht verwendet gewesenen, recht weichen Korken leicht gepfropft und nach dem Brotbacken in den Backofen gestellt. Sind die Beeren zusammengefallen, so kommen die Flaschen aus dem Ofen, werden fest verkorkt, verpicht und kalt aufbewahrt. Die Stachelbeeren eignen sich besonders zu Torteneinlagen und ähnlichen.

2783. Weintrauben zu dörren.

Die dunkelroten, süßen Weintrauben werden bei völliger Reife von der Rebe geschnitten, alle nicht vollkommenen oder faulen Beeren entfernt, die Trauben darauf mittelst einer Schnur an den unteren Stielen befestigt und an einander gereiht, daß sie sich nicht berühren. So vorbereitet, werden sie an einem luftigen Ort den Einwirkungen der Mittagssonne ausgesetzt, bis sie völlig trocken sind. Dabei müssen sie vor den Vögeln, dem Ungeziefer und namentlich vor aller Feuchtigkeit geschützt werden, da Fäulnis dadurch eintritt.

2784. Weintraubenbeeren zu trocknen.

Die reifen und gesunden Beeren der Weintrauben werden vorsichtig abgepflückt, auf mit Papier belegten Kuchenblechen ausgebreitet und im mäßig warmen Ofen langsam gedörrt. In diesem Zustand sind die Beeren statt der Korinthen zu verwenden.

30.

Kaltschale oder kalte Suppe.

Die Kaltschale ist eine Art kalter Suppe, welche aus Bier, Wein, Most oder Milch bereitet wird. Sie ist in heißen Sommertagen für den Abend außerordentlich kühlend und erquickend. In den gegebenen Vorschriften finden sich die Zuthaten, welche in jedem einzelnen Fall zur Verwendung kommen. Dabei ist aber besonders zu beachten, daß die flüssigen Zuthaten nicht abgestanden oder gar schal und sauer sind. Nur frisches Bier, reiner Wein und gute Milch geben wohlschmeckende Kaltschalen; aber auch die nötigen Gewürze und Früchte müssen von vorzüglicher Beschaffenheit sein, wenn die Kaltschale ihrem Zweck, zu erquicken, entsprechen soll. Es ist nicht gut, sich anderer Löffel als solcher von Horn oder von Holz dabei zu bedienen.

2785. Ananas-Kaltschale.

1 Ananas wird geschält, in 2 Teile zerschnitten, der eine Teil samt den Schalen mit 500 Gr. geläutertem Zucker verkocht und, wenn erkaltet, der Saft durch ein Tuch ausgepreßt und mit 1 Liter gutem, weißem Wein und dem Saft einer Zitrone vermischt. Inzwischen wird die andere Hälfte der Ananas in dünne Scheibchen geschnitten, in eine Schüssel gebracht, mit Zucker bestreut, aufs Eis gestellt, der erkaltete Saft darüber gegossen und recht kalt zu Tische gegeben.

2786. Apfel-Kaltschale mit Rahm.

300 Gramm feiner Aepfel, vollständig reif, aber nicht abgelegen, werden ungeschält gewürfelt, mit etwas Zimmet und Zitronenschalen und mit 150 Gr. Butter gekocht, die Masse

durch ein Sieb getrieben, wieder zum Kochen gebracht und 1 Deziliter weißer Wein mit 4 Eigelb und ¼ Liter süßer Rahm hineingerührt. Ist die Masse gebunden, wird sie in eine Schale und in Eis gestellt und nach 2 Stunden zu Tisch gegeben.

2787. Apfel-Kaltschale im Wein.

12—15 schöne Aepfel werden geschält, ein drittel davon in dünne Scheiben geschnitten, mit 1 Glas Weißwein, 200 Gr. Zucker und dem Saft einer Zitrone weich gedämpft, aber so daß sie ganz bleiben. Der andere Teil der Aepfel wird in Scheiben geschnitten, mit etwas Wasser sehr weich gekocht, durch ein Sieb gestrichen, mit 500 Gr. Zucker und dem Saft einer Zitrone und ¾ Liter gutem Weißwein angerührt, ins Eis gestellt und die Aepfelstückchen dazugegeben.

2788. Apfelsinen-Kaltschale.

4 Apfelsinen werden geschält, die Schalen auf 500 Gr. Zucker abgerieben und dieser mit 1 Liter Wasser und dem Saft von 8 Apfelsinen verkocht. Inzwischen werden 4 geschälte Apfelsinen in Scheiben geschnitten, entkernt, in eine Schale gebracht, der indessen auf dem Eis erkaltete Saft mit 1 Liter Rheinwein vermischt, darüber gegossen und nach einigen Stunden sehr kalt zu Tisch gegeben.

2789. Aprikosen-Kaltschale.

20 Stück Aprikosen werden je in 4 Teile zerschnitten und in eine Schüssel gegeben, 1 Liter Wasser wird mit Zucker, Zimmet und Zitronenschale dick eingekocht, heiß auf die Aprikosen gegeben und etwa ½ Stunde zum Ziehen zugedeckt zur Seite gestellt, alsdann durch ein Sieb gestrichen, mit ½ Liter gutem Weißwein vermischt, in eine Schale gefüllt, gut ins Eis gesetzt und nach etwa 3 Stunden serviert.

2790. Bier-Kaltschale.

An 2 Liter helles, leichtes Bier rührt man geriebenes, schwarzes Brot, Zucker, 2 Zitronen in Scheiben, kleine Rosinen und Brotwürfel und läßt dies ½ Stunde auf dem Eis stehen. Wer es liebt, giebt etwas Wein dazu. Oder man kocht das Bier mit Zucker, Zitronenschale, etwas Zimmet bis ans Sieden, zieht es mit 8 Eigelb ab, passiert es in eine Schüssel zum Erkalten, giebt dann das geriebene Schwarzbrot, die Rosinen und klein geschnittene und gebackene Brotcroutons zu der Masse, stellt sie gut in Eis in einer Schale und giebt sie, wenn sie gehörig erkaltet, zu Tische.

2791. Bordeaux-Kaltschale.

300 Gr. Zucker, 100 Gr. Tapioca oder guter Perlsago, 5 Gr. ganzer Zimmet, 10 Gr. Gewürznelken, die Schale einer Zitrone und ¼ Liter Wasser werden langsam gekocht und dabei fleißig abgeschäumt. Nach einer halben Stunde wird ½ Flasche Bordeaux daran gegossen und, nachdem alles zusammen aufgekocht hat, in eine Porzellanschüssel gegossen, Zimmet, Nelken und Zitronenschale herausgenommen und, wenn es erkaltet ist, vor dem Auftragen noch mit einer halben Flasche Bordeaux verdünnt.

2792. Brezel-Kaltschale.

4 Stück ungesalzene Laugenbrezeln werden in Stückchen geschnitten, 1 Liter weißer Wein mit 250 Gr. Zucker, 5 Gr. gestoßenem Zimmet, 2 Zitronenscheiben und 50 Gr. feingehackter, süßer Mandeln gewürzt; nachdem der Zucker aufgelöst, wird der Wein über die Brezelstückchen gegossen und einige Stunden in Eis gesetzt.

2793. Buttermilch-Kaltschale.

Geriebenes Schwarzbrot wird in einer Pfanne mit Zucker braun geröstet, dabei fleißig gerührt, daß das Brot nicht anbrennt und schwarz und bitter wird. Inzwischen wird 1 Liter vom Eis genommener Buttermilch mit etwas süßem Rahm und einem Spritzchen gestoßenem Zimmet verrührt, über Weißbrotwürfel gegossen, das geröstete Brot darüber gestreut, in Eis gesetzt und dann serviert.

2794. Heidelbeer-Kaltschale.

Der Saft aus reifen Heidelbeeren wird ausgepreßt und einige Stunden zugedeckt zur Seite gestellt. Sodann gießt man den klaren Saft in ein anderes Geschirr, kocht ihn etwa ½ Stunde und schäumt ihn ab, giebt ebensoviel Rotwein als Saft dazu, gestoßenen Zucker, etwas Zimmet, rührt alles gut zusammen, setzt es gut in Eis und giebt es dann zu Tische.

2795. Himbeer- oder Erdbeer-Kaltschale.

Die Himbeeren, etwa 2 Liter, werden in einen Topf gethan und dieser in einen Kessel mit siedendem Wasser gesetzt; sowie sie zu zerfallen beginnen, treibt man den Saft durch ein Tuch, kocht ihn mit 1 Liter Wein und Wasser, giebt 1—1½ Pfund Zucker daran und läßt sie auf Eis erkalten.

Kaltschale von Erdbeeren wird ebenso bereitet; doch wird sie auch gut, wenn man die Erdbeeren mit Zucker bestreut und

Wein mit Wasser darüber gießt, oder wenn man sie mit frischer oder gesottener, aber wieder kalt gewordener Milch, oder besser mit dickem, süßem Rahm, mit Zucker versüßt, gut in Eis setzt und dann serviert.

Sehr einfach wird eine besonders beliebte Erdbeerkaltschale, wie folgt, bereitet: Die vollkommen reifen Beeren werden in mit Zucker versetzten, geschlagenen Rahm eingerührt, aufs Eis gestellt und recht kalt serviert.

2796. Hollunderblütenkaltschale.

150 Gr. frisch gepflückter Hollunderblüten werden mit kochender Milch abgebrüht, dann läßt man sie durch ein Haarsieb, giebt 100 Gramm Zucker dazu, rührt 3 Eigelb ein und stellt die Masse kalt.

2797. Johannisbeer-Kaltschale mit Makronen.

1 Kilo Johannisbeeren werden verlesen, gewaschen, 1 Liter weißer Wein daran gegossen, über Nacht kalt gestellt, am folgenden Tage durch ein Tuch gepreßt, mit dem Saft 500 Gr. Zucker verkocht, dann aufs Eis gestellt, über in Würfel geschnittene Makronen gegossen und aufgetragen.

2798. Kirsch-Kaltschale.

Ganz reife, saure Kirschen werden mit den Kernen gestoßen, einige Nelken und etwas Zimmet dazu gegeben und nach einigen Stunden durch ein leinenes Tuch gepreßt. Man gießt zur Hälfte roten Wein an diesen Saft, versüßt ihn nach Belieben, läßt ihn durch ein Haarsieb laufen und serviert.

2799. Mandel-Kaltschale.

100 Gr. süßer mit einigen bitteren Mandeln werden kochend angegossen, abgeschält und mit 1 Deziliter süßem Rahm in der Reibschale zerrieben, 1 Liter siedender Milch daran gegossen, nach ½ Stunde durch ein Sieb getrieben und 150 Gr. Zucker daran gegeben; während die Milch noch kocht, wird aus drei Eiweiß mit etwas Vanillezucker ein steifer Schnee geschlagen, von diesem Löffelhäufchen eingelegt, diese nach 5 Minuten herausgehoben und die Milch mit 3 Eigelb legiert, dann läßt man sie in Eis erkalten, giebt sie in eine Porzellanschale und die inzwischen abgetrockneten Eierschnee-Klößchen dazu.

2800. Maulbeer-Kaltschale.

200 Gr. schöner, reifer, ausgelesener Maulbeeren werden in 1 Liter Wasser verkocht, durchgeseiht, ½ Liter roter Wein

daran gegossen, 200 Gr. Zucker, welcher auf einer halben Zitrone abgerieben worden, dazu gethan und zusammen eingekocht. Inzwischen werden 100 Gr. Maulbeeren in eine Schale gelegt, dick mit Zucker bestreut, der erkaltete Saft darüber gegossen und aufgetragen.

2801. Milch-Kaltschale.

1 Liter Milch wird mit Vanille gewürzt, 150 Gr. Zucker darin gekocht, 4 Eigelb eingerührt und durch ein Haarsieb getrieben, in eine Kaltschale gefüllt, auf Eis gestellt und nach 3 Stunden mit Zuckerbrot aufgetragen.

2802. Milch-Kaltschale mit Fliederblüten.

Eine Hand voll abgezupfter und reinlich verlesener Fliederblüten werden in 1 Liter kochender Milch eingestreut, nach etwa 5 Minuten wird die Milch abgeseiht, aufs neue mit 300 Gr. Zucker aufgekocht, mit 3 Eigelb abgezogen, abgegossen, aufs Eis gestellt und über gebrochenen, mit Zucker bestreuten Zwieback angerichtet. In ähnlicher Weise werden Milchkaltschalen mit Pfirsichblättern, mit Rosenblütenblättern und mit Maiglöckchen bereitet, die ihres Aromas wegen sehr beliebt sind.

2803. Orangen-Kaltschale.

4 Orangen werden in Scheiben geschnitten, ausgekernt, in eine Schüssel gelegt und mit gestoßenem Zucker bestaubt. Die Schale von einer Orange wird mit 60 Gr. Zucker und etwas Wasser ausgekocht und diese Essenz an die Orangen gegossen, dann auf Eis gestellt, 2 Flaschen Rheinwein darauf gegossen und, nachdem gut erkaltet, serviert.

Von allen Früchten, welche Aroma haben, können auf diese Art Kaltschalen gemacht werden.

2804. Pfirsich-Kaltschale.

10—12 reife Pfirsiche werden geschält und in Würfel geschnitten, mit 250 Gr. Zucker in eine Schüssel aufs Eis gestellt und ⅛ Liter guter Kirschengeist daran geschüttet. Hiezu gießt man 1 Flasche Rheinwein und 1 Flasche Champagner und serviert sie vom Eis.

2805. Pflaumen- oder Zwetschgen-Kaltschale.

Pflaumen oder Zwetschgen werden in warmes Wasser gelegt, von den Steinen befreit, mit 1 Zitronenschale in Wein und Wasser gesotten. Vor dem Erkalten werden sie durch einen feinen Durchschlag getrieben und dann mit Zimmet und Zucker bestreut.

2806. Preußisch-Kaltschale.

Ueber recht fein geriebenes, schwarzes Brot wird süßer Rahm und dann Bier gegossen. Nun wird die Kaltschale stark mit Zimmet und Zucker bestreut und aufgetragen.

2807. Rahm, geschlagener.

½ Liter dicker, saurer Rahm wird mit 180 Gr. gewaschener, süßer Butter zu einem Schaum geschlagen, womit man aber nicht zu lang fortfahren darf, sonst wird er butterartig. Er wird pyramidenförmig in einer Schale angerichtet und, mit Bisquit garniert, serviert.

Süßen, dicken Rahm kann man ebenso behandeln.

2808. Rahm-Kaltschale mit Sago.

100 Gr. Sago werden gereinigt und in ½ Liter Milch mit 50 Gr. gestoßenem Zucker klar gekocht und zum Erkalten gestellt. Inzwischen wird ½ Liter süßer, frischer Rahm mit 500 Gr. Zucker abgerührt, durch Zuguß von Wasser etwas verdünnt, 1 Eßlöffel Orangenblütewasser daran gegossen, mit dem erkalteten Milchsago vermischt, aufs Eis gestellt und 1 Stunde später aufgetragen.

2809. Reineclauden-Kaltschale.

1 Kilo Reineclauden werden, wenn sie recht reif sind, mit einer Serviette abgewischt, die eine Hälfte geschält, in Viertel geschnitten, in eine Porzellanschüssel gelegt und dick mit Zucker überstreut. Die zweite Hälfte wird samt Schale und Stein in 1 Liter Wasser weich gekocht, durch ein Haarsieb getrieben, 300 Gr. gestoßener Zucker eingerührt, 1 Flasche weißer Wein daran gegossen und alles zusammen über die Früchte in die Porzellanschüssel gegeben, in Eis gestellt und mit Semmel-Croutons serviert.

2810. Reis-Kaltschale mit Wein.

150 Gr. feiner Carolinareis werden langsam in Wein und Wasser weich gekocht. Inzwischen wird eine Zitronenschale auf 300 Gr. Zucker abgerieben, der Zucker in 1 Liter Wasser aufgelöst, 1 Liter Moselwein oder Sauterne darunter gemischt, der Reis langsam eingerührt, einige Tropfen Zitronensaft daran gegossen und zum Erkalten aufs Eis gestellt.

2811. Schwäbische Kaltschale.

1 Liter süßer Milch wird mit Zucker, auf welchem 2 Zitronen abgerieben wurden, nebst etwas klein gestoßenen, süßen Mandeln gekocht, abgerührt, in eine Schüssel gegeben, der

Schnee von 2 Eiweiß mit gestoßenem Zucker darunter auf die Masse gestrichen, in einer Schale in Eis gesetzt und, wenn gut erkaltet, serviert.

2812. Stachelbeer-Kaltschale mit Bordeaux.

500 Gr. verlesener und gewaschener, roter Stachelbeeren werden angebrüht, nachdem sie abgetropft, in 1 Liter Wasser mit 1/4 Liter Bordeaux, etwas gestoßenem Zimmet, 2 Gewürznelken und gehackter Zitronenschale weich gekocht, durch ein Sieb getrieben und der Saft mit 300 Gr. Zucker wiederholt aufgekocht, wenn erkaltet, 1/2 Flasche Bordeaux daran gegossen und aufs Eis gestellt. Hiezu werden Zimmetsterne oder Pomeranzenbrötchen gegeben. Zu weißen Stachelbeeren wird Rheinwein genommen.

2813. Tapioca-Kaltschale mit Chablis.

150 Gr. gut gereinigter und abgedämpfter Tapioca werden mit 1/2 Flasche Chablis, 1/4 Liter Wasser, 50 Gr. Zucker, 10 Gr. ganzem Zimmet und der Schale einer Zitrone langsam breiartig eingekocht und zum Erkalten bei Seite gestellt, nachdem Zimmet und Zitronenschale herausgenommen worden sind. Hierauf werden 1 Flasche Chablis mit 1/2 Liter Wasser und 300 Gr. aufgelöstem Zucker, auf welchem zuvor die Schale einer Zitrone abgerieben worden, und mit einem Theelöffel Zitronensaft gut vermengt, aufs Eis gestellt und bei dem Anrichten aus der Tapiocamasse Klößchen gestochen und eingelegt.

2814. Tutti frutti als Kaltschale.

4 geschälte Aprikosen, 4 Pfirsiche, 1/4 Liter Walderdbeeren, 1/4 Liter abgezupfter Johannisbeeren und 250 Gr. ausgesteinter Weichselkirschen werden mit einer in Tranchen geschnittenen und von den Kernen befreiten Orange in einer Schüssel mit 375 bis 500 Gr. Zucker aufs Eis gestellt, 2 Flaschen guter Rheinwein dazu gegeben und, wenn dies Alles recht kalt geworden, serviert.

2815. Vanille-Kaltschale.

Eine Vanilleschote wird in Scheibchen geschnitten, mit einem Löffel Olivenöl zu einem Brei zerstoßen und in 1 Liter Milch mit 200 Gr. Zucker und einigen Tropfen Zitronensaft langsam gekocht. Schließlich wird 1/2 Liter süßer Rahm mit 6 Eiern abgerührt, mit 100 Gr. Zucker und 30 Gr. Vanille vermischt, die Masse au bain marie gekocht; wenn sie erkaltet ist, wird die Milch darüber gegossen und auf Eis gestellt.

2816. Wein-Kaltschale.

1 Liter weißer Wein wird mit 150 Gr. blanchierter Korinthen, dem Saft von 10 Apfelsinen und 500 Gr. Zucker angesetzt und kalt gestellt; nach 6 Stunden durcheinander gerührt, bleibt es noch 2 Stunden im Eis stehen, wird dann durch ein Haarsieb getrieben und aufgetragen.

2817. Wein-Kaltschale mit Milch.

Auf 150 Gr. Zucker wird eine Zitronenschale abgerieben, der Zucker zerstoßen, mit 5 Eigelb und einem Theelöffel Puder zu einer Creme abgeschlagen, nach und nach 1 Liter weißer Wein und ebensoviel Milch dazu gegossen und eingerührt, die Masse auf schwachem Kohlenfeuer eingedickt, dann zum Erkalten aufs Eis gestellt und mit Bisquit zu Tische gegessen.

2818. Weißbier-Kaltschale.

1 Liter Weißbier wird mit 200 Gr. Zucker, 50 Gramm Korinthen, 50 Gr. Rosinen, 30 Tropfen Zitronensaft und 1 Löffel gutem Rum in einer Steingutschüssel angesetzt, kalt gestellt und nach 6 Stunden aufgetragen.

2819. Zitronen-Kaltschale mit Bisquit.

300 Gr. Zucker, worauf die Schale einer Zitrone abgerieben worden, werden mit 1 Liter Wasser und 3/4 Liter Rheinwein verkocht, 6 Eigelb angerührt, durch ein Sieb geseiht, der Saft von 2 Zitronen damit vermischt, aufs Eis gestellt, über auf Zucker abgeriebene Zitronenschalen gegossen und mit Bisquit serviert.

2820. Zuckerkaltschale mit Korinthen.

150 Gr. Korinthen werden verlesen und gereinigt, im Wasser aufgequellt, mit 200 Gr. gestoßenem Zucker, einer Zitronenschale, einer ganzen und einer in Scheiben geschnittenen Zitrone und mit einem Spritzchen Zimmet in eine Porzellanschüssel gebracht, mit halb Wasser, halb Mosel- oder Tauberwein übergossen und zugedeckt aufs Eis gestellt. Inzwischen wird schwarzes Brot gerieben und mit der Kaltschale serviert.

31.

Warme und kalte Getränke,

Liköre.

Die Bereitung von warmen und kalten Getränken ist ebenfalls der Kochkunst zugefallen und sie hat auch auf diesem Gebiete bedeutende Fortschritte in Bezug auf Mannigfaltigkeit und verfeinerte Herstellung zu verzeichnen.

Die Getränke haben entweder zur Kräftigung, zur Erfrischung, zur Stärkung des Magens oder zur Erheiterung in kleinen und großen Gesellschaften zu dienen und ist in jedem einzelnen Fall bei der Zubereitung darauf zu achten, daß sie ihrem Zweck ohne üble Nachwirkung entsprechen. Als allgemeine, wohl zu beachtende Regel ist aufzustellen, daß bei Bereitung sämtlicher Getränke, zu welchen der Saft von Zitronen oder Orangen verwendet wird, die Kerne genannter Früchte vor deren Zusatz zu entfernen sind. Das längere Verbleiben der Kerne an der — kalten oder warmen — Getränkemischung teilt letzterer einen unangenehmen, bitteren Geschmack mit und verursacht Kopfschmerzen. Auch soll Zitronen- und Orangenschale vorsichtig und in mäßiger Weise verwendet werden (z. B. bei Punsch), weil deren bitteröliger Geschmack bei einem feinen Getränke niemals vorschlagen darf und nachteilige Wirkungen ausübt.

Beim Abreiben von Zitronen- und Orangenschale, sei es auf Zucker oder dem Reibeisen, ist nur die feine, äußerste, gelbe Lage abzureiben, weil das darunter befindliche Weiße ebenfalls unangenehm schmeckt. Diese Regel gilt indessen nicht nur für Bereitung der Getränke, sondern auch für Bäckereien, wie überhaupt für alle Speisen.

A. Warme Getränke.

2821. Alymeth.

Eine Flasche roter Ofener oder Karlowitzer wird mit 500 Gr. Zucker, etwas ganzem Zimmet, Muskatblüte, einigen Lorbeerblättern und Coriander zum Kochen gebracht, etwas rectifizierter Sprit daran gegossen, die Masse angezündet und, wenn sie ausgebrannt ist, in Punschgläser gefüllt und recht heiß gegeben.

2822. Bier, warm.

Zu 1 Liter Bier wird ein Stückchen Butter in einer Messingpfanne auf das Feuer gesetzt und mit einem Kochlöffel Mehl hellgelb angeschwitzt, das Bier langsam daran gegossen nebst einem Stückchen Zimmet, Zitronenschale und Zucker, nach Belieben eine Zeit lang gekocht, mit 6 Eigelb die Masse aufgeschlagen und in die hiezu bestimmte Kanne gefüllt und serviert.

2823. Chocolade mit Milch.

Zu 1 Liter Milch nimmt man 50 auch 90 Gr. Chocolade, reibt oder zerschneidet sie, bringt sie in ein Halblitergeschirr, gießt etwas siedende Milch darauf, bis die Chocolade weich ist, macht dann in einer Pfanne die Milch mit etwas Zucker und Vanille siedend, rührt die eingeweichte Chocolade damit an, kocht sie wieder auf, verkleppert 6 Eigelb recht stark, rührt sie an die Chocolade und läßt diese durch ein Haarsieb wieder in den Topf laufen, strudelt sie noch einmal auf Kohlen, füllt sie dann in die Chocolade-Kanne und giebt sie mit geröstetem oder mürbem Brot oder irgend einem Backwerk.

2824. Chocolade mit Wasser.

Zu 6 Tassen reibt man 130 Gr., wünscht man sie stark, 180 Gr. guter Chocolade, schüttet sie in einen Topf, gießt 4 Tassen kochendes Wasser darauf, setzt den Topf auf Kohlen und fängt mit dem Strudler gleich an zu strudeln; sobald der Schaum aufsteigt, wird derselbe mit einem reinen Löffel in eine Tasse abgenommen und sogleich mit Zwieback oder gebähtem Brot präsentiert.

2825. Eier-Punsch.

An 500 Gr. Zucker werden die Schalen von 1 Orange und 2 Zitronen abgerieben, der Zucker in ein Porzellangeschirr gelegt, mit dem Saft obiger Früchte, mit ½ Liter französischem Weißwein und mit ¼ Liter Arak übergossen, das Geschirr zugedeckt und zur Auflösung des Zuckers warm gestellt. Inzwischen werden von 12 Eigelb, 8 Eiweiß und ¼ Liter erwärmtem Wasser über lebhaftem Feuer ein steigender Schaum aufgeschlagen, obige Zuckerlösung beigemischt und über dem Feuer mit Schlagen fortgefahren, bis die Masse wiederholt kochend aufschäumt, dann wird der fertige Punsch in Gläser gefüllt und recht heiß serviert.

2826. Eierpunsch mit Essenz.

Zu einem Glas Eierpunsch werden 2 Eigelb mit ½ Glas warmem Wasser auf dem Feuer zu Schaum geschlagen, ⅓ Glas Punschessenz daran gegossen und nach wiederholtem Aufschäumen serviert.

2827. Glühwein.

Mit 5 Nelken, etwas ganzem Zimmet und der Schale einer halben Zitrone, in ein Stückchen Leinwand gebunden, werden 250 Gramm Zucker und ¼ Liter Wasser aufgekocht, dann 1 Liter guter Weiß- oder Rotwein daran gegossen, bis zum Sieden gebracht, die Gewürze herausgenommen und serviert.

2828. Grog.

4 Zuckerwürfel kommen in ein zuvor erwärmtes Wasserglas, darüber wird bis zur Hälfte kochendes Wasser gegossen. Ist der Zucker zusammengefallen, kommen, je nachdem der Grog stärker oder schwächer gewünscht wird, 4—5 Kaffeelöffel feinster Jamaikarum, Cognac oder Arak daran, worauf das Glas mit kochendem Wasser aufgefüllt und serviert wird.

2829. Grog mit Thee.

375 Gramm gestoßenen Zucker nebst einer zerschnittenen halben Zitrone giebt man in ein Punschgeschirr, gießt ½ Liter siedendes Wasser daran, deckt das Geschirr zu, bis der Zucker geschmolzen ist; dann giebt man 1 Liter starken Thee und ¼ Liter Jamaikarum dazu. Wird wie Punsch gegeben.

2830. Hausen's Kassler Hafer-Cacao.

Bei der Zubereitung zerdrückt man die Würfel, verrührt sie mit kaltem Wasser, daß sich keine Klümpchen bilden, schüttet den Cacao in siedende Milch oder Wasser, derselbe kann jedoch auch kalt aufgestellt werden, und läßt ihn unter beständigem Rühren einige Minuten kochen, längeres Kochen, ca. 5 Minuten, erhöht den Wohlgeschmack. Mit einem Ei oder Eigelb verrührt, schmeckt er vorzüglich. Man süße den sämig gekochten Cacao nach Belieben. Auch kann derselbe zu Puddingen und Cremen verwendet werden.

2831. Kaffee zu klären.

Man setze das Geschirr, in welchem sich der Kaffee befindet, auf einen mit Salz bestreuten, hölzernen Teller, dann wird sich das Trübe sogleich zu Boden setzen.

2832. Marine-Schaum.

Mit einer Flasche gutem, rotem, ungarischem Wein werden 300 Gr. Zucker, etwas ganzer Zimmt und ein Stückchen Vanille gekocht, nach 20 Minuten wird das Gewürz herausgenommen, 6 Eigelb in 1/4 Liter kaltem Wein abgequirlt, daran gegossen, über dem Feuer schaumig geschlagen und recht heiß wie Thee serviert.

2833. Nicus.

Setze 1/2 Liter roten Wein mit 8 Gr. ganzem Zimmet, 8 Gr. ganzer Nelken, 2 Gr. Muskatnuß und 250 Gr. Zucker ans Feuer und lasse dies zugedeckt langsam heiß werden, ohne daß es kocht. Nun gießt man den Nicus durch ein Haarsieb und giebt ihn warm.

2834. Punsch, vorzüglich zu bereiten.

Nimm 2 reife, frische Zitronen und einige Stückchen Zucker, reibe letzteren auf denselben ab, bis er alle gelben Teile der Schale in sich aufgenommen hat; dann lege dies mit so viel Zucker, als der Zitronensaft zu seiner Versüßung erfordert, in ein Geschirr, drücke den Zitronensaft hinein und mische Zucker und Saft gut mit einander. Mit demselben ist siedendes Wasser zu mischen und zu rühren, bis das Ganze ziemlich kühl ist. Ist der Geschmack desselben nach Wunsch, so gießt man Rum oder Arac daran und mischt das Ganze wieder gut. Die Quantität der geistigen Flüssigkeit hängt davon ab, ob man den Punsch stärker oder schwächer will. Mit 2 Zitronen kann man 3 Liter guten Punsch bereiten, einschließlich von 1½ Liter geistiger Flüssigkeit, nebst 250 Gramm Zucker. Der Punsch wird noch besser, wenn man Porter beifügt.

2835. Punsch aus Bordeaux, Rheinwein und Champagner, s. g. Königspunsch.

1 Flasche guter Bordeaux, 1 Flasche guter Rheinwein und 1 Flasche Champagner werden auf eine in Tranchen geschnittene Ananas, welche zuerst geschält, mit Zucker bestreut, gegeben und zugedeckt. Der Saft von 4 Orangen und 6 Zitronen wird dazu gegeben und dieses mit ¼ Flasche Arak heiß gemacht.

2836. Punsch von Champagner.

1 Kilo Zucker wird mit Wasser zu Syrup gekocht und auf die Schale von 1 Orange und 1 Zitrone gegossen. Hiezu kommt der Saft von 6 Zitronen und 1½ Flasche französischer Champagner. Man läßt alles recht heiß werden, gießt es durch ein reines Tuch und giebt zuletzt ½ Flasche Arac hinzu.

2837. Punsch von Orangen mit Wein.

1½ Kilo Zucker, worauf 2 Orangen und 1 Zitrone abgerieben, werden in ein Geschirr gebracht, der Saft von 4 Orangen und 2 Zitronen und 4 Liter weißer Wein daran gegossen, zum Sieden gebracht und nach Bedürfnis halb Rum, halb Arac bis zur gewünschten Stärke dazu gegeben.

2838. Punsch von Orangen. Andere Art.

Man giebt 20 Gr. grünen Thee in 2 Liter siedendes Wasser, dann siedet man 3 Flaschen Wein, den Saft von 2 Orangen und 2 Zitronen, sowie das Abgeriebene von 2 Orangen mit 1 Kilo Zucker, giebt das Theewasser, sowie 1 Flasche Rum daran, läßt es zusammen noch einmal aufwallen und giebt den Punsch schnell zu Tisch.

2839. Punsch von Thee.

Zu 1 Liter Punsch reibt man die Schale von 2 Zitronen an Zucker leicht ab, preßt den Saft von 6 Zitronen aus und seiht ihn durch ein Tuch in die Punschterrine über die abgeriebene Schale. Dann werden 8 Gr. vom feinsten Thee mit 2 Liter siedendem Wasser angerührt; hat er angezogen, so gießt man ihn durch eine Serviette an die Zitrone nebst ¼ Liter Arac und so viel Zucker, bis er gehörig süß ist, rührt ihn wohl durch einander und füllt ihn warm in Gläser.

2840. Punsch von Wein.

Zu 2 Liter gutem Wein giebt man von 4 abgeschälten Zitronen den Saft nebst 250 Gr. gestoßenem Zucker in die hiezu bestimmte Terrine, breitet eine Serviette darüber, legt die ausgepreßten Schalen darauf und gießt 1 Liter Wasser darüber. Indessen wird der Wein siedend gemacht und nebst ½ Liter Arac in die Schüssel gegossen, unter einander gerührt und warm in Gläser gefüllt.

2841. Reismilch.

80 Gr. Reis werden gröblich gestoßen und in 2 Liter Milch mit zerschnittener Vanille weich gekocht, dann etwas Zucker daran gegeben. Dann seiht man die Milch durch ein Haarsieb, rührt sie mit 4 oder 5 Eigelb, wenn die Milch kocht, an und läßt sie unter beständigem Rühren über dem Feuer aufkochen, strudelt sie dann gut durch und füllt sie in die Kanne. Zucker wird erst dem Reis zugesetzt, wenn dieser weich ist, da jener das Weichwerden verhindert.

2842. Thee, gewöhnlicher.

Eine entsprechende Quantität Thee wird mit siedendem Wasser angegossen. Nach einmaligem Aufwallen wird der Thee mit Rum und Arac zu Tisch gegeben. Vielseitig wird in dem zum Anguß bestimmten Wasser etwas ganzer Zimmet mit gekocht, doch entscheidet hierüber der Geschmack. Sehr gut ist auch eine Zitronenscheibe im Thee oder ein guter Rotwein.

2843. Thee, reformiert.

Man läßt 1 Liter Milch siedend werden, kocht einen großen Kaffeelöffel feinen Thee, nebst Zitronenschalen, einigen Stückchen Zimmet und Zucker nach Belieben, eine Zeit lang damit, verrührt indes 5—6 Eigelb, gießt die Milch durch ein Haarsieb daran, strudelt ihn recht stark und füllt ihn in eine Kanne.

2844. Wein-Chaudeau.

Es werden 12 Eigelb so lange gerührt, bis sie ganz schaumig geworden, indeß läßt man 1 Liter weißen Wein mit Zitronenschalen, ganzem Zimmet und Zucker auf starkem Kohlenfeuer siedend werden, rührt ihn an die Eier und strudelt die Masse auf Kohlen zu einem Schaum, welchen man in Tassen, aber nur zur Hälfte, füllt und gleich serviert.

2845. Wein, warm.

Dieser ist bei Erkältungen vorzüglich dienlich; man läßt hiezu ½ Liter guten Wein mit 60 Gr. Zucker und 2 Gr. Zimmet in einem irdenen Geschirr sieden, verrührt das Gelbe von 3—4 Eiern recht stark, gießt den gesottenen Wein langsam daran und trinkt ihn so warm wie möglich.

2846. Whist.

In ½ Liter Wasser kocht man 30 Gr. guten Thee und gießt ihn durch eine Serviette auf 1 Kilo zerbröckelten Zucker, drückt den Saft von 12 Zitronen durch ein Sieb dazu, verrührt damit 3 Liter guten Wein und läßt alles zusammen auf Kohlen bis zum Kochen heiß werden, aber nicht sieden, sonst verliert der Whist seine Stärke. Man serviert ihn in Gläsern.

2847. Zitronen-Limonade, gekocht.

2 Zitronen werden dünn abgeschält und die gelbe Schale in die Theemaschine gebracht, dann wird die zweite, weiße Schale von den Zitronen abgelöst, das Fleisch in Scheiben geschnitten, die Kerne herausgenommen, die Scheiben zu den Schalen gegeben, mit 1 Liter siedendem Wasser angegossen und die Maschine zugedeckt; nachdem die Limonade ¼ Stunde angezogen, ist sie fertig und wird heiß mit Zucker getrunken.

B. Kalte Getränke.

2848. Ananas-Bowle.

Eine schöne, reife Ananas wird geschält, in Scheiben geschnitten, mit gestoßenem Zucker dick bestreut, in eine Porzellanschüssel eingelegt, diese zugedeckt und 1—1½ Stunden stehen gelassen. Dann werden 3 Flaschen weißer, am besten Rheinwein daran gegossen, 300 Gr. Zucker dazu gegeben, die Bowlenschüssel gut in Eis gesetzt und einige Stücke reines, gewaschenes Eis auch in die Bowle gegeben. Ist sie dann genügend süß und von feinem Aroma und gut kalt, wird sie zu Tische gegeben.

Fig. 471.

Die übrigen Bowlen werden ebenfalls so behandelt. Werden Ananas-Konserven verwendet, genügt 1/3 des Zuckers.

2849. Apfelsinen Bowle.

5 Stück reife Apfelsinen werden geschält, zerteilt, die Kerne herausgenommen, die innere Schale losgelöst, daß der Saft auslauft, in eine Porzellanschüssel gebracht, mit 400 Gr. gestoßenem Zucker überstreut, an welchem zuvor die Schale einer Apfelsine abgerieben worden, dann 1 Flasche leichter Pfälzerwein darüber gegossen, 2 Stunden aufs Eis zum Ziehen gestellt und dann mit 3 Flaschen Weißwein und 1 Flasche Champagner vollendet.

2850. Apfelwein-Bowle.

10 Gramm Souchong mit etwas Pecco-Thee vermischt, werden mit kochendem Wasser angegossen, der Thee in eine Schüssel abgeseiht, 200 Gramm Zucker und 1 Liter Apfelwein

Fig. 472.

daran gegeben, mit ¼ Liter kaltem Wasser, dem 3 Deziliter Kirschengeist beigemischt, abgelöscht und die Bowle aufs Eis gestellt.

2851. Bischof.

Hiezu nimmt man 9 Pomeranzen, welche zuvor mit einem scharfen Messer geschält und mit Zucker in einem Mörser recht fein gestoßen wurden. Ueber diesen Saft gieße mit etwas Franzbranntwein, 3 Liter Rotwein und füge diesem noch 125 Gramm Zucker bei. Ist alles 24 Stunden in einem irdenen Topf gestanden, so gieße es durch ein Tuch und der Bischof ist fertig.

2852. Bischof von Chablis mit Selterswasser.

300 Gramm zerkleinerter Hutzucker werden unter Beigabe einer auf Zucker abgeriebenen Zitronenschale in ½ Liter Wasser aufgelöst. Zwei geschälte Zitronen werden in Scheibchen geschnitten, diese, nachdem die Kerne daraus entfernt sind, der Zuckerlösung beigegeben und zuletzt zwei Liter guter Chablis dazu gegossen, kühl gestellt und durch ein Haarsieb filtriert. Zu dieser Bowle wird Selterswasser in Krügen serviert.

2853. Bischof mit Champagner.

200 Gramm Zucker werden in ½ Liter Wasser aufgelöst, die Schale von 1 und der Saft von 4 Orangen beigefügt, dies filtriert, der Rückstand durch ein Sieb getrieben, 1 Flasche Champagner daran gegossen und aufgetragen. Dazu wird Eis serviert.

2854. Bischof von Rheinwein, deutsch.

200 Gr. Zucker werden auf 30 Grad eingekocht, 15 Gr. Kümmel und 15 Gr. Coriander darin eingeweicht, 2 Flaschen Forster-Traminer daran gegossen, nach 24 Stunden filtriert und aufgetragen.

2855. Bischof, russisch.

3 bittere, grüne Pomeranzen werden fein abgeschält, in eine Schüssel gelegt, mit 2 Liter französischem Muskatwein (Muskat-Lunel) übergossen und 1 Stunde zugedeckt kalt gestellt. Hierauf wird der Wein abgeseiht, auf Flaschen abgezogen und diese in Eis eingesetzt aufgetragen.

2856. Cardinal.

3 Orangen und 2 Zitronen werden fein geschält und auf die Schalen 1½ Liter guter Rheinwein gegossen. Der dick gekochte Syrup von 750 Gr. Zucker wird beigemischt und dies in einem Topf oder einer Schüssel ins Eis gestellt. Hiezu gießt man eine Flasche guten Champagner und serviert ihn, wenn er recht kalt ist.

2857. Christophlet.

Zu 1 ½—2 Liter Christophlet nimmt man je 4 Gr. Zimmet, Nelken, Cardamomen, Cibeben und stoßt dies gröblich, dann kocht man das Gewürz mit 250 Gr. gestoßenem Zucker in ¾ Liter rotem Wein mit etwas Pontet Canet oder Medoc gut auf und läßt es bedeckt erkalten, seiht dann den Wein durch ein Tuch und gießt ¾ Liter Franzbranntwein oder Rum dazu. Statt der Gewürze kann man auch blos Pomeranzenschalen und Zimmet nehmen.

2858. Cider von Johannisbeeren.

Man zupft 500 Gr. Beeren ab, stellt sie in einem reinen Geschirr auf heiße Asche, daß der Saft herausgezogen wird, gießt diesen durch ein Haarsieb und läßt ihn über Nacht stehen. Den anderen Tag wird das Helle behutsam abgegossen und zu 500 Gr. Beeren 125 Gr. Zucker mit dem Saft auf das Feuer gesetzt und eine gute Viertelstunde gesotten. Ist der Saft erkaltet, so wird er in Flaschen gefüllt. Für Kranke ist er sehr gesund mit Wasser zu trinken und bei großer Hitze sehr kühlend.

2859. Erdbeer-Bowle.

100 Gr. schöner, reifer Walderdbeeren werden in eine Schüssel gebracht und mit Zucker bestreut. Inzwischen werden 400 Gr. Erdbeeren mit 500 Gr. geläutertem Zucker übergossen, nach 2 Stunden in die erste Schüssel abgeseiht, 3 Flaschen Wein darüber gegossen, die Bowle aufs Eis gestellt und vor dem Auftragen mit 1 Flasche französischem Champagner vermischt. In derselben Weise wird auch die Heidelbeerbowle bereitet.

2860. Früchten-Limonade, moussierend.

60 Gramm pulverisierter Zitronensäure und 40 Gramm doppelkohlensaures Natron werden mit 500 Gramm Zucker vermischt, von dieser Mischung 1 Eßlöffel zu ½ Liter Wasser genommen, welchem zuvor 1 Deziliter Früchtensaft nach Geschmack und Belieben beigegeben worden ist. Soll die Limonade aufbewahrt werden, so wird das Pulver in eine Flasche gebracht, das Wasser mit dem Saft eingefüllt, die Flasche gut verkorkt und 2 Stunden aufs Eis gestellt.

2861. Kaffeegranit.

1 Liter guter, schwarzer Kaffee wird mit ¾ Liter dicker Zuckerlösung zusammen gefroren und ½ Liter dick geschlagener Rahm rasch darunter gemischt, dies tüchtig durchgearbeitet und in Gläsern serviert.

2862. Kaiser-Bowle.

2 Zitronen werden fein abgeschält, ½ Liter kochendes Wasser an die Schalen gegossen, 300 Gr. Zucker dazu gegeben, nach 2 Stunden 2 Flaschen Champagner und ½ Liter feiner Arac daran geschüttet und die Bowle fest verschlossen aufs Eis gestellt.

2863. Limonade.

Das Gelbe von 3 guten Zitronen wird auf 250 Gr. Zucker abgerieben und 2 Liter Wasser nebst 1 Glas Weißwein und dem Saft von 3 Zitronen dazugegeben, alles zusammen durch ein leinenes Tuch gedrückt, in Eis gesetzt und in Gläsern serviert.

2864. Lindenblüten-Bowle.

Die Lindenblüten werden frisch vom Baum gepflückt, reinlich verlesen, in eine Schüssel eingelegt, 1 Liter Wein darüber gegossen, die Schüssel zugedeckt, nach 8 Stunden abgeseiht, gut, doch nach Geschmack, gezuckert, aufs Eis gestellt und mit Champagner oder Selterswasser serviert.

2865. Likör mit Ananas.

500 Gr. geschälter Ananas werden klein zerschnitten und mit dem Saft von 5 und der Schale von 2 Orangen in 3½ Liter Zuckersaft von 38 Grad gekocht und nach einmaligem Aufwallen in einen Steinguttopf gefüllt und gut verschlossen 2 Tage aufbewahrt, dann durch ein Sieb getrieben, 1 Liter Spiritus von 60 Grad daran gegossen, filtriert und in Flaschen abgefüllt.

2866. Likör mit Calmus.

Man stoßt 375 Gr. dürrer Kirschen samt den Steinen klein, giebt 1¼ Kilo gestoßenen Zucker, 15 Gr. Zimmet, 8 Gr. Nelken, 8 Gr. Calmus, 50—80 Gr. aufgeschlagene Pfirsich- oder Aprikosenkerne dazu, gießt darüber 3 Liter guten, weißen Wein und 6 Liter Weingeist, rührt es mit einem silbernen Löffel gut durcheinander und stellt es zugedeckt 3 Tage an einen mäßig warmen Ort. Hernach filtriert man dies mehrmals durch Fließpapier, bis es klar und hellrot ist und der neue Likör in Flaschen gefüllt werden kann, die man an einem kühlen Orte aufbewahrt. Auch kann man etwas Ambra und Moschus dazu nehmen.

2867. Likör mit Chocolade.

1½ Liter fuselfreier Weingeist oder irgend ein guter Branntwein werden mit guter, geriebener Chocolade vermischt, dann in eine Glasflasche gefüllt, die zugebunden 8 Tage an

Fig. 473.

einen mäßig warmen Ort gestellt und täglich mehrmals aufgeschüttelt wird. Nun koche 180 Gr. Zucker in ½ Liter Wasser, vermische ihn nach dem Erkalten mit dem Vorgenannten; wenn man den Likör schwächer will, so gießt man etwas gesottenes Wasser dazu und filtriert ihn durch Fließpapier.

2868. Likör mit verschiedenen Gewürzen. (Eau d'or).

7 Gr. Gewürznelken, 7 Gr. Zimmet, 20 Gr. Coriander werden 24 Stunden in 7 Deziliter 60=grädigen Spiritus gelegt, dann 2 Deziliter Zuckersaft von 25 Grad daran gegossen, das Ganze so lange filtriert, bis es völlig geklärt ist,

dann der Staub von 2 Goldschaumblättchen eingerührt und in Flaschen aufgefüllt.

2869. Likör mit Krauseminze.

Uebergieße 1 Hand voll Krauseminze nebst anderen Gewürzkräutern, die man liebt, mit 1½ Liter gutem Branntwein, thue nach Belieben ein Stück Calmus oder Cardamomen hinzu, laß es 5 Tage destillieren, filtriere es alsdann und versüße es beliebig mit gekochtem Zucker.

2870. Likör mit Kümmel.

Stoße 125 Gr. Kümmel grob, gieße darüber 6 Liter guten Branntwein; in das nach 10 bis 14 Tagen Abgezogene kommt Zucker nach Belieben, welcher in reinem Wasser gekocht wurde.

2871. Likör mit Pfirsichkernen.

40 Pfirsichkerne werden zerstoßen, in 2½ Liter Spiritus von 60 Grad gelegt und 4 Gr. pulverisierter Cochenille damit vermischt und 14 Tage kalt gestellt, dann durch ein Sieb getrieben, die Lösung von 8 Deziliter Zuckersaft von 30 Grad daran gegossen, das Ganze filtriert und in Flaschen abgezogen.

In gleicher Weise können Aprikosen-, Zwetschgen-, Pflaumen- und Kirschkerne behandelt werden und muß für die Zuthaten das Gewichtsverhältnis der anzuwendenden Kerne zu 40 Pfirsichkerne in Betracht gezogen werden.

2872. Likör mit Zimmet.

45 Gramm Zimmetrinde, 12 Gramm Nelken, 9 Gramm getrockneter Heidelbeeren und 350 Gramm Zucker werden mit 1½ Liter Branntwein übergossen und 8 Tage in verschlossenem Topf kalt gestellt. Von Zeit zu Zeit wird die Masse durcheinander geschüttelt, dann filtriert und in die Flaschen abgefüllt.

2873. Likör mit Zitronen.

Zu Zitronenlikör schäle die gelbe Schale von 8 Zitronen ab, gieße in einer Flasche 1½ Liter reinen Branntwein darüber und laß ihn 14 Tage zugedeckt stehen. Nun thue 750 Gr. geläuterten Zucker zu dem Branntwein und laß ihn noch 10 Tage an den Zitronenschalen stehen, filtriere ihn hernach und bewahre den Likör in wohlverkorkten Flaschen zum Gebrauche auf.

2874. Maiglöckchen-Limonade.

1 Deziliter Maiglöckchenessig (siehe diesen) wird mit 200 Gr. Zucker zu ½ Liter Brunnenwasser gegossen und aufs Eis gestellt. Ganz ebenso wird Veilchenlimonade mit Veilchenessig bereitet. Wirkt bei Kopfweh und Nervenleiden sehr beruhigend.

2875. Maitrank.

Die unteren Stielenden von einer Hand voll Waldmeister werden entfernt, letztere in eine Bowle gelegt, die Scheiben von 2 Orangen, nach Entfernung der Kerne, darauf gelegt, 250 Gr. zerkleinerter Hutzucker hinzugethan und mit 2 Liter nicht zu starkem Weißwein begossen, ½ Stunde in Eis stehen gelassen, die Kräuter herausgenommen und dann serviert. Längeres Stehen erzeugt rauhen Geschmack. Eine halbe Flasche Champagner erhöht den Geschmack.

2876. Mandelmilch.

500 Gr. schöner, süßer Mandeln werden abgezogen und gewaschen, mit etwas Wasser in einem Mörser gestoßen, 3 Liter kaltes Wasser nachgegossen, durch ein leinenes Tuch gepreßt, nach Belieben mit Zucker versüßt und mit Orangenblütenwasser vermischt.

2877. Prinzessin-Bowle.

Die dünn abgelösten Schalen von 5 Zitronen werden in kochendem Wasser eingeweicht. Nach 5 Stunden wird das Wasser über 500 Gr. Zucker in eine Schüssel abgegossen, ½ Liter Syrup, 3 Deziliter Cognac, ebensoviel Rum, 1½ Liter kaltes Wasser und ½ Liter kochender Milch dazu gemischt, die Bowle durch ein Tuch filtriert und bis zum Gebrauch aufs Eis gestellt.

2878. Punsch von Milch.

Schäle 6 Pomeranzen und 6 Zitronen so dünn als möglich; um den Wohlgeschmack davon vollständig zu erhalten, bringe die Schalen 24 Stunden in ¼ Liter Arak oder Rum in eine gut verkorkte Flasche. Drücke die Früchte über 1 Kilo

Zucker aus und gieße $1^1/_2$ Liter Wasser und 2 Liter frischer Milch siedendheiß daran, rühre den mit der Schale ausgezogenen Rum darein und filtriere die Mischung in Flaschen, die gut zu verkorken sind.

2879. Ratafia.

Man stoßt 60 Gr. geschälter Pfirsich- oder Aprikosenkerne klein, giebt sie in eine Flasche und füllt sie mit Branntwein nahezu voll, löst 250 Gr. weißen Candis in einer Schüssel kaltem Wasser auf, thut diese Lösung an den Branntwein. Nachdem er 4 Wochen an den Kernen gestanden und von diesen durch Filtrierpapier abgezogen wurde, füllt man ihn zum Gebrauche in Flaschen. Die Blätter von Pfirsichen und Nectarinen, im Frühjahr gepflückt und mit Weingeist destilliert, geben ein treffliches Ersatzmittel für Ratafia zu Puddingen und ähnlichen Küchenzwecken.

2880. Reseda-Bowle.

Die Blüten völlig erschlossener Reseden werden trocken gepflückt, von den Stielen geschnitten, sehr sorgfältig verlesen, in eine reine Porzellanschüssel gelegt, mit Cognac übergossen und die Schüssel zugedeckt. Nach 12 Stunden werden mit 3 Flaschen weißem Wein 500 Gr. in solchem aufgelöster Zucker daran gegossen, die Bowle aufs Eis gestellt und $^1/_2$ Flasche Champagner dazu gegeben.

2881. Sellerie-Bowle. Erste Art.

3 Selleriewurzeln werden in warmem Wasser abgebürstet, geschält, in Scheiben geschnitten, diese mit Zucker bestreut, in eine Schüssel eingelegt, mit $^1/_2$ Liter Arac übergossen, fest verschlossen und über Nacht bei Seite gestellt, in der Frühe 4 Flaschen weißer Wein und ein kleiner Krug Selterswasser dazu gegossen und bis zum Gebrauch aufs Eis gestellt.

2882. Sellerie-Bowle. Andere Art.

Zur Zeit der jungen Sellerie werden 2—3 Stück sauber gewaschen und in 6 Teile zerschnitten, in einer Porzellanschüssel aufs Eis gestellt, 1 Flasche Rheinwein mit entsprechend Zucker beigegeben und zugedeckt. Nach einer halben Stunde werden die Sellerie herausgenommen und 1 Flasche Champagner hinzugegossen. Die Bowle erhält ein ausgezeichnetes Aroma und wird gern getrunken.

2883. Sertmeth.

Man nimmt auf je 5 Liter Wasser 2 Kilo Honig, siedet dies 3 Stunden lang, schäumt es gut ab, fügt 30 Gr. Hopfen dazu und kocht es eine halbe Stunde lang, läßt es bis zum anderen Tag stehen, füllt es in ein Fäßchen und giebt auf je 60 Liter Flüssigkeit 1½ Liter Branntwein, spundet, bis die Gährung vorüber ist, das Faß leicht zu, dann erst treibt man den Spunden fest ein. Sermeth ist erst nach 1 Jahr gut.

2884. Sorbet von Ananas.

½ Liter dicker Ananassyrup mit dem Saft von 2 Orangen wird gefroren, 4 Eßlöffel italienischer Meringuenmasse, ein halb Pfund Ananas, in kleine Würfel geschnitten, darunter gemischt und mit ¼ Liter gutem Rheinwein und 2 Eßlöffeln Kirschengeist vermischt und sodann in Gläser serviert. Sorbet von Pfirsich wird ebenso behandelt.

2885. Sorbet von Erdbeeren.

2 Liter frischer Walderdbeeren werden durchgetrieben, mit 1 Liter dickgekochtem, kaltem Zucker und dem Saft von 2 Zitronen angerührt, gefroren, mit 8 Eßlöffeln italienischer Meringuenmasse durchgearbeitet, schließlich ½ Liter Ruster Ausbruchwein darunter gegeben und in Gläsern serviert.

2886. Sorbet von Johannisbeeren.

2 Liter Johannisbeeren werden abgezupft und durch ein feines Sieb gestrichen, mit kaltem Syrup vermischt, der Saft von 2 Zitronen dazu gegeben und gefroren. Hiezu kommen 6 bis 8 Eßlöffel italienischer Meringuenmasse und ½ Liter Johannisberger Wein. Dies wird in Gläsern serviert.

2887. Theegranit.

1 Liter guter, russischer Thee, welcher mit Vanillewasser abgebrüht, wird mit ¾ Liter dickem Zucker gefroren und im übrigen behandelt wie Kaffeegranit.

2888. Wein von Himbeeren oder Johannisbeeren.

Thue an je 1½ Liter Früchte, die sorgfältig ausgelesen sind, 1½ Liter Wasser und zerquetsche sie mit demselben. Nach 24 Stunden seihe den Saft ab und gieb an je 1½ Liter 500 Gr. Puderzucker. Es ist am besten, dies in einen großen, steinernen Topf zu thun, und wenn nach 3—4 Tagen der Schaum in die Höhe steigt, diesen abzuschöpfen, ehe man die Flüssigkeit in ein Faß füllt. Wer den Wein aus dem Ertrag des eigenen Gartens ansetzt, kann vielleicht die gehörige Menge nicht auf einmal aufbringen, um das Fäßchen ganz füllen zu können; der Wein leidet aber keinen Schaden, wenn er nach obigen Verhältnissen in der Pfanne angesetzt wird und man die Früchte hinzuthut, wie sie reifen und bei trockener Witterung gesammelt werden. An der nötigen Pünktlichkeit darf man es dabei aber nicht fehlen lassen.

32.

Farben, Glasuren und Geruchzucker.

Wenn der bürgerlichen Küche die Aufgabe zugefallen ist, die von ihr zu bereitenden Speisen bei möglichster Sparsamkeit in höchster Schmackhaftigkeit herzustellen, so sind die Anforderungen an die feinere Küche damit noch nicht erfüllt. Deren Platten werben nicht nur mit dem Gaumen, sie werden auch mit den Augen geprüft. Farbe und Geruch haben bei vielen Speisen den Appetit zu reizen. In hübschem Farbenwechsel zeichnen sich Creme, Gelees und Mehlspeisen, aber auch Saucen zu Ragouts und verschiedene Sulzen aus. Daß zu diesen Farben nur entschieden unschädliche Ingredienzien genommen werden dürfen, ist ganz selbstverständlich. Dieselben sollen in den nachfolgenden Rezepten dargelegt werden. Mit den Glasuren wird, wie schon in der Einleitung zum Zuckerbackwerk gesagt ist, verschiedenen Bäckereien ein schöneres Ansehen gegeben und der Wohlgeschmack derselben durch die Verschiedenheit der Zuthaten erhöht. Um schöne Glasuren zu erhalten, ist vor allem ein vorzüglicher Hutzucker nötig, der fein gestoßen und gesiebt werden muß, dann erfordert die Bereitung der Glasuren eine große Aufmerksamkeit. Die Bereitungsweise, die Verschiedenartigkeit und die Anwendung der Glasuren finden sich in den hierauf bezüglichen Rezepten.

A. Farben.

2889. Alkermestinktur.

Diese Tinktur wird zum Rotfärben von Likören, Gefrorenem, Säften und Bäckereien verwendet, ist höchst unschädlich und wird aus den Beeren der Kermeseiche bereitet. 20 Tropfen reichen zu einer mittelgroßen Platte.

2890. Blauer Glanz.

Hiezu wird ein wenig Indigo in heißem Wasser aufgelöst und ganz klar verrührt, da die Speisen sonst leicht fleckig werden. Eignet sich vorzüglich zu Gelees.

2891. Blauer Schatten.

Um den blauen Schatten herzustellen, wird ein Löffel Alkermestinktur mit einigen Tropfen Zitronensaft vermischt und durcheinander gerührt.

2892. Chokolade-Schwarz.

100 Gr. Chokolade werden in einem gut emaillierten Gefäß zum Feuer gestellt, mit einem Hornlöffel zerdrückt und verrührt, 2 Deziliter heißes Wasser daran gegossen und damit gefärbt.

2893. Cochenille-Tinktur.

Die Cochenilletinktur mit ihrer schönen, roten Farbe ist in jeder Apotheke käuflich zu haben. Um sie selbst herzustellen, werden 10 Gramm gestoßener Cochenille, 10 Gramm gebrannter Alaun, 10 Gr. feingestoßener Pottasche und 20 Gr. präparierter Weinstein (Cremor tartari) in der Reibschale abgerieben, 3 Deziliter kochendes Wasser mit Vorsicht daran gegossen, durcheinander gerührt, durch ein Tuch geseiht, die Flüssigkeit mit 150 Gr. Zucker aufgekocht, zum Erkalten vom Feuer gezogen, in eine Flasche abgefüllt und diese sorgfältig verkorkt.

2894. Orangegelb.

Um ein schönes Orangegelb zu erhalten, wird ein Täßchen Safrantinktur mit einigen Tropfen Cochenilletinktur vermischt.

2895. Rosen-Rot.

Um ein hübsches Rosenrot zu erhalten, das sich durch feinen Geruch auszeichnet, werden die Rosenblütenblättchen derselben Behandlung unterworfen, wie die Veilchenblätter zu Veilchenblau. Ein geruchloses Rosenrot wird gewonnen durch einige Tropfen Cochenilletinktur und süßen Rahm oder Eiweißschnee.

2896. Safran-Gelb.

10 Gr. feinster Safran werden in 4 Deziliter Wasser gekocht, dann geseiht, in Fläschchen abgefüllt, diese gut verkorkt und kalt aufbewahrt. Ein Theelöffel genügt für eine große Platte.

2897. Schnee-Weiß.

Ein hübsches Schnee-Weiß wird mit 1 Deziliter Mandelmilch und einem Tropfen Blauer Glanz bereitet.

2898. Spinat-Grün.

Die Blätter von 10 Spinatpflanzen werden von den Stielen befreit, aus frischem Wasser wiederholt gewaschen, zum Abtropfen ausgelegt, dann zerstampft, der Saft ausgepreßt, in ein Gefäß gefüllt und im Warmbad (au bain marie) gekocht, bis sich die Farbe gesetzt hat. Hierauf wird das Wasser von der Farbe abgegossen, diese mit feingestoßenem Zucker vermischt und gut verkorkt aufbewahrt. Auch diese Farbe ist sehr ausgiebig.

2899. Veilchen-Blau.

Wenn die Veilchen im Frühjahr blühen, werden die Blumenblättchen gesammelt und solange luftdicht verschlossen, bis die Menge ausreicht, dann wird eine Zitrone darüber ausgedrückt, 2 Deziliter kochendes Wasser daran gegossen, das Gefäß wieder verschlossen und 2 Tage bei Seite gestellt. Nach dieser Zeit wird der Saft abgepreßt, mit 200 Gr. Zucker verkocht, vom Feuer gezogen und, wenn erkaltet, in Fläschchen abgefüllt.

2900. Zucker-Braun.

50 Gr. gestoßener Zucker werden in einem Pfännchen mit 2 Deziliter siedendem Wasser übergossen und so lange gekocht, bis die Masse braun geworden. Wenn erkaltet, werden ½ Deziliter Wasser mit aufgekocht, die Farbe in ein Fläschchen abgefüllt und aufbewahrt.

2901. Zuckerfarbe oder Caramel.

Siehe Seite 81, Nr. 19.

B. Glasuren.

Behandlung des Glacierens siehe Abschnitt 23, S. 884.

2902. Ananas-Glasur.

Staubfein gestoßener Zucker wird mit etwas Wasser und einigen Tropfen Ananaspurée (Nr. 2639) so lange gerührt, bis die Masse ganz glatt ist, dann wird sie mittelst eines Pinsels auf das Gebäck aufgetragen und dieses im Ofen getrocknet.

2903. Apfelsinen-Glasur.

Eine Apfelsine wird auf Zucker abgerieben, abgeschabt, dieser mit etwas Wasser glatt gekocht, gestoßener Zucker eingerührt und aufgetragen.

2904. Chocolade-Glasur.

Die Chocolade wird am Feuer erweicht, mit etwas Zucker und entsprechend Eiweiß angerührt, ohne daß die Masse zu braun oder brandig wird, das Backwerk bestrichen und im Ofen getrocknet.

2905. Eiweiß-Glasur.

Gut verrührtes Eiweiß wird mit einem Pinsel auf das Backwerk aufgetragen, mit Staubzucker dicht bestreut, mit frischem Wasser bespritzt und im warmen Ofen getrocknet, bis die Glasur schön glänzend ist.

2906. Erdbeer-Glasur.

Fein gestoßener Zucker wird mit Erdbeersaft dick angerührt, über schwachem Feuer warm gemacht und aufgetragen.

2907. Glanz-Glasur.

Dieselbe wird nur zu Bäckereien aus Blätterteig verwendet, indem dieselben vor dem Ausbacken mit Zuckerstaub bestreut werden und so lange im Ofen bleiben, bis der Zucker geschmolzen und glänzend gelb geworden ist.

2908. Hagel-Zucker.

500 Gr. Zucker werden gestoßen und mit verschiedenen Siebgrößen abgesiebt, bis die Stückchen in Stecknadelknopfgröße zurückgeblieben. Diese bleiben entweder weiß oder werden mit den verschiedenen Farben gefärbt und auf Papier im lauwarmem Ofen getrocknet. Damit wird verschiedenes Backwerk bestreut, wenn es aus dem Ofen kommt. Die Aufbewahrung geschieht in Blechbüchsen oder Glasflaschen.

2909. Himbeer-Glasur.

Siehe Erdbeer-Glasur (Nr. 2906), mit dem Unterschied, daß hier Himbeersaft verwendet wird.

2910. Kaffee-Glasur.

In eine Obertasse, gefüllt mit starkem, kaltem Kaffee, wird so viel Staubzucker eingerührt, bis die Masse dickflüssig ist; leicht erwärmt wird sie auf das Gebäck gestrichen.

2911. Maraskino-Glasur.

In eine Untertasse Zuckersyrup wird so viel Staubzucker und ein Löffel Maraskino eingerührt, daß das Ganze eine dickliche Masse bildet, mit welcher besonders Torten glaciert werden.

2912. Orangenblütenwasser-Glasur mit Pistazienkernen.

Ein Löffel Orangenblütenwasser wird mit Staubzucker und zerstoßenen Pistazienkernen angerührt, mit etwas Zitronensaft vermischt und als Tortenglasur verwendet. Mit Cochenilletinktur, Safrangelb, Spinatgrün u. s. w. werden alle wünschenswerten Schattierungen erzielt.

2913. Pomeranzen-Glasur.

Die Schale einer bitteren Pomeranze wird auf Zucker abgerieben, der Zucker mehlfein zerstoßen und gesiebt, mit einigen Tropfen Pomeranzensaft angerührt, leicht erwärmt und zum Glacieren verwendet.

2914. Prinzessin-Glasur.

Der Saft einer Zitrone wird mit dem nötigen feingesiebten Zucker dick angerührt, ein Eßlöffel Rum und Wasser damit vermischt und dies als Tortenglasur, jedoch leicht erwärmt, verwendet.

2915. Rosen-Glasur.

Ein Eiweiß wird mit Zucker verrührt, mit einigen Tropfen Rosenwasser und Cochenilletinktur vermischt und sofort glaciert.

2916. Safran-Glasur.

Die auf Zucker abgeriebene Schale einer Zitrone wird mit einigen Safranfasern zerrieben, gesiebt, mit Eiweiß verrührt und mit einem Pinsel aufgetragen. Hat man Safrangelb (Nr. 2896) vorrätig, so wird etwas Eiweiß mit gestoßenem Zucker zu einem Schaum geschlagen, einige Tropfen Safrangelb damit vermischt und giebt dies eine sehr schöne Glasur.

2917. Schmelz-Glasur.

Dieselbe wird zum Aufbewahren aus feinstem Hutzucker bereitet, indem derselbe mit etwas Wasser so lange gekocht wird, bis er lange Fäden zieht. Hierauf wird die Pfanne mit dem Zucker auf das Eis gestellt, der Zucker so lange tabliert, bis er dick geworden, um dann in Porzellangeschirren zu späterem Gebrauch für alle möglichen Glasuren aufbewahrt zu werden, indem beim Gebrauch dieser Zucker mit den verschiedenen Säften auf schwachem Feuer verrührt und damit glaciert wird.

2918. Spinat-Glasur.

Ein Eiweiß wird mit gestoßenem Zucker verrührt, mit etwas Spinatgrün, (s. Nr. 2898), vermischt und damit glaciert. Mehr oder weniger Spinatfarbe macht das Grün dunkler oder heller.

2919. Trauben-Glasur.

Hiezu werden 50 Gr. fein gesiebter Zucker mit Wasser dick angerührt, der Saft von schwarzen Trauben durch eine Serviette gepreßt, damit vermischt, auf schwachem Feuer erwärmt und damit glaciert.

2920. Vanille-Glasur.

Der vierte Teil einer Vanilleschote wird mit 100 Gr. Zucker im Mörser fein zerstoßen, gesiebt, mit einem Eiweiß zu einem Schnee geschlagen und das Backwerk damit bestrichen. Eine Minute genügt, um die Glasur im Ofen zu trocknen.

2921. Wein-Glasur.

Dieselbe wird wie Traubenglasur (Nr. 2919) bereitet, mit dem Unterschied jedoch, daß hier Wein statt des Traubensaftes genommen wird.

2922. Weiße Glasur.

Staubfeiner Zucker wird mit 1 Eiweiß und etwas Zitronensaft dick angerührt, schaumig gerührt und gleichmäßig aufgestrichen.

2923. Zier-Glasur.

Feinster Staubzucker wird mit Eiweiß anfangs fest und steif, sodann mittelst weiterer Zuthat von Eiweiß leicht gerührt; einige Tropfen gereinigter Holzessig befördert das Schaumigwerden der Masse. Mit dieser Glasur, in ein Spritzchen oder in kleine, an der Spitze abgeschnittene Papierdütchen gefüllt, werden Torten und anderes Backwerck nach Bedarf und Geschmack verziert. — Da die Spritzmasse an ihrer Oberfläche rasch vertrocknet, so muß die Schüssel, in welcher sie sich befindet, mit einem feuchten Tuche bedeckt bleiben.

2924. Zitronen-Glasur.

Zerstoßener, staubfein gesiebter Zucker, an welchem die Schale einer Zitrone abgerieben worden, wird mit Zitronensaft dickflüssig angerührt, leicht erwärmt und das Gebäck damit gleichmäßig glaciert.

C. Geruch-Zucker.

2925. Apfelsinen-Zucker.

Die Schale von 2 Apfelsinen wird auf Zucker abgerieben, abgeschabt, im Ofen auf Papier getrocknet, mit 100 Gr. staubfeinem Zucker vermischt und in gut verkorkten Flaschen aufbewahrt.

2926. Erdbeer-Zucker.

100 Gr. ganzer Zucker werden mit 1 Löffel Erdbeersaft getränkt, im Ofen getrocknet, zerstoßen, gesiebt und gut verschlossen aufbewahrt.

2927. Gersten-Zucker.

500 Gr. Hutzucker werden mit einem aus 100 Gr. Gerstenkörnern und ½ Liter Wasser gekochten, abgeseihten und erkalteten Gerstenwasser angegossen, so dick wie möglich eingekocht, noch warm in Stangen gezogen und getrocknet. Dient auch gegen Husten und Heiserkeit.

2928. Himbeer-Zucker.

Wird mit Himbeersaft wie Erdbeer-Zucker behandelt.

2929. Johannisbeer- (schwarze) Zucker.

Der Saft der aromatischen, schwarzen Johannisbeeren wird durch ein Tuch über ganzen Zucker gepreßt; wenn dieser davon durchdrungen und im warmen Ofen getrocknet ist, wird er zerstoßen, gesiebt und wie oben aufbewahrt.

2930. Kaffee-Zucker.

100 Gr. Hutzucker werden mit feinstem Kaffee-Extract getränkt, auf Papier im warmen Ofen getrocknet, zerstoßen, gesiebt und in verkorkten Flaschen aufbewahrt.

2931. Orangenblüten-Zucker.

Frisch gepflückte, völlig erschlossene Orangenblüten werden entstielt, auf Papier im Ofen getrocknet, mit Zucker zerstoßen und zerrieben und wohl verschlossen aufbewahrt.

2932. Pomeranzenzucker.

Die Schale einer halbreifen, bitteren Pomeranze wird auf Zucker abgerieben und im Weiteren wie Quitten-Zucker behandelt.

2933. Quitten-Zucker.

Die Schale einer Quitte wird auf Zucker abgerieben, der Zucker abgeschabt, auf Papier im Ofen getrocknet, mit 60 Gr. Staubzucker vermischt und in Flaschen aufbewahrt.

2934. Rosen-Zucker.

100 Gr. ganzer Zucker werden mit 10 Tropfen Rosenöl getränkt, getrocknet, zerstoßen und so rasch wie möglich in Flaschen verschlossen und aufbewahrt.

2935. Thee-Zucker.

Stark abgekochter, bester, chinesischer Thee wird über ganzen Zucker gegossen, dieser im Ofen getrocknet und wie oben behandelt.

2936. Vanille-Zucker.

Eine Stange feinster Vanille wird ganz fein zerschnitten, getrocknet, mit 50 Gr. Zucker so fein wie möglich zerstoßen, rasch in Flaschen gebracht, diese gut verkorkt und aufbewahrt.

2937. Veilchen-Zucker.

Der Zucker wird mit Veilchensaft behandelt, wie in Nr. 2934 mit Rosenöl gesagt ist.

2938. Zimmet-Zucker.

Eine Stange feinster Zimmet wird gedörrt, mit Zucker zerstoßen, abgesiebt, das Gröbere wiederholt gestoßen und gesiebt und wohl verschlossen aufbewahrt.

33.

Essenzen, Extrakte u. Pulver.

Essenzen und Extrakte sind konzentrierte Auszüge aus vegetabilischen und animalischen Substanzen, in flüssigem Zustand hergestellt. Nach diesen allgemeinen Begriffen bedient sich die Küche derselben nicht. Sie versteht darunter solche Flüssigkeiten, die durch starkes Einkochen von Absuden aus Schlachtfleisch, Geflügel, Wild, Fischen, Früchten, Gewürzen, Kräutern und Wurzeln gewonnen werden. Die Essenzen und Extrakte dienen als Würze zu verschiedenen Speisen, Bäckereien und Getränken, um deren Schmackhaftigkeit zu erhöhen und als Beihilfe zur raschen Bereitung derselben, wenn sie sich in der Vorratskammer befinden. Auch die Pulver dienen in den meisten Fällen denselben Zwecken. Sie werden in ihrer Mannigfaltigkeit trocken bereitet und nur die vorzüglichsten Substanzen dazu verwendet, da die Würze und die Haltbarkeit der Pulver wesentlich davon abhängig ist.

A. Essenzen und Extrakte.

2939. Bischof-Essenz.

6 Stück frische, nicht zu reife Pomeranzen werden geschält, die Schale in eine Porzellanschüssel eingelegt, ½ Liter feinster Jamaikarum daran gegossen, die Schüssel gut zugedeckt, 24 Stunden in der Nähe eines mäßig warmen Ofens aufgestellt, die Flüssigkeit abgeseiht, in Fläschchen abgefüllt, diese verkorkt und kalt aufbewahrt.

2940. Cardinal-Essenz.

3 bittere Pomeranzen und 2 Apfelsinen werden geschält, die Schalen mit dem Fleisch der Apfelsinen und der vierte Teil einer Vanilleschote in einem Porzellangeschirr mit 1 Flasche Cognac übergossen, das Geschirr luftdicht verschlossen, 5 Tage lang in der Sonne destilliert, die Flüssigkeit nach dieser Zeit in Fläschchen filtriert, diese verschlossen und aufbewahrt. Beim Gebrauch genügt 1 Deziliter Essenz zu 1 Liter Wein.

2941. Cayenne-Pfeffer-Essenz.

50 Gr. feiner Cayennepfeffer werden in einem Porzellangeschirr mit 1 Liter rectifiziertem Sprit übergossen, 3 Wochen lang an einem nicht zu warmen Ort destilliert, durchgeseiht und in Fläschchen abgefüllt.

2942. Champignons-Essenz.

Die Champignons werden vorsichtig gereinigt, klein zerschnitten, mit etwas Salz und einigen Tropfen Zitronensaft in guter Fleischbrühe 40 Minuten kräftig gekocht, abgeseiht, in Flaschen abgefüllt, etwas Olivenöl darauf gegossen, die Flaschen verkorkt, verpicht und kalt aufbewahrt.

2943. Essenz à la française.

Ein sog. Küchenbouquet, bestehend aus Thymian, Petersilie, Kerbel, Lauch und Estragonzweigen, ferner 150 Gramm Salz, einige Pfefferkörner, 6 Gewürznelken, 5 Macisblättchen, 6 Lorbeerblätter, Zwiebeln, 12 Schalotten, eine Knoblauchzehe, 40 Gr. Morcheln, 2 Selleriewurzeln und 20 Gr. Coriander werden mit 1 Liter Weißwein angegossen, 5 Stunden langsam gekocht, abgeseiht und in kleinen Fläschchen aufbewahrt.

2944. Essenz à la jardinière.

Ein altes Huhn, 1 Kilo mageres Ochsenfleisch in kleine Stückchen zerschnitten, 4 Kalbsstorzen, einige Mohrrüben, Salatköpfe, Zwiebel, Kohlrübchen, Wirsing- und Kohlköpfe, Sellerie und Petersilienwurzel, Sauerkohlkopf, etwas Kerbel und Thymian werden während 4 Stunden in guter, frischer Fleischbrühe langsam verkocht, dann abgeseiht, die Flüssigkeit völlig entfettet und in verkorkten Flaschen aufbewahrt.

2945. Fisch-Essenz, gemischt.

Verschiedene kleine Flußfische, frisch gefangen, werden ausgenommen, gut gereinigt, zerschnitten, verwiegt, mit etwas

Salz, ganzen Pfefferkörnern, Zwiebeln, Mohrrüben, Petersilie, Estragon, Lorbeerblättern, Gewürznelken und gehackter Zitronenschale in 2 Teilen Wasser und 1 Teil weißem Wein in einem Dampfkochtopf langsam breiartig verkocht, die Flüssigkeit durch ein Tuch geseiht und zum Gebrauch an Suppen, Saucen, Sulzen und Ragouts, in Flaschen aufbewahrt.

2946. Fleisch-Essenz, russisch.

500 Gr. roher Schinken, 500 Gr. Kalbfleisch, 500 Gr. Ochsenfleisch und 250 Gr. grüner Speck werden gewürfelt, mit Wurzeln und Kräutern unter Zugabe von 150 Gr. frischer Butter geröstet, mit 2 Liter guter, aber nicht zu fetter Fleischbrühe abgelöscht, 1 Flasche Madeira daran gegossen, mit 5 Gr. weißem Pfeffer langsam 4 Stunden lang gekocht, durchgeseiht und die Essenz zu Saucen und Ragouts aufbewahrt. Die Fleischrückstände können zu Einlagen und Farcen verwendet werden.

2947. Geflügel-Essenz.

Ein altes Huhn wird gerupft, ausgenommen, gereinigt, leicht gedämpft, entbeint, das Fleisch gehackt, die Knochen zerstoßen, mit 400 Gr. gehacktem Kalbfleisch, 1 Zwiebel, 2 Nelken, 2 Lorbeerblättern, Wurzeln und Kräutern in der Hühnerbrühe, der noch etwas warmes Wasser zugegossen wird, 3 Stunden lang langsam gekocht, die Essenz durchgeseiht, entfettet und in Flaschen eingefüllt.

2948. Gemischter Extrakt.

50 Stück welsche Nüsse werden entkernt, die Kerne abgebrüht, geschält, mit 10 Gr. Muskatblüte, 15 Gewürznelken, 25 Gr. Senfkörnern, einigen Pfefferkörnern, 5 Lorbeerblättern, etwas Ingwer, geriebenem Meerettig und etwas Salz in einen Topf eingeschichtet, mit kochendem Weinessig reichlich übergossen und zum Erkalten bei Seite gestellt. Wenn die Flüssigkeit nicht mehr dampft, wird der Topf zugebunden und der Extrakt nach 14 Tagen bis 3 Wochen abgeseiht und in wohl verkorkten Flaschen aufbewahrt. Ist sehr pikant und wird zu Ragouts und Saucen in kleinen Quantitäten verwendet.

2949. Hering-Essenz.

2 frische Heringe werden gewässert, entgrätet, verwiegt, in 3 Deziliter Wasser verkocht, durch ein Haarsieb geseiht und in Fläschchen eingefüllt. Zu Saucen und Ragouts zu ver-

wenden. In derselben Weise wird auch die Sardellenessenz bereitet und verwendet, doch müssen die Sardellen frisch sein, gut gewässert, ausgenommen und gereinigt werden.

2950. Kaffee-Essenz.

150 Gr. feinst gemahlener und gesiebter Mokka werden mit etwas ganzem Zimmet und 2 Gewürznelken in 2 Liter echtem Weingeist 10 Tage lang destilliert, hernach Zimmet und Nelken herausgenommen, die Essenz abgeseiht und in Flaschen abgefüllt. Wird zu Kaffee-Cremen und Gefrorenem verwendet.

2951. Kaffee-Zucker-Extrakt.

500 Gr. Kaffee werden frisch gebrannt, gemahlen, mit ½ Liter kaltem Wasser angegossen zugedeckt, nach 24 Stunden abgeseiht, die Flüssigkeit mit 500 Gr. Zucker bis auf ⅓ eingekocht, zum Erkalten bei Seite gestellt, in kleine Fläschchen abgefüllt, diese gut verkorkt und kalt aufbewahrt. Ein Kaffeelöffel voll genügt zur Bereitung einer Tasse Kaffee.

2952. Knoblauch-Essenz.

10 Knoblauchzehen, 10 Gewürznelken und 4 Lorbeerblätter werden mit 50 Gr. Zucker in 1 Liter Weißwein 2 Stunden lang langsam gekocht, dann filtriert und in kleine Fläschchen abgefüllt. Wird tropfenweise zu Sulzen und Saucen verwendet.

2953. Limonaden-Essenz.

Die Schalen von 5 Zitronen werden auf 250 Gr. Zucker abgerieben. Inzwischen wird 1 Kilo Zucker geläutert, der Zitronenzucker zerstoßen, mit dem Saft von 12 Zitronen vermischt, der Zuckerläuterung beigegeben und die Masse, ohne daß sie zum Kochen kommt, über dem Feuer glatt gerührt, dann durch ein Tuch geseiht und nach dem Erkalten in Flaschen abgefüllt. Ein Löffel von dieser Essenz mit 1 Glas Wasser giebt eine sehr gute Limonade.

2954. Madeira-Essenz.

500 Gr. Trüffeln werden gereinigt, geschält, zerschnitten und in eine Pfanne gelegt. Inzwischen wird aus Wurzeln, Kräutern und Gewürzen 2 Stunden lang eine Brühe gekocht, diese über die Trüffeln geseiht, 1 Flasche Madeira daran gegossen und mit 1 Blättchen Mazis 1 Stunde lang gekocht. Wenn die Masse erkaltet ist, wird die Essenz abgeseiht und zu Ragouts, Saucen und Farcen in Flaschen aufbewahrt.

2955. Mandel-Essenz.

300 Gr. süßer und 100 Gr. bitterer Mandeln werden abgebrüht, geschält und mit etwas Wasser zu einem Brei gestoßen. Inzwischen werden 1200 Gr. Hutzucker geläutert, bis er lange Fäden zieht, die Mandelmasse eingerührt, nach einmaligem Aufkochen vom Feuer gezogen, durch ein Haarsieb gestrichen und in Flaschen eingefüllt. Zu rascher Bereitung von Mandelmilch, auch zu Mandelgebäck mit Vorteil zu verwenden.

2956. Punsch-Essenz mit Arac.

Diese Essenz ist, mehr oder weniger gut, käuflich zu haben, doch ist sie nach folgendem einfachem Rezept gut selbst zu bereiten: 1 Kilogramm Hutzucker wird mit 3 Deziliter Wasser geläutert, der Saft von 6—8 Zitronen eingeträufelt und verrührt, nach dem Erkalten eine große Flasche feinster Arac daran gegossen und die Essenz in verkorkten und womöglich verpichten Flaschen aufbewahrt.

2957. Punsch-Essenz mit Rum.

2 Kilo Zucker, worauf die Schalen von 2 Zitronen abgerieben, werden mit ½ Liter Wasser geläutert und fleißig abgeschäumt. Inzwischen wird der Saft von 10 Zitronen filtriert und mit 3 Liter Jamaika-Rum der Zuckerlösung beigegossen.

2958. Sardellen-Essenz.

Um eine gute Sardellen-Essenz herzustellen, nimmt man 300 Gr. Sardellen, zerstößt sie mitsamt den Gräten und verkocht sie entweder in Wasser mit 50 Tropfen Zitronensaft oder in weißem Wein bis zu völliger Auflösung, fügt etwas Pfeffer hinzu, filtriert den Absud durch ein Haarsieb und füllt ihn in eine Flasche, die verkorkt, kalt aufbewahrt wird.

2959. Schinken-Essenz.

500 Gr. Schinken oder Rauchfleisch ohne Fett werden in Scheiben geschnitten, in einer Pfanne abgeschwitzt, etwas Butter dazu gegeben, mit einigen Spritzchen Mehl verrührt, Fleischbrühe daran gegossen und mit Wurzeln und Kräutern aller Art, mit Pfefferkörnern, Gewürznelken, 1 Mazisblatt und einigen Lorbeerblättern 5 Stunden lang gekocht, mit einigen Tropfen Zitronensaft abgelöscht, wieder aufgekocht, dann abgeseiht und in Flaschen abgefüllt.

2960. Schoten-Extrakt.

Die ausgekernten Schoten aller Hülsenfrüchte werden, so lange sie noch grün sind, mit kochendem Wasser angegossen, mit 1 Löffel kohlensaurem Natron scharf ausgekocht, abgeseiht, mit Zucker dick eingekocht, in Flaschen abgefüllt und löffelweise zur Suppenbrühe verwendet, die dadurch einen angenehmen, frischen Gemüsegeschmack erhält.

2961. Vanille-Essenz.

50 Gr. Vanilleschoten werden in Streifchen geschnitten, mit 8 Deziliter feinstem Sprit übergossen, das Geschirr luftdicht verschlossen und einen Monat an einem warmen Ort aufgestellt, doch muß die Masse von Zeit zu Zeit geschüttelt werden. Hierauf wird die Essenz abgeseiht und in kleine Flaschen abgefüllt. Wird tropfenweise zu Bäckereien, Saucen und Mehlspeisen verwendet.

2962. Wild-Essenz.

1 Rebhuhn, 1 Wildente und 1 Hase werden mit dem Lendenstück von einem Hirsch in kleine Stücke zerlegt, die Knochen zerstoßen und diese samt dem Fleisch mit guter Fleischbrühe angegossen, zum Kochen gebracht, mit ½ Liter weißem Wein abgelöscht, Kräuter, Wurzeln und Gewürze dazu gegeben, alles zusammen aufgekocht, abgeschäumt, die Essenz erkaltet, durchgeseiht und in Flaschen abgefüllt.

2963. Zitronenschalen-Essenz.

4 Zitronen werden abgeschält, an die Schalen in einer Porzellanschüssel 1 Flasche Franzbranntwein gegossen, nach 20 Tagen abgeseiht und in Flaschen abgefüllt.

B. Pulver.

2964. Austern-Pulver.

2 Dutzend Austern werden mit 30 Gr. Salz zerstoßen, durch ein Haarsieb getrieben, etwas Mehl daran gerührt; aus dem Teig, der tüchtig gearbeitet wird, werden Kuchen ausgewellt, diese mit Mehl bestreut und im abgekühlten Ofen langsam getrocknet, dann fein zerstoßen und in luftdicht verschlossenen Gefäßen aufbewahrt. Davon werden mit Butter und Milch pikante Saucen bereitet.

2965. Back-Pulver, amerikanisch.

Hiezu werden 20 Gramm feinster, zerriebener und gesiebter Kreide mit 70 Gramm präpariertem weißem Weinstein vermischt und hievon 10 Gr. auf 500 Gr. Mehl statt der Hefe genommen. Eine andere Mischung besteht aus gleichen Teilen von doppelkohlensaurem Natron und Weinsäure, doch ist die erstere allen anderen Mischungen vorzuziehen.

2966. Champignons-Pulver.

Die frischen Champignons werden gereinigt, zerschnitten, im Ofen auf Blechen getrocknet, mit Pfeffer, Salz und Ingwer zerstoßen und so lange abgesiebt, bis kein Rückstand mehr bleibt, dann das Pulver in verlöteten Blechbüchsen aufbewahrt. Dient zu Ragouts, Farcen und Saucen.

2967. Curry-Pulver.

Siehe Indisches Gewürzpulver, Seite 83 und Indischer Curry Seite 733 Nr. 1811.

2968. Kräuter-Bouquet-Pulver.

Rosmarinblätter, Salbeiblätter, Thymian, das vierfache Quantum Basilikum und Estragonblätter werden aus kaltem, frischem Wasser gezogen, getrocknet, fein verwiegt, auf dem warmen Ofen gedörrt, zerstoßen, durchgesiebt und luftdicht verschlossen, aufbewahrt. Zu Saucen und Farcen geeignet.

2969. Limonaden-Pulver.

Auf 500 Gr. Zucker werden die Schalen von 3 Zitronen abgerieben, der Zucker zerstoßen, der Saft von 5 Zitronen daran geträufelt, die Masse verrührt, ohne zu kochen, erhitzt, wenn sie flüssig ist, in Papierkapseln gegossen und zum Erkalten bei Seite gestellt. Völlig hart geworden, wird der Zucker zerstoßen, durchgesiebt und in Glasbüchsen aufbewahrt. Zu einem Glas Limonade genügt ein Löffel dieses Pulvers.

2970. Rosen-Pulver.

Zu wohlschmeckenden Milch- und Mehlspeisen wird das Rosenpulver, wie folgt, bereitet: Kurz nach dem Aufgang der Sonne werden von starkriechenden Rosen die Blätter gesammelt, rein ausgelesen, auf ein Sieb ausgebreitet, mit frischem Wasser begossen und abgeschwenkt; ist das Wasser abgetropft, so werden die Blätter zerrieben, mit feinstem Mehl überstreut, ein Nudelteig daraus gewirkt, dieser zu Nudelkuchen ausgewellt und im warmen Ofen scharf getrocknet. So lange die Kuchen noch warm sind, werden sie im Mörser zerstoßen, das Mehl gesiebt und in verschlossenen Porzellanbüchsen zum Gebrauch aufbewahrt.

2971. Salz, aromatisches.

Siehe Seite 732 Nr. 1810.

2972. Schwämme-Pulver.

Verschiedene eßbare Schwämme werden mit aller Sorgfalt gereinigt, in einen Topf eingelegt, mit lauem Wasser angegossen, dann mit Kräutern, Wurzeln und Gewürzen zu einem dicken Brei eingekocht, doch so, daß die Schwämme nicht anbrennen. Darauf wird die Masse im Ofen getrocknet, zerstoßen und in gut verschließbaren Gefässen aufbewahrt.

2973. Wurzel-Pulver.

Die Wurzeln der Petersilie und der Sellerie werden von den Faserwurzeln befreit und sauber gewaschen; wenn sie abgetrocknet sind, werden sie auf dem Reibeisen gerieben, mit guter Fleischbrühe dick eingekocht, dazu etwas Salz und Pfeffer genommen, und wenn die Wurzeln verkocht sind, abgeseiht, der Rückstand im Ofen getrocknet, im Mörser zerstoßen, abgesiebt und luftdicht verschlossen, aufbewahrt. Dieses Pulver ist zur Würze für Bouillon und Suppen vorzüglich geeignet.

2974. Zuckererbsen-Pulver.

Die enthülsten, grünen Zuckererbsen werden in guter Fleischbrühe gedämpft, auf einem Sieb zum Abtropfen ausgebreitet, dann im warmen Ofen getrocknet, zerstoßen und gesiebt. Wird luftdicht verschlossen aufbewahrt und zu Suppen verwendet. In derselben Weise können Linsen und Bohnen behandelt werden.

Nachtrag.

2975. Italienischer Salat.

Gebratenes Kalbfleisch, Roastbeef, Schlachtbraten, etwas gekochte Zunge und Schinken werden in kleine Würfel geschnitten, ebenso einige Essiggurken, sowie noch warme Kartoffeln, letztere ungefähr eben so viel als Fleisch. Man giebt alles zusammen in eine Schüssel und macht es mit einigen Löffeln Mayonnaise, einem Löffel Senf, Salz, Pfeffer und einem Schöpflöffel lauer Fleischbrühe gut durcheinander und stellt den Salat einstweilen einige Stunden zur Seite. Vor dem Anrichten schmeckt man den Salat noch einmal ab, giebt, wenn nötig, noch etwas Essig oder Salz zu und, ist er zu trocken, etwas laue Fleischbrühe. Durch das Stehen zieht der Salat an und ist es nötig, denselben saftig zu Tische zu bringen, weshalb ein wiederholtes Anmachen unbedingt nötig ist. Hierauf richtet man den Salat in einer Salatschüssel hoch dressiert an und garniert ihn nach Geschmack mit Eiern, Kapern, Sardellen, roten Rüben u. s. w. Man kann unter den Salat auch etwas Sulz geben und denselben in einer verzinnten Kupferform stocken lassen, worauf man ihn in eine Schüssel stürzt und garniert zu Tische giebt.

2976. Kartoffelkuchen.

10—12 gesottene und geschälte Kartoffeln werden warm fein zerdrückt oder durch das Sieb passiert und, so lange sie noch warm sind, mit 125 Gr. Butter und 100 Gr. Mehl etwas Salz zu einem festen Teig angewirkt, den man wie Kuchenteig ausrollt und in eine mit Butter und Semmelbröseln ausgestrichene Kuchenform giebt. 10 weitere geriebene Kartoffeln werden in 50 Gr. Butter, mit einer gehackten Zwiebel und 50 Gr. Speckwürfeln abgedämpft, wann erkaltet, 1/4 Liter saurer Rahm, 5—6 ganze Eier, etwas Kümmel und Salz dazu gegeben, dieses auf den Kartoffelteig gestrichen und etwa 3/4 Stunden im Ofen gebacken.

2977. Mutschelmehlklöße. (Suppeneinlage).

Man rechnet auf 1 Ei einen starken Eßlöffel Mutschelmehl, rührt davon ein Teigchen an, läßt es eine Zeit lang stehen, giebt etwas Salz zu und legt in kochende, leicht gesalzene Fleischbrühe mit dem Löffel runde oder ovale Klößchen ein und läßt sie je nach der Größe 5—10 Minuten kochen. Kann auch in Fett eingelegt werden.

2978. Schlagrahm zu Schaum zu schlagen.

Der süße, dicke Rahm, d. h. das Oberste desselben abgenommen, wird, ehe er in Gebrauch genommen wird, einen halben Tag auf Eis gestellt. Man giebt ihn sodann in eine Porzellanschüssel oder einen Kupferschlagkessel und schlägt ihn langsam mit einem verzinkten Schneebesen oder einer Holzrute auf Eis oder an einem kühlen Ort. Frisch abgenommener Rahm läßt sich nicht schlagen, sondern er sollte mindestens vom Tag vorher sein, um damit einen festen Schaum zu erzielen. Vielfach streut man, wenn der Rahm fest zu werden beginnt, ein wenig gestoßenen Zucker in denselben, um ein besseres und schnelleres Festwerden zu ermöglichen. Im Sommer ist es gut, dem Rahm, um ein Sauerwerden zu vermeiden, zu ½ Liter Rahm erbsengroß 3-faches Konservesalz oder doppel kohlensaures Natron zuzusetzen.

2979. Weißer Stärke-Pudding.

Von 1 Liter süßer Milch läßt man so viel zurück, daß der Inhalt einer ¼-Pfund-Schachtel Hoffmann's Stärke darin aufgelöst werden kann, setzt die Milch mit 120 Gramm Zucker und einem Stückchen Vanille auf das Feuer, gießt, sobald sie kocht, die feingerührte Stärke hinein und fährt mit dem Rühren fort, bis das Ganze noch einmal aufgekocht und die Stärke gar geworden ist. Dann schlägt man rasch das Weiße von 6 Eiern als Schnee hinein, läßt den Pudding noch einmal aufkochen und gießt ihn in angefeuchtete Porzellangefässe. Nach dem Erkalten wird er umgestürzt. — Frucht-Sauce.

Tabellen,

in welchen Monaten das Hauptsächlichste und Beste für die Haushaltung eingekauft werden kann, sowie Angabe der Einmachzeit.

Gemüse (s. Abschnitt 5 A).

	Jan.	Febr.	März	April	Mai	Juni	Juli	Aug.	Sept.	Okt.	Nov.	Dez.
Artischocken	b	b	n	n	n	n	g	b	b	b	b	b
Blumenkohl	b	b	b	b	g	b	b	b	b	b	b	b
Bohnen	n	n	n	n	g	b	b	b E	b	n	n	n
Brunnenkresse	b	b	b	b	b	b	b	b	b	b	b	b
Cardons	b	n	n	n	n	n	n	n	n	n	g	b
Erbsen	n	n	n	n	g	b	b	b	n	n	n	n
" getrocknete	b	b	b	b	b	b	b	b	b	b	g	b
Endivien	b	n	n	n	g	b	b	b	b	b	b	b
Gurken	n	n	n	n	g	b	b	b	b	n	n	n
" kleine	n	n	n	n	n	n	g	b	E	n	n	n
Hopfensprossen	n	n	n	g	n	n	n	n	n	n	n	n
Karotten	b	b	b	b	g	b	b	b	b	b	b	b
Kartoffeln	b	b	b	b	g	g	g	b	b	b	b	b
Kerbel	b	b	b	b	b	b	b	b	b	b	b	b
Kohlraben	n	n	n	n	n	g	b	b	b	b	n	n
Kopfsalat	b	b	g	b	b	b	b	b	b	b	b	b
Kresse	b	b	b	b	b	b	b	b	b	b	b	b
Lauch	b	b	b	b	b	b	b	b	b	b	b	b
Lattig		g										
Mairübchen	n	n	n	n	g	g	n	n	n	n	n	n
Meerrettig	b	b	b	b	b	b	b	g	b	b	b	b
Möhren oder gelbe Rüben	b	b	b	b	b	b	b	b	g	b	b	b
Petersilie	b	b	b	b	b	b	b	b	b	b	b	b
Poree	b	b	b	g	b	b	b	b	b	b	b	b
Radieschen	b	b	g	b	b	b	b	b	b	b	b	b
Rettige	n	n	g	b	b	b	b	b	b	b	n	n
Rosenkohl	b	b	b	n	n	n	n	n	g	b	b	b
Rotkraut	b	b	b	b	b	b	b	g	g	g	b	b
Rüben, rote	b	b	b	b	b	b	g	b	b	E	b	b
Rüben, weiße	b	b	b	b	b	b	b	b	g	b	b	b
Sauerampfer	b	b	b	b	b	b	b	b	b	b	b	b
Sauerkraut	b	b	b	b	b	b	b	g	b	E	b	b
Schalotten	b	b	b	b	b	b	b	g	b	b	b	b
Schwarzwurzeln	b	b	b	b	n	n	n	n	n	n	g	b
Sellerie	b	b	b	b	b	g	b	b	b	b	b	b
Spargel	n	n	n	15. Ap. g	g	15. Jn. g	n	n	n	n	n	n
Spinat	b	b	b	b	b	b	b	b	b	b	b	b
Teltower Rübchen	b	n	n	n	n	n	n	n	n	g	b	b
Weißkraut	b	b	b	b	b	b	g	b	b	b	b	b
Wirsing	b	b	b	b	b	b	g	b	b	b	b	b
Zwiebeln	b	b	b	b	b	b	b	g	b	b	b	b
Zuckerschoten	n	n	n	n	n	g	g	n	n	n	n	n

b = zu haben. E = Einmachzeit. g bezeichnet den Monat, in welchem das Gemüse jung auf den Markt kommt. n = nicht zu haben.

Die meisten Gemüsearten sind das ganze Jahr zu haben und werden zu diesem Behufe eingeschlagen aufbewahrt. In dieser Tabelle soll hauptsächlich gezeigt werden, in welchen Monaten das junge Gemüse vorkommt.

Früchte (s. Abschnitt 26, 27 und 28).

	Jan.	Febr.	März	April	Mai	Juni	Juli	Aug.	Sept.	Okt.	Nov.	Dez.
Ananas	.	.	.	.	.	.	.	.	re	.	.	.
Aepfel	.	.	.	.	.	.	r	re	.	.	.	.
Apfelsinen	.	.	.	.	.	.	.	re	.	.	.	.
Aprikosen	.	.	.	.	.	.	.	re	.	.	.	.
Birnen	.	.	.	.	.	.	.	re	.	.	.	.
Erdbeeren	.	.	.	.	.	re	.	.	.	.	.	.
Haselnüsse	.	.	.	.	.	.	.	.	r	.	.	.
Heidelbeeren	.	.	.	.	.	.	re	.	.	.	.	.
Himbeeren	.	.	.	.	.	.	.	re	.	.	.	.
Johannisbeeren	.	.	.	.	.	.	re	.	.	.	.	.
Kirschen	.	.	.	.	.	.	re	.	.	.	.	.
Mandarinen	.	.	.	.	.	.	.	.	.	r	.	.
Maronen	.	.	.	.	.	.	.	.	r	e	.	.
Melonen	.	.	.	.	.	.	re	.	.	.	.	.
Nüsse	.	.	.	.	.	e	.	.	.	.	.	.
Pfirsiche	.	.	.	.	.	.	.	re	re	.	.	.
Pflaumen	.	.	.	.	.	.	r	e	.	.	.	.
Preißelbeeren	.	.	.	.	.	.	.	.	e	.	.	.
Quitten	.	.	.	.	.	.	.	.	re	.	.	.
Reineclauden	.	.	.	.	.	.	re	.	.	.	.	.
Stachelbeeren	.	.	.	.	re	.	.	.	.	.	.	.
Tomaten	.	.	.	.	.	.	.	r	e	.	.	.
Trauben	.	.	.	.	.	.	.	.	r	e	.	.
Wallnüsse	.	.	.	.	.	.	.	re	.	.	.	.
Zitronen	.	.	.	.	.	.	.	.	.	r	.	.
Zwetschgen	.	.	.	.	.	.	.	r	e	.	.	.

r = Reifezeit. e = Einmachzeit. re = Reife- und Einmachzeit.

Zahmes Geflügel (s. Abschnitt 10 A).

	Jan.	Febr.	März	April	Mai	Juni	Juli	Aug.	Sept.	Okt.	Nov.	Dez.
Welsche Hahnen und Hühner	h	g	g	g	n	n	n	n	hj	h	h	h
Französ. Poularden	g	g	hj	h	h	h	h	h	h	h	h	g
Italienische Kapaunen	h	g	g	g	n	n	n	n	hj	h	h	h
Italienische Poularden	g	g	g	g	n	n	n	hj	h	h	h	h
Gänse	g	n	n	n	hj	h	h	h	h	h	h	g
Enten	g	n	n	hj	h	h	h	h	h	h	h	h
Hühner, Hahnen	g	g	hj	h	h	h	h	h	h	h	h	h
Tauben	Sind das ganze Jahr gut und giebt es im Sommer viel, im Winter wenig.											

h = sehr gut und zeitgemäß. g = gut und zeitgemäß. n = unzeitgemäß. j = Junggeflügel.

Pilze (s. Abschnitt 5 B).

	Jan.	Febr.	März	April	Mai	Juni	Juli	Aug.	Sept.	Okt.	Nov.	Dez.
Champignons	.	.	.	.	g	g	g	.	.	.	.	.
Morchel	.	.	.	g	g	g	.	.	.	.	.	.
Pfifferling	.	.	.	.	.	g	g	g	g	.	.	.
Reizker	.	.	.	.	.	.	g	g	g	.	.	.
Steinpilz	.	.	.	.	.	.	g	g	g	g	.	.
Speiselorchel	.	.	.	g	g	g	.	.	.	.	.	.
Trüffel	g	.	.	.	.	.	.	.	.	g	g	g

Kommen in den mit g bezeichneten Monaten vor.

Schaltiere und Anderes (s. Abschnitt 3 und 11 C).

	Jan.	Febr.	März	April	Mai	Juni	Juli	Aug.	Sept.	Okt.	Nov.	Dez.
Austern	h	h	h	h	n	n	n	n	h	h	h	h
Caviar*)	h	h	h	h	g	g	g	g	h	h	h	h
Crevetten oder Garnellen	h	h	h	h	h	n	n	n	n	h	h	h
Frösche	h	h	h	h	n	n	n	n	n	h	h	h
Hummer	h	h	h	h	h	g	g	g	g	g	h	h
Kibitzeier	n	n	n	h	h	n	n	n	n	n	n	n
Krebse	n	n	n	n	h	h	h	h	n	n	n	n
Langusten	h	h	h	h	h	n	n	n	n	n	h	h
Schnecken	h	h	h	g	n	n	n	n	n	n	h	h

g = gut und zeitgemäß h = sehr gut und zeitgemäß. n = unzeitgemäß. — *) In den Monaten Januar, Februar, März, November und Dezember giebt es auch den feinsten, ungesalzenen Beluga- und Malossol-Caviar.

Schlachtfleisch (s. Abschnitt 7).

	Jan.	Febr.	März	April	Mai	Juni	Juli	Aug.	Sept.	Okt.	Nov.	Dez.
Masthammelfleisch . .	b	g	g	g	g	g	g	g	g	b	b	b
Hammelfleisch . . .	g	o	o	o	o	o	o	o	o	g	g	g
Mastochsenfleisch . .	b	b	b	b	g	g	g	g	g	g	g	g
Rindfleisch	g	g	g	g	h	h	h	h	g	g	g	g
Kalbfleisch	g	b	b	b	h	h	h	h	g	g	g	g
Schweinefleisch . . .	b	b	b	b	g	g	g	g	b	b	b	b
Spanferkel	n	n	g	n	n	n	n	n	g	n	n	n
Kitz- oder Ziegenfleisch	n	n	g	g	n	n	n	n	n	n	n	n
Lammfleisch	n	n	g	g	n	n	n	n	n	n	n	n

b = beste Qualität. g = zu haben und empfehlenswert. n = nicht zu haben. h = zu haben, aber geringe Qualität. o = weniger empfehlenswert.

34.

Speisezettel fürs ganze Jahr.

Selbst bei den einfachsten Mahlzeiten ist es nötig, eine gewisse Reihenfolge in den Speisen sicher zu stellen. Diese Reihenfolge ist nun an und für sich durch die dem Menschen am besten zuträgliche, abwechselnde Ernährungsweise gegeben, indem bei einfachen Mahlzeiten, erst die Suppe, dann Fisch, ein Fleisch mit Gemüse, die süße Speise sich folgen. Dieses soll sozusagen der Grundentwurf sein, auf welchem wir für größere und auch für feinere Essen eine richtige Speisenfolge aufstellen wollen.

Beim Entwerfen eines Speisezettels, auch des einfachsten, für den Alltagstisch in der Haushaltung, muß man sich vor allem klar sein, was man geben will und aus wieviel Gängen die Mahlzeit bestehen soll. Hiebei spielt vor allem die Jahreszeit eine große und wichtige Rolle, um stets das in die richtige Zeit fallende Beste und Neueste verwenden zu können, und verweise ich dabei auf das in der Einleitung S. 38, sowie Tabellen S. 1047—1049 Gesagte, wo die in jedem Monat vorkommenden wichtigsten Lebensmittel beschrieben sind.

Man wird schon in einer kleinen Haushaltung in der Art und Weise der Zusammensetzung und Zusammenstellung der Speisen auf eine tüchtige, erfahrene Hausfrau schließen dürfen, wie viel mehr erst bei größeren Essen, wo noch so vieles zu beachten ist, wie wir weiter unten sehen werden.

Die sich jeden Tag in der kleinen Haushaltung wiederholenden Mahlzeiten werden in der Art der Zusammenstellung wohl keine weiteren Schwierigkeiten bieten, da hiebei wohl auch der ökonomische Standpunkt eine wesentliche Rolle spielen und ein ausgiebiges Verwenden vorhandener übriger Speisen eine große Sparsamkeit für die Hausfrau bringen wird. Doch soll die richtig denkende und für das Wohl ihrer Familie sorgende Hausfrau stets für eine gesunde Ernährungsweise und durch Abwechslung einer immer neuen Anregung der Geschmacksnerven, Rechnung tragen.

Die Zusammenstellung einfacher und kleiner Mahlzeiten, für den gewöhnlichen, täglichen Haushalt passend, setzen sich ungefähr folgendermaßen zusammen.

I.

Suppe,
Fleisch mit Gemüse,
Süße Speise.

II.

Suppe,
Rindfleisch mit Beilagen,
Braten mit Gemüse,
Süße Speise.

III.

Suppe,
Fisch oder Ragout,
Fleisch mit Gemüse,
Süße Speise.

Soll nun für größere Mahlzeiten ein Speisezettel entworfen werden, so ist darauf zu achten, daß möglichste Abwechslung in der Auswahl der Speisen in demselben enthalten ist und daß die einzelnen Speisen sich so verteilen, daß schwer verdauliche mit leicht verdaulichen abwechseln. (S. Einleitung S. 85.) Auch sollen nie 2 dunkle oder schwarze Fleischarten hinter einander gegeben, sondern möglichst mit weißem und schwarzem oder dunklem Fleisch abgewechselt werden, so daß also z. B. auf einen Schlachtbraten kein Rehschlegel folgen soll, sondern ein weißer Geflügel- oder Kalbsbraten. Ebenso soll vermieden werden, daß von einer und derselben Tierart dicht hintereinander oder im gleichen Speisezettel hievon Speisen gegeben werden, wie z. B. als Zwischenspeisen Rehkoteletten und als Braten Hasenrücken, oder ein Geflügelragout und später ein Braten vom zahmen Geflügel, sondern die Zwischenplatte muß entweder aus Geflügelragout bestehen und der Braten dann aus irgend einem Wild, oder andernfalls die Zwischenspeise aus Rehkoteletten und dann der Braten aus weißem, zahmen Geflügel. Ebenso soll die Speisenfolge nicht lauter Wildarten und Wildgeflügel aufweisen, oder dürfen Speisen auf ein und dieselbe Art und Weise zubereitet oder mit ähnlichen Saucen serviert werden. Für Krebse, Fische, Gemüse sind die oben angeführten Erläuterungen auch maßgebend und wird man bei einer feinen Speisenfolge z. B.

zum Fisch keine Krebssauce servieren und nachher als Zwischenplatte frische Hummer.

Es ist also nicht so leicht, eine richtige Speisenfolge zu entwerfen und wird auch hier Uebung und richtiges Verständnis eine gute Lehrmeisterin sein.

Giebt man nach der süßen Speise noch Käse, Eis und Dessert, so ist dies so nach einander zu servieren, daß nach der süßen Speise der Käse, gewissermaßen als Abschluß des in der Küche Zubereiteten gegeben wird, worauf nun die aus der Konditorei hervorgegangenen süßen Schüsseln, wie Gefrorenes, Dessert, Früchte sich folgen.

Für größere und feinere Essen möchte ich folgende Speisefolgen als Grundlage beschreiben, ebenso für Frühstücke und Abendessen.

Größeres Mittagessen.

IV.

Suppe,
Fisch,
Fleisch m. Garnitur,
Warme oder kalte
Zwischenspeise,
Braten mit Salat und
Compot,
Süße Speise,
Käse,
Dessert.

Größeres feines Mittagessen.

V.

Suppe,
Warme Vorspeise,
Fleisch mit Garnitur,
Warme Zwischenspeise,
Kalte Zwischenspeise,
Braten mit Salat, Compot,
Gemüse,
Süße Speise,
Käse.
Gefrorenes,
Dessert,
Früchte.

Großes feines Essen.

VI.

Kalte Vorspeise,
2 Suppen, (1 helle,
1 gebundene),
Warme, kleine Vorspeise,
Fisch,
Fleisch mit Garnitur,
Kalte Zwischenspeise,
Punsch,
Braten, Salat und Compot,
Gemüse,
Süße Speise,
Käse,
Gefrorenes,
Dessert,
Früchte.

Gabelfrühstück.

VII.

Austern,
Caviar, Lachs, Brötchen,
Butter,
Leichte Fleischspeise m. Gemüse,
Kalten Fisch mit Sauce
oder irgend eine kalte Schüssel,
Geflügelbraten mit Salat.
Nachtisch.

VIII.

Russische Vorspeise,
Ragout,
Kalte Zwischenplatte,
Fleisch mit Gemüse,
Nachtisch.

Abendessen.

IX.

Kleine Vorspeise,
Fisch,
Fleisch mit Gemüse,
Braten mit Salat,
süße Speise.

X.

Kalte Vorspeise,
Helle Suppe,
Fleisch mit Gemüse,
Kalten Fisch oder Ragout,
Braten und Salat,
Süße Speise.

XI.

Helle Suppe,
Fisch oder Ragout,
Fleisch mit Gemüse,
Kalte Zwischenspeise,
Braten und Salat,
Süße Speise.

XII.

Warme Vorspeise,
Kalter Fisch,
Fleisch mit Gemüse,
Warme Zwischenspeise,
Braten und Salat,
Süße Speise.

Großes, feines Essen mit Weinen.

Austern.	Moussierender Elsässer.
Schildkrötensuppe.	Xeres.
Rheinsalmscheiben mit blaugesottenen Forellen, Sauce Riche.	1886 Scharzhofberger Auslese.
Garnierter Rehziemer mit Gänseleberſauce.	1874 Chateau Gruaud Larose.
Getrüffelte Geflügelbrust.	
Languſten-Aufſatz, Sauce Jugendheim.	1893 Rüdesheimer Berg Auslese.
Kaiserpunsch.	
Fasanen mit Krammetsvögel, Römischer Salat, Eingemachtes.	Chambertin.
Artischockenböden, provenzalisch.	Clicquot England.
Kuchenschnitten mit Ananas.	
Gefrorenes.	
Nachtisch.	

Die nun folgenden Speisezettel sind nach Monaten geordnet und umfassen die nach obigen Schemas ausgeführten Speisezettel für den einfachen, sowie für den feinsten Tisch in warm und kalt, zu Mittagessen, Gabelfrühstücken, Abendessen, Kaffee's und Thees, mit besonderer Berücksichtigung der Jahreszeiten und was dieselben der Küche bieten. Dabei ist zu bemerken, daß in der Anordnung für den Frühstück- und Abendbrottisch eine größere Freiheit gestattet ist, als für den Mittagtisch, da hiefür, wie bereits erwähnt, ein bestimmtes System eingehalten werden muß.

Januar.

Der Keller ist noch gefüllt, die Conserven nicht aufgezehrt, Wildbret und Fische für die Küche vorhanden.

1) Brieschen-Suppe; Kalbsbraten mit Salat; Pudding von Mandeln.

2) Leberreissuppe; saures Rindfleisch mit Kartoffelgemüse; Rahmstrudeln.

3) Eiergerste; Sauerkraut mit Erbsenpurée und geräuchertes Schweinefleisch; Käsekuchen.

4) Einlaufsuppe; Ochsenfleisch mit Sardellensauce; Kalbscroquetten mit Schwarzwurzeln und gekochtem Schinken.

Anmerkung. Aus diesen Speisezetteln können mit wenig Abänderungen unzählige, einfache und feine, andere Speisezettel zusammengestellt werden.

5) Gerstensuppe; Rindfleisch mit Sardellensauce; Kalbsschnitzel mit Conserve-Erbsen.

6) Erbsensuppe; Schweinebraten mit Winter-Blaukohl und gerösteten Spatzen; Omelette mit Früchtenmarmelade.

7) Kartoffelsuppe; Ochsenbrustkern mit Senfsauce; Kalbsragout mit Spätzlen.

8) (Fasten) Krebssuppe; gebackene Karpfen mit Maitre-d'hôtel-Sauce; Auflauf.

9) Hühnersuppe; Dorsch mit Fischkartoffeln; Rosenkohl mit Croquetten à la russe und rohen Schinken; Wildenten mit gem. Salat; Reisauflauf mit Aepfeln.

10) Suppe von Eiercreme, Ragoutmuscheln au gratin; Rheinlachs mit Genueser-Sauce; Hammelrücken, garniert; Hahnen sautiert à la Royale; Gansleberpastete; Punch à la Romane; gebratenen Hasenrücken mit Salat und Compot; Ananasgelée, Aprikosengefrorenes; Fromage de Brie; Dessert; Früchte und Patisserie.

11) Gabelfrühstück, kalt. Sardinen in Oel; kalter Aufschnitt von Geflügel, gekochtem Schinken und geräucherte Zunge mit Senfsauce; Sulz von Solesfilet mit Remouladensauce.

12) Abendbrot, warm. Gerstenschleimsuppe; Forellen blau, mit Essig und Oel; Rehschlegel mit Kartoffelsalat; Patisserie mit Südfrüchten.

13) Kaffeevisite. Kaffee; Hefenbrezlein; Blitzbrötchen; Diplomat Pudding; Schlagrahm mit Vanillezucker; Rahmtorte; Zuckerbackwerk.

Februar.

Dem Februar ist ziemlich das Gleiche wie seinem Vorgänger geboten. Da und dort giebt es schon Ackersalat.

14) Abendessen. Warmer Schinken, garniert, Madeirasauce; kalter Salm, mit Hummer und Gansleber garniert, Sauce tartare; Poularden und Salat; Charlotte russe.

15) Linsensuppe. Gepökelte Rindszunge mit Winterkohl und Pfannenkuchen.

16) Reissuppe; Ochsenfleisch mit Paradiesäpfelsauce; Fleischhaché mit Kartoffelklößen.

17) Nierensuppe; Sauerkraut mit Kartoffelpurée, Schweinsbraten und Blutwurst.

18) Weiße Kalbfleischsuppe; Boeuf à la mode mit gebackenen Nudeln; Apfelkuchen.

19) Kohlsuppe; Polnischer Bock mit Kartoffelpurée; Reisklöße mit Chaudeausauce.

20) Flädleinsuppe; Ochsenfleisch mit Meerrettigsauce; Hammelbraten mit Salat.

21) Ochsenpuréesuppe; Hammelragout; Hühnerbraten und Salat.

22) (Fasten) Fischsuppe; Hechtschnitten mit Krebssauce; Reispudding.

23) Kartoffelsuppe; Ochsenfleisch mit warmem Meerrettig; Warmer Schinken mit Sauerkraut; Kapaun mit Salat; Vanille-Creme.

24) Consommé Royal; Filet von Turbot mit Austernsauce; Schlachtbraten à la Rossini; Coteletten von Huhn mit Erbsen; Languften mit Sauce Jugenheim; Fasanen; Salat und Compot; Spargel (Conf.) mit Sauce; Pistazienbombe; Käse; Dessert.

25) Gabelfrühstück warm. Austern mit Zitronen und Chablis; Bouillon mit Ei; Filet sauté in Madeirasauce; Hummer mit Remoulade-Sauce; französische Poularde mit Compot; Käse; Dessert.

26) Abendbrot, kalt. Mayonnaise von Fisch; kaltes Roastbeef mit verschiedenen kalten Beilagen; Kapaun mit Compot; Rosentorte; Bischof von Rheinwein; Zimmetstern.

27) Theevisite. Thee; Hefenbrot von Zitronen; Brioche; Prinzenkuchen; Vanillebombe; Jägertorte; Orangen.

März.

Allmählich thaut die Erde auf. Mit eingemachtem und Kellergemüsen muß aufgeräumt werden. Schon giebt es frische Eier. Die Butter wird besser. Der Lattich sproßt im Frühbeet und für höhere Ansprüche sorgen die Importeure mit neuen Gemüsen.

28) Kartoffelsuppe; Kalbscoteletten mit Blumenkohl und Eierhaber.

29) Sagosuppe; Ochsenfleisch, pikante Sauce mit Heringkartoffeln; Vanille-Auflauf.

30) Brotsuppe mit Ei; Hammelbraten mit Kartoffelgemüse; Pfannkuchen mit Confiture.

31) Hirnsuppe; Ochsenfleisch mit warmer Beilage; gefüllte Kalbsbrust mit Salat;

32) Geröstete Griessuppe; Boeuf à la mode mit Klößen; Brot-Pudding mit Fruchtsauce.

33) Grüne Kernsuppe; Hammel-Schlegelbraten mit gebackenen Kartoffeln und Kresse; Speckkuchen.

34) Geigenknödelsuppe; Boeuf braisé mit Maccaroni und Parmesankäse; Omelette mit Zucker.

35) (Fasten) Fastenconsommé mit Hechtknödel; gebackene Schleien mit Tartare-Sauce; Apfelauflauf.

36) Kräutersuppe; Filet mit Maccaroni und Tomatesauce; Erbsenpurée mit Schweinsrippchen; Lammbraten mit Selleriesalat und gerösteten Kartoffeln; Apfelcharlotte; Käse.

37) Austernpastetchen; Consommé mit Klößchen; Forellen blau mit Bérnaise-Sauce; Poularde braisiert mit Gansleberschnitten; Erbsen und Champignons (Cons.); Hummer mit Ravigote-Sauce; Renntierrücken, Kopfsalat; Artischockenböden à la provençale (weiß); Vanille- und Erdbeer-Gefrorenes mit Gebäck; Käse; Dessert.

38) Gabelfrühstück, kalt. Brunnenkresse mit frischen Eiern; Russische Sulz; Geflügelgalantine mit Butter, Gemüse, Salat und Käsekuchen.

39) Abendbrot, warm. Hirnsuppe; Russisches Beefsteak mit Sardellenbutter; Kalbsnieren mit Champignons; Hammelscoteletten mit Kartoffelpurée; Früchtentorte; Orangen.

40) Kaffeevisite. Kaffee; Eierkuchencroquetten; Kaffeeküchlein; Orangenpunsch; Mandelcremetorte; kleines Backwerk; Obst.

April.

Die Saaten sproßen, der Frühling beginnt sein reiches Füllhorn zu öffnen; die Keller müssen nach und nach geleert, die Conserven verwendet werden. Gurken, junge Bohnen, Hopfen, grüne Erbsen, sogar neue Kartoffeln werden importiert und können bei besonderen Festlichkeiten verwendet werden. Spinat und Lattich sind in eigenen Frühbeeten zu haben.

41) Kalbfleischsuppe; Spinat mit Ochsenaugen und Bratwürsten; Auflauf von Reismehl.

42) Gerstenschleim; Ochsenfleisch mit Kresse, Meerrettig und gedämpften Kartoffeln; Kalbsnierenbraten mit Salat; Spargeln mit Omelette.

43) Brotsuppe mit Ei; Gebackene Seezunge mit Remouladensauce; Filet mit Maccaroni und Tomatensauce; Griespudding.

44) Kastaniensuppe; Schweinsrücken mit Sauerkraut und Spätzle; Pfannkuchen, gefüllt mit gehacktem Fleisch; Cremeschnitten.

45) Französische Suppe; Ochsenfleisch mit Sardellensauce; Hammelcoteletten mit Spargeln; Eierhaber mit eingemachten Früchten.

46) Gebrannte Suppe; Kalbsleber mit Kartoffelpurée; Hammelbraten mit Salat.

47) Suppe mit Markklößen; Saure Nieren mit gerösteten Kartoffeln; Schlachtbraten mit Erbsen und Croquetten; Eierschnee.

48) (Fasten) Fastensuppe mit gefüllten Eiern. Hechtschnitten mit Champignons; Eierhaber mit Rosinen.

49) Selleriesuppe; Turbot, Sauce Hollandaise; kleine Beefsteaks mit gebackenen Kartoffeln; Ragout von Brieschen, im Reisrand; Junge Enten und Salat; Punschtorte; Käse; Früchte.

50) Kibitzeier; Schildkrötensuppe; Lachsforellen vom Bodensee mit Sauce Hollandaise; Lammviertel garniert; Pain von Gänseleber; Hamburger Hühnchen, Salat und Compot; neue Spargeln mit Butter; Früchtengelee; Käse; Dessert und Früchte.

51) Gabelfrühstück, warm. Consommé; Brustkern mit Meerrettigsauce; Spinat mit gebackenen Eiern; Wiener Schnitzel mit Champignons und Rahmkartoffeln; Zitronencreme; Käsaufläufchen.

52) Abendbrot, kalt. Sulz von Zunge; kaltes Roastbeef mit frischer Butter; Aalpastete, kalt; Apfelsinenbowle; Vanillecreme; Patisserie.

53) Abendessen. Forellen, kalt, mit Hummer garniert; Hammelrücken mit Bohnen und Spargeln; Französ. Poularden; Salat und Compot; Erdbeerbombe; Käse.

54) Theevisite; Thee; Hirschhörnchen; Streußelkuchen; Schaum-Auflauf; Punsch Romaine; Chocoladepudding; Pfeffernüßchen.

Mai.

Die grünen Gemüse und Kräuter werden billiger, sie gedeihen im eigenen Garten, so daß sich ihrer auch die bürgerliche Küche bedienen kann; auch auf dem Geflügelmarkt regt sich das junge Volk der ersten Brut.

55) Geriebene Gerstensuppe; Kalbsbraten mit Spinat; geräucherte Zunge mit Kopfsalat und harten Eiern.

56) Selleriesuppe; Ochsenfleisch mit Monatrettig und gerösteten Kartoffeln; Schweinscarré mit Blumenkohl; Pudding.

57) Reissuppe; Brustkern mit Essiggurken und Senfsauce; Kalbsschnitzel paniert; Karotten und Erbsen; Windbeutel mit eingemachten Früchten.

58) Brezelnsuppe; Gebackener Kalbskopf mit Sauce tartare; Roastbeef mit Maccaroni; Pfannkuchen mit Confiture.

59) Hammelsuppe; Fricassée von Kalbfleisch mit breiten Nudeln; Schlachtbraten mit jungen Gemüschen; Rahmstrudeln.

60) Nudelsuppe; Ochsenzunge, warm mit Bruchspargeln und Eierhaber; Junge Hühner; Brunnenkresse mit harten Eiern; Meringuen.

61) Sagosuppe; Ochsenfleisch mit neuem Hering; Schweinskoteletten mit jungen Kohlraben; Speckkuchen.

62) (Fasten) Fischsuppe; Hecht, blau, mit Buttersauce und Fischkartoffeln; Berliner Pfannkuchen mit eingemachten Früchten.

63) Eiercremesuppe mit Gemüschen; Dunstbraten mit Zuckererbsen; gebackener Schinken mit Kopfsalat; Chocoladecreme mit Schlagrahm.

64) Pastetchen à la reine; Consommé mit Spargelspitzen; Salm à la Chambord; Hammelrücken à la Soubise; Brieschen mit Trüffeln; Junge Enten, Römischer Salat; Johannisbeergelee; Junge Erbsen mit Butter; Ananasbombe; Käse; Dessert; Früchte.

65) Gabelfrühstück, kalt. Marinierter Rollaal; kaltes Roastbeef mit frischer Butter und Radieschen; kalte Fleischpastete; Käsekuchen.

66) Gabelfrühstück, warm. Omelette mit Bruchspargeln; Entrecote bearnaise pommes frits; Huhn, frikassiert mit Reis und Champignons; Käse.

67) Abendessen. Forellen, blau, mit frischer Butter; Burgunder Schinken mit Spargeln; Frische Hummer mit Oelsauce; Junge Hühner, Salat; Gefrorenes; Gebäck.

68) Abendbrot, kalt. Gekochter Schinken mit Gelee; Forellensulz; Hühnerpastete; Chocoladecreme; Bisquitspähne; Maitrank; Quittentorte.

69) Theevisite. Thee; Tausendblätterkuchen; Handküßchen; Kalbsleber-Pastete; Cardinal; Früchtentorte; geröstete Mandeln.

Juni.

Garten und Feld stehen in vollem Grün, das junge Geflügel fängt an, fett zu werden. Die Kirschen reifen. Der Gemüsemarkt bietet Kopfsalat, Spargeln, junge Bohnen, Erbsen, gelbe Rüben, Wirsing, auch sind die neuen Kartoffeln billiger geworden.

70) Einlaufsuppe; Ochsenstück gedämpft mit Karotten und neuen Kartoffeln; Kirschenkuchen.

71) Frühjahrssuppe; Zander mit holländischer Sauce; Roastbeef mit Maccaroni.

72) Suppe von farciertem Kopfsalat; Gebackene Leber mit Wirsing und gekochtem Schinken.

73) Kräutersuppe; Hammelbraten mit Bohnen; Hühnerbraten und Salat; Johannisbeerkuchen.

74) Gebrannte Suppe; Ochsenfleisch mit Rettig, neuen Kartoffeln und frischer Butter; Schweinscarré mit Salat; Gekochte Kirschen mit gebackenen Schnitten.

75) Geröstete Griessuppe; gebackenes Kalbshirn mit jungen Bohnen; Schlachtbraten mit Niedernauer Kartoffeln; Kirschenpudding.

76) Brotsuppe mit Ei; Kalbs-Fricassée mit geschmälzten Spatzen; Hammel-Schlegelbraten mit Kopfsalat; Auflauf von Johannisbeeren.

77) Kalbsbrieschensuppe; Fleischcroquetten mit Spargeln, rohem Schinken und Eierhaber; Rehbraten mit Salat.

78) (Fasten) Kirschensuppe; Aal, gebraten, mit Zitronen; Pfannkuchen mit Erbsen und Karotten.

79) Suppe à la reine; Ochsenfleisch mit Gurkensalat; Zander, gebraten, mit Sauce Tartare; Nierenbraten mit Salat; Kirschenkuchen.

80) Alexandrasuppe; Seezunge au gratin; Rehschlegel mit Maccaroni; Hahnen und Salat; Vanillebombe; Käse.

81) Consommé à la jardinière; Rheinsalm mit Béarnaise-Sauce; Truthenne à la Godard; Hammelkoteletten, neue Bohnen; Hummer in Gelee; Rehziemer mit italienischem Salat; Brioche mit Früchten; Gelee mit Champagner; Erdbeergefrorenes; Dessert.

82) Gabelfrühstück, kalt. Kalbskopf à la Vinaigrette; frische Butter mit Sommerrettig; Hummer mit Sauce Tartare; Sulz von Kalbshirn; Zitronencreme; Kirschenkuchen; kleines Backwerk.

83) Gabelfrühstück. Krebspastetchen; Rehschnitzel fines herbes mit Rahmkartoffeln; kalte Forellen mit Sauce Remoulade; junge Erbsen mit Butter; Käse; Dessert.

84) Abendbrot, warm. Eiercremesuppe mit Gemüschen; Boeuf braisé mit Madeirasauce garniert; farcierter Hecht mit grüner Sauce; Tauben mit Compot; Johannisbeerkuchen.

85) Turbot mit Krebssauce; Filet sauté mit Gemüschen; junge Gänse; Salat; Chokoladecreme; Dessert.

86) Kaffeevisite. Kaffee; Hefenkranz; Karlsbader Kolatschen; Erdbeergelee; Ananasbowle; Früchtekuchen; Maraskinotorte; Zimmetstern.

Juli.

Noch sind die grünen Gemüse vorzüglich, die Gurken häufig; die jungen Enten und Gänse werden fett; der Jäger pürscht den Rehbock; das Frühobst reift.

87) Suppe mit Leberklößchen; Schweinskoteletten mit Zwiebelsauce und gerösteten Spatzen, Gurkensalat; Reispudding.

88) Brotsuppe mit Ei; Ochsenfleisch mit Senfsauce; neue Kartoffeln mit gebratenem Hering und frischer Butter; Kalbsschnitzel mit Spinat.

89) Kerbelsuppe mit Brotcroutons; Rehschlegel, gespickt, mit Maultaschen und Salat; Käsekuchen.

90) Wurzelsuppe; Rehragout mit Klößen; Hahnenbraten und Salat; Pariser Pudding mit Weinsauce.

91) Zuckererbsensuppe; Kalbskoteletten mit Macédoine von Gemüsen; junge Enten, gebraten, mit Salat; Auflauf von Zitronen.

92) Russische Sommersuppe mit Croutons; Kalbsbrieschen gebacken mit Blumenkohl; kalter Salm mit Remouladen-Sauce; Schlachtbraten mit Kartoffelcroquetten und Salat; Rumcreme.

93) Griessuppe; Ochsenfleisch mit Meerrettigsauce und geriebenen Kartoffeln; Nierenbraten mit Blumenkohl.

94) (Fasten) Fastensuppe mit gefüllten Eiern; gebackener Hering mit Sauce Tartare; Vol-au-vent von Fischragout.

95) Suppe mit Raviolen; Ochsenfleisch mit Kapernsauce; Hering mit frischer Butter und neuen Kartoffeln; gebratener Kalbsschlegel mit Salat; Johannisbeerkuchen.

96) Mocturtlesuppe; Hecht, blau; Sauce Hollandaise; Rehrücken mit Kartoffelpurée; junge Bohnen mit rohem Schinken; Kapaunen und Salat; Erdbeerbombe; Dessert.

97) Englische Taubensuppe; Forellen mit holländischer Sauce und Kartoffeln; Schlachtbraten mit jungen Gemüschen; Supreme von Huhn mit Trüffeln; Blumenkohl au gratin; Rehziemer mit italienischem Salat; Bisquitpudding; Gelee Macédoine; Käse; Dessert.

98) Gabelfrühstück, warm. Entrecôte mit gebackenen Kartoffeln, Béarnaise-Sauce; Vol-au-vent von Brieschen; junge Enten mit Oliven; Erdbeeren.

99) Gabelfrühstück. Consommé; frische Hummer, Sauce Tartare; Kalbskoteletten naturelles mit Erbsen; Reh-Ragout mit Champignons; Omelette mit Rum.

100) Abendbrot, kalt. Kalter Aufschnitt von Geflügel, Salami und italienischer Wurst mit Gelee; russische Sulz mit Oelsauce; Kirschencreme; Erdbeerbowle; Prinzenkuchen; kleines Backwerk.

101) Abendbrot. Brieschenragout mit Reis; kalte Forellen mit Tartaresauce; Rehrücken mit Kartoffelcroquetten und italienischem Salat; Gefrorenes.

102) Theevisite. Thee; Ulmerbrot; Vanillegelee; Hefenpudding; mit Rum und Früchten; Himbeerkaltschale; englische Schnitten; Patisserie; Früchte.

August.

Das Obst und die späteren Beerfrüchte reifen, die Kohlarten schließen die Köpfe, die Fische werden besser und so ist auch über diesen Monat ein reiches Füllhorn ausgegossen.

103) Gemüsesuppe; junge Gans mit bayrischem Kraut und geröstete Spatzen; Zwetschgenkuchen;

104) Gurkensuppe; Ochsenfleisch mit Zwiebelsauce und farciertem Weißkraut; Apfelcharlotte.

105) Suppe mit Leberklößen; Zander, gebacken mit Oelsauce; Hammelfleisch mit gedämpften Kohlraben; Birnenkuchen.

106) Sommersuppe; Omelette mit gedämpften Kalbsnieren; Schweinsrippchen mit Gurkengemüse; Apfelküchlein.

107) Geriebene Selleriesuppe; Kalbfleischfricassée mit Eierhaber; grüne Rindszunge mit Rosenkohl; Auflauf von Aepfeln.

108) Sauerampfersuppe; Ochsenfleisch mit Selleriesalat; Fricandeau mit Erbsen; Pfannkuchen mit Aepfelcompot.

109) Nierensuppe; Kalbscoteletten mit Blumenkohl in Buttersauce; Kartoffelknopf.

110) (Fasten) Krebssuppe; gebackener Fisch mit Maitre-d'hôtel-Sauce; Spinat mit Ei; Omelette soufflé.

111) Kräutersuppe; Hecht mit Fischkartoffeln und holländischer Sauce; Ochsenfleisch mit Gurkensalat; Schweinsrippchen mit jungen Bohnen; Gansbraten mit Salat; Apfelkuchen.

112) Juliennesuppe; Croquetten; Steinbutte mit Genuesersauce und Kartoffeln; Hammelrücken à la jardinière; Hummer, Sauce Jugenheim; Artischocken au gratin; Poularde, gebraten, mit Salat; Gefrorenes; Käse und Dessert.

113) Gabelfrühstück kalt. Aalsulz mit Sauce Tartare; neuer Hering mit frischer Butter; Roastbeef kalt, Gemüsesalat; Galantine von Huhn mit Sulz garniert; Chocoladecreme; Früchte.

114) Abendbrot, warm. Sauerampfersuppe; gebackener Fisch mit Maitre d'hôtel-Sauce; Rehschlegel mit Maccaroni; Vol-au-vent; junger Hahn mit Endivien; Früchtengelee; Dessert.

115) Kaffeevisite. Kaffee; Hefenbrot; Waffeln; Zuckerstangen; Aprikosenbowle; Gußtorte; Apfelkuchen; Zimmetstern; Südfrüchte.

September.

Der Herbst rückt heran; der Garten wird geleert, das Obst eingeheimst, die Jagd geht auf, das Geflügel ist fett und saftig, die jungen Kaninchen fangen an, eine gute Mahlzeit zu geben, das Sauerkraut ist schon wohlschmeckend und der Fischfang im Gang.

116) Kartoffelsuppe; Hammelcoteletten mit Weißkraut und Pfannenkuchen.

117) Suppe von gefülltem Kohl; englischer Braten mit gebackenen Kartoffeln und Gemüschen; Apfelküchlein.

118) Reissuppe; Kalbskopf en tortue; Rehschlegel mit Maultaschen und Salat; Zwetschgenkuchen.

119) Wecksuppe; Hammelbraten mit Schwarzwurzeln und Duchessekartoffeln; Rahmkuchen.

120) Kräutersuppe mit gebackenen Fleischnudeln; eingesalzenes Schweinefleisch mit jungem Sauerkraut und Kartoffelpurée.

121) Hirnsuppe; Ochsenfleisch mit Bohnensalat und gedämpften Kartoffeln; Kalbsfricandeau mit Erbsen und Karotten; Apfelküchlein.

122) Einlaufsuppe; Hasenpfeffer mit gerösteten Spätzlen; Ochsenzunge mit Spinat und Ei; Auflauf von Früchten.

123) (Fasten) Nußsuppe; Karpfen mit jungem Sauerkraut; Aalfastenwurst.

124) Kerbelsuppe mit verlorenen Eiern; Ochsenfleisch mit Kartoffelgemüse; Hammelscoteletten mit Rosenkohl; Rebhühner mit Salat; Zwetschgenkuchen.

125) Geflügelpuréesuppe; Rheinsalm mit Sauce Génoise; Kalbsrücken garniert; Rehcoteletten mit Champignons; grüne Bohnen auf englische Art; Seekrebs mit Mayonnaise; Kaiserpunsch; Kapaun gebraten; Zitronenpudding mit Aprikosensauce; Gefrorenes; Käse; Dessert.

126) Gabelfrühstück. Russisches Beefsteack mit Kräuterbutter; junge Bohnen; Makrelen auf dem Rost mit Maitre d'hôtel-Sauce; Rehbraten mit Salat; Apfelkuchen; Trauben.

127) Klare Schildkrötensuppe; Forellen blau, frische Butter; Rehrücken à la Straßbourg; Brieschen à la Toulouse; Punsch Romaine; französische Poularde, Salat; Langusten, Sauce Remoulade; Artischocken au gratin; Gefrorenes; Gebäck; Käse; Früchte.

128) Gabelfrühstück. Russischer Caviar mit Brötchen und Butter; Omelette mit Hühnerleber und Champignons; Chateau briand, Sauce fines herbes garniert; Salat von Seezungenfilet mit grüner Sauce; Käse; Früchte.

129) Abendessen. Krebspastetchen; Felchen grilliert, mit Maitrebutter; Kalbskoteletten, naturelles, mit Erbsen und Croquetten; Entenbraten und Salat; Früchtencreme; Torte.

130) Abendbrot, kalt. Kalter Rehbraten; italienisches Rindfleisch mit Kapernsauce; Wildschwein in Gelee; Ananasbowle; Früchtentorte; Chokoladebrötchen; Traubenkuchen.

131) Theevisite. Thee; Theebrötchen; Croque en bouche von Maronen; Früchtengelee; Alexistorte; Orangenpunsch; Basler Lebkuchen; Apfelsinencompot mit Mandelschnitten; Obst.

Oktober.

Die Tage werden kühler, die Sorgen um die Erhaltung des Fleisches von einem Tag zum andern werden geringer, die Küche steht am Ende der frischen Gemüse und am Anfang der Konserven.

132) Geriebene Gerstensuppe; Ochsenfleisch mit Heringsalat; Kalbsschnitzel mit Kartoffelpurée; Pfannkuchen mit Früchten gefüllt.

133) Gelbrübenpuréesuppe; Schweinsbraten mit Sauerkraut und Leberklößen; Apfelkuchen.

134) Eingehackte Suppe; Rehschlegel mit Kartoffelknopf und Apfelcompot.

135) Kartoffelpuréesuppe; Kalbsragout mit Pastetchen und breiten Nudeln.

136) Blättchensuppe; Saures Ochsenfleisch mit Niedernauer Kartoffeln; Käsaufläufchen.

137) Gemüsepuréesuppe; Beefsteaks mit Sardellenbutter und kleinen Kartoffeln; Apfelküchlein.

138) Wildpuréesuppe; Kaninchen à l'Alsace mit Kartoffelpurée; Gänseleberpastetchen.

139) (Fasten) Froschsuppe; Seezunge auf dem Rost mit Fischsauce; Käsekuchen.

140) Nierensuppe; Ochsenfleisch mit Sardellensauce; Weißkraut mit Bratwürstchen; Rehbraten mit Salat; Reisauflauf mit Aepfeln.

141) Schinkenpuréesuppe; Fleischpastetchen; Forellen, blau, mit holländischer Sauce; Roastbeef à la jardinière; Hahnensupreme mit kleinen Erbsen; Aspic von Seekrebs mit Mayonnaise-Sauce: Artischocken à la Lyonnaise; Fasan, gebraten; Gansleberpastete; Timbale von Kastanien, mit Maraskino; Aprikosengefrorenes; Dessert.

142) Wildpuréesuppe; Salm, mit Forellen garniert; Schlachtbraten, garniert; Hummer, Sauce tartare; Gefüllte Gans mit Salat; Reiscreme mit Früchten; Käse; Dessert.

143) Gabelfrühstück, warm. Kalbskopf en tortue; Hühnerfricassée mit Reis; Rehziemer, gebraten, mit Kartoffelsalat; Bisquitpudding; Käse; Dessert.

144) Austern mit Zitronen; Gansleberpastetchen; Hammelcoteletts à la Soubise; Forellen mit Hummer garniert, Sauce Jugenheim; Sorbet von Mandelgefrorenem; Käse.

145) Abendbrot, kalt. Kalter Wildschweinsschlegel mit Gelee; Mayonnaise von jungen Hahnen; Kalbsroulade mit Senfsauce; Jägertorte; Prinzessinbowle; kleines Backwerk; frische Trauben.

146) Seezungenfilets mit Champignons; Rehrücken mit Sauerkraut, Maronen, Würstchen, Gansleber; Welschhuhn, trüffiert, Selleriesalat; Gefrorenes.

147) Kaffeevisite. Kaffee; Kaffeekuchen; Brioches; Luftküchlein; Chokoladecreme; Sorbet von Erdbeeren; Rosentorte; Traubenkuchen.

November.

Der Winter naht; Garten und Feld sind öde und leer; die Küche ist mit Gemüse auf den Keller angewiesen und hat darauf zu rechnen, daß sie unter Umständen 4—5 Monate hauszuhalten hat. Das Wild ist gut, wie die Fische, und die Rauchkammer gefüllt.

148) Eiergerste; geräuchertes Schweinefleisch mit Sauerkraut und gebackenen Kartoffeln; Reisauflauf.

149) Brotsuppe; Ochsenfleisch mit pikanter Sauce und Niedernauer Kartoffeln; Tyroler Nudeln.

150) Einlaufsuppe; Linsen und Spatzen mit geräucherten Bratwürsten und Bauchspeck; Diplomatpudding.

151) Kartoffelsuppe; Hammelragout, Nierenbraten mit Karotten; Apfelküchlein.

152) Reissuppe; gedämpfte Schweinsfüße mit bayrisch Kraut und Schinkenklößen.

153) Selleriesuppe; Gansklein mit weißen Rüben; Kartoffelauflauf mit Schinken, kalt.

154) Flädleinsuppe; Rehschlegel mit Maultaschen; Schwarzbrotpudding.

155) (Fasten) Milchbrei; grillierter Hering mit Sauce tartare; Dampfnudeln; Vanillesauce.

156) Wildpuréesuppe; Lendenbraten mit gerösteten Kartoffeln; Wirsing mit Kalbscroquetten und gekochtem Schinken; Gänseklein mit gerösteten Spätzlen; gebratenes Feldhuhn mit Salat; Traubenkuchen.

157) Tapiokasuppe; Seezunge, gebacken mit Oelsauce; Burgunder Schinken mit Sauerkraut und Spatzen; Gansleberpastete mit Sulz; Welschhuhn und Salat; Champagnergelee mit Ananas; Dessert.

158) Consommé à la royale; Steinbutte mit Krebssauce; Roastbeef, garniert mit Jus; Hummersalat mit Sauce Ravigote; Poulard, gebraten, mit Salat; Aepfelcharlotte; Käse; Gefrorenes; Dessert.

159) Omelette mit geräuchertem Lachs; Vol-au-vent von Geflügel; Entrecôte, Sauce Béarnaise mit Maîtrekartoffeln; Käse.

160) Gabelfrühstück. Fleischpastetchen; kaltes Roastbeef mit Sulz; Schwarzwild, eingesulzt, mit Sauce diable; Zwiebelkuchen; Obst.

161) Consommé; Turbot mit Austernsauce; Filetsauté mit Champignons und pommes frits; französische Poularde und Salat; Erdbeerbombe; Dessert.

162) Abendbrot, warm. Erbsensuppe; fricassiertes Kalbfleisch mit breiten Nudeln; Gansleber Sauté mit Champignons; Hasenbraten mit Endiviensalat; Käsaufläufchen; Jägertorte; Südfrüchte.

163) Theevisite. Thee; Gugelhopfen; Blättertorte; Aepfelküchlein; ungarische Sulz; Alymeth; Zuckerbrezeln; Zitronenbrot; Sultanschnitten; Obst.

Dezember.

Der Winter ist eingezogen und hat über Wald und Flur seinen weißen Teppich ausgebreitet. Die Küche zehrt von den

Vorräten, die sie in weiser Vorsicht zur Zeit der Ernte gesammelt. Besonders gut sind jetzt Enten und Gänse.

164) Nudelsuppe; Ochsenfleisch mit Heringsalat; Griesauflauf.

165) Wurzelsuppe; gefüllte Kalbsbrust mit Kartoffelsalat; Schmalzküchlein.

166) Wildpuréesuppe; Hasenbraten mit Maccaroni und Tomatensauce; Brotpudding.

167) Kartoffelpuréesuppe; Gansbraten mit Sauerkraut und Erbsenpurée; Auflauf.

168) Einlaufsuppe; gedämpftes Ochsenfleisch mit weißen Rüben; Fleischpastetchen.

169) Leberreissuppe; Rehfilet mit Kartoffelklößen; Pfannkuchen mit Stachelbeercompot.

170) Gerstensuppe; gefüllte Ente mit pikanter Sauce und Kartoffelpurée.

171) (Fasten) Consommé mit Forellenschnitten; Zander gedämpft, mit gebratenen Kartoffeln; Risotto mit Champignons.

172) Wurzelsuppe; Englischer Braten mit gedämpften Kartoffeln; Blaukraut mit gesalzener Rindszunge; Kapaun mit Salat; Käsekuchen.

173) Turbotfilet mit Krebsragout; Kalbsrücken à la provençale; Chaudfroid von Gansleberpastete; Welschhuhn, Selleriesalat; Ananaskrüstchen; Käse; Dessert.

174) Geflügelpuréesuppe; Salm à la bordelaise; Hammelrücken, garniert; Brieschen à la reine; Gansleberpastete; Erbsen mit Croutons; Fasanen, Salat und Compot; Früchtegelee; Käse; Dessert.

175) Kraftsuppe; Kromeski von Gansleber; Forellen blau; Filet de Boeuf garniert; Vol-au-vent von Hühnerfricassée; Schnepfen und Rehziemer gebraten mit Salat; Chokoladeauflauf· Gefrorenes von Früchten; Compot.

176) Frühstück. Russische Vorspeise; Gansleberfauté mit Champignons; Hummersalat mit Sauce Mayonnaise; Poularde, grilliert; Johannisbeergelee; Käse.

177) Gabelfrühstück, warm. Klare Schildkrötensuppe; Ochsenfleisch mit Meerrettig; Sauerkraut und Erbsenpurée mit Schweinsknöchel; Krautsalat mit gebratener Gans; Mandeltorte; Obstkuchen; Dessert; Käse.

178) Hühnerragout in Reisring; Hummer und Gansleber, gesulzt, Sauce Jugenheim; Schlachtbraten und italienischer Salat; Vanillebombe.

179) Abendbrot, kalt. Kalter Fleischaufschnitt; Schweinsleberkuchen; Gansleberpastete mit Gelee; Vanillecreme mit Schlagrahm; Champagnerpunsch; Basler Lebkuchen; Obst.

180) Weihnachtsabend, warm. Schildkrötensuppe; Rotfisch mit holländischer Sauce; Filet mit Maccaroni und Parmesankäse; Gansleberpastete mit Gelee; Fasan gebraten, mit Endiviensalat und Compot; Timbale von Maronen; Vanillegefrorenes; Früchtentorte; kleines Backwerk; Obst.

181) Kaffeevisite. Kaffee; mürbe Kuchen; Maccaronicroquetten mit Vanillesauce; Meringuentorte; Ananaspunsch; Zimmetlikör; Rahmtorte; Berliner Pfannkuchen; Zuckerbackwerk; Nüsse und Obst.

182) Sylvester-Theeabend. Thee mit süßem Rahm oder mit Rum; Hefenbrot; Hirschhörnchen; Baba; kalter Aufschnitt von Schwarzwild; Sulz von Solesfilets; Maronenpurée mit Schlagrahm; Cardinal; Mandeltorte; Tausendblätterkuchen; Schnitz- und Hutzelbrot; Pfeffernüßchen; kleines Backwerk.

183) Artischockenpuréesuppe; Solesfilet mit Austern; Escalopes von Reh mit Trüffeln, Maronenpurée; Brieschen à la reine; Pain von Gansleberpastete; Spargelspitzen à la française; Langusten, Sauce Tartare; Fasanen mit Salat; Merinque suisse mit Orangen-Plombière.

184) Russische Vorspeise mit Hummer; Poularden, braisé à la jardinière; Rehziemer und Salat; Diplomatenpudding.

185) Gansleberpastetchen; Lachsforelle, Sauce Hollandaise; Roastbeef, garniert; Kapaunen und Salat; Chokolade-Bombe.

186) Crême de volaille; Turbot, sauce crevettes; Foie gras sauté au madère; Dinde braisé aux huîtres; Salade d'haricots verts aux truffes; Langoustes, sauce tartare; Bécasses roties, Salade de célerie; Asperges en branches, sauce hollandaise; Poires merinquées.

187) Zanderfilet mit Maître d'Hotelsauce; Rehziemer, garniert mit italienischem Salat; Erdbeer- und Vanillebombe.

188) Helle ächte Tortlesuppe; Salm kalt, mit Hummer, Sauce Tartare; Fasanen mit Sauerkraut; Kalbsrücken mit Romainesalat; Spargel, Sauce Hollandaise; Aprikosen-Bombe.

Alphabetisches Register.

Als willkommener und notwendiger Ergänzungsband zu

Löffler-Bechtel Kochbuch

ist soeben erschienen

Die

Hausfrau

in ihrem Schalten und Walten!

Unter Mitwirkung hervorragender Fachleute bearbeitet
von Prof. Dr. Moeller.

Verlag von J. Ebner in Ulm. — Reich illustriert.

Preis in Original-Farbendruckeinband ℳ 6.80.

Dieses gediegene **Familien- und Haushaltungsbuch**, unter Mitarbeitung einer Reihe der hervorragendsten Fachleute entstanden, läßt durch seinen praktisch-sachkundigen und übersichtlich-umfassenden Inhalt alle ähnlichen Bücher weit hinter sich. Der Ehemann kann seiner Ehefrau, die Eltern der heranwachsenden Tochter kein **schöneres und nützlicheres Geschenk von bleibendem Wert** geben, als unsere **„Hausfrau in ihrem Schalten und Walten“**, welche alle Geschäfte und Obliegenheiten, die in einer Familie und Haushaltung überhaupt vorkommen, eingehend behandelt, sowie dem Mädchen und der Frau in jeder Lage in und außer dem Hause, in Hof und Garten ihre bewährten und erprobten Ratschläge und Erfahrungen mitteilt.

Illustrationsproben aus

Die Hausfrau in ihrem Schalten u. Walten.

In allen Buchhandlungen vorrätig!

Gatten und Verlobte, welche um ein gediegenes Geburtstags- oder Festgeschenk für ihre Lieben verlegen sind, auf dieses Buch aufmerksam, dasselbe wird jedenfalls von den damit Beschenkten dankbar und freudig begrüßt werden. Heilbronner Zentralanzeiger 1899. Nr. 84.

.... ein Werk, das zweifellos einen ersten Rang unter Büchern ähnlicher Art einnimmt, denn keines von ihnen ist so umfassend und kommt den Bedürfnissen der Gegenwart so allseitig entgegen wie dieses. Was die heutige Hausfrau zu thun hat innerhalb und außerhalb des Hauses, findet eingehende und doch knappe, leichtverständliche und wissenschaftliche Behandlung und Beleuchtung. gez.: Br .... Vorstand der Frauenarbeitsschule Tübingen.

Die verschiedenen Seiten des Frauenberufes auf den verschiedenen Lebensstufen, in Ehe und Familie, in Haus und Garten, in gesunden und kranken Tagen, im natürlichen und geistigen Leben werden in erschöpfender Weise behandelt. Ueberall werden klare, wertvolle, gediegene Ratschläge und Belehrungen gegeben. Die idealen Anregungen sind mit den praktischen Fingerzeigen aufs anziehendste verbunden; die Schätze der deutschen Litteratur werden ebenso wie die Bestimmungen der neuesten Gesetzgebung ausgiebig verwertet; ebensowenig fehlt es an einem Nachweis der besten Bezugsquellen und des besten Materials. Kurz, man muß staunen über die Reichhaltigkeit und Mannigfaltigkeit des Inhalts; dabei zeichnet sich das Werk durch ein schönes Maßhalten und das Fernhalten extremer Anschauungen und Bestrebungen aus. Man merkt es den einzelnen Abschnitten an, daß sie von berufenen Mitarbeitern von reicher Erfahrung und gründlicher Sachkenntnis geschrieben sind. gez: der Vorstand der Frauenarbeitsschule Crailsheim, Dekan Hole.

Ich habe mich davon überzeugt, daß dieses Buch trotz seiner Vielseitigkeit in jedem einzelnen Teile bei aller Kürze das Wesentliche derart behandelt, daß es für Mütter und Töchter als geradezu unentbehrlich bezeichnet werden darf. gez.: Prof. Ziegler, Vorstand der Frauenarbeitsschule Geislingen.

Gewiß, die in den etwa 70 Abschnitten des Buches behandelten Fragen sind längst schon erörtert worden in Bändchen und Bänden, von Männern und Frauen, aber in dieser erschöpfenden Zusammenfassung, dieser Gründlichkeit, dieser durchaus entsprechenden Form erscheint uns auch das Allbekannte in einem neuen Lichte. Ueberall treffen wir, so verschiedenartig die besprochenen Gegenstände an und für sich erscheinen, die gründlichste Sachkenntnis, die vollste Beherrschung des Stoffes, dieselbe klare, ruhige, im besten Sinne des Wortes gemeinverständliche Sprache. „Häuslicher Ratgeber" 1899, Nr. 18. Berlin.

Von eminentem Wert für jede Hausfrau ist's, einen solchen wirklich tüchtigen und zuverlässigen Helfer und Berater in allen täglich vorkommenden Fällen zu besitzen. Es ist nicht eine mit Eile zusammengesetzte und vom grünen Tisch geholte Arbeit, sondern das Ergebnis eines jahrelang wohldurchdachten Planes, dessen Ausführung nun jetzt in der vorzüglichsten Weise zur Belehrung der Frauenwelt bekannt gegeben wird. Das Buch ist aus dem Leben für das Leben geschrieben und wird seiner Gediegenheit wegen einen ersten Platz in der Bibliothek einnehmen. „Schwäbische Frauenzeitung" 1899, Nr. 20. Stuttgart.

In allen Räumen des deutschen Hauses tritt das Werk ein, vom Keller bis zum Speicher, wenn es auch mit Vorliebe in der eigentlichen Wohnung verweilt, wo das Familienleben sich abspielt und das Wirken und Streben der deutschen Frau vor allem in die Erscheinung tritt. Bei dem Studium der einzelnen Kapitel gewinnt man den Eindruck, daß der überreiche Stoff mit staunenswerter Umsicht geordnet und mit dem größten Geschick verarbeitet worden ist. „Grenzbote" 1899, Nr. 70.

Unveränderter Nachdruck
der Ausgabe von 1897
im J. Ebner's Verlag Ulm
durch Bechtermünz Verlag
im Weltbild Verlag GmbH, Augsburg 1997
Gesamtherstellung:
Istituto Grafico Bertello
Printed in Italia
ISBN 3-86047-695-5